DER FARBIGE BREHM

Ein großes Tierbuch mit 96 Farbtafeln

DER FARBIGE BREHM

Jubiläumsausgabe

mit 180 farbigen und 200 einfarbigen Tierbildern
auf Tafeln und im Text,
über 2300 Tiernamen im Register,
einer übersichtlichen Systematik der Wirbeltiere,
ergänzenden Beiträgen über Abstammungslehre
und Verhaltensforschung

Überarbeitet und ergänzt von
Prof. Dr. Theo Jahn

HERDER
Freiburg · Basel · Wien

Diese Ausgabe wurde nach der 2., überarbeiteten Auflage
von Brehms Tierleben 1878ff. gekürzt und bearbeitet

21. AUFLAGE

Herstellung: Freiburger Graphische Betriebe 1992
ISBN 3-451-19786-3

Vorwort

Unter den vielen Tierbüchern nimmt das „Illustrirte Thierleben“ von Alfred Edmund Brehm (1829—1884) eine unbestrittene Spitzenstellung ein. In der ersten Auflage bereits vor hundert Jahren erschienen, hat dieses Werk kaum an Aktualität verloren, da Brehms Anliegen, das Tierreich, unter besonderer Berücksichtigung des Lebens und Treibens der Tiere, wissenschaftlich zuverlässig und umfassend darzustellen, auch in der heutigen Tierforschung Gültigkeit hat. Die weitgehend auf eigene Beobachtungen gestützten wissenschaftlichen Aussagen, meisterlich dargeboten in allgemeinverständlichen, fesselnden Schilderungen, haben Brehm gleichsam zu einem Klassiker der Tierschriftsteller werden lassen.

Der vorliegende „farbige Brehm“ ist eine Auswahl aus der zehnbändigen 2. Auflage des „Tierlebens“, und zwar aus den ersten acht Bänden, in denen Brehm selbst die Wirbeltiere beschrieben hat, während der neunte und zehnte Band mit den wirbellosen Tieren aus anderer Feder stammen. Brehms besonders liebevoller und ausführlicher Darstellung der Vögel und Säugetiere entsprechend, nehmen diese Klassen auch in unserer Auswahl den größten Raum ein; dabei wurden Tiere unserer Heimat und solche, die uns aus den Tiergärten, aber auch aus Fabeln und Erzählungen vertraut sind, bevorzugt ausgewählt. Dennoch wurde das Anliegen Brehms, eine Gesamtdarstellung zu geben, berücksichtigt, indem jeweils einige Vertreter aller Hauptgruppen Aufnahme fanden. Der Text wurde möglichst originalgetreu übernommen. Änderungen wurden nur dann durchgeführt, wenn neue Erkenntnisse dieses erforderten; z. B. sind die Verbreitungsgebiete vieler Tierarten, vor allem unter dem Einfluß des Menschen, in den letzten hundert Jahren eingeengt und gelegentlich auch vergrößert worden. Die Beobachtung der lebenden Tiere als handelnde und wirkende Wesen hat in diesem Jahrhundert, sicherlich durch „Brehms Tierleben“ mit angeregt, so an Bedeutung gewonnen, daß sich eine ganze Wissenschaftsrichtung, die Verhaltensforschung, damit beschäftigt. Von dieser wurde klargestellt, daß sich die Verhaltensweisen der Tiere keineswegs immer mit menschlichen Verhaltensweisen vergleichen lassen und daß die von Brehm häufig vorgenommene Wertung eines Tieres aufgrund bestimmten Tuns oder Aussehens nach menschlichen Maßstäben heute nicht mehr aufrechterhalten werden kann, so begründet Brehm dieses zu seiner Zeit getan hat. Solche Wertungen wurden deshalb fortgelassen. Dagegen verdient heute in einem allgemeinen Tierbuch eine stammesgeschichtliche Betrachtungsweise angemessene Berücksichtigung. Um einen größeren Eingriff zu vermeiden und dennoch nicht auf die weitgehend gesicherten neuen Erkenntnisse zu verzichten, wurde jeder Tierklasse in einer anderen Schrifttype eine kurze Abhandlung ihrer Stammesentwicklung vorangestellt. Das einleitende Inhaltsverzeichnis kommt dem Bedürfnis nach systematischer Übersicht entgegen, indem es die Einteilung der Wirbeltiere in die verschiedenen Klassen, Ordnungen und Familien erkennen läßt. Jede systematische Gliederung hängt allerdings, wenigstens in vielen Einzelbereichen, von den Ansichten des betreffenden Forschers ab. Das System der Organismen ist daher stets im Fluß. Aus diesem Grunde können die Artenzahlen selbst relativ kleiner Tiergruppen nur jeweils ungefähr angegeben werden, da nach der Meinung des einen Forschers manche Tiere eine eigene Art bilden, die bei dem anderen lediglich als Unterart geführt werden. Sowohl der deutsche und besonders der lateinische Name der Tierarten wird jeweils in der heute gebräuchlichen Form verwendet.

Zusätzliche kurze Einführungen in die Arbeitsweisen und Fragen der Abstammungslehre und der Verhaltensforschung sowie die reichhaltige, vorwiegend farbige Illustration mögen dazu beitragen, dem Tierbuch Brehms neue Freunde zu gewinnen und, wie Brehm einleitend zur 2. Auflage schreibt, es zu einem Hausschatz im besten Sinne des Wortes werden zu lassen.

Theo Jahn

Inhalt

WIRBELTIERE

ANHANG

Säugetiere

Keine Gruppe aus dem gesamten Tierreich ist jedermann so vertraut wie die Säugetiere. Aus ihren Reihen hat sich der Mensch schon sehr früh willige Untertanen in seinen Wohnbereich geholt, die ihm als Helfer bei der schweren Arbeit im Ackerbau, als Bewacher und Beschützer seines Eigentums oder als Lieferanten hochwertiger Nahrungsmittel dienten. Manche von ihnen werden vom Menschen auch nur zur Freude gehalten; so sind Hund und Katze zu rechten Hausgenossen geworden, und kaum jemand möchte seinen vierbeinigen Freund missen. Dieser enge Bezug zu den Säugern ist sicherlich der Grund dafür, daß wir im allgemeinen Sprachgebrauch mit dem Begriff *Tier* meist nur die Säugetiere meinen und ihnen damit gleichsam unbewußt eine Sonderstellung im Tierreich einräumen. Von den über 1 Million bekannten, heute noch lebenden Tierarten gehören zwar nur etwa 4300 Arten zu den Säugetieren, doch ist die Individuenzahl dieser kleinen Tiergruppe, verglichen mit der anderer gleichgroßer Landtiere, ziemlich groß. Ihr gut ausgebildetes Gehirn, die leistungsfähigen Sinnesorgane sowie ihre Unabhängigkeit von der Außentemperatur durch die Warmblütigkeit gibt ihnen offensichtlich bessere Lebenschancen.

Die hochentwickelten Säuger sind ein verhältnismäßig junges Tiergeschlecht. Um dieses zu verstehen, muß eine Betrachtungsweise an den Anfang gestellt werden, die zu Brehms Zeiten gerade erst Einzug in die wissenschaftliche Forschung nahm: alle irdischen Lebewesen stammen letztlich von den gleichen, sehr einfach gebauten, nur aus einer winzigen Zelle bestehenden Lebewesen ab, und erst im Laufe vieler Millionen Jahre hat sich aus diesen einfachen Lebensformen die ungeheure Mannigfaltigkeit der vielzelligen Organismen entwickelt (siehe Anhang). Einen Einblick in frühere Epochen der Erde und deren Bewohner gewähren uns die zu Stein gewordenen Ablagerungen. Aus solchen Versteinerungen kennen wir Lebewesen, die vor rund 1,2 Milliarden Jahren die Erde besiedelten. Die ersten Wirbeltiere finden sich 800 Millionen Jahre später in Form der Ur-Panzerfische. Aus diesen entwickelten sich die heute lebenden Fische und über die Ur-Quastenflosser die primitiven Lurche, welche wiederum Urahnen der Kriechtiere waren. Von den Kriechtieren, die vor etwa 150 Millionen Jahren mit den Sauriern ein mächtiges Geschlecht darstellten, spalteten sich die Vögel und die Säugetiere ab. Ein säugetierähnliches Kriechtier ist bereits zur Frühzeit der Reptilien vor etwa 200 Millionen Jahren entstanden.

Die Höherentwicklung zu den eigentlichen Säugetieren geht während des Erdmittelalters ziemlich langsam voran. Zeugen aus dieser Zeit sind primitive, eierlegende Formen. Gegen Ende dieser Erdepoche erscheinen die Beuteltiere als eine fortschrittlichere Gruppe, bei der das Weibchen die nun lebend, aber in einem sehr frühen, unreifen Stadium geborenen Jungen in einem Beutel auf der Bauchseite aufbewahrt und ernährt. Fast zur gleichen Zeit treten kleine, unscheinbare Insektenfresser auf. Ihre wesentliche Errungenschaft gegenüber den Beuteltieren ist die enge Verbindung des wachsenden Embryos mit dem mütterlichen Körper über die Plazenta. Die dadurch möglich gewordene, lange Entwicklungsdauer im Schutze des mütterlichen Körpers sowie die meist sehr stark ausgeprägte Brutpflege begünstigt eine hervorragende Ausbildung der Gehirnleistungen, wodurch die Jungen besonders gut für das Leben vorbereitet werden. Die Nachfahren dieser frühen Plazentatiere sind die eigentlichen Säugetiere, die sich in den letzten 60 Millionen Jahren zu einer Vielfalt von Formen aufgespalten haben. Dabei sind die Unterschiede zwischen Raubtieren und beispielsweise den Nagetieren noch verhältnismäßig gering angesichts der

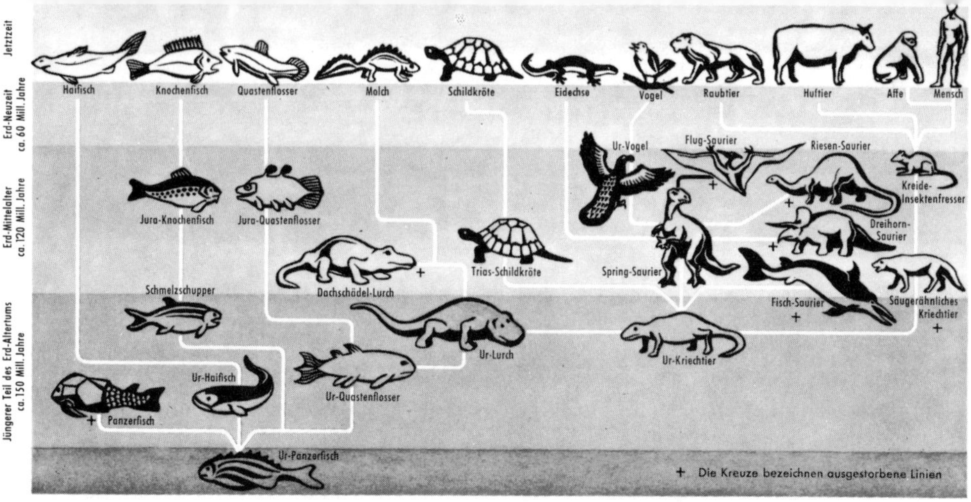

Abstammung der Wirbeltiere: Die obere Reihe des Stammbaumes zeigt Hauptarten der heute lebenden Wirbeltiere, darunter die ausgestorbenen Vorfahren, deren Gestalten aus Versteinerungen und Knochenfunden von der Wissenschaft rekonstruiert wurden

fischähnlichen Wale oder der vogelähnlichen Fledermäuse. Selbst schildkrötenartig gepanzerte Formen wie die Gürteltiere oder stachelbewehrte wie den Igel hat diese artenarme Tiergruppe hervorgebracht. Auch die Körpergröße variiert stark; während das kleinste Säugetier, die etruskische Spitzmaus, nur 4 cm lang wird, erreicht der Blauwal eine Länge von gut 30 m.

Im Stammbaum der Tiere nicht weit entfernt stehende Arten gleichen sich in vielen Merkmalen, und je nach dem Grade der Ähnlichkeit lassen sich verschiedene Gruppen zusammenfassen. Die Wissenschaft benutzt in der systematischen Einteilung der Tiere solche verwandtschaftlichen Beziehungen. Sie hat eine Reihe von Klassifikationsbegriffen geschaffen, die nach abnehmenden Verwandtschaftsgraden gestaffelt sind. Eine Art ist dabei eine mehr oder minder eindeutig umschreibbare Einheit. Sie umfaßt Lebewesen, die sich unter gleichen äußeren Bedingungen einander in allen wesentlichen Merkmalen gleichen und sich in freier Natur fruchtbar miteinander paaren. Mehrere Arten werden zu Gattungen, mehrere Gattungen zu Familien und diese wiederum zu Ordnungen zusammengefaßt. Eine Klasse, z. B. die der Säugetiere, umgreift verschiedene Ordnungen und kann mit anderen Klassen wie den Fischen, Vögeln und solchen, deren Vertreter noch keine Wirbelsäule, sondern einen Achsenstab (Chorda) haben, zu einem Stamm der Chordatiere vereinigt werden. Je nach Wertigkeit bestimmter Merkmale sowie bei Berücksichtigung der ausgestorbenen Tiere wird oft noch in Über-, Teil- oder Unterordnungen bzw. -familien gegliedert. Sogar eine Art (z. B. der Haushund) kann in verschiedenen Unterarten und Rassen (z. B. Pudel, Dackel) aufgeteilt sein. Die Gruppe der Wirbeltiere (Vertebrata) hat den systematischen Rang eines Unterstammes. In dem vorliegenden Buch ist in vereinfachter Form eine solche systematische Gliederung der Wirbeltiere in der Inhaltsübersicht gegeben, bei der allerdings die Reihenfolge der Ordnungen nicht immer deren verwandtschaftliche Stellung zueinander kennzeichnet.

Die wissenschaftliche Bezeichnung eines Tieres ist sein lateinischer Doppelname. Der erste Name bedeutet die Gattung, zu der dieses Tier gehört, z. B. *Felis*, die Katzen, der zweite benennt die Art, z. B. *Felis chaus*, die Rohrkatze, und *Felis silvestris*, die Wildkatze. Eine Unterart erhält noch einen dritten lateinischen Namen, z. B. *Felis silvestris libyca*, die Falbkatze. Die einzelnen Ordnungen, Familien usw. haben ebenfalls wissenschaftliche, lateinische Namen. Die wichtige Gruppe der Familien kann man an ihrem Namen sogar gleich erkennen, dieser endet nämlich stets auf *-idae*, der Name einer Unterfamilie trägt die Endung *-inae*. Leider lassen sich die weiteren Hauptgruppen nicht durch solche einfachen Namensmerkmale eindeutig unterscheiden.

Wirbeltiere und Säugetiere im allgemeinen

Der Altvater der Tierkunde, *Linné*, teilte in seinem unsterblichen Werke „Systema naturae" die Tiere in sechs Klassen ein: in *Säugetiere, Vögel, Lurche, Fische, Kerbtiere* und *Würmer*. Er vereinigte somit in den beiden letzten Klassen so viele verschieden gebaute und gebildete Geschöpfe, daß seine ausgezeichnete Arbeit doch nur für die Zeiten der Kindheit unserer Wissenschaft gültig sein konnte. Viele Forscher versuchten es nach ihm, diese Einteilung zu berichtigen, bis endlich *Cuvier* im Jahre 1829 die beiden durchgreifenden Gegensätze der Ausbildung des tierischen Leibes zur Geltung brachte und die *Wirbellosen* den *Wirbeltieren* gegenüberstellte.

Alle Wirbeltiere haben so entschieden übereinstimmende Merkmale, daß sie niemals mit den wirbellosen Tieren verwechselt werden können. Sie kennzeichnen das innere Knochen- oder Knorpelgerüst, welches Höhlen für Gehirn und Rückenmark bildet und von Muskeln bewegt wird, die Gliedmaßen, deren Anzahl niemals vier überschreitet, das rote Blut, ein vollständiges Gefäßnetz, die Gleichmäßigkeit des Leibes und die Längsgliederung der Organe. Ihre hohe Entwicklung ist deutlich genug ausgesprochen. Das große Gehirn befähigt sie zu einer geistigen Tätigkeit, welche die aller übrigen Tiere weit überwiegt; ihre Sinneswerkzeuge haben mehr oder minder einhellige, gleichmäßige Ausbildung erlangt. Augen und Ohren sind fast immer vorhanden und dann stets paarig; die Nase besteht aus zwei Höhlen. Leber und Nieren finden sich immer; die Milz fehlt selten. Alle sind getrennten Geschlechts, Empfindung und Lebendigkeit sind ihnen gemein.

Die Säugetiere stehen in dieser Abteilung entschieden obenan: Und eine solche Stellung verlangt der Walfisch ebenso gebieterisch wie der Mensch. Eine ebenmäßige Ausbildung aller Leibesteile und die überwiegende Masse des Gehirns spricht sich beim Elefanten wie bei der Maus, beim Hunde wie beim Schnabeltiere aus. Die Säugetiere haben eine sehr vollkommene Lungenatmung und rotes, warmes Blut, und sie gebären lebendige Junge, die sie mit einer eigentümlichen Drüsenabsonderung, der Milch, an ihren Brüsten oder Zitzen eine Zeitlang säugen. Sie bilden die am schärfsten und bestimmtesten nach außen hin abgegrenzte Klasse; denn so groß auch ihre äußere Verschiedenheit sein mag, so groß erscheint die Übereinstimmung ihres inneren Baues.

Der Schädel ist bei ihnen, wie bei allen übrigen Säugetieren, von der Wirbelsäule getrennt und besteht aus den nämlichen, im wesentlichen gleichartig verbundenen Knochenstücken; sein Oberkiefer ist stets mit ihm verwachsen, und die in ihm und dem Unterkiefer stehenden Zähne haben, so verschiedenartig sie gebaut oder gestellt sein mögen, doch das eine gemein, daß sie immer in Zahnhöhlen oder Alveolen eingekeilt sind. Sieben Wirbel bilden den Hals, mag er nun kurz oder lang sein, den Hals der Giraffe ebensowohl wie den des Maulwurfs; und wenn es auch scheinen will, daß die Faultiere *mehr* und einige Wale *weniger* Wirbel des Halses zählen, zeigt die scharfe Beobachtung doch deutlich, daß dort die überzähligen Wirbel zur Brust gerechnet werden müssen, während hier die Verminderung der Anzahl auf Verschmelzung der Wirbel ineinander beruht. Schon den Vögeln gegenüber zeigt sich der Hals der Säugetiere als durchaus einhellig gebaut: denn dort nimmt mit der Länge des Halses auch die Zahl der Wirbel zu.

Das Herz der Säugetiere besitzt immer zwei Kammern und zwei Vorkammern; die Schlagadern sind dehnbar, die Venen innen mit Klappen versehen. Die Brusthöhle ist durch das Zwerchfell vollständig geschlossen; die Lunge hängt frei in ihr und steht nicht mit besonderen Luftsäcken in Verbindung; die Luftröhre teilt sich gewöhnlich in zwei Zweige und hat immer nur einen einzigen Kehlkopf, welcher im Anfange der Röhre liegt und aus einer bei den verschiedenen Arten schwankenden Anzahl (in der Regel sieben) von Knorpeln gebildet wird. Mit ihm stehen bei einigen Säugetieren eigentümliche Stimmsäcke in Verbindung.

Gehirn und Nerven sind sehr verschieden ausgebildet. Ersteres füllt zwar regelmäßig die Schädelhöhle aus; allein diese ist auch oft verhältnismäßig sehr klein und die Masse des Gehirns dann äußerst gering. Bei keinem einzigen anderen Säugetier überwiegt das Gehirn das Rückenmark in demselben Grade wie bei dem Menschen, und bei keinem ist das große Gehirn so entwickelt wie bei ihm. Hierin gibt sich schon leiblich die geistige Überlegenheit des Menschen über alle übrigen Tiere kund.

Man hat die Säugetiere oft *Haartiere* genannt, damit aber niemals die ganze Klasse scharf bezeichnet. Die Haare, welche wir als Grannen- und Wollhaare, Wolle und Borsten unterscheiden, sind allerdings vorherrschend; doch kommen auch Schuppen und Stacheln, überhärtete Knochen, hornige Schilder und hornartige Hautschwielen oder die bloße Haut als äußere Leibesbedeckungen vor, wie ja überhaupt die Gebilde der Oberhaut höchst verschieden sein können, obgleich sie allesamt nur als mannigfaltige Ausprägungen ein und desselben Stoffes betrachtet werden müssen. Eine solche Verschiedenheit zeigt sich auch in den Nägeln, die bald glatt und dünn, bald rund und dick, gerade und gebogen, stumpf und scharf oder Nägel und Krallen, Klauen und Hufe sind.

Die äußeren Ernährungsdrüsen für das neugeborene Junge, die Brüste oder Zitzen, fehlen bei keinem Säugetiere, sind aber bald an der Brust allein, bald zwischen die Leisten, bald endlich auf Brust, Bauch und Leistengegend zugleich gestellt und schwanken auch in ihrer Anzahl zwischen zwei und zwölf. Sie bestehen aus drüsenreichen, mit Ausführungsgängen versehenen Gebilden, deren Absonderung, die Milch, durch eine mehrfach durchbohrte Warze ausfließen kann. Kurz vor und nach der Zeugung treten sie in Wirksamkeit; in der Kindheit sind sie nur angedeutet.

Diese allgemeinen Bemerkungen mögen für unsere oberflächliche Betrachtung des Säugetierleibes genügen.

HERRENTIERE

Affen

Ein Naturforscher des 19. Jahrhunderts nannte die Affen *umgewandelte Menschen* und wiederholte damit die uralte und doch immer neue Ansicht aller Völker, welche mit diesen fratzenhaften Wesen verkehrt haben und verkehren; das Gegenteil seines Ausspruches, nicht die Affen seien umgewandelte Menschen, sondern diese vollkommener entwikkelte Affen, ist heutzutage ebenfalls nicht mehr haltbar, da es als gesichert gilt, daß Mensch und Affe nur über gemeinsame Urahnen stammesgeschichtlich miteinander verwandt sind.

Die Affen waren in früheren Zeiten über einen größeren Teil der Erde verbreitet als gegenwärtig; denn sie hausten im südlichen Europa, in Frankreich und England. Gegenwärtig beschränkt sich ihr Vaterland auf die warmen Teile der Erde. Gleichmäßige Wärme scheint Lebensbedingung für sie zu sein. Einige Paviane steigen zwar ziemlich hoch im Gebirge empor und ertragen geringere Wärmegrade, als man vermuten möchte; fast alle übrigen Affen aber sind gegen Kälte höchst empfindlich. Jeder Erdteil besitzt seine eigenen Arten, Asien mit Afrika wenigstens eine gemeinschaftlich. In Europa kommt nur *eine* Art vor, und zwar in einem einzigen Trupp, der an den Felswänden Gibraltars unter dem Schutze der Besatzung dieser Festung lebt. Gibraltar ist übrigens nicht der nördlichste Ort, welcher Affen besitzt; denn ein japanischer Makake geht noch weiter nach Norden hinauf, etwa bis zum 37. Grade nördlicher Breite.

Die Mehrzahl der Affen gehört dem Walde an; nur ein kleiner Teil lebt auf felsigen Gebirgen. Ihre Ausrüstung weist auf das Klettern hin: Bäume bilden daher ihren Lieblingsaufenthalt.

Ihre Nahrung ist sehr mannigfaltig. Ihnen ist alles Genießbare recht. Früchte, Zwiebeln, Knollen, Wurzeln, Sämereien, Nüsse, Knospen, Blätter und saftige Pflanzenstengel bilden den Hauptteil ihrer Mahlzeiten; ein Kerbtier aber wird auch nicht verschmäht, und Eier, junge Vögelchen usw. sind Leckerbissen.

Nur die meisten Menschenaffen und Paviane sind schwerfällig, die übrigen vollendete Gaukler: Sie scheinen fliegen zu können. Sätze von sechs bis acht Metern Sprungweite sind ihnen Spaß; von dem Wipfel eines Baumes springen sie zehn Meter tief hernieder auf das Ende eines Astes, beugen denselben durch den Stoß tief herab und geben sich, während der Ast zurückschnellt, noch einen mächtigen Schwung, strecken Schwanz oder Hinterbeine als Steuer lang aus und durchfliegen wie ein Pfeil die Luft. Sofort nach glücklicher Ankunft geht es weiter.

Sie klettern vor- und rückwärts, oben auf einem Aste hin oder unten an ihm weg. Was sie mit der Vorderhand nicht ergreifen können, fassen sie mit der Hinterhand oder die neuweltlichen Arten mit dem Schwanze. Dieser wird von allen, soweit vorhanden, als Steuer angewandt, wenn weite Sprünge ausgeführt werden sollen, dient auch sonst noch zu den verschiedensten Zwecken, sei es selbst als eine Leiter für den nächsten. Bei den Neuweltsaffen wird er zur fünften — nein, zur ersten Hand. An ihm hängt sich der ganze Affe auf und wiegt und schaukelt sich nach Belieben.

Die Leichtigkeit und Zierlichkeit der Bewegungen zeigt sich übrigens nur beim Klettern. Der Gang der Affen ist immer mehr oder weniger plump und schwerfällig. Meerkatzen, Makaken, Roll- und Krallenaffen gehen noch am besten, schon die Paviane aber humpeln in spaßhafter Weise dahin und bewegen ihren dicken Hintern dabei so ausdrucksvoll, daß es aussieht, als wollten sie einen deutschen Bauerntanz aufführen. Der Gang der Menschenaffen ist kaum noch Gang zu nennen. Während jene mit der ganzen Sohle auftreten, stützen diese sich auf die eingeschlagenen Knöchel der Finger ihrer Hände und werfen den Leib schwerfällig vorwärts, so daß die Füße zwischen die Hände zu stehen kommen. Dabei werden letztere seitlich aufgesetzt, und die Tiere stützen sich also auf die eingeschlagene Faust der Hände und auf die Außenseite oder äußere Kante der Füße, deren Mittelzehen oft ebenfalls unter die Sohle gekrümmt werden, wogegen die große, weitabstehende Zehe als wesentliche Stütze des Leibes dient. Nur die Gibbons scheinen nicht imstande zu sein, in solcher Weise zu laufen, gehen vielmehr auf dem Boden in der Regel aufrecht, strecken dabei alle Zehen aus, spreizen die Daumenzehe bis zu einem rechten Winkel vom Fuße ab und halten sich mittels der ausgebreiteten Arme im Gleichgewichte, recken dieselben auch um so weiter aus, je schneller sie forttrippeln.

Das gesellige Leben der Affen ist ein für den Beobachter sehr anziehendes. Wenig Arten leben einsiedlerisch, die meisten schlagen sich in Banden zusammen. Von diesen erwählt sich jede einzelne ihren festen Wohnsitz, welcher größeren oder geringeren Umfang haben kann. Waldungen in der Nähe menschlicher Ansiedlungen sind Paradiese: der verbotene Baum in ihnen kümmert die Affen nicht, wenn nur die Äpfel auf ihm gut sind. Mais- und Zuckerrohrfelder, Obst-, Melonen-, Bananen- und Pisanganpflanzungen gehen über alles andere; Dorfschaften, in denen jeder, welcher die unverschämten Spitzbuben züchtigt, den Aberglauben der Bewohner zu fürchten hat, sind auch nicht übel. Wenn sich die Bande erst über den Wohnort geeinigt hat, beginnt das wahre Affenleben mit all seiner Lust und Freude, seinem Kampf und Streit, seiner Not und Sorge. Das stärkste oder älteste, also befähigtste männliche Mitglied einer Herde schwingt sich zum Zugführer oder Leitaffen auf. Diese Würde wird ihm nicht durch das allgemeine Stimmrecht übertragen, sondern erst nach sehr hartnäckigem Kampfe und Streite mit anderen Bewerbern, d. h. mit sämtlichen übrigen alten Männchen, zuerteilt. Die längsten Zähne und die stärksten Arme entscheiden. Wer sich nicht gutwillig unterordnen will, wird durch Bisse und Püffe gemaßregelt, bis er Vernunft annimmt.

Kein weibliches Glied der Bande darf sich einer albernen Liebschaft mit irgendeinem Grünschnabel hingeben. Die Augen des Leitaffen sind scharf, und seine Zucht ist streng: Er versteht in Liebessachen keinen Spaß. Auch die Äffinnen, welche sich oder besser ihn vergessen sollten, werden geohrfeigt und zerzaust, daß ihnen der Umgang mit anderen Helden der Bande gewiß verleidet wird; der betreffende Affenjüngling, welcher die Haremsgesetze des auf sein Recht stolzen Sultans verletzt, kommt noch schlimmer weg.

Im übrigen übt der Leitaffe sein Amt mit Würde aus. Schon die Achtung, welche er genießt, verleiht ihm Sicherheit und Selbständigkeit, welche seinen Untergebenen fehlt; auch wird ihm von diesen in jeder Weise geschmeichelt. So sieht man, daß selbst die Äffinnen sich bemühen, ihm die höchste Gunst, welche ein Affe gewähren oder nehmen kann, zuteil werden zu lassen. Sie ereifern sich, sein Haarkleid stets von lästigen Schmarotzern möglichst rein zu halten, und er läßt sich diese Huldigung mit dem Anstande eines Paschas gefallen, welchem eine Lieblingssklavin die Füße krault. Dafür sorgt auch er treulich für die Sicherheit seiner Bande und ist deshalb in beständiger Unruhe. Nach allen Seiten hin sendet er seine Blicke, keinem Wesen traut er, und so entdeckt er auch fast immer rechtzeitig eine etwaige Gefahr.

In der Gefangenschaft halten fast alle Affenarten gute Freundschaft; doch bildet sich bald ein ähnliches Herrschafts- und Abhängigkeitsverhältnis wie unter einer freilebenden Bande.

Die Affen gebären ein Junges, wenige Arten zwei. Das Kind hängt sich bald nach seiner Geburt mit beiden Vorderhänden an dem Halse, mit beiden Hinterhänden aber an den Weichen der Mutter fest, in der geeignetsten Lage, die laufende Mutter nicht zu behelligen und ungestört zu saugen. Stirbt eine Äffin, so nimmt das erste beste Mitglied der Bande die Waise an Kindes Statt an, und die Zärtlichkeit gegen ein Pflegekind der eigenen Art ist kaum geringer als die, welche dem eigenen Kinde zuteil wird.

Ich weiß nicht, ob ich irgendeinen Affen als Hausgenossen anraten darf. Die munteren Gesellen bereiten viel Vergnügen, verursachen aber noch weit mehr Ärger. Auf lose Streiche aller Art darf man gefaßt sein, und wenn man nicht gerade die Geisteskräfte des Affen studieren will, bekommt man die Streiche doch bald gründlich satt, weil sein ewig regsamer Geist beständig Beschäftigung verlangt. Wenn sein Herr ihm solche nicht gewährt, schafft er sie sich selbst und dann regelmäßig nicht eben zum Vorteil des Menschen. — Mit seiner Ernährung hat man keine Not: Er frißt alles, was der Mensch genießt.

Über die Einteilung der Affen sind die Forscher sehr verschiedener Meinung. Wir wollen die Ordnung der *Affen* (Primaten) in die beiden Unterordnungen der *Halbaffen* (Prosimia) und der eigentlichen *Affen* (Simia) einteilen; diese wieder in die *Altwelt- oder Schmalnasenaffen* (Catarrhina), die Afrika und Asien bewohnen, und die *Neuwelt- oder Breitnasenaffen* (Platyrrhina), die in Amerika beheimatet sind.

Altwelt- oder Schmalnasenaffen

Menschenaffen

Innerhalb der Altweltaffen bilden die Menschenaffen (Pongidae) eine eigene Familie. Für sie sind folgende Merkmale anzugeben. Der Leib ist menschenähnlich gebildet; die Vorderglieder aber sind länger, die hinteren kürzer als bei den Menschen. Das Gesicht erscheint namentlich durch den Bau und die Stellung der Augen und Ohren menschenähnlicher als das aller übrigen Affen. Ein Schwanz fehlt gänzlich. Das Haarkleid besteht aus langen, jedoch ziemlich dünn stehenden Grannenhaaren, welche bloß das Gesicht und die Zehen frei lassen; Gesäßschwielen sind meist nicht vorhanden. Das Gebiß ähnelt dem des Menschen bis auf die Eckzähne, welche bei alten Männchen tierische Größe erreichen.

Der **Gorilla,** *Njina* oder *Pongo* der Eingeborenen (Gorilla gorilla), Abb. S. 21, 25, ist meist zwar etwas kleiner, aber bei weitem breitschultriger als ein starker Mann (größte gemessene Höhe 2,30 m). Die Länge und Stärke des Rumpfes und der Vorderglieder, die unverhältnismäßige Größe der Hände und Füße sind die bezeichnendsten Merkmale.

Der Umriß des Kopfes bildet von dem stark hervortretenden Augenbrauenbeine an nach dem Scheitel zu anfänglich eine etwas eingesenkte, später sanft gewölbte Linie, steigt am Scheitel auf und fällt nach dem Nacken zu gerade ab. Der Brauenbogen wird durch die aufliegende dicke Haut und starke Behaarung noch weiter vorgerückt und läßt das kleine, braune Auge um so tiefer zurücktreten; die Nase ist flachgedrückt, in der Mitte der Länge nach eingebuchtet und an ihren Flügeln sehr verbreitert; das breite Maul wird durch dicke Lippen geschlossen, welche kürzer und weniger beweglich sind als bei andern Menschenaffen und mehr mit denen des Menschen übereinstimmen; das Kinn würde seiner Kürze halber zurücktreten, wäre nicht der ganze Unterteil des Gesichts vorgeschoben; das ziemlich weit nach hinten, in gleicher Höhe mit den Augen gelegene Ohr ist verhältnismäßig kleiner als das des Schimpansen, jedoch vergleichsweise größer als das des Menschen, diesem ähnlicher als das irgendeines andern Affen. Der kurze Hals bildet hinten wegen der langen, mit mächtigen Muskeln überdeckten Wirbelfortsätze mit Hinterkopf und Rücken eine gerade Linie, trennt sich daher nur seitlich und vorn vom Rumpfe ab, so daß der Kopf unmittelbar auf letzterem zu sitzen scheint. Der Rumpf selbst fällt sowohl durch seine außerordentliche Stärke wie seine, im Vergleich zu dem des Menschen, unverhältnismäßige Länge auf; der mächtige Brustkasten ist ungemein geräumig, die Schulterbreite fast unmäßig, der Rücken sanft gebogen. Der Unterarm geht ohne erhebliche Verschmächtigung in die ebenso kurze wie breite und dicke, wegen ihres langen Tellers ausgezeichnete Hand über; der Daumen ist wie bei allen Menschenaffen schwach und kurz, kaum halb so lang wie jeder andere Finger. Mit dem der Verwandten verglichen, erscheinen die Oberschenkel stark, die Unterschenkel dagegen ebenso kurz wie schwach, der Fuß kurz und unförmlich breit, die an ihrer Spitze verbreiterte, sehr bewegliche Daumenzehe, welche unter einem Winkel von sechzig Grad zu den anderen steht, verhältnismäßig stark und lang. Das Haar läßt das Vordergesicht nach oben bis zu den Augenbrauen, seitlich bis zur Mitte der Jochbogen, nach unten hin bis zum Kinn, das Ohr, die Hand und den Fuß seitlich und auch unten gänzlich frei, bekleidet dagegen ziemlich regelmäßig den übrigen Leib, Oberkopf, Nacken, Schultern, Oberarme sowie Ober- und Unterschenkel am dichtesten, Brust und Bauch am spärlichsten, ist bei alten Tieren aber auch auf Mittel- und Unterrücken gewöhnlich abgerieben. Alle nackten Teile haben graulich schieferschwarze, die mit Haaren bekleideten Hautteile dunkelledderbraune, die Haare dagegen eine düstere dunkelgraue Färbung. Erwachsene Männchen und Weibchen unterscheiden sich nur in der Größe.

Die Zähne sind sehr kräftig, die Eck- oder Hundszähne kaum weniger als bei Raubtieren entwickelt. Das Gerippe entspricht hinsichtlich seiner Massigkeit der Größe des Tieres; der ungeheure Schädel fällt besonders auf

1

2

3

Menschenaffen: 1 Gorilla, 2 Orang-Utan (Jungtier), 3 Schimpanse; *Schmalnasen-Affen:* 4 Husarenaffe, 5 Mandrill, 6 Bartaffe; *Breitnasen-Affen:* 7 Wollaffe, 8 Brüllaffe, 10 Pinseläffchen; *Halbaffen:* 9 Koboldmaki, 11 Plumplori.

4

5

6

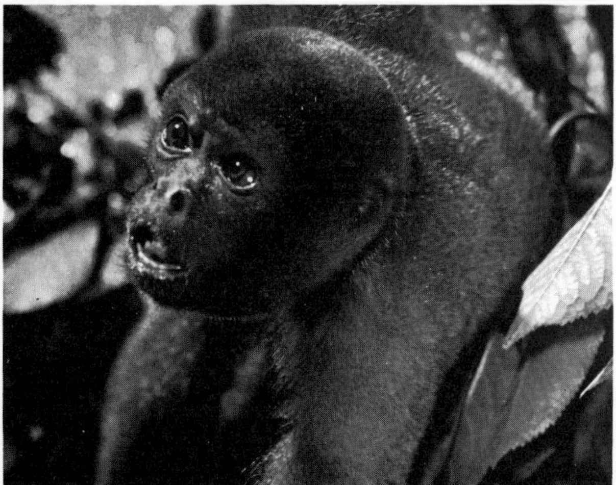
7

8

9

10

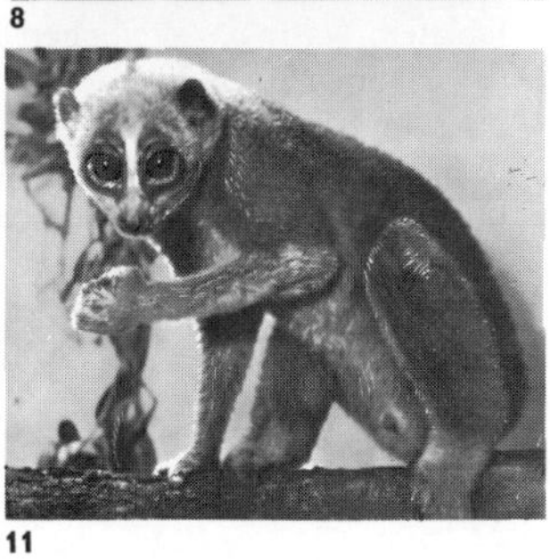
11

durch die Länge und Schmalheit des seitlich sehr zusammengedrückten, hinten eckig vortretenden, innen kleinen, d. h. wenig geräumigen Hirnteiles, den mächtig entwickelten Scheitelkamm des Männchens, die weit vortretenden Brauen und Jochbogen und den riesigen Unterkiefer; das Arm- und Handgerüst durch seine gewaltige Stärke; der von dreizehn Rippenpaaren umschlossene Brustkasten durch seine Weite.

Die Heimat des Gorillas sind die Waldgebiete Zentralafrikas von Kamerun bis zum Kiwusee. Sein Futter besteht aus Früchten, welche er in den Wäldern findet, und aus Laub; Fleisch ißt er niemals.

Es gibt seit 1846 eine Reihe von Berichten über den Gorilla. Unter den frühen Berichterstattern macht Winwood *Reade* den Eindruck der größten Verläßlichkeit. „Als ich im Innern der Gorillagegenden reiste", sagte er, „pflegte ich in jedem Dorfe, welches mir zur Nachtherberge wurde, nachzufragen, ob sich hier ein Neger befinde, welcher einen Gorilla getötet habe. Wollte das Glück, daß dies der Fall war, so ließ ich ihn zu mir bringen und befragte ihn mit Hilfe eines Dolmetschers über die Sitten und Gewohnheiten der Affen. Alle Nachrichten, die ich empfing, habe ich verglichen und nur das behalten, welches durch das gleichlautende Zeugnis aller Jäger dieser drei verschiedenen Gegenden Innerafrikas bestätigt wurde.

Während der Schimpanse in der Nachbarschaft kleiner Steppen haust, scheint der Gorilla das düstere Zwielicht der dichtesten Wälder zu lieben. Er läuft auf allen vieren, und man sieht ihn zuweilen allein, zuweilen in Begleitung eines Weibchens und Jungen. Von den Bäumen bricht er sich Zweige und Blätter, welche sich in einer ihm erreichbaren Höhe über dem Boden befinden. Zuweilen erklettert er auch einen Baum, um dessen Früchte zu genießen. Eine Grasart, welche in kleinen Büschen wächst, liebt er so, daß man sein Vorkommen da, wo dieses Gras vorhanden, fast mit Sicherheit annehmen kann. Morgens und abends besucht er die Pflanzungen der Dörfer, frißt Pisang und Zuckerrohr und läßt seinen kläglichen Schrei vernehmen. Nachts erwählt er sich einen hohlen Baum, um auf ihm zu schlafen. Wenn das Weibchen trächtig ist, baut das Männchen, meist in einer Höhe von fünf bis acht Metern über dem Boden, ein Nest, d. h. ein bloßes Lager aus trockenen Stecken und Zweigen, die es mit den Händen zusammenschleppt. Hier bringt das Weibchen sein Junges zur Welt und verläßt dann das Nest. Während der Brunstzeit kämpfen die Männchen um ihre Weibchen.

Entsprechend der Neigung der Neger, alles zu übertreiben, hörte ich anfänglich die verschiedensten Geschichten bezüglich der Wildheit des Gorilla. Als ich aber die wirklichen Jäger befragte, fand ich sie, soweit ich zu urteilen vermochte, wie alle mutigen Leute bescheiden und eher schweigsam als geschwätzig. Sie leugnen, daß der Gorilla, ohne gereizt zu sein, den Menschen stets angreife. Laßt ihn allein, sagen sie, und er läßt euch allein. Wenn er aber beim Fressen oder im Schlafe plötzlich überrascht wird, dreht er sich in einem Halbkreis herum, heftet seine Augen fest auf den Mann und stößt einen unwillig klagenden Schrei aus. Versagt das Gewehr des Jägers, oder wird der Affe nur verwundet, so läuft er zuweilen davon; manchmal aber stürzt er sich mit wütendem Blicke, herunterhängender Lippe und nach vorn überfallendem Haarschopfe auf den Gegner. Es scheint nicht, daß er sehr behend sei; denn die Jäger entkommen ihm häufig. Er greift stets auf allen vieren an, packt den betreffenden Gegenstand, reißt ihn in seinen Mund und beißt ihn. Daß ein Mann von einem Gorilla umgebracht werden kann, möchte ich keinen Augenblick bezweifeln, daß aber kein Mann seit Menschengedenken umgebracht worden ist, kann ich mit Bestimmtheit versichern. Der Jäger, welcher mich in den Waldungen von Ngumbi führte, wurde einst von einem Gorilla verwundet. Seine Hand war vollständig verkrüppelt und die Narben der Zahnwunden am Gelenke noch sichtbar. Ihn forderte ich auf, mir genau die Art und Weise des Angriffes eines Gorillas zu zeigen. Ich stellte den Jäger vor, er den Gorilla. Er nahm eine gebückte Stellung an, und ich tat, als ob ich ihn schießen wollte. Nun kam er auf allen vieren auf mich zu, ergriff meine Hand am Gelenke, zog sie zu seinem Munde, biß hinein und lief davon. So, sagte er, hat der Gorilla mit mir getan. Durch solche einfache Zeugen gelangt man unter den Negern am ersten zur Wahrheit. Der Leopard gilt allgemein als ein wilderes und gefährlicheres Tier als der Gorilla. Das, was ich aus persönlicher Anschauung versichern kann, ist folgendes: Ich habe die Nester des Gorilla gesehen, bin jedoch nicht imstande, bestimmt zu sagen, ob sie als Betten oder als zeitweilige Lager benutzt werden. Ich habe ebenso wiederholt die Fährte des Gorilla gefunden und darf deshalb behaupten, daß der Affe gewöhnlich auf allen vieren läuft."

Der **Schimpanse** (Pan troglodytes), Abb. S. 21, 26, 27, ist beträchtlich kleiner als der Gorilla. Aufgerichtet ist er bis 1,30 m groß, nur alte Männchen werden noch größer. Sein Gesicht ist breit und flach, die Stirn tritt namentlich bei alten Tieren merklich, jedoch weit weniger als beim Gorilla zurück und das

Kinn in demselben Verhältnisse vor, so daß der Gesichtswinkel 55 Grad beträgt. Die Augenbrauenbogen stehen deutlich vor; die Nase ist klein und flach, der Mund übermäßig groß; die schmalen, weit vorstreckbaren Lippen sind im Leben vielfach gefaltet. Die Ohrmuschel ist viel größer, steht auch weiter vom Kopfe ab als beim Menschen. Die Arme reichen bei aufrechtem Gange sehr weit herab, und die Fingerspitzen der ausgestreckten Hand berühren fast die Knöchel.

Ein aus mittellangen schlichten und glänzenden dunklen Haaren bestehendes Kleid, welches sich bartartig an beiden Gesichtsseiten und schopfig auf dem Hinterkopfe verlängert, deckt gleichmäßig Stirn, Scheitel, Hinterkopf, Nacken und Rücken, wogegen die Unterseite weit spärlicher bekleidet und die Kinn- und Weichengegend nur sehr dünn behaart ist. In der Gegend des nackten Afters sieht das Haar weißlich aus. Die Heimat des Schimpansen sind die äquatorialen Urwälder Afrikas.

„Man kann nicht sagen", berichtet *Savage*, „daß die Schimpansen gesellig leben, da man selten mehr als ihrer fünf, höchstens ihrer zehn zusammen findet. Auf gute Gewähr mich stützend, darf ich behaupten, daß sie sich gelegentlich in größerer Anzahl versammeln, um zu spielen. Einer meiner Berichterstatter versichert, bei einer solchen Gelegenheit einmal nicht weniger als ihrer fünfzig gesehen zu haben, welche sich durch Jubeln, Schreien und Trommeln auf alten Stämmen erfreuten. Sie meiden die Aufenthaltsorte der Menschen soviel als möglich. Ihre Wohnungen, mehr Nester als Hütten, errichten sie auf Bäumen, im allgemeinen nicht hoch über dem Boden. Größere oder kleinere Zweige werden niedergebogen, abgeknickt, gekreuzt und durch einen Gabelzweig gestützt. Zuweilen findet man ein Nest nahe dem Ende eines dicken, blattreichen Astes, acht bis zwölf Meter über der Erde; doch habe ich auch eins gesehen, welches nicht niedriger als dreizehn Meter sein konnte. Einen festen Standort haben die Schimpansen nicht, wechseln ihren Platz vielmehr beim Aufsuchen der Nahrung oder aus sonstigen Gründen, je nach den Umständen. Wir sahen sie öfters auf hochgelegenen Stellen, wohl nur deshalb, weil die dem Reisbau der Eingeborenen günstigeren Niederungen öfters gelichtet werden und jenen dann passende Bäume zum Bau ihrer Nester mangeln. Selten sieht man mehr als ein oder zwei Nester auf einem und demselben Baume oder sogar in derselben Umgebung. Doch hat man einmal deren fünf gefunden.

In der Ruhe nimmt der frei lebende Schimpanse gewöhnlich eine sitzende Stellung an. Man sieht ihn in der Regel stehen oder gehen; wird er dabei entdeckt, so fällt er unverzüglich auf alle viere und entfernt sich fliehend von dem Beobachter. Wie man schon aus dem Bau vermuten kann, ist der Schimpanse ein geschickter Kletterer. Bei seinen Spielen schwingt er sich auf weite Entfernungen von einem Baume zum anderen und springt mit staunenerregender Behendigkeit."

Die Nahrung besteht aus denselben Pflanzen und Früchten, welche der Gorilla verzehrt: Früchte, Nüsse, Blatt- und Blütenschößlinge, vielleicht auch Wurzeln, bilden die Hauptspeise.

Unter den Eingeborenen Westafrikas geht eine Überlieferung, nach welcher die Schimpansen einmal Mitglieder ihres eigenen Stammes gewesen seien, wegen ihrer schlechten Gewohnheiten aber aus aller menschlichen Gesellschaft verstoßen und infolge hartnäckigen Beharrens bei ihren gemeinen Neigungen allmählich auf den gegenwärtigen Zustand herabgesunken wären. Dies hindert die Eingeborenen übrigens nicht, die Herren Vettern zu essen; ja deren Leiber gelten, mit Palmöl gekocht, sogar als äußerst schmackhaftes Gericht.

Unter allen Menschenaffen gelangt gegenwärtig der Schimpanse am häufigsten lebend zu uns. Ich selbst habe mehrere Schimpansen jahrelang gepflegt und beobachtet. Einen solchen Affen kann man nicht wie ein Tier behandeln, sondern mit ihm nur wie mit einem Menschen verkehren. Ungeachtet aller Eigentümlichkeiten, welche er bekundet, zeigt er in seinem Wesen und Gebaren so außerordentlich viel Menschliches, daß man das Tier beinahe vergißt. Sein Leib ist der eines Tieres, sein Verstand steht mit dem eines rohen Menschen fast auf ein und derselben Stufe. Es würde abgeschmackt sein, wollte man die Handlungen und Streiche eines so hochstehenden Geschöpfes einzig und allein auf Rechnung einer urteilslosen Nachahmung stellen, wie man es hin und wieder getan hat. Allerdings ahmt der Schimpanse nach; es geschieht dies aber in genau derselben Weise, in der ein Menschenkind Erwachsenen etwas nachtut, also mit Verständnis und Urteil. Er läßt sich belehren und lernt. Er hat witzige Einfälle und erlaubt sich Späße, nicht bloß Tieren, sondern auch Menschen gegenüber. Ein Gegenstand, welcher seine Aufmerksamkeit erregt, gewinnt an Wert für ihn, wenn er gelernt hat, ihn zu benutzen. Er versteht es, einfache Schlüsse zu ziehen, von dem einen auf etwas anderes zu folgern, gewisse Erfahrungen zweckentsprechend auf ihm neue Verhältnisse zu übertragen. Er ist listig, sogar verschmitzt, eigenwillig, jedoch nicht störrisch; er verlangt, was ihm zukommt, ohne rechthaberisch zu sein, bekundet Launen und Stimmungen, ist heute lustig und aufgeräumt, morgen traurig und mürrisch. Er unterhält sich in dieser und langweilt sich in jener Gesellschaft. Seine Gefühle drückt er aus wie der Mensch. In heiterer Stimmung lacht er freilich nicht, aber er schmunzelt doch wenigstens, d. h. verzieht sein Gesicht und nimmt den unverkennbaren Ausdruck der Heiterkeit an. Trübe Stimmungen dagegen verkündet er ganz in derselben Weise wie ein Mensch, nicht allein durch seine Mienen, sondern auch durch klägliche Laute, die jedermann verstehen muß, weil sie menschlichen mindestens in demselben Grade ähneln wie tierischen. Wohlwollen erwidert er durch die gleiche Gesinnung, Übelwollen womöglich in eben derselben Weise. Bei Kränkungen gebärdet er sich wie ein Verzweifelter, wirft sich mit dem Rücken auf den Boden, verzerrt sein Gesicht, schlägt mit Händen und Füßen um sich, kreischt und rauft sich sein Haar.

Der Schimpanse, welcher, während ich diese Zeilen aus der schnelläufigen Feder des Eilschreibers fließen lasse, in meinem Zimmer umhergeht und sich nach Herzenslust unterhält, langte in der traurigsten Verfassung an. Er war ermüdet und ermattet von der Reise, krank und leiblich und geistig herabgekommen. In dieser Lage verlangte er die sorgsamste Pflege, eine solche, wie man sie einem kranken Kinde angedeihen läßt, und erhielt diese und eine treffliche Erziehung durch einen der ausgezeichnetsten Tierpfleger, meinen alten Freund *Seidel*, in der freundlichsten Weise. Kein Wunder, daß er an diesem Mann hängt wie ein Kind an seiner Mutter, daß er sich seinen Wünschen fügt und in überraschend kurzer Zeit zu dem folgsamsten Pflegling unter der Sonne geworden ist. Namentlich seitdem er seine Krankheit vollständig überwunden hat, zeigt er sich als ein ganz anderes Geschöpf als vorher. Er ist rege und tätig ohne Unterlaß, vom frühen Morgen bis zum späten Abend, sucht sich ununterbrochen mit irgend etwas zu beschäftigen, und sollte er auch nur mit seinen Händen klatschend auf seine Fußsohlen klopfen, ganz so wie Kinder es ebenfalls zu tun pflegen. So ungeschickt er zu sein scheint, wenn er geht, so gewandt und behend ist er wirklich, und zwar bei jeder Bewegung. In der Regel geht er in der sämtlichen Menschenaffen eigenen Weise auf allen vieren, und zwar mit schiefer Richtung seines Leibes, indem er sich mit den Händen auf die eingeschlagenen Knöchel stützt und entweder ein Hinterbein zwischen den Vorderarmen und eins außerhalb derselben setzt oder beide Hinterbeine zwischen die Vorderarme schiebt. Trägt er jedoch etwas, so richtet er sich fast zu voller Höhe auf.

Von dem afrikanischen Menschenaffen unterscheidet sich der asiatische, welcher gewöhnlich **Orang-Utan,** Waldmensch (Pongo pygmaeus), fälschlich *Orang-Utang*, Abb. S. 21, genannt wird, durch die bedeutend längeren Arme, welche bis zu den Knöcheln der Füße herabreichen, und durch den kegel- oder pyramidenförmig zugespitzten Kopf mit weit vorstehender Schnauze. Solange er jung ist, gleicht sein Schädel dem eines Menschenkindes in hohem Grade; mit dem zunehmenden Alter aber tritt das Tierische auch bei ihm derartig hervor, daß der Schädel nur noch entfernt an den des jungen Affen erinnert.

Der größte männliche Orang-Utan, welchen *Wallace* erlegte, war im Stehen 1,35 m hoch, klafterte aber mit ausgestreckten Armen 2,4 m. Der Leib, an welchem der Bauch stark hervortritt, ist an den Hüften breit, der Hals kurz und vorn faltig, weil das Tier einen großen Kehlsack besitzt, welcher aufgeblasen werden kann; die langen Gliedmaßen haben auch lange Hände und Finger. Die Nase ist ganz flach gedrückt, und die Nasenscheidewand verlängert sich über die Nasenflügel hinaus; Augen und Ohren sind klein, aber denen des Menschen ähnlich gebildet. In dem furchtbaren Gebisse treten die Eckzähne stark hervor; der Unterkiefer ist länger als der Oberkiefer. Die Behaarung ist spärlich auf dem Rücken und sehr dünn auf der Brust, um so länger und reichlicher aber an den Seiten des Leibes, wo sie lang herabfällt. Im Gesichte entwickelt sie sich bartähnlich. Gewöhnlich ist die Färbung der Haare ein dunkles Rostrot, seltener ein Braunrot, welches auf dem Rücken und auf der Brust dunkler, am Bart aber heller wird. Die nackten Teile sehen bläulich- oder schiefergrau aus. Alte Männchen unterscheiden sich von den Weibchen durch ihre bedeutende Größe (die nach neueren Messungen bis 1,90 m betragen kann), dichteres und längeres Haar, reichlicheren Bart und eigentümliche Schwielen oder Hautlappen an den Wangen. Die jüngeren Tiere sind bartlos, sonst aber reicher behaart und dunkler gefärbt.

Der Orang-Utan ist seit alter Zeit bekannt. Schon *Plinius* gibt an, daß es auf den indischen Bergen Satyrn gäbe, „sehr bösartige Tiere mit einem Menschengesicht, die bald aufrecht, bald auf allen vieren gingen und wegen ihrer Schnelligkeit nur gefangen werden könnten, wenn sie alt oder krank seien". Seine Erzählung erbt sich fort von Jahrhundert zu Jahrhundert und empfängt von jedem neuen Bearbeiter Zusätze. Man vergißt fast, daß man noch von Tieren redet; aus den Affen werden beinahe wilde Menschen. Übertreibungen jeder Art verwirren die ersten Angaben und entstellen

Seite 25: Gorilla
· Seite 26: Typische Mimik eines Schimpansen

die Wahrheit. Die Javaner behaupten, daß die Affen wohl reden könnten, wenn sie nur wollten, es jedoch nicht täten, weil sie fürchteten, arbeiten zu müssen. Daß die Waldmenschen aus der Vermischung von Affen und eingeborenen Weibern entständen, sei ganz sicher. *Schouten* bereichert diese Erzählung durch einige Entführungsgeschichten, in denen Waldmenschen der angreifende, malaiische Mädchen aber der leidende Teil sind. Es versteht sich fast von selbst, daß die Orang-Utans nach allen diesen Erzählungen aufrecht auf den Hinterfüßen gehen, obwohl hinzugefügt wird, „daß sie auch auf allen vier Beinen laufen könnten". Eigentlich sind die Reisebeschreiber an den Übertreibungen, welche sie auftischen, unschuldig; denn sie geben nur die Erzählungen der Eingeborenen wieder. Diese wußten sich natürlich die Teilnahme der Europäer für die Affen zunutze zu machen, weil sie ihnen solche verkaufen wollten und deshalb ihre Ware nach Kräften priesen.

Dank den trefflichen Forschungen *Wallaces* sind wir über das Freileben des Orang-Utan genauer unterrichtet als über das jedes anderen Menschenaffen. Der genannte Reisende hatte die beste Gelegenheit, das Tier kennenzulernen und die Berichte der Eingeborenen mit seinen eigenen Beobachtungen zu vergleichen.

„Man weiß", sagt er, „daß der Orang-Utan Sumatra und Borneo bewohnt, und hat guten Grund zu glauben, daß er auf diese beiden großen Inseln beschränkt ist. Jedoch scheint er auf der ersteren viel seltener zu sein als auf der letzteren. Er bewohnt ausgedehnte Gegenden der Küsten, hält sich aber ausschließlich in niedrig gelegenen und sumpfigen Wäldern auf. In allen Gegenden, wo der Boden sich etwas erhebt und trocken ist, wohnt der Orang-Utan nicht.

Es ist ein seltsamer und fesselnder Anblick, einen Orang-Utan gemächlich seinen Weg durch den Wald nehmen zu sehen. Er geht umsichtig einen der größten Äste entlang in halb aufrechter Stellung, zu welcher ihn die bedeutende Länge seiner Arme und die verhältnismäßige Kürze seiner Beine nötigen, und zwar bewegt er sich wie seine Verwandten, indem er auf den Knöcheln, nicht wie wir auf den Sohlen geht. Stets scheint er solche Bäume zu wählen, deren Äste mit denen des nächststehenden verflochten sind, streckt, wenn er nahe ist, seine langen Arme aus, faßt die betreffenden Zweige mit beiden Händen, scheint ihre Stärke zu prüfen und schwingt sich dann bedächtig hinüber auf den nächsten Ast, auf welchem er wie vorher weitergeht. Nie hüpft oder springt er, niemals scheint er auch nur zu eilen, und doch kommt er fast ebenso schnell fort, wie jemand unter ihm durch den Wald laufen kann. Die langen, mächtigen Arme sind für ihn von größtem Nutzen; sie befähigen ihn, mit Leichtigkeit die höchsten Bäume zu erklimmen, Früchte und junge Blätter von dünnen Zweigen, welche sein Gewicht nicht aushalten würden, zu pflücken und Blätter und Äste zu sammeln, um sich ein Nest zu bauen.

Der Orang-Utan verläßt sein Lager erst, wenn die Sonne ziemlich hoch steht und den Tau auf den Blättern getrocknet hat. Er frißt die mittlere Zeit des Tages hindurch, kehrt jedoch selten während zweier Tage zu demselben Baume zurück. Soviel ich in Erfahrung bringen konnte, nährt er sich fast ausschließlich von Obst, gelegentlich auch von Blättern, Knospen und jungen Schößlingen. Äußerst selten steigt der Orang-Utan auf die Erde herab, wahrscheinlich nur dann, wenn er, vom Hunger getrieben, saftige Schößlinge am Ufer sucht oder wenn er bei sehr trockenem Wetter nach Wasser geht, von welchem er für gewöhnlich genug in den Höhlungen der Blätter findet."

Gelegentlich einer seiner Jagden erlangte unser Forscher auch einen jungen Orang-Utan. „Dieses kleine Geschöpf", berichtet *Wallace*, „war nur einen Fuß lang und hatte augenscheinlich am Halse der Mutter gehangen, als sie vom Baume herabfiel. Glücklicherweise schien es nicht verwundet zu sein, und nachdem der Mund vom Schlamme gesäubert worden war, fing es an zu schreien und schien kräftig und lebhaft. Es hatte noch keinen einzigen Zahn; doch kamen einige Tage darauf die beiden unteren Vorderzähne zum Vorscheine. Ich machte einen kleinen Kasten als Wiege zurecht und reichte ihm eine weiche Matte, welche täglich gewechselt und gereinigt wurde, fand es jedoch sehr bald nötig, auch den kleinen Orang zu waschen. Diese Behandlung gefiel ihm, nachdem er sie einige Male durchgemacht hatte, in so hohem Grade, daß er zu schreien begann, sobald er schmutzig war, und nicht eher aufhörte, als bis ich ihn herausnahm und nach dem Brunnen trug. Das Abwaschen und Trockenreiben liebte er außerordentlich, und vollkommen glücklich schien er zu sein, wenn ich sein Haar bürstete. Dann lag er ganz still und streckte Arme und Beine von sich, während ich das lange Haar auf Rücken und Armen strählte.

Gut eingeweichter Zwieback mit etwas Ei und Zucker gemischt, manchmal süße Kartoffeln wurden gern gegessen, und ich bereitete mir ein nie fehlschlagendes Vergnügen dadurch, daß ich die drolligen Grimassen beobachtete, durch welche er seine Billigung oder sein Mißfallen über das, was ich ihm

Seite 27: Schimpanse (o.); Weißhandgibbon (u.)
Seite 28: Gibbon

gegeben hatte, ausdrückte. Das kleine Geschöpf beleckte die Lippen, zog die Backen ein und verdrehte die Augen mit dem Ausdrucke der höchsten Befriedigung, wenn er seinen Mund mit dem, was er besonders liebte, voll hatte, während er andererseits den Bissen eine kurze Zeit mit der Zunge im Munde herumdrehte, als ob er einen Wohlgeschmack daran suchen wolle, und wenn er ihn nicht süß oder schmackhaft genug fand, regelmäßig alles wieder ausspie.

Als ich meinen jungen Orang ungefähr drei Wochen besaß, bekam ich glücklicherweise einen jungen Makaken, welcher klein, aber sehr lebhaft war und allein fressen konnte. Ich setzte ihn zu dem Orang, und sie wurden sogleich die besten Freunde. Keiner fürchtete sich im geringsten vor dem anderen. Der kleine Makak setzte sich ohne die mindeste Rücksicht auf den Leib, ja selbst auf das Gesicht des Orangs, und während ich diesen fütterte, pflegte jener dabeizusitzen und alles aufzunaschen, was danebenfiel, gelegentlich auch mit seinen Händen den Löffel aufzufangen. War ich mit der Atzung fertig geworden, so leckte er das, was an den Lippen des Orang saß, begierig ab und riß diesem schließlich das Maul auf, um zu sehen, ob noch etwas darin sei. Den Leib seines Gefährten betrachtete er wie ein bequemes Kissen, indem er sich oft darauf niederlegte, und der hilflose Orang ertrug allen Übermut seines Gefährten mit der beispiellosesten Geduld; denn er schien zu froh zu sein, überhaupt etwas Warmes in seiner Nähe oder einen Gegenstand zur Verfügung zu haben, um den er zärtlich seine Arme schlingen konnte. Merkwürdig war das verschiedene Gebaren dieser zwei Tiere, welche im Alter nicht weit auseinander sein konnten. Der Orang benahm sich ganz wie ein kleines Kind, lag hilflos auf dem Rücken, rollte sich langsam hin und her, streckte alle viere in die Luft, in der Hoffnung, irgend etwas zu erhaschen, war aber noch kaum imstande, seine Finger nach einem bestimmten Gegenstande hinzubringen, öffnete, wenn er unzufrieden war, seinen fast zahnlosen Mund und drückte seine Wünsche durch ein sehr kindliches Schreien aus: Der junge Makak dagegen war in ständiger Bewegung, lief und sprang umher, wann und wo es ihm Vergnügen machte, untersuchte alles, ergriff mit der größten Sicherheit die kleinsten Dinge, erhielt sich mühelos auf dem Rande des Kastens im Gleichgewichte, kletterte an einem Pfahle hinauf und setzte sich in den Besitz von allem Eßbaren, welches ihm in den Weg kam. Man konnte sich keinen größeren Gegensatz denken: Der Orang erschien neben dem Makaken noch mehr denn als ein kleines Kind."

Gibbons

Bei keinem Affen zeigt sich die Entwicklung der Vorderglieder in gleichem Grade wie bei den **Gibbons** oder *Langarmaffen* (Hylobatidae), Abb. S. 27, 28, 37. Sie tragen ihren Namen mit Recht; denn die über alles gewohnte Maß verlängerten Arme erreichen, wenn ihr Träger aufrecht steht, den Boden.

Die Gibbons sind eine kleine Gruppe der Affen, die eine eigene Familie bilden. Sie sind sämtlich Asiaten und gehören ausschließlich Ostindien und seinen Inseln an. Die Arten erreichen eine ziemlich bedeutende Größe, wenn auch keine einzige über einen Meter hoch wird. Ihr Körper erscheint trotz der starken und gewölbten Brust sehr schlank, weil die Weichengegend, wie bei dem Windhunde, verschmächtigt ist; die Hinterglieder sind bedeutend kürzer als die vorderen, und ihre langen Hände bei einigen Arten noch durch die teilweise miteinander verwachsenen Zeige- und Mittelfinger ausgezeichnet. Der Kopf ist klein und eiförmig, das Gesicht menschenähnlich; die Gesäßschwielen sind klein, und der Schwanz ist äußerlich noch nicht sichtbar. Ein reicher und oft seidenweicher Pelz umhüllt ihren Leib; Schwarz, Braun, Braungrau und Strohgelb sind die Farben.

Der *Siamang* (Symphalangus syndactylus) ist mit knapp 1 m Höhe der größte aller Langarmaffen. Er hat am Grunde verwachsene zweite und dritte Zehen. Ein dichter, aus langen, weichen und glänzenden Haaren gebildeter Pelz von tiefschwarzer Farbe deckt den Leib. Er lebt in der Wipfelregion der Waldungen von Sumatra.

Mehr das allgemeine Gepräge der Gattung zeigt der *Hulock* (Hylobates hoolock), ein Langarmaffe von etwa 0,90 m Höhe, ohne Kehlkopf und mit freien Zehen. Sein Pelz ist bis auf eine weiße Stirnbinde kohlschwarz. Er bewohnt Hinterindien und Bengalen.

Der *Lar* oder *Weißhandgibbon* (Hylobates lar), Abb. S. 28, wird ungefähr so groß wie der Hulock, hat schwarzgraue Färbung, lohfarbenes, rings von weißen Haaren umgebenes Gesäß und oberseits weißgraue, unterseits schwarze Hände und Füße. Seine Heimat reicht von Mittelbirma bis zur Malaiischen Halbinsel.

Der *Ungka* (Hylobates agilis) ähnelt dem Hulock in der Größe, unterscheidet sich aber durch die Färbung. Gesicht und Nägel sind schwarz, Rücken und Weichen braunrötlich bis graugelb, Augenbrauen, Backen und Kinnbacken bei dem Männchen weiß, bei dem bedeutend kleineren Weibchen schwarzgrau. Die Inseln Sumatra und Borneo sind die Heimat des Ungka.

Der *Wauwau* oder *Silbergibbon* (Hylobates moloch) von Java hat ein nacktes blauschwarzes, beim Weibchen ins Bräunliche spielendes Gesicht und langen, reichen Pelz, dessen Färbung am Kopfe, auf dem Bauche und den Innenseiten der Arme und Schenkel dunkelbraun ist, über den Schultern und nach dem Halse zu unmerklich heller wird und auf den Weichen ins Blaßbraune übergeht, während die Aftergegend bis zu den Kniekehlen weiß und rötelfarbig gemischt erscheint. Hände und Füße sind dunkelbraun. Das Weibchen ist lichter, der Backenbart minder lang als bei dem Männchen, obschon immer noch groß genug, so daß der Kopf breiter als hoch erscheint. Die Jungen sind einfarbig gelblichweiß.

Ihre ganze Ausrüstung weist die Langarmaffen zum Klettern an. Sie besitzen jede Begabung, welche zu einer raschen, anhaltenden und gewandten Kletter- oder Sprungbewegung erforderlich ist. Die volle Brust gibt großen Lungen Raum, die starken Hinterglieder verleihen die nötige Schnellkraft zu weiten Sprüngen, die langen Vorderglieder unerläßliche Sicherheit zum Ergreifen eines Astes, welcher zu neuem Stützpunkte werden soll, mit kürzeren Armen aber leicht verfehlt werden könnte. Wie lang im Verhältnis diese Arme sind, wird am deutlichsten klar, wenn man vergleicht. Ein Mensch klaftert, wie bekannt, ebensoweit, als er lang ist: der Gibbon aber klaftert fast das Doppelte seiner Leibeslänge; ein aufrechtstehender Mann berührt mit seinem schlaff herabhängenden Arme kaum seine Knie, der Gibbon hingegen seinen Knöchel. Daß solche Arme als Gehwerkzeuge fast unbrauchbar sind, ist erklärlich: sie eignen sich bloß zum Klettern. Die Gibbons sind auf der Erde langsam, tölpisch, ungeschickt, kurz: fremd, im Gezweige jedoch das gerade Gegenteil von alldem, ja wahre Vögel in Affengestalt. Wenn der Gorilla der Herkules unter den Affen ist, sind sie der leichte Merkur: trägt doch einer von ihnen, Hylobates lar, seinen Namen zur Erinnerung an eine Geliebte des letzteren, an die schöne, aber schwatzhafte Najade *Lara*, welche durch ihre rastlose Zunge Jovis Zorn, durch ihre Schönheit aber zu ihrem Glücke noch Merkurs Liebe erweckte und hierdurch dem Hades entrann.

Mit unglaublicher Raschheit und Sicherheit erklettert z. B. der Wauwau einen Bambusrohrstengel, einen Baumwipfel oder einen Zweig, schwingt sich auf ihm einigemal auf und nieder oder hin und her und schnellt sich nun, durch den zurückprallenden Ast unterstützt, mit solcher Leichtigkeit über Zwischenräume von 12–13 Metern hinüber, drei-, viermal nacheinander, daß es aussieht, als flöge er wie ein Pfeil oder ein schief abwärtsstoßender Vogel. Man vermeint es ihm anzusehen, daß das Bewußtsein seiner unerreichbaren Fertigkeit ihm großes Vergnügen gewährt. Er springt ohne Not über Zwischenräume, welche er durch kleine Umwege leicht vermeiden könnte, ändert im Sprunge die Richtung und hängt sich an den ersten besten Zweig, schaukelt und wiegt sich an ihm, ersteigt ihn rasch, federt ihn auf und nieder und wirft sich wieder hinaus in die Luft, mit unfehlbarer Sicherheit einem neuen Ziel zustrebend.

Die Beobachtung der Gibbons im Freileben hat übrigens ihre Schwierigkeiten, weil fast alle Arten den Menschen meiden und nur selten an die Blößen in den Waldungen herankommen. Um so öfter hört man sie. Bei Sonnenaufgang und -untergang pflegen sie ihre lautschallenden Stimmen zu einem so furchtbaren Geschrei zu vereinigen, daß man taub werden möchte, wenn man naht, und daß man wahrhaftig erschrickt, wenn man die sonderbare Musik nicht gewohnt ist. Sie sind die Brüllaffen der alten Welt, die Wecker der malaiischen Bergbewohner und zugleich der Ärger der Städter, denen sie den Aufenthalt in ihren Landhäusern verbittern. Man soll ihr Geschrei auf eine englische Meile weit hören können. Von gefangenen Langarmaffen hat man es auch oft vernommen, und zwar von denen, welche Kehlsäcke besitzen, ebensogut wie von denen, welchen diese Stimmverstärkungstrommeln fehlen. Ein guter Beobachter besaß einen lebenden Siamang und bemerkte, daß dieser, wenn er irgendwie erregt war, jedesmal die Lippen trichterartig vorstreckte, dann die Luft in die Kehlsäcke blies und nun lospolterte, fast wie ein Truthahn. Er schrie ebensowohl bei freudiger als bei zorniger Aufregung.

Man sieht die Gibbons selten in der Gefangenschaft, da sie den Verlust ihrer Freiheit weniger gut als andere Affen ertragen.

Hundsaffen

Die größte Gruppe der Altweltaffen bilden die *Hundsaffen* (Cercopithecoidea). Sie kennzeichnet das stärkere Vortreten der Schnauze, welches sich namentlich bei den tieferstehenden Sippen bemerklich macht, die geringere Länge der Arme, das regelmäßige Vorhandensein eines Schwanzes und der Gesäßschwielen und das häufige Vorkommen von Backentaschen. Übrigens sind sie sehr verschieden gebaut; denn von der gestreckten Gestalt der Schlankaffen bis zu der massigen der Hundskopfaffen oder Paviane finden sich fast alle Zwischenstufen vertreten.

Schlankaffen

Die *Schlankaffen* (Colobidae) sind, wie ihr Name andeutet, schlanke und leichtgebaute Affen mit langen, feinen Gliedmaßen und sehr langem Schwanze, kleinem hohem Kopfe, nacktem Gesichte und verkürzter Schnauze ohne Backentaschen. Ihre Gesäßschwielen sind noch sehr klein. Die Hände haben lange Finger; aber der Daumen der Vorderhände ist bereits verkürzt oder verkümmert und zum Greifen unbrauchbar geworden. Die Behaarung ist wundervoll fein, ihre Färbung stets ansprechend; die Haare verlängern sich am Kopfe oft bedeutend. Ein Kehlsack von verschiedener Größe ist bei sämtlichen Arten vorhanden.

Das Festland Südasiens, Ceylon und die Eilande des indischen Inselmeeres bilden die Heimat der asiatischen Schlankaffen. Hier leben sie in mehr oder minder zahlreichen Trupps in den Waldungen, am liebsten in der Nähe von Flußufern. Wenn man den Schlankaffen in ihren heimischen Waldungen begegnet, sieht man sie in der Regel in Gesellschaft von zwanzig oder dreißig ihrer Art, in den meisten Fällen eifrig beschäftigt, sich Ähren und Knospen zu suchen. Äußerst selten bemerkt man sie auf dem Boden, es sei denn, daß sie herabgefallene Früchte ihrer Lieblingsbäume dort aufsuchen wollten. Vor den Eingeborenen fürchten sie sich nicht im geringsten, legen vielmehr die größte Sorglosigkeit an den Tag; der fremdartig gekleidete Europäer dagegen wird mehrere Minuten lang angestarrt und hierauf sobald wie möglich verlassen. In ähnlicher Weise erregt die Gegenwart eines Hundes ihre Neugier; anstatt aber dessen Bewegungen zu beobachten, pflegen sie stets durch Geschrei usw. sich hervorzutun und zu verraten. In Furcht gesetzt, verbergen sie sich oft im Gezweige der Bäume. Trauen sie dem Frieden nicht, so flüchten sie, und zwar mit einer Schnelligkeit, Gewandtheit und Sprungfertigkeit, welche innerhalb ihrer Familie kaum erreicht, geschweige denn überboten wird. Sie springen ungeheuer weit von den Ästen eines Baumes auf die etwas tieferen eines anderen, regelmäßig so, daß der Zweig, den sie greifen, durch ihr Aufspringen tief hinabgebogen wird und sie beim Zurückschnellen wieder in die Höhe schleudert; sie sind aber auch imstande, im Sprunge noch die Richtung zu ändern, um nötigenfalls einen anderen, passenderen Zweig zu ergreifen und sich weiter fortzuhelfen.

Unter den Schlankaffen verdient zunächst berücksichtigt zu werden der *Hulman,* der *heilige Affe* der Inder (Semnopithecus entellus), welcher abgöttisch verehrt wird. Er ist der gemeinste und in den meisten Gegenden Vorderindiens vorkommende Affe. Die Gesamtlänge des ausgewachsenen Männchens beträgt nach *Elliot* 1,57 m, wovon freilich 97 cm auf den ungemein langen, gequasteten Schwanz kommen, das Gewicht ist 11 kg. Die Färbung des Pelzes ist gelblichweiß, die der nackten Teile dunkelviolett.

Der Hulman nimmt einen der ersten Plätze unter den Gottheiten der Hindu ein und erfreut sich dieser Ehre schon seit undenklichen Zeiten. Der *Riese Ravan*, so berichtet die altindische Sage, raubte Sita, die Gemahlin des *Schri-Rama*, und brachte sie nach seiner Wohnung auf der Insel Ceylon; der Affe aber befreite die Dame aus ihrer Gefangenschaft und führte sie zu ihrem Gemahle zurück. Seitdem gilt er als Held. Viel wird berichtet von der Stärke seines Geistes und von seiner Schnelligkeit. Eine der geschätztesten Früchte, die Mango, verdankt man ihm ebenfalls, er stahl sie aus dem Garten des Riesen. Zur Strafe für seinen Diebstahl wurde er zum Feuertode verurteilt, löschte aber das Feuer aus und verbrannte sich dabei das Gesicht und die Hände, welche seitdem schwarz blieben. Dies sind die Gründe, welche die Brahmanen bestimmten, ihn zu vergöttern.

Das tägliche Treiben und gesellige Leben der Hulmans ist das aller Hundsaffen. Sie bilden im Walde, ihrem eigentlichen Wohngebiete, zahlreiche Banden, denen ein aus hartnäckigen Kämpfen siegreich hervorgegangenes Männchen vorsteht, und streifen unter dessen Führung plündernd und raubend in ihm und in den benachbarten Feldern und Gärten umher.

Ein sehr schöner Schlankaffe ist der *Budeng* der Javanesen (Trachypithecus pyrrhus). Er ist im Alter glänzend schwarz, im Gesichte und an den Händen wie Samt, auf dem Rükken wie Seide.

Der Unterleib, der spärlicher behaart ist als der Oberleib, zeigt einen bräunlichen Anflug. Der Kopf wird von einer eigentümlichen Haarmütze bedeckt, die über die Stirn hereinfällt und zu beiden Seiten der Wangen vortritt. Die Gesamtlänge dieses schönen Affen beträgt 1,5 m, wovon mehr als die Hälfte auf den Schwanz kommt.

Die afrikanischen Vertreter der Schlankaffen sind die **Stummelaffen** (Colobus). Sie zeichnen sich hauptsächlich dadurch aus, daß sie an den Vorderhänden immer bloß *vier* Finger und keinen Daumen besitzen.

Unter diesen Tieren dürfen wir ohne Zweifel den *Guereza* (Colobus polykomos) obenanstellen. Die Erforscher Afrikas beobachteten ihn öfters in Abessinien und auf dem weißen Flusse und erhielten sichere Nachrichten über sein Vorkommen in anderen Gegenden Mittelafrikas.

Der Guereza ist ein wirklich herrliches Tier. Von dem schönen sammetschwarzen Leibe heben sich Stirnbinde, Schläfengegend, die Halsseiten, Kinn, Kehle und ein Gürtel oder eine Mähne sowie eine Einfassung um die nackten Gesäßschwielen und die Schwanzspitze, die weiß gefärbt sind, prachtvoll ab. Jedes weiße Haar ist aber auch vielfach braun geringelt, und hierdurch entsteht das silbergraue Aussehen der Behaarung. Die Mähne, wie ich den Seitengürtel vielleicht nennen kann, hängt wie ein reicher Beduinenmantel zu beiden Seiten des Körpers herab und ziert ihn unbeschreiblich. Ihre Haare sind von größter Weichheit und Feinheit und dabei von bedeutender Länge. Der schwarze Pelz des unteren Körpers schimmert hier und da zwischen dem kostbaren Behange hindurch; das Dunkelschwarz sticht lebendig ab von dem blendenden Weiß, und die dunklen Hände und das dunkle Gesicht stehen hiermit vollkommen im Einklange.

Die Leibeslänge beträgt 65 cm, die Schwanzlänge ohne Quaste 70 cm. Er lebt in kleinen Gesellschaften von 10–15 Tieren auf hochstämmigen Bäumen, gern in der Nähe klarer, fließender Gebirgswässer.

Meerkatzen

Afrika beherbergt nicht nur die größten, die klügsten und die häßlichsten Affen der alten Welt, sondern auch die schönsten, nettesten und gemütlichsten. Zu diesen gehört unzweifelhaft die artenreiche Familie der Hundsaffen, die uns unter dem Namen *Meerkatzen* (Cercopithecidae) bekannt ist. Diese Affen erhielten ihren Namen schon im sechzehnten Jahrhundert, jedenfalls weil sie zuerst von dem Westen Afrikas, nämlich von Guinea, zu uns kamen und entfernt an die Gestalt einer Katze erinnern. Bewohner der Wendekreisländer des genannten Erdteils, beschränken sie sich, mit Ausnahme einer einzigen Art, welche auf Madagaskar vorkommt, auf das afrikanische Festland. Wo sich Urwälder finden, zeigen sich auch diese Affen in großer Anzahl. Manche Arten erhalten wir ebensowohl aus dem Osten wie auch aus dem Westen und aus der Mitte des Erdteils; die meisten aber kommen aus Westafrika, ziemlich viele auch aus Äthiopien und den oberen Nilländern.

Sie zeichnen sich durch leichte und zierliche Formen, schlanke Gliedmaßen, feine, kurze Hände mit langen Daumen, auch durch einen langen Schwanz ohne Endquaste aus und besitzen weite Backentaschen und große Gesäßschwielen.

Die Meerkatzen gehören zu den geselligsten, beweglichsten und lustigsten aller Affen. Man findet sie fast stets in ziemlichen Banden. Es ist eine wahre Lust, wenn man einer Herde dieser Tiere im Walde begegnet. Da kann man ein Leben, ein Schreien und Kämpfen, ein sich Erzürnen und Versöhnen, ein Klettern und Laufen, Rauben und Plündern, Gesichterschneiden und Gliederverrenken bemerken! Sie bilden einen eigenen Staat und erkennen keinen Herrn über sich an als den Stärkeren ihresgleichen; sie beachten kein Recht, als das, welches durch spitze Zähne und kräftige Hände von dem alten Affenstammvater geübt wird.

Der alte Herr geht stets voran. Nicht selten steigt der vorsichtige Führer auf einem Baume bis in die höchste Spitze hinauf und hält von dort aus sorgfältige Umschau; wenn das Ergebnis günstig ist, wird es durch beruhigende Gurgeltöne seinen Untertanen angezeigt, wenn nicht, die übliche Warnung gegeben. Von einem dem Felde nahen Baume steigt die Bande ab, und nun geht es mit tüchtigen Sprüngen dem Paradiese zu. Hier beginnt jetzt eine wirklich beispiellose Tätigkeit. Man deckt sich zunächst auf alle Fälle. Rasch werden einige Maiskolben und Durrahähren abgerissen, die Körner enthülst und mit ihnen die weiten Backentaschen so voll gepfropft wie nur möglich; erst wenn diese Vorratskammern gefüllt sind, gestattet sich die Herde etwas mehr Lässigkeit.

Wenn sich die Affenherde im Fruchtfelde völlig sicher fühlt, erlauben die Mütter ihren Kindern, sie zu verlassen und mit ihresgleichen zu spielen. Die strenge Aufsicht, unter welcher alle Kleinen von ihren Erzieherinnen gehalten werden, endet deshalb jedoch nicht, und jede Affenmutter beobachtet mit wachsamen Blikken ihren Liebling; keine aber bekümmert sich um die Sicherheit der Gesamtheit, sondern verläßt sich, wie alle übrigen Mitglieder der Bande, ganz auf die Umsicht des Herdenführers. Dieser erhebt sich selbst während der schmackhaftesten Mahlzeit von Zeit zu Zeit auf die Hinterfüße, stellt sich aufrecht wie ein Mensch und blickt in die Runde. Nach jeder Umschau hört man beruhigende Gurgeltöne, wenn er nämlich nichts Unsicheres bemerkt hat: Im entgegengesetzten Falle stößt er einen unnachahmlichen, zitternden oder meckernden Ton zur Warnung aus. Hierauf sammelt sich augenblicklich die Schar seiner Untergebenen, jede Mutter ruft ihr Kind zu sich heran, und im Nu sind sie alle zur Flucht bereit; jeder aber sucht in der Eile noch so viel Futter aufzuraffen, als er fortbringen zu können glaubt. Ich habe es mehrmals gesehen, daß Affen fünf große Maiskolben mit sich nahmen. Davon umklammerten sie zwei mit dem rechten Vorderarme, die übrigen faßten sie mit der Hand und mit den Füßen, und zwar so, daß sie beim Gehen mit den Kolben den Boden berührten. Bei wirklicher Gefahr wird nach und nach mit sauren Mienen alle Last abgeworfen, der letzte Kolben aber nur, wenn der Verfolger ihnen sehr nahe auf den Leib geht und die Tiere wirklich Hände und Füße zum Klettern notwendig haben. Immer wendet sich die Flucht dem ersten besten Baume zu. Ich habe beobachtet, daß die Meerkatzen auch auf ganz einzeln stehende Bäume kletterten, von denen sie wieder absteigen und weiterfliehen mußten, wenn ich sie dort aufstörte: Sowie sie aber einmal den Wald erreicht haben und wirklich flüchten wollen, sind sie geborgen; denn ihre Gewandtheit im Klettern ist fast ebenso groß wie die der Langarmaffen.

Von Raubtieren haben die frei lebenden Meerkatzen nicht viel zu leiden. Den Raubsäugetieren gegenüber sind sie viel zu behend; höchstens der Leopard dürfte dann und wann ein noch unvorsichtiges Äffchen erlisten. Den Raubvögeln widerstehen sie durch vereinigte Kraft. Um so größeres Entsetzen bereiten ihnen Kriechtiere und Lurche, namentlich Schlangen. Ich habe zu erwähnen vergessen, daß unsere Affen Vogelnester jederzeit unbarmherzig ausnehmen und nicht bloß die Eier, sondern auch die jungen Vögel leidenschaftlich gern fressen. Wenn sie aber das Nest eines Höhlenbrüters ausplündern wollen, verfahren sie stets mit der größten Sorfalt, eben aus dieser Furcht vor den Schlangen, welche oft in solchen Nestern ihrer Ruhe pflegen. Mehr als einmal habe ich gesehen, daß, wenn sie eine Baumhöhlung entdeckt hatten, sie stets sorgfältig untersuchten, ob nicht etwa eine Schlange darin wäre. Zuerst wurde hineingeschaut, soweit dies möglich war, hierauf nahmen sie das Ohr zur Hilfe, und wenn auch dieses ihnen nichts Ungewöhnliches mitteilte, streckten sie zögernd den einen Arm in die Höhle. Niemals tauchte ein Affe mit einem einzigen kühnen Griffe in die Tiefe, sondern stets in Absätzen, immer ein Stückchen tiefer, und immer horchte und schaute er dazwischen wieder in das Loch hinein, ob sich darin das gefürchtete Kriechtier verrate.

Während meines langjährigen Aufenthaltes in Afrika habe ich stets viele Affen und darunter auch regelmäßig Meerkatzen in der Gefangenschaft gehalten. Eine Meerkatze brachte ich mit in meine Heimat. Sie gewann sich sehr bald die Zuneigung meiner Eltern und anderer Leute, ließ sich aber doch viele lose Streiche zuschulden kommen. Die Hühner meiner Mutter brachte sie geradezu in Verzweiflung, weil es ihr den größten Spaß zu machen schien, diese Tiere zu jagen und zu ängstigen. Im Hause selbst ging sie durch Küche und Keller, in alle Kammern und auf den Boden, und was ihr recht schien, wurde entweder zerbissen oder gefressen oder mitgenommen. Niemand war so geschickt, ein Hühnernest aufzufinden, wie sie. Die Hühner mochten es anfangen, wie sie wollten: *Hassan*, so hieß der Affe, kam gewiß hinter ihre Schliche, nahm die Eier weg und trank sie aus. Einige Male bewies er jedoch gerade bei dieser Räuberei wahren Menschenverstand. Meine Mutter schalt ihn aus und züchtigte ihn, als er wieder mit dottergelbem Maule erschien. Am anderen Tage brachte er ihr zierlich ein ganzes Hühnerei, legte es vor sie hin, gurgelte beifällig und ging seiner Wege. Unter allen irdischen Genüssen schien ihn Milch und noch mehr Rahm am meisten zu entzücken. Es dauerte gar nicht lange, so wußte er in der Speisekammer prächtig Bescheid und genau, wo diese leckeren Dinge aufbewahrt wurden, ermangelte auch nicht, jede Gelegenheit zu benutzen, um seine Naschhaftigkeit zu befriedigen. Auch hierbei wurde er erwischt und ausgescholten; deshalb verfuhr er in Zukunft listiger. Er nahm sich nähmlich das Milchtöpfchen mit auf den Baum und trank es dort in aller Ruhe aus. Anfangs warf er die ausgeleerten Töpfe achtlos weg und zerbrach sie dabei natürlich fast immer; dafür wurde er bestraft, und zu dem innigen Vergnügen meiner Mutter brachte er ihr nun regelmäßig die leeren, aber unzerbrochenen Töpfchen wieder!

Er blieb gleichgültig gegen alle unsere Haustiere, hielt aber mit einem weiblichen Pavian, welchen ich ebenfalls mitgebracht hatte, innige Freundschaft und ließ sich von diesem hätscheln und pflegen. Des Nachts schlief er stets in des Pavians Armen, und beide hielten sich so fest umschlungen, daß es aussah, als wären sie nur ein Wesen. Pavian und Meerkatze unterhielten sich lange mit verschiedenen kurzen Gurgeltönen und verstanden sich ganz vortrefflich.

Gegen uns war er liebenswürdig, gab aber niemals seine Selbständigkeit auf. Er kam auf den Ruf — wenn er wollte, sonst antwortete er wohl, rührte sich aber nicht. Wenn wir ihn gefangen hatten und gewaltsam festhielten, verstellte er sich nicht selten mit größter Meisterschaft und gebärdete sich zuweilen, als müsse er im nächsten Augenblick sterben; sowie er aber frei wurde, rächte er sich für die erlittene Gefangenschaft durch Beißen und entfloh hierauf mit vielsagendem Gegurgel.

Die *Grüne Meerkatze* oder *Grünaffe* (Cercopithecus aethiops) erreicht Durchschnittsgröße, d. h. eine Länge von einem Meter, wovon die Hälfte auf den Schwanz gerechnet werden muß, und eine Schulterhöhe von 40 cm. Die Haare der Oberseite sind graulichgrün, schwarz geringelt und gespitzt, die der Arme, Beine und des Schwanzes einförmig aschgrau, die des kurzen Backenbartes weißlich, an der Wurzel schwarz geringelt, die der Unten- und Innenseite der Beine weißlich; Nase, Maul und Augenbrauen sehen schwarz aus; das Gesicht hat überwiegend hellbraune Färbung.

Andere Meerkatzen zeichnen sich durch besondere Schönheit aus. Eine der bekanntesten, die *Diana* (Cercopithecus diana), ein ziemlich kleines, schlankes Tier, ist an ihrem langen Backen- und Stutzbart leicht kenntlich. Der Rücken und das Kreuz sind purpurbraun, die unteren Teile weiß, die Schenkel hinten gelblich.

Mit der Diana hat der *Nonnenaffe* (Cercopithecus mona) Ähnlichkeit; doch fehlt ihm der Stutzbart. Beide Affen stammen aus Westafrika.

Nicht alle Meerkatzen sind so liebenswürdig wie die eben beschriebenen Arten. Nach meinen Erfahrungen ist der *Husarenaffe* (Erythrocebus patas), Abb. S. 21, die langweiligste und unliebenswürdigste Meerkatze, und ihr Geist entspricht so durchaus nicht dem schön feuerrot gefärbten Leibe. In der Größe übertrifft dieser Affe den vorher beschriebenen fast um die Hälfte. Sein Gesichtsausdruck ist der eines Staatshämorrhoidariers, ewig mürrisch und unfreundlich nämlich, und sein Handeln straft diesen Ausdruck in keiner Weise Lügen.

Zur Familie der Meerkatzen gehören auch die Gattungen der Makaken (Macaca) und der Paviane (Papio). Im allgemeinen kennzeichnen sich die **Makaken** durch folgende Merkmale: Der Bau ist untersetzt; die mäßig langen Gliedmaßen sind kräftig; die Schnauze tritt ungefähr ebensoweit wie bei den Meerkatzen vor. An den nackten Hinterbacken machen sich die großen Schwielen schon sehr bemerklich. Der Schwanz spielt in verschiedener Länge und Stärke, erreicht bei einzelnen beinahe Leibeslänge und verkümmert bei anderen fast gänzlich.

Die stummelschwänzigen Arten bewohnen Nordafrika, China und Japan, die langschwänzigen das Festland und die Inseln Ostindiens. Sie vertreten gleichsam die Meerkatzen, ähneln aber ebenso den Pavianen. Diese Mittelstellung spricht sich auch in ihrer Lebensweise aus, d. h., sie leben bald wie Meerkatzen in Wäldern, bald wie die Paviane auf Felsen. Beider Unverschämtheit scheint in ihrem Wesen vereinigt zu sein; in der Jugend sind sie gemütlich lustig wie die Meerkatzen, im Alter boshaft und frech wie die Paviane. Sie eignen sich vortrefflich für die Gefangenschaft, halten am längsten in ihr aus und pflanzen sich ohne große Schwierigkeiten in ihr fort.

Wohl die bekannteste Art der Gruppe ist der *Makak* oder *Javaneraffe*, (Cynomolgus irus). Er erreicht eine Länge von 1,15 m, wovon der Schwanz 58 cm wegnimmt, und eine Schulterhöhe von etwa 45 cm. Der Backenbart ist sehr kurz, das Kopfhaar beim Männchen flach niedergedrückt, beim Weibchen kammartig in der Mitte aufgekrempelt; der übrige Pelz hat auf der Oberseite olivenbräunlichgrüne, mit Schwarz untermischte Färbung.

Der Verbreitungskreis des gemeinen Makaken erstreckt sich über ganz Ostasien; namentlich die großen Sundainseln beherbergen ihn in Menge.

In unseren Tiergärten und Tierschauen bildet der Makak einen wesentlichen Teil der Bewohnerschaft, und hier wie dort erwirbt er sich Freunde. Wie in seiner Gestalt ähnelt er auch in seinem Wesen den Meerkatzen. Ich habe im Verlaufe der Zeit sicherlich gegen hundert dieser Affen gepflegt und vielleicht die zehnfache Anzahl gesehen und beobachtet, fühle mich aber außerstande, etwas Wesentliches anzugeben, wodurch sich der Makak von den Meerkatzen unterscheidet. Seine Bewegungen sind entschieden plumper als die der letztgenannten Affen, immer aber noch behend genug. In Gebaren, Eigenheiten und Charakter dagegen stimmen beide Gruppen vollständig überein. Auch ist er ein ununterbrochen munterer, gutmütiger Affe, verträgt sich ausgezeichnet mit seinesgleichen und den ihm verwandten Arten, weiß ebenso mit den auch wesentlich größeren Affen trefflich auszukommen.

Gefangene Makaken pflanzen sich ziemlich regelmäßig im Käfige fort, paaren sich zuweilan auch mit Verwandten und erzeugen dann lebenskräftige Blendlinge. Wie innig Makaken an ihren Kindern hängen, mag aus einer anderen Beobachtung von mir hervorgehen. Gelegentlich der Wintereinrichtungen sollten einige Affen aus ihrem Käfig entfernt werden, und es wurde deshalb Jagd auf sie gemacht. Unter der Gesellschaft jenes Käfigs befand sich auch das Junge eines Makakenweibchens, welches von der Mutter bereits seit Monaten getrennt worden war. Letztere bewohnte einen anderen Käfig, von welchem aus sie jenen übersehen konnte, und war von ihrem Kinde getrennt worden, weil sie eine bessere Pflege erhalten sollte. Als die Jagd auf die Affen begann, folgte die Alte mit ängstlichen Blicken jeder Bewegung des Wärters und schrie laut auf, sooft dieser ihrem Kinde sich näherte. Das fiel auf, und sie erhielt infolge ihrer Teilnahme das Kind zurück. Augenblicklich ergriff sie es, nahm es in die Arme und liebkoste es auf das zärtlichste. Sie hatte also das Junge niemals aus den Augen verloren, und dieses hatte, wie es schien, auch die Mutter im Gedächtnis behalten.

Der *Rhesusaffe* oder *Bunder* (Macaca mulatta) erreicht eine Länge von 50–65 cm; sein Schwanz mißt etwa 20 cm. Er ist von kräftigem, untersetztem Bau. Die Färbung des Pelzes ist oben grünlich oder fahlgrau, an den Schenkeln und dem Gesäß mit hellgelblichem oder rötlichem Anflug, an der Unterseite weiß. Gesicht, Ohren und Hände sind licht kupferfarben, die Gesäßschwielen lebhaft rot gefärbt. Unser Affe verbreitet sich über einen großen Teil des festländischen Indiens. In namhafter Anzahl bevölkert er die Waldungen am Ufer des Ganges, kommt jedoch auch im Himalaja bis 2000 m Höhe vor.

Unter den Makaken ist der Bunder dasselbe, was der Husarenaffe unter den Meerkatzen: ein im höchsten Grade erregter, wütender, jähzorniger und mürrischer Geselle, ein Affe, welcher sich selten und eigentlich nur in der Jugend an seinen Wärter anschließt. Demungeachtet läßt sich auch der Bunder zähmen und zu den verschiedensten Kunstfertigkeiten abrichten. Bei Affenführern und im Affentheater ist er sehr beliebt, weil sein mäßig langer, biegsamer Schwanz sich in der Kleidung mühelos unterbringen läßt, er auch leicht lernt und „gern arbeitet". Ich habe gerade unter diesen Affen „große Künstler" kennengelernt. Bei geeigneter Pflege pflanzt sich der Bunder in der Gefangenschaft fort.

Zu den abweichenden Arten der Gruppe zählt einer der schönsten aller Affen, der *Bartaffe* oder *Wanderu* (Macaca silenus), Abb. S. 21. Ihn kennzeichnet der gedrungene Bau, ein reicher Vollbart, welcher das ganze Gesicht umschließt, und der mittellange, am Ende gequastete Schwanz. Der sehr reiche, lange Pelz ist glänzend schwarz, unterseits lichtbräunlichgrau, der mähnenartig verlängerte Vollbart dagegen weiß. Erwachsen erreicht er eine Länge von 1 m und darüber, wovon der Schwanz 25–35 cm wegnimmt. Die Bartaffen werden von den Malabaren geschätzt. Die Fürsten dieses Volkes achten sie sehr hoch wegen ihrer Ernsthaftigkeit und ihrer Klugheit. Sie lassen Junge aufziehen und zu allerlei Spielen abrichten.

In gewisser Hinsicht der wichtigste aller Makaken ist der *Berberaffe* oder *Magot* (Macaca sylvana), seiner Schwanzlosigkeit halber als Vertreter einer besonderen Sippe angesehen. Ihn kennzeichnet außerdem der schmächtige Leibesbau und die Schlankheit seiner hohen Glieder, ein ziemlich reicher, auf der Unterseite des Leibes spärlicherer Pelz und der dichte Backenbart. Der Pelz ist rötlich olivenfarbig. Die Unterseite und die Innenseite der Gliedmaßen hat lichtere, mehr graugelbliche oder weißliche Färbung. Bei etwa 75 cm Leibeslänge erreicht der Magot eine Schulterhöhe von 45–50 cm.

Die Heimat des Magot ist das nordwestliche Afrika, Marokko, Algier und Tunis. Bekannt ist der Magot vor allem als der einzige Affe, welcher noch heutigentags wild in Europa gefunden wird, nämlich auf den Felsen von Gibraltar.

Wir nennen die **Paviane** mit Aristoteles *Hundsköpfe*, weil ihr Kopfbau dem eines groben, rohen Hundes ähnelt. Die Hundsköpfe sind neben den Menschenaffen die größten Glieder ihrer Ordnung. Ihr Körperbau ist gedrungen, ihre Muskelkraft ungeheuer. Der schwere Kopf verlängert sich in eine starke und lange, vorn abgestutzte, oft wulstige oder gefurchte Schnauze mit vorstehender Nase; das Gebiß erscheint raubtierähnlich wegen seiner fürchterlichen Reißzähne, welche auf ihrer hinteren Seite scharfe Kanten haben; die Lippen sind sehr beweglich, die Ohren klein, die Augen hoch überwölbt und in ihrem Ausdruck das treueste Spiegelbild des ganzen Affen selbst – listig und tückisch ohnegleichen. Alle Gliedmaßen sind kurz und stark, die Hände fünfzehig; der Schwanz ist bald kurz, bald lang, bald glatthaarig, bald gequastet; die Gesäßschwielen erreichen wahrhaft abschrekkende Größe und haben gewöhnlich lebhafte Färbung. Die lange und lockere Behaarung verlängert sich bei einigen Arten am Kopfe, Hals und an den Schultern zu einer reichen Mähne und hat gewöhnlich unbestimmte Erd- oder Felsenfarben, wie Grau, Graugrünlichgelb, Bräunlichgrün usw.

Der Verbreitungskreis erstreckt sich über Afrika, Vorderasien und Indien.

Die Paviane sind echte Felsenaffen und bewohnen Hochgebirge oder wenigstens höhere Gebirgsgegenden. In Wäldern trifft man sie nicht: Sie meiden die Bäume und ersteigen sie nur selten, etwa im Falle der Not. Im Gebirge gehen sie bis zu 3000 und 4000 m über die Meereshöhe. Diesem Aufenhaltsorte der Paviane entspricht ihre Nahrung. Sie besteht hauptsächlich aus Zwiebeln, Knollengewächsen, Gräsern, Kraut, Pflanzenfrüchten, welche auf der Erde oder wenigstens nur in geringer Höhe über derselben wachsen oder von den Bäumen abgefallen sind, Kerbtieren, Spinnen, Schnecken, Vogeleiern usw. In den Anpflanzungen richten sie großen Schaden an.

Seite 37: Große Weißnasenmeerkatze (o.); Gibbonweibchen (u.)
Seite 38: Rhesusaffen leben in Trupps

Mehr als alle übrigen Affen zeigen die Paviane durch ihre Haltung, daß sie echte Erdtiere sind. Man sieht sie stets auf allen vieren gehen und sich nur dann auf zwei Beine stellen, wenn sie Umschau halten wollen. Sie ähneln in ihrem Gange plumpen Hunden mehr als Affen und nehmen selten die bezeichnende Stellung der letzteren an.

List und Tücke sind Gemeingut aller Hundsköpfe, und namentlich eine furchtbare Wut zeichnet sie aus. Ihr Zorn gleicht einem ausbrechenden Strohfeuer, so rasch lodert er auf; aber er hält aus und ist nicht so leicht wieder zu verbannen. Ein einziges Wort, spottendes Gelächter, ja ein schiefer Blick kann einen Pavian rasend machen, und in der Wut vergißt er alles, selbst den, welchen er früher liebkoste. Deshalb bleiben die Tiere unter allen Umständen gefährlich. Die Paviane leben sehr unbehelligt in ihrer Heimat; denn die Raubtiere und der Mensch fürchten sie. Der Leopard scheint der Hauptfeind zu sein; doch stellt er mehr den Jungen nach als den Alten. Eine Herde greift er nicht an. Dies tut selbst der Löwe nicht, wie mir von den Eingeborenen versichert worden ist.

Unter den mantellosen Pavianen ist mir der *Babuin* (Papio cynocephalus) am besten bekannt geworden, wenn auch nur in seinem Gefangenenleben. Der glatte, gleichmäßige, nirgends verlängerte Pelz ist oben olivengrünlichgelb. Erwachsene Männchen erreichen bei 65–70 cm Schulterhöhe eine Gesamtlänge von 1,50 m, wovon der verhältnismäßig dünne Schwanz allerdings ein Drittel wegnimmt. Der Babuin lebt in Äthiopien und anderen mittelafrikanischen Ländern. Der Babuin wird im Sudan oft gefangen, auf dem Nile herunter nach Ägypten und von dort nach Europa gebracht. Hier ist er ein ständiger Bewohner der Affenhäuser in den Tiergärten.

Bei den alten Ägyptern genoß der *Hamadryas* oder *Mantelpavian* (Papio hamadryas), Abb. S. 39, große Verehrung. Die alten Männchen zeichnen sich durch ihre gewaltige Größe und den langen Mantel aus — bei einem von mir erlegten mittelalten Männchen messen die Mantelhaare 27 cm —; die Weibchen sind kürzer behaart und dunkler, d. h. olivenbraun von Farbe; die Jungen ähneln der Mutter. Das Gesäß ist brennend rot, das nackte Gesicht schmutzig fleischfarben. Je älter die Männchen werden, um so mehr lichtet sich die Farbe ihres Mantels. Die Länge des ausgewachsenen Männchens beträgt 0,9–1 m, wovon 20–25 cm auf den Schwanz kommen, die Höhe am Widerrist ist 50 cm.

Seite 39: Männchen des Drills (o.) bzw. Mantelpavians (u.)
Seite 40: Weißstirnkapuziner (o.); Kalong (u.)

Weiblicher Mantelpavian mit Jungem

Der Hamadryas bewohnt das ganze Küstengebiet Äthiopiens und Südnubiens, nach Norden hin, soweit die Regen herabreichen, in ziemlicher Anzahl. Je pflanzenreicher die Gebirge, um so angenehmer scheinen sie ihnen zu sein. Wasser in der Nähe ist unerläßliche Bedingung für das Wohlbefinden einer Herde. Jede Herde bewohnt ein Gebiet von vielleicht anderthalb oder zwei Meilen im Durchmesser. Man begegnet kleineren Gesellschaften viel seltener als größeren. Ich sah ein einziges Mal eine Schar von 15–20 Stück, sonst aber immer Herden, welche der geringsten Schätzung nach ihrer 150 zählen mochten. Darunter befinden sich dann etwa 10–15 vollkommen erwachsene Männchen — wahrhafte Ungeheuer von bedeutender Größe und einem Gebiß, welches das des Leoparden an Stärke und Länge der Zähne bei weitem übertrifft — und etwa doppelt so viele erwachsene Weibchen. Der Rest besteht aus Jungen und Halberwachsenen.

Vor den Eingeborenen fürchtet sich der Hamadryas so gut wie nicht. Anders verhält sich die Sache, wenn die Herde Hunde oder gar Leoparden gewahrt. Dann erheben die alten Männchen ein furchtbares Gebrüll und Gebrumm, schlagen erzürnt mit der einen Hand auf den Felsen, fletschen die Zähne und schauen funkelnden Auges auf jene Störenfriede hinab, augenscheinlich bereit, gemeinsam über sie herzufallen.

In Ägypten und namentlich in Kairo sieht man oft Mantelpaviane im Besitze von Gauklern und Volksbelustigern. Wahrscheinlich werden noch heute genau dieselben Spiele dem Volke zur Schau gegeben, welche schon *Alpinus* sah, wie ja auch heutigentags noch mit der Brillenschlange in derselben Weise gegaukelt wird, in welcher Moses vor Pharao gaukelte.

Nahe Verwandte der Paviane sind die kurzschnäuzigen **Drills**, Abb. S. 39. Sie leben in den Regenwäldern Westafrikas.

Der *Mandrill* (Mandrillus sphinx), Abb. S. 21, hat dunkelbraune, olivengrün überflogene Färbung. Hände und Ohren sind schwarz, die Nase und ihre Umgebung zinnoberrot, die Wangenwülste kornblumenblau, die Furchen in ihnen schwarz, Hodensack und After hochrot, die Schwielen rot und blau. Alte Männchen erreichen eine Länge von 1 m und darüber bei etwa 60 cm Schulterhöhe, der Schwanzstummel mißt kaum mehr als 3 cm.

Neuwelt- oder Breitnasenaffen

Die Neuweltaffen oder Breitnasen unterscheiden sich regelmäßig durch ihren Körper- und Gliederbau sowie durch ihre Zahnbildung von ihren Vettern im Osten. Ihr Leib ist gewöhnlich schmächtig und schlankgliederig; der Schwanz fehlt nie und verkümmert auch nie, wird vielmehr häufig zur fünften Hand, indem er sich an seiner Spitze durch kräftige Muskeln zusammenrollen und deshalb als Greifwerkzeug gebrauchen läßt. Der Daumen der Vorderhände kann den übrigen Fingern nicht in demselben Grade gegenübergestellt werden, wie dies an den Füßen der Fall ist. Die Nägel sind platt. Anstatt zweiunddreißig Zähnen bilden sechsunddreißig das Gebiß; es finden sich auf jeder Seite sechs Backenzähne. Backentaschen und Gesäßschwielen sind nie vorhanden. Die Nasenscheidewand ist breit. Kein einziges Mitglied der ganzen Familie erreicht eine bedeutende Affengröße, und keines hat eine vorspringende Schnauze.

Der Heimatkreis der Breitnasen reicht von Südamerika bis Mexiko. Nach Westen hin begrenzt die Andenkette, nach Osten hin das Atlantische Meer, nach Süden hin der 25. Breitengrad ihr Gebiet.

Alle Neuweltaffen sind ausschließlich Baumtiere und deshalb vorzugsweise in den Urwäldern zu Hause. Ihre Nahrung besteht nur aus Pflanzenteilen aller Art sowie aus Kerbtieren, Spinnen, Vogeleiern oder jungen Nestvögeln und Honig, und nur wenige plündern zuweilen in einer Pflanzung.

Die meisten Arten sind am Tage rege, einige wenige aber Dämmerungs- und wirkliche Nachttiere. Die einen wie die anderen sind zu ihrer Zeit lebhaft und gewandt; jedoch gibt es unter ihnen mehrere äußerst träge Arten. Der Gang der Neuweltaffen geschieht immer auf allen vieren und ist stets mehr oder weniger unbeholfen.

Für die Eingeborenen Amerikas ist der Affe ein außerordentlich wichtiges Tier; denn sein Fleisch bildet einen guten Teil ihrer Nahrung. Sie jagen ihm eifrig nach und erlegen ihn auf großen Jagden zu Hunderten. Gewöhnlich bedienen sie sich des Bogens, nicht selten wenden sie aber auch das Blasrohr und kleine, jedoch mit dem fürchterlichsten Gifte getränkte Pfeile an.

Als eigentümliches Merkmal der **Brüllaffen,** Abb. S. 21, muß vor allem der kropfartig verdickte Kehlkopf angesehen werden. Dieser hat sechs Taschen, in denen sich die Stimme fängt. Der Schwanz der Brüllaffen ist sehr lang, am hinteren Ende kahl, nerven- und gefäßreich, auch sehr muskelkräftig und daher zu einem vollkommenen Greifwerkzeuge gestaltet.

Der *Aluate* oder *rote Brüllaffe* (Alouatta seniculus) hat rötlichbraunen, auf der Rückenmitte goldgelben Pelz; die Haare sind kurz, etwas steif und am Grunde einfarbig; Unterhaare fehlen. Die Länge beträgt etwa 1,5 m, wovon freilich 70 cm auf den Schwanz kommen. Das Weibchen ist kleiner und dunkelfarbiger.

Beim *Caraya* oder *schwarzen Brüllaffen* (Alouatta villosa) ist das Haar bedeutend länger und einfarbig schwarz, nur an den Seiten etwas rötlich, beim Weibchen auch auf der Unterseite gelblich. Die Länge beträgt etwa 1,3 m, wovon die Hälfte auf den Schwanz kommt. Ersterer bewohnt fast den ganzen Osten Südamerikas, letzterer Paraguay.

„Nach meiner Ankunft", sagt der trefflich beobachtende *Schomburgk*, „hatte ich bei Auf- und Untergang der Sonne aus dem Urwalde das schauerliche Geheul zahlreicher Brüllaffen herübertönen hören, ohne daß es mir bei meinen Streifereien gelungen wäre, die Tiere selbst aufzufinden. Erst nach vielen Anstrengungen und langem Suchen gelang es mir einmal, eine Gesellschaft ausfindig zu machen. Vor mir auf einem hohen Baume saßen sie und führten ein so schauerliches Konzert auf, daß man wähnen konnte, alle wilden Tiere des Waldes seien in tödlichem Kampfe gegeneinander entbrannt, obschon sich nicht leugnen ließ, daß doch eine Art von Übereinstimmung in ihm herrschte. Die Knochentrommel am Zungenbeine, welche durch ihren Widerhall der Stimme eben jene mächtige Stärke verleiht, konnte man während des Geschreies auf und nieder sich bewegen sehen. Augenblicke lang glichen die Töne dem Grunzen des Schweines, im nächsten Augenblicke aber dem Brüllen des Jaguars, wenn er sich auf seine Beute stürzt, um bald wieder in das tiefe und schreckliche Knurren desselben Raubtieres überzugehen, wenn es, von allen Seiten umzingelt, die ihm drohende Gefahr erkennt."

Für die Brüllaffen ist der Schwanz unzweifelhaft das wichtigste aller Bewegungswerkzeuge. Seine Kraft ist größer als die der Hände; denn die Beugemuskeln an seiner Spitze sind so stark, daß sie, einer Uhrfeder vergleichbar, das Schwanzende immer zusammenrollen. Der Brüllaffe kann sich mit der Spitze seines Schwanzes, auch wenn er dieselbe nur mit einer halben Windung um den Ast schlingt, wie an einem Haken aufhängen, und kann mit diesem alles einem solchen Werkzeuge Mögliche ausführen.

Zu den wickelschwänzigen Affen Amerikas gehören auch die **Wollaffen** (Lagothrix), Abb. S. 21, ausgezeichnet durch untersetzte Gestalt, großen, runden Kopf, mit milden, freundlichen Augen und sehr kleinen, wie abgenutzt erscheinenden, außen und am unteren Rande der Muschel auch innen behaarten Ohren, starken und verhältnismäßigen Gliedmaßen, fünffingrigen Händen und Füßen sowie körperlangem, sehr kräftigem, an der Spitze unterseits nacktem Schwanz.

Der *Graue Wollaffe* oder *Schieferaffe* (Lagothrix lagothricha) steht, ausgewachsen, dem Brüllaffen an Größe kaum nach. Er bewohnt truppweise die Waldungen; doch findet man ihn zuweilen auch einzeln.

Die **Rollschwanzaffen** oder **Kapuziner**, Abb. S. 40, unterscheiden sich dadurch von den Wickelschwanzaffen, daß ihr Greifschwanz rings behaart ist, zwar noch um Äste gewickelt werden kann, als Greifwerkzeug jedoch nicht mehr taugt.

Man kann die Rollaffen als die Meerkatzen Amerikas bezeichnen. Mit jener lustigen Gesellschaft haben sie große Ähnlichkeit, wenn auch mehr in ihrem Betragen als in ihrer Gestalt. Sie sind echte Affen, d. h. lebhafte, gelehrige, mutwillige, neugierige und launenhafte Tiere. Gerade deshalb werden sie von den Menschen viel häufiger gezähmt als alle übrigen, kommen demnach auch häufig zu uns herüber. Ihrer weinerlichen, sanften Stimme verdanken sie den Namen *Winselaffen*, welchen sie ebenfalls führen. Man findet sie in ziemlich zahlreichen Gesellschaften und häufig untermischt mit anderen ihnen verwandten Arten. Ihre Geselligkeit ist so groß, daß sie sich gern mit allen ihnen nahestehenden Affen, denen sie zufällig begegnen, verbinden, um dann gemeinschaftlich umherzuschweifen.

Unter allen Rollaffen dürfte für uns der eigentliche *Kapuziner* (Cebus capucinus) der wichtigste sein. Der Altvater der Tierkunde, *Linné*, kennzeichnet das Tier so: „Geht auf den Fußwurzeln einher, springt nicht; kummervoll und ewig wehklagend verscheucht er mit furchtbarem Geschrei seine Feinde, zwitschert oft auch wie eine Zikade und bellt, erzürnt, wie ein Hündchen; krümmt seinen Schwanz schraubig, schlingt ihn oft um den Hals und riecht nach Bisam." Der Kapuziner soll zu den größeren Arten der Gruppe zählen und bis 45 cm Leibes- und 35 cm Schwanzlänge erreichen. Ein mehr oder weniger dunkles Braun ist die vorherrschende Färbung. Die Heimat der Kapuziner ist der südliche Teil Brasiliens.

Der *Dickkopfkapuziner* oder *braune Rollaffe* (Cebus apella) vertritt den Kapuziner im nördlichen Brasilien. Sein Körperbau ist ziemlich gedrungen; der verhältnismäßig reichliche Pelz besteht aus glänzenden Haaren, welche über der Stirn und zu beiden Seiten des Kopfes wulstig zu einem Schopfe sich erheben (Kapuze) und im Gesichte zu einem Barte sich verlängern; ihre allgemein braunschwarze Färbung geht auf Rücken, Schwanz und Schenkeln in Schwarz über; Gesicht und Kehle sind gewöhnlich lichter, und auf dem Scheitel verläuft regelmäßig ein dunkler Streifen. In der Größe kommt dieser Affe dem Kapuziner ungefähr gleich.

Als Übergangsglied zwischen den Neuweltsaffen mit greifendem und denen mit schlaffem Schwanze kann man das *Totenkopfäffchen* oder *Saimiri* (Saimiri sciureus) ansehen. Wenn auch ihr Schwanz nicht ein wahrer Rollschwanz ist, so kann er doch um mehr als einen halben Umgang um die Zweige gebogen werden und gibt dadurch den Tieren beim Klettern einen größeren Grad von Sicherheit.

Das Totenköpfchen ist durch seine niedliche Gestalt und die schöne, angenehme Färbung ebenso ausgezeichnet wie durch die Zierlichkeit der Bewegungen und durch seine Heiterkeit. Es kann einer der schönsten aller neuweltlichen Affen genannt werden. Sein etwas abschreckender deutscher Name entspricht keineswegs dem wahren Ausdrucke seines Kopfes; das Tier verdankt jenen vielmehr nur einer höchst oberflächlichen und bei genauer Vergleichung sofort verschwindenden Ähnlichkeit. Das sehr schlank gebaute Totenköpfchen hat einen sehr langen Schwanz; sein feiner Pelz ist oben rötlichschwarz, bei recht alten aber lebhaft pomeranzengelb, an den Gliedmaßen grau gesprenkelt und an der Unterseite weiß. Die Gesamtlänge beträgt ungefähr 80 cm, die Schwanzlänge 50 cm. Namentlich die Ufer der Flüsse Süd- und

Mittelamerikas sind die Heimat des niedlichen Affen. Wie die dort vorkommenden Kapuzineraffen belebt er in zahlreichen Herden die Waldungen.

Die **Krallenäffchen** unterscheiden sich von anderen Mitgliedern ihrer Ordnung hauptsächlich dadurch, daß sie mit Ausnahme der Daumenzehen des Fußes an allen Fingern und Zehen schmale Krallennägel, an der Daumenzehe aber einen hohlziegelförmigen breiten Nagel tragen. Außerdem kennzeichnen sie: der rundliche Kopf mit kurzem, plattem Gesicht, kleinen Augen und großen, oft durch Haarbüschel gezierten Ohren, der schlanke Leib, die kurzen Gliedmaßen, die krallenartigen Hände, deren Daumen den übrigen Fingern nicht entgegengesetzt werden kann, während dies bei der Daumenzehe der Fall ist, der lange und buschige Schwanz und der seidenweiche Pelz. Es sind also bei ihnen die Hände zu eigentlichen Pfoten geworden, und nur die Füße zeigen noch ähnliche Bildung wie bei anderen Affen. Aus diesem Grunde werden sie auch von manchen Systematikern zu den Halbaffen gestellt.

Das Verbreitungsgebiet der Krallenaffen dehnt sich nördlich bis Mexiko aus, während es nach Süden hin kaum über Brasilien hinausreicht. Verschiedene Früchte, Samen, Pflanzenblättchen und Blüten bilden einen Hauptteil der Nahrung unserer Äffchen; nebenbei aber stellen sie mit dem größten Eifer allerlei Kleingetier nach, Kerbtiere, Spinnen und dergleichen kleine Wirbeltiere unzweifelhaft bevorzugend, diese aber ebenfalls nicht verschmähend. Jedenfalls sind sie mehr als alle übrigen Affen Raubtiere, d. h. fressen mehr als diese tierische Stoffe neben pflanzlichen.

Löwenäffchen (Leontideus rosalia) nennt man diejenigen Arten, die nacktes Gesicht und nackte Ohren, einen körperlangen, dünnen, am Ende oft gequasteten Schwanz haben und am Kopfe allein oder am Kopfe, Halse und den Schultern nebst den Vordergliedern eine mehr oder weniger lange Mähne tragen.

Eine kürzere Mähne hat das *Pinché-Äffchen* (Oedipomidas oedipus). Das Tier besitzt noch lange Kopfhaare, welche über die Stirnmitte hervortreten und vom Hinterhaupte herabhängen; die Stirnseiten dagegen sind nackt. Ausgewachsene Männchen erreichen eine Länge von 66–70 cm, wovon 40–42 cm auf den Schwanz kommen. Der Pelz hat oben erdbraune Färbung. Das Verbreitungsgebiet dieser Art beschränkt sich auf Kolumbien und Panama.

Ein häufiges, mittelgroßes Krallenäffchen ist das *Weißpinseläffchen* (Callithrix aurita), Abb. S. 21, von 22–27 cm Leibes- und 30–35 cm Schwanzlänge, zierlich gebaut und mit langem und weichem Pelze bekleidet. Die Färbung des letzteren besteht im allgemeinen aus Schwarz, Weiß und Rostgelb und wird durch die eigentümliche Zeichnung der Haare selbst bewirkt, welche an der Wurzel schwärzlich, dann rostgelb, hierauf wieder schwarz und endlich an der Spitze weißlich sind. Es gelangt oft nach Europa in die Tierhandlungen.

Halbaffen

Die Halbaffen (Prosimiae) haben wenig Ähnlichkeit mit den Affen. Die Größe schwankt zwischen der einer starken Katze und der einer Schlafmaus. Bei den meisten Arten ist der Leib mächtig, bei einzelnen sogar klapperdürr; bei jenen erinnert der Kopf durch die Länge der Schnauze entfernt an den eines Hundes oder Fuchses, bei diesen hat er etwas eigentümlich Nächtiges, Bilch- oder Flatterhörnchen-, Nachtaffen- oder Eulenartiges. Die hinteren Gliedmaßen übertreffen die vorderen meist merklich, oft bedeutend an Länge, unterscheiden sich aber untereinander dadurch, daß die Fußwurzel bei einer Abteilung verhältnismäßig kurz, bei einer anderen dagegen ziemlich lang ist. Der Bau der Hände und Füße stimmt keineswegs vollkommen überein. Die meisten Halbaffen haben Füße, welche den Händen ähneln, da sich die Gliederung der Finger oder Zehen verhältnismäßig wenig unterscheidet, der Daumen den übrigen Fingern gegenübergestellt werden kann und Finger wie Zehen, die zweite der letzteren ausgenommen, platte Nägel tragen. Der Schwanz spielt in verschiedener Länge, übertrifft bei vielen hierin den Leib und verkümmert bei anderen zu einem äußerlich kaum noch sichtbaren Stummel, ist bei diesen buschig, bei jenen teilweise fast unbehaart. Große Nachtaugen und durchgehend wohlentwickelte Ohren mit bald häutiger, bald behaarter Muschel sowie ein weiches, dichtes, wolliges und nur ausnahmsweise strafferes Haarkleid lassen die Halbaffen äußerlich als Dämmerungs- oder Nachttiere erkennen. Das Gebiß zeigt hinsichtlich der Anordnung, Form und Anzahl der Zähne größere Abwechslung als bei den Affen. Der Schädel zeichnet sich aus durch starke Rundung des hinteren Teiles, die schmale, kurze Schnauze und die großen, vorn einander sehr genäherten, hochumrandeten, aber nicht vollständig von einer Knochenwand eingeschlossenen, sondern mit den Schläfengruben verbundenen Augenhöhlen. Wie die eigentlichen Affen tragen auch die Halbaffen nur zwei Zitzen an der Brust.

Afrika und seine östlichen Inseln, vor allem Madagaskar, sowie Indien und die großen Inseln Südasiens bilden das Wohngebiet unserer Tiere, dichte, an Früchten reiche Waldungen ihre Aufenthaltsorte. Alle Arten sind Baumtiere, mehrere von ihnen auf dem Boden so gut wie fremd. Außerordentliche Behendigkeit und Gewandtheit im Gezweige zeichnet die einen, langsame, sichere, bedächtige, geisterhaft leise und unmerkliche Bewegungen die anderen aus. Früchte verschiedenster Art, Knospen und junge Blätter bilden die Nahrung der einen, Kerb- und kleine Wirbeltiere neben einigen Pflanzenstoffen die Speise der anderen. In der Gefangenschaft gewöhnen sich diese wie jene an allerlei Kost.

Unter **Lemuren** dachten sich die Römer abgeschiedene Seelen der Verstorbenen, von denen die guten als Laren, die bösen als umherirrende, tückische nächtliche Gespenster und Poltergeister den armen Sterblichen beunruhigen und deshalb durch besondere Feste in mitternächtlicher Stunde nach Möglichkeit besänftigt werden sollten. Die Wissenschaft versteht unter Lemuren zwar ebenfalls nächtliche Umherschwärmer und Polterer, aber keineswegs unfaßbare Wesen, sondern eine Gruppe der Halbaffen.

Das eigentliche Heimatgebiet der Lemuren umfaßt die Insel Madagaskar. Alle ohne Ausnahme bewohnen Waldungen, die undurchdringlichen frucht- und kerbtierreichen Urwaldungen den übrigen bevorzugend. Alle hierher zählenden Arten sind bedächtig und berechnend vorsichtig. Sie bewegen sich auf den Bäumen langsam, aber sicher; ehe sie einen Zweig loslassen, vergewissern sie sich stets, daß ihnen ein anderer verlässigen Halt gibt.

Bekannte Lemuren sind die *Makis*. Sie zeichnen sich aus durch gestreckten Fuchskopf mit mäßig großen Augen und mittellangen, stets reichlich, oft buschig behaarten Ohren, wohlgebildete, unter sich fast gleichlange Gliedmaßen, deren Hände und Füße auf der Oberseite eine schwache, nicht pelzige Behaarung zeigen, mehr als körperlangen Schwanz und sehr weichen, feinen, ausnahmsweise wohl auch wolligen Pelz.

Beim *Mohrenmaki* (Lemur macaco) sind die beiden Geschlechter sehr verschieden. Das Männchen, welchem der Name Mohrenmaki (Lemur niger) zuerteilt wurde, ist mehr oder weniger reinschwarz; das Weibchen dagegen, welches einstmals unter dem Namen *Weißbartmaki* (Lemur leucomystax) als besondere Art aufgestellt wurde, ändert mehr oder weniger ab, wobei auf der Oberseite eine bald hellere, bald dunklere, auf der Rückenmitte zuweilen in Purpurrotbraun übergehende Rostfarbe vorherrscht, und Wangen, Füße und Schwanz in der Regel weißlich und nur ausnahmsweise rostfarben aussehen.

Unter den Makis fällt noch eine Art, der *Katta* (Lemur catta), durch die Zierlichkeit seiner Gestalt und den geringelten, mehr als leibeslangen Schwanz sowie die verhältnismäßig großen Augen besonders auf. In der Größe steht er hinter den Verwandten etwas zurück; seine Gesamtlänge beträgt ungefähr 85, höchstens 90 cm, wovon 35–40 cm auf den Leib, das übrige auf den Schwanz kommt. Der dichte, feine, weiche und etwas wollige Pelz ist grau.

Die **Loris** sind kleine, zierliche Halbaffen mit schmächtigem, schwanzlosem Leibe, großem, rundlichem Kopfe und dünnen, schlanken Gliedmaßen, deren hinteres Paar etwas länger als das vordere ist. Die Schnauze ist spitz, aber kurz; die sehr großen Augen stehen sich nahe; die Ohren sind mittelgroß und behaart. An den Händen ist der Zeigefinger sehr verkürzt, der vierte Finger aber verlängert und der hinterste mit scharfer und langer Kralle versehen. Die wenigen Arten dieser Sippe bewohnen Indien und seine benachbarten Inseln.

Der *Plumplori* (Nycticebus coucang), Abb. S. 21, bewohnt die Waldungen des indischen Festlandes und der Sundainseln. Seine Leibeslänge beträgt reichlich 35 cm. Er lebt in Familien zusammen, welche den Tag in Baumlöchern verschlafen, nach Einbruch der Dämmerung munter werden und nunmehr ihrer Nahrung nachgehen. Kerfe und kleine Vögel versteht er meisterhaft zu beschleichen und mit einem einzigen, blitzschnellen Griffe zu erhaschen.

Ein großer, runder, dicht auf den Schultern sitzender Kopf mit wahrem Froschgesichte, kurze Vorder- und lange Hinterglieder sowie ein mehr als leibeslanger Schwanz sind die äußerlichen Merkmale eines Halbaffen, welche zum Urbilde einer eigenen Teilordnung erhoben worden ist. Entsprechend den ungemein verlängerten Fußwurzeln, hat man dieser Teilordnung den Namen Fußwurzeltiere (Tarsiiformes) gegeben, nachdem das merkwürdige Zwittergeschöpf vorher von den verschiedenen Naturforschern bald als eine Springmaus, bald als ein Beuteltier, bald endlich als ein Lemur angesehen worden ist.

Das *Gespensttier* oder der *Koboldmaki* (Tarsius spectrum), Abb. S. 21, ist, falls man sich so ausdrücken darf, eine Wiedergabe des

Frosches in der Klasse der Säugetiere. Unverkennbare Ähnlichkeit mit dem Gesichte eines Laubfrosches zeigt das seinige, und ebenso erinnern die Hände und Füße sowie seine Bewegungen an diesen Lurch. Der große Kopf würde kugelig sein, wenn nicht die Schnauze als ein kurzer, ziemlich breiter Kegel aus der Gesichtsfläche hervorträte. Im Verhältnis zur Länge der Arme müssen die Hände als sehr lang bezeichnet werden. Das Verhältnis der einzelnen Finger ist anders als bei den meisten Lemuren, da der Mittelfinger der längste ist und äußerlich fast dreimal länger als der Daumen erscheint. Das Gebiß unterscheidet sich von dem aller übrigen Halbaffen dadurch, daß es nicht die schmalen, waagrecht vorgezogenen unteren Schneidezähne, sondern aufrechtstehende, fast ebensosehr an die der Kerbtierräuber wie an die anderer Halbaffen und Affen erinnernde Schneidezähne besitzt. Die Färbung des Pelzes ist gelbbraungrau mit einem leichten Anflug von Rotbraun. Ausgewachsene Stücke erreichen eine Länge von 40 cm, wovon 23–24 cm auf den Schwanz gerechnet werden müssen.

Das Verbreitungsgebiet des Koboldmakis erstreckt sich über die malaiischen Inseln. Sein Namenreichtum und noch mehr die über ihn umlaufenden Fabeln beweisen, daß er allen Eingeborenen als ein in hohem Grade auffallendes Geschöpf erscheint. Zum Aufenthaltsorte wählt sich der Gespenstmaki ebene Wälder, wo er sich am Tage an dunklen, feuchten Stellen im dichten Laube oder in Baumlöchern verbirgt. Seine unverhältnismäßig großen, kugelig vorspringenden Glotzaugen, deren Stern sich je nach den einfallenden Lichtstrahlen schnell vergrößern und verkleinern kann, haben ihn bei den Eingeborenen zu einem gespensterhaften Wesen gestempelt. Man betrachtet ihn als ein verzaubertes Tier und nach den Grundsätzen der Seelenwanderung als den Geist eines Missetäters, welcher Zauberkräfte besitzt.

FLEDERTIERE

Noch ehe bei uns an schönen Sommertagen die Sonne zur Neige gegangen ist, beginnt eine der merkwürdigsten Ordnungen unserer Klasse ihr eigentümliches Leben. Aus Ritzen, Höhlen und Löchern hervor kriecht eine nächtige Schar dunkler Gesellen, die mit eintretender Nacht munter geworden sind und nun ihr Wesen treiben. Es sind die *Fledermäuse:* Säugetiere, die gleichsam ein Zerrbild der vollendeten Fluggestalt des Vogels, aber auch ein Zerrbild des Säugetiers sind. Unser Vaterland liegt an der Grenze ihres Verbreitungskreises, während der Süden die eigentliche Heimat der Fledertiere ist. Wahrhaft überraschend erscheint hier ihre Menge und ihr Gestaltenreichtum.

Die Fledertiere oder *Handflügler* (Chiroptera) zeichnet vorzugsweise ihre äußere Körpergestalt aus. Sie haben im allgemeinen einen gedrungenen Leibesbau, kurzen Hals und dicken, länglichen Kopf mit weiter Mundspalte. Ihre Hände sind zu Flugwerkzeugen umgewandelt und deshalb riesig vergrößert, während der Leib das geringste Maß der Größe hat. Ober- und Unterarm und die Finger der Hände sind außerordentlich verlängert, namentlich die hinteren drei Finger, welche den Oberarm an Länge übertreffen. Hierdurch werden die Finger zum Verbreitern der zwischen ihnen sich ausspannenden Flughaut ebenso geschickt wie zu anderen Dienstleistungen untauglich. Nur der Daumen, welcher an der Bildung des Flugfächers keinen Anteil nimmt, hat mit den Fingern anderer Säugetiere noch Ähnlichkeit: er ist, wie gewöhnlich, zweigliedrig und kurz und trägt eine starke Kralle, welche dem Tiere beim Klettern und Sichfesthängen die ganze Hand ersetzen muß. Die Oberschenkelknochen sind viel kürzer und schwächer als die Oberarmknochen, wie überhaupt alle Knochen des Beines auffallend hinter denen des Armes zurückstehen. Die Beine haben eine ziemlich regelmäßige Bildung: der Fuß teilt sich auch in fünf Zehen, und diese tragen Krallennägel. Allein sein Eigentümliches hat der Fuß doch; denn von der Ferse aus läuft ein nur bei den Fledermäusen vorkommender Knochen, das *Sporenbein*, welches dazu dient, die Flughaut zwischen dem Schwanze und dem Beine zu spannen. Unter den Muskeln verdienen die ungewöhnlich starken Brustmuskeln Erwähnung.

Die Sinne der Fledertiere sind vortrefflich, aber je nach den Gattungen und Arten sehr ungleichförmig entwickelt. Einige Gattungen haben sehr kleine Augen, und diese stehen mitunter so in den dichten Gesichtshaaren versteckt, daß sie unmöglich dem Zwecke des Sehens entsprechen können. Man hat mehrfach den Versuch gemacht, Fledermäuse zu blenden, indem man ihnen einfach ein Stückchen englisches Pflaster über die Augen klebte: Sie flogen hierauf trotz ihrer Blindheit noch genauso geschickt im Zimmer umher wie sehend und verstanden es meisterhaft, allen möglichen Hindernissen, z. B. vielen in verschiedenen Richtungen durch das Zimmer gezogenen Fäden, auszuweichen. (Heute weiß man, daß sie sich mit Hilfe von Ultraschallpeilung orientieren.)

Die Nase ist bei allen echten Fledermäusen in hohem Grade vollkommen. Nicht bloß daß sich die Nasenlöcher weit öffnen und durch eigentümliche Muskeln bald erweitert, bald verengt oder gänzlich geschlossen werden können, besitzen die Tiere auch große blätterartige, ausgedehnte Anhängsel. Bei Verwundung der blattartigen Ansätze büßen sie von ihrer Flugfähigkeit ein, bei gründlicher Verletzung derselben verlieren sie ihr Flugvermögen ganz. Das in ähnlicher Weise wie die Nase vervollständigte Ohr besteht aus einer sehr großen Ohrmuschel, welche oft bis gegen den Mundwinkel ausgezogen, mit besonderen Lappen und Ausschnitten versehen ist und außerordentlich leicht bewegt werden kann. Schneidet man die blattartigen Ansätze oder die Ohrlappen und Ohrdeckel ab, so werden alle Fledertiere in ihrem Fluge irre und stoßen überall an.

Alle Fledertiere zeichnen sich durch einen ziemlich hohen Grad von Gedächtnis aus. Sie suchen nach dem Flattern stets dieselben Orte wieder und wählen für den Winterschlaf immer äußerst zweckmäßige Orte.

Um leichter ihre Flughaut breiten und aufflattern zu können, befestigen sich alle Handflügler während ihrer Ruhe mit den Krallen der Hinterbeine an irgendeinen erhabenen Gegenstand und lassen ihren ganzen Körper nach abwärts hängen. Bevor sie aufflattern, ziehen sie den Kopf von der Brust ab, heben den Arm, breiten die Finger samt dem Mittelarmknochen auseinander, strecken den in der Ruhe angezogenen Schwanz nebst den Sporen am Fuße, lassen sich los und beginnen nun sogleich und ohne Unterbrechung schnell nacheinander mit den Armen die Luft zu schlagen. Mit der Schwanzhaut wird gesteuert.

Vom Boden können sich die Fledertiere nicht so leicht erheben; sie helfen sich aber dadurch, daß sie zuerst die Arme und die Flughaut ausbreiten und ihren Körper durch Unterschieben der Füße etwas aufrichten, ein oder mehrere Male in die Höhe springen und dann flatternd abfliegen. Übrigens dienen die Hände der Flattertiere nicht einzig und allein zum Flattern, sondern auch zum Laufen auf der Erde. Der Gang aller Arten bleibt aber ein erbärmliches Dahinhumpeln. Beim Klettern häkeln sie sich mit der scharfen Kralle des Daumens oder der Hand an und schieben mit den Hinterfüßen wechselseitig nach.

Kopf der Ohrenfledermaus. Die großen Ohren dienen der Echopeilung. Fledermäuse stoßen nämlich durch den Mund bis 170 mal pro Sekunde für uns nicht mehr hörbare Ultraschallwellensignale mit 30000–70000 Schwingungen in der Sekunde aus und fangen die durch Hindernisse zurückgeworfenen Schallwellen mit den Ohren auf. Sie können sich dadurch auch im Dunklen sehr gut orientieren.

Unter sich halten die meisten Fledertiere gute Gemeinschaft. Einzelne Arten bilden zahlreiche Gesellschaften, welche gemeinschaftlich jagen und schlafen. Ganz ohne Streit und Kampf geht es dabei freilich nicht immer ab: Eine gute Beute oder eine bequeme Schlafstelle sind bereits genügende Ursache zur Zwietracht.

Die Nahrung der Fledertiere besteht in Früchten, in Kerbtieren, unter Umständen auch in Wirbeltieren und in dem Blute, das sie größeren Tieren aussaugen. Letzteres gilt namentlich für manche in Amerika wohnende Flattertiere. Die in Europa wohnenden Arten der Ordnung, bekanntlich nur echte Fledermäuse, verzehren hauptsächlich Kerbtiere, namentlich Nachtschmetterlinge, Käfer, Fliegen und Mücken.

Wärme ist für alle Fledermäuse notwendige Bedingung, und zwar nicht allein deswegen, weil durch sie das Leben der Kerbtiere geweckt wird, sondern auch weil jene an und für sich Kälte verabscheuen. Das häufige Auftreten der Flattertiere in niederen Breiten hängt gewiß mit dem dort reicheren Kerbtierleben zusammen. Daß die Fledermäuse bedeutende Hitzegrade aushalten können, beweisen uns schon diejenigen unter ihnen, welche auf Dachböden, unter Kirchendächern und ähnlichen Orten den Tag verbringen, unbekümmert um die bedeutende Hitze, welche hier zu herrschen pflegt. Mit Eintritt der Kälte fallen alle Fledermäuse, welche in höheren Breiten leben, in einen mehr oder weniger tiefen Winterschlaf von längerer oder kürzerer Dauer, entsprechend dem strengeren oder milderen Klima ihrer Heimat. Mit Beginn der rauhen Jahreszeit sucht jede Art einen vor den Einflüssen der Witterung möglichst geschützten Schlupfwinkel auf: Höhlen, Kellergewölbe, warme Dächer und dergleichen.

Alle Fledertiere tragen ihre Jungen während ihres Fliegens mit sich umher, und zwar ziemlich lange Zeit, selbst dann noch, wenn die kleinen Tiere bereits selbst gut flattern können und zeitweilig die Brust der Alten verlassen.

Flederhunde

Die Unterordnung der Flederhunde (Megachiroptera) wird vor allem durch die **Flughunde** oder *fruchtfressenden Fledermäuse* (Pteropinae) gebildet. Sie bewohnen ausschließlich die wärmeren Gegenden der alten Welt, namentlich Südasien und seine Inseln, Mittel- und Südafrika, Australien und Ozeanien. Sie haben so ziemlich die Fledermausgestalt, aber eine viel bedeutendere Größe und einen gemütlichen Hunde- oder Fuchskopf, welcher ihnen den Namen Flughunde oder fliegende Füchse verschafft hat. Die Flughunde bewohnen am liebsten dunkle Waldungen und bedecken bei Tage oft in unzählbarer Menge die Bäume, an deren Ästen sie sich, Kopf und Leib mit den Flügeln umhüllt, reihenweise anhängen. Ihr eigentliches Leben beginnt aber, wie das aller Flattertiere, erst mit der Dämmerung. Ihr scharfes Gesicht und ihre vortreffliche Spürnase lassen sie die Bäume ausfindig machen, welche gerade saftige und reife Früchte besitzen. Zuweilen unternehmen sie weitere Wanderungen und fliegen dabei von einer Insel auf die andere, manchmal über ziemlich breite Meeresarme weg.

Das Weibchen bringt einmal im Jahre ein oder zwei Junge zur Welt, welche sich an der Brust festhalten und von der Mutter längere Zeit umhergetragen, sehr geliebt und sorgfältig rein gehalten werden.

Die größte aller bekannten Arten, der *Kalong, Fliegender Hund* oder *Fliegender Fuchs* (Pteropus vampyrus), Abb. S. 40, klaftert bei 40 cm Leibeslänge bis 1,5 m. Die Färbung des Rückens ist tief braunschwarz, des Bauches rostigschwarz, des Halses und Kopfes rostiggelbrot, der Flatterhaut braunschwarz.

Der Kalong lebt auf den indischen Inseln, namentlich auf Java, Sumatra, Banda und Timor, wie alle seine Familienglieder entweder in größeren Wäldern oder in Hainen von Fruchtbäumen. Einzelne Bäume sind buchstäblich mit Hunderten und Tausenden behangen, welche hier, solange sie ungestört sind, ihren Tagesschlaf halten, gestört aber scharenweise in der Luft umherschwärmen. Gegen Abend setzt sich die Masse in Bewegung. Ihre Nahrung besteht aus den verschiedensten Früchten, insbesondere mehreren Feigenarten und der Mango, denen zuliebe sie massenhaft in die Fruchtgärten auf Java einfallen und hier oft erheblichen Schaden anrichten. Doch begnügen sie sich keineswegs einzig und allein mit pflanzlicher Nahrung, stellen im Gegenteil auch verschiedenen Kerfen und selbst kleinen Wirbeltieren nach.

Fledermäuse

Die Unterordnung der Microchiroptera wird von den eigentlichen **Fledermäusen** gebildet.

Die *Ohrenfledermaus, Langohrige Fledermaus,* das *Groß-* oder *Langohr* (Plecotus auritus), erreicht bei einer Flugweite von 24 cm eine Länge von nur 8,4 cm, wovon über 4 cm auf den Schwanz gerechnet werden müssen; das Ohr, welches außer allem Verhältnis zur Leibeslänge steht, mißt 3,3 cm. Lange Haare besetzen das Gesicht bis an den Hinterrand der Nasenlöcher und rings um die Augen; weißliche Barthaare hängen an den Seiten bis über den oberen Lippenrand abwärts; der übrige Pelz ist ziemlich lang, in der Färbung veränderlich, oberseits graubraun, auf der Unterseite etwas heller, bei jungen Tieren dunkler als bei alten.

Fledermaus im Flug

Die Ohrenfledermaus findet sich in ganz Europa, mit Ausnahme derjenigen Länder, welche über den 60. Grad nördlicher Breite hinausliegen. Sie ist nirgends selten, im nördlichen und im mittleren Deutschland sogar eine der gewöhnlichen Arten, lebt aber nicht in großen Gesellschaften beisammen. Überall hält sie sich in nicht allzu großer Entfernung von menschlichen Wohnungen auf, schläft im Sommer auch ebensooft hinter Fensterläden wie in hohlen Bäumen und kommt im Winter ebenso gern in Keller und andere Gewölbe wie in Kalkhöhlen und Stollen.

Im Fluge krümmt sie gewöhnlich das riesenmäßige, wegen seiner zahlreichen Querfalten leicht bewegliche weiche Ohr nach außen und bogig abwärts, so daß dann bloß die spitzen, langen Ohrdeckel vorwärts in die Höhe stehen. Wenn sie hängt, schlägt sie meist die Ohren unter die Arme zurück. Bereits im Oktober zieht sie sich in ihre Schlupfwinkel zurück und dehnt ihren Winterschlaf bis gegen den März aus. Ende Juni oder Anfang Juli bringt sie ihre Jungen zur Welt. Die Nahrung besteht wohl nur aus Kerbtieren, welche sie im Fluge fängt.

Die größte mitteleuropäische Fledermaus ist das *Mausohr* (Myotis myotis), 12–13 cm lang, wovon 5,3 cm auf den Schwanz und 37 cm Klafterweite zu rechnen sind, oberseits lichtrauchbraun mit roströtlichem Anfluge, unterseits schmutzigweißlich.

Von Anfang März bis in den Oktober wird man das Mausohr an geeigneten Orten kaum vermissen und an seinem unbeholfenen, flatternden, meist geradeausgehenden oder doch nicht in raschen Zickzacklinien sich bewegenden Fluge auch leicht erkennen. Es bewohnt ebensowohl das Gebirge, in welchem es bis zu 1200 m über dem Meere emporsteigt, hält sich tagsüber gern unter den Dächern alter, großer oder stiller Gebäude, in Schlössern, Kirchen, Rathäusern, bisweilen auch in altem Mauerwerke oder in ausgedehnten Gewölben, seltener in Gruben und Höhlen auf, hier in zahlreichen Gesellschaften nebeneinanderhängend, andere Fledermausarten dagegen nicht neben sich duldend. Im Winter suchen die Mausohren Gewölbe, Höhlen und Bergwerke zu ihrem Aufenthalte auf. Gegen Ende des Frühjahres wirft das Weibchen in der Regel ein einziges Junges, in seltenen Fällen deren zwei, schleppt dasselbe anfangs mit großer Zärtlichkeit umher, macht sich aber bald von ihm frei, um so mehr, weil die Entwicklung des Jungen außerordentlich rasch vor sich geht.

Der *Abendsegler* oder die früh fliegende Fledermaus (Nyctalus noctula), hat 11 cm Leibeslänge, wovon fast 4 cm auf den Schwanz zu rechnen sind, und 37 cm Flugweite. Der Abendsegler kommt in ganz Europa vor, findet sich selbst im nordöstlichen, ja sogar im südlichen Asien und in Nordwestafrika. Zur vorübergehenden Tagesruhe verbirgt er sich am liebsten in Baumritzen, Spechtlöchern und kleinen Schlupfwinkeln, welche man, wenn sie im Innern hohler Bäume liegen, daran erkennt, daß der Eingang glatt und fettig ist und einen eigentümlich unangenehmen Geruch bemerkbar werden läßt. Man beobachtete, daß die Abendsegler an der Donau zu Tausenden westwärts zogen und daß sie in den gebirgigen Teilen Süddeutschlands im Herbste zu verschwinden und erst gegen die Mitte des Sommers dahin zurückzukommen pflegen.

Unter allen einheimischen Fledermäusen ist die Abendfledermaus die kräftigste; sie fliegt am höchsten und kommt abends am ersten zum Vorschein. Nicht selten sieht man sie schon einige Stunden vor Sonnenuntergang.

Sehr gefürchtete Fledermäuse sind die Arten der **Vampyre** (Desmodontidae). Sie haben ein V-förmig ausgeschnittenes Nasenblatt, große, weit voneinander getrennte Ohren, der Schwanz fehlt, und die Schenkelflughaut besteht nur aus einem Saum. Sie sind Schmarotzer, da sie sich ausschließlich von Blut ernähren; dabei zapfen sie ihre Opfer mit den messerscharfen oberen Schneidezähnen an.

Der *Vampyr* (Desmodus rotundus) ist etwa 8 cm groß, die Spannweite der Flughaut 35 cm. Er lebt in Mittel- und Südamerika.

RAUBTIERE

Kaum eine andere Abteilung des Tierreichs umfaßt bei verhältnismäßig gleicher Artenzahl einen größeren Gestaltenreichtum als die Ordnung der Raubtiere (Carnivora).

Fast alle Leibesgrößen von dem gewaltigen Löwen an bis zum kleinen Wiesel herab sind vertreten. Welche Mannigfaltigkeit der Ausbildung ein und derselben Grundform! Schon die allen mehr oder weniger gemeinsamen Sitten, die gleiche Lebensweise und Nahrung deuten darauf hin. Hier ist die einhellig gebaute, anmutige Katze, dort die plumpe Hyäne; hier die schlanke, zierliche Schleichkatze mit dem feinen, glatten Felle, dort der kräftige, derbe Hund; hier der tölpisch langsame, schwere Bär und dort der behende, schnelle, leichte Marder.

Sämtliche Raubtiere zeigen in ihrer leiblichen Ausrüstung und in ihrer geistigen Befähigung eine Einhelligkeit wie kaum eine andere Ordnung. Ihre Gliedmaßen stehen mit dem Leibe und untereinander in gleichem Verhältnis. Alle Sinneswerkzeuge bekunden eine hohe Entwicklung, so verschiedenartig sie auch ausgeprägt zu sein scheinen. Der Magen ist stets einfach, der Darm gewöhnlich kurz oder mäßig lang, der Blinddarm immer kurz. Eigentümlich sind die Afterdrüsen, welche hier und da vorkommen, stark riechende Flüssigkeiten absondern und sowohl zur Verteidigung gegen stärkere wie zum Herbeilocken schwächerer Geschöpfe und vor allem zur Markierung des Wohngebietes dienen können.

Schärfer gefaßt, sind ihre äußerlichen Merkmale folgende: Der Leib, welcher von der plumpen, kurzen Gestalt des Bären an bis zur zierlichen, langen Schleichkatzenform alle Zwischenstufen des Baues aufweist, ruht auf mittelhohen Beinen, deren vier- oder fünfzehige Füße immer scharfe Krallen tragen; der Kopf ist rundlich, die Nasenspitze nackt, die Augen sind groß und scharfblickend, die Ohren aufrecht gestellt, die Lippen stark beschnurrt. Im Gebiß finden sich überall, oben wie unten, sechs Schneidezähne, zwei sehr starke, kegelförmige Eck- und Fangzähne, hinter ihnen einige scharfgezackte Lückzähne, hierauf die unseren Tieren eigentümlichen Fleischzähne, deren Kronen scharfe Zacken und stumpfhöckerige Ansätze zeigen, und endlich ein oder mehrere stumpfhöckerige Mahlzähne. Die Krallen sind entweder einziehbar, hierdurch beim Gehen vor dem Abnutzen geschützt, und können, wenn sie vorgestreckt werden, als vortreffliche Waffen und Greifwerkzeuge dienen oder aber stumpf und unbeweglich, können deshalb auch bloß zum Schutze des Fußes, zum Scharren oder Graben und höchstens zum Anklammern gebraucht werden.

Alle Raubsäuger nähren sich von anderen Tieren, und ausnahmsweise nur verzehren einige auch Früchte, Körner und anderweitige Pflanzenstoffe.

Einige Raubsäugetiere führen, wie man annimmt, ein wirkliches Eheleben. Bei einigen Katzen und Mardern leben während und nach der Paarungszeit beide Geschlechter enger zusammen als im Verlaufe des übrigen Jahres, stehen sich auch wohl gegenseitig bei, um die Kinder zu ernähren oder zu beschützen und zu verteidigen: Bei anderen, und zwar bei der größeren Anzahl, pflegt der Vater seine eigenen Sprößlinge als gute Beute zu betrachten und muß von der Mutter zurückgetrieben werden, wenn er das Lager seiner Nachkommenschaft zufällig aufgefunden hat. Unter derartigen Umständen ist die Mutter natürlich die einzige Pflegerin. Die Anzahl der Jungen eines Wurfes schwankt erheblich, sinkt aber niemals, zumindest nur ausnahmsweise, bis auf eins herab. Alle Jungen werden blind geboren und sind längere Zeit sehr hilflos, entwickeln sich dann aber verhältnismäßig rasch. Ihre Mutter unterrichtet sie ziemlich ausführlich in ihrem Gewerbe und begleitet und schützt sie, jedenfalls solange sie noch unfähig sind, selbständig für sich zu sorgen. Bei Gefahr tragen einige, aber sehr wenige Mütter ihre Brut in den Armen oder auf dem Rücken fort; die übrigen schleppen sie mit dem Maule weg.

Katzen

Der Laie wird keinen Augenblick im Zweifel sein, welcher Familie er die Ehre geben soll, die Reihe aller Raubtiere zu beginnen. Er denkt an den schon von den Alten zum König der Tiere gekrönten Löwen und räumt ihm gern jede Bevorzugung ein, sogar auf Kosten des liebsten und getreuesten Hausfreundes Hund. Diesmal darf auch der Forscher mit dem Laien übereinstimmen, und somit vereinigen wir in der ersten Familie die Katzen (Felidae).

Ein gleiches Ebenmaß zwischen Gliedern und Leib zeichnet die Katzen aus. Bei ihnen ist jeder einzelne Leibesteil anmutig und zierlich, und eben deshalb befriedigt das ganze Tier unser Schönheitsgefühl in so hohem Grade. Wir dürfen, ohne fehlzugreifen, unsere Hauskatze als Bild der gesamten Gesellschaft betrachten; denn in keiner zweiten Familie ist die Grundform bei allen Mitgliedern so streng wiederholt, in keiner anderen Tiergruppe unterscheiden sich die einzelnen Gattungen und Arten so wenig voneinander wie bei den Katzen.

Der Bau des Katzenleibes darf als bekannt vorausgesetzt werden; denn der kräftige und doch zierliche Leib, der kugelige Kopf auf dem starken Halse, die mäßig hohen Beine mit den dicken Pranken, der lange Schwanz und das weiche Fell sind die wesentlichen Kennzeichen. Das Gebiß ist furchtbar. Die Eck- oder Reißzähne bilden große, starke, kaum gekrümmte Kegel, welche alle übrigen Zähne weit überwiegen und eine wahrhaft vernichtende Wirkung äußern können. Ihnen gegenüber verschwinden die auffallend kleinen Schneidezähne, erscheinen selbst die starken, durch scharfe, gegenseitig ineinandergreifende Zakken und Spitzen ausgezeichneten Kauzähne unbedeutend.

Die Zähne sind jedoch nicht die eigentlichen Angriffswaffen der Katzen: In ihren Klauen besitzen sie noch furchtbarere Werkzeuge zum sicheren Ergreifen und tödlichen Verwunden ihrer Beute oder zur Abwehr im Kampfe. Ihre breiten und abgerundeten Füße zeichnen sich besonders durch die verhältnismäßige Kürze aus, und diese hat ihren Grund darin, daß das letzte Zehenglied aufwärtsgebogen ist. So kann es beim Gange den Boden gar nicht berühren und ermöglicht dadurch Schonung der auf ihm sitzenden, sehr starken und äußerst spitzen Sichelkrallen. In der Ruhe und bei gewöhnlichem Gange erhalten zwei dehnbare Bänder, von denen das eine oben und das andere seitlich befestigt ist, das Glied in seiner aufrechten Stellung; bei Zorn und im Augenblick der Benutzung zieht es der starke, tiefe Beugemuskel, dessen Sehne sich unten ansetzt, gewaltsam hernieder, streckt dadurch den Fuß und verwandelt ihn in die fürchterlichste Tatze, welche es überhaupt geben kann. Die Knochen der Gliedmaßen sind durchgehends sehr kräftig, die Schulterbeine aber verkümmert. Die Vorderfüße haben fünf, die hinteren vier Zehen. Zu Tastwerkzeugen dienen hauptsächlich die Bartschnurren zu beiden Seiten des Maules und über den Augen, vielleicht auch die Pinsel am Ohr der Luchse. Schneidet man einer Katze ihre Bartschnurren weg, so versetzt man sie in eine höchst ungemütliche Lage; sie wird förmlich rat- und tatlos oder zeigt zum mindesten eine merkliche Unruhe und Ungewißheit, welche später, jedoch bloß nach dem Wiederwachsen jener Borsten, sich verliert.

Die Katzen sind starke und äußerst gewandte Tiere. Sie gehen gut, aber langsam, vorsichtig und geräuschlos, laufen schnell und sind fähig, waagrechte Sprünge zu machen, welche die Länge ihres Leibes verhältnismäßig um das 10- bis 15fache übertreffen. Nur sehr wenige der größeren Arten sind nicht imstande zu klettern, während diese Kunst von der Mehrzahl mit vielem Geschick betrieben wird. Obgleich von Hause aus große Feinde des Wassers, schwimmen sie doch recht gut, wenn es sein muß.

Unter den Sinnen stehen wohl Gehör und Gesicht obenan. Ersteres ist unzweifelhaft das Werkzeug, welches sie bei ihren Raub- und Streifzügen leitet. Sie vermögen Geräusche auf große Entfernungen hin wahrzunehmen und richtig zu beurteilen, vernehmen den leisesten Fußtritt, das schwächste Rascheln im Sande und finden durch ihr Gehör selbst nicht gesehene Beute auf. Ihr Auge reicht wahrscheinlich nicht in große Fernen, ist aber für die Nähe vortrefflich. Die Pupille zieht sich bei Tage unter Einwirkung des zu grellen Lichtes bis auf einen feinen Spalt zusammen.

Die Katzen sind gegenwärtig in allen Teilen der Alten Welt und in Amerika zu finden. Sie bewohnen die Ebenen wie die Gebirge, dürre, sandige Stellen wie feuchte Niederungen, den Wald wie das Feld. Einige steigen selbst in das Hochgebirge hinauf und werden dort in beträchtlichen Höhen getroffen; andere treiben sich auf freien, offenen, mit Gesträuchen bewachsenen Steppen oder in Wüsten umher; noch andere ziehen die schilfreichen Ufer von Flüssen, Bächen und Sümpfen vor: bei weitem der größte Teil aber gehört dem Walde an. Die Bäume bieten ihnen alles Erforderliche, namentlich vortreffliche Verstecke.

Ihre Nahrung nehmen die Katzen aus allen Klassen der Wirbeltiere, wenn auch die Säugetiere unzweifelhaft ihren Verfolgungen am meisten ausgesetzt sind. Einige Arten stellen mit Vorliebe Vögeln nach, andere, aber wenige, verzehren nebenbei das Fleisch mancher Lurche, namentlich der Schildkröten, wieder andere gehen sogar auf den Fischfang aus. Die wirbellosen Tiere werden im ganzen wenig von ihnen behelligt, und wohl nur zufällig fängt sich diese oder jene Art einen Krebs oder ein Kerbtier. Sämtliche Katzen fressen vorzugsweise Beute, welche sie sich selbst erworben haben, nur sehr wenige fallen über Aas her, und dann gewöhnlich auch bloß über solches von selbstgemachter Beute.

In der Art und Weise ihres Angriffes ähneln sich alle Arten mehr oder weniger. Leisen, unhörbaren Schrittes schleichen sie äußerst aufmerksam durch ihr Jagdgebiet und äugen und lauschen scharf nach allen Richtungen hin. Das geringste Geräusch erregt ihre Aufmerksamkeit und läßt sie der Ursache desselben nachgehen. Dabei gleiten sie in geduckter Stellung vorsichtig auf dem Boden hin, regelmäßig unter dem Winde, und fallen, wenn sie sich nahe genug glauben, plötzlich mit einem oder mehreren Sätzen über ihr Schlachtopfer her, schlagen ihm die furchtbaren Tatzen in das Genick oder in die Seiten, reißen es zu Boden, erfassen es mit dem Maul und beißen einige Male schnell nacheinander heftig zu. Obgleich beinahe alle Katzen gute Läufer sind, stehen sie doch von weiterer Verfolgung eines Schlachtopfers ab, wenn ihnen der Angriffssprung mißlang. Nur an sehr geschützten Orten verzehren sie eine gemachte Beute gleich an Ort und Stelle; gewöhnlich schleppen sie das erfaßte Tier, nachdem sie es getötet oder wenigstens widerstandslos gemacht haben, an einen stillen, versteckten Ort und verzehren es hier in aller Ruhe und Behaglichkeit.

In der Regel werfen die weiblichen Katzen mehrere, ausnahmsweise nur ein einziges Junges. Man kann sagen, daß die Anzahl der letzteren zwischen eins und sechs schwankt. Die Pflegerin der Jungen ist die Mutter; der Vater bekümmert sich bloß gelegentlich um sie. Eine Katzenmutter mit ihren Jungen gewährt ein höchst anziehendes Bild. Sie hat ohne Unterlaß zu putzen, zu lecken, zu glätten, zu ordnen und duldet nicht den geringsten Schmutz in der Nähe des Lagers. Gegen feindliche Besuche verteidigt sie ihre Sprößlinge mit dem Einsatz des eigenen Lebens, und alle größeren Arten dieser Familie werden, wenn sie Junge haben, im höchsten Grade gefährlich.

Sobald die Kätzchen etwas herangewachsen sind, beginnt ein lustiges Kindheitsleben der kleinen, zu Spiel und Scherz jeder Art immer geneigten Tiere. Die natürliche Begabung zeigt sich schon bei den ersten Bewegungen und Regungen, deren die Kätzchen fähig sind. Ihre Kinderspiele sind bereits nichts anderes als Vorübungen zu der ernsten Jagd, welche die Erwachsenen betreiben. Alles, was sich bewegt, zieht ihre Aufmerksamkeit an. Kein Geräusch entgeht ihnen: Die kleinen Lauscher werden bei dem leisesten Rascheln in der Nähe gespitzt. Anfangs ist der Schwanz der Alten die größte Kinderfreude der Jungen. Jede seiner Bewegungen wird beobachtet, und bald macht sich die übermütige Gesellschaft daran, diese Bewegungen durch ihre Fangversuche zu hemmen und zu hindern. Doch die Alte läßt sich durch solche Neckereien nicht im geringsten stören und fährt fort, ihrer inneren Seelenstimmung durch die Schwanzbewegungen Ausdruck zu geben, ja sie bietet ihren Kleinen förmlich dieses Glied zu beliebigem Gebrauch dar. Oft ist die ganze Gesellschaft zu einem scheinbaren Knäuel geballt, und eins fängt und hakelt nach dem Schwanze des andern. Mit zunehmendem Alter werden die Spiele immer ernsthafter. Die Kleinen lernen erkennen, daß der Schwanz doch nur ein Stück ihres eigenen Selbst ist, wollen aber ihre Kraft bald an etwas anderem versuchen. Jetzt schleppt ihnen die Alte kleine, oft noch halb, oft ganz lebendige Tiere zu. Diese werden freigelassen, und die junge Brut übt sich mit Eifer und Ausdauer in dem räuberischen Gewerbe, welches sie später betreiben wird. Schließlich nimmt die Alte sie mit auf die Jagd; da lernen sie nun vollends alle Listen und Schleichwege, die ruhige Beherrschung ihrer selbst, die plötzlichen Angriffe, kurz, die ganze Kunst des Raubes. Erst wenn sie ganz selbständig geworden sind, trennen sie sich von der Mutter oder den Eltern, um nun lange Zeit allein umherzuschweifen.

Kopf eines männlichen Löwen

Ein einziger Blick auf den Leib des *Löwen*, auf den Ausdruck seines Gesichtes genügt, um der uralten Auffassung aller Völker, welche das königliche Tier kennenlernten, vom Grunde des Herzens beizustimmen. Der Löwe ist der König der vierfüßigen Räuber, der Herrscher im Reiche der Säugetiere, auch wenn der ordnende Tierkundige diese königliche Würde eben nicht achten will und in dem Löwen nur eine Katze von besonders kräftigem Bau erkennen muß.

Die **Löwen** (Panthera), Abb. S. 57, 58, sind leicht von sämtlichen übrigen Katzen zu unterscheiden. Ihre Hauptkennzeichen liegen in dem stark gebauten, kräftigen Leib mit der kurzen, glatt anliegenden, einfarbigen Behaarung, in dem breiten, kleinäugigen Gesicht, in dem Herrschermantel, welcher sich um ihre Schultern schlägt, und in der Quaste, welche ihre Schwanzspitze ziert. Diese Mähne bekleidet in vollster Ausbildung den Hals und die Vorderbrust des erwachsenen männlichen Löwen, ändert aber verschieden ab.

Die *afrikanischen Löwen* (Panthera leo) erreichen eine Länge von etwa 2 m, dazu kommt noch der bis 90 cm lange Schwanz; ihre Schulterhöhe beträgt bei diesen Maßen etwa 1 m. Sie leben in den offenen Steppen südlich der Sahara. Beim *Berberlöwen* (Panthera leo leo) — heute in freier Wildbahn ausgestorben — trägt auch der Unterleib seiner ganzen Länge nach dichtgestellte, schlichte Haare; selbst an den Ellbogen und den Vorderteilen der Schenkel stehen wenigstens noch Büschel von ihnen. Am Kopf und am Hals ist die eigentlich fahlgelbe Mähne mit rostschwarzen Haaren untermengt, so daß Kopf und Mähne oft schwarz erscheinen.

Der *Asiatische Löwe* oder *Indische Löwe* (Panthera leo goojratensis) ist rötlichfahlgelb gefärbt; seine Mähne ist nicht ganz so mächtig wie die seiner afrikanischen Verwandten. Seine Heimat ist Indien (Restbestand heute nur noch 60 Tiere in einem Reservat).

Die Zeiten, in denen man sechshundert Löwen zum Kampf in der Arena zusammenbringen konnte, liegen um Jahrtausende hinter uns. Seitdem hat sich der König der Tiere vor dem Herrn der Erde stetig mehr und mehr zurückgezogen. *Herodot* erzählt uns, daß bei einem Heerzuge des Xerxes in Mazedonien Löwen des Nachts über die das Gepäck tragenden Kamele herfielen, zu allgemeiner Verwunderung der Krieger, da man in dieser Gegend niemals vorher die stolzen Raubtiere gespürt hatte; *Aristoteles* gibt die Flüsse Ressus und Acheolus als die Grenze des Löwengebietes in Europa an und sagt ausdrücklich, daß es in Europa nirgends weiter als hier Löwen gäbe. Wann diese in unserem Erdteil ausgerottet wurden, läßt sich nicht feststellen; sicherlich aber ist mehr als ein Jahrtausend seitdem vergangen. Daß der Löwe, und zwar unzweifelhaft die persische Spielart, vormals in Syrien und Palästina lebte, wissen wir durch die Bibel; über die Zeit der Ausrottung in dem Heiligen Lande aber haben wir keine Kunde. Der Berberlöwe lebte früher im ganzen nordöstlichsten Afrika und war in Ägypten nicht viel weniger häufig als in Tunis oder in Fes und Marokko.

Der Löwe lebt selten einzeln. Nach *Livingstone* schweifen Trupps von sechs bis acht Stück, gemeinschaftlich jagend, umher. Unter außergewöhnlichen Umständen gesellen sich, zumal im Süden Afrikas, noch zahlreichere Trupps.

Seine Lebensweise ist eine rein nächtliche; nur gezwungen verläßt er am Tage sein Lager. Nicht selten überfällt er Tiergehege. Ich will versuchen, den Überfall eines solchen Geheges durch den Löwen aus eigener Erfahrung zu schildern.

Mit Sonnenuntergang hat der Nomade seine Herde in der sicheren Seriba eingehürdet, in jenem bis drei Meter hohen und etwa einem Meter dicken, äußerst dichten, aus den stachlichsten Ästen der Mimosen geflochtenen Zaune, dem sichersten Schutzwall, welchen er bilden kann. Dunkel senkt sich die Nacht auf das geräuschvolle Lager herab. Die Schafe blöken nach ihren Jungen, die Rinder, welche bereits gemolken wurden, haben sich niedergetan. Eine Meute wachsamer Hunde hält die Wacht.

Urplötzlich scheint die Erde zu dröhnen: In nächster Nähe brüllt ein Löwe! Jetzt bewährt er seinen Namen „*Essed*", d. i. der Aufruhrerregende; denn ein wirklicher Aufruhr und die größte Bestürzung zeigen sich in der Seriba. Die Schafe rennen wie unsinnig gegen die Dornenhecken an, die Ziegen schreien laut, die Rinder rotten sich mit lautem Angstgestöhn zu wirren Haufen zusammen, das Kamel sucht, weil es gern entfliehen möchte, alle Fesseln zu zersprengen, und die mutigen Hunde, welche Leoparden und Hyänen bekämpften, heulen laut und kläglich und flüchten sich jammernd in den Schutz ihres Herrn, welcher selbst rat- und tatlos, an seiner eigenen Stärke verzweifelnd, sie der ihm übermächtigen Gewalt unterordnend, in seinem Zelt zittert, es nicht wagt, nur mit seiner Lanze bewaffnet, einem so furchtbaren Feinde gegenüberzutreten, und es geschehen lassen muß, daß der Löwe näher und näher herankommt, daß die leuchtenden Augen zu dem Schrecken der Stimme noch einen neuen fügen, der es geschehen lassen muß, daß das Raubtier auch noch einen zweiten seiner arabischen Namen „*Sabaa*", d. i. „Würger der Herden", bestätigt.

Mit gewaltigem Satze überspringt der Mächtige die Dornenmauer, um sich ein Opfer auszuwählen. Ein einziger Schlag seiner furchtbaren Pranken fällt ein zweijähriges Rind; das kräftige Gebiß zerbricht dem widerstandslosen Tiere die Wirbelknochen des Halses. Dumpfgrollend liegt der Räuber auf seiner Beute; die lebhaften Augen funkeln hell vor Siegeslust und Raubbegier; mit dem Schwanze peitscht er die Luft. Er läßt das verendende

Tier auf Augenblicke los und faßt es mit seinem zermalmenden Gebisse von neuem, bis es sich endlich nicht mehr regt. Dann tritt er seinen Rückzug an. Er muß zurück über die hohe Umzäunung und will auch seine Beute nicht lassen. Seine ganze ungeheure Kraft ist erforderlich, um mit dem Rinde im Rachen den Rücksprung auszuführen. Aber es gelingt; ich selbst habe eine fast drei Meter hohe Seriba gesehen, über welche der Löwe mit einem zweijährigen Rinde im Rachen hinweggesetzt war; ich selbst habe den Eindruck wahrgenommen, welchen die schwere Last auf den First des Zaunes bewirkt hatte, und auf der anderen Seite die Vertiefung im Sande bemerkt, welche das herabstürzende Rind zurückließ, bevor es der Löwe weiterschleppte. Mit Leichtigkeit trägt er eine solche Last seinem Lager zu, und man sieht die Furche, welche ein so geschleiftes Tier im Sande zog, oft mit der größten Deutlichkeit bis zum Platze, an welchem es zerrissen wurde.

Erst nach Abzug des Löwen atmet alles Lebende in dem Lager freier auf; denn es schien geradezu durch die Furcht gebannt zu sein. Der Hirte ergibt sich gefaßt in sein Schicksal: Er weiß, daß er in dem Löwen einen König erkennen muß, welcher ihn fast ebenso arg brandschatzt als der Menschenkönig, unter dessen Botmäßigkeit er steht. Man begreift, daß alle Tiere, welche diesen fürchterlichen Räuber kennen, vor Entsetzen fast die Besinnung verlieren, sobald sie ihn nur brüllen hören. Dieses Gebrüll ist bezeichnend für das Tier selbst. Die Araber haben ein sehr treffendes Wort dafür: „*raad*", d. h. *donnern*.

„Wenn der Löwe zu alt wird, um auf die Jagd nach Wild zu gehen", meint *Livingstone*, „so kommt er in die Dörfer nach Ziegen, und wenn ihm hierbei ein Weib oder Kind in den Weg tritt, wird es ebenfalls seine Beute. Die Löwen, die Menschen angreifen, sind immer alte, und die Eingeborenen sagen, wenn einer der gefährlichen Räuber erst einmal im Dorfe eingebrochen ist und Ziegen weggeholt hat: seine Zähne sind abgenutzt: er wird nun bald einen Menschen töten."

Ganz anders als bei Angriffen auf zahme Tiere benimmt sich der Löwe, wenn er es mit Wild zu tun hat. Er weiß, daß dieses ihn auf ziemliche Entfernung hin wittert und schnellfüßig genug ist, ihm zu entkommen. Deshalb lauert er auf die wildlebenden Tiere oder schleicht sich, oft in Gesellschaft mit anderen seiner Art, äußerst vorsichtig unter dem Winde an sie heran, und zwar keineswegs nur zur Nachtzeit, sondern auch angesichts der Sonne. „Eine kleine Herde von Zebras", so erzählt ein englischer Löwenjäger, „weidete ruhig und unbesorgt in einer Ebene, nicht ahnend, daß ein Löwenpaar mit seinen Jungen lautlos mehr und mehr sich näherte. Der Löwe und die Löwin hatten einen ordentlichen Schlachtplan entworfen und stahlen sich so sacht und unbemerklich durch das hohe Gras, daß sie der scharfen Aufmerksamkeit der Tiere entgingen. So krochen sie heran, bis sie fast zum Sprunge nahe waren; da bemerkte das Wachttier plötzlich den fürchterlichen Feind und gab das Zeichen zur Flucht. Aber es war zu spät. Mit einem einzigen Sprung setzte der männliche Löwe über Gras und Büsche hinweg und fiel mit der ganzen Wucht seines Leibes auf das eine Zebra, welches augenblicklich unter ihm zusammenbrach. Die anderen stoben angsterfüllt in alle Winde."

Gewöhnlich wartet der Löwe wenigstens die Dämmerung ab, bevor er an seine Jagd denkt. Wie dem zahmen Vieh zieht er den wilden Herden nach, und wie andere Katzen legt er sich in die Nähe der häufig begangenen Wechsel auf die Lauer. Wasserplätze in den Steppen z. B., zu denen die Tiere der Wildnis kommen, um zu trinken, werden auch von ihm aufgesucht, in der Absicht, Beute zu machen.

Ein erbeutetes Tier wird, wenn dies angeht, zu einem Verstecke geschleppt und erst dort gefressen. Die ungeheure Kraft des königlichen Tieres zeigt sich wohl am besten gerade bei diesem Fortschaffen der Beute. Wenn man bedenkt, was dazu gehören will, mit einem Rinde im Rachen über einen breiten Graben oder über einen hohen Zaun zu setzen, kann man einen richtigen Schluß auf die unglaubliche Stärke des Löwen machen. Erwachsene Büffel und Kamele fortzuschleppen, ist er nicht imstande, und die Behauptung, daß er fähig wäre, einen Elefanten durch die Gewalt seines Sprunges niederzuwerfen, gehört in den Bereich der Fabel. Soviel übrigens ist gewiß, daß der Löwe ein Kamel wenigstens ein Stück weit fortzuschleppen sucht. Zu selbsterlegter Beute kehrt der Löwe in der nächstfolgenden Nacht, nicht mehr jedoch in der dritten Nacht zurück, würde sich dann wohl auch vergeblich bemühen. Denn gewöhnlich findet sich schon in der Nacht, in welcher die Beute gemacht wurde, eine namhafte Anzahl von Schmarotzern ein, welche die günstige Gelegenheit wahrnimmt, um von des Königs Tafel zu schmausen. Die faule und feige Hyäne und alle eigentlichen Hundearten erachten es für sehr bequem, einen anderen für sich Beute machen zu lassen, und fressen, sobald der Löwe das Mahl verläßt, sich daran toll und voll. Bei Tage beanspruchen zudem die Geier die Reste der königlichen Tafel.

Daß die Löwen vor dem Menschen wirklich zurückweichen, sagen fast alle glaubwürdigen Beobachter. „Ein Landmann“, so berichtet *Sparrman* von seiner Reise nach Südafrika, „stieß bei einem Spaziergange auf einen Löwen. Er legte auf ihn an, fehlte ihn aber und wurde von ihm verfolgt. Als er außer Atem war, kletterte er auf einen Steinhaufen und hob den Flintenkolben hoch in die Höhe. Der Löwe legte sich auf zwanzig Schritte vor ihm hin; nach einer halben Stunde aber stand er auf, ging anfangs Schritt für Schritt zurück, als wenn er sich fortstehlen wollte, und erst als er ein Stück weit war, fing er an, aus allen Kräften zu laufen.“ Man behauptet, daß er selbst dann, nachdem er schon zum Sprunge sich niedergelegt, nicht wage, denselben auszuführen, wenn ihm der Mensch unbeweglich ins Auge sieht. Falls er den leichten Kampf mit einem Manne nicht schon einmal versucht hat, flößt ihm die hohe Gestalt desselben Furcht und Mißtrauen in seine eigene Stärke ein, und eine ruhige Haltung des Körpers, ein mutiges Auge kräftigt diesen Eindruck mit jedem Augenblicke. Seine Flucht vor dem ruhig dastehenden Menschen ist ein Beweis, daß er sich ebenso gefürchtet hat wie jener sich vor ihm.

Junge Löwen sind in der ersten Zeit ziemlich unbeholfen. Sie lernen erst im zweiten Monat ihres Lebens gehen und beginnen noch später ihre kindlichen Spiele. Anfangs miauen sie ganz wie die Katzen, später wird ihre Stimme stärker und voller. Bei ihren Spielen zeigen sie sich tölpisch und plump; aber die Gewandtheit kommt mit der Zeit. Nach etwa sechs Monaten werden sie entwöhnt; schon vorher folgen sie ihrer Mutter bzw. beiden Eltern, wenn auch nur auf geringen Strecken hin, bei ihren Ausflügen. Gegen Ende des ersten Jahres haben sie die Größe eines starken Hundes erreicht. Anfangs gleichen sich beide Geschlechter vollkommen; bald aber zeigt sich der Unterschied zwischen Männchen und Weibchen in den stärkeren und kräftigeren Formen, die sich bei ersteren ausprägen. Gegen das dritte Jahr hin machen sich die Anfänge der Mähne bei dem Männchen bemerkbar; doch erst im sechsten oder siebten Jahr sind beide vollkommen erwachsen und ausgefärbt.

Jung eingefangene Löwen werden bei verständiger Pflege sehr zahm. Sie erkennen im Menschen ihren Pfleger und gewinnen ihn um so lieber, je mehr er sich mit ihnen beschäftigt. Man kann sich kaum ein liebenswürdigeres Geschöpf denken als einen gezähmten Löwen, welcher seine Freiheit, ich möchte sagen, sein Löwentum vergessen hat und dem Menschen mit voller Seele sich hingibt. Ich habe eine Löwin zwei Jahre lang gepflegt und ihr liebenswürdiges Wesen sowie viele Einzelheiten von

Weiblicher Löwe mit Nachwuchs

ihr bereits ausführlich beschrieben, will aber doch einiges hier wiederholen.

Bachida, so hieß die Löwin, gehörte früher *Latif-Pascha*, dem ägyptischen Statthalter im Ostsudan, und war einem meiner Freunde zum Geschenk gemacht worden. Sie gewöhnte sich in kürzester Zeit in unserem Hofe ein und durfte frei umherlaufen. Bald folgte sie mir wie ein Hund, liebkoste mich bei jeder Gelegenheit und wurde bloß dadurch lästig, daß sie zuweilen auf den Einfall kam, mich nachts auf meinem Lager zu besuchen und dann durch ihre Liebkosungen aufzuwecken.

Nach wenigen Wochen hatte sie sich die Herrschaft über alles Lebende auf dem Hofe angemaßt, jedoch mehr in der Absicht, mit den Tieren zu spielen, als um ihnen Leid anzutun. Nur zweimal tötete und fraß sie Tiere; einmal einen Affen, das andere Mal einen Widder, mit welchem sie vorher gespielt hatte. Die meisten Tiere behandelte sie mit dem größten Übermut und neckte und ängstigte sie auf jede Weise. Gegen uns benahm sie sich stets liebenswürdig und ehrlich. Falschheit kannte sie nicht; selbst als sie einmal gezüchtigt worden war, kam sie schon nach wenigen Minuten wieder und schmiegte sich ebenso vertraulich an mich wie früher. Ihr Zorn verrauchte augenblicklich, und eine Liebkosung konnte sie sogleich besänftigen.

Auf der Reise von Chartum nach Kairo, welche wir auf dem Nil zurücklegten, wurde sie, solange das Schiff in Fahrt war, in einen Käfig eingesperrt, sobald wir aber anlegten, jedesmal freigelassen. Dann sprang sie wie ein übermütiges Füllen lange Zeit umher und entleerte sich stets zunächst ihres Unrats; denn ihre Reinlichkeitsliebe war so groß, daß sie niemals ihren Käfig während der Fahrt beschmutzte. Bei diesen Ausflügen ließ sie sich mehrere Male dumme Streiche zuschulden kommen. So erwürgte sie unter anderem in einem Dorfe ein Lamm und fing sich in einem zweiten einen kleinen Negerknaben; doch vermochte ich zum Glück den Bedrängten zu befreien, da sie sich gegen mich überhaupt nie widerspenstig zeigte. In Kairo konnte ich, sie an der Leine führend, mit ihr spazierengehen, und auf der Überfahrt von Alexandrien nach Triest holte ich sie tagtäglich auf das Verdeck herauf, zur allgemeinen Freude der Mitreisenden. Sie kam nach Berlin, und ich sah sie zwei Jahre nicht wieder. Nach dieser Zeit besuchte ich sie und wurde augenblicklich von ihr erkannt.

Bei guter Nahrung lebt der Löwe viele Jahre in der Gefangenschaft. Er benötigt etwa acht Pfund gutes Fleisch täglich. Dabei befindet er sich wohl und wird beleibt und fett.

Über wenige Tiere ist von jeher soviel gefabelt worden und wird noch heutigen Tages soviel gefabelt wie über den Löwen. Die Nachrichten über ihn laufen, wie leicht begreiflich, bis in das graueste Altertum zurück. Die altägyptischen Denkmäler stellen ihn in den verschiedensten Lagen dar und überzeugen uns, daß die alten Ägypter ihn sehr gut gekannt, auch schon ganz richtig eingeordnet haben. Die Bibel erwähnt den Löwen an vielen Stellen, und die Hebräer haben nicht weniger als zehn Namen für ihn. Griechen und Römer erzählen sehr ausführlich von dem königlichen Tier und berichten dabei eine Masse von Märchen mit. Des Löwen Knochen sollen so hart sein, daß sie Feuer geben; er soll die kleinen Tiere verachten, die Weiber schonen usw.; die starke und grausame Löwin soll nur ein einziges Junges in ihrem ganzen Leben werfen, weil dasselbe mit seinen scharfen Krallen den Tragsack zerreiße, genau wie es der Viper auch gehe. *Aristoteles* weiß, daß die Löwin mehrmals Junge wirft und daß die jungen Löwen sehr klein sind und erst im zweiten Monat gehen können.

Eine große einfarbige Katze Amerikas mit schlankem Leib und auffallend kleinem, bart- und mähnenlosem Kopf ist der *Kuguar*, *Silberlöwe* oder **Puma** (Puma concolor). Die Leibeslänge beträgt bis 1,60 m, die Schwanzlänge 65 cm, die Höhe am Widerrist 60 cm. Die dichte, kurze und weiche Behaarung erscheint am Bauche etwas reicher als auf der Oberseite, verlängert sich aber nirgends zu einer Mähne. Ihre vorherrschende Färbung ist dunkelgelbrot, auf dem Rücken am dunkelsten, weil hier die einzelnen Haare in schwarze Spitzen enden, am Bauche rötlichweiß, auf der Innenseite der Gliedmaßen und an der Brust heller. Je nach der Örtlichkeit ist übrigens die Färbung sehr unterschiedlich: die aus dem Süden stammenden Silberlöwen sind lichter, die in Mexiko und den Vereinigten Staaten lebenden dunkler rötlichgelb.

Der Puma ist sehr weit verbreitet. Er findet sich nicht bloß in ganz Südamerika, von Patagonien an bis Neugranada, sondern geht auch noch über die Landenge von Panama hinweg und bewohnt Mexiko, die Vereinigten Staaten, ja streift sogar bis Kanada.

Seine Aufenhaltsorte wählt sich der Puma nach des Landes Beschaffenheit. In baumreichen Gegenden zieht er den Wald dem freien Felde entschieden vor; am meisten aber liebt er den Saum der Wälder und die mit sehr hohem Gras bewachsenen Ebenen, obgleich er diese bloß der Jagd wegen zu besuchen

Löwenfamilie mit gerissener Beute in der afrikanischen Steppe

Seite 57: Löwenmännchen
Seite 58:
2 männliche Löwen, erkennbar an ihrer üppigen Mähne (o.); Junglöwe (u.)

scheint; wenigstens flüchtet er, sowie er hier von Menschen verfolgt wird, sogleich dem Walde zu. Allein er lebt auch beständig in den Pampas von Buenos Aires, wo es gar keine Wälder gibt, und versteckt sich dort sehr geschickt zwischen den Gräsern. Den Tag bringt er schlafend auf Bäumen, im Gebüsch oder im hohen Gras zu; des Abends und des Nachts geht er auf Raub aus. Bei seinen Streifereien legt er oft in einer einzigen Nacht mehrere Stunden zurück, so daß ihn die Jäger nicht immer nahe der Stelle antreffen, wo er erst Beute gemacht hat. Alle Bewegungen des Puma sind leicht und kräftig: Er soll Sprünge von 6 m und darüber ausführen können.

Alle kleineren, schwachen Säugetiere dienen ihm zur Nahrung: Koatis, Agutis und Pakas, Rehe, Schafe, junge Kälber und Füllen, wenn die letzteren von ihrer Mutter getrennt sind. Selbst die behenden Affen und der leichtfüßige Strauß sind vor seinen Angriffen nicht sicher; denn er beherrscht die Höhe wie den Boden. Mit unglaublicher Gewandtheit schlüpft er durch die von Schlingpflanzen umwundenen und verwickelten Äste, wagt sich bei der Verfolgung von Beutetieren auf denselben hinaus und nimmt dann einen sicheren Sprung auf ein Astende des nächsten Baumes.

Wenn der Puma eine Beute ergriffen hat, reißt er ihr sofort den Hals auf und leckt, ehe er zu fressen anfängt, zuerst das Blut. Kleine Tiere zehrt er ganz auf; von größeren frißt er einen Teil, gewöhnlich den vorderen. Gesättigt zieht er sich nach einem Schlupfwinkel zurück und überläßt sich dem Schlafe; selten bleibt er in der Nähe seiner Beute, sondern entfernt sich oft eine halbe Meile und noch weiter davon. In der folgenden Nacht kehrt er, falls ihm kein neuer Raub aufstößt, zu dem Reste seines gestrigen Mahles zurück; findet er aber Beute, so läßt er das Aas liegen. In Fäulnis übergegangenes Fleisch berührt er niemals. Das Blut liebt er weit mehr als das Fleisch; er begnügt sich daher nicht, ein einziges Tier zu erlegen, wenn er mehrerer habhaft werden kann. Diese Blutgier macht ihn zu einem außerordentlich schädlichen Feinde der Hirten. Ein Puma tötete in einer Meierei achtzehn Schafe in einer Nacht und fraß von ihrem Fleisch auch nicht einen einzigen Bissen, sondern riß ihnen bloß den Hals auf und trank ihr Blut.

Der **Tiger** (Panthera tigris), Abb. S. 59, ist eine herrliche, wunderschön gezeichnete und gefärbte Katze. Höher, schlanker und leichter gebaut als der Löwe, steht der Tiger doch keineswegs hinter diesem zurück. Seine Gesamtlänge von der Schnauze bis zur Schwanzwurzel beträgt 2,25–2,60 m; es sind aber einzelne sehr alte Männchen erlegt worden, bei denen die in derselben Weise gemessene Länge 2,90 m ergeben hat. Die gewöhnliche Körperlänge beträgt 1,60 m, die Länge des Schwanzes 80 cm, die Höhe am Widerrist ungefähr ebensoviel. Der Leib ist etwas mehr verlängert und gestreckt, der Kopf runder als der des Löwen, der Schwanz lang und quastenlos, die Behaarung kurz und glatt und nur an den Wangen bartmäßig verlängert. Das Weibchen ist kleiner und sein Backenbart schwächer. Alle Tiger, welche in nördlicher gelegenen Ländern wohnen, tragen ein viel dichteres und längeres Haarkleid als diejenigen, deren Heimat die heißen Tiefländer Indiens sind. Die Zeichnung zeigt die schönste Anordnung von Farben und einen lebhaften Gegensatz zwischen der hellen, rostgelben Grundfarbe und den dunklen Streifen, welche über sie hinweglaufen. Wie bei allen Katzen ist die Grundfärbung auf dem Rücken dunkler, an den Seiten lichter und auf der Unterseite und den Innenseiten der Gliedmaßen weiß. Vom Rücken aus ziehen sich weit auseinanderstehende, unregelmäßige schwarze Querstreifen in schiefer Richtung etwas von vorn nach hinten, teils nach der Brust, teils nach dem Bauche herab. Einige dieser Streifen teilen sich, der größere Teil aber ist einfach und dann dunkler. Der Schwanz ist lichter als der Oberkörper, aber ebenfalls durch dunkle Ringe gezeichnet. Die Schnurren haben weiße Färbung. Die Jungen sind genauso gezeichnet wie die Alten, nur hat ihre Grundfärbung einen etwas helleren Ton. Auch beim Tiger kommen verschiedene Abänderungen in der Färbung vor: Die Grundfarbe ist dunkler oder lichter und in seltenen Fällen sogar weiß mit nebeligen Seitenstreifen.

Man sollte meinen, daß ein so prachtvoll gezeichnetes Tier schon von weitem allen Geschöpfen, denen es nachstrebt, auffallen müßte. Das trifft jedoch nicht zu. Selbst geübten Jägern geschieht es nicht selten, daß sie einen Tiger, welcher nahe vor ihnen liegt, vollständig übersehen.

Der Verbreitungskreis des Tigers ist sehr ausgedehnt; denn er beschränkt sich keineswegs, wie man gewöhnlich annimmt, auf die heißen Länder Asiens, zumal Ostindien, sondern zieht sich über eine Strecke des gewaltigen Erdteils hinweg, welche Europa an Ausdehnung bei weitem übertrifft. Vom 8. Grade südlicher Breite bis zum 53. Grad nördlicher Breite kommt der Tiger überall vor. Seine nördliche Verbreitungsgrenze geht über den Breitengrad, auf dem Berlin liegt, hinaus, wobei zu bedenken ist, daß Sibirien ein ganz anderes und verhältnismäßig kälteres Klima besitzt als Europa. Als die westlichen Grenzen

Seite 59: Tiger, oben auf Beutefang
Seite 60: Leopard (o.); Jaguar (u.)

des Verbreitungsgebiets unseres Raubtiers ist der Südrand des westlichen Kaukasus anzusehen; die östliche bildet der Pazifische Ozean bis zum unteren Amur, die südliche Java und Sumatra und die nördliche das südliche Sibirien oder etwa der Baikalsee und seine Breite. Ostindien, und zwar sowohl Vorder- wie Hinterindien, darf als seine bevorzugte Herberge angesehen werden.

Ebenso wie in Dschungeln, rohr- und gestrüppreichen Graswäldern begegnet man dem Tiger in großen, hochstämmigen Waldungen bis zu einer gewissen Höhe über dem Meeresspiegel. Nach den herdenreichen Alpenweiden in den Hochgebirgen Asiens steigt er nicht empor; um so öfter kommt er dicht an die Dörfer, ja selbst an Städte heran. Die schilfbewachsenen Ufer der Flüsse, die undurchdringlichen Bambusgebüsche und andere Dickungen sind seine Lieblingsplätze. Er hat alle Sitten und Gewohnheiten der Katzen, aber sie stehen bei ihm im gleichen Verhältnis zu seiner Größe. Seine Bewegungen sind anmutig wie die kleinerer Katzen und dabei ungemein rasch, gewandt und ausdauernd. Er schleicht unhörbar dahin, versteht gewaltige Sätze zu machen, schwimmt über breite Ströme und zeigt dabei immer bewunderungswürdige Sicherheit in der Ausführung jeder einzelnen Bewegung.

Als ausschließliches Nachttier kann man den Tiger nicht bezeichnen. Er streift, wie die meisten Katzen, zu jeder Tageszeit umher, wenn er auch den Stunden vor und nach Sonnenuntergang den Vorzug gibt. An Tränkplätzen, Salzlecken, Landstraßen, Waldpfaden und dergleichen legt er sich auf die Lauer, am allerliebsten im Gebüsch an den Flußufern, weil hier entweder die Tiere zur Tränke kommen oder die Menschen herabsteigen, um ihre frommen Übungen und Waschungen zu verrichten. Von den Büßern, welche zeitweilig an den heiligen Strömen leben, werden viele durch Tiger getötet. Mit Ausnahme der stärksten Säugetiere, wie Elefant, Nashorn, Wildbüffel und vielleicht andere Raubtiere, ist kein Mitglied seiner Klasse vor ihm sicher: Er überfällt die größten und begnügt sich mit den kleinsten. Abgesehen von allen Haustieren, jagt er mit Vorliebe auf Wildschweine, Hirsche und Antilopen; wird ihm jedoch in den nördlichen Teilen seines Verbreitungsgebietes während des Winters die Nahrung knapp, so verschmäht er nicht einmal Mäuse, größere Vögel und Kriechtiere.

Der Tiger belauert und beschleicht schlangenartig seine Beute, stürzt dann pfeilschnell mit wenigen Sätzen auf dieselbe los und haut die Krallen mit solcher Kraft in den Nacken ein, daß selbst ein starkes Tier sofort zu Boden stürzt. Die Wunden, welche er schlägt, sind immer außerordentlich gefährlich; denn nicht bloß die Nägel, sondern auch die Zehen dringen bei dem wuchtigen Schlage ein.

Manche Tiger betrachten vor allem den Menschen als leicht zu jagende Beute. Aus einer einzigen Ortschaft haben die Tiger, wie *Buchanan* berichtet, binnen zwei Jahren 80 Einwohner weggeschleppt und aufgefressen. In anderen Niederlassungen hatten sie noch ärger aufgeräumt, die Übriggebliebenen waren ausgewandert und hatten ihre Wohnplätze den Raubtieren überlassen, welche jetzt ihr Lager dort aufschlugen. Tiger, welche zum ersten Male mit dem Menschen zusammenkommen, nehmen wahrscheinlich immer Reißaus; andere lassen sich durch lautes Geschrei aus der Fassung bringen: Die einen wie die andern lernen jedoch sehr bald in dem Menschen ein leicht zu bewältigendes Wild kennen und werden dann sehr gefährlich.

Wenn er ein großes Tier angreift oder tötet, springt er auf den Rücken, schlägt seine fürchterlichen Klauen ein und leckt das Blut, welches aus der Wunde strömt. Dann erst trägt er das Tier weiter in das Dickicht, bewacht es hier bis zum Abend und frißt während der Nacht ungestört und ruhig, soviel er verzehren kann. Er beginnt bei den Schenkeln, von dort aus frißt er weiter gegen das Haupt hin. Währenddem geht er ab und zu nach den benachbarten Quellen oder Flüssen, um zu trinken. Man versichert, daß er keineswegs ein Leckermaul sei, sondern alles fresse, was ihm vorkomme, das Fell und die Knochen ebenfalls mit. Nach einer sehr guten Mahlzeit fällt der Tiger in Schlaf und liegt manchmal länger als einen ganzen Tag in einem halb bewußtlosen Zustande. Er bewegt sich bloß, um zu trinken.

Die Tiger werden mit Feuerwaffen und Fallen aller Art gejagt. Der Nutzen, welchen ein geübter Tigerjäger aus seinen Jagden zieht, ist nicht unbedeutend. Ganz abgesehen von der Belohnung, die der glückliche Schütze erhält, kann er fast alle Teile des Tigers verwerten. Hier und da wird auch das Fleisch gegessen. Nach dem festen Glauben der einfältigen Jäger ist solches Fleisch überaus wirksam und verleiht dem Genießenden Kraft und Mut. Auch als Arzneimittel tut es seine Dienste, obschon die Ärzte des „himmlischen Reiches" China meinen, daß Tigerknochen noch kräftiger wirken als Tigerfleisch. Das Fell wird mit irgendeinem Gerbstoff und Schutzmittel gegen die Kerbtiere getrocknet und wandert dann meistens in die Hände der Europäer oder nach China.

Man hat in neuester Zeit oft auch Tiger in hohem Grade gezähmt. Sehr häufig wagen es die Tierbändiger, zu ihnen in den Käfig zu gehen und allerlei Spiele und Kunststücke mit ihnen zu treiben. Allein eine gefährliche Sache bleibt das immer. Als echte Katze zeigt der Tiger sich denen, welche ihm schmeicheln, anhänglich und zugetan, erwidert auch Liebkosungen oder nimmt sie wenigstens ruhig hin; doch bleibt seine Freundschaft stets zweifelhaft, und nur solange er die Herrschaft des Menschen anerkennt, läßt er sich von diesem mancherlei antun, was seiner eigentlichen Natur zuwider ist.

Ein junger Tiger, welcher einstmals nach England gebracht wurde, hatte während der Reise in dem Schiffszimmermann einen Freund gefunden, der ihn pflegte und wartete, aber, wenn er sich ungebührlich zeigte, auch züchtigte. In Anerkennung des ersteren ließ sich der Tiger das letztere wie ein Hund gefallen, und als sein Pfleger ihn nach zwei Jahren wiedersah, erkannte er ihn nicht nur sogleich, sondern legte so große Freude an den Tag, daß der Zimmermann zu ihm in den Käfig ging, wo er mit Schmeicheleien aller Art empfangen wurde. Erst nach drei Stunden gelang es ihm, von seinem überzärtlichen Freunde wieder loszukommen.

Die Alten lernten den Tiger erst sehr spät kennen. In der Bibel scheint er nicht erwähnt zu werden, und auch die Griechen wissen noch sehr wenig von ihm. *Nearch*, der Feldherr Alexanders, hat zwar ein Tigerfell gesehen, nicht aber das Tier selbst, von dem er durch die Inder erfahren, daß es so groß wie das stärkste Pferd sei und an Schnelligkeit und Kraft alle übrigen Geschöpfe übertreffe.

Die schönsten Mitglieder der Katzenfamilie sind die *Pardel* Leopard und Jaguar, große oder mittelgroße Katzen mit kurzhaarigem, sehr buntem, durch gesäumte, d. h. ringförmig einen Hof umschließende oder durch volle Flecken gezeichnetem Fell, ohne Mähne, Quasten und Pinsel an irgendeiner Stelle. Sie bewohnen die Alte und die Neue Welt und stimmen in ihrem Leben, ihren Lebensverhältnissen und Sitten im wesentlichen miteinander überein.

Der **Jaguar** oder die *Onza* (Panthera onca), Abb. S. 60, ist das gefürchtetste aller Raubtiere der Neuen Welt. Er steht hinsichtlich seiner Größe wenig hinter dem Tiger zurück. Der Körper ist nicht so lang wie der des Leoparden oder Tigers, und die Gliedmaßen sind im Verhältnis zum Rumpfe kürzer als bei jenen Katzen. Ein vollkommen erwachsener Jaguar mißt etwa 1,70 m von der Schnauzenspitze bis zur Schwanzwurzel und 70 cm von hier bis zur Schwanzspitze. Am Widerriste wird die Onza etwa 80 cm hoch, etwas darüber oder darunter. Der Pelz ist kurz, dicht, glänzend und weich, an der Kehle, dem Unterteile des Halses, der Brust und dem Bauche länger als am übrigen Körper. Die Färbung ändert vielfach ab, sowohl was die Grundfarbe wie die Fleckenzeichnung anbelangt. Bei den meisten ist jene rötlichgelb. Das Fell ist überall gezeichnet, teils mit kleineren, schwarzen, kreisförmigen, länglich oder auch unregelmäßig gestalteten Flecken, teils mit größeren Flecken und Ringen, welche gelblichrot und schwarz umrandet sind und in ihrer Mitte einen oder zwei schwarze Punkte tragen. Eine schwarze Spielart ist nicht allzu selten. Das Fell hat bei ihr so dunkle Färbung, daß die schwarzen Flecken sich wenig abheben.

Der Verbreitungskreis des Jaguars reicht von Buenos Aires und Paraguay durch ganz Südamerika bis nach Mexiko und in den südwestlichen Teil der Vereinigten Staaten von Nordamerika. Am häufigsten findet er sich in den gemäßigten Teilen von Südamerika, längs der Ströme Parana, Paraguay und Uruguay. Er bewohnt die bewaldeten Ufer der Ströme, Flüsse und Bäche, den Saum der Waldungen, welche nahe an Sümpfen liegen, und das Moorland, wo über zwei Meter hohe Gras- und Schilfarten wachsen. Auf offenem Felde und im Innern der großen Wälder zeigt er sich selten.

In der Morgen- und Abenddämmerung, oder auch bei hellem Mond- und Sternenschein, nie aber in der Mitte des Tages oder bei sehr dunkler Nacht, geht der Jaguar auf Raub aus. Alle größeren Wirbeltiere, deren er habhaft werden kann, bilden seine Nahrung. Er ist ein in jeder Hinsicht furchtbarer Räuber. So plump sein Gang auch erscheint, so leicht und geschwind kann er sich im Falle der Not bewegen. Seine Kraft ist für ein Tier von seinem Wuchse außerordentlich groß und kann nur mit der des Tigers und der des Löwen verglichen werden.

Er ist kein Kostverächter. Man fand in seinem Kote die Stacheln eines Stachelschweines, im Magen Teile von Ratten und Agutis, woraus hervorgeht, daß er auch auf kleinere Tiere Jagd machen muß. Ebenso beschleicht er im Schilfe Sumpfvögel und versteht Fische sehr gewandt aus dem Wasser zu ziehen. Ja es unterliegt keinem Zweifel, daß er sogar den Kaiman nicht verschont. In Viehherden richtet der Jaguar bedeutenden Schaden an. Er stellt besonders dem jungen Hornvieh, den Pferden und Mauleseln nach. Hat der Jaguar ein kleines Tier erlegt, so zehrt er dasselbe mit Haut und Knochen sogleich auf; von großer Beute aber, wie von Pferden, Rindern und dergleichen, frißt er bloß einen Teil, ohne Vorliebe für dieses oder jenes Stück des Körpers zu zeigen; nur die Eingeweide berührt er nicht. Nach der

Mahlzeit zieht er sich in den Wald zurück, entfernt sich aber in der Regel nicht weiter als eine Viertelstunde von der Stelle, wo er fraß, und überläßt sich dann dem Schlafe. Am Abend oder am anderen Morgen kehrt er zu seiner Beute zurück, zehrt zum zweiten Male davon und überläßt nunmehr den Rest den Geiern.

Ein Jaguar, welcher den Menschen nicht kennengelernt hat, weicht ihm, wenn er ihm begegnet, ehrfurchtsvoll aus oder sieht ihn neugierig aus der Ferne an. Diejenigen Jaguare aber, die in bewohnten Gegenden oder an Flüssen, wo viel Schiffahrt getrieben wird, sich aufhalten, verlieren bald die Scheu vor dem Menschen und greifen auch ihn an.

Auf seinen Wanderungen oder auch auf der Flucht hält den Jaguar selbst der breiteste Strom nicht auf. Er ist ein vortrefflicher Schwimmer und hebt dabei den Kopf und das ganze Rückgrat über die Oberfläche des Wassers empor, so daß man ihn schon aus der Ferne von jedem anderen schwimmenden Tiere unterscheiden kann.

Seines furchtbaren Schadens wegen wird der Jaguar in bewohnten Gegenden auf alle mögliche Weise gejagt und getötet. Ihre Jagd kann wegen der Befriedigung, welche überwundene Gefahren und Schwierigkeiten gewähren, zur Leidenschaft werden, obschon der Jäger gewöhnlich zuletzt sein Leben unter den Krallen eines Jaguars aushaucht. Die älteste Jagdart ist wohl die tückischste und sicherste. Aus einer riesigen Bambusart fertigt sich der Indianer seine uralte Waffe, ein Blasrohr, aus der Wedelrippe eines Palmbaumes oder aus Dornen kleine, schmächtige Pfeile, welche sicherer und tiefer treffen als die Kugeln aus der besten Büchse. Die Pfeile sind mit dem mörderischen Curaregift getränkt. Haben indianische Jäger Hunde bei sich, so erlegen sie den Jaguar ohne alle Gefahr. Die Hunde stöbern das Raubtier auf, jagen es gewöhnlich auf einen schiefstehenden Baum und verbellen es. Dort wird es dem Indianer zum bequemen Zielpunkte. Gefangene Jaguare haben sich wiederholt fortgepflanzt, und zwar nicht allein in Tiergärten, sondern auch in Tierschaubuden.

Der **Leopard** oder *Panther* (Panthera pardus), Abb. S. 60, ähnelt im Bau, in der Färbung und Zeichnung dem Jaguar am meisten. Seine Gesamtlänge beträgt ungefähr 2,40 m, wovon der Schwanz etwa ein Drittel wegnimmt. Der Kopf ist groß und rundlich, der Hals sehr kurz, der Leib kräftig, die Gestalt überhaupt gedrungen. Die Grundfärbung, ein blasses Rötlichgelb, dunkelt auf dem Rücken und geht auf der Vorderbrust in Licht- oder Weißgelb, auf der Unter- nebst Innenseite der Gliedmaßen in Gelblichweiß über, erscheint aber, weil die Flecken klein sind und ziemlich dicht stehen, verhältnismäßig dunkel. Über die Oberlippe verlaufen in waagrechter Richtung drei bis vier ziemlich breite schwarze Streifen; ein großer, länglichrunder, ebenso gerichteter Flecken zieht sich um den Mundwinkel herum. Im übrigen ist der ganze Körper mit kleinen, in der Größe zwischen einer Erbse und einer Walnuß schwankenden, schwarzen, vollen, runden und rundlichen Flecken dicht bedeckt, andere laufen zu unregelmäßigen Tüpfeln zusammen und werden hier durch schmale, netzartig durchziehende Streifen der Grundfärbung getrennt.

Als Heimat der Leoparden haben wir Afrika und große Gebiete Mittel- und Südasiens anzusehen. — Auf den ersten Blick hin will es scheinen, als wäre das Kleid des Leoparden viel zu bunt für einen Räuber, welcher durch lauerndes Verstecken und Anschleichen seine Beute gewinnen und sich vor deren scharfem Auge decken muß. Allein bei einer oberflächlichen Betrachtung der Gegenden, welche das Tier bewohnt, muß jede derartige Meinung verschwinden. Wer Innerafrika aus eigener Erfahrung kennenlernte, ist erstaunt über das bunte Gewand, welches dort die Erde trägt, und findet es ganz natürlich, daß in derselben ein so farbenreiches Geschöpf, selbst in sehr geringer Entfernung, übersehen werden kann. Das Fell des Leoparden und der Pflanzenüberzug des Bodens stimmen in ihrer Färbung auf das genaueste überein.

Der Leopard findet sich überall, wo es zusammenhängende, wenn auch nur dünn bestandene Waldungen gibt, und zwar in verhältnismäßig großer Menge. Unter den Waldungen behagen ihm besonders diejenigen, welche zwischen den höheren Bäumen mit dichtem Unterholz bestanden sind. Grasige Ebenen liebt er nicht, obwohl er in der Steppe eine keineswegs seltene Erscheinung ist. Sehr gern zieht er sich in das Gebirge zurück, dessen reichbewachsene Höhen ihm nicht nur treffliche Versteckplätze, sondern auch reichliche Beute gewähren. Der Leopard ist ein wahrhaft furchtbarer Feind aller Tiere und selbst des Menschen, obgleich er diesem so lange wie möglich ausweicht. In allen Leibesübungen Meister und listiger als andere Raubtiere, versteht er es, selbst das flüchtigste oder scheueste Wild zu erjagen. Sein Lauf ist nicht schnell, kann jedoch durch gewaltige Sprünge das ersetzen, was ihm vor hochbeinigen Tieren abgeht. Im Klettern steht er nur wenig anderen Katzen nach. Man trifft ihn fast ebensooft auf Bäumen wie in einem Busch versteckt. Erst bei seinen Bewegungen zeigt er sich in seiner vollen Schönheit. Der Körper windet und dreht sich nach allen Richtungen hin, und der

Fuß tritt so leise auf, als ob er den leichtesten Körper trüge. Jede Biegung ist zierlich, gerundet und weich: kurz, ein laufender oder schleichender Leopard wird für jedermann zu einer wahren Augenweide.

Antilopen, Ziegen und Schafe bilden wohl seine Hauptnahrung; aber er klettert auch den Affen auf den Bäumen, den Klippschliefern in den Felsen nach. Den Pavianen ist er beständig auf den Fersen. Er verhindert ein gefährliches Überhandnehmen dieser Tiere: Dies sieht man in jenen Höhen, wo er nicht hinkommt. Nicht einmal das Stachelschwein ist vor ihm gesichert; denn er legt sich auf den Wechsel dieses Nagers, lauert mit der größten Geduld und faßt, wenn der wohlbewehrte Stachelheld nächtlich seines Weges geht, blitzschnell zu, gibt ihm einen Schlag auf die Nase und zermalmt ihm hierauf rasch den Kopf. Unter den Herden richtet er oft ein fürchterliches Blutbad an. Manche Leoparden haben in einer einzigen Nacht mehr als 20 Schafe getötet. Deshalb wird er von den Viehzüchtern auch weit mehr gefürchtet als der Löwe, welcher sich meist mit einem Wildbret begnügt. Den Hühnern schleicht er ohne Unterlaß nach, und Ziegen und Schafe haben ihren ärgsten Feind in ihm.

Mit der Kühnheit, Raublust und Mordgier verbindet der Leopard überdies die größte Frechheit. Dreist und unverschämt, kommt er bis in das Dorf oder bis in die Stadt, ja selbst bis in die bewohnten Hütten hinein. Ein Naturforscher berichtet: „Bei Gondar wurden wir durch das Geschrei einer in unserem Haushofe befindlichen Ziege aus dem Schlafe geweckt. Es zeigte sich, daß ein Leopard über die neun Schuh hohe Hofmauer geklettert war und die schlafende Ziege an der Kehle gepackt hatte. Ein Pistolenschuß, der aber nicht traf, verscheuchte das Raubtier aus dem Hofe, in welchem es die sterbende Ziege zurückließ. Nach zwei Stunden kam der Leopard wieder in den Hof gesprungen und drang sogar bis in mein Schlafzimmer, wo die tote Ziege lag! Als er uns aufspringen hörte, entfloh er abermals unverletzt. Sieben Tage später wurden wir nachts durch das Jammergeschrei unserer Haushühner geweckt, welche hoch oben an der Decke des Vorzimmers auf einer schwebend hängenden Stange saßen. Drei Leoparden auf einmal hatten uns einen Besuch zugedacht. Während nun mein Neger *Abdallah* mit gespanntem Gewehre das Knurren einer dieser Bestien in dem Vorhofe bei den Maultieren belauschte, sah ich die beiden anderen auf der Mauer des Hinterhofes, wohin ich mich begeben hatte, umhergehen, und zwar mit leisem, aber so sicherem Tritte, daß ich darüber ganz erstaunt war. Die zu große Dunkelheit der Nacht machte einen sicheren Schuß unmöglich. Da es den Leoparden gelungen war, einige Hühner zu erhaschen, so konnten wir einer baldigen Wiederholung ihres Besuches gewiß sein. Wirklich erschienen sie auch schon in der nächsten Nacht wieder. Einer aber, welcher bereits zwei Stück Geflügel ertappt hatte, mußte mit dem Leben büßen, indem Abdallah ihm durch einen glücklichen Schuß die Wirbelsäule zerschmetterte."

In der Regel greift der Leopard den Menschen nicht an: Er ist zu klug, vielleicht auch zu feig, als daß er es auf einen Kampf mit dem ihm Ehrfurcht einflößenden Gegner ankommen lassen sollte. Ganz anders zeigt sich der Leopard, wenn er angegriffen oder verwundet wurde. Unter solchen Umständen stürzt er sich wie rasend auf seinen Gegner. Man kennt übrigens auch Beispiele, daß der Leopard, ohne irgend gereizt zu sein, den Menschen angriff. In Abessinien kommen alljährlich Unglücksfälle vor, d. h. auch erwachsene, wehrhafte Leute werden von dem Leoparden angegriffen und umgebracht.

Obgleich nur die allerwenigsten Leoparden, welche man jung oder alt fängt, nach Europa gebracht werden, ist die schönste Katze doch in allen Tiergärten und Tierschaubuden eine häufige Erscheinung. Bei gehöriger Pflege hält der Leopard in der Gefangenschaft lange aus. Er verlangt, wie alle Katzen, einen warmen und reinlichen Käfig und täglich etwas mehr als ein Kilogramm gutes Fleisch, ist aber im übrigen sehr anspruchslos.

Darstellungen des Leoparden finden sich häufig auf ägyptischen Denkmälern. Von den Römern wurden Panther vielfach zu Kampfspielen in Rom benutzt. Diese waren zu der Römer Zeiten in Kleinasien viel häufiger als gegenwärtig, und *Caelius* schrieb an *Cicero*, welcher damals Landvogt in Sizilien war: „Wenn ich in meinen Spielen nicht ganze Herden von Pardeln zeige, wird man die Schuld auf Dich werfen." Die Griechen nennen den Leoparden Pardalis; *Aristoteles* spricht einige Male von ihm. Er erzählt, daß er vier Zitzen habe, daß er gescheckt sei, daß er in Asien, niemals aber in Europa vorkomme.

Der *Irbis* oder *Schneeleopard* (Uncia uncia) steht an Größe dem Panther kaum nach; seine Gesamtlänge beträgt 2,40 m, die Schwanzlänge davon 90 cm. Die Grundfärbung des Pelzes ist weißlichgrau mit lichtgelblichem Anfluge, wie gewöhnlich auf dem Rücken dunkler und an der Unterseite weiß. Auf dem Rücken verläuft eine dunkle Linie, welche sich auf dem mattschwarz gefleckten Schwanze unterbrochen fortsetzt. Schon durch seine Bekleidung bekundet der Irbis, daß er in kälterer Gegend lebt als der Leopard. Seine Heimat ist das mittlere Asien bis nach Sibirien hinauf; er soll an den Quellen des Jenissei und am Baikalsee nicht gerade selten, häufiger aber in Tibet und noch an den Küsten des Persischen Golfs zu finden sein.

Katzen im engeren Sinne (Felis) heißen die kleineren Arten der Familie, welche im allgemeinen unserer Hauskatze ähneln. An die Leoparden schließen sich die *Pardelkatzen* an, deren bekanntestes Mitglied der *Ozelot* oder die *Pardelkatze* (Leopardus pardalis) ist. Seine Länge beträgt 1,30–1,40 m, wovon der Schwanz 40–50 cm wegnimmt, die Höhe am Widerrist etwa 50 cm; das Tier kommt also unserm Luchs an Leibesumfang annähernd gleich, steht jedoch an Höhe weit hinter diesem zurück. Seine Grundfärbung ist auf der Oberseite ein bräunliches Grau oder Rötlichgelbgrau, auf der Unterseite ein gelbliches Weiß. Der Ozelot ist weit verbreitet. Er findet sich durch ganz Mittelamerika bis in das nördliche Brasilien und anderseits bis Mexiko und Texas und den südlichen Teil der Vereinigten Staaten. Hier lebt er mehr in den tieferen und menschenleeren Wäldern als in der Nähe von Ortschaften, obgleich er auch da vorkommt. Im Freien besteht die Nahrung unserer Pardelkatze aus Vögeln, welche sie entweder auf dem Baume oder auf der Erde in ihren Nestern beschleicht, sowie aus allen kleineren Säugetieren, jungen Rehen, Schweinen, Affen, Pakas, Ratten, Mäusen usw.

Unter den altweltlichen Katzen geht uns die *Wild-* oder *Waldkatze,* der *Waldkater, Kuder, Baumreiter* (Felis silvestris) am nächsten an, weil sie die einzige Art ist, welche selbst in unserem Vaterlande noch nicht ausgerottet wurde. Lange Zeit hat sie für die Stammart unserer Hauskatze gegolten, obwohl die genaueren Beobachtungen und Untersuchungen diese Ansicht nicht zu stützen vermögen. Die Wildkatze ist bedeutend größer und kräftiger als die Hauskatze, ihr Kopf dicker, ihr Leib gedrungener und ihr Schwanz merklich stärker, aber auch viel kürzer als bei der Hauskatze; zudem unterscheiden sich beider Schwänze noch dadurch, daß der eine von seiner Wurzel bis zum Ende gleichmäßig dick erscheint, der andere aber von der Wurzel bis zur Spitze allmählich sich verdünnt. Eine erwachsene Wildkatze erreicht ungefähr die Größe des Fuchses und ist also um ein Drittel größer als die Hauskatze. Von dieser unterscheidet sie sich auf den ersten Blick durch stärkere Behaarung, den reichlicheren Schnurrbart, den wilderen Blick und das stärkere und schärfere Gebiß. Als besonderes Kennzeichen gilt die schwarzgeringelte Rute und der gelblichweiße Fleck an der Kehle.

Die Körperlänge beträgt in der Regel 80, die Länge ihres Schwanzes 30, die Höhe am Widerriste 35–42 cm und ihr Gewicht 8–9 kg. Einzelne Kater werden unter besonders günstigen Umständen noch größer. Der Pelz ist dicht und lang, beim Männchen fahlgrau, bisweilen schwarzgrau gefärbt, beim Weibchen gelblichgrau, das Gesicht rotgelb. Längs des Rückgrates und über die Oberseite des Schwanzes läuft ein schwarzer Streifen. Von ihm gehen auf beiden Seiten viele verwaschene Querstreifen aus.

In der Waidmannssprache heißen die Augen der Wildkatze *Seher*, die Ohren *Lauscher*, die Eckzähne *Fänge*, die Krallen *Waffen*, die Beine *Läufe*, die Füße *Branten* (Pranken), der Schwanz *Rute*, *Standarte* oder *Lunte*, das Fell *Balg*. Sie schnürt oder schränkt, wenn sie geht, raubt oder reißt ihr Wild, bäumt, wenn sie klettert, tut Sprünge, frißt im Gegensatze zum Wilde, welches äset, ranzt oder begehrt, wenn sie sich paart, bringt Junge, hat ein Lager usw.

Noch heutzutage ist die Wildkatze in ganz Europa, mit Ausnahme des höheren Nordens, namentlich Skandinaviens und Rußlands zu Hause, wo der Luchs sie vertritt. In Deutschland bewohnt sie insbesondere den Harz und die Eifel. Weit häufiger als bei uns trifft man sie im Süden, zumal im Südosten Europas. In den bewaldeten Vorbergen der Alpen lebt sie überall, und zwar in größerer Anzahl als in den Alpen selbst. In Spanien ist sie noch häufig, in Frankreich stellenweise wenigstens nicht seltener als bei uns zulande; nicht einmal in Großbritannien hat man sie ausrotten können; hier hat sie sich noch in Schottland gehalten. Dichte, große, ausgedehnte Wälder, namentlich dunkle Nadelwälder, bilden ihren Aufenthalt; je einsamer ihr Gebiet ist, um so beständiger haust sie in ihm. Felsreiche Waldgegenden zieht sie allen übrigen vor, weil die Felsen ihr die sichersten Schlupfwinkel gewähren. Außerdem bezieht sie Dachs- und Fuchsbauten oder große Höhlungen in starken Bäumen.

Nur während der Ranzzeit oder solange die Jungen noch nicht selbständig sind, lebt die Wildkatze in Gesellschaft, sonst stets einzeln. Auch die Jungen trennen sich bald von der Mutter, um auf eigene Faust dem Wilde nachzustreben.

Mit Eintritt der Dämmerung tritt die Wildkatze ihre Jagdzüge an. Ausgerüstet mit trefflichen Sinnen, vorsichtig und listig, unhörbar sich anschleichend und geduldig lauernd, wird sie kleinerem und mittelgroßem Getier sehr gefährlich. Mit der allen Katzen eigenen List beschleicht sie den Vogel in seinem Nest, den Hasen in seinem Lager und das Kaninchen vor seinem Bau, vielleicht auch das Eichhörnchen auf dem Baume. Größeren Tieren springt sie auf den Rücken und zerbeißt ihnen die Schlagadern des Halses. Zum Glück für die Jagd besteht ihre gewöhnliche Nahrung in Mäusen aller Art und in kleinen Vögeln. An den Seen und Wildbächen lauert sie auch Fischen und Wasservögeln auf und weiß solche mit großer Geschicklichkeit zu erbeuten.

Die Zeit der Paarung der Wildkatze fällt in den Februar, der Wurf in den April; die Tragzeit dauert neun Wochen. Die tragende Wildkatze wählt sich einen verlassenen Dachs- oder Fuchsbau, eine Felsenkluft oder auch einen hohlen Baum zum Wochenbette und bringt hier fünf bis sechs Junge, welche blind geboren werden und jungen Hauskätzchen ähneln, zur Welt. Wenn sie nicht mehr säugen, werden sie von der Mutter sorgfältig mit Mäusen und anderweitigen Nagern, Maulwürfen und Vögeln versehen. Nach kurzer Zeit schon erklettern sie mit Vorliebe niedere oder höhere Bäume, deren Äste später ihren Spiel- und Tummelplatz sowie ihre Zuflucht bei herannahender Gefahr bilden. Einer solchen suchen sie in den meisten Fällen einfach dadurch zu entgehen, daß sie auf dicken Ästen sich niederdrücken und auf die Gleichfarbigkeit ihres Felles mit diesen vertrauen.

Von der eigentlichen Wildkatze sind die bloß *verwilderten Hauskatzen* wohl zu unterscheiden. Solche trifft man nicht selten in unseren Waldungen an; sie erreichen aber niemals die Größe der eigentlichen wilden, obwohl sie unsere Hauskatzen um vieles übertreffen. In der Zeichnung und an Bosheit und Wildheit ähneln sie durchaus der Wildkatze. Erwiesen ist aber auch, daß sich Wild- und Hauskatzen paaren, obgleich beide sich nicht eben freundschaftlich gegeneinander zu benehmen pflegen.

Als die Stammutter unserer **Hauskatze** haben wir die *Nubische Falbkatze* (Felis silvestris lybica) zu bezeichnen. Ihre Länge beträgt 50 cm, die des Schwanzes etwas über 25 cm. Ihr Pelz ist oben mehr oder weniger fahlgelblich oder fahlgrau, auf dem Hinterkopf und der Rückenfirste rötlicher, an den Seiten heller, am Bauche weißlich. Auf dem Rumpfe zeigen sich dunkle, schmale, verwaschene Querbinden, welche an den Beinen deutlich hervortreten. Gewisse Teile des Pelzes sind auch noch mit einer feinschwarzen Sprenkelung gezeichnet. Beheimatet ist sie im Sudan.

Die Mumien und Abbildungen auf den Denkmälern in *Theben* und in anderen ägyptischen Ruinen stimmen mit dieser Katzenart am meisten überein und scheinen zu beweisen, daß sie es war, welche bei den alten Ägyptern als Haustier gehalten wurde. Vielleicht brachten die Priester das heilige Tier von *Meroe* in Südnubien nach Ägypten; von hier aus könnte sie nach Arabien und Syrien und später über Griechenland oder Italien nach dem westlichen und nördlichen Europa verbreitet worden sein und in neuerer Zeit durch die wandernden Europäer eine noch größere Verbreitung erlangt haben.

Die Hauskatzen kommen bei uns gewöhnlich in folgenden Färbungen vor: einfarbig schwarz mit einem weißen Stern mitten auf der Brust; ganz weiß; semmelgelb und fuchsrot; dunkler mit derselben Färbung getigert; einfach blaugrau; hellgrau mit dunklen Streifen und dreifarbig mit großen weißen und gelben oder gelbbraunen und kohlschwarzen oder grauen Flecken. Die Zebrakatzen haben dunkelgraue oder schwarzbraune Tigerzeichnung. Eigentümlich ist, daß die dreifarbigen Katzen fast ausnahmslos weiblichen Geschlechtes sind.

Eine der schönsten Katzen ist die *Angora-* oder *Perserkatze*, ausgezeichnet durch Größe und langes, seidenweiches Haar von rein weißer, gelblicher, graulicher oder gemischter Färbung mit fleischfarbenen Lippen und Sohlen. Eine andere Edelkatze ist die kurzhaarige, rehfarbene *Siamkatze*.

Gegenwärtig findet sich die Hauskatze mit Ausnahme des höchsten Nordens fast in allen Ländern, in denen der Mensch feste Wohnsitze hat. In Europa trifft man sie überall; in Amerika wurde sie schon bald nach Entdekkung dieses Erdteils verbreitet. Auch in Asien und in Australien ist sie ziemlich häufig, weniger jedoch in Afrika, zumal im Innern des Erdteils.

Sie bewahrt sich unter allen Umständen bis zu einem gewissen Grade ihre Selbständigkeit und unterwirft sich dem Menschen nur insoweit, als sie für gut befindet. Je mehr dieser sich mit ihr beschäftigt, um so treuere Anhänglichkeit gewinnt sie an die Familie, je mehr man aber eine Katze sich selbst überläßt, um so größer wird ihre Anhänglichkeit an das Haus, in welchem sie geboren wurde. Der Mensch bestimmt immer den Grad der Zähmung und der Häuslichkeit einer Katze. Wo sie sich selbst überlassen wird, kommt es nicht selten vor, daß sie zur Zeit des Sommers ganz dem Hause entläuft und in die Wälder sich begibt, in denen sie unter Umständen vollständig verwildern kann.

Unsere Hauskatze eignet sich vortrefflich, ihre ganze Familie kennenzulernen, eben weil jedermann sie beobachten kann. Sie ist ein außerordentlich schmuckes, reinliches, zierliches und anmutiges Geschöpf, jede ihrer Bewegungen nett und angenehm und ihre Gewandtheit wahrhaft bewunderungswürdig.

Sie geht gemessen und tritt mit ihren Sammetpfötchen, deren Krallen sorgfältig eingezogen sind, so leise auf, daß ihr Gang für den Menschen vollkommen unhörbar wird. Nur wenn sie von einem anderen Tier verfolgt oder plötzlich erschreckt wird, beschleunigt sie ihren Gang zu einem Lauf in schnell hintereinanderfolgenden Sätzen oder Sprüngen, welche sie ziemlich rasch fördern und fast regelmäßig vor dem Verfolger retten, weil sie klug jeden Schlupfwinkel zu benutzen oder jede Höhe zu gewinnen weiß. Sie klettert durch Einhäkeln ihrer Krallen leicht und geschickt an Bäumen und rauhen oder weichen Mauern empor und ist imstande, mit einem einzigen Satz eine Höhe von zwei bis drei Metern zu gewinnen. Das Schwimmen versteht sie auch, macht aber von dieser Fertigkeit bloß dann Gebrauch, wenn sie in die unangenehme Lage kommt, sich aus dem Wasser retten zu müssen. Freiwillig geht sie niemals in das Wasser, meidet sogar den Regen mit förmlicher Ängstlichkeit.

Die Paarung der Hauskatze erfolgt gewöhnlich zweimal im Jahre, zuerst Ende Februar oder Anfang März, das zweite Mal zu Anfang Juni. Fünfundfünfzig Tage nach der Paarung wirft sie fünf bis sechs Junge, welche blind geboren werden und erst am neunten Tage sehen lernen. Gewöhnlich erfolgt der erste Wurf Ende April oder Anfang Mai, der zweite Anfang August. Die Mutter sucht vorher immer einen verborgenen Ort auf, meist den Heuboden oder nicht gebrauchte Betten, und hält ihre Jungen so lange wie möglich verborgen. Sie trägt diese augenblicklich von einem Ort zum andern, sowie sie Gefahr für sie fürchtet; dabei faßt sie zart nur mit den Lippen deren Haut im Genick an und trägt sie so sanft, daß die Miezchen davon kaum etwas merken. Während sie säugt, verläßt sie die Kinder bloß, um für sich und sie Nahrung zu holen. Wenn sich einer säugenden Katze ein fremder Hund oder eine andere Katze nähert, geht sie mit der größten Wut auf den Störenfried los, und selbst ihren Herrn läßt sie nicht gern ihre niedlichen Kinderchen berühren. Dagegen zeigt sie sich zu derselben Zeit gegen andere Tiere sehr mütterlich. Man kennt vielfache Beispiele, daß säugende Katzen kleine Hündchen, Füchschen, Kaninchen, Häschen, Eichhörnchen, Ratten, ja sogar Mäuse säugten und großzogen. Einer jung von mir aufgezogenen Katze brachte ich, als sie das erstemal Junge geworfen hatte, ein noch blindes Eichhörnchen, das einzig überlebende von dem ganzen Wurf, welchen wir hatten großziehen wollen. Die übrigen Geschwister des kleinen netten Nagers waren unter unserer Pflege gestorben, und deshalb beschlossen wir, zu versuchen, ob nicht unsere Katze sich der Waise annehmen werde. Und sie erfüllte das in sie gesetzte Vertrauen. Mit Zärtlichkeit nahm sie das fremde Kind unter ihre eigenen auf, nährte und wärmte es aufs beste und behandelte es gleich von Anfang an mit wahrhaft mütterlicher Hingebung. Das Eichhörnchen gedieh mit seinen Stiefbrüdern vortrefflich und blieb, nachdem diese schon weggegeben waren, noch bei seiner Pflegemutter.

Gewöhnlich nimmt man an, daß die Katze nicht erziehungsfähig sei, tut ihr damit aber ein großes Unrecht. Sie bekundet, wenn sie gut und verständig behandelt worden ist, innige Zuneigung zu dem Menschen. Es gibt Katzen, und ich kannte selbst solche, welche schon mehrere Male mit ihren Herrschaften von einer Wohnung in die andere gezogen sind, ohne daß es ihnen eingefallen wäre, nach dem alten Hause zurückzukehren. Andere Katzen kommen, sobald sie ihren Herrn von weitem sehen, augenblicklich zu demselben heran, schmeicheln und liebkosen ihn, spinnen vertraulich und suchen ihm auf alle Weise ihre Zuneigung an den Tag zu legen. Sie unterscheiden dabei sehr wohl zwischen ihnen bekannten und fremden Personen und lassen sich von ersteren, zumal von Kindern, unglaublich viel gefallen. Andere Katzen begleiten ihre Herrschaft in sehr artiger Weise bei Spaziergängen durch Hof und Garten, Feld und Wald.

Mäuse verschiedener Art, namentlich Haus- und Feldmäuse, bilden das bevorzugte Jagdwild der Katze. An Ratten wagt sich nicht jede, aber doch die große Mehrzahl. Bei ihrer Jagd bekundet jede Katze ebensoviel Ausdauer wie Geschicklichkeit. Als zünftiges Raubtier läßt sie sich freilich auch Übergriffe zuschulden kommen. Sie nimmt manches Vögelchen weg, solange es noch jung und unbeholfen ist, wagt sich an ziemlich große Hasen und faßt erwachsene oder ermattete Rebhühner, lauert auch wohl den Küken der Haushühner auf und legt sich unter Umständen sogar auf den Fischfang.

Fast alle Naturforscher stimmen darin überein, daß man die **Luchse** (Lynx), Abb. S. 69, als eine von den übrigen Katzen wohl unterschiedene Gattung betrachten darf. Sie kennzeichnet der mäßig große Kopf mit bepinselten Ohren und, bei den meisten Arten, starkem Backenbarte, der seitlich verschmächtigte, aber kräftige Leib, welcher auf hohen Beinen ruht, sowie der kurze, bei der Mehrzahl stummelhafte Schwanz.

Unter den verschiedenen Arten steht der *Nordluchs* (Lynx lynx) an Schönheit, Stärke und Kraft obenan. Die Länge seines Leibes be-

Seite 69: Gepard (o.); Luchs (u.)
Seite 70: Schabrackenschakal (o.); Wolf (u.)

trägt reichlich 1 m und kann wohl auch bis zu 1,10 m steigen, der Schwanz ist 15–20 cm lang, die Höhe am Widerrist beträgt 75 cm. An Gewicht kann der Luchskater bis 30, ja, wie man mir in Norwegen sagte, sogar bis 45 kg erreichen. Das Tier hat einen außerordentlich kräftigen, gedrungenen Leibesbau, stämmige Glieder und mächtige, an die des Tigers oder Leoparden erinnernde Pranken, verrät daher auf den ersten Blick seine große Kraft und Stärke. Die Ohren sind ziemlich lang und zugespitzt und enden in einen pinselförmigen Büschel von 4 cm langen, schwarzen, dichtgestellten und aufgerichteten Haaren. Auf der dicken Oberlippe stehen mehrere Reihen steifer und langer Schnurren. Ein dichter, weicher Pelz umhüllt den Leib und verlängert sich im Gesicht zu einem Bart, welcher zweispitzig zu beiden Seiten herabhängt und im Vereine mit den Ohrbüscheln dem Luchsgesicht ein ganz seltsames Gepräge gibt. Die Färbung des Pelzes ist oben rötlichgrau und weißlich gemischt, auf Kopf, Hals und Rücken und an den Seiten dicht mit rotbraunen oder graubraunen Flecken gezeichnet. Der Schwanz, welcher überall gleichmäßig und gleich dick behaart ist, hat eine breite schwarze Spitze, die fast die Hälfte der ganzen Länge einnimmt.

Der Luchs war den Alten bekannt, wurde in Rom aber doch weit seltener gezeigt als der Löwe und Leopard, weil es schon damals viel schwerer war, ihn lebend zu erlangen, als einen der erwähnten Verwandten zu bekommen. In der Götterlehre der alten Germanen spielte der Luchs ungefähr dieselbe Rolle wie die Katze; denn wahrscheinlich ist er es und nicht seine Verwandte, welcher als Tier der Freya aufgefaßt werden muß.

Noch im Mittelalter bewohnte er ständig alle größeren Waldungen Deutschlands. Ende des 15. Jahrhunderts galt er in Pommern als das schlimmste Raubtier. Von dieser Zeit an hat er in Deutschland stetig abgenommen und ist heute hier ausgerottet. In Bayern war er noch Anfang des 19. Jahrhunderts eine den zünftigen Jägern wohlbekannte Erscheinung. Im Forstamt Partenkirchen erbeutete man 1829–1830 im Revier Garmisch drei, in Eschenloch fünf, in der Vorderriß ebenfalls fünf Luchse. Zwei bayerische Jäger, Vater und Sohn fingen in 48 Jahren, von 1790–1838, dreißig Stück der gehaßten Raubtiere. Der letzte Luchs wurde im Jahre 1838 im Rottenschwanger Revier erbeutet. Im Thüringer Wald wurden zwischen den Jahren 1773–1796 noch fünf Luchse erlegt. In Westfalen beendete der letzte Luchs nachweislich im Jahre 1745 sein Leben; auf dem Harz erlegte man die letzten beiden in den Jahren 1817 und 1818, in Deutschland überhaupt im Jahre 1846. — Nach Osten beginnt mit den Karpaten das derzeitige Wohngebiet unseres Raubtiers; von hier aus nach Norden und Osten findet man es regelmäßig, in ganz Rußland und ebenso in Skandinavien. Auch in der Schweiz ist er seit den siebziger Jahren wieder heimisch (ca. 50 Tiere).

Bedingung für ständigen Aufenthalt dieses Raubtiers sind weite, geschlossene, an Dickungen oder überhaupt schwer zugänglichen Teilen reiche, mit Wild der verschiedensten Art bevölkerte Waldungen. Im Gegensatz zum Wolf, welcher fast jahraus, jahrein ein unstetes Leben führt, hält sich der Luchs oft längere Zeit in ein und demselben Gebiete auf, durchstreift dasselbe aber nach allen Richtungen, wandert in einer Nacht meilenweit, nicht selten ohne alle Scheu auf befahrenen Wegen, wagt sich bis in die Nähe der Dörfer und besucht selbst einsam liegende Gehöfte, kehrt auch nach mehreren Tagen wieder in ein und dieselbe Gegend zurück, um sie von neuem aufzuspüren.

Der trotz der hohen Läufe ungemein kräftige Leib und die ausgezeichneten Sinne kennzeichnen ihn als einen in jeder Hinsicht trefflich ausgerüsteten Räuber. Er geht sehr ausdauernd, springt, wenn es sein muß, ganz ausgezeichnet in wahrhaft erstaunlichen Sätzen dahin, klettert ziemlich gut und scheint auch mit Leichtigkeit Gewässer durchschwimmen zu können. Unter seinen Sinnen steht unzweifelhaft das Gehör obenan, und der Pinsel auf seinen Ohren darf demnach als eine wohlberechtigte Zierde gelten. Kaum weniger vorzüglich mag das Gesicht sein. Wie allen Katzen sind ihm die Schnurrhaare im Gesicht geradezu unentbehrlich; mit ihnen muß er alles betasten, mit dem er sich näher befassen will. Die geistigen Eigenschaften unseres Raubtieres sind niemals unterschätzt worden: „Ist sunst ein räubig thier gleich dem Wolff, doch vil listiger", sagt der alte *Geßner*.

Als Beutestück scheint dem Luchs jedes Tier zu gelten, welches er irgendwie bewältigen zu können glaubt. Vom kleinsten Säugetier oder Vogel an bis zum Reh oder Auerhahn und Trappen hinauf ist schwerlich ein lebendes Wesen vor ihm gesichert. Größeres Wild zieht er kleinerem entschieden vor. Um die Gewandtheit der Luchse zu erproben, habe ich einem von mir gepflegten wiederholt lebende Sperlinge, Ratten und Mäuse vorgeworfen, in keinem Falle aber beobachtet, daß eines dieser Tiere rasch genug gewesen wäre, der Klaue des Räubers zu entschlüpfen. Der fliegende Sperling wird mit ebenso großer Sicherheit aus der Luft geholt, wie die im Be-

Seite 71: Goldschakal (o.); Fuchs (u.)
Seite 72: Baummarder (o.); Nerz (u.)

wußtsein der Gefahr eiligst dem Käfiggitter zuflüchtende Ratte gefangen. Der Luchs stürzt sich mit einem einzigen Satze auf die Beute und schlägt höchst selten mehr als einmal nach ihr. Gewöhnlich hängt sie nach dem Schlage fest, ist im Nu auch mit den Zähnen gepackt.

Gefangene Tiere dieser Art zählen unbedingt zu den anziehendsten aller Katzen. Zum Kummer aller Tiergärten zählen sie aber nicht zu den Katzenarten, welche sich gut in Gefangenschaft halten, verlangen vielmehr die allersorgfältigste Pflege.

Im Süden Europas wird der Luchs durch einen etwas schwächeren Verwandten, den *Pardelluchs* (Lynx lynx pardinus), vertreten.

Den *Wüstenluchs* oder *Karakal* (Caracal caracal), ein schönes Tier von 65 cm Leibes- und 25 cm Schwanzlänge, unterscheiden von anderen Luchsen die schlanke Gestalt, die hohen Läufe, die langen, schmalen, zugespitzten Ohren, welche wie bei den nordischen Arten der Gattung starke Pinsel tragen, und das enganliegende Wüstenkleid. Er ist ein echtes Kind der Steppe oder Wüste und als solches auf das zweckmäßigste ausgerüstet. Je nach der Gegend, aus welcher der Karakal kommt, dunkelt oder lichtet sich seine Färbung, wahrscheinlich im Einklang mit der Farbe des Bodens, so daß man vom Isabellgelb an bis zum Braunrot alle Schattierungen des Wüstenkleides an ihm wahrnehmen kann. Der Karakal ist nur in der Kindheit gefleckt. Er bewohnt ganz Afrika, Vorderasien und Indien, und zwar die Wüsten ebensowohl wie die Steppen.

Ein eigentümliches Bindeglied zwischen Katzen und Hunden ist der *Jagdleopard* oder **Gepard** (Acinonyx jubatus), Abb. S. 69. Katzenartig ist der Kopf, katzenartig der lange Schwanz, hundeartig aber der ganze übrige Körper, hundeartig zumal erscheinen die langen Beine, deren Pfoten nur noch halbe Pranken genannt werden können. Noch ist hier die ganze Einrichtung zum Einziehen und Hervorschnellen der Klauen vorhanden, aber die betreffenden Muskeln sind so schwach und kraftlos, daß die Krallen fast immer hervorragen und deshalb wie bei den Hunden durch Abnutzung gestumpft werden. Das Gebiß gleicht im wesentlichen dem anderer Katzen, die Eckzähne aber sind ähnlich wie die der Hunde zusammengedrückt. Seine Heimat ist die offene Steppe Afrikas und Südwestasiens.

Die Nahrung der Jagdleoparden besteht hauptsächlich in den mittelgroßen und kleineren Wiederkäuern, welche in seinem Gebiete leben, und ihrer weiß er sich mit vielem Geschick zu bemächtigen. Seine Schnelligkeit und Ausdauer sind nicht eben groß, und eine von ihm verfolgte Antilope würde ihn schon nach kurzem Laufe weit hinter ihren Fersen zurücklassen, gebrauchte der Gepard nicht Schlauheit und List, um zu seiner Beute zu gelangen. Sobald er ein Rudel weidender Antilopen oder Hirsche bemerkt, drückt er sich auf die Erde und kriecht nun schlangengleich, leise, aber behende auf dem Boden hin, um sich vor den wachsamen Augen des Wildes zu verbergen. Dabei berücksichtigt er alle Eigentümlichkeiten des letzteren und kommt z. B. niemals über dem Winde angeschlichen, liegt auch still und regungslos, sobald das Leittier des Rudels seinen Kopf erhebt, um zu sichern. So stiehlt er sich bis auf etwa 20 Meter heran, sucht das bestgestellte Tier aus und springt nun mit wenigen Sätzen zu ihm heran, schlägt es mit den Tatzen nieder und faßt es dann im Genick. Nach kurzem Widerstand, wobei er jedoch immerhin mehrere hundert Schritte mit fortgeschleppt werden kann, hat er sein Opfer bewältigt und trinkt gierig das warme Blut.

Solche angeborene List und Jagdfähigkeit mußte den achtsamen Bewohnern seiner Heimat auffallen und sie zu dem Versuche reizen, die Jagdkunst des Tieres für sich zu benutzen. Durch einfache Abrichtung ist der Jagdleopard zu einem trefflichen Jagdtiere geworden, welches in seiner Art dem besten Edelfalken kaum nachsteht. Bei einer solchen Jagd wird der Gepard mit einer Kappe behaubt und auf einen sehr leichten zweirädrigen Karren gesetzt, wie sie in dem Lande eigentümlich sind. Man zieht zu den Wildplätzen hinaus und versucht, sich einem Rudel Wild soweit wie möglich zu nähhern. Wie überall läßt auch das scheueste asiatische Wild einen Karren weit näher an sich herankommen als gehende Leute. Deshalb kann man mit dem Gepard auf zwei- oder dreihundert Schritte an das Rudel heranfahren. Sobald die Jäger nahe genug sind, enthauben sie den Gepard und machen ihn durch sehr ausdrucksvolle Winke und leise Aufmunterungen auf seine Beute aufmerksam.

Kaum hat das vortreffliche Tier diese gesehen, erwacht in ihm das ganze Jagdfeuer, und all seine natürliche List und Schlauheit gelangt zur Geltung. Zierlich, ungesehen und ungehört schlüpft es vom Wagen, schleicht in der angegebenen Weise vorsichtig an das Rudel heran und reißt ein Stück von ihm zu Boden. Dann läuft einer vom Gefolge hin, setzt dem Gepard seine Kappe auf und schneidet der Gazelle die Kehle durch, sammelt Blut in ein hölzernes Gefäß und gibt es dem Gepard zu trinken. Ich selbst besaß einen Gepard, welcher so zahm war, daß ich ihn wie einen Hund am Stricke herumführen und es dreist wagen durfte, mit ihm oftmals in den Straßen umherzugehen.

Hunde

In der zweiten Familie der Raubtiere vereinigen wir die Hunde (Canidae). Es ist bereits hervorgehoben worden, daß sie in ihrem Leibesbau nicht so sehr von den Katzen verschieden sind, wie man auf eine flüchtige Betrachtung hin wohl annehmen möchte. In der Größe stehen sie sämtlich hinter den größeren Arten der vorigen Familie zurück und besitzen demgemäß auch nicht die Stärke und Fruchtbarkeit jener vollendetsten Räuber. Ihre Gestalt ist mager, der Kopf klein, die Schnauze spitz, die stumpfe Nase vorstehend, der Hals ziemlich schwach, der Rumpf, welcher auf dünnen oder hohen Beinen mit kleinen Pfoten ruht, in den Weichen eingezogen, der Schwanz kurz und oft buschig behaart. An den Vorderfüßen finden sich regelmäßig fünf, an den Hinterfüßen vier Zehen, welche starke, immer aber stumpfspitzige und nicht zurückziehbare Krallen tragen. Die Augen sind groß, die Ohren meist spitzer und größer als bei der vorigen Familie, die Zitzen an Brust und Bauch zahlreicher. In dem kräftigen Gebiß sind die Schneidezähne, zumal die der oberen Kinnlade, verhältnismäßig groß, die äußeren Zähne fast eckzahnig vergrößert, die Reißzähne schlank und etwas gekrümmt, die Lückzähne weniger scharf gezackt als bei den Katzen, die Kauzähne ziemlich stumpfe Mahlzähne, welche die Speise ordentlich zermalmen. Der Schädel ist gestreckt, namentlich die Kiefer sind verlängert. Sie stehen an Wildheit, Mordlust und Blutgier unbedingt hinter den Katzen zurück, zeigen vielmehr alle eine mehr oder minder ausgesprochene Gutmütigkeit.

Schon in der Vorzeit waren die hundeartigen Raubtiere wenigstens in Europa weitverbreitete Säugetiere; es steht auch fest, daß sie sehr früh, nämlich bereits vor 40 Millionen Jahren, auf der Erdoberfläche erschienen. Gegenwärtig verbreiten sie sich über die ganze bewohnte Erde und treten in den meisten Gegenden häufig auf. Einsame, stille Gegenden und Wildnisse, dieselben mögen gebirgig oder eben sein, ausgedehnte düstere Wälder, Dikkichte, Steppen und Wüsten bilden ihre Aufenthaltsorte. Einige schweifen fast beständig umher und halten sich höchstens so lange an einem Orte auf, wie sie durch ihre noch unmündige Nachkommenschaft an ihn festgehalten werden; andere graben sich Höhlen in die Erde oder benutzen bereits gegrabene Baue zu festen Wohnungen. Die einen sind rein nächtliche, die anderen bloß halbnächtliche Tiere, manche vollkommen Tagfreunde. Wenige leben einzeln oder paarweise; denn selbst diejenigen Arten, bei denen Männchen und Weibchen zeitweilig zusammenhalten, schlagen sich unter Umständen in stärkere Meuten zusammen, und man kann wohl behaupten, daß alle Hunde ohne Ausnahme gesellige Tiere sind.

Hinsichtlich der Beweglichkeit geben die Hunde den Katzen wenig nach. Ihre stumpfen Krallen erlauben ihnen nicht zu klettern, und sie sind deshalb auf den Boden gebannt; auch verstehen sie nicht, so hohe und weite Sprünge auszuführen wie die Katzen; im übrigen aber übertreffen sie diese eher, als daß sie ihnen nachstehen. Sie sind vortreffliche Läufer und besitzen unglaubliche Ausdauer, schwimmen ohne Ausnahme und zum Teil meisterhaft.

Alle Hunde haben hochentwickelte Sinne. Das Gehör steht dem der Katzen kaum nach, der Geruch dagegen ist zu einer bewunderungswürdigen Schärfe ausgebildet, und auch vom Gesicht darf man behaupten, daß es besser als bei den Katzen ist; denn die Nachthunde stehen den Katzen gleich, und die Taghunde übertreffen sie entschieden. Noch viel ausgezeichneter sind die geistigen Fähigkeiten der Hunde. Die tiefstehenden Arten bekunden eine bemerkenswerte List und Schlauheit, zum Teil sogar auf Kosten des Muts. Der zahme Hund und der wilde Fuchs handeln mit Überlegung und führen sorgfältig durchdachte Pläne aus. Dieser Verstand hat die Hunde auf das innigste mit dem Menschen verbunden und stellt sie über die meisten übrigen Tiere.

Auch bei den ganz wild lebenden Arten zeigt sich dieser hohe Verstand in der großen Vorsicht, Behutsamkeit und dem Argwohn, mit welchem sie alle Handlungen verrichten. Nur der wütendste Hunger vermag solches Betragen zuweilen in das entgegengesetzte zu verwandeln. Dabei sind die Hunde gemütliche Burschen, aufgelegt zu Spiel und Scherz, heiter und lustig, gutmütig und verhältnismäßig sanft, wenngleich sich nicht leugnen läßt, daß es, wie überall, so auch bei ihnen Ausnahmen gibt.

Die Nahrung besteht hauptsächlich aus tierischen Stoffen, zumal aus Säugetieren und Vögeln. Sie fressen frisch erlegte Beute nicht lieber als Aas, für welches alle Arten sogar eine gewisse Vorliebe zu haben scheinen. Einzelne verzehren auch sehr gern Knochen. Außerdem genießen sie Lurche, Fische, Schaltiere, Krebse, Kerbtiere oder Honig, Obst, Feld- und Gartenfrüchte, ja sogar Baumknospen, Pflanzensprossen, Wurzeln, Gras und Moos.

Die Fruchtbarkeit der Hunde ist größer als die der Katzen. Im Mittel darf man annehmen, daß die Hunde zwischen vier bis neun Junge werfen; doch sind Ausnahmen bekannt, in denen eine Mutter auf einen Wurf achtzehn und selbst dreiundzwanzig zur Welt brachte.

Um den Haushund und seine zahllosen Rassen richtig zu beurteilen, ist es unbedingt erforderlich, seine wildlebenden Verwandten, kennenzulernen. Jene lehren uns, was der Hund war, bevor er sich dem Menschen zu eigen gab; in ihnen sehen wir noch das ursprüngliche, in den gezähmten das veränderte und, man darf dies wohl sagen, das vermenschlichte Tier.

Als Ahnherr der Haushunde gilt der **Wolf**. Die Annahme, daß in manchen Gegenden der Schakal als Stammvater eine Rolle spielte, ist inzwischen hinfällig geworden.

Der *Wolf* (Canis lupus), Abb. S. 70, hat etwa die Gestalt eines großen, hochbeinigen, dürren Hundes, welcher den Schwanz hängen läßt, anstatt ihn aufgerollt zu tragen. Die Schnauze scheint im Verhältnis zu dem dicken Kopfe gestreckt und spitzig; die Seher stehen schief, die Lauscher immer aufrecht. Der Pelz ändert ab nach dem Klima der Länder, welche der Wolf bewohnt. In den nördlichen Ländern ist die Behaarung lang, rauh und dicht, in südlichen Gegenden im allgemeinen kürzer und rauher. Die Färbung ist gewöhnlich fahlgraugelb mit schwärzlicher Mischung. Im Sommer spielt die Gesamtfärbung mehr in das Rötliche, im Winter mehr in das Gelbliche, in nördlichen Ländern mehr in das Weiße, in südlichen mehr in das Schwärzliche. Hier und da kommt eine schwarze Spielart des Wolfes vor. Ein ausgewachsener Wolf erreicht 1,6 m Leibeslänge, wovon 45 cm auf den Schwanz kommen; die Höhe am Widerrist beträgt etwa 85 cm.

Noch heute ist der Wolf weit verbreitet, sosehr auch sein Gebiet gegen frühere Zeiten beschränkt wurde. Er findet sich gegenwärtig noch in Europa, in Spanien, in Griechenland, Italien, Polen, Rußland sowie besonders in Nordnorwegen und Lappland. Außerdem verbreitet er sich über ganz Nordost- und Mittelasien und Nordamerika.

Die Alten kannten den Wolf genau. Viele griechische und römische Schriftsteller sprechen von ihm, einige nicht allein mit dem vollen Abscheu, welchen Isegrimm von jeher erregt hat, sondern auch bereits in geheimer Furcht vor ungeheuerlichen oder gespenstischen Eigenschaften des Tieres. In der altgermanischen Göttersage wird der Wolf, das Tier Wodans, eher geachtet als verabscheut. Im 18. Jahrhundert fehlte das schädliche Raubtier in keinem größeren Waldgebiete unseres Vaterlandes, und auch im 19. Jahrhundert sind hier nach amtlichen Angaben immerhin noch Tausende erlegt worden. Innerhalb der Grenzen Preußens wurden im Jahre 1819 noch 1080 Stück geschossen. In Pommern wurden im Jahre 1800 allein 118 Stück erlegt.

In Mitteleuropa findet er sich nur in den Hochgebirgen; im Süden, Osten und Norden haust er in Waldungen aller Höhengürtel, selbst in nicht allzu großen Buschdickichten, auf Kaupen in Brüchen und Sümpfen, in Rohrwäldern, Maisfeldern, in Spanien sogar in Getreidefeldern, oft in geringer Nähe der Ortschaften. In dichtbevölkerten Gegenden zeigt er sich nur ausnahmsweise vor Einbruch der Dämmerung, in einsamen Wäldern dagegen wird er, wie der Fuchs unter ähnlichen Umständen, schon in den Nachmittagsstunden rege, schleicht und lungert umher und sieht, ob nichts für seinen ewig bellenden Magen abfalle.

Trifft man ihn zu zweien an, so hat man es in der Regel, im Frühjahr fast ausnahmslos, mit einem Paare zu tun; bei größeren Trupps pflegen männliche Wölfe zu überwiegen. Einmal geschart, treibt er alle Tagesgeschäfte gemeinschaftlich, unterstützt seine Mitwölfe und ruft diese notfalls durch Geheul herbei. In Gesellschaft treibt er sein Umherschweifen ebensogut, als wenn er einzeln lebt, folgt Gebirgszügen oftmals mehr als 400 km weit, wandert über Ebenen von weit mehr als 1000 km Durchmesser, durchzieht, von einem Walde zum anderen sich wendend, ganze Provinzen und tritt deshalb zuweilen urplötzlich in Gegenden auf, in denen man ihn längere Zeit, vielleicht Jahre nacheinander, nicht beobachtete. Während des Krieges zieht er den Heeren nach: So folgten in den Jahren 1812 und 1813 die vierbeinigen Raubmörder den Franzosen von Rußland her bis ins Rheinland.

Nicht selten, im Winter bei tiefem Schnee ziemlich regelmäßig, bilden Wolfsgesellschaften lange Rotten, indem die einzelnen Tiere wie die Indianer auf dem Kriegspfade dicht hintereinander herlaufen. Gegen Morgen bietet irgendein dichter Waldesteil der wandernden Räubergesellschaft Zuflucht; in der nächsten Nacht geht es weiter, bisweilen auch wieder zurück. Mit Beginn des Frühjahrs, nach der Ranzzeit, verstreuen sich die Rudel, und die trächtige Wölfin sucht meist in Gesellschaft eines Wolfes ihren früheren oder einen ähnlichen Standort wieder auf, um zu wölfen und ihre Jungen zu erziehen.

Der gefährliche Räuber fügt an allen Orten, an denen er auftritt, dem ihm erreichbaren Getier empfindliche Verluste zu. Sein Lieblingswild bilden Haus- und größere Jagdtiere aller Arten, behaarte wie befiederte; doch begnügt er sich mit Kleingetier aller fünf Wirbeltierklassen, frißt selbst Kerbtiere und verschmäht ebenso verschiedene Pflanzenstoffe nicht. Jagt der Wolf in Meuten, so greift er auch Pferde und Rinder an, obgleich diese sich ihrer

Haut zu wehren wissen. In Rußland erzählt man sich, daß hungrige Wolfsmeuten sogar den Bären anfallen und nach heftigem Kampfe schließlich bewältigen sollen. So viel ist sicher, daß der Wolf auf alles Lebende Jagd macht, welches er bewältigen zu können glaubt. Immer und überall aber hütet er sich so lange wie irgend möglich, sich mit dem Menschen einzulassen. Bei gemeinschaftlichen Jagden handelt er im Einverständnisse mit der übrigen Meute, indem ein Teil die Beute verfolgt, der andere ihr den Weg abzuschneiden und zu verlegen sucht. Angesichts einer Herde bemühen sie sich, wie schon die Alten wußten, die Hunde wegzulocken, und fallen dann über die Schafe her. Bei den Nomadenvölkern oder allen denen, welche Viehzucht trieben, ist er entschieden der schlimmste aller Feinde. Es kommt vor, daß er die Viehzucht unmöglich macht.

Der Wolf besitzt alle Begabungen und Eigenschaften des Hundes: dieselbe Kraft und Ausdauer, dieselbe Sinnesschärfe und denselben Verstand. Aber er ist einseitiger und erscheint weit unedler als der Hund. Sein Mut steht in gar keinem Verhältnis zu seiner Kraft. Solange er nicht Hunger fühlt, ist er eines der feigsten und furchtsamsten Tiere, welche es gibt. Er flieht dann nicht bloß vor Menschen und Hunden, vor einer Kuh oder einem Ziegenbock, sondern auch vor einer Herde Schafe, sobald die Tiere sich zusammenrotten und ihre Köpfe gegen ihn richten. Hörnerklang und anderes Geräusch, das Klirren einer Kette, lautes Schreien usw. vertreiben ihn regelmäßig. Anders benimmt sich der Wolf, wenn ihn der quälende Hunger zur Jagd treibt. Dieser verändert das Betragen und läßt ihn Vorsicht und List ganz vergessen, stachelt aber seinen Mut an. Der hungrige Wolf ist geradezu tollkühn und fürchtet sich vor nichts mehr: Es gibt für ihn kein Schreckmittel, vor dem er zurückweicht.

Durch vielfache Versuche ist es zur Genüge festgestellt, daß durch Paarung des Wolfs mit der Hündin oder des Hundes mit der Wölfin Blendlinge entstehen, welche wiederum fruchtbare Junge erzeugen.

In Afrika, dem subtropischen und tropischen, nehmen im Tierreigen die **Schakale** die Stelle der Wölfe ein.

Der *Goldschakal* (Canis aureus), Abb. S. 71, erreicht bei 65–70 cm Leibes- und 30 cm Schwanzlänge 45–50 cm Höhe am Widerrist, ist kräftig gebaut, hochbeinig und kurzschwänzig, seine Schnauze spitzer als die des Wolfes, aber stumpfer als die des Fuchses; die buschige Standarte hängt bis zu dem Fersengelenk herab. Die Ohren sind kurz, erreichen höchstens ein Viertel der Kopflänge und stehen weit voneinander ab. Die Grundfarbe ist ein schmutziges Fahl- oder Graugelb, welches auf dem Rücken und an den Seiten mehr ins Schwarze zieht, bisweilen auch schwarz gewellt erscheint oder durch dunkle, unregelmäßig verlaufende Streifen über den Schultern gezeichnet wird. Diese Färbung setzt sich scharf ab von den Seiten, Schenkeln und Läufen, welche wie die Kopfseiten und der Hals fahlrot aussehen.

In seiner Lebensweise stellt sich der Schakal als Bindeglied zwischen Wolf und Fuchs dar. Dem letzteren ähnelt er mehr als dem ersteren. Bei Tage hält er sich zurückgezogen; gegen Abend begibt er sich auf seine Jagdzüge, heult laut, um andere seiner Art herbeizulocken, und streift nun mit diesen umher. Er liebt die Geselligkeit sehr, obwohl er auch einzeln zur Jagd zieht.

Er scheut sich nicht im geringsten vor menschlichen Niederlassungen, dringt vielmehr frech in das Innere der Dörfer, ja selbst der Gehöfte und Wohnungen ein und nimmt dort weg, was er gerade findet. Durch diese Zudringlichkeit wird er weit unangenehmer und lästiger als durch seinen berühmten Nachtgesang, welchen er mit einer bewunderungswürdigen Ausdauer vorzutragen pflegt. Sobald die Nacht wirklich hereingebrochen ist, vernimmt man ein vielstimmiges, im höchsten Grade klägliches Geheul, welches dem unserer Hunde ähnelt, aber sich durch größere Vielseitigkeit auszeichnet.

Jung eingefangene Schakale werden bald sehr zahm, jedenfalls weit zahmer als Füchse. Sie gewöhnen sich gänzlich an den Herrn, folgen ihm wie ein Hund, lassen sich liebkosen oder verlangen Liebkosungen wie dieser, hören auf den Ruf, wedeln freundlich mit dem Schwanz, wenn sie gestreichelt werden, kurz, zeigen eigentlich alle Sitten und Gewohnheiten der Haushunde.

Der *Schabrackenschakal* (Canis mesomelas), Abb. S. 70, des inneren und südlichen Afrikas ist sehr niedrig gestellt und von allen übrigen Schakalen schon hierdurch, mehr noch aber durch die Bildung seines Kopfes unterschieden. Dieser hat den Bau des Fuchskopfes und zeichnet sich besonders aus durch die sehr großen, am Grunde breiten, oben spitzig zulaufenden, dicht nebeneinanderstehenden Ohren. Die großen braunen Augen haben runden Stern. Das Fell ist dick, fein und kurzhaarig. Die Färbung, ein schönes Rostrot, geht nach unten zu in Gelblichweiß über. Die ganze Oberseite deckt eine seitlich scharf begrenzte Schabracke von schwarzer Färbung mit weißlicher Fleckenzeichnung. An Länge übertrifft der Schabrackenschakal seinen Verwandten, an Höhe steht er ihm nach.

Die Eingeborenen Afrikas hassen ihn, weil er alle nur denkbaren Sachen aus den Hütten wegschleppt und unter dem Hausgeflügel, sogar unter den kleinen Herdentieren manchmal arge Verheerungen anrichtet. Bei dem Aase ist er ein regelmäßiger Gast; er scheint solche Speise leidenschaftlich gern zu fressen. Im Grunde ist der Schabrakenschakal ein gutmütiger, verträglicher Bursche, welcher jedenfalls mehr als der Fuchs zur Geselligkeit und zum Frieden neigt. So scheu und wild er sich anfänglich in Gefangenschaft gebärdet, so rasch erkennt er liebevolle Behandlung an und sucht sie durch dankbare Anhänglichkeit zu vergelten.

Der *Heul-* oder *Steppenwolf, Präriewolf, Kojote* (Canis latrans), erscheint ebenfalls als Mittelglied zwischen Wölfen und Füchsen, wenn auch der Wolf in ihm sich nicht verkennen läßt. Von ersteren hat er Leib und Schwanz sowie die kräftigen Läufe, von letzteren die zugespitzte Schnauze. Die Färbung des Balges ist ein schmutziges Gelblichgrau. Erwachsene Kojoten erreichen eine Länge von 1,40 m, wovon auf den Schwanz 40 cm gerechnet werden müssen, dabei aber kaum über 55 cm Höhe am Widerrist.

Der Präriewolf ist weit über das Innere Nordamerikas, nach Süden hin bis Mexiko verbreitet. In der Ranzzeit bewohnt er selbstgegrabene Baue und Höhlen. Um diese Zeit vernimmt man seine Stimme in der Prärie: ein sonderbares, am Ende etwas gezogenes Bellen, welches dem Lautgeben unserer Füchse ähnelt. Viele indianische Hunde gleichen den Präriewölfen in der Gestalt nicht wenig; es ist also zu vermuten, daß Vermischungen zwischen beiden Tieren vorkommen.

Der Hund hat sich mit dem Menschen über die ganze Erde verbreitet. Vor etwa 10 000 Jahren wurden in Nordeuropa Wölfe in den Hausstand überführt. Durch Auslese und Weiterzucht entstanden bis heute ca. 400 verschiedene Hunderassen.

Die Beschreibung des Wesens und Lebens des **Haushundes** (Canis lupus familiaris) mag die unübertreffliche Kennzeichnung des Tieres eröffnen, welche der Altvater der Tierkunde, *Linné*, in seiner eigentümlich kurzen und schlagenden Weise gegeben hat. Ich bin bemüht gewesen, dieselbe so treu wie möglich im Deutschen wiederzugeben: „Frißt Fleisch, Aas, mehlige Pflanzenstoffe, kein Kraut, verdaut Knochen, erbricht sich nach Gras; lost auf einen Stein: Griechisch-Weiß, äußerst beizend. Trinkt leckend; wässert seitlich, in guter Gesellschaft oft hundertmal, beriecht des nächsten After; Nase feucht, wittert vorzüglich; läuft der Quere, geht auf den Zehen; schwitzt sehr wenig, in der Hitze läßt er die Zunge hängen; vor dem Schlafengehen umkreist er die Lagerstätte; hört im Schlafe ziemlich scharf, träumt. Die Hündin ist grausam gegen eifersüchtige Freier; in der Laufzeit treibt sie es mit vielen; sie beißt dieselben; in der Begattung innig verbunden; trägt neun Wochen, wölft vier bis acht, die Männchen dem Vater, die Weibchen der Mutter ähnlich. Treu über alles; Hausgenosse des Menschen; wedelt beim Nahen des Herrn, läßt ihn nicht schlagen; geht jener, läuft er voraus, am Kreuzweg sieht er sich um; gelehrig, erforscht er Verlorenes, macht nachts die Runde, meldet Nahende, wacht bei Gütern, wehrt das Vieh von den Feldern ab, hält Rentiere zusammen, bewacht Rinder und Schafe vor wilden Tieren, hält Löwen in Schach, treibt das Wild auf, stellt Enten, schleicht im Sprunge an das Netz, bringt das vom Jäger Erlegte, ohne zu naschen, zieht in Frankreich den Bratspieß, in Sibirien den Wagen. Bettelt bei Tische; hat er gestohlen, kneift er ängstlich den Schwanz ein; frißt gierig. Zu Hause Herr unter den Seinigen; Feind der Bettler, greift ungereizt Unbekannte an. Mit Lecken heilt er Wunden, Gicht und Krebs. Heult zur Musik, beißt in einen vorgeworfenen Stein; bei nahem Gewitter unwohl und übelriechend. Hat seine Not mit dem Bandwurm; Verbreitung der Tollwut. Wird zuletzt blind und benagt sich selbst. Der amerikanische vergißt das Bellen. Die Mohammedaner verabscheuen ihn; Opfer der Zergliederer für Blutumlauf usw."

Wir haben diese Beschreibung bloß weiter auszuführen. Geselligkeit ist ein Grundzug ihres Wesens und hat auf ihre Sitten den entschiedensten Einfluß. Sie fressen alles, was der Mensch ißt, tierische Nahrung ebensowohl wie pflanzliche, und beide im rohen Zustande nicht minder gern als zubereitet. Vor allem aber lieben sie Fleisch, und zwar etwas fauliges mehr noch als das frische. Wenn die Hunde überflüssige Nahrung besitzen, verscharren sie dieselbe, indem sie ein Loch in den Boden graben und dieses mit Erde zudecken. Bei Gelegenheit kehren sie zurück und graben sich den verborgenen Schatz wieder aus; aber es kommt auch vor, daß sie derartige Orte vergessen.

Der Hund kann vortrefflich laufen und schwimmen, bis zu einem gewissen Grade auch klettern. Bei eiligem Laufe ist er imstande, große Sprünge zu machen, jedoch nicht fähig, jähe Wendungen auszuführen. Alle Hunde schlafen gern und viel, aber in Absätzen, und ihr Schlaf ist sehr leise und unruhig, häufig auch von Träumen begleitet, welche sie durch Wedeln mit dem Schwanze, durch Zuckungen, Knurren und leises Bellen kundgeben. Einige lieben das Wasser außerordentlich; verwöhnte Hunde scheuen es in hohem Grade.

Die Hunderassen sind untereinander in demselben Grade geistig verschieden, wie sie leiblich voneinander abweichen. Unerschütterliche Treue und Anhänglichkeit an den Herrn, unbedingte Folgsamkeit und Ergebenheit, strenge Wachsamkeit, Sanftmut, Milde im Umgang, dienstfertiges und freundliches Betragen: dies sind die hervorragendsten Züge ihres geistigen Wesens. Kein einziger Hund vereinigt sie alle in gleich hoher Ausbildung: der eine Zug tritt mehr zurück, der andere mehr hervor. Mehr, als man annimmt, spielt dabei die Erziehung mit. Nur gute Menschen können Hunde gut erziehen. Frauen sind im allgemeinen keine guten Hundeerzieher, und Schoßhunde deshalb auch stets verzogene, verzärtelte, launenhafte und nicht selten heimtückische Geschöpfe. Der Bauernhund ist ein roher, plumper, aber ehrlicher Gesell, der Schäferhund ein verständiger Hirt, der Jagdhund ein vortrefflicher Jäger, welcher die Kunst der Jagd selbst auf eigene Faust betreibt, der Hund eines vornehmen Nichtstuers ein üppiger Faulenzer und eigentlich weit ungezogener als der rohe, ungebildete des Bauern.

Manche eigentümlichen Sitten sind fast allen Arten gemein. So heulen und bellen sie den Mond an, ohne daß man dafür eigentlich einen Grund auffinden könnte. Sie rennen allem, was schnell an ihnen vorübereilt, nach, seien es Menschen, Tiere, rollende Wagen, Kugeln, Steine oder dergleichen, suchen es zu ergreifen und festzuhalten, selbst wenn sie recht wohl wissen, daß es ein durchaus unnützer Gegenstand für sie ist. Sie sind gegen gewisse Tiere in höchstem Grade feindlich gesinnt, ohne daß dazu ein sicherer Grund vorhanden wäre. So hassen alle Hunde die Katzen und den Igel; sie machen sich bei letzterem förmlich ein Vergnügen daraus, sich selbst zu quälen, indem sie wütend in das Stachelkleid beißen, obgleich sie wissen, daß dies erfolglos ist und ihnen höchstens blutige Nasen und Schnauzen einbringt.

Die Hündin ist zweimal im Jahre läufig, meistens im Februar und im August, und zwar währt dieser Zustand jedesmal neun bis vierzehn Tage. Um diese Zeit versammelt sie alle männlichen Hunde der Nachbarschaft um sich, selbst solche, welche einige Kilometer weit von ihr entfernt wohnen. Der männliche Hund folgt der Hündin auf Schritt und Tritt und wirbt mit allen möglichen Kunstgriffen um deren Zuneigung. Jede seiner Bewegungen ist gehobener, stolzer und eigentümlicher; er sucht sich mit allen ihm zu Gebote stehenden Mitteln liebenswürdig zu machen. Dahin gehören das Beschnuppern, das freundliche Anschauen, das sonderbare Aufwerfen des Kopfes, das bittende Gekläff und dergleichen. Gegen andere Hunde zeigt er sich eifersüchtig. Finden sich zwei gleich starke auf gleichem Wege, so gibt es eine tüchtige Beißerei.

63 Tage nach der Paarung wölft die Hündin an einem dunklen Orte drei bis zehn, gewöhnlich vier bis sechs Junge, welche schon mit den Vorderzähnen zur Welt kommen, jedoch 10 bis 12 Tage blind bleiben. Die Mutter liebt ihre Kinder über alles, säugt, bewahrt, beleckt, erwärmt, verteidigt sie und trägt sie nicht selten von einem Ort zum andern, indem sie dieselben sanft mit ihren Zähnen an der schlaffen Haut des Halses faßt. Gewöhnlich läßt man einer Hündin nur zwei bis drei, höchstens vier Junge von ihrem Gewölfe, um sie nicht zu sehr zu schwächen. Die kleinen Gesellen brauchen viel Nahrung, und die Alte ist kaum imstande, ihnen das Erforderliche zu liefern. Daß der Mensch als Schutzherr des Tieres eine säugende Hündin besonders gut und kräftig füttern muß, braucht wohl nicht erwähnt zu werden.

Der Hund tritt schon im zwölften Jahre in das Greisenalter ein. Dieses zeigt sich an seinem Leibe ebenso wie an seinem Betragen. Namentlich auf der Stirn und der Schnauze ergrauen die Haare, das übrige Fell verliert seine Glätte und Schönheit, das Gebiß wird stumpf oder die Zähne fallen aus; das Tier zeigt sich träge, faul und gleichgültig gegen alles, was es früher erfreute oder entrüstete; manche Hunde verlieren die Stimme fast gänzlich und werden blind. Man kennt übrigens Beispiele, daß Hunde ein Alter von 20 Jahren, ja sogar von 26 Jahren erreicht haben. Doch sind dies seltene Ausnahmen.

Das untrüglichste Kennzeichen von der Gesundheit eines Hundes ist seine kalte und feuchte Nase. Wird diese trocken und heiß und trüben sich die Augen, zeigt sich Mangel an Freßlust usw., so kann man überzeugt sein, daß der Hund sich unwohl befindet.

Schon seit den frühesten Zeiten wurde der Nutzen der Hunde gewürdigt. *Alexander der Große* war über den frühzeitigen Tod seines Lieblingshundes so betrübt, daß er ihm zu Ehren eine Stadt mit Tempeln bauen ließ; *Homer* besingt den Argus, den Hund des Ulysses, in wahrhaft rührender Weise; in römischen Schriften wird des Hundes eines Verurteilten gedacht, welcher dem in den Tiber geworfenen Leichnam seines Herrn unter traurigem Geheul schwimmend nachfolgte; Soter, der einzige Überlebende von den hündischen Wächtern, welche Korinth verteidigten, empfing auf Kosten des Staates ein silbernes Halsbald mit den darauf gestochenen Worten: „Korinths Verteidiger und Erretter“. Die alten Ägypter gebrauchten die Hunde zur Jagd und hielten sie, wie man aus den Abbildungen auf Denkmälern sehen kann, sehr hoch. Bei den Juden hingegen war der Hund verachtet, was viele Stellen aus der Bibel beweisen; und heutzutage ist dies bei den Arabern kaum anders.

Es gibt – wie gesagt – rund 400 Hunderassen, aber nur einige wichtige wollen wir hier in den Kreis der Betrachtung ziehen.

Die Merkmale der *Windhunde* liegen in dem äußerst schlanken, zierlichen, an der Brust geweiteten, in den Weichen eingezogenen Leibe, dem spitzigen, feingebauten Kopfe, den dünnen, hohen Gliedmaßen und dem in der Regel kurzhaarigen, glatten Fell, der langausgestreckten Schnauze, den ziemlich langen, schmalen, zugespitzten, halb aufrecht stehenden, gegen die Spitze umgebogenen und mit kurzen Haaren besetzten Ohren. Der Windhund hört und äugt vortrefflich, hat dagegen nur einen schwachen Geruchssinn. Eitelkeit und ein gewisser Stolz sind ihm nicht abzusprechen. Zurücksetzungen verträgt er nicht. Bei lebhafter Erregung nimmt sein Herzschlag eine kaum glaubliche Unregelmäßigkeit und Schnelligkeit an; er zittert dabei oft am ganzen Leibe. Alle diese Eigenschaften machen ihn nur bis zu einem gewissen Grade als Gesellschafter der Menschen tauglich.

Um von der Schnelligkeit eines guten Windhundes ein Beispiel zu geben, mag eine von Engländern angestellte Beobachtung hier Platz finden. Eine Koppel von Windhunden durchlief bei Verfolgung eines aus dem Lager gestoßenen Hasen in zwölf Minuten über vier englische Meilen in gerader Richtung, also nach Abrechnung aller, die Entfernung sehr vermehrenden Krümmungen und Haken, die der Hase in seiner Not einschlug.

Alle Steppenbewohner, und zwar die festsitzenden ebensogut wie die herumwandernden, verehren den Windhund in absonderlicher Weise. Es war mir nicht möglich, ein Windspiel käuflich an mich zu bringen, weil die Leute sich durchaus nicht auf den Handel einlassen wollten. Im Jahre 1848 verlebte ich mehrere Wochen in dem Dorf Melbeß in Kordofan und hatte hier vielfach Gelegenheit, den innerafrikanischen Windhund zu beobachten. Die Dorfbewohner nähren sich, obgleich sie Getreide bauen, hauptsächlich von der Viehzucht und der Jagd. Aus diesem Grunde halten sie bloß Schäfer- und Windhunde, die ersteren bei den Herden, die letzteren im Dorf. Es war eine wahre Freude, durch das Dorf zu gehen; denn vor jedem Hause saßen drei oder vier prächtige Tiere, von denen eines das andere an Schönheit übertraf. Sie waren wachsam und schützten das Dorf auch gegen die manchmal recht häufig versuchten nächtlichen Überfälle der Hyänen und Leoparden; nur in einen Kampf mit dem Löwen ließen sie sich nicht ein.

Die *Doggen* sind sehr große und starke Tiere mit kurzer, dicker, vorn gerade abgestumpfter Schnauze, deren Oberlippen an den Seiten herabhängen; der Pelz ist kurzhaarig und gewöhnlich von einfachroter, oft aber auch bunter Farbe. In früheren Zeiten, in denen das Land unsicherer war als gegenwärtig, hielt man die Doggen in ziemlicher Menge.

Die *Bulldogge* oder der *Boxer* wird zumal in England häufig gehalten. Man sieht ihn für ein wütendes, unzugängliches und stumpfsinniges Tier an, darf ihm diese Eigenschaften jedoch nur in beschränkter Weise zuschreiben. Ihrem Herrn gegenüber zeigt die Bulldogge Treue und Anhänglichkeit; doch muß sie denselben vollkommen kennengelernt und erfahren haben, daß dessen geistige Kraft ihre leibliche unter allen Umständen unterjochen kann. Die Bulldogge ist sehr mutig. Sie wagt sich an jedes Tier, selbst an das gefährlichste: ein wütender Ochse, ein hungriger, gefährlicher Wolf, ein Löwe erscheinen einer Bulldogge noch keineswegs als unüberwindliche Gegner: Sie versucht auf irgendwelche Art, ihrer Meister zu werden.

Die Eigenschaften der Doggen waren schon den Römern bekannt, und sie waren deshalb außerordentlich geschätzt, weil sie sich mehr als alle übrigen Hunde eigneten, eine Hauptrolle in den blutigen Spielen des Zirkus zu übernehmen. Nachdem England römische Provinz geworden war, gab es hier besondere Beamte, denen die Erziehung und Auswahl der nach Rom zu sendenden Doggen oblag. Dort kämpften letztere zur Freude des Volkes mit zahlreichen wilden Tieren, und diese römische Belustigung vererbte sich auch auf spätere Zeiten, in denen in England noch unter Elisabeth I. und Jakob I. große Tierkämpfe veranstaltet wurden.

Es gibt Boxer, welche an Verstand fast mit dem Pudel wetteifern. Ein Boxer, welchen ich neuerdings kennenlernte, ist nicht allein der Liebling seines Herrn, sondern auch das Schoßtier der Herrin, welcher er mit unwandelbarer Treue anhängt, und ebenso ein geliebter und liebender Freund der Pferde seines Gebieters. Scheinbar unerschütterlich ernst, liebt er doch Spiel und Scherz außerordentlich, geht auf Neckereien harmlos ein und wird nur durch die Plumpheit seiner Späße zuweilen beschwerlich. Er bewacht das ihm anvertraute Gut mit Eifer und Gewissenhaftigkeit, geht bei Tage ungemein gern mit dem Herrn aus, läßt sich des Nachts aber unter keiner Bedingung von seinem Posten als Beschützer der Herrin weglocken, ist zärtlicher Spielkamerad der kleinen Kinder, trägt auf Befehl dem befreundeten Pferde Zwieback oder Zucker zu und bekundet überhaupt eine Menge guter Eigenschaften.

Zu den Doggen gehört das Zerrbild der Hunde, wenn ich so sagen kann, der *Mops*, mit ganz eigentümlich abgestumpfter Schnauze und schraubenförmig gerolltem Schwanze. Sein gedrungener kräftiger Bau und das mißtrauische, mürrische Wesen macht ihn den Bulldoggen außerordentlich ähnlich. Früher sehr verbreitet, ist der Mops gegenwärtig fast ausgestorben, zum Beweise dafür, daß Rassen entstehen und vergehen.

Eine von den Doggen sehr verschiedene Gruppe ist die der *Dackel*. Sie zählen jedenfalls zu den eigentümlichsten und merkwürdigsten aller Hunde. Der lange, walzenförmige, nach unten gekrümmte Leib mit dem eingebogenen Rücken, welcher auf kurzen, verdrehten Ständern ruht, der große Kopf und die große Schnauze mit dem tüchtigen Gebisse, die hängenden Ohren, die großen Pranken mit den scharfen Krallen und das kurze, glatte, straffe Haar kennzeichnen sie. Die Beine sind sehr kurz, plump und stark. Der Schwanz ist an der Wurzel dick, gegen das Ende verschmälert, reicht ziemlich bis an das Fersengelenk hinab und wird hoch nach aufwärts gerichtet und stark nach einwärts gebeugt, selten gerade ausgestreckt getragen. Die kurze Behaarung ist grob, aber glatt und von ziemlich wechselnder Färbung, oben gewöhnlich schwarz oder braun, unten rostrot, nicht selten auch einfarbig braun oder gelblich, ja selbst grau oder gefleckt. In der Regel finden sich ein paar hellrostrote Flecken über beiden Augen; doch kommen solche auch bei anderen Hunden vielfach vor.

Aufs Jagen erpicht, wie kaum ein anderer Hund, würde er zur Verfolgung jedes Wildes verwendet werden können, besäße er nicht die Unarten, auf seinen Herrn wenig oder nicht zu achten und das Erjagte gewöhnlich anzuschneiden. Alle Dackel haben eine sehr feine Spürnase und ein außerordentlich feines Gehör, Mut und Verstand in hohem Grade, Tapferkeit und Ausdauer und können daher zu jeder Jagd gebraucht werden.

Bei der Jagd hat man seine liebe Not mit ihnen. Der Dackel nimmt die Verfolgung des Wildes mit einer unglaublichen Gier auf und begibt sich mit Hast in die ärgsten Dickichte gleich welcher Baumart; er findet dank seiner vortrefflichen Sinne auch bald ein Wild auf: Nun aber vergißt er alles. Er mag früher wegen seines Ungehorsams soviel Prügel bekommen haben, wie er nur will — ganz gleichviel; der Jäger mag pfeifen, rufen, nach ihm suchen — hilft alles nichts: Solange er das Wild vor Augen hat oder dessen Fährte verfolgt, geht er seinen eigenen Weg mit einer Willkür, welche bei Hunden geradezu beispiellos ist.

Aus diesen Gründen ist der Dackel gewöhnlich nur zu einer Jagdweise zu gebrauchen: unterirdisch wohnende Tiere aus ihren Wohnungen zu treiben. Schon sein niederer Bau, die krummgebogenen Beine und die kräftigen Pranken mit den scharfen Zehen deuten darauf hin, daß er zum Graben und zum Befahren von Bauten unter Grund außerordentlich geeignet ist, und sein Mut, seine Stärke und seine Ausdauer sichern ihm bei solchen Jagden den besten Erfolg.

Weit zahlreicher an Rassen und Formen und sorgfältiger Erziehung ungleich zugänglicher als die Dackel, nehmen die **Jagdhunde** unbestreitbar einen hohen Rang unter den Haushunden ein. Sie sind schöne, mittelgroße Hunde mit gestrecktem, eher schwachem als kräftigem Leibe, länglichem, auf der Stirn flach gewölbtem Kopfe, nicht sehr langer, nach vorn hin verschmälerter und abgestumpfter Schnauze, großen, klugen Augen, breiten hängenden Ohren, kräftigem, aber verhältnismäßig langem Halse, breiter und voller Brust, nicht auffallend eingezogenen Weichen, mittelhohen, schlanken Beinen und ziemlich langem Schwanze. Die Behaarung ist bald kurz und fein, bald lang und grob, der Schwanz entweder kurz oder langfahnig, die Färbung ungemein verschieden, eintönig oder fleckig.

Alle sind kräftig, schnell und durch ihre ausgezeichneten Sinne, namentlich durch den überaus feinen Geruch, vor den übrigen Hunden zur Jagd befähigt. Sie besitzen ein so starkes Spürvermögen, daß sie die Fährte eines Wildes noch nach Stunden, ja sogar nach Tagen durch den Geruch wahrnehmen können. Deshalb bedient man sich ihrer zum Aufspüren und Aufsuchen des Wildes und namentlich des Haarwildes und richtet sie zu diesem Zweck besonders ab.

So sind die *Vorstehhunde* ganz ausgezeichnete, kluge, gelehrige, folgsame und jagdbegierige Tiere und zur Jagd auf allerlei Wild geradezu unentbehrlich. „Dieser Hund muß jedoch", sagt *Diezel*, „von ganz reiner Abkunft sein und alle seine natürlichen Anlagen, namentlich einen sehr scharfen Geruch besitzen. Er muß ferner nicht vereinzelt erzogen werden, sondern unmittelbar unter den Augen seines Führers aufgewachsen sein, damit er gleich von Jugend an jedes Wort und jeden Wink verstehen lernt. Endlich muß auch sein Herr alle Eigenschaften eines guten Lehrers, worunter die Geduld keine der geringsten ist, im vorzüglichen Grade besitzen, ja er muß sogar ein sicherer Schütze sein; denn nur wenn alle Erfordernisse miteinander vereinigt sind, kann der Lehrling jenen bewunderungswürdigen Grad von Folgsamkeit, Selbstbeherrschung und Geschicklichkeit erreichen.

Ein vollkommen abgerichteter, stets zweckmäßig geführter Hund, im Alter von drei bis vier Jahren, sucht, seinem natürlichen Triebe folgend, mit immer dem Winde entgegengehaltener Nase das Wild auf, indem er bald rechts, bald links sich wendet. Auch bleibt er von Zeit zu Zeit einmal stille stehen und sieht sich nach seinem Gebieter um, der nun durch eine Bewegung dem Hunde die Gegend bezeichnet, welche er absuchen soll. Diese Winke werden auf das genaueste befolgt. Kommt ihm nur die Witterung irgendeines bedeutenden Wildes in die Nase, so hört auf einmal die sonst unaufhörliche Bewegung des Schweifes auf. Sein ganzer Körper verwandelt sich in eine lebende Bildsäule. Oft auch schleicht er nach Katzenart und mit leichten Tritten dem Gegenstande näher, ehe er ganz fest steht. Nach wenigen Augenblicken wendet er nun den Kopf nach seinem Herrn, um sich zu überzeugen, ob dieser ihn bemerkt hat oder nicht und ob er sich nähert. Es gibt sogar Hunde, welche das gefundene Wild auf kurze Zeit verlassen, um ihren Herrn aufzusuchen und an Ort und Stelle zu führen.

Einen höchst anziehenden Anblick gewährt es dem Zuschauer, sogar dem, welcher nicht selbst Jäger oder Jagdkenner ist, wenn er die Vorsicht wahrnimmt, mit welcher sich der Vorstehhund dem gefundenen Federwilde nähert. Wenn er z. B. bei Mangel an günstigem Winde nicht ganz sicher weiß, nach welcher Seite hin die Rebhühner gelaufen sind, kehrt er schnell um, umkreist in großem Bogen, wo er sie vermutet, und jede große Annäherung sorgfältig vermeidend, spürt er auf diese Weise endlich den Platz auf, wo sie festliegen, und hier erst bleibt auch er selbst augenblicklich fest stehen."

„Die *Bernhardiner*", berichtet aus der Mitte des 18. Jahrhunderts der Schweizer Naturforscher *Tschudi*, „sind große, langhaarige, äußerst starke Tiere, mit kurzer, breiter Schnauze und langem Behang, von vorzüglichem Scharfsinn und außerordentlicher Treue. Die Heimat dieser edlen Tiere ist das Hospiz des St. Bernhard, 2472 m über dem Meere, jener traurige Gebirgssattel, wo in der nächsten Nähe ein 8–9monatiger Winter herrscht und die jährliche Mittelwärme niedriger steht als am europäischen Nordkap.

Die Reise über diesen alten Gebirgspaß ist nur im Sommer bei ganz klarem Wetter gefahrlos, bei stürmischem Wetter dagegen und im Winter, wo die vielen Spalten und Klüfte vom Schnee verdeckt sind, dem fremden Wanderer ebenso mühe- als gefahrvoll. Bald fällt der Pilger in eine Spalte, bald begräbt ihn ein Lawinenbruch, bald umhüllt ihn der Nebel. Seit dem 8. Jahrhundert widmen sich edle Mönche der Pflege und Errettung der Reisenden. Feste, steinerne Gebäude, in denen das Feuer des Herdes nie erlöscht, können im Notfalle ein paar hundert Menschen beherbergen. Das eigentümlichste ist aber der stets gehandhabte Sicherheitsdienst, den die weltberühmten Hunde wesentlich unterstützen. Jeden Tag gehen zwei Knechte des Klosters über die gefährlichsten Stellen des Passes: einer von der tiefsten Sennerei des Klosters hinauf in das Hospiz, der andere hinunter. Bei Unwetter oder Lawinenbrüchen wird die Zahl verdreifacht, und eine Anzahl von Geistlichen schließt sich den ‚Suchern' an, welche von den Hunden begleitet werden und mit Schaufeln, Stangen, Bahren und Erquickungen versehen sind. Jede verdächtige Spur wird unaufhörlich verfolgt, stets ertönen die Signale; die Hunde werden genau beobachtet. Diese sind sehr fein auf die menschliche Fährte dressiert und durchstreifen freiwillig oft tagelang alle Schluchten und Wege des Gebirges. Finden sie einen Erstarrten, so laufen sie auf dem kürzesten Wege nach dem Kloster zurück, bellen heftig und führen die stets bereiten Mönche dem Unglücklichen zu. Treffen sie auf eine Lawine, so untersuchen sie, ob sie nicht die Spur eines Menschen entdecken, und wenn ihre feine Witterung ihnen davon Gewißheit gibt, machen sie sich sofort daran, den Verschütteten freizuscharren, wobei ihnen die starken Klauen und die große Körperkraft wohl zustatten kommen. Gewöhnlich führen sie am Halse ein Körbchen mit Stärkungsmitteln oder ein Fläschchen mit Wein, oft auf dem Rücken wollene Decken mit sich. Die Anzahl der durch diese klugen Hunde Geretteten ist sehr groß und in den Geschichtsbüchern des Hospizes gewissenhaft verzeichnet. Der berühmteste Hund der Rasse war Barry, das unermüdlich tätige Tier, welches in seinem Leben mehr als vierzig Menschen das Leben rettete."

Dieses Tier steht nun ausgestopft im Museum zu Bern.

Den *Pudel* zu beschreiben erscheint unnötig, da er so ausgezeichnet ist, daß jedermann ihn kennt. Der gedrungene Körperbau mit den langen, wolligen, zottigen Haaren, welche hier und da förmliche Locken bilden und den ganzen Hund dicht einhüllen, die langen und breiten Ohren kennzeichnen ihn von seinen übrigen Verwandten.

Der Pudel schwimmt gut und gern und kann auch zur Jagd abgerichtet werden. Weit mehr eignet er sich jedoch zum Gesellschafter des Menschen. Er hat ein außerordentlich scharfes Wahrnehmungsvermögen und ist ein vollkommener Beobachter. Deshalb lernt er nicht nur die Worte, sondern auch die Mienen und Blicke seines Herrn ausgezeichnet verstehen. Sein Gedächtnis ist beachtenswert. Jahrelang bleibt ihm das Aussehen seines Herrn in Erinnerung; jahrelang verliert er den Weg irgendwohin nicht. Dieses gute Gedächtnis ist die Hauptursache der erstaunlichen Gelehrigkeit des Pudels. Doch bedarf es auch dazu Geduld, Gutmütigkeit und Folgsamkeit.

Der Pudel ist nie gern allein; immer sucht er Menschen auf. Er gibt sich nicht gern mit Hunden anderer Art ab, und will er spielen, so tut er es mit Pudeln, wenigstens vorzugsweise. Mit solchen erfreut er sich dann sehr. Er liebt die Freiheit ungemein. An der Kette ist kein Hund gern, am allerwenigsten der Pudel, er versteht es, sich davon auf jede mögliche Weise loszumachen, und erprobt darin seine Künste, Stricke zu zerreißen und zu zerbeißen.

Der *Schäferhund* ist in der Regel schlank gebaut, hochbeinig und sehnig wie ein Wolf, dem er an Größe kaum nachsteht. Der längliche Kopf mit der spitzigen Schnauze, die geraden Beine, die mittellange Rute, welche etwas eingezogen zu werden pflegt, das dichte, krause, manchmal zottige Fell von graubräunlicher Färbung sind anderweitige Kennzeichen.

„Wenn irgendeine Hunderasse", sagt Adolf *Müller* treffend, „ein Verdienst um die Menschheit sich erworben, also ein Anrecht auf das Gefühl der Anerkennung und Liebe hat, so ist es der kluge, treue, wachsame und nimmermüde Schäferhund. Wie der Spitz stellt der Schäferhund die Wachsamkeit gleichsam über sich selbst. Den leisesten Tritt eines den Feldweg Wandernden vernimmt sein feines Gehör; der geringste Luftzug bringt der scharfen Nase die Witterung des der Herde sich Nahenden, und ebenso entschieden als sicher ist die Fremdes ankündigende Stimme. Zu dieser Wachsamkeit gesellt sich auf der Grundlage einer rauen, derben Natur ernster Mut, welcher das Tier aber niemals auf die Abwege des Raufboldes führt. Auch die Tugend der Genügsamkeit besitzt unser Hund in hohem Grade, und die Unempfindlichkeit gegen Nässe und Hitze teilt er mit seinem Gebieter. Immer beweist er sich verständig, aufmerksam und im Hüteramt von morgens bis abends unverdrossen tätig. Dabei ist er ernsten, ruhigen Wesens, karg im Lautgeben und Bellen, treu und voll Anhänglichkeit an seinen Herrn."

Was der Schäferhund für die Herden, ist der *Spitz* für das Haus. Klein oder höchstens mittelgroß, kräftig und untersetzt, spitzköpfig und spitzschnauzig, als müßte man auf Reineke den Verdacht der Vaterschaft werfen, kurzbeinig und langschwänzig, ausgerüstet mit mäßig großen Ohren und ebensolchen klugen und lebhaften Augen, dicht eingehüllt in ein bald grobes und langes, bald feines und kurzes Fell von rein weißer, gelber, fuchsroter, grauer, ausnahmsweise auch schwarzer Färbung, höchstens noch mit lichter Stirnblesse und weißen Abzeichen an den Füßen, tritt er uns entgegen, so daß man ihn schwerlich verkennen kann.

Dieser in seiner Art ebenfalls ganz vortreffliche Hund wird in vielen Gegenden Deutschlands, zumal in Thüringen, als Wächter auf Bauernhöfen zum Bewachen des Hauses und Hofes oder von Fuhrleuten als Hüter ihrer Wagen benutzt. Bei letzteren fehlt er wohl selten und übernimmt hier zugleich noch eine andere Rolle: Er erheitert und erfreut durch sein munteres Wesen den in gleichmäßiger Weise seinen Tag verbringenden Mann bei dem schwierigen Geschäft. Der Spitz gilt für die beste Rasse, weil er bei unwandelbarer Treue und Anhänglichkeit besonders aufmerksam und lebhaft ist, dabei weder Regen noch Kälte scheut. Wie dem Schäferhund geht ihm das Wohl und Wehe seiner Pflegebefohlenen, unter welche er selbst das Federvieh rechnet, sehr zu Herzen: Aber während jener seine Arbeit still und gemessen verrichtet, tobt er ununterbrochen im Hause und Hofe umher, und sein beständiges Gebell gewinnt den Anschein des Keifens eines ewig schlecht gelaunten Wesens. Und doch ist er keineswegs übermütig, sondern nur eifrig und über die Maßen geschäftig. Alles beschützen, alles in Ordnung halten, das ihm Anvertraute mit unbestechlicher Treue hegen und pflegen, scheint Lebenszweck des Spitzes zu sein.

Der **Fuchs** oder *Rotfuchs* (Vulpes vulpes), Abb. S. 71, der listige Meister Reineke der Tierfabel, lebt, hundertfach durch Wort und Bild gezeichnet, in jedermanns Anschauung. Ihn rühmt das Sprichwort, ihn preist die Sage, ihn verherrlicht das Gedicht; ihm widmet einer unserer größten Meister, Johann Wolfgang v. Goethe, seinen Gesang.

Er ist durch folgende Merkmale gekennzeichnet: Die Länge beträgt bis 1,30 m, wovon freilich 40 cm auf den Schwanz kommen, die Höhe am Widerrist dagegen nur 35 cm. Der Kopf ist breit, die Stirn platt, die Schnauze, welche sich plötzlich verschmälert, lang und dünn. Die Seher stehen schief und die Lauscher, welche am Grunde sich verbreitern und nach oben zuspitzen, aufrecht. Der Leib erscheint seines ziemlich dichten Haarkleides wegen dick, ist in Wahrheit aber ungemein schlank, jedoch äußerst kräftig. Die Läufe sind dünn, die Standarte oder Lunte ist lang und buschig, der Balg sehr reichlich, dicht und weich. Reineke samt seiner ganzen edlen Sippschaft trägt ein Kleid, welches seinem Räubertum in der allervortrefflichsten Weise entspricht. Die Färbung, ein fahles, grauliches Rot, welches sich der Bodenfärbung förmlich anschmiegt, paßt ebenso zum Laubwalde wie zum Nadelholzbestande, er sei hoch oder niedrig, oder ist für die Heide wie für das Feld und für das Stein- oder Felsengeklüfte gleich geeignet. Der vorsichtig dahinschleichende Fuchs wird kaum bemerkt, eben weil seine ganze Umgebung ihm ähnlich gefärbt ist und ihn dadurch deckt.

In der Weidmannssprache heißt nur das Männchen Fuchs, die Füchsin „*Fähe*“ oder „*Betze*“. Reineke bewohnt in mehreren Unterarten den größten Teil der nördlichen Hälfte unserer Halbkugel. Er geht durch ganz Europa, Nordafrika, West- und Nordasien und Nordamerika. Man vermißt ihn nirgends ganz und trifft ihn in manchen Gegenden häufig an. Seine Vielseitigkeit läßt ihn allerorten passende Wohnplätze finden, wo andere Raubtiere, aus Mangel an solchen, sich nicht aufhalten können, und seine List, Schlauheit und Gewandtheit befähigen ihn, diese Wohnsitze mit einer Beharrlichkeit und Hartnäckigkeit zu behaupten, welche geradezu ohne Beispiel dasteht.

Seine Wohnplätze werden immer mit äußerster Vorsicht gewählt. Es sind tiefe, gewöhnlich verzweigte Höhlen im Geklüft, zwischen Wurzeln oder anderen günstigen Stellen, welche am Ende in einen geräumigen Kessel münden. Wenn es nur irgend angeht, gräbt er sich diesen Bau nicht selbst, sondern bezieht alte, verlassene Dachsbauten oder teilt sie mit Grimbart, trotz dessen Abneigung, mit anderen Tieren Geselligkeit zu pflegen. Alle größeren Fuchsbauten sind ursprünglich vom Dachs angelegt worden. Falls er es haben kann, gräbt er den Bau an Berghängen, so daß die Röhren aufwärtsführen, ohne zu flach unter den Boden zu kommen.

Seine Jagd gilt allem Getier, vom jungen Reh an bis zum Käfer herab, vorzüglich aber den Mäusen, welche wohl den Hauptteil seiner Mahlzeiten bilden. Er schont weder jung noch alt, verfolgt die Hasen und Kaninchen aufs eifrigste, wagt es sogar, ein Reh- oder Hirschkälbchen zu beschleichen, wenn er glaubt, daß dieses einen Augenblick lang unbewacht ist, obgleich er weiß, daß ihn die Mutter, sobald sie ihn bemerkt, abtreibt und, wenn sie ihn erreichen kann, mit den starken Vorderläufen dermaßen durchprügelt, daß er

Fuchs vor seinem Bau

lendenlahm davonhinkt. Er plündert nicht allein die Nester aller auf dem Boden brütenden Vögel, indem er Eier und Junge verzehrt, sondern versucht auch die flugbegabten, alten Vögel zu überlisten und kommt nicht selten zum Ziele. Er schwimmt und watet durch Sumpf und Moor, um den auf dem Wasser brütenden Vögeln beizukommen. In großen Gärten und Weinbergen ist er sicherlich ein viel häufigerer Gast, als man gewöhnlich glaubt. In beiden fängt er Heuschrecken, Maikäfer und deren Larven, Regenwürmer usw. oder sucht süße Birnen, Pflaumen, Trauben und andere Beeren zusammen. Am Bach lungert er umher, um eine schöne Forelle oder einen Krebs zu überraschen.

Bei seinen Jagdzügen gilt ihm die eigene Sicherheit als erstes Gesetz. Niemals wagt er sich auf einen von scharfen Hunden geschützten Hof. Alles ihm nicht Bekannte erregt seinen Verdacht, und wenn er erst mißtrauisch geworden ist, bekundet er erstaunliche Selbstbeherrschung. Wenn er sich vollkommen sicher weiß, verwandelt sich seine Vorsicht in eine wirklich unverschämte Frechheit. Er erscheint bei hellem Tage im Hof, holt sich angesichts der Bewohner ein Huhn, eine Gans, macht sich mit seiner Beute offen davon und trägt sie ruhig seines Weges.

Der Lauf des Fuchses ist schnell, ausdauernd, behend und im höchsten Grade gewandt. Er versteht zu schleichen, unhörbar auf dem Boden dahinzugleiten, aber auch zu laufen, zu rennen und außerordentlich weite Sätze auszuführen. Selbst gute Jagdhunde sind selten imstande, ihn einzuholen. Bei rascherem Lauf trägt er die Lunte gerade nach rückwärts gestreckt, während er sie beim Gehen fast auf dem Boden schleppt. Vor dem Wasser scheut er sich nicht im geringsten, schwimmt vielmehr leicht und rasch über Flüsse von der

Größe der Elbe; auch im Klettern zeigt er sich nicht ungeschickt, da man ihn zuweilen auf Bäumen bis fünf Meter über dem Boden antrifft. Die Stimme des Fuchses ist ein kurzes Gekläff, welches mit einem stärkeren und höheren Kreischen endet.

Die Ranzzeit fällt in die Mitte des Februar und dauert einige Wochen. Um diese Zeit gesellen sich gewöhnlich mehrere Rüden zu einer Fähe, folgen ihr auf Schritt und Tritt und machen ihr nach Hundeart den Hof. Jetzt vernimmt man ihr Gekläff öfter denn je; auch werden unter den verschiedenen Mitbewerbern lebhafte Händel ausgekämpft.

Ende April oder Anfang Mai wölft die Füchsin. Die Anzahl ihrer Jungen schwankt zwischen drei und zwölf. Die Mutter behandelt sie mit großer Zärtlichkeit, verläßt sie in den ersten Tagen ihres Lebens gar nicht, später nur auf kurze Zeit in tiefer Dämmerung und scheint ängstlich bestrebt zu sein, ihren Aufenthalt zu verheimlichen. Ein oder eineinhalb Monate nach ihrer Geburt wagen sich die netten, mit rötlichgrauer Wolle bedeckten Raubjunker in stiller Stunde heraus vor den Bau, um sich zu sonnen und untereinander oder mit der gefälligen Alten zu spielen. Wenn die Kleinen eine gewisse Größe erlangt haben, liegen sie bei gutem Wetter morgens und abends gern vor der Eingangsröhre und erwarten die Heimkunft der Alten: Währt ihnen diese zu lange, so bellen sie und verraten sich hierdurch zuweilen selbst. Schon im Juli begleitet das Gewölfe die jagende Alte oder geht allein auf die Jagd, sucht bei Tage oder in der Dämmerung ein Häschen, Mäuschen, Vögelchen oder ein anderes Tierchen zu überraschen, und wäre es auch nur ein Käfer.

Jung eingefangene Füchschen können leicht aufgezogen werden, weil sie mit der gewöhnlichen Kost junger Hunde fürliebnehmen, sich auch gern von einer gutmütigen Hündin, welche sie am Gesäuge duldet, bemuttern lassen. Sie werden, wenn man sich viel mit ihnen abgibt, bald zahm und erfreuen durch ihre Munterkeit und Beweglichkeit.

Reineke wird wegen seiner Räubereien eifrig gejagt. Während wir einzig und allein den Balg des Fuchses verwerten, glaubten unsere Vorfahren, das ganze Tier, alle einzelnen Teile in besonderer Weise zu Arzneizwecken, ausnutzen zu können. Ein im Sinne der Quacksalber des 17. Jahrhunderts verwendeter Fuchsleichnam konnte so ziemlich alle heutigentags gebräuchlichen Arzneistoffe ersetzen. Sollte ein Quacksalber der Gegenwart Genaueres erfahren wollen, so möge er des alten *Geßners* Werke aufschlagen: Er findet dort die verschiedenen Heilmittel und deren Verwendung ausführlich beschrieben.

Der Fuchs wird wie auch der Hund von der fürchterlichen Tollwut befallen. Ja man kennt Beispiele, daß er, von dieser entsetzlichen Seuche getrieben, bei hellem Tage in das Innere der Dörfer kam und hier alles biß, was ihm in den Weg lief. (Als Hauptüberträger der seit 1945 aus dem Osten vordringenden Tollwutseuche soll er deshalb bei uns radikal ausgerottet werden.)

Allerliebste Füchschen bewohnen die Wüste Afrikas und der angrenzenden Teile Asiens. Zwerge der gesamten Hundefamilie und der Fuchssippschaft insbesondere, ungemein zierlich gebaut und mit fahlgelbem Fell bekleidet, unterscheiden sie sich von den Verwandten namentlich durch die großen Ohren, welche bei zwei von ihnen alles gewohnte Maß weit überschreiten, aber auch bei den übrigen Arten der Gruppe die Lauscher anderer Füchse merklich übertreffen. Man hat sie in einer besonderen Gattung vereinigt und *Großohrfüchse* oder **Fenneks** genannt.

Der zierlichste und schmuckste unter diesen Wüstenräubern ist der *Fennek* oder *Wüstenfuchs* (Fennecus zerda). Er ist der kleinste aller Füchse überhaupt. Samt seiner Standarte, deren Länge etwa 20 cm beträgt, mißt er höchstens 65 cm und wird am Widerrist kaum 20 cm hoch. Der ganze Leibesbau ist ungemein fein. Die Lauscher haben fast Kopfeslänge und sind etwas mehr als halb so breit. Der Balg ist seidenweich und verstärkt sich zur Winterzeit durch ein sehr dichtes Wollhaar.

Er bewohnt den ganzen Norden Afrikas, findet sich aber bloß in den echten Wüsten, und zwar in den Niederungen, welche reich an Wasser sind und mehr das Gepräge der Steppen tragen.

Zur Familie der Hunde gehört auch der *Afrikanische Wildhund* oder **Hyänenhund** (Lycaon pictus). Er erreicht eine Länge von knapp 1,50 m, wovon 35–40 cm auf den Schwanz kommen. Es gibt kaum zwei von diesen Hunden, die vollkommen gleich gezeichnet wären: nur am Kopf und am Nacken hat die Zeichnung eine gewisse Beständigkeit. Weiß, Schwarz und Ockergelb bilden die Hauptfarben. Bei dem einen ist die weiße, bei dem anderen die schwarze Farbe vorherrschend und so gleichsam Grundfärbung, von der die lichteren oder dunkleren Flecken ziemlich grell abstechen. Auch die Flecken sind unregelmäßig, bald kleiner, bald größer, sehr verschieden gestaltet und oft über den ganzen Leib verteilt.

Das Wohngebiet der Hyänenhunde sind die afrikanischen Steppen südlich der Sahara. Er ist Tag- und Nachttier und liebt zahlreiche Gesellschaften; deshalb findet man ihn oft in Meuten oder Rudeln von 30–40 Stück vereinigt. Auch auf die Jagd gehen sie gemeinsam. Es muß ein prachtvolles Schauspiel sein, diese schönen, behenden und lauten Tiere jagen zu sehen. Eine der großen, wehrhaften Säbelantilopen ist von ihnen aufgeschreckt worden. Sie kennt ihre Verfolger und eilt mit Aufbietung aller Kräfte ihrer federnden Läufe durch die Steppe dahin. Ihr nach stürmt die Meute, kläffend, heulend, winselnd; teilweise klingen die Laute wie helle Glockenschläge. Der Lauf dieser gefleckten Jäger ist ein niemals ermüdender, langgestreckter Galopp, ihre Ordnung wohlberechnet. Sind die vordersten ermattet, so nehmen die hinteren, welche durch Abschneiden der Bogen Kräfte geschont haben, die Spitze, und so lösen sie sich ab, solange die Jagd währt. Endlich ermattet das Wild, die Jagd kommt zum Stehen. Auf ihre Stärke vertrauend, bietet die Antilope den mordgierigen Feinden die Stirn. In weiten Bogen fegen die schlanken, spitzen Hörner über den Boden. Wird auch ein und der andere Verfolger tödlich getroffen, so liegt doch in der Regel das Wild schon nach Verlauf einer Minute röchelnd, verendend am Boden.

Die Jungen werden in Erdhöhlen zur Welt gebracht und regelmäßig von dem ganzen Rudel gefüttert.

Hyänen

Es gibt wenige Tiere, deren Kunde mit so vielen Fabeln und abenteuerlichen Sagen ausgeschmückt worden wäre wie die Geschichte der Hyänen. Schon die Alten haben die unglaublichsten Sachen von ihnen erzählt. Man behauptete, daß die Hunde Stimme und Sinne verlören, sobald sie der Schatten einer Hyäne träfe; man versicherte, daß die scheußlichen Raubtiere die Stimme des Menschen nachahmen sollten, um ihn herbeizulocken, dann plötzlich zu überfallen und zu ermorden; man glaubte, daß ein und dasselbe Tier beide Geschlechter in sich vereine, ja selbst nach Belieben das Geschlecht ändern und sich bald als männliches, bald als weibliches Wesen zeigen könne. Das Merkwürdigste bei der Sache ist, daß diese Fabelei Widerklang findet bei allen Völkerschaften, welche die Hyänen kennenlernten. Namentlich die Araber sind reich an Sagen über diese Tiere. Man glaubt steif und fest, daß Menschen von dem Genusse des Hyänengehirns rasend werden, und vergräbt den Kopf des erlegten Raubtieres, um bösen Zauberern die Gelegenheit zu übernatürlichen Beschwörungen zu nehmen. Ja man ist sogar fest überzeugt, daß die Hyänen selbst nichts anderes sind als verkappte Zauberer, welche bei Tage in Menschengestalt umherwandeln, bei Nacht aber die Hyänenmaske annehmen, allen Gerechten zum Verderben. Ich selbst bin mehrere Male von meinen arabischen Dienern herzlich und dringend gewarnt worden, auf Hyänen zu schießen, und schauerliche Geschichten wurden mir über die Gewalt der verlarvten, höllischen Geister mitgeteilt.

Ein Tier, von welchem so viel Wunderbares berichtet oder geglaubt wird, muß irgend etwas Absonderliches in seiner Gestalt zeigen. Dies finden wir denn auch bei den *Hyänen* (Hyaenidae) bestätigt. Sie ähneln den Hunden und unterscheiden sich gleichwohl von ihnen.

Alle Hyänen sind für unseren Geschmack häßlich. Der Leib ist gedrungen, der Hals dick, der Kopf stark und die Schnauze kräftig. Die krummen vorderen Läufe sind länger als die hinteren, wodurch der Rücken abschüssig wird. Die Lauscher sind nur spärlich behaart; die Seher liegen schief. Der dicke, scheinbar steife Hals, die buschig behaarte Lunte, welche nicht über das Fersengelenk hinabreicht, und der lange, lockere, rauhe Pelz, welcher sich längs des Rückens in eine schweinsborstenähnliche Mähne verlängert, die düstere, nächtige Färbung der Haare endlich: dies alles vereinigt sich zu einem unangenehmen Eindruck. Zudem sind alle Hyänen Nachttiere, besitzen eine mißtönende, kreischende Stimme, zeigen sich gierig und gefräßig, verbreiten einen üblen Geruch und sind sehr feige.

Die Hyänen finden sich in Süd- und Westasien, besonders häufig sind sie jedoch in ganz Afrika. In der Vorwelt waren die Hyänen über einen weit größeren Teil der Erde verbreitet als gegenwärtig und fanden sich auch in Deutschland ziemlich häufig, wie die vielfach aufgefundenen Knochen der *Höhlen-* und *Vorweltshyänen* hinlänglich beweisen.

Die *Tüpfel-* oder *gefleckte Hyäne* (Crocuta crocuta) hat einen kräftigen Körperbau und einen gefleckten Pelz. Auf weißlichgrauem, etwas mehr oder weniger ins Fahlgelbe ziehenden Grunde stehen an den Seiten und an den Schenkeln braune Flecken. Die Leibeslänge des Tieres beträgt etwa 1,30 m, ihre Höhe am Widerrist ungefähr 80 cm. Die Tüpfelhyäne bewohnt das südliche und östliche Afrika vom Vorgebirge der Guten Hoffnung an bis zum 17. Grad nördlicher Breite und verdrängt, wo sie häufig vorkommt, die Streifenhyäne fast gänzlich.

Die *Streifenhyäne* (Hyaena hyaena) endlich ist das uns wohlbekannte Mitglied der Tierschaubuden. Der Pelz ist rauh, straff und ziemlich langhaarig, seine Färbung ein gelbliches Weißgrau, von welchem sich schwarze Querstreifen abheben. Etwas mehr als ein Meter ist das gewöhnliche Maß der Leibeslänge.

Die Streifenhyäne bewohnt Nordafrika, Palästina, Syrien, Persien und Indien, ebenso die meisten Länder Südafrikas, tritt nirgends selten, an menschenleeren Orten sogar außerordentlich häufig auf.

In ihrer Heimat gibt es normalerweise so viel Aas oder wenigstens Knochen, daß sie nur selten durch den Hunger zu kühnen Angriffen auf lebende Tiere gezwungen wird. Ihre Feigheit übersteigt alle Grenzen; doch kommt auch sie in das Innere der Dörfer herein und in Ägypten wenigstens ganz nahe an dieselben heran. Trotz ihrer Zudringlichkeit fürchtet sich kein Mensch vor ihr, und sie wagt wirklich niemals, auch nur Schlafende anzugreifen.

Über gezähmte Hyänen kann ich aus eigener Erfahrung mitteilen. Wenige Tage nach unserer ersten Ankunft in Khartum kauften wir zwei junge Hyänen für eine Mark unseres Geldes. Die Tierchen waren etwa so groß wie ein halberwachsener Dachshund, mit sehr weichem, feinem, dunkelgrauem Wollhaar bedeckt und, obschon sie eine Zeitlang die Gesellschaft der Menschen genossen hatten, noch sehr ungezogen. Zunächst war zu ihrer Erziehung Strenge notwendig. Nach Verlauf eines Vierteljahres, vom Tage der Erwerbung an gerechnet, konnte ich aber mit ihnen spielen wie mit einem Hunde, ohne befürchten zu müssen, irgendwelche Mißhandlung von ihnen zu erleiden. Sie gewannen mich mit jedem Tage lieber und freuten sich ungemein, wenn ich zu ihnen kam. Dabei benahmen sie sich, nachdem sie mehr als halberwachsen waren, höchst sonderbar. Sobald ich in den Raum trat, fuhren sie unter fröhlichem Geheul auf, sprangen an mir in die Höhe, legten mir ihre Vorderpranken auf beide Schultern, schnüffelten mir im Gesichte herum, hoben endlich ihre Standarte steif und senkrecht empor und schoben dabei den umgestülpten Mastdarm gegen fünf Zentimeter weit aus dem After heraus. Diese Begrüßung wurde mir stets zuteil, und ich konnte bemerken, daß der sonderbarste Teil davon jedesmal ein Zeichen ihrer freudigsten Erregung war. Später habe ich sie in Kairo an leichten Stricken durch die Straßen geführt zum Entsetzen aller Bewohner.

Schleichkatzen

Die Familie der *Schleichkatzen* (Viverridae) unterscheidet sich von allen bisher genannten Raubtieren durch ihren langgestreckten, dünnen, runden Leib, welcher auf niedrigen Beinen ruht, durch den langen, dünnen Hals und verlängerten Kopf sowie durch den langen, meist hängenden Schwanz. Neben dem After befinden sich zwei oder mehrere Drüsen, welche besondere, gelegentlich wohlriechende

Streifenhyäne

Hyänenhund

Flüssigkeiten absondern und diese zuweilen in einer eigentümlichen Drüsentasche aufspeichern.

Im allgemeinen ähneln die Schleichkatzen unseren Mardern, welche sie in den südlichen Ländern der Alten Welt vertreten. Anderseits erinnern sie oder doch viele von ihnen an Katzen.

Die *Zibetkatze* oder *Civette* (Viverra civetta) hat ungefähr die Größe eines mittelgroßen Hundes, aber ein mehr katzenartiges Aussehen und steht in ihrem gesamten Bau zwischen einem Marder und einer Katze. Der Leib ist gestreckt, aber nicht besonders schmächtig, der Schwanz mittellang oder etwa von halber Körperlänge, die Beine sind mittelhoch und die Sohlen ganz behaart. Der dichte, grobe und lockere, doch nicht besonders lange Pelz zeichnet sich durch eine aufrichtbare, ziemlich lange Mähne aus. Von der schönen aschgrauen, bisweilen ins Gelbliche fallenden Grundfarbe zeichnen sich zahlreiche runde und eckige, schwarzbraune Flecken ab. Der Leib des Tieres hat etwa 70 cm, der Schwanz 35 cm Länge; die Höhe am Widerrist beträgt 30 cm.

Die Heimat der Civette ist Afrika, und zwar hauptsächlich der westliche Teil desselben, nämlich Ober- und Niederguinea. Den Tag verschläft sie; abends geht sie auf Raub aus und sucht kleine Säugetiere und Vögel, welche sie bewältigen kann, zu beschleichen oder zu überraschen. Namentlich die Eier der Vögel sollen ihre Leibspeise bilden.

Fast genau dasselbe, was ich über die Civette sagen konnte, gilt auch für die *Zibete* oder *Indische Zibetkatze* (Viverra zibetha). Ihr Kopf ist jedoch spitzer, der Leib schmächtiger, die Ohren sind länger als bei der Civette, und die Behaarung bildet nirgends eine Mähne. Ihre Grundfärbung ist ein düsteres Bräunlichgelb, von welchem sich eine große Anzahl dichtstehender, verschiedenartig gestalteter und einigermaßen in Querreihen geordneter, dunkelrostroter Flecken abheben. Ein ausgewachsenes Tier hat 75 cm Leibes- und 40 cm Schwanzlänge, bei 30 cm Höhe am Widerrist. Die Indische Zibetkatze bewohnt hauptsächlich Ostindien und seine Inseln und wurde durch die Malaien weit verbreitet. Sie lebt im Freien sowohl wie in der Gefangenschaft genau wie die vorige, zeigt sich wie diese bei Tage schläfrig, bei Nacht aber munter.

Die *Kleinfleck-Ginsterkatze* (Genetta genetta) ist die einzige in Europa vorkommende Zibetkatze. Ihr Körper erreicht eine Länge von 50, der Schwanz mißt 40, die Höhe am Widerrist beträgt 15–17 cm. Der auf sehr niederen Beinen ruhende Leib ist außerordentlich schlank, der Kopf klein, hinten breit und durch die lange Schnauze sowie die kurzen, breiten und stumpf zugespitzten Ohren ausgezeichnet. Die Afterdrüse ist seicht und sondert nur in geringer Menge eine fette, nach Moschus riechende Flüssigkeit ab. Die Grundfärbung des kurzen, dichten und glatten Pelzes ist ein ins Gelbliche ziehendes Hellgrau; längs den Leibesseiten verlaufen jederseits vier bis fünf Längsreihen verschiedenartig gestalteter Flecken von schwarzer, selten rötlichgelb gemischter Färbung.

Die eigentliche Heimat des äußerst zierlichen und doch dabei so raub- und mordlustigen, bissigen und mutigen Tierchens bilden die Länder des Atlas. Allein es kommt auch in Europa, und zwar vorzugsweise in Spanien und im südlichen Frankreich vor. Die Ginsterkatze findet sich sowohl in wald- und baumlosen wie in bewaldeten Gebirgen, kommt jedoch auch in die Ebenen herab. Feuchte Orte in der Nähe der Quellen und Bäche, buschreiche Gegenden, sehr zerklüftete Bergwände und dergleichen bilden bevorzugte Aufenthaltsorte. Hier stöbert sie der einsame Jäger zuweilen auch bei Tage auf. Sie schlängelt sich wie ein Aal, aber mit der Gewandtheit eines Fuchses zwischen den Steinen, Pflanzen, Gräsern und Büschen hin und ist in wenigen Minuten durch diese vollständig verborgen.

Der *Palmenroller* (Paradoxurus hermaphroditus) ähnelt in seiner Gestalt und auch hinsichtlich seiner Farbenverteilung den Ginsterkatzen. Seine Größe ist etwa die einer Hauskatze. Der Leib ist gestreckt, obgleich etwas untersetzt; die Füße sind kurz und kräftig; der lange Schwanz kann nach unten und oben zusammengerollt werden. Der Pelz besteht aus reichlichen Woll- und dünneren Grannenhaaren. Seine Grundfärbung ist gelblichschwarz.

Der Palmenroller bewohnt die Sundainseln, geht als vollendetes Nachttier erst nach Sonnenuntergang auf Raub aus, bewegt sich dann gewandt und behend genug, um kleine Säugetiere und Vögel mit Erfolg zu beschleichen und zu ergreifen, nährt sich jedoch auch, zeitweilig sogar vorzugsweise, von Früchten und kann wegen Diebereien in Gärten und Pflanzungen ebenso unangenehm werden wie durch Überfälle der Geflügelställe.

Über das Auftreten des Tieres in den Kaffeepflanzungen Javas und sein Freileben wird berichtet: Wenn die Früchte der Kaffeebäume heranreifen und sich immer stärker mit Karmesinrot färben, wenn Erwachsene und Kinder beiderlei Geschlechts die roten Beeren von den Ästen streifen und mit gefüllten Körben den abwärts liegenden Trockenplätzen zueilen, sieht man oft auf dem Boden der Wege, von denen der Kaffeegarten geradlinig und kreuzweise durchschnitten wird, sonderbare, weißliche Kotklumpen eines Tieres liegen, welche ganz und gar aus zusammengebackenen, übrigens aber unbeschädigten Kaffeebohnen bestehen. Sie sind die Losung des Palmenrollers, welcher bei den Bergbewohnern als Hühnerdieb berüchtigt ist. Er genießt die fleischige, saftige Hülle der Früchte und gibt dann die unverdauten Kerne wieder von sich. Nach Versicherung der Javanen liefern diese, weil das Tier wahrscheinlich die reifsten Früchte fraß, den allerbesten Kaffee.

Eine systematisch schwierige Unterfamilie der Schleichkatzen sind die *Ichneumons*, *Mangusten* oder *Mungos* (Herpestinae). Zu ihnen gehört der *afrikanische Mungo* oder *Ichneumon*, die „*Ratte der Pharaonen*", das heilige Tier der alten Ägypter (Herpestes ichneumon). Der Ichneumon übertrifft, wenn er ausgewachsen ist, an Größe unsere Hauskatze bedeutend; denn die Länge seines Leibes beträgt ungefähr 65 cm und die des Schwanzes wenigstens 45 cm. Nur selten findet man ausgewachsene Männchen, welche am Widerrist höher als 20 cm sind. Der Körper ist schlank. Die Beine sind kurz, die Sohlen nackt und die Zehen fast bis zur Hälfte mit kurzen Spannhäuten verbunden. Der lange Schwanz endet mit einer pinselartigen Quaste. Die Ohren sind kurz, breit und abgerundet. Ganz eigentümlich ist der Pelz. Er besteht aus dichten Wollhaaren von rostgelblicher Farbe, welche aber überall von den 6—7 cm langen Haaren überdeckt werden. Diese sind schwarz und gelblichweiß geringelt und enden mit einer fahlgelben Spitze. Hierdurch erhält der ganze Balg eine grünlich-graue Färbung, welche zu den Aufenthaltsorten des Tieres vortrefflich paßt.

Die Ratte der Pharaonen ist über das ganze nördliche Afrika sowie Nordwestasien verbreitet. Niemals entfernt sie sich weit von Niederungen. Ihre eigentlichen Wohnplätze sind die dicht mit Rohr bewachsenen Ufer der

Flüsse und die Rohrdickichte, welche manche Felder umgeben. Hier hält sich das Tier bei Tage auf und bildet sich zwischen den Rohrstengeln schmale, aber höchst sorgfältig gesäuberte Gangstraßen, welche nach tiefen, jedoch nicht besonders ausgedehnten Bauten führen. In diesen wirft auch das Weibchen in den Frühlings- oder ersten Sommermonaten zwei bis vier Junge, die sehr lange gesäugt und noch viel länger von *beiden* Alten geführt werden.

Nach meinen Beobachtungen geht der Ichneumon, dessen Name „Aufspürer" bedeutet, nur bei Tage auf Raub aus. Er frißt alles, was er erlisten kann, die Säugetiere vom Hasen bis zur Maus herab, die Vögel vom Huhn oder der Gans bis zum Riedsänger. Außerdem verzehrt er Schlangen, Eidechsen, Kerbtiere, Würmer usw. Sein Gang ist höchst eigentümlich. Es sieht aus, als ob das Tier aus der Erde dahinkröche, ohne ein Glied zu bewegen; denn die kurzen Beine werden von den langen Haaren seines Balges vollkommen bedeckt, und ihre Bewegung ist kaum sichtbar. Zudem sucht er auch immer Deckung und verläßt deshalb das ihn zum größten Teil verbergende Gras, das Getreide oder das ihn ganz versteckende Rohr niemals ohne Not.

Der *Mungo* (Herpestes edwardsi) vertritt die Ratte der Pharaonen in Indien. Er ist merklich kleiner als der Ichneumon und hat eine lichtgraue Färbung. Man findet ihn in vielen Wohnungen seiner heimatlichen Länder als Haustier, und er vergilt die ihm gewährte Gastfreundschaft durch seine ausgezeichneten Dienste tausendfach. Wie der Ichneumon, versteht auch er es, das Haus von Ratten und Mäusen zu säubern; aber er tritt ebenso den Giftschlangen und Skorpionen mit bewunderungswürdigem Mute entgegen. Mit dem Menschen befreundet er sich bald. Seinem Herrn folgt er nach kurzer Zeit, frißt aus seiner Hand und lebt als Haustier.

Marder

Reich an Arten und Formen ist die Familie der Marder (Mustelidae). Es sind mittelgroße oder kleine Raubtiere, deren Leib sehr gestreckt ist und auf sehr niedrigen Beinen ruht. In der Nähe des Afters finden sich ebenfalls Drüsen wie bei den meisten Schleichkatzen; niemals aber sondern sie einen wohlriechenden Stoff ab wie jene, vielmehr gehören gerade die ärgsten Stänker den Mardern an. Im Gebiß sind die Eckzähne sehr entwickelt, lang, stark und häufig schneidend an der Kante. Die Krallen sind nicht zurückziehbar.

Die Marder traten zuerst in der Tertiärzeit auf. Gegenwärtig bewohnen sie alle Erdteile mit Ausnahme von Australien und den ozeanischen Inseln. Ihre Aufenthaltsorte sind Wälder oder felsige Gegenden, aber auch freie, offene Felder. Die einen sind Erdtiere, die andern bewohnen das Wasser; jene können gewöhnlich auch vortrefflich klettern, und alle verstehen zu schwimmen. Viele graben Löcher und Höhlen in die Erde oder benutzen bereits vorhandene Baue zu ihren Wohnungen.

Fast sämtliche Marder sind in hohem Grade behende, gewandte, bewegliche Geschöpfe. Beim Gehen treten sie mit ganzer Sohle auf, beim Schwimmen gebrauchen sie ihre Pfoten und den Schwanz, beim Klettern wissen sie sich trotz ihrer stumpfen Krallen äußerst geschickt anzuklammern. Ihre Bewegungen stehen selbstverständlich mit ihrer Gestalt vollständig im Einklang. Zobel und Edelmarder zum Beispiel bewegen sich beim Springen in kühn aufgerichteter Haltung, während der ihnen so nah verwandte Steinmarder sich schon viel geduckter hält und mehr schleicht, der Iltis fast nach Art einer Ratte, das Wiesel mäuseartig flink über den Boden huscht, der Fischotter langsam aalartig gleitet und der Dachs bedächtig trabt.

Unter den Sinnen der Marder scheinen Geruch, Gehör und Gesicht auf annähernd gleich hoher Stufe zu stehen; aber auch Geschmack und Gefühl dürfen als wohlentwickelt bezeichnet werden. Die Marder sind klug, listig, mißtrauisch und behutsam, äußerst mutig und blutdürstig, gegen ihre Jungen aber ungemein zärtlich. Die einen lieben die Geselligkeit, die andern leben einzeln oder zeitweilig paarweise. Viele sind bei Tag und bei Nacht tätig; die meisten müssen jedoch als Nachttiere angesehen werden. Ihre Nahrung besteht vorzugsweise in Tieren, namentlich in kleinen Säugetieren, Vögeln, deren Eiern, Lurchen und Kerbtieren. Einzelne fressen Schnecken, Fische, Krebse und Muscheln; manche verschmähen nicht einmal das Aas, und andere nähren sich zeitweilig auch von Pflanzenstoffen.

Die Jungen, deren Anzahl zwischen zwei und zehn schwankt, kommen blind zur Welt und müssen lange gesäugt und gepflegt werden. Ihre Mutter bewacht sie sorgfältig und verteidigt sie bei Gefahr mit großem Mute oder schleppt sie, sobald sie sich nicht sicher fühlt, nach anderen Schlupfwinkeln. Eingefangene und sorgsam aufgezogene Junge erreichen einen hohen Grad von Zahmheit und können dahin gebracht werden, ihrem Herrn wie ein Hund nachzulaufen und für ihn zu jagen und zu fischen. Eine Art ist sogar gänzlich zum Haustier geworden und lebt seit unbestimmbaren Zeiten in der Gefangenschaft.

Als vorzüglichstes Mitglied der Familie gilt uns der *Baum-* oder *Edelmarder* (Martes martes), Abb. S. 72, ein ebenso schönes wie bewegliches Raubtier von etwa 55 cm Leibes- und 30 cm Schwanzlänge. Der Pelz ist oben dunkelbraun, an der Schnauze fahl, an der Stirn und den Wangen lichtbraun, an den Körperseiten und dem Bauche gelblich. Die Kehle und der Unterhals sind schön dottergelb gefärbt, und hierin liegt das bekannteste Merkmal unseres Tieres. Die dichte, weiche und glänzende Behaarung besteht aus ziemlich langen, steifen Grannenhaaren und kurzem, feinem Wollhaar. Im Winter ist die allgemeine Färbung dunkler als im Sommer. Das Vorkommen des Edelmarders erstreckt sich über alle bewaldeten Gegenden der nördlichen Hälfte der Alten Welt. Solch ausgedehntem Verbreitungskreise entsprechend, ändert er namentlich in seinem Felle nicht unwesentlich ab.

Steinmarder

Der Edelmarder bewohnt die Laub- und Nadelwälder und findet sich um so häufiger, je einsamer, dichter und finsterer dieselben sind. Er ist ein echtes Baumtier und klettert so meisterhaft, daß ihn kein anderes Raubsäugetier hierin übertrifft. Hohle Bäume, verlassene Nester von Wildtauben, Greifvögeln und Eichhörnchen wählt er am liebsten zu seinem Lager. Auf seinem Lager ruht er gewöhnlich während des ganzen Tages; mit Beginn der Nacht aber, meist schon vor Sonnenuntergang, geht er auf Raub aus und stellt nun allen Geschöpfen nach, von denen er glaubt, daß er sie bezwingen könnte. Vom Rehkälbchen und Hasen herab bis zur Maus ist kein Säugetier vor ihm sicher. Das beliebteste Haarwild, welches er jagt, sind und bleiben die baumbewohnenden Nager, insbesondere Eichhörnchen und Bilche. Außerdem plündert er alle Nester der Vögel aus, sucht die Bienenstöcke heim und raubt dort den Honig oder geht den Früchten nach und labt sich an allen Beeren, welche auf dem Boden wachsen. Wenn ihm Nahrung im Walde zu mangeln beginnt, wird er dreister und kommt zu den menschlichen Wohnungen. Hier besucht er die Hühnerställe und Taubenhäuser.

Man verfolgt den Edelmarder überall auf das nachdrücklichste, weniger aber um sein Würgen zu steuern, als vielmehr, um sich seines wertvollen Felles zu bemächtigen. Man schätzt diesen Pelz ebenso seiner Schönheit wie seiner Leichtigkeit wegen.

Der *Stein-* oder *Hausmarder* (Martes foina) unterscheidet sich vom Edelmarder durch seine etwas geringere Größe, die verhältnismäßig kürzeren oder niedrigeren Beine, die kleineren Ohren, den kürzeren Pelz, die lichtere Haarfärbung und die weiße Kehle. Die Gesamtlänge des ausgewachsenen Männchens beträgt 70 cm, wovon etwas über ein Drittel auf den Schwanz kommt. Der Steinmarder findet sich fast in allen Ländern und Gegenden, in denen der Edelmarder vorkommt, doch geht er nicht so weit nach Norden. Er ist häufiger als der Edelmarder und nähert sich weit mehr als jener den Wohnungen der Menschen. Einsam stehende Scheuern, Ställe, Gartenhäuser, altes Gemäuer, Steinhaufen und größere Holzstöße in der Nähe von Dörfern werden regelmäßig von diesem gefährlichen Feinde des zahmen Geflügels bewohnt.

Lebensweise und Sitten des Hausmarders stimmen vielfach mit denen des Edelmarders überein, doch lebt er mehr am Boden. Er versteht es, weite Sprünge zu machen, schwimmt mit Leichtigkeit, weiß zu schleichen und sich durch die engsten Ritzen zu zwängen. Seine Nahrung ist dieselbe wie die des Edelmarders; gleichwohl wird er weit schädlicher als dieser, weil er viel mehr Gelegenheit findet, dem Menschen merkbare Verluste beizubringen.

Im April oder Mai wirft das Weibchen drei bis fünf Junge, welche von ihm ungemein geliebt, sorgfältig verborgen und später eingehend unterrichtet werden. „Die Mutter“, schildert *Müller*, „ist auf das angelegentlichste bemüht, den Kindern vorzuturnen. Ich habe Gelegenheit gehabt, dies einige Male zu sehen. In einem Parke stand eine fünf Meter hohe Mauer in Verbindung mit einer Scheune, in welcher ein Marderpaar mit vier Jungen hauste. Zur Zeit der einbrechenden Dämmerung kam zuerst die Alte vorsichtig hervor, sah sich scharf um und lauschte, schritt sodann langsam, nach Art der Katzen, einige Schritt weit auf der Mauer dahin und blieb dort ruhig sitzen. Es verging eine Minute, ehe das erste Junge erschien und sich neben sie drückte;

‚ihm folgte rasch das zweite, das dritte und vierte. Nach einer kurzen Pause völliger Regungslosigkeit erhob die Alte sich bedächtig und durchmaß in fünf bis sechs Sätzen eine lange Strecke der Mauer. Mit eiligen Sprüngen folgte das kleine Volk. Plötzlich war die Alte verschwunden, und kaum meinem Ohre vernehmlich, hörte ich einen Sprung in den Garten. Nun machten die Kleinen lange Hälse, unentschlossen, was sie tun sollten. Endlich entschieden sie sich, einen an der Mauer stehenden Pappelbaum benutzend, hinabzuklettern. Kaum waren sie unten angelangt, als ihre Führerin an einer Holunderstaude wieder auf die Mauer sprang. Diesmal wurde das Kunststück ohne Zögern von den Jungen nachgeahmt, und erstaunlich war es, wie sie den leichteren Weg in raschem Überblick zu finden wußten. Nunmehr aber begann das Rennen und Springen mit solchem Eifer und in so halsbrechender Weise, daß das Spielen der Katzen und Füchse mir dagegen wie Kinderspiel vorkam."

Jagd und Fang des Steinmarders erfordern einen wohlerfahrenen Weidmann. Das Tier hält zwar seine Wechsel mit größter Regelmäßigkeit ein, wird jedoch leicht mißtrauisch. Jede Veränderung des auf dem Passe vom Marder besuchten Ortes, jede kleine Erhöhung, jeder verdächtige Gegenstand kann ihn auf Wochen und Monate vertreiben. Die schönsten, größten und dunkelsten Felle kommen aus Ungarn und der Türkei.

Der **Iltis** oder *Ratz* (Mustela putorius) hat eine Leibeslänge von 40—42, eine Schwanzlänge von 16—17 cm. Der Pelz ist unten einfarbig schwarzbraun, oben und an den Rumpfseiten heller, gewöhnlich dunkelkastanienbraun, Kinn und Schnauzenspitze, mit Ausnahme der dunklen Nase, sind gelblichweiß. Der Pelz ist zwar dicht, aber doch weit weniger schön als der des Edelmarders.

Der Iltis bewohnt die ganze gemäßigte Zone von Europa und Asien, geht sogar ein Stück in den nördlichen Gürtel hinüber. Im Freien schlägt er sein Lager in hohlen Bäumen, im Geklüft, in alten Fuchsbauten und anderen Erdlöchern auf, welche er zufällig findet; außerdem haust er in der Nähe von Felsen, in altem Gemäuer, dem Gewurzel größerer Bäume, dichten Hecken. Im Winter zieht er sich bei uns in die Dörfer oder Städte zurück und kommt hier der Hauskatze oder dem Hausmarder in das Gehege, dabei aber auch gelegentlich in Hühnerhäuser, Taubenschläge und Kaninchenställe.

Der Iltis geht nur in der Dämmerung oder in der Nacht auf Raubzüge, am Tage ruht oder schläft er, woher die Redensart kommt: „Er schläft wie ein Ratz."

Iltis; an der Seite schimmern die helleren Wollhaare durch

Außer Schlangen verzehrt der Iltis nach Marderart alles Getier, welches er überwältigen kann. Er ist ein furchtbarer Feind aller Maulwürfe, Feld- und Hausmäuse, Ratten und Hamster, selbst der Igel sowie sämtlicher Hühner und Enten. Die Frösche scheinen eine Lieblingsspeise für ihn zu sein; denn er fängt sie oft massenweise und sammelt sie in seinen Wohnungen zu Dutzenden. Im Notfalle begnügt er sich mit Heuschrecken und Schnekken. Aber auch auf den Fischfang geht er aus und lauert an Bächen, Seen und Teichen den Fischen auf, springt plötzlich nach ihnen ins Wasser, taucht und packt sie mit sehr großer Gewandtheit. Außerdem frißt er sehr gern Honig und Früchte. Er tötet in der Regel nicht alles Geflügel eines Stalles, in welchen er sich geschlichen, sondern nimmt das erste beste Stück und eilt mit ihm nach seinem Schlupfwinkel, wiederholt aber seine Jagd mehrere Male in einer Nacht. Mehr als andere Marderarten hat er die Gewohnheit, sich Vorratskammern anzulegen, und nicht selten findet man in seinen Löchern Mengen von Mäusen, Vögeln, Eiern und Fröschen aufgespeichert.

Alle Bewegungen des Iltis sind gewandt, rasch und sicher. Er versteht meisterhaft zu schleichen und unfehlbare Sprünge auszuführen, läuft bequem über die dünnste Unterlage, klettert, schwimmt, taucht, kurz: macht von allen Mitteln Gebrauch, welche ihm nützen können. Dabei zeigt er sich schlau, listig, behutsam, vorsichtig und mißtrauisch, sehr scharfsinnig und, wenn er angegriffen wird, mutig, zornig und bissig, also ganz geeignet, großartige Räubereien auszuführen. Nach Art der Stinktiere verteidigt er sich im Notfalle durch Ausspritzen einer sehr stinkenden Flüssigkeit und schreckt dadurch oft die ihn verfolgenden Hunde zurück.

Wegen des bedeutenden Schadens, welchen das Tier anrichtet, ist es fast überall einer sehr lebhaften Verfolgung ausgesetzt. Man gebraucht alle üblichen Waffen und Fallen, um es zu erbeuten. Wo man sehr von Mäusen geplagt ist, tut man wohl, den Ratz laufen zu lassen, und die Mühe, welche sein Fang verursachen würde, lieber auf Ausbesserung und dichten Verschluß der Hühnerställe zu verwenden.

Das Fell des Iltis liefert ein warmes und dauerhaftes Pelzwerk. Aus den langen Schwanzhaaren fertigt man feine Pinsel.

Das *Frettchen* (Mustela putorius furo) ist möglicherweise ein durch Gefangenschaft und Zähmung veränderter Abkömmling des Iltis.

Man kennt das Frettchen seit den ältesten Zeiten, aber bloß im gezähmten Zustande. *Aristoteles* erwähnt es unter dem Namen *Ictis*, *Plinius* unter dem Namen *Viverra*. Auf den Balearen hatten sich einmal die Kaninchen so vermehrt, daß man den Kaiser *Augustus* um Hilfe anrief. Er sandte den Leuten einige Viverrae, deren Jagdverdienste groß waren. Sie wurden in die Gänge der Kaninchen gelassen und trieben die verderblichen Nager heraus in das Netz ihrer Feinde. Zu Zeiten der Araber hieß das Frett bereits *Fouero*, wurde auch schon, wie *Albertus Magnus* berichtet, in Spanien zahm gehalten und wie heutzutage verwendet.

Das Frett ähnelt dem Iltis in Gestalt und Größe. Es ist etwas kleiner und schwächlicher als dieser. Die Leibeslänge beträgt 45 cm, die des Schwanzes 13 cm. Meist ist es von weißer Färbung. Das Frett wird von uns einzig und allein für die Kaninchenjagd gehalten; nur die Engländer gebrauchen es auch zur Rattenjagd und achten diejenigen Frette, welche *Rattenschläger* genannt werden, weit höher als die, welche sie bloß zur Kaninchenjagd verwenden können. Selten gelingt es, ein Frettchen vollkommen zu zähmen. Entkommene entwöhnen sich nach kurzer Frist vollkommen des Menschen, gehen jedoch, wenn sie nicht zufällig wieder eingefangen werden, im Winter regelmäßig zugrunde, weil sie viel zu zart sind, als daß sie der Kälte widerstehen könnten.

Zur Jagd zieht man am Morgen aus. Am Bau sucht man alle befahrenen Röhren auf, legt vor jede ein sackartiges Netz, welches um einen großen Ring geflochten ist, und läßt nun eins der Frettchen in die Hauptröhre, welche hierauf ebenfalls verschlossen wird. Sobald die Kaninchen den eingedrungenen Feind merken, fahren sie erschreckt heraus und geraten in das Netz. Das Frettchen selbst wird durch einen kleinen Beißkorb oder durch Abfeilen der Zähne gehindert, ein Kaninchen im Bau abzuschlachten, und bekommt, um von seinem Treiben beständig Kunde zu geben, ein helltönendes Glöckchen um den Hals gehängt. Sobald das Frettchen wieder an der Mündung der Höhle erscheint, wird es sofort aufgenommen; denn wenn es zum zweiten Male in den Bau geht, legt es sich in das Nest zur Ruhe und läßt dann oft stundenlang auf sich warten.

Mauswiesel

Das *Mauswiesel* (Mustela nivalis) erreicht eine Gesamtlänge von 20 cm, wovon 5 cm auf das kurze Schwänzchen zu rechnen sind. Der Leib ist außerordentlich gestreckt. Vom Kopfe an bis zum Schwanze fast überall gleich dick, erscheint er nur bei Erwachsenen in den Weichen etwas eingezogen und an der Schnauze ein wenig zugespitzt. Er ruht auf sehr kurzen und dünnen Beinen mit äußerst zarten Pfoten, deren Sohlen zwischen den Zehenballen behaart und deren Zehen mit dünnen, spitzen und scharfen Krallen bewaffnet sind. Die breiten und abgerundeten Ohren stehen seitlich und weit hinten. Die Färbung des Pelzes ist rötlichbraun; der Rand der Oberlippe und die ganze Unterseite sowie die Innenseiten der Beine sind weiß. In gemäßigten und südlichen Gegenden ändert diese Färbung nicht wesentlich ab; weiter nördlich hingegen legt das Wiesel, wie sein nächster Verwandter, eine Wintertracht an und erscheint dann weißbraun gefleckt, ohne jedoch die schöne, schwarze Schwanzspitze zu erhalten, welche das Hermelin so auszeichnet.

Das Mauswiesel bewohnt ganz Europa ziemlich häufig, obschon vielleicht nicht in so großer Anzahl wie das nördliche Asien. Es wohnt bald in Baumhöhlen, in Steinhaufen, in altem Gemäuer, bald unter hohlen Ufern, in Maulwurfsgängen, Hamster- und Rattenlöchern, im Winter in Schuppen und Scheunen, Kellern und Ställen, unter Dachböden usw., häufig auch in Städten. Wo es ungestört ist, streift es selbst bei Tage umher, wo es sich verfolgt sieht, bloß des Nachts oder wenigstens bei Tage nur mit äußerster Vorsicht.

Wenn man achtsam und ohne Geräusch an Orten vorübergeht, welche ihm Schutz gewähren, kann man leicht das Vergnügen haben, es zu belauschen. Man hört ein unbedeutendes Rascheln im Laube und sieht ein kleines, braunes Wesen dahinhuschen, das, sobald es den Menschen gewahrt, aufmerksam wird und auf seine Hinterbeine sich erhebt, um besser Umschau halten zu können. Man kann wohl sagen, daß eigentlich kein kleines Tier vor ihm sicher ist. Den Maulwurf sucht es in seinem unterirdischen Palaste auf, Ratten und Mäusen kriecht es in die Löcher nach, Fischen folgt es ins Wasser, Vögeln auf die Bäume. Es läuft außerordentlich gewandt, klettert recht leidlich, schwimmt sehr gut und weiß durch blitzschnelle Wendungen und rasche Bewegungen, im Notfalle auch durch ziemlich weite Sprünge, seiner Beute auf den Leib zu kommen oder seinen Feinden zu entgehen. In der Fähigkeit, die engsten Spalten und Löcher zu durchkriechen und somit überall sich einzuschleichen, liegt seine Hauptstärke, und Mut, Mordlust und Blutdurst tun dann vollends noch das ihrige, um das kleine Tier zu einem ausgezeichneten Räuber zu machen. Kleine Tiere packt es im Genick oder beim Kopfe, große sucht es am Halse zu fassen und womöglich durch Zerbeißen der Halsschlagader zu töten. In die Eier macht es geschickt an einem Ende eines oder mehrere Löcher und saugt dann die Flüssigkeit aus, ohne daß ein Tropfen verlorengeht. In einer Kirche bei Oxford sah man während des Gottesdienstes plötzlich ein Wiesel aus einer kleinen Öffnung, welche nach dem Kirchhof führte, hervorkommen, sich neugierig umschauen, plötzlich wieder verschwinden und nach einigen Minuten von neuem erscheinen mit einem Frosche im Maule, den es angesichts der ganzen Gemeinde gemächlich verzehrte. In unmittelbarer Nähe von bewohnten Gebäuden jagt es fast ohne alle Scheu.

Das *Hermelin*, auch wohl *großes Wiesel* genannt (Mustela erminea), ist ein Tier, welches dem Mauswiesel in Gestalt und Lebensweise außerordentlich ähnelt, aber bedeutend größer ist als dieses. Die Gesamtlänge beträgt etwa 36 cm, wovon der Schwanz 10 cm wegnimmt. Oberseite und Schwanzwurzelhälfte sehen im Sommer braunrot, im Winter weiß aus und haben zu jener Zeit braunrötliches, zu dieser weißes Wollhaar, die Unterseite hat jederzeit weiße Färbung mit gelblichem Anfluge, und die Endhälfte des Schwanzes ist immer schwarz.

Hermelin im Winterkleid

Das Hermelin hat eine sehr ausgedehnte Verbreitung im Norden der Alten Welt. Nordwärts von den Pyrenäen und dem Balkan findet es sich in ganz Europa, und außerdem kommt es in Nord- und Mittelasien bis zur Ostküste Sibiriens und in Nordamerika vor. Südwärts geht es bis Algerien. In Deutschland ist das Hermelin eines der häufigsten Raubtiere.

Wie dem Mauswiesel, ist auch dem Hermelin jede Gegend, ja fast jeder Ort zum Aufenthalte recht, und es versteht sich überall so behaglich als möglich einzurichten. Erdlöcher, Steinhaufen, Bäume, unbewohnte Gebäude und hundert andere ähnliche Schlupforte bieten ihm Obdach und Verstecke während des Tages, welchen es größtenteils in seinem einmal gewählten Bau verschläft, obwohl es gar nicht selten auch angesichts der Sonne im Freien lustwandelt. Seine eigentliche Jagdzeit beginnt jedoch erst mit der Dämmerung. Schon gegen Abend wird es lebendig und rege, läuft und springt mit der größten Gewandtheit, klettert vortrefflich und schwimmt unter Umständen rasch und sicher über Ströme. Es besitzt denselben Mut wie sein kleiner Vetter und eine nicht zu bändigende Mordlust, verbunden mit dem Blutdurst seiner Sippschaft. Auch das Hermelin kennt keinen Feind, welcher ihm wirklich Furcht einflößen könnte; denn selbst auf den Menschen geht es unter Umständen tolldreist los.

Das Hermelin jagt und frißt fast alle Arten kleiner Säugetiere und Vögel, die es erlisten kann, und wagt sich gar nicht selten auch an

Beute, welche es an Leibesgröße bedeutend übertrifft. Mäuse, Maulwürfe, Hamster, Kaninchen, Sperlinge, Lerchen, Tauben, Hühner, Schwalben, welche es aus den Nestern holt, Schlangen und Eidechsen werden beständig von ihm befehdet, und selbst Hasen sind nicht vor ihm sicher. Schon *Geßner* weiß von Angriffen des Hermelins auf Hasen zu berichten: „Dem Hasen soll es listiglich nachstellen, dann es spilt und schimpfft ein weyl mit jm, unn so er müd, sich der feynschaft nit versicht, so springt es jm an seinen halß und gurgel, hangt, truckt und erwürgt jn, ob er gleych in dem louff ist.“

Erregend ist es, wenn ein Hermelin eine seiner Lieblingsjagden unternimmt, nämlich eine Wasserratte verfolgt. Zuerst spürt das Raubtier alle Löcher aus. Sein Geruch sagt ihm deutlich, ob in einem von ihnen eine oder zwei Ratten gerade ihrer Ruhe pflegen oder nicht. Hat das Hermelin nun eine beuteversprechende Höhle ausgewittert, so geht es ohne weiteres hinein. Die Ratte hat natürlich nichts Eiligeres zu tun, als sich entsetzt in das Wasser zu werfen, und ist im Begriff, durch das Schilfdickicht zu schwimmen; aber das rettet sie nicht vor dem unermüdlichen Verfolger und ihrem ärgsten Feinde. Das Haupt und den Nacken über das Wasser emporgehoben, wie ein schwimmender Hund es zu tun pflegt, durchgleitet das Hermelin mit der Behendigkeit des Fischotters das ihm eigentlich fremde Element und verfolgt nun mit seiner bekannten Ausdauer die fliehende Ratte. Diese ist verloren, wenn nicht ein Zufall sie rettet. Kletterkünste helfen ihr ebensowenig wie Versteckspielen. Der Räuber ist ihr ununterbrochen auf der Fährte, und seine Raubtierzähne sind immer noch schlimmer als die starken und scharfen Schneidezähne des Nagers. Der Kampf wird unter Umständen selbst im Wasser ausgeführt, und mit der erwürgten Beute im Maule schwimmt dann das behende Tier dem Ufer zu, um sie dort gemächlich zu verzehren.

Silberblauer Nerz, eine in Pelztierfarmen häufige Zuchtform

Dem Iltis nahe verwandte Marder sind die *Sumpfottern* oder **Nerze**. Hierzu gehört unser *Nerz* und sein amerikanischer Vertreter, der *Mink*.

Unser Nerz, der auch *Krebsotter, Steinhund* oder *Wasserwiesel* (Mustela lutreola), Abb. S. 72, genannt wird, erreicht eine Länge von 55 cm, wovon etwa 18 cm auf den Schwanz kommen. Der Leib ist gestreckt, schlank und kurzbeinig, im ganzen fischotterähnlich, der Kopf ist jedoch noch schlanker als bei diesen Verwandten. Die Füße ähneln denen des Iltis, aber alle Zehen sind durch Bindehäute verbunden. Der glänzende Pelz besteht aus dichten und glattanliegenden, kurzen, ziemlich harten Grannenhaaren von brauner Färbung, zwischen und unter denen ein grauliches, sehr dichtes Wollhaar sitzt.

Eine ganz ähnliche Färbung zeigt auch der *Mink* (Mustela vison), dessen Pelz weit höher geachtet wird, weil er wollhaariger und weicher ist. Der Mink übertrifft den Nerz etwas an Größe, ist diesem aber sehr ähnlich gefärbt, läuft schlecht, klettert auch nicht auf die Bäume, ist aber, wie der gemeine Fischotter, ein sehr geübter Schwimmer, der sehr lange unter Wasser ausdauern kann.

Der Sumpfotter liebt Stille und Einsamkeit an seinem Wohnorte. Seine gewöhnliche Nahrung sind Fische, Frösche, Krebse, Schnekken; wahrscheinlich mögen ihm aber auch manche junge Schnepfen und Wasserhühnchen zur Beute werden.

Der anlockende Preis seines Balges, welcher auch im Sommer gut ist, vermehrt die Nachstellungen auf das immer seltener werdende Tier ungemein. Nerze werden heute wegen ihres kostbaren Felles jährlich zu Millionen in Pelztierfarmen gezüchtet.

Die eigentliche Heimat des Nerzes ist das östliche Europa, Finnland, Polen, Litauen, Rußland. Auch in Deutschland war er früher beheimatet.

Der **Vielfraß** (Gulo gulo), Abb. S. 97, ist knapp 1 m lang, wovon 20 cm auf den Schwanz kommen. Auf der Schnauze sind die Haare kurz und dünn, an den Füßen stark und glänzend, am Rumpfe lang und zottig, um die Schenkel und am Schwanze endlich straff und sehr lang. Scheitel und Rücken sind braunschwarz und mit grauen Haaren gemischt. Das Wollhaar ist grau, an der Unterseite mehr braun. Der Vielfraß bewohnt den Norden der Erde. Von Südnorwegen und Finnmarken an findet man ihn durch ganz Nordasien und Nordamerika bis Grönland.

Man hat sich vergeblich Mühe gegeben, das deutsche Wort Vielfraß aus dem Schwedischen oder Dänischen abzuleiten. Manche sagen, daß das Wort aus Fjäl und Fräß zusammengesetzt sei und Felsenkatze bedeute. Ältere Naturforscher berichten aber auch von seinem beachtlichen Appetit, so daß man dem alten Kinderreim:

„Vielfraß nennt man dieses Tier
Wegen seiner Freßbegier!"

wohl beistimmen kann.

Die ödeste Wildnis ist sein Aufenthalt. Er hat keine feststehenden Wohnungen, sondern wechselt sie nach dem Bedürfnisse. Seine Bewegungen sind sehr eigentümlicher Art, und namentlich der Gang zeichnet sich vor dem aller übrigen mir bekannten Tiere aus. Der Vielfraß wälzt sich nämlich in großen Bogensätzen dahin, ganz merkwürdig humpelnd, wobei die hinteren Tatzen in die Spuren der Vorderpfoten gesetzt werden.

Seine Hauptnahrung bilden die Mäusearten des Nordens und namentlich die Lemminge, von denen er eine erstaunliche Menge vertilgt. Bei der großen Häufigkeit dieser Tiere in gewissen Jahren braucht er sich kaum um ein anderes Wild zu bekümmern. Den Wölfen und Füchsen folgt er auf ihren Streifzügen nach, in der Hoffnung, etwas von ihrem Raube zu erbeuten. Im Notfalle aber betreibt er selbst die höhere Jagd, wobei er dann Schafe und Elchkälber angreift und tötet. Man versichert, daß selbst Bären und Wölfe ihm aus dem Wege gehen; letztere sollen ihn, wahrscheinlich seines Gestankes wegen, überhaupt nicht anrühren.

Die **Ottern** (Lutrinae) sind gekennzeichnet durch den gestreckten, flachen, auf niederen Beinen ruhenden Leib, den platten, stumpfschnäuzigen Kopf mit kleinen, vorstehenden Augen und kurzen, runden Ohren, die stark ausgebildeten Schwimmhäute zwischen den Zehen, den langen, zugespitzten, mehr oder weniger flachgedrückten Schwanz und durch das kurze, straffe, glatte, glänzende Haar. Ihre Vorder- und Hinterbeine sind fünfzehig. In der Aftergegend ist keine Drüsentasche vorhanden, es finden sich aber zwei Absonderungsdrüsen, welche neben dem After münden.

Die Ottern bewohnen Flüsse und Meere und verbreiten sich mit Ausnahme Australiens über fast alle Teile der Erde. Sie schwimmen und tauchen meisterhaft, können lange Zeit unter dem Wasser aushalten, laufen, ungeachtet ihrer kurzen Beine, ziemlich schnell, sind stark, mutig und kühn.

Europa beherbergt den *Fischotter* (Lutra lutra), Abb. S. 97, einen Wassermarder von reichlich 1,20 m Länge, wovon 45 cm auf den Schwanz zu rechnen sind. Ein dichter und kurz anliegender, aus derbem, starrem, glänzendem Oberhaar von dunkelbrauner Färbung bestehender Pelz deckt den Leibpunkt. Das sehr feine Wollhaar ist an der Wurzel lichtbraungrau, an der Spitze dunkler braun. Manche Tiere haben eine mehr graubraune als dunkelbraune Färbung. Spielarten kommen ebenfalls vor.

Unser Fischotter bewohnt ganz Europa und außerdem den größten Teil von Nord- und Mittelasien und wird auch in Nordwestafrika gefunden. Der Fischotter liebt vor allem Flüsse, deren Ufer auf große Strecken hin mit Wald bedeckt sind. Hier wohnt er in unterirdischen Gängen. Die Mündung befindet sich stets unter der Oberfläche des Wassers, gewöhnlich in einer Tiefe von einem halben Meter. Von hier aus steigt ein etwa zwei Meter langer Gang schief aufwärts und führt zu dem geräumigen Kessel, welcher regelmäßig mit Gras ausgepolstert und stets trocken gehalten wird. Ein zweiter Gang läuft vom Kessel aus zur Oberfläche des Ufers und vermittelt den Luftwechsel. Gewöhnlich benutzt der Fischotter die vom Wasser angeschwemmten Löcher und Höhlungen im Ufer, welche er einfach durch Wühlen und Zerbeißen der Wurzeln verlängert und erweitert; in seltenen Fällen bezieht er auch verlassene Fuchs- und Dachsbaue, wenn solche nicht weit vom Wasser liegen. Unter allen Umständen besitzt er mehrere Wohnungen, es sei denn, daß ein Gewässer außerordentlich reich an Fischen ist, er also nicht genötigt wird, größere Streifereien auszuführen.

An dem Fischotter ist alles merkwürdig, sein Leben und Treiben im Wasser, seine Bewegungen, sein Nahrungserwerb und seine geistigen Fähigkeiten. Er gehört unbedingt zu den anziehendsten Tieren unseres Erdteiles. Daß er ein echtes Wassertier ist, sieht man bald, auch wenn man ihn auf dem Lande beobachtet. Sein Gang ist der kurzen Beine wegen schlangenartig kriechend, aber keineswegs langsam. Auf Schnee oder Eis rutscht er oft ziemlich weit dahin, wobei ihm das glatte Fell gut zustatten kommt und selbst der kräftige Schwanz zuweilen Hilfe gewähren muß. Er kann den Körper mit unglaublicher Leichtigkeit drehen und wenden wie er will und ist imstande, ohne Beschwerde sich aufzurichten und minutenlang in dieser Stellung zu verweilen.

Ganz anders bewegt er sich im Wasser, seiner eigentlichen Heimat, welche er bei der geringsten Veranlassung flüchtend zu erreichen sucht. Der Bau seines Körpers befähigt ihn in unübertrefflicher Weise zum Schwimmen und Tauchen: der schlangengleiche Leib mit den kurzen, durch große Schwimmhäute zu kräftigen Rudern umgewandelten Füßen, der starke und ziemlich lange Schwanz, welcher als treffliches Steuer benutzt werden kann, und der glatte, schlüpf-

Fischotter

rige Pelz vereinigen alle Eigenschaften in sich, die ein rasches Durchgleiten und Zerteilen der Wellen ermöglichen. Zur Ergreifung der Beute dient ihm das scharfe, vortreffliche und kräftige Gebiß. In den hellen Fluten der Alpenseen oder des Meeres hat man zuweilen Gelegenheit, sein Treiben im Wasser zu beobachten Er schwimmt so meisterhaft nach allen Richtungen hin, daß er die Fische, denen er nachfolgt, zu den größten Anstrengungen zwingt, falls sie ihm entgehen wollen; und wenn er nicht von Zeit zu Zeit auf die Oberfläche kommen müßte, um Atem zu schöpfen, würde wohl schwerlich irgendein Fisch schnell genug sein, ihm zu entrinnen. Auch bei langem Aufenthalte im Wasser bleibt das Fell glatt und trocken. Die Wasserschicht, in welcher ein Fischotter schwimmt, ist leicht festzustellen, weil von ihm beständig Luftblasen aufsteigen und auch das ganze Fell gewissermaßen eine Umhüllung von feinen Luftbläschen wahrnehmen läßt.

Die Sinne des Fischotters sind sehr scharf; er äugt, vernimmt und wittert ausgezeichnet. Schon aus einer Entfernung von mehreren hundert Schritten gewahrt er die Annäherung eines Menschen oder Hundes, und eine solche Erscheinung ist für ihn dann stets die Aufforderung zur schleunigsten Flucht ins Wasser. Die unablässigen Verfolgungen, denen er ausgesetzt ist, haben ihn sehr scheu und vorsichtig, aber auch sehr listig gemacht, und so kommt es, daß man tagelang auf ihn lauern kann, ohne ihn wahrzunehmen.

Alte Fischottern leben gewöhnlich einzeln, alte Weibchen aber streifen lange Zeit mit ihren Jungen umher und fischen dann in Gesellschaft. Sie schwimmen stets stromaufwärts und suchen einen Fluß, nicht selten einige Meilen von ihren Wohnungen entfernt, gründlich ab, befischen dabei auch im Umkreis einer Meile alle Flüsse, Bäche und Teiche, welche in den Hauptfluß münden oder mit ihm in Verbindung stehen. Obgleich der Fischotter zu weiteren Spaziergängen keineswegs geeignet erscheint, unternimmt er erforderlichenfalls weite Streifzüge zu Lande, um aus fischarmen in fischreichere Jagdgebiete zu gelangen.

Im Wasser ist der Fischotter dasselbe, was Fuchs und Luchs auf dem Lande sind. In den seichten Gewässern treibt er die Fische in den Buchten zusammen, um sie dort leichter zu erhaschen, oder scheucht sie, indem er mehrmals mit dem Schwanze plätschernd auf die Wasseroberfläche schlägt, in Uferlöcher und unter Steine, wo sie ihm dann sicher zur Beute werden. Bei Überfluß an Nahrung verleugnet der Otter die Sitten seiner Familie nicht. Auch er mordet, wie ich an Gefangenen beobachtete, solange sich etwas Lebendes in seiner Nähe unter Wasser zeigt und wird durch einen an ihm vorüberschwimmenden Fisch selbst von der leckersten Mahlzeit abgezogen und zu neuer Jagd angeregt. Wenn er zufällig unter einen Schwarm kleiner Fische gerät, fängt er so rasch wie möglich nacheinander einen um den anderen, schleppt ihn eiligst an Land, beißt ihn tot, läßt ihn einstweilen liegen und stürzt sich von neuem ins Wasser, um weiterzujagen. Auch von Krebsen, Fröschen, Wasserratten, kleinen und sogar größeren Vögeln nährt sich der Fischotter, obschon Fische, zumal Forellen, seine Lieblingsspeise bleiben.

Junge, aus dem Nest genommene und mit Milch und Brot aufgezogene Fischottern können sehr zahm werden. Die Chinesen benutzen eine Art der Sippe zum Fischfang für ihre Rechnung, und auch bei uns zulande hat man mehrmals Fischottern zu diesem Zweck abgerichtet. Ein zahmer Otter ist ein sehr niedliches und gemütliches Tier. Seinen Herrn lernt er bald kennen und folgt ihm zuletzt wie ein treuer Hund auf Schritt und Tritt nach.

Der *Seeotter* oder *Kalan* (Enhydra lutri) bildet gleichsam ein Mittelglied zwischen den Ottern und den Robben. Sie leben ausschließlich im Meer oder in Küstennähe.

Der Verbreitungskreis des Seeotters beschränkt sich auf die nördlichen Teile des Stillen Ozeans, die nördlichen Küsten von Kalifornien und die Inseln und Küsten von hier aus nördlich, sowohl auf nordamerikanischer wie asiatischer Seite.

Der Pelz besteht aus langen, steifen Grannen von schwarzbrauner, der weißen Spitzen halber weiß gesprenkelter Färbung und äußerst feinen Wollhaaren. — Junge Tiere tragen langes, grobes, weißes Haar, welches die feine braune Wolle vollständig versteckt. Aus-

Seite 97: Fischotter mit Jungen (o.); Vielfraß (u.)
Seite 98: Dachs

gewachsene Seeottern erreichen eine Gesamtlänge von mindestens 1,5 m, wovon etwa 30 cm auf den Schwanz kommen, und ein Gewicht von 30–40 kg.

Man sieht die Seeottern das ganze Jahr über mit Jungen. Sie werfen bloß eins, und zwar auf dem Lande. Es wird sehend mit allen Zähnen geboren. Die Weibchen tragen das Junge im Maule, im Meere aber, auf dem Rücken liegend, zwischen den Vorderfüßen, wie eine Mutter ihr Kind in den Armen hält. Sie spielen auch mit ihm wie eine liebreiche Mutter, werfen es in die Höhe und fangen es wie einen Ball, stoßen es ins Wasser, damit es schwimmen lernt, und nehmen es, wenn es müde geworden, wieder zu sich.

Die Nahrung des Seeotters besteht aus Seekrebsen, Muscheln, kleinen Fischen, weniger aus Seekraut oder Fleisch.

Man kann nicht sagen, daß irgendein Mitglied aus der Familie der Marder Wohlgerüche verbreite. Was aber ist unser Iltis gegen einige seiner Verwandten, welche in Amerika leben! Sie sind die wahren Stänker. Die zierlichen **Skunke** oder *Stinktiere* (Mephitinae) können nämlich mit Hilfe von Drüsenabsonderungen einen abscheulichen Gestank verbreiten.

Die Stinktiere unterscheiden sich von den Dachsen, ihren nächsten Verwandten, durch merklich schlankeren Leib, langen, dicht behaarten Schwanz, große, aufgetriebene Nase, schwarze Grundfärbung und weiße Bandzeichnung. Die Stinkdrüsen haben bedeutende Größe, öffnen sich innen in dem Mastdarm und können durch einen besonderen Muskel zusammengezogen werden. Den Hohlraum füllt eine gelbe, ölähnliche Flüssigkeit, welche von dem Tier durch Zusammenpressen des Muskels mehrere Meter weit weggespritzt werden kann, unmittelbar hinter dem After einen dünnen, gelblichen Strahl bildet und sich bald in einen feinen Staubregen verwandelt.

Als eigentliche Waldtiere kann man die Stinkmarder nicht bezeichnen; sie ziehen steppenartige Gegenden dem Urwalde vor. Bei Tage liegen sie in hohlen Bäumen, in Felsspalten und in Erdhöhlen, welche sie sich selbst graben, versteckt und schlafen; nachts werden sie munter und springen und hüpfen höchst beweglich hin und her, um Beute zu machen. Ihre gewöhnliche Nahrung besteht aus Würmern, Kerbtieren, Lurchen, Vögeln und Säugetieren; doch fressen sie auch Beeren und Wurzeln. Nur wenn sie gereizt werden oder sich verfolgt sehen und deshalb in Angst geraten, gebrauchen sie ihre sinnbetäubende Drüsenabsonderung zur Abwehr gegen Feinde, und wirklich besitzen sie in ihrer stinkenden Flüssigkeit eine Waffe wie kein anderes Tier. Sie halten selbst die blutdürstigsten und raubgierigsten Katzen notfalls in der bescheidensten Entfernung.

Den größten Teil Südamerikas bewohnt das *Weißrückenstinktier* (Conepatus), ein Tier von 40 cm Leibes-, 28 cm Schwanzlänge und außerordentlich abändernder Färbung und Zeichnung. Das dichte, lange und reichliche Haar spielt vom Schwarzgrau und Schwarzbraun bis zum glänzenden Schwarz. Die weißen Streifen beginnen an der Stirn und laufen getrennt in etwa Fingerbreite bis zur Schwanzwurzel.

Im Norden Amerikas vertritt den Weißrückenskunk als *Streifenstinktier* (Mephitis mephitis). Seine Leibeslänge beträgt 40 cm, die Schwanzlänge gut 20 cm. Der glänzende Pelz hat Schwarz zur Grundfarbe. Von der Nase zieht sich ein einfacher, schmaler, weißer Streifen zwischen den Augen hindurch, erweitert sich auf der Stirn zu einem rautenförmigen Fleck, verbreitert sich noch mehr auf dem Halse und geht endlich in eine Binde über, welche sich am Widerrist in zwei breite Streifen teilt, die bis zum Schwanzende fortlaufen und sich dort wieder vereinigen.

Das Stinktier ist sich seiner furchtbaren Waffe so sehr bewußt, daß es keineswegs scheu oder feig ist. Alle seine Bewegungen sind langsam. Es kann weder springen noch klettern, sondern nur gehen und hüpfen. Trifft man nun zufällig auf das Tier, so bleibt es ruhig stehen, hebt den Schwanz auf, dreht sich herum und spritzt nötigenfalls den Saft gerade von sich. Wenn die Hunde es stellen, legt es den Schwanz wie ein sitzendes Eichhörnchen über den Rücken, kehrt das Hinterteil den andrängenden Rüden entgegen und führt zornig sonderbare, hüpfende Bewegungen aus. Niemals verschießt das angegriffene Tier seinen Pestsaft voreilig, sondern droht bloß, solange die Hunde sich einige Schritte entfernt halten; rückt ihm aber einer zu nahe auf den Leib, dann stülpt es den weiten, ringsum haarlosen After so um, daß die Mündungen der beiden Stinkdrüsen zum Vorschein kommen, und spritzt deren Inhalt auf den Feind. Hunde, welche von dem Saft getroffen werden, scharren den Boden auf und wälzen sich wie rasend auf demselben umher, um den an ihrem Pelz haftenden Geruch zu entfernen. Dennoch haftet der Geruch noch wochenlang an denselben.

Seite 99: Braunbären (o.); Schwarzbär (u.)
Seite 100: Kodiakbär (Ursus arctos middendorfferi), das größte Landraubtier der Erde (Gesamtlänge bis 3 m), in Nordamerika lebend (o.); Eisbär (u.)

Unserm Grimbart zu Ehren nennen wir eine Gruppe der Marder **Dachse** und vereinigen in ihr die plumpesten, gedrungensten Gestalten der ganzen Familie. Sie kennzeichnen der kleine, hinten breite, an der Schnauze meist rüsselförmig zugespitzte Kopf, kleine und tiefliegende Augen und mehr oder minder kurze, längliche Ohren, der dicke Hals, die kurzen, fünfzehigen, nacktsohligen, mit ziemlich langen Scharrkrallen bewehrten Füße, der etwa kopflange oder kürzere Schwanz sowie endlich ein aus kurzen, straffen Haaren bestehendes Fell, in welchem oben Grau, unten Schwarz als Hauptfärbung vorzuherrschen pflegen.

Der *Honigdachs* oder *Ratel* (Mellivora capensis) erreicht ausgewachsen eine Länge von reichlich 1 m, wovon auf den Schwanz etwa 25 cm zu rechnen sind. Die Behaarung ist lang und straff; Stirn, Hinterkopf, Nacken, Rücken, Schultern und Schwanz sind aschgrau, Schnauze, Wangen, Ohren, Unterhals, Brust, Bauch und Beine schwarzgrau gefärbt, scharf von der oberen Färbung abgegrenzt. Gewöhnlich trennt ein hellgrauer Randstreifen die Rückenfärbung von der unteren, und dieser Streifen ist es hauptsächlich, welcher den afrikanischen Honigdachs von dem indischen unterscheidet.

Der Ratel lebt in selbstgegrabenen Höhlen unter der Erde und besitzt eine unglaubliche Fertigkeit, solche auszuscharren. Nachts streift er langsam und gemächlich umher und stellt kleinen Säugetieren, namentlich Mäusen, Springmäusen und dergleichen oder Vögeln, Schildkröten, Schnecken und Würmern nach, gräbt sich Wurzeln oder Knollengewächse aus oder sucht Früchte. Eine Liebhaberei bestimmt seine ganze Lebensweise: Er ist nämlich ein leidenschaftlicher Freund von Honig und aus diesem Grunde einer der eifrigsten Bienenjäger.

Der *Europäische Dachs* (Meles meles), Abb. S. 98, erreicht bis zu 85 cm Leibes- und 18 cm Schwanzlänge, bei ungefähr 30 cm Höhe am Widerrist. Alte Männchen erreichen im Herbst ein Gewicht bis zu 20 kg. Ein ziemlich langes, straffes, fast borstenartiges, glänzendes Haarkleid bedeckt den ganzen Körper und hüllt auch die Ohren ein. Seine Färbung ist am Rükken weißgrau und schwarz gemischt, weil die einzelnen Haare an der Wurzel meist gelblich, in der Mitte schwarz und an der Spitze grauweiß aussehen, an den Körperseiten und am Schwanze rötlich, auf der Unterseite und an den Füßen schwarzbraun. Der Kopf ist weiß, aber ein matter, schwarzer Streifen verläuft jenseits der Schnauze.

Der Dachs bewohnt mit Ausnahme der Insel Sardinien und des Nordens von Skandinavien ganz Europa, ebenso Asien. Er lebt einsam in Höhlen, welche er selbst mit seinen starken, krummen Krallen auf der Sonnenseite bewaldeter Hügel ausgräbt, mit vier bis acht Ausgängen und Luftlöchern versieht und innen aufs bequemste einrichtet. Die Hauptwohnung im Bau, der Kessel, zu welchem mehrere Röhren führen, ist so groß, daß er ein geräumiges weiches Moospolster und das Tier selbst nebst seinen Jungen aufnehmen kann. Die wenigsten Röhren aber werden befahren, sondern dienen nur im Falle der größten Not als Fluchtwege oder auch als Luftgänge. Größte Reinlichkeit und Sauberkeit herrscht überall, und hierdurch zeichnet sich der Dachsbau vor fast allen übrigen ähnlichen unterirdischen Behausungen der Säugetiere aus. Vorhölzer, welche nicht weit von Fluren gelegen sind, ja sogar unbewaldete Gehänge mitten in der Flur werden mit Vorliebe zur Anlegung dieser Wohnungen benutzt; immer aber sind es stille und einsame Orte, die der Einsiedler sich aussucht. Er liebt es, ein beschauliches und gemächliches Leben zu führen.

Die Bewegungen des Dachses sind langsam und träge; der Gang erscheint schleppend und schwerfällig. Seine Nahrung besteht im Frühjahr und Sommer vorzüglich aus Wurzeln, namentlich Birkenwurzeln, später aus Trüffeln, Bucheckern und Eicheln. Hier und da scharrt er ein Hummel- oder Wespennest aus und frißt mit großem Behagen die larvenreichen und honigsüßen Waben, ohne sich viel um die Stiche der erbosten Kerbtiere zu kümmern; sein rauher Pelz, die dicke Schwarte und die sich darunter befindende Fettschicht schützen ihn auch vollständig vor den Stichen der Immen. Kerbtiere aller Art, Schnecken und Regenwürmer bilden während des Sommers wohl den Hauptteil seiner Mahlzeiten. Die Regenwürmer bohrt er mit den scharfen langen Nägeln seiner Vorderpfoten aus ihrem Verstecke sehr geschickt heraus. Im Herbst verspeist Grimbart abgefallenes Obst aller Art, Möhren und Rüben, Vogeleier und junge Vögel; kleinere Säugetiere, junge Hasen, Feldmäuse, Maulwürfe usw. werden auch nicht verschmäht, ja selbst Eidechsen, Frösche und Schlangen munden ihm vortrefflich. In den Weinbergen richtet er unter Umständen Verwüstungen an.

Zu Ende des Spätherbstes hat sich der Dachs wohl gemästet. Jetzt denkt er daran, den Winter so behaglich wie irgend möglich zu verbringen und bereitet das wichtigste für seinen Winterschlaf vor. Er trägt Laub in seine Höhle und bereitet sich ein dichtes, warmes Lager. Bis zum Eintritt der eigentlichen Kälte zehrt er von dem Eingetragenen. Nun rollt er sich zusammen und verfällt in einen

Winterschlaf. Dieser aber wird, wie jener der Bären, sehr häufig unterbrochen. Bei nicht anhaltender Kälte oder beim Eintritt gelinder Witterung, besonders bei Tauwetter und in nicht sehr kalten Nächten, wird er munter und geht sogar zuweilen nachts aus seinem Bau heraus, um zu trinken. Bei verhältnismäßig warmer Witterung verläßt er schon im Januar oder spätestens im Februar zeitweise den Bau, um Wurzeln auszugraben. Dennoch bekommt ihm das Fasten schlecht, und wenn er im Frühling wieder an das Tageslicht kommt, ist er, obwohl er sich ein volles Bäuchlein angemästet hatte, fast klapperdürr geworden.

Großbären

Uns bekannte Gestalten aus der Kinderzeit sind die Großbären (Ursidae). Ihr Leib ist gedrungen oder sogar plump, der Kopf länglichrund, mäßig gestreckt, mit zugespitzter, aber gewöhnlich gerade abgeschnittener Schnauze, der Hals verhältnismäßig kurz und dick; die Ohren sind kurz und die Augen verhältnismäßig klein; die Beine sind mäßig lang, die Vorder- und Hinterfüße fünfzehig und mit großen, gebogenen, unbeweglichen, d. h. nicht einziehbaren, deshalb an der Spitze oft sehr stark abgenutzten Krallen bewaffnet, die Fußsohlen, welche beim Gehen den Boden ihrer vollen Länge nach berühren, fast ganz nackt. Die Schneidezähne sind verhältnismäßig groß, haben oft gelappte Kronen und stehen im Einklang mit den starken, meist mit Kanten oder Leisten versehenen Eckzähnen; die Kauzähne sind stumpf und die des Unterkiefers stets länger als breit. Am Schädel ist der Hirnteil gestreckt und durch starke Kämme ausgezeichnet; die Halswirbel sind kurz und stark.

Die Bären verbreiten sich über ganz Europa, Asien und Amerika, ebenso über einen Teil von Nordwestafrika. Sie bewohnen sowohl die wärmsten wie die kältesten Länder, die Hochgebirge wie die von dem eisigen Meer eingeschlossenen Küsten. Fast sämtliche Arten hausen in dichten, ausgedehnten Wäldern oder in Felsengegenden, meistens in der Einsamkeit. Die meisten Bären leben einzeln, d. h. höchstens zur Paarungszeit mit einem Weibchen zusammen; einige sind gesellig und vereinigen sich zu Gesellschaften. Diese graben sich Höhlen in der Erde oder im Sande, um dort ihr Lager aufzuschlagen, jene suchen in hohlen Bäumen oder in Felsklüften Schutz. Die meisten Arten sind nächtliche oder halbnächtliche Tiere, ziehen nach Untergang der Sonne auf Raub aus und bringen den ganzen Tag über schlafend in ihren Verstecken zu.

Mehr als die übrigen Raubtiere scheinen die Bären, Allesfresser im vollsten Sinne des Wortes, befähigt zu sein, sich lange Zeit allein aus dem Pflanzenreiche zu ernähren. Nicht nur eßbare Früchte und Beeren werden von ihnen verzehrt, sondern auch Wurzeln, saftige Gräser, Baumknospen, Blütenkätzchen usw. Sie fressen fast alles, was genießbar ist: außer den angeführten Pflanzen auch Tiere, und zwar Krebse und Muscheln, Würmer, Kerbtiere und deren Larven, Fische, Vögel und deren Eier, Säugetiere und Aas. Die stärkeren Arten werden zuweilen zu höchst gefährlichen Raubtieren, welche, wenn der Hunger sie quält, größere Tiere anfallen und namentlich unter unserem Viehbestand bedeutende Verwüstungen anrichten können.

Man irrt, wenn man die Bewegungen der Bären für plump und langsam hält; geraten sie nämlich in Aufregung, so können sie tüchtig laufen, indem sie einen absonderlichen, jedoch fördernden Galopp einschlagen. Die plumpen Arten vermögen außerdem auf den Hinterbeinen sich aufzurichten und, schwankenden Ganges zwar, aber doch nicht ungeschickt, in dieser Stellung eine gewisse Strecke zu durchschreiten. Das Klettern verstehen fast alle ziemlich gut. Einige meiden das Wasser, während die übrigen vortrefflich schwimmen und einige tief und anhaltend tauchen können. Die Eisbären trifft man oft viele Meilen weit vom Lande entfernt, mitten im Meere schwimmend.

Ihre große Kraft erleichtert den Bären die Bewegungen, sie macht es ihnen auch möglich, eine geraubte Kuh oder ein Pferd mit Leichtigkeit fortzuschleppen oder aber einem anderen Tiere durch eine kräftige Umarmung alle Rippen im Leibe zu zerbrechen. Unter ihren Sinnen steht der Geruch obenan; das Gehör ist gut, das Gesicht mittelmäßig, der Geschmack nicht besonders. Einzelne werden leicht zahm, zeigen jedoch keine besondere Anhänglichkeit an den Herrn und Pfleger. Die unbedeutenden Kunststücke, zu denen sich die eine oder die andere Art abrichten läßt, kommen kaum in Betracht. Gemütsstimmungen geben die Bären durch verschiedene Betonung ihrer an und für sich merkwürdigen, aus dumpfem Brummen, Schnauben und Murmeln oder grunzenden und pfeifenden, zuweilen auch bellenden Tönen bestehenden Stimme zu erkennen.

Alle nördlich wohnenden größeren Bärenarten schweifen bloß während des Sommers umher und graben sich vor dem Eintritt des Winters eine Höhle in den Boden oder benutzen günstig gestaltete Felsenspalten und andere natürliche Höhlungen, um dort den Winter zuzubringen. Immer bereiten sie sich im Hintergrunde ihrer Wohnung aus Zweigen und Blättern, Moos und Laub und Gras ein weiches Lager und verschlafen hier in Absätzen die kälteste Zeit des Jahres. In einen ununterbrochenen Winterschlaf fallen die Bären nicht, sie schlafen vielmehr in großen Zeiträumen. Dabei erscheint es auffallend, daß bloß die eigentlichen Landbären auch bei der strengsten Kälte noch umherschweifen oder sich höchstens bei dem tollsten Schneegestöber ruhig niederlegen und sich hier durch den Schnee selbst ein Obdach bauen, d. h. einfach einschneien lassen.

Das trächtige Weibchen zieht sich in eine Höhlung zurück und wirft in ihr, gewöhnlich frühzeitig im Jahr, ein bis sechs Junge, welche blind geboren und von der Mutter mit aller Sorgfalt genährt, gepflegt, geschützt und verteidigt werden. Sie gelten, nachdem sie einigermaßen beweglich geworden sind, als überaus gemütliche, possierliche und spiellustige Tierchen.

Der *Braunbär* (Ursus arctos), Abb. S. 99, ändert ungemein ab, nicht allein, was die Behaarung und Färbung, sondern auch was die Gestalt und zumal die Form des Schädels anbelangt. Der im allgemeinen dichte Pelz kann aus längeren oder kürzeren, aus schlichten oder gekräuselten Haaren bestehen; seine Färbung durchläuft alle Schattierungen von Schwarzbraun bis zu Dunkelrot und Gelbbraun oder von Schwärzlichgrau und Silbergrau bis zum Isabellfahl; das bei jungen Tieren oft vorhandene weiße Halsband erhält sich bis ins hohe Alter usw. Die Schnauze ist mehr oder minder gestreckt, die Stirne mehr oder weniger abgeplattet, der Rumpf bald sehr gedrungen, bald etwas verschmächtigt, die Beine sind höher oder niedriger.

An Länge kann der Bär, bei 1—1,25 m Höhe am Widerrist, 2 bis fast 3 m erreichen, wovon 8 cm auf das Stumpfschwänzchen kommen.

Sieht man in seinen verschiedenen Formen nur Spielarten des Braunbären, so hat man dessen Verbreitungsgebiet von Spanien bis Kamtschatka und von Lappland und Sibirien bis zum Atlas, Libanon und dem nördlichen Himalaja auszudehnen. In Mitteleuropa ist er heute fast völlig ausgerottet. Bedingung für seinen Aufenthalt sind große, zusammenhängende, schwer zugängliche oder doch wenig besuchte, an Beeren und sonstigen Früchten reiche Waldungen. Höhlen unter Baumwurzeln oder in Baumstämmen und im Felsengeklüfte, dunkle, undurchdringliche Dickichte und Brüche mit trockenen Inseln bieten ihm hier Obdach und Ruhe vor seinem Erzfeinde, dem Menschen.

Der Bär ist das plumpeste und schwerste Raubtier Europas. Doch sehen seine Bewegungen ungeschickter aus, als sie wirklich sind; denn er läuft, trotz seines gemächlichen Ganges, auf Streifzügen sehr schnell, sofern er beunruhigt wird. Die gewaltige Kraft und die starken, harten Nägel erleichtern dem Bären das Klettern ungemein; er vermag selbst an steilen Felsenwänden emporzusteigen, falls er nur irgendeinen Anhaltspunkt daran findet. Bäume zu besteigen macht ihm keinerlei Schwierigkeiten. Vor dem Wasser scheut er sich gar nicht; er sucht es häufig im Sommer auf, um sich zu kühlen, und verweilt dann lange Zeit und gern darin.

Ein einziger Blick auf das Gebiß des Bären lehrt, daß er Allesfresser und mehr auf pflanzliche als auf tierische Nahrung angewiesen ist. Am besten läßt er sich mit dem Schwein vergleichen: wie diesem ist ihm alles Genießbare recht. Für gewöhnlich bilden Pflanzenstoffe seine Hauptmahlzeit, kleine Tiere, namentlich Kerfe, Schnecken und dergleichen die Zukost. Solange er Pflanzenkost in reichlicher Menge zur Verfügung hat, hält er sich an diese; wenn die Not ihn treibt oder wenn er sich an tierische Nahrung gewöhnt hat, wird er zum Raubtier in der eigentlichen Bedeutung des Wortes. Nunmehr stellt er allen größeren Tieren, am liebsten Schafen, doch aus Ochsen, Pferden und verschiedenem Wilde nach. Größeres Vieh greift er von hinten an, nachdem er es durch Umherjagen ermüdet hat, oder versucht, zumal wenn es auf höheren Bergen weidet, es durch das schreckerregende Brüllen zu versprengen und es zu veranlassen, sich freiwillig in den Abgrund zu stürzen, klettert sodann behutsam in die Tiefe nach und frißt sich unten satt.

Ist Meister Petz einmal dreist geworden, so kommt er auch an Ställe heran und versucht, deren Türen zu erbrechen. Gelangt er glücklich in den Viehstall, so schlachtet er hier eine Kuh ab, reißt sie vom Stricke los und umklammert sie mit einem Vorderlauf. Dann wird das Opfer mit Leichtigkeit weitergeschafft. Hierbei überwindet er Hindernisse aller Art, überklettert, wie man vielfach beobachtet hat, mit einem erwürgten Pferd oder Rind im Arm sogar jene gefährlichen Alpenstege, zwei nebeneinander liegende Baumstämme, die über einen Abgrund führen. Hirsche, Rehe oder Gemsen entgehen ihm, dank ihrer Schnelligkeit, fast regelmäßig; gleichwohl jagt er auch im Norden Skandinaviens den Rentieren längere Zeit eifrig nach. Selbst den Fischen stellt er nach und verfolgt, ihnen zu Gefallen, den Lauf der Flüsse auf weite Strecken.

Junge Bären sind höchst ergötzliche Tiere. Ihre Beweglichkeit ist groß, ihre Tölpelhaftigkeit nicht geringer, und so erklärt es sich, daß sie fortwährend die drolligsten Streiche ausführen. Ihr kindisches Wesen zeigt sich in jeder

Handlung. Sie sind spiellustig im hohen Grade, klettern aus reinem Übermut an den Bäumen empor, balgen sich wie muntere Buben, springen ins Wasser, rennen zweck- und ziellos umher und treiben hunderterlei Possen.

Die Bärenjagd gehört zu dem gefährlichen Weidwerk. Gute Hunde bleiben unter allen Umständen die besten Gehilfen des Jägers. Sie suchen den Bären nicht bloß auf, sondern stellen ihn auch so fest, daß er gar nicht Zeit gewinnt, sich mit dem Jäger zu beschäftigen. Nur wenn er in die Enge getrieben ist, wird er zum furchtbaren Gegner der Menschen; sonst trabt er, selbst verwundet, eilig seines Wegs. Anders verhält es sich, wenn man die Jungen einer Bärin angreift; denn angesichts der letzteren zeigt sie wirklich unglaublichen Mut.

Der bekannteste Bär Amerikas ist der *Baribal* oder *Schwarzbär* (Ursus americanus), Abb. S. 99. Er erreicht eine Länge von höchstens 2 m bei einer Schulterhöhe von etwa 1 m. Der Pelz besteht aus langen, straffen und glatten Haaren, welche nur an der Stirn und um die Schnauze sich verkürzen. Ihre Färbung ist ein glänzendes Schwarz, welches jedoch zu beiden Seiten der Schnauze in Fahlgelb übergeht.

Der Baribal ist über fast ganz Nordamerika verbreitet. Man hat ihn in allen waldigen Gegenden von der Ostküste bis zur Grenze Kaliforniens und von den Pelzländern bis nach Mexiko gefunden. Der Wald bietet ihm alles, was er bedarf. Während des Frühlings pflegt er seine Nahrung in den reichen Flußniederungen zu suchen und sich deshalb in jenen Dickichten umherzutreiben, welche die Ufer der Ströme und Seen umsäumen; im Sommer zieht er sich in den tiefen, an Baumfrüchten mancherlei Art so reichen Wald zurück; im Winter endlich wühlt er sich an einer den Blicken möglichst verborgenen Stelle ein passendes Lager, in welchem er zeitweilig schläft.

Auch der Baribal ist, so dumm, plump und ungeschickt er aussieht, ein wachsames, reges, kräftiges, bewegungsfähiges, geschicktes und ausdauerndes Tier. Sein Lauf ist so schnell, daß ihn ein Mann nicht einzuholen vermag; das Schwimmen versteht er vortrefflich, und im Klettern ist er Meister. Jedenfalls ist er in allen Leistungen gewandter als unser brauner Bär, dessen Eigenschaften er im übrigen besitzt.

Als asiatischen Vertreter des Baribal darf man den *Kragenbären* oder *Kuma* der Japaner (Ursus thibetanus) betrachten. Er kommt zwar jenem in der Größe nicht ganz gleich, ähnelt ihm aber sehr in der Färbung. Seine Gestalt ist verhältnismäßig schlank, der Kopf spitzschnäuzig. Behaarung und Färbung scheinen ziemlich bedeutenden Abänderungen unterworfen zu sein. Der Pelz ist, mit Ausnahme einer zottigen Mähne am Halse, glatt und bis auf die weißliche Unterlippe und die weiße Brustzeichnung sowie die rötlichen Schnauzenseiten gleichmäßig schwarz. Die Brustzeichnung wird mit einem Y verglichen; sie bildet ein Querband in der Schlüsselbeingegend, von welchem sich in der Mitte nach der Brust zu ein Stiel oder Streifen abzweigt.

In Nordindien und Kaschmir bewohnt der Kragenbär am liebsten Walddickichte in der Nähe von Feldern und Weinbergen, in Südostsibirien dagegen die hochstämmigen Waldungen. Wenn in Kaschmir die Walnüsse und Maulbeeren reifen, besteigt er die höchsten Bäume, um diese Früchte zu plündern. Außerdem erscheint er als unliebsamer Besucher in Maisfeldern und Weingärten und verursacht hier oft großen Schaden. Sein Fleisch gilt bei den Japanern für wohlschmeckender als das des Braunbären.

Ein plump gebauter, dickköpfiger Bär, mit breiter Schnauze, kleinen Ohren, sehr kleinen blöden Augen, verhältnismäßig ungeheueren Tatzen, langen und starken Krallen und kurzhaarigem Fell ist der *Malaienbär* (Helarctos malayanus). Seine Länge beträgt etwa 1,40 m, die Höhe am Widerrist ungefähr 70 cm. Der kurzhaarige, aber dichte Pelz ist mit Ausnahme der fahlgelben Schnauzenseiten und eines hufeisenförmigen Brustfleckens von gelber oder lichter Grundfärbung glänzend schwarz. Der Malaienbär, ein Bewohner Nepals, Hinterindiens und der Sundainseln, frißt besonders gern süße Früchte. In den größeren Kakaopflanzungen richtet er sehr oft bedeutenden Schaden an, ebensoviel auf den Bäumen wie auf dem Boden.

Den *Lippenbär* (Melursus ursinus) kennzeichnen ein kurzer, dicker Leib, niedere Beine, ziemlich große Füße, deren Zehen mit ungeheuren Sichelkrallen bewehrt sind, eine flache, vorgezogene, stumpfspitze Schnauze mit weit vorstreckbaren Lippen und langes, zottiges Haar, welches im Nacken eine Mähne bildet und auch seitlich tief herabfällt. Die Länge des Lippenbären beträgt einschließlich des etwa 10 cm langen Schwanzstumpfes 1,80 m, die Höhe am Widerrist ungefähr 85 cm. Unser Tier kann kaum verkannt werden. Der plattstirnige Kopf verlängert sich in eine lange rüsselartige Schnauze von höchst eigentümlicher Bildung. Der Nasenknorpel breitet sich nämlich in eine flache und leicht bewegbare Platte aus, auf welcher die beiden in die Quere gezogenen und durch eine schmale Scheidewand voneinander getrennten Nasenlöcher münden. Die Nasenflügel, welche sie seitlich begrenzen, sind im höchsten Grade beweglich, und die langen, äußerst dehnbaren Lippen übertreffen sie noch hierin. Sie können eine Art Röhre bilden, welche fast vollständig die Fähigkeiten eines Rüssels besitzt. Die lange, schmale und platte, vorn abgestutzte Zunge hilft mit, diese Röhre herzustellen und so zu verwenden, daß das Tier imstande ist, nicht nur Gegenstände aller Art zu ergreifen und an sich zu ziehen, sondern förmlich an sich zu saugen. Die Färbung der groben Haare ist ein glänzendes Schwarz. — Die Heimat des Lippenbären ist das Festland Südasiens, sowohl Bengalen wie die östlich und westlich daran grenzenden Gebirge, nebst der Insel Ceylon, die heute Sri Lanka heißt.

Der **Eisbär** (Ursus maritimus), Abb. S. 100, unterscheidet sich von den bis jetzt genannten Arten der Familie durch den gestreckten Leib mit langem Halse und kurzen, starken und kräftigen Beinen, deren Füße weit länger und breiter sind als bei den anderen Bären und deren Zehen starke Spannhäute fast bis zur Hälfte ihrer Länge miteinander verbinden. Die durchschnittliche Länge des Männchens beträgt 2,50 m, das Gewicht aber steigt von 9 auf 11, ja sogar auf 16 Zentner an. *Roß* wog ein Männchen, welches, nachdem es gegen 30 Pfund Blut verloren hatte, noch immer ein Gewicht von 1131 1/2 Pfund zeigte; *Lyon,* der Begleiter von *Parry*, berichtet von einem 2,65 m langen Eisbären, welcher volle 16 Zentner wog.

Die lange, zottige, reiche und dichte Behaarung besteht aus kurzer Wolle und aus schlichten, feinen, glänzenden, weichen und fast wolligen Grannen, welche am Kopfe, Halse und Rücken am kürzesten, am Hinterteil, dem Bauch und an den Beinen am längsten sind und auch die Sohlen bekleiden. Der Eisbär trägt ein Schneekleid, welches bei den jungen Tieren von reinem Silberweiß ist, bei älteren aber einen gelblichen Anflug bekommt.

Der Eisbär bewohnt den höchsten Norden der Erde, den eigentlichen Eisgürtel des Pols, und findet sich nur da, wo das Wasser einen großen Teil des Jahres hindurch oder beständig, wenigstens teilweise, zu Eis erstarrt. Er gehört keinem der drei nördlichen Erdteile ausschließlich, sondern allen nördlichen Erdteilen gemeinschaftlich an. Von keinem andern Wesen beirrt oder gefährdet, der eifrigsten Kälte und den fürchterlichsten, uns schier undenkbaren Unwettern sorglos trotzend, streift er dort durch Land und Meere über die eisige Decke des Wassers oder durch die offenen Wogen.

Die Nahrung des Eisbären besteht aus fast allen Tieren, welche das Meer oder die armen Küsten seiner Heimat bieten. Seine furchtbare Stärke, welche die aller übrigen bärenartigen Raubtiere noch erheblich übertrifft, und die erwähnte Gewandtheit im Wasser machen es ihm ziemlich leicht, sich zu versorgen. Ohne Mühe bricht er mit seinen starken Krallen große Löcher durch das dicke Eis, um an Stellen, welche ihm sonst unzugänglich sein würden, in die Tiefe gelangen zu können; ohne Beschwerde trägt er ein großes und schweres Meertier unter Umständen meilenweit mit sich fort. Seehunde verschiedener Art bilden sein bevorzugtes Jagdwild, und er ist schlau und geschickt genug, diese klugen und behenden Tiere zu erlangen. Wenn er eine Robbe von fern erblickt, senkt er sich still und geräuschlos ins Meer, schwimmt gegen den Wind ihr zu, nähert sich ihr mit der größten Stille und taucht plötzlich von unten nach dem Tier empor, welches nun regelmäßig seine Beute wird. Die Robben pflegen in jenen eisigen Gegenden nahe an Löchern zu liegen, welche ihren Weg ins Wasser ermöglichen. Diese Löcher findet der unter der Oberfläche des Meeres dahinschwimmende Eisbär mit außerordentlicher Sicherheit, und plötzlich erscheint der gefürchtete Kopf des entsetzlichen Feindes der unbehilflichen Meereshunde sozusagen in deren eigenem Hause oder in dem einzigen Fluchtgange, welcher sie möglicherweise retten könnte.

Die Eisbären leben während des Winters nur in der See, meistens auf dem Treibeise, wo sie stets hinlängliche Löcher finden, um jederzeit in die Tiefe hinabzutauchen und Robben und Fischen nachstellen zu können. Die trächtigen Bärinnen dagegen ziehen sich gerade im Winter zurück und bringen in den kältesten Monaten ihre Jungen zur Welt. Die Bärin bereitet sich ein Lager unter Felsen oder überhängenden Eisblöcken oder gräbt sich wohl auch eine seichte Höhlung in dem gefrorenen Schnee aus, taut durch ihre Körperwärme dieses Lager ringsum auf, bildet durch den warmen Hauch eine Art Stollen nach oben und läßt sich hier einschneien. Ehe sie das Lager bezog, hatte sie sich eine tüchtige Menge von Fett gesammelt, und von ihm zehrt sie während des ganzen Winters; denn sie verläßt ihr Lager nicht eher wieder, als bis die Frühlingssonne bereits ziemlich hoch steht. Weit eher als die Kinder des Landbären begleiten die jungen Eisbären ihre Alte auf deren Zügen. Sie werden von ihr auf das sorgfältigste und zärtlichste gepflegt, genährt und geschützt. Walfisch- und Grönlandfahrer haben uns rührende Geschichten von der Aufopferung und Liebe der Eisbärenmutter mitgeteilt. „Eine Bärin", erzählt *Scoresby,* „welche zwei Junge bei sich hatte, wurde von einigen bewaffneten Matrosen auf einem Eisfelde verfolgt. Anfangs schien sie die Jungen dadurch zu größerer

Eile anzureizen, daß sie voranlief und sich immer umsah, auch durch eigentümliche Gebärden und einen besonderen, ängstlichen Ton der Stimme die Gefahr ihnen mitzuteilen suchte; als sie aber sah, daß ihre Verfolger ihr zu nahe kamen, mühte sie sich, jene vorwärtszutreiben, zu schieben und zu stoßen, entkam auch wirklich glücklich mit ihnen."

Die Jagd der Eisbären wird mit Leidenschaft betrieben. Eskimos bauen sich besondere Holzhütten, in denen sie den Bären auflauern. Der getötete Eisbär wird vielfach benutzt und ist für die nordischen Völker eines der gewinnbringendsten Jagdtiere. Man verwertet sowohl das Fell wie das Fett und das Fleisch. Ersteres liefert herrliche Decken zu Lagerstätten, außerdem warme Stiefel und Handschuhe, ja selbst Sohlenleder. In den kleinen Holzkirchen Islands sieht man vor den Altären gewöhnlich Eisbärenfelle liegen, welche die Fischer ihren Geistlichen verehren, um sie bei Amtshandlungen im Winter etwas vor der Kälte zu schützen. Fleisch und Speck werden von allen Bewohnern des hohen Nordens gern gegessen. Auch die Walfischfahrer genießen es, nachdem sie es vom Fett gereinigt haben, und finden es nicht unangenehm, namentlich wenn es vorher geräuchert worden ist.

Kleinbären

Die Kleinbären (Procyonidae) bilden eine eigene Familie der Raubtiere. Sie sind mittelgroß mit mehr oder weniger gedrungenem Leib, mittellangen Gliedmaßen, geraden Zehen, nicht einziehbaren Nägeln und langem Schwanze.

Der *Waschbär* oder *Schupp* (Procyon lotor) erreicht 65 cm Leibes- und 25 cm Schwanzlänge. Der Pelz ist gelblichgrau, schwarz gemischt, weil die Grannen am Grunde braun, in der Mitte bräunlichgelb und darüber schwarz gefärbt sind. Die Heimat des Waschbären ist Nordamerika, und zwar der Süden des Landes ebenso wie der Norden. Heutzutage ist er in den bewohnteren Gegenden infolge der unaufhörlichen Nachstellungen, die er erleiden mußte, weit seltener geworden, als er es früher war; doch konnte man ihn immerhin auch hier nicht gänzlich vertreiben. Wälder mit Flüssen, Seen und Bächen sind seine Lieblingsplätze; hier treibt er ziemlich ungestört sein Wesen bei Tag und Nacht. In der Regel pflegt er seine Jagden erst mit Einbruch der Dämmerung zu beginnen und den hellen Sonnentag in hohlen Bäumen oder auf dicken, belaubten Baumästen zu verschlafen.

Er ist ein munterer, schmucker Bursche, welcher durch große Regsamkeit und Beweglichkeit sehr erfreut. Bei gleichgültigem Dahinschlendern senkt er den Kopf, wölbt den Rücken, läßt den Schwanz hängen und schleicht schiefen Ganges ziemlich langsam seinen Weg; sowie er jedoch eine seiner Teilnahme würdige Entdeckung macht, z. B. eine Fährte auffindet oder ein unbesorgtes Tierchen in der Nähe spielen sieht, verändert sich sein Wesen gänzlich. Das gestruppte Fell glättet sich, die breiten Lauscher werden gespitzt, er stellt sich spähend auf die Hinterbeine und hüpft und läuft nun leicht und behend weiter oder klettert mit einer Geschicklichkeit, welche man schwerlich vermutet hätte, nicht bloß an schiefen und senkrechten Stämmen hinauf, sondern auch auf waagerechten Zweigen fort, und zwar von oben oder unten. Oft sieht man ihn wie ein Faultier oder einen Affen mit gänzlich nach unten hängendem Leibe rasch an den waagerechten Zweigen fortlaufen, oft und mit unfehlbarer Sicherheit Sprünge von einem Ast zum andern ausführen.

Der Schupp frißt alles, was genießbar ist, scheint aber ein Leckermaul zu sein, welches sich, wenn es nur angeht, immer die besten Bissen auszusuchen weiß. Obst aller Art, Kastanien, wilde Trauben, Mais, solange die Kolben noch weich sind, liefern ihm geschätzte Nahrungsmittel; aber er stellt auch den Vögeln und ihren Nestern nach, weiß listig ein Hühnchen oder eine Taube zu beschleichen, versteht es meisterhaft, selbst das verborgenste Nest aufzuspüren, und labt sich dann an den Eiern, welche er erstaunlich geschickt zu öffnen und zu leeren weiß, ohne daß irgend etwas von dem Inhalt verlorengeht. Nicht selten kommt er bloß deshalb in die Gärten oder in die Wohnungen herein, um Hühner zu rauben und Hühnernester zu plündern. Gewandt fängt er Fische, Krebse und Schaltiere und wagt sich bei der Ebbe, solchem Schmause zuliebe, oft weit in das Meer hinaus. Die dicken Larven mancher Käfer scheinen wahre Leckerbissen für ihn zu sein, die Heuschrecken fängt er mit großer Geschicklichkeit, und den maikäferartigen Kerfen zu Gefallen klettert er bis in die höchsten Baumkronen hinauf. Er hat die Eigentümlichkeit, seine Nahrung vorher in das Wasser zu tauchen und hier zwischen seinen Vorderpfoten zu reiben, sie gleichsam zu waschen. Das tut er jedoch nur dann, wenn er nicht besonders hungrig ist.

Ein jung eingefangener Waschbär wird gewöhnlich sehr bald und in hohem Grade zahm. Seine Zutraulichkeit, Heiterkeit, die ihm eigene Unruhe, die niemals endende Lust an der Bewegung sowie sein komisches, affenartiges Wesen machen ihn den Leuten angenehm. Er liebt es sehr, wenn man ihm schmeichelt, zeigt jedoch niemals große Anhänglichkeit. Auf Scherz und Spiel geht er sofort mit Vergnügen ein und knurrt dabei leise vor Behagen, ganz so, wie junge Hunde dies zu tun pflegen. Sein Benehmen erinnert in jeder Hinsicht an das Gebaren der Affen. Er weiß sich immer mit etwas zu beschäftigen und ist auf alles, was um ihn her vorgeht, sehr achtsam. Bei seinen Spaziergängen in Haus und Hof stiftet er viel Unfug an. Er untersucht und benascht alles, in der Speisekammer sowohl wie im Hof und Garten. Eingemachte Früchte sind besondere Leckerbissen für ihn; er verschmäht aber auch Zucker, Brot und Fleisch im verschiedensten Zustande nicht. Im Garten besteigt er die Kirsch- und Pflaumenbäume und frißt sich da oben an den süßen Früchten satt oder stiehlt Trauben, Erdbeeren und dergleichen; im Hofe schleicht er zu den Hühnerställen oder Taubenschlägen, und wenn er in sie eindringen kann, würgt er alle Insassen binnen einer einzigen Nacht. Er kann sich wahrhaft marderartig durch sehr enge Ritzen drängen und benutzt seine Pfoten außerordentlich geschickt nach Art der Hände. Auch in der Gefangenschaft behält der sonderbare Kauz die Gewohnheit bei, alles, was er frißt, vorher ins Wasser einzutauchen und zwischen den Vorderpfoten zu reiben, obgleich ihm dabei manche Leckerbissen verlorengehen; man kann das leicht feststellen, wenn man ihm beispielsweise ein Zuckerstückchen gibt.

Der *Nasenbär* oder *Coati* (Nasua nasua) hat einen gestreckten, schlanken, fast marderähnlichen Leib mit kurzem Hals und langem, spitzem Kopf, dichtbehaartem, körperlangem Schwanze und kurzen, kräftigen, breittatzigen und nacktsohligen Beinen. Das bezeichnendste Merkmal ist die Nase. Sie verlängert sich rüsselartig weit über den Mund hinaus und hat scharfkantig aufgeworfene Ränder. Die Ohren sind kurz und die fünf fast verwachsenen Zehen mit langen und spitzen, aber wenig gebogenen Krallen bewehrt. Seine Gesamtlänge beträgt etwa 1 m, wovon etwa 45 cm auf den Schwanz kommen. Die auf dem Rücken zwischen Rot und Graubraun wechselnde Grundfärbung geht bei ihm auf der Unterseite ins Gelbliche über. Er lebt in kleineren oder größeren Familiengesellschaften in waldreichen Gebieten Süd- und Mittelamerikas.

Der *Kinkaju* oder *Wickelbär* (Potos flavus) erscheint gleichsam als Mittelglied zwischen Bär und Marder, wie der Coati als solches zwischen Bär und Schleichkatze oder der Waschbär als solches zwischen Bär und Affe betrachtet werden kann. Der sehr gestreckte, aber plumpe Leib steht auf niederen Beinen; der Kopf ist ungemein kurz, dick und sehr kurzschnauzig. Der mehr als körperlange Schwanz ist ein ebenso vollkommener Wickelschwanz wie der mancher Beuteltiere oder der Brüllaffen. Erwachsen mißt der Wickelbär 90 cm, wovon 47 cm auf den Schwanz kommen, bei 17 cm Schulterhöhe. Die sehr dichte, ziemlich lange, etwas gekrauste, weiche, sammetartig glänzende Behaarung ist auf der Ober- und Außenseite licht graulichgelb mit einem schwachrötlichen Anflug und schwarzbraunen Wellen. Der Wickelbär findet sich im ganzen nördlichen Brasilien, in Peru, Guayana, Mexiko, ja noch im südlichen Louisiana und Florida. Er lebt in den Urwäldern, zumal in der Nähe von großen Flüssen, und zwar auf Bäumen. Seine Lebensweise ist eine vollkommen nächtliche; den Tag verschläft er in hohlen Bäumen, des Nachts aber zeigt er sich sehr lebendig und klettert außerordentlich gewandt und geschickt in den hohen Baumkronen umher, seiner Nahrung nachgehend. Dabei leistet ihm sein Wickelschwanz vortreffliche Dienste. Er gibt kaum einem Affen an Klettergewandtheit etwas nach. Er kann sich mit den Hinterfüßen oder mit dem Wickelschwanz an Ästen und Zweigen festhalten und so gut an einen Baum klammern, daß er mit dem Kopfe voran zum Boden herabzusteigen vermag. Beim Gehen tritt er mit der ganzen Sohle auf. Obwohl vorzugsweise Pflanzenfresser, verschmäht der Wickelbär doch auch kleine Säugetiere, Vögel und deren Eier oder Kerbtiere und deren Larven nicht.

Der *Panda* oder *Katzenbär* (Ailurus fulgens) nimmt gewissermaßen eine Mittelstellung zwischen Katze und Waschbär ein. Sein Leib erscheint wegen des dichten und weichen Pelzes plump; der langbehaarte Kopf ist sehr kurz und fast katzenartig, die Schnauze kurz und breit, der lange Schwanz schlaff und buschig behaart; die niederen Beine haben dichtbehaarte Sohlen und kurze Zehen mit stark gekrümmten, spitzen, halbeinziehbaren Krallen. In der Größe kommt der Panda ungefähr einem starken Hauskater gleich. Die Heimat des Panda ist das Gebirgsland südöstlich vom Himalaja, zwischen Nepal und den Schneebergen. Hier lebt er in Wäldern zwischen 2000 bis 4000 m über dem Meere, am liebsten auf Bäumen in der Nähe von Flüssen und Gebirgsbächen.

Sehr selten ist der 1,50 m große *Riesenpanda* oder *Bambusbär* (Ailuropoda melanoleuca) aus Westszetschuan. Er hat eine schwarzweiße Färbung. Seine bevorzugte Nahrung sind Bambusschößlinge. Er ist heute das Wappentier des Welttierschutzes.

INSEKTENFRESSER

Die *Insekten-* oder *Kerbtierfresser* (Insectivora) sind scheue, die Einsamkeit liebende Gesellen. Bei weitem die meisten leben unterirdisch, graben und wühlen oder halten sich wenigstens in sehr tief verborgenen Schlupfwinkeln auf; einige wohnen jedoch auch im Wasser und andere in den Bäumen. Durch ihre erstaunliche Tätigkeit tun sie der Vermehrung der schädlichen Kerfe und Würmer, der Schnecken und anderer niederer Tiere und sogar der Ausbreitung mancher kleinen Nager wesentlichen Abbruch. Sie sind also fast ohne Ausnahme höchst nützliche Arbeiter im Weinberge.

Ihr Leib ist in der Regel gedrungen gebaut, der Kopf gestreckt, die Nase rüsselförmig verlängert; die Gliedmaßen, mit Ausnahme des Schwanzes und, bei einzelnen Arten, der Hinterbeine, sind verkürzt, die Sinneswerkzeuge sowohl hoch ausgebildet wie verkümmert; die Bekleidung des Leibes durchläuft vom weichen Samtfell bis zum Stachelgewand verschiedene Zwischenstufen. Im Gebiß fallen besonders die ein- oder mehrspitzigen Backenzähne auf.

Spitzmäuse

Die Spitzmäuse (Soricidae), neben den Fledermäusen die kleinsten aller Säugetiere, haben einen schlanken Leib, der Kopf ist lang, der Schnauzenteil gestreckt, das Gebiß sehr vollständig und aus außerordentlich scharfen Zähnen zusammengesetzt. Den Leib bedecken weiche, samtähnliche Haare.

Die Spitzmäuse verbreiten sich über die Alte Welt und Amerika. Sie leben sowohl in Ebenen wie in höhergelegenen Gegenden, am liebsten aber in dichten Wäldern, und Gebüschen, auf Wiesen und Auen, in Gärten und Häusern. Die meisten geben feuchten Orten den Vorzug; einige treiben sich im Wasser umher. Viele führen ein unterirdisches Leben, indem sie sich selbst Löcher oder Gänge graben oder die schon vorhandenen benutzen. Fast alle suchen die Dunkelheit oder den Schatten. Ihre Bewegungen sind außerordentlich rasch und behend. Die Stimme aller Arten besteht in feinen, zwitschernden oder quiekenden und pfeifenden Lauten. Bei Gefahr verbreiten alle einen stärkeren oder schwächeren Moschus- oder Zibetgeruch, welcher sie im Leben zwar nicht gegen ihre Feinde bewahrt, sie aber doch nur sehr wenigen Tieren als genießbar erscheinen läßt.

Die *Waldspitzmaus* (Sorex araneus) ist 11 cm lang, wovon 4,5 cm auf den Schwanz kommen. Die Färbung des feinen Samtpelzes spielt zwischen lebhaftem Rotbraun und dem glänzendsten Schwarz; die Seiten sind immer lichter gefärbt als der Rücken.

Man findet die Waldspitzmaus in fast ganz Europa und Asien. Sie bewohnt am liebsten unterirdische Höhlen und bezieht deshalb gern die Gänge des Maulwurfs oder verlassene Mauslöcher. In weichem Boden gräbt sie mit einem Rüssel und den schwachen Vorderpfoten selbst Gänge aus, welche regelmäßig sehr oberflächlich unter der Erde dahinlaufen.

Die trächtige Spitzmaus baut sich ein Nest aus Moos, Gras, Laub und Pflanzenstengeln, am liebsten im Mauerwerk oder unter hohlen Baumwurzeln, versieht es mit mehreren Seitengängen, füttert es weich aus und wirft hier zwischen Mai und Juli fünf bis zehn Junge, welche nackt und mit geschlossenen Augen und Ohren geboren werden. Anfänglich säugt die Alte die Sprößlinge mit vieler Zärtlichkeit, aber bald schon machen sich die Jungen selbständig.

Auffallend ist, daß die Spitzmäuse nur von wenigen Tieren gefressen werden. Die Katzen töten sie, wahrscheinlich weil sie sie anfangs für eine Maus halten, beißen sie aber nur tot, ohne sie jemals zu fressen. Auch die Marderarten scheinen sie zu verschmähen. Bloß einige Greifvögel sowie der Storch und die Kreuzotter verschlingen sie ohne Umstände und mit Behagen. Jedenfalls hat die Abneigung der geruchsbegabten Säugetiere ihren Grund in dem Widerwillen, welchen ihnen die Ausdünstung der Spitzmäuse einflößt. Dieser starke moschusartige Geruch wird durch zwei Absonderungsdrüsen hervorgebracht, welche sich an den Seiten des Leibes, und zwar näher an den Vorder- als an den Hinterbeinen finden, und überträgt sich augenblicklich auf alle Gegenstände, welche die Spitzmaus berührt.

Die *Wasserspitzmaus* (Neomys fodiens), ein in ihrer Färbung vielfach abänderndes Tier, gehört zu den größeren Arten der bei uns vorkommenden Spitzmäuse. Ihre Gesamtlänge beträgt 18,8 cm, wovon 5,3 cm auf den Schwanz kommen. Der feine, dichte und weiche Pelz ist gewöhnlich auf dem Oberkörper schwarz und auf dem Unterkörper grauweiß oder weißlich. Die Haare des Pelzes stehen so dicht, daß sie vollkommen aneinanderschließen und keinen Wassertropfen bis auf die Haut eindringen lassen. Besondere Schwimmhaare lassen sich so ausbreiten, daß sie wie Zinken eines Kammes auf jeder Seite der Füße hervorstehen und dabei so knapp an die Seiten dieser Teile anlegen, daß man sie wenig bemerkt. Sie bilden ausgebreitet ein vollkommenes Ruder und leisten vortreffliche Dienste. Nach Belieben können sie entfaltet und wieder zusammengelegt und beim Laufen so angedrückt werden, daß sie hinlänglich gegen die Abnutzung geschützt sind.

Die Wasserspitzmaus ist fast in ganz Europa und einem Teil Asiens verbreitet und an geeigneten Orten überall häufig zu finden. Ihre Nordgrenze erreicht sie in England und in den Ostseeländern, ihre Südgrenze in Spanien und Italien. Sie bewohnt vorzugsweise die Gewässer gebirgiger Gegenden und am liebsten solche, in denen es auch bei der größten Kälte noch offene Quellen gibt, weil diese ihr im Winter, um frei aus- und einzugehen, unentbehrlich sind. Bäche gebirgiger Waldgegenden, welche reines Wasser, sandigen oder kiesigen Untergrund haben, mit Bäumen besetzt sind von Gärten oder Wiesen eingeschlossen werden, scheinen Lieblingsorte von ihr zu sein. In lockerem Boden nahe am Wasser gräbt sie sich selbst Röhren, benutzt aber doch noch lieber die Gänge der Mäuse und Maulwürfe, welche sie in der Nähe ihres Aufenthaltsortes vorfindet. Ein Haupterfordernis ihrer Wohnung ist, daß die Hauptröhre verschiedene Ausgänge hat, von denen der eine in das Wasser, die anderen über dessen Oberfläche und noch andere nach dem Lande zu münden.

Sie ist ein äußerst munteres, kluges und gewandtes Tier. Sie schwimmt und taucht vortrefflich und besitzt die Fähigkeit, bald mit vorstehendem Kopfe, bald mit sichtbarem ganzen Oberkörper auf dem Wasser zu ruhen, ohne sich dabei merklich zu bewegen. Das volle Leben des schmucken Tieres zeigt sich am besten bei der Paarung und Begattung, welche im April oder Mai stattzufinden pflegt. Unter beständigem Geschrei, welches fast wie „Sisisi" klingt und, wenn es von mehreren ausgestoßen wird, ein wahres Geschwirr genannt werden kann, verfolgt das Männchen das Weibchen. Dieses kommt aus seinem Versteck herausgeschwommen, hebt den Kopf und die Brust über das Wasser empor und sieht sich nach allen Seiten um. Das Männchen, welches den Gegenstand seiner Sehnsucht zweifellos schon gesucht hat, zeigt sich jetzt ebenfalls auf dem freien Wasserspiegel und schwimmt, sobald es die Verlorene entdeckt hat, eilig auf sie zu. Dem Weibchen ist es aber noch nicht gelegen, die ihm zugedachten Liebkosungen anzunehmen. Es läßt zwar das Männchen ganz nahe an sich herankommen; doch ehe es erreicht ist, taucht es plötzlich unter und entweicht weit, indem es auf dem Grunde des Teiches eine Strecke fortläuft und an einer ganz anderen Stelle wieder hochkommt. Das Männchen hat dies jedoch bemerkt und eilt von neuem dem Orte zu, an dem sich seine Geliebte befindet. Schon glaubt es am Ziele zu sein, da verschwindet das Weibchen wieder und kommt abermals anderswo zum Vorschein. So geht das Spiel viertelstundenlang fort, bis sich endlich das Weibchen dem Willen des Männchens ergibt. Dabei vergißt keines der beiden Gatten, ein etwa vorüberschwimmendes Kerbtier oder einen sonstigen Nahrungsgegenstand aufzunehmen, und nicht selten werden bei dieser Liebesneckerei auch alle Gänge am Ufer mit besucht. In einem der letzteren legt das Weibchen sein Wochenbett in einem kleinen Kessel an, welcher mit Moos und trockenem Grase ausgekleidet wird. Hier bringt es um die Mitte des Mai seine sechs bis zehn Jungen zur Welt.

Im Verhältnis zu ihrer Größe ist die Wasserspitzmaus ein wahrhaft furchtbares Raubtier. Sie verzehrt nicht bloß Kerfe aller Arten, vor allem solche, welche im Wasser leben, Würmer, kleine Weichtiere, Krebse und dergleichen, sondern auch Lurche, Fische, Vögel und kleine Säugetiere. Die Maus, der sie in ihren Löchern begegnet, ist verloren; die vor kurzem ausgeflogene Bachstelze, die sich unvorsichtigerweise zu nahe an das Wasser wagt, wird plötzlich mit derselben Gier überfallen, mit der sich ein Luchs auf ein Reh stürzt.

Igel

Das Stachelkleid ist das auffallendste Merkmal der Igel (Erinaceidae). Außerdem haben sie alle einen gedrungen gebauten Leib, einen nicht besonders langen, am Schnauzenteile zu einem Rüssel ausgezogenen Kopf mit mäßig großen Augen und ziemlich großen Ohren, kurze und dicke Beine mit plumpen Füßen, deren vordere stets fünf und deren hintere meist ebenso viele, ausnahmsweise auch vier Zehen tragen, einen kurzen Schwanz und ein starres, oberseits aus kurzen Stacheln, unterseits aus Haaren bestehendes Kleid. Sie verbreiten sich über Europa, Afrika und Asien. Wälder und Auen, Felder und Gärten, ausgedehnte Steppen sind die hauptsächlichsten Aufenthaltsorte ihrer Glieder.

Bei unserem *Igel* (Erinaceus europaeus) ist der ganze Körper mit all seinen Teilen sehr gedrungen, dick und kurz, der Rüssel spitz und vorn gekerbt, der Mund weit gespalten; die Ohren sind breit, die schwarzen Augen klein. Wenige schwarze Schnurren stehen im

Gesicht unter den weiß- oder rotgelb, an den Seiten der Nase und Oberlippe aber dunkelbraun gefärbten Haaren. Das Haar am Hals und Bauch ist lichtrot-gelblichgrau oder weißgrau; die Stacheln sind gelblich, in der Mitte und an der Spitze dunkelbraun. Die Länge des Tieres beträgt 25–30 cm, die des Schwanzes 2,5 cm, die Höhe am Widerrist ungefähr 12 bis 15 cm. Das Weibchen unterscheidet sich vom Männchen durch stärkeren Leib und lichtere, mehr grauliche Färbung; auch ist die Stirn bei ihm gewöhnlich nicht so tief herab mit Stacheln besetzt.

Das Verbreitungsgebiet des Igels erstreckt sich nicht nur über ganz Europa mit Ausnahme der kältesten Länder, sondern auch über den größten Teil von Nordasien; man findet ihn in Syrien wie in West- und Südostsibirien. In den europäischen Alpen kommt er bis zum Krummholzgürtel, einzeln bis über 2000 m über dem Meere vor, im Kaukasus steigt er noch um 1000 m höher empor. Er findet sich sowohl in flachen wie in bergigen Gegenden, in Wäldern, Auen, Feldern, Gärten und ist in ganz Deutschland eigentlich nirgends selten, aber auch nirgends häufig. Laubholz mit dichtem Gebüsch oder faule, an der Wurzel ausgehöhlte Bäume, Hecken in Gärten, Haufen von Mist und Laub, Löcher in Umhegungsmauern, kurz: Orte, die ihm Schlupfwinkel gewähren, wissen ihn zu fesseln, und hier darf man auch mit ziemlicher Sicherheit rechnen, ihn jahraus, jahrein zu finden. Will man ihn hegen und pflegen, so muß man sein hauptsächlichstes Augenmerk auf Anlegung derartiger Zufluchtsorte richten.

Der Igel ist ein drolliger Kauz und dabei ein guter, furchtsamer Gesell, welcher sich ehrlich und redlich, unter Mühe und Arbeit durchs Leben schlägt. Wenig zum Gesellschafter geeignet, findet er sich fast stets allein oder höchstens in Gemeinschaft mit seinem Weibchen. Unter den dichtesten Gebüschen, unter Reisighaufen oder in Hecken hat sich jeder einzeln sein Lager aufgeschlagen und möglichst bequem zurechtgemacht. Es ist ein großes Nest aus Blättern, Stroh und Heu, welches in einer Höhle oder unter dichtem Gezweige angelegt wird. Fehlt es an einer schon vorhandenen Höhle, so gräbt er sich mit vieler Arbeit eine eigene Wohnung und füttert diese aus. Sie reicht etwa 30 cm tief in die Erde und ist mit zwei Ausgängen versehen, von denen der eine in der Regel nach Mittag, der andere gegen Mitternacht gelegt ist. Diese Türen verändert er jedoch wie das Eichhorn, zumal bei heftigem Nord- und Südwind. Die Wohnung des Weibchens ist fast immer nicht weit von der des Männchens, gewöhnlich in ein und demselben Garten. Es kommt auch vor, daß sich

Igel

beide Igel in der warmen Jahreszeit in ein Nest legen.

Zur Nachtzeit geht der Igel auf Futtersuche. Gelegentlich sieht man ihn auch am Tage. Man hört dann ein Geraschel im Laub und sieht ihn plötzlich in schnurgerader Richtung weglaufen, trotz der schnell trippelnden Schritte langsam und ziemlich schwerfällig. Dabei schnuppert er mit der Nase wie ein Spürhund auf dem Boden und beriecht jeden Gegenstand, welchen er unterwegs trifft, sehr sorgfältig. Hört unser Stachelheld auf seinem Wege etwas Verdächtiges, so bleibt er stehen, lauscht und wittert, und man sieht dabei recht deutlich, daß der Geruchssinn bei weitem der schärfste ist, besonders im Vergleich zum Gesicht. Nicht selten kommt es vor, daß ein Igel dem Jäger auf dem Anstand geradezu bis vor die Füße läuft, dann aber plötzlich stutzt, schnüffelt und nun eiligst Reißaus nimmt, falls er nicht vorzieht, sogleich seine Schutz- und Trutzwaffe zu gebrauchen, nämlich sich zur Kugel zusammenzuballen. Von der früheren Gestalt des Tieres bemerkt man dann nichts mehr; es bildet jetzt vielmehr einen eiförmigen Klumpen, welcher an einer Seite eine Vertiefung zeigt, sonst aber ringsum ziemlich regelmäßig gerundet ist. Die Vertiefung führt nach dem Bauche zu, und in ihr liegen, dicht an denselben gedrückt, die Schnauze, die vier Beine und der kurze Stummelschwanz. Dieses Zusammenrollen verursacht ihm keine Anstrengung; denn die Hautmuskeln, die dies bewirken, sind bei ihm ausgebildet wie bei keinem anderen Tier und wirken gemeinschaftlich mit solcher Kraft, daß ein an den Händen gehörig geschützter Mann kaum imstande ist, den zusammengekugelten Igel gewaltsam aufzurollen. Während bei der ruhigen Bewegung des Tieres das Stachelfeld hübsch glatt aussieht und die tausend Spitzen, im ganzen dachziegelartig geordnet, glatt übereinanderliegen, sträuben sie sich, sobald der Igel die Kugelform annimmt, nach allen Seiten und lassen ihn jetzt als eine furchtbare

Kopf des Igels

Stachelkugel erscheinen. Will man sich einen Spaß machen, so setzt man den Igel auf einen Gartentisch und sich still daneben, um das Aufrollen zu beobachten. Falls man sich ruhig verhält, denkt der zusammengerollte Igel nach geraumer Zeit daran, sich wieder auf den Weg zu machen. Ein eigentümliches Zucken des Felles verkündet den Anfang seiner Bewegung. Leise schiebt er den vorderen und hinteren Teil des Stachelpanzers auseinander, setzt die Füße vorsichtig auf den Boden und streckt sachte das Schweineschnäuzchen vor. Noch ist die Kopfhaut dick gefaltet, und finsterer Zorn scheint sich auf seiner niederen Stirn auszudrücken; selbst das harmlose Auge liegt unter buschigen Brauen tief versteckt. Mehr und mehr glättet sich das Gesicht, weiter und weiter wird die Nase vorgeschoben und der Panzer zurückgedrückt, endlich hat man auf einmal das gemütliche Gesicht in seiner gewöhnlichen, behäbigen und harmlosen Ruhe vor sich, und in diesem Augenblick beginnt auch der Igel seine Wanderung, geradeso, als ob es für ihn niemals eine Gefahr gegeben hätte.

Die Hauptmasse seiner Nahrung besteht aus Kerbtieren, und eben hierdurch wird er so nützlich. Allein er begnügt sich nicht damit. Außer der Unmasse von Heuschrecken, Grillen, Küchenschaben, Mai- und Mistkäfern, andern Käfern aller Art und deren Larven verzehrt er Regenwürmer, Nacktschnecken, Wald- und Feldmäuse, kleine Vögel und selbst Junge von großen. Sehr bedeutsam sind die Gefechte, die er den Schlangen liefert. Er greift unbekümmert selbst die Kreuzotter an, gegen deren Gift er nicht sehr empfindlich ist.

Die Paarungszeit des Igels dauert von Ende März bis Anfang Juni. Fünf bis sechs Wochen nach der Paarung wirft das Weibchen seine drei bis sechs blinden Jungen in einem besonders hierzu errichteten schönen, großen und gut ausgestatteten Lager unter dichten Hecken, Zäunen, Laub- und Mooshaufen oder in Getreidefeldern. Die neugeborenen Igelchen sind etwa 6,5 cm lang und haben kleine, weiße Stacheln. Gegen den Herbst hin sind die jungen Igel so weit erwachsen, daß sich jeder einzelne selbst seine Nahrung suchen kann, und ehe noch die kalten Tage kommen, hat sich jeder ein Schmerbäuchlein angelegt und denkt jetzt wie die Alten daran, sich seine Winterwohnung herzurichten. Mit Eintritt des ersten starken Frostes vergräbt sich der Igel tief in sein Lager und bringt hier die kalte Winterzeit in einem ununterbrochenen Winterschlafe zu.

Ein im Hause gehaltener Igel erfreut zwar durch seine Drolligkeit, doch ist er ein unreinlicher Gesell, und der widrige, bisamähnliche Geruch, den er verbreitet, ist keineswegs angenehm.

Maulwürfe

Die Maulwürfe oder *Mulle* (Talpidae) verbreiten sich fast über ganz Europa, einen großen Teil von Asien und Nordamerika. Ihre Artenzahl ist nicht groß. Der gedrungene Leib ist walzenförmig und geht ohne abgesetzten Hals in den kleinen Kopf über, welcher sich seinerseits zu einem Rüssel verlängert und zuspitzt, während Augen und Ohren verkümmert und äußerlich kaum sichtbar sind. Der Leib ruht auf vier Beinen, von denen die vorderen als verhältnismäßig riesige Grabwerkzeuge erscheinen, während die Hinterpfoten schmal, gestreckt und rattenfußartig sind und der Schwanz nur kurz ist.

Alle Maulwürfe bewohnen mit Vorliebe ebene, fruchtbare Gegenden, ohne jedoch im Gebirge zu fehlen. Wiesen und Felder, Gärten, Wälder und Auen werden von ihnen erklärlicherweise den trockenen, unfruchtbaren Hügelabhängen oder sandigen Stellen vorgezogen. Alle Arten führen ein vollkommen unterirdisches Leben. Sie scharren sich Gänge durch den Boden und werfen Haufen auf, sowohl im trockenen, lockeren oder sandigen als auch im feuchten und weichen Boden. Manche Arten legen sich weit ausgedehnte und zusammengesetzte Baue an. Unter den Sinnen sind Geruch, Gehör und Gefühl besonders ausgebildet, während das Gesicht sehr verkümmert ist.

Beim Maulwurf oder Mull (Talpa europaea), dem Urbild der Familie, beträgt die Leibeslänge einschließlich des 2,5 cm langen Schwanzes 15 cm. Von der Leibeswalze stehen die sehr kurzen Beine ziemlich waagerecht ab; die sehr breite handförmige Pfote kehrt die Fläche, die bei anderen Tieren nach innen gerichtet ist, immer nach außen und rückwärts. Die Augen haben etwa die Größe eines Mohnkornes, liegen in der Mitte zwischen der Rüsselspitze und den Ohren und sind vollkommen von den Kopfhaaren überdeckt. Die kleinen Ohren haben keine äußeren Ohrmuscheln, sondern werden außen lediglich von einem kurzen Hautrand umgeben, welcher ebenfalls unter den Haaren verborgen liegt und zur Öffnung und Schließung des Gehörganges dient. Die gleichmäßig schwarze Behaarung ist überall sehr dicht, kurz, weich und samtartig.

Ohne Unterlaß gräbt er waagerechte Gänge in geringer Tiefe unter der Oberfläche und wirft, um den losgescharrten Boden zu entfernen, die bekannten Hügel auf. Er baut sich eine kunstreiche Wohnung, die im Innern aus einer rundlichen, reichlich 8 cm weiten Kammer besteht, welche als Lagerplatz dient, und aus zwei kreisförmigen Gängen, von denen der größere in gleicher Höhe mit der Kammer liegt und diese ringsum in einer Entfernung von ungefähr 16–25 cm einschließt, während der kleinere etwas oberhalb der Kammer ziemlich gleichartig mit dem größeren Gang verläuft. Aus der Kammer gehen gewöhnlich drei Röhren schräg nach oben in die kleinere Kreisröhre und aus dieser, ohne Ausnahme abwechselnd mit den vorhergehenden Verbindungsröhren, fünf bis sechs Röhren schräg abwärts in die größere Kreisröhre. Von dieser aus strecken sich strahlenförmige und ziemlich waagerechte Gänge nach außen und, ebenfalls wieder abwechselnd mit den zuletzt genannten Verbindungsröhren, etwa acht bis zehn einfache oder verzweigte Gänge nach allen Richtungen hin, die aber in einiger Entfernung meist bogenförmig nach der gemeinsamen Laufröhre umbiegen. Auch aus der Kammer abwärts führt eine Sicherheitsröhre in einem wieder ansteigenden Bogen in diese Laufröhre. Die Wände der Kammer und der zu der Wohnung gehörenden Röhren sind sehr dicht, fest zusammengestampft und glatt gedrückt. Die Kammer selbst ist zum Lager ausgepolstert mit weichen Blättern von Gräsern, meist jungen Getreidepflänzchen, Laub, Moos, Stroh oder zarten Wurzeln, welche der Maulwurf größtenteils von der Oberfläche der Erde herbeischleppt. Kommt Gefahr von oben, schiebt er das weiche Lagerpolster zur Seite und fällt nach unten, sieht er sich von unten oder von der Seite bedroht, so bleiben ihm die Verbindungsröhren zu der kleineren Kreisröhre teilweise offen. Die Wohnung bietet ihm zu Schlaf und Ruhe unter allen Umständen Sicherheit und ist deshalb auch sein gewöhnlicher Aufenthaltsort, wenn er nicht auf Nahrungssuche ausgeht. Sie liegt 30–60 cm unter der Erdoberfläche.

Das Graben selbst wird dem Maulwurfe sehr leicht. Mit Hilfe seiner starken Nackenmuskeln und der gewaltigen Schaufelhände, mit denen er sich an einem bestimmten Orte festhält, bohrt er die Schnauze in den lockeren Boden ein, zerscharrt um sich herum die Erdschollen mit den Vorderpfoten und wirft sie mit außerordentlicher Schnelligkeit hinter sich. Durch die Schließfähigkeit seiner Ohren sind diese vor dem Eindringen von Sand und Erde vollkommen geschützt. Die aufgescharrte Erde läßt er in seinem eben gemachten Gang so lange hinter sich liegen, bis die Menge ihm unbequem wird. Dann versucht er an die Oberfläche zu kommen und wirft die Erde nach und nach mit der Schnauze heraus. Dabei ist er fast immer mit einer 12–15 cm hohen Schicht lockerer Erde überdeckt.

Die Hauptnahrung des Maulwurfs besteht aus Regenwürmern und Kerbtierlarven, welche unter der Erde leben. Sein ungewöhnlich feiner Geruch hilft ihm, die Tiere aufzuspüren, und er folgt ihnen in größeren oder kleineren Tiefen, je nachdem, ob sie selbst höher oder niedriger gehen. Der Hunger des Maulwurfs ist unstillbar. Er bedarf täglich soviel an Nahrung, wie sein eigenes Körpergewicht beträgt. Der Maulwurf hält keinen Winterschlaf wie mancher andere Kerbtierjäger, sondern ist Sommer und Winter in ewiger Bewegung. Er folgt den Regenwürmern und Kerbtieren und zieht sich mit ihnen in die Tiefe der Erde zurück. Nicht selten sieht man Maulwürfe im frischen Schnee oder im tiefgefrorenen Boden ihre Haufen aufwerfen, und unter dem weichen Schnee machen sie oft große Wanderungen unmittelbar über dem vereisten Boden. Sie legen sich sogar Wintervorräte an, nämlich eine große Menge Würmer, die durch einen Biß in den Nervenstrang gelähmt werden.

Außer dem Menschen hat der Maulwurf viele Verfolger: Iltis, Hermelin, Eulen und Falken, Bussard, Raben und Storch lauern ihm beim Aufwerfen auf, das kleine Wiesel verfolgt ihn sogar in seinen Gängen, wo er auch der Kreuzotter nicht selten zum Opfer fällt.

NAGETIERE

Man braucht den *Nagern* (Rodentia) bloß in den Mund zu sehen, um sie sofort und unzweifelhaft als das zu erkennen, was sie sind. Zwei große Nagezähne in beiden Kiefern, die nicht allein die Schneidezähne vertreten, sondern auch die Eck- und Lückzähne zu ersetzen scheinen, sind das allen gemeinsame Merkmal. Die Nagezähne sind bedeutend größer als alle übrigen Zähne des ganzen Gebisses, die oberen immer stärker als die unteren, alle bogenförmig gekrümmt, an der Schneide breit oder spitzmeißelartig, an der Wurzel drei- oder vierkantig, bald flach, bald gewölbt, glatt oder gefurcht, weiß oder gelblich und rot gefärbt. Ihre äußere oder vordere Fläche ist mit stahlhartem Schmelz belegt, und dieser bildet auch die scharfe Spitze oder den breiten, schneidenden Meißelrand. Der übrige Zahn besteht aus der gewöhnlichen Zahnmasse. Bei der ausgedehnten Benutzung dieser Hauptzähne würden sie sich in kurzer Zeit abstumpfen oder abnutzen, hätten sie nicht einen großen Vorzug vor allen übrigen Zähnen des Säugetiergebisses: ihr Wachstum ist unbeschränkt. Die Zahnwurzel liegt in einer Zahnhöhle, welche sich weit in den Kiefer einbohrt, und enthält an dem hinteren, offenen Ende in einer trichterförmigen Einbuchtung einen bleibenden Keim, welcher ununterbrochen den Zahn in demselben Grade ergänzt, wie er vorn sich abnutzt. Die feine Schärfe der Schneide wird durch gegenseitiges Aufeinanderreiben und dadurch bewirktes Abschleifen der Zähne erhalten.

Die Nager verbreiten sich über alle Erdteile und finden sich in allen Klimazonen, soweit die Pflanzenwelt reicht. Höchst verschiedenartig ist die Lebensweise dieser überall verbreiteten Geschöpfe. Nicht wenige sind Baum-, viele Erdtiere, diese leben im Wasser, jene in unterirdischen, selbstgegrabenen Höhlen, die einen im Gebüsch, die andern im freien Felde. Meist scharfsinnig, munter und lebhaft, scheinen sie doch nicht klug oder besonders geistig befähigt zu sein. Manche leben paarweise, andere in Familien und nicht wenige scharenweise zusammen. Alle Nager nähren sich hauptsächlich von pflanzlichen Stoffen, Wurzeln, Rinden, Blättern, Blüten, Früchten aller Art, Kraut, Gras, mehligen Knollen, ja selbst Holzfasern werden von ihnen verzehrt; die meisten aber nehmen auch tierische Stoffe zu sich und werden zu wirklichen Allesfressern. Eigentümlich ist, daß viele Vorräte einsammeln und diese in unterirdischen Kammern aufspeichern.

Die Nager gehören zu unseren schädlichsten und gefährlichsten Feinden. Hätten nicht auch sie ein ungezähltes Heer von Feinden gegen sich und wären sie nicht mancherlei Seuchen und Krankheiten in hohem Grade unterworfen, sie würden die Erde beherrschen und verwüsten. Der ununterbrochene Vertilgungskrieg, der gegen sie geführt wird, erhält in ihrer erstaunlichen Fruchtbarkeit und Vermehrungsfähigkeit ein Gegengewicht, das nur zu oft zum Überwiegen kommt. Es klingt überraschend und ist dennoch wahr, wenn angegeben wird, daß ein Nagerpärchen binnen Jahresfrist seine Nachkommenschaft auf Tausend bringen kann. Solche erzeugungstüchtigen Arten werden oft zu furchtbaren Verwüstern des menschlichen Besitztums. Ihre Wühlerei in Feld und Garten, ihr Zernagen und Abbeißen von allerlei nützlichen Gegenständen und Pflanzen, ihre Räubereien im Speicher und Wohnhaus verursachen einen unermeßlichen Schaden.

Hörnchen

Zu einer Familie der Nager vereinigen wir die *Hörnchen* (Sciuridae). Sie bewohnen mit Ausnahme von Australien die ganze Erde.

Das *Eichhörnchen* (Sciurus vulgaris), Abb. S. 117, einer von den wenigen Nagern, mit denen der Mensch sich befreundet hat, trotz mancher unangenehmen Eigenschaften ein gern gesehener Genosse im Zimmer, erscheint sogar dem Dichter als eine ansprechende Gestalt. Dies fühlten schon die Griechen heraus, denen wir den Namen zu danken haben, der jetzt in der Wissenschaft die Eichhörnchen bezeichnet. „Der mit dem Schwanze sich Schattende" bedeutet das griechische *Sciurus*.

Die Leibeslänge des Eichhorns beträgt etwa 25 cm, die Schwanzlänge 20 cm und das Gewicht des erwachsenen Tieres etwas über ein halbes Pfund. Der Pelz ändert im Sommer und im Winter, im Norden und im Süden vielfach ab, und außerdem gibt es noch zufällige Ausartungen. Im Sommer ist die Färbung oben bräunlichrot, an den Kopfseiten grau gemischt, auf der Unterseite vom Kinne an weiß, im Winter oberseits braunrot mit grauweißem Haar untermischt, unterseits weiß. Häufig sieht man auch in den deutschen Wäldern eine schwarze Abart. Sehr selten sind weiße oder

Eichhörnchen

gefleckte Spielarten, solche mit halb oder ganz weißem Schwanze und dergleichen. Der Schwanz ist sehr buschig und zweizeilig, das Ohr ziert ein Büschel langer Haare, die Fußsohlen sind nackt.

Unser Eichhörnchen ist den Griechen und Spaniern ebensogut bekannt wie den Sibiriern und Lappländern. Sein Verbreitungskreis reicht durch ganz Europa und geht noch über Kaukasus und Ural hinweg durch das ganze südliche Sibirien bis zum Altai und nach Hinterasien. Wo sich Bäume finden, und zumal im Wald, fehlt es sicher nicht; aber es ist nicht überall und auch nicht in allen Jahren gleich häufig. Hochstämmige, trockene und schattige Wälder bilden seine bevorzugtesten Aufenthaltsplätze. Während der Reife des Obstes und der Nüsse besucht es Gärten, doch nur dann, wenn sich vom Walde aus eine Verbindung durch Feldhölzchen oder wenigstens Gebüsche findet. Wo viele Fichten- und Kiefernzapfen reifen, setzt es sich fest und baut eine oder mehrere Wohnungen, gewöhnlich in alten Krähenhorsten, welche es künstlich herrichtet. Die freien Nester stehen gewöhnlich in einem Zwiesel dicht am Hauptstamm des Baumes; ihr Boden ist gebaut wie der eines größeren Vogelnestes, oben aber deckt sie nach Art der Elsternnester ein flaches, kegelförmiges Dach, dicht genug, um vollständig vor dem Eindringen des Regens zu schützen. Der Haupteingang ist abwärts gerichtet, ein etwas kleineres Fluchtloch befindet sich dicht am Schafte. Zartes Moos bildet im Innern ringsum ein weiches Polster.

Das muntere Tierchen ist unstreitig eine der Hauptzierden unserer Wälder. Bei ruhigem, heiterem Wetter bewegt es sich ununterbrochen, und zwar soviel wie möglich auf den Bäumen, welche ihm zu allen Zeiten Nahrung und Obdach bieten. Beständig geht es von Baum zu Baum, von Krone zu Krone, von Zweig zu Zweig. Mit unglaublicher Sicherheit und Schnelligkeit rutscht es an den Baumstämmen empor, auch an den glättesten. Die langen, scharfen Krallen an den fingerartigen Zehen leisten ihm dabei vortreffliche Dienste. Es häkelt sich in die Baumrinde ein, und zwar immer mit allen vier Füßen zugleich. Dann nimmt es einen neuen Anlauf zum Sprung und schießt weiter nach oben; aber ein Sprung folgt so schnell auf den andern, daß das Emporsteigen in ununterbrochener Folge vor sich geht und aussieht, als gleite das Tier an dem Stamm in die Höhe. Gewöhnlich steigt es, ohne abzusetzen, bis in die Krone des Baumes, dort läuft es dann auf irgendeinem der waagerechten Äste hinaus und springt gewöhnlich zur Spitze eines Astes an einem andern Baum hinüber, über Zwischenräume von 4–5 m immer von oben nach unten.

Je nach der Jahreszeit genießt es Früchte oder Sämereien, Knospen, Zweige, Schalen, Beeren, Körner und Pilze. Tannen-, Kiefern- und Fichtensamen, Knospen und junge Triebe bleiben wohl der Hauptteil seiner Nahrung. Es beißt die Zapfen unserer Nadelholzbäume am Stiel ab, setzt sich behäbig auf die Hinterläufe, erhebt den Zapfen mit den Vorderfüßen zum Mund, dreht ihn ununterbrochen herum und beißt nun mit seinen vortrefflichen Zähnen ein Blättchen nach dem andern ab, bis der Kern zum Vorschein kommt, den es dann mit der Zunge aufnimmt und in den Mund führt. Am liebsten verzehrt es Nüsse. Leider ist es ein großer Freund von Eiern, plündert alle Nester, welche es bei seinen Streifereien auffindet, und verschont ebensowenig junge Vögel, wagt sich sogar an alte.

Sobald das Tier reichliche Nahrung hat, trägt es Vorräte ein. In den Spalten und Löchern hohler Bäume und Baumwurzeln, in selbstgegrabenen Löchern, unter Gebüsch und Steinen, in einem seiner Nester und an andern ähnlichen Orten legt es seine Speicher an und schleppt oft über weite Strecken die betreffenden Nüsse, Körner und Kerne nach solchen Plätzen. Durch dieses Vorsorgen für den Winter bekunden die Eichhörnchen, wie außerordentlich empfindlich sie gegen die Einflüsse der Witterung sind. Falls die Sonne etwas wärmer strahlt als gewöhnlich, halten sie ihr Mittagsschläfchen in ihrem Nest und treiben sich dann bloß früh und abends im Wald umher; noch viel mehr aber scheuen sie Regengüsse, heftige Gewitter, Stürme und vor allem Schneegestöber. Ein schlechter Herbst wird für sie gewöhnlich verderblich, weil sie in ihm die Wintervorräte aufbrauchen. Folgt dann ein nur einigermaßen strenger Winter, so bringt er einer Unzahl von ihnen den Tod. Manche Speicher werden vergessen, zu andern verwehrt der hohe Schnee den Zugang, und so kommt es, daß die munteren Tiere geradezu verhungern.

Das Weibchen wirft bei uns meist zweimal im Jahr drei bis sieben Junge, welche ungefähr neun Tage lang blind bleiben und von der Mutter zärtlich geliebt werden. Baumhöhlen scheinen die bevorzugten Wochenbetten abzugeben. Ausgezeichnet ist die Reinlichkeit des Hörnchens: Es leckt und putzt sich ohne Unterlaß. Weder seine noch seiner Jungen Losung legt es im Nest oder im Nachtlager, sondern immer unten am Stamme des Baumes ab. In der Jugend sind alle Hörnchen muntere, lustige und durchaus harmlose Tierchen, welche sich recht gern hätscheln und schmeicheln lassen. Sie erkennen und lieben ihren Pfleger und bekunden eine gewisse Gelehrigkeit, indem sie dem Rufe folgen. Leider werden fast alle, auch die zahmsten, mit zunehmendem Alter tückisch oder wenigstens bissig, und zumal im Frühjahr, während der Zeit der Paarung, ist ihnen nie recht zu trauen.

Im Edelmarder hat das Eichhörnchen seinen furchtbarsten Feind. Dem Fuchs gelingt es nur selten, ein Hörnchen zu erschleichen, und Milanen, Habichten und großen Eulen entgeht es dadurch, daß es, wenn ihm die Vögel zu Leibe wollen, rasch in Schraubenlinien um den Stamm klettert. Während die Vögel im Flug natürlich weit größere Bogen machen müssen, erreicht es endlich doch eine Höhlung oder einen dichten Wipfel, wo es sich schützen kann.

Murmeltiere

Oben auf den höchsten Steinhalden der Alpen, wo kein Baum, kein Strauch mehr wächst, wo kein Rind, kaum die Ziege und das Schaf mehr hinkommen, selbst auf den kleinen Felseninseln mitten zwischen den großen Gletschern, wo im Jahre höchstens sechs Wochen lang der Schnee vor den warmen Sonnenstrahlen schwindet, ist die Heimat eines schon seit alter Zeit wohlbekannten Mitgliedes der Familie. Die Römer nannten dieses Tier Alpenmaus, die Savoyarden nennen es Marmotta, die Engadiner Marmotella, die Deutschen, beide Namen umbildend, **Murmeltier**. In Bern heißt es Murmeli, in Wallis Murmentli und Mistbellerie, in Graubünden Marbetle oder Murbentle, in Glarus Munk.

Das *Alpenmurmeltier* (Marmota marmota), Abb. S. 117, erreicht etwa 65 cm Gesamtlänge, 13 cm Schwanzlänge und 18 cm Höhe. Der Leib ist gedrungen. Die Behaarung, die aus kürzerem Woll- und längerem Grannenhaar besteht, ist dicht, reichlich und ziemlich lang, ihre Färbung auf der Oberseite mehr oder weniger braunschwarz, auf Scheitel und Hinterkopf durch einige weißliche Punkte unterbrochen. Augen und Krallen sind schwarz, die Vorderzähne braungelb. Übrigens kommen vollkommen schwarze oder weiße und perlartig weißgefleckte Spielarten vor.

In der Regel wohnt es nur auf den nach Süden, Osten und Westen zu gelegenen Bergflächen und Abhängen, weil es, wie die meisten Tagtiere, die Sonnenstrahlen liebt. Hier hat es sich seine Höhlen gegraben, kleinere, einfachere und tiefere, großartig angelegte, die einen für den Sommer bestimmt, die anderen für den Winter, jene zum Schutz gegen vorübergehende Gefahren oder Witterungseinflüsse, diese gegen den furchtbaren, strengen Winter, der dort oben sechs, acht, ja zehn Monate herrscht. Mindestens zwei Drittel des Jahres verschläft das merkwürdige Geschöpf. Seit einiger Zeit wurde es auch im Schwarzwald eingeführt.

Das Sommerleben ist sehr kurzweilig. Mit Anbruch des Tages kommen zuerst die Alten aus der Röhre, strecken vorsichtig den Kopf heraus, spähen, horchen, wagen sich dann langsam ganz hervor, laufen etliche Schritte bergan, setzen sich auf die Hinterbeine und weiden hierauf eine Weile lang mit unglaublicher Schnelligkeit das kürzeste Gras ab. Bald darauf strecken auch die Jungen ihre Köpfe hervor, huschen heraus, weiden ein wenig, liegen stundenlang in der Sonne, machen Männchen und spielen artig miteinander. Alle Augenblicke sehen sie sich um und bewachen mit der größten Aufmerksamkeit die Gegend. Das erste, welches etwas Verdächtiges bemerkt, einen Greifvogel oder Fuchs oder Menschen, pfeift tief und laut, die übrigen wiederholen es teilweise, und im Nu sind alle verschwunden.

Die Bewegungen des Murmeltieres sind sonderbar. Der Gang ist ein höchst eigentümliches, breitspuriges Watscheln, wobei der Bauch fast auf der Erde schleift. Höchst sonderbar sieht das Tier aus, wenn es einen

Seite 117: Eichhörnchen (o.); Murmeltier (u.)
Seite 118: Biber (o.); Wanderratte (u.)

Kegel macht; es sitzt dann kerzengerade auf dem Hinterteil, steif wie ein Stock, den Schwanz senkrecht vom Leibe abgebogen, die Vorderarme schlaff herabhängend, und schaut aufmerksam in die Welt hinaus. Beim Graben arbeitet es langsam, gewöhnlich nur mit einer Pfote, bis es einen hübschen Haufen Erde losgekratzt hat; dann wirft es diese durch schnellende Bewegungen mit den Hinterfüßen weiter zurück, und endlich schiebt es sie mit dem Hintern vollends zur Höhle hinaus. Während des Grabens erscheint es häufig vor der Mündung seiner Röhre, um sich den Sand aus dem Fell zu schütteln.

Frische und saftige Alpenpflanzen, Kräuter und Wurzeln bilden die Nahrung des Murmeltieres. Mit seinen scharfen Zähnen beißt es das kürzeste Gras schnell ab, erhebt sich auf die Hinterbeine und hält die Nahrung mit den Vorderpfoten, bis es dieselbe gehörig zermalmt hat. Zur Tränke geht es selten; auch trinkt es viel auf einmal, schmatzt dabei und hebt nach jedem Schluck den Kopf in die Höhe. Wie die meisten Schläfer, sind die Alpenmurmeltiere im Spätsommer und Herbst ungemein fett. Sobald nun der erste Frost eintritt, fressen sie nicht mehr, trinken aber noch viel und oft, entleeren sich sodann und beziehen nun familienweise die Winterwohnungen. Vor Beginn des Winterschlafes wird der enge Zugang zu dem geräumigen Kessel auf eine Strecke von ein bis zwei Meter von innen her mit Erde und Steinen, zwischen die Lehm, Gras und Heu geschoben werden, geschickt und fest verstopft, so daß das Ganze einem Gemäuer gleicht, bei welchem das Gras gleichsam den Mörtel abgibt. Der mit dürrem, rotem Heu ausgepolsterte und ringsum ausgefütterte Kessel bildet für die ganze Gesellschaft das gemeinsame Lager. Hier ruht die Familie dicht beieinander. Alle Lebenstätigkeit ist aufs äußerste herabgesetzt, jedes Tier liegt regungslos und kalt in todesähnlicher Erstarrung in der einmal eingenommenen Lage, keines bekundet Leben. Die Blutwärme ist herabgesunken auf die Wärme, welche die Luft in der Höhle hat; die Atemzüge erfolgen bloß fünfzehnmal in der Stunde.

Im Frühjahr erscheinen die Murmeltiere in sehr abgemagertem Zustand vor der Öffnung ihrer Winterwohnung und müssen oft weit wandern, um etwas verdorrtes Gras aufzutreiben. Dieses überwinterte Gras dient ihnen im Anfang zur hauptsächlichsten Nahrung, bald aber sprossen die jungen, frischen, saftigen Alpenpflanzen und verschaffen ihnen wieder Kraft und Fülle. — Jagd und Fang des Murmeltieres bereiten mancherlei Schwierigkeiten. Der herannahende Jäger wird fast regelmäßig von irgendeinem Mitglied der Gesellschaft bemerkt und den übrigen durch helles Pfeifen angezeigt. Dann flüchten alle in den Bau und erscheinen so bald nicht wieder.

Der in Nordamerika lebende *Präriehund* (Cynomys ludovicianus) ist ein naher Verwandter der Murmeltiere. Der Leib ist gedrungen, der Kopf groß, der Schwanz sehr kurz, buschig, oben und an den Seiten gleichmäßig behaart; die Backentaschen sind verkümmert. Erwachsene Präriehunde erreichen etwa 40 cm Gesamtlänge, wovon ungefähr 7 cm auf den Schwanz kommen. Die Färbung der Oberseite ist licht rötlichbraun, grau und schwärzlich gemischt, die der Unterseite schmutzigweiß.

Der Name „Präriehund“ stammt von den ersten Entdeckern, den alten kanadischen Trappern oder Pelzjägern, welche unser Tierchen nach seiner bellenden Stimme benannten; in der äußeren Gestalt würde auch die gröbste Vergleichung keine Ähnlichkeit mit dem Hund gefunden haben. Seine ausgedehnten Ansiedlungen, welche man ihrer Größe wegen „Dörfer“ nennt, finden sich regelmäßig auf etwas vertieften Wiesen. Die einzelnen Wohnungen sind gewöhnlich 5 bis 6 m voneinander entfernt, und jeder kleine Hügel, welcher sich vor dem Eingang erhebt, mag aus einer guten Wagenladung Erde bestehen, die allmählich von den Bewohnern aus den unterirdischen Gängen ans Tageslicht befördert worden ist. Manche haben einen, andere dagegen zwei Eingänge. Ein festgetretener Pfad führt von einer Wohnung zur andern. Bei der Wahl einer Stelle zur Anlage ihrer Städte scheint die Präriehunde ein kurzes, krauses Gras zu bestimmen, welches besonders auf höheren Ebenen gedeiht und nebst einer Wurzel die einzige Nahrung dieser Tiere ausmacht.

Bilche

Eine kleine Nagerfamilie bilden die Bilche oder *Schlafmäuse* (Gliridae). Sie haben einen schmalen Kopf mit mehr oder minder spitzer Schnauze, ziemlich großen Augen und großen, nackthäutigen Ohren, einen gedrungenen Leib, mäßig lange Gliedmaßen, zart gebaute Füße mit vorn vier Zehen und einer plattnagligen Daumenwarze, hinten fünf Zehen, mittellangen, dicht buschig und zeitweilig behaarten Schwanz und reichen, weichhaarigen Pelz. Sie leben auf und in den Bäumen, seltener in selbstgegrabenen Erdhöhlen, unter allen Umständen möglichst verborgen. Bei weitem die

Seite 119: Feld-Waldmaus (o.); der bedächtige Greifstachler (Coendu prehensilis; u.) ist ein Verwandter des Urson und lebt in Mittel- sowie in weiten Teilen Südamerikas
Seite 120: Mara (o.); Wasserschwein (u.)

meisten durchschlafen den Tag und gehen nur während des Morgen- und Abenddunkels ihrer Nahrung nach. Aus diesem Grunde bekommt man sie selten und bloß zufällig zu sehen.

Der *Siebenschläfer* (Glis glis) ist mit 16 cm Leibes- und 13 cm Schwanzlänge der größte deutsche Bilch. Der weiche, ziemlich dichte Pelz ist auf der Oberseite einfarbig aschgrau, bald heller, bald dunkler schwärzlichbraun überflogen, auf der Unterseite milchweiß und silberglänzend. Süd- und Osteuropa sind das Verbreitungsgebiet des Siebenschläfers. Er bewohnt hauptsächlich das Mittelgebirge, am liebsten trockene Eichen- und Buchenwaldungen. Den Tag über hält er sich verborgen. Bei seinen nächtlichen Ausflügen zeigt er sich als ein rascher, lebhafter und behender Gesell, der mit Eichhorngewandtheit auf den Bäumen oder an Felswänden umherklettert, von Zweig zu Zweig oder auch aus der Höhe zur Tiefe springt und mit kurzen Sätzen rasch umherläuft, wenn er auf die Erde gelangt.

Wenige Nager dürften es dem Bilche an Gefräßigkeit zuvortun. Er frißt, solange er fressen kann. Eicheln, Bucheckern, Haselnüsse bilden wohl seine Hauptnahrung, Walnüsse, Kastanien, süßes und saftiges Obst werden aber auch nicht verschmäht, und tierische Kost scheint ihm geradezu Bedürfnis zu sein; wenigstens überfällt, mordet und verzehrt er jedes kleinere Tier, welches er erlangen kann, plündert Nester aus, würgt junge Vögel ab, tritt überhaupt nicht selten als Raubtier auf. Gegen den Herbst hin sammelt er Nahrungsvorräte und speichert diese in seinen Höhlen auf. Um diese Zeit „strotzt er bereits von blühendem Fette", frißt aber noch so lange wie möglich; dann denkt er daran, Herberge für den Winter zu bereiten. Jetzt macht er sich in tiefen Erdlöchern, Rissen und Spalten, Felsen und in altem Gemäuer, wohl auch in tiefen Baumhöhlungen, ein Nest von zartem Moos zurecht, rollt sich, gewöhnlich in Gemeinschaft mit mehreren seiner Genossen, zusammen und fällt schon lange vorher, ehe das Thermometer auf dem Nullpunkt steht, in rauheren Gebirgsgegenden bereits im August, in der wärmeren Ebene erst gegen den Oktober hin, in tiefen Schlaf.

Im Freien erwacht unser Bilch erst sehr spät im Frühjahr, selten vor Ende des April. Bald nach dem Erwachen paaren sich die Geschlechter, und nach ungefähr fünfwöchiger Tragzeit wirft das Weibchen auf einem weichen Lager in Baum- oder anderen Höhlungen drei bis sechs nackte, blinde Junge, welche außerordentlich schnell heranwachsen, nur kurze Zeit an der Mutter saugen und sich dann selbst ihre Nahrung aufsuchen.

Ebenfalls zu den Schlafmäusen gehört die *Haselmaus* (Muscardinus avellanarius), eines der niedlichsten, anmutigsten und behendesten Geschöpfe unter allen europäischen Nagetieren, ebenso ausgezeichnet durch zierliche Gestalt und Schönheit der Färbung wie durch Reinlichkeit, Nettigkeit und Sanftheit des Wesens. Das Tierchen ist ungefähr so groß wie unsere Hausmaus: Seine Gesamtlänge beträgt 14 cm, wovon fast die Hälfte auf den Schwanz kommt. Der dichte und anliegende, aus mittellangen, glänzenden und weichen Haaren bestehende Pelz ist gleichmäßig gelblichrot, unten etwas heller.

Mitteleuropa ist ihre eigentliche Heimat. Ihre Aufenthaltsorte sind fast dieselben wie die ihrer Verwandten, und auch ihre Lebensweise erinnert lebhaft an diese. Niederes Gebüsch und Hecken, am allerliebsten Haselnußdickichte, bilden ihre bevorzugten Wohnsitze. Bei Tage liegt die Haselmaus irgendwo verborgen und schläft, nachts geht sie ihrer Nahrung nach. Nüsse, Eicheln, harte Samen, saftige Früchte, Beeren und Baumknospen bilden diese; am liebsten aber verzehrt sie Haselnüsse, welche sie kunstvoll öffnet und entleert, ohne sie abzupflücken oder aus der Hülse zu sprengen. Als echte Baumtiere klettern die Haselmäuse wundervoll selbst im dünnsten Gezweig herum, nicht nur nach Art der Eichhörnchen und anderer Schläfer, sondern auch nach Art der Affen; denn oft kommt es vor, daß sie sich mit ihren Hinterbeinen an einem Zweige aufhängen, um eine tiefer hängende Nuß zu erreichen und zu bearbeiten, und ebenso häufig sieht man sie geradeso sicher auf der oberen wie an der unteren Seite der Äste hinlaufen, ganz in der Weise jener Waldseiltänzer des Südens.

Im August wirft das Weibchen drei bis vier nackte, blinde Junge in sein kugelförmiges, sehr zierlich und künstlich aus Moos und Gras erbautes, innen mit Tierhaaren ausgekleidetes Sommernest, welches sich regelmäßig im dichtesten Gebüsch und etwa meterhoch über dem Boden befindet. Die Kinder wachsen außerordentlich schnell, saugen aber doch einen vollen Monat an der Alten. Um die Mitte des Oktober ziehen sich die Haselmäuse in den Schlupfwinkel zurück, wo sie den Wintervorrat eingesammelt haben, und bereiten sich aus Reisern, Laub, Nadeln, Moos und Gras eine kuglige Hülle, in die sie sich gänzlich einwickeln, rollen sich zum Knäuel zusammen und fallen in Schlaf.

Sie verbreitet nicht wie die Maus einen unangenehmen Gestank und gibt nur im Sommer einen bisamähnlichen Geruch von sich, der aber nicht lästig fällt. Auch in der Gefangenschaft hält sie ihren Winterschlaf.

Biber

Die Biber (Castoridae) haben schon seit den ältesten Zeiten die Aufmerksamkeit der Beobachter auf sich gezogen und werden von den alten Schriftstellern unter dem Namen *Castor* und *Fiber* mehrfach erwähnt. In der berühmt gewordenen Beschreibung des *Olaus Magnus*, Bischofs von Upsala, welcher ungefähr im Jahre 1520 über Norwegen und seine Tiererzeugnisse ein merkwürdiges Werk herausgab, wird uns berichtet, daß der Biber in Menge am Rhein, an der Donau, in den Sümpfen in Mähren und noch mehr im Norden vorkomme, weil hier an den Flüssen nicht soviel Geräusch wäre wie durch die beständige Schiffahrt am Rhein und an der Donau. Im Norden verfertigte er mit wunderbarer Kunst, bloß von der Natur unterrichtet, auf unzähligen Flüssen aus Bäumen seine Häuser.

Diese alten Schriften haben das Gute, daß sie uns über das frühere Vorkommen der Biber Aufschluß geben. In Frankreich und Deutschland kam er fast überall vor. In England wurde er zuerst ausgerottet. Gegenwärtig findet man ihn in Deutschland nur sehr einzeln, geschützt von strengen Jagdgesetzen, mit Sicherheit nur noch an der mittleren Elbe. Unter den Ländern Europas beherbergen ihn noch am häufigsten Rußland, Skandinavien, namentlich Norwegen, und Frankreich an der Rhônemündung. Weit zahlreicher als in Europa lebt er in Asien. In Amerika war er allgemein vertreten, ist aber durch die unablässige Verfolgung schon sehr zusammengeschmolzen.

Der *Biber* (Castor fiber), Abb. S. 118, ist einer der größten Nager. Bei erwachsenen Männchen beträgt die Leibeslänge 75–95 cm, die Länge des Schwanzes 30 cm, die Höhe am Widerrist ebensoviel, das Gewicht 20–30 kg. Der Leib ist plump und stark, hinten bedeutend dicker als vorn, der Rücken gewölbt, der Bauch hängend, der Hals kurz und dick, der Kopf hinten breit, nach vorn verschmälert, plattscheitelig, kurz- und stumpfschnäuzig; die Beine sind kurz und sehr kräftig, die hinteren etwas länger als die vorderen, die Füße fünfzehig und die hinteren bis an die Krallen durch eine breite Schwimmhaut miteinander verbunden. Der Schwanz, welcher sich nicht deutlich vom Rumpf trennt, ist an der Wurzel rund, in der Mitte oben und unten platt gedrückt, bis 20 cm breit. Die länglich runden, fast unter dem Pelz versteckten Ohren sind klein und kurz, innen und außen behaart und können so an den Kopf angelegt werden, daß sie den Gehörgang beinahe vollständig verschließen. Die kleinen Augen zeichnen sich durch eine Nickhaut aus. Die Nasenlöcher sind

oben: Biber im Uferwasser
rechts: ein vom Biber angenagter Baum kurz vor dem Fall

mit wulstigen Flügeln versehen und können ebenfalls geschlossen werden. Die Mundspalte ist klein, die Oberlippe breit. Das Fell besteht aus außerordentlich dichten, flockigen, seidenartigen Wollhaaren und dünnstehenden, langen, starken, steifen und glänzenden Grannen, die am Kopf und Unterrücken kurz, an dem übrigen Körper über 5 cm lang sind. Auf den Oberlippen sitzen einige Reihen dicker und steifer, nicht eben langer Borsten. Die Färbung der Oberseite ist ein dunkles Kastanienbraun, das mehr oder weniger ins Grauliche zieht, die der Unterseite heller.

Die sehr großen und starken, vorn flachen, glatten, im Querschnitt fast dreischneidigen, an der Seite meißelförmigen Nagezähne ragen weit aus dem Kiefer hervor. Zehn Wirbel umschließen die Brust, 9 bilden den Lendenteil, 4 das Kreuz und 24 den Schwanz. Die Speicheldrüsen, namentlich die Ohrspeicheldrüse, sind auffallend entwickelt, und auch der lange, eingeschnürte Magen ist sehr drüsenreich. Bei beiden Geschlechtern finden sich im Unterteil der Bauchhöhle, nahe dem After und den Geschlechtsteilen, zwei eigentümliche, gewöhnlich voneinander getrennte, in die Geschlechtsteile mündende Absonderungsdrüsen, die Geil- und Castorsäcke. Sie sondern das sogenannte Bibergeil oder Gail (Castoreum) ab, eine dunkle, rotbraune, gelbbraune oder schwarzbraune, ziemlich weiche, salbenartige Masse von eigentümlich durchdringendem, starkem Geruch und lange anhaltendem, bitterlichem, balsamischem Geschmack, welche in früheren Zeiten als krampfstillendes und beruhigendes Mittel vielfach angewandt wurde.

Einzeln lebende Biber wohnen in einfachen unterirdischen Bauen nach Art des Fischotters; Gesellschaften, die aus Familien zu bestehen pflegen, errichten in der Regel Burgen und, soweit nötig, Dämme, um das Wasser aufzustauen und in gleicher Höhe zu halten. Die Baue haben eine oder mehrere Zugangsröhren oder Geschleife von verschiedener, ungefähr zwischen 2—6 m schwankender Länge, welche ausnahmslos unter Wasser münden und zu dem geräumigen mehr oder minder hoch über dem Wasserspiegel liegenden Kessel führen. Letzterer besteht gewöhnlich nur aus einer Wohnkammer, welche sorgfältig mit fein zerschleißten Spänen ausgefüllt ist und als Schlafstätte, ausnahmsweise aber auch als Wohnstube dient. In einsamen und stillen Wäldern werden die unterirdischen Baue wahrscheinlich nur als Notröhren benutzt und regelmäßig sogenannte Burgen errichtet, über dem Boden gelegene Wohnräume der Biber, zu denen im tieferen Wasser mündende und von diesem ausgegrabene Geschleife führen. Die Burgen sind backofenförmige, dickwandige, aus abgeschälten Holzstücken und Ästen, Erde, Lehm und Sand zusammengeschichtete Hügel, welche im Innern außer der Wohnkammer noch Nahrungsspeicher enthalten. Sinkt der Wasserstand eines Flusses und Baches im Laufe des Jahres erheblich ab oder hat ein Bach nicht die erwünschte Tiefe, so ziehen die Biber mehr oder minder lange und hohe, je nach der Strömung stärkere oder schwächere Dämme quer durch das Gewässer, stauen dieses und bilden sich so oberhalb des Dammes freies Wasser von sehr unterschiedlicher Ausdehnung.

Biberbauten übten in Amerika einen merklichen Einfluß auf die landschaftliche Gestaltung einer Gegend aus. Die Dämme verwandeln kleine Bäche, welche ursprünglich ruhig im dunklen Waldesschatten dahinflossen, in eine Kette von Teichen, von denen einzelne einen Flächenraum von vierzig Acker bedecken. In ihrer Nähe entstehen infolge des Fällens der Bäume durch die Biber Blößen, sogenannte Biberwiesen, von 200 bis 300 Acker Flächenraum, welche oft die einzigen Lichtungen in dem noch jungfräulichen Urwald bilden. Am Rande der Teiche siedeln sich rasch Torfpflanzen an, und so entstehen nach und nach an allen geeigneten Stellen Torfmoore von mehr oder weniger Ausdehnung.

Zweige von der Dicke einiger Zentimeter beißt der Biber ohne weiteres ab, Stämme bringt er zu Fall, indem er den Stamm ringsum und dann besonders auf der einen Seite nach dem Flusse zu benagt, bis er sich neigt und in das Wasser stürzt. Die Spur seiner Arbeiten besteht in unzähligen, schuppenförmigen Einschnitten, die so glatt und scharf ausgemeißelt erscheinen, als ob sie mit einem stählernen Werkzeug gemacht wären. Es kommt vor, daß der Biber selbst Stämme von mehr als mannsdickem Durchmesser abhaut und zum Fallen bringt.

Die Hauptnahrung der Biber besteht in Rinden und Blattwerk verschiedener Bäume, besonders der Weide. Sie fressen auch Blätter und die weichen Schößlinge, und zwar mit entschiedenem Behagen. Härtere Zweige entrinden sie äußerst zierlich und geschickt, indem sie dieselben mit den Händen fassen und ständig drehen; sie schälen so sauber, daß man auf dem entrindeten Zweig keine Spur eines Zahneindrucks wahrnimmt. Dann und wann nehmen sie übrigens auch frisches Gras zu sich, indem sie es in plumper Weise abweiden, nämlich einen Grasbüschel mit den Händen packen, zusammendrücken und so den Zähnen etwas Körperhaftes zu bieten suchen.

Nach mehrwöchiger Tragzeit wirft das Weibchen im späten Frühling in seinem trockenen Bau zwei bis drei behaarte, aber noch blinde Junge; nach acht Tagen öffnen diese die Augenlider, und die Mutter führt nunmehr schon, bisweilen aber auch erst am zehnten Tage, ihre Nachkömmlinge mit sich ins Wasser. Außer den Menschen hat der frei lebende Biber wenig Feinde.

Anlage einer Biberburg

Mäuse

Die Familie der Mäuse (Muridae) ist nicht nur die an Arten reichste, sondern auch bei weitem die verbreitetste. Im gewöhnlichen Leben unterscheidet man zwei Hauptgruppen, die *Ratten* und *Mäuse*. Die **Ratten** sind die plumperen und häßlicheren, die Mäuse die leichteren und zierlicheren Gestalten. Bei jenen hat der Schwanz zwischen 200 und 260 Schuppenringe, bei diesen nur zwischen 120 und 180; dort sind die Füße dick und kräftig, hier schlank und fein; die Ratten werden im ausgewachsenen Zustand über 30 cm, die Mäuse nur gegen 24 cm lang. In ihrer Lebensweise unterscheiden sich die Ratten auffallend genug von den eigentlichen Mäusen.

Die *Hausratte* (Rattus rattus) erreicht 20 cm Leibes-, 20 cm Schwanz-, also 40 cm Gesamtlänge und ist oberseits dunkel braunschwarz, unterseits ein wenig heller grauschwarz gefärbt. Wann diese Art, aus Südasien kommend, zuerst in Europa erschienen ist, läßt sich mit Gewißheit nicht bestimmen. *Albertus Magnus* ist der erste Tierkundige, der sie als deutsches Tier aufführt; demnach war sie also im 12. Jahrhundert bereits bei uns heimisch. Bis in die erste Hälfte des 18. Jahrhunderts genoß sie in Europa die Alleinherrschaft; von dieser Zeit an hat ihr die Wanderratte das Gebiet streitig gemacht. Anfangs haben beide eine Zeitlang nebeneinander gewohnt; bald aber ist jene überwiegend geworden und sie in demselben Maße verschwunden, wie die Wanderratte vordrang. Doch ist sie zur Zeit noch ziemlich über alle Teile der Erde verbreitet. Sie folgte dem Menschen in alle Klimazonen der Erde, wanderte mit ihm zu Lande und Meere durch die Welt. Unzweifelhaft waren sie früher in Amerika und Australien nicht heimisch; aber die Schiffe brachten sie an alle Küsten, und von den Küsten aus wanderten sie weiter ins Innere.

Die *Wanderratte* (Rattus norvegicus), Abb. S. 118, ist ein wenig größer, nämlich einschließlich des 20 cm messenden Schwanzes 44 cm lang. Der Oberteil des Körpers und Schwanzes ist bräunlichgrau, die Unterseite scharf abgesetzt grauweiß, die Mittellinie des Rückens gewöhnlich etwas dunkler als die Seite des Leibes, die mehr ins Gelblichgraue spielt.

Mit großer Wahrscheinlichkeit läßt sich annehmen, daß die ursprüngliche Heimat der Wanderratte Mittelasien gewesen ist. Erst *Pallas* beschreibt die Wanderratte mit Sicherheit als europäisches Tier und berichtet, daß sie im Herbst 1727 nach einem Erdbeben in großen Massen aus den kaspischen Ländern nach Europa eingerückt sei. Sie setzte bei Astrachan in großen Haufen über die Wolga und verbreitete sich von hier rasch nach Westen hin. Fast zu derselben Zeit, im Jahre 1732 nämlich, wurde sie auf Schiffen von Ostindien nach England verschleppt, und nunmehr begann sie auch von hier aus ihre Weltwanderung. In Ostpreußen erschien sie im Jahre 1750, in Paris bereits 1753, in Deutschland war sie schon 1780 überall häufig zu finden — in Dänemark und in der Schweiz kennt man sie erst seit Anfang des vorigen Jahrhunderts als einheimisches Tier. Im Jahre 1775 wurde sie nach Nordamerika verschleppt und erlangte hier ebenfalls in kürzester Zeit eine unglaublich große Verbreitung. Gegenwärtig ist sie über alle Teile der Erde verbreitet und selbst auf den ödesten und einsamsten Inseln zu finden.

In der Lebensweise, in den Sitten und Gewohnheiten, im Vorkommen usw. stimmen beide Ratten so sehr überein, daß man die eine schildert, indem man die andere beschreibt. Wenn man festhalten will, daß die Wanderratte mehr in den unteren Räumlichkeiten der Gebäude und namentlich in feuchten Kellern und Gewölben, Abzugsgräben, Schleusen, Senkgruben, Fleten und an Flußufern sich eingenistet hat, während die Hausratte den oberen Teil des Hauses, die Kornböden, Dachkammern usw. vorzieht, wird nicht viel mehr übrigbleiben, was nicht beiden Arten gemeinsam wäre. Die eine wie die andere Art dieses Ungeziefers bewohnt alle nur möglichen Räumlichkeiten der menschlichen Wohnungen und alle nur denkbaren Orte, welche Nahrung versprechen. Sie leben im Stalle, in der Scheune, im Hof, im Garten, an Flußufern, an der Meeresküste, in Kanälen, der unterirdischen Kanalisation größerer Städte usw., kurz überall, wo sie nur leben können, obschon die Hausratte ihrem Namen immer Ehre zu machen sucht und sich möglichst wenig von der eigentlichen Wohnung der Menschen entfernt.

Die Ratten fressen alles Genießbare. Die schmutzigsten Abfälle des menschlichen Haushalts sind ihnen unter Umständen noch immer recht; verfaulendes Aas findet an ihnen Liebhaber. Sie fressen Leder und Horn, Körner und Baumrinde oder, besser gesagt, alle nur denkbaren Pflanzenstoffe, und was sie nicht fressen können, zernagen sie wenigstens. Es sind verbürgte Beispiele bekannt, daß sie kleine Kinder bei lebendigem Leibe angefressen haben, und jeder größere Gutsbesitzer hat erfahren, wie arg sie seinen Hoftieren nachstellen. Sehr fetten Schweinen fressen sie Löcher in den Leib, dicht zusammengeschichteten Gänsen die Schwimmhäute zwischen den Zehen weg, junge Enten ziehen sie ins Wasser und ersäufen sie dort, dem Tierhändler *Hagenbeck* töteten sie drei junge afrikanische Elefanten, indem sie diesen gewaltigen Tieren die Fußsohlen zernagten.

Während meiner Knabenzeit hatten wir in unserer baufälligen Pfarrwohnung einige Jahre lang keine Katzen, die auf Ratten gingen, sondern nur schlechte, verwöhnte, die höchstens einer Maus den Garaus zu machen wagten. Da vermehrten sich die Ratten derart, daß wir nirgends mehr Ruhe und Rast vor ihnen hatten. Wenn wir mittags auf dem Vorsaal speisten, kamen sie lustig die Treppe herabspaziert, bis dicht an unsern Tisch heran, und sahen, ob sie nicht etwas wegnehmen könnten. Standen wir auf, um sie zu vertreiben, so rannten sie zwar weg, waren aber augenblicklich wieder da und begannen das alte Spiel von neuem.

Nachts rasselte es unter allen Dächern und unter dem Fußboden, als ob ein wildes Heer in Bewegung wäre. Im ganzen Hause spukte es. Das waren Hausratten, also noch immer die bessere Sorte dieses Ungeziefers; denn die Wanderratten treiben es noch viel schlimmer.

Ratten laufen rasch und geschickt, klettern vortrefflich, sogar an ziemlich glatten Wänden empor, schwimmen meisterhaft, führen mit Sicherheit ziemlich weite Sprünge aus und graben recht leidlich, wenn auch nicht gern ausdauernd nacheinander. Die stärkere Wanderratte scheint noch geschickter zu sein als die Hausratte, wenigstens schwimmt sie bei weitem besser. Ihre Tauchfähigkeit ist beinahe ebenso groß wie die echter Wassertiere.

Unzählbar sind die Mittel, welche man schon angewandt hat, um die Ratten zu vertilgen. Fallen aller Art werden gegen sie aufgestellt, und eine Zeitlang hilft auch die eine und die andere Art wenigstens etwas bei der Rattenjagd. Merken die Tiere, daß sie sehr heftig verfolgt werden, wandern sie nicht selten aus, kommen aber wieder, wenn die Verfolgung nachläßt. Die gewöhnlichsten Mittel zu ihrer Vertilgung bleiben Gifte verschiedener Art, welche man an ihren Lieblingsorten auslegt. Die besten Vertilger der Ratten bleiben unter allen Umständen ihre natürlichen Feinde, vor allen Eulen, Raben, Wiesel und Katzen, obgleich es oft vorkommt, daß die Katzen sich nicht an Ratten wagen. Übrigens ist es gar nicht so notwendig, daß eine Katze wirklich eifrig Ratten fängt; sie vertreibt dieselben schon durch ihr Umherschleichen in Stall und Scheune, Keller und Kammer. Es ist sicherlich höchst ungemütlich für die Ratten, diesen Erzfeind in der Nähe zu haben.

Sichernde Waldmaus

Weit zierlicher als diese häßlichen, langgeschwänzten Hausdiebe sind die **Mäuse,** obwohl auch sie trotz ihrer schmucken Gestalt, ihres heiteren und netten Wesens arge Feinde des Menschen sind. Man darf behaupten, daß selbst Frauen, welche gewöhnlich einen zwar vollkommen ungerechtfertigten, aber dennoch gewaltigen Schrecken empfinden, wenn in der Küche oder im Keller eine Maus ihnen über den Weg läuft, diese, wenn sie genauer mit ihr bekannt werden, für ein hübsches Geschöpf erklären müssen.

Die *Hausmaus* (Mus musculus) soll schon seit den ältesten Zeiten der treueste Genosse des Menschen gewesen sein. Bereits *Aristoteles* und *Plinius* tun ihrer Erwähnung, *Albertus Magnus* kennt sie genau. Gegenwärtig ist sie über die ganze Erde verbreitet. Sie wanderte mit dem Menschen und folgte ihm bis in den höchsten Norden und bis in die höchstgelegenen Alphütten. Ihre Aufenthaltsorte sind alle Teile der menschlichen Wohnungen. Auf dem Lande haust sie zeitweilig auch im Freien, d. h. im Garten oder in den nächsten Feldern und Wäldchen, in der Stadt beschränkt sie sich auf das Wohnhaus und seine Nebengebäude. Hier bietet ihr jede Ritze, jede Höhle, jeder Winkel, in dem sie sich verstecken kann, genügend Obdach, und von hier aus unternimmt sie ihre Streifzüge.

Mit größter Schnelligkeit rennt sie auf dem Boden dahin, klettert vortrefflich, springt ziemlich weit und hüpft oft längere Zeit nacheinander in kurzen Sätzen fort. Das Schwimmen versteht sie auch, obwohl sie nur im höchsten Notfall in das Wasser geht.

Man kann sich schwerlich ein naschhafteres Geschöpf denken als eine Hausmaus, welche über eine gutgespickte Speisekammer verfügen kann. Sie sucht sich sicher immer die besten Bissen aus und beweist dadurch auf das schlagendste, daß der Sinn des Geschmackes bei ihr vortrefflich entwickelt ist. Süßigkeiten aller Art, Milch, Fleischspeisen, Käse, Fette, Früchte und Körner werden von ihr unbedingt bevorzugt, und wo sie die Wahl hat, kürt sie sich unter dem Guten immer das Beste. Die spitzen Nagezähne kommen hinzu, um sie verhaßt zu machen. Wo sie etwas Genießbares wittert, weiß sie sich einen Zugang zu verschaffen, und es kommt ihr nicht darauf an, eine oder mehrere Nächte angestrengt zu arbeiten und selbst feste, starke Türen zu durchnagen. Findet sie viel Nahrung, welche ihr besonders mundet, so trägt sie sich auch noch einen Vorrat davon in ihre Schlupfwinkel und sammelt mit der Hast eines Geizigen zur Vermehrung ihrer Schätze.

Die Hausmaus vermehrt sich außerordentlich stark. Sie wirft 22–24 Tage nach der

Zwergmaus

Paarung vier bis sechs, nicht selten aber auch acht Junge und in Jahresfrist sicherlich fünf- bis sechsmal, so daß die unmittelbare Nachkommenschaft eines Jahres mindestens dreißig Köpfe beträgt. Die Jungen sind, wenn sie zur Welt kommen, außerordentlich klein, wachsen aber rasch heran. Der schlimmste aller Feinde der Hausmaus ist und bleibt die Katze. In alten Gebäuden hilft die Eule dem Vierfüßler treulich mit, und auf dem Lande leisten Iltis und Wiesel, Igel und Spitzmaus gute Dienste, bessere jedenfalls als Fallen aller Art.

Die *Feld-Waldmaus* (Apodemus sylvaticus), Abb. S. 119, teilt die meisten Eigenschaften der Hausmaus. Sie ist durch ganz Europa und Mittelasien verbreitet und steigt im Gebirge bis zu 2000 m über das Meer empor. Sie lebt in Wäldern, an Waldrändern, in Gärten, seltener auch in weiten, baumleeren Feldern und kommt im Winter gern in Häuser, Keller und Speisekammern. Im Freien frißt sie Kerbtiere und Würmer, selbst kleine Vögel, oder Obst, Kirschkerne, Nüsse, Eicheln, Bucheckern und in der Not wohl auch die Rinde junger Bäume. Sie trägt ebenfalls einen Wintervorrat zusammen, hält aber keinen Winterschlaf und nascht bloß an trüben Tagen von ihren aufgespeicherten Schätzen. Die Waldmaus wirft jährlich zwei- oder dreimal vier bis sechs, seltener auch acht nackte Junge, welche ziemlich langsam wachsen und den schönen, rein rotgelben Anflug des Pelzes erst im zweiten Jahr erhalten.

So schmuck und nett alle kleinen Mäuse sind, so allerliebst sie sich in der Gefangenschaft betragen: das kleinste Mitglied der Familie, die *Zwergmaus* (Micromys minutus), übertrifft jene doch in jeder Hinsicht. Sie ist beweglicher, geschickter, munterer, kurz: ein viel anmutigeres Tierchen als alle übrigen. Ihre Länge beträgt 13 cm, wovon fast die Hälfte auf den Schwanz kommt. Die Pelzfärbung wechselt. Gewöhnlich ist sie zweifarbig, die Oberseite des Körpers und der Schwanz gelblich braunrot, die Unterseite und die Füße scharf abgesetzt weiß; es kommen jedoch dunklere und hellere, rötlichere und bräunlichere, grauere und gelbere vor. In ihren Bewegungen zeichnet sich die Zwergmaus vor allen Verwandten aus. Sie läuft ungemein schnell und klettert mit größter Gewandtheit, wobei der zierliche Schwanz recht geschickt zum Festhalten benutzt wird.

Wühler

Die hauptsächlichsten Kennzeichen der Wühler (Cricetidae) liegen in dem plumpen, dicken Leib mit dem sehr kurzen, dünnhaarigen Schwanz und den kurzen Gliedmaßen sowie den großen Backentaschen. Das Gebiß besteht aus 16 Zähnen, zwei Paar auffallend großen Nagezähnen und drei Backenzähnen in jeder Reihe, welche einfach sind und eine höckrige Kaufläche haben.

Der *Hamster* (Cricetus cricetus) erreicht eine Gesamtlänge von ungefähr 30 cm, wovon auf den Schwanz etwa 5 cm kommen. Der Leib ist untersetzt, der Hals dick, der Kopf ziemlich zugespitzt; die häutigen Ohren sind mittellang, die Augen groß. Gewöhnlich ist die Färbung des Oberkörpers ein lichtes Braungelb, welches wegen der schwarzspitzigen Grannen ins Grauliche spielt. Es gibt aber die verschiedensten Spielarten: Manche sind ganz schwarz, andere schwarz mit weißer Kehle, grauem Scheitel, die hellen Spielarten blaß graugelb mit dunkelgrauer Unterseite.

Fruchtbare Getreidefelder vom Rhein bis an den Ob gewähren dem Hamster Aufenthalt und Nahrung. Ein Boden, welcher mäßig fest, trocken und dabei fruchtbar ist, scheint die Hauptbedingung für sein Wohlbefinden zu sein. Er verlangt, daß die Baue, welche er gräbt, dauerhaft sind, und meidet aus diesem Grunde alle sandigen Gegenden; aber er will sich auch nicht sehr anstrengen beim Graben und verschont deshalb sehr festen und steinigen Boden mit seinen Ansiedlungen. Gebirge und Waldungen meidet er, auch wasserreiche Niederungen liebt er nicht.

Seine Baue bestehen aus einer großen Wohnkammer, welche in einer Tiefe von 1 bis 2 m liegt, einer schrägen Ausgangs- und einer senkrechten Eingangsröhre. Durch Gänge steht diese Wohnkammer mit dem Vorratsraum in Verbindung. Man erkennt den Hamsterbau leicht an dem Erdhaufen, welcher vor der Ausgangsröhre liegt und gewöhnlich mit Spreu und Hülsen bestreut ist. Das Falloch geht immer senkrecht in die Erde, bisweilen so gerade, daß man einen langen Stock hineinstecken kann; doch fällt es nicht in die Kammer ein, sondern biegt sich nach unten bald in waagrechter, bald in schiefer Richtung zu dieser hin. Das Schlupfloch dagegen läuft selten in gerader Richtung, sondern mehr gebogen der Kammer zu. Unter den Kammern ist die glattwandige Wohnkammer die kleinere, auch stets mit sehr feinem Stroh angefüllt, das eine weiche Unterlage bildet. Drei Gänge münden in sie ein, der eine vom Schlupf-, der andere vom Falloch und der dritte von der Vorratskammer kommend. In dem Gang, der nach dem Schlupfloch führt, weitet sich oft kurz vor der Kammer eine Stelle aus, wo der Hamster seinen Mist abzulegen pflegt.

Der Hamster ist mit seinen Vorderfüßen ungemein geschickt und versteht sie ganz wie Hände zu benutzen. Mit ihnen führt er die Nahrung zum Munde, mit ihnen hält und dreht er die Ähren, die er enthülsen will, um die Körner in seinen Backentaschen aufzuspeichern, und mit ihrer Hilfe bringt er auch seinen Pelz in Ordnung. Sobald er aus dem Wasser kommt, schüttelt er sich erst tüchtig ab, setzt sich sodann auf die Hinterbeine und beginnt nun eifrig zu lecken und zu putzen. Zuerst kommt der Kopf an die Reihe. Er legt beide Hände bis an die Ohren und zieht sie nach vorn über das Gesicht, wie er es tut, wenn er sich sonst wäscht; dann nimmt er einen Haarbüschel nach dem andern und reibt ihn so lange zwischen den Händen, bis er den erforderlichen Grad von Trockenheit zu haben scheint. Wenn er überrascht wird, erhebt er sich augenblicklich auf die Hinterbeine und läßt dabei die Vorderbeine herabhängen, eine Hand gewöhnlich etwas tiefer als die andere. So starrt er den Gegenstand, der ihn in Aufregung versetzte, scharf an, augenscheinlich bereit, bei einer sich bietenden Gelegenheit auf ihn loszufahren und von seinen Zähnen Gebrauch zu machen. Er wehrt sich gegen jedes Tier, das ihn angreift, und so lange, wie er kann. Ungeschickten Hunden gegenüber bleibt er oft Sieger.

Sobald die Felder gelb werden und die Körner reifen, haben die Hamster viel zu tun mit der Ernte. Jeder einzelne schleppt, falls er es vermag, bis zu einem Zentner an Körnern in seinen Bau. Leinknoten, große Puffbohnen und Erbsen scheinen allen übrigen Früchten vorgezogen zu werden. Nur wo der Hamster ganz ungestört ist, verrichtet er seine Ernte bei Tage; gewöhnlich ist die erste Hälfte der Nacht und der Morgen vor Sonnenaufgang seine Arbeitszeit. Er biegt mit den Vorderhänden die hohen Halme um, schneidet mit einem Biß die Ähre ab, faßt sie mit den Pfoten, dreht sie ein paarmal hin und her und hat sie nun nicht bloß entkörnt, sondern die Körner auch gleich in den Backentaschen geborgen. So werden die weiten Schleppsäcke gefüllt bis zum Übermaß; manchmal schafft einer etwa 50 Gramm Körner auf einem Gang nach Hause.

Anfang Oktober, wenn es kalt wird und die Felder leer sind, denkt der Hamster ernstlich daran, sich seine Winterwohnung herzurichten. Zuerst verstopft er das Schlupfloch von der Kammer an bis oben hinauf so dicht wie möglich mit Erde; dann vermauert er sein Falloch, und zwar von innen heraus, manchmal nicht ganz bis zur Oberfläche der Erde. Hat er noch Zeit oder fürchtet er den Frost, so gräbt er sich ein tieferes Nest und tiefere Kornkammern als bisher und speichert hier seine Vorräte auf. Das Lager ist sehr klein und wird mit dem feinsten Stroh dicht ausgepolstert. Nunmehr frißt sich der faule Gauch fett und legt sich endlich zusammengerollt zum Winterschlaf nieder. Er erwacht, sobald die Erde aufgetaut ist, oft schon im Februar, sicher im März. Anfangs öffnet er seine verstopften Löcher nicht, sondern hält sich still unten im Bau und zehrt von seinen eingetragenen Vorräten.

Der Hamster hat viele Feinde. Bussarde und Eulen, Raben und manche andere Vögel, vor allem aber Iltis und Wiesel, sind ununterbrochen auf seiner Fährte.

Die *Bisamratte* oder *Ondatra* (Ondrata zibethica) kann man als eine große Wasserratte mit langem Schwanze, breiten Hinterfüßen, stumpfer Schnauze und kurz behaarten und verschließbaren Ohren bezeichnen. Der Schwanz ist nur hinten gerundet, sonst seitlich zusammengedrückt. In der Nähe der Geschlechtsteile befindet sich eine Drüse, welche nach außen mündet und eine weiße, ölige, sehr stark nach Zibet riechende Flüssigkeit absondert. Das Fell ist dicht, glatt anliegend, weich und glänzend; die Oberseite hat braune, bisweilen gelbliche Färbung, die Unterseite ist grau. Erwachsene Männchen werden etwa 58 cm lang, wovon auf den Schwanz knapp die Hälfte kommt.

Die Ondatra bewohnt die zwischen dem 30. und 69. Grade nördlicher Breite gelegenen Länder Nordamerikas. Am häufigsten findet sich das Tier in dem wasserreichen Kanada. 1905 wurde sie bei Prag ausgesetzt und verbreitete sich von dort aus über Europa. Die grasigen Ufer größerer Seen oder breiter, langsam strömender Flüsse, stiller Bäche und Sümpfe, am liebsten aber nicht allzu große, mit Schilf und Wasserpflanzen bedeckte Teiche bilden die Aufenthaltsorte der als Pelztier geschätzten Ratte. Hier bewohnt sie familien- oder volkweise eine bestimmte Stelle und bildet mit anderen ihrer Art ziemlich feste Verbindungen. In ihrer Lebensweise ähnelt sie in mancher Hinsicht dem Biber; die Indianer nennen deshalb beide Tiere Brüder und behaupten, daß der Biber der ältere und gescheitere, die Bisamratte aber der dümmere sei. Die Baue sind, wie bei dem Biber, entweder einfache Kessel unter der Erde mit mehreren Ausgangsröhren, welche sämtlich unter Wasser münden, oder Burgen über der Erde. Die Nahrung besteht fast ausschließlich in Wasserpflanzen, obgleich man in verschiedenen Bauen auch ausgefressene Muschelschalen gefunden hat.

Die *Wasserratte* oder *Schermaus* (Arvicola terrestris) ist einer der schädlichsten deutschen Nager, welche allen Gartenbesitzern nur zu bekannt zu sein pflegt. Die Bezeichnung Wasserratte ist wenig zutreffend, denn das Tier ist weder eine Ratte, noch hat es sich in besonderem Maße dem Wasserleben angepaßt. Unter Umständen lebt es auch fern von diesem und scheint sich wenig um dasselbe zu bekümmern, gräbt lange, flache Gänge nach Maulwurfsart, wirft dabei die Pflanzen um, die über den Gängen stehen, verzehrt die Wurzeln und schadet dadurch weit mehr, als der Maulwurf jemals durch seine so oft störenden Wühlereien schaden kann. An Teichen verursacht sie verhältnismäßig viel weniger Schaden, als meist angenommen wird.

Sie ist 21–24 cm lang, wovon auf den Schwanz 6,5–8,5 cm kommen. Von der Hausratte unterscheidet die Schermaus sofort der dicke, runde, kurze Kopf mit auffallend kurzen, nicht aus dem Pelze hervortretenden, kaum ein Viertel der Kopfeslänge erreichenden Ohren und der kurze Schwanz. Sie ist sehr weit verbreitet und eigentlich nirgends selten. Ihr Wohngebiet reicht vom Atlantik bis zum Ochotskischen Meer.

Die Vermehrung der Wasserratten oder Schermäuse ist bedeutend. Drei- bis viermal im Jahre findet man in dem unterirdischen warmen, weich ausgefütterten Nest zwei bis sieben Junge. Die Mutter pflegt ihre Kinder mit warmer Liebe und verteidigt sie bei Gefahr. Wenn sie die Kleinen in dem einen Nest nicht für sicher hält, schleppt sie dieselben im Maul nach einer anderen Höhle und schwimmt dabei mit ihnen selbst über breite Flüsse und Ströme.

Baumstachler

In der nördlichen Hälfte Amerikas werden die *Baumstachler* (Abb. S. 119, Greifstachler) durch den *Urson* (Erethizon dorsatum) vertreten. Er erreicht eine Länge von 80 cm, wovon der Schwanz 19 cm wegnimmt. Der Kopf ist kurz, dick und stumpf. Die Vorderfüße sind vierzehig und daumenlos, die hinteren fünfzehig. Ein dicker Pelz, welcher auf dem Nacken bis 11 cm lang wird und sich an der Unterseite und Schwanzspitze in scharfe Borsten verwandelt, bedeckt den Leib. Zwischen den Haaren und Borsten stehen auf der ganzen Oberseite bis 8 cm lange Stacheln, welche größtenteils von den Haaren überdeckt werden. Die Färbung ist ein Gemisch von Braun, Schwarz und Weiß. Das Tier bewohnt die Waldungen Nordamerikas.

Stachelschweine

Die Stachelschweine sind Nager mit einem Stachelkleid. Der Leib ist gedrungen, der Hals kurz, der Kopf dick, die Schnauze kurz, stumpf, der Schwanz kurz oder sehr verlängert und dann greiffähig. Die hinsichtlich ihrer Länge und Stärke sehr verschiedenen Stacheln stehen in geraden Reihen zwischen einem spärlichen Unterhaar oder umgekehrt einem längeren Grannenhaar, welches so überwiegen kann, daß es die Stacheln bedeckt

Alle Stachelschweine bewohnen gemäßigte und warme Länder der Alten und Neuen Welt. Dort finden sich die kurzschwänzigen, hier die langschwänzigen Arten. Die altweltlichen leben auf dem Boden, die neuweltlichen sind Baumtiere. Allerlei Pflanzenteile, von der Wurzel an bis zur Frucht, bilden die Nahrung der Stachelschweine. Nach anderer Nager Art führen sie das Futter mit den Vorderfüßen zum Munde oder halten es, während sie fressen, damit am Boden fest.

Die *Echten Stachelschweine* (Hystrix) lassen sich an ihrem kurzen, gedrungenen Leibe, dem dicken, stumpfschnäuzigen, auf starkem Halse sitzenden Kopfe, dem kurzen, mit hohlen, federspulartigen Stacheln besetzten Schwanz, den verhältnismäßig hohen Beinen, den fünfzehigen Vorderfüßen und dem außer allem Verhältnis entwickelten Stachelkleid leicht erkennen. Das Stachelkleid bedeckt hauptsächlich die letzten zwei Drittel oder die Hinterhälfte des Leibes, während der Vorderteil mit Haaren oder Borsten meist mähnig bekleidet ist. Die Stacheln sind die größten, welche überhaupt vorkommen.

Das *Stachelschwein* (Hystrix cristata) übertrifft unsern Dachs an Größe, jedoch nicht an Länge und erscheint wegen seines Stachelkleides viel dicker und umfangreicher, als es wirklich ist. Seine Länge beträgt 65 cm, die des Schwanzes 14 cm und die Höhe am Widerrist 24 cm. Längs des Halses erhebt sich eine Mähne, welche aus starken, nach rückwärts gerichteten, sehr langen, gebogenen Borsten gebildet wird und willkürlich aufgerichtet und zurückgelegt werden kann. Diese Borsten sind ansehnlich lang, dünn und biegsam, teils weiß, teils grau gefärbt und enden meist mit weißen Spitzen. An den Seiten des Leibes, auf den Schultern und in der Kreuzgegend sind die Stacheln kürzer und stumpfer als auf der Mitte des Rückens, wo sie auch in scharfe Spitzen enden. Die dünnen, biegsamen erreichen eine Länge von 40 cm, die kurzen und starken dagegen werden nur 15–30 cm lang, aber 5 mm dick. Alle sind im Innern hohl oder mit schwammigem Mark angefüllt, Wurzel und Spitze regelmäßig weiß gefärbt. Die kürzeren Stacheln sind schwarzbraun und geringelt. An der Schwanzspitze stehen verschieden gebildete Stacheln von etwa 5 cm Länge, aber fast 7 mm Dicke. Alle Stacheln können mittels eines großen, kräftigen Muskels, der sich unter der Haut des Tieres ausbreitet und einer starken Zusammenziehung fähig ist, willkürlich aufgerichtet und zurückgelegt werden. Die Unterseite des Leibes ist mit dunkelbraunen, rötlich gespitzten Haaren bedeckt; um die Kehle zieht sich ein weißes Band. Die Krallen sind dunkel hornfarbig, die Augen schwarz. Gegenwärtig findet man das Tier längs der Küste des Mittelmeeres, in Nord- und Westafrika. In Europa lebt es häufig in der Campagna von Rom, in Sizilien, Kalabrien und in Griechenland.

Das Stachelschwein lebt einzeln. Bei Tage ruht es in langen, niedrigen Gängen, die es sich selbst in den Boden wühlt; nachts kommt es heraus und streift nach seiner Nahrung umher. Diese besteht in Pflanzenstoffen aller Art, Disteln und andern Kräutern, Wurzeln und Früchten, der Rinde verschiedener Bäume und mancherlei Blättern.

Überrascht man ein Stachelschwein außerhalb seines Baues, so richtet es Kopf und Nakken drohend auf, sträubt alle Stacheln seines Körpers und klappert in eigentümlicher Weise mit ihnen, zumal mit den hohlen Stacheln des Schwanzes. Bei hoher Erregung stampft es mit den Hinterfüßen auf den Boden, und wenn man es erfaßt hat, läßt es ein dumpfes, schweineähnliches Grunzen vernehmen. Bei diesen Bewegungen fallen oft einzelne Stacheln aus. Trotz des furchtbaren Klapperns und Rasselns ist das Tier ein vollkommen ungefährliches, harmloses Geschöpf, welches leicht erschrickt, jedem aus dem Wege geht und kaum daran denkt, von seinen scharfen Zähnen Gebrauch zu machen.

Meerschweinchen

Unser allbekanntes *Meerschweinchen* (Cavia aperea porcellus) ist bald nach der Entdeckung Amerikas, im 16. Jahrhundert also, durch die Holländer zu uns gebracht worden. Es gehört zu den beliebtesten Haustieren aus der ganzen Ordnung der Nager, sowohl seiner Genügsamkeit wie seiner Harmlosigkeit und Gutmütigkeit wegen. Wenn man ihm einen luftigen und trockenen Stall gibt, ist es überall leicht zu erhalten. Es frißt die verschiedensten Pflanzenstoffe, von der Wurzel bis zu den Blättern, Körner ebensogut wie frische, saftige Pflanzen, und verlangt nur etwas Abwechslung in der Nahrung. Es läßt sich überaus viel gefallen und ist deshalb ein höchst angenehmes Spielzeug für Kinder, welche sich überhaupt am eifrigsten mit seiner Zucht abgeben. In der Ruhe sitzt es gewöhnlich auf allen vier Füßen, den Leib platt auf den Boden gedrückt; es kann sich aber auch auf dem Hinterteil aufrichten. Beim Fressen führt es oft seine Nahrung mit den Vorderfüßen zum Munde.

Wenige Säugetiere kommen dem Meerschweinchen an Fruchtbarkeit gleich. Das Weibchen wirft zwei- oder dreimal im Jahre zwei bis drei, oft auch vier bis fünf Junge. Die Kleinen kommen vollständig entwickelt zur Welt, werden mit offenen Augen geboren und sind schon wenige Stunden nach ihrer Geburt imstande, mit ihrer Mutter umherzulaufen. Am zweiten Tage ihres Lebens sitzen sie manchmal bereits mit bei der Mahlzeit und lassen sich die grünen Pflanzen gut schmecken. Gleichwohl säugt sie die Mutter vierzehn Tage lang. Nach ungefähr fünf bis sechs Monaten sind die Jungen ausgewachsen und fortpflanzungsfähig, nach acht bis neun Monaten haben sie ihre vollkommene Größe erreicht. Bei guter Behandlung können sie sechs bis acht Jahre leben.

Eine sehr hochbeinige Art aus der Familie der Meerschweinchen ist der *Mara* oder *Pampashase* (Dolichotis patagonum), Abb. S. 120, aus den Trockengebieten Argentiniens und Patagoniens. Er ist ein schneller Läufer und guter Springer, der sich tagsüber meist in selbstgegrabenen Höhlen aufhält.

Riesennager

Das *Wasserschwein* oder die *Capybara* (Hydrochoerus hydrochoerus), Abb. S. 120, ist das größte und plumpeste Nagetier. Seinen deutschen Namen trägt es mit Recht; denn es erinnert durch seine Gestalt und die borstengleiche Behaarung seines Körpers entschieden an das Schwein. Seine Kennzeichen sind:

kleine Ohren, Fehlen des Schwanzes, kurze Schwimmhäute an den Zehen und starke Hufnägel. Die riesenhaft entwickelten Schneidezähne haben, bei geringer Dicke, etwa 2 cm Breite. Die Färbung des dünnen, groben Pelzes ist Braun mit einem Anstrich von Rot oder Bräunlichgelb. Ein erwachsenes Wasserschwein erreicht ungefähr die Größe eines jährigen Hausschweines und ein Gewicht von beinahe einem Zentner. Die Körperlänge beträgt über einen Meter, die Höhe am Widerrist 50 cm und mehr.

Die Capybara findet sich in Südamerika vom Orinoko bis zum La Plata. Niedere, waldige, sumpfige Gegenden, vor allem Flüsse und die Ränder von Seen und Sümpfen bilden ihre Aufenthaltsorte. Am liebsten lebt sie in kleineren oder größeren Herden an großen Strömen. Ihre Nahrung besteht aus Wasserpflanzen und aus der Rinde junger Bäume, und nur da, wo sie nahe an Pflanzungen wohnt, fällt sie zuweilen über Wassermelonen oder Mais, Reis und Zuckerrohr her.

Chinchillas

Die Hasenmäuse oder *Chinchillas* sind kleine südamerikanische Nagetiere, deren Felle schon seit alten Zeiten von den Ureingeborenen Südamerikas benutzt und auch seit Ende des 18. Jahrhunderts in großen Massen nach Europa eingeführt wurden. Wenn man sie Kaninchen mit langem Buschschwanze nennt, hat man ihre kürzeste Beschreibung gegeben. Ihre Färbung ist ein lichtes Grau mit Weiß

Chinchilla

und Schwarzbraun. Die Chinchillas bewohnen Südamerika, und zwar größtenteils das Gebirge bis in bedeutende Höhen zwischen den kahlen Felsen unter der Schneegrenze.

Das *Kleine Chinchilla* (Chinchilla laniger) wird 26 cm lang und trägt einen 18 cm langen Schwanz. Der gleichmäßige, feine, überaus weiche Pelz ist auf dem Rücken und an den Seiten mehr als 2 cm lang; die Haare sind an der Wurzel tiefblaugrau, sodann breit weiß geringelt und an der Spitze dunkelgrau. Hierdurch erscheint die allgemeine Färbung silberfarben, dunkel angeflogen. Mit überraschender Leichtigkeit klettern sie an den Felswänden hin und her, wobei sie mit allen vier Füßen in die Ritzen des Gesteins eingreifen; die geringste Unebenheit genügt ihnen, um mit vollständiger Sicherheit Fuß zu fassen. Da sie heute wegen ihres kostbaren Pelzes im Freien fast ausgerottet sind, werden sie in großen Chinchilla-Farmen gezüchtet.

HASENTIERE

Hasen

Die Hasen sind die einzigen Nager, die mehr als zwei Vorderzähne haben; denn hinter den scharfen und breiten Nagezähnen stehen zwei weitere Schneidezähne, kleine, stumpfe, fast vierseitige Stifte. Auch in anderen Merkmalen weichen sie von den Nagetieren ab, so daß man ihnen den Rang einer eigenen Ordnung (Lagomorpha) zuspricht.

Lampe, der *Feldhase* (Lepus europaeus), Abb. S. 137, ein derber Nager von 75 cm Gesamtlänge, wovon nur 8 cm auf den Schwanz kommen, 30 cm Höhe und 6–9 kg Gewicht, ist der bei uns heimische Vertreter dieser Sippe. Der Pelz besteht aus kurzen Woll- und langen Grannenhaaren; erstere stehen sehr dicht und sind stark gekräuselt, die Grannen stark, lang und auch etwas gekräuselt. Der Pelz hat eine echte Erdfarbe. Er ist auf der Oberseite braungelb mit schwarzer Sprenkelung, am Hals gelbbraun, weißlich überlaufen, nach hinten weißgrau, an der Unterseite weiß.

Lampe führt mehrere Namen. Der alte männliche Hase heißt *Rammler*, der weibliche *Häsin* oder *Satzhase;* unter *Halbwüchsigen* versteht man die Jungen, unter *Dreiläufern* die, welche drei Viertel ihrer vollkommenen Größe erreicht haben. Die Ohren heißen in der Weidmannssprache *Löffel*, der Schwanz *Blume*, die Haut wird *Balg* genannt. Ganz Mitteleuropa, ein kleiner Teil des westlichen Asiens sowie Ost und Südafrika sind die Heimat unseres Hasen. Fruchtbare Ebenen mit oder ohne Gehölz und die bewaldeten Vorberge der Gebirge sind die bevorzugten Aufenthaltsorte; doch steigt er in den Alpen bis zu 1500 m und im Kaukasus bis zu 2000 m empor.

Junghase

Im allgemeinen ist der Hase mehr Nacht- als Tagtier, obwohl man ihn an heitern Sommertagen auch vor Untergang der Sonne und noch am Morgen im Felde umherstreifen sieht. Höchst ungern verläßt er den Ort, an welchem er aufgewachsen und groß geworden ist. Findet er aber in demselben keinen anderen Hasen, mit dem er sich paaren kann, oder fehlt es ihm an Äsung, so entfernt er sich weiter als gewöhnlich. Aber der Satzhase kehrt, wenn die Paarungszeit herannaht, wie der Rammler zur Herbstzeit wieder nach der Geburtsstätte zurück. Fortwährende Ruhe hält ihn besonders fest, fortgesetzte Verfolgung vertreibt ihn für immer. Der Feldhase bewohnt größtenteils die Felder. Alle Kohl- und Rübenarten sind ihm Leckerspeise. Im Spätherbst wählt er nicht zu frische Sturzäcker, nicht zu feuchte, mit Binsen bewachsene Vertiefungen und Felder mit Ölsaat, welche nächst dem Wintergetreide den größten Teil seiner Weide ausmacht. Fällt starker Schnee, so läßt er sich in seinem Lager verschneien, zieht aber, sobald das Unwetter nachläßt, in die Nähe der Kleefelder. Liegt sehr viel Schnee, dann ist ihm die Schale der meisten jungen Bäume, vorzüglich die der Akazie und ganz junger Lärchen, sowie der Schwarzdorn ebenso willkommen wie der Braunkohl. Der Fuchs ist sein ärgster Feind, doch ein alter Hase läßt sich nicht so leicht überlisten und rettet sich, wenn er gesund und bei Kräften ist, vor den Nachstellungen dieses Erzfeindes fasr regelmäßig durch die Flucht. Dabei sucht er durch Hakenschlagen, welches er meisterhaft versteht, seinen Feind zu übertölpeln. Beim Entfliehen hat er die Eigentümlichkeit, daß er ohne besonderen Grund einen Kegel macht, d. h. die Stellung eines aufrechtsitzenden Hundes annimmt.

Die Rammelzeit beginnt nach harten Wintern anfangs März, bei gelinderem Wetter schon Ende Februar, im allgemeinen um so eher, je mehr der Hase Nahrung hat. 40 Tage etwa geht die Häsin tragend. Gewöhnlich setzt sie zwischen Mitte und Ende März das erste, im August das vierte und letzte Mal. Der erste Satz besteht aus mindestens einem oder zwei, der zweite aus drei bis fünf, der dritte aus drei und der vierte wiederum aus ein bis zwei Jungen. Das Wochenbett ist eine einfache Vertiefung an einem ruhigen Ort im Wald oder Feld: ein Misthaufen, die Höhlung eines alten Stockes, angehäuftes Laub oder auch ein einfaches Lager, eine tiefe Furche, ja sogar der flache Boden an allen Orten. Die Jungen kommen mit offenen Augen und schon sehr weit ausgebildet zur Welt. Die Mutter verweilt nur während der ersten fünf bis sechs Tage bei ihren Kindern, dann überläßt sie sie ihrem Schicksal. Nur von Zeit zu Zeit kommt sie noch an den Ort zurück, an dem sie die kleine Brut ins Leben setzte, lockt sie durch ein eigentümliches Geklapper mit den Löffeln und läßt sie säugen. Sieben bis acht Jahre dürfte die höchste Lebensdauer sein, die der Hase bei uns erreicht.

Von den eigentlichen Hasen unterscheidet sich das *Wildkaninchen* (Oryctolagus cuniculus) durch weit geringere Größe, schlankeren Bau, kürzeren Kopf, kürzere Ohren und kürzere Hinterbeine. Die Körperlänge des Tieres beträgt 50 cm, wovon 7 cm auf den Schwanz kommen, das Gewicht des alten Rammlers 2–3 kg. Das Ohr ist kürzer als der Kopf und ragt, wenn man es niederdrückt, nicht bis zur Schnauze vor. Der Körper ist mit einem grauen Pelz bekleidet, welcher oben ins Gelbbraune, vorn ins Rotgelbe, an den Seiten und Schenkeln ins Lichtrostfarbene spielt und auf der Unterseite in Weiß übergeht.

Die ursprüngliche Heimat des Kaninchens waren Spanien und Nordwestafrika. Gegenwärtig ist das wilde Kaninchen, Karnickel, Kunelle, Murkchen, und wie es sonst noch heißt, über ganz Süd- und Mitteleuropa verbreitet und an manchen Orten überaus zahlreich.

Das Kaninchen verlangt hüglige und sandige Gegenden mit Schluchten, Felsklüften und niederem Gebüsch, kurz Orte, an denen es sich möglichst verstecken und verbergen kann. Hier legt es sich an geeigneten, am liebsten an sonnigen Stellen ziemlich einfache Baue an, gern in Gesellschaft, oft siedlungsweise. Jeder Bau besteht aus einer ziemlich tiefliegenden Kammer und in Winkel gebogenen Röhren, von denen eine jede wiederum mehrere Ausgänge hat. Diese sind durch das häufige Aus- und Einschlüpfen gewöhnlich ziemlich erweitert; die eigentliche Röhre aber ist so eng, daß ihr Bewohner gerade durchkriechen kann. Jedes Paar hat seine eigene Wohnung und duldet innerhalb derselben kein anderes Tier; wohl aber verschlingen sich oft die Röhren von mehreren Bauen. In seinen Höhlen lebt das Kaninchen fast den ganzen Tag verborgen, falls das Buschwerk um den Bau herum nicht so dicht ist, daß es fast ungesehen seiner Nahrung nachgehen kann. Sobald der Abend anbricht, rückt es auf Äsung, aber mit großer Vorsicht, indem es lange sichert, ehe es den Bau verläßt. Bemerkt es Gefahr, warnt es seine Gefährten durch starkes Aufschlagen mit den Hinterläufen, worauf alle so schnell wie möglich in ihre Baue zurückeilen.

Das Kaninchen trägt dreißig Tage, ist aber geneigt, sogleich nach dem Wurfe sich wieder zu begatten. Bis zum Oktober setzt es alle fünf Wochen vier bis zwölf Junge in einer besonderen Kammer, welche es vorher mit seiner Bauchwolle reichlich ausgefüttert hat. Einige Tage bleiben die Kleinen blind, und bis zum nächsten Satze der Mutter verweilen sie bei ihr im warmen Neste und säugen. Die Alte ist sehr zärtlich und verläßt die Familie nur so lange, als sie braucht, um sich zu ernähren.

Die Äsung des Kaninchens ist durchaus die des Hasen. Aber es verursacht viel offensichtlicheren Schaden als dieser, nicht allein, weil es sich auf einen kleineren Raum beschränkt, sondern auch wegen seiner Liebhaberei für Baumrinden, wodurch es oft ganze Pflanzungen zerstört.

Unser zahmes *Kaninchen*, welches wir gegenwärtig in verschiedenen Färbungen züchten, ist unzweifelhaft ein Abkömmling des wilden. Spielarten sind u. a. das *silberfarbene*, das *russische* und das *angorische* oder *Seidenkaninchen*. Ersteres ist größer als das unsrige, gewöhnlich von bläulichgrauer Farbe mit silberfarbenem oder dunklem Anflug. Das russische Kaninchen ist grau, der Kopf mit den Ohren braun und zeichnet sich durch eine weitherabhängende Wamme an der Kehle aus. Das Angora- oder Seidenkaninchen endlich hat kürzere Ohren und einen sehr reichlichen, weichen Pelz; sein langes, gewelltes Haar reicht oft bis zum Boden herab und hat seidenartigen Glanz. Das wertvolle Haar eignet sich zu feinen Geweben.

ZAHNARME

Die Blütezeit dieser Säugetierordnung (Edentata) ist vorüber. In der Vorzeit lebten in Brasilien Zahnarme von der Größe des Nashorns und darüber; heute kommen die größten lebenden Mitglieder der Ordnung höchstens auf die Größe eines starken Wolfs. Man findet unter den Zahnarmen Säuger, auf die der Name in seiner vollen Bedeutung paßt, da sie auch nicht eine Spur von Zähnen zeigen, aber auch solche, die ausgesprochen viele Zähne, nämlich gegen hundert haben.

Faultiere

Der *Unau* oder das *Zweizehenfaultier* (Choloepus didactylus) aus dem nördlichen Teil Südamerikas hat lange, schmächtige Gliedmaßen, welche vorn mit zwei, hinten mit drei seitlich zusammengedrückten Sichelkrallen bewehrt sind; er erreicht eine Länge von etwa 65 cm. Das lange Haar ist im Gesicht, am Kopf und im Nacken weißlich olivgrüngrau, am Leib olivgrau, auf dem Rücken, wo es sich gegeneinander sträubt, dunkler.

Der *Ai* oder das *Dreizehenfaultier* (Bradypus tridactylus) aus Brasilien erreicht eine Gesamtlänge von 60 cm, wovon 7 cm auf den Schwanz kommen. Der Pelz ist blaßrötlich aschgrau, am Bauche silbergrau gefärbt.

Das Verbreitungsgebiet der Faultiere beschränkt sich auf Südamerika. Jene großen Wälder in den feuchten Niederungen, in denen die Pflanzenwelt zur höchsten Entwicklung gelangt, bilden die Wohnorte der merkwürdigen Geschöpfe. Sie sind echte Baumtiere. Ihre langen Arme erlauben ihnen, weit zu greifen, und die gewaltigen Krallen gestatten ihnen ein müheloses Festhalten an den Ästen. Sie klettern allerdings ganz anders als alle übrigen Baumtiere. Den Leib nach unten hängend, reichen sie mit ihren langen Armen nach den Ästen empor, haken sich hier mit ihren Krallen fest und schieben sich gemächlich weiter von Zweig zu Zweig, von Ast zu Ast. Als Nachttiere verbringen sie freilich ganze Tage, ohne sich zu bewegen; schon in der Dämmerung aber werden sie munter, und nachts durchwandern sie, langsam zwar, jedoch nicht faul, je nach Bedürfnis ein größeres oder kleineres Gebiet. Sie nähren sich ausschließlich von Knospen, jungen Trieben und Früchten und finden in dem reichlichen Tau, den sie von den Blättern ablecken, ausreichenden Ersatz für das ihnen fehlende Wasser. Beim Schlafen und Ruhen nimmt das Faultier eine ähnlich hängende Stellung ein wie gewöhnlich. Es stellt die vier Beine dicht aneinander, beugt den Leib fast kugelförmig zusammen und senkt den Kopf gegen die Brust.

Die Faultiere werfen nur ein einziges Junges. Vollkommen behaart ja, sogar mit bereits ziemlich entwickelten Krallen und Zehen, kommt dieses zur Welt und klammert sich sofort nach seiner Geburt mit diesen Krallen an den langen Haaren der Mutter fest, mit den Armen ihren Hals umschlingend. Nun schleppt es die Alte immer in derselben Weise überall mit sich herum.

Gürteltiere

Die Gürteltiere (Dasypodidae) erreichten ehemals die Größe des Nashorns, während heutzutage die Gürteltiere im ganzen höchstens $1\frac{1}{2}$ m, ohne Schwanz aber nur 1 m lang werden; Abb. S. 138. Alle Gürteltiere sind plumpe Geschöpfe mit gestrecktem, langschnäuzigem Kopf, großen Schweinsohren, langem, starkem Schwanz und kurzen Füßen, die sehr starke Grabklauen tragen. Ihren Namen haben sie von der eigentümlichen Beschaffenheit ihres Panzers; dieser ist nämlich durch die mitten auf dem Rücken aufliegenden Gürtelreihen besonders ausgezeichnet. Die mittleren Gürtel, welche zur Unterscheidung der Arten dienen, bestehen aus länglich viereckigen Tafeln, während das Schulter- und Kreuzschild aus Querreihen vier- oder sechseckiger Platten gebildet wird, zwischen denen sich kleine unregelmäßige Platten einschieben.

Gürteltier

Das *Sechsbindengürteltier* oder *Tatu* (Euphractus sexcinctus) ist einschließlich des 20 cm langen Schwanzes 60–70 cm lang, trägt hinter und zwischen den Ohren ein aus acht Stücken bestehendes Schilderband, hat zwischen dem Schulter- und Rückenpanzer sechs breite Gürtel und bräunlichgelbe, oberseits dunklere Panzer- und blaßbräunlichgelbe Hautfärbung.

Alle Gürteltiere sind den Südamerikanern verhaßte Geschöpfe, weil sie vielfach Unglücksfälle verschulden. Die kühnen Reiter der Steppen, die den größten Teil ihres Lebens auf dem Pferde zubringen, werden durch die Arbeit der Gürteltiere hier und da arg belästigt. Das Pferd, das in gestrecktem Galopp dahinjagt, tritt plötzlich in eine Höhle und wirft den Reiter ab, so daß er in weitem Bogen dahinschießt, und bricht wohl auch ein Bein bei solchen Gelegenheiten. Sämtliche Gürteltiere sind Bewohner Amerikas, namentlich des Südens. Sie leben in freien und sandigen Ebenen, auf Feldern und dergleichen, und kommen bloß am Rande der Wälder vor, ohne in diese einzudringen. Nur während der Paarung finden sich mehrere der gleichen Art zusammen; während der übrigen Jahreszeit lebt jedes Gürteltier für sich. Alle Arten verbergen sich bei Tage soviel wie möglich und wühlen sich deshalb Gänge, die meisten nicht von großer Ausdehnung; eine Art aber lebt wie der Maulwurf unterirdisch. Die übrigen graben sich ihre Baue am allerliebsten am Fuße großer Ameisen- und Termitenhaufen, und dies aus dem sehr leicht einleuchtenden Grunde, weil ihre Nahrung vorzugsweise aus Kerbtieren und deren Larven, namentlich auch aus Ameisen besteht. So langsam und träge sie scheinen, wenn sie gehen oder sich sonst bewegen, so schnell und behend sind sie, wenn es gilt, sich in die Erde zu graben. Und sie verstehen das Graben wirklich so meisterhaft, daß sie sich buchstäblich vor den beobachtenden Blicken versenken können. Eine Art kann sich in eine Kugel zusammenrollen wie der Igel.

Ameisenbären

Die Ameisenbären (Myrmecophagidae) haben einen sehr gestreckten Körper, Kopf und Schnauze sind sehr verlängert; der Schwanz erreicht fast die Hälfte der Körperlänge. Ein dichter, struppiger, eigentümlicher Pelz deckt den Leib, insbesondere die Oberseite. Die Mundspalte ist sehr eng, die Zunge jedoch lang, dünn und gerundet und erinnert an einen Wurm. Die Ohren und Augen sind sehr klein.

Die größte Art (Myrmecophaga tridactyla), Abb. S. 138, ist in großen Teilen Südamerikas beheimatet. Der Pelz dieses auffallenden Tieres besteht aus dichten, steifen, rauh anzufühlenden Borstenhaaren. Kurz hinter dem Kopf verlängern sich diese längs des Nackens und Rückgrats und bilden eine Mähne. Die Borsten, welche die Schwanzquaste bilden, sind seitwärts zusammengedrückt und erscheinen lanzettförmig. Am Kopf erscheint als Gesamtfarbe Aschgrau mit Schwarz gemischt. Fast die gleiche Färbung haben der Nacken, der Rükken und zum Teil auch die Seiten des Rumpfes, die vorderen Beine und der Schwanz.

Die Länge des erwachsenen Ameisenbären beträgt 1,30 m, die Länge des Schwanzes ohne Haare 68 cm, mit den Haaren aber wenigstens 95 cm, oft etwas darüber. Somit erreicht das Tier eine Gesamtlänge von 2,30 cm; zuweilen findet man Männchen, welche noch größer sind. Bei ihnen trifft der Name Zahnarme wirklich zu; sie sind sogar völlig zahnlos.

Ihre Nahrung besteht einzig und allein aus Termiten, Ameisen und den Larven von beiden. Um sich diese zu verschaffen, kratzt und reißt der Ameisenbär mit den Nägeln seiner Vorderfüße die Erdhügel und die Erdhaufen auf, die diesen Tieren zur Wohnung dienen, streckt dann seine lange Zunge unter die von allen Seiten herbeiströmenden Kerbtiere und zieht sie, von denselben überzogen, wieder in den Mund zurück. Dieses wiederholt er so lange, bis er gesättigt ist oder bis keine Ameisen oder Termiten mehr zum Vorschein kommen.

Schuppentiere

Die *Schuppentiere* oder Tannenzapfentiere (Pholidota), Abb. S. 349, sind geharnischte Ameisenbären. Der Leib aller zu dieser Gruppe gehörenden Tiere ist auf der Oberseite mit großen, plattenartigen Hornschuppen bedeckt, welche dachziegelartig oder besser wie die Schilder eines Tannenzapfens übereinanderliegen. Diese Bedeckung ist einzig in ihrer Art. Zur genaueren Kennzeichnung der Schuppentiere mag folgendes dienen. Der Leib ist gestreckt, der Schwanz lang, der Kopf klein, die Schnauze kegelförmig zugespitzt, Vorder- und Hinterbeine sind kurz. Nur an der Kehle, der Unterseite des Leibes und an der Innenseite der Beine fehlen die Schuppen, während der ganze übrige Teil des Körpers von diesen eingehüllt wird. Der Kiefer ist vollkommen zahnlos. Ein eigener breiter Muskel, welcher wie beim Igel unter der Haut liegt und sich zu beiden Seiten der Wirbelsäule hinabzieht, vermittelt die Zusammenrollung oder Kugelung des Körpers. Die Zunge ist ziemlich lang und ausstreckbar; außerordentlich große Speicheldrüsen, welche fast bis zum Brustbein herabreichen, liefern ihr den nötigen Schleim zur Anleimung der Nahrung.

Schuppentier

Mittelafrika und ganz Südasien sowie einige Inseln des Indischen Archipels sind die Heimat dieser sonderbaren Tiere; Steppen und Waldgegenden in Gebirgen wie in Ebenen bilden ihre Aufenthaltsorte.

Der *Pangolin* der Malaien (Manis pentadactyla) bewohnt Ostindien, insbesonders Bengalen und Assam sowie Ceylon. Ein ausgewachsenes Männchen kann bis 1 m an Gesamtlänge erreichen; hiervon kommt etwa die Hälfte auf den Leib. Die Schuppen des Leibes sind am freien Ende ungefähr doppelt so breit wie lang. Der Pangolin frißt vorwiegend Ameisen.

BEUTELTIERE

Die Beuteltiere (Marsupialia) sind nichts anderes als frühe, auf uns überkommene Schöpfungsabschnitte, Anfangssäugetiere, Vorläufer höherentwickelter Gestalten. So verschieden bei den Mitgliedern dieser Ordnung die Gestalt ist, sie haben alle ein Merkmal gemeinsam: den Beutel. Diese Ähnlichkeit besteht zwischen einem Känguruh und einem Wombat, zwischen dem Beutelwolf und einem Beuteldachs. Viel leichter als untereinander lassen sich die Beuteltiere mit anderen Säugern vergleichen, die einen beispielsweise mit Raubtieren, die anderen mit Nagern. Abgesehen von dem Beutel erscheint uns der Beutelwolf als ein ziemlich wohlgebildeter Hund, der Beutelbär als ein Marder oder Katzenbär, die Beutelmaus als eine Spitzmaus und der Wombat als der Versuch eines Nagetieres.

Der Beutel ist eine Hauttasche, die sich vorn am Bauch befindet und von zwei auf den Schambeinen sitzenden besonderen Beutelknochen gestützt wird. In diesen liegen die Milchzitzen, an denen sich die gerade geborenen Jungen ansaugen. Die Tasche kann ein vollkommen ausgebildeter Beutel sein, aber auch bis auf zwei Hautfalten verkümmern, genügt jedoch unter allen Umständen ihrem Zwecke, indem sie sich innig über die an den Zitzen hängenden Jungen hinweglegt. Diese kommen in einem Zustand zur Welt wie kein einziges anderes Säugetier. Sie sind nicht bloß nackt, blind und taub, sondern haben dazu nur stummelartige Gliedmaßen. Nachdem sie geboren sind, saugen sie sich an einer der Zitzen, die gewöhnlich wie eine keulenförmige Warze aussieht, fest und wachsen nun in der nächsten Zeit beträchtlich. Von hier aus macht das junge Beuteltier später größere und immer größere Ausflüge; seine ganze Kindheit aber verbringt es in dem Beutel, und bei mehr als einem Mitglied dieser merkwürdigen Ordnung, welches lediglich einen Monat oder etwas darüber in dem eigentlichen Fruchthalter ausgetragen wurde, währt die Tragzeit im Beutel sechs bis acht Monate.

Das Festland von Australien darf als die eigentliche Heimat der Beuteltiere angesehen werden, da alle übrigen gegenwärtig hier lebenden Säugetiere, einige Fledermäuse, der Dingo und mehrere Nager zweifellos erst später eingewandert sind. In Amerika finden sich nur wenige Mitglieder einer kleinen Familie, diese aber sowohl im Norden wie im Süden des Erdteils.

Raubbeutler

Unter den Raubbeuteltieren (Dasyuridae) stellt man den *Beutelwolf, Zebra-* oder *Beutelhund* (Thylacinus cynocephalus), obenan. Er ist das größte aller fleischfressenden Beuteltiere. Seine Leibeslänge beträgt über 1 m, die Länge des Schwanzes 50 cm, alte Männchen sollen, wie man behauptet, noch merklich größer werden und im ganzen etwa 1,90 m in der Länge messen. Der kurze, locker anliegende Pelz ist graubraun und auf dem Rücken zwölf- bis vierzehnmal quergestreift.

Der Beutelwolf bewohnt Tasmanien. In den ersten Tagen der europäischen Ansiedlung fand er sich sehr häufig, zum größten Nachteil und Ärger der Viehzüchter, deren Schafherden und Geflügelbeständen er fleißig Besuche abstattete. In der Folge vertrieben ihn die Feuerwaffen mehr und mehr, und gegenwärtig ist er nur noch sehr selten in den Bergen Tasmaniens anzutreffen. Natürliche oder selbstgegrabene tiefe Höhlen bilden seine Zufluchtsorte während des Tages, und von hier aus unternimmt er seine Raubzüge. Er ist ein nächtliches Tier. Die Nahrung des Zebrahundes besteht aus allen kleineren Tieren, welche er erlangen und überwältigen kann, und zwar aus Wirbeltieren ebenso wie aus Wirbellosen, von den Kerbtieren und Weichtieren bis zu den Strahlentieren.

Ungleich häßlicher als der Beutelwolf ist der *Beutelteufel* (Sarcophilus harris). Diesen bedeutungsvollen Namen erhielt das Tier wegen seiner unglaublichen Wildheit. Nach Einbruch der Nacht verläßt es sein Lager und streift trotz seines plumpen Leibes verhältnismäßig rasch und behende in seinen Bewegungen und ausdauernd in seinem Lauf, obgleich es an Gewandtheit und Gelenkigkeit noch immer weit hinter den altweltlichen Schleichkatzen und Mardern zurücksteht, die es in Australien vertritt.

Ameisenbeutler

Beim *Ameisen-* oder *Spitzbeutler* (Myrmecobius fasciatus) hat das Weibchen keine Tasche, aber acht in einem Kreise stehende Zitzen. Man darf den Ameisenbeutler mit Recht als eins der schönsten und auffallendsten Beuteltiere betrachten. In der Größe ähnelt er ungefähr unserem gemeinen Eichhörnchen. Das Ockergelb des vorderen Oberkörpers geht nach hinten zu allmählich in ein tiefes Schwarz über, welches den größten Teil der hinteren Körperhälfte einnimmt, aber durch neun weiße oder graulichweiße Querbinden unterbrochen wird. Die ganze Unterseite ist gelblichweiß. Man findet ihn auch vorzugsweise in solchen Waldgegenden, in denen es Ameisenarten in Menge gibt. Seine Zunge streckt er ganz nach der Art des Ameisenbären unter die wimmelnde Schar und zieht sie dann, wenn sich eine Masse der erbosten Kerfe an ihr festgebissen hat, rasch in den Mund zurück. Die Ameisenbeutler sind heute in ihrer südaustralischen Heimat sehr selten.

1 Koala, 2 Beutelteufel
3 Ameisenbeutler, 4 Beutelwolf

Seite 137: Feldhase (o.); der Altai-Pfeifhase (Ochotona alpina; u.) hat kurze Ohren und Hinterbeine
Seite 138: Riesengürteltier (Priodontes giganteus; o.); Großer Ameisenbär (u.)

Beutelratten

Die bekannteste Beutelratte ist das *Virginische* oder *Nordopossum* (Didelphis marsupialis). Die Leibeslänge des Opossums beträgt über 40 cm, die des Schwanzes etwa 30 cm. Der Leib ist wenig gestreckt und ziemlich schwerfällig, der Hals kurz und dick, der Kopf lang; der ziemlich dicke, runde und spitze Schwanz ist bloß an seiner Wurzel behaart und von da bis zu seinem Ende nackt und von feinen Schuppenhaaren umgeben, zwischen denen nur hier und da einige kurze Haare hervortreten. Das Weibchen hat einen vollkommenen Beutel.

Das Opossum ist ein Baumtier. In den Baumkronen klettert es mit großer Sicherheit und ziemlich hurtig umher. Dabei kommen ihm der abgesonderte Daumen seiner Hinterhände, mit dem es die Äste umspannen und festhalten kann, und der Rollschwanz gut zustatten. Nicht selten hängt es sich daran auf und bleibt stundenlang in dieser Lage.

Kletterbeutler

Sehr eigenartig wirkt der *Koala* oder *Beutelbär* (Phascolarctus cinereus). Seine Länge beträgt etwa 70 cm. Der Gesamteindruck ist sehr eigentümlich, hauptsächlich wegen des dicken Kopfes mit den auffallend rauh behaarten, weit auseinanderstehenden Ohren, den lebhaften Augen und der breiten und stumpfen Schnauze. Der Schwanz besteht aus einem warzenartigen Höcker, welcher leicht übersehen werden kann. Die Behaarung ist sehr lang, fast zottig und dicht, dabei aber fein, weich und wollig, die Färbung der Oberseite rötlich-aschgrau, die der Unterseite gelblichweiß, die der Außenseite der Ohren schwarzgrau. Die Eukalyptuswälder Ostaustraliens sind die Heimat der Beutelbären. Er bewegt sich sehr langsam, was ihm auch den Namen *Australisches Faultier* eingetragen hat. Ruhig und unbehelligt von den übrigen Geschöpfen der Wildnis, weidet er äußerst gemächlich die jungen Blätter und Schößlinge der Äste ab, indem er sie mit den Vorderpfoten festhält und mit seinen Schneidezähnen abbeißt.

Känguruhs

Die Känguruhs (Macropodidae), Abb. S. 139, sind höchst auffallend gestaltete Geschöpfe. Ihr Leib nimmt von vorn nach hinten an Umfang zu; denn der entwickeltste Teil des Körpers ist wegen der in merkwürdiger Weise verstärkten Hinterglieder die Lendengegend. Diesen Gliedern gegenüber sind Kopf und Brust ungemein klein. Das Känguruh vermag seine schwachen Vorderbeine nur in sehr untergeordneter Weise zum Fortbewegen und zum Ergreifen der Nahrung zu benutzen, während die sehr verlängerten Hinterläufe und der mächtige Schwanz ihm eine satzweise Bewegung möglich machen. Die Läufe haben starke Schenkel, lange Schienbeine und unverhältnismäßig verlängerte Fußwurzeln mit starken und langen Zehen, von denen die mittelste einen gewaltigen hufartigen Nagel trägt. Der Schwanz ist verhältnismäßig dicker und länger als bei jedem andern Säugetier und äußerst muskelkräftig.

Australien ist die Heimat der Springbeuteltiere; die weiten, grasreichen Ebenen inmitten des Erdteils bilden ihre bevorzugten Aufenthaltsorte. Einige Arten ziehen buschreiche Gegenden, andere felsige Gebirge den parkähnlichen Grasflächen vor, noch andere haben sich zu ihrem Aufenthalt undurchdringliche Dickichte erkoren. Der Gang, den man namentlich beim Weiden beobachten kann, ist ein schwerfälliges, unbehilfliches Forthumpeln. Das Tier stemmt seine Handflächen auf und schiebt die Hinterbeine dann an den Vordergliedern vorbei, so daß sie zwischen diese zu stehen kommen. Dabei muß es sich hinten auf den Schwanz stützen, weil es sonst die langen Hinterläufe nicht so hoch heben könnte, daß solche Bewegungen möglich wären. Beim Abbeißen sitzt es regelmäßig auf Hinterbeinen und Schwanz und läßt die Vorderarme schlaff herabhängen.

Wenn ein Känguruh irgend etwas Verdächtiges bemerkt, denkt es zunächst an die Flucht. Hierbei zeigt es sich in seiner ganzen Beweglichkeit. Es springt, wie bei jeder Beschleunigung seines Ganges, ausschließlich mit den Hinterbeinen, macht aber Sätze, welche die aller übrigen Tiere hinsichtlich ihrer Weite übertreffen. Es legt seine Vorderfüße dicht an die Brust, streckt den Schwanz gerade und nach rückwärts aus, schnellt mit aller Kraft der gewaltigen Schenkelmuskeln seine langen, schlanken und federnden Hinterbeine gegen den Boden, wirft sich empor und schießt nun in einem flachen Bogen wie ein Pfeil durch die Luft. Ein Sprung folgt unmittelbar dem andern, und jeder ist mindestes drei Meter weit und dabei zwei bis drei Meter hoch.

Die Vermehrung aller Springbeuteltiere ist schwach. Die großen Arten werfen selten mehr als ein Junges, das stets mehrere Monate im Beutel getragen und versorgt wird. Wenn dieses einmal eine gewisse Größe erreicht hat, wächst es sehr schnell, namentlich von der Zeit an, in welcher es Haare bekommt. Es ist dann fähig, seine langen Ohren, welche bis dahin schlaff am Köpfchen herabhingen, auf-

Seite 139: Känguruhs
Seite 140: Tapir (o.); Schnabeltier (u.)

Opossum mit zwei Jungtieren; das unter dem Bauch hängende hält sich mit seinem Wickelschwanz am Schwanze der Mutter fest.

zurichten. Von nun an zeigt es sich sehr häufig, wenn die Mutter ruhig dasitzt. Der ganze Kopf wird vorgestreckt, und die hellen Augen blicken lebhaft um sich, ja die Ärmchen stöbern auch schon im Heu herum, und das Tierchen beginnt bereits zu fressen. Im Beutel sitzt es übrigens keineswegs immer aufrecht, sondern nimmt alle möglichen Lagen an. Man sieht es mit dem Kopf herausschauen und gar nicht selten neben diesem die beiden Hinterbeine und den Schwanz hervorstrecken, bemerkt aber auch diese Glieder allein, ohne vom Kopf etwas zu sehen. Geraume Zeit nach dem ersten Ausschauen verläßt das Junge ab und zu seinen Schutzort und treibt sich neben der Alten im Freien umher; lange Zeit jedoch flüchtet es noch, sobald es Gefahr fürchtet, in den Beutel zurück. Es kommt mit gewaltigen Sätzen dahergerannt und stürzt sich, ohne auch nur einen Augenblick anzuhalten, kopfüber in den halbgeöffneten Beutel der ruhig auf ihren Hinterläufen sitzenden Mutter, kehrt sich im Nu um und schaut dann mit einem unendlich komischen Ausdruck des beneidenswertesten Sicherheitsbewußtseins aus der Beutelöffnung hervor.

Die Nahrung der Känguruhs ist gemischter Art. Gras und Baumblätter bleiben die bevorzugteste Speise, außerdem verzehren die Tiere aber auch Wurzeln, Baumrinden und Baumknospen, Früchte und mancherlei Kräuter. Ihre Lieblingsnahrung ist ein gewisses Gras, das geradezu Känguruhgras genannt wird und ihren Aufenthalt bedingt. Die Springbeuteltiere vertreten in ihrer Heimat gewissermaßen das dort fehlende Wild und werden auch von den Raubtieren wie von den Menschen leidenschaftlich gejagt.

Das *Rote Riesenkänguruh* (Macropus rufus), der „Boomer" der Ansiedler, gehört zu den größten Arten der Familie. Sehr alte Männchen haben in sitzender Stellung fast Manneshöhe; ihre Länge beträgt gegen 2,60 m, wovon etwa 90 cm auf den Schwanz gerechnet werden müssen, ihr Gewicht schwankt zwischen 25 bis 70 kg. Das Weibchen ist durchschnittlich um ein Drittel kleiner als das Männchen. Die Behaarung ist reichlich, dicht, glatt und weich, fast wollig, die Färbung ein Rotbraun, gemischt mit Grau.

Cook entdeckte dieses Känguruh 1770 an der Küste von Neusüdwales und gab ihm nach einer Benennung der dortigen Eingeborenen den Namen, welcher später zur Bezeichnung der ganzen Familie wurde.

Auch Kletterer gibt es unter den Springbeuteltieren, nämlich das *Baumkänguruh* aus Neuguinea (Dendrolagus spec.), eines der auffallendsten und von dem Gesamtgepräge am meisten abweichenden Mitglieder der Familie. Die großen und kräftigen Vorderarme, welche gegen die Hinterbeine wenig zurückstehen, sind ein sehr bezeichnendes Merkmal dieser Gattung. Das Baumkänguruh ist ein ziemlich großes Tier von 1,25 m Leibeslänge, von der etwas mehr als die Hälfte auf den Schwanz gerechnet werden muß; sein Leib ist gedrungen und kräftig, der Kopf kurz. Der Pelz besteht aus straffen, schwarzen, an der Wurzel bräunlichen Haaren. Mit der größten Leichtigkeit klimmt das Tier an den Baumstämmen empor, erscheint jedoch so fremd dort oben, daß jeder Beschauer geradezu verblüfft ist, wenn das dunkelhaarige, langgliedrige Geschöpf unversehens vom Boden auf einen Baum hinaufhüpft und dort im schwankenden Gezweig sich bewegt. Dem Aufenthalt entsprechend, äst es vorzugsweise von Blättern, Knospen und Schößlingen der Bäume; wahrscheinlich verzehrt es auch Früchte.

Wombats

Die Wombats oder Plumpbeutler (Vombatidae) sind die Nager unter den Beuteltieren. Ihr Bau ist in hohem Grade plump, der Leib schwer und dick, der Hals stark und kurz, der Kopf ungeschlacht, der Schwanz ein kleiner, fast nackter Stummel; die Gliedmaßen sind kurz und krumm; die Füße fünfzehig, bewehrt mit langen, starken Sichelkrallen. Der *Wombat* (Vombatus) erreicht etwa 95 cm an Länge und hat kurze und gerundete Ohren. Die Färbung ist ein gesprenkeltes, dunkles Graubraun. Südostaustralien und Tasmanien sind die Heimat der Wombats. Sie leben in dichten Wäldern, graben sich hier weite Höhlen und sehr tiefe Gänge in den Boden und verbringen in ihnen schlafend den ganzen Tag. Erst nachdem die Nacht vollständig eingetreten ist, humpelt der Wombat ins Freie, um Nahrung zu suchen. Diese besteht zumeist aus einem harten, binsenartigen Gras, welches weite Strecken überzieht, sonst aber auch aus allerlei Kräutern und Wurzeln, die durch kraftvolles Graben erworben werden.

EILEGER

Die Eileger (Monotremata) haben mit den Säugetieren zwar das Fell gemeinsam, das Schnabeltier seinen Pelz, der Ameisenigel sein Stachelkleid; im übrigen unterscheiden sich jedoch beide wesentlich von den anderen bekannten Formen der höheren Tiere. Ein trockener Schnabel, der an den eines Schwimmvogels erinnert, vertritt bei ihnen die Stelle des Maules, und die Ausführgänge der Harn- und Geschlechtsorgane münden vereinigt in der Kloake. Dies ist eine Bildung, die wir bei den Vögeln und Kriechtieren wiederfinden. Das eigenartigste für diese Säuger ist aber, daß sie lederschalige Eier legen.

Diese eigentümliche Ordnung ist auf die zwei Familien der Ameisenigel und der Schnabeltiere beschränkt. Von diesen Familien enthält die letztere wiederum nur eine, die erstere fünf bekannte Arten.

Ameisenigel

Der Ameisenigel (Tachyglossus aculeatus) ist gekennzeichnet durch einen plumpen, größtenteils mit Stacheln oder Borsten bedeckten Leib, den walzenförmigen, nur am unteren Ende gespaltenen Schnabel, den kurzen Schwanz und die langgestreckte, dünne, wurmartige Zunge, welche, wie bei den Ameisenfressern, weit aus dem Munde hervorgestoßen werden kann. Von Zähnen findet sich keine Spur; im Gaumen stehen jedoch sieben Querreihen kleiner, derber, spitzer, rückwärts gerichteter hornartiger Stacheln. Die Milchdrüsen haben ungefähr 600 Ausführungsgänge. Bei vollkommen erwachsenen Tieren beträgt die Leibeslänge etwa 45 cm, wovon etwas mehr als 1 cm auf den Schwanz kommt. Die Geschlechter unterscheiden sich durch einen Sporn an der Ferse des Männchens.

Das Verbreitungsgebiet des Ameisenigels beschränkt sich auf die gebirgigen Gegenden des südöstlichen Australiens. Trockene Wälder, in denen er sich unter den Wurzeln der Bäume Höhlen und Gänge graben kann, sagen ihm besonders zu. Hier verbirgt er sich bei Tage; nachts kommt er hervor und geht schnüffelnd und grabend der Nahrung nach. Kerbtiere und Würmer, hauptsächlich aber Ameisen und Termiten, bilden seine Hauptnahrung.

Schnabeltiere

Das Schnabeltier (Ornithorhynchus anatinus), Abb. S. 140, ist der einzige bekannte Vertreter der zweiten Familie unserer Ordnung. Der Verbreitungskreis des Schnabeltieres beschränkt sich auf Tasmanien und die Ostküste von Australien, und zwar auf die Flüsse und stehenden Gewässer des inneren Landes. Es ist nicht länger als der Ameisenigel, durchschnittlich 60 cm lang, wovon 15 cm auf den Schwanz kommen. Der plattgedrückte Leib ähnelt in gewisser Beziehung dem des Bibers oder des Fischotters. Die Beine sind sehr kurz, alle Füße fünfzehig und mit Schwimmhäuten versehen. An den Vorderfüßen, welche die größte Muskelkraft besitzen und sowohl zum Schwimmen wie zum Graben dienen, erstreckt sich die Schwimmhaut etwas über die Krallen, ist dort sehr biegsam und dehnbar und schiebt sich, wenn das Tier gräbt, zurück. Alle Zehen sind sehr stark, stumpf und ganz zum Graben geeignet. Beim Männchen sitzt an den Hinterbeinen, etwas über den Zehen und nach innen gewendet, ein spitzer und beweglicher Sporn, der ziemlich weit gedreht werden kann. Der Schwanz ist platt, breit und am Ende, wo lange Haare den Auslauf bilden, plötzlich abgestuft. Der Kopf ist ziemlich flach, ausgesprochen klein und durch seinen grotesken breiten Entenschnabel so ausgezeichnet, daß er unter den Säugetieren einzig in seiner Art dasteht. Beide Kinnladen strecken sich und werden in ihrer ganzen Ausdehnung von einer hornigen Haut umgeben; beide tragen vier Hornzähne. Die Nasenlöcher liegen in der Oberfläche des Schnabels, nahe an seinem Ende, die kleinen Augen hoch im Kopf, die verschließbaren Ohröffnungen nahe am äußeren Augenwinkel. Die Zunge ist

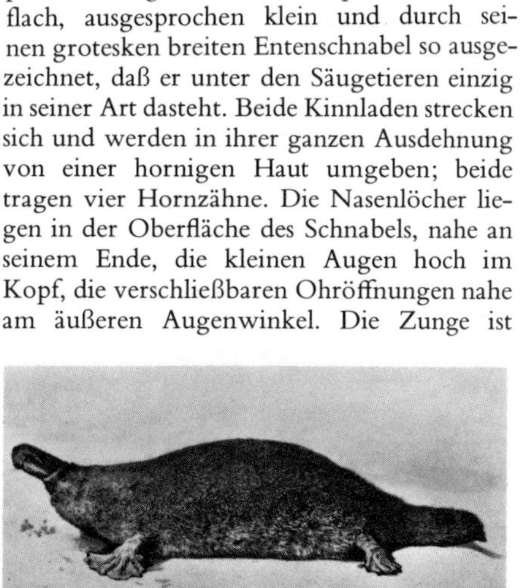

Schnabeltier

fleischig, aber mit hornigen Zähnen besetzt und hinten durch einen eigentümlichen Knollen erhöht, der den Mund vollständig schließt. So wird der Schnabel zu einem vortrefflichen Seiher, welcher das Tier befähigt, das Wasser durchzuspülen, Genießbares von Ungenießbarem zu trennen und ersteres vor dem gemächlichen Durchkauen in den geräumigen Backentaschen aufzuspeichern, die sich längs der Kopfseiten befinden.

Der Pelz des Schnabeltiers besteht aus dichten, groben Grannen von dunkelbrauner Färbung mit silberweißer Schattierung; darunter liegt ein sehr weiches, dem des Seehunds und des Seeotters ähnliches Wollhaar von graulicher Färbung.

Am liebsten bewohnt das Schnabeltier ruhige Stellen der Flüsse, sogenannte Altwässer. Hier legt es sich am Uferrande einen mehr oder weniger künstlichen Bau an.

UNPAARZEHIGE HUFTIERE

Pferde

Zur wichtigen Familie der Pferde (Equidae) gehören die eigentlichen Pferde, Esel und Zebras. Sie sind gekennzeichnet durch eine schöne Gestalt, verhältnismäßig kräftige Glieder und einen mageren, gestreckten Kopf mit großen Augen, mittelgroßen, zugespitzten, beweglichen Ohren und weitgeöffneten Nüstern. Der Hals ist stark, muskelkräftig, der Leib gerundet und fleischig, das Haarkleid weich und kurz, aber dicht anliegend, im Nacken und am Schwanze mähnig. Der eine ungespaltene und zierliche Huf an den Füßen genügt, um die Pferde von allen übrigen Huftieren zu unterscheiden.

Als ursprüngliches Verbreitungsgebiet der Pferde hat man den größten Teil von Mittel- und Nordeuropa, Mittelasien und Afrika anzusehen. In Europa scheinen die wilden Einhufer seit noch nicht allzulanger Zeit ausgestorben zu sein; in Asien und Afrika schweifen sie noch heutzutage herdenweise durch hochgelegene Steppen und Gebirge. Gras, Kräuter und andere Pflanzenstoffe dienen ihnen als Nahrung.

Alle Pferde sind lebendige, muntere, bewegliche, kluge Tiere; ihre Bewegungen sind anmutig. Der gewöhnliche Gang der frei lebenden Arten ist ein ziemlich scharfer Trab, ihr Lauf ein verhältnismäßig leichter Galopp. Friedlich und gutmütig gegen andere Tiere, welche ihnen nichts zuleide tun, weichen sie den Menschen und den größeren Raubtieren mit ängstlicher Scheu aus, verteidigen sich aber im Notfall durch Schlagen und Beißen mutig gegen ihre Feinde. Ihre Vermehrung ist gering. Die Stute wirft nach langer Tragzeit ein einziges Junges.

Keine Geschichte, keine Sage erzählt uns von der Zeit, in der sie zum erstenmal zu Haustieren gewonnen wurden. Vor allen anderen glaubt man den mittelasiatischen Völkern den Erwerb des Pferdes danken zu dürfen; wir nehmen an, daß man dieses in China und Indien ungefähr zu derselben Zeit wie in Ägypten als Haustier verwendete. Noch heute schwärmen in den Steppen Südosteuropas Pferdeherden umher, welche von einzelnen als die wilden Stammeltern unseres Haustieres, von andern jedoch als von diesem abstammende und wieder verwilderte Nachkömmlinge betrachtet werden.

Ein auf freier Wildbahn heute leider ausgerottetes Wildpferd ist der *Tarpan* (Equus przewalskii). Er ist ein kleines Pferd mit dünnen, aber kräftigen, langfesseligen Beinen, ziemlich langem und dünnem Hals, verhältnismäßig dickem, rammsnasigem Kopf, spitzen, nach vorwärts geneigten Ohren und kleinen, lebhaften Augen; seine Behaarung ist im Sommer dicht und kurz gewellt, im Winter dagegen dicht, stark und lang, zumal am Kinn, wo sie fast einen Bart bildet, die Mähne kurz, dicht, buschig und gekräuselt, der Schwanz mittellang. Ein gleichmäßiges Fahlbraun, Mausgrau oder Isabellgelb bildet die vorherrschende Färbung des Sommerkleides; im Winter werden die Haare heller, bisweilen sogar weiß. Mähne und die Schwanzhaare sehen gleichmäßig dunkel aus.

Ein Bericht von *Gmelin* über den Tarpan gibt die Lebensweise der Pferde gut wieder. Danach begegnet man dem Tarpan immer in Herden, welche mehrere hundert Stück zählen können. Gewöhnlich zerfällt die Hauptmenge wieder in kleinere, familienartige Gesellschaften, denen je ein Hengst vorsteht. Diese Herden bewohnen weite, offen- und hochgelegene Steppen und wandern von Ort zu Ort, gewöhnlich dem Winde entgegen. Sie sind außerordentlich aufmerksam und scheu, schauen mit hocherhobenem Kopf umher, sichern, spitzen das Gehör, öffnen die Nüstern und erkennen regelmäßig noch rechtzeitig die ihnen drohende Gefahr. Der Hengst ist der alleinige Beherrscher der Gesellschaft. Er sorgt für deren Sicherheit, duldet aber auch keine

Unregelmäßigkeiten unter seinen Schutzbefohlenen. Junge Hengste werden von ihm vertrieben und dürfen, solange sie sich nicht selbst einige Stuten erschmeichelt oder erkämpft haben, nur in gewisser Entfernung der großen Herde folgen. Sobald dieser irgend etwas auffällt, beginnt der Hengst zu schnauben und die Ohren rasch zu bewegen, trabt mit hochgehaltenem Kopfe einer bestimmten Richtung zu, wiehert gellend, wenn er Gefahr bemerkt, und nun jagt die ganze Herde im tollsten Galopp davon. Vor Raubtieren fürchten sich die kampfesmutigen und kampfeslustigen Hengste nicht. Auf Wölfe gehen sie wiehernd los und schlagen sie mit den Vorderhufen zu Boden. Unter sich kämpfen die Tarpanhengste mit Ingrimm, und zwar ebensogut durch Beißen wie durch Schlagen. Junge Hengste müssen sich ihre Gleichberechtigung immer durch hartnäckige Zweikämpfe erkaufen.

Wie bei allen Haustieren, die sich schon lange in menschlicher Obhut befinden, gibt es auch beim Pferd viele Rassen. Obenan unter allen Hauspferderassen steht der *Araber*. Jahrtausendelange, verständnisvolle Zucht hat ihm allmählich Vollendung der Gestalt und eine Fülle trefflicher Eigenschaften verliehen. Nach arabischen Anforderungen muß das edle Pferd in sich vereinen: ebenmäßigen Bau, kurze und bewegliche Ohren, schwere, aber doch zierliche Knochen, ein fleischloses Gesicht, Nüstern, „so weit wie der Rachen des Löwen", schöne, dunkle, vorspringende Augen, „an Ausdruck denen eines liebenden Weibes gleich", einen gekrümmten und langen Hals, breite Brust und breites Kreuz, schmalen Rükken, runde Hinterschenkel, sehr lange wahre und sehr kurze falsche Rippen, einen zusammengeschnürten Leib, lange Oberschenkel, „wie die des Straußes es sind", mit Muskeln, „wie das Kamel sie hat", einen schwarzen, einfarbigen Huf, eine feine und spärliche Mähne und einen reichbehaarten Schwanz, dick an der Wurzel und dünn gegen die Spitze hin. Es muß zeigen viererlei breit: die Stirn, die Brust, die Hüften und die Glieder; viererlei lang: den Hals, die Oberglieder, den Bauch und die Weichen, und viererlei kurz: das Kreuz, die Ohren, den Strahl und den Schwanz. Diese Eigenschaften beweisen, daß das Pferd von guter Rasse und schnell ist; denn es ähnelt dann in seinem Bau „dem Windhunde, der Taube und dem Kamel zugleich". In den Augen der Araber ist das Pferd das edelste aller geschaffenen Tiere, genießt daher fast dieselbe Achtung wie ein vornehmer, größere als ein geringer Mann.

Als den Arabern ebenbürtige Pferdezüchter dürfen die Engländer angesehen werden. Das *Rennpferd* ist Ergebnis des beharrlich fortgesetzten Strebens, ein Pferd zu erzielen, das alle übrigen an Schnelligkeit im Laufen überbieten sollte. Arabische, türkische und Berberpferde sind die nachweislichen Stammeltern dieses Tieres, das in den Augen der Engländer als das schönste aller Pferde gilt. Ein dreijähriges Vollblutpferd durchläuft beim Wettrennen ungefähr 850 m in der Minute. Jedes Vollblutpferd muß, um als solches zu gelten, im Gestütbuch Großbritanniens eingetragen sein, also seinen Stammbaum nachweisen können.

In Preußen war es Friedrich Wilhelm I., der für die Pferdezucht mit der Gründung des Gestütes Trakehnen den richtigen Aufschwung brachte. Durch vielfache Kreuzungen mit arabischen und englischen Vollblutpferden erzielte man nach und nach den *Trakehner*, ein dem Renner sehr nahestehendes, jedoch kräftigeres, im hohen Grade leistungsfähiges Tier.

Der *Nubische Wildesel* oder **Steppenesel** (Equus asinus africanus) ähnelt in Größe und Aussehen seinem gezähmten Nachkömmling in Ägypten, in seinem Benehmen und Wesen aber den wildlebenden asiatischen Verwandten. Er ist groß, schlank und hübsch gebaut, bald aschgrau, bald isabellfarben, an der Unterseite heller, mit deutlich ausgesprochenem Schulterkreuz und einigen mehr oder weniger bemerkbaren Querstreifen an der Außenseite des Unterfußes. Die Mähne ist ziemlich schwach und kurz, die Quaste am Schwanze dagegen stark und lang. Dieses Tier findet man im Steppengebiet östlich vom Nil.

Der Steppenesel ist der Stammvater des *Hausesels* (Equus asinus asinus). Wenn man den Esel, der früher bei uns die Säcke zur Mühle trug oder den Milchkarren zog, mit seinen südländischen Brüdern vergleicht, könnte man versucht werden, beide als verschiedene Arten anzusehen, so gering ist die Ähnlichkeit zwischen ihnen. Der nordische Hausesel ist ein träger, eigensinniger, oft störrischer Geselle, welcher allgemein, wenn auch mit Unrecht, als Sinnbild der Einfalt und Dummheit gilt, der südliche Esel dagegen, zumal der ägyptische, ein schönes, lebendiges, außerordentlich fleißiges und ausdauerndes Geschöpf, das in seinen Leistungen gar nicht weit hinter dem Pferd zurücksteht und es in mancher Hinsicht noch übertrifft. Ihn behandelt man aber auch mit weit größerer Sorgfalt als die Tiere in unserer Heimat. In vielen Gegenden des Morgenlandes hält man die besten Rassen so rein wie die edlen Pferde, füttert die Tiere sehr gut, plagt sie in der Jugend nicht zuviel und kann deshalb von den erwachsenen Dienste verlangen, welche unser Esel gar nicht zu leisten imstande ist. Man hat vollkommen recht, viel Sorgfalt auf die Zucht des Esels zu verwenden, denn er ist dort Haustier im vollsten Sinne des Wortes.

Schon in Griechenland und Spanien trifft man sehr schöne Esel an, obwohl sie noch immer weit hinter den im Morgenlande und zumal in Persien und Ägypten beheimateten zurückstehen. Der griechische und spanische Esel kommen einem kleinen Maultier an Größe gleich; ihr Haar ist glatt und weich, die Mähne ziemlich, die Schwanzquaste verhältnismäßig sehr lang; die Ohren sind lang, aber fein gebaut, die Augen glänzend. Große Ausdauer, ein leichter, fördernder Gang und ein sanfter Galopp stempeln die Esel zu unübertrefflichen Reittieren. Der gewöhnliche Esel ist von mittlerer Größe, aber dennoch von ausgezeichneter Güte. Er ist fleißig, äußerst genügsam und sehr ausdauernd.

Schon seit alten Zeiten hat man Pferd und Esel miteinander gepaart und durch solche Kreuzungen Bastarde erhalten, die man *Maultiere* oder *Maulesel* nennt, je nachdem, ob beim ersteren der Vater oder beim zweiten die Mutter zum Eselgeschlechte zählte. Beide haben in ihrer Gestalt mehr von der Mutter als vom Vater geerbt. Wegen der größeren Nutzbarkeit züchtet man fast ausschließlich Maultiere. Das Maultier vereinigt die Vorzüge seiner beiden Eltern in sich. Seine Genügsamkeit und Ausdauer sowie sein sanfter und sicherer Tritt sind Erbteile des Esels, seine Kraft und sein Mut ein Geschenk seiner Mutter. In allen Gebirgsländern hält man die Maultiere für unentbehrlich; in Südamerika sind sie ebenso wichtig wie bei den Arabern die Kamele. Ein gutes Maultier trägt eine Last von $1^1/_2$ Zentnern und legt mit ihr täglich 25–30 km zurück. Dabei bemerkt man selbst nach längerer Reise kaum eine Abnahme der Kräfte, auch wenn das Futter nur spärlich und so schlecht ist, daß ein Pferd es gar nicht genießen würde.

Ein alter lateinischer Schriftsteller erzählt, daß der römische Kaiser *Caracalla* im Jahre 211 unserer Zeitrechnung in Rom neben Tiger, Elefanten und Nashorn auch einen *Hippotigris* auftreten ließ und eigenhändig tötete. Daß jener Schriftsteller mit der Bezeichnung *Tigerpferd* nur eine Art der afrikanischen gestreiften Wildpferde, der **Zebras,** Abb. S. 149, meinen konnte, dürfte schwerlich bezweifelt werden. Die Zebras ähneln, was ihre Gestalt anbelangt, in gleicher Weise den Pferden wie den Eseln. Ihr Leib ist gedrungen, der Hals stark, der Kopf ein Mittelding zwischen Pferde- und Eselkopf, die Ohren sind ziemlich lang, dabei aber breit, die Haare der aufrechtstehenden Mähne nicht so hart und

Steppenzebra mit Fohlen

dick wie beim Pferd, aber doch weniger weich und minder biegsam als beim Esel; der Schwanz ist gegen das Ende hin lang behaart. Alle haben ein lebhaft gestreiftes Fell. Die südliche Hälfte Afrikas ist ihre Heimat.

Das *Steppenzebra* oder *Quagga* (Equus quagga) ähnelt am meisten dem Pferde; es ist über 2 m lang, am Widerrist 1,30 m hoch, besitzt einen runden Leib mit sehr gewölbtem Nakken, starke Füße und eine aufrechtstehende, kammartige, 13 cm hohe Mähne. Das weiche, glatt anliegende Haar ist oben isabellfarben, unten weiß. Längs der Mitte des Rückens verläuft ein schwarzer, weiß eingefaßter Streifen, über den Hals hinweg ziehen sich zehn breite schwarze, manchmal geteilte Binden, zwischen denen sich schmale braune einschieben. Das eigentliche Steppenzebra ist heute ausgerottet. Unterarten leben noch immer in großen Herden von Äthiopien bis zum Kapland.

Das *Bergzebra* (Equus zebra), das etwa die gleiche Größe hat, ist am ganzen Leibe gestreift und hierdurch leicht von dem Quagga zu unterscheiden. Es hat in seinem Leibesbau weniger Ähnlichkeit mit dem Pferde als vielmehr mit dem Esel. Der Schwanz ist mittellang, zum großen Teil nur kurz und lediglich zum Ende hin lang behaart, also dem Eselschwanze ähnlich; die Mähne ist dicht, aber sehr kurz. Auf weißem oder hellgelblichem Grunde verlaufen von der Schnauze bis zu den Hufen Querbänder von glänzend schwarzer oder rotbrauner Färbung; nur die Hinterseite des Bauches und die Innenseite der Oberbeine sind ohne Bänder. Das Bergzebra lebt in Gebirgsgegenden des südlichen und östlichen Afrikas.

Die Zebras leben in ziemlich starken Herden zusammen. Zwischen diesen Herden findet man fast regelmäßig Spring- und Buntböcke, Gnus und Strauße. Vor allem die letzteren sollen die beständigen Begleiter der Wildpferde sein, wohl deshalb, weil diese aus der Wachsamkeit und Vorsicht jener Riesenvögel den besten Vorteil zu ziehen wissen. Alle Zebras sind ungemein schnelle, flüchtige, wachsame und scheue Tiere. In der Nahrung sind die Tigerpferde nicht besonders wählerisch; doch besitzen sie nicht die Anspruchslosigkeit der Esel. Ihre Heimat bietet ihnen genug zu ihrem Unterhalt, und wenn die Nahrung an einem Ort ausgeht, suchen sie andere günstige Stellen auf. So unternehmen sie wie auch die übrigen in Herden lebenden Tiere Südafrikas zeitweilig Wanderungen, sobald die Trockenheit in jenen wüstenartigen Strecken, die ihren bevorzugten Aufenthaltsort ausmachen, alles Grün vernichtet hat.

Alle Sinne der Zebras sind scharf. Dem Ohr entgeht nicht das geringste Geräusch, das Auge läßt sich nur äußerst selten täuschen. Tapfer wehren sie sich mit Ausschlagen und Beißen gegen die Angriffe der Raubtiere. Die Hyänen lassen sie wohlweislich in Ruhe. Vielleicht gelingt es nur dem gewaltigen Löwen, sich eines Zebras zu bemächtigen; der freche Leopard stürzt sich wohl nur auf schwächere, weil erwachsene ihn durch Wälzen auf dem Boden abschütteln und durch Ausschlagen und Beißen vertreiben dürften.

Tapire

Die Tapire (Tapiridae) sind verhältnismäßig kleine, plumpgebaute Tiere mit verlängertem, schmächtigem Kopf. Die Oberlippe verlängert sich rüsselförmig und hängt weit über die Unterlippe herab. Die kräftigen Füße haben vorn vier, hinten drei Zehen.

Eine kurze Nackenmähne und ein einfarbiges Haarkleid kennzeichnen den *Flachlandtapir* (Tapirus terrestris), Abb. S. 140. Seine Färbung ist ein schwärzliches Graubraun, die Länge 1,90 m bei nur 1 m Höhe. Seine Heimat ist ganz Südamerika.

Der malaiische *Schabrackentapir* (Tapirus indicus) fällt besonders durch seine Schwarzweißzeichnung auf. Vorderteil und Beine sind schwarz, während das Hinterteil grauweiß gefärbt ist.

Flachlandtapire

Alle Tapire halten sich im Walde auf und vermeiden ängstlich Blößen oder offene Stellen. Sie sind daher auch diejenigen Tiere, die dem vordringenden Menschen am ersten ausweichen und sich vor ihm tiefer in die Wälder zurückziehen. Gegen Abend gehen die Tapire ihrer Nahrung nach, und wahrscheinlich sind sie während der Nacht fortwährend in Bewegung. Sie bekunden in ihrer Lebensweise Ähnlichkeit mit unserem Wildschwein, halten sich jedoch nicht in so starken Rudeln auf wie dieses, sondern leben nach Art des Nashorns mehr einzeln. Sie sind vortreffliche Schwimmer und noch vorzüglichere Taucher, welche ohne Besinnen über die breitesten Flüsse setzen.

Die Tapire nähren sich nur von Pflanzen und namentlich von Baumblättern. In Brasilien bevorzugen sie die jungen Palmblätter; nicht selten aber fallen sie auch in die Pflanzungen ein und beweisen dann, daß ihnen Zuckerrohr, Mango, Melonen und andere Gemüse ebenfalls behagen. Im freien, großen Wald leben sie oft monatelang von den abgefallenen Baumfrüchten oder in den Brüchen von den saftigen Sumpf- und Wasserpflanzen. Besonders erpicht sind sie auf Salz, das ihnen wie den Wiederkäuern, ein Bedürfnis bedeutet. In allen tiefliegenden Ländern Paraguays, wo das Erdreich schwefelsaures und salzsaures Natron enthält, findet man die Tapire in Menge. Sie belecken hier die salzhaltige Erde.

Alle Tapirarten werden von den Menschen eifrig verfolgt, weil man ihr Fleisch und Fell benutzt. Schlimmere Feinde noch, als es die Menschen sind, dürften die Tapire in den großen Katzen wie Jaguar oder Tiger haben, die mit ihnen in derselben Heimat wohnen.

Nashörner

Die Nashörner sind plumpgebaute, ungeschlachte Dickhäuter von ziemlich bedeutender Größe, ausgezeichnet durch auffallend gestreckten Kopf, dessen vorderer Gesichtsteil ein Horn oder zwei hintereinanderstehende Hörner trägt, einen größtenteils unbehaarten Leib, kurzen Schwanz und kurze, stämmige Beine, deren Füße vorn wie hinten drei mit Hufen umkleidete Zehen haben

Die Nashörner, die gegenwärtig Südasien, die Sundainseln und Mittel- und Südafrika in mehreren Arten bewohnen, waren in der Vorzeit weiter verbreitet und kamen ebenso im südlichen Deutschland, in Frankreich und England wie in Rußland und Sibirien vor. Im nördlichen Asien vom Don bis zur Behringstraße gibt es keinen Fluß im ebenen Lande, an dessen Ufer nicht Knochen von vorweltlichen Tieren, namentlich von Elefanten, Büffeln und Nashörnern, gefunden würden. Die Alten haben das Nashorn sehr wohl gekannt. Auf den altägyptischen Denkmälern kommt es als erklärendes Bild vor. Für mich steht fest, daß es das Einhorn der Bibel ist, von dem *Hiob* sagt: „Meinest du, das Einhorn werde dir dienen und werde bleiben an deiner Krippe?" (Hiob 39, 9.) Der Urtext nennt dieses Tier *Rêm* und schreibt ihm bald ein Horn, bald zwei Hörner zu. Die Römer, welche das einhörnige ebenso wie das doppelhörnige kannten, ließen beide auf ihren Kampfplätzen arbeiten. Nach *Plinius* brachte *Pompejus* neben dem Luchs aus Gallien und dem Pavian aus Äthiopien das erste einhörnige Nashorn im Jahre 61 v. Chr. zu den Spielen nach Rom.

Ein einhörniges Nashorn Hinterindiens ist das *Panzernashorn* (Rhinoceros unicornis), ein stattliches Tier von 3,50 m Körperlänge und etwa 1,50 m Höhe. Sein Körper wird von einem starken Panzer aus Hautplatten bedeckt. Es ist wie fast alle Nashörner heute sehr selten und von der Ausrottung bedroht. Die einzige Ausnahme bildet wohl das noch recht häufige, doppelhörnige *Spitzmaulnashorn* (Diceros bicornis), Abb. S. 150, der offenen Landschaften Zentral- und Ostafrikas, das fast die Ausmaße des Panzernashorns erreicht, aber keine Panzerfalten zwischen den Hautplatten besitzt.

Spitzmaulnashörner

Ein möglichst wasserreiches Gebiet: Sumpfgegenden, Flüsse, welche weithin ihr Bett überfluten, Seen mit buschbestandenen, schlammigen Ufern, in deren Nähe sich grasreiche Weideplätze befinden, Waldungen mit Bächen und ähnliche Örtlichkeiten bilden die bevorzugten Aufenthaltsorte der Nashörner. Ein Schlammbad ist allen auf dem Lande lebenden Dickhäutern geradezu ein Bedürfnis; denn so sehr auch ihr Fell ihren Namen bestätigt, so empfindlich zeigt es sich.

Spitzmaulnashorn mit Jungem

Vor allem im Sommer peinigen Fliegen, Bremsen und Mücken alle größeren Säugetiere in wirklich unglaublicher Weise, und nur durch Auflegen einer dicken Schlammlage verschaffen sich diese einigermaßen Schutz und Frieden. Ehe sie noch auf Nahrung ausgehen, eilen die Nashörner zu den weichen Ufern der Seen, Lachen und Flüsse, wühlen mit dem Horn ein Loch und wälzen und drehen sich in diesem, bis Rücken und Schultern, Seiten und Unterleib mit Schlamm bedeckt sind. Das Wälzen im Schlamme tut ihnen so wohl, daß sie dabei laut knurren und grunzen und sich von dem behaglichen Bade sogar hinreißen lassen, die ihnen sonst eigene Wachsamkeit zu vernachlässigen.

Mit Anbruch der Nacht geht das Nashorn auf Weide aus. Es äst sowohl in den dichten, anderen Tieren kaum zugänglichen Wäldern wie auf offenen Ebenen. Selbst durch das verschlungenste Dickicht bahnt es sich mit der größten Leichtigkeit einen Weg. Die Zweige und dünneren Stämme müssen der in Bewegung gesetzten Masse weichen. In den Dschungeln Indiens sieht man von ihm herrührende lange, schnurgerade Wege, auf denen alle Pflanzen seitlich niedergebrochen sind, während der Boden niedergestampft ist; im Innern Afrikas gewahrt man ähnliche Gangstraßen, welche man als Wege des Nashorns erkennt, wenn die Bäume rechts und links niedergebrochen sind, wogegen die von Elefanten herrührenden sich dadurch auszeichnen, daß die hindernden niederen Stämme ausgerissen, entlaubt und dann auf die Seite geworfen wurden. Im Gegensatz zu den Elefanten leben die Nashörner nicht in Herden, sondern meist einzeln oder höchstens in kleinen Trupps. Für gewöhnlich schreitet ein Nashorn gewichtig und etwas plump dahin.

Seite 149: Grevy-Zebras (o.) sind mit einer Schulterhöhe von über 1,50 m die größten Zebras; Norwegisches Fjordpferd (u.) mit vielen charakteristischen Merkmalen des Wildpferdes
Seite 150: Nashornweibchen mit Jungem (o.); Spitzmaulnashorn (u.)

PAARZEHIGE HUFTIERE

Die Ordnung der paarzehigen Huftiere umfaßt drei Unterordnungen, die der *Schwielensohler* (Tylopoda), die der *Nichtwiederkäuer* (Nonruminantia) und die der *Wiederkäuer* (Ruminantia).

Die *Wiederkäuer* sind sehr verschiedene und doch auch wieder innig verwandte, gehörnte oder ungehörnte Säuger von außerordentlich schwankender Größe. Bei allen Wiederkäuern ohne Ausnahme sind nur zwei Zehen, die dritte und vierte, vollkommen entwickelt. Der Magen besteht aus vier, mindestens drei verschiedenen Teilen: dem *Pansen*, dem *Netzmagen*, dem *Faltenblättermagen* und dem *Labmagen*. Der Pansen, der durch ein Muskelband in zwei Abteilungen getrennt wird, nimmt das grob zerkaute Futter auf und stößt es in kleinen Mengen in den Netzmagen hinüber, dessen gitterartige Falten es vorverdauen und in Kügelchen formen, die sodann durch Aufstoßen wieder in den Mund hinaufgebracht, hier mit den Mahlzähnen verarbeitet, gründlich eingespeichelt und sodann zwischen zwei eine Rinne bildenden Falten der Speiseröhre in den Blättermagen hinabgesandt und von diesem endlich dem Labmagen zugeführt werden.

Nicht unwichtig zur Gruppierung der Arten sind die Gehörne und Geweihe, welche die Wiederkäuer tragen. Man unterscheidet zunächst zwei größere Gruppen: die *scheidenhörnigen* und die *geweihtragenden* Zweihufer. Unter Scheidenhörnern oder Hörnern schlechthin versteht man diejenigen Gebilde aus Hornmasse, welche auf einer knochigen Unterlage der sich fortsetzenden Stirnbeine ruhen und niemals erneuert werden, sondern bei fortgesetztem Wachstum nur an Größe zunehmen; Geweihe dagegen heißen Hörner, welche auf verhältnismäßig kurzen Erhöhungen der Stirnbeine sitzen, durchaus aus fester Knochenmasse bestehen und mit zunehmendem Alter bis zu einem gewissen Grad sich mehr und mehr verästeln. Die Geweihe werden alljährlich abgeworfen und nach Verlauf von einigen Monaten durch neue ersetzt. In der Regel tragen sie bloß die männlichen Tiere, während die Gehörne meist beiden Geschlechtern gemeinsam sind.

Die Wiederkäuer bewohnen mit Ausnahme Australiens alle Erdteile. Fast alle Wiederkäuer sind scheue, flüchtige, friedliche und leiblich sehr gut ausgerüstete Tiere. Viele leben in Herden, alle in Gesellschaften. Ihre Nahrung besteht ausschließlich aus Pflanzen. Sie lieben Gras, Kräuter, Blätter, junge Triebe und Wurzeln. Das Weibchen wirft gewöhnlich nur ein Junges, seltener zwei und nur ausnahmsweise drei.

Kamele

Die Kamele (Camelidae) sind gekennzeichnet durch das Fehlen der Hörner und Afterklauen, die gespaltenen Oberlippen und den Zahnbau. Die Hufe sind sehr klein und eigentlich bloß Zehennägel an den schwieligen Sohlen. Die Kamele gehören systematisch somit zur Unterordnung der Schwielensohler (Tylopoda) mit langem Hals, gestrecktem Kopf und zottigem, fast wolligem Fell.

Nordafrika, Mittelasien und Südwestamerika bilden die ursprüngliche Heimat dieser Tiere. Die wenigen Arten sind in der Alten Welt gänzlich, in der Neuen teilweise zu Haustieren geworden. Diese bewohnten das Hochgebirge bis zu 4000 m über dem Meeresspiegel, jene finden sich nur in den heißen, trockenen Ebenen. Gräser und Kräuter, Baumblätter, Zweige, Disteln und Dornen dienen ihnen zur Nahrung. Sie sind in hohem Grad genügsam und können lange hungern und dürsten. Ihr Gang ist ein Paß und ihr Lauf, obwohl er trefflich fördert, schwankend und scheinbar in hohem Grad unbeholfen. Alle leben in Herden oder lieben wenigstens Geselligkeit. Ihr geistiges Wesen steht auf ziemlich tiefer Stufe. Das Weibchen wirft nur ein einziges Junges und pflegt dieses mit vieler Liebe.

Das *Dromedar* oder *Einhöckerige Kamel* (Camelus dromedarius), Abb. S. 151, ein gewaltiger Schwielensohler, erreicht im Durchschnitt 2–2,30 m Höhe und von der Schnauzenspitze bis zum Schwanzende 3–3,30 m Länge.

Der Araber unterscheidet mehr als zwanzig verschiedenartige Rassen der „Wüstenschiffe"; denn es gibt ebensogut eine Wissenschaft der Kamele wie eine solche der Pferde, und man spricht auch beim Dromedar von edlen und unedlen Tieren. Der ungehörnte Kopf ist ziemlich kurz, die Schnauze aber gestreckt und aufgetrieben. Die Rückenlinie steigt vom Hals an im Bogen nach oben bis gegen den

Seite 151: Lamas (o.); Dromedare (u.)
Seite 152: Rothirsch (o.); Sikahirsche (Cervus nippon; u.) sind ein beliebtes Parkwild, ihre eigentliche Heimat ist Japan und Ostchina

Widerrist hin und erhebt sich dort sehr steil zu der Spitze des einen Höckers, von wo aus sie nach hinten wieder jäh abfällt. Je reichlichere Nahrung das Kamel hat, um so mehr erhebt sich sein Höcker; je dürftiger ihm die Kost zugemessen wird, um so mehr fällt er zusammen. Zur Regenzeit, die eine saftige Weide bringt, wächst der während der dürren Hungermonate kaum sichtbare Höcker erstaunlich rasch an, und sein Gewicht kann dann bis auf 15 kg steigen, während es im Gegenteil auch auf zwei oder drei kg herabsinken kann. Das Haar ist weich, wollig und auf dem Scheitel, im Nacken, unter der Kehle, an den Schultern und auf dem Höcker gegenüber den übrigen Teilen auffallend verlängert, am Schwanzende aber verdickt. Eigentümlich sind noch die Schwielen, die sich auf der Brust, dem Ellenbogen und dem Handgelenk sowie an den Knien und Fersengelenken finden und mit dem Alter an Größe und Härte zunehmen. Die Brustschwiele tritt als eigentümlicher Höcker weit über die andere Haut hervor und bildet eine förmliche Unterlage, auf welcher der Körper ruht, wenn das Tier sich niederlegt. Die Färbung des Tieres ist sehr unbeständig. Am häufigsten findet man allerdings lichtsandfarbene; doch gibt es auch graue, braune und ganz schwarze Kamele.

Gegenwärtig findet man das Dromedar bloß in der Gefangenschaft, und zwar in allen nördlich gelegenen Ländern Afrikas und im äußersten Westen von Asien.

Das Kamel nimmt seine Nahrung einzig und allein aus dem Pflanzenreich und ist dabei durchaus nicht wählerisch. Man darf wohl behaupten, daß gerade seine Genügsamkeit seine größte Tugend ist; das schlechteste Futter genügt ihm. Wenn es die dürrsten und trockensten Wüstenpflanzen, scharfschneidiges Riedgras und halbverdorrte Äste hat, kann es wochenlang aushalten. Wahrhaft wunderbar ist es, daß selbst die ärgsten Dornen und Stacheln das harte Maul des Kamels nicht verwunden. Mehr als hundertmal habe ich gesehen, daß Kamele Mimosenzweige, an denen Dorn an Dorn saß, ohne weiteres hinunterwürgten. Nun muß man wissen, daß diese Mimosennadeln außerordentlich scharf sind und selbst das Sohlenleder durchdringen; dann versteht man erst, was dies sagen will.

Bei saftiger Pflanzennahrung kann das Kamel wochenlang das Wasser entbehren, falls es nicht beladen und besonders angestrengt wird und sich nach Belieben seine Pflanzen aussuchen kann. Anders verhält sich die Sache während der Zeit der Dürre. Man hat zwar vielfach behauptet, daß Kamele auch dann noch 14–20 Tage Wasser entbehren könnten; allein solche Erzählungen sind Fabeln.

Wenn man ein ruhig stehendes Kamel betrachtet, wird man schwerlich denken, daß dieses Tier an Schnelligkeit fast mit einem Pferd wetteifern kann. Und doch ist dies der Fall. Die in der Wüste und Steppe geborenen Kamele sind vortreffliche Läufer und imstande, ohne Unterbrechung Entfernungen zurückzulegen wie kein anderes Haustier. Alle Kamele gehen einen scheinbar sehr schwerfälligen Paß, sie mögen dabei im Schritt oder im Trab laufen; dieser Paßgang ist jedoch bei abgerichteten Reitkamelen wahrhaft leicht und zierlich.

Dreierlei verlangt der Araber von einem guten Kamel: es muß einen weichen Rücken haben, darf die Peitsche nicht verlangen und soll beim Auf- und Niederlegen nicht schreien. Bloß derjenige, der viel mit Kamelen umgegangen ist, weiß, was dies zu bedeuten hat. Ein gewöhnliches Lastkamel ist das fürchterlichste aller Reittiere. Bei der Paßbewegung wird der Reiter in absonderlichen Bogen, einer in Bewegung gesetzten chinesischen Pagodenfigur vergleichbar, auf- und nieder-, hin- und hergeschleudert. Sobald das Kamel in Trab fällt, ist es anders. Bei der bestehenden Wechselbewegung wird das seitliche Hin- und Herschaukeln aufgehoben, und wenn sich der Reiter geschickt im Sattel zurücklegt, spürt er die immer noch heftigen Stöße auch nicht stärker, als wenn er auf einem Pferd sitzt.

Es läßt sich nicht verkennen, daß das Kamel wahrhaft überraschende Fähigkeiten besitzt, einen Menschen ohne Unterlaß und in unglaublicher Weise zu ärgern. Ihm gegenüber ist ein Ochse ein zu achtendes Geschöpf, ein Maultier, das sämtliche Untugenden in sich vereint, ein gesittetes, ein Esel ein liebenswürdiges Tier. Dummheit und Bosheit sind gewöhnlich Gemeingut; wenn aber zu ihnen noch Feigheit, Störrigkeit, Dickköpfigkeit, Gehässigkeit oder Gleichgültigkeit gegen den Pfleger und Wohltäter und noch hundert andere Untugenden kommen, die dieses Wesen sämtlich besitzt und mit vollendeter Fertigkeit auszuüben versteht, kann der Mensch, der mit solchem Vieh zu tun hat, schließlich rasend werden. Dies begreift man, nachdem man selbst vom Kamel abgeworfen, mit Füßen getreten, gebissen, in der Steppe verlassen und verhöhnt worden ist, nachdem einen das Tier tage- und wochenlang stündlich mit bewunderungswerter Beharrlichkeit und Ausdauer geärgert, nachdem man Besserungs- und Zuchtmittel erschöpft hat.

Zur Brunstzeit wird der Kamelhengst zu einem unerträglichen Geschöpf. Er lärmt, brüllt, beißt, stößt und schlägt nach seinen Gefährten und seinem Herrn, wird unruhig und oft so wütend, daß man ihm einen Maul-

Dromedare

korb anlegen muß, um Unglücksfälle zu verhüten. Die Unruhe des Tieres steigert sich im Verlauf der Brunst. Es treibt, sobald es ein anderes Kamel sieht, eine große Hautblase, den Brüllsack, aus dem Halse heraus und kollert, gurgelt, knurrt, brüllt und stöhnt dabei in der widerwärtigsten Weise. Der Brüllsack erreicht eine Länge von 30–35 cm.

Das junge Kamel wird mit offenen Augen geboren und ist mit ziemlich langem, dichtem, weichem, wolligem Haar bedeckt. Der Höcker ist sehr klein. An Größe übertrifft es ein frisch geworfenes Füllen bedeutend. Über ein Jahr lang säugt das Kamel sein Junges, und während dieser Zeit zeigt es einen ungewöhnlichen Mut, indem es unter Umständen seinen Sprößling nach Kräften verteidigt. Nur die eigene Mutter bekümmert sich um ihr Kind, niemals dagegen ein Kamel um ein fremdes Füllen.

Fast dieselbe Rolle, die das Dromedar in den oben angegebenen Gegenden spielt, ist in Ost- und Mittelasien dem *Trampeltier* oder *Zweihöckerigen Kamel* (Camelus ferus) beschieden. Zwei Rückenhöcker, von denen der eine auf dem Widerrist, der andere vor der Kreuzgegend sich erhebt, unterscheiden es vom Dromedar. Seine Gestalt ist schwerfällig und plump, die Körpermasse größer, die Behaarung weit reichlicher als bei dem Dromedar, die Färbung regelmäßig dunkler, gewöhnlich tiefbraun, im Sommer rötlich. Das Trampeltier wird in allen Steppenländern Mittelasiens gezüchtet und dient insbesondere als Lasttier dem Warenhandel zwischen China und Südsibirien oder Turkestan.

Obgleich man sagen darf, daß das Trampeltier in seinem Wesen und in seinen Eigenschaften mit dem Dromedar übereinstimmt, kann man doch nicht verkennen, daß es durchweg gutartiger ist als dieses.

Das Trampeltier kann durch kein anderes Haustier ersetzt werden. Man nutzt Haar und Milch, Fell und Fleisch, spannt es an den Wagen und verwendet es als Lasttier. Mit ihm durchzieht man die wasserlosen wüstenhaften Steppen, in denen Pferde ihre Dienste versagen würden; auf ihm erklimmt man Gebirge bis zu 2000 m Höhe, in denen nur der Yak noch aushält. Das Pferd ist der Genosse, das Trampeltier der Diener des Steppenbewohners.

Lamas in den Anden

Die **Lamas** sind die südamerikanischen Kamele. Sie unterscheiden sich von den eigentlichen Kamelen nicht nur durch ihre geringe Größe, sondern auch durch den verhältnismäßig großen, stark zurückgedrückten Kopf mit spitzer Schnauze, ihre großen Ohren und Augen, den dünnen, schmächtigen Hals, die hohen und schlanken Beine mit mehr gespaltenen Zehen und nur geringen Schwielen und durch das lange, wollige Haarkleid. Dem Rumpfe fehlt der Höcker.

Die Lamas zerfallen in vier verschiedene Formen: Guanako, Lama (Abb. S. 151), Alpaka und Vicuña. Guanako und Vicuña leben noch heutzutage wild; Lama und Alpaka sind schon seit undenklichen Zeiten zu Haustieren geworden. Bereits die ersten Entdecker Amerikas fanden beide gezähmt vor; die Überlieferung der Peruaner verlegt die Zähmung der Tiere in das früheste Zeitalter menschlichen Daseins. Alle Lamas sind Bewohner der Hochebenen der gewaltigen Kordilleren bis in 4500 m Höhe; sie steigen nur im äußersten Süden der Andenkette bis in die Pampas oder großen Ebenen Patagoniens herab. Sie leben in größeren oder kleineren Gesellschaften, nicht selten in Rudeln von mehreren hundert Stück und werden eifrigst gejagt.

Das *Guanako* (Lama guanicoe) ist mit dem Lama das größte und, obwohl es nur freilebend vorkommt, eines der wichtigsten aller südamerikanischen Landsäugetiere. In der Größe gleicht es etwa unserm Edelhirsch; in der Gestalt ist es ein sonderbares Mittelding zwischen Kamel und Schaf. Bei vollkommen erwachsenen Tieren beträgt die Gesamtlänge des Leibes 2,25 m, die Länge des Schwanzes 24 cm, die Höhe am Widerrist 1,15 m, die Höhe vom Boden bis zum Scheitel 1,60 m. Der Schwanz, der aufgerichtet getragen wird, ist sehr kurz, auf der oberen Seite stark behaart und auf der unteren Seite fast gänzlich kahl. Ein ziemlich langer, reichlicher, aber lockerer Pelz bedeckt den Körper. Die allgemeine Färbung ist ein schmutziges Rotbraun.

Das Guanako verbreitet sich über die Kordilleren, von den bewaldeten Inseln des Feuerlandes bis zum nördlichen Peru. Im Gebirge steigt es während des Frühlings oder in der Zeit, in der es frische Pflanzen in der Höhe gibt, bis zu der Schneegrenze empor, wogegen es sich bei Beginn der Trockenheit in die fruchtbaren Täler der Tiefe zurückzieht. Die Schneefelder selbst meidet es sehr sorgfältig.

Das Guanako lebt gesellig in Rudeln. *Darwin* bemerkt, daß man in der Regel Trupps von einem Dutzend bis zu dreißig Stück zusammenfindet, daß er jedoch an den Ufern des Santa Cruz einmal eine Herde von mindestens 500 Stück gesehen habe. Das Rudel besteht gewöhnlich aus vielen Weibchen und nur einem alten Männchen; denn bloß die jungen fortpflanzungsunfähigen Tiere werden von den Leithengsten geduldet. Wenn die Jungen ein gewisses Alter erreichen, entstehen Kämpfe; die Schwachen werden gezwungen, den Stärkeren zu weichen, und schlagen sich dann mit ihresgleichen und jungen Weibchen zusammen. Saftige Gräser und im Notfall Moos bilden die Nahrung.

Eigentümlich ist die Gewohnheit der Guanakos und aller Lamas überhaupt, nach Art einzelner Antilopen ihre Losung immer auf einem bestimmten Haufen abzusetzen und nur, wenn dieser größere Ausdehnung erreicht hat, dicht daneben einen neuen zu bilden. Den Indianern kommt diese Anhäufung der Losung sehr zustatten, da sie diese als Brennstoff verwenden.

Alle Bewegungen des Guanako sind rasch und lebhaft. Der Lauf besteht aus einem kurzen, schleppenden Galopp und ist wie bei den echten Kamelen ein Paßgang. Das Guanako verteidigt sich gegen seinesgleichen mit Schlagen und Beißen, wogegen er vor allen einigermaßen wehrhaften Feinden furchtsam entflieht. Zuweilen greifen die Tiere einen Widersacher an, versuchen ihn zu beißen oder zu schlagen, bedienen sich dabei zumindest eines allen Lamas eigentümlichen Verteidigungsmittels, indem sie den Gegner dicht an sich herankommen lassen und ihm plötzlich mit

Heftigkeit ihren Speichel und die gerade im Munde befindlichen oder ausdrücklich zu diesem Zweck heraufgewürgten Kräuter ins Gesicht spucken.

Das *Lama* (Lama guanicoe glama) wird vorzugsweise in Peru gefunden und gedeiht dort am besten auf den Hochebenen in der bezeichneten Höhe. Es wird etwas größer als das Guanako, von dem es ursprünglich abstammt. Die Männchen werden vorwiegend zum Lasttragen benutzt, die Weibchen dienen ausschließlich zur Zucht.

Zierlicher als das Lama ist das *Vicuña*, sprich Wikunja (Lama vicugna); es hat kurze und gekräuselte Wolle von ausnehmender Feinheit. Der Scheitel, die obere Seite des Halses, der Rumpf und die Schenkel sind von rötlichbrauner Färbung; die untere Seite des Halses und die innere der Gliedmaßen hell ockerfarben.

Während der nassen Jahreszeit halten sich die Vicuñas auf den Kämmen der Kordilleren auf, wo die Pflanzenwelt sich nur äußerst spärlich zeigt. Sie bleiben, weil ihre Hufe weich und empfindlich sind, immer auf den Rasenplätzen und ziehen sich, selbst wenn sie verfolgt werden, niemals auf die steinigen, nackten Gipfel und noch viel weniger, wie unsere Gemsen, auf Gletscher und Schneefelder zurück. In der heißen Jahreszeit steigen sie in die Täler herab. Der scheinbare Widerspruch, daß die Tiere im Winter die kalten und im Sommer die heißen Gegenden aufsuchen, erklärt sich dadurch, daß während der trockenen Jahreszeit die Kordillerenrücken ganz ausgedörrt sind und die ohnehin spärliche Pflanzenwelt ihnen nur in den Tälern, in denen es Quellen und Sümpfe gibt, hinreichend Nahrung bietet. Sie grasen fast den ganzen Tag, und es ist eine Seltenheit, einmal ein liegendes Rudel zu überraschen. Schon zu alten Zeiten schoren die Indianer auch die Vicuñas und verfertigten aus der Wolle wertvolle Decken, welche das Aussehen weißseidenen Stoffes hatten.

Das *Alpaka* (Lama guanicoe pacos) stammt wahrscheinlich vom Vicuña ab; es gleicht im Körperbau dem Schaf; hat aber einen längeren Hals und einen zierlichen Kopf; sein Vlies, die zusammenhängende Wolle, ist sehr lang und ausnehmend weich; an einigen Stellen, z. B. an den Seiten des Rumpfes, erreicht es eine Länge von 10–12 cm. Die Färbung ist meistens ganz weiß oder schwarz; es gibt aber auch buntscheckige Tiere. Die Alpakas werden in großen Herden gehalten, welche das ganze Jahr auf den Hochebenen weiden; nur zur Schur treibt man sie zu den Hütten. Die Indianer verfertigen aus der Wolle des Alpaka und Lama schon seit uralten Zeiten wollene Decken und Mäntel.

Hirsche

Die Hirsche (Cervidae), Abb. S. 152, sind *geweihtragende Wiederkäuer*. Ihr Bau ist schlank und zierlich, der Leib wohlgeformt und gestreckt, der Hals stark und kräftig, der Kopf nach der Schnauzenspitze zu stark verschmälert; die Beine sind hoch und fein gebaut; die Füße haben sehr entwickelte Afterklauen und schmale, spitze Hufe. Geweihe haben meist nur die Männchen. Sie sind paarige, knöcherne, verästelte Fortsetzungen der Stirnbeine und werden alljährlich abgeworfen und aufs neue erzeugt. Im sechsten oder achten Monat nach der Geburt bildet sich durch Erhebung der äußeren Decke am Stirnbein ein Knochenzapfen, der während des ganzen Lebens stehenbleibt: der sogenannte Rosenstock, auf dem sich die Geweihe aufsetzen. Anfänglich sind die Stangen nur einfach spitz, später verästeln sie sich mehr und mehr, indem von der Hauptstange Sprossen auslaufen, deren Anzahl bis zu zwölf an jeder Stange ansteigen kann. Die Neubildung des Geweihes gilt für alle Hirsche, wobei das Wachstum bei dem einen längere, bei dem andern kürzere Zeit beansprucht. Nachdem der Bast oder häutige Überzug des Geweihes seine Dienste zur Neubildung des knöchernen Materials getan hat, trocknet er ein, und der Hirsch reibt nunmehr die sich loslösenden Fetzen an Bäumen und Sträuchern ab, wodurch gleichzeitig die Geweihe, hauptsächlich wohl vom Saft der dabei beschädigten Pflanzen, dunkler gefärbt werden.

Der **Elch** oder das *Elen* (Alces alces) ist ein gewaltiges Tier. Der Leib des erwachsenen Elchhirsches ist 2,40–3,10 m, der Schwanz ungefähr 10 cm lang, die Höhe am Widerrist beträgt bis 2 m. Sehr alte Tiere können ein Gewicht von 800 kg erreichen. Der Leib des Elches ist verhältnismäßig kurz und dick, breit an der Brust, hoch, fast höckerig im Widerrist. Er ruht auf sehr hohen und starken Beinen von gleicher Länge, welche mit schmalen, geraden, tiefgespaltenen und durch eine ausdehnbare Bindehaut vereinten Hufen beschuht sind; die Afterklauen berühren leicht den Boden. Auf dem kurzen, starken und kräftigen Hals sitzt der große, langgestreckte Kopf, welcher vor den Augen verschmälert ist und in eine lange, dicke, sehr breit nach vorn abgestutzte Schnauze endet. Die kleinen und matten Augen liegen tief in den stark vortretenden Augenhöhlen; die Tränengruben sind unbedeutend. Große, lange, breite, aber zugespitzte Ohren stehen seitwärts gerichtet am Hinterkopf. Das Geweih des erwachsenen Männchens besteht aus einer großen, einfachen, sehr ausladenden, schaufelförmigen Krone, die an ihrem äußeren Ende mit zahlreichen Zacken besetzt ist, und wird von kurzen, dicken, gerundeten Stangen getragen. Das Geweih erreicht ein Gewicht von etwa 20 kg.

Die Behaarung des Elen ist lang, dicht und straff. Über die Firste des Nackens zieht eine starke, sehr dichte, der Länge nach geteilte Mähne, welche sich gewissermaßen am Hals und an der Vorderbrust fortsetzt und bis 20 cm lang wird. Die Färbung ist ein ziemlich gleichmäßiges Rötlichbraun, welches an der Mähne und den Kopfseiten in glänzendes Dunkelschwarzbraun übergeht. — Das Weibchen ist kaum kleiner, trägt aber kein Geweih und hat längere und schmälere Hufe.

Den Elch findet man in den nördlicheren Breiten aller wald- und seenreichen Länder Europas, Asiens und Nordamerikas. In unserem Erdteil ist er auf die baltischen Niederungen, außer Ostpreußen, also auf Litauen, Kur- und Livland, sowie auf Schweden, Norwegen und Rußland beschränkt. Wilde, einsame, an Sümpfen und unzugänglichen Mooren reiche Wälder, namentlich solche, in denen Weiden, Birken, Espen, und andere Laubbäume stehen, bilden den Stand des Elchwildes. Seine Äsung besteht aus Blättern und Schößlingen aller in seinem Lebensraum wachsenden Baum- und Straucharten.

Die Bewegungen des Elentieres sind weit weniger ebenmäßig und leicht als die des Edelwildes. Es trabt aber sehr schnell und mit unglaublicher Ausdauer. Jung eingefangene Elentiere werden zahm und können selbst zum Aus- und Eingehen gebracht werden; bei uns halten sie jedoch die Gefangenschaft selten längere Zeit aus. In Schweden sollen früher gefangene Elche so weit abgerichtet worden sein, daß man sie zum Ziehen der Schlitten verwenden konnte; ein Gesetz verbot aber derartige Zugtiere, „weil deren Schnelligkeit und Ausdauer die Verfolgung von Verbrechern unmöglich gemacht haben könnte".

Bei den **Rentieren** tragen beide Geschlechter Geweihe, welche von dem kurzen Rosenstock an bogenförmig von rück- nach vorwärts gekrümmt, an ihren Enden wie an dem Augensproß schaufelförmig ausgebreitet, fingerförmig eingeschnitten und schwach gefurcht sind. Sehr breite Hufe und längliche, aber stumpf zugespitze Afterklauen zeichnen sie aus. Ihre Gestalt ist im allgemeinen ziemlich plump, die Beine sind verhältnismäßig niedrig, der Schwanz ist sehr kurz.

Man darf das Rentier als den wichtigsten aller Hirsche bezeichnen. Ganze Völker danken ihm Leben und Unterhalt; sie könnten ohne dieses sonderbare Haustier nicht existieren. Dem Lappen und Finnen ist das Ren weit wichtiger als uns das Rind oder das Pferd oder dem Araber das Kamel und seine Ziegenherden, denn es muß die Dienste fast aller übrigen Herdentiere leisten. Das zahme Rentier gibt Fleisch und Fell, Knochen und Sehnen her, um seinen Herrn zu kleiden und zu ernähren; es liefert Milch, läßt sich als Lasttier benutzen und schleppt auf dem leichten Schlitten die Familie und ihre Gerätschaften von einem Ort zum andern; mit einem Wort: Das Rentier ermöglicht das unstete Wanderleben der nördlichen Völkerschaften.

Das *Ren* (Rangifer tarandus), Abb. S. 161, ist ein stattliches Geschöpf. Seine Länge beträgt 1,70–2 m, die Schwanzlänge 13 cm, die Höhe am Widerrist 1,30 m. Das Geweih erreicht zwar nicht die Größe des Hirsches, ist aber immerhin ein sehr stattlicher Kopfschmuck. Das Geweih der Renkuh ist regelmäßig kleiner und weniger gezackt als das des Renhirsches, bei beiden Geschlechtern aber dadurch gekennzeichnet, daß die Stangen sehr dünn und nur am Grunde rundlich, nach oben dagegen abgeplattet sind; die Augensprossen enden vorn in eine breite Schaufel.

Die wilden Rentiere sind bei weitem zierlicher und ansprechender gebaut als die zahmen. Die Decke ist so dicht wie bei keinem anderen Hirsch. Im Winter werden die Haare überall bis 6 cm lang, und weil sie sehr dicht übereinanderliegen, bildet sich dann eine Decke von mindestens 4 cm Dicke, welche es erklärlich macht, daß das Rentier mit Leichtigkeit auch bedeutende Kälte ertragen kann. Die wilden Rentiere ändern mit ziemlicher Regelmäßigkeit ihr Haarkleid und dessen Färbung. Mit Beginn des Frühlings fällt das reiche Winterhaar aus, und ein kurzes, einfarbig graues Haar tritt an dessen Stelle; es wachsen nun mehr und mehr andere Haare dazwischen hervor, deren weiße Spitzen das graue Haar immer mehr verdrängen, bis endlich das ganze Tier weißgrau, fast fahl und in der Färbung dem schmelzenden, schmutzigen Schnee täuschend ähnlich erscheint.

Schon die Alten kannten das Ren. *Julius Cäsar* beschrieb es ziemlich richtig. Doch erst der große *Linné* ist es, welcher es selbst, und zwar genau, beobachtet hat. Ich selbst habe die wilden Rudel und die zahmen Herden beobachten können und bin dadurch in den Stand gesetzt worden, aus eigener Anschauung zu sprechen.

Der hohe Norden der Alten und, wenn man den amerikanischen *Karibu* (Rangifer tarandius caribou) dazuzählt, auch die nördlichen Gegenden der Neuen Welt sind die Heimat des Rens. Es ist wild, ein echtes Gebirgskind wie die Gemse, und findet sich nur auf den baumlosen, mit Moos und wenigen Gebirgspflanzen bestandenen, breiten Rücken der nordischen Gebirge. In Norwegen bildet der Gürtel zwischen 1000 und 2000 m seinen gewöhnlichen Aufenthalt. Niemals steigt es hier bis in den Waldgürtel herab, wie es überhaupt ängstlich die Waldungen meidet. Die kahlen Bergebenen und Halden, zwischen deren Gestein einzelne Pflanzen wachsen, oder jene weiten Ebenen, welche dünn mit Rentierflechten übersponnen sind, müssen als Aufenthaltsorte dieses Wildes angesehen werden. Ihre breiten Hufe erlauben den Rentieren, ebensogut über die sumpfigen Stellen und die Schneedecke hinwegzugehen wie an den Halden umherzuklettern. Der Gang des Rentieres ist ein ziemlich schneller Schritt oder ein rascher Trott. Das Schwimmen wird dem Ren sehr leicht; es setzt ohne weiteres über ziemlich breite Ströme, und die Lappen treiben ganze Herden durch die Fjords von einer Insel zur anderen. Die zahmen Rentiere entschließen sich allerdings nur nach einigem Widerstreben, in das Wasser zu gehen; die wilden dagegen scheuen es nicht und gehen auf der Flucht durch dick und dünn.

Das wilde Ren äst im Sommer saftige Alpenkräuter, namentlich die Blätter und Blüten der Schneeranunkel, des Rentierampfers, der Saponarien, des Hahnenfußes, Schwingels usw. Während des Winters gräbt es mit seinen Hufen Rentierflechten aus und frißt von den Steinen die Schnee- und Osterflechten ab. In Norwegen meidet es auch im Winter den nahrungsreichen Wald, geht dann aber öfters in den Sumpf, um dort von allerlei Kräutern zu äsen. Sehr gern frißt es die Knospen und jungen Schößlinge der Zwergbirke, jedoch nicht von anderen Birkenarten.

In Norwegen beginnt die Brunst des Hirsches Ende September. Sein Geweih, das er Ende Dezember oder im Januar abgeworfen hat, ist jetzt wieder vollständig geworden, und er weiß es zu gebrauchen. Mit lautem Schrei ruft er Mitbewerber heran, orgelt wiederholt in der eindrucksvollsten Weise und besteht angesichts der jetzt sehr verstärkten Rudel zahlreiche Kämpfe mit den betreffenden Mitbewerbern. Die wackeren Streiter verschlingen sich oft mit ihren Geweihen und bleiben manchmal stundenlang aneinander gefesselt. Mitte April ist die Satzzeit; das alte Tier geht also etwa 30 Wochen hochbeschlagen. Niemals setzen wilde Rentiere mehr als ein Kalb.

Das wilde Ren hat außer dem Menschen noch viele Feinde. Der gefährlichste von ihnen ist der Wolf. Er umlagert die Rudel stets, am schlimmsten jedoch im Winter. Wenn der Schnee so fest geworden ist, daß er die Rentiere trägt, gelingt es dem bösen Räuber bei der Wachsamkeit seiner Beute nur äußerst selten, an eine Herde heranzukommen, und im ungünstigsten Falle sind dann auch die Rentierböcke noch so kräftig, daß sie ihm mit den Vorderläufen genügend zusetzen können; die Umstände ändern sich aber bei frischem Schneefall. Dann sinkt das Ren tief ein in die flaumige Decke, ermüdet leicht und wird von dem irgendwo hinter einem Felsblock oder dichtem Busch lauernden Räuber viel leichter gefangen als sonst. Der Vielfraß stellt den Rentieren, wie ich selbst gesehen habe, eifrig nach, der Luchs wird ihnen sehr gefährlich, und der Bär raubt, wenn auch nicht gerade in derselben Anzahl wie der Wolf, doch immer noch viele der bedrohten Tiere.

Rentiere

Das zahme Rentier ist die Stütze und der Stolz, die Lust und der Reichtum, die Qual und die Last des Lappen; nach seinen Begriffen steht derjenige, welcher seine Rentiere nach Hunderten zählt, auf dem Gipfel menschlicher Glückseligkeit. Einzelne Lappen besitzen 2000 bis 3000 Stück. Das Leben der zahmen Rentiere unterscheidet sich fast in jeder Hinsicht von dem geschilderten des wilden Ren. Jene sind, wie ich oben angab, kleiner gestaltet, werfen später ab, pflanzen sich auch zu einer anderen Zeit im Jahre fort als die wilden und wandern beständig. Manchmal unmittelbar unter der Herrschaft des Menschen lebend, genießen sie zu gewissen Zeiten ihre Freiheit im vollsten Maße. Bald haben sie so reichlich Nahrung, daß sie kräftig und feist werden, bald müssen sie Hunger und Kummer erdulden wie ihr Herr. Im Sommer leiden sie entsetzlich unter den Mücken und Rentierbremsen, im Winter unter dem Schnee, der die Weide verdeckt und ihnen oft durch seine harte Kruste die Füße verwundet. Eine Rentierherde gewährt ein höchst eigentümliches Schauspiel. Sie gleicht mitunter einem wandelnden Walde, wenn man davon ausgeht, daß der Wald gerade blätterlos ist. Die Rentiere gehen geschlossen wie die Schafe, aber mit behenden, federnden Schritten und so rasch wie keines unserer Haustiere. Auf der einen Seite wandert der Hirt mit seinen Hunden, die eifrig bemüht sind, die Herde zusammenzuhalten.

Während der Sommermonate bereiten die Lappen kleine, sehr wohlschmeckende, wenn auch etwas scharfe Käse aus der wenigen Milch, die ihre Herden geben. Alles, was das Tier erzeugt, wird verwendet, nicht bloß das Fleisch und die Milch, sondern auch jeder einzelne Teil des Leibes. Aus den weichen Fellen der Rentierkälber verfertigt man Kleider, das Wollhaar wird gesponnen und verwebt; aus den Knochen macht man sich allerlei Werkzeuge, die Sehnen benutzt man zu Zwirn und dergleichen. Außerdem muß das Tier auch noch, besonders im Winter, die ganze Familie und ihr Hab und Gut von einem Orte zum anderen schaffen. In Lappland benutzt man das Ren hauptsächlich zum Fahren, weniger zum Lasttragen.

Damhirsch

Der *Damhirsch* (Dama dama), Abb. S. 161, ist bedeutend kleiner als der Rothirsch. Seine Gesamtlänge beträgt einschließlich des 19 cm langen Wedels 1,70 m, die Höhe 90 cm. Vom Edelwild unterscheidet sich das Damwild durch die kürzeren und minder starken Läufe, den kürzeren Hals, das kürzere Gehör, den längeren Wedel, die Färbung sowie durch die zweisprossigen Geweihstangen, welche sich oben zu einer verlängerten Schaufel mit Randsprossen erweitern. Im Sommer sind Oberseite, Schenkel und Schwanzspitze braunrötlich, Unterseite und Innenseite der Beine dagegen weiß. Im Winter herrschen auf der Oberseite graue und schwärzliche Farbtöne vor. An Schnelligkeit, Sprungkraft und Gewandtheit steht das Damwild dem Edelhirsch kaum nach; in der Art der Bewegung aber unterscheiden sich beide: denn das Damwild hebt im Traben die Läufe höher, springt auf der Flucht nach Art der Ziegen satzweise mit allen vier Läufen zugleich und trägt den Wedel dabei erhoben. Die Heimat des Damhirsches ist Mitteleuropa, sie wurde aber in der Eiszeit auf den Mittelmeerraum beschränkt. Neu eingebürgert lebt er heute in ganz Europa.

Bei den **Hirschen**, Abb. S. 152, im engsten Sinne (Cervus) tragen ebenfalls bloß die männlichen Mitglieder Geweihe mit runden Ästen oder Stangen. Eine der stattlichsten und edelsten Gestalten ist der *Edel-* oder *Rothirsch* (Cervus elaphus). Ungeachtet seiner Schlankheit, ist er doch kräftig und schön gebaut, und seine Haltung ist so edel und stolz, daß er seinen Namen mit vollstem Rechte führt. Seine Leibeslänge beträgt etwa 2,30 m, die des Schwanzes 15 cm, die Höhe am Widerrist 1,20 m. Das Geweih des Hirsches sitzt auf einem kurzen Rosenstock auf und ist einfach verästelt, vielsprossig und aufrecht stehend. Unmittelbar über der Nase entspringt auf der Vorderseite der Stange der Augensproß, welcher sich vor- und aufwärts richtet; dicht über derselben tritt der kaum minder lange und dicke Eissproß hervor; in der Mitte der Stange wächst der Mittelsproß heraus, und am äußeren Ende bildet sich die Krone, welche ihre Zacken ebenfalls nach vorn ausdehnt, aber sich je nach dem Alter oder der Eigentümlichkeit des Hirsches mannigfaltig ändert.

Nach Jahreszeit, Geschlecht und Alter ändert sich die Färbung des Rotwildes. Im Winter sind die Grannen mehr graubraun, im Sommer mehr rötlichbraun; das Wollhaar ist aschgrau mit bräunlicher Spitze. Nur die Kälber zeigen in den ersten Monaten weiße Flecke auf der rotbraunen Grundfarbe. Mancherlei Farbenänderungen kommen vor, indem die Grundfärbung manchmal ins Schwarzbraune, manchmal ins Fahlgelbe übergeht. In der Weidmannssprache wird das Hirschkalb, nachdem es das erste Jahr vollendet hat, *Spießer* genannt; im zweiten Jahre erhält es den Namen *Gabelhirsch* oder *Gabler*; im dritten Jahr heißt es *Sechsender* usw., je nach der Anzahl der Enden oder Sprossen des Geweihes. Erst wenn der Hirsch zwölf Enden hat und 300 Pfund wiegt, wird er ein *jagdbarer* oder *guter Hirsch* genannt. Ein sehr alter und starker, guter Hirsch heißt *Kapitalhirsch*.

Seite 161: Ren (o.); Damhirsch (u.)
Seite 162: Giraffen leben zumeist in kleineren Trupps (u.), um trinken zu können, müssen die Vorderbeine weit gespreizt werden (o.); dabei ist die Giraffe gegenüber ihren Feinden besonders wehrlos

Verschiedene Geweihformen

Röhrender Rothirsch

Noch gegenwärtig bewohnt das Edelwild fast ganz Europa, mit Ausnahme des höchsten Nordens, und einen großen Teil Asiens. Es liebt mehr gebirgige als ebene Gegenden und vor allem große, zusammenhängende Waldstrecken, namentlich Laubhölzer. Hier schlägt es sich zu größeren oder kleineren Trupps zusammen, welche nach dem Alter und Geschlecht gesondert sind: alte Tiere, Kälber, Spießer, Gabler und Schmaltiere bleiben gewöhnlich vereinigt; die älteren Hirsche bilden kleinere Trupps für sich, und die starken oder Kapitalhirsche leben einzeln bis zur Brunstzeit, in der sie sich mit den übrigen Trupps vereinen. Die stärksten Rudel werden demgemäß von den weiblichen Tieren und den jungen Hirschen, die schwachen von Hirschen mittleren Alters gebildet. Die Kälber bleiben bis zur nächsten Satzzeit bei der Mutter und gesellen sich sodann als Spießer oder Schmaltiere zu den aus älteren Hirschen und Schmaltieren gebildeten Trupps, wogegen die Alttiere, sobald ihnen die Kälber folgen können, neue Rudel bilden und sich erst im Spätsommer, jedoch nicht immer, mit jenen Rudeln wieder zusammenschlagen. An der Spitze des Rudels steht stets ein weibliches Tier, nach welchem sich alle übrigen richten. Dies geschieht selbst während der Brunstzeit, solange der Hirsch die Tiere nicht treibt. Jener erscheint im Rudel stets zuletzt, und zwar um so sicherer, je stärker er ist.

Den Tag über liegt das Edelwild in seinem Bett verborgen, gegen Abend zieht es auf Äsung aus, im Sommer früher als im Winter. Nur in Gegenden, wo es sich völlig sicher weiß, äst es zuweilen auch bei Tage. Beim Ausgehen nach Äsung pflegt es sich in raschem Trabe zu bewegen oder zu trollen; der Rückzug am Morgen dagegen erfolgt langsam, weshalb ihn die Jäger Kirchgang nennen. Alle Bewegungen des Edelwildes sind leicht, zierlich und anstandsvoll. Der gewöhnliche Gang fördert hinlänglich; im Trollen bewegt sich das Wild sehr schnell und im Laufe mit fast unglaublicher Geschwindigkeit. Unter den Sinnen des Edelwildes sind Gehör, Geruch und Gesicht vorzüglich ausgebildet. Das Wild kann in Entfernungen von 400–600 Schritt einen Menschen wittern.

Je nach der Jahreszeit ist die Äsung des Edelwildes verschieden. Im Winter besteht sie aus grüner Saat und vielen Pflanzen, die in der Nähe von Quellen hervorsprießen, in Knospen, Holzrinde, Heidekraut, Brombeerblättern, Misteln und dergleichen, im Frühling aus Knospen und frischen Trieben mit oder ohne Laub, allerlei Grasarten und Kräutern, später aus Getreidekörnern, Rüben, Kraut, verschiedenen Früchten, Kartoffeln, Bucheckern und Eicheln.

Starke Hirsche werfen ihre Geweihe bereits im Februar, spätestens im März ab und ersetzen sie bis zu Ende Juli vollständig; junge Hirsche, zumal Spießer, tragen die Stangen oft noch im Mai, haben jedoch ebenfalls im August bereits vereckt und gefegt. Die Brunstzeit des Edelwildes fängt mit Eintritt des Monats September an und dauert bis zur Mitte des Oktober. Die Hirsche äußern dies durch ihre Schreie an bestimmten Brunstplätzen. In der Nachbarschaft dieser Plätze sammeln sich dann auch die Hirschkühe in kleinen Trupps zu sechs, acht, zehn bis zwölf Stück zusammen.

Seite 163: Die Grantgazelle (Gazella granti) lebt in der mittel- und ostafrikanischen Savanne in größeren Herden
Seite 164: Der südwestafrikanische Spießbock (Oryx gazella gazella; o.) ist eine der größten Antilopen; Elenantilope (u.)

Der Brunsthirsch trollt unaufhörlich mit zu Boden gesenkter Nase umher, um zu wittern, wo das Wild vorbeigezogen ist und wo es steht. Findet er noch schwache Hirsche oder Spießer dabei, so vertreibt er sie und bringt sich in den Besitz der Alleinherrschaft, welche er von nun an mit der größten Strenge ausübt. Keine der erwählten Geliebten darf sich nur auf 30 Schritte weit entfernen; er treibt sie sämtlich auf den gewählten Brunstplatz.

Abends und morgens ertönt der Wald vom Geschrei der Brunsthirsche, welche sich jetzt kaum den Genuß des nötigen Geäses gestatten. Andere, weniger glückliche Nebenbuhler beantworten neidisch das Geschrei. Mit dem Vorsatz, alles zu wagen, um sich durch Tapferkeit oder List an die Stelle jener zu setzen, nahen sie sich. Kaum erblickt der beim Wilde stehende Hirsch einen anderen, so stellt er sich, glühend vor Eifersucht, ihm entgegen. Wütend gehen sie mit gesenktem Gehörn aufeinander los und suchen sich mit bewundernswürdiger Gewandtheit wechselweise anzugreifen oder zu verteidigen. Weit erschallt im Walde das Zusammenschlagen der Geweihe. Oft bleibt der Streit stundenlang unentschieden. Nur bei völliger Ermattung zieht sich der Besiegte zurück.

Vierzig bis einundvierzig Wochen geht das Tier tragend. Die Kälber sind in den ersten drei Tagen ihres Lebens so unbeholfen, daß sie sich nicht von der Stelle bewegen. Aber schon nach einer Woche folgen sie der Mutter überall hin. Bereits im dritten Jahr ist das Wildkalb erwachsen.

Ein schön gefleckter Hirsch Vorderindiens ist der *Axishirsch* (Cervus axis). Sein Geweih ist sechsendig und hat keine Schaufeln, wie sie beim Geweih des ihm ähnlichen Damhirsches vorkommen.

Auch unser *Reh* (Capreolus capreolus) vertritt eine besondere Gruppe der Hirsche. Es wird 1,30 m lang und am Widerrist bis 90 cm hoch. Sein Gewicht beträgt 20–25, in seltenen Fällen sogar bis 50 kg. Der Kopf ist kurz und abgestumpft, der Hals schlank; die Läufe sind hoch und schlank, die Hufe klein, schmal und spitz, die Lichter genannten Augen sind groß, am oberen Lide lang gewimpert. Das Gehörn zeichnet sich durch breite Rosen und durch verhältnismäßig starke, mit weit hervortretenden Perlen besetzte Stangen aus. Gewöhnlich setzt die Hauptstange nur zwei Sprossen an; jedoch ist das Rehgehörn meist erst mit sechs Enden entwickelt. Mißbildungen aller Art sind bei dem Rehgehörn außerordentlich häufig. In Sammlungen sieht man Stangen von der sonderbarsten Gestalt: manche mit einer ganzen Reihe von jagdgerechten Enden, andere schaufelartig verbreitert und mit Randsprossen besetzt oder von einer Perücke überwuchert. Die dichte Behaarung des Rehes ändert sich je nach der Jahreszeit. Ober- und Außenseite des Körpers sind im Sommer dunkelrostrot, im Winter braungrau, Unter- und Innenseite der Gliedmaßen immer heller gefärbt. Bei den Kälbern oder Kitzchen treten auf der rötlichen Grundfarbe kleine, rundliche, weiße oder gelbliche Flecken in Reihen hervor.

Das Reh verbreitet sich mit Ausnahme der nördlichsten Länder über ganz Europa und den größten Teil von Asien. Im allgemeinen kann man sagen, daß es sich innerhalb seines Verbreitungsgebiets in allen größeren Waldungen findet, gleichviel, ob solche in Gebirgen oder ebenen Gegenden liegen, ob sie aus Schwarz- oder Laubholz bestehen. Die Bewegungen des Rehes sind behend und anmutig. Das Reh kann erstaunlich weite, bogenförmige Sätze ausführen und über breite Gräben, hohe Hecken und Sträucher ohne irgendwelche bemerkbaren Anstrengungen fallen, schwimmt sehr gut und klettert recht leidlich. Es vernimmt, wittert und äugt vortrefflich.

Niemals bildet das Reh so starke Trupps wie das Edelwild. Während des größten Teils des Jahres lebt es familienweise zusammen, ein Bock mit einem, seltener mit zwei bis drei Ricken und deren Jungen; nur da, wo es an Böcken fehlt, gewahrt man Trupps von 12 bis 15 Stück. Der Bock trennt sich wahrscheinlich nur dann von der Familie, wenn jüngere seine Stelle vertreten und er es für gut findet, sich in die Einsamkeit zurückzuziehen. Dies geschieht hauptsächlich im Frühsommer, währt aber nie länger als bis zur Brunstzeit. Tagsüber hält sich das Reh in einem ruhigen und Deckung bietenden Teil des zeitweiligen Wohngebietes auf, gegen Abend, in geschützten Gehegen bereits in den späteren Nachmittagsstunden, tritt es auf junge Schläge, Wald- und Flurwiesen oder Felder heraus, um zu äsen. Gegen Morgen begibt es sich wieder ins Dickicht oder ins hohe Getreide zurück, schlägt mit den Vorderläufen die Moos- oder Rasendecke weg und bereitet sich so sein Bett oder Lager, um hier zu ruhen. Die Äsung ist fast dieselbe, die das Edelwild genießt; nur wählt das Reh mehr die zarteren Pflanzen aus.

Die Fortpflanzungsgeschichte des Rehes ist kurz folgende. Das im Juli befruchtete Ei geht in kurzer Zeit durch den Eileiter, furcht sich hier und gelangt in seiner ursprünglichen Größe in die Gebärmutter, in welcher es gewöhnlich übersehen wird, da es nur mit allersorgfältigster Beobachtung zu entdecken ist. Etwa vier Monate entwickelt es sich kaum merkbar, beginnt aber dann, sich mit ungewöhnlicher Schnelligkeit auszubilden, bis der Keimling im Mai oder Juni seine vollständige

Ricke mit Kitz

Rehbock

Reife erlangt hat. Somit geht das Reh ebenfalls ungefähr vierzig Wochen beschlagen.

Etwa vier oder fünf Tage vor dem Setzen sucht die Ricke in einem einsamen, möglichst abgelegenen Teil des Waldes einen stillen Platz und bringt dort ihre Kälber zur Welt. Jüngere Ricken setzen gewöhnlich nur ein einziges Kalb, ältere deren zwei, in seltenen Fällen sogar drei. Die Mutter verbirgt ihre Sprößlinge vor jedem sich nahenden Feind mit Sorgfalt und gibt ihnen bei der leisesten Ahnung einer Gefahr warnende Zeichen durch Aufstampfen mit dem einen Lauf oder durch einen kurzen zirpenden Laut. In der zartesten Jugend drücken sich die Kälber, sobald sie diesen vernehmen, auf der Stelle nieder; später fliehen sie mit der Mutter. Die Jungen besaugen ihre Mutter bis zum August, nehmen aber schon im zweiten Monat ihres Lebens feineres, grünes Geäse mit an.

Man jagt das Reh fast in derselben Weise wie anderes Hochwild. Es wird gehegt, doch läßt man es auch nicht überhand nehmen. Denn namentlich in jungen Schlägen haust es oft schlimm und vereitelt in wenigen Tagen jahrelange sorgsame Arbeiten des Försters. Bei uns nützt man das köstliche Wildbret, das Gehörn und die Decke wie das Fell.

Giraffen

Die *Giraffe* (Giraffa camelopardalis), Abb. S. 162, ist der Vertreter einer eigenen Familie (Giraffidae) und ist durch den alles gewohnte Maß überschreitenden langen Hals, die hohen Beine, den dicken Rumpf mit abschüssigem Rücken, den zierlich gebauten, feinen Kopf und durch zwei sonderbare, mit Haut überkleidete, hornartige Knochenzapfen gekennzeichnet. Die hohen Läufe und der lange Hals machen die Giraffe zu dem höchsten und im Verhältnis dazu kürzesten aller Säugetiere. Ihre Kopf-Rumpf-Länge beträgt 3–4 m, die Schulterhöhe dagegen etwa 3 m und die Scheitelhöhe 5–6 m. Der Schwanz wird mit der Haarquaste 1,10 m lang. Das Gewicht beträgt 500 kg. Ein fahles Sandgelb, das auf dem Rükken etwas dunkler wird und auf der Unterseite ins Weißliche übergeht, bildet die Grundfärbung; auf ihr stehen ziemlich große, unregelmäßig gestaltete, meist eckige Flecken von dunklerer oder lichterer rostbrauner Färbung, und zwar so dicht, daß der helle Grund nur netzartig hervortritt. Nach der Musterung unterscheidet man verschiedene Formen, z. B. *Netz-* und *Stern-Giraffen.*

Gegenwärtig bewohnt die Giraffe das mittlere und südliche Afrika. Im Norden beginnt ihre Heimat an der südlichen Grenze der Sahara, im Süden verschwindet sie in der Nähe des Oranjeflusses. Sie hält sich nur in ebenen Steppengegenden, niemals in Gebirgen oder in dichteren Urwäldern auf. Gewöhnlich trifft man die Giraffe in kleineren Trupps von sechs bis acht Stück, aber auch Herden von 30 Stück sind nicht selten.

Der Gang ist, da sie beide Läufe einer Seite gleichmäßig bewegt, ein langsamer und gemessener Paßschritt. Ganz anders sieht sie aus, wenn sie flüchtend in Galopp fällt. Dieser Galopp ist schwerfällig, aber durch die Sprungweite von jeweils 4–5 m recht fördernd. Höchst eigentümlich ist die Stellung, die das Tier einnimmt, wenn es etwas vom Boden aufnehmen oder wenn es trinken will. Dabei stellt es nämlich beide Vorderläufe so weit auseinander, daß es bequem mit dem langen Hals auf den Boden herabreichen kann, Abb. S. 162.

Es versteht sich von selbst, daß die Nahrung der Giraffe im Einklang steht mit ihrer Gestalt und ihrem Wesen. Das Tier ist wenig geeignet, Gras vom Boden abzuweiden, um so mehr aber befähigt, Laub von den Bäumen zu brechen. Hierbei unterstützt es seine ungemein bewegliche Zunge sehr wesentlich. Sie

Okapi

vermag die kleinsten Gegenstände damit aufzunehmen, das zarteste Blatt zu pflücken und in den Mund zu ziehen. Bei saftiger Nahrung kann sie, wie das Kamel, lange Zeit ohne Wasser sein. Für gewöhnlich genügt ihr die Feuchtigkeit der frischen Blätter und Schößlinge, und man trifft sie daher auch in Gegenden, wo auf Meilen hin kein Wasser zu finden ist. In der trockenen Jahreszeit aber, wenn die Bäume größtenteils ihres Blätterschmuckes beraubt sind, geht sie oft meilenweit nach pfuhligen Wasserbecken oder zu den übriggebliebenen Tümpeln der während der Regenzeit fließenden Ströme, um sich zu tränken.

Im Notfall weiß sie sich recht gut zu verteidigen — nicht mit ihren Hörnern, die anscheinend überhaupt nur zum Schmucke dienen, sondern mit kräftigen Schlägen ihrer langen, sehnigen Füße. In dieser Weise kämpfen die verliebten Männchen unter sich um die Weibchen; durch Ausschlagen beschützt die Giraffenmutter ihr Junges vor der tückisch herbeischleichenden Katze, und die Kraft des Schlages ist so gewaltig, daß er selbst einen Löwen fällen kann. Wärter in den Tiergärten müssen sich manchmal sehr in acht nehmen vor den Giraffen, obgleich sie sonst recht gut mit diesen auskommen.

Giraffen, im Paßgang schreitend

Eine kurzhalsige Giraffe ist das *Okapi* (Okapia johnstoni), das der Wissenschaft erst um 1900 bekannt wurde. Es ist dunkelbraun gefärbt und an den Beinen sowie den Schenkeln weiß gestreift. Seine Heimat ist der dichte zentralafrikanische Urwald.

Horntiere

Die Bovidae bilden die größte Familie der Paarhufer. Es sind Hornträger, die als weiteres Kennzeichen nur im Unterkiefer Schneidezähne haben.

Zu den **Antilopen** zählen die zierlichsten und anmutigsten Horntiere. Die Abgrenzung der Gruppe ist aber keineswegs leicht, da einzelne Antilopen weit mehr mit den Rindern und Ziegen übereinstimmen als mit dem Urbild, als das wir die schon seit den ältesten Zeiten hochberühmte Gazelle anzusehen haben. Unter dem Sammelnamen Antilopen versteht man schlankgebaute, hirschähnliche Tiere mit kurzem, fast immer eng anliegendem Haarkleid und mehr oder minder gewundenem Gehörn, welches meist bei beiden Geschlechtern vorkommt. Der gewöhnlich kurze Schwanz verlängert sich wie bei den Rindern oder ähnelt dem mancher Hirsche. Die Hörner biegen sich gleichmäßig oder winden und drehen sich in dreifachen Bögen; ihre Spitze krümmt sich nach hinten oder nach vorn, nach innen oder nach außen; das ganze Gehörn erscheint leierartig oder die einzelne Stange wie eine gewundene Schraube oder auch wieder ganz gerade, wenigstens nur unbedeutend gekrümmt.

Ganz Afrika, Süd-, West- und Mittelasien, Süd- und Mitteleuropa sind die Heimat der Antilopen. Die meisten lieben die Ebene, einige aber ziehen das Hochgebirge entschieden dem Flachland vor. Die größeren Arten schlagen sich in Trupps oder Rudel, oft in solche von außerordentlicher Stärke; die kleineren leben mehr paarweise oder wenigstens in weniger zahlreichen Gesellschaften. Die Schnelligkeit mancher Arten wird von keinem anderen Säugetier übertroffen, die Anmut ihres Wesens von keinem erreicht. Die Nahrung besteht nur aus Pflanzenstoffen, hauptsächlich aus Gräsern und Kräutern, Blättern, Knospen und jungen Trieben.

Die *Hirschziegenantilope* oder *Sasin* (Antilope cervicapra) spielt in der indischen Götterlehre eine wichtige Rolle. Sie findet sich auf der Himmelskarte, gespannt vor den Wagen des Mondes, dargestellt als ein Pfeil der Götter, nimmt im Tierkreis der Hindus die Stelle des Steinbocks ein und ist neben vielen anderen

Arten der Göttin Tschandra oder dem Mond geheiligt. Sie ist etwas kleiner, schlanker und weit zierlicher als unser Damhirsch; ihre Leibeslänge beträgt 1,30 m, die Länge des Schwanzes 15 cm, die Höhe am Widerrist 80 cm. Das Gehörn, das nur vom Männchen getragen wird, wird bis 40 cm lang, ist nach rückwärts gerichtet, fast gerade, jedoch mehrere Male schwach ausgebeugt und schraubenförmig gedreht. Beim alten Bock sind Vordergesicht, Hals, Rücken, Außenseite und ein bis auf die Fesselgelenke herabreichender, nach unten sich verschmälernder Streifen auf den Beinen dunkelbraungrau, Stirn, Scheitel, Ohren, Nacken, Hinterhals und Hinterschenkel sowie Oberschwanz fahlgrau. Die Ziege ist viel lichter als der Bock.

Die Hirschziegenantilope bewohnt Vorderindien, namentlich Bengalen, und lebt in Herden von 50–60 Stück, die von einem alten dunkelfarbigen Bock angeführt werden. Jung eingefangene Hirschziegenantilopen werden außerordentlich zahm. Sie halten es leicht in Gefangenschaft aus, vertragen sich bis zur Paarungszeit mit ihresgleichen und erfreuen durch ihre Zutunlichkeit und Anhänglichkeit.

Eine Gazelle, Abb. S. 163, in der Wüste ist ein so ansprechendes Bild, daß schon seit alten Zeiten die morgenländischen Dichter sie mit aller Glut ihrer Seele besungen haben. Selbst der Fremdling, der sie in ihrer Freiheit sieht, muß es verstehen, warum gerade *sie* den Morgenländern als ein so innig befreundetes Wesen erscheint; denn auch über ihn kommt ein Hauch jener Glut, welche zu den feurigsten Lobliedern dieses Tieres die Worte läuterte und die Reime fließen ließ. Das Auge, dessen Tiefe das Herz des Wüstensohnes erglühen und erblühen läßt, vergleicht er mit jenem der Gazelle; den schlanken, weißen Hals, um den sich seine Arme ketten in trauter Liebesstunde, weiß er nicht schmückender zu bezeichnen, als wenn er ihn dem Hals jenes Tieres gleichstellt.

Die *Dorkasgazelle* (Gazella dorcas) erreicht nicht ganz die Größe unseres Rehs, ist aber viel zarter und schlanker gebaut, auch schöner gezeichnet als dieses. Die Beine sind außerordentlich zart, schlank und höchst zierlich behuft. Beide Geschlechter tragen Hörner; diese richten sich auf- und rückwärts, wenden sich aber mit den Spitzen wieder nach vorn und etwas gegeneinander, so daß sie, von vorn betrachtet, an die Leier der Alten erinnern. Die vorherrschende Färbung ist ein sandfarbiges Gelb, welches aber dem Rücken zu und auf den Läufen in ein mehr oder weniger dunkles Rotbraun übergeht. Ein noch dunklerer Streifen verläuft längs der beiden Leibesseiten und trennt die blendend weißgefärbte untere Seite von der dunkleren oberen. Der ganze Wüstenzug Nordwestafrikas und das ihn begrenzende Steppengebiet kann als Heimat der Dorkasgazelle betrachtet werden. Dort sieht man Rudel von 40–50 Stück, die ziemlich weit umherstreifen. Der Lauf der Gazelle ist außerordentlich leicht; sie scheint kaum den Boden zu berühren. Ein flüchtiges Rudel gewährt einen wahrhaft prachtvollen Anblick; selbst wenn ihm die Gefahr nahe kommt, scheint es noch mit seiner Befähigung zu spielen. Oft springt mit zierlichen Sätzen von 1–2 m Höhe eine Gazelle, gleichsam aus reinem Übermut, über die andere hinweg, und ebensooft sieht man sie über Steine und Büsche setzen, welche ihr gerade im Wege liegen, aber sehr leicht umgangen werden könnten. Alle Sinne sind vortrefflich ausgebildet. Sie wittert ausgezeichnet, äugt scharf und vernimmt weit.

Der *Springbock* (Antidorcas marsupialis) ist eine wundervolle Antilope von 1,50 m Länge, wovon 20 cm auf den Schwanz gerechnet werden müssen. Die Färbung ist ein lebhaftes, dunkles Zimtgelb; ein Streifen, der sich längs der Seite zwischen Oberarm und Oberschenkel erstreckt, ist nußbraun. Die schwarzen Hörner erreichen, der Krümmung nach gemessen, eine Länge von 30–40 cm und zeigen ungefähr 20 vollständige Ringe, sind jedoch an der Spitze glatt. Eine Hautverdoppelung bildet auf dem Rücken eine Falte, die schneeweiße Haare von 20–25 cm Länge birgt.

Das Verbreitungsgebiet erstreckt sich auf Südafrika. Im Norden des Kaplandes liegen ausgedehnte, quellenlose Ebenen, in denen der Mensch nur während der Regenzeit wohnen kann. An deren Ende bleiben noch Tümpel schlechten Wassers übrig, welche dem Wilde genügen. Diese Einöden, wahre Wüsten, sind die eigentliche Heimat der Springböcke. Hier leben sie in kleinen oder größeren Trupps; hier ernähren sie sich von den wenigen, aber saftigen und würzigen Pflanzen.

Der Springbock hat von den Ansiedlern seinen Namen mit Recht erhalten. Verfolgt flüchtet die von ihm gebildete Herde und macht eine Reihe seltsamer, senkrechter Sprünge, indem sich einer nach dem andern mit gekrümmten Läufen hoch in die Luft erhebt und gleichzeitig das schneeweiße und lange Haarkleid längs des Rückens flattern läßt. Hierdurch erlangt diese Antilope ein wahrhaft feenhaftes Aussehen, das sie von jeder andern unterscheidet. Die Tiere springen zuweilen über 2 m hoch und mit jedem Sprung über 4–5 m weit, ohne daß es ihnen die geringste Anstrengung zu kosten scheint. Obwohl der Springbock häufig eigene Herden bildet, trifft man ihn doch gewöhnlich in Gesellschaft von Gnus, Bläßböcken, Zebras und Straußen an.

Rappenantilope mit Madenhackern, afrikanische Stare, die Großwild nach Zecken und Bremsen absuchen

Die dunkle *Rappenantilope* (Hippotragus niger) ist eine stattliche Erscheinung in den ostafrikanischen Steppen. Sie wird über 2 m lang bei einer Schulterhöhe von 1,40 m und hat ein großes, nach hinten gekrümmtes Gehörn. Ihren Namen hat sie vor allem wegen einer steifen, aufrechten Nacken- und Halsmähne erhalten.

Schon seit alter Zeit bekannte und berühmte Antilopen sind die *Oryx-Antilopen*, Abb. S. 164, die häufig auf den Denkmälern Ägyptens und Nubiens abgebildet wurden. Sie gehören zu den größten und schwersten aller Antilopen. Die Hörner, welche von beiden Geschlechtern getragen werden, sind sehr lang und dünn, von der Wurzel an geringelt und entweder gerade oder in flachem Bogen nach rück- und auswärts gebogen.

Hierzu gehört die ostafrikanische *Beisa* (Oryx gazella beisa), ein stolzes Tier von 2,10 m Leibes- und 60 cm Schwanzlänge und 1,20 m Schulterhöhe. Das Gehörn wird etwa 1 m lang und ist nur äußerst wenig gebogen. Die Grundfärbung ihres Felles ist isabellfahlgrau oder gelblichweiß; auffallend ist ihre schwarzweiße Kopfzeichnung.

Die *Säbelantilope*, von den Arabern *Wild-* oder *Steppenkuh* genannt (Oryx gazella dammah), die auch heute noch in allen Steppengebieten Ostafrikas angetroffen wird, ist etwas plumper als die Beisa. Sie trägt ebenso lange, aber sanft gebogene, mit der Spitze nach unten geneigte Hörner. Das kurze, grobe Haarkleid ist ziemlich gleichmäßig gefärbt. Ein mehr oder weniger reines Gelblichweiß, welches am Halse dagegen durch Rostfarbe ersetzt wird, bildet die Grundfärbung. Das Verbreitungsgebiet der Säbelantilope erstreckt sich über den nördlichen Teil von Innerafrika. Sie kommt aber auch nach Norden hin in den einzelnen Wüstentälern Nubiens bis zur ägyptischen Grenze vor.

Man sieht die Oryxantilopen gewöhnlich paarweise oder in kleinen Trupps. Nach meinen Beobachtungen meiden sie den Wald; im Sudan halten sie sich nur in der Steppe auf. Dort gibt ihnen die reiche Pflanzenwelt hinlänglich Nahrung, und wenn dann die Zeit der Dürre und Armut, der Winter, kommt, sind sie so feist geworden, daß sie eine Zeitlang auch mit magerer Kost, mit ausgedörrten Halmen und blätterlosen Zweigen, vorliebnehmen können. Nur einzelne Mimosenbüsche bieten ihnen dann noch frische Äsung. Beim Weiden recken sie ihren Hals hoch empor und stemmen sich auch mit den Vorderhufen gegen den Stamm an, um höher hinauflangen zu können. Die Oryxböcke sind schnell. Ihr Schritt ist leicht, ihr Trab hart, ihr Galopp schwer, aber ausdauernd und gleichmäßig fördernd.

Drehhornantilopen nennt man einige große Antilopen mit schraubenförmig gewundenen, zusammengedrückten und gekielten Hörnern und buntem, gestreiftem oder sonstwie durch lichte Farben gezeichnetem Fell.

Als Vertreter dieser Gruppe gilt der stattliche *Kudu* (Tragelaphus strepsiceros), eine Antilope, welche unseren Edelhirsch an Größe übertrifft und kaum hinter dem Elch zurücksteht. Alte Böcke messen von der Nase bis zur Spitze des etwa 50 cm langen Schwanzes 3 m, bei 1,50 m Höhe am Widerrist, und erlangen ein Gewicht von über 300 kg. Das Gehörn gehört zu den größten, die irgendeine Antilope trägt. Schon bei Böcken in mittlerem Alter messen die einzelnen Stangen in gerader Linie von der Spitze zur Wurzel gegen 80 cm, bei sehr alten aber erreichen sie das Doppelte dieser Länge. Die Weibchen sind ungehörnt. Ein rötliches Braun bildet die Grundfärbung; die Nackenmähne ist dunkelbraun oder schwarz. Von der Grundfärbung heben sich scharf weiße Streifen ab. Sie verlaufen in gleichen Abständen längs der Seite vom Rücken nach unten. Der Kudu bewohnt am liebsten dornige Buschwälder und Baumsteppen des ostafrikanischen Berglandes. Die stärksten Böcke leben einzeln; die weiblichen Tiere dagegen vereinigen sich gern zu schwachen Trupps von vier bis sechs Stück.

In allen Ländern, in denen der stolze, schön gezeichnete Kudu vorkommt, wird er eifrigst verfolgt. Sein Wildbret ist, wie ich mich selbst überzeugt habe, ganz vorzüglich und erinnert im Geschmack an das unseres Edelhirsches. Das Mark seiner Knochen gilt manchen südafrikanischen Völkerschaften als ein unübertrefflicher Leckerbissen.

Die *Elenantilope* (Taurotragus oryx), Abb. S. 164, ist das größte und schwerste Mitglied der Drehhornrinder. Sie erreicht eine Länge von rund 4 m, wovon 70 cm auf den Schwanz kommen, bei 1,80 m Höhe am Widerrist, und wiegt bis 1000 kg. Erwachsene Böcke sind auf der Oberseite hellbraun oder gelblichgrau, rostrot überlaufen, an den Seiten weißgelblich. Die Kuh ist weit kleiner und leichter gebaut, ihr Gehörn länger und schlanker, in der Regel auch weiter auseinandergestellt, die Färbung stets dunkler als die des Bockes.

Das Verbreitungsgebiet der Elenantilope erstreckt sich über die offenen Steppenlandschaften von ganz Afrika südlich der Sahara. Am häufigsten bemerkt man sie in Trupps von acht bis zehn Stück, von denen eins, höchstens zwei männlichen Geschlechts sind. Zu gewissen Zeiten des Jahres aber bilden solche Trupps zuweilen Herden von bedeutender Anzahl. Eine derartige Herde ähnelt, von fern gesehen, der des Hausrindes in so hohem Grade, daß man sie damit verwechseln kann. Einige der Tiere gehen, langsam grasend, auf und ab, andere sonnen sich oder ruhen wiederkäuend im dürftigen Schatten der Mimosen; kurz, der Trupp gleicht friedlich weidenden Kühen auf das täuschendste. Beim Verändern des Weidegebiets trollt die Elenantilope unter Leitung eines alten Bullen in geschlossenen Massen davon, einem Reiterregiment vergleichbar, das unter sicherer Führung langsam seinen Weg zieht. Verfolgt, fallen die Tiere in einen zwar nicht raschen, aber doch ungemein fördernden Trab, hart bedrängt in sausenden Galopp, bei dem die runden, dünnen Leiber auf den schwachen und kurzen Beinen förmlich vorüberzufliegen scheinen.

Jung eingefangene Elenantilopen lassen sich ebenso leicht, vielleicht sogar leichter als gutmütige Wildrinder zähmen, begeben sich ohne Bedenken unter die Pflege einer kalbfreudigen Kuh, mischen sich später unter die Herden des Weidehornviehes und erweisen sich selbst in höherem Alter als verhältnismäßig sanftmütig und lenksam. Heute sind Elenantilopen in den Tiergärten Europas eine bekannte Erscheinung geworden.

In Vorderindien ist die kräftige *Nilgauantilope* (Boselaphus tragocamelus) beheimatet. Der schön blaugrau gefärbte Bulle hat eine Körperlänge von 2 m und kurze, dolchartige Hörner.

Die *Zwergantilopen,* Böckchen, sind überaus zierlich gebaute, einander höchst ähnliche Tierchen, bei denen nur die Männchen sehr kleine und dünne, aufrechtstehende, pfriemenartige Hörner tragen.

Das anmutige und vielfach verfolgte Kind unserer Gebirge, die *Gemse* oder *Gams* (Rupicapra rupicapra), können wir auch als Ziegenartige bezeichnen. Sie erreicht eine Länge von 1,40 m, wovon auf den Schwanz 10 cm kommen, bei einer Höhe am Widerrist von 75, am Kreuz von 80 cm, sowie ein Gewicht bis 62 kg. Die Hörner sind, der Krümmung nach gemessen, ungefähr 25 cm lang, stehen beim Bock weiter auseinander und sind auch stärker und gekrümmter als bei der Geiß. Im übrigen gleichen sich beide Geschlechter fast vollständig, obwohl die Böcke in der Regel etwas stärker sind als die Geißen. Das Haar ist ziemlich derb, im Sommer kurz, d. h. höchstens 3 cm lang, an der Wurzel braungrau, an der Spitze hellrostfarben, im Winter dagegen 10–12 cm, das der Rückenfirste, welches den sogenannten Bart bildet, sogar 18–20 cm lang und am Ende schwarz. Im Sommer ist die allgemeine Färbung ein schmutziges Rotbraun oder Rostrot; längs der Mittellinie des Rükkens verläuft ein schwarzbrauner Streifen. Während des Winters ist die Gemse oben dunkelbraun oder glänzend braunschwarz, am Bauch weiß. Beide Kleider gehen so allmählich ineinander über, daß das reine Sommer- und Winterkleid immer nur sehr kurze Zeit getragen werden. Junge Tiere sind rotbraun.

Als die wahre Heimat der Gemse dürfen die Alpen bezeichnet werden. Ihr Verbreitungsgebiet dehnt sich allerdings noch bedeutend weiter aus, da Gemsen in mehreren Unterarten auch in den Abruzzen, Pyrenäen, den Gebirgen Dalmatiens und Griechenlands, den Karpaten sowie auf dem Kaukasus gefunden werden. Vergeblich hat man versucht, sie in Norwegen einzubürgern (derselbe Versuch ist aber neuerdings im Schwarzwald gelungen). Die allgemein verbreitete Meinung, daß die Gemse ein Alpentier im engsten Sinn des Wortes sei, ist falsch; denn sie gehört von Hause aus zu den Waldantilopen. Überall, wo sie geschont wird, bewohnt sie den oberen Holzgürtel. Von diesem aus steigt sie im Sommer in mehr oder minder großer Anzahl zu den höheren Lagen des Gebirges empor, hält sich wochen- und monatelang in der Nähe des Firnschnees und der Gletscher auf und erwählt die höchstgelegenen Matten und die baumlosen Felsen zeitweilig zu ihrem Aufenthaltsort.

Wie der größere Teil aller Ziegenartigen, gehört auch die Gemse zu den Tagtieren. Sie ist tagsüber in Bewegung und ruht des Nachts. Mit Beginn der Morgendämmerung erhebt sie sich vom Lager und tritt auf Äsung; hierbei schreitet sie in der Regel langsam abwärts. Die Vormittagsstunden verbringt sie wiederkäuend im Schatten vorstehender Felsen oder unter den Zweigen älterer Schirmtannen, größtenteils, auf den zusammengebogenen Läufen liegend, behaglich hingestreckt; um die Mittagszeit steigt sie langsam bergauf, ruht nachmittags wiederum einige Stunden unter Bäumen, auf vorspringenden, glatten Felsenplatten, auf Firnschnee und ähnlichen Plätzen, meist auf freien und nicht auf bestimmten, regelmäßig wieder aufgesuchten Stellen, sondern beliebig bald hier, bald dort, tritt gegen Abend nochmals auf Äsung und legt sich nach Eintritt der Dämmerung zur Ruhe nieder.

Als höchst geselliges Tier vereinigt sich die Gemse zu Rudeln von oft sehr beträchtlicher Anzahl. Diese Gesellschaften werden gebildet durch die Geißen, deren Kitzchen und die jüngeren Böcke bis zum zweiten, höchstens bis zum dritten Jahr. Alte Böcke leben außer der Brunstzeit für sich oder vereinigen sich vielleicht mit einem, zweien oder dreien ihresgleichen. Im Rudel übernimmt eine alte erfahrene Geiß die Leitung. Dieses Leittier regelt meist, aber durchaus nicht immer, die Bewegungen des Rudels, ebensowenig wie dieses sich einzig und allein auf dessen Wachsamkeit verläßt. Allerdings bemerkt man bei jedem gelagerten Rudel regelmäßig eine oder mehrere aufrecht stehende und um sich blikkende Gemsen, und meistens sind es wohl auch diese, die den übrigen vom Herannahen eines gefahrdrohenden Wesens Kunde geben. Jede Gemse, welche etwas Verdächtiges gewahrt, drückt dies durch ein auf weithin vernehmbares, mit Aufstampfen des einen Vorderfußes verbundenes Pfeifen aus, und das Rudel ergreift, sobald es sich von der Gefahr überzeugt hat, nunmehr sofort die Flucht.

Die Gemse ist ein geschickter Kletterer, ein sicherer Springer und ein kühner und rüstiger Bergsteiger, welcher auch auf den gefährlichsten Stellen, wo keine Alpenziege hinaufzuklettern wagt, sich rasch und behend bewegt. Beim kleinsten Vorsprung kann die Gemse ansetzen, und sie erreicht in wenigen Sätzen die Höhe wie im Flug, indem sie einen Anlauf nimmt und schräg nach oben zu kommen versucht. Über die steilsten Klippen läuft sie mit großer Sicherheit, und da, wo man glauben sollte, es sei unmöglich, daß ein Tier von solcher Größe Fuß fassen könnte, eilt sie mit Blitzesschnelle sicher davon.

Wie alles Wild beträgt die Gemse sich da, wo sie verfolgt wird, ganz anders als in Gehegen, in denen sie Schonung erfährt. Dem Menschen mißtraut sie zwar immer, meidet hier und da jedoch seine Nähe und sein Treiben nicht so ängstlich, wie man von vornherein annehmen möchte. Sowenig sie sonst in die Nachbarschaft von Gebäuden kommt, so geschieht es doch zuweilen, daß sie sich einzeln gelegenen Alm- oder Jagdhütten bis auf wenige Schritte nähert und unbekümmert um den aus dem Kamin aufsteigenden Rauch auf den Matten vor dem Hause äst.

Zur Brunstzeit, welche Mitte November beginnt und bis Anfang Dezember dauert, finden sich die starken Böcke bei den Rudeln ein. Bei ihrem Erscheinen stieben die jungen Böcke erschreckt auseinander; alte Recken dagegen, welche sich bei einem Rudel treffen, halten regelmäßig stand und kämpfen miteinander, da der starke Bock keinen zweiten beim Rudel duldet, und wenn es aus dreißig oder vierzig Tieren besteht. Die Satzzeit fällt in die letzten Tage des Mai oder in den Anfang des Juni. Alte Geißen setzen manchmal zwei, in Ausnahmefällen sogar drei, jüngere stets nur ein Kitzchen. Die Jungen, allerliebste, mit dichten, wolligen, blaßfahlroten Haaren bekleidete Geschöpfe, folgen ihrer Mutter, sobald sie trocken geworden sind, auf Schritt und Tritt und zeigen sich schon nach ein paar Tagen fast ebenso gewandt wie diese.

Ungeachtet mancherlei Gefahren, vermehren sich die Gemsen in den Gegenden, in denen sie gehegt und nur in vernünftiger Weise geschossen werden, außerordentlich rasch; denn sie sind das einzige Wild, das unter harten Wintern verhältnismäßig wenig leidet. Auf den steilen Hängen, von denen der Schnee meist weggeweht wird, oder unter den Felsen und Schutzbäumen, welche ihn etwas abhalten, finden sie noch immer Äsung, während Hirsche und Rehe ins Tal getrieben werden und ohne künstliche Fütterung häufig erliegen.

Während des Sommers äst die Gemse von den besten, saftigsten und leckersten Alpenpflanzen, außerdem von jungen Trieben und Schößlingen der Sträucher, vom Alpenröschen an bis zu den Sprossen der Nadelbäume; im Spätherbst und im Winter dagegen müssen ihr das lange Gras, das aus dem Schnee herausragt, sowie allerlei Moose und Flechten genügen. Die Gemse spielt in der Volksdichtung unserer Alpenbewohner genau dieselbe Rolle,

Seite 173: Gnu mit Jungem
Seite 174: Weiße Dickhornschafe (Ovis canadensis dalli; o.) leben in den Gebirgstundren Alaskas; Alpensteinbock (u.)

die der Gazelle durch die Morgenländer zugesprochen wurde. Hunderte von Liedern schildern sie und ihre Jagd in ebenso treffender wie anmutender Weise.

Die *Steppenantilope* oder *Saiga* (Saiga tatarica) zeichnet sich durch die Gestaltung ihrer Schnauze und insbesondere durch die Bildung ihrer Nase aus. Die Schnauze ragt über die Kinnlade vor, ist von der Stirn an zusammengedrückt, in Runzeln zusammenziehbar und deshalb wie ein Rüssel sehr beweglich. Die Hörner des Bockes, die etwas entfernt voneinander über der Augenhöhe stehen, sind leierförmig. Seine Länge beträgt 1,40 m, wovon 11 cm auf den Schwanz zu rechnen sind. Die Saiga bewohnt die Steppen Osteuropas und Sibiriens.

Wohl die auffälligsten aller Antilopen sind die *Gnus,* Abb. S. 173, in der Gestalt Mittelglieder, falls man so sagen darf, zwischen Antilope, Rind und Pferd. Das Tier erscheint als ein Pferd mit gespaltenen Hufen und einem Stierkopf. Das Gehörn, welches beide Geschlechter tragen, ist plattgedrückt, sehr breit, seitlich abwärts und mit den Spitzen aufwärts gebogen, der Schwanz lang bequastet wie ein Roßschweif.

Das *Weißschwanzgnu* oder *Wildebeest* der Ansiedler des Vorgebirges der Guten Hoffnung (Connochaetes gnou) erreicht eine Gesamtlänge von rund 3 m einschließlich des Schwanzes, der mit den Haaren 80–90 cm mißt, bei 1,20 m Schulterhöhe. Die vorherrschende Färbung ist ein dunkles Graubraun, welches an manchen Stellen heller, an manchen dunkler erscheint und bald mehr ins Gelbe oder Rötliche, bald mehr ins Schwärzliche zieht; die Nackenmähne sieht weißlich aus. Das Gnu bewohnt Südafrika bis zum Äquator. Früher häufig, sind diese Antilopen jetzt auf freier Wildbahn ausgerottet.

Ziegen und **Schafe** bekunden eine so innige Verwandtschaft untereinander, daß es kaum möglich erscheint, für beide Gruppen durchgreifende Unterscheidungsmerkmale aufzustellen. Alle hierzu zählenden Arten erreichen nur eine mittlere Wiederkäuergröße, sind kräftig, haben einen kurzen Hals und meist auch einen gedrungenen Kopf, mehr oder weniger zusammengedrückte und nicht selten schraubenartig gedrehte, regelmäßig runzlige und oft stark wulstige Hörner bei beiden Geschlechtern, die bei den Weibchen jedoch beträchtlich kleiner sind als bei den Männchen, und ein sehr dichtes, aus langem Grannen- und reichlich wucherndem Wollhaar bestehendes, düsterfarbiges Kleid. Das Euter der Weibchen hat zwei Zitzen.

Alpensteinböcke

Die *Wildziegen* (Capra) bewohnen die Gebirge der Alten Welt und auf ihnen solche Höhen, wo andere große Säugetiere verkümmern würden. Europa zählt allein drei verschiedene Unterarten des Steinbocks. Eine bewohnt die Alpen, eine die Pyrenäen und andere spanische Gebirge, eine dritte, der Tur, den Kaukasus.

Der *Alpensteinbock* (Capra ibex ibex), Abb. S. 174, ist ein stolzes, ansehnliches und stattliches Geschöpf von 1,70 m Leibeslänge, 85 cm Höhe und rund 100 kg Gewicht. Das Gehörn, das beide Geschlechter tragen, erlangt beim alten Bock sehr bedeutende Größe und Stärke. Die Hörner können eine Länge von 80 cm bis 1 m und ein Gewicht von 10 bis 15 kg erreichen. Das Gehörn des Weibchens ähnelt mehr dem einer weiblichen Hausziege als dem des männlichen Steinbocks. Die Behaarung ist rauh und dicht, verschieden nach der Jahreszeit, im Winter länger, gröber, krauser und matter, im Sommer kürzer, glänzender, während der rauhen Jahreszeit durchzogen von einer dichten Grundwolle, welche mit zunehmender Wärme ausfällt. Auf der Oberseite des Leibes ist sie pelziger.

Bereits vor Hunderten von Jahren waren die Steinböcke sehr zusammengeschmolzen, und wenn im 18. Jahrhundert nicht besondere Anstalten getroffen worden wären, sie zu hegen, gäbe es vielleicht keinen einzigen mehr. Nach alten Berichten bewohnten sie in früheren Zeiten alle Hochalpen in der Schweiz, in vorgeschichtlicher Zeit scheinen sie sich sogar auf den Voralpen aufgehalten zu haben. Während der Herrschaft der Römer müssen sie häufig gewesen sein; denn dieses prunkliebende Volk führte nicht selten 100 bis 200 lebendig gefangene Steinböcke zu den Kampfspielen nach Rom. Schon im 15. Jahrhundert

Seite 175: Indische Wasserbüffel (o.); Moschusochse (u.)
Seite 176: Wisente (o.); Hausyak (u.)

waren sie in der Schweiz selten geworden. Im Kanton Glarus wurde 1550 das letzte Stück geschossen. In den Bergen des Bergell und Oberengadin zählten sie im 16. Jahrhundert noch nicht zu den ungewöhnlichen Tieren. Im Jahre 1612 verbot man ihre Jagd bei fünfzig Kronen Geldbuße, schon 21 Jahre später bei körperlicher Strafe.

Das Steinwild bildet Rudel von verschiedener Stärke, zu denen sich die alten Böcke jedoch nur während der Paarungszeit gesellen. Wie die Gemsen weiden auch die Steinböcke des Nachts in den höchsten Wäldern, im Sommer jedoch niemals weiter als eine Viertelstunde unter der Spitze einer freien Höhe. Mit Sonnenaufgang beginnen sie weidend aufwärts zu klettern und lagern sich endlich an den wärmsten und höchsten, nach Osten oder Süden gelegenen Plätzen. Bei ihren Weidegängen halten sie nicht nur ihre Wechsel ein, sondern lagern auch regelmäßig an bestimmten Stellen, am liebsten auf Felsvorsprüngen, die ihnen den Rücken decken und freie Umschau gewähren. Jede Bewegung des Steinwildes ist rasch, kräftig und dabei doch leicht. Der Steinbock läuft schnell und anhaltend, klettert mit bewunderungswürdiger Leichtigkeit und zieht mit geradezu unverständlicher Sicherheit und Schnelligkeit an Felswänden hin, wo nur er Fuß fassen kann. Eine Unebenheit der Wand, die das menschliche Auge selbst in der Nähe kaum wahrnimmt, genügt ihm, sicheren Halt zu finden; eine Felsspalte, ein kleines Loch usw. werden für ihn zu Stufen wie bei einer Treppe.

Gefangene Steinböcke setzen nicht minder in Erstaunen wie die frei lebenden. Ein ganz junger Steinbock sprang in Bern einem großen Mann ohne Anlauf auf den Kopf und hielt sich darauf mit seinen vier Hufen fest. Einen anderen sah man mit allen vier Füßen auf der Spitze eines Pfahles, einen dritten auf einer scharfen Kante eines Türflügels stehen.

Die Stimme des Steinbocks ähnelt dem Pfeifen der Gemse, ist aber gedehnter. Erschreckt, läßt er ein kurzes Niesen, erzürnt, ein geräuschvolles Blasen durch die Nasenlöcher vernehmen; in der Jugend meckert er. Nach Art der Ziegen gefällt er sich in der Jugend in neckischen und selbst im Alter in mutwilligen Streichen, tritt aber immer selbstbewußt auf und bekundet erforderlicherweise hohen Mut, Rauf- und Kampflust, welche ihm keineswegs schlecht ansteht. Gefährlichen Tieren weicht er aus, schwächere behandelt er übermütig oder beachtet sie kaum. Mit den Gemsen will er nichts zu tun haben und hält sich, unbedrängt, fern von ihnen; Hausziegen dagegen sucht er gelegentlich auf und paart sich auch freiwillig mit ihnen.

Die *Bezoarziege* oder der *Paseng* (Capra aegagrus) ist merklich größer als unsere Hausziege, deren Stammform sie ist. Die sehr großen und starken, von beiden Seiten zusammengedrückten und hinten und vorn scharfkantigen Hörner, welche schon bei mittelgroßen Tieren über 60 cm, bei alten oft mehr als das Doppelte messen, bilden einen stark rückwärts gekrümmten Bogen. Beide Geschlechter sind gehörnt und tragen einen starken Bart; die übrige Behaarung besteht aus ziemlich langen, straffen, glatt anliegenden Grannen und kurzen, mittelfeinen Wollhaaren. Die Färbung ist ein helles Rötlichgrau oder Rostbräunlichgelb.

Das Verbreitungsgebiet der Bezoarziege erstreckt sich über einen ausgedehnten Landstrich West- und Mittelasiens. Sie findet sich auf der Südseite des Kaukasus, im Taurus und den meisten übrigen Gebirgen Kleinasiens und Persiens, bis weit nach Süden hin, kommt aber auch auf mehreren Inseln des Mittelmeeres, insbesondere im Griechischen Meer und sogar auf den Gebirgen der Griechischen Halbinsel vor. Auf Kreta findet man unsere Ziege noch auf den meisten Gebirgen. Gewöhnlich sieht man Herden von 40 bis 50 Stück beieinander, welche sich jedoch mit Beginn der Paarungszeit, in der Mitte des Herbstes, in kleinere Rudel von sechs bis acht Stück auflösen. Die Ziege wirft meist noch vor Beginn des Frühlings zwei, seltener drei Junge, die sich vom Tage ihrer Geburt zu der sich neu bildenden Herde gesellen. Zuweilen begatten sich die Bezoarziegen auch mit ihren gezähmten Abkömmlingen oder Verwandten und erzeugen

Dunkle Hausziege mit Zicklein

dann Blendlinge, welche sich, der Sitte des wilden Vaters getreu, fern von jeder menschlichen Wohnung schwer zugängliche Standorte suchen. In ihrem Auftreten, Wesen und Gebaren erinnert die Bezoarziege lebhaft an den Steinbock.

Wegen des von allen Völkern anerkannten Nutzens bewohnen die *Hausziegen* gegenwärtig fast die ganze Erde. Alle Eigenschaften der Ziege unterscheiden sie von dem ihr so nahestehenden Schafe. Sie ist ein munteres, launiges, neugieriges, neckisches, zu allerlei scherzhaften Streichen aufgelegtes Geschöpf. Kämpfe mit dem Menschen und mit anderen Tieren sind selten ernst gemeint; dem Bock scheint es eher darum zu gehen, seine Bereitwilligkeit zum Kampfe zu zeigen, als den Gegner wirklich zu gefährden. Die Ziege hat eine natürliche Zuneigung zum Menschen und ist für Liebkosungen im höchsten Grade empfänglich. Im Hochgebirge begleitet sie den Wanderer bettelnd und sich an ihn schmiegend oft halbe Stunden weit, und denjenigen, welcher ihr nur einmal etwas reichte, vergißt sie nicht und begrüßt ihn freudig, sobald er sich wieder zeigt. Weiß eine, daß sie gut steht bei ihrem Herrn, so zeigt sie sich eifersüchtig wie ein verwöhnter Hund und stößt auf die andere los, wenn der Gebieter ihr diese vorzieht.

Außer der Milch und dem von ihr gewonnenen Käse, der in Griechland eine große Rolle spielt, oder der Butter und der Wolle ist die Ziege nützlich durch ihr Fleisch, ihr Fell und ihre Hörner. Das Fleisch junger Zicklein ist sehr wohlschmeckend, das älterer Ziegen nicht schlecht. Das Fell wird zu Korduan und Saffian, seltener zu Pergament verarbeitet, in Griechenland zu Wein- und in Afrika zu Wasserschläuchen.

Die **Schafe** unterscheiden sich von den Ziegen durch die regelmäßig vorhandenen Tränengruben, die flache Stirn, die kantigen, etwa dreiseitigen, schneckenförmig gedrehten Hörner und den fehlenden Bart. Alle wildlebenden Schafe bewohnen Gebirge der nördlichen Erdhälfte. Ihre eigentliche Heimat ist Asien; ihr Verbreitungsgebiet erstreckt sich jedoch bis Südeuropa, Afrika und den nördlichen Teil von Amerika. Jede Gebirgsgruppe Asiens besitzt eine oder mehrere ihr eigentümliche Arten. Während zahme Schafe bloß in ebenen Gegenden hausen, bilden grasreiche Triften oder lichte Wälder, schroffe Felsen und wüste Halden, zwischen denen nur hier und da ein Pflänzchen sprießt, die Aufenthaltsorte der Wildschafe. Die Schafe sind Feinschmecker, wenn sie reiche Auswahl haben, und genügsam im hohen Grade, wenn sich ihnen nur weniges bietet: dürre Gräser, Schößlinge, Baumrinden und dergleichen bilden im Winter oft ihre einzige Äsung, ohne daß man ihnen deshalb Mangel anmerkt.

Mehr als bei anderen Haustieren sieht man an den Schafen, wie die Sklaverei entartet. Das Schaf wird im Dienste des Menschen ein willenloser Knecht. Alle Lebhaftigkeit und Schnelligkeit, das gewandte, behende Wesen, die Kletterkünste, das kluge Erkennen und Meiden oder Abwehren der Gefahr, der Mut und die Kampfeslust der wilden Schafe gehen bei den zahmen fast völlig unter.

Das *Mähnenschaf* (Ammotragus lervia) ist ein durch lang herabfallende Mähne gekennzeichnetes Wildschaf, das wegen der fehlenden Tränendrüsen eigentlich mehr eine Ziege ist. Der Bau ist gedrungener als bei den meisten übrigen Schafen. Das auf der Stirn aufgesetzte Gehörn biegt sich anfangs ein wenig nach vorn, sodann gleichmäßig nach hinten und außen, mit den Spitzen etwas nach unten und innen. Ein sehr gleichmäßiges Fahlrotbraun bildet die vorherrschende Färbung des Tieres. Das Weibchen unterscheidet sich hauptsächlich durch die schwächere Mähne vom Männchen, denn sein Gehörn ist ebenfalls groß und kräftig. Vollkommen erwachsene Böcke erreichen einschließlich des etwa 25 cm langen Schwanzes eine Gesamtlänge von 1,80–1,90 m, bei einer Schulterhöhe von 75 cm bis 1 m. Das Mähnenschaf ist in den Gebirgen Nordafrikas beheimatet. Es ist öfter lebend nach Europa gekommen und ist in Zoos keine Seltenheit.

Der *Mufflon* (Ovis ammon musimon) ist das einzige Wildschaf, das Europa, und zwar die Felsen der Inseln Sardinien und Korsika, bewohnt. Der Mufflon gehört zu den kleinsten Wildschafen, obgleich seine Länge mit dem höchstens 10 cm langen Schwanz immerhin 1 m, die Höhe am Widerrist 70 cm und das Gewicht zwischen 40 und 50 kg betragen. Die Hörner erreichen, der Krümmung nach gemessen, eine Länge von etwa 65 cm. Die ziemlich kurze Behaarung liegt glatt an, vor allem im Winter, weil dann das kurze, feine und krause Wollhaar in reichlicher Menge auftritt. Die Rückenlinie ist dunkelbraun, die übrige Färbung ein fuchsiges Rot, welches am Kopf ins Aschgraue spielt. Im Winter dunkelt das Fell und geht mehr ins Kastanienbraune über. Das merklich kleinere Weibchen unterscheidet sich durch das Fehlen oder seltene Vorkommen des Gehörns vom Bocke. Die Bewegungen des Mufflon sind lebhaft, gewandt, schnell und sicher, aber nicht besonders ausdauernd. Seine Meisterschaft beruht im Klettern. Schon die Alten wußten, daß Mufflon und Hausschaf sich fruchtbar vermischen. So ist auch der Mufflon als ein Ahnherr der Hausschafe anzusehen.

Der berühmteste Reisende des Mittelalters, *Marco Polo*, der Ende des 13. Jahrhunderts Innerasien durchwanderte, erzählt, daß er auf der östlich von Bokora, etwa 5000 m über dem Meeresspiegel gelegenen Hochebene von Pamir riesige Schafe gesehen habe. Deren Hörner hätten eine Länge von drei, vier oder selbst sechs Handbreiten und würden von den Hirten als Gefäße zur Aufbewahrung ihrer Nahrungsmittel benutzt.

Das *Argali* (Ovis ammon ammon) erreicht in der ausgeprägtesten Form des *Pamirschafes* (Ovis ammon polii) tatsächlich eine gewaltige Größe; die Gesamtlänge des erwachsenen Bocks beträgt fast 2 m, die Schwanzlänge 11 cm, die Schulterhöhe 1,20 m. Die fast dreiseitigen Hörner des alten Bocks beschreiben mehr als einen vollen Kreis und erreichen, der Krümmung nach gemessen, eine Länge von 1,80 m und darüber, bei einem Wurzelumfang von 50 cm.

Moschusochse

Im hohen Norden Amerikas, wo der Boden im Sommer bloß oberflächlich auftaut und zwerghafte Holzgewächse ein kümmerliches Dasein inmitten riesiger Moos- und Flechtentundren fristen, lebt der nur 1,30 m hohe *Schaf-* oder *Moschusochse* (Ovibos moschatus), Abb. S. 175. Ein dicker, langherabhängender Pelz bekleidet den Leib, der auf kurzen, kräftigen Beinen ruht. Heute ist er, wie viele Großtiere Amerikas, fast ausgerottet.

Die *Echten* **Rinder** (Bovinae) sind große, starke und schwerfällige Wiederkäuer, deren Merkmale hauptsächlich in den mehr oder weniger runden und glatten Hörnern, der breiten Schnauze mit den weit auseinanderstehenden Nasenlöchern, dem langen, bis ans Handgelenk reichenden, gequasteten Schwanz und dem vierzitzigen Euter des Weibchens liegen. Die Stirnzapfen, auf denen die Hörner sitzen, wachsen seitlich aus dem Schädel heraus. Ganz Europa und Afrika, Mittel- und Südasien sowie der höhere Norden Amerikas dürfen als die ursprüngliche Heimat der Stiere betrachtet werden.

Sehr verschiedene Pflanzenstoffe bilden die Nahrung der Rinder. Sie verzehren Laub und zarte Knospen, Triebe und Zweige der verschiedensten Bäume, Gräser und Kräuter, Baumrinde, Moos und Flechten, Sumpf- und Wasserpflanzen, selbst scharfschneidiges Riedgras und rohrähnliche Gewächse. In der Gefangenschaft nähren sie sich von allen möglichen Pflanzenstoffen. Salz ist für alle ein Leckerbissen, Wasser ein Bedürfnis; manche wälzen sich mit Lust in schlammigen Lachen oder legen sich stundenlang in Flüsse und Teiche. Der Begattung gehen gewaltige Kämpfe unter den Stieren voraus. Neun bis zwölf Monate nach ihr wirft die Kuh ein einziges Junges, sehr selten deren zwei. Das Kalb ist immer vollkommen ausgebildet und nach kürzester Zeit imstande, der Mutter zu folgen.

Der *Auerochs* oder *Ur* (Bos primigenius primigenius) war ein mächtiges Wildrind Europas, Vorderasiens und Nordafrikas, das im 17. Jahrhundert ausgerottet worden ist. Es ist der Ahnherr der europäischen Hausrinder.

In früheren Zeiten verbreitete sich nachweislich über ganz Europa und über einen großen Teil Asiens ein zweites Wildrind, der *Wisent* (Bison bonasus), Abb. S. 176. Zur Blütezeit Griechenlands war er im heutigen Bulgarien häufig, in Mitteleuropa fand er sich fast überall. *Aristoteles* nennt ihn „Bonassus" und beschreibt ihn deutlich; *Plinius* führt ihn unter dem Namen „Bison" auf und gibt Deutschland als seine Heimat an, das Nibelungenlied erwähnt ihn als im Wasgau vorkommend. Zur Zeit Karls des Großen fand er sich im Harz und in Sachsen. Heute sind die Wisente auf freier Wildbahn ganz ausgestorben.

Der Wisent erreicht eine Höhe von 2 und eine Länge von 3,50 m bei einem Gewicht von 600 bis 1000 kg. Er erscheint uns als ein Bild urwüchsiger Kraft und Stärke. Sein Kopf ist mäßig groß, die Stirne hoch und sehr breit, das Ohr kurz und gerundet, der Hals sehr kräftig, kurz und hoch, unten bis zur Brust gewammt, der Leib vom Nacken bis zur Rückenmitte stark gewölbt, von hier an bis zum Kreuze sanft abfallend, der Schwanz kurz und dick. Die weit seitlich angesetzten, verhältnismäßig zierlichen, runden und spitzen Hörner biegen sich zuerst nach außen und dann nach oben. Ein überall dichter und reicher, aus langen, meist gekräuselten Grannen und filzigen Wollhaaren bestehender Pelz deckt den Leib, verlängert sich aber auf dem Hinterkopf zu einem über die Schläfe herabfallenden Schopf und am Kinn zu einem zopfig herabhängenden Bart. Ein Lichtbraun ist die allgemeine Färbung des Pelzes, geht aber auf den Kopfseiten und am Barte in Schwarzbraun über. Die

Wisentkuh ist merklich kleiner und zierlicher gebaut als der Stier, ihr Gehörn schwächer, die Mähne weit weniger entwickelt als bei diesem; in der Färbung ist sie ihm jedoch gleich. Obwohl die Bewegungen der Wisente schwerfällig und plump erscheinen, können sie doch sehr schnell laufen. Durch Sumpf und Wasser waten und schwimmen sie mit Leichtigkeit.

Gegen ihre Feinde wissen sich die gewaltigen Tiere vortrefflich zu verteidigen. Bären und Wölfe können den Kälbern gefährlich werden, aber nur dann, wenn die Mutter durch irgendwelchen Zufall ihr Leben verloren hat und das Junge unbeschützt ist. In unseren Tiergärten halten die Wisente vortrefflich aus, schreiten auch ohne Umstände zur Fortpflanzung.

Dasselbe Schicksal, das sich am Wisent nahezu erfüllt hat, steht seinem einzigen Verwandten, dem *amerikanischen Bison*, bevor. Auch er verbreitete sich früher fast über die ganze Nordhälfte Amerikas und ist bereits weitgehend vernichtet. Im vorigen Jahrhundert war er schon bis auf 1000 Tiere ausgerottet; heute leben in Wildreservaten etwa wieder 30000 Stück; dabei sind Wald- und Steppenbison vermischt.

Der *Bison* oder *Indianerbüffel* (Bison bison) ist unter den nordamerikanischen Tieren dasselbe, was der Wisent in Europa war: der Riese aller dort lebenden Landsäugetiere. Die Länge der Bullen beträgt bis 2,90 m, die Höhe am Widerrist 2 m, das Gewicht bis 1000 kg. Der Kopf des Bison ist sehr groß, verhältnismäßig viel größer und breitstirniger, das Ohr länger als beim Wisent. Die Hörner, die bedeutend stärker, an der Wurzel dicker, an der Spitze stumpfer, in ihrer Biegung einfacher als die des Wisent sind, biegen sich nach hinten und oben, ohne daß die Spitzen sich nähern. Das Haarkleid ähnelt dem des Wisent. Die Färbung ist ein sehr gleichmäßiges Graubraun, das in der Mähne dunkler wird.

Im Gegensatz zum Wisent, einem entschiedenen Waldbewohner, muß der Bison als charakteristischer Bewohner der Steppengebiete angesehen werden, welche die Amerikaner Prärien nennen. Der Bison ist, wie es scheint, noch geselliger als die übrigen Rinder; jedoch bilden die Massen, die man auf ein und derselben Ebene erblickt, nicht eine einzige Herde, sondern zerfallen in zahllose kleinere Gesellschaften. Die verschiedenen Geschlechter vereinigen sich überhaupt nur zur Brunstzeit; den übrigen Teil des Jahres hindurch bilden die Stiere für sich abgesonderte Trupps und die Kühe mit ihren noch nicht zeugungsfähigen Kälbern andere. Insgesamt bleiben sie übrigens in einer gewissen Verbindung: eine Herde zieht der anderen nach. Im Sommer zerstreuen sich diese in den weiten Ebenen, im Winter vereinigen sie sich mehr und suchen dann die waldigen Gegenden auf. Dann findet man sie auf baumreichen Inseln in den Strömen und Seen oder entlang den bewaldeten Ufern. Alljährlich unternehmen sie mit größerer oder geringerer Regelmäßigkeit Wanderungen. Da, wo sie sich fest angesiedelt haben, wechseln sie mit großer Regelmäßigkeit hin und her, namentlich von den saftigen Weideplätzen zu den Flüssen, die sie besuchen, um sich zu tränken oder durch ein Bad zu kühlen, und auf ihren Wanderungen treten sie jene Wege aus, die unter dem Namen „Büffelpfade" allen Präriereisenden bekannt geworden sind. Die Büffelpfade führen meist zu Hunderten nebeneinander in gerader Richtung fort, überqueren Gebirgsbäche und Flüsse an den Stellen, an denen die Ufer zum Ein- und Aussteigen bequem sind, und ziehen sich viele, viele Meilen weit durch die Steppen dahin.

In den Monaten Juli/August stellen sich die wohlgenährten Stiere bei den Kühen ein, und jeder einzelne erwählt sich eine Lebensgefährtin. Trotz solcher Genügsamkeit geht es ohne Kampf und Streit nicht ab, denn auch unter den „Büffeln" befinden sich häufig genug mehrere Bewerber um ein und dieselbe Kuh. Dann entbrennen furchtbare Kämpfe. Der zum Gefecht bereite Bison stampft wütend auf den Boden, brüllt laut, schüttelt den tief zur Erde gesenkten Kopf, erhebt den Schwanz, peitscht mit ihm durch die Luft und stürzt sodann plötzlich mit überraschender Eile auf seinen Gegner zu. Die Hörner, die Stirnen prallen laut schallend aneinander. Dessenungeachtet hat man niemals beobachtet, daß ein Stier von dem andern in solchem Kampfe getötet worden wäre. Der dicke Schädel, der außerdem durch den Wollfilz geschützt ist, hält einen gewaltigen Stoß ohne Schaden aus, und die kurzen Hörner bilden keine geeigneten Waffen, einen gleich starken Gegner tödlich zu verletzen. — Neun volle Monate nach der Paarung bringt die Kuh ihr Kalb zur Welt. Schon früher hat sie sich von dem Stier, mit dem sie vorher wochenlang zusammenlebte, getrennt und sich dafür andern hochbeschlagenen Kühen angeschlossen. Solche nur aus Muttertieren bestehenden Gesellschaften erwählen sich die saftigsten Weideplätze und bleiben auf ihnen mit den Kälbern, solange sich Weide findet.

Viele und ernste Gefahren bedrohen das Leben der Bisons. Auch er hat um das Dasein zu kämpfen. Der auf der Prärie meist schwere Winter vernichtet Hunderte seines Geschlechts, nachdem er sie zuerst entkräftet und ermattet. Zwar ist der Bison wohl gerüstet, dem Winter zu widerstehen; sein dichter

Wollfilz schützt ihn unter günstigen Umständen genügend gegen die Witterung, und der Haarwechsel seines Kleides steht, wie zu erwarten, in genauem Einklang mit der Jahreszeit, so daß ihn der Winter nicht unvorbereitet überrascht; aber wenn die Schneedecke allzu hoch den Boden bedeckt und das nach Nahrung suchende Tier trotz aller Anstrengungen nicht genug Äsung findet, verzehrt sich rasch das Fett, das es während des Sommers angesetzt hat. Der schlimmste Feind bleibt jedoch der Mensch. In früheren Zeiten, als der Büffel gewissermaßen als Haustier der Indianer betrachtet werden konnte, war keine Verminderung der unabsehbaren Herden bemerkbar; im Gegenteil, sie gediehen und vermehrten sich auf den üppigen Weiden. Nun kamen die Weißen in diese Gegenden. Die reichhaarigen großen Pelze gefielen ihnen, das fette Büffelfleisch fanden sie nach ihrem Geschmack, und von beiden versprachen sie sich reichen Gewinn. Tausende von Büffeln wurden allein der Zungen wegen erlegt, und in wenigen Jahren war eine bedeutende Verminderung der Tiere bemerkbar.

Der *Yak* oder *Grunzochse* (Bos mutus) ist stark und kräftig gebaut, der Kopf ist sehr breit, das Gehörn zuerst seitwärts, dann nach vorn und oben gewendet. Das Kleid besteht durchgehend aus feinen und langen Haaren, welche auf der Stirn krauslockig sind und sich auf dem Widerrist und längs beider Seiten zu einer schwer herabhängenden, vorhangartigen Mähne verlängern, die wie die Schwanzquaste auf dem Boden schleift. Ein schönes, tiefes, auf dem Rücken und den Seiten bräunlich überflogenes Schwarz ist die Färbung der alten Tiere. Die Gesamtlänge alter Stiere beträgt 3,25 m, die des Schwanzes ohne Haar 75 cm, die Höhe bis zum Buckel 1,90 m, die Länge der Hörner 80–90 cm, das Gewicht 650–1000 kg.

Die Hochländer Tibets und alle mit ihnen zusammenhängenden Hochgebirgszüge beherbergen den Yak; Hochebenen zwischen 4000–6000 m Höhe bilden seine Aufenthaltsorte. Der nackte Boden der unwirtlichen Gefilde seiner Heimat ist nur hin und wieder mit ärmlichem Gras bedeckt, das rasende Stürme im Winter mit Schnee bedecken, wie sie auch im Sommer eine gedeihliche Entwicklung verhindern. Inmitten solcher Wüsten findet der Yak Befriedigung seiner Bedürfnisse und Schutz vor seinen Feinden. Auf Stellen, welche reichere Weiden bieten, trifft man größere Herden. Solche Herden durchwandern auch wohl mehr oder minder regelmäßig weite Strecken. Sie bevorzugen die Nähe von Gewässern, in deren Nachbarschaft das Gras gut wächst. Kühe, Jungstiere und Kälber einigen sich zu Herden, die zu Hunderten zählen können, während die alten Stiere einsiedlerisch leben. Solchen Massen wird es erklärlicherweise schwer, auf den ärmlichen Weiden genügend Nahrung zu finden, und sie zerstreuen sich daher, während sie äsen, über weite Flächen, sammeln sich aber, um zu ruhen und ebenso während heftiger Stürme, welche sie zum Lagern zwingen, wieder zu geschlossenen Herden. Wittern die Tiere Gefahr, so schließen sie sich sofort zur Herde zusammen und nehmen die Kälber in die Mitte.

Mehr noch als das Wildbret schätzt man in seiner kargen Heimat den Kot des Yak. Dieser liefert auf den kahlen Höhen Tibets den einzigen verwendbaren Brennstoff. Einzig und allein dieser Kot ermöglicht den Aufenthalt des Menschen in jenen unwirtlichen Gefilden.

In allen Ländern, deren Hochgebirge den wilden Yak beherbergen, findet man ihn auch gezähmt als nützliches und wichtiges Haustier. Der *Hausyak*, Abb. S. 176, unterscheidet sich nur durch seine kleinere Gestalt und durch seine Haarfärbung von den wilden Tieren. Man trifft braune, rote und gescheckte Rassen. Auch die zahmen Herden gedeihen nur in kalten, hochgelegenen Gebirgsgegenden. Der Tibetaner benutzt den Yak als Last- und Reittier. Der Yak trägt 100–150 kg ohne Beschwerden, und zwar auf den allerschwierigsten Felsenpfaden und Schneefeldern. Man ist imstande, durch ihn Lasten über Gebirgspässe von 3000–5000 m Höhe zu schaffen; denn er bewegt sich auch dort oben, trotz der verdünnten Luft, die andere Geschöpfe ermatten würde, mit größter Sicherheit.

Als das schönste aller bekannten wildlebenden Rinder muß ich den *Banteng* (Bos javanicus) nennen, ein Tier, welches hinsichtlich der Zierlichkeit seines Baues mit mehr als einer Antilope wetteifern kann und sich außerdem durch ansprechende Färbung auszeichnet. Der Kopf ist klein, der Rücken gerade, der Hinterteil sanft abgerundet, das Kinn mit einer kleinen, der Unterhals mit einer großen, hängenden Wamme geziert. Die an der Wurzel verdickten, gerundeten und ziemlich scharf zugespitzten Hörner biegen sich zuerst in einem einfachen Bogen nach außen und rückwärts, hierauf nach oben und vorn, mit der Spitze aber nach oben und innen und erreichen eine Länge von 40–50 cm. Das überall gleichmäßige, dicht anliegende Haarkleid hat dunkelgraubraune, nach hinten etwas ins Rötliche spielende Färbung. Die Gesamtlänge einschließlich des 85 cm langen Schwanzes beträgt 2,90 m, die Höhe am Widerrist 1,50 m. Das Verbreitungsgebiet des Banteng erstreckt sich über Java, Borneo und den östlichen Teil Sumatras. Am liebsten nimmt er in feuchten oder moorigen, überhaupt wasserreichen Waldesteilen seinen Stand. Die weichsten und saftigsten Gräser, die den Waldboden bedekken, Blüten, Blätter und Triebe verschiedener Bäume und Sträucher bilden die Nahrung des Banteng; insbesondere äst er von jungen Sprossen und Blättern des Bambus.

Der *Zebu* oder das heilige Buckelrind Indiens (Bos indicus) ist ein Hausrind von rötlicher, gelbbrauner oder fahlgelber Färbung. Es hat einen starken Buckel, eine große Wamme und auffallend kurze Hörner.

Ein recht ursprüngliches Hausrind ist das *Schottische Hochlandrind* oder *Parkrind* (Bos scoticus); es ist mittelgroß, seine Behaarung dicht und kurz anliegend, auf Scheitel und Hals länger und gekräuselt, längs der Firste des Nackens bis zum Widerrist schwach vermähnt; seine Färbung ist rötlichbraun. Die Besitzer aller in Schottland noch bestehenden Parks zeigen einen gewissen Stolz darin, diesen aus alter Zeit übriggebliebenen Tieren ihren besonderen Schutz angedeihen zu lassen.

Alle in den Hausstand übergegangenen Rinderrassen haben unter der oft ganz bestimmte Zwecke verfolgenden Pflege des Menschen nach und nach wesentlich abweichende Merkmale angenommen und vererben diese ebenso wie die übrigen Haustiere auch, so daß im Verlauf einer gewissen Zeit eine ganze Reihe neuer Rassen entstanden

Die *Büffel* sind plump gebaute Rinder mit schwerem Leib, verhältnismäßig kurzen, kräftigen Beinen und ziemlich langem Schwanz sowie kräftigen, ausladenden Hörnern.

Der *Kaffernbüffel* (Syncerus caffer) ist das stärkste und wildeste, durch sein eigentümliches Gehörn besonders ausgezeichnete Mitglied der Sippschaft. Das von der Wurzel an seitwärts, sodann aufwärts mit der Spitze merklich nach innen gebogene, abgeflachte und mit dicken Runzeln bedeckte Gehörn überlagert die ganze Stirn, so daß nur in der Mitte ein schmaler Streifen frei bleibt. Die Behaarung ist ungemein dünn, so daß einzelne Stellen fast nackt erscheinen und man eigentlich nur an Kopf und Beinen von einem Haarkleid sprechen kann. Die Färbung des Tieres wird daher weniger durch das schwarze, an der Spitze etwas lichtere Haar als vielmehr durch die dunkelbräunlichgraue Haut hervorgebracht. Das Verbreitungsgebiet des Kaffernbüffels umfaßt noch heutzutage nahezu ganz Süd- und Mittelafrika.

Seiner Natur nach ein geselliges Wesen, bildet der Kaffernbüffel mit anderen seiner Art regelmäßig Herden von 40–60 Stück. Die Kühe leben immer, die Stiere bis zur Brunstzeit untereinander in Frieden, kämpfen dann jedoch wütend um die Oberherrschaft. Während der heißen Stunden des Tages liegt der Kaffernbüffel still und regungslos, ruhend, schlafend oder wiederkäuend, auf ein und derselben Stelle, am liebsten in einer Wasserlache oder in einem Schlammloch. In den späteren Nachmittagsstunden oder gegen Abend erhebt er sich und äst von jetzt ab in Unterbrechungen bis zum frühen Morgen. Er weidet Gras und Blätter mit unruhiger Hast ab, läßt oft sein dumpfes Grunzen hören, peitscht mit dem flockigen Schweife unmutig die Weichen und stürzt plötzlich ohne irgendeine bemerkbare Veranlassung in das dichteste Dornengebüsch. Einmal erregt und in Wut gebracht, kennen diese Büffel kein Hindernis mehr, stürzen in unaufhaltsamem Sturmlauf sinnlos in gerader Richtung dahin und überrennen, was ihnen in den Weg kommt, nicht allein Tiere, sondern auch Zäune und Hütten.

Nicht der Kaffernbüffel, sondern der noch heute in Indien lebende *Wild-* oder *Wasserbüffel* ist der Stammvater der in den Hausstand übergegangenen und vollständig gezähmten Rinder seines Geschlechtes. Der *Indische Büffel* (Bubalus arnee), Abb. S. 175, erreicht ohne den 60 cm langen Schwanz bis 3 m Länge bei 1,80 m Schulterhöhe. Die langen und starken, bis zur Mitte stark quergerunzelten, nach der Spitze zu wie auf der Hinterseite aber vollkommen glatten Hörner haben einen unregelmäßig dreieckigen Querschnitt, stehen am Grunde nahe zusammen, wenden sich zuerst seitlich und danach rück- und aufwärts. Hinterrücken, Bauch, Schenkel und der größte Teil der Beine sind fast völlig kahl und lassen deshalb mehr die Färbung der in der Regel dunkelschwarzgrauen Haut als die der blaugrauen, bald mehr ins Bräunliche oder Rotbraune ziehenden Haare zur Geltung kommen.

Wie alle Arten seines Geschlechts ein großer Wasserfreund, findet sich der Wildbüffel nur in sumpfigen Gegenden seines Wohngebietes, entweder in Flußniederungen oder in unmittelbarer Nähe kleiner, wenn auch bloß zeitweilig wasserhaltiger Seen. Seine Bewegungen sind zwar plump, aber kräftig und ausdauernd; namentlich im Schwimmen erweist er sich als Meister. Seine Stimme ist ein tief dröhnendes Gebrüll. An blinder Wut und rasendem Zorn steht er keinem anderen Rinde nach; selbst in der Gefangenschaft verliert er diese Eigenschaften nicht ganz.

Heiße, wasserreiche Gegenden sagen dem gezähmten Büffel, der sich in vielen Ländern verbreitet hatte, wie allen seinen Verwandten am meisten zu. Das Nildelta ist für ihn ein Paradies; in den gifthauchenden Pontinischen Sümpfen, in den Sumpfgegenden Calabriens, in den unteren Donauländern befindet er sich sehr wohl. In den italienischen Sümpfen ist er der einzige seiner Familie, weil alle übrigen der ungesunden Gegend erliegen, in Unterägypten überall verbreitet und neben der Ziege eigentlich das einzige Haustier, von dem man Milch und Butter gewinnt. Jedes Dorf im Delta und auch die meisten Ortschaften Oberägyptens haben mitten zwischen den Hütten eine große Lache, die einzig und allein dazu dient, den Büffeln einen bequemen Badeplatz zu gewähren. Der Nutzen des Büffels ist recht groß, zumal er so gut wie keine Pflege beansprucht und sich mit Pflanzen sättigt, welche von allen übrigen Haustieren verschmäht werden.

Nichtwiederkäuende Paarzeher

Schweine

Bei den *Borstentieren* oder *Schweinen* (Suidae) ist der Rumpf seitlich zusammengedrückt, der Kopf fast kegelförmig mit vorn abgestumpfter Spitze, der Schwanz dünn, lang und geringelt, die langgestreckte Schnauze vorn in eine Rüsselscheibe verbreitert, in der die Nasenlöcher liegen; die Ohren sind mäßig groß, gewöhnlich aufrechtstehend, die Augen schief geschlitzt und verhältnismäßig klein; die Beine schlank und dünn, ihre Zehen paarig. Ein mehr oder minder dichtes Borstenkleid umhüllt den Leib. Beim Weibchen liegen in zwei Reihen zahlreiche Zitzen am Bauche. Unter der Haut bildet sich bei reichlicher Nahrung eine Specklage, deren Dicke bis zu mehreren Zentimetern ansteigen kann.

Mit Ausnahme von Australien bewohnen die Borstentiere fast alle Länder der übrigen Erdteile. Große, feuchte, sumpfige Wälder in bergigen oder ebenen Gegenden, Dickicht, Gestrüpp, mit hohem Gras bedeckte, feuchte Flächen und Felder bilden ihren Aufenthaltsort. Alle lieben die Nähe des Wassers oder, mit andern Worten: Sümpfe, Lachen und die Ufer der Flüsse und Seen; hier wühlen sie sich im Schlamm oder Morast ein Lager. Die meisten sind gesellige Tiere; doch erreichen die Rudel, welche sie bilden, selten eine bedeutende Stärke. Es sind Nachttiere. Sie sind keineswegs so plump und unbeholfen, wie sie erscheinen, ihre Bewegungen sind vielmehr verhältnismäßig leicht. Ihr Gang ist ziemlich rasch, ihr Lauf schnell, ihr Galopp eine Reihe eigentümlicher Sätze, von denen jeder mit einem ausdrucksvollen Grunzen begleitet wird. Alle schwimmen vortrefflich. Vorsichtig und scheu, fliehen sie zwar in der Regel vor jeder Gefahr, stellen sich aber, sobald sie bedrängt werden, tapfer zur Wehr, greifen sogar oft ohne jeden Umstand ihre Gegner an. Dabei suchen sie diese umzurennen und mit ihren scharfen Hauern zu verletzen, und sie verstehen diese furchtbaren Waffen mit so großem Geschick und so bedeutender Kraft zu gebrauchen, daß sie sehr gefährlich werden können. Alle Keiler verteidigen ihre Bachen und diese ihre Frischlinge mit großer Aufopferung.

Die Schweine sind Allesfresser in des Wortes vollster Bedeutung. Was nur irgendwie genießbar erscheint, ist ihnen recht. Wenige von ihnen ernähren sich ausschließlich von Pflanzenstoffen, Wurzeln, Kräutern, Feld- und Baumfrüchten, Zwiebeln, Pilzen usw., die übrigen verzehren nebenbei auch Kerbtiere und deren Larven, Schnecken, Würmer, Lurche, Mäuse, ja selbst Fische und mit Vorliebe Aas. Ihre Gefräßigkeit ist so bekannt, daß darüber nichts gesagt zu werden braucht. Bemerkenswert ist außerdem ihre beispiellose Unreinlichkeit.

Eiförmige, behaarte Ohren und ein mittellanger, am Ende buschiger Schwanz kennzeichnen die Schweine im engsten Sinne, welche unser *Wildschwein* (Sus scrofa) würdig vertritt. Dieses starke, kräftige und wehrhafte Tier erreicht bei reichlich 2 m Gesamt- oder 1,80 m Leibes- und 25 cm Schwanzlänge, 95 cm Schulterhöhe und 150–350 kg an Gewicht. In seiner Gestalt ähnelt das Wildschwein seinem gezähmten Abkömmling; nur ist der Leib kürzer, gedrungener; die Läufe sind stärker, der Kopf ist etwas länger und schmächtiger. Die Färbung ist verschieden, wird jedoch im allgemeinen durch den Jägernamen „Schwarzwild" bezeichnet; denn schwarz oder nußbraun ist ihre gewöhnliche Färbung. Die Jungen haben auf graurötlichem Grund gelbliche Streifen, welche sich ziemlich gerade von vorn nach hinten ziehen, sich aber bereits in den ersten Monaten verlieren. Das Haarkleid besteht aus steifen, langen und spitzen Borsten, die an der Spitze häufig gespalten sind; dazwischen findet sich je nach der Jahreszeit mehr oder weniger kurzes, feines Wollhaar. Der Weidmann nennt unser Tier *Sau*; das männliche Wildschwein, wenn es erwachsen ist, *Keiler* oder *Schwein,* das weibliche

Bache. Junge Tiere bis zum zweiten Jahre heißen *Frischlinge.* Den Rüssel nennt man *Gebreche,* die Hauzähne *Gewehre* und die der Bache *Hacken.*

Feuchte und sumpfige Gegenden bilden unter allen Umständen den Aufenthaltsort des Wildschweins; dabei ist es gleichgültig, ob sich hier ausgedehnte Waldungen finden oder ob die Gegend bloß mit Sumpfgräsern bestanden ist. In Europa und Asien wohnt das Tier vorzugsweise in feuchten Dickichten großer Waldungen, in Afrika dagegen bricht es sich sein Lager mitten im Sumpfe oder in ausgedehnten Feldern. Als sehr gesellige Tiere halten sich bis zur Fortpflanzungszeit immer mehrere Bachen und schwache Keiler zusammen. Bei Tage liegen die Rudel still und faul im Kessel; gegen Abend erheben sie sich, um nach Fraß auszugehen. Zuerst gehen sie, wie der Weidmann sagt, im Holze und auf den Wiesen ins Gebräche, d. h. stoßen wühlend den Boden auf. Erst wenn alles ruhig wird, nehmen sie sich die Felder vor, und wo sie sich nunmehr festgesetzt haben, lassen sie sich nicht so leicht vertreiben. Wenn das Getreide Körner bekommt, hält es sehr schwer, sie aus dem Feld zu verscheuchen und sich vor Schaden zu schützen. Sie fressen weit weniger, als sie durch ihr wiederholtes Wälzen verwüsten, machen dadurch oft genug große Flächen vollkommen der Erde gleich und werden gerade deshalb außerordentlich schädlich. Im Wald und auf den Wiesen sucht das Schwarzwild Erdmast (z. B. Wurzeln, Würmer, Engerlinge usw., als Nahrung aus der Erde gewühlt), Trüffeln, Kerbtierlarven oder im Herbste und im Winter abgefallene Eicheln, Bucheckern, Haselnüsse, Kastanien, Kartoffeln, Rüben und alle Hülsenfrüchte.

Wolf und Luchs, auch wohl der schlaue Fuchs, welcher wenigstens einen kleinen Frischling wegzufangen wagt, sind die Hauptfeinde des Wildschweins; in den südlicheren Gegenden stellen die größeren Katzen, zumal der Tiger, mit Eifer dem fetten Wildbret nach. Der größte Feind des Tieres ist aber wiederum der Mensch; denn die Jagd des Wildschweins hat seit allen Zeiten als ein ritterliches, hochgeachtetes Vergnügen gegolten.

Nicht allein unser Wildschwein, sondern auch mehrere seiner indischen, malaiischen und hinterasiatischen Verwandten scheinen bereits seit uralter Zeit in den Hausstand übergegangen zu sein. So züchtete man bereits um das Jahr 4900 v. Chr. in China *Hausschweine* (Sus scrofa domesticus); nach Untersuchungen der Pfahlbauten gab es zu dieser Zeit in der Schweiz schon zwei verschiedene Rassen des nutzbaren Haustieres.

Schon etwa seit Mitte des 17. Jahrhunderts kennt man das *Pinselschwein* oder *Rote Flußschwein* (Potamochoerus porcus pictus) als das schönste aller Schweine. Das Tier steht dem Wildschwein an Größe merklich nach, erreicht jedoch, vollkommen ausgewachsen, einschließlich des 25 cm langen Schwanzes immerhin noch 1,50 m an Länge. Ein schönes und lebhaftes, ins Gelbliche spielendes Braunrot oder ein dunkles Rotgelb ist die vorherrschende Färbung. Es lebt in Urwäldern Afrikas in der Nähe von Flüssen. Das *Nabelschwein* oder der *Pekari* (Tayassu), ein kleines Schwein von höchstens 95 cm Länge, ist das Wildschwein Amerikas.

Afrika beherbergt noch wahre Ungeheuer der Schweinefamilie, die *Warzenschweine.* Sie sind die plumpesten und häßlichsten aller Borstentiere, gedrungen gebaut und niedrig gestellt, gekennzeichnet vor allem durch das eigentümliche Gebiß. Ihr Leib ist walzig, in der Rückenmitte eingesenkt, der Hals kurz, der Kopf massig, an den Seiten verunziert durch warzige Auswüchse. Die niederen, verhältnismäßig zierlichen Beine haben vorn und hinten vier Hufe und vorn auf dem Fesselgelenk eine breite Schwiele. Das Gebiß besitzt riesige, sehr starke, mehr oder weniger ausgeschweifte, gefurchte Hauer, welche sich bei den Schweinen kennzeichnenderweise nur nach oben kehren.

Das *Warzenschwein* (Phacochoerus aethiopicus), Abb. S. 193, erreicht einschließlich des 45 cm langen Schwanzes 1,90 m Gesamtlänge bei 70 cm Schulterhöhe. Die Behaarung der Seiten und der Unterteile des Leibes ist kurz und dünn. Dagegen erreicht eine auf der Stirn beginnende, bis zum Kreuz fortlaufende, auf dem Rücken sich verbreiternde, aus dicken, wenig biegsamen, schwarzen, braungespitzten Haaren gebildete Mähne eine so bedeutende Länge, daß sie seitlich bis zum Bauch herabfällt. Die Schwanzquaste endlich besteht aus einem ziemlich langen Busche. Der Verbreitungskreis des Warzenschweines erstreckt sich über ganz Mittelafrika.

Das Warzenschwein schlägt sich wie die meisten übrigen Arten seiner Familie in Rudeln von wechselnder Stärke, welche vom Abend bis zum Morgen nach Äsung umherziehen; den Tag verbringt es im Lager, am liebsten da, wo es sich in den Sumpf oder selbst in das Wasser einbetten kann. Um Äsung zu nehmen, fällt das Tier auf seine Handbeugen, rutscht, mit den Hinterläufen nachstemmend, auf den dicken Schwielen, welche jene bedecken, vorwärts und wühlt nun, mehr die Gewehre als die Rüsselscheibe benutzend, tiefe Furchen aus, um zu seiner Lieblingsnahrung, Pflanzenwurzeln und Knollen, zu gelangen. Nebenbei lebt es, ebenso wie andere Wildschweine auch, von Erdmast aller Art, insbesondere aber von Larven, Puppen, Käfern, Würmern, auch verzehrt es Kriechtiere aller Art und geht selbst Aas an.

Flußpferde

Das *Nil-* oder *Flußpferd* (Hippopotamus amphibius), Abb. S. 193, ist ein ungeschlachter Riese von 4,50 m Länge, 1,65 m Höhe und bis 32 Zentner Gewicht. Es ist der „Behemot" der Bibel und das Flußschwein der alten Ägypter. Kennzeichnend sind die fast viereckige Gestalt, die kleinen Ohren und Augen sowie die schief gegeneinandergestellten, großen, bogig schlitzförmigen Nasenlöcher. Der Hals ist kurz und kräftig, der Leib zwar gestreckt, zugleich aber über alles gewohnte Maß verdickt, daher ungemein plump; der Bauch ist voll und rund, in seiner Mitte so tief herabgesenkt, daß er beim Gehen auf schlammigem Grund den Boden berührt; der Schwanz ist kurz und dünn; die unverhältnismäßig kurzen, formlosen Beine haben breite, vorn und hinten vierhufige Füße, deren durch kurze Schwimmhäute verbundenen Zehen sämtlich nach vorn gerichtet sind. Nur an der Schwanzspitze stehen kurze, drahtähnliche Borsten; im übrigen bemerkt man auf der über 2 cm dicken Haut, welche am Halse und vorn an der Brust einige tiefe Falten bildet, höchst spärlich kurze, borstenartige Haare. Die Färbung ist ein eigentümliches Kupferbraun, welches auf der Oberseite mehr in ein Schmutzigdunkelrot übergeht. Das Gebiß des Nilpferdes unterscheidet sich von dem der Schweine, mit denen es am meisten übereinstimmt, durch die Bildung der Zähne, besonders durch die Eckzähne des Unterkiefers. Diese sind riesige Hauer, welche ein Gewicht von 4–6 kg erreichen können.

Heute muß man schon ziemlich tief in das Innere Afrikas eindringen, ehe man diesen Tiergestalten begegnet, die ich als zurückgeblieben aus der märchenhaften Vorzeit bezeichnen möchte. Erst wenn man in das tiefe Innere kommt, werden die 4000 Jahre alten Bilder der Heiligen Schrift auf den Tempeln Ägyptens lebendig: Dort finden sich heute noch wie vor Jahrtausenden dieselben Tiere; dort begegnen wir neben dem Pavian und dem Krokodil, dem heiligen Ibis und dem Tantalus jenen übriggebliebenen: dem Elefanten, dem Nashorn und dem Nilpferd. Heute ist das Nilpferd in ganz Ägypten und auch in Nubien längst ausgerottet.

Gähnendes Flußpferd

Das Nilpferd ist mehr als jeder andere Dickhäuter an das Wasser gebunden; es geht tagsüber eigentlich nur ausnahmsweise auf das Land, dagegen des Nachts regelmäßig zur Äsung. Man sieht in den Schlammbänken der Stromufer häufig Spuren des Flußpferdes, etwa 60 cm tiefe, baumstarke Löcher zu beiden Seiten einer muldenartig eingedrückten Furche. Dies sind die Fährten des Nilpferdes, welche dieses zurückläßt, wenn es auf seinen nächtlichen Weidegängen dem Strome entsteigt, um in den pflanzenreichen Urwald oder zu einem Felde zu wandern. Die Löcher rühren von den Beinen her, die Furche von dem auf dem Schlamm dahingeschleppten Bauch, mit dem das Untier in den weichen, nachgiebigen Boden einsinkt.

Wie die meisten Dickhäuter, ist auch das Flußpferd ein geselliges Tier. Höchst selten findet man es einzeln. Einmal sah ich bei Tage vier Stück auf einer Sandinsel, ein andermal traf ich sechs in einem See, nahe am Ufer des Blauen Flusses. Die Wohnplätze einer Gesellschaft sind beschränkt, weil sie stets in der Nähe guter Futterplätze liegen, und so genügt unter Umständen schon ein großer Tümpel mehreren Flußpferden zu längerem Aufenthalt. Ist an einer Stelle die Weide knapp geworden, so zieht sich das Nilpferd langsam nach einer anderen Stelle.

Bei Tage verläßt die Gesellschaft nur an ganz menschenleeren Orten das Wasser, um sich in der Nähe des Ufers teils auf seichten Stellen, teils auf dem Lande selbst, am liebsten im tiefen Schilf, durch welches seine eigentümlichen, grabenartigen, vom überhängenden Röhricht oft gänzlich verdeckten Wechsel führen, einem träumerischen Halbschlummer hinzugeben. Dabei zeigen die bequem dahingestreckten Tiere ganz die Behaglichkeit der Schweine, die sich suhlen, oder der Büffel, die sich im Strome baden. Mehrere Vögel treiben ungehindert ihr Wesen neben und auf den ruhenden Ungeheuern. Der Regenvogel rennt ohne Unterlaß um sie herum und pickt Kerbtiere und Egel von deren Fellen weg; der kleine Kuhreiher spaziert ernsten Schrittes auf dem Rücken hin und her, um diesen vom Ungeziefer zu säubern. In den seeartigen, pflanzenreichen Stellen verläßt das Nilpferd auch zur Nachtzeit das Strombett nicht oder nur höchst selten. Es frißt dort bei Tage und bei Nacht von den im Wasser selbst wachsenden Pflanzen.

Das Flußpferd ist im allgemeinen ein friedliches Tier, gereizt kann es aber sehr gefährlich werden, und die vier gewaltigen Eckzähne der Kiefer werden dann gegenüber anderen Tieren und dem Menschen zu furchtbaren Waffen. Noch gefährlicher als gewöhnlich wird das Nilpferd, wenn es ein Junges zu schützen hat. Die um ihr Kind zärtlich besorgte Mutter sieht auch in den unschuldigsten Dingen Gefahr und stürzt sich mit furchtbarer Wut auf jeden Feind.

ROBBEN

Der Leibesbau der Robben oder *Wasserraubtiere* (Pinnipedia) unterscheidet sich zwar merklich von dem aller uns bisher bekannt gewordenen Säugetiere, läßt sich jedoch recht wohl mit dem einzelner Arten, namentlich der Fischottern, vergleichen. Auffälligstes Merkmal sind die in Anpassung an das Wasserleben zu Flossen umgebildeten Gliedmaßen. Der verhältnismäßig kleine Kopf ist ziemlich deutlich vom Hals abgesetzt. Der Hirnteil ist breit und flach, der Schnauzenteil kurz und vorn breit gerundet, das Maul tief gespalten, die Oberlippe mit starken, federnden Borsten besetzt. Die Nase zeichnet sich durch ihre schiefgestellten, schlitzförmigen und verschließbaren Löcher aus; das Auge ist groß, ziemlich flach, das ebenfalls verschließbare Ohr endlich nur bei einer Familie einigermaßen entwickelt, während bei den meisten Robben die äußere Ohrmuschel gänzlich fehlt. Der kurze und dicke Hals geht unmittelbar in den mehr oder weniger walzigen, nach hinten allmählich sich verjüngenden Leib über; der Schwanz ist zu einem mittellangen Stummel herabgesunken. Die dicke und feste Haut wird meist nur mit einfachen, borstenartigen, gleichmäßig langen Grannen bekleidet. Gebiß und innerer Leibesbau zeigen, trotz vielfacher Ähnlichkeit mit den betreffenden Raubtieren, ein sehr eigenständiges Gepräge.

Die Robben verbreiten sich über alle Meere der Erde, haben sowohl im höheren Süden wie im Norden ihre Vertreter und finden sich sogar in den großen Binnenseen Asiens, in welche sie teils in den von diesen ausgehenden Flüssen gekommen sind, teils aber zurückgeblieben zu sein scheinen, als die Wasserverbindung unterbrochen wurde. Im Norden leben die zahlreichsten, im Süden die auffallendsten Arten. Die meisten lieben die Nähe der Küsten, und viele unternehmen zeitweilig Wanderungen von einem Küstenabschnitt zum anderen, wie sie auch oft in den Flüssen emporsteigen. Auf dem Lande halten sie sich nur bei besonderen Gelegenheiten, namentlich während der Fortpflanzungszeit und als kleine Junge auf; ihre eigentliche Wohnstätte ist und bleibt jedoch das Wasser.

Jede Wendung und Drehung, jede Ortsveränderung überhaupt, führen sie im Wasser mit größter Schnelligkeit und Sicherheit aus; auf dem Lande dagegen humpeln auch diejenigen Arten, welche noch richtig gehen können, mühselig dahin, während alle übrigen in höchst eigentümlicher, nur ihnen zukommender Weise sich forthelfen. Dies geschieht fast ebenso, wie manche Raupenarten sich bewegen. Der Seehund, welcher sich auf dem Lande von einer Stelle zur anderen begeben will, wirft sich auf die Brust, krümmt den Leib in einem Katzenbuckel nach oben, stemmt sich dann auf den Hinterteil, also etwa auf die Weichen, und streckt hierauf rasch den Leib, wodurch er den Vorderteil desselben wieder vorwärts wirft. So kommt er durch wechselseitiges Aufstemmen des Vorder- und Hinterleibes, durch Krümmen und Strecken des ganzen Körpers noch immer verhältnismäßig rasch von der Stelle.

Alle Robben sind im hohen Grade gesellig. Einzelne sieht man fast nie. Je einsamer die Gegend, um so zahlreichere Herden oder Familien bilden sich; je weniger der Mensch mit ihnen zusammenkommt, um so behäbiger, ich möchte sagen gemütlicher, zeigen sich die in bewohnten Gegenden überaus scheuen Geschöpfe. Der Mensch ist offenbar der furchtbarste Feind der wehrlosen Wasserbewohner; denn die wenigen Raubtiere, welche ihnen gefährlich werden können, wie der Eisbär, welcher wenigstens die kleineren Arten bedroht, oder der mordsüchtige und freßgierige Schwertfisch, welcher auch stärkere anfällt, wüten weniger unter ihnen als die Menschen.

Die Lebensweise der Robben ist nächtlich. Den Tag bringen sie am liebsten auf dem Lande zu, schlafend und sich sonnend. Wenn sie sich aber gefährdet sehen, gehen sie sehr eilig und schnell ins Wasser. Die Stimme besteht in heiseren Lauten, welche bald dem Gebelle eines Hundes, bald dem Blöken eines Kalbes oder dem Brüllen eines Rindes ähneln.

Jede Robbengesellschaft ist eine Familie. Das Männchen verbindet sich immer mit mehreren Weibchen, und mancher dieser Seesultane besitzt einen Harem von 30–40 Sklavinnen. Jede Robbe kämpft auf Leben und Tod um die Weibchen, doch bilden das dicke Fell und die Fettlagen unter ihm für beide Kämpfer den besten Schild gegen die Bisse und Risse, welche sie sich in der Hitze des Gefechts gegenseitig beibringen. Etwa acht bis zehn Monate nach der Paarung bringt das Weibchen ein, seltener zwei Junge zur Welt. Die Kleinen sind zierliche und muntere Geschöpfe. Die Mutter schützt ihre Sprößlinge mit dem Einsatz ihres Lebens gegen jede Gefahr. Nach höchstens zwei Monaten sind die jungen Robben so weit entwickelt, daß sie entwöhnt werden können. Das Wachstum geht unglaublich schnell vor sich, und bereits nach Verlauf eines Jahres haben die Jungen mehr als die halbe Größe der Alten erreicht. Tierische Stoffe aller Art, zumeist aber Fische, Schal- und Krustentiere, bilden die Nahrung der Robben.

Jede Robbenjagd ist eine gemeine, erbarmungslose Schlächterei, bei welcher sich Rohheit und Gefühllosigkeit verbinden. Deshalb wird auch der Ausdruck „Jagd" vermieden: Man spricht von Schlächterei und Schlägerei, nicht aber von edlem Weidwerk. Grenzenlose und leidenschaftliche Blutgier bemächtigt sich der Matrosen, welche auf Robbenjagd ausgehen, und treibt sie an, alt und jung, groß und klein ohne Unterschied zu vertilgen. So ist es gekommen, daß fast alle Robbenarten bereits sehr vermindert wurden und einzelne ihrem gänzlichen Untergang entgegengehen. Von den Herden, welche im 18. Jahrhundert die einsamen Inseln bedeckten, sind jetzt nur noch Überbleibsel zu sehen, und weiter und weiter müssen die Schiffe vordringen, wenn sie guten Fang machen wollen. Tran und Fett, Zähne und Haut der Robben sind gesuchte Gegenstände und erklären zu einem Teil die Vertilgungswut des Menschen.

Stellers Seelöwe (Eumetopias jubata), die größte Ohrenrobbe, erreicht eine Länge von reichlich 3,50 m bei einem Gewicht von 1000 kg und darüber. In seinem Leibesbau weicht er wenig von den Seehunden ab, doch hat er kleine äußere Ohren, und seine Hinterfüße erlauben noch ein watschelndes Gehen. Sein Verbreitungsgebiet erstreckt sich vom nördlichen Kalifornien über Alaska bis nach Nordjapan. Das alte Weibchen erreicht höchstens die Hälfte der Länge und kaum mehr als ein Fünftel des Gewichtes eines vollkommen erwachsenen Männchens. Gesellig wie alle übrigen Robben, vereinigen sich die Seelöwen in größter Zahl doch nur während der Paarungszeit, welche an der Küste von Alaska zwischen den Juni und Oktober fällt. In dieser Zeit bringen die Weibchen ihre Jungen zur Welt. Sie erziehen gemeinsam mit den Männchen und belehren sie durch ihr Vorbild, wie sie sich auf dem so verschieden gestalteten, bald zerklüfteten und felsenstarrenden, bald schlammigen, bald sandigen Küstensaum zu benehmen oder wie sie tauchend und schwimmend den brandenden Wogen zu widerstehen haben. Am Anfang bekunden die Jungen entschiedene Abneigung gegen das Wasser: Bald aber tummeln sie sich spielend in diesem Element, und wenn diese Landzeit vorüber ist, sind sie so vollkommen eingewöhnt, daß sie mit den Alten verschwinden und den übrigen Teil des Jahres auf hohem Meere zubringen können.

Zu Beginn ihrer alljährlichen Versammlungen zeigen sich die zu den festgelegten Lagerplätzen zurückkehrenden oder neu ankommenden Seelöwen wild und scheu; wenn sich aber auch die Weibchen am Strande, auf den Klippen und Felsen eingefunden haben, gebärden sie sich anders; denn nunmehr beginnen die Kämpfe der Männchen um die Herrschaft über die Weibchen. Diese Kämpfe dauern oft tagelang und werden nicht früher beendet, als bis einer von den beiden Recken vollkommen erschöpft ist.

Während der Europäer den Seelöwen seines Fettes und seiner Haut wegen erlegt, versorgt sich der Bewohner Alaskas und der Aleuten durch die Jagd dieses Seetieres mit den unentbehrlichsten Gebrauchsgütern seines Haushaltes.

In den südlicheren Gewässern, vor der Küste von San Franzisko bis Mexiko, lebt der etwas kleinere *Kalifornische Seelöwe* (Zalophus californianus).

Der *Nördliche Seebär* oder die *Pelzrobbe* (Arctocephalus ursinus) steht an Größe hinter dem Seelöwen merklich zurück, da selbst die größten Männchen von der Schnauzenspitze bis zum Ende der hinteren Flossenfüße höchstens 3 m messen. Das am Halse und an der Vorderseite merklich verlängerte Fell besteht aus nicht allzu steifen Grannen und ungemein weichen und zarten, seidenartigen, etwas struppigen Wollhaaren, welche die Haut dicht bekleiden. Seine Grundfärbung ist ein dunkles Braun, welches bei einzelnen Stücken in Braunschwarz übergeht, auf dem Kopf, Hals und dem vorderen Teil des Leibes aber durch weißgespitzte Haare gesprenkelt erscheint. Die einzelnen Haare sind an der Wurzel schwarz, sodann rötlich gefärbt und zeigen vor der Spitze einen graulichen Ring; die Wollhaare sehen rot aus. Ältere Weibchen unterscheiden sich von den Männchen ziemlich regelmäßig durch silbergraue Färbung. Junge Tiere beiderlei Geschlechts haben ein silberfarbenes Fell, weil ihre Haare durchschnittlich in lichte Spitzen enden.

Nur wenige Robben bewohnen ein so ausgedehntes Verbreitungsgebiet wie der Seebär, welcher auf fast allen Inseln rund um die Antarktis und ebenso an den Küsten Patagoniens und Südfrankreichs gefunden wird. Wegen ihres wertvollen Pelzes werden sie sehr stark verfolgt.

Die *Seehunde* unterscheiden sich durch das Fehlen einer Ohrmuschel, die verkürzten, sozusagen im Leibe steckenden Gliedmaßen, die behaarten Sohlen und Schwimmhäute sowie die von innen nach außen an Größe abnehmenden Zehen der Vorderfüße von den Verwandten. Dichtstehende, mehr oder minder lange Grannenhaare, seltener auch von ihnen überdeckte, spärlich stehende Wollhaare bilden das Kleid, welches bei den meisten Arten in der wohl allgemein bekannten Weise gefleckt und nur bei wenigen Seehunden einfarbig ist oder größere Farbfelder zeigt.

Von den Ohrenrobben unterscheiden sie sich hinsichtlich des Aufenthalts darin, daß sie mehr oder weniger an die Küsten gebunden sind. In ihrem Wesen ähneln sie, in ihren Bewegungen auf dem Lande unterscheiden sie sich jedoch nicht unwesentlich von den Ohrenrobben, weil sie nicht imstande sind, wie diese zu gehen, sondern sich einzig und allein rutschend fortbehelfen müssen. Nur im Wasser zeigen sie sich jenen ebenbürtig und in ihrer vollen Beweglichkeit; denn sie schwimmen und tauchen meisterhaft. Mit den Vordertatzen arbeitend wie die Fische mit ihren Flossen, bewegen sie die beiden Hinterbeine bald gegeneinander, stoßen hierdurch das zwischen ihnen gesammelte Wasser aus und treiben sich somit vorwärts, bald aber schwingen sie seitlich hin und her und erzielen dadurch ungefähr die gleiche Wirkung. Es ist für sie vollständig gleich, ob sie auf dem Bauche oder auf dem Rücken liegen und ob sie sich nahe oder tief unter der Oberfläche bewegen. Sie eilen durch das Wasser mit der Schnelligkeit eines Raubfisches und wälzen sich blitzschnell um sich selbst herum, sind auch imstande, solange es ihnen beliebt, auf ein und derselben Stelle zu verweilen.

Auf ihrer Fischjagd steigen sie in sehr bedeutende Tiefen hinab und bleiben unter Umständen geraume Zeit unter Wasser. Wenn sie nicht verfolgt werden, steigen sie durchschnittlich alle Minute an die Oberfläche empor, um Luft zu schöpfen. Im allgemeinen ruhen oder schlafen die Seehunde tagsüber am Land. Wenn sie dabei in größerer Anzahl auf dem Eise oder am Strande liegen, übernehmen stets einige von ihnen, und zwar gewöhnlich weibliche Stücke, die Wache. Die Möglichkeit, stundenlang auf einer so kalten Fläche wie Eis zu liegen, ohne allzuviel Wärme abzugeben oder sich gar zu erkälten, gewährt ihnen nicht allein ihr dickes Fell, sondern auch — und in viel höherem Grade die Speckschicht, welche sich zwischen Haut und Muskeln ausbreitet. Das Eis, auf dem Seehunde stundenlang geruht haben, zeigt niemals einen von den Tieren hinterlassenen Eindruck, wie es der Fall sein müßte, wenn die Robbe von ihrer bedeutenden inneren Wärme etwas abgäbe oder, mit andern Worten, wenn sie Wärme auszustrahlen vermöchte. Haut und Fettschicht erweisen sich als so schlechte Wärmeleiter, daß die äußere Haut kaum einen höheren Wärmegrad zeigt als die umgebende Luft. Um auch während des Winters, der im hohen Norden bekanntlich weite Strecken der See völlig zufrieren läßt, auf das Eis zu kommen bzw. die unter ihm liegende Wasserschicht ausbeuten zu können, hält jeder einzelne Seehund ein oder mehrere sogenannte Atemlöcher offen, und

1 Seebär, 2 Seelöwe, 3 Walroß, 4 Klappmütze, 5 Sattelrobbe, 6 Seehund

zwar tut er dies unzweifelhaft vom Beginn der Eisbildung an und ist im Verlauf des Winters fortwährend bedacht, durch wiederholtes Ein- und Ausschlüpfen das feste Zufrieren dieser Löcher zu verhindern.

Die Stimme der Seehunde ist bald ein heiseres Gebell, bald ein Plärren; im Zorne knurren sie wie Hunde.

Für die nordischen Völker sind die Seehunde die wichtigsten aller Tiere. Dem Grönländer ermöglichen die Robben das Leben; er nützt jeden Teil ihres Leibes. Jedoch auch wir Europäer wissen das glatte, schöne, wasserdichte Fell zu schätzen und den Tran, ja selbst das Fleisch zu würdigen. Kein Wunder also, daß die Seehunde eigentlich in allen Meeren aufs eifrigste verfolgt werden. Außer dem Menschen haben die Seehunde einen schrecklichen Feind in dem *Butskopf*, welchen die Grönländer und Normannen „Herr der Seehunde" nennen. Vor diesem Wal sieht man alle kleineren Robben sich in höchster Angst flüchten. Gejagt von dem gefräßigen Ungeheuer, springen sie in rasch hintereinanderfolgenden Sätzen hoch über das Wasser empor, wenden alle Schwimm- und Taucherkünste an, versuchen, kleinere Meerengen und seichte Stellen zu gewinnen oder auf das Land zu eilen.

Seehund mit Jungem

Die Robbe, deren Lebensbild dem Vorstehenden zur Grundlage gedient hat, ist der *Seehund* (Phoca vitulina), ein in unsern deutschen Gewässern häufiges Tier. Die Länge des erwachsenen Tieres, von der Schnauze bis zur Schwanzspitze gemessen, beträgt bis 2 m. Der Kopf ist eirund, die Schnauze kurz, das Auge groß, das Ohr einzig und allein durch eine kleine dreieckige Erhöhung angezeigt, die mit steifen, etwas gewellten Schnurrborsten besetzte Oberlippe dick, aber sehr beweglich, der Hals kurz und dick, der Körper von der Schultergegend an bis zum Schwanz fast gleichförmig verschmächtigt, der Vorderfuß sehr kurz, der Hinterfuß breit und wohlentwickelt, der Schwanz wie immer ein kurzer Stummel. Das Haarkleid besteht aus steifen und glänzenden Grannenhaaren, welche eine sehr spärliche Unterwolle bedecken; seine Färbung ist durchgehend ein gelbliches Grau; die Zeichnung wird gebildet durch unregelmäßige, aber über die ganze Oberseite verteilte, bräunliche bis schwarze Flecken. Der Seehund verbreitet sich über alle nördlichen Teile des Atlantischen Ozeans einschließlich des ganzen Eismeeres. Vom Meere aus steigt er zuweilen weit in Flüssen empor und wird daher oft tief im Innern des Landes angetroffen.

Von den Seehunden unterscheidet sich die *Sattelrobbe* (Pagophilus groenlandicus), Abb. S. 194, durch den längeren und schmäleren Kopf mit flacherer Stirne und gestreckterer Schnauze. Sie erreicht kaum die Größe des Seehundes. Die Färbung des dichten, kurzen, groben, glatt anliegenden und glänzenden Felles, welchem die Unterwolle gänzlich fehlt, ist ein bald lichteres, bald dunkleres lohfarbenes Grau, welches zuweilen ins Stroh- oder Ledergelbe, zuweilen ins Rötlichbraune übergeht, die vorherrschende Färbung der Oberseite, wogegen Brust und Bauch eine verschossene, rostigsilbergraue Färbung zeigen; hiervon heben sich das dunkelschokoladen- bis schwarzbraun gefärbte Vordergesicht und ebenso die mehr oder weniger scharf begrenzte und dunklere, länglich hufeisen- oder eierförmige Rückenzeichnung lebhaft ab. Diese Zeichnung, auf der der englische und deutsche Name beruht, beginnt unterhalb des Nackens. Das schneeweiße Kleid der jungen Sattelrobben geht im Laufe mehrerer Jahre verloren.

Das Verbreitungsgebiet der Sattelrobbe beschränkt sich auf die höchsten Breitengrade des Nordens, reicht aber durch die Beringstraße bis in den nördlichen Pazifik. Einzelne Stücke sind zwar wiederholt an den Küsten Lapplands und Norwegens und selbst Großbritanniens beobachtet worden, immer aber als verschlagen anzusehen. Im Gegensatz zum Seehund meidet die Sattelrobbe das feste Land und hält sich fast ausschließlich nur auf Eisblöcken auf. Hier sieht man sie in außerordentlicher Menge gelagert, zuweilen bedeckt sie die Eisfelder, so weit das Auge reicht; niemals aber begegnet man ihr weit entfernt vom Rande des Eises, vielmehr stets an den Rändern der kristallenen Decke, welche der Winter alljährlich über einen großen Teil ihres heimischen Meeres breitet. Während der Fortpflanzungszeit sucht sie mit Vorsicht dicke Eisschollen auf, um ihre in der ersten Jugend unbehilflichen Jungen nicht zu gefährden.

Mehr als die meisten Verwandten wird die Sattelrobbe durch die Wahl ihres Aufenthaltes zum Wandern gezwungen: Mit dem im Sommer schmelzenden Eise zieht sie nach Norden, mit dem im Winter sich bildenden nach Süden; ebenso aber unternimmt sie auch Wanderungen in westlicher und östlicher Richtung. Obwohl unsere Robbe in ihren Sitten und Gewohnheiten ihren Verwandten sehr ähnelt, unterscheidet sie sich doch namentlich durch ihre Bewegungen von ihnen. Ihr Gang ist gewissermaßen ein Mittelding zwischen dem Watscheln der Ohrenrobbe und dem Bauchkriechen des Seehundes.

Die *Klappmütze* (Cystophora cristata) ist eine der größten Robben des Eismeeres, vor allem kenntlich an einer Hautblase, welche sich beim Männchen von der Nase an über die ganze Schnauzendecke und den größten Teil des Oberkopfes erstreckt und willkürlich mit Luft gefüllt oder entleert werden kann. Ausgewachsene Männchen erreichen eine Länge bis 3,80 m; die Weibchen, denen die Hautblase fehlt, bleiben merklich hinter diesen Maßen zurück. Unter den Seehunden des Nördlichen Eismeeres bewohnt die Klappmütze ein wenig ausgedehntes Gebiet und tritt innerhalb desselben nirgends in großer Menge auf.

Der *Nördliche See-Elefant* (Mirounga angustirostris) ist vor allem durch die eigentümliche rüsselartige Verlängerung der Nase alter Männchen ausgezeichnet, welche dem Tiere zu seinem sehr passenden Namen verholfen hat. Hinsichtlich der Gestalt im allgemeinen mit den übrigen Robben übereinstimmend, übertrifft diese Robbe doch alle an Größe: Ihre Länge kann bis zu 6,50 m ansteigen, obgleich sie in den meisten Fällen nicht mehr als 5 m beträgt. Das Weibchen erreicht die Hälfte der angegebenen Länge. Die Färbung des ausschließlich aus kurzen, straffen, ziemlich steifen und glänzenden, aber nicht glatt anliegenden Grannen bestehenden Haarkleides ist ein bläuliches Grau, ähnlich der Hautfärbung des Elefanten. Das Verbreitungsgebiet der Elefantenrobbe umfaßt den südlichen Teil des Stillen Ozeans einschließlich des südlichen Indischen Meeres, reicht aber in ersterem über die durchschnittlichen Grenzen hinaus, da sie auch an der Küste von Kalifornien gefunden wird.

Das *Walroß* oder *Rosmar* der norwegischen Robbenschläger (Odobenus rosmarus), Abb. S. 194, ist eine der ungeheuerlichsten aller Robben. Vollkommen erwachsen, erreicht dieses gewaltige Tier eine Länge bis fast 4 m bei einem Gewicht von 1000–1500 kg, obschon so große und schwere Stücke zu den Seltenheiten gehören. Wie bei den Seehunden ist der langgestreckte Leib in der Mitte am dicksten, spitzt sich jedoch von hier an nicht so stark nach hinten zu wie bei anderen Robben. Aus diesem mächtigen Leibe ragen die Gliedmaßen wie große Lappen nach außen und unten hervor, so daß sowohl das Ellenbogen- wie das Kniegelenk zu erkennen ist. Alle Füße haben fünf Zehen und diese kurze, stumpfe Krallen, die hinter jeder Zehenspitze liegen. Der Schwanz erscheint als ein unbedeutender Hautlappen. Allein nicht der Leib, sondern der verhältnismäßig kleine, runde und durch zwei kugelig aufgetriebene Zahnhöhlen am Oberkiefer unförmlich verdickte Kopf kennzeichnet das Walroß. Zu beiden Seiten der Schnauze stehen in Querreihen runde, abgeflachte, hornige Schnurrborsten. Die Nasenlöcher sind halbmondförmig, die weit zurückliegenden Augen klein, glänzend, durch vorragende Lider geschützt. Die Ohren, denen jede äußere Muschel fehlt, liegen weit hinten am Kopf. Das merkwürdigste ist das Gebiß. Am vorderen Teil der Schnauze verdrängen zwei ungeheure 60–80 cm lange Eckzähne, welche weit aus dem Maul hervorragen, die sechs Vorder- und die zwei Eckzähne, welche bei sehr jungen Tieren vorhanden sind. Die fast gänzlich nackte, sehr dicke Haut ist nicht allein faltig, sondern förmlich knorrig, zeigt auch häufig aussatzähnliche Erhöhungen, welche nichts anderes sind als Narben, die von Kämpfen zwischen zwei Walrossen oder mit dem Eisbären, ihrem Hauptfeinde, herrühren. Ein mehr oder minder lebhaftes Leder- oder Hautbraun ist die vorherrschende Färbung der Alten wie der Jungen.

Wir kennen das Walroß seit Jahrhunderten durch Bild und Wort, allerdings weder in seiner wahren Gestalt noch hinsichtlich seiner Lebensweise. Einzelne dieser Abbildungen, namentlich das „Seeroß" und die „Seekuh" *Geßners*, das „ungeheuerliche Schwein des deutschen Meeres" von *Olaus Magnus*, sind wahrhaft ergötzliche Erzeugnisse der damaligen Zeit, und selbst die offenbar nach getrockneten Häuten gezeichneten Abbildungen, ja sogar das in *Buffons* Werk befindliche Bild ermöglichen kaum eine Vorstellung des betreffenden Tieres. Die alten Berichte erwähnen aber z. B. schon, daß die Walroßherden Wachen ausstellen, daß die Tiere ihrer Zähne wegen verfolgt werden und daß aus diesen Zähnen die Türken, Tataren und Russen geschätzte Degen- und Dolchhefte verfertigen. Wie so viele andere Tiere, ist auch das Walroß durch den Menschen allmählich fast ausgerottet und wird nur noch selten in wenigen Gebieten in der Nähe des Nordpols angetroffen. Das Walroß wird noch zu Ende des 15. Jahrhunderts als ein regelmäßiger Bewohner oder doch Besucher der schottischen Küsten aufgeführt, und spätere Berichte erwähnen wiederholt verirrte Walrosse, welche an den Küsten Norwegens oder Großbritanniens beobachtet wurden.

Je nach der Beschaffenheit der Küste vereinigen sich mehr oder minder zahlreiche Gesellschaften der Tiere. Ihre dunklen Leiber lagern dicht nebeneinander, den Kopf, der langen Zähne wegen, zur Seite geneigt oder auf dem Leibe des Nachbarn ruhend. Unter den schlafenden Walrossen hält stets mindestens eins Wache und weckt bei Wahrnehmung einer Gefahr die übrigen durch Ausstoßen seiner kräftigen Stimme, worauf die ganze Gesellschaft sich entweder zur Flucht oder zur Verteidigung rüstet. Da, wo das Walroß den Menschen noch nicht kennengelernt hat, erregt ein fremdes Schiff kaum die Aufmerksamkeit der Wache oder der Herde überhaupt, und nicht einmal ein Kanonenschuß stört sie, weil in den nördlichen Meeren, wo das Eis unter donnerähnlichem Getöse oft auf weite Strecken hin birst, alle Tiere an das Knallen gewöhnt sind. Hinsichtlich ihrer Bewegungen stimmen die Walrosse am meisten mit den Ohrrobben überein. Auch sie nähren sich ausschließlich von tierischen Stoffen, vorwiegend von niederen Seetieren, sie fressen aber auch Fische und unter Umständen Fleisch von größeren Seesäugetieren.

RÜSSELTIERE

Von den vielen Arten der Rüsseltiere (Proboscidea), welche unsere Erde bevölkerten, haben sich nur noch zwei bis in unsere Zeiten erhalten; aber gerade sie sind es, die die Jetztwelt so recht ersichtlich mit der Vorwelt verbinden: denn ihrer Familie gehören die Riesen an, deren wohlerhaltene Leichname das Eis Sibiriens uns durch Hunderttausende von Jahren aufbewahrte.

Die Grabstätten der ausgestorbenen Rüsseltiere, insbesondere des *Mammut* (Mammonteus primigenius), liegen vor allem in Sibirien. Beim Auftauen sandiger Strecken geschieht es, daß Haufen ungeheurer Zähne zum Vorschein kommen, zwischen denen Massen von großen Knochen zerstreut liegen. Manchmal sitzen die Zähne noch fest in den Kiefern; ja man hat solche gefunden, welche noch mit Fleisch, Haut und Haar umgeben und noch blutig waren. Der Mammut ist ungeheuer groß, 3–4 m hoch, und hat einen langen und breiten Kopf. Die Stoßzähne dieses vorweltlichen Elefanten sind viel mehr gekrümmt und daher auch weit länger als bei den lebenden: es gibt solche, die Dreiviertel eines Kreises bilden und gegen 7 m lang sind.

Die einzigen heute noch lebenden *Elefanten* sind eine afrikanische und eine indische Art. Sie sind gekennzeichnet durch den langen, beweglichen Rüssel und die Zähne, namentlich die Stoßzähne. Der Rumpf ist verhältnismäßig kurz und dick, der Hals sehr kurz, die ziemlich hohen, säulenartigen Beine haben beim indischen vorn fünf, hinten vier, und beim afrikanischen Steppenelefanten vorn vier und hinten drei in einer Reihe nebeneinander liegende Hufe und flache, hornartige Sohlen. Das wichtigste Glied des Elefanten ist der Rüssel, eine Verlängerung der Nase, ausgezeichnet durch seine Beweglichkeit, Empfindlichkeit und vor allem durch den fingerartigen Fortsatz an seinem Ende. Er ist zugleich Geruchs-, Tast- und Greifwerkzeug. Der Leibesbau erlaubt dem Elefanten nicht, den Kopf bis zur Erde herabzubringen, und es würde dem Dickhäuter deshalb schwer werden, sich zu ernähren, wäre jenes sonderbare Werkzeug nicht.

Rekonstruktion eines Mammuts

Sehr merkwürdig ist das Gebiß. Der Elefant trägt im Oberkiefer zwei außerordentlich entwickelte Stoßzähne, aber weder Schneidezähne noch Eckzähne, sondern bloß noch *einen* gewaltigen Backenzahn in jedem Kiefer. Dieser Zahn besteht aus einer ziemlich bedeutenden Anzahl einzelner Schmelzplatten, die miteinander verbunden sind. Wenn er sich durch das Kauen so weit abgenutzt hat, daß er seine Dienste nicht mehr vollständig tun kann, bildet sich hinter ihm ein neuer Zahn, der allmählich weiter nach vorn rückt und vor dem Ausfallen des letzten Stummels in Tätigkeit tritt. Man hat beobachtet, daß dieser Zahnwechsel sechsmal vor sich geht, und darf deshalb von vierundzwanzig Backenzähnen sprechen, die das Tier während seines Lebens besitzt. Die Stoßzähne haben ein ununterbrochenes Wachstum und können daher eine

Seite 193: Warzenschwein (o.); Flußpferde (u.)
Seite 194: Sattelrobbe (o.); Walrosse (u.)

ungeheure Länge und ein Gewicht von 75 bis 90 kg erreichen.

Der *Indische Elefant* (Elephas maximus) ist ein mächtiges Tier mit massigem, breitstirnigem Haupt. Sein Kopf ist hoch, kurz und breit, seine Gesichtslinie fast gerade, der Scheitel gekrönt durch zwei erhabene, sich auch nach vorn stark herauswölbende Kuppeln, die den höchsten Punkt des Tieres bilden. Hoch oben am Kopfe sitzt das mittelgroße, nach unten in eine etwas verlängerte Spitze ausgezogene Ohr. Das kleine, sehr bewegliche Auge liegt ziemlich tief in der Höhle, wird durch dicke, mit starken, schwarzen Wimpern besetzte Lider geschützt und von vielen Hautfalten ringförmig umgeben. Die gewaltigen Stoßzähne treten mit starker Wölbung aus dem Oberkiefer hervor. Die Bauchlinie senkt sich von der Brust ein wenig nach hinten.

Die Nahrung des Elefanten besteht vorwiegend aus Blättern, die er wie seine Getränke mit Hilfe des Rüssels zum Munde führt; beim Trinken saugt er die beiden Röhren des Rüssels voll und spritzt sich den Inhalt dann in das Maul. Sobald eine Herde an das Wasser kommt, ist dies ihr wichtigstes Geschäft, und erst wenn der Durst gestillt ist, denken die Tiere daran, in derselben Art und Weise auch ihren Körper zu bespritzen. Der Rüssel ist übrigens nicht bloß zum Aufsaugen des Wassers, sondern auch zur Aufnahme von Sand und Steinen geeignet. Diese Stoffe werden benötigt, um die so lästigen Kerbtiere zu verscheuchen. Gern baden die Elefanten auch, wobei sie oft völlig untertauchen.

Elefanten lassen sich gut zähmen und sind wegen ihrer hohen geistigen Fähigkeiten besonders in Indien geschätzte und willige Arbeitstiere. Der Elefant überlegt, bevor er handelt, verbessert und vervollkommnet sich mehr und mehr, ist für Lehre empfänglicher als jedes andere Tier und erwirbt sich mit der Zeit einen wahren Schatz von Kenntnissen. Für diese Behauptung möge ein Beleg genügen. „Eines Abends", berichtet ein Indienreisender, „ritt ich durch den Wald. Plötzlich stutzte mein Pferd über ein Geräusch, das aus dem ziemlich dichten Wald herübertönte und in einer Wiederholung von dumpfen, wie ‚*urmf, urmf*' klingenden Lauten bestand. Dieses Geräusch erklärte sich beim Näherkommen. Es rührte von einem zahmen Elefanten her, welcher mit harter Arbeit beschäftigt und ganz auf sich selbst angewiesen, d. h. ohne Führer, war. Er bemühte sich nach Kräften, einen schweren Balken, welchen er über seine Zähne gelegt hatte und wegen des engen Weges nicht gut fortbringen konnte, wegzutragen. Die Enge des Pfades zwang ihn, um überhaupt durchzukommen, sein Haupt beständig bald nach dieser, bald nach jener Seite zu kehren, und diese Anstrengung erpreßte ihm die beschriebenen mißwilligen Töne. Als das kluge Tier uns erblickte, erhob es sein Haupt, besah uns einen Augenblick, warf plötzlich den Balken weg und schob sich rückwärts gegen das Unterholz, um uns den Weg frei zu machen. Mein Pferd zögerte. Der Elefant bemerkte dies, drückte sich noch tiefer in das Dickicht und wiederholte sein ‚Urmf', aber entschieden in viel milderem Tone, offenbar in der Absicht, uns zu ermutigen. Noch zitterte mein Pferd. Ich war viel zu neugierig auf das Beginnen der beiden klugen Geschöpfe, als daß ich mich eingemengt hätte. Der Elefant wich weiter und weiter zurück und wartete ungeduldig auf unseren Vorüberzug. Endlich betrat mein Pferd den Weg, zitternd vor Furcht. Wir kamen vorüber, und augenblicklich trat der Elefant aus dem Dikkicht hervor, erhob seine Last von neuem und setzte seinen mühseligen Weg fort wie vorher."

Die Familie bildet einen geschlossenen Verband unter sich. Kein anderer Elefant findet Zutritt, und derjenige, welcher so unglücklich war, durch irgendwelchen Zufall von einer Herde getrennt zu werden, vielleicht übrigzubleiben oder aus der Gefangenschaft zu entfliehen, ist gezwungen, ein Einsiedlerleben zu führen. Er mag in der Nähe der Herde weiden, dieselben Trink- und Badeplätze besuchen, doch immer muß er sich in einer gewissen Entfernung halten. Der klügste Elefant pflegt der Herde vorzustehen. Sein Amt ist, die Herde zu führen, auf alle Gefahren zu achten, die Gegend zu untersuchen, kurz, für die Sicherheit Sorge zu tragen. Alle wilden Elefanten sind im höchsten Grade scheu und vorsichtig; der Leitelefant aber zeigt diese Eigenschaften gleichsam verzehnfacht. Sein Amt ist sehr mühevoll; er ist sozusagen ununterbrochen in Tätigkeit. Aber dafür lohnt ihn auch der unbedingteste Gehorsam seiner Untergebenen.

Die Maße des Elefanten werden gewöhnlich überschätzt. Die Gesamtlänge beträgt bei sehr großen Männchen von der Rüssel- bis zur Schwanzspitze ungefähr 9 m, wovon etwa 2,25 m auf den Rüssel und 1,40 m auf den Schwanz kommen, und die Höhe am Widerrist 3,50 m, das Gewicht bis 5000 kg. Als Heimat des asiatischen Elefanten haben wir Vorder- und Hinterindien zu bezeichnen. In vielen Gegenden dieser riesigen Reiche bereits ausgerottet, lebt er innerhalb des angegebenen Verbreitungsgebietes noch in größeren und zusammenhängenden Waldungen in Familienherden von 10–100 Stück.

Seite 195: Afrikanische Elefanten
Seite 196: Waltiere, unteres Bild ein Finnwal

Der *Afrikanische Elefant* (Loxodonta africana), Abb. S. 195, übertrifft seinen indischen Verwandten an Größe: mit seinen 4 m hohen Schultern übertrifft er jedes heute noch lebende Landsäugetier. Sein flacher Kopf mit dem dünnen Rüssel und den ungeheuren Ohren sind seine kennzeichnenden Merkmale. Das Verbreitungsgebiet des Afrikanischen Elefanten umfaßt noch gegenwärtig ganz Innerafrika, soweit es durch den alljährlich regelmäßig fallenden Regen das Wüstengepräge verloren hat und entweder bewaldet oder doch mit hohen Gräsern bedeckt ist. Im Süden wie im Norden Afrikas ist er in historischen Zeiten zurückgedrängt worden.

Beide Elefantenarten waren den Alten wohlbekannt und wurden schon in früher Zeit oft lebend nach Europa gebracht. Die alten Ägypter kannten nicht nur die afrikanische Art, sondern auch den Elefanten des fernen Indien und schätzten beide hoch. Die wertvollen Stoßzähne dieser Riesen der Tierwelt bildeten zu allen Zeiten des ägyptischen Reiches einen Hauptbestandteil des jährlichen Tributs, den die Bewohner des Sudans wie die unter ägyptischer Oberhoheit stehenden Völker Asiens an den Pharao zu entrichten hatten. *Darius* ist geschichtlich der erste, der Elefanten in der Schlacht, und zwar gegen *Alexander den Großen*, verwendet. Von den durch diesen erbeuteten Elefanten bekam *Aristoteles* einige zu Gesicht und konnte nunmehr das Tier ziemlich genau beschreiben. Von dieser Zeit an kommen die Elefanten oft in der Geschichte vor. Fast dreihundert Jahre nacheinander werden sie selbst in Europa in den endlosen Kriegen verwendet, welche die verschiedenen Völker um die Weltherrschaft führen, bis die Römer siegreich aus den Kämpfen hervorgehen. Neben den Indischen Elefanten wurden auch Afrikanische gebraucht, und namentlich die Karthager verstanden es, diese Tiere, welche man später für unzähmbar erklären wollte, zum Kriege abzurichten und in derselben Weise zu verwenden wie die indischen.

In unseren Tiergärten hält sich der Afrikanische Elefant ebensogut wie der Indische, unter Umständen auch dort, wo ihm ein größerer Raum zu freier Bewegung oder ein hinreichend weites und tiefes Badebecken fehlt und er genötigt wird, sich durch zeitweiliges Überspritzen mit Hilfe des Rüssels für die ihm so notwendige Suhle Ersatz zu verschaffen.

Afrikanische Elefanten am Badeplatz

SEEKÜHE ODER SIRENEN

Wer bei den Sirenen der Tierkundigen an jene Märchengestalten des Altertums denken wollte, welche, halb Weib, halb Fisch, die kristallenen Wogen des Meeres bewohnen und den armen Erdensohn durch wunderbaren Gesang und noch wunderbarere Gebärden, durch Neigen des Hauptes und glühende Blicke der Augen einladen, zu ihnen hinabzusteigen, mit ihnen zu spielen, zu kosen und — zu verderben, würde sich irren. Wenn man weiß, daß die Sirenen auch *Seekühe* heißen, dürfte jede sich vielleicht bemerkbar machende dichterische Erregung beschwichtigt werden.

Die Merkmale der *Seekühe* (Sirenia) liegen in dem kleinen, deutlich vom Rumpf abgesetzten Kopf mit dickwulstiger Schnauze, borstigen Lippen und an der Schnauzenspitze mündenden Nasenlöchern, dem plumpen, eigentümlich gegliederten, spärlich mit kurzen, borstenartigen Haaren bekleideten Leibe und dem nur bei ihnen vorkommenden Gebisse. Bloß zwei, und zwar die vorderen Gliedmaßen sind noch vorhanden, aber bereits zu echten Flossenbeinen geworden. Die allgemeine Körperhaut umhüllt deren Zehen so vollständig, daß alle Beweglichkeit der einzelnen Glieder aufgehoben wird. Nur Spuren von Nägeln, die man findet, deuten auch äußerlich noch auf die innere Trennung der Hand. Der Schwanz, der zugleich Hinterglieder vertritt, endet in eine Finne. Mit dem schönen Leib der sagenhaften Meerjungfrau haben die plumpen, ungeschlachten Tiere bloß insofern etwas gemeinsam, als die Zitzen auch bei ihnen an der Brust (zwischen den Vorderflossen) liegen und nach

Art von Brüsten mehr als bei anderen Seesäugern hervortreten. Seichte Ufer und Meerbusen heißer Länder, Flußmündungen und die Ströme selbst, zumal deren Untiefen, bilden die Wohnsitze und Aufenthaltsorte der Sirenen.

Chinesen und Araber kannten schon vor Jahrhunderten die *Seejungfer* oder *Seemaid*, den *Dugong* (zu deutsch Meerkuh) der Malaien. Der Dugong erreicht eine Länge bis zu 3,20 m. Die Brustfinnen sind nicht besonders lang, aber breit. Die Schwanzfinne besteht in einer plattgedrückten, flachen, halbmondförmigen Flosse. Das Gebiß besteht aus wurzellosen, im Alter teilweise ausfallenden Schneide- und Mahlzähnen; Eckzähne fehlen gänzlich; beim Männchen entwickeln sich aber zwei Vorderzähne zu 20–25 cm dicken Hau- oder Stoßzähnen, welche jedoch zu etwa sieben Achtel vom Zahnfleisch bedeckt sind. Der Dugong wird in allen Teilen des Indischen Meeres und der mit ihm zusammenhängenden Gebiete gefunden. Seichte Buchten, in denen die Sonne das wenig bewegte Wasser bis zum Grunde durchstrahlen und der Pflanzenreichtum des Meeres sich besonders entfalten kann, bilden die Lieblingsorte des Dugongs. Ihre Hauptnahrung besteht aus dem an den Felsen oder auf dem Meeresboden wachsenden Tang, den sie mit den harten, dicken Lippen abweiden oder aber vom Boden losreißen.

Bei den *Manatis* oder *Atlantikseekühen* ist die Schwanzflosse, anstatt ausgebaucht, abgerundet; im übrigen ähneln diese Tiere den vorhergehenden. Als Heimat mehrerer Arten dieser Gruppe ist der Atlantische Ozean zwischen dem 19. Grade südlicher und dem 25. Grade nördlicher Breite zu betrachten.

Der *Nagel-Manati* oder *Ochsenfisch* der Brasilianer (Trichechus manatus), die am genauesten beobachtete Art, wird etwa 3 m lang und 200 bis 300 kg schwer. Ihre Färbung ist ein ziemlich einförmiges Bläulichgrau, das auf dem Rücken und den Seiten etwas dunkler ist als auf der Unterseite des Leibes. Die Borsten sehen gelblich aus.

Die ersten genaueren Angaben über das Tier verdanken wir *Alexander v. Humboldt*. Süd- und Mittelamerika sind die Heimat dieses Tieres, die Küstenteile des Atlantischen Ozeans sein hauptsächlichster Aufenthalt. In Flüssen steigen sie weit aufwärts, und bei Überschwemmungen wandern sie auch in die Seen und Sümpfe. Gegenwärtig findet sich der Nagel-Manati noch am häufigsten im Amazonas, im Orinoko und in seinen Zuflüssen. Die Lebensweise des Nagel-Manatis gleicht ziemlich genau der des Dugong.

„Am ganzen Strand der Insel, sonderlich wo Bäche in die See fließen und alle Arten Seetiere am häufigsten sind, hält sich zu allen Jahreszeiten die von unseren Russen *Morskaja-Korowa* genannte *Meerkuh* in großer Menge und herdenweise auf. Da uns durch die Verscheuchung der Seebiber von der nördlichen Seite die Versorgung mit Nahrungsbedarf beschwerlich zu werden anfing, sannen wir auf Mittel, uns dieser Tiere zu bemeistern. Es gelang uns auch, diese Tiere durch Harpunieren zu bewältigen. Und nun sahen wir uns bald in einen solchen Überfluß von Nahrung versetzt, daß wir den Bau unseres neuen Fahrzeuges, welches das Mittel zu unserer Rettung werden sollte, ohne Hindernisse fortsetzen konnten."

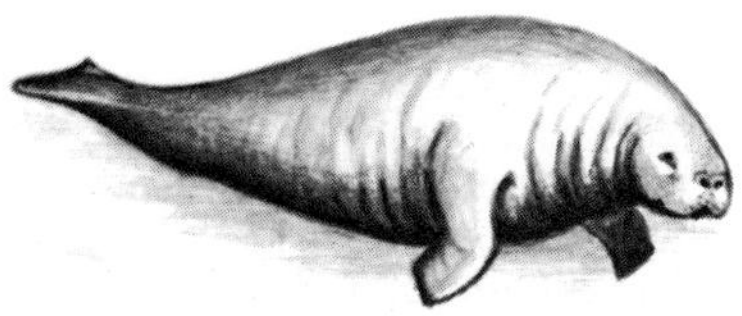

Borkentier

Mit diesen Worten beginnt der Naturforscher *Steller*, welcher im November des Jahres 1741 auf der vorher noch unbekannten Beringinsel gestrandet war und dort zehn traurige Monate verleben mußte, seinen Bericht über eins der merkwürdigsten Seesäugetiere, die auch nach ihrem Entdecker benannte *Seekuh* oder das *Borkentier* (Rhytina gigas). Bereits siebenundzwanzig Jahre nach der Entdeckung wurde die letzte Seekuh erlegt. Angelockt durch die gewinnverheißenden Berichte der russischen Entdeckungsgesellschaft, unter welcher Steller sich befand, strömten Walfänger und waghalsige Abenteurer in großen Scharen zu der Beringsee und begannen dort eine so furchtbare Metzelei unter den wehrlosen Meeresbewohnern, daß die Seekühe von der Erde vertilgt wurden. Aus Stellers Beschreibung geht eindeutig hervor, daß diese 8–10 m lange Seekuh ein von den früher beschriebenen Sirenen deutlich zu unterscheidendes Geschöpf war. Statt der Zähne waren die Kiefern mit vier Kauplatten belegt, welche nur mit dem Zahnfleisch zusammenhingen.

WALE

Unter den Säugetieren sind die Wale, Abb. S. 196, dasselbe, was die Fische unter den Wirbeltieren: ausschließlich im Wasser vorkommende und solchem Leben entsprechend gebaute Geschöpfe. Die Robben verbringen wenigstens noch den dritten Teil ihres Lebens auf dem Lande, werden dort geboren und suchen es auf, wenn sie die freundlichen Strahlen der Sonne genießen und schlafen wollen; bei den Sirenen ist zumindest noch die Möglichkeit des Landlebens vorhanden; die Wale dagegen sind ausschließlich dem Meer zugewiesen. Darauf deutet schon ihre Größe hin; denn nur das Wasser gestattet leichte Beweglichkeit solcher Riesen, und nur das unendlich reiche Meer gibt ihnen die erforderliche Nahrung.

Warmes Blut und Lungenatmung, Lebendiggebären und Säugen der Jungen, vollkommene Entwicklung des Gehirns und der Nerven: diese wesentlichen Merkmale der Säugetiere sind die einzigen, welche die Wale mit den übrigen Ordnungen der Klasse teilen. In jeder anderen Hinsicht weichen sie weit von den höheren Säugetieren ab. Jeder weniggebildete Mensch, jedes noch in der Kindheit stehende Volk hat sie den Fischen zugezählt, doch die Forschung hat ihnen die Stellung angewiesen, welche ihnen gebührt.

Der Leib der Wale ist massig und ungefüge, ohne jede äußere Gliederung; der oft unförmig große und in der Regel ungleich gebaute Kopf geht ohne deutlich zu unterscheidende Grenze in den Rumpf über, und dieser läuft, nach hinten zu sich verschmächtigend, in eine breite, waagerechte Schwanzfinne aus. Die hinteren Glieder, die, mit Ausnahme der Sirenen, alle übrigen Säugetiere kennzeichnen, fehlen gänzlich; die vorderen sind zu eigentlichen Flossen geworden, man muß sie mit dem zergliedernden Messer untersuchen, wenn man sie als Hände erkennen will, und findet auch dann noch Eigentümlichkeiten ihres Baues auf. Eine hier und da vorkommende Fettflosse, welche längs des Rückens verläuft, trägt zur Vermehrung der Fischähnlichkeit dieser Tiere bei. Im übrigen sind die Wale äußerlich gekennzeichnet durch den weitgespaltenen, lippenlosen Mund, in welchem entweder eine ungewöhnlich große Menge von Zähnen oder aber Barten stehen, das Fehlen des inneren Augenlides, die Lage der Zitzen hinten neben den Geschlechtsteilen und eine dünne, glatte, weiche, fettige, samtartig anzufühlende, ausnahmsweise an wenigen Stellen mit einzelnen Borsten bedeckte Haut von düsterer Färbung, in welcher eine sehr dicke Fettschicht liegt, da es nämlich auffallend verdickte Lederhaut ist, zwischen deren Zellen das Fett eingebettet ist.

Besonders merkwürdig sind die Atmungswerkzeuge. Die Nase hat ihre Bedeutung ganz verloren und ist ausschließlich Luftweg geworden. Ihre auf der höchsten Erhebung des Schädels gelegene Öffnung, das Spritzloch, führt senkrecht in die Nasenhöhle und durch diese in den Kehlkopf. Die Luftröhre ist sehr weit, die Lunge hat einen beträchtlichen Umfang. Es bedarf wohl kaum der Erwähnung, daß solcher Leibesbau für das Wasserleben der Wale durchaus geeignet ist. Die waagerecht gestellte Schwanzflosse befähigt zu spielendem Auf- und Niedertauchen oder mühelosem Beutezug in verschiedenen Schichten und Tiefen des Meeres; die Glätte der Haut erleichtert die Fortbewegung der ungeheuren Masse, die Fettlage verringert ihr Gewicht und ersetzt das wärmende Haarkleid; die sehr große Lunge ermöglicht es, außerordentlich lange unter dem Wasser zu bleiben.

Waltiere gibt es in allen Meeren; keine einzige Art von ihnen aber hat irgendwo einen bleibenden Aufenthaltsort. Im ganzen genommen, halten sich, wie von vornherein zu erwarten, die größeren Arten an die großen, freien Weltmeere, und so wie in die Ostsee hinein einzig und allein der Braunfisch regelmäßig zieht, so schwimmen durch die Straße von Gibraltar gewiß nur größere und kleinere Zahnwale.

Die oberste Schicht des Wassers ist ihr eigentliches Gebiet, weil sie mit dem Kopf und einem Teil des Rückens emporkommen müssen, wenn sie atmen wollen. Ihr Luftwechsel geschieht in folgender Weise. Der emporgekommene Wal spritzt unter schnaubendem Geräusch die verbrauchte Luft aus der Nasenöffnung. In der kühlen Außenluft wird der Atem als eine 5–6 m hohe Dampfsäule sichtbar. Gleich nach dem Ausstoßen zieht das Tier unter ebenfalls laut hörbarem, stöhnendem Geräusch mit einem raschen Atemzug die von ihm benötigte Luft ein, und manchmal wechselt es drei-, vier-, auch fünfmal in der Minute den Atem; aber nur das erste Mal nach dem Auftauchen wird ein Strahl sichtbar. Die Nasenlöcher sind so günstig gelegen, daß der Wal beim Auftauchen immer mit ihnen zuerst ins Freie kommt, und somit wird ihm das Atmen ebenso be-

Walfang, Bild 1: Erlegter Wal mit Fangflagge. — Bild 2: Abspecken eines Wals auf dem Walfangmutterschiff. Der heute mit allen technischen Hilfsmitteln, wie Hubschrauber, Radargeräten, Harpunenkanone und Schiffsfabriken zur Verarbeitung, betriebene Walfang hat mittlerweile fast zur Ausrottung dieser Ozeanriesen geführt.

quem wie anderen Tieren. Ein ruhig dahinschwimmender, ungestörter Wal schöpft mindestens alle anderthalb Minuten einmal Luft; aber man hat auch beobachtet, daß er weit länger unter Wasser verweilen kann. Erfahrene Walfänger behaupten übereinstimmend, daß gewisse Wale bis 80 Minuten unter Wasser aushalten können. Bei völlig unterbrochenem Luftwechsel stirbt der Wal so sicher wie jeder andere Säuger an Erstickung, nach den Beobachtungen der Walfänger im allgemeinen sogar in sehr kurzer Zeit.

Größere und kleinere Meertiere der verschiedensten Klassen sind die Nahrung der Wale. Gerade die größten Arten nähren sich von den kleinsten Meerestieren, und umgekehrt sind die kleineren die tüchtigsten Räuber. Sämtliche Zahnwale sind Raubtiere im eigentlichen Sinne des Wortes. Dagegen begnügen sich die Bartenwale mit sehr kleinen Tieren, mit winzigen Fischen, Krebsen, schalenlosen Weichtieren, Quallen und dergleichen. Man kann sich leicht vorstellen, welch unschätzbare Massen von Nahrung die Riesen des Weltmeeres zu ihrer Erhaltung benötigen: Ein einziger Wal verzehrt täglich Millionen und selbst Milliarden winziger Geschöpfe.

Auch die Wale haben ihre Feinde, namentlich in der ersten Zeit ihres Lebens. Mehrere Haie und der Schwertfisch jagen förmlich auf junge Wale. Weit gefährlicher als alle Seeungeheuer wird den Walen jedoch der Mensch. Er ist es, der bereits seit mehr als tausend Jahren fast sämtliche Arten der Ordnung regelrecht verfolgt und einige von ihnen bereits der Vertilgung nahegebracht hat.

Die Wale (Cetacea) zerfallen naturgemäß in zwei Hauptgruppen, die man mit Fug und Recht als Unterordnungen bezeichnen darf: in die Zahn- und Bartenwale. Bei den ersteren (Odontoceti) finden sich in beiden oder mindestens in einem Kiefer Zähne, welche nicht gewechselt werden, bei einzelnen jedoch zum Teil oder gänzlich ausfallen können. Dieses Merkmal genügt, um sie in allen Fällen von den Bartenwalen zu unterscheiden.

Zahnwale

Delphine

Die Delphine (Delphinidae) sind mittelgroße oder kleine Wale, bei denen beide Kiefer in ihrer ganzen Länge oder in einem Teil mit fast gleichartig gebildeten, mehr oder weniger kegelförmigen Zähnen besetzt sind und deren Nasenlöcher in der Regel nur in einem einzigen querliegenden, halbmondförmigen, mit den Spitzen nach vorn gerichteten Spritzloch münden. Der Leib ist regelmäßig gestreckt, der Kopf verhältnismäßig klein, der Schnauzenteil oft vorgezogen und zugespitzt, eine Rückenflosse gewöhnlich vorhanden.

Die Delphine leben in allen Meeren der Erde und sind die einzigen Wale, die weit in den Flüssen emporsteigen, ja selbst ihre ganze Lebenszeit in ihnen und in Seen, die mit Flüssen zusammenhängen verbringen. Alle sind in hohem Grade gesellig; manche schlagen sich in sehr starke Scharen, welche dann tage- und wochenlang miteinander im Meer hin und her streifen. Kleinere Arten vereinigen sich hierbei wohl auch mit Verwandten zu Trupps, welche vielleicht wochenlang gemeinschaftlich jagen und dabei dem Anschein nach von einem Mitglied der Gesellschaft geleitet werden. Die Lebhaftigkeit aller Delphine, ihre geringe Scheu vor dem Menschen und ihre Spiele haben sie seit uralter Zeit zu Freunden von Schiffern und Dichtern gemacht.

Ihre Hauptnahrung bilden Kopffüßler, Weich-, Krusten- und Strahlentiere, aber auch kleine und große Fische, und selbst Wale werden von manchen Arten angegriffen; andere Arten sind dagegen Pflanzenfresser. Alle Delphine werden von dem Menschen ungleich weniger verfolgt als die übrigen Wale. Ihre schlimmsten Feinde sind ihre eigenen Familienmitglieder.

Der *Mörderwal*, *Schwertfisch* oder *Butskopf* (Orcinus orca) kann eine Länge von 9 m erreichen und ist damit der größte Delphin. Dieser Länge entsprechen reichlich 60 cm lange und 15 cm breite Brustflossen, eine etwa 1,50 m breite Schwanzfinne und eine kaum weniger lange Rückenfinne. Der Leib ist spindelförmig gestreckt; auf der Rückenseite nur wenig, seitlich und unten stärker gewölbt; der Schwanz, dessen Länge fast ein Drittel der Gesamtlänge einnimmt, ist gegen das Ende hin seitlich zusammengedrückt und oben und unten scharf gekielt. Die Färbung scheint vielfach abzuändern. Ein mehr oder minder dunkles Schwarz erstreckt sich über den größten Teil der Oberseite, ein ziemlich reines Weiß über die Unterseite mit Ausnahme der Schnauzen- und Schwanzspitze; beide Farbfelder sind zwar scharf begrenzt, jedoch bei den verschiedenen Stücken nicht übereinstimmend verteilt.

Der Schwertfisch bewohnt vorwiegend den nördlichen Atlantik, das Eismeer und vielleicht in einer anderen Art den nördlichen Pazifik, schwärmt jedoch regelmäßig bis zu den Küsten Englands, Frankreichs und Deutschlands hinab. Man sieht ihn im Nordmeer gewöhnlich zu fünft, Kopf und Schwanz nach unten gekrümmt, die Rückenflosse wie ein Säbel aus dem Wasser hervorstehend, äußerst schnell dahinschwimmen und wachsamen Auges das Meer absuchen. Schwertfische sind nirgends häufig, finden sich aber sowohl inmitten der Weltmeere als auch nahe an den Küsten.

Sie jagen nicht nur kleinere Fische, sondern auch die Riesen des Meeres; sie sind nicht nur die größten, sondern auch die mutigsten, raubsüchtigsten, gefräßigsten, blutdürstigsten und deshalb gefürchtetsten aller Delphine. Die Grönlandfahrer sehen sie oft bei Spitzbergen und in der Davisstraße. Mehrere von ihnen fallen den Wal an, ängstigen ihn und reißen mit ihrem furchtbaren Gebiß ganze Stücke aus seinem Leibe, wodurch er dermaßen entsetzt und ermattet wird, daß er die Zunge herausstreckt. Um diese ist es den Mordfischen am meisten zu tun; denn sowie er den Rachen aufsperrt, reißen sie ihm die Zunge heraus.

Der Schwertfisch verdient die ihm von *Linné* beigelegte Bezeichnung „Tyrann oder Peiniger der Walfische und Robben" vollständig und wetteifert nicht allein, sondern übertrifft sogar jeden Hai, jedes Raubtier der See überhaupt. Wo er sich zeigt, ist er der Schrecken aller von ihm bedrohten Geschöpfe; wo er auftritt, verlassen diese, falls ihnen dies möglich ist, die Gewässer. Solange ein Trupp der Mordfische sich auf der Jagd befindet, eilt er ohne Aufenthalt seines Weges dahin; gesättigt aber gefällt er sich in wilden Spielen, indem jeder einzelne abwechselnd auf- und niedertaucht, sich dreht und wendet, oft auch mit mächtigem Satze über das Wasser emporspringt oder sonstige Gaukelei treibt, dabei aber immer noch seinen Weg so rasch fortsetzt, daß die ganze Gesellschaft bald dem Auge entschwindet. Kein einziger Delphin ist imstande, mit dem Schwertfisch an Schnelligkeit zu wetteifern.

Die Robben wenden, um sich vor ihrem furchtbarsten Feinde zu retten, alle Mittel vergebens an; die Anstrengung und vielleicht noch mehr die Todesangst, welche sie ausstehen, lähmen ihre Kräfte: der mordsüchtige Delphin erreicht sie, packt sie mit seinen zähnestarrenden Kiefern, erhebt sich mit ihnen über die Oberfläche des Wassers, schüttelt sie wie eine Katze die Maus, zermalmt und verschlingt sie. Und dabei begnügt sich das gefräßige Ungeheuer nicht mit einer Beute, sondern füllt sich bis zum Platzen und buchstäblich bis zum Ersticken mit ihnen und anderen Tieren seinen nimmersatten Schlund. Ein Naturforscher entnahm dem Magen eines 5 m langen Schwertfisches 13 Schweinewale und 14 Robben, dem Rachen aber den fünfzehnten Seehund, an dem das Ungetüm dann erstickt war.

Der gemeinste Delphin der europäischen Meere ist der *Braunfisch*, *Kleine Tümmler*, *Schweinswal* oder das *Meerschwein* (Phocaena phocaena). Er erreicht eine Länge von 1,5 bis 2 m. Der Kopf ist klein, die Schnauze breit und kurz abgerundet, das fast in gleicher Höhe mit der Mundspalte stehende Auge langgeschlitzt. 20–25 Zähne in jedem Kiefer, also 80–100 im ganzen, bilden das Gebiß.

Der Braunfisch ist es, welchem man auf jeder Reise in der Nordsee begegnet, welcher die Mündungen unserer Flüsse umschwärmt, ihnen entgegenschwimmt und nicht selten bis tief in das Innere des Landes vordringt. So hat man ihn wiederholt im Rhein und in der Elbe angetroffen, bei Paris und London erlegt. Als die eigentliche Heimat des Braunfisches ist der ganze Norden des Atlantischen Ozeans, von Grönland bis Nordafrika, einschließlich der Ostsee, anzusehen. Außerdem schwärmt er, durch die Behringstraße gehend, im Pazifischen Ozean umher und gelangt hier bis in die Breite der japanischen Inseln. Außer den Heringen, welche zeitweilig die ausschließliche Nahrung der Braunfische bilden, verzehren diese noch Makrelen, Lachse, andere Fische und oft auch Tange; wenigstens findet man diese nicht selten in ihrem Magen.

Unter allen Gaben, die das Meer darbietet, ist für die Nordländer der *Grind* oder *Grindwal* (Globiocephala melaena) besonders wichtig. Vertreter der Sippe der *Rundkopfwale*, dessen Merkmale in dem tatsächlich fast kugelförmigen, wie geschwollen erscheinenden Kopfe, den weit unten eingelenkten, sichelförmigen Brustflossen, der von der Mitte des Körpers sich erhebenden Rückenflosse und den 12–14 kegelförmigen Zähnen auf jeder Seite zu suchen sind. Sehr alte Männchen erreichen eine Länge von 6–7 m.

Im Nördlichen Eismeer ist er überall bekannt, tritt aber nirgends regelmäßig auf. Geselliger als seine Familien- und Ordnungsverwandten, lebt er stets in Trupps und Herden, welche von etwa 10–20 Stück bis zu 1000 und mehr Tieren ansteigen können, die, wie es scheint, von alten erfahrenen Männchen geleitet werden und diesen mit derselben Gleichgültigkeit, richtiger: Kopflosigkeit, nachfolgen wie die Schafe ihrem Leithammel, wäre es auch zu ihrem Verderben.

Kein einziges anderes Waltier strandet so häufig und in solcher Menge wie der Grind, dessen Geselligkeit ihm bei Gefahr regelmäßig zum Verderbnis wird. Nicht allein, daß die gesamte Herde ihrem Leiter blindlings folgt, läßt sie sich auch durch die Klagelaute eines von Todesnot bedrängten Genossen herbeilocken und erleidet dann regelmäßig mit ihm dasselbe Schicksal. Vielleicht ist es nicht zuviel gesagt, wenn man behauptet, daß dieser Wal seinen Tod nicht im Meere, sondern am Lande findet. Kaum ein Jahr vergeht, in welchem nicht hier oder da eine mehr oder weniger große Anzahl auf den Strand läuft. Im Jahre 1779 verunglückte eine Herde von zweihundert, 1805 eine von dreihundert Stück auf den Shetlandinseln, in den Jahren 1809 und 1810 wurden elfhundert Stück in einer nach den

In einem Seewasseraquarium gehaltener, dressierter Delphin beim Sprung aus dem Wasser

Grinden Walfjord genannten Bucht auf Island ans Ufer geworfen.

Die Nahrung dieser Delphine besteht vorzugsweise in verschiedenen Tintenfischen; doch fand man im Magen getöteter Tiere auch Dorsche, Heringe und andere kleine Fische, Weichtiere und dergleichen.

Kein anderer Wal und kein anderes Seetier überhaupt hat die Dichter und Naturforscher der Alten in gleicher Weise beschäftigt, zu den glühendsten Schilderungen und zu der wunderlichsten Fabelei begeistert wie das mit dem Familiennamen Delphin bezeichnete Tier. Von ihm erzählt *Plinius* die hübsche Geschichte des Knaben, der durch wiederholtes Füttern mit Brot sich in solchem Grade die Liebe eines Delphins erwarb, daß dieser ihn mehrere Jahre lang täglich über den Lucrinischen See nach Puteoli in die Schule trug und auf dieselbe Weise wieder nach Hause brachte. „Als der Knabe starb, erschien der Delphin noch immer am gewohnten Orte und grämte sich bald darauf über den Verlust seines Lieblings zu Tode."

Der *Delphin* (Delphinus delphis) erreicht durchschnittlich eine Länge von 2 m, welcher eine etwa 30 cm hohe Rückenfinne und eine bis 60 cm lange und bis 18 cm breite Brustfinne entspricht. Der verhältnismäßig kleine Kopf nimmt ungefähr den vierten Teil der ganzen Körperlänge ein und zeichnet sich aus durch eine leicht gewölbte, sanft abfallende Stirn, welche aber durch eine Querfurche von der mittellangen, ziemlich gestreckten schnabelartigen Schnauze sehr deutlich getrennt wird; die langgeschlitzten Augen liegen in geringer Entfernung hinter und über den Mundwinkeln. Die Haut ist ungemein glatt und nicht bloß glänzend, sondern förmlich schillernd, oberseits grünlichbraun oder grünlichschwarz, unterseits scharf, jedoch nicht in gerader Linie begrenzt, blendend weiß.

Alle Meere der nördlichen Halbkugel sind die Heimat dieses berühmten Tieres, welches so erheblich zur Unterhaltung der Seefahrer und Reisenden beiträgt. Seine Trupps kommen auf die Schiffe zu, umspielen diese lange Zeit, ehe sie wieder eine andere Richtung nehmen, tauchen ohne Unterlaß auf und nieder, erheben den Rücken des Kopfes auf Augenblicke über die Oberfläche des Wassers, wechseln unter schnaubendem Geräusch die Luft, indem sie einen dampfartigen Strahl ausstoßen, und verschwinden wieder in der Tiefe. Sie schwimmen so außerordentlich rasch, daß sie nicht nur den Dampfschiffen mit Leichtigkeit folgen, sondern dabei noch allerlei Gaukeleien treiben und, wenn sie wollen, das Schiff nach Belieben umschwärmen.

Sie bilden enggeschlossene Schulen von zehn, hundert und auch vielen hundert Mitgliedern. Ihre Nahrung besteht aus Fischen, Krebsen, Kopffüßlern und anderen Seetieren. Am liebsten jagen sie Sardellen, Heringe und mit besonderer Gier die Fliegenden Fische.

Gründelwale

Wichtige Merkmale trennen den *Narwal* (Monodon monoceros), so weit von den übrigen Zahnwalen, daß man eine eigene Familie Gründelwale (Monodontidae) auf ihn begründet hat. Das Gebiß unterscheidet sich von dem aller übrigen Wale durch zwei mächtige, 2–3 m lange, verhältnismäßig aber schwache, von rechts nach links gewundene, innen hohle, waagerecht im Oberkiefer stehende Stoßzähne, von denen in der Regel einer, und zwar der rechtsseitige, verkümmert. Beim Weibchen kommen diese Zähne überhaupt nur ausnahmsweise zu einer beschränkten Entwicklung. Der walzige, vorn abgerundete Kopf nimmt etwa ein Siebtel der Gesamtlänge des langgestreckten, fast spindelförmigen Leibes ein; die sehr kurze, breite und dicke, rechtsseitig etwas verkürzte Schnauze scheidet sich nicht von der flachen Stirne und fällt nach vorn hin fast senkrecht ab. Beim Männchen heben sich von der weißen oder gelblichweißen Grundfärbung zahlreiche unregelmäßig gestaltete große dunkelbraune Flecken ab; beim Weibchen sind die Flecken kleiner und dichter gestellt als beim Männchen; junge Tiere endlich sehen noch dunkler aus als alte. Es gibt jedoch auch rein- oder fast reinweiße und ebenso grauliche, einfarbige Stücke. Die Gesamtlänge des Narwals steigt bis auf 5 m an.

Daß unsere Vorfahren vom Narwal, dem Meereseinhorn, fabelhafte Geschichten zu erzählen wußten, darf uns nicht in Erstaunen setzen. Namentlich über den Zahn hat man allerlei Mutmaßungen angestellt und, um offen zu sein, man tut dies auch heute noch. Wir dürfen in diesem Zahn wohl nur eine Waffe sehen, wie sie das männliche Geschlecht so oft vor dem weiblichen voraus hat.

In früheren Zeiten wurden für die Stoßzähne ganz unglaubliche Summen bezahlt. Man schrieb ihnen allerlei Wunderkräfte zu und wußte sie somit noch vielseitiger zu verwenden als wir, welche in ihnen bloß eine das Elfenbein in jeder Hinsicht übertreffende Masse sehen. Noch vor etwa 250 Jahren gab es sehr wenig Narwalzähne in Europa. Man hielt die Zähne für das Horn des Einhorns aus der Bibel, und eben deshalb setzten die Engländer dem fabelhaften Einhorn ihres Wappens einen solchen Zahn auf. Je mehr man aber zu der Überzeugung kam, daß diese Zähne nicht vom Einhorn stammten, verloren sie ihre Wunderkräfte; aber noch Ende des 18. Jahrhunderts fehlten sie in Apotheken nicht, und manche Ärzte dieser Zeit zeigten ihre Unwissenheit durch Verordnung von gebranntem Narwalpulver.

Der Narwal ist ein Bewohner der nördlichen Meere, wird am häufigsten zwischen dem 70. und 80. Grad der nördlichen Breite getroffen. Seegurken, nackte Weichtiere und Fische bilden seine Nahrung.

Pottwale

Eine weitere Familie der Zahnwale vertritt der *Pottwal* oder *Pottfisch* der Deutschen, „Spermwhale" der Engländer, „Cachelot" der Franzosen (Physeter catodon), unzweifelhaft das ungeschlachteste und abenteuerlichste Mitglied der ganzen Ordnung, ausgezeichnet durch den ungemein großen, am Schnauzende hoch aufgetriebenen und gerade abgestutzten Kopf, die absonderliche Bildung seines Unterkiefers, dessen Äste sich im größten Teile ihrer

Länge aneinanderlegen und mit einer Reihe kegelförmiger, unter sich fast gleich langer Zähne besetzt sind, wogegen die Zahngebilde des Oberkiefers verkümmert sind. Der Pottwal steht in seiner Größe keinem anderen Wale nach: erwachsene Männchen werden bis zu 20 m lang.

Der Schädel fällt wegen seiner Ungleichmäßigkeit, der Kopf wegen seiner Massigkeit und sich gleichbleibenden Dicke auf. Unter der mehrere Zentimeter dicken Specklage breiten sich Sehnenlagen aus, welche einem großen Raum zur Decke dienen. Der ganze Raum wird von einer öligen, hellen Masse, dem Walrat, ausgefüllt, welches außerdem noch in einer vom Kopf bis zum Schwanz verlaufenden Röhre und sich in vielen kleinen, im Fleisch und Fett verstreuten Säckchen findet. Außerdem verdient noch ein eigentümlicher Sack in der Leibeshöhle Beachtung. Er liegt über der Wurzel der Rute. Eine dunkle, orangefarbige, ölige Flüssigkeit füllt ihn, und zuweilen schwimmen darin kugelartige Klumpen von 8–30 cm Durchmesser und 6–10 kg Gewicht, wahrscheinlich krankhafte Erzeugnisse, dem Harnsteine anderer Tiere vergleichbar: der bekannte, überaus hochgeschätzte Amber.

Der *Amber* oder die *Ambra* ist eine leichte und haltlose, wachsartige Masse von sehr verschiedenartiger Färbung, die sich fettig anfühlt, einen höchst angenehmen Geruch besitzt, sich durch Wärme erweichen, in kochendem Wasser in eine ölartige Flüssigkeit umwandeln und bei Hitze verflüchtigen läßt. Man verwendet ihn hauptsächlich als Räuchermittel oder mischt ihn wohlriechenden Ölen und Seifen bei. Schon die alten Römer und Araber kannten seine Anwendung und seinen Wert, und bereits bei den Griechen wurde er in der Arzneiwissenschaft als krampfstillendes, beruhigendes Mittel verwandt. Früher wurde es mit Gold aufgewogen (heute kostet 1 kg etwa 1200,— DM).

Der Pottfisch ist Weltbürger. Alle Meere der Erde beherbergen ihn, und wenn er sich auch in den Meeren rings um die Pole südlich und nördlich des 60. Breitengrades nur selten findet, so darf man doch annehmen, daß er sich hier ebenfalls zuweilen einstellt. Als seine eigentliche Heimat betrachtet man die zwischen dem 40. Grade nördlicher und südlicher Breite gelegenen Meere, von denen aus er, warmen Strömungen folgend, nach Norden und Süden unregelmäßig wandert.

Verschiedene Arten von Kopffüßlern bilden die hauptsächlichste Nahrung des Pottfisches. Kleine Fische, welche sich zufällig in seinen großen Rachen verirren, werden natürlich auch mit verschluckt; auf sie jagt unser Wal aber eigentlich nicht.

Bartenwale

Im Vergleich zu der ebenso mannigfaltigen wie artenreichen Abteilung der Zahnwale erscheint die Unterordnung der *Bartenwale* (Mystacoceti) einförmig und arm. Die zu ihr gehörenden Wale sind vornehmlich dadurch gekennzeichnet, daß beiden Kiefern die Zähne fehlen, Oberkiefer und Gaumen dagegen Barten tragen. Anderweitige Merkmale liegen in dem sehr großen, breiten Kopf, den getrennten, längsgerichteten Spritzlöchern, dem engen Schlund. Bei ganz jungen Walen hat man in den Kiefern kleine, knochenartige Körperchen gefunden, welche man als Zahnkeime deuten konnte; dagegen sitzen die später erscheinenden Barten gar nicht an den Kiefern, sondern am Gaumen und sind nicht unmittelbar an den Kopfknochen befestigt. Die Barten, hornige, nicht knochige Oberhautgebilde, sind dreiseitige, seltener vierseitige Platten. Gekrümmte Hornblätter verbinden die einzelnen Barten an deren Wurzel, mit welcher sie an der sie ernährenden, etwa 2 cm dicken, gefäßreichen Haut des Gaumengewölbes angeheftet sind. Jede einzelne Bartenplatte läuft quer durch das Rachengewölbe. Die längsten dieser Platten, deren man im ganzen zwischen 250–400 zählt, finden sich in der Mitte des Kiefers, die kürzesten an der Spitze. Von der Seite gesehen, erinnert die gesamte Bartenreihe an einen Kamm, dessen Zinken die hier mit gerader Fläche endenden Bartenplatten darstellen. Schließt der Bartenwal sein Maul, so nimmt der Unterkiefer den ganzen Oberkiefer in sich auf; die Fasern berühren, wenn nicht überall, so doch an den Rändern die Zunge, schließen damit die Gaumenhöhle vollständig nach außen ab und halten auch die kleinste und schlüpfrigste Beute unentrinnbar fest.

Die Nahrung der größten Tiere der Erde besteht aus kleinen, unbedeutenden Weich- und Schaltierchen, Kopffüßlern, Seerosen, Quallen und Würmern, unter denen sich viele Arten befinden, welche dem bloßen Auge kaum sichtbar sind. Aber von diesen Geschöpfen nehmen sie Millionen mit einem Schluck zu sich. Den ungeheuren, weitgespalteten Rachen aufgesperrt, streicht der Wal

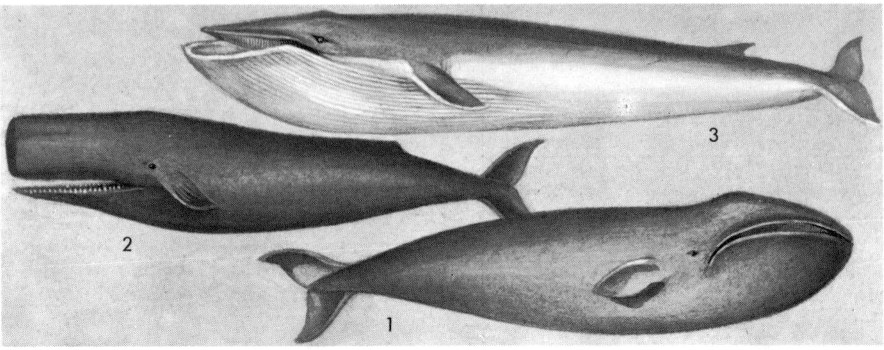

1 Grönlandwal, 2 Pottwal, 3 Blauwal

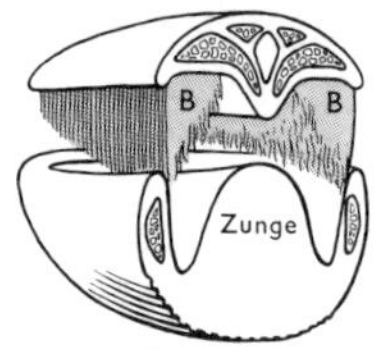

Schema eines Teils des Finnwalkopfes mit den Barten

rasch durch die Flut, füllt das ganze Mundgewölbe mit Wasser und den in ihm schwimmenden und lebenden kleinen Tieren an und schließt, wenn er deren Gewimmel auf seiner nicht unempfindlichen Zunge spürt, endlich die Falle. Alle Fasern der Barten stehen senkrecht nach unten und bilden so eine Reuse, durch die beim Schließen des Maules zwar das Wasser entweichen kann, sämtliche kleinen Geschöpfe aber zurückgehalten werden. Ein einziger Druck der plumpen, kaum beweglichen Zunge treibt hierauf die gallertartige Masse durch die Mundröhre hinab in den Magen.

Erwachsen können die Bartenwale eine Länge von 20–33 m und ein Gewicht von 20000–130000 kg erreichen: Sie sind demnach die größten aller Geschöpfe, die unsere Erde gegenwärtig beherbergt und jemals erzeugte. Sie leben ziemlich einzeln; denn nur zufällig, vielleicht durch reichliche Nahrung herbeigelockt, sieht man sie in Scharen beisammen. Die meisten wohnen im Eismeer und verlassen nur zuweilen die Buchten zwischen den Eisfeldern; andere ziehen südlicher gelegene Meeresteile vor. Sie halten sich nicht immer in einer Gegend auf, sondern wandern.

Furchenwale

Die *Furchenwale* (Balaenopteridae), welche die erste der beiden Bartenwalfamilien bilden, erhielten ihren Namen von tiefen, neben- und hintereinanderliegenden, im ganzen gleichlaufenden Längsfurchen, welche sich über die ganze Kehl-, Hals-, Brust- und einen Teil der Bauchfläche erstrecken. Hierher gehört der *Finnwal* (Balaenoptera physalus), der schlankste und am längsten bekannte aller Wale, Abb. S. 196. Er kann eine Länge von mehr als 25 m erreichen. Der nördlichste Teil des Atlantischen Ozeans und das Eismeer wie auch die südlichen Polarmeere bilden den Aufenthaltsort des Finnwals.

Wie man schon aus der schlanken Gestalt schließen kann, ist der Finnwal in seinen Bewegungen ein rasches und gewandtes Tier. Bei ruhigem Schwimmen zieht er in gerader Richtung daher und kommt sehr oft, nach eigenen Beobachtungen durchschnittlich alle 90 Sekunden, an die Oberfläche, um zu atmen. Der Finnwal liebt kräftigere Nahrung als andere Bartenwale. Seine Beute besteht größtenteils aus Fischen, die er oft scharenweise vor sich hertreibt und in seinem weiten Rachen auf einmal schockweise fängt.

Mit dem Finnwal kommt ein anderer riesiger Wal in den hochnordischen Meeren vor, nämlich der *Riesen-* oder *Blauwal* (Balaenoptera musculus). Er steht hinter dem Finnwal an Größe nicht zurück, ist vielmehr mit über 30 m Länge das riesigste Tier überhaupt, das es je auf der Erde gab. Kopf und Rücken haben schwarze, Brust und Bauch glänzend weiße Färbung.

Glattwale

Die Glattwale (Balaenidae) sind ungleich plumper und ungefüger gebaut als sämtliche Furchenwale und haben weder Rückenflosse noch Hautfurchen. Als Urbild dieser Familie haben wir den *Grönlandwal* (Balaena mysticetus) anzusehen. Der dem Menschen angeborene Hang zur Übertreibung des Wunderbaren hat sich namentlich bei diesem von altersher berühmten Wale bekundet. In älteren Schriften wird behauptet, daß es in früheren Zeiten Walfische von 50, 60, ja selbst von 100 m Länge gegeben habe und daß dieselben nur durch die unablässigen Nachstellungen der Menschen auf ihre heutige Größe herabgesunken wären. Diese Angaben dürfen vollständig als irrig angesehen werden. Schon die Seefahrer, welche vor mehr als 300 oder 400 Jahren auf Fang auszogen, sprechen nur von Walen, die 20 m lang gewesen sind.

Der ungestaltete Kopf des Grönlandwals nimmt durchschnittlich ein Drittel der Gesamtlänge des Leibes ein; das Maul gibt Raum für ein kleines Boot mit seiner Mannschaft, da es bei 5–6 m Länge 3–4 m Breite hat. 300 bis 360 (die Walfänger sagen, soviel wie Tage wie das Jahr) Fischbeinplatten bilden die Bebartung; die mittelsten erreichen eine Länge von etwa 5 m. Die Oberhaut ist verhältnismäßig dünn, fest, samtweich, ölgetränktem Leder vergleichbar, die Lederhaut dagegen sehr mächtig, da sie die 20–40 cm dicke Specklage in ihren Zellen aufnimmt. Die weiblichen Wale sind größer und fetter als die männlichen, ihre lichten Zitzen kommen etwa einem Kuheuter an Größe gleich.

Der Grönlandwal bewohnt die höchsten Breiten des Nördlichen Eismeeres, ohne jedoch irgendwo einen bestimmten Aufenthalt zu nehmen. Auch er ist gesellig. Gewöhnlich findet man ihn allerdings nur in kleinen Trupps von etwa drei oder vier Stück; bei seinen größeren Wanderungen aber schart er sich unter Umständen zu zahlreichen Herden. Bei seinen Jagdzügen ebenso wie bei längeren Reisen schwimmt der Wal gewöhnlich gegen den Wind. Seine Nahrung besteht vorzugsweise aus kleinen Krebstieren, namentlich aus verschiedenen Arten von Spaltfüßlern und Weichtieren, insbesondere Ruderschnecken, welche auf den olivgrünen Stellen des Meeres massenhaft gefunden werden. Diese Stellen werden hervorgerufen durch unschätzbare Mengen von Diatomeen, zwischen denen sich die genannten Tiere in großer Menge bewegen. Abgesehen von kleinen Arten, welche sich zufällig in das weite Maul des Wales verirren und mit hinuntergeschluckt werden, verzehrt dieser kaum Fische in erheblicher Menge und in keinem Falle große, da der Durchmesser seiner Speiseröhre im Höchstfall etwa 10 cm beträgt.

Vögel

Einer Reihe einzelner Tierarten sowie ganzen Tiergruppen ist es in verschiedenen Erdzeitaltern gelungen, den Luftraum zu erobern. Ihn zu beherrschen, brachte wesentliche Vorteile mit sich. Ein Tier mit Flugvermögen konnte einem an den Erdboden gebundenen Feinde geschickt entfliehen, konnte über größere Entfernungen hinweg neue Nahrungsquellen ausfindig machen und erreichen, aber vielleicht auch den Geschlechtspartner besser aufspüren. Ausschließlicher Lebensraum ist die Luft jedoch für kein Lebewesen geworden. Die meisten flugfähigen Tiere halten sich sogar die längste Zeit ihres Lebens auf fester Unterlage auf. Selbst die besten Flieger ruhen sich am Boden aus und müssen diesen zumindest zur Fortpflanzung aufsuchen.

Bereits vor 250 Millionen Jahren, als die Landwirbeltiere noch auf einer recht primitiven Entwicklungsstufe standen, flogen in den riesigen Wäldern der Steinkohlenzeit eine Fülle verschiedener Insekten umher. Die „Erfindung" von Flügeln und weiteren Anpassungen, wie z. B. ein besonderes Atemsystem, ermöglichte ihnen die Fortbewegung in der Luft. Diese Fähigkeit haben in mehr oder minder ausgeprägtem Maße in jüngeren Zeiten ebenfalls Vertreter verschiedener Wirbeltierklassen erworben. Zwar gibt es bei den Fischen und Lurchen nur Gleitflieger, die sich wie die fliegenden Fische aus dem Wasser schnellen und mit Hilfe großer Brustflossen bis 200 m weit über die Wasseroberfläche segeln oder wie die Flugfrösche von einer höheren Warte aus durch die Luft gleiten können; erst die fortschrittlicheren Wirbeltierklassen haben neben einigen Gleitfliegern (z. B. Flugdrachen, Flughörnchen) echte, aktive Flieger hervorgebracht. So durcheilten im Erdmittelalter vor etwa 150 Millionen Jahren Flugsaurier die Luft, Echsen, deren Flügel im ausgebreiteten Zustand bis 9 m breit waren und aus Flughäuten bestanden, die sich zwischen den Vorder- und Hintergliedmaßen spannten. Diese Flügel, die auf und nieder geschlagen werden konnten, sind am besten mit denen der Fledermäuse zu vergleichen, obwohl letztere durch mehrere Fingerstrahlen gestützt werden. Vollkommene Flieger unter den Wirbeltieren sind allerdings nur die Vögel geworden. Die Ausbildung von Federn als Wärmeschutz und zur Flächenvergrößerung der zu Flügeln umgewandelten Vordergliedmaßen, von leichten, luftgefüllten Knochen, des durch Rippenfortsätze gefestigten Brustkorbes, der Stromlinienform, sowie des leistungsfähigen, von warmem Blute durchflossenen Kreislaufes waren die entscheidenden Entwicklungsmerkmale; dazu kommt noch die hohe Organisationsstufe des Gehirns und die Fähigkeit, am Boden geschickt auf zwei Beinen laufen zu können.

Eine derartige Entwicklung vollzog sich in einzelnen Teilschritten während einer Zeitspanne von vielen Millionen Jahren; zudem muß sie ihren Ausgang von Formen genommen haben, deren Grundbauplan solche Änderungen ermöglichte. Leider gibt es wenig Fossilfunde früher Vögel, so daß die Wissenschaft die einzelnen Stationen der Vogelwerdung nur recht mangelhaft kennt. Gewiß ist allerdings, daß einfache Kriechtiere als die Urahnen der Vögel zu gelten haben und keineswegs die hochorganisierten Flugechsen, wie auch die Flugsäugetiere (Fledermäuse, Flughunde) von diesen unabhängige „Neukonstruktionen" sind.

Die einzigen Versteinerungen stammesgeschichtlicher Frühformen des Vogelgeschlechts sind aus dem Juraschiefer der Fränkischen Alb bekannt. In nur drei Exemplaren hat man Abdrücke eines Urvogels gefunden. Dieser etwa taubengroße Urvogel, der von der Wissenschaft *Archaeopteryx* benannt wurde, trug ein Federkleid und hatte auch sonst die Gestalt eines Vogels; sein mit Zähnen bewehrter Kiefer, die drei bekrallten Finger, die lange Schwanzwirbelsäule sowie die Rippen ohne Versteifungsfortsätze waren jedoch ausgesprochene Kriechtiermerkmale. Der vor rund 150 Millionen Jahren lebende Urvogel ist damit ein Paradebeispiel für die Abstammungslehre geworden, da er charakteristische Merkmale zweier Wirbeltierklassen trägt und deshalb als eine Übergangsform zwischen den Reptilien und Vögeln angesehen werden kann.

Die weitere Entwicklung der Vögel scheint über bezahnte, flugfähige Tauchvögel gegangen zu sein. Häufigere Skelettfunde liegen aber erst aus Schichten vor, die jünger als 60 Millionen Jahre sind. Allein zu dieser Zeit lebten u. a. bereits Vögel, welche vielen heute noch bestehenden Ordnungen zugerechnet werden müssen. Ursprüngliche Formen waren wahrscheinlich langbeinige, kranichartige Watvögel. Aus sehr altem Geschlecht stammen wohl auch Strauß, Emu, Nandu, Kasuar und Kiwi, obgleich ihre Flugunfähigkeit kein primäres Merkmal ist, da sie vermutlich rückgebildete Nachfahren einstmals fliegender Vögel sind. — Heute kennen wir rund 8500 verschiedene Vogelarten, die in etwa 35 000 anerkannte geographische Rassen aufgespalten sind.

Vögel im allgemeinen

„*Den Vogel erkennt man an seinen Federn.*" Mit diesem Sprichwort unterscheidet das Volk sehr richtig die gefiederten Rückgrattiere von allen übrigen Wirbeltieren. Wenn man dem Sprichworte hinzugefügt, daß die Kinnladen mit Hornschneiden bekleidet, die Vorderglieder in Flügel umgebildet, also nur noch zwei Beine vorhanden sind, das Herz doppelte Kammern und Vorkammern besitzt, die Lungen mit Luftsäcken und den meist luftführenden Knochen in Verbindung stehen, das Zwerchfell unvollkommen und das Becken nicht offen ist, wird man auch dem Naturforscher gerecht.

Bezeichnend für die Vögel ist ihr Vermögen zu fliegen: mit ihm hängen die scharf ausgeprägten Eigentümlichkeiten der Gestalt und des inneren Baues aufs engste zusammen; aus ihm erklärt sich größtenteils die Umgestaltung, welche die Vögel im Gegensatz zu Säuge- und Kriechtieren erfahren mußten, um das zu werden, was sie sind.

Archaeopteryx: Gesteinsplatte mit den Resten eines Urvogels

Der Schädel ist stark gewölbt, der einfache Gelenkknopf am Hinterhauptsloche ermöglicht eine größere Beweglichkeit als beim Kopf des Säugetieres. Die Halswirbel schwanken in der Zahl zwischen 9 und 24 und zeichnen sich aus durch ihre Beweglichkeit, während die 6–10 Rumpfwirbel und die 9–17 Lenden- oder Kreuzwirbel im Gegenteil sehr unbeweglich sind und oft miteinander verschmelzen. Die Schwanzwirbel, deren Anzahl meist 8–10 beträgt, sind stets vollkommener ausgebildet als bei den Säugetieren, was sich namentlich an dem letzten, dem Träger der großen Steuerfedern, bemerklich macht. Die Rippen tragen am hinteren Rand hakenförmige Fortsätze, welche sich auf dem oberen Rand der folgenden Unterrippen anlegen und zur Festigung des Brustkorbes wesentlich beitragen, dementsprechend auch bei den kräftigen Fliegern sehr entwickelt, bei den Läufern hingegen verkümmert sind oder gänzlich fehlen. Das Brustbein läßt sich mit einem großen Schilde vergleichen, auf dessen Mitte der Kamm aufgesetzt ist. Seine Größe und die Höhe des Kammes werden bedingt durch die sich hier ansetzenden gewaltigen Brustmuskeln, verändern sich also je nach der größeren oder geringeren Flugfähigkeit des Vogels. Bei allen Raubvögeln z. B. ist der Kamm sehr hoch und stark gebogen, bei den Kurzflüglern fehlt er gänzlich. Als besondere Eigentümlichkeit mag noch hervorgehoben werden, daß er bei einzelnen Vögeln inwendig hohl ist und dann einen Teil der Luftröhre aufnimmt. Der Flügel besteht aus dem Oberarm, einem langen, luftgefüllten Röhrenknochen, der im Gegensatz zu den Säugetieren starken Elle und der verhältnismäßig schwachen Speiche, welche den Unterarmteil bilden, zwei, höchstens drei Mittelhandknochen und drei Fingern: einen Daumen, welcher bei mehreren Vögeln einen wirklich krallenartigen, aber unter den Federn versteckten Nagel trägt und dann zwei Glieder hat, dem großen, zweigliedrigen und dem mit ihm verwachsenen kleinen, eingliedrigen Finger. Die Beine werden gebildet aus dem Ober- und dem Unterschenkel, dem Laufe und dem eigentlichen Fuß oder den Zehen. Am Unterschenkel zeigt sich das Wadenbein als ein verkümmerter, mit dem starken Schienbein verwachsener Knochen. Von den Zehen sind gewöhnlich drei nach vorn und eine nach hinten gerichtet; bei einzelnen Vögeln kehrt sich die hintere Zehe jedoch nach vorn, bei manchen verkümmert sie, bei anderen wendet sich eine Zehe, die äußere oder die innere, nach hinten, bei einzelnen endlich verkümmert der Fuß bis auf zwei außen sichtbare Zehen.

Alle Sinneswerkzeuge sind vorhanden und wohl entwickelt, einzelne zwar vereinfacht, aber nicht verkümmert. Das Auge steht wegen seiner verhältnismäßig sehr beträchtlichen Größe und wegen seiner inneren Bildung obenan. Gestalt und Größe sind sehr verschieden: Alle fernsichtigen und alle nächtlichen Vögel haben z. B. sehr große, die übrigen kleinere Augen. Ein äußeres Ohr ist nicht vorhanden. Die großen Ohröffnungen liegen seitwärts am hinteren Teil des Kopfes und sind bei den meisten Vögeln mit strahlenartigen Federn umgeben oder bedeckt, welche die Schallwellen nicht abhalten. Bei den Eulen wird die Muschel durch eine häutige, höchst bewegliche, aufklapp- und verschließbare Falte ersetzt. Der Gehörgang ist kurz und häutig. Die Geruchswerkzeuge stehen denen der Säugetiere entschieden nach. Eine äußere Nase und große Nasenhöhlen fehlen. Die Nasenlöcher liegen gewöhnlich am Oberkiefer nahe der Wurzel des Schnabels.

Die Verdauungswerkzeuge der Vögel unterscheiden sich von denen der Säugetiere schon deshalb wesentlich, weil die Vögel keine Zähne haben und alle Bissen ganz verschlukken. Bei vielen Vögeln gelangt dieser Bissen zunächst in eine Ausbuchtung der Speiseröhre, die man Kropf nennt, und wird hier vorläufig aufbewahrt und vorverdaut. Der Magen kann sehr verschieden gebildet sein. Bei denen, die vorzugsweise oder ausschließlich von anderen Tieren leben, ist er gewöhnlich dünnhäutig; bei denen, die sich von Pflanzenstoffen nähren, sehr starkmuskelig und innen mit einer harten, gefalteten Haut ausgekleidet, welche wirklich die Stelle eines Reibers vertritt und, von den kräftigen Muskeln bewegt, die Speisen, denen Sandkörner und Kieselchen beigemischt werden, zerkleinert und zermalmt.

Die Federn entwickeln sich in Taschen der Haut. Sie sind ähnliche Gebilde wie Haare, Stacheln oder Schuppen der Säugetiere, bei den verschiedenen Vögeln aber vielfachen Veränderungen unterworfen und auch an den verschiedenen Teilen des Vogels selbst abweichend gebildet. Man unterscheidet den Stamm, die Fahne oder den Bart, am Stamme die Spule und den Schaft. Erstere ist der untere, in der Haut steckende Teil der Feder. Am Schafte stehen zweizeilig die den Bart bildenden Strahlen, dünne Hornplättchen, welche schief von innen nach außen am Schafte befestigt sind und an deren oberen Kante sich zweizeilig die Fasern ansetzen; diese tragen fast in gleicher Weise angereihte und gebildete Häkchen, welche den innigen Zusammenhang der Federn vermitteln. Unter diesen selbst unterscheidet man Außen- und Flaumfedern oder Dunen. Erstere werden in Körper-, Schwung-, Steuer- und Deckfedern, die Schwungfedern in Hand-, Arm- und Schulterschwingen eingeteilt. Am Handteile des Flügels stehen gewöhnlich zehn Handschwingen oder Schwungfedern. Alle Außenfedern stehen nicht überall gleich dicht, sind vielmehr in gewisser Weise nach Fluren geordnet, so daß eigentlich der größte Teil des Leibes nackt und die Befiederung nur auf schmale, reihenartige Streifen beschränkt ist. Die Körperfedern liegen dachziegelartig, die Schwung- und Steuerfedern fächerförmig übereinander.

Man darf behaupten, daß der Vogel verhältnismäßig mehr verzehrt als jedes andere Geschöpf. Nicht wenige fressen beinahe ebensolange, als sie wach sind, die Kerfjäger so viel, daß die tägliche Nahrungsmenge an Gewicht ihre eigene Körperschwere zwei- bis dreimal übersteigt. Bei den Fleischfressern gestaltet sich das Verhältnis günstiger; denn sie benötigen kaum ein Sechstel ihres Körpergewichts an Nahrung, und alle Pflanzenfresser brauchen wohl nicht mehr als sie; trotzdem müßten wir auch sie als Fresser bezeichnen, wenn wir sie mit Säugetieren vergleichen wollten.

In der Regel sind die guten Flieger zum Gehen mehr oder weniger unfähig; indessen gibt es auch unter ihnen einige, welche sich laufend mit Leichtigkeit bewegen. Der Gang selbst ist sehr verschieden; es gibt Renner, Traber, Läufer und Springer, Schreiter, Gänger und endlich ungeschickte Watschler oder Rutscher unter den Vögeln.

Eine ausgezeichnete Begabung der Vögel bekundet sich in ihrer lauten, vollen und reinen Stimme. Zwar gibt es viele unter ihnen, welche wenige Töne oder bloß unangenehm kreischende und gellende Laute vernehmen lassen; die Mehrzahl aber hat eine ungemein biegsame und klangreine Stimme: Wirklich stumme Vögel kennt man nicht. Die Stimme ermöglicht reichhaltige Sprache und anmutigen Gesang. Jede eingehendere Beobachtung lehrt, daß die Vögel für verschiedene Empfindungen, Eindrücke und Begriffe besondere Laute ausstoßen, denen man ohne Übertreibung die Bedeutung von Worten zusprechen darf, da sich die Tiere nicht allein untereinander verständigen, sondern selbst der aufmerksame Beobachter sie verstehen lernt. Sie locken oder rufen, geben ihre Freude und Liebe kund, fordern sich gegenseitig zum Kampfe heraus oder zu Schutz und Trutz auf, warnen vor Feinden und anderweitiger Gefahr und tauschen überhaupt die verschiedensten Mitteilungen aus. Dabei können sich nicht nur die Arten untereinander verständigen, sondern Bevorzugte reden auch zu Minderbegabten. Auf die Mahnung größerer Sumpfvögel achtet das kleinere Strandgesindel. Auf den Angstruf einer Amsel lauscht der ganze Wald. Besonders vorsichtige Vögel schwingen sich zu Wächtern der Gesamtheit auf, und ihre Äußerungen werden von andern wohl beherzigt. Der eigentliche Gesang ist eine Bevorzugung des männlichen Geschlechtes. Jede einzelne Art hat ihre eigentümlichen Töne und einen gewissen Umfang der Stimme; jede verbindet die Töne in besonderer Weise zu Strophen, welche sich durch größere oder geringere Fülle, Rundung und Stärke der Töne leicht von ähnlichen unterscheiden lassen; das Lied bewegt sich bei einzelnen in wenigen Tönen, während andere Oktaven beherrschen. Werden die Gesangsteile oder Strophen scharf und bestimmt vorgetragen und deutlich abgesetzt, so nennen wir das Lied Schlag, während wir von Gesang reden, wenn die Töne zwar fortwährend wechseln, sich jedoch nicht zu einer Strophe gestalten. Die Nachtigall oder der Buchfink schlagen, die Lerche oder der Stieglitz singen.

Die Vögel sind Weltbürger. Auf der ganzen Erde hat man sie gefunden: auf den Inseln um beide Pole wie unter dem Äquator, auf dem Meere wie auf oder über den höchsten Spitzen der Gebirge, im fruchtbaren Lande wie in der Wüste, im Urwald wie auf den kahlen Felskegeln, welche sich unmittelbar am Meere erheben. Jeder einzelne Gürtel der Erde beherbergt seine besonderen Bewohner. Im allgemeinen gehorchen auch die Vögel den Gesetzen der tierischen Verbreitung, indem sie in den kalten Gürteln zwar in ungeheurer Anzahl, aber in nur wenigen Arten auftreten; je mehr es jedoch zum Äquator zugeht, desto beständiger nehmen sie an Mannigfaltigkeit und Vielartigkeit zu.

Der Vogel entwickelt sich, wie wir alle wissen, aus dem Ei, und zwar durch die Wärme, welche die brütenden Eltern oder die brütende Mutter, gärende Pflanzenstoffe oder die Sonne diesem spenden. Größe und Gestalt des Eis sind sehr verschieden. Die Gestalt weicht von der des Hühnereis gewöhnlich nicht auffällig ab, geht jedoch bei einzelnen mehr ins kreisel- oder birnenförmige, bei andern mehr ins walzige über. Über die Färbung der Eier läßt sich im allgemeinen wenig, nur ungefähr so viel sagen, daß diejenigen Eier, welche in Höhlungen gelegt werden, meist weiß oder doch einfarbig und die, welche in offene Nester zu liegen kommen, getüpfelt sind. Die Anzahl der Eier, die ein Vogel legt, schwankt von eins bis vierundzwanzig; Gelege von vier bis sechs Eiern dürften am häufigsten vorkommen. Sobald das Weibchen die gehörige Anzahl von Eiern gelegt hat, beginnt das Brüten. Die Mutter bleibt auf dem Nest sitzen und spendet nun, entweder allein oder abwechselnd mit ihrem Gatten, dem im Ei eingebetteten Keime die Wärme ihrer Brust, macht sich auch wohl zeitweilig die Sonnenstrahlen oder die sich durch Gärung faulender Pflanzenstoffe erzeugende Wärme nutzbar. Für die Brutdauer können 18–26 Tage als mittlere Zeit angenommen werden.

Die Nestflüchter kommen befiedert und mit ausgebildeten Sinnen, die Nesthocker nackt und blind zur Welt. Die weitere Entwicklung bis zum Ausfliegen beansprucht verschieden lange Zeit. Kleinere Nesthocker sind drei Wochen nach ihrem Auskriechen flügge, größere bedürfen mehrerer Monate, bevor sie fliegen können, einzelne mehrere Jahre, bevor sie ihren Eltern gleich dastehen. Denn die Jugendzeit des Vogels ist nicht mit dem Ausfliegen, sondern erst dann beendet, wenn er das Alterskleid anlegt. Nicht wenige erhalten anfangs ein Federkleid, welches mit dem ihrer Eltern keine Ähnlichkeit zeigt; andere gleichen in der Jugend dem Weibchen, und die Unterschiede, welche hinsichtlich des Geschlechts bemerkbar werden, zeigen sich erst mit Anlegung des Alterskleides. Alle Veränderungen, die das Kleid erleidet, werden hervorgebracht durch Abreibung, Verfärbung und Vermauserung oder Neubildung der Federn. Abreibung bedingt nicht immer Verringerung, sondern im Gegenteil oft Erhöhung der Schönheit; denn durch sie werden die unscheinbarer gefärbten Mittelstellen zum Vorschein gebracht.

Im allgemeinen läßt sich behaupten, daß der Vogel ein hohes Alter erreicht. Kanarienvögel leben bei guter Pflege ungefähr ebensolange wie Haushunde, zwölf, fünfzehn, achtzehn Jahre, im Freien, wenn nicht ein gewaltsamer Tod ihr Ende herbeiführt, wohl noch viel länger; Adler haben über hundert Jahre in der Gefangenschaft ausgehalten, Papageien mehrere Menschenalter erlebt.

Der Balz, dem Nestbau und der Brutpflege kommen im Lebenslauf der Vögel große Bedeutung zu. Die männlichen Vögel werben im allgemeinen unter Aufbietung ihrer vollen Liebenswürdigkeit um die Weibchen, einige durch sehnsüchtiges Rufen oder Singen, andere durch zierliche Tänze, andere durch Flugspiele usw. Oft wird die Werbung sehr stürmisch vorgetragen, und das Männchen jagt stundenlang hinter dem Weibchen drein, dieses scheinbar im Zorne vor sich hertreibend; in der Regel aber erhört das Weibchen seinen Liebhaber bald. Schon während der Liebesspiele eines Pärchens sucht dieses einen günstigen Platz für das Nest, vorausgesetzt, daß der Vogel nicht zu denjenigen gehört, die Ansiedlungen bilden und alljährlich zu derselben Stelle zurückkehren. In der Regel steht das Nest ungefähr im Mittelpunkt des Wohnkreises, nach der Art selbstverständlich verschieden. Streng genommen findet jeder passende Platz in der Höhe wie in der Tiefe, auf dem Wasser wie auf dem Lande, im Walde wie auf dem Felde seinen Liebhaber. Die Raubvögel bevorzugen die Höhe zur Anlage ihres Horstes und lassen sich selten herbei, auf dem Boden zu nisten; fast alle Laufvögel hingegen bringen hier das Nest an; die Wald- und Baumvögel stellen es in die Zweige, auf die Äste, in vorgefundene oder von ihnen ausgemeißelte Höhlen, in das Moos am Boden usw. Die einfachsten Nester benutzen diejenigen Vögel, welche ihre Eier ohne jegliche Vorbereitung auf den Boden ablegen. Unter den Baumnestern gibt es ebenfalls sehr einfache, aber auch sehr kunstvolle und fast ebenso viele verschiedenartige, wie es Baumvögel gibt. — Einige Vögel errichten gemeinschaftlich Nester, und die verschiedenen Mütter legen in diesen zusammen ihre Eier ab, brüten wohl auch auf letzteren abwechselnd; andere teilen einen gesellschaftlich ausgeführten Hauptbau in verschiedene Kämmerchen, von denen je eines einer Familie zur Wohnung dient; andere wiederum bauen ihr Nest in das anderer Vögel, zumal in den Unterbau desselben, und nisten gleichzeitig mit ihren Wirten.

Mehrere Vögel treten unmittelbar nach vollendeter Brutzeit eine Reise an, welche je nach Art und Familie oder nach Heimat und Wohnkreis länger oder kürzer, ausgedehnter oder beschränkter ist. Wir unterscheiden diese Reisen als Zug, Wanderschaft und Streichen. Unter Zug verstehen wir diejenige Art der Wanderung, die alljährlich zu bestimmter Zeit stattfindet und in bestimmter Richtung geschieht; unter Wandern ein Reisen, welches bedingt wird durch eine Notwendigkeit, also weder eine bestimmte Zeit noch Richtung hat, nicht alljährlich geschieht und endet, sobald seine Ursache aufgehoben wurde; unter Streichen endlich eine Wanderschaft in engeren Grenzen, hervorgerufen durch den Wunsch, einen früheren Wohnsitz gegen einen andern umzutauschen, um von einer gewissen, sich gerade jetzt in Fülle findenden Nahrung Vorteil zu ziehen.

Der Zug ist es, welcher uns im Herbst unsere Sänger nimmt und sie im Frühjahr wiederbringt, welcher unsere Wasservögel vertreibt, noch bevor das Eis ihnen ihr Gebiet unzugänglich macht, welcher viele Räuber zwingt, ihrer abgereisten Beute nachzufliegen. Von den europäischen Vögeln ziehen mehr als die Hälfte, von den nordasiatischen und nordamerikanischen verhältnismäßig ebenso viele. Alle wandern in mehr oder weniger südlicher Richtung. Wenige ziehen paarweise, die meisten in Gesellschaft während der Nacht, die starken auch bei Tage. Sie reisen meist so eilig, als ob ein unüberwindlicher Drang sie treiben würde; sie werden um die Zeit der Reise unruhig, auch wenn sie sich im Käfig befinden, und werden es ebenso, wenn sie als Junge dem Neste entnommen und in der Gefangenschaft aufgefüttert wurden. Mehrere überwintern schon in Südeuropa, viele in Nordafrika, nicht wenige gehen bis tief in das Innere des heißen Gürtels und bis Südafrika.

Vor dem Weggang pflegen die Abreisenden Versammlungen zu bilden, welche einige Tage an ein und derselben Stelle verweilen, die einzeln Vorüberziehenden zu sich herbeilocken und endlich, wenn der Schwarm zu einer gewissen Stärke angewachsen ist, mit diesem plötzlich aufbrechen und davonfliegen. Wie immer der Vogel reisen möge, ob als ziehender Wanderer oder Landstreicher, und wie weit sich seine Reise auch ausdehnt: seine Heimat haben wir immer nur da zu suchen, wo er liebt und sich fortpflanzt. In diesem Sinne darf das Nest als Haus des Vogels bezeichnet werden.

Seite 213: Der Kleine Alexandersittich (Psittacula krameri) ist die weitverbreitetste Papageienart
Seite 214: Dunkelroter Ara (o.); Pärchen des Arakakadus (Probosciger aterrimus; u.)

PAPAGEIEN

Papageien

„*Die Papageien* (Psittaciformes) *sind gefiederte Affen.*" Wenn es irgendwie zulässig ist, gewisse Tiere einer Klasse mit denen einer andern zu vergleichen, ist die Berechtigung obiger Worte erwiesen. Die wesentlichsten Merkmale der Papageien sind die Füße, die wie Greifhände benützt werden, indem z. B. mit ihnen die Nahrung zum Munde geführt wird, und der kräftige Schnabel, der mit keinem anderen Vogelschnabel verwechselt werden kann. Der bewegliche Oberschnabel ist ein mächtiger Haken, der vor allem beim Klettern gute Dienste leistet. Die Flugwerkzeuge sind wohl entwickelt, die Flügel groß und spitz, der Schwanz ist meist lang. Das Gefieder ist im allgemeinen auffällig gefärbt. Ein mehr oder minder prächtiges Blattgrün ist vorherrschend; doch gibt es ebenso hyazinthblaue, purpurrote, goldgelbe und düsterfarbige Papageien.

Die Stimme der Papageien ist stark und oft kreischend, aber nicht ohne jeden Wohlklang. Wenn große Arten gesellschaftsweise zusammenleben und gemeinschaftlich schreien, ist es allerdings kaum zum Aushalten für den menschlichen Zuhörer. Die Begabung der Papageien für Nachahmung menschlicher Laute und Wörter ist bekannt. Sie übertreffen hierin alle übrigen Tiere; sie leisten Bewunderungswürdiges, Unglaubliches; sie plappern nicht, sondern sie sprechen. Man verstehe mich recht; ich meine damit selbstverständlich nicht, daß sie die Bedeutung der von ihnen nachgeahmten Wörter verstünden oder imstande wären, Sätze zu erfinden und zu gliedern, sondern behaupte nur, daß sie die gelernten Wörter bei passender Gelegenheit richtig anwenden, beispielsweise, wenn sie sachgemäß unterrichtet wurden, morgens bei Begrüßung von Bekannten auch geziemend „guten Morgen", nicht aber „guten Abend" sagen. Sie verbinden also in dieser Weise Begriffe mit den von ihnen erlernten Wörtern und Satzbruchstücken, da sie im Gedächtnis behalten, bei welcher Gelegenheit oder zu welcher Tageszeit ihnen diese gelehrt wurden und sie bei einer ähnlichen Gelegenheit oder Zeit die betreffenden Wörter, die für sie offenbar nur Lautgliederungen sind, wieder gebrauchen. Genauso verfährt ein Kind, welches sprechen lernt; ihm aber kommt mit der Zeit das volle Verständnis der Wörter, während dieses dem Papagei wohl für immer versagt bleibt.

Die Papageien bewohnen mit Ausnahme von Europa alle Erdteile, Abb. S. 213. Die weitaus überwiegende Zahl der 326 Arten gehört zur heißen Zone: Von jenen überschreiten nur acht den Wendekreis des Krebses und 62 den Wendekreis des Steinbocks. Außer der Brutzeit leben die meisten Papageien in Gesellschaften oder in oft äußerst zahlreichen Scharen. Sie erwählen sich einen Ort im Wald zur Besiedlung und durchstreifen von ihm aus tagtäglich ein weites Gebiet. Die Gesellschaften halten treu zusammen. Sie verlassen am frühen Morgen gleichzeitig ihren Schlafplatz, fallen auf ein und demselben Baum oder Feld ein, um sich von den Früchten zu nähren, stellen Wachen aus, welche für das Wohl der Gesamtheit sorgen müssen, achten genau auf deren Warnungen und ergreifen alle zusammen oder wenigstens kurz nacheinander die Flucht. Dichte Baumkronen sind ein Haupterfordernis für das Wohlbehagen der Papageien. Es kommt ihnen weniger auf Schutz gegen die Witterung als auf gute Versteckplätze an. Sie lieben vor allem die Wärme.

Die Nahrung der Papageien besteht vorzugsweise aus Früchten und Sämereien. Viele Loris ernähren sich jedoch fast oder ganz ausschließlich von Blütenhonig, Blütenstaub und vielleicht noch von den Kerbtieren, die in den Blütenkelchen sitzen; Araras und Keilschwanzsittiche fressen neben den Früchten und Körnern auch Knospen und Baumblüten, und einzelne Kakadus nehmen gern Kerbtierlarven, Würmer und dergleichen zu sich. Nach eingenommener Mahlzeit fliegen die Papageien zur Tränke und zum Bad. Sie trinken viel und nehmen außer gelegentlichen Regenbädern auch solche in Lachen.

Die Fortpflanzung der Papageien fällt in die Monate, welche in ihrer Heimat unserm Frühling entsprechen und der Fruchtreife vorausgehen. Viele Arten leben in strenger Ehe auf Lebenszeit, und beide Gatten hängen mit innigster und treuester Liebe aneinander. Gegen die Paarzeit hin vermehren sie die Beweise gegenseitiger Anhänglichkeit, so wenig sie auch sonst mit solchen kargen. Männchen und Weibchen verlassen einander jetzt keinen Augenblick mehr, tun alles gemeinschaftlich, sitzen dicht aneinandergeschmiegt und überhäufen sich gegenseitig mit Zärtlichkeiten.

Seite 215: Erdkuckuck (o.); Teichrohrsänger füttert Jungkuckuck im Nest (u.)
Seite 216: Eisvogel (o.); Kolibri (u.)

Mit Recht hat man einzelne Arten die „Unzertrennlichen“ genannt. Die größeren Arten scheinen nur einmal im Jahre zu brüten und bloß zwei Eier zu legen.

Baumhöhlen sind die bevorzugten, jedoch nicht die ausschließlichen Nistplätze der Papageien. Einige amerikanische Arten brüten in Erd- oder Felsenhöhlen, indische Sittiche häufig in den Höhlungen alter Gebäude, in Pagoden, Grabmälern, Häusern usw.; der Mönchsittich erbaut aus dicken Zweigen große, ungefüge Nester; die Erdpapageien legen die Eier auf den nackten Boden. In der Regel brüten beide Gatten des Paares abwechselnd. Die Jungen entschlüpfen dem Ei als äußerst hilflose Wesen; ihre Entwicklung geht aber überraschend schnell vor sich. Beide Eltern tragen den Jungen Nahrung zu und atzen sie auch noch einige Zeit nach dem Ausfliegen. Die Nahrung wird, wenn sie aus Körnern besteht, vor dem Verfüttern im Kropfe der Alten aufgeweicht und den Jungen in den Schnabel gespien.

Wie unter allen hochstehenden Tieren gibt es auch unter den Papageien, ich meine innerhalb ein und derselben Art, mehr oder weniger gelehrige oder, was dasselbe sagen will, höher oder geringer begabte. Der eine lernt rasch und viel, der andere langsam und wenig, der dritte gar nichts. Doch vermag ein regelrechter Unterricht viel, sehr viel. Ihr vortreffliches Gedächtnis ist für das Sprechenlernen ebenso wesentlich wie die Beweglichkeit ihrer Zunge, welche ihnen das Nachahmen menschlicher Laute ermöglicht.

Seit 1934 ist die Einfuhr in Deutschland verboten, doch heute mit Sondergenehmigung und Quarantäne wieder möglich.

Die **Amazonenpapageien** (Amazona) sind große oder mittelgroße, gedrungen gebaute Vögel mit sehr kräftigem, mäßig gewölbtem Schnabel, mäßig langem Fittich, wenig oder kaum vorragender Flügelspitze, kurzem, höchstens mittellangem, etwas gerundetem Schwanze. Die Amazonenpapageien, von denen man 26 Arten zu unterscheiden hat, sind übereinstimmend gebaut und gefärbt. Grün ist die vorherrschende Farbe, das aber durch bunte Partien an Kopf, Flügel und Schwanz verdrängt wird. Das Verbreitungsgebiet der Gruppe sind die tropischen Urwälder Südamerikas; als zentraler Punkt darf der Amazonasstrom gelten.

Australien scheint für die Vögel ein wahres Eden zu sein. Hier tummeln sich zahlreiche Arten und prangen zum großen Teil in wunderbarer Farbenpracht. Aber keine Familie verleiht diesem Erdteil ein so bestimmtes Gepräge wie die Papageien. Zwischen dem grünen Laubwerk der Gummibäume schimmern, wunderbaren Blüten vergleichbar, die blendenden Kakadus hervor; von den gelbblühenden Akazien hernieder leuchten mit den lebhaftesten Farben geschmückte Plattschweifsittiche, und um die Blüten der Bäume tummeln sich die honigsaugenden Pinselzungenloris in ewig beweglichen Gruppen, während die kleinen Grassittiche die oft trostlosen Ebenen des Innern freudig beleben. Wie bei uns die Schwalben durch die Straßen der Städte und Dörfer huschen, schwirren in Australien Flüge von Papageien über dieselben Wege dahin, und wie sich bei uns Sperlinge auf den Landstraßen tummeln, sieht man dort die Papageivögel in buntem Gewimmel den Boden bedecken.

Unter den etwa 60 verschiedenen Papageiarten, die Australien bevölkern, nehmen die **Kakadus**, Abb. S. 214, einen hohen Rang ein. Ihr am meisten in die Augen fallendes Merkmal ist die aufrichtbare Federhaube, die den Kopf schmückt, und dieses eine Kennzeichen genügt auch, sie von allen übrigen Papageien zu unterscheiden. Ihr Verbreitungsgebiet erstreckt sich von den Philippinen bis Tasmanien und von Timor und Flores bis zu den Salomoninseln. Hier leben die meisten Arten in großen, oft ungeheuren Scharen.

Alle Kakadus sind kluge und verständige, die meisten ernste und sanfte Vögel. Ihre geistige Begabung ist außerordentlich entwickelt, ihre Neugier ebensogroß wie ihr Gedächtnis, die Eigenart des einzelnen bemerkenswert. Kaum zwei von ihnen haben genau dasselbe Benehmen. Der Kakadu befreundet sich gern und innig mit den Menschen, zeigt weniger Tücke als andere Papageien, und erkennt dankbar die ihm gespendete Liebe, welche er von jedem in gleicher Weise zu begehren scheint. Erst schlimme Erfahrungen machen ihn unfreundlich und unliebenswürdig. Man mag sich hüten, einen Kakadu von sich abzuwenden; denn sein vortreffliches Gedächtnis bewahrt die empfangenen Eindrücke treulich jahrelang auf. Er vergißt empfangene Beleidigungen schwer oder nicht, und das einmal erwachte Mißtrauen kann kaum wieder besänftigt werden; ja es geschieht nicht selten, daß der beleidigte Vogel sich sogar rachsüchtig zeigt und später den, der ihm eine Unbill zufügte, gefährdet.

Der *Molukkenkakadu* (Kakatoe moluccensis), dürfte als würdigster Vertreter der Sippe allen übrigen vorangestellt werden. Er ist neben einem australischen Verwandten mit 50 cm Länge die größte Art und trägt ein weißes, blaß rosarot überhauchtes Kleid von hoher Schönheit, welchem die 17 cm langen, mennigroten, durch weiße, gedeckte Federn der Haube zu hohem Schmuck gereichen. Die

Wurzelhälfte der Schwingen und des Schwanzes ist unterseits gelblich, der Augenstern ist tiefbraun, der kleine Augenkreis graublau oder bläulichweiß, der Schnabel wie der Fuß schwarz, grau überpudert, bei freilebenden pflaumenblau angehaucht. In seiner Heimat, der Insel Ceram, gehört er zu den gewöhnlichen Erscheinungen.

Unter den australischen Arten tritt der 40 cm große *Inkakakadu* (Kakatoe leadbeateri) durch seine Schönheit besonders hervor. Sein weißes Gefieder ist am Vorderkopf, an der Stirn und den Halsseiten, auf der Mitte und Unterseite der Flügel, der Bauchmitte und auf dem Wurzelteil der Innenfahne der Schwanzfedern rosa- und unter den Flügeln schön lachsrot. Prächtig ist die Haube. Die einzelnen Federn sind hochrot an der Wurzel, gelb gefleckt in der Mitte und weiß zugespitzt am Ende. Die eintönigen Wälder des Innern belebt er in der angenehmsten Weise. Seine Stimme ist mehr klagend als die seiner Verwandten.

Gut 30 cm groß wird der *Gelbwangenkakadu* (Kakatoe sulphurea). Ihn zeichnet vor allem ein gelber Federhelm aus. Seine Heimat sind die kleinen Sundainseln und Celebes.

Die **Stumpfschwanzpapageien** und **Keilschwanzsittiche** sind kenntlich an ihrem langen, keilförmigen oder abgestuften Schwanz. Sie sind sehr artenreich und verbreiten sich über alle Erdteile mit Ausnahme natürlich von Europa.

Hierzu gehören vor allem die *Aras*, Papageien von Raben- bis Dohlengröße, welche sich durch den sehr kräftigen und außerordentlich großen, seitlich zusammengedrückten, stark gekrümmten Schnabel sowie die nackte Stelle am Vorderkopf und durch den sehr langen Schwanz von allen übrigen Papageien unterscheiden. Das derbe, harte Gefieder prangt in lebhafter grüner, roter und blauer Färbung. Beide Geschlechter unterscheiden sich nicht. Die Aras verbreiten sich vom nördlichen Mexiko bis ins südliche Brasilien und Paraguay. In den Anden steigen einzelne Arten bis zu 3500 m Höhe empor. Die meisten Arten bewohnen den Urwald.

Größe und eigentümliche Schönheit zeichnen den *Hyazinthara* (Anodorhynchus hyacinthinus) aus. Dieser herrliche Vogel, schon an seinem riesenhaften Schnabel kenntlich, ist einfarbig dunkel kobaltblau, auf Kopf und Hals etwas lichter. Die Länge beträgt gut 90 cm, die Fittichlänge etwa 40 cm, die Schwanzlänge 55 cm. Das Verbreitungsgebiet des Hyazintharas beschränkt sich auf den nördlichen Teil des mittleren Brasiliens.

Viel häufiger und weiter verbreitet ist der *Hellrote Ara* oder *Arakanga* (Ara macao), ein ebenfalls sehr stattlicher Vogel von knapp 90 cm Länge. Das Kleingefieder ist scharlachrot, auf Stirn- und Ohrgegend etwas heller, auf Hinterrücken und Bürzel sowie den oberen und unteren Schwanzdecken schön himmelblau; die Hand- und Armschwingen sind leuchtend blau. Die Arakanga lebt in den nördlichen Ländern Südamerikas.

Sehr häufig wird mit der vorher beschriebenen Art der *Dunkelrote Ara* (Ara chloroptera), Abb. S. 214, verwechselt, obwohl er sich durch sein dunkel scharlachrotes Gefieder und die grünen Oberflügel- und Schulterdecken deutlich unterscheidet. Er vertritt den Arakanga in Mittel- und Südbrasilien, verbreitet sich aber auch weit nach Norden, Süden und Westen hin.

Beim *Ararauna* (Ara ararauna) sind alle oberen Teile nebst den Schwanzdecken dunkel himmelblau, die Halsseiten und alle Unterteile hoch orangefarben, ein Randstreifen, der Backen und Kinn einfaßt, endlich schwarz. Das Auge ist grünlich perlgrau, die nackte Kopfseitenstelle bräunlich fleischfarben, der Schnabel schwarz, der Fuß bräunlich schwarz. Die Länge beträgt 95 cm. Das Verbreitungsgebiet stimmt mit dem des Arakanga überein.

Die Aras zählen zu den Charaktervögeln des Urwalds. Ebene, von Flüssen durchzogene Wälder bilden ihren bevorzugten Aufenthalt. Früher lebten sie auch in unmittelbarer Nähe der großen Städte; jetzt haben sie sich vor der andringenden Bevölkerung längst zurückgezogen und verschwinden da, wo Pflanzer den Urwald lichten, früher oder später. Im Vergleich zu anderen Sittichen erscheinen die Aras als ruhige, bedächtige und ernste Vögel. Auch sie gewöhnen sich leicht an veränderte Umstände, gehen, ich will mich so ausdrücken, auf die Wünsche und Eigenheiten des Menschen ein, fügen sich zwar nicht jeder, aber doch einer sanften und verständigen Behandlung und machen nur dann von ihrer bedeutenden Kraft Gebrauch, wenn man sie reizt.

Die Gattenliebe ist bei den Aras so ausgeprägt, daß man sagen darf, zwei gepaarte Aras leben nur für sich und ihre Brut. Die gerühmten Zwergpapageien können zueinander nicht zärtlicher sein als diese großen Vögel. Immer sieht man Männchen und Weibchen zusammen, und selbst wenn mehrere miteinander fliegen, kann man, wie bei anderen Papageien auch, die einmal verbundenen Paare unterscheiden. Diese gegenseitige Anhänglichkeit ist eine den Brasilianern so wohlbekannte Tatsache, daß sie der Jäger benutzt, um mehrere aus einem Fluge zu erlegen. Denn wenn einer herabgeschossen wird, erscheint sofort der überlebende Gatte bei ihm, um sich über die Ursache des Trauerfalles aufzuklären.

Gefangene Aras scheinen von jeher Lieblingstiere der Indianer gewesen zu sein. „Mit reger Teilnahme", sagt *Humboldt*, „sahen wir um die Hütten der Indianer zahme Aras, welche auf den Feldern umherflogen wie bei uns die Tauben. Diese Vögel sind eine große Zierde der indianischen Hühnerhöfe."

Unter allen Papageien, die in unseren Käfigen gezüchtet werden, steht ein kleiner australischer Sittich unbedingt obenan. Schwerlich eignet sich auch ein Papagei in gleichem Maß zum Stubenvogel. Andere Sittiche bestechen durch die Pracht ihrer Färbung, der Wellensittich, welchen ich meine, durch Anmut und Liebenswürdigkeit, ich möchte sagen, durch seinen Liebreiz.

Der **Wellensittich** (Melopsittacus undulatus) gehört zu den kleineren Papageien; doch läßt ihn der lange Schwanz größer erscheinen, als er ist. Seine Länge beträgt 18 cm, seine Breite 26–27, die Fittichlänge 9, die Schwanzlänge fast 10 cm. Seine Gestalt ist höchst zierlich, der Leib schlank, der Oberschnabel fast senkrecht herabgezogen und in eine weit überhängende Spitze ausgezogen. Stirn, Oberkopf, Zügel und die Gegend um den Unterschnabel sind schwefelgelb, seitlich begrenzt und geschmückt durch je vier hochblaue Flecke. Ohrgegend, Hinterkopf, Mantel, Schultern und der größte Teil der Flügeldecken haben grünlichgelbe Färbung, jede Feder aber wird durch vier feine, schwarze Querlinien gezeichnet; Hinterrücken, Bürzel und obere Schwanzdecke sowie die Unterseite vom Kinn an sind prachtvoll grasgrün, die Handschwingen und deren Deckfedern düster grün. Das Auge ist blaßgelb, der Schnabel horngelb, an der Wurzel grünlichgrau, die Wachshaut dunkelblau, der Fuß bläulichgrün. Das etwas kleinere Weibchen unterscheidet sich vom Männchen dadurch, daß die Bartflecken nicht ganz so groß sind und die Wachshaut in der Regel graugrün gefärbt ist. (Mittlerweile sind eine ganze Reihe neuer Farbschläge gezüchtet.) Seine Heimat ist das ganze innere Australien, und zwar hauptsächlich die mit Gras bewachsenen Ebenen, wo er sich von den Samen der Gräser nährt. Der Flug der Wellensittiche ist gerade und reißend schnell, falken- oder schwalbenartig, dem anderer Papageien kaum ähnelnd, der Gang auf dem Boden verhältnismäßig gut, ihr Klettern im Gezweig geschickt.

Auch während der Brutzeit halten sich die Wellensittiche in Gesellschaften zusammen, obwohl die einzelnen Paare unter diesen, ihres treuinnigen Zusammenhanges wegen, leicht zu erkennen sind. Das Nest steht in den Löchern und Spalten der Gummibäume und enthält im Dezember vier bis sechs Eier von rein weißlicher Farbe und ziemlich rundlicher Gestalt. Ende Dezember sind die Jungen gewöhnlich ausgeflogen und imstande, sich selbst zu versorgen. Sie sammeln sich dann in großen Flügen, welche mit den ungepaarten Alten umherschweifen. Nach Beendigung der Brutzeit treten die Scharen ihre Wanderung an. Sie ziehen regelmäßig von Süden nach Norden und kehren erst dann wieder zu ihrem Brutort zurück, wenn die Grassamen reif sind. In ganz Südaustralien erscheinen sie im Frühling, unserem Herbst also, mit gleicher Regelmäßigkeit wie unsere Zugvögel.

Ein wesentlicher Vorzug des Wellensittichs ist seine Genügsamkeit. Kein zweiter Stubenvogel verlangt so wenig Abwechslung in seinem Futter wie jener kleine Papagei. Wir ersetzen ihm die Grassämereien Australiens durch Hirse, Kanariensamen und Hanf: Dabei befindet er sich wohl und zufrieden. Dazu nimmt er gern saftige Pflanzenblätter zu sich, vor allem Salat, Kohl, Kraut und ähnliches Grünzeug. Trotz seiner Liebhaberei für trokkenes Futter trinkt er sehr wenig. Salz, Kalk und Sand gehören zu seinen unabweislichen Bedürfnissen. Der Tierzüchter, der Wellensittiche paarweise hält, sie entsprechend pflegt, möglichst wenig stört und ihnen passende Nisthöhlen schafft, wird fast ausnahmslos die Freude erleben, daß sich seine Gefangenen vermehren.

Der Ausbau des Nestes in Baumhöhlen ist ausschließlich Sache des Weibchens. Es arbeitet mit dem Schnabel so lange an dem Eingangsloch, bis dieses seinen Wünschen entspricht, nagt dann im Inneren größere oder kleinere Späne los und legt auf sie in Zwischenräumen von zwei Tagen seiner vier bis acht kleinen, rundlichen, glänzend weißen Eier, welche das Gelege bilden. Dann brütet es sehr eifrig 16 bis 20 Tage, und während der ganzen Zeit wird es vom Männchen gefüttert, verläßt deshalb auch nur seine Nisthöhle, um den dringlichsten Bedürfnissen zu genügen. Die Jungen, welche etwa 30–35 Tage im Nest bleiben, verlassen dies erst dann, wenn sie ganz befiedert sind.

Die **Loris** oder *Pinselzungenpapageien* sind eine besondere, durch ihre bewimperte Zungenspitze gekennzeichnete Gruppe. Das Verbreitungsgebiet der Loris beschränkt sich auf Australien, die zu ihm gehörigen Inseln und auf den Malaiischen Archipel. Hierzu gehört der knapp 40 cm große *Edelpapagei* (Lorius roratus) der Salomoninseln. Weibchen und Männchen sind sehr verschieden gefärbt; während das Weibchen vorwiegend rotes Gefieder hat, trägt das Männchen ein überwiegend grünes Kleid.

KUCKUCKSVÖGEL

Kuckucke

Eine arten- und gestaltenreiche Familie umfaßt die **Kuckucke** (Cuculidae), von denen 128 Arten beschrieben worden sind. Sie sind gekennzeichnet durch gestreckten Leib mit ziemlich langen Flügeln und langem Schwanz, zusammengedrücktem, sanft gebogenem Schnabel und verhältnismäßig langen und stark gebauten, kurzzehigen Füßen, an denen jeweils zwei Zehen nach hinten gekehrt sind. Alle leben im Wald und entfernen sich nur zeitweilig aus der Nähe der Bäume. Die nordischen Arten wandern, die südlicheren streichen höchstens im Lande auf und nieder. Sie sind unruhige, stürmische, flüchtige und scheue Vögel, welche meist Geselligkeit mit ihresgleichen meiden. Die Mehrzahl der Arten dieser Familie überläßt nicht wie unser Kuckuck die Aufzucht seiner Jungen anderen Vögeln, sondern brütet selbst.

Unser *Kuckuck* oder *Gauch* (Cuculus canorus) ist gekennzeichnet durch einen sanft gebogenen Schnabel, durch lange spitze Flügel, einen sehr langen, gerundeten Schwanz, kurze, teilweise befiederte Füße und ziemlich weiches, düsterfarbiges Gefieder. Das Männchen ist auf der Oberseite aschgraublau, auf der Unterseite grauweiß, schwärzlich in die Quere gewellt. Das alte Weibchen ähnelt dem Männchen, hat aber am Hinterhals und an den Seiten des Unterhalses wenig bemerkbare rötliche Binden.

Der Kuckuck bewohnt als Brutvogel den Norden der Alten Welt, von China und den Amurländern an bis zur Küste von Portugal und vom Nordkap bis Syrien, Palästina und Algerien. Von hier wandert er im Winter nach Süden; von Sibirien aus durch China und ganz Indien bis auf die Sundainseln, von Europa aus bis nach Südafrika. In Deutschland ist der Kuckuck allgemein verbreitet. Obwohl Baumvogel, ist er bei uns doch nicht an den Wald gebunden.

Jedes Kuckucksmännchen wählt sich ein Gebiet von ziemlichem Umfang und verteidigt es hartnäckig gegen einen etwaigen Nebenbuhler. Es durchschweift seinen Standort ohne Unterlaß und erscheint deshalb mit einer gewissen Regelmäßigkeit auf bestimmten Bäumen tagtäglich mehrere Male. Während nun die Männchen ein immerhin umgrenztes Gebiet behaupten und in der angegebenen Weise sich umhertreiben, achtet das Weibchen derartige Grenzen nicht, sondern schweift im Laufe des ganzen Sommers, bzw. solange seine Legezeit dauert, regellos durch die verschiedensten Gebiete der Männchen, ohne sich an ein bestimmtes zu binden.

Fast in allen Sprachen ist sein Name ein Klangbild seines Rufes, sowenig richtig dieser in der Regel auch wiedergegeben wird. Wie vielen anderen Vogelstimmen fehlen dem Kuckucksrufe Mitlaute gänzlich, und wenn wir solche zu hören vermeinen, fügen wir sie den Selbstlauten zu. Der Ruf lautet nicht „Kuckuck", sondern in Wirklichkeit „U-uh". Da nun aber das erste „U" schärfer ausgestoßen wird als das zweite, glauben wir „gu" zu vernehmen, ebenso wie wir das zweite gedehntere „U" zu Anfang und zu Ende durch einen G- oder K-Laut vervollständigen, obgleich derselbe nicht vorhanden ist. Wer wie ich jeden schreienden Kuckuck durch Nachahmung seiner Stimme herbeiruft, weiß sehr genau, daß auf den Ruf „Kuckuck" kein einziger kommt. Während er ruft, senkt der Kuckuck die etwas ausgebreiteten Flügel und hebt dafür den Schwanz ein wenig, bläst die Kehle auf, stößt sein „Gu-guh" aus und wendet sich nun, während er es fünfzehn-, zwanzig-, dreißig-, vierzig-, selbst sechzigmal nacheinander hören läßt, auf dem Ast hin und her, dreht sich in der Regel auch mehrmals um und schreit so seinen Ruf und Namen in alle Richtungen der Windrose hinaus. Wird er durch einen Nebenbuhler besonders erregt, so verdoppelt er den ersten, höheren Laut, und der ganze Ruf lautet dann nach gewöhnlicher Schreibweise „Guguguh". Kommt ein Weibchen in Sicht, so wiederholt er den dreifachen Ruf zweimal oder verdoppelt, also viermal nacheinander, und fügt ihm dann fast unwandelbar heisere Laute bei.

Der Kuckuck übergibt seine Eier einer großen Anzahl verschiedenartiger Singvögel zum Ausbrüten. Kuckuckseier hat man gefunden in den Nestern des Gimpels, Buch- und Bergfinken, Hänflings, Grünlings, Sperlings, der Grau-, Gold-, Rohr- und Weidenammer, des Flüevogels, der Lerche, der Elster, des Hähers, Rotkopfwürgers, der Nachtigall, des Blau- und Rotkehlchens, des Rotschwanzes, Braunkehlchens, des Schmätzers sowie des Steinrötels, der Singdrossel und Amsel, der verschiedenen Grasmücken, Pieper und Stelzen, des Goldhähnchens, des Baumläufers, Fliegenfängers und anderer Singvögel. Die Eier des Kuckucks sind im Verhältnis zur Größe des Vogels außerordentlich klein, kaum größer als die des Haussperlings. Jede, selbst die auffallendste Färbung der Eier ähnelt aber mehr oder weniger der Eifärbung derjenigen Vögel, in deren Nester jene gelegt werden, und deshalb ist je nach den verschiedenen Örtlichkeiten bald diese, bald jene Färbung vorherrschend. Jedes Weibchen legt nur ein Ei in dasselbe Nest, und zwar in der Regel bloß dann, wenn sich bereits Eier des Pflegers in ihm befinden. Daß ein und dasselbe Kuckucksweibchen soviel wie immer möglich die Nester einer Ziehvogelart erwählt, unterliegt kaum einem Zweifel.

Noch bevor das Ei legereif geworden ist, fliegt das Weibchen aus, um Nester zu suchen. Hat es ein passendes Nest gefunden, so setzt sich das legende Weibchen auf das Nest, wenn es der Standort oder die Bauart des Nestes erlaubt; ist dies nicht der Fall, legt es sein Ei auf die Erde, nimmt es in den Schnabel und trägt es in diesem zum Nest.

Der junge Kuckuck entschlüpft nach 12 Tagen Brutdauer dem Ei in einem äußerst hilflosen Zustand. So unbeholfen der eben ausgekrochene Vogel auch ist, so freßlustig zeigt er sich; Abb. S. 215. Er beansprucht mehr Nahrung, als die Pflegeeltern beschaffen können, und er schnappt dieselbe, wenn wirklich noch Stiefgeschwister im Neste sind, diesen vor dem Schnabel weg. Im allgemeinen wirft der ganz junge, noch nackte Gauch alle Eier und Stiefgeschwister aus dem Nest. Hieraus erklärt sich, daß man immer nur einen einzigen, bereits einigermaßen erwachsenen Kuckuck im Nest findet. Von der Tatsache, daß der Gauch seine Stiefgeschwister absichtlich aus dem Nest wirft, hat man sich durch Versuche überzeugen können. Einem jungen Kuckuck, der höchstens drei Tage alt war, gesellte man, weil jener bereits allein im Nest saß, achttägige Kanarienvögel zu. Der junge Kobold ruhte fortan nicht eher, bis er einen durch heftiges Umdrehen und Unterschieben des Kopfes auf seinen Rücken gebracht hatte, richtete sich dann schnell und kräftig hoch auf, bewegte sich rückwärts und warf damit den eingelegten jungen Kanarienvogel hinaus. Genauso verfuhr er mit den andern. Anstatt junger Vögel nahm man auch zusammengeknitterte Papierballen, legte sie in das Nest und konnte beobachten, wie diese ebenfalls über den Rand geschleudert wurden.

Mit rührendem Eifer tragen die Pflegeeltern dem gefräßigen Unhold, welcher an Stelle der vernichteten eigenen Brut verblieb, Nahrung in Hülle und Fülle zu, bringen ihm Käferchen, Fliegen, Schnecken, Räupchen, Würmer und plagen sich vom Morgen bis zum Abend, ohne ihm den Mund zu stopfen und sein ewiges heiseres „Zis zifis“ verstummen zu machen. Auch nach dem Ausfliegen nach etwa 20 Tagen folgen sie ihm noch tagelang; denn er achtet nicht auf ihre Führung, sondern fliegt nach seinem Belieben umher, und die treuen Pfleger gehen *ihm* nach.

Der erwachsene Kuckuck ist der wesentlichste Vertilger vieler schädlicher Kerbtiere, die außer ihm keine oder wenige Feinde haben, z. B. haarige Raupen. Daß es gerade unter den behaarten Raupen abscheuliche Waldverderber gibt, ist bekannt genug; daß sie sich oft in entsetzlicher Weise vermehren, ebenfalls. Ihnen gegenüber leistet der verschriene Gauch Großes, Unerreichbares. Sein unersättlicher Magen gereicht dem Walde zur Wohltat, seine Gefräßigkeit ihm selbst zur größten Zierde.

Der *Erdkuckuck* (Geococcyx californianus), Abb. S. 215, baut im Gegensatz zu unserem Kuckuck ein Nest und brütet die 4–9 weißlichen Eier auch selbst aus. Seinem Namen macht dieser 58 cm große Vogel alle Ehre, denn er läuft mit seinen kräftigen, langen Beinen sehr schnell, während er nur ungern fliegt. Die Steppen des südlichen Teils von Nordamerika bis Mexiko sind seine Heimat.

RACKENVÖGEL

Eisvögel

Einem der prachtvollsten, durch Sagen und Märchen vielfach verherrlichten Vogel unseres Erdteils zuliebe hat eine zahlreiche, 84 Arten zählende Familie den sehr unpassenden Namen Eisvögel erhalten; denn die bei weitem größte Anzahl der hierher zu zählenden Vögel lebt in den warmen Ländern der Erde und weiß nichts von Eis und Winter. Die *Eisvögel* (Alcedinidae) sind gekennzeichnet durch einen kräftigen Leib, kurzen Hals, großen Kopf, kurze oder mittellange Flügel, kurzen Schwanz, langen, starken, geraden, winkligen, spitzen Schnabel, sehr kleine, drei- oder vierzehige Füße und glattes, meist in prächtigen Farben prangendes Gefieder.

Die Eisvögel sind Weltbürger und ziemlich gleichmäßig verteilt. Alle Arten der Familie bevorzugen die Nachbarschaft kleinerer oder größerer Gewässer, aber nicht alle sind an das Wasser gebunden, nicht wenige, vielleicht sogar die meisten, sind vielmehr zu Waldvögeln im eigentlichsten Sinne geworden, deren Lebensweise mit der ihrer wasserliebenden Verwandten kaum noch Ähnlichkeit hat. Zum Nisten wählen die Eisvögel steile Erdwälle, in denen sie eine tiefe Höhle ausgraben, deren hinteres Ende zur eigentlichen Nestkammer erweitert wird.

Unser *Eisvogel* oder *Königsfischer* (Alcedo atthis), Abb. S. 216, ist gekennzeichnet durch sein prachtvoll gefärbtes Gefieder, das oben metallisch, unten seidig glänzt. Oberkopf und Hinterhals sind auf grünschwarzem Grund mit schmalen, dicht stehenden, meerblauen Querbinden gezeichnet, Schultern und Flügeldecken dunkel meergrün. Die mittleren Teile der Oberseite sind schön türkisblau, die ganze Unterseite zimtrostrot.

Ganz Europa, von Dänemark an nach Süden hin, sowie der westliche Teil Mittelasiens sind die Heimat des Eisvogels. Bei uns zulande sieht man den prachtvollen Vogel überall, aber immer nur einzeln. Flüsse oder Bäche, welche durch Wälder fließen oder wenigstens an beiden Ufern mit Weidicht bestanden sind, bieten ihm Aufenthaltsorte, wie er sie vor allen andern leiden mag, und wenn sie so viel Fall haben, daß sie im Winter wenigstens nicht überall zufrieren, verweilt er an ihnen auch in dieser schweren Zeit.

Gewöhnlich sieht man ihn nur, während er pfeilschnell über den Wasserspiegel dahineilt; derjenige, welcher ihn im Sitzen auffinden will, muß sich sehr gut auskennen. Namentlich in der Nähe bewohnter Ortschaften oder überhaupt in der Nähe regen Verkehrs wählt er sich zu seinen Ruhesitzen stets möglichst versteckte Plätze und Winkel aus. Hier sitzt er buchstäblich halbe Tage lang regungslos auf ein und derselben Stelle, immer still, den Blick auf das Wasser gerichtet und wartet ruhig auf eine Beute. Wenn man ihn geduldig beobachtet, sieht man ihn plötzlich den Hals ausstrekken, sich nach vorn überbeugen, so daß der Schnabel fast senkrecht nach unten gerichtet ist, und plötzlich wie ein Pfeil ins Wasser stürzen, ohne daß er dabei die Flügel gebraucht. Gewöhnlich verschwindet er vollkommen unter Wasser, arbeitet sich aber durch einige Flügelschläge bald wieder zur Oberfläche empor, schwingt sich von neuem zu seinem Sitze hinauf, schüttelt das Wasser vom Gefieder, putzt dieses vielleicht auch ein wenig und nimmt die vorige Stellung ein.

Die Nahrung besteht vorzugsweise aus kleinen Fischen und Krebsen, nebenbei aber auch aus Kerbtieren, mit denen besonders die Brut großgefüttert wird. Er ist gefräßig und benötigt zu seiner Sättigung mehr, als man anzunehmen pflegt. Zehn bis zwölf fingerlange Fischchen müssen ihm tagtäglich zum Opfer fallen, wenn den Erfordernissen seines Magens Genüge geschehen soll. Fischgräten, Schuppen und dazu andere harte Teile seiner Nahrung speit er in Gewöllen wieder von sich.

Bienenfresser

Prachtvögel der Alten Welt sind die *Bienenfresser* (Meropidae), ebenso eigenartig gestaltete wie schön gefärbte, höchst gesellige Tiere. Ihre eigentliche Heimat sind die warmen Länder, doch lebt eine der 24 Arten in Europa, der mittelländische *Bienenfresser* (Merops apiaster). Er gehört zu den größeren Arten seiner Familie. Die Länge beträgt 28 cm. Das Gefieder ist auf der Stirne weiß, Kinn und Kehle bilden ein hochgelbes, unterseits von einer schmalen Querbinde begrenztes Feld; Ober- und Hinterkopf sind dunkel kastanienbraun, Hinterhals und Flügeldecken heller; Schultern und vordere Mantelgegend nebst dem Bürzel gehen ins Zimtrostgelbe über. Die Unterseite prangt in schönem Meerblau.

Mit vollem Rechte wird der Bienenfresser zu den deutschen Vögeln gezählt, da er sich nicht bloß mehrfach in Deutschland gezeigt, sondern auch schon hier gebrütet hat. Allerdings ist sein Vorkommen nicht regelmäßig, aber doch auch nicht gerade selten, und namentlich in den südöstlichen Teilen Deutschlands wird der auffallende und leicht kenntliche Vogel oft bemerkt. Sein Hauptverbreitungsgebiet ist jedoch das südliche Europa.

Stechende Kerbtiere scheinen das Lieblingsfutter des Bienenfressers zu sein; denn ebenso wie Bienenstöcke plündert er die Nester der Wespen, Hummeln und Hornissen. Man hat beobachtet, daß er sich möglichst nahe bei einem Wespennest niederläßt und im Verlaufe weniger Stunden nach und nach alle fliegenden Bewohner dieses Nestes wegschnappt. Doch verschmäht er auch Heuschrecken, Zikaden, Libellen, Mücken, Fliegen und Käfer nicht, liest letztere sogar von den Büschen oder Blumen ab, obwohl er in der Regel nur auf fliegende Beute jagt und jedes vorübersummende Kerbtier, das er bemerkt, aufnimmt, sofern er es verschlingen kann. Die unverdaulichen Flügeldecken und andere harte Teile der Beute werden, zu Gewöllen geformt, wieder ausgeworfen.

Ende Mai beginnt das Brutgeschäft. Zur Anlage seines Nestes wählt sich der Bienenfresser am liebsten das sandige oder lehmige Ufer eines Flusses. Hier beginnt er ein rundes Loch von 5–6 cm im Durchmesser mit Schnabel und Klauen zugleich auszuhöhlen. Dieses

Wiedehopf am Nest

Loch führt waagerecht oder in wenig aufsteigender Richtung weiter. Das Ende des 2 m langen Ganges wird zu einer Kammer erweitert, auf deren Boden dann das Weibchen im Juni seine fünf bis acht runden, glänzend weißen Eier niederlegt. Schon Anfang Juli sieht man die jungen Bienenfresser mit den Alten umherfliegen und letztere jene füttern. Wenige Wochen später benehmen sich die Jungen ganz wie die Alten.

Racken

Als die nächsten Verwandten der Bienenfresser betrachtet man die *Racken* (Coraciidae), ziemlich große, meist in bunten Farben prangende Vögel, welche eine kleine, aus 17 Arten bestehende, ebenfalls nur aus der Osthälfte der Erde heimische Familie bilden. Als die wahre Heimat der Racken sind die Äquatorländer der Alten Welt anzusehen. Bedingung für ihren Aufenthalt sind große, einzeln stehende Bäume oder Felswände, Felskegel und unbewohnte Gebäude, von denen aus sie weite Umschau haben und deren Höhlen und Spalten ihnen passende Nistplätze bieten. Hier pflegen sie zu sitzen und ihr Gebiet sorgfältig zu durchspähen. Ein vorbeifliegendes größeres Kerbtier wird genau in derselben Weise aufgenommen, wie es die Fliegenfänger und Bienenfresser tun, ein am Boden unvorsichtig dahinlaufendes Mäuschen, eine Eidechse oder ein kleiner Lurch werden aber auch nicht verschmäht.

Unsere *Blauracke* oder *Mandelkrähe* (Coracias garrulus) ist gekennzeichnet durch folgende Merkmale: Der Schnabel ist mittellang, ziemlich stark, gerade, kräftig, der Schwanz gerade abgeschnitten. Das Gefieder ist prachtvoll. Kopf, Hals, Unterseite und Flügeldecken sind zart himmelblau, ins Grüne scheinend, Mantel- und Schulterfedern sowie die hinteren Armschwingen zimtbraun, die Handschwingen schwarz. Die Länge beträgt 30–32 cm. Von Skandinavien an südwärts verbreitet sich die Blauracke über große Teile Europas, doch meidet sie die westlichen Gebiete mit Ausnahme von Spanien,

Wiedehopfe

Unser *Wiedehopf* (Upupa epops) ist gekennzeichnet durch gestreckten Leib, sehr langen, schwachgebogenen, schlanken, spitzen Schnabel und weiches, lockeres Gefieder, welches sich auf dem Kopfe zu einem Federbusch verlängert. Das Gefieder ist auf der Oberseite lehmfarbig, auf dem Mittelrücken, den Schultern und den Flügeln schwarz und gelblichweiß in die Quere gestreift; der Federbusch ist dunkel rostlehmgelb, jede einzelne Feder schwarz an der Spitze; die Unterseite ist hoch lehmgelb, an den Bauchseiten schwarz in die Länge gefleckt; der Schwanz ist schwarz und etwa in der Mitte weiß gebändert. Die Länge des Wiedehopf beträgt 29 cm.

Der Wiedehopf bewohnt Mittel- und Südeuropa, ganz Sibirien und China, Westasien und Nordafrika. In Deutschland ist er Zugvogel, welcher in den letzten Tagen des März einzeln oder paarweise ankommt und Ende August und Anfang September familienweise langsam wieder nach Süden reist. Sein Gang auf dem Boden ist gut, schrittweise, nicht hüpfend; im Gezweig dagegen bewegt er sich wenig. Fliegend werden die Schwingen abwechselnd bald schnell, bald langsam geschwungen; der Flug erhält dadurch ein ängstliches Aussehen und geht zuckend vorwärts. Vor dem Niedersitzen schwebt er einige Augenblicke und entfaltet dabei seinen Federbusch.

Kerbtiere mancherlei Art, die der Wiedehopf vom Erdboden aufliest oder mit seinem langen Schnabel aus Löchern hervorzieht, bilden seine Nahrung. In Europa erwählt sich der Wiedehopf am liebsten Baumhöhlungen zur Anlage seines Nestes, ohne jedoch ein Mauerloch oder eine Felsenspalte, die ihm passend erscheinen, unbeachtet zu lassen. Das Gelege besteht aus 6–10 Eiern.

NACHTSCHWALBEN

Die *Nachtschwalben* (Caprimulgiformes) sind nächtlich lebende, schlanke Vögel von unterschiedlicher Größe. Einige Arten sind fast so groß wie ein Rabe, andere kaum größer als eine Lerche. Der Leib ist gestreckt, der Hals kurz, der Kopf sehr groß, breit und flach, das Auge umfangreich, der hornige Schnabel klein, der anschließende Schnabelspalt aber außerordentlich breit; der Rachen ist deshalb weiter als bei irgendeinem andern Vogel. Die Beine sind schwach, ihre Läufe sehr kurz. Das Gefieder ist eulenartig, großfedrig und weich, die Färbung düster baumrindenartig.

Alle Gegenden und Länder der Erde, mit Ausnahme derjenigen, die tatsächlich innerhalb des kalten Gürtels liegen, beherbergen Nachtschwalben. In Europa kommen nur zwei Arten regelmäßig vor.

Kerbtiere verschiedener Art bilden die ausschließliche Nahrung der großen Mehrzahl, diese und dazu allerlei kleine Wirbeltiere die Beute einiger Nachtschwalben. Sämtliche Arten sind im höchsten Grade gefräßig und machen sich daher um unsere Waldungen sehr verdient. Mit der Gewandtheit eines Falken oder einer Schwalbe streichen sie bald niedriger, bald höher über freie Plätze, Gebüsche und Baumkronen, umschweben die letzteren oft in höchst anmutigen Schwenkungen und nehmen während des Fluges vorübersummende Kerbtiere auf. Ihr weites Maul gestattet ihnen, sehr große Käfer zu verschlingen, und es sind daher gerade diejenigen Arten, die von andern Vögeln verschont bleiben, ihren Angriffen besonders ausgesetzt.

Alle Nachtschwalben zeigen sich nur im Fluge als geschickte Wesen; auf der Erde liegen sie mehr, als daß sie sitzen. Ihr Gang ist ein trauriges Trippeln; der Flug hingegen, gewissermaßen ein Mittelding zwischen dem Fluge der Schwalbe und dem eines Falken, zeichnet sich durch Leichtigkeit und Zierlichkeit, Gewandtheit und Anmut aus. Ein eigentliches Nest bauen sie nicht. Sie legen ihre Eier ohne jegliche Unterlage auf den flachen Boden. Die Anzahl des Geleges ist stets gering: Die meisten Nachtschwalben legen nur zwei Eier, viele sogar nur ein einziges.

Unsere Nachtschwalbe, der *Europäische Ziegenmelker* (Caprimulgus europaeus), wird 27 cm groß. Das Gefieder ist oberseits auf bräunlichgrauem Grunde mit äußerst feinen, helleren oder dunkleren Pünktchen dicht besetzt. Eine Querbinde über dem Flügel entsteht durch die breiten rostgelben Spitzen der mittleren Flügeldeckfedern. Die oberen Schwanzdecken zeigen auf grauem Grunde dunkle Zickzacklinien, die unteren rostfarbenen Flügeldecken dunkle Querbinden. Moore, Heidegebiete und Waldränder sind bei uns Aufenthaltsorte des Ziegenmelkers.

Die Nachtschwalbe verbreitet sich vom mittleren Norwegen an über ganz Europa, Westasien und Nordwestafrika. Im Südwesten Europas, insbesondere in Spanien, tritt zu der deutschen Art eine zweite, der *Rothals-Ziegenmelker* (Caprimulgus ruficollis). Er ist merklich größer als der deutsche Verwandte: Seine Länge beträgt 32 cm. Als Brutvogel bewohnt er die Pyrenäenhalbinsel und Nordwestafrika.

SEGLERVÖGEL

Segler

Die Segler (Apodidae) sind kleine, aber kräftig gebaute Vögel mit langgestrecktem Leib, kurzem Hals und breitem, ziemlich flach gewölbtem Kopf, welcher einen kleinen, äußerst kurzen, schwachen, dreieckigen, das heißt hinten verbreiterten, an der Spitze aber zusammengedrückten, etwas bogenförmigen Schnabel trägt, dessen Kinnladen sich so tief spalten, daß der Rachen sehr weit geöffnet werden kann. Die Flügel sind schmal und wegen der gekrümmten Schwingen säbelförmig gebogen. Die Füße sind kurz und verhältnismäßig kräftig, die kurzen Zehen mit stark gebogenen und sehr spitzen Krallen bewehrt. Das Gefieder ist im allgemeinen einfarbig und düster.

Die Segler verbreiten sich über alle Erdteile und finden sich sowohl in Waldungen wie in waldlosen Gegenden, vorzugsweise aber in Gebirgen und Städten, weil Felswände und Mauern ihnen passende Nistplätze bieten.

Mehr als andere Vögel sind sie im eigentlichen Sinne des Wortes Luftbewohner. Ihre Kraft scheint niemals zu ermatten und ihre Nachtruhe auf wenige Stunden beschränkt zu sein. Vortreffliche Flugwerkzeuge setzen sie in den Stand, ohne Beschwerde tagtäglich Strecken zu durcheilen, die zusammengerechnet Hunderte von Kilometern betragen müssen. Die Flügel gleichen, wenn sie ausgebreitet sind, einem Halbmond und werden so rasch und heftig bewegt, daß man mehr an das Schwirren der Kerbtiere und den Kolibri erinnert wird als an den Flügelschlag anderer Vögel. Zuweilen regeln sie ihren Flug minutenlang nur durch verschiedenes Einstellen der Flugwerkzeuge, durch leichte Drehung der Flügel und des Schwanzes, welches wir kaum oder nicht wahrnehmen, jagen aber trotzdem pfeilschnell durch die Luft. Wendungen und Drehungen aller Art wissen auch sie meisterhaft auszuführen; an Zierlichkeit und Anmut der Bewegung aber stehen sie hinter den Schwalben weit zurück. Auf dem Boden erscheinen sie als hilflose Geschöpfe, dagegen klettern sie mit ziemlicher Fertigkeit an Mauer- oder Felswänden empor.

Ihre ewige Rastlosigkeit bedingt bedeutenden Verbrauch der Kraft, und so sind sie bei weitem gefräßiger als die Schwalben und vertilgen von den Kerbtieren, welche ihre ausschließliche Nahrung ausmachen, Hunderttausende an einem Tage. Die Segler sind zwar gesellige, aber keineswegs friedfertige, im Gegenteil rauflustige Geschöpfe, welche nicht bloß mit ihresgleichen, sondern auch mit andern Vögeln im Streite liegen. Für die Gefangenschaft eignen sich die Segler nicht. Gleichwohl ist es möglich, wenn man sie jung aus dem Neste nimmt, auch diese Vögel großzuziehen. Es ist jedoch unmöglich, ihnen einen Raum zu bieten, der groß genug ist, ihnen den nötigen Spielraum zur Entfaltung ihrer hervorragendsten Fähigkeiten zu gewähren.

Sehr häufig ist bei uns der *Mauersegler* (Apus apus); er erreicht eine Länge von 17 cm. Das Gefieder ist einfarbig rauchbraunschwarz mit schwarzgrünem Erzschimmer, der am stärksten auf Mantel und Schultern hervortritt. Kinn und Kehle werden durch einen rundlichen weißen Fleck geziert. Der Mauersegler ist es, den wir vom 1. Mai an bis zum August unter gellendem Geschrei durch die Straßen unserer Städte jagen oder die Spitzen alter Kirchtürme umfliegen sehen. Der Vogel ist weit verbreitet. Ich fand ihn von der Domkirche Drontheims an bis zu der von Malaga in allen Ländern Europas, die ich kennengelernt habe. Andere Beobachter begegneten ihm im größten Teil Nord- und Mittelasiens sowie in Afrika. Den Winter verbringt er in Afrika und Südindien.

Ursprünglich wohl ausschließlich Felsenbewohner, hat sich der Mauersegler im Laufe der Zeit bei den Häusern der Menschen eingefunden und ist allmählich zu einem Stadt- und Dorfvogel geworden.

Der Nistort wird je nach den Umständen gewählt. In Deuschland sind es entweder Mauerspalten von Kirchtürmen und anderen hohen Gebäuden oder Baumhöhlungen der verschiedensten Art, in denen unser Segler sein Nest anbringt. Regelmäßig vertreibt er Stare oder Sperlinge und ist dabei so rücksichtslos, daß er sich selbst von den brütenden Staren- oder Sperlingsweibchen nicht abhalten läßt, sondern ihnen oder ihrer Brut sein weniges Geniste im buchstäblichen Sinn des Wortes auf den Rücken wirft und sie so lange quält, bis sie das Nest verlassen. Findet er ernsten Widerstand, so greift auch er zu seinen natürlichen Waffen, seinen scharf bekrallten Zehen, und kämpft um einen Platz für seine Brut.

Der Segler ist ein Schreivogel, jedoch kein Sänger, seine Stimme ein schneidender, gellender Laut, welcher durch die Silben „Spi — spi" oder „Kri" in etwa wiedergegeben werden kann.

Der *Alpen-* oder *Felsensegler* (Apus melba) erreicht eine Länge von 22 cm. Alle Oberteile, die Kopfseiten und unteren Schwanzdecken haben dunkel rauchbraune Färbung. Ein ausgedehntes Kinn- und Kehlfeld sowie die Brust, Bauch- und Aftergegend sind weiß, so daß auf der Oberbrust nur ein braunes Band sichtbar wird. Als den Brennpunkt des Verbreitungskreises dieses stattlichen Seglers haben wir das Mittelmeerbecken anzusehen. Von hier aus erstreckt sich das Wohngebiet nach allen Richtungen und erreicht auch Süddeutschland. (In Freiburg im Breisgau ist die nördlichste Brutkolonie.)

Kolibris

„Unter allen belebten Wesen ist der Kolibri das schönste der Gestalt, das prächtigste der Färbung nach. Edelsteine und Metalle lassen sich mit diesen Kleinodien der Natur nicht vergleichen. Ihr Meisterstück ist dieser kleine Vogel. Leichtigkeit, Schnelle, Gewandtheit, Anmut und reicher Schmuck: alles ist diesem ihrem kleinen Liebling zuteil geworden. Er ist stets in der Luft, von Blume zu Blume gaukelnd, deren Frische und deren Glanz ihm eigen ist und deren Nektar er trinkt." So schildert der französische Naturforscher *Buffon* in seiner malerischen Weise diese Prachtvögel. „Wen gäbe es wohl", fragt der amerikanische Vogelkundler, *Audubon*, „welcher nicht bewundernd stillstehen sollte, wenn er eines dieser lieblichen kleinen Geschöpfe erblickt, wenn es schwirrend durch die Luft schießt, sich in ihr wie durch Zauber festhält oder von Blume zu Blume gleitet, glänzend, als wäre es selbst nur ein Stück Regenbogen, welches so lieblich ist wie das Licht selber?"

Die *Kolibris* oder *Schwirrvögel* (Trochilidae), Abb. S. 216, sind, falls man so sagen darf, die Schmetterlinge in ihrer Klasse: die Art und Weise ihrer Bewegung, ihres Nahrungserwerbes und ihr Wesen haben mit Schmetterlingen unverkennbare Ähnlichkeit. Verwandt sind sie mit den Seglern, mit denen sie im Flügelbau Ähnlichkeit haben. Die Größe der Schwirrvögel schwankt in weiten Grenzen; denn einige kommen kleinen Bienenfressern an Leibesumfang gleich, andere sind kaum größer als eine Hummel. Der Schnabel ist pfriemenförmig gebaut, dünn, schlank, fein zugespitzt, gerade oder sanft gebogen, bald viel länger, bald nur ebensolang wie der Kopf.

Die Kolibris bewohnen ausschließlich Amerika. Sie finden sich hier, soweit es Blumen oder Blüten gibt; die meisten der 321 Arten bevorzugen aber die tropischen und subtropischen Gebiete.

Wenn man das Leben dieser Vögel begreifen will, muß man vor allen Dingen ihren Flug kennenzulernen suchen; dieser ist zweifach verschieden: das pfeilschnelle Dahinschießen in gerader Richtung unterscheidet sich in jeder Beziehung von dem Schweben auf ein und derselben Stelle. Es ist klar, daß diese Bewegung die größte Kraftanstrengung erfordert; denn der Kolibri muß, um sich im Gleichgewicht zu halten, mit gleicher Kraft die Flügel nach oben wie nach unten schlagen. Diese Bewegung ist so schnell, daß man von den Flügeln nichts mehr wahrnimmt. Vom Morgen bis zum Abend durcheilen sie die Lüfte beim Suchen nach honiggefüllten Blumen. Man sieht sie ankommen, wie der Blitz sich senkrecht vor einer Blume aufstellen, ohne jegliche Stütze stillhalten, den Schwanz fächerförmig breiten und währenddessen die Zunge wiederholt in das Innere der Kelche tauchen. Niemals lassen sie sich auf einer Blüte nieder. Die Nahrung der Kolibris besteht aus Insekten und Blütennektar. Alle Kolibris bauen weich ausgepolsterte Nester und legen nur zwei weißliche, längliche Eier. Die Jungen sind beim Ausschlüpfen blind und nackt, öffnen nach etwa 14 Tagen die Augen und sind nach vier Wochen flügge.

Kolibri, aus der Futterflasche trinkend

Zwei Arten wollen wir stellvertretend für alle herausgreifen. Der *Einsiedler-Kolibri* (Phaëthornis superciliosus) gehört zu den größeren Kolibris: Seine Länge beträgt 18 cm. Das Gefieder ist auf der Oberseite matt metallischgrün, auf der unteren rötlichgrau; die Federn des Rückens sind rotgelb gerandet, die der Unterseite einfarbig. Der schwarze Schnabel ist etwa 5 cm lang und sanft gebogen. Seine Heimat ist Nordbrasilien und Guayana; beliebte Aufenthaltsorte sind offene, mit Gebüsch abwechselnde Gegenden.

Überaus reizende Tiere sind die *Prachtelfen* (Lophornis). Das Halsgefieder der Männchen ist besonders entwickelt, indem sich ein prächtiger Kragen bildet, welcher aus mehr oder weniger schmalen, langen, wundervoll gezeichneten Federn besteht und entweder angelegt oder abstehend getragen wird. Der Schnabel ist ungefähr kopflang und fein pfriemenförmig, vor der Spitze etwas verdickt. Die Flügel sind klein und schmal. Hierzu gehört die 7,5 cm große *Schmuckelfe* (Lophornis ornata) aus Zentral- und Südostbrasilien. Das Rumpfgefieder ist bronzegrün, das verlängerte Gefieder des Scheitels bräunlichrot, ein schmales Band, das quer über den Unterrücken verläuft, ist weiß, das Gesichtsfeld grün und herrlich schillernd. Die Kragenfedern sind licht rotbraun, an der Spitze schimmernd grün gefleckt. Die Schwingen haben dunkelpurpurbraune, die Schwanzfedern dunkel braunrote Färbung. Der Schnabel ist fleischrot.

SPECHTVÖGEL

Die *Spechtvögel* (Piciformes) sind recht eigenartige und besonders gut ausgerüstete Klettervögel. Der Leib ist gestreckt, der Schnabel stark, meist an der Spitze meißelartig geschärft. Die Füße sind kurz, die Zehen lang und paarig gestellt; das vordere Paar ist bis zur Hälfte des ersten Gliedes verwachsen. Der eigentlichen Hinterzehe hat sich die äußere Vorderzehe zugesellt. Alle Zehen sind mit sehr großen, starken, scharfen, halbmondförmigen Nägeln bewehrt. Die Flügel sind mittellang und etwas abgerundet. Besonders gekennzeichnet ist der Schwanz. Er besteht aus zehn großen und zwei kleinen Seitenfedern, welche aber nicht unter, sondern über den ersten liegen. Die beiden mittleren Schwanzfedern sind die längsten und stärksten. Ihre Schäfte nehmen nach der Spitze zu an Stärke ab, sind sehr biegsam und besitzen bedeutende Schnellkraft. Die Zunge ist leicht hornig, sehr lang gezogen und an jeder Seite mit fünf bis sechs kurzen, steifen Stacheln besetzt, die wie Widerhaken an einer Pfeilspitze aussehen. Mit dieser eigentümlichen Zungenbildung ist eine ungewöhnliche Entwicklung eines Schleimdrüsenpaares verbunden. Diese Drüsen sondern klebrigen Schleim ab und überziehen mit diesem den langen Zungenhals in ähnlicher Weise, wie es beim Ameisenfresser geschieht.

Mit seinen scharf eingreifenden Nägeln, welche eine ausgedehnte Fläche umklammern, hängt sich der Specht ohne Mühe an senkrechte Stämme an, und der Schwanz unterstützt ihn dabei gegen das Hinabrutschen. Der kräftige, scharfe Schnabel ist zum Meißeln vortrefflich geeignet, und der Schwanz unterstützt auch diese Arbeit, indem er beim Arbeiten des Spechtes als Schnellfeder dient. Die Zunge endlich dringt dank ihrer Fadenartigkeit in alle Löcher und kann jeder Biegung eines von Kerbtieren ausgehöhlten Ganges folgen.

Die Spechte sind mit Ausnahme Australiens und der Insel Madagaskar über alle Teile der Erde verbreitet und auch im Norden keineswegs seltene Erscheinungen.

Alle Spechte führen im wesentlichen dieselbe Lebensweise. Sie bringen den größten Teil ihres Lebens kletternd zu, hängen sich sogar, während sie schlafen, in der Kletterstellung an die inneren Wände der von ihnen selbst gezimmerten Baumhöhlungen an. Zum Boden herab kommen sie selten, und wenn sie es tun, hüpfen sie mit ungeschickten Sprüngen umher. Der Specht fliegt in sehr tiefen Wellenlinien dahin. Er erklettert gewissermaßen den aufsteigenden Bogen einer dieser Linien mit raschen, schwirrenden Flügelschlägen, legt dann plötzlich die Flügel hart an den Leib und schießt nun in steilen Bögen wieder tief nach unten herab, worauf er das Aufsteigen von neuem beginnt. In der Nähe eines Baumes angelangt, pflegt er sich tief herabzusenken und wenige Meter über dem Boden an den Stamm anzuhängen; nunmehr klettert er mit großen, rasch aufeinanderfolgenden Sprüngen aufwärts. Mit dem Schnabel hämmernd oder meißelnd, arbeitet er größere oder kleinere Stücke der Borke los, deckt dadurch die Schlupfwinkel der Kerbtiere auf, zieht sie mit der Zunge hervor und verschlingt sie. Gerade hierdurch erweist er sich als ein Waldhüter ersten Ranges. Einige Spechte fressen jedoch nebenbei auch verschiedene Beeren und Sämereien, legen sich sogar selbst Vorratskammern an, die sie mit letzteren füllen. Ihre Stimme ist oft ein lautes „Lachen", hervorgerufen durch eine Reihe abgehackter Rufe. Daneben bringen sie jedoch noch eine eigentümliche Musik im Walde hervor; sie „trommeln", indem sie sich an einen dürren Ast hängen und diesen durch schnelle Schläge mit dem Schnabel in zitternde Bewegung bringen.

Das Nest steht stets in einer von den Spechten gezimmerten Baumhöhlung und ist im Grunde genommen nichts anderes als der mit einigen Spänen ausgekleidete Boden der Höhle selbst. Das Gelege besteht aus drei bis acht sehr glänzenden, reinweißen Eiern, welche von beiden Geschlechtern ausgebrütet werden.

Zu den größten der 210 Spechtarten zählt unser 50 cm großer **Schwarzspecht** (Dryocopus martius). Er ist einfarbig mattschwarz, am Oberkopf aber hochkarminrot, und zwar nimmt diese Farbe beim Männchen den ganzen Oberkopf ein, wogegen sie sich beim Weibchen auf eine Stelle des Hinterkopfes beschränkt. Europa, soweit es bewaldet ist, und Asien bis zur Nordseite des Himalaya sind die Heimat des Schwarzspechtes. Er fehlt allerdings in England, dem westlichen Frankreich und großen Teilen Spaniens und Italiens. Der Schwarzspecht verlangt große, zusammenhängende Waldungen, in denen mindestens einzelne, genügend starke Hochbäume stehen. Seiner Lieblingsnahrung, der Roßameise, wegen zieht er Schwarzholzwälder den Laubwaldungen vor.

Mehr als jeder andere leidet der Schwarzspecht an Wohnungsnot. Bäume von solcher Stärke, wie er sie zum Schlafen und Nisten benötigt, sind selten geworden in unseren Tagen, und deshalb ist der Vogel aus vielen Gegenden, in denen er früher keineswegs spärlich auftrat, ganz verbannt worden. Ein einziger hohler Baum vermag ihn an ein bestimmtes Gebiet zu fesseln, und er wandert aus, wenn dieser eine Baum der Axt verfallen ist. Aber er wandert auch wieder ein, wenn die Bäume inzwischen so erstarkt sind, daß er sich eine geeignete Wohnung zimmern kann. In allen Waldungen, in denen der Schwarzspecht brütet, verweilt er jahraus, jahrein in demselben eng begrenzten Gebiet. 69 km² genügen seinen Ansprüchen vollständig. Innerhalb des von einem Paar behaupteten Wohnkreises duldet es kein anderes und vertreibt, nach Spechtsart, auch die eigenen Jungen aus demselben.

Unser Schwarzspecht ist ein äußerst munterer, flüchtiger, scheuer, gewandter und starker Vogel. Bald ist er da, bald dort, und so durchstreicht er seinen Bezirk oft in sehr kurzer Zeit. Dies kann man so recht deutlich an seinem Geschrei bemerken, welches man im Verlauf weniger Minuten an sehr verschiedenen Orten hört. Er läßt besonders drei Töne vernehmen, zwei im Flug und einen im Sitzen. Die ersteren klingen, wie „Kirr — kirr“ und „Klük — klük“, der letztere wie „Klüh“, einsilbig, langgezogen und sehr durchdringend, oder wie „Klihä — klihä — kliee“. Sein Flug ist von dem seiner Verwandten sehr verschieden. Er fliegt nicht in dem Grade ruckweise oder in auf- und absteigender Linie wie andere Spechte, sondern fast in gerader Richtung vorwärts, wobei er die Flügel sehr weit ausbreitet und stark schlägt, so daß es aussieht, als ob sich die Schwingenspitzen biegen, nicht unähnlich dem Eichelhäher.

Anfang April treffen die Schwarzspechte Anstalten zum Bau ihres Nestes. Sie legen dieses in einem kernfaulen Baum an, da, wo sich ein Astloch oder abgebrochener, inwendig morscher Ast befindet. Hier fängt das Weibchen seine Arbeit an. Es öffnet oder erweitert zuerst den Eingang von außen, bis dieser zum Ein- und Auskriechen geräumig genug ist. Danach wird das Aushöhlen des inneren Baumes begonnen, und zwar mit besonderer Geschicklichkeit und Emsigkeit. Dieses Aushöhlen geht sehr schwer, weil der Schwarzspecht bei seinen Schlägen nicht genügend Raum hat. Er hat manchmal so wenig Platz, daß er nur 2 cm weit ausholen kann. Dann klingen die Schläge dumpf, und die Späne, die er herauswirft sind sehr klein. Hat er aber inwendig erst etwas Raum gewonnen, dann arbeitet er viel größere Späne ab. Bei einer wenig morschen Kiefer, in der ein Schwarzspecht sein Nest anlegte, waren die größten Späne, die er herausarbeitete, 15 cm lang und 3 cm breit. Es gehört schon eine ungeheure Kraft dazu, um solche Späne abzuspalten. Ist endlich nach vieler Mühe und 10- bis 14tägiger Arbeit die Höhlung inwendig fertig, so werden auf einem feinen Polster von Holzspänen drei bis vier Eier gelegt.

Unser **Buntspecht** (Dendrocopos major) entspricht seinem Namen, denn sein Gefieder ist wirklich außerordentlich bunt. Oberkopf und Oberseite sowie ein schmaler Zügelstreifen, welcher sich vom Schnabelspalt nach hinten zieht und an den Halsseiten verläuft, sind schwarz, Zügel- und Kopfseiten sowie ein breites Längsfeld auf den Schultern weiß, die Unterteile ebenso, die Aftergegend und unteren Schwanzdecken sind hoch scharlachrot. Die Länge beträgt 23 cm.

Ganz Europa und Sibirien bis Kamtschatka sowie Japan sind die Heimat des allbekannten Buntspechtes. Er darf als der verbreitetste unserer europäischen und ebenso als der häufigste der sibirischen Arten bezeichnet werden. Der Buntspecht liebt Vorhölzer und tiefe Waldungen, kommt aber auch in Feldhölzern vor und erscheint im Herbst und Winter in den Gärten.

Im Sommer duldet er innerhalb seines Gebietes keinen seinesgleichen. Deshalb kann man ihn durch nachgeahmtes Pochen regelmäßig anlocken. Im Frühling wird er sich mit Sicherheit einstellen, sobald er ein Klopfen nach Art seines Trommelns oder Hämmerns vernimmt, denn dann kommt noch die Eifersucht ins Spiel; aber auch im Sommer und Herbst erscheint er dicht vor dem Jäger, welcher ihn foppte, und klettert auf allen Zweigen umher, um den vermeintlichen Nebenbuhler zu erspähen. — Mancherlei Kerbtiere und deren Eier, Larven, Puppen, aber auch Nüsse, Beeren und vor allem Kiefersamen bilden die bevorzugte Nahrung des Buntspechtes.

In Laubwaldungen der Ebene gesellt sich zum Buntspecht der etwas kleinere und ähnlich gefärbte *Mittelspecht* (Dendrocopos medius), ein Vogel von 22 cm Länge. Stirn und Vorderkopf sind schwach rostweißlich, Scheitel und Hinterkopf scharlachrot, Nacken, Hinterhals und übrige Oberteile schwarz, Kopf- und Halsseiten, Schläfen und Unterseite bis zum Bauch weiß, auf der Brustmitte schwach rostgelb verwaschen, Bauch, After und untere Schwanzdecken licht scharlachrot. Die schwarzen Handschwingen zeigen fünf, die Armschwingen drei breite weiße Querflecke.

Der Mittelspecht gehört zu den wenigen

Vögeln, welche die Grenzen Europas nur an einzelnen Stellen überschreiten. Sein Verbreitungsgebiet reicht im Norden bis ins südliche Schweden, im Südosten bis Kleinasien, im Süden bis Griechenland, Italien und Spanien, im Westen bis zur Küste des Atlantischen Ozeans.

Der dritte in ganz Deutschland, wenn auch nicht überall regelmäßig vorkommende Buntspecht ist der *Kleinspecht* oder *Sperlings-* oder *Harlekinspecht* (Dendrocopos minor), der Zwerg unter unseren europäischen Spechten und eines der kleinsten Mitglieder seiner Familie überhaupt. Der Vorderkopf ist rostweißlich, der Scheitel hochscharlachrot; Hinterkopf, ein schmaler Längsstrich am Hinterhals und alle übrigen Oberteile haben schwarze, die hinteren Mantelteile, Schultern und die obere Bürzelgegend weiße Grundfärbung, werden aber durch drei bis vier schwarze Querbinden gezeichnet. Die Länge beträgt nur 14,5 cm. Das Verbreitungsgebiet des Kleinspechtes entspricht etwa dem des Buntspechtes.

Gut 30 cm groß wird der über ganz Deutschland verbreitete **Grünspecht** (Picus viridis). Die Oberseite des Kopfes, Nacken und ein schwarz umsäumter Mundwinkelfleck sind bei ihm scharlachrot, die Oberteile olivgrasgrün, die Flügel mehr bräunlich verwaschen, Bürzel und obere Schwanzdeckfedern glänzend olivgelb. Auch der Grünspecht zählt zu den weitverbreiteten Arten. Er ist in Europa, Asien und Nordafrika beheimatet.

Man kann nicht sagen, daß der Grünspecht ein Waldvogel ist. Im reinen Nadelwald ist er sehr selten, im Laubwald trifft man ihn häufiger an; am liebsten aber bewohnt er Gegenden, in denen Baumpflanzungen mit freien Strekken abwechseln. Während der Brutzeit hält er sich in der Nähe seiner Nesthöhle auf; im Winter durchstreift er, auch wenn er nicht die Gegend verläßt, ein größeres Gebiet als im Sommer, pflegt aber allabendlich eine Höhlung aufzusuchen, um in ihr zu schlafen. Dann erscheint er monatelang in den Gärten, unmittelbar neben den Wohnungen und selbst in den Gebäuden.

Der Grünspecht zeigt dieselbe Munterkeit und Vorsicht, dieselbe Unruhe und Rastlosigkeit wie seine Verwandten. Er klettert ebensogut wie sie, übertrifft die bei uns einheimischen jedoch im Gehen; denn er bewegt sich sehr viel auf dem Boden, hüpft hier mit großem Geschick umher und sucht Würmer und Larven. Zur Winterszeit ist die Futtersuche oft recht mühsam. Die Ameisen stecken sehr tief in der Erde, und der hungrige Specht sieht sich dann genötigt, bis zu 30 cm tiefe Löcher, ähnlich den in morschen Stämmen und Ästen angelegten Schlupf- und Nisthöhlungen, auszumeißeln, um die in halber Erstarrung liegenden Kerfe zu erreichen.

Der deutsche Verwandte des Grünspechtes ist der *Grauspecht* oder *Graukopf* (Picus canus). Er steht an Größe hinter dem Grünspecht zurück: Seine Länge beträgt etwa 28 cm. Er ähnelt dem Grünspecht, doch ist beim Männchen nur die Stirn rot gefärbt, und beim Weibchen fehlt das Rot sogar ganz.

GREIFVÖGEL

Das eigentlich Bezeichnende an den Greifvögeln sind die Waffen: der Schnabel und die Krallen. Der Schnabel ist kurz, auf der Spitze des Oberkiefers stark gebogen und hakenartig übergekrümmt, seine Wurzel auf der Oberhälfte ist mit einer Wachshaut bedeckt. Häufig wird die Schärfe der Schneiden noch durch einen Zahn erhöht, der sich über der Spitze des Unterkiefers befindet. Der Fuß oder Fang ist kurz, stark und mit langen, scharfen Krallen bewehrt; diese stellen ein ebenso vorzügliches Greifwerkzeug wie eine furchtbare Waffe dar, der kein Opfer entrinnen kann.

Unter den Sinnesorganen ist vor allem das Auge beachtenswert. Es ist immer groß, bei den Nachtgreifvögeln überhaupt am größten, gestattet ein gleichscharfes Sehen in verschiedenen Entfernungen und stellt sich auf diese mit größter Leichtigkeit ein. Das Gehör ist bei den Greifvögeln ebenfalls hoch entwickelt, am höchsten bei den Eulen. Eine die Vögel im allgemeinen auszeichnende Begabung fehlt ihnen: eine wohltönende Stimme.

Die Greifvögel bewohnen die ganze Erde und jeden Breiten- und Höhengürtel. In der Mehrzahl sind es Baumvögel und gehören daher vorzugsweise zum Wald, meiden jedoch weder das baumlose Gebirge noch die öde Steppe oder Wüste. Viele der gefiederten Räuber wandern, wenn der Winter ihr Jagdgebiet verarmen läßt, den kleinen Vögeln in südlichere Gegenden nach; gerade die im höchsten Norden wohnenden Arten aber streichen nur.

Alle Greifvögel brüten in den ersten Frühlingsmonaten und, wenn sie nicht gestört wurden, nur einmal im Jahre. Der Horst kann sehr verschieden angelegt sein. Weitaus in den meisten Fällen steht er auf Bäumen, häufig auch auf Felsvorsprüngen, an unbesteigbaren Wänden oder in Mauerlöchern alter Gebäude; seltener ist eine Baumhöhlung die Nistkammer, am seltensten der nackte Boden als Unterlage eines Reisighaufens, auf dem die Eier zu liegen kommen. Alle Horste, die auf Bäumen oder Felsen stehen, sind große und breite, jedoch niedrige Nester mit flacher Mulde und werden meist mehrere Jahre nacheinander benutzt, jedesmal neu aufgebessert und dadurch allmählich sehr erhöht.

Der Paarung gehen mancherlei Spiele voraus, wie sie den stolzen Vögeln angemessen sind. Prachtvolle Flugwendungen, wahre Reigen in hoher Luft, sind die Liebesbeweise der Mehrzahl; eigentümliche, gellende oder äußerst zärtliche Laute bekunden die Erregung einzelner Arten. Eifersucht spielt natürlich auch unter dem Herrschergeschlecht eine Rolle: Jeder Eindringling ins Gehege wird angegriffen und, wenn möglich, verjagt. Pfeilschnelle Angriffe, glänzende Abwehr und Standhalten gegen Verfolger kennzeichnen derartige Kämpfe. Wenn sich die ritterlichen Kämpen packen, geschieht es immer gegenseitig: Sie verkrallen sich ineinander und stürzen nun, unfähig, die Schwingen weiterhin geschickt zu gebrauchen, wirbelnd aus der Höhe herab. Unten wird der Kampf augenblicklich abgebrochen; aber sobald sich beide wieder in die Luft erheben, beginnt er von neuem mit gleicher Heftigkeit. Nach langem Zweikampf zieht sich der schwächere Teil zurück und flieht, verfolgt vom Sieger, über die Grenzen des Gebietes.

Die Eier sind rundlich, in den meisten Fällen ziemlich rauhschalig und entweder rein weiß, graulich, gelblich oder auf lichtem Grund mit dunkleren Flecken und Punkten gezeichnet. Ihre Anzahl schwankt zwischen einem und sieben. Bei den meisten Greifvögelarten brütet das Weibchen allein, bei einzelnen löst es das Männchen zeitweilig ab. Die Brutdauer liegt zwischen drei und sechs Wochen; dann schlüpfen die unbeholfenen Jungen aus: kleine, runde, über und über in weißgrauen Wollflaum gekleidete Tiere mit großen Köpfen und meist offenen Augen. Sie wachsen rasch heran und bekommen wenigstens auf der Oberseite bald dichte Federn. Anfänglich erhalten die Jungen halbverdaute Nahrung, welche die Alten aus ihrem Kropfe aufwürgen, später werden ihnen zerstückelte Tiere gereicht. Auch nach dem Ausfliegen werden die jungen Räuber noch längere Zeit von ihren Eltern geführt, ernährt, unterrichtet und beschützt.

Wirbeltiere aller Klassen und Kerfe der verschiedensten Art, Vogeleier, Würmer, Schnecken, Aas, ausnahmsweise auch Früchte bilden die Nahrung der Greifvögel. Sie erwerben sich ihre Speise durch Fang der lebenden Tiere. Zum Fangen dienen die Füße, zum Zerstückeln oder, richtiger, zum Zerreißen der Nahrung wird der Schnabel benützt. Alle Greifvögel können auf einmal sehr viel fressen, aber auch sehr lange hungern.

Falken

Die Falken (Falconidae) bilden eine an Formen und Arten reiche Familie der Greife. Sie sind mittelgroße Greifvögel mit verhältnismäßig kurzem, hakigem und vor der Spitze mit einem mehr oder minder deutlichen Zahn ausgerüsteten Ober- und kurz ausgebuchteten Unterschnabel. Sie sind die „Falken" unserer Dichter, diejenigen, welche zur Beize abgerichtet wurden.

Eines der edelsten Glieder der Familie ist unser *Wanderfalk* (Falco peregrinus). Er ist auf der ganzen Oberseite hell schiefergrau, mit dunkel schieferfarbigen, dreieckigen Flecken bandartig gezeichnet. Die Stirn ist grau, die Kehle, die durch schwarze Backenstriche eingefaßt wird, weißgelb, die Unterbrust wie der Bauch lehmrötlichgelb. Die Schwingen sind schieferschwarz, auf der Innenfahne mit rostgelben, bänderartigen Flecken besetzt.

Die Länge des alten Männchens beträgt bis 40 cm, die Länge des bedeutend größeren Weibchens bis 48 cm. Der Wanderfalk ist in vielen Rassen fast auf der ganzen Welt anzutreffen. Bei uns bewohnt er ausgedehnte lichte Waldungen, am liebsten solche, in deren Mitte sich steile Felswände erheben. Ebenso häufig trifft man ihn im waldlosen Gebirge, und gar nicht selten sieht man ihn inmitten großer, belebter Städte. Auf den Kirchtürmen Berlins, auf dem Stephansturm in Wien, auf den Domen von Köln und Aachen habe ich ihn selbst mehr oder weniger regelmäßig beobachtet.

Der Wanderfalk frißt hauptsächlich Vögel. Er ist der Schrecken aller gefiederten Geschöpfe, von den Fasanen bis zur Lerche. Unter Rebhühnern und Tauben richtet er die ärgsten Verheerungen an; die Enten verfolgt er mit unermüdlicher Ausdauer, und selbst den wehrhaften Krähen ist er ein furchtbarer Feind. Ein Wanderfalk schlägt seine Beute in der Luft, indem er sich pfeilschnell mit angelegten Flügeln von oben auf diese stürzt.

Hierzulande horstet der Wanderfalk am liebsten in Höhlungen an steilen Felswänden, welche nur schwer oder überhaupt nicht zu besteigen sind. Einen eigenen Bau errichtet er wohl nur in seltenen Fällen, benutzt vielmehr

Junge Turmfalken

andere Raubvögelhorste, vom Seeadler- bis zum halbverfallenen Milanhorst. Beide Eltern brüten abwechselnd und sorgen gemeinsam für die nach 29 Tagen Brutdauer ausschlüpfenden Jungen.

Der *Baumfalk* (Falco subbuteo) gehört zu den kleineren Edelfalken. Seine Länge beträgt 31 cm. Das Weibchen ist um 4 cm länger. Die ganze Oberseite ist blauschwarz, der Kopf graulich, die Schwingen sind rostgelb gekantet. Die Unterseite ist auf weißem oder gelblichweißem Grunde vom Kropfe an mit schwarzen Längsflecken besetzt; die Hosen, die Steiß- und die Unterschwanzdeckfarben sind schön rostrot. Die Bartstriche treten deutlich hervor.

Europa, vom mittleren Skandinavien, Südfinnland und Nordrußland an bis Griechenland und Spanien, beherbergt diesen schnellsten unserer Edelfalken als Brutvogel. Außerdem bewohnt er ganz Mittelasien vom Ural bis zum Amur. Nach Süden hin wird er seltener, so daß die Grenzen seines Brutgebietes den Balkan, die Alpen und Pyrenäen nur ausnahmsweise überschreiten. Auf dem Winterzuge berührt er Nordafrika und Südindien regelmäßig. In Deutschland bevorzugt er Feldhölzer und insbesondere lichte Laubwälder vor allen anderen Plätzen; er ist aber nirgends häufig zu finden.

Der Baumfalk ist vor allem Schrecken der Feldlerchen. Er verschmäht aber auch andere Vögel keineswegs und wird selbst den schnellen Schwalben gefährlich. Er fliegt gewöhnlich niedrig und schnell über der Erde hin. Wenn ihn im Frühling die Lerchen von weitem erblicken, so schwingen sie sich schnell in die Luft zu einer Höhe hinauf, daß sie das menschliche Auge kaum erkennen kann, weil er immer von oben herab auf seinen Raub stößt und sie daher, wenn sie einmal in einer so beträchtlichen Höhe sind, niemals angreift. Selbstverständlich beschränkt er seine Jagden nicht auf Rauch- und Mehlschwalben, Segler und Feldlerchen allein, sondern raubt ebenso andere kleine Vögel, auch fängt er regelmäßig Kerbtiere im Fluge, namentlich Heuschrecken.

Von seiner Heimat im hohen Norden aus zieht durch unser Gebiet in jedem Herbst ein kleiner reizender Edelfalk, um in Südeuropa und Nordafrika den Winter zu verbringen und im Frühling in sein Brutgebiet zurückzuwandern. Dies ist der *Merlin* (Falco columbarius), dessen Merkmale in dem kurzen, zusammengelegt nur zwei Drittel der Schwanzlänge erreichenden Flügel, dem schwachen Bartstreifen und der verschiedenartigen Färbung beider Geschlechter zu suchen sind. Die Länge des Merlin beträgt 23 cm; das Weibchen ist bis 6 cm länger. Bei diesem sind Stirne und Wangen gelblichweiß, Scheitel und Vorderkopf sowie die ganze Oberseite dunkelbläulich aschgrau, die Kehle weiß, die Unterseite schön rostgelb, bald lichter, bald dunkler, alle Federn durch schwarze Flecke geziert.

Ungeachtet seiner geringen Größe steht der Merlin an Raubfertigkeit, Mut und Kühnheit hinter keinem einzigen andern Edelfalken zurück. Ein so ausgezeichneter Flieger wie der Baumfalk ist er allerdings nicht; sein Flug erinnert im Gegenteil oft an den des Sperbers. Alles Kleingeflügel, welches in der Tundra lebt, liefert dem Merlin die nötige Nahrung.

Der *Turmfalk* (Falco tinnunculus) ist ein sehr schmucker Vogel. Beim ausgefärbten Männchen sind Kopf, Nacken und der Schwanz mit Ausnahme der blauschwarzen, weißgesäumten Endbinden aschgrau, die Oberteile schön rostrot, alle Federn mit dreieckigem Spitzenfleck, die Unterteile an der Kehle weißlichgelb, auf Brust und Bauch schön rotgrau oder blaßgelb, die einzelnen Federn mit schwarzem Längsfleck gezeichnet, die Schwungfedern schwarz und mit sechs bis zwölf weißlichen oder rostroten dreieckigen Flecken an der Innenfahne geschmückt, an der Spitze lichter

Seite 233: Afrikanischer Ohrengeier (Torgos tracheliotus)
Seite 234: Habicht (o.); Sperber (u.)

gesäumt. Das alte Weibchen ist auf dem ganzen Oberkörper rötelrot, bis zum Oberrücken mit schwärzlichen Längsflecken. Auf der Unterseite ähnelt die Färbung der des Männchens. Die Jungen tragen das Kleid der Mutter. Die Länge beträgt 32 cm.

Von Lappland bis Südspanien und von den Amurländern bis zur Westküste Portugals fehlt der Turmfalk in keinem Land, darüber hinaus besiedelt er auch Nordafrika. Er lebt in Ebenen wie in gebirgigen Gegenden, gleichgültig, ob diese bewaldet sind oder nicht; denn er ist sowohl Felsen- wie Waldbewohner. Im Süden Europas tritt er häufiger auf als im Norden, fehlt hier jedoch keineswegs.

Der Turmfalk zählt unbestritten zu den liebenswürdigsten Falken unseres Landes. Seine weite Verbreitung und sein hier und da häufiges Vorkommen geben jedermann Gelegenheit, ihn zu beobachten; wer dies tut, wird ihn liebgewinnen müssen. Vom frühen Morgen bis zum späten Abend, oft noch in tiefer Dämmerung, sieht man ihn in Tätigkeit. Von seinem Horst aus, der häufig auf Kirchtürmen und in altem Gemäuer zu finden ist, fliegt er einzeln oder paarweise, im Herbst wohl auch in größeren Gesellschaften, mindestens jedoch im Verein mit seiner herangewachsenen Familie, auf das freie Feld hinaus, stellt sich rüttelnd über einem bestimmten Punkte fest, überschaut von diesem sehr sorgfältig das Gebiet unter sich und stürzt, sobald sein unübertrefflich scharfes Auge eine Maus, eine Heuschrecke, Grille oder sonst ein größeres Kerbtier erspäht hat, mit hart an den Leib gezogenen Flügeln fast wie ein fallender Stein zum Boden herab, breitet, dicht darüber angelangt, die Fittiche wiederum ein wenig, faßt die Beute nochmals ins Auge, greift sie mit den Fängen, erhebt sich und verzehrt sie nun entweder fliegend oder trägt sie, wenn sie größer ist, zu einer bequemeren Stelle, um sie dort zu verspeisen. Brütet das Weibchen auf den Eiern, so kündet er durch ein von seinem sonstigen Lockruf sehr verschiedenes, gezogenes und etwas schrilles Geschrei schon von weitem seine Ankunft und sein Jagdglück. Wird er von seinen im Fange noch ungeübten Jungen umgeben, so entsteht ein lustiges Getümmel um den Ernährer, und jeder bemüht sich, der erste zu sein, welchem die Jagdbeute gereicht wird.

Der *Gerfalk* oder *Jagdfalk* (Falco rusticolus) ist Bewohner des hohen Nordens der Erde. Er ist gekennzeichnet durch bedeutende Größe, einen verhältnismäßig starken, in scharfem Bogen gekrümmten Schnabel und die bis zu zwei Drittel der Länge befiederten Fußwurzeln. Das Gefieder des Jagdfalken ist weiß, mehr oder weniger mit düster schwarzbraunen Flecken gezeichnet, welche fast vollständig verschwinden können. Die Jagdfalken bewohnen vorzugsweise steile Seeküsten, auf deren Felswänden sie sich ansiedeln, ohne jedoch den Wald gänzlich zu meiden. Am liebsten siedeln sie sich in der Nähe der Vogelklippen an, da, wo während des Sommers Millionen von Seevögeln sich vereinigen, um zu brüten.

Habichtartige

Die Familie der Habichtartigen (Accipitridae) umfaßt 198 Arten und ist in neun Unterfamilien aufgeteilt. Hierzu zählen Habicht, Adler, Weihen, Milane, Bussarde und Altweltgeier. Die Familienkennzeichen liegen in dem gedrungenen Leib mit etwas langem Hals und ziemlich kleinem Kopf, in den kurzen, abgerundeten Schwingen, dem sehr langen Schwanz und den hohen Läufen mit großen oder kleinen Fängen.

Das Urbild der Familie, unser **Habicht** oder *Hühnerhabicht* (Accipiter gentilis), Abb. S. 234, ist ein großer, kräftiger Greifvogel von etwa 50 cm Länge. Das bedeutend größere und stärkere Weibchen ist noch 10 cm länger. Im ausgefärbten Kleide ist der Oberkörper schwärzlich graubraun, mehr oder weniger aschblau überflogen, der Unterkörper weiß, jede Feder mit braunschwarzen Schaftstrichen und Wellenlinien gezeichnet. Der Schnabel ist hornschwarz, die Wachshaut blaßgelb, der Fuß gelb.

Das Verbreitungsgebiet des Habichts erstreckt sich über den größten Teil Europas, Mittelasiens, Nordwestafrikas und Nordamerikas. Er verlangt einen dichten Baumbestand, in dem er sich ruhig niederlassen und von dem aus er leichte Beute gewinnen kann. Er liebt daher besonders Wälder, die mit Feldern und Wiesenflächen abwechseln, kommt jedoch in größeren Waldungen häufiger vor als in kleineren.

Der Habicht ist als einsamer, ungeselliger Greifvogel, der nur in der Paarungs- und Brutzeit mit seinem Gatten zusammenhält, ein höchst ungestümer, wilder, dreister, schneller, starker und dabei listiger und scheuer Greif. Sein Flug ist immer schnell; wenn er stößt, jedoch reißend. Für gewöhnlich schleicht er nach Strauchritterart niedrig über den Boden, folgt Waldsäumen und Buschreihen, kreuzt oft Baumgruppen und Gebüsche oder schwenkt hart über deren Spitzen hinweg. Kaum ein anderer Greifvogel

Seite 235: Kampfadler (Polemaetus bellicosus), der stattlichste afrikanische Adler (o.); Steinadler (u.)
Seite 236: Schmutzgeier (o.); Andenkondor (u.)

entfaltet im Fluge so verschiedenartige Bewegungen wie der Habicht, welcher Schnelligkeit mit jähen und unerwarteten Wendungen, dahinstürmendes Jagen mit für einen so großen Vogel überraschender Gewandtheit in sich vereinigt. Jetzt steigt er rasch empor, schwebt einigemal umher, stößt plötzlich herab, fliegt mit der größten Sicherheit durch dichte Bäume hindurch und ist bald hoch, bald tief. Zum Aufbäumen wählt er sich stets die untersten Äste und soweit wie möglich die Stammnähe.

Man sieht den Habicht zu jeder Tageszeit, auch in den Mittagstunden, welche die meisten übrigen Greifvögel der Ruhe widmen, in Bewegung und Tätigkeit. Er durchstreift ein großes Gebiet ziemlich regelmäßig und kehrt dahin längere Zeit hindurch tagtäglich zurück. Bei uns ist er der Schrecken der Rebhühner, Wild- und Haustauben, Wild- und Hausenten, in vielen Walddörfern der gefährlichste Feind unseres Hausgeflügels überhaupt. Wie der Sperber überrascht er stets durch sein Erscheinen und kommt dadurch fast immer zum Ziele. Unseren Haustauben jagt er fortwährend nach, und ein einziges Habichtpaar kann den reichsten Schlag binnen weniger Monate entvölkern. Mit ebenso unermüdlicher Ausdauer wie den Vögeln stellt er auch Säugetieren nach. Die jungen Hasen überwältigt er leicht, die alten aber greift er planmäßig an. Er stößt nämlich, wenn sich Lampe durch die Flucht zu retten sucht, zu wiederholten Malen mit dem Schnabel auf ihn herab; und wenn der Hase dann verwundet und ermattet ist, greift er mit den Fängen zu und tötet ihn mit dem Schnabel und mit den Krallen.

Der Horst wird auf den ältesten und höchsten Bäumen des Waldes, meist auf starken Ästen nahe am Stamm, angelegt, ist sehr groß und flach, besteht unten aus dürren Ästen, weiterhin aus Reisern und wird oben mit grünen Tannen-, Fichten- und Kieferzweigen belegt.

Unser *Sperber* (Accipiter nisus), Abb. S. 234, ist nur 30 cm lang, das bedeutend stärkere Weibchen ist um 8 cm länger. Bei den alten Vögeln ist die ganze Oberseite schwärzlich aschgrau, die Unterseite weiß mit rostroten Wellenlinien; der Schwanz ist fünf- bis sechsmal schwarz gebändert und an der Spitze weiß gesäumt. Die jungen Vögel sind oben graubraun, unten weiß, an Kehle und Vorderhals braun in der Länge gestreift, an Bauch und den Schenkeln quer gefleckt. Der Schnabel ist blau, die Wachshaut gelb, der Fuß blaßgelb.

In Europa fehlt der Sperber nirgends. Er bewohnt Waldungen aller Art, namentlich Feldgehölze, am liebsten solche in bergigen Gegenden, scheut sich aber keineswegs vor dem Menschen, siedelt sich im Gegenteil gern in unmittelbarer Nähe der Dörfer und Städte an, jagt selbst kleine Baumgruppen im Herzen großer Städte ab.

Er ist das treue Bild eines strolchenden Diebes und unterscheidet sich in seinem Auftreten wesentlich von allen übrigen europäischen Habichtartigen. Nur wenn er von einem Waldesteil zum anderen und über freies Feld fliegen will, zieht er, sich abwechselnd durch einige rasch aufeinanderfolgende Flügelschläge fördernd und dann mit ausgebreiteten Flügeln schwebend, geradenwegs dahin; gewöhnlich folgt er dem Saum des Waldes oder dem Rand von Gebüschen und beschreibt hierbei beständig Schwenkungen der verschiedensten Art. Im Wald sieht man ihn dann und wann wohl auch über den Baumkronen, viel häufiger aber zwischen und unter denselben fliegen; in Gebüschen oder an Zäunen streicht er förmlich lauernd dicht über dem Boden dahin, schwenkt plötzlich zwischen dem Astwerk hindurch, jagt die andere Seite der Buschreihe ab, streift hart über die Wipfelspitzen hinweg, schwenkt wiederum, erscheint deshalb immer urplötzlich in unmittelbarer Nähe der zwischen den Zweigen sitzenden Vögel, schwingt sich jählings in die Höhe und stürzt sich pfeilschnell auf die ins Auge gefaßte Beute herab. Der Sperber ist der Feind aller kleinen Vögel, er verschmäht aber ebensowenig kleine Säugetiere.

Der Horst steht in Dickichten oder Stangenhölzern, selten hoch über dem Boden, aber möglichst gut verborgen, wenn möglich auf Nadelbäumen nahe am Stamm.

Die größten Greifvögel, die selbsterworbene Beute genießen und nur ausnahmsweise Aas angehen, werden **Adler**, Abb. S. 235, genannt. Sie sind große oder sehr große Vögel von gedrungenem Leibesbau mit mittelgroßem, befiedertem Kopfe und starkem, an der Wurzel geradem, erst gegen die Spitze gekrümmtem Schnabel, dessen Oberkiefer keinen Zahn besitzt.

Der *Stein-* oder *Goldadler* (Aquila chrysaëtos), Abb. S. 235, ist der größte, stärkste und am gedrungensten gebaute unter den zunächst verwandten Arten, der „Adler" ohne weitere Nebenbezeichnung, der Beizvogel aller innerasiatischen Reitervölker, der Held der Fabel und das Urbild des Wappentieres, das Sinnbild der Kraft und Stärke. Seine Länge beträgt 80–90 cm, die Flügelspannweite 2 m und darüber.

Der Steinadler bewohnt das Hochgebirge und sehr ausgedehnte Waldungen Europas und Asiens, streift auch nach Nordostafrika hinüber. In unserem Lande horstet er allein im bayerischen Hochgebirge.

Der Adler siedelt sich am liebsten in einer ganz und gar unzugänglichen Felswand an. Am einmal erwählten Gebiet hält das vereinte Paar mit Zähigkeit fest, verläßt es, wenn der Wildreichtum der Gegend es gestattet, auch im Winter nicht, besucht um diese Zeit sogar regelmäßig die Horste. Von dem Nistplatz aus unternimmt das Paar tagtäglich Streifzüge. Es verläßt den Ort der Nachtruhe erst längere Zeit nach Sonnenaufgang und streicht nun in ziemlich bedeutender Höhe kreisend durch das Gebiet. Wehe dem nicht allzu schnellen Wilde, welches eines der vier scharfen Augen erspäht: es ist verloren, wenn nicht ein Zufall es rettet. Ebenso wie beide Adler gemeinschaftlich jagen, verzehren sie auch gemeinsam die erlegte Beute. Die Jagd währt bis gegen Mittag; dann kehrt der Räuber in die Nähe des Horstes zurück oder wählt sich einen anderen sicheren Punkt, um auszuruhen. Regelmäßig geschieht dies, wenn er einen guten Fang hatte. Er sitzt dann mit gefülltem Kropf und lässig getragenem Gefieder längere Zeit auf ein und derselben Stelle und gibt sich der Ruhe und der Verdauung hin. Seine Beute ist sehr mannigfaltig. Unter unseren deutschen Vögeln sind nur die Raubvögel, die Schwalben und die schnellen Singvögel vor ihm sicher, unter den Säugern nur die großen Tiere.

Der Adler horstet frühzeitig im Jahr, gewöhnlich schon Mitte oder Ende März. Sein Horst steht im Gebirge, vorzugsweise in großen, oben gedeckten Nischen oder auf breiten Gesimsen. Dünnere Zweige bilden den Oberbau, feinere Reiser und Flechten die Ausfütterung der sehr flachen Mulde. Ein solcher Horst mißt 1,30–2 m im Durchmesser. Man findet jeweils zwei bis drei Eier im Horst, selten aber mehr als zwei Junge, oft nur ein einziges. Das Weibchen brütet ungefähr fünf Wochen. Die aus dem Ei geschlüpften Jungen, die bereits in den ersten Maitagen das Licht der Welt erblicken, sind wie andere Raubvögel auch dicht mit graulichweißem Wollflaum bedeckt, wachsen ziemlich langsam heran und werden meist erst Ende Juli flugfähig. Beide Eltern widmen sich ihnen mit hingebender Zärtlichkeit.

Ein jung aufgezogener Adler wird sehr zahm und menschenfreundlich, so daß er vom Falkner gut zum Beizvogel abgewickelt werden kann.

An allen Seeküsten des östlichen Europa lebt der *See-* oder *Meeradler* (Haliaëtus albicilla), ein gewaltiger, je nach der Gegend in der Größe, weniger jedoch in der Färbung erheblich abändernder Adler von 85 bis 95 cm Länge und fast 2,50 m Spannweite der Flügel. Der ausgefärbte Vogel ist auf der Ober- und Unterseite düster erdbraun, die Federn des etwas abgerundeten Schwanzes sind dagegen rein weiß.

Seeadler sind träge, aber kräftige, ausdauernde und beharrliche Raubvögel, dabei Räuber der gefährlichsten Art. Sie jagen auf alles Wild, das sie überwältigen können, und machen außerdem von ihren unbefiederten, das Fischen erleichternden Fängen umfassenden Gebrauch. Den Igel schützt sein Stachelkleid ebensowenig wie den Fuchs sein Gebiß, der Wildgans nützt ihre Vorsicht nicht mehr als dem Tauchvogel seine Fertigkeit, unter den Wellen zu verschwinden. An der Seeküste stellt der Seeadler verschiedenen Meeresvögeln, namentlich Enten und Alken sowie Fischen oder Meersäugetieren, nach.

Das letzte Mitglied der Adlergruppe, das wir hier erwähnen wollen, ist der durch Gestalt und Lebensweise gleich auffallende *Fluß-* oder **Fischadler** (Pandion haliaëtus). Er unterscheidet sich aber in vieler Hinsicht so wesentlich von den übrigen Adlern, daß man ihn sogar in einer eigenen Unterfamilie von den anderen Greifvögeln absondert. Bezeichnend für den Flußadler ist sein glatt anliegendes fettiges Gefieder. Kopf und Nacken sind auf gelblichweißem Grund schwarzbraun in die Länge gestreift, und alle Federn sind scharf zugespitzt; die übrigen Oberteile sind braun, die Unterteile dagegen weiß oder gelblichweiß. Auf der Brust bilden braune Federn ein Schild oder Halsband. Der Schnabel und die Krallen sind glänzend schwarz. Die Länge beträgt 58 cm.

Der Fischadler ist einer der wenigen Vögel, die buchstäblich auf der ganzen Erde gefunden werden. Er nährt sich fast ausschließlich von Fischen, nur selten von anderer Beute, z. B. von Seeschlangen. Bei seiner Jagd streicht er in einer Höhe von ungefähr 20 m über dem Wasser auf und nieder, hält auch wohl zeitweise still, rüttelt wie ein Turmfalke über einer Stelle, um einen etwa erspähten Fisch fester ins Auge zu fassen, und stürzt dann mit weit vorgestreckten Fängen in etwas schiefer Richtung mit großer Schnelligkeit und Gewandtheit auf das Wasser herunter, verschwindet unter den Wellen, arbeitet sich aber rasch wieder empor, erhebt sich durch einige federnde Flügelschläge auf die Oberfläche des Wassers, schüttelt die Tropfen durch zuckende Bewegungen bestmöglichst ab und streicht mit der gefangenen Beute ab.

Neben dem Fischotter ist der Fischadler der größte Feind einer geordneten Teichwirtschaft und allen Fischereibesitzern aus diesem Grunde verhaßter als jeder andere Greifvogel. Infolge der unablässigen Nachstellungen ist er daher in Mitteleuropa sehr selten geworden.

Die **Milane** sind mittelgroße, schlank gebaute Greifvögel mit verhältnismäßig kleinem, jedoch ziemlich langhakigem, zahnlosem, weit gespaltenem Schnabel, wenig befiederten Läufen und mäßig großen, mit Krallen bewaffneten Fängen, verhältnismäßig sehr großen und langen Flügeln, langem, mehr oder minder gabelförmigem Schwanz und großem, lockerem und abstehendem Gefieder.

Wohl der ausgezeichnetste aller Milane ist der *Rote Milan* oder die *Gabelweihe* (Milvus milvus), ein stattlicher Greifvogel von 61 cm Länge. Kennzeichnend für ihn ist der tief gegabelte Schwanz. Das Gefieder ist vorherrschend rostrot gefärbt. Ebene Gegenden Europas, Nordwestafrikas und Kleinasiens sind seine Heimat. Bei uns ist er mancherorts keineswegs selten. Kleine Säugetiere und noch nicht flugfähige Vögel, Echsen, Schlangen, Frösche und Kröten, Heuschrecken, Käfer und Regenwürmer bilden die Nahrung des Roten Milans.

Bald nach seiner Ankunft im Frühjahr schreitet er zur Fortpflanzung. Falls irgend möglich, bezieht er wieder den Brutplatz, den er im vorigen Jahre innehatte, dazu jedoch nicht immer denselben Horst. Wenn er es haben kann, nimmt er mit einem alten Krähennest oder Falkenhorst vorlieb; sonst führt er den Bau selbst aus. Die zwei bis drei, in sehr seltenen Fällen wohl auch vier Eier ähneln denen des Mäusebussards in hohem Grade. Nach einer Brutzeit von etwa vier Wochen entschlüpfen die Jungen, und nun wetteifern beide Eltern geradezu, ihnen Nahrung in Hülle und Fülle herbeizuschleppen. Ihre Gefräßigkeit ist der anderer Greifvögel vollkommen gleich und spornt die Alten zu fast ununterbrochener Jagd an.

In manchen Gegenden unseres Landes vertritt der *Schwarze Milan* (Milvus migrans) den Roten Milan, an anderen Orten gesellt er sich zu ihm. Er ist merklich kleiner als die Gabelweihe. Seine Länge beträgt 55 cm. Das Gefieder ist in allen Teilen erheblich dunkler als das des Roten Milans, auch ist der Schwanz weniger tief gegabelt.

Die **Weihen** (Circinae) sind mittelgroße, schlank gebaute Greifvögel mit schwachem, stark gekrümmtem, langhakigem Schnabel, sehr langen und kurzzehigen Füßen, großen und langen, aber ziemlich schmalen Flügeln, mittellangem Schwanz und weichem, seidig glänzendem Gefieder.

Unsere *Kornweihe* (Circus cyaneus) ist einer der schönsten Habichtartigen unseres Erdteils. Die ganze Oberseite des alten Männchens, mit Ausnahme des braun und weiß längsgestreiften Genicks, hat licht aschbraune, die Unterseite weiße Färbung; die erste Schwinge ist schwarzgrau, die fünf folgenden sind schwarz, gegen die Wurzel hin grau oder weiß. Bei dem alten Weibchen ist die Oberseite fahlbraun, das Gefieder des Hinterkopfes, Hinterhalses und des Oberflügels rostgelblich gerändert. Die Länge beträgt 43–51 cm. Die Kornweihe bewohnt ganz Mitteleuropa und ebenso einen großen Teil von Mittelasien und Nordamerika. Sie ist Charaktervogel der Ebenen, insbesondere solcher, in denen Felder, Wiesen und Gewässer miteinander abwechseln.

Der Horst, den die Kornweihe errichtet, ist ein erbärmlicher Bau. Er steht unter allen Umständen auf dem Boden, entweder in einem sperrigen und niedrigen Strauch, auf jungen Holzschlägen oder im schießenden Getreide, im hochgewachsenen Gras sumpfiger Wiesen und selbst im Schilf oder Rohr. Eigentlich ist er nichts anderes als ein Haufen trockener Reiser, Gras- und Rohrhalme. Die Eier, vier bis fünf an der Zahl, sind matt grünlichweiß gefärbt. Die kleinen, allerliebsten, in ein dichtes graulich überflogenes Jugendkleid gehüllten Vögel schlüpfen nach 30 Tagen Brutdauer.

Hier in Deutschland gesellt sich zur Kornweihe die *Wiesenweihe* (Circus pygargus). Die Länge beträgt 44 cm. Das alte Männchen, unzweifelhaft die schönste unserer Weihenarten, ist auf Kopf, Nacken, Rücken und Oberbrust bläulich-, im Nacken und Rücken wegen der hier merklich hervortretenden dunklen Federsäume dunkel aschgrau gefärbt, auf Unterbrust, Bauch und Hose weiß und durch schmale, rostrote Schaftstriche besonders geschmückt. Beim alten Weibchen wie beim jüngeren Weibchen, die ein sehr ähnliches Kleid tragen, ist die vorherrschende Färbung der Oberseite braungrau.

Das Verbreitungsgebiet der Wiesenweihe erstreckt sich über Europa, Westasien und Nordwestafrika. In Deutschland zählt sie zu den selteneren Arten der Sippe. Ihrem Namen entsprechend verlangt sie weite Wiesen oder wenigstens im Sommer auf größere Strecken hin trockene Sümpfe, siedelt sich daher vornehmlich in der Nähe von Flüssen und insbesondere in Niederungen an, welche während des Winters bei hohem Wasserstand unter Wasser gesetzt werden. Daher bewohnt sie in unserm Land vorzugsweise die norddeutsche Ebene.

Bei der *Rohrweihe* (Circus aeruginosus) unterscheidet sich das Kleid nicht allein nach Geschlecht und Alter, sondern auch nach der Jahreszeit ziemlich erheblich. Beim alten Männchen sind die Federn der Stirn und des Scheitels braungelb gerändert, die der übrigen Oberseite kaffeebraun, die der Wangen und Kehle blaßgelb, die des Vorderhalses und der

Vorderbrust gelbbraun in die Länge gefleckt, die des übrigen Unterkörpers rostrot, die Handschwingen schwarzbraun, ein Teil der Armschwingen und die großen Flügeldecken schön aschgrau. Beim alten Weibchen ist die Färbung stets weniger lebhaft und eintöniger. Die Länge beträgt 45–50 cm. Das Weibchen ist etwas größer als das Männchen.

Vom 57. Breitengrad an nach Süden zu fehlt die Rohrweihe in keinem Lande und keinem Teil Europas. Außerdem kommt sie in der ganzen Alten Welt bis Australien vor. Mehr als jede andere Weihe ist sie an Niederungen gebunden; denn Sumpf und Wasser gehören unbedingt zu den Notwendigkeiten ihres Lebens. Bei uns zulande ist sie ein Zugvogel, der erscheint, sobald die Gewässer im Frühjahr auftauen, und meist frühestens im März, spätestens im April eintrifft, schon im August zu wandern beginnt und uns spätestens bis Ende Oktober ganz verlassen hat. Im Süden Europas beobachtet man sie bereits als Standvogel. Gesellig wie alle Weihen, sucht die Rohrweihe während der Reise nicht nur die Gesellschaft ihresgleichen, sondern vereinigt sich zeitweilig sogar mit Bussarden und Sperbern.

Lebensweise und Wesen kennzeichnen die Rohrweihe als unedlen Greifvogel. Ihr schwacher Bau erlaubt nur gemeine Jagd auf niederes Wild. Dem Menschen weicht sie ängstlich aus, weiß sich auch geschickt durch die Flucht ins Schilf oder nach ungangbaren Sumpfstellen zu retten. Außer zur Paarungszeit bemerkt man den großen Greifvogel viel weniger, als man glauben sollte. Tagsüber verhält er sich ruhig im Schilf und betreibt hier seine Jagd in aller Stille, jedoch mit genügendem Erfolg. Dies gilt besonders dann, wenn er seine Wohnstätte in ausgedehnten Morästen, an stehenden Gewässern und in Brüchen aufgeschlagen hat. Hier sitzt er tagsüber auf starken Rohrstengeln, umherschwimmenden Holzstücken, alten heraussstehenden Pfählen und dergleichen, immer aber soweit wie möglich vom Ufer entfernt. Nur bei Gefahr sucht die Rohrweihe mit schweren Flügelschlägen ihr Heil in der Flucht.

Der Horst pflegt ein ziemlich großer, aus Ästen, Rohr und Gräsern zusammengesetzter Bau zu sein, der flach am Boden liegt.

Die **Bussarde** (Buteoninae), sind plumpgestaltete Falken von mittlerer Größe. Ihr Schnabel ist kurz, von der Wurzel an gekrümmt, am Rande zahnlos, der Fuß mittelhoch, mit spitzen, scharf gekrümmten Krallen bewehrt, der Flügel ziemlich lang und rundlich, der Schwanz mittellang. Düstere Färbung ist vorherrschend.

Die Bussarde bewohnen Gebirge und Ebenen, am liebsten kleinere Waldungen, die von Feldern umgeben sind. Während der Brutzeit siedelt sich das Paar fest an und bemächtigt sich der Herrschaft über ein gewisses Gebiet, doch vertreiben die Bussarde, durchweg sehr friedliche Vögel, nur aus der nächsten Nähe des Horstes eifersüchtig andere ihrer Art. Unsere nordischen Arten sind Wander- oder Strichvögel; diejenigen, welche in wärmeren Ländern leben, können als Standvögel angesehen werden. Alle Arten fliegen langsam, aber anhaltend und lange Zeit schwebend, mehr nach der Art der Adler als nach der Art der Weihen. Wenn sie ihre Beute erspäht haben, rütteln sie über ihr, wie es die kleineren Falken tun; beim Angriff stoßen sie verhältnismäßig langsam in schiefer Richtung nach unten. Sehr gern jagen sie von einer Warte aus. Unter ihren Sinnen steht das Gesicht unzweifelhaft obenan: Ihr Auge kommt an Schärfe dem Adlerauge gleich. Mit anderen Greifvögeln leben sie in leidlichem Frieden. Sie werden dagegen des öfteren von kleinen Greifvögeln angegriffen, besonders aber von Krähen.

Kleine Wirbeltiere und Kerfe, Schnecken, Würmer, Larven und sogar Pflanzenstoffe bilden die Nahrung der Bussarde. Alle Arten der Unterfamilie erweisen sich nützlich. Sie vertilgen die lästigen Mäuse in unzählbarer Menge und kämpfen außerdem ausgiebig mit Schlangen.

Der ziemlich kunstlose, dem anderer Greifvögel im wesentlichen ähnliche Horst wird auf hohen Bäumen angelegt. Die Zahl der Eier eines Geleges schwankt zwischen eins und vier. Die Jungen werden von beiden Eltern ernährt, gegen Angriffe verteidigt und nach dem Ausfliegen noch längere Zeit geführt. Jung aus dem Nest genommene Bussarde werden so zahm, daß sie an Aus- und Einfliegen gewöhnt werden können.

Unser *Mäusebussard* (Buteo buteo) ist das Urbild der Gruppe. Er erreicht eine Länge von 50–56 cm. Über die Färbung ist schwer etwas Allgemeingültiges zu sagen; denn der Bussard ändert außergewöhnlich stark ab, so daß man selten zwei vollkommen gleich gefärbte Tiere sieht. Einzelne sind gleichmäßig schwarzbraun, auf dem Schwanz gebändert, andere braun auf der Oberseite, der Brust und den Schenkeln, sonst aber auf lichtbraunem Grund in die Quere gefleckt, andere licht-

Mäusebussard

braun, bis auf den Schwanz längsgestreift, andere gelblichweiß mit dunkleren Schwingen und Schwanzfedern, auf der Brust gefleckt, auf den Steuerfedern gebändert usw.

Das Verbreitungsgebiet des Bussards reicht nicht weit über Europa hinaus. Schon in den Steppen Südrußlands ersetzt ihn der merklich größere und hochläufigere, an seinem meist lichten, fast weißem Schwanze zu erkennende *Adlerbussard* (Buteo rufinus).

Der geübte Beobachter erkennt den Bussard, der bei uns zu den häufigsten Großvögeln zählt, auf den ersten Blick. Gewöhnlich sitzt er zusammengedrückt, mit wenig anliegenden Federn und gern auf einem Fuß. Der Stein, der Erdhügel oder der Baum, den er zum Ruheplatz erwählt hat, dient ihm als Warte, von welcher aus er sein Gebiet überschaut. Der Flug ist langsam, aber leicht, fast geräuschlos und auf weite Strecken hin schwebend. Beim Angriff fällt er mit hart angezogenen Schwingen zu Boden herab, breitet dicht über diesem die Fittiche wieder, fliegt wohl auch noch eine kurze Strecke über dem Boden dahin und greift dann mit weit ausgestreckten Fängen nach seiner Beute. Seine Stimme ähnelt dem Miauen einer Katze, und ihr verdankt er seinen Namen, da das Wort „Buse" früher soviel wie Katze bedeutete, der Bussard also Katzenaar genannt worden ist.

Ende April oder Anfang Mai bezieht der Bussard seinen alten Horst wieder oder erbaut einen neuen. Er erwählt hierzu einen ihm passenden Baum in Laub- oder Nadelwäldern und errichtet hier, bald höher, bald niedriger über dem Boden, in der Regel möglichst nahe am Stamm, den fast immer großen, mit den Jahren an Umfang zunehmenden Bau. Drei bis vier Eier, die auf grünlichweißem Grund hellbraun gefleckt sind, bilden das Gelege. Die Jungen werden von beiden Eltern gemeinschaftlich ernährt.

Die nördlichen Länder der Erde, insbesondere die Tundra, bewohnt ein Bussard, welcher sich durch seine wie bei allen Adlern befiederten Fußwurzeln besonders auszeichnet, der *Rauhfußbussard* (Buteo lagopus). Der Schnabel ist klein und schmal, stark gekrümmt und langhakig; die ungemein abändernde Färbung ist ein Gemisch von Weiß, Gelblichweiß, Rotgrau, Braunschwarz und Braun. Die Länge beträgt 51–61 cm. Obwohl der Rauhfußbussard in verschiedenen Teilen Deutschlands, insbesondere aber auf Rügen und in Westpreußen gehorstet haben soll, liegt unser Land doch außerhalb der Grenze seines eigentlichen Brutgebietes. Bei uns trifft der Rauhfußbussard, von Norden kommend, regelmäßig Mitte Oktober ein, um hier in seiner Winterherberge bis in den März zu bleiben.

Geier

Die *Geier* sind die größten aller Greifvögel. Der Schnabel ist länger oder mindestens ebensolang wie der Kopf und gerade, nur vor der Spitze des Oberschnabels hakig herabgebogen. Ein eigentlicher Zahn fehlt immer. Die Füße sind kräftig, die Zehen jedoch schwach, die Nägel kurz, wenig gebogen und immer stumpf, so daß die Fänge als Angriffswerkzeug wenig Bedeutung haben. Die Flügel sind außerordentlich groß, dabei aber breit und meist sehr abgerundet. Der Schwanz ist mittellang, gerundet oder stark abgestuft und aus steifen Federn gebildet. Der Schlund erweitert sich zu einem Kropf von beträchtlicher Größe, welcher, gefüllt wie ein Sack, aus dem Halse hervortritt.

Der irreführende, frühere Name Raubvogel verliert bei ihnen seine Bedeutung. Wenige von ihnen, und auch diese nur ausnahmsweise, greifen lebende Tiere in der Absicht an, sie zu töten; für gewöhnlich sammeln sie einfach das auf, was ein günstiger Zufall ihnen überläßt: Sie fressen die Leichen, die sie finden. Vögel, die sich so ernähren, können nur in warmen oder gemäßigten Zonen der Erde hausen. Der reiche Süden zeigt sich freigebiger als der Norden und liefert auch den Geiern so viel, daß sie sich durchs Leben schlagen können. Mit Ausnahme Australiens beherbergen alle Erdteile Geier. Die Alte Welt ist reicher an ihnen als die Neue, und die hier lebenden Arten sind außerdem noch hinsichtlich ihres Vorkommens weit mehr beschränkt als jene der östlichen Erdhälfte. Einige finden sich in annähernd gleich großer Menge in Europa, Asien und Afrika. Von einem eigentlichen Standort ist bei ihnen kaum zu reden. Ihre ungeheuren Flugwerkzeuge befähigen sie und die Eigentümlichkeit ihres Nahrungserwerbs nötigt sie, weitere Strecken zu durchstreifen, als irgendein anderer Raubvogel sie durchfliegt. Bloß während der Fortpflanzungszeit bindet sie die Sorge um ihre Brut an ein und dasselbe Gebiet; während des übrigen Jahres führen sie mehr oder weniger ein Wanderleben. Mit voller Überzeugung kann man von ihnen sagen, daß sie überall und nirgends zu finden sind. Sie erscheinen plötzlich massenhaft in Gegenden, in denen man tage- und wochenlang nicht einen einzigen wahrgenommen hat, und verschwinden ebenso spurlos wieder, wie sie gekommen sind.

Nicht selten verläuft eine Geiermahlzeit so, daß sich mehrere Geier untereinander um die Beute zanken. Schon in Südeuropa und noch mehr in ganz Afrika stellen sich dazu an den Plätzen, an denen Geier in der Nähe bewohnter Ortschaften ein Aas aufzuräumen haben, noch andere hungrige Gäste ein. In allen südlichen Ländern sind die Hunde teilweise auf Aasnahrung angewiesen. Im tieferen Innern Afrikas treten zu den Hunden noch die Marabus. Ihnen gegenüber haben die Geier oft schwere Kämpfe zu bestehen; der nagende Hunger aber macht sie dreist und furchtbar für den Gegner. Selbst die größten Hunde werden vertrieben, sosehr sie auch knurren und die Zähne fletschen; denn jeder Geier erkennt in ihnen einen gefährlichen Beeinträchtiger seines Gewerbes. Selbst der bissige Hund vermag gegen die Geier nichts auszurichten. Anders verhält es sich mit den Marabus. Sie lassen sich von den Geiern nicht vertreiben, sondern schmettern mit ihren Keilschäbeln rechts und links unter die Menge, bis diese ihnen Platz macht.

Die Systematik teilt die Geier in die altweltlichen, Abb. S. 233, und neuweltlichen ein, wobei erstere eine Unterfamilie der Greifvögel bilden, während die Neuweltgeier den Rang einer eigenen Familie bekommen haben. Die edelsten Mitglieder der **Altweltgeier** (Aegypiinae) sind die *Bartgeier*. Sie zeichnen sich durch auffallend gestreckten Leibesbau aus. Ihr Kopf ist groß, lang, vorn platt, hinten etwas gewölbt, der Hals kurz, der Flügel sehr lang und spitz. Die Schnabelwurzel umgeben nach vorn gerichtete Borstenbüschel, welche die Wachshaut bedecken und auch den Unterschnabel teilweise einhüllen; das übrige Gefieder liegt knapp an und verlängert sich namentlich an den Hosen bedeutend und bedeckt die Fußwurzeln bis gegen die Zehen hinab.

Der *Bart-* oder *Lämmergeier* (Gypaëtus barbatus) ist 1–1,15 m lang, die Flügelspannweite beträgt bis 2,70 m. Das Gefieder des alten Vogels ist auf Stirn, Scheitel und an den Kopfseiten gelblichweiß, auf den Oberflügeln dunkelschwarz, der ganze Unterkörper ist hoch rostgelb. Der Bartgeier ist weit verbreitet. In Europa bewohnt er die Alpen, die Pyrenäen sowie alle höheren Gebirge der drei südlichen Halbinseln und endlich den Kaukasus. In Asien verbreitet er sich über sämtliche Hochgebirge vom Altai an bis zu den chinesischen Rand- und Mittelgebirgen. In Afrika beschränkt sich sein Wohngebiet auf den Nordrand des Erdteils. Mehr als jedes andere Mitglied seiner Familie, vielleicht mit alleiniger Ausnahme der Kondore, darf der Bartgeier als ein Bewohner der höchsten Gebirgsgürtel angesehen werden.

Beim Fliegen läßt er seinen Blick nach allen Seiten schweifen, bis er etwas entdeckt hat; dann beginnt er sofort seine Schraubenlinien über dem Gegenstand zu drehen; sein Genosse vereinigt sich sogleich mit ihm, und beide verweilen nun, oft lange kreisend, über einer Stelle, bevor sie ihre Wanderung fortsetzen. Zeigt sich der Fund der Mühe wert, so lassen sie sich allmählich tiefer herunter, setzen sich endlich auf den Boden und laufen nun wie Raben auf das Gesuchte zu. Beim Fußen wählt der Bartgeier stets erhabene Punkte, am liebsten vorstehende Felszacken oder wenigstens Felsplatten. Man erkennt, daß ihm das Auffliegen schwer wird und er es deshalb vorzieht, beim Abstreichen gleich eine gewisse Höhe zu haben, um von hier aus ohne Flügelschlag sich weiterfördern zu können; denn wenn er einmal schwebt, genügt der geringste Luftzug, um ihn in jede beliebige Höhe emporzuheben.

Seine Nahrung besteht aus Knochen, Aas und lebenden Tieren. Große Knochen und gefangene Schildkröten trägt er zunächst in die Höhe und läßt sie von dort auf einen Felsen fallen, damit sie zerschellen. So gelangt er dann an das Mark bzw. an das Fleisch. Der Schaden, den der freilebende Bartgeier dem Menschen zufügt, ist gering, läßt sich zumindest nicht mit dem vom Steinadler verursachten vergleichen. Im Süden, wo ihn Aas und Knochen, Schildkröten und andere kleine Tiere mühelos ernähren, erlaubt er sich nur ausnahmsweise Übergriffe auf menschlichen Besitz. Dennoch wird er stark bejagt und ist schon recht selten geworden.

Ein anderer Altweltgeier ist der plumpe *Schmutzgeier* (Neophron percnopterus), Abb. S. 236. Er ist es, dessen Bildnis die altägyptischen Bauwerke zeigen und der von den alten Ägyptern und Hebräern als Sinnbild der Elternliebe gefeiert wurde. Er unterscheidet sich von allen bekannten Arten seiner Familie durch seine rabenähnliche Gestalt, die langen, ziemlich spitzen Schwingen, den langen, abgestuften Schwanz und die Art und Weise der Befiederung. Der Schnabel ist sehr in die Länge gestreckt, die Wachshaut über mehr als die Hälfte desselben ausgedehnt. Ein schmutziges Weiß, das in der Hals- und Oberbrustgegend mehr oder weniger ins Dunkelgelbe spielt, auf Rücken und Bauch aber reiner wird, herrscht vor; die Handschwingen sind schwarz, die Schulterfedern graulich. Die Länge des Weibchens beträgt bis 66 cm. Der Schmutzgeier wird unter den deutschen Vögeln mit aufgezählt, weil er einige Male in unserem Gebiet erlegt worden ist. Seine eigentliche Heimat ist Südeuropa, Afrika und Westasien.

Der *Gänsegeier* (Gyps fulvus) hat ein ähnliches Verbreitungsgebiet wie der Bartgeier. Er erreicht eine Länge von 1 m, eine Flügelspannweite von 2,50 m. Das Gefieder ist sehr gleichmäßig lichtfahlbraun. Beim Wegräumen eines Aases fressen die Gänsegeier vorzugsweise die Leibeshöhlen der toten Tiere aus. Einige Bisse schneiden ein rundes Loch in die Bauchwand, und in dieses stecken sie den langen Hals so tief hinein, wie sie können. Die edleren Eingeweide werden hinabgewürgt, ohne daß sie den Kopf aus der Höhle hervorziehen, die Gedärme aber erst an das Tageslicht geholt, durch heftige Bewegungen nach rückwärts hinausgezerrt, dann mit einem Biß durchschnitten und nun stückweise hinabgeschlungen. Es versteht sich von selbst, daß bei derartiger Arbeit Kopf und Hals mit Blut und Schleim überkleistert werden und die Gänsegeier nach dem Schmause ein wahrhaft abschreckendes Bild bieten.

Mönchsgeier

Europa beherbergt noch einen vierten Geier, den *Mönchsgeier* (Aegypius monachus). Es ist der neben dem Bartgeier größte Vogel unseres Erdteils. Die Länge des Weibchens beträgt bis 1,16 m. Das Gefieder ist gleichmäßig dunkelbraungrau, der Schnabel an der Wachshaut blau. Die Mönchsgeier kommen in den Mittelmeerländern und in Asien vor, gelegentlich auch in Mitteleuropa. Sie fallen mit den Gänsegeiern auf das Aas, gebärden sich hier aber viel ruhiger und anständiger als diese. Bei dem Schmause verzehren die Mönchsgeier zunächst die Muskelteile; Eingeweide eines Tieres fressen sie nur dann, wenn sie kein besseres Fleisch haben. Auch Knochen werden von ihnen verschlungen.

Neuweltgeier

Das auffallendste Kennzeichen der *Neuweltlichen Geier* (Cathartidae) sind die durchgehenden, großen, eiförmigen Nasenlöcher. Zu ihnen gehört der größte lebende Flugvogel, der *Andenkondor* (Vultur gryphus), Abb. S. 236, der eine Flügelspannweite von 2,90 m erreicht. Das Gefieder des Andenkondors ist schwarz, schwach dunkelstahlblau glänzend; die aus weichen, haarig wolligen, aber ziemlich langen Federn bestehende Halskrause ist weiß. Das Hochgebirge Südamerikas ist die Heimat des Kondors. In den Anden bevorzugt er einen Höhengürtel zwischen 3000 und 5000 m; an der Magellanstraße und in Patagonien horstet er in steilen Klippen unmittelbar an der Küste.

Er lebt während der Brutzeit paarweise, sonst in Gesellschaften, wählt sich steile Felszacken zu Ruheplätzen und kehrt, wie die Menge des abgelagerten Mistes beweist, regelmäßig zu ihnen zurück. Beim Wegfliegen erheben sich die Kondore durch langsame Flügelschläge; dann schweben sie gleichmäßig dahin, ohne einen Flügel zu rühren. Erspäht einer von ihnen etwas Genießbares, so läßt er sich herunter, und alle übrigen, die dies sehen, folgen ihm rasch nach. Er ist, ebenso wie andere Geiervögel, vorzugsweise Aasfresser.

Der *Königsgeier* (Sarcorhamphus papa) bewohnt die südamerikanischen Wälder und Savannen. Er ist bis 75 cm lang. Alte, ausgefärbte Vögel tragen ein wirklich prachtvolles Kleid. Die Halskrause ist grau, der Vorderrücken und die oberen Flügeldeckfedern sind lebhaft rötlichweiß, der Bauch und die Unterflügelfedern reinweiß, die Fittich- und Schwanzfedern tiefschwarz, Scheitel und Gesicht fleischrot, rundliche Warzen und eine wulstige Falte dunkelrot, Hals und Kopf hellgelb.

EULEN

Eulen

Die *Eulen* (Strigidae) bilden eine nach außen hin scharf begrenzte Familie. Sie sind gekennzeichnet durch ihren zwar dick erscheinenden, in Wahrheit aber sehr schlanken und schmalen, wenig fleischigen Leib, den ungemein großen, besonders am hinteren Teil breiten, dichtbefiederten Kopf mit sehr großen Augen, welche nach vorn gerichtet sind und von einem runden, strahlenförmigen Federkranz umgeben werden, breite und lange, muldenförmige Flügel und dem meist kurzen Schwanz. Der Schnabel ist von der Wurzel an stark abwärts gebogen, kurzhakig und zahnlos, die Wachshaut kurz und immer in den langen, steifen Borstenfedern des Schnabelgrundes versteckt. Die gewöhnlich bis zu den Krallen herab befiederten Beine sind mittelhoch. Die Klauen sind groß, lang, stark gebogen und außerordentlich spitz. Die Schwingen sind ziemlich breit, am Ende abgerundet und zum Körper hin gebogen; die äußere Fahne der ersten, zweiten und dritten Schwinge ist, mindestens bei den echten Tageulen, sonderbar gefranst oder sägeartig gezähnelt, die innere Fahne der Schwungfeder dagegen infolge ihrer weichen Nebenfasern seidenartig oder wollig. Die Augen sind ausnehmend groß und stark gewölbt.

Die Eulen, von denen man 133 Arten kennt, sind Weltbürger und bewohnen alle Erdteile. Waldungen sind ihre eigentlichen Heimstätten; sie fehlen aber auch in den Steppen, Wüsten oder dem pflanzenlosen Gebirge und in den Städten nicht. Die große Mehrzahl beginnt erst mit eintretender Dämmerung ihre Streifzüge; nicht wenige sind jedoch auch untertags tätig und gehen selbst in der Mittagszeit ihrer Nahrung nach. Ihr für kürzere Entfernungen überaus scharfes Auge, ihr außerordentlich feines Gehör, ihr weiches Gefieder befähigen sie noch in der Dunkelheit zu erfolgreicher Tätigkeit. Lautlos fliegen sie in nicht eben bedeutender Höhe über den Boden dahin, ohne durch das Geräusch der eigenen Bewegungen beeinträchtigt zu werden, vernehmen das leiseste Rascheln auf dem Boden und sehen, ungeachtet des Dunkels, selbst das kleinste Säugetier.

Alle Eulen fressen während ihres Freilebens nur selbstgeschlagene Beute. Vor allem sind es kleine Säugetiere, welche befehdet werden; die stärksten unter ihnen greifen aber auch größere, selbst raubfähige Säuger an oder verfolgen Vögel nach Art der Falken; einzelne sind Fischer, andere Kerbtierjäger. Die Verdauung ist sehr lebhaft; der scharfe Magensaft zersetzt alle Nahrung in kurzer Zeit. Knochen, Haare und Federn ballen sich zu Kugeln, Gewöllen zusammen und werden dann ausgespien. Dabei sperren die Eulen den Schnabel weit auf, nehmen den Kopf tief herab, treten von einem Bein auf das andere, kneifen die Augen zusammen, würgen, schütteln und entladen sich endlich des Gewölles. Untersuchte Gewölle zeigen, daß deutsche Eulen hauptsächlich Mäuse und Spitzmäuse, ausnahmsweise aber auch Ratten,

Waldkauz

Maulwürfe, Wiesel, Vögel und Käfer verzehren.

Viele Eulenarten nisten in Baumhöhlen, andere in Felsspalten oder Mauerlücken. Die Eier ähneln sich sämtlich; sie sind sehr rundlich, feinkörnig und weiß von Farbe. Die Jungen sitzen lange im Nest und erfüllen des Nachts dessen Umgebung mit ihrem Geschrei. Besonders dann, wenn sie bereits ausgeflogen sind, kann man sie hören.

Leider haben die Eulen viele Feinde. Alle Tagvögel sind ihnen feindlich gesinnt, gleichsam als ob sie sich für die ihnen während ihres Schlafes von den Nachträubern zugefügten Angriffe rächen wollten. Fast sämtliche Taggreifvögel gebärden sich wie sinnlos, wenn sie eine größere Eule erblicken. Das gesamte Kleingeflügel hegt dieselben Gesinnungen wie sie und gibt diese durch lebhaftes Geschwätz und Geschrei, welches man wohl als Schelten und Schimpfen deuten kann, zu erkennen.

„Minervens Vogel war ein Kauz", und zwar der **Steinkauz,** wenn auch nicht gerade der bei uns lebende, sondern nur einer der vielen Verwandten dieses Vogels. Unser *Steinkauz* (Athene noctua), der liebenswürdige und doch so verschriene Vogel, auch *Scheunenkauz*, *Leichen-* und *Toteneule*, in Österreich aber *Wichtl* genannt, zählt zu den kleineren Eulen unserer Heimat: Seine Länge beträgt 22 cm. Der Oberkörper ist tief mausgraubraun, unregelmäßig weiß gefleckt, das Gesicht grauweiß, der Unterkörper weißlich, bis gegen den After hin braun in die Länge gefleckt.

Von Südschweden an verbreitet sich der Kauz über ganz Europa, Nordafrika und einen großen Teil Asiens bis nach Ostsibirien hin. Bei uns gehört er nicht zu den Seltenheiten. Wo Obstgärten mit alten Bäumen die Dörfer umgeben, findet er sich gewiß; er nimmt aber auch mitten in Städten, auf Türmen und Dachböden, in Gewölben und an anderen geeigneten Orten Herberge. Das Innere ausgedehnter Waldungen meidet er. Vor dem Menschen und seinem Treiben scheut er sich nicht. Bei Tage lebt er verborgen in seinem Schlupfwinkel, und nachts fürchtet der Mensch den Kauz oft mehr als dieser jenen. In vielen Gegenden Deutschlands gilt der anmutige Steinkauz als unheilweissagender Vogel. Man gibt sich jedoch nicht die Mühe, selbst zu prüfen, sondern glaubt das, was vielleicht einfältige Frauen erzählen. Sie wollen mit eigenen Augen gesehen haben, daß der Kauz des Nachts an die Fenster von Krankenstuben flog, und sie haben angeblich mit eigenen Ohren gehört, daß er die Kranken einlud, als Leichen auf dem Friedhof zu erscheinen. Begründet und wahr daran ist, daß der harmlose Vogel, angelockt durch das Licht, auf erleuchtete Zimmer zufliegt, sich wohl auch neugierig auf dem Fensterbrett niederläßt und bei dieser Gelegenheit vielleicht sogar seine Stimme erschallen läßt, die bald ein schrilles „kuwitt", bald ein weiches, klagendes „ghug" hören läßt.

Erregter junger Uhu, sein Gefieder sträubend

Mit einbrechender Dämmerung beginnt er regelmäßig zu jagen. In hellen Nächten sieht man ihn bis zum Morgen fast ununterbrochen in Bewegung oder hört ihn wenigstens. Er durchstreift dabei ein kleines Gebiet, läßt sich durch alles Auffallende heranlocken, schwebt gern um das Lagerfeuer des Jägers oder Wanderers und kommt bis an die hellerleuchteten Fenster heran. Seine Jagd gilt hauptsächlich kleinen Säugetieren, Vögeln und Kerbtieren.

Im April oder Mai schreitet der Kauz zur Fortpflanzung. Er ist dann besonders unruhig, schreit und lärmt viel, auch bei Tage. Ein eigentliches Nest baut er nicht, wählt vielmehr eine passende Höhlung in Felswänden, unter Steinen, in alten Gebäuden oder Bäumen.

Der **Waldkauz** (Strix aluco) ist mit 40 cm Länge wesentlich größer als der Steinkauz. Der Kopf ist außergewöhnlich groß, der Hals dick, der Leib gedrungen, der große zahnlose Schnabel stark gekrümmt, der Schwanz kurz. Die Grundfärbung des Gefieders ist entweder ein tiefes Grau oder ein lichtes Rostbraun, der Rücken wie gewöhnlich dunkler gefärbt als die Unterseite, der Flügel durch regelmäßig gestellte lichte Flecken gezeichnet. Das Verbreitungsgebiet des Waldkauzes erstreckt sich vom 67. Grad nördlicher Breite bis Palästina. Am häufigsten tritt er in der Mitte, seltener im Osten, Süden und Westen Europas auf. In Deutschland wohnt er vorzugsweise in Waldungen, Parks, aber auch in Gebäuden. Jede seiner Bewegungen ist plump und langsam; der Flug, der unter starker Bewegung der Schwingen geschieht, ist zwar leicht, aber schwankend; die Stimme ist ein starkes, weit im Walde widerhallendes „Huhuhu", welches zuweilen so oft wiederholt wird, daß es einem heulenden Gelächter ähnelt. Auch der Waldkauz frißt vorwiegend Mäuse.

Eine Gruppe der Eulen ist hauptsächlich durch einen Büschel aufrechtstehender Federn über jedem Ohr gekennzeichnet; sie werden wegen dieser Federohren **Ohreulen** genannt. Als die vollendetste Ohreule darf der vielbekannte, durch mancherlei Sagen verherrlichte König der Nacht, unser *Uhu* (Bubo bubo), Abb. S. 253, angesehen werden. Seine

Länge beträgt 66–71 cm. Das sehr reiche und dichte Gefieder ist auf der Oberseite dunkel rostgelb und schwarz geflammt, an der Kehle gelblichweiß, auf der Unterseite rostgelb, schwarz in die Länge gestreift; die Federohren sind schwarz, auf der inneren Seite gelb eingefaßt.

Das Verbreitungsgebiet des Uhus erstreckt sich über das ganze nördliche Gebiet der Alten Welt, soweit es nach Norden hin bewaldet und im Süden gebirgig ist. In Deutschland zwar in vielen Gegenden ausgerottet, findet er sich doch noch im Bayerischen Hochgebirge und in einigen Mittelgebirgen, in denen er vor allem in jüngster Zeit mit großer Mühe wieder eingebürgert wird. In Afrika beschränkt sich sein Wohngebiet auf die Atlasländer; in Asien dagegen haust er von Kleinasien und Persien an bis China und von der nördlichen Waldgrenze an bis zum Himalaja, ohne die Steppe zu meiden.

Der Uhu zeigt sich immer vorsichtig. Sein Jagdleben beginnt erst, wenn die Nacht vollkommen hereingebrochen ist. Tagsüber sitzt er regungslos in einer Felsenhöhle oder in einem Baumwipfel, gewöhnlich mit glatt angelegtem Gefieder und etwas zurückgelegten Federohren, die Augen mehr oder minder, aber nur selten vollständig geschlossen, einem Halbschlummer hingegeben.

Die Jagd des Uhu gilt den verschiedensten Wirbeltieren, groß und klein. Er ist nachts ebenso gewandt wie seine Artverwandten. Daß er Hasen, Kaninchen, Auer-, Birk-, Hasel- und Rebhühner, Enten und Gänse angreift, daß er weder schwache Taggreifvögel, Raben und Krähen, noch schwächere Arten seiner Familie verschont und sich ebensowenig vom Stachelkleid des Igels abschrecken läßt, ist sicher, doch dürften Mäuse und Ratten dasjenige Wild sein, das auch er am eifrigsten verfolgt.

Keine einzige unserer deutschen Eulen wird so allgemein gehaßt wie der Uhu. Fast sämtliche Tagvögel und sogar einige Eulen necken und foppen ihn, sobald sie ihn sehen. Die Greifvögel lassen sich zur größten Unvorsichtigkeit hinreißen, wenn sie einen Uhu erblikken, und die Raben schließen sich ihnen treulich an. Doch dürften, vom Menschen abgesehen, alle diese Gegner ihm kaum gefährlich werden.

Unsere *Waldohreule* (Asio otus) ist ein Uhu im kleinen, unterscheidet sich aber von diesem durch schlankeren Leibesbau, längere Flügel und Federohren. In der Färbung hat die Waldeule mit dem Uhu viel Ähnlichkeit; ihr Gefieder ist aber lichter. Die Länge beträgt 35 cm. Vom 64. Grad nördlicher Breite an ist die Waldohreule über ganz Europa und ebenso vom Nordrand des Waldgürtels über Mittelasien, vom Ural bis Japan verbreitet; außerdem ist sie in Nordafrika und Nordamerika zu finden. Sie ist unsere häufigste Eule und liebt vor allem Mischwälder. Ihre Nahrung besteht fast ausschließlich aus Mäusen. Alte verlassene Nester einer Krähe, einer Ringeltaube, der Bau eines Eichhörnchens oder der Horst eines Taggreifvogels dienen der Waldohreule zur Wiege der Jungen.

Waldohreule

Schleiereulen

Eine eigene Familie bilden die Schleiereulen (Tytonidae). Unsere *Schleier-*, *Kirchen-* oder *Schnarcheule* (Tyto alba) hat ein sehr helles Gefieder, und der Federschleier, der das Gesicht umfaßt, ist deutlich herzförmig. Der Oberkörper ist auf dunkel aschgrauem, an den Seiten des Hinterkopfes und Nackens auf rotgelblichem Grund durch kleine schwarze und weiße Längsflecke gezeichnet; die Unterseite ist weiß oder rostfarben in der oberen Hälfte, rostfarbigweiß in der unteren. Die Schwingen sind rostfarben. Das Auge ist dunkelbraun; Schnabel und Wachshaut sind rötlichweiß, die Füße schmutzigblau. Die Länge beträgt 34 cm.

Kirchtürme, Schlösser, alte Gebäude und Ritterburgen sind auch bei uns die bevorzugten Aufenthaltsorte der über ganz Mittel- und Südeuropa, Kleinasien, Afrika und Amerika verbreiteten Schleiereule. Sie ist ein Standvogel im eigentlichen Sinn des Wortes und streicht nicht einmal. Auffällig ist ihre Stimme, die wie ein langanhaltendes, röchelndes Schnarchen klingt. Tagsüber sitzen die Schleiereulen ruhig im dunklen Winkel der betreffenden Gebäude, auf dem Gebälk der Türme oder Kirchböden, in Mauernischen usw. Nach Sonnenuntergang verlassen sie das Gebäude und streifen nun mit geisterhaft leisem und schwankendem Flug niedrig über dem Boden dahin. Mäuse, Ratten, Spitzmäuse, Maulwürfe, außerdem kleine Vögel und große Kerbtiere bilden die Nahrung der Schleiereule.

Schleiereulen

SPERLINGSVÖGEL

Mehr als die Hälfte aller Vögel wird in einer einzigen Ordnung, den Sperlingsvögeln (Passeriformes) vereinigt. Verschiedene Versuche, diese Ordnung, der man ungefähr 5100 Arten zuweist, in mehrere gleichwertige Gruppen aufzulösen, sind gescheitert. Bei der erheblichen Artenzahl und Vielgestaltigkeit der Sperlingsvögel ist es schwierig, allgemeine Merkmale aufzustellen. So schwankt die Größe der hierhergehörenden Vögel zwischen der des Kolkraben und der des Goldhähnchens. Als wichtigstes Merkmal gilt, daß bei den meisten, jedoch keineswegs bei allen Sperlingsvögeln der untere Kehlkopf von zwei bis fünf auf die Vorder- und Hinterfläche verteilten Muskelpaaren bewegt wird.

Entsprechend ihrer außerordentlichen Anzahl ist die Verbreitung der Sperlingsvögel. Sie sind Weltbürger und bilden den wesentlichen Teil der gefiederten Einwohnerschaft aller Zonen der Erde, aller Gegenden und aller Örtlichkeiten.

Je nachdem, ob der Hauptteil der Nahrung aus tierischen oder aus pflanzlichen Stoffen besteht, ist der Sperlingsvogel gezwungen, im Winter sein heimatliches Gebiet zu verlassen, oder aber befähigt, jahraus, jahrein im wesentlichen in der gleichen Gegend zu leben. Alle in warmen Ländern lebenden Sperlingsvögel ziehen nicht, sondern streichen höchstens von einem Gebiet zum anderen, wie einzelne unserer nordischen Arten auch zu tun pflegen. Bei uns entvölkert der Herbst Wald und Flur; denn verhältnismäßig wenige von den in unserm Vaterland heimischen Arten der Ordnung sind befähigt, hier den Winter zu überdauern, und nicht nur die meisten Kerbtierräuber, sondern auch viele Kornfresser wandern nach Süden, ja selbst ein Teil der Allesfresser gehorcht derselben zwingenden Notwendigkeit.

Über die Einteilung dieser artenreichsten aller Vogelordnungen, bei deren Schilderung ich mich mehr als bei irgendeiner anderen beschränken muß, herrschen so verschiedene Auffassungen, daß man behaupten darf, jeder einigermaßen selbständig arbeitende Forscher befolge sein eigenes System. Wir beteiligen uns nicht am Streit und greifen nur bestimmte Familien heraus, ohne Anspruch darauf zu erheben, daß eine Familie unbedingt wie im folgenden angeordnet werden muß.

Drosseln

Die Familie der Drosseln (Turdidae) umfaßt allein über 300 Arten. Nicht wenige davon sind auch bei uns vertreten. Zu den kleineren Arten gehört unsere seit alter Zeit hochberühmte **Nachtigall** (Luscinia megarhynchos). Das Gefieder der Oberseite ist bei ihr rostrotgrau, das der Unterseite licht gelblichgrau, die Schwanzfedern sind rostbraunrot. Die Länge beträgt 17 cm.

Der *Sprosser* oder Aunachtigall (Luscinia luscinia) ist so groß wie die Nachtigall und ihr sehr ähnlich. Als wichtigstes Unterscheidungsmerkmal gilt die wolkig gefleckte, wie man zu sagen pflegt, „muschelfleckige“ Oberbrust.

Die Nachtigall bewohnt als Brutvogel ganz West-, Mittel- und Südeuropa und findet sich ebenso in Nordwestafrika und Kleinasien. Laubwaldungen mit viel Unterholz, noch lieber Buschwerk, das von Bächen und Wassergräben durchschnitten wird, sind ihre Lieblingsplätze. Hier wohnt Paar an Paar, ein jedes allerdings in einem bestimmt umgrenzten Gebiet. Das Verbreitungsgebiet des Sprossers begrenzt den Wohnkreis der Nachtigall im Norden und Osten. Er ist die häufigste Nachtigall Dänemarks und die einzige, die in Skandinavien, dem östlichen Pommern und ganz Nord- und Mittelrußland gefunden wird. Beide Nachtigallen wandern im Winter nach Mittel- und Westafrika. Nachtigall und Sprosser stimmen unter sich in allen wesentlichen Zügen ihrer Lebensweise überein, ebenfalls in ihrem Gesang.

Dieser ist es, der die Nachtigall so berühmt gemacht hat. Mit unbeschreiblicher Anmut wechseln sanft flötende Strophen mit schmetternden, klagende mit fröhlichen, schmelzende mit wirbelnden; während die eine sanft an-

Nachtigall

fängt, nach und nach an Stärke zunimmt und wieder ersterbend endet, werden in der anderen eine Reihe Noten mit Härte angeschlagen und melancholische, den reinsten Flötentönen vergleichbare Noten sanft in fröhlichere verschmolzen. Die Pausen zwischen den Strophen erhöhen die Wirkung dieser bezaubernden Melodien, wie auch das in diesen herrschende mäßige Tempo gut geeignet ist, die Schönheit recht zu erfassen. Man staunt bald über die Mannigfaltigkeit dieser Zaubertöne, bald über die Fülle und außerordentliche Stärke.

Der Schlag einer Nachtigall muß 20 bis 24 verschiedene Strophen enthalten, wenn wir ihn vorzüglich nennen sollen. Die Örtlichkeit übt bedeutenden Einfluß aus; denn da die jungen Nachtigallen nur durch ältere Vögel, die mit ihnen in derselben Gegend wohnen, gebildet und geschult werden können, ist es erklärlich, daß in einem Gebiet fast ausschließlich vorzügliche, in dem anderen hingegen beinahe nur minder gute Schläger gehört werden. Ältere Männchen schlagen regelmäßig besser als jüngere; denn auch bei Vögeln will die edle Kunst geübt sein. Einzelne Nachtigallen machen ihren Namen insofern wahr, als sie sich hauptsächlich des Nachts vernehmen lassen, andere singen fast nur am Tage.

Mancherlei Erdgewürm, Kerbtierlarven und im Herbst verschiedene Beeren bilden die Nahrung der Nachtigallen.

Die Nachtigallen erscheinen bei uns in der zweiten Hälfte des April, und schon bald wird mit dem Nestbau begonnen. Ein Haufen dürres Laub bildet die Grundlage, trockene Halme und Stengel stellen die Mulde her, die mit feinen Wurzeln oder Hälmchen, auch wohl mit Pferdehaaren und Pflanzenwolle ausgekleidet wird. Die vier bis sechs Eier werden innerhalb von 13 Tagen ausgebrütet.

Ein drosselartiger Schnabel, mittelhohe, schwache Füße, ziemlich kurze und schwächliche Flügel, ein mittellanger, leicht ausgeschnittener Schwanz und lockeres, weitstrahliges, bei beiden Geschlechtern gleichfarbiges und in der Jugend geflecktes Gefieder sind die Kennzeichen des allbekannten **Rotkehlchens** (Erithacus rubecula). Die Oberseite ist dunkelolivgrau, die Unterseite graulich, Stirn, Kehle und Oberbrust sind gelbrot. Die Jungen zeigen oben auf olivgrauem Grund rostgelbe Schaftflecken, unten auf mattrostgelbem Grund graue Schaftflecken und Ränder. Das große Auge ist braun. Die Länge beträgt 14 cm.

Sein Brutgebiet reicht über ganz Europa, Westasien und Nordwestafrika. In Deutschland ist es allgemein verbreitet. Jeder Wald mit dichtem Unterholz gewährt ihm Herberge, und während seiner Reisen besucht es jedes Gebüsch, jede Hecke, im Gebirge wie in der Ebene, im Feld wie im Garten, unmittelbar vor oder zwischen den Wohnungen der Menschen. Es ist ein liebenswürdiges Geschöpf, das mit leichten Sprüngen rasch, meist jedoch in Absätzen über den Boden oder auf waagerechten Ästen dahinhüpft. Es flattert auch von einem Zweig zum andern und fliegt sehr gewandt, wenn auch nicht regelmäßig, über kurze Entfernungen halb hüpfend, halb schwebend und über weitere Strecken in einer aus kürzeren oder längeren Bogen gebildeten Schlangenlinie. Dabei schwenkt es hurtig zwischen den dichtesten Büschen hindurch und zeigt überhaupt große Beweglichkeit. Den Menschen fürchtet es kaum. Das Rotkehlchen ist einer unserer lieblichsten

Rotkehlchen

Sänger. Sein Lied besteht aus mehreren miteinander abwechselnden, flötenden und trillernden Strophen, welche laut und gehalten vorgetragen werden.

Das Nest steht stets nahe am oder auf dem Boden, in Erdhöhlen oder in ausgefaulten Baumstrunken, zwischen Wurzeln, im Moos, hinter Grasbüscheln, sogar in verlassenen Bauen mancher Säugetiere usw. Trockene Pflanzenstengel und Blätter oder Moos werden zur Außenwand verwoben, zarte Würzelchen, Hälmchen, Haare, Wolle, Federn zum inneren Ausbau zierlich zusammengeschichtet. Bildet die Höhlung nicht zugleich eine Decke über dem Nest, so wird eine solche gebaut und dann seitlich ein Eingangsloch angelegt. Ende April sind die fünf bis sieben zartschaligen, auf gelblichweißem Grunde mit dunkleren, rostgelblichen Punkten über und über bedeckten Eier vollzählig; beide Eltern brüten nun abwechselnd etwa vierzehn Tage lang, füttern die Jungen rasch heran, führen und leiten sie nach dem Ausfliegen noch etwa acht Tage lang, überlassen sie dann ihrem eigenen Geschick und schreiten, falls die Witterung es gestattet, zu einer zweiten Brut.

Unser **Hausrotschwanz** oder *Hausrötel* (Phoenicurus ochruros) ist schwarz, auf Kopf, Rücken und Unterbrust mehr oder weniger aschgrau, am Bauch weißlich, auf den Flügeln weiß gefleckt; die Schwanz- und Bürzelfedern sind gelblichrostrot mit Ausnahme der beiden dunkelbraunen in der Mitte. Beim Weibchen und einjährigen Männchen ist die Hauptfärbung ein gleichmäßiges Tiefgrau. Die Länge beträgt 14 cm. Das Wohngebiet des Rotschwanzes erstreckt sich über Mittel- und Südeuropa und außerdem über Asien und Nordafrika. Ursprünglich Gebirgskind und Felsenbewohner, ist er bei uns zum Haustier geworden, ohne zwischen der volkreichen Stadt und dem einsamen Gehöft einen Unterschied zu machen.

Der Rotschwanz nährt sich fast ausschließlich von Kerbtieren, vorzugsweise von Fliegen und Schmetterlingen. Auf den Boden kommt er selten herab und hält sich hier auch nur in stillen Gehöften oder auf Lattenzäunen längere Zeit auf, um niedrig fliegende Beute zu erhaschen oder reife Beeren im Garten zu pflücken. Schmetterlinge, welche andere Vögel verschmähen, verzehrt er gerne und erweist sich durch Vertilgung schädlicher Arten sehr nützlich.

Die zweite Art, die in Deutschland vorkommt, wird *Gartenrotschwanz* (Phoenicurus phoenicurus) genannt und verdient ihren Namen, denn diese Vögel leben im Wald wie im Garten fast nur auf Bäumen. Beim alten Männchen sind Stirn, Kopfseiten und Kehle schwarz, die übrigen Oberteile aschgrau, Brust, Seiten und Schwanz hochrostrot, Vorderkopf und die Mitte der Unterseite weiß. Das Weibchen ist oben tiefgrau, unten grau. Beim Jungen ist der Oberkörper grau, rostgelb und braun gefleckt. Die Länge dieser Art beträgt 14 cm.

Der Gartenrotschwanz bewohnt ein ausgedehnteres Gebiet als sein Verwandter; er fehlt auch im nördlichen Teil Europas nicht. Er erscheint in Deutschland erst im April, verläßt uns im September wieder und wandert bis ins Innere Afrikas. Sein Nest steht regelmäßig in hohlen Bäumen, ausnahmsweise nur in Mauern oder Felsenlöchern, aber fast immer in einer Höhle. Es ist liederlich gebaut, aus dürren Würzelchen und Hälmchen unordentlich zusammengeschichtet und im Innern reich mit Federn ausgekleidet.

Eine Verwandte der Rotschwänze ist die 26 cm große südasiatische *Schamadrossel* (Copsychus malabaricus), die ebenso wie die 15 cm große *Chinesische Nachtigall*, der *Sonnenvogel* (Leiothrix lutea), Abb. S. 254, wegen ihres schönen Gesangs bei uns oft als Stubenvogel gehalten wird.

Die eigentlichen **Drosseln** (Turdinae) bilden eine zahlreiche, über die ganze Welt verbreitete Unterfamilie. Sie gehören zu den großen Singvögeln und sind mehr oder weniger gestreckt gebaut. Bei den meisten Arten sind beide Geschlechter ähnlich gezeichnet. Die Jungen tragen ein geflecktes Kleid.

Unter den in Deutschland brütenden Arten ist die *Misteldrossel* (Turdus viscivorus) die größte. Ihre Länge beträgt 27 cm. Das Gefieder der Oberseite ist tiefgrau und ungefleckt, das der Kopfseiten rostgelbfahl, das der Unterseite rostgelblichweiß, an der Gurgel mit dreieckigen, an der Brust mit ei- oder bierenförmigen braunschwarzen Flecken gezeichnet. Alle Länder Europas vom hohen Norden an bis zum äußersten Süden und der Himalaja sind die Heimat; hochstämmige Waldungen verschiedener Art, insbesondere jedoch Nadelwald bildet den Aufenthaltsort der Misteldrossel. Aus den nördlichen Gegenden wandert sie in südlichere und westlichere und dringt dabei bis Nordwestafrika vor.

Ihr nicht unähnlich, aber bedeutend kleiner ist die 23 cm große *Singdrossel* (Turdus philomelos). Das Gefieder ist oben ölgrau, unten gelblichweiß mit dreieckigen oder eiförmigen braunen Flecken, die jedoch auf dem Bauch spärlicher auftreten als bei der Misteldrossel. Die Singdrossel bewohnt den größten Teil Europas sowie Nord- und Mittelasien und erscheint bei ihrer Wanderung häufig in Nordwest-, seltener in Nordostafrika. In Deutschland brütet sie in allen größeren Waldungen und ist in den letzten Jahrzehnten ein echter Garten- und Parkvogel geworden.

Die *Wacholderdrossel* oder der *Krammetsvogel* (Turdus pilaris) ist bunt gefärbt. Kopf, Hinterhals und Bürzel sind aschgrau, Oberrücken und Schultergegend schmutzig kastanienbraun, Schwingen und Schwanzfedern schwarz, die beiden äußersten Steuerfedern weiß gesäumt, Kehle und Vorderhals dunkelrostgelb, schwarz längsgefleckt, die braunen Federn der Brustseiten weißlich gerandet, die übrigen Unterteile weiß. Die Länge beträgt 26 cm. Ursprünglich im Norden Europas und Asiens heimisch und hauptsächlich in Birkenwäldern brütend, hat sich die Wacholderdrossel seit etwa 150 Jahren in Deutschland angesiedelt, nistet hier in Wäldern und Obstpflanzungen aller Art und sogar in Gärten. Oft bleibt sie auch im Winter in der Heimat.

Die *Amsel* oder *Schwarzdrossel* (Turdus merula) endlich unterscheidet sich von ihren Verwandten durch ihre verhältnismäßig kurzen, stumpfen Flügel sowie den verhältnismäßig langen, an der Spitze etwas abgerundeten Schwanz. Das Gefieder des alten Männchens ist gleichmäßig schwarz, das Auge braun, der Augenliderrand hochgelb, der Schnabel orangegelb, der Fuß dunkelbraun. Beim alten Weibchen ist die Oberseite mattschwarz, die Unterseite auf schwarzgrauem Grunde durch lichtgraue Saumflecke gezeichnet; Kehle und Oberbrust sind auf gleichfarbigem Grund weißlich und rostfarben gefleckt. Die Länge beträgt 25 cm. Vom 66. Grad nördlicher Breite an bis zum äußersten Süden Europas ist die Amsel an allen geeigneten Orten eine regelmäßige Erscheinung, lebt außerdem aber auch in Westasien und Nordwestafrika. Die Amsel ist einer unserer häufigsten Park-, Garten- und Waldvögel und erfreut uns durch einen schönen flötenden Gesang.

Die Gesänge der Drosseln gehören zu den besten aller Singvögel überhaupt. Ihre Lieder fließen ruhig und feierlich dahin wie Kirchengesang. Jede einzelne Strophe ist klar abgerundet. Wie bei den meisten guten Sängern, eifern sich die Männchen gegenseitig an. Wenn eine Drossel ihren Gesang beginnt, beeilt sich jede andere, die sie hört, ihr singend zu antworten. Eine lernt auch von der anderen: Gute Sänger erziehen vortreffliche Schüler. Vor allem die Amsel lernt leicht von anderen ihrer Art und selbst von fremdartigen Vögeln und wird zuweilen zum wirklichen Spottvogel. Eine Drossel wählt zum Gesang meist eine hohe Baumspitze als Sitz und schmettert von oben herab ihre herrlichen Klänge durch den Wald.

Die Nahrung besteht aus Kerbtieren, Schnecken und Würmern, im Herbst und Winter auch aus Beeren. Alle Drosseln nehmen die Tiere größtenteils vom Boden auf.

Unsere Drosseln verlassen im Herbst die Heimat und wandern in südlichere Gegenden. Für die hochnordischen Arten kann schon Deutschland zur Winterherberge werden; das eigentliche Heer zieht bis Südeuropa. Doch bleiben die Amseln in unseren Städten heute vermehrt zurück; nur noch ein Teil der Weibchen und die Jungen ziehen in wärmere Gebiete.

Wasseramseln

Die Wasseramseln (Cinclidae) bilden eine eigene Familie. Der Leib erscheint bei ihnen wegen der sehr dichten Befiederung dick, der Schwanz kurz; das Gefieder ist sehr dicht und weich und wie bei den Schwimmvögeln aus Oberfedern und flaumartigen Unterfedern zusammengesetzt. Besonders entwickelt sind die Bürzeldrüsen, welche das zum Glätten und Einölen des Gefieders nötige Fett absondern. Die Nasenöffnung ist durch einen Hautdeckel verschließbar. Die Wasseramseln bewohnen die Alte und die Neue Welt, vorzugsweise den Norden der Erde, finden sich aber auch noch auf südlichen Gebirgen, so auf dem Himalaja und auf den Anden.

Die *Wasseramsel* (Cinclus cinclus), Abb. S. 255, ist 18 cm lang. Kopf, Nacken und Hinterhals sind fahlbraun, die Federn der übrigen

Oberseite schieferfarbig mit schwarzen Rändern, Kehle, Gurgel und Hals milchweiß, Unterbrust und Bauch dunkelbraun. In allen Gebirgen Mitteleuropas, die reichlich Wasser haben, ist die Wasseramsel zu finden. Ihre Lieblingsplätze sind die klaren, beschatteten Forellenbäche, an denen unsere Hoch- und Mittelgebirge so reich sind. Sie hält treu an dem einmal gewählten Stand und verläßt ihn auch während des strengen Winters nicht.

Die Wasseramsel gehört nicht allein zu den auffallendsten, sondern auch zu den anziehendsten aller Vögel. Sie läuft mit der Gewandtheit und Behendigkeit einer Bachstelze über die Steine des Flußbettes und bewegt dabei nach Art der Stelzen oder Uferläufer Schwanz und Hinterleib auf und nieder. Von den Steinen herab watet sie bis ins Wasser hinein, tiefer und tiefer, bis zur halben Oberbrust, bis zu den Augen und noch tiefer, so daß das Wasser über ihr zusammenschlägt, und läuft dann 15 bis 20 Sekunden lang auf dem Grunde weiter, unter den Wellen oder im Winter unter der Eisdecke, gegen die Strömung oder mit ihr, als ginge sie auf ebenem Boden. Sie stürzt sich in den ärgsten Strudel, watet, schwimmt, benutzt ihre kurzen Flügel als Ruder und fliegt sozusagen unter dem Wasser dahin. Kein anderer Vogel beherrscht in derselben Weise das Wasser. Nicht immer watet sie von ihrem erhöhten Sitzpunkte aus allmählich in das Wasser, sondern sehr häufig stürzt sie sich auch von ihrer Warte herab jählings in die Tiefe. Ihr Flug erinnert an den des Eisvogels, ähnelt aber vielleicht noch mehr dem unseres Zaunkönigs. Die Nahrung besteht vorzugsweise aus den im Wasser lebenden Kerbtieren und deren Larven.

Zaunkönige

Die Familie der Zaunkönige (Troglodytidae) umfaßt kleine, gedrungen gebaute Singvögel mit kurzen Flügeln und kurzen Schwänzen. Unser *Zaunkönig* (Troglodytes troglodytes) ist nur 9,5 cm groß. Das Gefieder ist auf rostbraunem oder rostgrauem Grund mit dunkelbraunen Wellenlinien gezeichnet; ein brauner Zügelstreifen zieht durchs Auge. Man hat den Zaunkönig in allen Ländern Europas, vom nördlichen Skandinavien bis zur Südspitze Spaniens und Griechenlands und außerdem in Nordwest- und Mittelasien sowie in Amerika gefunden. In Deutschland gibt es keine Gegend, in der er nicht beobachtet worden wäre. Er bewohnt am liebsten Täler, in denen ein Bach fließt. Er kommt bis in die Dörfer und selbst in die Gärten der Städte herein, falls es hier dichte Gebüsche, Hecken oder Haufen dürren Reisholzes gibt.

Sein Wesen ist höchst anziehend. Er hüpft in geduckter Stellung überaus schnell über den Boden dahin, so daß man eher eine Maus als einen Vogel zu sehen vermeint. Dabei kriecht er mit erstaunlicher Fertigkeit durch Ritzen und Löcher, untersucht alles und zeigt sich nur auf Augenblicke im Freien, dann aber in einer Stellung, die ihm ein keckes Ansehen verleiht: die Brust gesenkt, das kurze Schwänzchen gerade emporgestelzt. Sein höchst angenehmer Gesang besteht aus vielen abwechselnden, hellpfeifenden Tönen, welche sich in der Mitte der nicht eben kurzen Melodie zu einem klangvollen, gegen das Ende im Tone sinkenden Triller gestalten.

Kerbtiere, Spinnen und anderes Kleingetier, im Herbst auch mancherlei Beeren bilden die Nahrung des Zaunkönigs. Im Sommer geht seine Nahrung nie aus; denn er weiß überall etwas zu finden. Im Winter hingegen mag er wohl manchmal Not leiden, da er meist auch in dieser Jahreszeit seinem Revier treu bleibt.

Das Nest wird aus Moos gebaut, und es ist kugelförmig; ein hübsches Schlupfloch führt ins Innere, das mit Federn ausgefüttert ist. Das Gelege besteht aus fünf bis sieben Eiern, die oft kranzartig gezeichnet sind. Beide Eltern brüten abwechselnd 13 Tage lang und füttern gemeinsam die Jungen groß. Diese bleiben lange im Nest, halten, wenn sie schon ausgeflogen sind, noch geraume Zeit zusammen und kommen wahrscheinlich jede Nacht zum Schlaf ins Nest zurück.

Grasmücken

Eine der artenreichsten Familien umfaßt die Grasmücken (Sylviidae), kleine, gestreckt gebaute Sperlingsvögel mit schlankem, dünnem, pfriemenförmigem Schnabel. Alle bei uns im Norden wohnenden Arten sind Zugvögel; die meisten erscheinen auch erst, wenn der Frühling wirklich eingezogen ist, in der Heimat. Dann grenzt jedes Paar sein Brutgebiet, sei es groß oder klein, gegen andere Paare seiner Art ab und duldet nur ausnahmsweise ein zweites Paar in seinem Gebiet. Unmittelbar nach der Wahl des Gebietes beginnt der Bau des Nestes.

Die *Mönchsgrasmücke,* der *Mönch* oder das *Schwarzplättchen* (Sylvia atricapilla) gehört zu den begabtesten und liebenswürdigsten Sängern unserer Wälder und Gärten. Das Gefieder der Oberseite ist grauschwarz, das der Unterseite lichtgrau, das der Kehle weißlichgrau, das des Scheitels beim alten Männchen tiefschwarz, beim Weibchen und jungen Männchen rotbraun gefärbt. Die Länge beträgt 14

Seite 253: Die Schnee-Eule (Nyctea scandiaca; o.) bewohnt den Norden der Alten und Neuen Welt; Uhu (u.)
Seite 254: Schamadrossel (o.); Chinesische Nachtigall (u.)

cm. Der Mönch bewohnt ganz Europa, Westasien und Nordwestafrika. Er trifft bei uns etwa Mitte April ein, nimmt in Waldungen, Gärten und Gebüschen seinen Wohnsitz und verläßt uns im Oktober wieder.

Das Männchen hat einen vortrefflichen Gesang, welcher mit Recht von manchen gleich nach dem Schlage der Nachtigall gesetzt wird. Die Reinheit, Stärke und das Flötenartige der Töne entschädigen den Liebhaber hinlänglich für die Kürze der Strophen. Hinsichtlich seiner Nahrung unterscheidet er sich nur insofern von anderen Grasmücken, als er leidenschaftlich gern Früchte und Beeren frißt und sie auch schon seinen Jungen füttert.

Der Mönch brütet zweimal im Jahr, das erstemal im Mai, das zweitemal im Juli. Das Nest steht stets im dichten Gebüsch, am häufigsten in Fichtenbüschen oder in Dornbüschen verschiedener Art.

Des ausgezeichneten Gesanges wegen wird der Mönch häufiger als alle übrigen Grasmücken im Käfig gehalten. Alle Tiere, selbst die Wildfänge, werden außerordentlich zahm und sind dann ihrem Herrn so zugetan, daß sie ihn oft schon von weitem mit Gesang begrüßen.

Die *Gartengrasmücke* (Sylvia borin) ist dem Mönch im Gesang fast ebenbürtig. Ihre Länge beträgt 14 cm. Das Gefieder der Oberseite ist olivgrau, das der Unterseite hellgrau, an der Kehle und am Bauche weißlich. Als die Heimat der Gartengrasmücke darf Mitteleuropa angesehen werden; nach Osten hin überschreitet sie den Ural nicht. Sie trifft bei uns Anfang Mai ein und verläßt uns im September wieder. Auch sie lebt im Wald, und zwar im Laub- wie im Nadelwald; dabei macht sie jedoch auch ihrem Namen Ehre; denn jeder buschreiche Garten, insbesonders jeder Obstgarten, zieht sie an. Sie treibt sich ebensooft in niederen Gebüschen wie in den Kronen mittelhoher Bäume umher, wählt aber, wenn sie singen will, gern eine mäßige Höhe.

Sobald das Männchen im Frühling bei uns ankommt, hört man seinen vortrefflichen, aus lauter flötenartigen, sanften, dabei aber doch lauten und sehr abwechselnden Tönen zusammengesetzten Gesang, dessen lange Melodie im mäßigen Tempo und meistens ohne Unterbrechung vorgetragen wird, aus dem Grün der Bäume erschallen, und zwar vom frühen Morgen bis nach Sonnenuntergang, den ganzen Tag über, bis nach Johannistag. Während des Singens ist das Tier immer in Bewegung, hüpft von Zweig zu Zweig und sucht dabei seine Nahrung.

Seite 255: Wasseramsel
Seite 256: Schneefink (Montifringilla nivalis; o.), ein Sperling, der sich an das Leben in den Hochgebirgen Eurasiens angepaßt hat; Kernbeißer (u.)

Dorngrasmücke am Nest

Das Nest steht bald tief, bald hoch über dem Boden, zuweilen in niederen Büschen, zuweilen auch auf kleinen Bäumen. Es ist unter allen Grasmückennestern am leichtfertigsten gebaut, und namentlich der Boden ist zuweilen so dünn, daß man kaum begreift, wie er die Eier festhält.

Die *Dorngrasmücke* (Sylvia communis) zeichnet sich durch Schlankheit aus. Ihre Länge beträgt 14 cm. Die Oberteile sind rötlich erdbraun, Oberkopf, Hinterhals und Ohrgegend braungrau, Kinn, Kehle und Unterbacken weiß, die übrigen Unterteile zart fleischrötlich. Beim Weibchen sind Oberkopf und Hinterhals erdfahl, die Unterteile weiß. Bei uns zulande zieht diese Grasmücke niedere Dorngebüsche jedem anderen Bestand vor. Das Männchen hat einen zwar mannigfachen, aber wenig klangvollen Gesang, der aus vielen abgebrochenen Tönen zusammengesetzt ist. Ihr Nest baut die Dorngrasmücke in dichte Büsche, Ried und langes Gras, selten mehr als einen Meter über dem Boden. Sie brütet zweimal im Jahr.

Der **Gelbspötter** (Hippolais icterina) ist auf der Oberseite olivgrüngrau, auf dem Zügel und der Unterseite blaß schwefelgelb, in der Ohrgegend, auf den Hals- und Körperseiten schwach ölgrau verwaschen; die Schwingen sind olivbraun, auf der Außenfahne grünlich, innen breit fahlweiß gesäumt. Die Länge beträgt gut 13 cm. Als Heimat des Gartensängers müssen wir Mitteleuropa ansehen. Von hier aus verbreitet er sich nördlich bis Skandinavien, während er im Süden und Westen des Erdteils durch Verwandte vertreten wird. Er erscheint bei uns erst, wenn alle Bäume belaubt sind, niemals vor Ende April, und bleibt in Deutschland höchstens bis Ende August. Den Winter verbringt er in Afrika. Er wohnt gern in unmittelbarer Nähe des Menschen, zieht Gärten, Obstpflanzungen und Gebüsch dem Walde vor und fehlt im Nadelwald gänzlich.

Die Hauptnahrung besteht aus Käferchen und andern kleinen fliegenden Kerbtieren, welche von den Blättern abgelesen oder aus der Luft gefangen werden. Deshalb sieht man ihn auch häufig in den Baumkronen umherflattern oder selbst über die schützenden Zweige hinausflattern. Ungestört brütet er nur einmal jährlich, und zwar Ende Mai oder Anfang Juni.

Die **Laubsänger** bilden eine große Gruppe innerhalb der Familie der Grasmücken. Es sind kleine Arten mit schwachem, an der Wurzel etwas verbreitertem, pfriemenförmigem Schnabel, ziemlich langen Flügeln und mäßig langem, gerade abgeschnittenem oder schwach ausgekerbtem Schwanz. Die schönste und größte Art ist der *Waldlaubsänger* (Phylloscopus sibilatrix). Die Länge beträgt 13 cm. Die Oberteile sind hell olivgrün, ein bis auf die Schläfen reichender Augenstreifen, Kopfseiten, Kinn und Kehle, Kropf und untere Flügeldecken blaßgelb, die übrigen Unterteile weiß, die Seiten verwaschen olivfarben. Die Schwingen und Schwanzfedern sind olivbraun, außen schmal grün. Das Verbreitungsgebiet umfaßt vom mittleren Schweden an ganz Mitteleuropa und ebenso Westasien; auf dem Winterzuge besucht der Vogel Zentralafrika.

Die fast überall in Deutschland häufigere und verbreitetste Art der Sippe ist der *Fitislaubsänger* (Phylloscopus trochilus). Die Länge beträgt 11 cm. Die Oberteile sind olivbraungrün; diese Farbe geht auf dem Bürzel in Grün über; die Unterteile und ein Augenstreifen sind blaßgelb. Mit Ausnahme der südlichen Teile verbreitet sich der Fitis über ganz Europa und den größten Teil Asiens und wird im Winter sowohl in Indien wie in fast ganz Afrika angetroffen.

In einzelnen Teilen Deutschlands tritt der *Weidenlaubsänger,* auch *Zilpzalp* genannt (Phylloscopus collybita), häufiger auf als der Fitis, dem er zum Verwechseln ähnlich ist. Sein charakteristischer, aus zwei Lauten bestehender Gesang, der wie „zilp-zalp-zilp-zalp“ usw. klingt, ist aber ein sicheres Unterscheidungsmerkmal. Auch er dringt bis Nordschweden, Westasien und Südeuropa vor.

Unter unseren deutschen Laubvögeln trifft zuerst, meist schon Mitte März, der Weidenlaubsänger, später, gegen Ende März, der Fitislaubsänger und in der zweiten Aprilhälfte endlich der Waldlaubsänger ein; dieser bleibt bis zum August in unsern Wäldern, wogegen der Fitislaubsänger nicht vor Ende September und der Weidenlaubsänger erst im Oktober von uns wegzieht.

Für den Waldlaubsänger bilden die unteren Äste hoher Buchen die beliebtesten Sitz- und Ruheorte, dagegen pflegt der Weidenlaubsänger die äußerste Wipfelspitze aufzusuchen, und der Fitis macht zwischen hoch und niedrig kaum einen Unterschied. Jedes Pärchen grenzt auf der erwählten Örtlichkeit sein Brutgebiet ab und duldet innerhalb desselben kein anderes der gleichen Art.

Wie die Grasmücken sind auch die Laubsänger fast ununterbrochen in Bewegung, bald geschickt durch Zweige schlüpfend, bald einer Zweigspitze zufliegend und flatternd davorbleibend, um ein Kerbtier wegzunehmen, bald singend einem andern Baume zustrebend. Nicht umsonst heißt der Waldlaubvogel auch der schwirrende; denn die Hauptstrophe seines Liedes ist in der Tat kaum mehr als ein Schwirren, welches man durch die Laute „Sisisisisirrrrrirrirr“ ungefähr verdeutlichen kann. Der Gesang des Fitis besteht nur aus einer Reihe sanfter Töne, die wie „Hüid, hüid, hoid, hoid, hoid“ klingen. Alle Laubsänger bauen mehr oder weniger kunstvolle Nester auf oder unmittelbar über dem Boden.

Die **Goldhähnchen** bilden eine eigene Unterfamilie. Ihre Merkmale sind: gerader, dünner, nadelspitzer Schnabel, schlanke, hochläufige Füße, kurze, stark gerundete, breite Flügel, mittellanger, etwas ausgeschnittener Schwanz. Kammartige Federchen bedecken die Nasenlöcher, einige schwarze Barthaare stehen am Schnabelwinkel; die Federn der Scheitelmitte sind verlängert und durch lebhafte Färbung ausgezeichnet. Die Sippe verbreitet sich über Europa, Asien und Nordamerika.

Das *Wintergoldhähnchen* oder *Goldköpfchen* (Regulus regulus) ist oberseits olivfahlgrün, auf Schläfen und Halsseiten olivfahlbräunlich; die Federn des Oberkopfes sind gelb, die verlängerten des Scheitels lebhaft orange, seitlich durch einen schwarzen Längsstrich begrenzt; die Unterteile sind rostgelblichweiß, an den Seiten rostbräunlich, die Schwingen und Schwanzfedern olivbraun. Die Länge beträgt 9 cm. Fast über ganz Europa bis zum höchsten Norden und über das nördliche Asien bis in das Amurgebiet verbreitet, zählt das Goldhähnchen auch in Deuschland zu den in allen Nadelwäldern, namentlich in Kiefernbeständen vorkommenden Brutvögeln, lebt während des Sommers ebenso in den höheren Gebirgen Südeuropas und besucht während seines Zuges im Herbst auch die dortigen Ebenen, aus denen es mit Beginn des Frühlings wieder verschwindet.

Das gleich große *Sommergoldhähnchen* oder *Feuerköpfchen* (Regulus ignicapillus) ist oberseits lebhaft olivgrün, seitlich am Hals orangegelb, der Stirnrand rostbräunlich, ein schmales Querband über dem Vorderkopf wie ein breites Längsband über dem weißen Augenstreifen schwarz, ein breites, von beiden eingeschlossenes, den Scheitel und Hinterkopf deckendes Feld dunkel orangefarben, die Unterseite gräulichweiß, an Kinn und Kehle rostfahlbräunlich. Außer in Deutschland ist der niedliche Vogel in Frankreich, Italien, Griechenland und Spanien, hier besonders als Wintergast, aufgefunden worden. Beide Arten haben in ihrem Wesen und Treiben die größte Ähnlichkeit.

In Deutschland ist das Wintergoldhähnchen Stand- und Strichvogel. Oft hält es sich das ganze Jahr über in einem kleinen Gebiet auf, das in einer ganzen oder halben Stunde zu durchfliegen ist. Im Oktober kommen jedoch viele Vögel dieser Art aus dem Norden, die in Gärten, Nadel- und Laubhölzern oder in buschreichen Gegenden gesehen werden, zum Teil bei uns überwintern, zum Teil aber auch weiter südlich ziehen, im März und April wieder bei uns durchstreichen und dieselben Orte wie im Herbst besuchen. Das Sommergoldhähnchen dagegen bringt den Winter nicht in Deutschland, sondern in wärmeren Ländern zu und erscheint bei uns in den letzten Tagen des März oder in den ersten des April und verweilt bis zu den letzten Tagen des September oder den ersten Oktober. Beide Goldhähnchen halten sich vorzugsweise in den Nadelwäldern auf, meist auf den Bäumen, aber auch in niederen Gebüschen und kommen nicht selten selbst zum Boden herab. Jenes zieht die Kiefer, dieses die Fichte jedem andern Baume vor.

Auffallend ist die außerordentliche Unruhe der Goldhähnchen. Das Feuerköpfchen hüpft unaufhörlich von einem Zweig zum andern und verhält sich nur selten kurze Zeit ruhig, hängt sich, nach Meisenart, unten an die Zweige, hält sich flatternd auf einer Stelle, um nach Laubsängerart ein Kerbtier von einer Zweigspitze wegzunehmen, und fliegt leicht und geräuschlos von einem Baum zum andern. Mit Ausnahme der Brutzeit findet man es selten allein, sondern gewöhnlich in Gesellschaft seinesgleichen und anderer Vögel. Wir haben beide Arten besonders unter Hauben- und Tannenmeisen gesehen.

Beide Goldhähnchen brüten zweimal im Jahre, das erstemal im Mai, das zweitemal im Juli. Die ballförmigen, sehr dickwandigen, außen 9–11, innen nur 6 cm starken, etwa 4 cm tiefen, bei beiden Arten gleichen Nester stehen sehr verborgen auf der Spitze langer Fichten- und Tannenäste, zwischen dichtstehenden Nadeln und auf herabhängenden Zweigen.

Der **Teichrohrsänger** (Acrocephalus scirpaceus) ist ein Grasmückenvogel der Schilfregionen. Seine Länge beträgt 13 cm. Die Oberteile und Außensäume der olivbraunen Schwingen und Schwanzfedern sind olivrostbraun, Bürzel und Oberschwanzdecken lebhafter, die Unterteile rostgelblichweiß; Kinn und Kehle sind lichter, ziehen deutlich ins Weiße.

Vom südlichen Schweden und dem Weißen Meer an verbreitet sich der Teichrohrsänger über ganz Europa und Westasien, ist noch in den Atlasländern Brutvogel und durchwandert im Winter ganz Afrika. In Deutschland erscheint er beim Rückflug aus der Winterherberge Mitte April und zieht so langsam nordwärts, daß man ihm noch Ende Mai und im Juni auf dem Zuge begegnen kann. Er wohnt stets in der Nähe des Wassers und regelmäßig im Rohre, in dem er kunstvolle Hängenester baut.

Fütternder Teichrohrsänger

Baumpieper am Nest

Stelzen

Die **Stelzen** (Motacillidae) sind gekennzeichnet durch äußerst schlank gebauten Leib, dünnen, geraden, pfriemenförmigen Schnabel, langen, schmalfedrigen, ausnahmsweise gegabelten Schwanz, ziemlich hohe, schlankläufige und langzehige, mit großen, an der Hinterzehe oft sporenartig verlängerten Krallen, bewehrte Füße und buntes Gefieder.

Gewissermaßen das Urbild der Familie ist unsere *Bachstelze* oder *Wippstert* (Motacilla alba). Ihre Oberteile sind grau, Hinterhals und Nacken samtschwarz, Kehle, Gurgel und Oberbrust schwarz, Stirn, Backen, Halsseiten und die Unterteile weiß, die Schwingen schwärzlich, weißgrau gesäumt, wegen der weiß zugespitzten Deckfedern zweimal hell gebändert, die mittelsten Steuerfedern schwarz, die übrigen weiß. Das Weibchen ähnelt dem Männchen; doch ist sein schwarzer Kehlfleck gewöhnlich nicht so groß. Die Länge beträgt knapp 18 cm, die Schwanzlänge 9,8 cm. In Großbritannien tritt neben der Bachstelze die *Trauerstelze* auf. Sie unterscheidet sich nur dadurch, daß im Frühlingskleid auch Mantel, Bürzel und Schultern schwarz sind. Wir betrachten sie als Unterart.

Die Stelze bewohnt ganz Europa, Nordwestafrika und Asien. Bei uns erscheint sie bereits Anfang März und verläßt uns erst im Oktober. Sie meidet den Hochwald und das Gebirge oberhalb der Holzgrenze, haust sonst aber buchstäblich an allen Orten, freundet sich mit dem Menschen an und siedelt gern in der Nähe seiner Wohnung.

Beweglich, unruhig und munter im höchsten Grade, ist sie vom frühen Morgen bis zum späten Abend ununterbrochen in Tätigkeit. Nur wenn sie singt, sitzt sie wirklich unbeweglich, aufgerichtet und den Schwanz hängend, auf ein und derselben Stelle; sonst läuft sie beständig hin und her, und wenn nicht, wippt sie wenigstens mit dem Schwanze. Sie geht rasch und geschickt, schrittweise, hält dabei den Leib und den Schwanz waagerecht und zieht den Hals etwas ein, fliegt leicht und schnell in langen, steigenden und fallenden Bogen, die zusammengesetzt eine weite Schlangenlinie bilden, meist niedrig und in kurzen Strecken über dem Wasser oder dem Boden.

Kerbtiere aller Art, deren Larven und Puppen sucht die Bachstelze an den Ufern der Gewässer, vom Schlamme, von Steinen, Miststätten, Hausdächern und anderen Plätzen ab, stürzt sich blitzschnell auf die erspähte Beute und ergreift sie mit unfehlbarer Sicherheit. Dem pflügenden Bauern folgt sie und liest hinter ihm die aufgeworfenen Kerfe auf.

Bald nach der Ankunft im Frühjahr wählt sich jedes Paar sein Gebiet; dies geschieht niemals ohne Kampf und Streit mit anderen derselben Art; denn jedes unbeweibte Männchen sucht dem gepaarten die Gattin abspenstig zu machen. Die beiden Nebenbuhler fliegen mit starkem Geschrei hintereinander her, fassen zeitweilig festen Fuß auf dem Boden, stellen sich zum Kampf gerüstet einander gegenüber und fahren nun wie erboste Hähne ingrimmig aufeinander los. Das Nest steht an den verschiedensten Plätzen: in Felsritzen, Mauerspalten, Erdlöchern, auf Dachbalken, in Hausgiebeln, Reisighaufen usw. Das Gelege der ersten Brut besteht aus sechs bis acht, das der zweiten aus vier bis sechs Eiern.

Die *Schafstelze* (Motacilla flava) hat einen kürzeren Schwanz als die Bachstelze. Ihre Länge beträgt knapp 17 cm. Oberkopf, Nakken und Hinterhals sind aschgrau mit Ausnahme eines über den Augen fortlaufenden, bis auf die Schläfen reichenden, schmalen, weißen Striches; die übrigen Oberteile sind olivgrün, die oberen Schwanzfedern dunkler, die Kopf- und Halsseiten sowie die übrigen Unterteile mit Ausnahme des weißlichen Kinnes schwefelgelb, die Schwingen braunschwarz, die Schwanzfedern schwarz, die beiden äußersten weiß. Ihr Verbreitungsgebiet entspricht etwa dem der Bachstelze.

Zu den Stelzen zählen auch die **Pieper**. Wohl die bekannteste Art ist der *Wiesenpieper* (Anthus pratensis). Die Federn der Oberseite sind olivbraun, schwach olivgrün überflogen, durch dunkelbraune, verwaschene Schaftflecke gezeichnet, die des Bürzels lebhafter und mehr einfarbig, ein Streifen über den Augen, Backen und Unterteile sind zart rostgelblich, seitlich etwas dunkler und hier, wie auf Kropf und Brust, mit breiten, braunschwarzen Schaftstrichen geziert. Die Länge beträgt 15 cm.

Man hat den Wiesenpieper in der ganzen Nordhälfte Europas sowie im größten Teile Nordasiens als Brutvogel gefunden und während des Winters in Südeuropa, Südwestasien und Nordafrika beobachtet. Bei uns erscheint er mit der Schneeschmelze, gewöhnlich schon Anfang März, und bleibt bis zum November. Er wandert in großen Scharen nicht selten mit den Feldlerchen und reist sowohl am Tage wie in der Nacht. Als halber Sumpfvogel bewohnt er in der Heimat wie in der Winterherberge wasserreiche Gegenden. Er ist äußerst lebhaft und während des ganzen Tages in Bewegung, läuft, soviel wie möglich zwischen Gras und Ried versteckt, ungemein flink umher, erhebt sich gewandten Fluges in die Luft, stößt seinen Lockton aus und streicht nun rasch geradeaus einem ähnlichen Ort zu.

Das Männchen singt, wie alle Pieper, fast nur im Fluge, indem es sich vom Boden oder von der Spitze eines niederen Strauches in schiefer Richtung flatternd aufschwingt, ziemlich hoch in die Luft steigt, hier einige Augenblicke schwebend oder rüttelnd verweilt und nun mit hochgehaltenen Flügeln singend herabschwebt oder mit angezogenen Fittichen schnell herabfällt.

Das Nest steht zwischen Seggenschilf, Binsen oder Gras auf dem Boden, meist in einer kleinen Vertiefung, immer so versteckt, daß es schwer zu finden ist.

Der *Baumpieper* (Anthus trivialis) ähnelt dem Wiesenpieper sehr, ist jedoch etwas größer. Waldungen Europas und Sibiriens beherbergen den Baumpieper im Sommer, die Steppenwälder Afrikas und die des unteren Himalaja im Winter. Lichtungen, Blößen im Walde, frische Schläge und andere wenig bewachsene Stellen des Waldes bilden sein Brutgebiet.

Lerchen

Die *Lerchen* (Alaudidae) sind kräftig gebaute Sperlingsvögel mit großem Kopf, ziemlich niedrigen Füßen, langen und sehr breiten Flügeln, nicht besonders langem oder kurzem, meist gerade abgeschnittenem Schwanze und erdfarbenem Gefieder. Obwohl sie in allen Erdteilen vertreten sind, gehören die Lerchen doch vorzugsweise zur Alten Welt. Freie Gegenden, das bebaute Feld ebenso wie das Ödland, die Wüste wie die Steppe bilden ihre Wohnsitze. Alle im Norden wohnenden Lerchen sind Zug- oder wenigstens Wander-, die im Süden lebenden Stand- oder Strichvögel.

Unter allen Sperlingsvögeln sind sie die besten Läufer; aber auch ihr Flug ist sehr geschickt. Wenn sie Eile haben, fliegen sie in großen Bogenlinien rasch dahin; beim Singen hingegen erheben sie sich flatternd gerade empor oder drehen sich in großen Schraubenlinien zum Himmel auf, senken sich von dort aus erst langsam schwebend hernieder und stürzen zuletzt plötzlich mit ganz eingezogenen Flügeln wie ein lebloser Gegenstand zum Boden herab. Die meisten von ihnen sind gute, einige ganz ausgezeichnete Sänger. Das Lied, das sie vortragen, ist arm an Strophen, aber ungemein reich an Abwechslung; wenige Töne werden hundertfältig verschmolzen und so zu einem immer neuen Ganzen gestaltet.

Die Nahrung besteht aus Kerbtieren und Pflanzenstoffen. Als Getränk dient ihnen der Tau auf den Blättern; sie können aber auf lange Zeit ganz auf Wasser verzichten, baden auch nicht in ihm, sondern nehmen Staubbäder.

Das liederlich, aber stets aus Halmen und Grasblättern in der Farbe des Bodens erbaute und daher trefflich verborgene Nest steht in einer von ihnen selbst ausgescharrten Vertiefung; das Gelege enthält vier bis sechs, bei der zweiten Brut drei bis fünf gefleckte Eier.

Die *Feldlerche* (Alauda arvensis) ist gekennzeichnet durch verhältnismäßig schlanken Leibesbau, schwach kegelförmigen, ziemlich kurzen Schnabel, mittellange, spitze Flügel und einen mittellangen, ausgeschnittenen Schwanz. Die Länge beträgt 18 cm. Die Federn der Oberteile sind erdbraun, die Unterteile fahlweiß, die Schwingen und die Schwanzfedern braunschwarz. Ganz Europa und Mittelasien sowie Nordwestafrika sind die Heimat der Feldlerche. Bei uns ist die Feldlerche der Frühlingsbote; denn sie erscheint zur Zeit der Schneeschmelze, bisweilen schon Anfang Februar.

Unsere liebliche *Heidelerche* (Lullula arborea) ist die kleinste in Deutschland brütende Art ihrer Familie. Ihre Länge beträgt 15 cm. In ihrer Färbung ähnelt sie sehr der Feldlerche, doch ist der kurze Schwanz ohne weiße Kanten. Ganz Europa vom mittleren Schweden an, Westasien und Nordwestafrika beherbergen diesen liebenswürdigen Vogel. Aber er ist in seinem Aufenthaltsort mehr als andere Lerchen beschränkt, da er nur in den ödesten Heide- und Waldgegenden lebt.

Die *Haubenlerche* (Galerida cristata) ist 17 cm lang und fällt durch die haubenartig gestellten Schopffedern auf. Von der Feldlerche, der sie sehr ähnelt, unterscheidet sie sich außerdem durch die gelbbraunen Kanten des kurzen Schwanzes. Unsere Haubenlerche bewohnt mit Ausnahme des hohen Nordens fast ganz Eurasien und einen beträchtlichen Teil Afrikas.

Finken und Ammern

Unserem Edelfinken zuliebe benennen wir eine etwa 125 Arten umfassende, mit alleiniger Ausnahme Australiens über alle Erdteile verbreitete Familie die *Finken* (Fringillidae). Ihr Schnabel ist kegelförmig, verschieden dick, der Oberschnabel oft ein wenig länger als der untere und mit schwachem Haken über diesen herabgebogen, ausnahmsweise auch mit letzterem gekreuzt.

Innerhalb der angegebenen Grenzen bewohnen die Finken alle Zonen der Erde, alle Örtlichkeiten von der Küste des Meeres bis zu den höchsten Spitzen der Berge, einsame Inseln nicht minder als volksbelebte Städte, die Wüste wie den Wald, nacktes Gestein wie alle denkbaren Pflanzenbestände. Viele von den nordischen Arten sind Zugvögel, die im Süden der gemäßigten Zone und in den Tropenländern lebenden ausnahmslos Standvögel.

Alle Finken sind sehr geschickte Läufer oder richtiger Hüpfer, gute Flieger und größtenteils angenehme, einzelne von ihnen sogar vortreffliche Sänger. Meist gesellig, leben viele untereinander doch nur im Herbst und Winter friedfertig zusammen; dagegen endet auf den Brutplätzen der erbitterte Streit nie. Sämereien der verschiedensten Pflanzen und im Hochsommer Kerbtiere bilden ihre Nahrung, letztere auch vorzugsweise die Atzung der Jungen. Fast alle Arten bauen sorgsam hergestellte, dickwandige, außen und innen zierlich gestaltete, sauber ausgekleidete Nester aus verschiedenen pflanzlichen und tierischen Stoffen, brüten zweimal, einzelne auch dreimal im Jahre, legen fünf bis acht auf lichterem Grunde dunkler gefleckte und gestrichelte Eier; sie ziehen eine zahlreiche Nachkommenschaft heran und gleichen somit die vielen Verluste aus, die allerlei Raubtiere ihrem Bestand zufügen. Wegen ihrer Anspruchslosigkeit und leichten Zähmbarkeit eignen sie sich mehr als die meisten Angehörigen ihrer Ordnung zu Käfigvögeln. Von alters her sind sie Haus- und Stubengenossen des Menschen, und einzelne von ihnen, z. B. der Kanarienvogel, werden, wenigstens hier und da, noch mehr als die Nachtigall geschätzt.

Eine Unterfamilie bilden die **Finken** im engeren Sinne (Fringillinae). Sie bewohnen vorwiegend die Alte Welt.

Der *Edel-* oder *Buchfink* (Fringilla coelebs) ist das Urbild der Familie. Die Länge beträgt 15 cm. Mit Ausnahme der nördlichsten Länder ist der Edelfink in ganz Europa eine bekannte Erscheinung. Außerdem bewohnt er einzelne Teile Asiens und Nordafrikas. In Deutschland gibt es nur wenige Gegenden, in denen der Buchfink nicht zahlreich auftritt. Er bewohnt Nadel- wie Laubwälder, ausgedehnte Waldungen wie Feldgehölze, Baumpflanzungen oder Gärten und meidet nur sumpfige oder nasse Strecken.

Das Nest, das in Büschen und auf Bäumen gebaut wird, ist fast kugelrund, nur oben abgeschnitten. Seine dicken Außenwände werden aus grünem Erdmoos, zarten Würzelchen und Hälmchen zusammengesetzt. Das Innere ist napfförmig und sehr weich mit Haaren und Federn, Pflanzen- und Tierwolle ausgepolstert. Solange der Nestbau währt und das Weibchen brütet, schlägt der Fink fast ohne Unterbrechung während des ganzen Tages, und jedes andere Männchen in der Nähe erwidert den Schlag seines Nachbarn mit mehr als gewöhnlichem Eifer. Die Zeit der Bebrütung währt 13 Tage; das Weibchen brütet hauptsächlich, das Männchen löst es ab, solange jenes zur Nahrungssuche das Nest verlassen muß. Die Jungen werden von beiden Eltern ausschließlich mit Kerbtieren großgefüttert, benötigen auch nach dem Ausfliegen noch eine Zeitlang der elterlichen Fürsorge, gewöhnen sich aber bald daran, ihre Nahrung selbst zu suchen.

Der Fink ist ein munterer, lebhafter, gewandter, aber heftiger und zänkischer Vogel. Seine Lockstimme, das bekannte „Pink" oder „Fink", wird sehr verschieden betont und erhält dadurch mannigfache Bedeutungen. Der Schlag besteht aus einer oder zwei regelmäßig abgeschlossenen Strophen, welche vielfach abändern, mit größter Ausdauer und sehr oft rasch nacheinander vorgetragen werden.

Der nächste Verwandte unseres Finken ist der *Bergfink* (Fringilla montifringilla). Seine Länge beträgt 15 cm. Kopf, Nacken und Mantel, Wangen und obere Halsseiten sind tiefschwarz, die Bürzelfedern in der Mitte reinweiß, Kehle und Brust gelblich überflogen, Kinn und Bauchseiten gelblichweiß, letztere schwarz gefleckt, die Unterschwanzdecken rostgelb, die Schwingen braunschwarz, die Schulterfedern gelblich rostfarben. Beim Weibchen sind Kopf und Nacken grünlichgrau, die Oberteile olivgraubraun, die Unterteile hellgrau. Nach der Mauser werden die lebhaften Farben durch gelbbraune Federränder verdeckt.

Das Verbreitungsgebiet des Bergfinken erstreckt sich über den hohen Norden der Alten Welt. Von hier aus durchstreift und durchzieht er im Winter ganz Europa bis Spanien und Griechenland oder Asien bis zum Himalaja und kommt auf diesem Zuge sehr häufig zu uns, wo er Ende September erscheint. In der Heimat bewohnt der Bergfink Nadelwaldungen, besonders solche, die mit Birken gemischt sind, tritt aber nicht häufig auf.

Unser **Grünling** oder *Grünfink* (Carduelis chloris) ist gekennzeichnet durch kräftigen Bau und kurzkegelförmigen, scharfschneidigen Schnabel. Seine Länge beträgt 15 cm. Die vorherrschende Färbung ist olivgelbgrün; Unterbrust, Bauch und Flügelrand sind lebhaft zitronengelb. Das Weibchen ist weniger lebhaft gefärbt, junge Vögel sind oberseits olivgelbbraun. Mit Ausnahme der nördlichsten Gegenden Europas fehlt der Grünling nirgends in diesem Erdteil; ebenso verbreitet ist er in Nordwestafrika und Kleinasien bis zum Kaukasus. Bei uns ist er sehr häufig. Er bewohnt am liebsten fruchtbare Gegenden, in denen kleine Gehölze mit Feldern, Wiesen und Gärten abwechseln.

Unser **Zeisig** oder *Erlenzeisig* (Carduelis spinus) ist auf dem ganzen Oberkopf und dem Nacken sowie an Kinn und Oberkehle schwarz, auf Hinterhals, Mantel und Schultern gelbgrün und dunkel längsgestrichelt; die vorderen Backen, Kropf und Oberbrust sind schön olivgelb, Unterbrust, Bauch und Seiten fast weiß. Beim Weibchen sind die Federn des Oberkopfes und der Oberseite grünlichbraun, die der Unterseite schmutzigweiß und durch dunkle Schaftflecke gezeichnet. Die Länge beträgt 12 cm. Das Verbreitungsgebiet des Zeisigs umfaßt das nördliche und mittlere Asien, soweit es bewaldet ist, nach Norden hin bis zur Breite Mittelnorwegens. In Deutschland ist er ein Strichvogel, der mit Ausnahme der Brutzeit weit im Lande umherstreift; in nördlichen Ländern wandert er und kommt dann häufig zu uns, um Herberge während des Winters zu nehmen. Während des Sommers bewohnt er die Nadelwälder bergiger Gegenden, brütet hier und beginnt von ihnen aus mit seinen Streifereien.

Mancherlei Sämereien, hauptsächlich von Nadelbäumen, junge Knospen und Blätter, während der Brutzeit jedoch Kerbtiere, bilden die Nahrung. Die Jungen werden ausschließlich mit letzteren, zumal mit Räupchen, Blattläusen usw. aufgefüttert und bald nach dem Ausfliegen in Gärten und Obstpflanzungen geführt.

Der allbekannte *Stieglitz* oder *Distelfink* (Carduelis carduelis) ist gekennzeichnet durch einen kreiselförmigen, sehr gestreckten und spitzen Schnabel sowie durch sein buntes und lockeres Gefieder. Die Länge beträgt 12 cm. Vom mittleren Schweden an findet sich der Stieglitz in ganz Europa, aber auch auf Madeira, den Kanarischen Inseln, in Nordwestafrika und in einem großen Teil Asiens von Syrien bis nach Sibirien. Auf Kuba, in den USA und Australien ist er eingeführt worden und verwildert. Waldbewohner im strengeren Sinne ist der Stieglitz nicht; denn lieber noch als in zusammenhängenden Beständen siedelt er sich in Gärten oder Parks, an Straßen, auf Weiden oder Wiesen und ähnlichen Orten an, und hier pflegt er auch zu brüten.

Er klettert wie eine Meise, hängt sich wie die Zeisige geschickt von unten an die dünnsten Zweige und arbeitet minutenlang in solcher Stellung. Sein Flug ist leicht, schnell und wie bei den meisten Finken wellenförmig. Zum Ruhen bevorzugt er die höchsten Spitzen der Bäume oder Sträucher, hält sich aber niemals lange an ein und demselben Orte auf, weil sich seine Unruhe immer geltend macht. Seine Lockstimme wird am besten durch seinen Namen wiedergegeben; denn dieser ist nichts anderes als ein Klangbild der Silben „Stiglit", „Pickelnit" und „Pickelnick ki kleia", die er im Sitzen wie im Fliegen vernehmen läßt. Die Nahrung besteht in Gesäme mancherlei Art, vorzüglich aber in solchem der Birken, Erlen und nicht minder der Disteln im weitesten Sinne, und man darf deshalb da, wo Disteln oder Kletten stehen, sicher damit rechnen, ihn zu bemerken.

Das Nest, ein fester, dicht zusammengefilzter Kunstbau, steht in lichten Laubwäldern oder Obstpflanzungen, oft in Gärten und unmittelbar bei den Häusern, gewöhnlich in einer Höhe von 6–8 m über dem Boden, wird am häufigsten in einer Astgabel des Wipfels angelegt und so gut verborgen, daß es von unten her erst dann gesehen wird, wenn das Laub von den Bäumen fällt. Die Jungen werden mit kleinen Kerbtierlarven, die größeren mit Kerbtieren und Sämereien gefüttert, die ausgeflogenen noch lange von den Eltern geleitet und geführt. Wie der Hänfling, so füttert auch der Stieglitz seine Kinder groß, wenn sie vor dem Ausfliegen in einen Käfig eingesperrt wurden.

Unser *Hänfling* oder *Bluthänfling* (Acanthis cannabina) ist auf dem Scheitel prachtvoll karminrot. Die Länge beträgt 13 cm. Der Bluthänfling bewohnt ganz Europa, Kleinasien und Nordwestafrika. In Deutschland ist er vielleicht in hügeligen Gegenden am verbreitetsten. Hohe Gebirge meidet er, ausgedehnte Waldungen nicht minder. Im Herbst, gewöhnlich schon im August, schlagen sich die Bluthänflinge in große Herden zusammen, so daß ich bis hundert und mehr in einem Zuge beobachtet habe. Im Winter mischen sich die Hänflinge unter die Grünlinge, auch unter Edel- und Bergfinken, Feldsperlinge und Goldammern.

Die **Ammern** leben in der Mehrzahl in der Nordhälfte der Erde, größtenteils in niederem Buschwerk oder Röhricht.

Die bei uns bekannteste Art ist die *Goldammer* (Emberiza citrinella). Ihre Länge beträgt 16,5 cm. Kopf, Hals und Unterteile sind schön hochgelb, Mantel und Schultern fahlrostbraun, die unteren Körperseiten mit dunkelbraunen, die oberen mit breiten schwarzen Schaftstrichen gezeichnet, die Schwingen und die Schwanzfedern schwarzbraun. Nord- und Mitteleuropa sowie ein großer Teil Asiens, namentlich Sibirien, sind die Heimat der Goldammer. In Deutschland fehlt sie in keiner Landschaft, steigt auch im Gebirge bis zur Waldgrenze auf und darf da, wo zwischen Feldern, Wiesen und Obstpflanzungen niedriges Gebüsch steht, mit Sicherheit erwartet werden.

Während der Brutzeit im April ist das Männchen sehr munter, singt vom frühesten Morgen bis zum späten Abend ein einfaches, aus fünf bis sechs gleichen Tönen und dem um eine Oktave höheren, etwas gezogenen Schlußlaut bestehendes Liedchen, welches das Volk sich in die Worte übersetzt hat: „S'is, s'is noch viel zu früh" oder: „Wie, wie hab' ich dich lieb". Der Sänger sitzt beim Singen auf einer freien Astspitze und läßt den Menschen sehr nahe an sich herankommen. Man kann sein Treiben daher leicht beobachten.

Der **Kernbeißer** oder *Kirschkernbeißer* (Coccothraustes coccothraustes), Abb. S. 256, hat sehr kräftigen, gedrungenen Bau, großen, dicken Schnabel, verhältnismäßig breite Flügel und kurzen, in der Mitte deutlich ausgeschnittenen Schwanz. Die Länge beträgt meist um 18 cm.

Als Heimat des Kernbeißers sind die gemäßigten Länder Europas und Asiens anzusehen. Er wählt zu seinem Sommeraufenthalt hüglige Gelände mit Laubwaldungen und hohen Bäumen, auf denen er sich, falls er nicht in eine benachbarte Kirschenpflanzung plündernd einfällt oder sich im anstoßenden Feld auf dem Boden zu schaffen macht, den ganzen Tag über verweilt und ebenso die Nacht verbringt. Am liebsten verzehrt der Kirschkernbeißer die von einer harten Schale umgebenen Kerne verschiedener Baumarten.

Beim nur 11 cm großen **Girlitz** (Serinus serinus) ist die vorherrschende Färbung des Gefieders ein schönes Grün. Ursprünglich im Süden Europas und in Kleinasien heimisch, hat sich der Girlitz allmählich nach Norden hin verbreitet. Er ist bei uns von Anfang April an eine häufige Erscheinung. Baumgärten, in deren Nähe Gemüsepflanzen sind, sagen ihm am meisten zu.

Der *wilde Kanarienvogel* ist eine Abart des Girlitz auf den Kanarischen Inseln und Madeira. Aus ihm hat man den bekannten *Kanarienvogel* als Haustier gezüchtet.

Unser **Gimpel** oder *Dompfaff* (Pyrrhula pyrrhula) ist auf dem Oberkopf und an der Kehle, auf Flügeln und Schwanz glänzend dunkelschwarz, auf dem Rücken aschgrau, auf dem Bürzel und dem Unterbauch weiß, auf der ganzen übrigen Unterseite aber lebhaft hellrot.

Der Gimpel bewohnt mit Ausnahme des Ostens und Nordens ganz Europa, den Süden unseres heimatlichen Erdteils jedoch nur als Wintergast. Er ist streng an den Wald gebunden und verläßt ihn, solange sich Nahrung findet, gewiß nicht. Erst wenn der Winter den Gimpel aus seiner Wohnstätte vertreibt, kommt er gesellschaftsweise in Obstpflanzungen und Gärten der Dörfer oder in Feldgebüsche, um hier nach den wenigen Beeren und Körnern zu suchen, die andere Familienverwandte ihm noch übriggelassen haben.

Die **Kreuzschnäbel** sind gedrungen gebaute, großköpfige, etwas plumpe Finken. Ihr Schnabel ist sehr stark, dick, seitlich zusammengedrückt und hat gekreuzte Spitzen. Sie bewohnen die Nadelwälder der Alten und Neuen Welt.

Der größte und kräftigste ist der *Kiefernkreuzschnabel* (Loxia pytyopsittacus). Seine Länge beträgt gut 17 cm. Kopf, Brust und Bauch sind mehr oder minder lebhaft rot, die Federn des Rückens graurot, die Schwung-, Deck- und Steuerfedern grauschwarz, rotgrau gesäumt.

Der *Fichtenkreuzschnabel* (Loxia curvirostra) ist etwas kleiner, der Schnabel gestreckter und minder gekrümmt, seine sich kreuzende Spitze länger. Beide sind auch bei uns heimisch.

Die Nahrung der Kreuzschnäbel besteht vorzugsweise aus den Sämereien der Waldbäume. Zur Gewinnung dieser Nahrung ist ihnen ihr starker und gekreuzter Schnabel unentbehrlich. Es erfordert große Kraft und viel Geschicklichkeit, die Kiefer- oder Fichtenzapfen aufzubrechen, um zu den wohlverborgenen Samen zu gelangen; beide aber besitzt der Kreuzschnabel in hohem Grade. Es ist bekannt, daß die Kreuzschnäbel in allen Monaten des Jahres nisten, im Hochsommer ebenso wie im eisigen Winter.

Webervögel

Die uns bekannteste Art der Sperlingsunterfamilie (Passerinae) ist der *Haussperling* oder *Spatz* (Passer domesticus). Seine Färbung ist so bekannt, daß sich jede Beschreibung erübrigt. Die Länge beträgt 15 cm. Der Heimatkreis des Haussperlings erstreckt sich über fast ganz Europa und den größten Teil Asiens,

Seite 265: Oryxweber (Euplectes orix) aus Süd- und Ostafrika (o.); Nest eines Webervogels (u.)
Seite 266: Dreifarben-Glanzstare (Lamprospero superbus) leben in größeren Gesellschaften in den afrikanischen Savannen (o.); Saatkrähe (u.)

nach Norden hinauf, soweit Ansiedlungen reichen, nach Süden hin bis Nordafrika, Palästina, Kleinasien, Indien und Ceylon. Außerdem ist er eingebürgert worden in Australien und Nordamerika, auf Java und Neuseeland, ist also Weltbürger im wahrsten Sinne des Wortes geworden.

Bezeichnend für den Sperling ist, daß er überall, wo er vorkommt, in innigster Gemeinschaft mit dem Menschen lebt. Er bewohnt die bevölkerte Hauptstadt wie das einsame Dorf, folgt dem vordringenden Ansiedler durch alle Länder Asiens, die er früher nicht bevölkerte, siedelt sich, von Schiffen ausfliegend, auf Inseln an, wo er früher unbekannt war.

Äußerst gesellig, trennt er sich bloß während der Brutzeit in Paare, ohne jedoch deshalb aus dem Gemeindeverband zu scheiden. Oft brütet ein Paar dicht neben dem andern, und die Männchen suchen, so eifersüchtig sie sonst sind, auch wenn ihr Weibchen brütend auf den Eiern sitzt, die Gesellschaft von ihresgleichen auf. Die Jungen schlagen sich sofort nach ihrem Ausfliegen mit andern Trupps zusammen, welche bald zu Flügen anwachsen. Überall und unter allen Umständen richtet er sein Tun auf das genaueste nach dem Wesen seines Brotherrn, ist daher in der Stadt ganz anders als auf dem Dorfe; wo er geschont wird, zutraulich und selbst zudringlich, wo er Verfolgungen erleiden mußte, überaus vorsichtig und scheu.

Ungeachtet seiner Geselligkeit liegt er doch beständig mit anderen gleichstrebenden im Streit, und wenn die Liebe, die sich bei ihm zur heftigsten Brunst steigert, sein Wesen beherrscht, kämpft er mit Nebenbuhlern so ingrimmig, daß man glaubt, ein Streit auf Leben und Tod solle ausgefochten werden, obwohl höchstens einige Federn zum Opfer fallen. Nur in einer Beziehung vermag der uns anziehende Vogel nicht zu fesseln. Er ist ein unerträglicher Schwätzer und ein erbärmlicher Sänger. „Schill, schelm, piep", seine Locktöne, vernimmt man bis zum Überdrusse, und wenn eine zahlreiche Gesellschaft sich vereinigt hat, wird ihr gemeinschaftliches „Tell, tell, silb, dell, dieb, schilk" geradezu unerträglich.

Der Spatz beginnt bereits frühzeitig im Jahre mit dem Nestbau und brütet im Laufe des Sommers mindestens drei-, wenn nicht viermal.

In Mittel- und Nordeuropa, ganz Mittelasien und ebenso in Nordafrika lebt neben dem Hausspatz ein anderes Mitglied der Familie, der *Feldsperling* (Passer montanus). Seine Länge beträgt 14 cm. Oberkopf, Schläfen und Nacken sind mattrotbraun und im Gegensatz zum Haussperling ist im weißen Wangengefieder ein großer schwarzer Fleck. Zu den Wohnungen der Menschen kommt er nur im Winter; im Sommer hingegen hält er sich da auf, wo Wiesen mit Feldern abwechseln und alte, hohle Bäume ihm geeignete Nistplätze gewähren.

Das Hauptverbreitungsgebiet der **Webervögel** (Ploceidae) ist Afrika, Südasien und Australien. Zu dieser Familie gehören auch die *Prachtfinken,* kleine Arten mit kurzem, dickem oder schlankem Kegelschnabel, kurzem, stufigem Schwanz und meist schön gefärbtem Gefieder; Abb. S. 265. Sie leben meist gesellig entweder in lichten Waldungen oder im Schilf und hohem Gras oder endlich auf fast pflanzenlosen Strecken. Ihre Nester, Abb. S. 265, sind sehr unterschiedlich, nicht selten aber wahre Kunstbauten.

Schon seit langer Zeit werden viele Prachtfinken auf unseren Markt gebracht. Häufige Stubenvögel sind bei uns der afrikanische *Bandfink* (Amadina fasciata), *Feuerweber* und *Sonnenastrild,* die australischen *Zebrafinken* (Taeniopygia guttata) und *Goulds-Amadinen* (Chloebia gouldiae), der *Tigerfink* (Amandava amandava) und der *Reisfink* (Padda oryzivora) Südasiens; aber auch die südamerikanischen *Graukardinäle* und *Prachtangare* aus verwandten Familien sind beliebte Käfigvögel.

Kugelnester afrikanischer Webervögel

Seite 267: Tannenhäher (o.); der Süd-Hornrabe (Bucorvus cafer; u.) gehört zur Familie der Nashornvögel und lebt in den Steppen und Savannen im südlichen Afrika
Seite 268: Pirol am Nest

Star am Nistkasten

Stärlinge

Die Webervögel Amerikas sind die *Stärlinge* (Icteridae). Dies sind Vögel von Krähen- bis Finkengröße, mit ziemlich weichem, glänzendem Gefieder, in welchem Schwarz, Gelb und Rot vorherrschend sind. Alle Arten sind gesellig, munter und sangeskundig. Sie bewohnen die Waldungen, nähren sich von kleinen Wirbel-, Kerb- und Muscheltieren, Früchten und Sämereien. Ihre Nester, die denen der Webervögel an Zierlichkeit nicht nachstehen, werden meist in Siedlungen an Bäumen aufgehängt.

Eine bekannte nordamerikanische Art ist der *Baltimorevogel* oder *Baltimoretrupial* (Icterus galbula). Kopf, Mantel und Flügel sind tiefschwarz, die Unterteile orange. Die Länge beträgt 20 cm. Das Brutgebiet des Baltimorevogels umfaßt die Oststaaten Nordamerikas, von Kanada an bis zu den westlichen Hochebenen. Er ist ein Sommervogel, der mit Beginn des Frühlings paarweise im Lande eintrifft und dann baldmöglichst zur Fortpflanzung schreitet. Sein Nest wird an einen schlanken Zweig angehängt und sehr kunstvoll gewebt.

Stare

Die *Stare* (Sturnidae), Abb. S. 266, sind mittelgroße, gedrungen gebaute, kurzschwänzige, aber ziemlich langflüglige Vögel mit kopflangem, geradem, schlankem Schnabel. Wie ihre neuweltlichen Vertreter, die Stärlinge, ungemein gesellige Vögel, vereinigen sie sich auch während der Brutzeit zu größeren oder kleineren Gesellschaften. Sie gehen schrittweise, rasch und gut, fliegen leicht und mit behenden Flügelschlägen.

Unser allbekannter *Star* (Sturnus vulgaris) ist je nach Alter und Jahreszeit verschieden gefärbt und gezeichnet. Das Kleid des alten Männchens ist im Frühling schwarz mit grünem und purpurfarbigem Schillern. Gänzlich verschieden ist die Tracht im Herbst nach beendeter Mauser. Dann enden alle Federn mit weißlichen Spitzen, und das ganze Gefieder erscheint deshalb gepunktet. Das Weibchen ähnelt dem Männchen, ist aber auch im Frühlingskleid stärker gefleckt als dieses. Die Länge beträgt 22 cm.

Von Island an wird der Star im größten Teil Europas und Westasiens gefunden. Er bevorzugt ebene Gegenden und in diesen Auwälder. Unter unseren Zugvögeln erscheint der Star am frühesten und bleibt bis tief in den Spätherbst hinein. Seine Reisen dehnt er höchstens bis Nordafrika aus. Die Hauptmasse bleibt bereits in Südeuropa wohnen und treibt sich hier während des Winters mit allerhand anderen Vögeln, insbesondere Raben und Drosseln, im Lande umher.

Sofort nach der Ankunft im Frühjahr erscheinen die Männchen auf den höchsten Punkten des Dorfes oder der Stadt, auf dem Kirchturm oder auf alten Bäumen und singen hier unter lebhaften Bewegungen der Flügel und des Schwanzes. Der Gesang ist mehr ein Geschwätz als ein Lied, enthält auch einzelne unangenehme, schnarrende Töne, wird aber mit so viel Lust und Fröhlichkeit vorgetragen, daß man ihn doch recht gern hört. Zudem hat der Star ein bedeutendes Nachahmungsvermögen. Alle Laute, die in einer Gegend hörbar werden, der Pfiff des Pirols wie das Kreischen des Hähers, das Gackern der Hühner, das Klappern einer Mühle oder das Knarren einer Tür oder Windfahne, ganze Strophen aus dem Gesange der Drosseln: sie alle werden mit geübtem Ohr aufgefaßt, eifrigst gelernt und dann in der lustigsten Weise wiedergegeben. Der Star baut in Höhlungen aller Art ein recht liederliches Nest, in welches das Weibchen im April fünf bis sechs Eier legt.

Im Herbst sammeln sich unsere Stare zu Tausenden, ja zu Hunderttausenden an, schwärmen stundenlang, bald vereint, bald geteilt, gleich Wolken umher, lassen sich abwechselnd auf den Wiesen oder auf dem Rohre nieder und begeben sich endlich bei eintretender Nacht schnurrend, zwitschernd, pfeifend, kreischend, zankend zur Ruhe.

Der Star richtet zwar in Weinbergen erheblichen, in Kirschpflanzungen und Gemüsegärten dann und wann nicht unwesentlichen

Schaden an, nützt aber im übrigen durch seinen großen Verzehr von Schnecken und Raupen so sehr, daß man ihn als den besten Freund des Landwirts bezeichnen darf.

Der *Rosenstar* (Pastor roseus) ist unserem Star in der Gestalt sehr ähnlich, doch sind bei ihm nur Kopf, Flügel und Schwanz schwarz, während der Körper rosarot gefärbt ist. Der Rosenstar gehört zu den Zigeunervögeln, weil auch er in manchen Jahren in gewissen Gegenden massenhaft auftritt, in anderen wiederum hier gänzlich fehlt. Als Mittelpunkt seines Verbreitungsgebietes haben wir die innerasiatischen Steppen anzusehen. Zuweilen geschieht es, daß er sein Verbreitungsgebiet weit überschreitet und in allen Teilen Mitteleuropas anzutreffen ist.

Raben

Die Raben (Corvidae) sind gedrungen gebaute, kräftige Vögel mit verhältnismäßig großem, starkem Schnabel, dessen Wurzel regelmäßig mit langen, die Nasenlöcher dekkenden Borsten bekleidet ist, großen und starken Füßen und dichtem, einfarbigem oder buntem Gefieder. Die Raben bewohnen alle Teile und alle Breiten- oder Höhengürtel der Erde.

Die **Raben** im engsten Sinn sind ziemlich große Vögel mit mehr oder minder glänzendem Gefieder von vorwiegend schwarzer Färbung.

Unter den deutschen Raben gebührt unserem *Kolkraben* (Corvus corax) die erste Stelle. Er ist der Rabe im eigentlichen Sinne des Wortes. Seine Färbung ist gleichmäßig schwarz. Die Länge beträgt 64 cm. Unter allen Raben ist der Kolkrabe am weitesten verbreitet. Er bewohnt ganz Europa, findet sich aber auch im größten Teil des nördlichen Asiens vom Ural bis nach Japan und ebenso in ganz Nordamerika. Bei uns ist der stattliche, stolze Vogel vor allem in Schleswig-Holstein und den Alpen anzutreffen, in anderen Gebieten war er ausgerottet; die Bestände erholen sich jedoch jetzt wieder etwas. Gegenden, in denen Wald und Feld, Wiese und Gewässer miteinander abwechseln, sind seine liebsten Wohnsitze.

Der Kolkrabe gehört zu den Vögeln, die, einmal gepaart, zeitlebens treu zusammenhalten. Es gibt vielleicht keinen Vogel, der im gleichen Umfang wie der Rabe Allesfresser ist. Ihm munden Früchte, Körner und andere genießbare Pflanzenstoffe aller Art; aber er ist auch ein Raubvogel ersten Ranges. Nicht allein Kerbtiere, Schnecken, Würmer und kleine Wirbeltiere sind seine Beute, er greift auch dreist Säugetiere und Vögel an, die ihn an Größe übertreffen, und raubt in der unverschämtesten Weise die Nester aus. Vom Hasen bis zur Maus und vom Auerhuhn bis zum kleinsten Vogel ist kein Tier vor ihm sicher. Auf dem Aas ist der Rabe eine regelmäßige Erscheinung, und die vielen biblischen Stellen, welche sich auf ihn beziehen, werden wohl ihre Richtigkeit haben.

Jung aus dem Nest genommene Raben werden nach kurzer Pflege außerordentlich zahm; selbst alteingefangene fügen sich in die veränderten Verhältnisse. Der Verstand des Raben schärft sich im Umgang mit dem Menschen in bewunderungswürdiger Weise. Er läßt sich abrichten wie ein Hund, sogar auf Tiere und Menschen hetzen, führt die drolligsten und lustigsten Streiche aus, ersinnt fortwährend Neues und nimmt mit zunehmendem Alter an Klugheit zu, dagegen nicht immer auch an Gnade vor den Augen des Menschen. Aus- und Einfliegen kann man den Raben leicht lehren; er zeigt sich jedoch größerer Freiheit regelmäßig bald unwürdig, stiehlt und versteckt das Gestohlene, tötet junge

Raben: 1 Elster, 2 Rabenkrähe, 3 Nebelkrähe, 4 Kolkrabe, 5 Saatkrähe, 6 Dohle

Saatkrähen-Kolonie

Haustiere, Hühner und Gänse, beißt Leute, die barfuß gehen, in die Füße und wird unter Umständen selbst gefährlich, weil er seinen Mutwillen auch an Kindern ausübt. Mit Hunden geht er oft innige Freundschaft ein, sucht ihnen die Flöhe ab und macht sich ihnen sonst nützlich. Er lernt trefflich sprechen, bellt wie ein Hund, lacht wie ein Mensch, gurrt wie die Haustaube usw.

Die *Rabenkrähe* (Corvus corone corone) ist schwarz mit veilchen- oder purpurfarbenem Schillern. Die *Nebelkrähe* (Corvus corone cornix) dagegen ist nur auf Kopf, Vorderhals, Flügeln und Schwanz schwarz, sonst hell aschgrau oder bei den Jungen schmutzig aschgrau. Die Länge beträgt bei beiden 47 cm. Das Wohngebiet der Rabenkrähe erstreckt sich über West- und Mitteleuropa westlich der Elbe, ostwärts schließt sich daran das der Nebelkrähe an. Diese ist aber auch in Schottland und Irland anzutreffen.

Hinsichtlich der Lebensweise unterscheiden sich Raben- und Nebelkrähe nicht. Beide sind Stand- oder höchstens Strichvögel. Sie sind in hohem Grade gesellig. Sie gehen gut, fliegen leicht und ausdauernd. Im kleinen leisten sie ungefähr dasselbe, was der Rabe im großen auszuführen vermag; da sie aber regelmäßig nur kleinen Tieren gefährlich werden, gehören sie zu den wichtigsten Vögeln unserer Heimat, da sie die überall häufigen und überall gegenwärtigen schadenbringenden Wirbeltiere und verderblichen Kerbtiere vernichten. Bei der Nahrungssuche schreiten sie Felder und Wiesen ab, folgen dem Pflüger, um die von ihm bloßgelegten Engerlinge aufzusammeln, lauern vor Mauselöchern, spähen nach Vogelnestern umher, untersuchen die Ufer der Bäche und Flüsse, durchstöbern die Gärten, kurz, machen sich überall zu schaffen.

Im Fuchs und Baummarder, Wanderfalken, Habicht und Uhu haben die Krähen Feinde, welche ihnen gefährlich werden können. Außerdem werden sie von mancherlei Schmarotzern, die sich in ihrem Gefieder einnisten, belästigt. Es ist wahrscheinlich, daß der Uhu sich den außerordentlichen Haß, den die Krähen gegen ihn an den Tag legen, durch seine nächtlichen Anfälle auf die dann wehrlosen Vögel zugezogen hat. Seine nächtlichen Mordtaten werden von den Krähen nach besten Kräften vergolten. Weder der Uhu noch eine andere Eule dürfen sich bei Tage sehen lassen. Sobald einer der Nachtvögel entdeckt worden ist, entsteht ungeheurer Aufruhr in der ganzen Gegend. Sämtliche Krähen eilen herbei und stoßen mit beispielloser Wut auf diesen Finsterling in Vogelgestalt. In ähnlicher Weise wie den König der Nacht necken die Krähen auch alle übrigen Raubtiere, vor deren Rache ihre Fluggewandtheit oder ihre Menge sie augenblicklich schützt.

Nützlicher noch als Raben- und Nebelkrähe erweist sich die vierte unserer Rabenarten, die *Saatkrähe* (Corvus frugilegus), Abb. S. 266. Sie unterscheidet sich von jenen besonders durch ein im Alter nacktes Gesicht. Ihre Länge beträgt 49 cm. Das Gefieder der alten Vögel ist gleichmäßig purpurblauschwarz, das der Jungen mattschwarz. Letztere unterscheiden sich von den Alten auch durch ihr befiedertes Gesicht. Fruchtbare Ebenen, in denen es Feldgehölze gibt, sind der eigentliche Aufenthaltsort dieser Krähe. Die Saatkrähe ist der beste Vertilger der Maikäfer, ihrer Larven und der Nacktschnecken, auch einer der trefflichsten Mäusejäger, den unser Vaterland aufzuweisen hat.

Wenn die Brutzeit herannaht, sammeln sich Tausende dieser schwarzen Vögel auf einem sehr kleinen Raume, vorzugsweise in einem Feldgehölz. Paar wohnt bei Paar; auf einem Baum stehen fünfzehn bis zwanzig Nester, überhaupt so viele, wie er aufnehmen kann. Jedes Paar zankt sich mit dem benachbarten um die Baustoffe, und eines stiehlt dem anderen nicht nur diese, sondern sogar das ganze Nest weg. Ununterbrochenes Krächzen und Geplärre erfüllt die Gegend, und eine schwarze Wolke von Krähen verfinstert die Luft in der Nähe dieser Wohnsitze. Endlich tritt etwas Ruhe ein. Jedes Weibchen hat seine vier bis fünf blaßgrünen, aschgrau und dunkelbraun gefleckten Eier gelegt und brütet. Bald entschlüpfen die Jungen, und nun verdoppelt oder verdreifacht sich der Lärm; denn jene wollen gefüttert sein und wissen ihre Gefühle sehr vernehmlich durch allerlei unliebsame Töne auszudrücken. Dann ist es in der Nähe einer solchen Ansiedlung buchstäblich nicht zum Aushalten. Wer eine solche Ansiedlung besucht, wird außerdem bald ebenso bekalkt wie der Boden um ihn her.

Der Zwerg unter unseren deutschen Raben ist die *Dohle* oder *Turmkrähe* (Corvus monedula). Die Länge beträgt 33 cm. Das Gefieder ist auf Stirn und Scheitel dunkelschwarz, auf Hinterkopf und Nacken aschgrau, auf dem übrigen Oberkörper blauschwarz, auf der Unterseite schiefer- oder grauschwarz, der Augenring silberweiß.

Auch die Dohle findet sich im größten Teile Europas und ebenso in vielen Ländern Asiens, nach Norden hin mindestens so weit, wie der Getreidebau reicht, aber auch in Nordafrika ist sie heimisch. Bei uns ist sie recht häufig. Sie bewohnt hauptsächlich die alten Türme der Städte oder andere hohe Gebäude, deren Mauern ihr passende Nistplätze gewähren; außerdem begegnet man ihr in Laubwäldern, namentlich in Feldgehölzen, in denen hohle Bäume stehen.

Die Dohle ist ein munterer, lebhafter, gewandter und kluger Vogel. Außerordentlich gesellig, vereinigt sie sich nicht nur mit anderen ihrer Art zu starken Schwärmen, sondern mischt sich auch unter die Flüge der Krähen, namentlich der Saatkrähen. Sie ist ebenso klug wie der Rabe, zeigt aber nur die liebenswürdigsten Seiten desselben. Lockend stößt sie ein wohllautendes „Jäk" oder „Djär" aus.

Hinsichtlich der Nahrung stimmt die Dohle am nächsten mit der Saatkrähe überein. Kerbtiere aller Art, Schnecken und Würmer bilden unzweifelhaft die Hauptmasse ihrer Mahlzeiten. Die Dohle zieht im Spätherbst mit den Saatkrähen von uns weg und erscheint zu derselben Zeit wie diese wieder im Vaterland; nicht wenige ihres Geschlechts überwintern jedoch auch in Deutschland.

Kein Rabe wird häufiger gefangen gehalten als die Dohle. Ihr heiteres Wesen, ihre Gewandtheit und Klugheit, ihre Anhänglichkeit an den Gebieter und ihre Nachahmungsgabe sind wohl geeignet, ihr Freunde zu erwerben. Ohne Mühe kann man jung aufgezogene Dohlen daran gewöhnen, aus- und einzufliegen. Sie gewinnen das Haus ihres Herrn bald lieb und verlassen es auch im Herbst nicht oder kehren, wenn sie wirklich die Winterreise mit anderen ihrer Art antreten, im nächsten Frühjahr nicht selten zu ihm zurück.

Der **Tannenhäher** (Nucifraga caryocatactes), Abb. S. 267, nimmt in der Rabenfamilie eine sehr vereinzelte Stellung ein; denn er hat nur in Amerika und im Himalaja Verwandte, die wirklich mit ihm verglichen werden können. Das Gefieder ist der Hauptfarbe nach dunkelbraun und an der Spitze jeder einzelnen Feder mit einem reinweißen, länglich runden Fleck besetzt; die Schwingen und Schwanzfedern sind glänzend schwarz. Die Länge beträgt 32 cm.

Geschlossene Nadelwälder unserer Hochgebirge sowie die ausgedehnten Waldungen des Nordens der Alten Welt bilden seine Heimat. Der Vogel sieht ungeschickt, sogar tölpisch aus, ist aber ein gewandter und munterer Gesell, welcher auf dem Boden gut geht und mit sehr großer Geschicklichkeit auf den Ästen und Stauden herumhüpft.

Ein langschwänziger Rabe ist die **Elster** (Pica pica); sie erreicht eine Länge von 46 cm, wobei 26 cm auf den Schwanz zu rechnen sind. Kopf, Hals, Rücken, Kehle, Gurgel und Oberbrust sind glänzend dunkelschwarz, auf Kopf und Rücken ins Grünliche scheinend, die Schultern, ein mehr oder minder vollständiges, oft nur angedeutetes Querband über den Rücken sowie die Unterteile weiß.

Das Verbreitungsgebiet der Elster umfaßt Europa und Asien vom nördlichen Waldgürtel an sowie Nordwestafrika und das westliche Nordamerika. Feldgehölze, Waldränder und Baumgärten sind ihre eigentlichen Wohnsitze. Sie siedelt sich gern in der Nähe des Menschen an und wird da, wo sie Schonung erfährt, ungemein zutraulich oder richtiger aufdringlich. Ihr eigentliches Wohngebiet ist klein. In Lebensweise und Betragen erinnert die Elster zwar vielfach an die Krähen, doch wippt sie beim Gehen auffällig mit dem langen Schwanz. Kerbtiere und Gewürm, Schnecken, kleine Wirbeltiere aller Art, Obst, Beeren, Feldfrüchte und Körner bilden die Nahrung der Elster. Im Frühjahr wird sie sehr schädlich, weil sie die Nester aller ihr gegenüber wehrlosen Vögel unbarmherzig ausplündert.

Das Nest wird bei uns in den Wipfeln hoher Bäume angelegt. Dürre Reiser und Dornen bilden den Unterbau; hierauf folgt eine dicke Lage von Lehm und nun erst die eigentliche Nestmulde, welche aus feinen Wurzeln und Tierhaaren besteht und sehr sorgsam hergerichtet ist. Das ganze Nest wird oben, bis auf einen seitlich angelegten Zugang, mit einer Haube von Dornen und trockenen Reisern versehen, die zwar durchsichtig ist, den brütenden Vogel aber doch vollständig gegen etwaige Angriffe der Greifvögel sichert. Das Gelege besteht aus fünf bis sechs auf grünem Grunde braun gesprenkelten Eiern. Nach etwa dreiwöchiger Brutzeit schlüpfen die Jungen aus.

Unser **Eichelhäher** (Garrulus glandarius) ist ein prächtiger Waldvogel. Die vorherrschende Färbung seines Gefieders ist ein schönes, oberseits dunkleres, unterseits lichteres Weinrotgrau; der Bürzel ist weiß, die Handschwingen sind braunschwarz, die Armschwingen in der Wurzelhälfte weiß und bilden einen Spiegel, die Oberflügeldecken innen schwarz, außen himmelblau, weiß und schwarzblau in die Quere gestreift, wodurch ein prachtvoller Schild entsteht, die Schwanzfedern endlich sind schwarz.

Mit Ausnahme der nördlichsten Teile Europas findet sich der Eichelhäher in allen Waldungen dieses Erdteils. In Deutschland ist er überall zu finden, in den tieferen Waldungen ebenso wie in den Vor- und Feldhölzern, im Nadelwald fast ebenso häufig wie im Laubwald. Er lebt im Frühjahr paarweise, während des ganzen übrigen Jahres in Familien und Trupps und streicht in beschränkter Weise hin und her. Er ist höchst gewandt im Gezweige, ebenso geschickt auf dem Boden, aber ein ungeschickter Flieger, daher überaus ängstlich, weite, freie Strecken zu überfliegen.

Höchst belustigend ist die wirklich großartige Nachahmungsgabe des Hähers, der unter unsern Spottvögeln zweifellos einer der begabtesten und unterhaltendsten ist. Sein gewöhnliches Geschrei ist ein kreischendes, abscheuliches „Rätsch" oder „Räh", doch kann er gut nachahmen. Den miauenden Ruf des Bussards gibt er auf das täuschendste und so regelmäßig wieder, daß man im Zweifel bleibt, ob er damit fremdes oder eigenes Gut zu Markte bringt. Leider besitzt der Häher andere Eigenschaften, durch die er die gewonnene Gunst des Menschen bald wieder verscherzt. Er ist Allesfresser im ausgedehntesten Sinne des Wortes und der ärgste Nestzerstörer, den unsere Wälder aufzuweisen haben. Von der Maus oder dem jungen Vögelchen an bis zum kleinsten Kerbtier ist kein lebendes Wesen vor ihm sicher, und ebensowenig verschmäht er Eier, Früchte, Beeren und dergleichen. Im Herbste bilden Eicheln, Bucheckern und Haselnüsse oft wochenlang seine Hauptnahrung. Während der ganzen Brutzeit schweift er aber ununterbrochen von Baum zu Baum, von Busch zu Busch, ergattert die Nester, säuft die Eier aus, verschlingt die nackten Jungen mit Haut und Haar und hascht und zerfleischt die ausgeflogenen Gelbschnäbel, die noch unbeholfen sind und ungewitzigt ihn zu nahe kommen lassen.

Würger

Die Würger (Laniidae) bilden eine über die ganze Erde verbreitete Familie, deren Merkmale in dem kräftigen, hakigen Schnabel und dem ziemlich langen Schwanze liegen.

Kleine Waldungen, die von Feldern und Wiesen umgeben sind, Hecken und Gebüsch in den Feldern, Gärten und einzeln stehende Bäume bilden die Aufenthaltsorte der Würger, die höchsten Zweigspitzen gewöhnlich ihre Ruhe- und Sitzpunkte. Die meisten nordischen Arten sind Sommervögel, die regelmäßig wandern und ihre Reisen bis Mittelafrika ausdehnen. Lebensweise und Betragen erinnern an das Treiben der Falken. Auch die Würger sind eigentlich Kerbtierfresser; die meisten Arten stellen aber ebenso dem Kleingeflügel nach. Sonderbar ist ihre Gewohnheit, gefangene Beute auf spitze Dornen zu spießen. An den Plätzen, an denen ein Pärchen haust, wird man selten vergeblich nach derartig aufbewahrten Kerbtieren und selbst kleinen Vögeln oder Kriechtieren und Lurchen suchen. Von dieser Gewohnheit her rührt der Name „Neuntöter", den das Volk gerade diesen Räubern gegeben hat.

Unser *Raubwürger* (Lanius excubitor) ist 24 cm groß. Das Gefieder ist auf der Oberseite, bis auf einen langen, weißen Schulterfleck, gleichmäßig hellaschgrau, auf der Unterseite reinweiß; ein breiter, schwarzer, weiß umrandeter Zügelstreifen verläuft durch das Auge. Im Flügel sind die Deckfedern der Schwingen schwarz, im Schwanz ebenso die mittleren Federn. Der Raubwürger lebt, vielleicht mit Ausnahme des äußersten Südens, in allen Ländern Europas und in einem großen Teil Asiens, in Nordafrika und Nordamerika als Stand- oder Strichvogel.

Der bekannteste unter unsern deutschen Würgern ist der *Dorndreher* oder *Neuntöter* (Lanius collurio): Kopf, Hinterhals und Bürzel sind hellaschgrau, die übrigen Oberteile schön braunrot, ein schmaler Stirnrand und ein oben und unten weißbegrenzter Zügelstreifen schwarz, Backen, Kinn, Kehle und die unteren Schwanzdecken weiß, die übrigen Unterteile blaß rosarot, die Hand- und Armschwingen bräunlich grauschwarz; die mittleren Federn des Schwanzes sind braunschwarz, die äußersten jedoch zu Dreiviertel weiß und nur an der Spitze schwarz. Das Weibchen ist oben rostgrau, auf der Unterseite auf weißlichem Grund braun gewellt. Die Länge beträgt 17 cm.

Er bewohnt fast ganz Europa von Mittelschweden und Rußland an bis Südfrankreich und Griechenland und ebenso das gemäßigte Sibirien. Bei seiner Winterreise durchstreift er ganz Afrika. Dichte Hecken scheinen zu seinem Wohlbefinden unumgänglich notwendig zu sein. Rottet man solche Hecken aus, so verläßt dieser Würger, selbst wenn er früher häufig war, die Gegend. Er baut viele Jahre hintereinander sein Nest immer an ein und derselben Stelle und behauptet den einmal gewählten Wohnplatz mit Hartnäckigkeit gegen jeden anderen Vogel, namentlich gegen ein zweites Paar seiner Art.

Der Dorndreher ist ein dreister, mutiger, munterer und unruhiger Vogel. Selbst beim Sitzen dreht er den Kopf beständig nach allen

Seiten und wippt dabei mit dem Schwanz auf und ab. Die höchsten Spitzen der Büsche und Bäume bilden für ihn Warten, von denen aus er sein Jagdgebiet überschaut und zu denen er nach jedem Ausflug zurückkehrt. Aufgejagt, stürzt er sich von der Höhe bis zum Boden herab, streicht tief über ihn dahin und schwingt sich erst dann wieder empor, wenn er von neuem sich setzen will.

Ungestört brütet das Dorndreherpaar nur einmal im Jahr. Das Nest steht immer in einem dichten Busch, am liebsten in Dornsträuchern, und zwar niedrig über dem Boden. Es ist groß, dicht, dick und gut gebaut. Das Gelege enthält fünf bis sechs Eier. Das Weibchen brütet allein, aber die Jungen werden von beiden Alten großgefüttert.

Pirole

Der *Pirol* (Oriolus oriolus), Abb. S. 268, ist prachtvoll lichtorange gefärbt; Schultern und Flügeldeckfedern, Schwingen und ein Teil des Schwanzes haben schwarze Färbung. Weibchen, Junge und einjährige Männchen sind oberseits gelblichgrün, unterseits graulichweiß. Die Länge beträgt 24 cm.

Der ihm auch beigelegte Name Pfingstvogel ist insofern passend gewählt, weil der Pirol erst gegen Pfingsten, in der ersten Hälfte des Mai, bei uns eintrifft. Er ist ein Sommergast, der nur kurze Zeit in seiner Heimat verweilt und schon im August davonzieht. Diese Angabe gilt für ganz Europa und für den größten Teil Westasiens. Auf seinem Winterzug besucht er ganz Afrika einschließlich Madagaskars. Seinen Aufenthalt wählt er in Laubwäldern, besonders in Ebenen mit Eichen- und Birkenbestand. Er ist ein scheuer, wilder und unsteter Vogel, der sich den Augen der Menschen stets zu entziehen sucht. Die Stimme des Männchens ist volltönend, laut und ungemein wohlklingend. Der lateinische und deutsche Name sind Klangbilder von ihr.

Seidenschwänze

Der *Seidenschwanz* (Bombycilla garrulus) ist ziemlich gleichmäßig rötlichgrau; Stirn und Steißgegend sind rötlichbraun, Kinn, Kehle und ein Streifen über dem Auge schwarz, die Handschwingen grauschwarz, an der Spitze der äußeren Fahne licht goldgelblich gefleckt; die Armschwingen enden in breite horn- oder pergamentartige Spitzen von roter Färbung; die Steuerfedern sind schwärzlich, an der Spitze licht goldgelb. Die Länge beträgt 18 cm.

Der Seidenschwanz lebt im Norden Europas, Asiens und Amerikas. Die ausgedehnten Waldungen im Norden unseres Erdteils, die entweder von der Fichte allein oder von ihr und der Birke gebildet werden, sind als seine eigentliche Heimat anzusehen; sie verläßt er nur dann, wenn ihn bedeutender Schneefall zur Wanderung treibt. Während ihres Fremdenlebens in südlicheren Gegenden, also auch bei uns, sind die Seidenschwänze stets zu mehr oder minder zahlreichen Gesellschaften vereinigt und halten sich längere oder kürzere Zeit in einer bestimmten Gegend auf, je nachdem, ob sie dort reichlichere oder spärlichere Nahrung finden. Es kommt vor, daß man sie in dem einen Winter in Gegenden, in denen sie sonst sehr selten erscheinen, wochen- und sogar monatelang in großer Menge antrifft.

Der Seidenschwanz ist ein träger, fauler Geselle, der nur im Fressen Großes leistet, und entschließt sich deshalb ungern, den einmal gewählten Platz zu verlassen. Deshalb zeigt er sich da, wo er Nahrung findet, sehr dreist oder richtiger einfältig, erscheint zum Beispiel mitten in den Dörfern oder selbst in den Anlagen der Städte und kümmert sich nicht im geringsten um das Treiben der Menschen um sich herum. Aber er ist keineswegs so unverständig, wie es im Anfange scheinen will; denn wiederholte Verfolgung macht auch ihn vorsichtig und scheu.

Meisen

Eine ziemlich scharf umgrenzte Familie bilden die Meisen (Paridae). Ihr Schnabel ist kegelförmig, gerade und kurz. Die Familie verbreitet sich über den ganzen Norden der Erde, tritt aber auch im indischen, äthiopischen und australischen Gebiet auf.

Ihr Wesen und Treiben ist höchst anziehend. Sie gehören zu den lebendigsten und beweglichsten Vögeln, welche man kennt. Den Tag über sind sie keinen Augenblick ruhig, sondern fortwährend beschäftigt. Sie fliegen von einem Baum zum andern und klettern ohne Unterlaß auf den Zweigen umher; ihr ganzes Leben ist eigentlich nichts anderes als eine ununterbrochene Jagd. In den Zweigen hüpfen sie gewandt hin und her, hängen sich geschickt nach unten an, klettern recht gut und zeigen sich im Durchschlüpfen und Durchkriechen dichtverflochtener Stellen ungemein behend. Der Flug ist schnurrend, kurzbogig und scheinbar sehr anstrengend. Die Stimme ist ein feines Gezwitscher, das dem Pfeifen der Mäuse nicht unähnlich ist und fortwährend, scheinbar ohne alle Veranlassung, ausgestoßen wird.

Viele Meisen verzehren neben Kerbtieren auch Sämereien; die Mehrzahl dagegen hält sich ausschließlich an erstere und jagt vorzugsweise kleinere Arten, noch mehr aber deren

Larven und Eiern nach. Gerade hierin liegt die Bedeutung dieser Vögel für das Gedeihen der Bäume. Sie sind die besten Kerbtiervertilger, die bei uns leben. Regsam und unermüdlich, gewandt und scharfsinnig, wie sie sind, bleibt ihnen wenig verborgen und unerreichbar.

Die bekannteste Art ist unsere *Kohlmeise* (Parus major). Die Oberseite ist olivgrün, die Unterseite blaßgelb; der Oberkopf, die Kehle, ein nach unten hin sich verschmälernder Streifen, der über die ganze Unterseite läuft, und ein bogenartiger, von der Gurgel zum Hinterkopf verlaufender zweiter Streifen sind schwarz, die Schwingen und Steuerfedern blaugrau, die Kopfseiten und ein Streifen über den Flügeln weiß. Die Länge beträgt 14 cm.

Vom 65. Grad nördlicher Breite an fehlt die Kohlmeise nirgends in Europa und ist außerdem in vielen Rassen über ganz Mittelasien, Nordwestafrika und die Kanarischen Inseln verbreitet. In Deutschland sieht man sie überall und zu jeder Jahreszeit. Sie fehlt in keiner Baumpflanzung und keinem größeren Garten.

Sie ist ein außerordentlich lebhafter und munterer, unruhiger und rastloser, neugieriger, tätiger, mutiger und rauflustiger Vogel. Ihre Stimme ist das gewöhnliche „Zitt" oder „Sitt"; ihm wird, wenn Gefahr droht, ein warnendes „Terrrrr" angehängt, im Schreck auch wohl „Pink, pink" vorangesetzt; zärtliche Gefühle werden durch die Silben „Wüdiwüdi" ausgedrückt. Der Gesang ist einfach, aber doch nicht unangenehm; die Töne klingen, etwa wie „Stiti, sizizidi" und „Sitidnsitidn". Die Landleute übersetzen sie durch die Worte: „Sitz ich hoch, so flick den Pelz."

Kerbtiere und deren Eier oder Larven bilden die Hauptnahrung der Kohlmeise. Auch der verstecktesten Beute weiß sie sich zu bemächtigen; denn wenn sie etwas nicht erreichen kann, hämmert sie nach Art der Spechte so lange auf der Stelle herum, bis ein Stück Borke abspringt und damit das verborgene Kerbtier freigelegt wird.

Die *Blaumeise* (Parus caeruleus) ist auf der Oberseite blaugrünlich, auf dem Kopf, den Flügeln und dem Schwanz blau, auf der Unterseite gelb. Die Länge beträgt 11 cm. Das Verbreitungsgebiet der Blaumeise umfaßt ganz Europa, soweit es bewaldet ist, Kleinasien, Persien und Westsibirien. Als Aufenthaltsort wählt sich die Blaumeise vorzugsweise Laubhölzer, Baumpflanzungen und Obstgärten.

Das Nest wird bald nahe über dem Boden, bald hoch oben im Wipfel des Baumes, stets aber in einer Höhle angelegt. Baumhöhlen werden bevorzugt. Das Gelege besteht aus 8–14 Eiern. Beide Gatten brüten wechselweise, und beide füttern die zahlreiche Familie mit Aufopferung groß, führen sie auch nach dem Ausfliegen noch längere Zeit und unterrichten sie sorgfältig. In guten Sommern nisten sie immer zweimal.

In ihrem Wesen und Betragen zeigt sich die Blaumeise als eine Kohlmeise im kleinen. Sie ist ebenso betriebsam, gewandt, geschickt, keck, fröhlich, munter und dabei fast ebenso neugierig und ebenso zänkisch wie diese.

Bei der *Tannenmeise* (Parus ater) sind Kopf und Hals schwarz, Backen und Halsseiten weiß, die übrigen Oberteile aschgrau, die Unterteile schmutzig grauweiß. Die Länge beträgt 11 cm.

Vom hohen Norden Europas an fehlt die Tannenmeise in keinem Land unseres heimatlichen Erdteils und tritt ebenso in Asien, vom Libanon bis zum Amur, sowie in Japan auf. Ihr Aufenthalt ist der Nadelwald. Etwas später als die Kohlmeise, Mitte Oktober etwa, beginnt sie zu streichen. Hierbei durchstreift sie soviel wie möglich die Nadelwälder, besucht dann aber auch Laubwaldungen und geschlossene Obstpflanzungen. Im März kehrt sie paarweise zurück und nimmt nun ihren Stand wieder ein. Das Nest steht immer in einer Höhlung in Bodennähe, nicht selten in Mauselöchern.

Die *Sumpfmeise*, auch *Nonne* genannt (Parus palustris) lebt in Mitteleuropa sowie in Zentral- und Ostasien. Ihre Länge beträgt 11,5 cm. Oberkopf und Nacken sind tief-, Kinn und Kehle grauschwarz, die Oberteile fahl erdbraun, die Kopf- und Halsseiten sowie die Unterteile schmutzigweiß, die Schwingen und Schwanzfedern dunkel erdbraun. Die Sumpfmeise bewohnt, ihren Namen bestätigend, mit Vorliebe niedrig gelegene, wasserreiche Gegenden, zieht Laubwälder entschieden den Schwarzwaldungen vor, hält sich auch dort regelmäßig in den Niederungen und in der Nähe von Gewässern auf. Vielleicht sagt man nicht zuviel, wenn man die Sumpfmeise als die flinkste und lustigste aller deutschen Arten der Familie bezeichnet. Sie ist vom Morgen bis zum Abend in Tätigkeit, hüpft und turnt, klettert und fliegt, arbeitet, ruft und lockt, solange die Sonne am Himmel steht, und geht erst spät zur Ruhe.

Das Nest steht stets in einer Höhlung mit möglichst engem Eingang, am liebsten in der eines alten Weidenkopfes, sehr oft auch in einem Mause- oder sonstigen Erdloch, im ersteren Falle nicht selten in einer selbstgemeißelten, nett und zierlich ausgearbeiteten, mit engem Schlupfloch versehenen Brutkammer; es ist, je nach der Weite des Raumes, dichter oder spärlicher ausgekleidet, immer aber kunstlos mit Moos, Halmen, Wolle usw. ausgefüttert.

Die *Haubenmeise* (Parus cristatus) ist auf der Oberseite rötlich braungrau oder mäusefahl, auf der Unterseite grauweißlich; die stufenweise verlängerten, schmalen Haubenfedern, deren Schäfte sich nach vorne biegen, sind schwarz mit weißen Kanten. Die Länge beträgt 11,5 cm. Das Verbreitungsgebiet der Haubenmeise beschränkt sich auf Europa, sie bewohnt aber den Norden häufiger als den Süden. In unseren deutschen Nadelwaldungen ist sie nirgends selten. Auch sie ist ein Standvogel, welcher treu an seinem Gebiete hält und dasselbe nur im Herbste und Winter zeitweilig verläßt. Die Unterhaltungsstimme ist ein zischendes „Sitt", ein gedehntes „Täh-täh", der Lockruf ein helles „Zick-gürr".

Die *Schwanzmeise* (Aegithalos caudatus) ist auf dem Oberkopf und der Unterseite weiß, in den Weichen zart rosarotbraun verwaschen, auf der ganzen Oberseite schwarz, auf den Schultern rosarötlichbraun. Die Länge beträgt 14 cm, von denen 8 cm auf den Schwanz entfallen. Sie bewohnt Europa und Asien; sie ist die einzige Art aus der Familie der Schwanzmeisen (Aegithalidae) in Europa.

Das Nest der Schwanzmeise hat die Gestalt eines großen Eies, in dem oben seitlich eine Öffnung, das Eingangsloch, angebracht ist. Die Höhe des Nestes beträgt etwa 24, die Weite 10 cm. Grüne Laubmoose, welche mit Kerbtiergespinst zusammengefilzt und mit Baumflechten und Spinnen- oder Raupengespinst überkleidet sind, bilden die Außenwand, eine Menge Federn, Wolle und Haare die innere Auskleidung.

Kleiber

Von den *Kleibern* oder *Spechtmeisen* (Sittidae) sagt man nicht zuviel, wenn man sie als die vollendetsten aller Klettervögel bezeichnet, da sie die Spechte in dieser Fertigkeit noch übertreffen; sie verstehen nämlich die schwere Kunst, an senkrechten Flächen von oben nach unten herabzuklettern, was außer ihnen kein anderer Vogel vermag.

Ihre Nahrung besteht aus Kerbtieren und Pflanzenstoffen, besonders aus Sämereien. Sie nisten in Baum- oder Felslöchern, deren Eingang fast regelmäßig mit Lehm und Schlamm überdeckt wird. Das Gelege besteht aus sechs bis neun, auf lichtem Grunde rot gepunkteten Eiern.

Die für uns wichtigste Art, der *Kleiber* (Sitta europaea), Abb. S. 285, ist auf der Oberseite bleigrau, auf der Unterseite rostgelb; ein schwarzer Streifen zieht sich durch die Augen; Kinn und Kehle sind weiß. Die Länge beträgt

Rauchschwalbe im Anflug

14 cm. Den Kleiber findet man von Jütland bis Südeuropa überall. Er lebt nirgends in größeren Gesellschaften, sondern paarweise oder in sehr kleinen Familien. Gemischte, hochstämmige Waldungen, in denen das Unterholz nicht gänzlich fehlt, zieht er allen übrigen Örtlichkeiten vor. Er scheut die Nähe des Menschen nicht und findet sich vor den Toren der Städte oder darin an den belaubten Spazierwegen ebenso zahlreich wie im einsamen Walde.

Der Lockton ist ein flötendes, helles „Tü-tü-tü", der gewöhnliche Laut aber, welcher fortwährend gehört wird, ohne daß er eigentlich etwas besagen will, ein kurzes und nicht weit hörbares, aber doch scharfes „Sit". Außerdem vernimmt man Töne, die wie „Zirr-twit-twit-twit" oder „Twät-twät-twät" klingen. Der Paarungsruf besteht aus sehr schönen, laut pfeifenden Tönen, die weit vernommen werden.

Schwalben

Die Schwalben (Hirundinidae) sind klein, zierlich gestaltet, breitbrüstig, kurzhalsig und plattköpfig. Der Schnabel ist kurz, an der Wurzel viel breiter als an der Spitze, daher fast dreieckig, mit der Spitze des Oberschnabels etwas übergekrümmt, die Rachenöffnung bis zu den Augen gespalten, der Fuß kurz, schwach und mit kleinen Nägeln ausgerüstet, der Flügel lang, schmal und zugespitzt. Beide Geschlechter sind hinsichtlich der Färbung kaum zu unterscheiden; die Jungen tragen jedoch kurze Zeit ein von dem ihrer Eltern abweichendes Kleid. Die Schwalben verbreiten sich über alle Erdteile und über alle Höhen- und Breitengrade, obwohl sie jenseits des Polarkreises nur vereinzelt und kaum als Brutvögel leben. Viele von ihnen wohnen in Häusern, andere siedeln sich an steilen Felswänden an, einige wählen Bäume zur Anlage ihres Nestes. Sämtliche Arten, die in Ländern brüten, in denen sich der Winter erheblich vom Sommer unterscheidet, sind Zugvögel. Unsere deutschen Schwalben ziehen bis nach Inner- und sogar bis Südafrika.

Alle Schwalben sind Kerbtierjäger. Sie verfolgen und fangen hauptsächlich Fliegen und Schnaken, aber auch kleine Käfer und dergleichen. Ihre Jagd geschieht nur im Fluge.

Die meisten Arten bauen ein kunstvolles Nest, dessen äußere Wand Lehmklümpchen sind, welche mit dem klebrigen Speichel zusammengekleistert wurden; andere graben mühevoll Löcher in die harte Erde steil abfallender Wände, erweitern diese in der Tiefe backofenförmig und legen hier das eigentliche Nest an, das in der Hauptsache aus zusammengetragenen und wirr übereinandergeschichteten Federn besteht. Das Gelege enthält vier bis sechs Eier, die vom Weibchen allein bebrütet werden.

Dank ihrer Gewandtheit im Fluge entgehen die Schwalben vielen Feinden, welche das Kleingeflügel bedrohen. Doch gibt es in allen Erdteilen Falken, die auch die schnellsten Arten zu fangen wissen. Der Mensch ist gewöhnlich kein Feind der nützlichen und in den meisten Ländern geheiligten Vögel, sondern wird im Gegenteil eher zu ihrem Beschützer.

Am Nest der Rauchschwalbe

Unsere *Rauchschwalbe* (Hirundo rustica) hat einen gestreckten, aber muskulösen Leib. Die Oberteile und ein breiter Gürtel auf dem Kropf sind blauschwarz, metallisch glänzend, Stirn und Kehle hochkastanienbraun, die übrigen Unterteile licht rostgelb. Der Schwanz ist tief gegabelt. Das Brutgebiet der Rauchschwalbe umfaßt ganz Europa mit Ausnahme des Polarkreises und ebenso Nordamerika, West- und Mittelasien. Sie hat sich seit altersgrauer Zeit freiwillig dem Menschen angeschlossen und in seinem Hause Herberge genommen.

Die Rauchschwalbe ist ein außerordentlich flinker und netter Vogel. Sie fliegt am schnellsten, abwechselndsten und gewandtesten unter unseren Schwalben; sie schwebt, dabei immer rasch fortschießend, oder fliegt flatternd, schwenkt blitzschnell seit-, auf- oder abwärts, senkt sich in einem kurzen Bogen fast bis zur Erde oder bis auf den Wasserspiegel herab, oder schwingt sich ebenso zu einer bedeutenden Höhe hinauf. Zum Ausruhen wählt sie sich Örtlichkeiten, die ihr bequemes Zu- und Abstreichen gestatten; hier sonnt sie sich, hier ordnet sie ihr Gefieder, hier singt sie. Auf den flachen Boden setzt sie sich ungern, meist nur, um von ihm Baustoffe fürs Nest aufzunehmen.

Durch Anlage und Bau des Nestes unterscheidet sich die Rauchschwalbe von ihren deutschen Verwandten. Falls es irgend möglich ist, baut sie das Nest in das Innere eines Gebäudes, so daß es von oben her durch eine weit überragende Decke geschützt wird. Ein Tragbalken an der Decke des Kuhstalls oder der Flur des Bauernhauses, ein Dachboden oder andere vor Zug und Wetter geschützte Räume sind die Nistplätze, die sie besonders liebt. Hier kann es vorkommen, daß geradezu Siedlungen entstehen. Das Nest selbst wird an dem Balken oder an der Wand festgeklebt. Es ähnelt etwa dem Viertel einer Hohlkugel; seine Wände verdicken sich an der Befestigungsstelle; der obere Rand ist aber in der ganzen Breite frei. Der Baustoff ist schlammige oder mindestens fette Erde, welche klümpchenweise aufgeklaubt, mit Speichel überzogen und vorsichtig angeklebt wird.

Ein an geschützten Orten stehendes Schwalbennest dient lange, lange Jahre, vielfach nicht allein seinen Erbauern, sondern auch nachfolgenden Geschlechtern. Etwaige Schäden bessert das Paar vor Beginn der Brut sorgfältig aus; die innere Ausfüllung wird regelmäßig erneuert, im übrigen jedoch nichts an dem Bau verändert, solange er besteht. Im Mai legt das Weibchen vier bis sechs Eier ins Nest. Die Jungen werden von beiden Eltern fleißig geatzt, wachsen unter günstigen Umständen rasch heran, schauen bald über den Rand des Nestes heraus und können, wenn alles gut geht, bereits in der dritten Woche nach dem Ausschlüpfen den Eltern ins Freie folgen. Sie werden nun noch eine Zeitlang draußen gefüttert, anfangs allabendlich ins Nest zurückgeführt, später im Freien zur Ruhe gebracht und schließlich ihrem Schicksal überlassen. Danach schreiten die Alten, meist Anfang August, zur zweiten Brut.

Uferschwalbe

Wenn der beginnende Herbst zur Winterreise mahnt, sammeln sich die Jungen im Geleite ihrer Eltern mit anderen Familien derselben Art, mit Bachstelzen und Staren im Röhricht der Teiche und Seen und halten hier Ruhe. Eines Abends, bald nach Sonnenuntergang, erhebt sich das zahllose Schwalbenheer, das man vorher in den Nachmittagsstunden vielleicht auf dem hohen Kirchendach versammelt sah, auf ein von mehreren Alten gegebenes Zeichen, verschwindet wenige Minuten später aus dem Auge und zieht davon.

Die stark geschwungenen Flügel, der kurze, leicht gegabelte Schwanz und das glatt anliegende Gefieder gelten als die wesentlichen Kennzeichen der bei uns überall häufig vorkommenden *Mehlschwalbe* (Delichon urbica). Ihre Länge beträgt 14 cm. Das Gefieder ist auf der Unterseite und auf dem Bürzel weiß.

Die Mehlschwalbe teilt mit der Rauchschwalbe so ziemlich dasselbe Verbreitungsgebiet, geht aber weiter nach Norden hinauf als letztere. Im Frühjahr kommt sie einzeln an; vor dem Herbstzug versammelt sie sich zu großen Gesellschaften, welche zuweilen zu nicht mehr schätzbaren Schwärmen anwachsen, sich auf den Dächern hoher Gebäude scharen und dann, gewöhnlich gleich nach Sonnenuntergang, zur Reise aufbrechen.

Bei uns nistet die Mehlschwalbe fast ausschließlich in den Städten und Dörfern: Sie ist es, deren Nestansiedlungen man an großen und alten Gebäuden sieht. In weniger bewohnten Ländern siedelt sie sich massenhaft an Felswänden an, so, nach eigenen Beobachtungen, in Spanien wie an den Kreidefelsen der Insel Rügen.

Das Nest unterscheidet sich von dem der Rauchschwalbe dadurch, daß es stets bis auf ein Eingangsloch zugebaut wird, von oben also nicht offen ist. Die Gestalt einer Viertelkugel ist vorherrschend. Der Bau desselben geschieht mit Eifer, ist aber eine lange Arbeit, welche selten in weniger als 12–14 Tagen vollendet wird. Bloß ausnahmsweise sieht man ein einziges dieser Nester; gewöhnlich werden möglichst viele dicht neben- und aneinandergebaut. Das Pärchen benutzt das einmal fertige Nest nicht nur zur zweiten Brut, die es in einem Sommer macht, sondern auch in nachfolgenden Jahren, fegt aber immer erst den Unrat aus und trägt neue Niststoffe ein.

Baumfalk und Merlin sind die schlimmsten Feinde der Mehlschwalbe. Die Nester werden von der Schleiereule und dem Schleierkauze, zuweilen auch von Wieseln, Ratten und Mäusen geplündert. Mancherlei Schmarotzer plagen Alte und Junge; vor andern Gegnern schützt sie ihre Gewandtheit. Nur mit einem Vogel haben sie noch hartnäckige Kämpfe zu bestehen: mit dem Sperling nämlich, der gern von ihren Nestern Besitz ergreift. Ihr einziges Schutzmittel ist, den Eingang so eng zu machen, daß sie sich nur eben durchpressen können, während dies für den dickeren Sperling unmöglich ist.

Die *Uferschwalbe* oder *Erdschwalbe* (Riparia riparia) ist die kleinste der einheimischen Schwalbenarten. Ihre Länge beträgt 12 cm. Das Gefieder ist oben aschgrau oder erdbraun, auf der Unterseite weiß, in der Brustgegend durch ein aschgraubraunes Querband gezeichnet.

Das Verbreitungsgebiet entspricht etwa dem der Mehlschwalbe. Ihrem Namen entsprechend, hält sie sich am liebsten da auf, wo sie steile Uferwände findet. Wo sie auftritt, ist sie gewöhnlich häufig. Bei uns trifft man selten weniger als 5–10, gewöhnlich 20–40, ausnahmsweise aber 100 und mehr Paare als Siedler einer Erdwand an. Hier höhlt sie in dem harten Erdreich regelmäßig in einer Höhe, zu der auch die bedeutendste Überschwemmung nicht hinaufreicht, gern aber unmittelbar unter der Oberkante der Wand, mit vieler Mühe und Anstrengung tiefe Brutlöcher aus. In zwei bis drei Tagen vollendet ein Paar die

Uferschwalbenkolonie

Anfliegende Taube

Aushöhlung einer im Durchmesser vorn 4 bis 6 cm weiten, am hinteren Ende zur Aufnahme des Nestes noch mehr erweiterten, in waagerechter oder ein wenig ansteigender Richtung mindestens einen, oft aber auch bis zwei Meter tiefen, gerade in das Ufer eindringenden Röhre. Beim Graben sind sie sehr emsig, und die ganze Gesellschaft scheint dann aus der Gegend verschwunden; denn alle stecken in den Höhlen und arbeiten darin. Stampft man mit den Füßen oben auf den Rasen über den Höhlen, so stürzen sie aus den Löchern hervor, und sofort ist die Luft wieder belebt.

Erst spät im Frühjahr, gewöhnlich Anfang Mai, trifft die Uferschwalbe am Brutort ein und verläßt diesen bereits Anfang September wieder.

Baumläufer

Zur Familie der Baumläufer (Certhiidae) gehört unser *Waldbaumläufer* (Certhia familiaris). Er ist auf der dunkelgrauen Oberseite weißlich betropft und auf der Unterseite weiß. Die Schwingen sind schwarzbraungrau. Das Gefieder ist haarartig zerschlissen und seidenweich. Die Länge beträgt 13 cm.

Das Verbreitungsgebiet des Baumläufers erstreckt sich über ganz Europa, Sibirien und Nordamerika, soweit die Wälder reichen, und umfaßt außerdem Nordwestafrika, Kleinasien und Palästina. Wie alle Klettervögel ist er fortwährend in Tätigkeit und demzufolge auch in beständiger Bewegung. Geschäftig und gewandt klettert er an den Bäumen empor, oft in gerader Linie, oft auch in Schraubenwindungen, untersucht dabei jede Spalte und jede Ritze der Rinde, steckt sein feines, schwach nach unten gebogenes Schnäbelchen zwischen das Moos und die Flechten und erbeutet so überall ein wenig Nahrung. Sein Klettern geschieht ruckweise, aber mit größter Leichtigkeit.

Das Nest steht in einer Höhle, Spalte oder Ritze, wie es sich gerade findet. Das Gelege enthält 5–7 auf weißem Grund fein rotgepunktete Eier, welche denen der kleinen Meisen täuschend ähnlich sind. Beide Geschlechter brüten, und beide füttern ihre zahlreiche Brut. Das Baumläuferpaar brütet zweimal im Laufe des Sommers, das erstemal im März oder Anfang April, das zweitemal im Juni.

TAUBENVÖGEL

Die *Ringel-* oder *Wildtaube* (Columba palumbus) ist auf Kopf und Nacken sowie an der Kehle dunkel mohnblau, auf dem Oberrücken und Oberflügel dunkel graublau, auf dem Unterrücken und Steiß lichtblau, auf Kopf und Brust rötlichgrau, auf der übrigen Unterseite licht graublau und auf dem Unterbauch weiß; der untere Teil des Halses ist beiderseits mit einem glänzend weißen Flecken geziert; die Schwungfedern sind schiefergrau, die Schwanzfedern schieferschwarz und durch eine hellere Querbinde gezeichnet, ein breiter Streifen am Flügelbuge und ein großer Flecken auf den Schwanzfedern endlich sind weiß. Die Länge beträgt 43 cm bei einer Schwanzlänge von 17 cm.

Vom 65. Grad nördlicher Breite an verbreitet sich die Ringeltaube über ganz Europa und Asien. Bei ihren Wanderungen streift sie nach Nordwestafrika hinüber. Sie ist ein echter Baumvogel. In Deutschland begegnet man ihr in allen Waldungen. Sie ist äußerst rasch, flüchtig und scheu. Sie geht geschickt, aber nicht sehr schnell, trägt dabei den Leib bald waagerecht, bald aufgerichtet und bewegt den Hals unaufhörlich.

Lieblingsnahrung der Ringeltaube ist Samen der Nadelholzarten; mit ihm findet man im Sommer oft den ganzen Kropf angefüllt. Sie liest ihn nicht nur von der Erde auf, sondern holt ihn auch zwischen den klaffenden Deckelchen der Zapfen hervor. Außerdem frißt sie Getreidearten und Grassämereien, ausnahmsweise auch Schnecken und Regenwürmer und im Spätsommer Heidelbeeren.

Die zweitgrößte Wildtaube Mitteleuropas ist die *Hohltaube* (Columba oenas). Sie ist auf Kopf und Hals, Oberflügel, Unterrücken und Bürzel blaßblau, auf dem Oberrücken tief graublau, in der Kropfgegend weinrot, auf der übrigen Unterseite matt graublau; die Schwingen und die Enden der Steuerfedern sind schieferblau; über den Flügel zieht sich eine unvollkommene dunkle Binde. Die Länge beträgt 33 cm.

Ungefähr dieselben Länder, in denen die Ringeltaube vorkommt, beherbergen auch die Hohltaube; sie ist aber überall seltener als jene, aus dem sehr triftigen Grund, daß sie nicht überall leben kann, vielmehr an alte Bäume mit passenden Höhlungen gebunden ist. Sie wohnt in Wäldern aller Art, nicht selten auch auf Feldbäumen, wenn diese eine passende Höhlung zur Aufnahme des Nestes haben, zuweilen in unmittelbarer Nähe der Dörfer. Ihre Stimme klingt einfach wie „Hu-hu-hu".

Die wichtigste aller Tauben ist die *Felsentaube* (Columba livia), die Stammutter unserer Haustaube. Sie ist auf der Oberseite hell aschblau, auf der Unterseite graublau, der Kopf ist hell schieferblau, der Hals bis zur Brust dunkel schieferfarben, oben hell blaugrün, unten purpurfarben schillernd, der Unterrücken weiß; über den Flügeln ziehen sich zwei schwarze Binden; die Schwingen sind aschgrau, die Steuerfedern dunkel graublau, am Ende schwarz, die äußersten auf der Außenseite weiß. Das Auge ist schwefelgelb, der Schnabel schwarz und an der Wurzel lichtblau. Die Länge beträgt 34 cm.

Das Verbreitungsgebiet der Felsentaube, die in mehreren ständigen Unterarten auftritt, beschränkt sich in Europa auf einige nordische Inseln und die Küsten des Mittelmeergebietes, umfaßt aber außerdem fast ganz Nordafrika, Palästina, Syrien, Kleinasien und Persien sowie einzelne Teile des Himalaja. Regelmäßig bewohnt sie auch verschiedene Gegenden längs der Westküste von Schottland, insbesondere die Hebriden, Orkney- und Shetlandinseln.

Das Betragen der Felsentaube weicht von dem unserer Haustaube nur wenig ab. Sie ist gewandter, besonders im Fluge behender und regelmäßig sehr menschenscheu; in allem übrigen gewährt uns das Betragen der Nachkommen ein getreues Lebensbild der Stammeltern. Sie geht gut, aber nickend, fliegt vortrefflich, mit pfeifendem Säuseln, durchmißt ungefähr 100 km in der Stunde, klatscht vor dem Auffliegen und schwebt vor dem Niedersitzen, steigt gern hoch empor und kreist oft längere Zeit in dichtgeschlossenen Schwärmen.

Alle Getreidearten und außerdem die Sämereien von Raps, Erbsen, Lein usw., vor allem anderen aber die Körner der als unausrottbares Unkraut gefürchteten Vogelwicke bilden die Nahrung der Felsen- und Haustauben.

Das Nest wird in Felsnischen gebaut. Beide Geschlechter brüten, die Täubin von drei Uhr nachmittags bis zehn Uhr vormittags ununterbrochen, der Tauber nur in den wenigen Stunden, die dazwischen liegen. Nachts schläft er in unmittelbarer Nähe des Nestes und duldet nicht, daß eine andere Taube sich nähert. Nach 16–18 Tagen schlüpfen die blinden Jungen aus. In der ersten Zeit werden diese von beiden Eltern mit dem Futterbrei gefüttert, der sich im Kropf bildet; später erhalten sie erweichte, danach härtere Sämereien. Sie sind nach vier Wochen erwachsen, schwärmen mit den Alten aus, machen sich in wenigen Tagen selbständig, und die Eltern schreiten nun zur zweiten Brut.

HÜHNERVÖGEL

Die *Hühnervögel* (Galliformes) sind Weltbürger, in Asien aber am reichsten entwickelt. Jeder Erdteil oder jedes Gebiet beherbergt mehr oder weniger ausschließlich bestimmte Familien. Als bevorzugte Wohnstätte darf man den Wald ansehen; die einzige ist er aber nicht; denn auch die pflanzenlose Ebene, die nur mit dürftigem Gesträuch und Gräsern bedeckten Berghänge der Alpen unterhalb der Schneegrenze und die ihnen entsprechenden Moossteppen des Nordens werden von Hühnervögeln bevölkert.

Ihr Reich ist der flache Boden. Sie sind vollendete Läufer; ihre kräftigen und verhältnismäßig hohen Beine gestatten ihnen nicht nur einen ausdauernden, sondern auch einen sehr schnellen Lauf. Zum Fliegen entschließt sich der Hühnervogel in der Regel nur, wenn er es unbedingt tun muß. Der Flug der meisten Arten erfordert viele rasche Schläge der kurzen, runden Fittiche.

Weitaus die meisten Hühnervögel brüten auf dem Boden. Ihr Nest kann verschieden sein, wird jedoch niemals kunstvoll angelegt.

Die Jungen verlassen das Ei gut bewegungsfähig. Sie nehmen vom ersten Tag Futter auf, das die Alte ihnen bloßlegt, folgen deren Rufe und werden von ihr gehudert, wenn sie ermüdet sind oder gegen rauhe Witterung Schutz finden sollen. Ihr Wachstum geht ungemein rasch vor sich. Wenige Tage nach dem Ausschlüpfen erhalten sie Schwingen, welche sie in den Stand setzen, zu fliegen, mindestens zu flattern.

Die Hühnervögel haben so viele Feinde, daß nur ihre ungewöhnlich starke Vermehrung das Gleichgewicht zwischen Vernichtung und Ersetzung herzustellen vermag. Alle Raubtiere, große und kleine, stellen den Hühnern eifrig nach, und der Mensch gesellt sich überall als der schlimmste Feind zu den sozusagen natürlichen Verfolgern.

Rauhfußhühner

Eine Familie der Hühnervögel bilden die *Rauhfußhühner* (Tetraonidae). Ihre Kennzeichen sind gedrungener, kräftiger Leib, kurzer, dicker, sehr gewölbter Schnabel und niedrige, starke Füße, deren Fußwurzeln mehr oder weniger befiedert sind.

Hierzu gehört unser *Auerhuhn* (Tetrao urogallus), Abb. S. 287, einer der größten Landvögel Deutschlands, die Zierde der Wälder, die Freude des Weidmanns. Es ist ein bis 1,10 m großer, dunkler Vogel mit rundem Schwanz. Die Henne ist um ein Drittel kleiner und sehr bunt.

In früheren Zeiten hat das Auerhuhn zweifellos alle größeren und zusammenhängenden Waldungen Nordasiens und Europas bewohnt; gegenwärtig ist es in vielen Gegenden ganz ausgerottet. In Deutschland geht sein Bestand in demselben Maß zurück, in dem der forstwirtschaftliche Betrieb der Waldungen sich hebt; insbesondere deren Entsumpfung rottet es, trotz aller ihm gewährten Schonung, sicher und unaufhaltsam aus. Erst im Norden Europas, in den großen Waldungen Skandinaviens und Rußlands, tritt es zahlreich auf, und in den unermeßlichen Wäldern ganz Nordasiens ist es häufig.

Gewöhnlich hält es sich tagsüber auf dem Boden auf und wählt sich, wenn es möglich ist, solche Stellen, auf die die ersten Strahlen der Morgensonne fallen und die kleine offene Weideplätze besitzen, die mit Dickicht aus Waldbäumen, Heidelbeer-, Brombeer- und Heidegesträuch abwechseln. Hier läuft es umher, kriecht durch das Gestrüpp und das niedere Gesträuch und sucht seine Nahrung. Gegen Abend steht es auf; Hahn und Henne trennen sich, und beide treten mit Einbruch der Nacht zu Baume, um hier an bestimmten Schlafplätzen ihre Nachtruhe zu halten.

Die Äsung des Auerwildes besteht in Baumknospen, Blättern oder Nadeln, Klee- und Grasblättern, Waldbeeren, Sämereien und Kerbtieren. Der Hahn nimmt mit gröberer Nahrung vorlieb als die Henne oder die Jungen.

Wenn der Auerhahn zu balzen beginnt, ist es noch still im Wald. Höchstens Amsel-, Mistel- und Singdrossel lassen sich bereits vernehmen; für die übrigen Sänger ist der Frühling noch nicht gekommen. Im Hochgebirge liegt der Wald im Schnee begraben; selbst in der Tiefe hat er sich nur hier und da von ihm befreit. Ist der März reich an schönen Tagen, so hört man schon um diese Zeit den einen oder andern Hahn balzen. Im Mittelgebirge balzt der Auerhahn vom 10. oder 12. April an regelmäßig.

Die Balz selbst geschieht folgendermaßen: Mit Beginn derselben sammeln sich die Auerhähne, welche sich vorher vereinzelt hatten, auf bestimmten Waldplätzen, gewöhnlich auf Berghängen, die nach Osten gerichtet und mit jungem und altem Holz bewachsen sind. Hier finden sich auch die Hennen aus der Umgegend ein. Sie hebt mit dem sogenannten „Schnalzen“ oder „Schnappen“ an. Der Hahn streckt bei der Balze den Kopf vor, hält ihn in schräger Richtung nach vorn, sträubt die Kopf- und Kehlfedern und gibt nun die schnalzenden Töne von sich, die immer schneller aufeinanderfolgen, bis der Hauptschlag erschallt und das Schleifen anfängt. Dieses besteht aus zischenden Lauten, welche dem Wetzen eines eisernen Werkzeuges sehr ähnlich sind und in mehreren aneinandergereihten Sätzen sich folgen; der letzte Ton wird lang gezogen. Gewöhnlich gleich beim Anfang des Balzens hebt er den Schwanz etwas, so daß derselbe zwischen senk- und waagerechter Richtung geradesteht, breitet ihn fächerförmig aus und hält die etwas gesenkten Flügel vom Leibe abstehend. Beim Klappen trippelt er bisweilen auf dem Ast; beim Schleifen sträubt er fast alle Federn und dreht sich nicht selten herum. Er verlangt urwüchsige, verwilderte Waldungen und liebt keinen geschlossenen und wohlbewirtschafteten Forst, sondern Gegenden, welche reich an niederem Gesträuch sind, sei es, daß diese durch die Heide, sei es, daß sie durch Dickichte gebildet werden. Sein Wohnbaum ist die Birke. Sie zieht er jedem andern Bestand vor.

Vom Auerhuhn unterscheidet sich das Birkhuhn durch große Geselligkeit. Die Geschlechter leben, jedes für sich, in mehr oder minder zahlreichen Flügen zusammen. Doch auch unter den Birkhähnen gibt es einzelne, welche die Geselligkeit meiden, einsam ihre Tage verleben und sich erst zur Balzzeit hin und wieder bei ihresgleichen einfinden.

Balzender Auerhahn

Der Birkhahn, Abb. S. 288, wählt zu seinem Liebesspiel einen freien Platz im Wald, am liebsten eine Wiese oder Niederung oder auch einen Schlag, auf dem die junge Baumsaat ihn nicht hindern kann. Er erscheint am Abend in der Nähe, tritt zu Baume und balzt hier in Unterbrechungen bis zum Einbruch der Nacht. Früh in der Morgendämmerung verläßt er die Schlafstelle und begibt sich auf den Boden herab. Wo das Birkwild häufig ist, sammeln sich auf günstigen Plätzen viele an, im Norden oft ihrer dreißig bis vierzig, manchmal hundert.

Die Balz lockt gewöhnlich die Hennen herbei. In Skandinavien hat man beobachtet, daß ein gefangener Hahn, welcher in einem umzäunten Garten balzte, wiederholt von freilebenden Hennen besucht wurde; bei uns bemerkt man die Hennen nur ausnahmsweise in der Nähe der Balzplätze, und die Hähne müssen oft weit nach ihnen fliegen. Haben die Weibchen sich eingefunden, so treten die Hähne mit ihnen in den späteren Morgenstunden zu Baume, kollern noch einige Zeit hier fort und begeben sich sodann gemeinschaftlich zu den Weideplätzen, wo die Begattung zu erfolgen pflegt.

Das Balzen dauert bis nach Sonnenaufgang und pflegt am lebhaftesten zu sein, wenn der Tag anbricht. Nachdem der Tag vollkommen angebrochen ist, steht der Hahn auf und begibt sich zu den Hennen, welche sich in einiger Entfernung von ihm herumtreiben. Zuweilen geschieht es, daß sich eine der verliebten Hennen lockend dem balzenden Hahne naht und ihn mit zärtlichem „Bak, bak" zu sich einladet. Einer solchen Lockung vermag sein Herz nicht einen Augenblick lang zu widerstehen; er fällt, wenn er die Liebeslaute hört, wie ein Stein vom Baum herab und tanzt nun einen sonderbaren Reigen auf dem Boden. In der Regel muß aber er die Hennen aufsuchen und nicht selten ziemlich weit nach ihnen fliegen. Die Hennen scheinen zu einem Hahn mehr Zuneigung zu haben als zum andern; daher entstehen auch die hitzigen Kämpfe, welche übrigens niemals während der eigentlichen Balz, sondern stets in der Nähe der Hennen und auf dem Boden ausgefochten werden.

In der dritten oder vierten Woche der Balz streichen die befriedigten Hähne nach ihren gewohnten, von den Balzplätzen oft weit entfernten Standorten zurück, und die Hennen schreiten nunmehr zum Nestbau.

Das *Birkhuhn* (Lyrurus tetrix) ist verhältnismäßig schlank gebaut, der Fuß nicht nur bis auf die Zehen herab, sondern auch auf den Spannhäuten und zwischen diesen befiedert, der Schwanz beim Weibchen gerade abgeschnitten, beim Männchen dagegen so tief gegabelt, daß der ganze Schwanz eine leierartige Gestalt annimmt. Das Gefieder des Männchens ist schwarz, auf Kopf, Hals und Unterrücken prächtig stahlblau glänzend und auf den zusammengelegten Flügeln mit schneeweißen Binden gezeichnet. Die Augenbrauen und eine nackte Stelle ums Auge sind hochrot. Das Weibchen ähnelt der Auerhenne; die Färbung seines Gefieders ist ein Gemisch von Rostgelb und Rostbraun mit schwarzen Querbinden und Flecken. Die Länge des Männchens beträgt 53 cm; das Weibchen ist um etwa 12 cm kürzer. Das Birkhuhn hat ungefähr dieselbe Verbreitung wie das Auerhuhn.

In Südwesteuropa lebt das *Rothuhn* (Alectoris rufa). Es gehört zur Unterfamilie der Feldhühner (Perdicinae). Dieser schöne Vogel ist zu unterscheiden hauptsächlich durch die vorherrschend rötliche Färbung der Oberseite und durch das breitere, nach unten hin in Flecke aufgelöste Halsband. Das Rothuhn bewohnt nur den Südwesten unseres heimatlichen Erdteils, das südliche Frankreich und die nach Süden angrenzenden Länder und Inseln, insbesonders Spanien, Portugal, Madeira und die Azoren. Auf Malta gehört es bereits zu den Seltenheiten. Vor etwa 200 Jahren hat man es in Großbritannien eingebürgert, und jetzt lebt es hier in einigen östlichen Grafschaften fast zahlreicher als das Rebhuhn, dem es im übrigen in seiner Lebensweise außerordentlich ähnelt.

Fasanenvögel

Die Familie der *Fasanenvögel* (Phasianidae) umfaßt recht verschiedene Formen, ist über alle Kontinente verbreitet und fehlt nur in Polynesien. Zu ihr gehören neben dem bereits erwähnten Rothuhn und dem *Rebhuhn* die farbenprächtigen *Fasanen* wie auch der *Pfau* und die *Haushühner*.

Die meisten Arten bewohnen bewaldete oder zumindest buschbestandene Gelände, in denen sie Deckung finden. Sie gehen gut und können, wenn sie wollen, im schnellen Laufe fast mit jedem anderen Huhne wetteifern, fliegen aber schlecht und erheben sich deshalb auch nur im äußersten Notfall.

Das *Bankivahuhn* der Malaien (Gallus gallus) ist die Stammform unserer *Haushuhnrassen*. Kopf, Hals und die langen, herabhängenden Nackenfedern des Hahnes schimmern goldgelb; die Rückenfedern sind purpurbraun, in der Mitte glänzend orangerot und gelbbraun gesäumt; die ebenfalls verlängerten, herabhängenden Oberdeckfedern des Schwanzes ähneln in der Färbung denen des Kragens; die mittleren Deckfedern der Flügel sind lebhaft kastanienbraun; die großen schillern schwarzgrün, die dunkelschwarzen Brustfedern goldgrün; die Handschwingen sind dunkelschwarzgrau und blasser gesäumt, die Armschwingen auf der Außenfahne rostfarben, auf der inneren schwarz, die Schwanzfedern ebenfalls schwarz. Die Länge beträgt 65 cm. Bei der kleineren Henne steht der Schwanz mehr waagerecht, Kamm und Fleischlappen sind nur eben angedeutet.

Der Verbreitungskreis des Bankivahuhnes umfaßt ganz Indien und die malaiischen Länder. Von dem Haushuhn unterscheiden sich die Wildhühner hauptsächlich durch ihre Stimme. Das Krähen klingt heiser wie „Kükrüü, kukrü".

Unser *Rebhuhn* (Perdix perdix) ist vorwiegend braunrot gefärbt. Die Stirn, die Kopfseiten und die Kehle sind hellrostrot; den bräunlichen Kopf zeichnen gelbliche Längsstriche, den grauen Rücken rostrote Querbänder; ein breites, auf aschgrauem Grunde schwarzgewelltes Band ziert die Brust; auf dem weißen Bauch steht ein großer, hufeisenförmiger Fleck von kastanienbrauner Farbe; die Schwanzfedern zeigen die übliche rostrote Färbung. Die Länge beträgt 30 cm.

Das Rebhuhn bewohnt Europa und das westliche Asien. Zu seinem Wohlbefinden beansprucht es angebaute, wechselreiche Gegenden; es siedelt sich zwar im Felde an, benötigt aber Buschdickicht zu seinem Schutz und liebt deshalb Striche, in denen es hier und da kleinere Wälder, buschbestandene Hügel oder wenigstens dichte Hecken gibt. Hier lebt es gesellig, aber stets vorsichtig und scheu.

Es gibt nur wenige Vögel, die strenger an dem einmal gewählten Gebiet festhalten als das Rebhuhn. Erfahrungsgemäß bleiben die auf einer Flur erbrüteten Jungen hier wohnen, und wenn einmal ein Revier verödet, währt es oft lange Zeit, bevor sich von den Grenzen her wieder einzelne Paare einfinden und die verlassene Gegend neu bevölkern.

Der *Silberfasan* (Gennaeus nycthemerus) hat einen langen, aus zerschlissenen Federn bestehenden, hängenden Kopfbusch und keilförmig verlängerten, dachartigen Schwanz. Der lange und dicke Farbenbusch am Hinterkopf ist glänzend schwarz, der Nacken und der Vorderteil des Oberhalses weiß, die ganze übrige Oberseite weiß, mit schmalen, schwarzen Zickzacklinien quer gewellt, die Unterseite schwarz, stahlblau schimmernd.

Wir kennen die Zeit nicht, in der die ersten lebenden Silberfasanen nach Europa gelangten, dürfen aber annehmen, daß es nicht vor dem 17. Jahrhundert geschehen ist, da die Schriftsteller des 16. Jahrhunderts, wie z. B. *Geßner*, den schönen und auffallenden Vogel nicht erwähnen. Seine Heimat ist Südchina. In Europa gedeiht er bei einfacher Pflege ausgezeichnet, und zwar im Freien ebensogut wie auf dem Hof oder in einem größeren Auslauf.

Der *Edelfasan* oder *Jagdfasan* (Phasianus colchicus) ist sehr buntfarben. Die Federn des Kopfes und Oberhalses sind grün, mit prächtig blauem Metallglanz, die des Unterhalses, der Brust, des Bauches und der Seiten rötlich kastanienbraun und purpurfarben schimmernd. Die Länge beträgt etwa 80 cm. Beim kleineren Weibchen ist das ganze Gefieder auf erdgrauem Grunde schwarz und dunkel rostfarben gefleckt und gebändert.

Der Edelfasan bewohnte ursprünglich die Küstenländer des Kaspischen Meeres und Westasiens, wurde aber schon in alter Zeit in Europa eingebürgert. Am Phasis, im Lande Kolchis, fanden die Griechen beim Argonautenzug den prachtvollen Vogel und führten ihn mit sich in ihr Vaterland. Von hier aus hat er sich über Südeuropa verbreitet und ist durch die Römer, die sein köstliches Wildbret zu schätzen wußten, auch nach Südfrankreich und Deutschland gebracht worden. Alle Fasanen meiden geschlossenen Hochwald und bevorzugen dagegen Haine oder dichtes Gebüsch, das von Feldern oder Wiesen umgeben wird und nicht arm an Wasser ist.

Seite 285: Kleiber (o.); die Brachschwalbe (Glareola pratincola) lebt in mediterranen Regionen und gehört zur Ordnung der Wat- und Möwenvögel
Seite 286: Die Rotbrust-Krontaube (Goura scheepmakeri) aus NW-Guinea zählt zu den schönsten Taubenvögeln

Der Fasan unterliegt weit eher als alle Verwandten Witterungseinflüssen und wird ungleich häufiger als jene vom Raubzeug aller Art gefangen. Sein ärgster Feind ist der Fuchs, welcher die Jagd ebenso regelrecht betreibt wie der Mensch, aber noch besser als dieser jede Gelegenheit wahrnimmt, das wohlschmeckende Wild zu fangen. Die jungen Fasanen werden von Mardern und Katzen weggenommen, die Eier im Nest von Igeln und Ratten gefressen. Habicht und Sperber, Weihe und Milane tun ebenfalls das ihrige.

Der *Goldfasan* der Chinesen (Chrysolophus pictus) ist prächtig gefärbt. Ein reicher, aus hoch- oder goldgelben, etwas zerschlissenen Federn bestehender Busch deckt den Kopf des Männchens. Die von dem Kragen größtenteils bedeckten Federn des Oberrückens sind goldgrün und schwarz gesäumt, die des Unterrückens und der Oberschwanzdeckfedern hochgelb; Unterhals und Unterleib sind hochsafranrot, die Deckfedern der Flügel kastanienbraunrot, die Schwanzfedern auf bräunlichem Grunde schwarz gemarmelt. Die Länge beträgt 85 cm, die Schwanzlänge 60 cm. Beim Weibchen bildet ein trübes Rostrot, das auf der Unterseite in Rostgraugelb übergeht, die Grundfärbung.

Der *Diamant-* oder *Amherstfasan* (Chrysolophus amherstiae) wurde zu Ehren der Lady Amherst, die ihn zuerst nach Europa brachte, benannt. Nach meinem Geschmack übertrifft er den Goldfasan an Schönheit. Der Federbusch ist auf der Stirn schwarz, im übrigen aber rot; der Halskragen besteht aus silberfarbenen, dunkelgesäumten Federn, das Gefieder des Halses, Oberrückens und der Oberflügeldeckfedern ist hellgoldgrün, das der Unterseite reinweiß. Die Gesamtlänge beträgt 1,70, die Schwanzlänge über 1,30 m. Das Weibchen ähnelt der Goldfasanhenne. Der Osten der Mongolei bis zum Amur sowie Süd- und Südwestchina sind die Heimat des Goldfasans, Ostsetschwan und Osttibet die des Diamantfasans. Beide bewohnen Gebirge; der Goldfasan lebt jedoch stets in niedriger Zone, während der Diamantfasan 2000 bis 3000 m über dem Meeresspiegel zu Hause ist.

Die **Pfauen** unterscheiden sich von sämtlichen anderen Hühnern durch die über alles gewohnte Maß entwickelten Oberschwanzdeckfedern, welche demgemäß als ihr wichtigstes Kennzeichen angesehen werden müssen. Sie sind die größten aller Hühner, kräftig gebaut, ziemlich langhälsig, kleinköpfig, kurzflügelig, hochbeinig und langschwänzig. Das Gefieder bekleidet in reicher Fülle den Leib, ziert den Kopf mit einem aufgerichteten und langen, entweder aus schmalen oder aus nur an der Spitze bebarteten Federn bestehenden Busche, läßt aber die Augengegend frei. Seine Schönheit erreicht es im dritten Lebensjahre.

Der *Blaue Pfau* (Pavo cristatus), Abb. S. 297, den wir als den Stammvater des schönsten unserer Hofvögel anzusehen haben, ist auf Kopf, Hals und Vorderbrust prachtvoll purpurblau mit goldenem und grünem Schimmer, auf dem Rücken grün, jede Feder kupferfarbig gerändert; die Federn, welche die Schleppe bilden, sind grün und durch Augenflecke prächtig geziert, die 20 bis 24 Federn der Haube tragen nur an der Spitze Bärte. Die Länge alter Männchen kann 1,60 m noch übersteigen. Beim Weibchen ist der Kopfbusch bedeutend kürzer und dunkler gefärbt als beim Männchen; Kopf und Oberhals sind nußbraun, die Federn des Nackens grünlich und weißbraun gesäumt, die des Mantels lichtbraun, die des Bauches weiß. Unerreicht in seiner Farbenpracht ist das balzende Männchen, das seinen Schwanz radartig entfaltet.

Der Pfau bewohnt Ostindien und Ceylon, und zwar Waldungen und Dschungeldickichte vor allem bergiger Gegenden. In den Gebirgen Südindiens steigt er bis 2000 m empor, fehlt jedoch im Himalaja. In vielen Gegenden Indiens gilt er als heiliger und unverletzlicher Vogel. In der Nähe vieler Hindutempel halten sich zahlreiche Herden von halbwilden Pfauen auf, deren Pflege mit zu den Obliegenheiten der Geistlichen gehört. Sie werden sich hier bald des ihnen gewährten Schutzes bewußt und sind kaum scheuer als die gezähmten Tiere.

Die Zeit, in der der Pfau zuerst nach Europa gelangte, ist nicht festgestellt. *Alexander der Große* kannte ihn als gezähmten Vogel nicht; denn er bewunderte ihn, als er ihn während des Zuges nach Indien zum ersten Male wild sah, und brachte, wie die Sage berichtet, gezähmte mit sich nach Europa. *Aristoteles*, der Alexander nur um zwei Jahre überlebte, schildert ihn als einen überall im Lande verbreiteten und wohlbekannten Vogel. Bei den Gelagen der römischen Kaiser spielte er bereits eine hervorragende Rolle. *Vitellius* und *Heliogabalus* setzten den Gästen gewaltige Schüsseln vor, welche aus Zungen und Hirn der Pfauen und den teuersten Gewürzen Indiens bestanden. In Samos wurde er im Tempel der *Juno* gehalten und auf den Münzen abgebildet. In Deutschland und England scheint er im 14. und 15. Jahrhundert noch sehr selten gewesen zu sein. *Geßner*, dessen Naturgeschichte 1557 erschien, kannte ihn sehr genau und gibt bereits eine ausführliche Beschreibung von ihm.

Der Winter ficht den Pfau wenig an: er behält, auch wenn er einen warmen Stall hat, selbst bei der strengsten Kälte die erhabenen

Seite 287: Auerhenne (o.) und Auerhahn (u.)
Seite 288: Balzende Birkhähne (o.); brütender Haubentaucher (u.)

Schlafplätze bei, die er sich im Sommer wählte, und läßt sich bei Schneefall unter Umständen ruhig einschneien, leidet davon auch keinen Schaden. Wenn er größere Freiheit genießt, zeigt er sich anspruchslos, nimmt mit gewöhnlichem Hühnerfutter vorlieb, sucht sich aber bei seinen Spaziergängen im Hof und Garten viele Nahrungsmittel selbst. Grünfutter der verschiedensten Art scheint ihm unentbehrlich zu sein.

Truthühner

Die *Truthühner* (Meleagrididae) sind große, schlank gebaute, hochbeinige, kurzflügelige und kurzschwänzige Hühnervögel. Der Schnabel ist kurz, stark, oben gewölbt und gebogen, der Fuß ziemlich hoch und langzehig, der Fittich sehr gerundet, der Schwanz ein wenig abgerundet. Kopf und Oberhals sind unbefiedert und mit Warzen bewachsen; von der Oberschnabellade hängt eine zapfenförmige, ausdehnbare Fleischklunker, von der Gurgel eine schlaffe Haut herab. Die Gruppe verbreitet sich über den Osten und Norden Amerikas.

Das *Truthuhn* oder der *Puter* (Meleagris gallopavo) ist auf der Oberseite bräunlichgelb, prachtvoll metallisch schimmernd, jede Feder breit samtschwarz gesäumt, auf dem Unterrücken und den Schwanzdeckfedern tief nußbraun, grün und schwarz gebändert. Die Länge beträgt bis 1,20 m.

Die Wälder mancher nordamerikanischer Staaten beherbergen noch heutzutage Truthühner in namhafter Anzahl. In den dichtbevölkerten Staaten ist er aber bereits ausgerottet. Die Truthühner leben zeitweilig in großen Gesellschaften und treten unregelmäßige Wanderungen an, indem sie weidend durch die Waldungen wandern, tagsüber auf dem Boden fortlaufen und nachts auf hohen Bäumen rasten. Etwa im Oktober, wenn noch wenige von den Baumsamen zu Boden gefallen sind, reisen sie zum Tiefland des Ohio und Mississippi. Die Männchen vereinigen sich in Gesellschaften von 10 bis 100 Stück und suchen ihre Nahrung für sich allein; die Weibchen schlagen sich mit ihren halberwachsenen Jungen in fast ebenso zahlreiche Banden zusammen und verfolgen abgesondert denselben Weg.

Unter den zahllosen Feinden, die ihnen nachstellen, sind neben dem Menschen am gefährlichsten der Luchs, die Schnee-Eule und der Uhu. Der Luchs verfolgt alt und jung, säuft auch die Eier aus; die Eulen nehmen besonders nachts viele von den Bäumen weg. Das Truthuhn wurde sehr bald nach der Entdeckung Amerikas zu uns gebracht. Heute ist es als Hausvogel überall verbreitet.

STRAUSSE

In der Gabe des Fluges erkennen wir ein so bezeichnendes Merkmal des Vogels, daß uns derjenige, welchem diese Begabung fehlt, als fremdartiges Geschöpf erscheinen muß. Der ungebildete Mensch erblickt in solchen Vögeln Wundertiere, und seine Einbildungskraft ist beschäftigt, das Wunder zu deuten. Ein alter Scheich Kordofans erzählte mir eine köstliche Sage, welche berichtet, daß der Riesenvogel Afrikas die Befähigung zum Fluge verloren habe, weil er in törichtem Hochmut glaubte, fliegend die Sonne zu erreichen. Ihre Strahlen versengten seine Schwingen; er stürzte elend zum Boden herab, kann heute noch nicht fliegen und trägt heute noch das Zeichen des Sturzes an seiner Brust. Älter, aber nicht weniger erdichtet, ist die Anschauung, daß man in demselben Tiere einen Blendling vom Kamele und einem märchenhaften Vogel der Wüste zu sehen habe. Diese Anschauung kehrt wieder in uralten Erzählungen und hat sich bis in unsere Tage erhalten in dem Namen, den die Wissenschaft als Erbe vergangener Zeiten ihm zugedacht hat.

Die *Strauße* (Struthioniformes) sind die größten, vielleicht auch die ältesten Mitglieder ihrer Klasse. Ihr Kopf erreicht höchstens mittlere Größe, der Hals fast stets bedeutende Länge, der Leib gewaltige Größe; der Schnabel ist in der Regel ziemlich kurz, breit und stumpf, nur bei den Angehörigen einer kleinen Familie verschmächtigt und verlängert; die Nasenlöcher münden zur Spitze hin oder sogar auf ihr; das Bein ist ungemein entwickelt, der Schenkel sehr kräftig, dickmuskelig, der Fuß lang, aber stark, zwei-, drei- oder vierzehig, der Flügel verkümmert und mit gänzlich veränderten, weichen, zum Fliegen untauglichen Federn besetzt, welche ebensowenig Schwingen genannt werden können, wie die Schwanz-, richtiger Bürzelfedern noch Steuerfedern sind; das Gefieder ist zerschlissen und haarartig, weil die Bärte der Fahnen keinen Zusammenhang haben und Faserbüscheln gleichen.

Unter den Sinneswerkzeugen der Strauße scheint das Gesicht ausnahmslos wohlentwickelt, neben dem Gehör aber auch der Ge-

Straußenkopf

ruch in gleichem Maße ausgebildet, das Gefühl oder Empfindungsvermögen schwach, der Geschmack sehr stumpf zu sein. Alle bekannten Arten sind ungemein scheu und fliehen ängstlich die Annäherung eines Menschen, handeln aber ohne Überlegung, wenn es gilt, einer Gefahr zu begegnen, und alle zeigen sich, wie beschränkte Wesen überhaupt, störrisch, boshaft und wenig oder nicht bildsam. Sie leben untereinander, solange die Eifersucht nicht ins Spiel kommt, in Frieden, dulden wohl auch die Gesellschaft anderer Tiere, bekunden aber weder gegen ihresgleichen noch gegen andere Geschöpfe wirkliche Zuneigung. In der Gefangenschaft gewöhnen sie sich einigermaßen an den Wärter, unterscheiden ihn aber kaum von andern Menschen.

Der *Strauß* (Struthio camelus), Abb. S. 298, ist gekennzeichnet durch sehr kräftigen Leib, langen, größtenteils nackten Hals, kleinen, platten Kopf, unbedeckte, offene, innen mit haarartigen Gebilden besetzte Ohrengänge, mittellangen, vorn abgerundeten, an der Spitze platten, mit einem Hornnagel bedeckten, geraden Schnabel, dessen Mundspalte bis unter das Auge reicht, längliche, ungefähr in der Mitte des Schnabels sich öffnende Nasenlöcher, hohe, starke, auf dem Schenkel nur mit einigen Borsten bekleidete und im übrigen nackte Beine, groß geschuppte Läufe und zweizehige Füße, deren innere Zehe mit einem großen, breiten und stumpfen Nagel bewehrt ist, ziemlich große, zum Fliegen jedoch gänzlich unbrauchbare, mit doppelten Sporen besetzte Flügel, welche anstelle der Schwingen lange, schlaffe, weiche, hängende Federn tragen, ziemlich langen Schwanz, welcher aus ähnlichen Federn besteht, und nicht undichtes, aus schlaffen, gekräuselten Federn gebildetes Gefieder, welches auf der Brustmitte eine hornige Schwiele unbekleidet läßt. Beim Männchen sind alle kleinen Federn des Rumpfes kohlschwarz, die langen Flügel- und Schwanzfedern aber blendendweiß, die nackten Halsteile hochrot, die Schenkel fleischfarben. Beim Weibchen ist das Kleingefieder braungrau, nur auf den Flügeln und in der Schwanzgegend schwärzlich; Schwingen und Steuerfedern sind unreinweiß. Die Höhe eines großen, erwachsenen männlichen Straußes beträgt ungefähr 2,60 m, das Gewicht über 150 kg.

Die Steppen und Wüsten Afrikas und Westasiens beherbergen den Strauß. In früheren Zeiten ist er zweifellos viel häufiger gewesen als heutzutage, hat auch Örtlichkeiten, Gegenden und Länder bevölkert, in denen er jetzt ausgerottet ist: ein Wüstenvogel war er aber von jeher. Heute bewohnt er alle Steppen Innerafrikas, die südlichen Ebenen des Erdteils und innerhalb des Wüstengürtels die Niederungen, in denen ein wenn auch spärlicher Pflanzenwuchs den Boden deckt.

Die starken und behenden Läufe ersetzen dem Strauß zwar nicht das Flugvermögen anderer Vögel, verleihen ihm aber doch eine Bewegungsfreiheit, welche wahrhaft in Erstaunen setzt. Bei meiner Reise durch die Bajudasteppe ritt ich über eine sandige Stelle, auf der sich Straußenfährten in allen Richtungen kreuzten. Man konnte an ihnen deutlich erkennen, ob der Vogel behaglichen Schrittes gegangen oder trabend gelaufen war. Im ersteren Fall waren die Fußtapfen ein bis anderthalb, im letzteren zwei bis drei Meter voneinander entfernt.

Pflanzenstoffe bilden die hauptsächlichste, jedoch nicht ausschließliche Nahrung des Straußes. In der Freiheit weidet er nach Art des Truthahns, indem er Gras, Kraut und Laub abreißt oder Körner, Kerbtiere und kleine Wirbeltiere vom Boden aufliest; in der Gefangenschaft würgt er alles ihm Erreichbare hinab. Er scheint einen unwiderstehlichen Hang zu besitzen, nach allem, was nicht niet- und nagelfest ist, zu hacken und es womöglich aufzunehmen und in den Magen zu befördern. Ein ihm vorgeworfener Ziegelbrocken, eine bunte Scherbe, ein Stein oder ein anderer ungenießbarer Gegenstand erregt seine Aufmerksamkeit und wird verschlungen, als wäre es ein Stück Brot.

Der Strauß erträgt, falls er genügend Raum zu freier Bewegung hat, die Gefangenschaft ohne Kummer.

NANDUS

Die amerikanischen Strauße heißen *Nandus* (Rheiformes); ihr Leibesbau stimmt im wesentlichen mit dem des afrikanischen Verwandten überein, die Flügel sind jedoch weit mehr als bei diesem entwickelt, und die Füße sind dreizehig.

Unter den zwei bekannten Arten ist der *Pampasstrauß* oder *Nandu* (Rhea americana) der bekannteste und verbreitetste. Die Federn des Oberkopfes, Oberhalses, Nackens und der Vorderbrust sowie die Zügelborsten sind schwarz, die der Halsmitte gelb, die der Kehle, Backen und oberen Halsseiten heller bleigrau, die des Rückens, der Brustseiten und Flügel bräunlich aschgrau, die der übrigen Unterteile endlich schmutzigweiß. Das Auge ist perlgrau, der nackte Teil des Gesichts fleischfarben, der Schnabel horngraubraun, der Fuß grau. Das Weibchen unterscheidet sich hauptsächlich durch die lichtere Färbung der Federn, des Nackens und der Vorderbrust. Beim männlichen Vogel beträgt die Größe etwa 1,70 m.

Der Verbreitungskreis des Nandu dehnt sich über die Steppenländer des südlichen Amerikas aus. Als eigentliche Heimat darf man das Pampasgebiet zwischen dem Atlantischen Ozean und den Kordilleren, von den Urwäldern Boliviens und Brasiliens bis Patagonien ansehen. Als echter Steppenvogel vermeidet er sowohl wirkliche Berge wie den eigentlichen Urwald; in den Hügelländern wird er aber ebensohäufig gefunden wie in der Ebene; auch die inselartig im Grasmeer liegenden Myrten- und Palmenhaine besucht er sehr gern. In der Pampa oder Steppe gibt es wenige Striche, in denen er ganz fehlt.

Ein Hahn lebt mit fünf bis sieben, selten mehr oder weniger Hennen in gesonderter Familiengruppe innerhalb des von ihm gewählten und gegen andere seines Geschlechts behaupteten Standes. Sämtliche Hennen dieser Gruppe legen ihre Eier in ein Nest, und der Hahn brütet sie allein innerhalb von 40 Tagen aus.

Auch der Nandu ist ein vortrefflicher Läufer, der das beste Pferd ermüdet und verwirrt, da er nicht nur äußerst schnell dahinrennt, sondern auch mit bewunderungswürdiger Gewandtheit Haken zu schlagen versteht.

Während der Regenzeit äst der Nandu vorzugsweise von Klee und Kerbtieren; später sucht er die Stellen auf, die das Vieh düngte. Für die aus Europa eingeführten Nutzgewächse zeigt er eine seinen Geschmack ehrende Vorliebe, und wenn ein Trupp Felder von Alfalfagras oder den Gemüsegarten eines Ansiedlers entdeckt, „so gibt es zu hüten, wenn noch ein grünes Blatt übrigbleiben soll".

KASUARE UND EMUS

Im Jahre 1789 erschien eine Beschreibung der Reise des Statthalters *Philipp* nach Botanybay und brachte der wissenschaftlichen Welt die Kunde, daß auch Australien von Straußen (Casuariiformes) bevölkert wird.

Die Merkmale der Emus und Kasuare sind der gekielte Schnabel, die gänzlich verkümmerten Flügel, die dreizehigen Füße und die mit einem dem Hauptschaft gleichlangen Afterschaft ausgestatteten Federn. In der Gestalt ähneln die Emus dem Strauß, haben aber einen gedrungeneren, untersetzteren Rumpf und kürzeren Hals und stehen auch niedriger auf den Beinen.

Der *Emu* (Dromaius novaehollandiae) steht dem afrikanischen Strauße an Größe nach, übertrifft hierin aber den Nandu. Seine Höhe beträgt ungefähr 170 cm. Die Färbung des Gefieders ist ein sehr gleichmäßiges Mattbraun, welches auf dem Kopf, der Hals- und Rückenmitte dunkler, auf der Unterseite aber etwas lichter erscheint; der Schnabel ist dunkel hornfarben, der Fuß hellbräunlich; die nackten Teile des Gesichtes sehen graubläulich aus.

Unter seinen Familienverwandten ist der Emu der langweiligste. Bewegung, Haltung, Wesen oder das Betragen überhaupt sind einförmiger als bei jedem anderen Strauß und seine Stimmlaute auch nicht gerade anziehend; denn sie lassen sich eben nur mit dem dumpfen Geräusch vergleichen, welches man hervorbringen kann, wenn man in tiefem Tone durch das Spundloch einer hohlen Tonne spricht.

Die *Kasuare* zeichnen sich durch etwas schlankeren Bau und haarartiges Gefieder vor den Emus aus. Ihr Kopf trägt einen knochigen, bei allen Arten verschieden gestalteten Helm, der Hals, welcher an seiner oberen

Hälfte nackt bleibt und in lebhaften Farben prangt, vorn gewöhnlich eine oder zwei Klunkern; die kurzen, dicken Füße sind dreizehig und die inneren Zehen mit Nägeln bewehrt, welche die der übrigen an Länge um mehr als das Doppelte übertreffen; die kurzen Flügel haben keine eigentlichen Schwungfedern, an ihrer Stelle aber fünf runde, fahnenlose Kiele, die großen Hornstacheln gleichen; eigentliche Steuerfedern sind nicht vorhanden, und auch die Gebilde, die den Leib bekleiden, sind eher Haare als Federn zu nennen, da die kurzen, steifen Fahnenstrahlen weit voneinander entfernt stehen und keine Seitenfasern tragen. Der Helm besteht aus einer Auftreibung des Stirnknochens und wird von einer hornartigen Masse überdeckt.

Der *Helmkasuar* (Casuarius casuarius) ist schwarz, das Gesicht grünblau, der Hinterkopf grün, der Hals vorn violett, seitlich blau, hinten lackrot, das Auge rotbraun, der Schnabel schwarz, der Fuß graugelb.

Alle Reisenden, die uns über das Freileben der Kasuare etwas mitteilen können, stimmen darin überein, daß sie im Gegensatz zu den bisher erwähnten Verwandten die dichtesten Waldungen bewohnen und hier ein sehr verborgenes Leben führen, bei der geringsten Gefahr augenblicklich davoneilen und sich den Blicken der Menschen zu entziehen suchen. Wie schwer es ist, sie zu beobachten, mag daraus hervorgehen, daß *Müller* auf Neuguinea niemals Gelegenheit hatte, einen Kasuar zu sehen, obwohl er dessen Fährte fand und den flüchtigen Vogel durch das Gebüsch rauschen hörte, und daß *Wallace* auf Ceram auch nicht einen einzigen erbeuten konnte, obgleich der Vogel an allen von ihm besuchten Orten vorkommt.

In ihrem Gange unterscheiden sich die Kasuare wesentlich von andern Straußen. Sie laufen nicht, sondern traben, und zwar mit einer waagerechten Haltung des Leibes, lüften dabei gewöhnlich die verlängerten Bürzelfedern etwas und erscheinen so hinten höher als vorn. Die einzelnen Schritte folgen nicht besonders schnell aufeinander, und der Trab fördert demgemäß verhältnismäßig wenig; wenn aber der Kasuar wirklich flüchten will, läuft er mit erstaunlicher Eilfertigkeit, führt Wendungen aller Art mit bewunderungswürdiger Fertigkeit aus, ist auch imstande, senkrecht ein bis anderthalb Meter hoch zu springen. Daß er zudem auch vortrefflich schwimmt, erfuhr *Ramsay* von seinem gefangenen Kasuar.

SCHNEPFENSTRAUSSE ODER KIWIS

Die Schnepfenstrauße haben äußerlich wenig Ähnlichkeit mit andern Kurzflüglern. Ihr Leib ist verhältnismäßig gedrungen, der Hals kurz, aber dick, der Kopf nicht besonders groß, der Schnabel lang und dünn, der Fuß verhältnismäßig kurz und vierzehig, der Flügel so verkümmert, daß er eigentlich nur im Gerippe sichtbar wird, da sich im Gefieder bloß kurze Stummel auffinden lassen, welche einige unvollkommene, aber starke Kiele tragen; der Schwanz fehlt gänzlich. Das Gefieder besteht aus langen, lanzettförmigen, lose herabhängenden Federn. Die Beine sind sehr stark und kurz, die vorderen Zehen lang und stark, mit kräftigen Grabekrallen bewehrt, wogegen die hintere, dickere und kürzere, die fast senkrecht gestellt ist und beim Auftreten den Boden nicht berührt, eine noch stärkere Kralle trägt und eher dem Sporn eines Haushahnes als einer Zehe gleicht; harte, netzförmige Schilder bekleiden die Läufe, Schuppen die Mitte der seitlichen, mit schmalen Häuten besäumten Zehen.

Die beiden Kiwi-Arten, der *Streifenkiwi* (Apteryx australis), Abb. S. 298, und der *Fleckenkiwi* (Apteryx owenii), leben heute in jeweils mehreren Unterarten auf Neuseeland. Die beiden Unterarten des Fleckenkiwis, der Große Fleckenkiwi (Apteryx owenii haasti) und der Zwergkiwi (Apteryx owenii owenii), leben jetzt nur noch auf der Südinsel, die 3 Unterarten des Streifenkiwis verteilen sich auf Süd-, Nord- und Stewart-Insel. In ihrer Heimat werden sie streng geschützt und wurden dadurch vor dem Aussterben bewahrt. Sie sind auch nicht so leicht zu finden.

Schon *Dieffenbach* beklagt, während eines achtzehnmonatigen Aufenthaltes in Neuseeland, trotz der Belohnungen, welche er den Eingeborenen überall versprach, nur einen einzigen Balg erlangt zu haben. Die Kiwis sind Nachtvögel, die sich den Tag über in Erdlöchern, am liebsten unter den Wurzeln großer Waldbäume, versteckt halten und nur nachts auf Nahrung ausgehen. Diese besteht aus Kerbtieren, Larven, Würmern und den Samen verschiedener Gewächse. Sie leben paarweise und können außerordentlich rasch laufen und springen. Hunde und Katzen sind neben dem Menschen ihre gefährlichsten Feinde. Die Eingeborenen wissen sie natürlich bei Nacht heranzulocken, indem sie ihren Ruf nachahmen, und sie durch Fackelschein verwirrt zu machen, so daß sie die Vögel dann entweder mit der Hand fangen oder mit einem Stock erschlagen können. Auch Hunde werden zur Jagd benutzt, und diesen Nachstellungen ist es zuzuschreiben, daß der Kiwi in bewohnten Gegenden längst nicht mehr gefunden wird.

WAT- UND MÖWENVÖGEL

Regenpfeifer

Die *Regenpfeifer* (Charadriidae), Abb. S. 299, sind kräftige, kurzhalsige, großköpfige Vögel von geringer Größe, mit meist kurzem Schnabel, mittelhohen, schlanken, im Fersengelenk etwas verdickten Beinen und meist dreizehigen Füßen, ziemlich großen, schmalen, spitzen Flügeln und kurzem, am Ende leicht abgerundetem Schwanze.

Alle Erdteile beherbergen Mitglieder dieser Familie. Beliebte Aufenthaltsorte sind die Küsten der Meere oder die Ufer und sandigen Stellen der Flüsse, Seen und größeren Teiche und nicht weniger die Sümpfe oder richtiger die Moore. Während der Brutzeit leben alle Arten paarweise, aber unmittelbar nebeneinander; beim Zug scharen sie sich zu Gesellschaften, die zuweilen zu Schwärmen anwachsen können.

Der *Kiebitz* (Vanellus vanellus) ist gekennzeichnet durch die vierzehigen Füße, die stumpfen Flügel und die Federholle auf dem Kopf. Oberkopf, Vorderhals, Oberbrust und die Hälfte des Schwanzes sind glänzend dunkelschwarz, die Federn des Mantels dunkelgrün, blau oder purpurn schillernd, Halsseiten, Unterbrust, Bauch und die Wurzelhälften der Schwanzfedern weiß, einige Ober- und die Unterschwanzfedern dunkel rostgelb. Die Länge beträgt 31 cm.

Der Kiebitz ist Brutvogel in Europa und im gemäßigten Asien. In Griechenland wie in Spanien, in Kleinasien wie in Nordafrika, in Südchina wie in Indien erscheint er in namhafter Zahl von Ende Oktober an, bezieht Flußtäler, sumpfige Niederungen oder die Küste des Meeres und wandert Anfang März wieder nach dem Norden zurück. Unter den europäischen Ländern beherbergt Holland zweifellos die meisten Kiebitze: Sie sind hier Charaktervögel des Landes, welche ebenso zur Landschaft gehören wie die Wassergräben, die schwarzweißen Kühe, die Windmühlen und die von hohen Bäumen beschatteten Landhäuser.

Der Kiebitz liebt vor allem feuchte Sumpfwiesen und Weiden. Während der Brutzeit und solange die Jungen noch nicht flügge sind, wird jeder Mensch, der in die Nähe ihres Brutortes kommt, unter lautem „Kiwit" umschwärmt, und zwar mit einer Kühnheit, welche wahrhaft in Erstaunen setzt; denn der um seine Brut besorgte Vogel stößt oft so dicht am Kopf des Menschen vorbei, daß dieser den durch schnelle Bewegung erzeugten Luftzug deutlich spürt. Der Flug ist vortrefflich und durch die mannigfaltigsten Wendungen gleichsam verschnörkelt. Wenn sich ihm oder seinen Jungen wirklich Gefahr naht, führt er die kühnsten Schwenkungen aus, stürzt sich fast bis auf den Boden herab, steigt aber sofort steil wieder in die Höhe, wirft sich bald auf diese, bald auf jene Seite, überschlägt sich förmlich, senkt sich auf den Boden herab, trippelt ein wenig umher, erhebt sich von neuem und beginnt wieder das alte Spiel.

Regenwürmer sind seine Hauptnahrung; außerdem werden Kerbtierlarven aller Art, Wasser- und kleine Landschnecken usw. aufgenommen. Zur Tränke geht er, wenn er in der Nähe des Wassers lebt, mehrmals im Laufe des Tages; Bäder im Wasser sind ihm ein Bedürfnis.

Auf flachen Kies- und Sandufern der Flüsse treibt sich der *Flußregenpfeifer* (Charadrius dubius) umher; ein Vogel, der die Lerche an Größe kaum übertrifft. Wangen, Scheitel und Oberkörper sind erdgrau, die Unterteile bis auf die Halszeichnung weiß; auf der Stirne steht ein schmales, schwarzes Band, an das sich ein breites, weißes reiht; die Schwingen sind dunkelbraun, die äußeren beiden Schwanzfederpaare weiß, die übrigen braun.

Man hat den Flußregenpfeifer in ganz Europa, fast ganz Afrika und ebenso beinahe in ganz Asien gefunden. Die südlichen Gegenden berührt er aber nur während seines Zuges, welcher ihn im August oder September von uns wegführt und im März zurückbringt.

Der Flußregenpfeifer kann ungemein schnell laufen und vortrefflich fliegen. Seine Nahrung besteht aus verschiedenen Kerbtieren und deren Larven, auch wohl aus Muscheln und kleinen Weichtieren; er dreht Steine um und jagt sogar im Wasser, trinkt oft und viel und badet sich ein- oder zweimal täglich, wie denn überhaupt das Wasser ein wahres Lebensbedürfnis für ihn ist.

Das Nest, eine einfache Vertiefung, steht regelmäßig auf kiesigen Strecken der Flußufer, die voraussichtlich einer Überschwemmung nicht ausgesetzt werden, manchmal einige hundert Schritte vom Wasser entfernt, und enthält um Mitte Mai vier niedliche Eier, deren Färbung dem Kiesel ringsum täuschend ähnelt. Beide Eltern brüten. Nach 15 bis 17 Tagen schlüpfen die Jungen aus und verlassen, sobald sie abgetrocknet sind, das Nest mit den Eltern.

Austernfischer

Wer irgendeine Küste der Nordsee besucht, wird gewiß die Bekanntschaft eines Strandvogels machen, der hier fast überall häufig vorkommt und sich durch sein Betragen so auszeichnet, daß man ihn nicht übersehen kann.

Der *Austernfischer* (Haematopus ostralegus), Abb. S. 299, ist gekennzeichnet durch einen gedrungenen Leib und einen großen Kopf, der einen langen, geraden Schnabel trägt. Das Gefieder ist auf Oberseite, Vorderhals und Kropf schwarz, etwas schillernd, auf dem Unterrücken und dem Bauch weiß. Die Länge beträgt 42 cm.

Der Austernfischer findet sich an den Küsten aller Kontinente und Inseln, außer denen der Polarmeere. So plump und schwerfällig dieser Vogel aussieht, so behend ist er. Er läuft gewöhnlich schreitend oder trippelnd, notfalls aber auch ungemein rasch dahinrennend, kann sich, dank seiner breitsohligen Füße, auf dem weichsten Schlicke halten, schwimmt vorzüglich und fliegt sehr kräftig und schnell meist geradeaus, aber oft auch in kühnen Bogen und Schwenkungen dahin, mehr schwebend als die meisten übrigen Strandvögel. Seine Stimme, ein pfeifendes „Hyip“, wird bei jeder Gelegenheit ausgestoßen und zuweilen mit einem langen „Kwihrrrr“ eingeleitet. Am Paarungsort trillert er wundervoll, wohltönend, abwechselnd und anhaltend.

Aufmerksamer als jeder andere Küstenvogel, findet er fortwährend Beschäftigung, auch wenn er vollständig gesättigt ist. Jeder kleine Strandvogel, welcher naht oder wegfliegt, wird beobachtet, jeder größere mit lautem Rufen begrüßt. Dem Menschen weichen die listigen Geschöpfe überall mit der nötigen Vorsicht aus. Sie kennen jedoch den Hirten und Fischer, wissen, daß diese ihnen selten oder niemals etwas antun und lassen sie deshalb ohne Bedenken nahe herankommen.

Welcher Handlung der Austernfischer seinen ungewöhnlichen Namen verdankt, ist schwer zu sagen, denn er frißt gewiß niemals Austern. Allerdings nimmt er gern kleinere Weichtiere auf, frißt wohl auch eine größere Muschel aus, die tot an den Strand geschleudert wurde, ist aber nicht imstande, eine solche zu öffnen. Seine Nahrung besteht vorzugsweise aus Gewürm.

Schnepfen

Die *Schnepfen* (Scolopacidae) sind mittelgroße, langbeinige Vögel mit langem Schnabel. Eine recht häufige **Sumpfschnepfe** ist unsere *Große Bekassine* (Gallinago gallinago). Sie ist vorwiegend dunkelbraun gefärbt und knapp 27 cm groß.

Der Norden Europas und Asiens ist ihre Heimat; sie brütet überall, wo es große Sümpfe gibt. Wesentliche Voraussetzung für ihren Aufenthalt ist, daß der Boden Gräser, Seggen, Ried- und andere Sumpfpflanzen trägt und ihren Bohrarbeiten mit dem langen Schnabel kein Hindernis bietet. Auf solchen Stellen treibt sie, mit Ausnahme der Brutzeit, ihr Wesen so still, daß man von ihrem Vorhandensein nichts wahrnimmt. Auch sie ist, wie andere Schnepfen, vorzugsweise in der Dämmerung tätig.

Ihr Flug geschieht überaus schnell und zeichnet sich dadurch aus, daß er kurz nach dem Erheben mehrere Zickzacklinien beschreibt, auf die das gerade Fortstürmen folgt. Fast jede Bekassine erhebt sich jählings in die Luft, streicht mit raschen Flügelschlägen weit weg, beschreibt einen großen Bogen, kehrt ziemlich bis zu derselben Stelle, von der sie sich erhob, zurück, zieht plötzlich die Flügel ein und stürzt in schräger Richtung mit größter Schnelligkeit wieder in den Sumpf herunter. Kerbtiere, Würmer, kleine Nacktschnecken und dünnschalige Muscheltiere bilden ihre Nahrung. Bei reichlichem Futter wird sie außerordentlich fett.

Die **Brachvögel** sind schlank gebaute Vögel mit sehr langem, flach nach unten gebogenem Schnabel, vierzehigen Füßen, deren Zehen durch eine deutliche Spannhaut verbunden werden, und mittellangem, abgerundetem Schwanz.

Brachvogel

Flußuferläufer

Der *Große Brachvogel* oder die *Doppelschnepfe* (Numenius arquata) ist die größte unserer einheimischen Arten. Seine Länge beträgt 58 cm. Das Gefieder der Oberseite ist braun, licht rostgelb gerandet, das des Unterrückens weiß, braun in die Länge gefleckt, das des Unterkörpers rostgelblich, braun geschaftet und längsgefleckt; die Schwingen sind schwarz, weiß gekantet und weiß gefleckt.

Der *Regenbrachvogel* (Numenius phaeopus) ist um ein Viertel kleiner als der Brachvogel. Das Gefieder ist im allgemeinen dem des vorher beschriebenen Verwandten ähnlich, jedoch düsterer gefärbt; die Kopffedern sind dunkelbraun, ungefleckt, in der Mitte durch einen hellen Längsstreifen geteilt.

Es gibt kein Land in Europa, in dem der Große Brachvogel noch nicht beobachtet worden wäre; denn im Norden brütet er, und den Süden berührt er während seines Zuges. Außerdem findet er sich im größten Teile Asiens unter denselben Bedingungen. Auf seinen Wanderungen durchreist er Afrika ebenso regelmäßig, wie er Indien besucht. Der Regenbrachvogel bewohnt während der Brutzeit nur die hochnordischen Tundren Europas, Asiens und Nordamerikas, wandert aber ebensoweit wie der Verwandte und ist daher wie dieser als Weltbürger zu bezeichnen.

Hinsichtlich der Lebensweise ähneln sich die verschiedenen Arten. Unter allen Schnepfenvögeln zeigt sich der Brachvogel am wenigsten wählerisch hinsichtlich seines Aufenthaltes. Ihm ist jede Gegend recht, die Seeküste wie verschiedene Binnengewässer, die Ebene wie das Hügelland. Vom Wasser aus fliegt er auf das dürrste Land, von diesem auf Felder oder Wiesen, von hier aus wieder zum Wasser zurück, gerade wie es ihm gefällt. Man begegnet ihm überall, aber nirgends eigentlich regelmäßig.

Der Brachvogel geht mit großen Schritten, aber leicht und zierlich, watet oft bis an den Leib im Wasser umher und schwimmt, ungezwungen, recht gut. Sein Flug ist zwar nicht besonders schnell, aber gewandt. Vor dem Niedersetzen pflegt er eine Zeitlang zu schweben; wenn er sich aus bedeutenden Höhen herabsenken will, zieht er die Flügel an und stürzt wie ein fallender Stein sausend hernieder, fängt sich aber durch einige Flügelschläge und Ausbreiten der Schwingen noch rechtzeitig und berührt erst nach einigen Schwenkungen den Boden. Seine Stimme besteht in abgerundeten, vollen, klangreichen Tönen, die man durch die Silbe „Taü-taü" und „Tlaüid-tlaüid" ausdrücken kann.

Der 16 cm große **Alpenstrandläufer** (Calidris alpina) ist in Nordeuropa heimisch, brütet aber schon in Deutschland und durchstreift allwinterlich, mit Ausnahme von Australien und Polynesien, die ganze Erde.

Alpenstrandläufer sind vorzugsweise Seevögel, halten sich aber auch gern an flachen, schlammigen Ufern stehender Gewässer auf und steigen, ihnen folgend, hoch ins Gebirge empor. Mit Ausnahme der Mittagsstunden, welche sie teilweise schlafend verbringen, sieht man sie den ganzen Tag in Bewegung. Trippelnd oder rennend laufen sie längs des Ufers dahin, nehmen fast jeden Augenblick ein kleines Tier auf, halten dabei an und eilen dann weiter. Gestört, erheben sie sich mit schnellem, gewandtem Flug in die Höhe, schießen eine Strecke weit eilig dahin und kehren in die Nähe des Ortes zurück, von dem sie aufgeflogen sind.

Unter den **Wasserläufern** ist wohl der *Sumpfwasserläufer* oder *Rotschenkel* (Tringa totanus) der bekannteste. Seine Länge beträgt 28 cm. Die Oberteile sind graulichbraun, Kopf und Hals durch große runde, schwarze Flecke gezeichnet, Unterrücken und Bürzel weiß, die Federn des letzteren schwarz gebändert, die Unterteile weiß.

Bei uns zulande brütet der Sumpfwasserläufer mindestens in Norddeutschland an allen geeigneten Orten; er ist hier auch nicht selten, jedoch nirgends so häufig wie in Skandinavien und Rußland. Er siedelt sich in der freien Ebene an, wo es größere oder viele stehende Gewässer, Brüche und Sümpfe gibt, und nimmt ebensogut an der Seeküste oder an Strom- oder Flußufern wie auf nassen Wiesen oder Viehweiden seinen Sommerstand. An der See überwintert er nicht selten; Brutplätze im Binnenland verläßt er dagegen sofort nach beendeter Brut, um fortan zunächst in der Umgegend auf- und niederzustreichen.

Seine Nahrung sucht er am Rande der Gewässer oder im Sumpf, watet dazu, soweit es seine Beine gestatten, ins Wasser, taucht auch oft mit dem Vorderteil des Leibes unter, um tiefer versteckte Beute zu erreichen; ebenso

Seite 297: Blauer Pfauhahn
Seite 298: Straußenpaar mit Jungen (o.);
Streifenkiwi (u.)

Brutkolonie der Brandseeschwalbe

betreibt er aber Kerbtierjagd auf Feldern und trockenen Wiesen.

In der Gestalt stehen die **Uferschnepfen** den Wasserläufern am nächsten. Die *Uferschnepfe* oder *Limose* (Limosa limosa) ist 41 cm groß. Das Kleingefieder ist vorherrschend rostrot, das kleine Flügeldeckgefieder grau, der Unterrücken bräunlichschwarz, der Bürzel weiß. Nordeuropa und das gemäßigte Asien sind die Länder, in denen diese brütet; von hier aus besucht sie während ihres Zuges den größten Teil von Südasien, ganz Südeuropa und Nordafrika bis Südnubien.

Die Limosen schreiten mit abgesetzten Schritten am Wasserrande einher, waten oft bis an den Leib ins Wasser und schwimmen auch. Der Flug ähnelt dem der kleineren Wasserläufer in bezug auf Leichtigkeit und Gewandtheit. Vor dem Niedersetzen pflegen die Limosen zu flattern und ihre Flügel vor dem Zusammenlegen mit den Spitzen senkrecht in die Höhe zu strecken. Würmer und Kerbtierlarven oder ausgebildete Kerfe, kleine Muscheln, junge Krebse und kleine Fische bilden die Nahrung der Limosen; große Beute können sie nicht verschlingen.

In der Gefangenschaft benehmen sich die Limosen wie andere Wasserläufer, gehen leicht ans Futter, gewöhnen sich bald, lernen ihren Wärter kennen und halten sich jahrelang vortrefflich.

Seite 299: Goldregenpfeifer (Pluvialis apricaria; o.); Austernfischer (u.)
Seite 300: Flußseeschwalben (o.); Papageientaucher (u.)

An den Ufern unserer Flüsse ist der *Flußuferläufer* (Tringa hypoleucos) beheimatet. Die Oberseite dieses etwa 20 cm großen Schnepfenvogels ist unscheinbar braun gefärbt, die Unterseite ist weiß. Er fliegt gewöhnlich dicht über der Wasseroberfläche. Sein Nest errichtet er stets in Ufernähe auf dem Boden.

Möwen und Seeschwalben

Alle Meere und die meisten Süßwasser der Erde beherbergen Mitglieder der Familien der Möwen (Laridae) und Seeschwalben (Sternidae). Als die vollkommensten Flieder und Stoßtaucher sehen wir die **Seeschwalben** an, mittelgroße oder kleine, schlank gebaute Vögel mit kopflangem Schnabel, kleinen, mit kurzen, oft tief ausgeschnittenen Schwimmhäuten ausgerüsteten Füßen, sehr langen, schmalen und spitzen Flügeln, mehr oder weniger tief gegabeltem Schwanz. Schwarz und Weiß sind die vorherrschenden Farben.

Alle Arten sind äußerst bewegungslustige Vögel und von Sonnenaufgang bis Sonnenuntergang fast ununterbrochen tätig. Die Nacht verbringen sie liegend am Ufer, den Tag fast ausschließlich fliegend in der Luft. Fische und Kerbtiere bilden ihre Nahrung, die größeren Arten verzehren jedoch auch kleinere Säugetiere und Vögel. Um Beute zu gewinnen, fliegen sie in geringer Höhe über den Wasserspiegel dahin, richten ihre Blicke scharf darauf, halten, wenn sie ein Opfer erspähen, an, rütteln ein paar Augenblicke lang über ihm,

Brandseeschwalbenschwarm

um es sicher auf das Korn nehmen zu können, stürzen schnell herab und versuchen es mit dem Schnabel zu fassen.

Die *Flußseeschwalbe* (Sterna hirundo), Abb. S. 300, hat einen dünnen Schnabel, sehr niedrige, kurzzehige Füße und einen tief gegabelten Schwanz. Oberkopf und Nacken sind schwarz, Mantel und Schultern bläulichaschgrau. Der Schnabel ist korallrot, auf der Firste und an der Spitze schwärzlich, der Fuß ist rot. Ihre Länge beträgt 36 cm. Das Verbreitungsgebiet der Flußseeschwalbe erstreckt sich über Europa, einen großen Teil Asiens und Nordamerikas, das Wandergebiet ist Südafrika.

Im Norden gesellt sich zu ihr oder vertritt sie die über die Alte und Neue Welt verbreitete *Küstenseeschwalbe* (Sterna macrura). Sie unterscheidet sich von der beschriebenen Verwandten durch den stärkeren Schnabel, die niedrigeren Beine und den einfarbig korallroten Schnabel.

Die Flußseeschwalbe bewohnt mehr als andere Arten Flüsse und Süßwasserseen, gehört demnach auch im Innern unseres Landes nicht zu den Seltenheiten und belebt einzelne Ströme, beispielsweise die Elbe, in namhafter Zahl. Sie erscheint in den letzten Tagen des April oder erst Anfang Mai und begibt sich bereits im Juli oder Anfang August wieder auf die Wanderschaft. Kleine Fischchen, Wasserfröschchen und Froschlarven, außerdem wohl auch Würmer, Engerlinge und andere Kerbtiere im weitesten Umfang bilden ihre Nahrung. Die im Wasser lebenden Tiere gewinnt sie durch Stoßtauchen.

Ihre Nistplätze sind niedrige Inseln und Uferbänke, wenn möglich solche, deren Grund kiesig, aber nicht sandig ist. Hier bildet sie eine kleine Vertiefung im Kies oder benutzt eine bereits vorgefundene als Nest. An unseren Binnengewässern bildet die Flußseeschwalbe selten große Ansiedlungen, wogegen sich am Meeresufer oft Hunderte zum Brüten vereinen.

Die *Zwergseeschwalbe* (Sterna albifrons) hat weiße Stirne, Unterseite und Steuerfedern; Oberkopf und Nacken sind schwarz, die Mantel- und Flügelfedern aschgrau. Der Schnabel ist wachsgelb, an der Spitze schwarz, der Fuß lehmgelb. Die Länge beträgt 20 cm. Über die Küsten aller Meere erstreckt sich der Verbreitungskreis dieser kleinsten Art der Familie; im Norden wird er ungefähr bis zum 58., im Süden etwa bis zum 24. Breitengrad reichen. Auch sie bewohnt Süßgewässer, insbesondere größere Ströme. Flache, vom Wasser umflossene Kiesbänke sind die erste Bedingung, die sie an ihren Wohnplatz stellt.

Die *Brandseeschwalbe* (Sterna sandvicensis) hat eine schwarze Kappe mit längeren Hinterkopffedern, die Unterseite ist weiß, die Mantel- und Flügelfedern sind aschgrau. Der lange Schnabel ist schwarz, an der Spitze gelb. Sie hält sich fast ausschließlich am Meer auf und nistet in großen Kolonien in Küstennähe.

Raben des Meeres nenne ich die **Möwen** (Laridae); denn jenen Vögeln entsprechen sie in ihrem Wesen. Sie bilden eine nach außen hin gut abzugrenzende Familie und sind gutgebaute, kräftige Vögel von sehr verschiedener Größe, da die kleinsten Arten eine Dohle an Leibesumfang kaum übertreffen, während die größeren hierin ungefähr einem Adler gleichkommen. Der Leib ist kräftig, der Hals kurz, der Kopf ziemlich groß, der Schnabel mittellang, seitlich stark zusammengedrückt, bis zur Mitte der Firste gerade, von hier aus sanfthakig abwärtsgebogen, sein Unterkiefer von der Spitze eckig vorgezogen, oben und unten scharfschneidig, der Rachen bis ans Auge gespalten, der Flügel groß, lang, breit, jedoch schmal zugespitzt, der Schwanz mittellang, breit und gerade.

Die Möwen, von denen man über 40 Arten unterscheiden kann, verbreiten sich über alle Teile der Erde und beleben alle Meere. Wenige Arten entfernen sich weit vom Lande und kehren, wenn sie es tun, immer wieder bald zu ihm zurück, so daß man sie eigentlich als Küstenvögel bezeichnen muß. Für den Schiffer sind sie die sichersten Boten des Landes: wenn sie erst wieder ein Fahrzeug umkreisen, ist die Küste nicht mehr fern. Für alle Möwen ohne Ausnahme bilden Fische eine beliebte Nahrung; viele von ihnen gehören aber zu den eifrigsten Kerbtierjägern, und gerade sie sind es, die zu regelmäßigem Ziehen gezwungen werden, während die übrigen da, wo das Meer nicht vereist, auch im Winter noch genügend Beute finden. Neben diesen beiden Hauptnahrungsstoffen erbeuten sie alle kleineren Tiere, die das Meer beherbergt, oder alle tierischen Stoffe überhaupt. Sie fressen Aas wie die Geier, jagen nach lebender Beute wie Raubvögel und lesen am Strande zusammen wie Tauben oder Hühner, betätigen überhaupt dieselbe Vielseitigkeit wie die Raben, sind jedoch gieriger und gefräßiger.

Ansprechend sind Gestalt und Färbung, anmutig die Bewegungen der Möwen. Ihr Gang ist gut und verhältnismäßig rasch. Ihre Schwimmfertigkeit übertrifft die der meisten Verwandten im engeren Sinne: Sie liegen leicht wie Schaumbälle auf den Wogen und stechen durch ihre blendenden Farben von diesen so lebhaft ab, daß sie ein wahrer Schmuck des Meeres sind. Ihr Flug geschieht mit langsamen Flügelschlägen; diese wechseln aber oft mit anhaltendem, leichtem und schönem Schweben ab, welches an das der breitflügligen Greifvögel erinnert und mit spielender Leichtigkeit ausgeführt wird. Alle sind anderen Geschöpfen gegenüber mutig, ihren Gatten und ihrer Brut in treuer Liebe zugetan, lieben auch die Gesellschaft mit anderen Artgenossen, zeigen sich jedoch ebenso neidisch, mißgünstig und unfreundlich gegenüber anderen Vögeln. Eine irgendwie geschädigte Möwe pflegt allen andern Mitteilung zu geben, wie denn überhaupt unter ihnen das beste Einvernehmen herrscht, sobald es gilt, einer gemeinschaftlichen Gefahr zu begegnen, einem gemeinschaftlichen Feind zu widerstehen: Greifvögel, Raubmöwen und Kolkraben oder Krähen werden von allen Möwen, welche in der Nähe sind, gleichzeitig angegriffen und gewöhnlich auch in die Flucht geschlagen.

Während der Brutzeit vereinigen sich die Möwen zu großen Gesellschaften; diese bedecken im buchstäblichen Sinne des Wortes ganze Felswände oder Berge, benutzen jeden Raum, der sich anbietet, und legen ein Nest so dicht neben dem andern an, daß die brütenden Alten sich drängen. Zwei bis vier große, eigestaltige, starkschalige, grobkörnige, auf schmutzig- oder braungrünlichem oder grünbläulichem Grunde aschgrau und schwarzbraun gefleckte Eier bilden das Gelege und werden vom Männchen und Weibchen wechselweise drei bis vier Wochen lang, bei schlechtem Wetter anhaltender als bei gutem, bebrütet.

Zu den größeren Arten gehört die *Silbermöwe* (Larus argentatus). Ihre Länge beträgt 56 cm. Die Nordsee und das Südliche Eismeer beherbergen die Silbermöwe in großer Zahl; außerdem kommt sie an den Küsten Nordamerikas, auf ihrem Winterzuge aber an allen Küsten Europas, oft auch tief im Lande, sowie im Mittelländischen und Schwarzen Meere vor.

Ebenfalls im Norden lebt die *Sturmmöwe* (Larus canus). Der Mantel ist zart möwenblau, das übrige Kleingefieder und der Schwanz sind weiß. Im Winterkleid zeigen Kopf, Hinterhals und die Brustseiten auf weißem Grunde graue Flecke; das Jugendkleid ist oberseits dunkel braungrau, auf dem Kropfe und an den Seiten mit großen, graubraunen Flecken besetzt, die vordere Schwanzhälfte wie die Schwingenspitze braunschwarz, der Fuß blaugrünlich bis grünlichgelb. Die Länge beträgt gut 45 cm. Das Brutgebiet der Sturmmöwe erstreckt sich von der Breite der norddeutschen Küste an über den Norden der Alten und Neuen Welt; das Wandergebiet umfaßt ganz Europa, den größten Teil Asiens und Nordafrikas. Sie besucht auch weit von der Küste entfernte Binnengewässer.

Unter den Möwen mit dunkler Oberseite ist die *Mantelmöwe* (Larus marinus) die größte. Ihre Länge beträgt 80 cm. Der Norden der Erde ist die Heimat dieser Möwe. Während des Winters besucht sie regelmäßig die Küsten der Nord- und Ostsee, streicht an diesen entlang auch bis Südeuropa und noch weiter südlich; während des Sommers trifft man alte Vögel nur höchst selten südlich des 50. Breitengrads. Im Binnenlande kommt sie zuweilen irrtümlicherweise vor.

Sehr häufig im Binnenland ist die *Lachmöwe* (Larus ridibundus). Oberkopf und Vorderhals sind nußbraun, Nacken, Unterseite, Schwanz und Schwingen sind bis zu den Spitzen weiß, die Schwingenspitzen sind schwarz, der Schnabel und Fuß lackrot. Im Winterkleid fehlt die Kappe. Im Jugendkleid ist die Oberseite bräunlich. Die Länge beträgt 38 cm. Die Lachmöwe tritt erst südlich des 60. Breitengrads häufig auf und ist von hier an bis zum 30. Breitengrad Brutvogel. Als solcher bewohnt sie alle geeigneten Binnengewässer Europas und Asiens.

Ihre Bewegungen sind im höchsten Grade anmutig, gewandt und leicht. Sie geht rasch und anhaltend, folgt oft stundenlang dem Pflüger oder beschäftigt sich auf den Wiesen oder Feldern mit Kerbtierfang, schwimmt höchst zierlich und fliegt sanft, gewandt, gleichsam behaglich, jedenfalls ohne sichtliche Anstrengung, unter den mannigfaltigsten Schwenkungen durch die Luft. In allen Ortschaften, die nahe ihren Brutgewässern oder am Meer liegen, lernt man sie als halben Hausvogel kennen: Scharen von Lachmöwen treiben sich hier sorglos umher.

Raubmöwen

Rings um den Nord- und Südpol sind die Raubmöwen (Stercorariidae) beheimatet. Es sind sehr gewandte und schnelle Flieger, die andere Seevögel verfolgen und ihnen ihre Beute abjagen. Die *Große Raubmöwe* oder *Skua* (Stercorarius skua) wird fast 60 cm groß. Ihr Gefieder ist dunkel mit weißen Spiegeln an den Flügelspitzen. Sie bewohnt sowohl die Arktis wie die Antarktis.

Alken

Alken (Alcidae) heißen unter sich übereinstimmende, tauchfertige Seevögel, deren Merkmale in dem kräftigen Leib, kurzen Hals, dicken Kopf, mäßig langen, sehr verschieden gestalteten Schnabel, den mäßig hohen, seitlich zusammengedrückten, dreizehigen, mit großen Schwimmhäuten ausgerüsteten Füßen, den kurzen, schmalen, verkümmerten Flügeln, dem kurzen Schwanz und weichen, meist zweifarbigen Gefieder zu suchen sind.

Alle Alken leben im Nördlichen Eismeer und den mit ihm zusammenhängenden Buchten und Straßen. Sie sind echte Meervögel, welche sich eigentlich nur während der Brutzeit auf dem Lande aufhalten und sonst alle Geschäfte im Wasser verrichten. Sie schwimmen und tauchen mit ausgezeichneter Fertigkeit, fliegen verhältnismäßig gut, gehen zwar

Auffliegende Lachmöwen

ungern, jedoch ziemlich rasch, und zwar mehr auf der Sohle als rutschend auf der Fußwurzel. Alle leben und fischen gern gemeinschaftlich, und alle schlagen sich während der Brutzeit in größeren oder kleineren Scharen zusammen, einzelne Arten zu Hunderttausenden von Paaren. Für die Bewohner des Nordens sind die Flügeltaucher, insbesondere aber die **Lummen** und Alken, segensreiche Vögel. Eine Art bildet neben dem Seehund das Hauptnahrungsmittel der Bewohner mehrerer Ansiedlungen Südgrönlands.

Unter den Familienmitgliedern ist die *Trottellumme* oder *Ringellumme* (Uria aalge) die bekannteste. Kopf, Vorderhals und Oberkörper sind samtbraun, die Spitzen der Oberarmfedern weiß, so daß dadurch eine lichte Binde entsteht, die Unterteile weiß, an den Seiten braun in die Länge gestreift. Im Winterkleid sind auch der Vorderhals und teilweise die Hinterwange weiß. Die Länge der Trottellumme beträgt 42 cm.

Sie schwimmen sehr geschickt und senken dabei den Leib ungefähr bis zur Grenze der weißen Unterseite ins Wasser, tauchen meisterhaft und rudern unter Wasser mit Flügeln und Füßen äußerst schnell und gewandt, können dabei mehrere Minuten unter Wasser in der Tiefe verweilen; sie fliegen mit schwirrenden Schlägen rasch durch die Luft, jedoch nicht gern weit in einem Zuge und in bedeutender Höhe über dem Wasser nur, wenn sie sich zu ihrem Neste begeben wollen; sonst fliegen sie meist dicht über den Wellen.

Zu ihren Brutplätzen wählen sie steil aufsteigende Schären oder einzelne Felswände, welche sich unmittelbar am Ufer erheben, reich an Gesimsen, Vorsprüngen und Spalten sind und möglichst ergiebigen Fischfang gewähren. Ende März oder Anfang April erscheinen sie in größeren oder kleineren Scharen auf den Bergen, und nunmehr beginnt das eigentümliche Leben und Gewimmel. Jetzt wird der Vogelberg in der Tat zu einem ungeheuren Bienenstock. Eine Wolke von Vögeln lagert fortwährend um ihn herum; Tausende und Hunderttausende sitzen, scheinbar in Reihen geordnet, die weiße Brust dem Meere zugekehrt, auf allen Vorsprüngen, Winkeln, Spitzen, Gesimsen, überhaupt da, wo es einen Sitzplatz gibt, andere Hunderttausende fliegen von oben nach unten und von unten nach oben, weitere unzählbare Mengen fischen und tauchen unten im Meer. Jeder begnügt sich jedoch mit seinem Platz, und niemals entstehen Streitigkeiten um die Nistplätze.

Eigentliche Nester werden nicht gebaut, die Eier werden vielmehr ohne jegliche Unterlage auf den nackten Stein gelegt. Sofort nach dem Legen beginnt die Bebrütung, und dabei lösen sich nicht nur die beiden Gatten ab, sondern es finden sich auf allen Vogelbergen auch gutmütige überzählige Männchen, die sich mit wahrer Freude auf das unbesetzte Ei stürzen und es ein wenig bebrüten.

Silbermöwen im Flug

Einer der merkwürdigsten Vögel des Meeres ist der *Lund* oder *Papageitaucher* (Fratercula arctica), Abb. S. 300, ein 30 cm großer, kurzhälsiger und dickköpfiger Vogel mit höchst auffallend gestaltetem Schnabel. Dieser hat, von der Seite gesehen, eine dreieckige Gestalt, ist an der Wurzel höher als an Stirn und Kinn und seitlich außerordentlich zusammengedrückt.

Der Lund bewohnt die Nordsee, den nördlichen Teil des Atlantischen Ozeans und das Eismeer bis zum 80. Breitengrad, findet sich dementsprechend auch an den europäischen Küsten. Da der Lund überall unter den Lummen und Alken brütet und wahrscheinlich nirgends eigene Ansiedlungen bildet, gilt alles über das Brutgeschäft der Verwandten Gesagte auch für ihn.

Die **Alken** im engeren Sinn ähneln den Lummen in Färbung und Lebensweise. Alle Gegenden und Meeresteile, in denen der Lund vorkommt, beherbergen auch den *Tordalk* (Alca torda). Im Hochzeitskleid ist das Gefieder oben und am Vorderhals schwarz. Im Winterkleid zeigt sich die weiße Färbung auch am Vorderhals und den Kopfseiten. Die Länge beträgt 40 cm. Er ist in demselben Grade Meervogel wie die Lummen, lebt jahraus, jahrein so ziemlich an ein und derselben Stelle, streicht aber gern von einem Meeresteil zum andern, besucht beispielsweise im Winter häufig alle Fjorde Norwegens, in denen man ihn im Sommer nicht sieht, erscheint auch ziemlich regelmäßig an den deutschen, holländischen und französischen Küsten und fliegt mit beginnendem Frühling wieder nach Norden, um dort zu brüten.

Störche

Die *Stelzvögel* (Ciconiiformes) sind langhalsige und langbeinige Schreitvögel von ansehnlicher Größe.

Die bekanntesten sind die *Störche* (Ciconiidae). Sie sind verhältnismäßig plump gebaute, dickschnäblige, hochbeinige, aber kurzzehige Sumpfvögel. Ihr Schnabel ist lang, gerade, gestreckt kegel- und keilförmig. Sie leben in allen Erdteilen, doch darf man im allgemeinen sagen, daß sie waldige, ebene, wasserreiche Gegenden den höheren und trockeneren vorziehen und demgemäß in Gebirgen oder Steppen und Wüsten fehlen. Die nordischen Arten gehören zu den Zugvögeln und wandern meist durch ungeheure Strecken; die im Süden lebenden streichen. Sie sind nur bei Tage tätig, gehen schreitend mit gewissem Anstand, waten gerne im Wasser umher, fliegen sehr schön, leicht und meist hoch, nicht selten schwebend, oft in prachtvollen Schraubenlinien kreisend, strecken dabei Hals und Beine gerade von sich und nehmen so im Flug eine sie von weitem kennzeichnende Gestalt an.

Jungstörche in einem alten, bereits mehreren Generationen als Brutstätte dienenden Nest

Unter ihnen verdient selbstverständlich der *Weiß-* oder *Hausstorch*, *Adebar* oder *Klapperstorch* (Ciconia ciconia), Abb. S. 309, an erster Stelle genannt zu werden. Sein Gefieder ist mit Ausnahme der schwarzen Schwingen und längsten Deckfedern schmutzigweiß, der Schnabel lack-, der Fuß blutrot. Die Länge beträgt 1,10 m.

Mit Ausnahme der hochnordischen Länder fehlte der Storch früher in keinem Teil Europas, ist aber heute in England, Italien und Frankreich mit Ausnahme des Elsaß ausgerottet. Außerdem tritt er in Südrußland, Vorderasien und Südafrika als Brutvogel auf. Er bevorzugt ebene, flache und tiefe Gegenden, die reich an Wasser und insbesondere an Sümpfen und Morasten sind, verlangt aber Gelände, in denen der Mensch zur Herrschaft gekommen ist. Zwar siedeln sich viele Hausstörche auch fern von den menschlichen Wohnungen in Wäldern an und gründen hier auf starken Bäumen ihren großen Horst; die Mehrzahl aber nistet im Gehöft der Bauern oder auf Dächern.

Wenn man besonderes Glück hat, kann man die Ankunft des beliebten Dachgastes beobachten und sehen, daß sich das Paar, das im vorigen Jahr im Gehöft nistete, plötzlich aus ungemessener Höhe in Schraubenlinien herabläßt auf den Dachfirst und nun vom ersten Augenblick an so heimisch tut, als wäre es nie verreist gewesen. Sofort nach der Ankunft beginnt das tägliche Treiben. Er fliegt vom Nest, das wirklich zu seinem Haus wird, auf Feld und Wiesen, zu Sümpfen und Morasten hinaus, um zu jagen, kehrt in den Mittagsstunden gewöhnlich wieder zurück, unternimmt nachmittags einen zweiten Ausflug, kommt vor Sonnenuntergang nach Hause, klappert und schickt sich schließlich zum Schlafen an. Der einzige Stimmlaut, den der Storch hervorbringen kann, ist ein heiseres, unbeschreibliches Zischen. Gewöhnlich drückt er seine Gefühle durch Klappern mit dem Schnabel aus, und er versteht dieses sonderbare Werkzeug wirklich kunstgerecht zu handhaben.

Tiere der verschiedensten Art bilden die Nahrung des Storches. Bei seinen gewöhnlichen Jagdgängen trifft er am häufigsten Frösche, Mäuse und Kerbtiere an, und sie werden zuerst mitgenommen; aber er tötet auch Eidechsen, Blindschleichen, Nattern, selbst Giftschlangen, ist nach Fischen ebenso begierig wie nach Fröschen, stellt ihnen bei Gelegenheit im trüben Wasser eifrig nach und verschluckt solche bis zur Länge einer Männerhand.

Der *Sattelstorch* (Ephippiorhynchus senegalensis) ist ein gewaltiger und prachtvoller Vogel des tropischen Afrikas. Die Federn des Kopfes und Halses, des Oberflügels, der Schultern und des Schwanzes sind schwarz, die übrigen einschließlich der Schwingen blendend weiß. Die Länge des Männchens beträgt 1,50 m. Im Gehen hält sich dieser Riese sehr stolz und aufrecht, erscheint aber wegen der langen Beine noch größer, als er wirklich ist. Im Fluge nimmt er sich prachtvoll aus; denn die weißen Schwingen stechen von den schwarzen Deckfedern der Flügel herrlich ab. Er bewohnt das Ufer der Ströme, die Sandinseln und die nahe am Ufer gelegenen Seen, Regenteiche und Sümpfe und entfernt sich nur während der Regenzeit zuweilen von der Flußniederung.

Die häßlichsten aller Störche werden *Kropfstörche* genannt, weil ihre Speiseröhre sich am Unterhals zu einem weiten Sack ausdehnt, welcher zwar wenig Ähnlichkeit mit dem eigentlichen Kropf hat, aber doch in derselben Weise gebraucht wird. Im übrigen sind sie durch einen kräftigen, fast ungeschlachten Leib, dicken, nackten Hals, nackten oder höchstens mit wenigen flaumartigen Federn bekleideten, grindigen Kopf und einen ungeheuren, an der Wurzel sehr dicken Schnabel gekennzeichnet. Dazu haben sie hohe Beine, gewaltige, abgerundete Flügel und einen mittellangen Schwanz, dessen untere Deckfedern außerordentlich entwickelt, von der Wurzel an fein zerschlissen sind und prächtige Schmuckfedern abgeben.

Während meines Aufenthaltes in Afrika bin ich mit der dort lebenden Art, dem *Marabu* (Leptoptilus crumeniferus), bekannt geworden. Sein Kopf ist rötlich fleischfarben und nur spärlich mit kurzen, haarigen Federn bekleidet. Das Gefieder ist auf dem Mantel dunkelgrün, metallisch glänzend, auf der ganzen Unterseite und im Nacken weiß. Die Länge beträgt 1,30 m.

Im Sudan habe ich den Marabu sehr oft, bei Khartum tagtäglich beobachtet. Ganz abgesehen von seiner Größe, fällt er auch durch seinen sonderbaren Anstand auf. In den Tiergärten erwirbt er sich regelmäßig einen Spitznamen: Man nennt ihn den „Geheimen Rat“; er erinnert aber auch wirklich an einen durch vieljährige Dienste krumm gebückten, in schwarzblauen Frack und enge, weiße Beinkleider eingezwängten Hofmann mit feuerroter Perücke, welcher sich scheu und ängstlich fortwährend nach dem strengen Gebieter umschaut, der gnädigsten Befehle harrend; er erinnert, füge ich hinzu, an einen ungeschickten Menschen, welcher zum ersten Male in einen Frack gesteckt wird und dieses Kleidungsstück nicht mit dem nötigen Anstande zu tragen weiß.

Klappernde Störche am neuen Nistplatz

Wahrscheinlich gibt es keinen Vogel, der an Gefräßigkeit dem Marabu gleichkommt. Seine natürliche Nahrung besteht aus allen denkbaren Wirbeltieren, von der Größe einer Ratte oder eines jungen Krokodils an bis zur kleinsten Maus herab; er frißt aber auch Muscheln, Spinnentiere, Kerfe und mit Vorliebe Aas. Einmal sah ich zehn bis zwölf Marabus im Weißen Nil Fische fangen. Sie besitzen darin viel Geschicklichkeit, schließen einen Kreis und treiben sich die Fische gegenseitig zu. Mit Geiern und Hunden liegt der Marabu stets im Streit. Er fällt mit den Geiern regelmäßig auf das Aas und weiß seinen Platz zu behaupten.

Ebenfalls ein Storchenvogel ist der *Nimmersatt*. In den Tropen Afrikas findet man den 1 m langen *Afrikanischen Nimmersatt* (Ibis ibis), Abb. 311, der besonders durch sein nacktes rotes Gesicht auffällt.

Reiher

Der Leib der *Reiher* (Ardeidae) ist auffallend schwach, der Hals sehr lang und dünn, der Schnabel in der Regel länger als der Kopf, ziemlich stark und an den etwas eingezogenen Mundkanten schneidend scharf.

Die Reiher bewohnen alle Erdteile und darin mit Ausnahme des hohen Nordens alle Länder. Schon innerhalb der gemäßigten Zonen treten sie zahlreich auf, in den Ländern am Äquator bilden sie den Hauptbestandteil der Bevölkerung der Sümpfe und Gewässer.

Die Reiher verstehen es, die wunderbarsten Stellungen anzunehmen, wobei der Hals meist S-förmig gehalten wird. Ihre Beute besteht vorzugsweise aus Fischen; sie verzehren aber auch kleine Säugetiere, junge Vögel, Lurche verschiedener Art und ebenso Weichtiere und Würmer. Lautlos und höchst bedächtig, schleichen sie, beutegierig das Wasser durchspähend, den langen Hals so tief eingezogen, daß der Kopf auf den Schultern, die untere Schnabellade auf dem vorgebogenen Halse ruht, watend dahin; blitzschnell streckt sich der Hals plötzlich zu seiner ganzen Länge aus, und wie eine geschleuderte Lanze fährt der Schnabel auf die meist unrettbar verlorene Beute.

Alle Reiher nisten gern in Gesellschaft von ihresgleichen, verwandter und nicht verwandter Vogelarten. Ihre Nester, große, roh zusammengefügte Bauten, stehen entweder auf oder im Röhricht auf zusammengeknickten Stengeln sowie auf Bäumen.

Der *Fisch-* oder *Graureiher* (Ardea cinerea), Abb. S. 310, ist auf Stirn und Oberkopf weiß, auf dem Hals grauweiß, auf dem Rücken aschgrau, durch die verlängerten Federn bandartig weiß gezeichnet, auf den Seiten des Unterkörpers schwarz; ein Streifen, der am Auge beginnt und zum Hinterhals läuft, drei lange Schopffedern, eine dreifache Fleckenreihe vom Vorderhals und die großen Schwingen sind schwarz, die Oberarmschwingen und Steuerfedern grau. Die Länge beträgt 91 cm.

Im Norden reicht der Verbreitungskreis des Fischreihers bis zum 64. Breitengrad; im Süden kommt er fast in allen Ländern der Alten Welt vor, und zwar nicht bloß als Zug-, sondern auch als Brutvogel. Im Norden ist er Zug-, im Süden wenigstens Strichvogel. Von Deutschland wandert er im September und Oktober weg und reist gemächlich entlang der großen Ströme, erscheint im Oktober überall in Südeuropa und fliegt endlich nach Afrika hinüber. Im März und April kehrt er zurück.

Der Fischreiher brütet auch in Deutschland gern in Gesellschaft und bildet hier und da Ansiedlungen oder Reiherstände, die 15–100 und mehr Nester zählen und, ungeachtet aller Verfolgungen, jährlich wieder bezogen werden, selbst wenn die Brutvögel vom nächsten Wasser aus 10 km und mehr fliegen müssen, um sie zu erreichen. Bäume und Boden werden vom Kot der Vögel weiß übertüncht, alles Laub verdorben; faulende Fische verpesten die Luft; kurz, es gibt hier viel Unfläterei und Gestank. Im April erscheinen die alten Reiher an den Nestern, bessern sie, soweit wie nötig, aus und beginnen hierauf zu legen. Der Horst ist etwa 1 m breit, flach und kunstlos aus dürren Stöcken, Reisern und Stroh zusammengebaut.

Schlanker Leib und Gliederbau, insbesonders aber der lange Hals, der verhältnismäßig schwache Schnabel, die langen, weitstrahligen Rückenfedern und das blendendweiße Gefieder kennzeichnen den *Silberreiher* (Casmerodius albus). Die Länge beträgt 89 cm. Der Silberreiher bewohnt Südeuropa, zumal Südosteuropa, Mittel- und Südasien, Afrika, Amerika und Australien.

Der *Seidenreiher* (Egretta garzetta), Abb. S. 311, ähnelt dem Silberreiher in Ansehen und Wesen, ist aber bedeutend kleiner: Seine Länge beträgt nur 56 cm. Das Gefieder ist ebenfalls reinweiß. Hinsichtlich seiner Verbreitung stimmt der Seidenreiher, mit Ausnahme von Amerika, mit seinem edleren Verwandten überein, tritt aber überall häufiger auf als dieser.

Der Silberreiher bevölkert wie der Fischreiher Gewässer verschiedener Art, am lieb-

Fischreiher mit erbeutetem Aal

Seite 309: Der Stelzenläufer (Himantopus himantopus; o.) bewohnt offene Sümpfe. Er ähnelt einem kleinen Storch, ist aber ein Watvogel. Weißstörche (u.)
Seite 310: Fischreiher (o.); Seidenreiher (u.)

Fischreiher

sten jedoch ausgedehnte Sümpfe und in ihnen stets diejenigen Stellen, die möglichst ruhig und vom menschlichen Treiben abgelegen sind; er gehört überall zu den vorsichtigen und da, wo er Verfolgungen erfährt, zu den scheuesten Vögeln. Vom Fischreiher unterscheidet er sich im Stehen, Gehen und Fliegen. Auch er nimmt höchst sonderbare Stellungen an, verbirgt z. B. Kopf und Hals und eines seiner Beine derart im Gefieder, daß man von diesen Gliedern nicht das geringste bemerkt, sondern nur einen umgestürzten Kegel zu sehen vermeint, der auf einer dünnen Stütze ruht. Die Horste stehen auf Rohrstengeln, die aus einem ziemlichen Umkreis zusammengezogen und umgeknickt wurden.

Flamingos

Die Flamingos sind recht eigenartige Vögel, die sich wesentlich von den Stelzvögeln unterscheiden und deshalb heute auch meist als eigene Ordnung (Phoenicopteri) gelten. Ihr Leib ist schlank, der Hals sehr lang, der Schnabel dick, von der Mitte an unter einem stumpfen Winkel herabgebogen, sein Oberkiefer viel schmäler als der untere und, was besonders beachtenswert, merkwürdig platt, sein Rand aber mit Zähnen besetzt. Die Beine sind ungemein lang und dünn.

Der *Flamingo* (Phoenicopterus ruber), Abb. S. 311, ist weiß, äußerst zart und schön rosarot überhaucht, sein Oberflügel karminrot; die Schwingen sind schwarz. Der Schnabel ist an der Wurzel rosarot, an der Spitze schwarz, der Fuß karminrot. Die Länge beträgt 110–130 cm.

Die Länder über dem Mittelländischen und Schwarzen Meer sind die Heimat der Flamingos. Aber auch in Amerika und Afrika gibt es verschiedene geographische Rassen dieses Flamingos. Strandseen mit salzigem oder brackigem Wasser sind die Aufenthaltsorte, die der Flamingo allen übrigen vorzieht. Nach wirklich süßen Gewässern verirrt er sich nur, hält sich hier auch immer nur kurze Zeit auf und verschwindet dann wieder.

Einzelne Flamingos sieht man selten, vor Anfang der Paarungszeit wohl nie. Immer sind es Massen, welche gesellschaftlich auf ein und derselben Stelle ihrer Futtersuche nachkommen; innerhalb des eigentlichen Heimatgebiets sind es stets Hunderte oder Tausende. Gewöhnlich stehen sie bis über das Fersengelenk im Wasser; seltener treten sie auf die Düne oder auf Sandinseln heraus. Im Wasser und auf dem Lande nehmen sie die sonderbarsten Stellungen an. Der lange Hals wird eigentümlich verschlungen vor die Brust gelegt, der Kopf dann auf den Rücken gebogen und unter den Schulterfedern der Flügel verborgen. Das eine Bein trägt dabei regelmäßig die Last des Leibes, während das andere entweder schief nach hinten weggestreckt oder zusammengeknickt an den Bauch angezogen wird. In dieser Stellung pflegt der Flamingo zu schlafen.

Ebenso sonderbar ist seine Nahrungsaufnahme. Er gründelt nach Art der Zahnschnäbler und biegt dabei seinen langen Hals so tief herab, daß der Kopf mit den Füßen auf dieselbe Ebene zu stehen kommt, so daß der Oberschnabel in den Schlamm eingedrückt werden kann, bewegt sich dabei mit kleinen Schritten vor- und rückwärts und öffnet und schließt abwechselnd seinen Schnabel unter entsprechender Bewegung der Zunge. Durch das feine Gefühl der Zunge wird alles, was in den Siebschnabel gelangt, geprüft und das zur Ernährung Dienende von dem Unbrauchbaren ausgeschieden oder richtiger abgeseiht.

Der Flamingo legt sein Nest inmitten des Wassers auf seichten Stellen an. Es ist ein kegeliger Haufen von Schlamm. Die Jungen werden sofort nach dem Ausschlüpfen ins Wasser geführt.

Schuhschnabel

Ein sehr merkwürdiger Stelzvogel ist der *Schuhschnabel* (Balaeniceps rex), Abb. S. 311, der allein zu einer eigenen Familie gehört. Dieser etwa 1 m große graue Vogel fällt besonders durch seinen großen, schuhartig gestalteten Schnabel auf, mit dem er in den Morasten Innerafrikas vor allem Fische fängt. Mit diesem klobigen Schnabel kann aber auch nach Storchenart geklappert werden; so begrüßen sich z. B. Schuhschnabeleheleute damit am Nest.

Seite 311: Brütende Flamingos (o.); Schuhschnabel (u.)
Seite 312: Kranich (o.); Kronenkranich (u.)

KRANICHVÖGEL

Kraniche

Als die edelsten Mitglieder der Kranichvögel haben wir die Kraniche (Gruidae) anzusehen. Ihre Merkmale sind: verhältnismäßig langer, fast walzenförmiger, aber kräftiger Leib, langer, schmächtiger Hals, kleiner, schön gestalteter Kopf, mittelmäßig starker, spitzer Schnabel und große, lange, breite Flügel.

Die Kraniche sind Weltbürger, hauptsächlich aber im gemäßigten Gürtel heimisch. Jeder Erdteil beherbergt besondere Arten, Asien die meisten. Ausgedehnte Sümpfe und Moräste bilden ihre Wohnsitze. Sie gehen mit abgemessenen Schritten, jedoch zierlich einher, gefallen sich in anmutigen, tanzartigen Sprüngen, waten ziemlich tief ins Wasser, fliegen leicht, schön, oft schwebend und große Kreise beschreibend, mit gerade ausgestrecktem Halse und Beinen, meist in hoher Luft dahin, haben eine laute, durchdringende Stimme, sind necklustig, kampfesmutig und zeigen sich gegen ihresgleichen äußerst gesellig.

Der *Kranich* (Grus grus), Abb. S. 312, für uns das Urbild der Familie, ist aschgrau, in der Kehlgegend und auf dem Vorderscheitel schwarz, an den Halsseiten weißlich; die Schwungfedern sind schwarz. Die Länge beträgt 115 cm, die des herabhängenden Schwanzes 35 cm. Ein breiter Gürtel der Alten Welt, vom Osten Mittelsibiriens bis Skandinavien und von der niedrigsten Tundra bis Mitteleuropa, ist die Heimat des Kranichs; von hier aus wandert er durch China bis Thailand und Indien oder bis Mittel- und Westafrika.

In den mittelasiatischen und nordwestafrikanischen Steppensümpfen ist der ungemein zierliche, bis Südindien, Mittel- und Südafrika wandernde *Jungfernkranich* (Anthropoides virgo) heimisch. Er unterscheidet sich von seinen beschriebenen Verwandten durch den kurzen, runden Schnabel und den ganz befiederten, hinten mit zwei langen Federzöpfen gezierten Kopf. Das Gefieder, das sich durch Zartheit auszeichnet, ist licht bleigrau, der Vorderhals und sein herabwallender Schmuck sind tiefschwarz, die zopfartige Kopfzierde ist reinweiß, die Schwingen sind grauschwarz.

Der *Kronenkranich* (Balearica pavonina), Abb. S. 312, bewohnt die Steppengebiete Afrikas südlich der Sahara. Er ist schwarz, seine Krone ist goldgelb und schwarz gemischt; die Flügeldeckfedern sind reinweiß, die Oberarmschwingen rostbraun, die letzten goldgelb, die Wange oben lichtfleischfarben. Die Länge beträgt etwa 90 cm. Während der Regenzeit begegnet man ihm paarweise, sonst in Gesellschaften, welche bisweilen mehr als hundert Stück zählen. Schon seit längerer Zeit wird der schöne und auffallende Vogel von den Westafrikanern gezähmt und demgemäß auch oft nach Europa gebracht, so daß man ihn häufig in Tiergärten sieht.

Rallen

Unsere *Wasserralle* (Rallus aquaticus) gilt als Urbild einer an Arten zahlreichen, über die ganze Erde verbreiteten gleichnamigen Familie (Rallidae) zierlicher Sumpfvögel, die durch hohen Leib, mittellangen Hals, kleinen Kopf, ziemlich kurze, abgerundete Flügel und langen, zugerundeten Schwanz gekennzeichnet sind. Der Oberkörper des alten Rallenmännchens erscheint auf gelbem Grunde schwarz gefleckt, die Kopfseiten und der Unterkörper sind aschblaugrau, in den Weichen schwarz und weiß gebändert, Bauch und Steiß rostgraugelb, die Schwingen matt braunschwarz, olivenbraun gerändert, die Steuerfedern schwarz. Die Länge beträgt 28 cm.

Die Aufenthaltsorte der Ralle sind schilf- und binsenreiche Gewässer, Erlenbrüche und solche Weidengebüsche, die mit vielem Schilf und hohen Gräsern abwechseln. Sie ist mehr Nacht- als Tagvogel und in der Dämmerung am muntersten. Die gewöhnliche Lockstimme, die man abends am häufigsten vernimmt, ist ein scharfer Pfiff, welcher klingt, als ob jemand eine Rute schnell durch die Luft schwinge, also durch die Silbe „Wuitt" aus-

Kranich

Kranich beim Wenden der Eier

gedrückt werden kann. Das Nest, ein loses Geflecht aus trockenen Schilfblättern, Binsen und Grashalmen von tiefnapfförmiger Gestalt, steht im dichten Gras oder Schilf sehr verborgen.

Der kegelförmige, seitlich zusammengedrückte Schnabel mit Stirnschwiele und scharfer, fein gezähnter Schneide, die großen Füße mit langen, an der Sohle breiten und belappten Zehen, die stumpfen, breiten Flügel und der kurze Schwanz kennzeichnen das *Teichhuhn* (Gallinula chloropus), ein trotz seines einfachen Kleides höchst zierliches Geschöpf. Das Gefieder ist auf Mantel und Unterrücken dunkelölbraun, im übrigen dunkelschiefergrau, in den Weichen weißgefleckt und am Steiß reinweiß. Der Schnabel ist an der Wurzel lackrot, an der Spitze gelb, der Fuß gelbgrün. Die Länge beträgt 33 cm.

Das Teichhühnchen, ein in allen Erdteilen heimischer, allerdings in ständigen Abarten auftretender Vogel ist in Europa mit Ausnahme des hohen Nordens überall verbreitet, in Deutschland Zugvogel, der Ende März erscheint und erst im Oktober wegzieht.

Kleine Teiche, welche am Rande mit Schilf oder Ried bewachsen oder wenigstens durch Rohr und Gebüsch bedeckt und teilweise mit schwimmenden Wasserpflanzen überwuchert sind, bilden die bevorzugten Aufenthaltsorte des Teichhuhnes. Jedes Pärchen liebt es, einen Teich für sich allein zu besitzen, und nur auf größeren Wasserflächen siedeln sich mehrere Pärchen an, von denen dann jedes an seinem Gebiet streng festhält. Das rotstirnige Hühnchen taucht mit derselben Geschicklichkeit, mit der es im Rohr und Schilf umherflattert. Übertags schwimmt es leicht und zierlich, fast wie eine Möwe mit dem kurzen Schwanz aufwärts wippend, zwischen den Blättern der Teichrosen und Froschkräuter dahin.

Ebenfalls ein Rallenvogel ist das *Bläßhuhn* (Fulica atra). Die vorherrschende Färbung seines Gefieders ist ein ziemlich gleichmäßiges Schieferschwarz. Der Augenstern ist hellrot, der Schnabel einschließlich der Stirnplatte blendend weiß, der Fuß bleifarben, an der Ferse rotgelblichgrün. In Europa und Mittelasien kommt das Bläßhuhn überall vor; außerdem trifft man es in Afrika, Südasien und Australien. In Deutschland fehlt das Bläßhuhn in keinem geeigneten Gewässer. Es meidet Ströme und Flüsse, ebenso das Meer und siedelt sich am liebsten an Seen und Teichen an, deren Ränder mit Schilf und hohem Rohr bewachsen sind.

Entsprechend seinen Schwimmfüßen treibt sich das Bläßhuhn mehr auf dem Wasser als auf dem Lande umher. Seine Füße sind vortreffliche Ruder; denn was den Schwimmlappen an Breite abgeht, wird durch die Länge der Zehen vollständig ersetzt. Im Tauchen wetteifert es mit vielen Schwimmvögeln und steigt in bedeutende Tiefen hinab. Der Flug ist etwas besser als der des Teichhuhns, aber immer noch schlecht genug; deshalb entschließt es sich selten zum Fliegen und nimmt, ehe es sich erhebt, einen langen Anlauf, indem es flatternd auf dem Wasser dahinrennt und mit den Füßen so heftig aufschlägt, daß man das Plätschern, das es verursacht, weithin vernehmen kann. Seine Stimme ist ein durchdringendes „Köw" oder „Küw", das im Eifer verdoppelt und verdreifacht wird und dann dem Bellen eines Hündchens nicht unähnlich klingt.

GÄNSEVÖGEL

Entenvögel

Eine große Familie der Schwimmvögel (Anseriformes) bilden die *Entenvögel* oder *Zahnschnäbler* (Anatidae). Wer eine Ente betrachtet, sieht das Urbild eines Zahnschnäblers vor sich. Als wichtigstes Kennzeichen können wir den Schnabel bezeichnen. Dieser Schnabel ist selten länger als der Kopf, gewöhnlich gerade, breit, auf der oberen Seite flach gewölbt, vorn in einen breiten Nagel übergehend, seitlich mit blätterartigen Hornzähnen besetzt, welche in die der unteren Kinnlade eingreifen, mit Ausnahme der harten Ränder von einer weichen Haut überkleidet. Er wird durch die große, fleischige, feinfühlende Zunge, die nur an ihren Rändern verhornt ist und sich hier franst und zähnelt, noch bedeutend vervollkommnet und zu einem vortrefflichen Seiher ausgebildet, der es ermöglicht, auch den kleinsten Nahrungsbissen von umgebenden ungenießbaren Stoffen abzuscheiden. Der Leib ist kräftig, aber etwas langgestreckt, der Hals mittel- oder sehr lang und schlank, der Kopf verhältnismäßig groß, hoch und schmal, der Fuß schwimmhäutig, die Flügel mittellang, jedoch ziemlich spitz, das Gefieder stets sehr reich.

Entenvögel finden sich mit alleiniger Ausnahme des Festlandes am Südpol in allen Erdteilen. Die Begabungen der Mitglieder unserer Familie sind zwar verschiedenartig, aber doch sehr übereinstimmend entwickelt. Das Schwimmen üben alle mit ebensoviel Geschick wie Ausdauer, die meisten tauchen auch mehr oder weniger leicht in größere oder geringere Tiefen hinab. Unter den Sinnen ist neben dem des Gesichts und Gehörs auch der Tastsinn sehr ausgebildet. Wer die Gans, eine alte Redensart gedankenlos nachsprechend, ein dummes Geschöpf nennt, hat sie nie beobachtet; jeder Jäger, der es einmal versuchte, Wildgänse zu überlisten, wird anderer Ansicht sein. Schwäne, Gänse, Enten und Säger gehören zu den vorsichtigsten aller Vögel und fügen sich rasch in veränderte Umstände, eignen sich deshalb auch in besonderem Grade zu Haustieren.

Hausgänse

Eine Gattung der Entenvögel bilden die **Schwäne** (Cygnus).

Mit Ausnahme der Äquatorländer bewohnen die Schwäne alle Zonen der Erde, am häufigsten die gemäßigten und kalten der Nordhälfte. Süßwasserseen und wasserreiche Sümpfe bilden ihre Wohnsitze, Gewässer aller Art ihren Aufenthalt. Ihr Nest legen sie regelmäßig im Binnenland an; nach der Brutzeit dagegen halten sie sich im Meer auf. Nur die Schwäne ein und derselben Art bilden größere Gesellschaften, welche dann unter sich keinen anderen Vogel dulden. Um die Braut streiten die Männchen heftig. Dagegen hängen die Gatten eines Paares mit treuer Liebe aneinander, und eine einmal geschlossene Ehe gilt für das ganze Leben. Ebenso zärtlich zeigen sich die Eltern ihrer Brut gegenüber; denn wenn auch das Männchen sich nicht selbst am Ausbrüten der Eier beteiligt, so behält es doch das Weibchen fortwährend unter treuer Obhut und bleibt beständig in seiner Nähe, jeder Gefahr gewärtig, oder begibt sich zu ihm auf das Nest. Beim Bau des Nestes, welches das Weibchen besorgt, hilft das Männchen wenigstens durch Zuführung der Niststoffe, welche es im Schnabel herbeischleppt oder von fern her haufenweise herbeiflößt.

Pflanzenstoffe, die im Wasser oder im Sumpf wachsen, Wurzeln, Blätter und Sämereien derselben, Kerbtiere und deren Larven, Würmer, Muscheln, kleine Lurche und Fische bilden die Nahrung der Schwäne. Diese erwerben sie sich durch Gründeln, indem sie den langen Hals in die Tiefe des Wassers hinabsenken, hier Pflanzen pflücken oder den Schlamm durchschnattern und alles Genießbare abseihen. Gefangene gewöhnen sich an die verschiedensten Nahrungsmittel, ziehen aber auch jetzt Pflanzenstoffe den tierischen entschieden vor.

Die Seeadler und die großen Edeladler vergreifen sich zuweilen an alten, öfter an jungen Schwänen; im übrigen haben die stolzen und wehrfähigen Vögel vom Raubzeug wenig zu leiden.

Der zahme Schwan unserer Teiche ist der *Höckerschwan* (Cygnus olor), der noch heute im Norden unseres Landes oder überhaupt in Nordeuropa und in Ostsibirien als wilder Vogel lebt. Wenn man den langgestreckten Leib, den langen, schlanken Hals und den kopflangen, rotgefärbten, durch einen schwarzen Höcker gekennzeichneten Schnabel als Hauptmerkmale festhält, wird man ihn mit keiner anderen Art verwechseln können. Sein Gefieder ist reinweiß, das der Jungen graubraun. Die Länge beträgt 152 cm.

Von dem Höckerschwan unterscheidet sich der *Singschwan* (Cygnus cygnus) durch gedrungene Gestalt, etwas kürzeren und dickeren Hals und den höckerlosen, jedoch am Grunde ebenfalls aufgetriebenen, hier gelben, an der Spitze schwarzen Schnabel.

In den Sümpfen Finnlands, des nördlichen Rußlands und des mittleren Sibiriens, auch wohl Nordamerikas und Islands, nistet der Singschwan in ziemlicher Anzahl. Zuweilen nistet wohl auch in Deutschland ein Pärchen, aber immer nur als Ausnahme. Alle nördlichen Völker stellen den Schwänen eifrig nach. Eine schlimme Zeit tritt für diese ein, wenn sie sich in voller Mauser befinden und den größten Teil ihrer Schwungfedern verloren haben. Dann schlägt man sie vom Boot aus mit Stöcken tot. Alte und Junge sind um diese Zeit sehr fett, und namentlich die letzteren geben einen vortrefflichen Braten.

Eine dem Höckerschwan an Schönheit der Gestalt und Anmut der Bewegungen nicht nachstehende Art ist der *Trauerschwan* oder *Schwarzschwan* (Cygnus atratus), Abb. S. 322. Die Färbung des Kleingefieders ist ein fast einfarbiges Bräunlichschwarz und sticht von dem blendenden Weiß der Handschwingen und des größten Teils der Armschwingen prachtvoll ab. In der Größe steht der Vogel hinter dem Höckerschwan etwas zurück. Der Schwarzschwan ist in den Seen und Flüssen Südaustraliens und Tasmaniens beheimatet.

Die **Gänse** (Anser), eine über die ganze Erde verbreitete Gattung, unterscheiden sich von den Schwänen durch gedrungenen Leib, kurzen Hals, kürzeren Schnabel und höhere, mehr in der Mitte des Leibes eingelenkte Beine. Jeder Erdteil besitzt ihm eigentümliche Gänsearten. Sie leben weniger als die übrigen Zahnschnäbler im Wasser, bringen vielmehr einen Teil ihres Lebens auf dem Festland und selbst auf Bäumen zu. Sie gehen vortrefflich, fliegen leicht und schön, weite Strecken in einem Zuge durchmessend, regelmäßig in Keilordnung, unter sausendem Geräusch. Im Gehen tragen sie den Leib vorn etwas erhoben, den Hals aufgerichtet. Im Schwimmen senken sie den Vorderteil des Leibes tief in das Wasser, während der Schwanz hoch über demselben zu stehen kommt; beim Gründeln kippen sie sich vornüber und versenken den Vorderleib bis zur Oberbrust.

Alle Gänse sind vorzugsweise Pflanzenfresser. Sie weiden mit Hilfe ihres harten, scharfschneidigen Schnabels Gräser und Getreidearten, Kohl und andere Kräuter vom Boden ab, schälen junge Bäumchen, pflücken Blätter, Beerentrauben, Schoten oder Ähren, enthülsen die letzteren rasch und geschickt, um zum Kern zu kommen, gründeln in seichten Gewässern ebenfalls nach Pflanzenstoffen und verschmähen keinen Teil einer ihnen zusagenden Pflanze. Einzelne Arten nehmen auch Kerbtiere, Muscheln und kleine Wirbeltiere zu sich.

Brütende Graugans

Die *Grau-* oder *Wildgans* (Anser anser), der wir unsere Hausgans verdanken, ist auf dem Rücken bräunlichgrau, auf der Unterseite gelblichgrau, infolge einzelner schwarzer Federn spärlich und unregelmäßig gefleckt; die kleinen Flügeldeckfedern sind rein aschgrau, die Bürzel-, Bauch- und Unterschwanzdeckfedern weiß gefärbt, alle übrigen der Oberseite fahlgrau. Der Schnabel ist an der Wurzel blaß fleischrot, am Spitzennagel wachsgelb, der Fuß blaß fleischrot. Die Länge beträgt bis knapp 90 cm.

Die Graugans ist die einzige von den bei uns vorkommenden Arten, die in Deutschland nur noch östlich der Elbe brütet. Von Norwegen erstreckt sich das Verbreitungsgebiet in östlicher Richtung durch ganz Europa, Asien und Nordwestafrika. In Deutschland erscheint sie Ende Februar oder Anfang März, also schon vor der eigentlichen Schneeschmelze, in Familien oder kleinen Gesellschaften. Sobald Ende Juli die Mauser vollendet ist, denkt sie an die Abreise, zieht aber, wenigstens am Anfang, sehr gemächlich auf ihrem Weg.

Die Nachkommen der Graugans, unsere *Hausgänse*, haben nur wenig von dem Wesen und den Eigentümlichkeiten ihrer Stammeltern verloren; diese tragen sich aber, wie alle wilden Tiere, stolzer, bewegen sich rascher und machen so einen etwas anderen Eindruck auf den Beobachter. Sie gehen sehr rasch und zierlich, viel leichter und behender als die Hausgans.

Die **Schwimmenten** (Anatinae) unterscheiden sich von den Gänsen hauptsächlich durch die niederen Beine und von den Schwänen durch den kürzeren Hals. Ihr Leib ist kurz, breit oder von oben nach unten zusammengedrückt, der Kopf dick, der Schnabel an Länge dem Kopfe gleich und seiner ganzen Länge nach gleich breit.

Unter allen Enten ist für uns die *Stockente* (Anas platyrhynchos), Abb. S. 322, die wichtigste, weil von ihr unsere Hausente abstammt. Die männliche Stockente hat einen grünen Kopf und Oberhals, braune Vorderbrust, graubraunen Oberrücken, graue Oberflügel, einen prachtvoll blauen, beiderseits weißgesäumten Spiegel, schwarzgrünen Unterrücken und auf grauweißem Grund sehr zart schwärzlich gewässerte Unterteile; ein schmales, weißes Halsband trennt das Grün des Halses vom Kastanienbraun der Vorderbrust. Die Länge beträgt 58 cm. Das vorwiegend hellbraun gesprenkelte Weibchen ist kleiner.

Hier und da gesellt sich zu dieser bekanntesten Art der Gattungsgruppe die ihr gleichgestaltete, durch den verhältnismäßig kleineren und schmaleren, mit längeren Zähnchen ausgerüsteten Schnabel unterschiedene *Schnatterente* und *Mittelente* (Anas strepera).

Das Verbreitungsgebiet der Stockente umfaßt ganz Europa und Asien, Amerika bis Mexiko und Nordafrika; das der Schnatterente ist kaum weniger ausgedehnt. Erstere, deren Lebensweise im wesentlichen auch die der Schnatterente ist, zieht im Norden regelmäßig, wandert noch in unseren Breiten, bleibt aber schon in Süddeutschland oft auch im Winter innerhalb ihres Brutgebietes wohnen. In den Monaten Oktober und November versammeln sich die Stockenten zu großen Scharen und brechen nach südlicheren Gegenden auf. In der Heimat wie in der Fremde nimmt die Stockente am liebsten auf schilf- oder riedbedeckten Seen, Teichen und Brüchen ihren Aufenthalt. Gewässer, welche hier und da von Pflanzen frei, im übrigen mit Gebüsch und Sumpfpflanzen aller Art bewachsen sind, sagen ihr besonders zu; von ihnen aus fliegt sie ab und zu auf kleinere Teiche, Lachen, Wassergräben oder Felder hinaus. Auf freiem Wasser zeigt sie sich verhältnismäßig wenig, schwimmt vielmehr so schnell wie möglich dem Pflanzendickicht zu und untersucht nun gründelnd und watend den Schlamm.

Wesen, Sitten und Gewohnheiten ähneln dem Gebaren ihrer Nachkommen, der Hausente. Sie geht, schwimmt, taucht und fliegt in ähnlicher Weise, allerdings besser als die Hausente, hat genau dieselbe Stimme, das weitschallende „Quak" des Weibchens und das dumpfe „Quäk" des Männchens, das unterhaltende „Weck-weck" oder das lokkende „Wack-wack", das Furcht ausdrückende „Rätsch" oder „Räb-räb", kurz, alle die Laute, die man von der Hausente kennt. Ihre Sinne sind scharf, sie bekundet stets Vorsicht und wird auch ungemein scheu, sobald sie Verfolgungen erfährt. Höchst gesellig, im allgemeinen auch verträglich, mischt sie sich gern unter Verwandte, hält überhaupt mit allen Vögeln Gemeinschaft, wenn diese solches leiden. Auch die Nähe des Menschen meidet sie nicht immer, siedelt sich vielmehr oft auf Teichen an, die unter dem Schutz der Bevölkerung stehen und beispielsweise in Anlagen oder größeren Gärten liegen. Hier zeigt sie sich bald höchst zutraulich.

Trockene Stengel, Blätter und andere Pflanzenstoffe, die locker übereinandergehäuft, in der Mulde ausgerundet, später aber mit Daunen ausgekleidet werden, bilden das einfache Nest. Das Gelege besteht aus 8–16 länglichen, hart- und glattschaligen, grauweißen Eiern.

Eine ziemlich kleine Ente ist die *Knäkente* (Anas querquedula). Die Länge beträgt 38 cm. Ganz Mitteleuropa und Mittelasien sind das Brutgebiet der Knäkente; nach Norden hin reicht dasselbe höchstens bis Südschweden. Auf dem Zuge besucht sie alle Länder Südeuropas, den größten Teil Mittelasiens und Afrika, wo sie im Osten bis zum 10. nördlichen Breitengrad vordringt.

Viel seltener als sie brütet in Deutschland die *Krickente* (Anas crecca). Sie ist etwas kleiner als jene. Eigentlich in der Tundra heimisch, verbreitet sich die Krickente über alle drei nördlichen Erdteile, durchstreift während des Winters, im September und Oktober erscheinend, im März und April heimkehrend, ganz Europa und Asien, ebenso einen Teil Nordamerikas und besucht in großer Zahl Nordafrika. Beide Enten bevorzugen Sümpfe und verschilfte Teiche.

Prächtig gefärbt sind die *Schmuckenten*, wie die *Brautente* (Aix sponsa), ein über ganz Nordamerika verbreiteter und dort häufiger Vogel, der auch auf unseren Weihern fast eingebürgert ist. Das Gefieder des Oberkopfes und die Wangengegend zwischen Auge und Schnabel sind glänzend dunkelgrün, die Kopfseiten und ein großer Fleck an der Halsseite purpurgrün mit bläulichem Schimmer, die Schopffedern goldgrün, durch zwei schmale, weiße Streifen besonders verziert, die Seiten des Oberhalses und der Oberbrust auf lebhaft kastanienbraunem Grunde wie mit zarten, weißen Tropfen bespritzt, die Schulterfedern, Handschwingen und Steuerfedern grünpurpurblau und samtschwarz schillernd, der hintere Teil des Rückens und die Oberschwanzdeckfedern schwarzgrün, einige von den seitlich verlängerten, schmalen Deckfedern des Schwanzes rötlich orangefarben, die Unterschwanzdeckfedern braun, Kinn und Kehle, ein Band um den Oberhals, die Brustmitte und der Bauch weiß, die Seiten auf gelblichgrauem Grunde fein und zierlich schwarz gewellt.

Eine nicht minder schöne Schmuckente ist die *Mandarinente* (Aix galericulata). Sie ist in Ostasien beheimatet, wird aber auch bei uns in Tiergärten gern gehalten. Die Länge beträgt 45 cm.

Eine der buntesten und auffallendsten Enten unseres Landes ist die *Löffelente* (Anas clypeata), die sich durch ihren großen, hinten schmalen, vorn sehr erweiterten und stark gewölbten, weichen, feingezahnten Schnabel auszeichnet. Die Länge dieser Löffelente beträgt 51 cm.

Der gemäßigte Gürtel der Erde ist die Heimat der Löffelente; im hohen Norden kommt sie seltener vor. In Europa wohnt sie vom südlichen Norwegen an überall; in Amerika findet man sie von Kanada an in den ganzen Vereinigten Staaten. Von hier aus wandert sie während des Winters bis Mexiko, von Europa aus bis Nord- und Mittelafrika, von Asien aus bis Südchina, Indien und Australien. Sie zieht süßes Wasser dem Meere vor, findet sich aber doch recht gern auf seichten Stellen im Meer ein und treibt sich hier, eher nach Art der Strandvögel als nach Art anderer Enten, auf schlammigen Watten, sandigen, flachen Küsten und vor allem auch in den bei der rücktretenden Ebbe gefüllt bleibenden Lachen umher.

Sie gehört zu den zutraulichsten oder am wenigsten scheuen Arten ihrer Familie, läßt sich leicht beschleichen, wird aber schließlich, wenn sie sich verfolgt sieht, doch auch vorsichtig und scheu. Zu größeren Gesellschaften vereinigt sie sich selten oder nie.

Ziemlich tief im Wasser liegen die **Eiderenten** (Somateriini), die ihre Nahrung vorwiegend tauchend suchen. Eine solche ist die *Eiderente* (Somateria mollissima). Kennzeichnend für sie ist der lange, sehr gestreckte, weit in das Stirngefieder hineinragende Schnabel. Der Erpel ist auf dem Oberkopf, dem Hals und Rücken einschließlich der Oberflügeldeckfedern weiß, auf der Vorderbrust rötlich überlaufen, auf der Stirn und in der Schläfengegend, auf dem Unterrücken und Bauch schwarz, auf den Wangen meergrün, die Schwingen und Steuerfedern sehen bräunlichschwarz aus. Die Länge beträgt 58 cm. Das kleinere Weibchen ist rostfarben.

Die Eiderente bewohnt die Nordmeere der ganzen Erde, von den jütländischen Inseln bis nach Spitzbergen und von der Westküste Europas an alle nördlichen Küsten der Erde bis Grönland und Island. Zuweilen erscheint sie, jedoch stets als Irrgast, auch im Innern Deutschlands.

Eine der in Süßgewässern Deutschlands brütende **Tauchente** (Aythyini) ist die *Kolbente* (Netta rufina). Der Erpel fällt besonders durch seinen fuchsroten Kopf auf. Die Länge beträgt 56 cm.

Im nördlichen Europa und Asien ist die *Reiherente* (Aythya fuligula) beheimatet. Sie nistet aber auch bei uns an Seen und Teichen und gesellt sich gelegentlich zu den zahmen Parkenten.

Einer anderen Gattungsgruppe (Cairinini) gehört die bis 75 cm große *Warzen-, Türken-* oder **Moschusente** (Cairina moschata) an. Ihr auffälligstes Merkmal sind kleinere, nackte Gesichtswarzen. Süd- und Mittelamerika beheimaten die Wildform dieser Ente, doch ist sie heute weitverbreitetes Haustier.

Eiderentenpaar mit Jungen

RÖHRENNASEN

Albatrosse

Die Albatrosse sind riesige, gewandt fliegende Hochseevögel mit Hakenschnabel, kurzem Schwanz und gut ausgebildetem Riechorgan.

Der *Wanderalbatros,* von den Seeleuten *Kapschaf* genannt (Diomedea exulans), Abb. S. 321, ist mit Ausnahme der schwarzen Schwingen reinweiß, in jüngerem Alter auf weißem Grunde bald mehr, bald weniger dunkelbraun gesprenkelt und bogenartig gebändert. Die Länge beträgt 116 cm, die Flügelspannweite 3,20 m; dieser Vogel besitzt die längsten Schwingen überhaupt.

Die Heimat der Albatrosse sind die Weltmeere der südlichen Halbkugel; nördlich des südlichen Wendekreises kommen sie, zumindest im Atlantik, nur als verschlagene Irrgäste vor. Regelmäßiger scheinen sie den nördlichen Pazifik, insbesondere das Ochotskische und das Bering-Meer, zu besuchen.

Alle reisenden Forscher stimmen ein in die Bewunderung des Fluges dieser Geier des Meeres; denn sie schweben gleichsam mühelos, von einer unsichtbaren Kraft geleitet, in den Lüften dahin. Wenn der Albatros einen Gegenstand auf dem Wasser schwimmen sieht, läßt er sich nach und nach mit ausgebreiteten oder ausgespreizten Flügeln herab, setzt sich wohl auch auf das Wasser nieder und schwimmt, seine Nahrung verzehrend, wie eine Möwe oder Ente; dann erhebt er sich, läuft mit ausgebreiteten Flügeln über die Seefläche dahin, beginnt zu kreisen und nimmt nun seinen umherschwärmenden Flug wieder auf.

Außer den verschiedenen Weichtieren nehmen die Albatrosse vorwiegend Aas größerer Tiere zu sich und zeigen sich in dieser Hinsicht so recht als die Geier des Meeres. Sie legen nach längerem Balzen jeweils nur ein Ei in ein umfangreiches Nest.

RUDERFÜSSER

Kormorane

Die artenreichste Familie der Ruderfüßer wird gebildet durch die *Kormorane* oder *Scharben* (Phalacrocoracidae). Auf ebenem Boden bewegen sie sich ziemlich ungelenk und watschelnd, in den Zweigen der Bäume dagegen mit auffallender Gewandtheit. Soviel wie möglich verweilen sie im Wasser und schwimmen und tauchen mit großer Fertigkeit. Die Dehnbarkeit ihres Schlundes gestattet es ihnen, sehr große Fische herunterzuwürgen; diese werden ungemein rasch zersetzt, und der Magen verlangt dann neue Füllung. In Ländern, in welchen der Mensch zur Herrschaft gekommen ist, werden sie nicht geduldet, weil sie den Fischereien den allergrößten Schaden zufügen.

Sämtliche Arten der Familie nisten in Gesellschaft und gründen unter Umständen Ansiedlungen, die mehrere tausend Paare zählen. Die Nester stehen entweder auf felsigen Inseln, und hier in Spalten, Höhlungen, auf Gesimsen usw., oder auf Bäumen, zuweilen vierzig und fünfzig auf einem einzigen.

Der *Kormoran* (Phalacrocorax carbo), Abb. S. 323, ist die bekannteste und vielleicht auch verbreitetste Art. Oberkopf, Hals, Brust, Bauch und Unterrücken sind glänzend schwarzgrün, sanft metallisch schimmernd, Vorderrücken und Flügel bräunlich, bronzeglänzend und wegen der dunkleren Säume der Federn wie geschuppt, Schwingen und Steuerfedern sind schwarz; ein weißer, hinter dem Auge beginnender Fleck umgibt die Kehle. Die Länge beträgt bis 92 cm. Von Norwegen an trifft man den Kormoran in ganz Europa und während des Winters in erstaunlicher Anzahl in Afrika an; außerdem lebt er sehr häufig in Mittelasien und ebenso in Nordamerika, von hier aus wandert er bis Westindien, von dort aus bis Südasien.

Er bewohnt das Meer und das Süßwasser, je nach des Ortes Gelegenheit. In größeren Flüssen oder Strömen, die von Waldungen eingeschlossen werden, ist er stets zu finden; ja der zudringliche, freche Vogel siedelt sich sogar in unmittelbarer Nähe von Ortschaften an und läßt sich kaum oder doch nur mit größter Mühe vertreiben.

Seite 321: Wanderalbatrosse (o.); die Kanadagans (Branta canadensis; u.) ist die am häufigsten vorkommende Gans Nordamerikas und gehört zur Gattung der Meergänse
Seite 322: Stockente (o.); Trauerschwan (u.) mit seinen Jungen

Kormorane sind sehr gesellig und leben deshalb in der Regel in größeren oder kleineren Scharen zusammen. Während der Morgenstunden fischen sie mit regem Eifer, nachmittags pflegen sie der Ruhe und der Verdauung; gegen Abend unternehmen sie nochmals einen Fischzug; mit Sonnenuntergang gehen sie schlafen. Zur Nachtruhe wählen sie sich im Binnenland hohe Bäume, die auf Inseln in den Strömen oder in Seen stehen und die sie später auch zum Brüten benutzen. Auf dem Meere hingegen wählen sie felsige Inseln, welche ihnen Umschau nach allen Seiten und leichtes Zu- und Wegfliegen gestatten. Solche Inseln erkennt man schon von weitem an dem weißen Kotüberzug, mit dem die Vögel sie bedeckt haben, und sie würden auch bei uns schließlich zu Guanolagern werden, hätten wir die tropische Sonne, die den Vogeldünger unter dem Himmel Perus trocknet.

Pelikane

Die größten und auffallendsten Mitglieder der Ordnung sind die *Pelikane* (Pelecanidae). Sie sind vor allem durch den gewaltigen Schnabel gekennzeichnet, der sozusagen aus einem Sack und einem diesen schließenden Deckel besteht. Ersterer wird gebildet durch den Unterteil, letzterer durch den Oberteil. Das Gefieder, welches außer der Kehlgegend auch eine Stelle um die Augen frei zu lassen pflegt, ist dicht anliegend, aber eigentümlich rauh und starr. Auf dem Hinterkopf und Nacken verlängern sich die Federn gewöhnlich helmartig. Die Pelikane bewohnen den heißen Gürtel der Erde und die daran grenzenden Teile.

Die bekannteste und verbreitetste dieser Arten ist der *Rosapelikan* (Pelecanus onocrotalus), Abb. S. 323, einer der größten Schwimmvögel. Das Gefieder ist im Alter bis auf die braunen Handschwingen weiß, rosarot überhaucht, auf der Vorderbrust gelb, in der Jugend auf dem Mantel braun und grau gemischt, auf der Unterseite aschgrau. Die Länge beträgt etwa 150 cm.

Der Pelikan verbreitet sich von Südungarn an über den größten Teil Afrikas und Südasiens. In Südeuropa trifft der Pelikan Ende April und Anfang Mai ein, brütet und verläßt das Land im Oktober wieder. Bei dieser Gelegenheit verfliegt er sich zuweilen über die Grenzen seines Gebietes hinaus.

Alle Pelikane machen keinen Unterschied zwischen den süßen und salzigen, wohl aber zwischen seichten und tieferen Gewässern. Nur eine einzige Art dieser Familie, die in Mittelamerika lebt, erwirbt sich ihre Nahrung durch Stoßtauchen; alle übrigen sind nicht imstande, in dieser Weise zu fischen, sondern können dies nur von der Oberfläche des Wassers aus tun. Für gewöhnlich fressen die Pelikane nur Fische; zuweilen greifen sie jedoch auch andere Wirbeltiere an. Junge Schwimmvögel, die sich in ihre Nähe wagen, sind immer gefährdet; sie schlingen sogar halberwachsene Enten hinab. Ihr Schlund ist so weit, daß er eine geballte Mannesfaust bequem durchläßt: ich habe mehr als einmal meinen gefangenen Pelikanen große Fische mit der Hand aus ihren Mägen gezogen.

Sie gehen mit ziemlich aufrecht getragenem Leib langsam und wankend, jedoch nicht eigentlich schwerfällig, unternehmen zuweilen verhältnismäßig lange Fußwanderungen, zeigen sich ebenso auf Baumwipfeln sehr geschickt, suchen diese regelmäßig auf, wenn sie sich in der Nähe finden, um auszuruhen, sich zu sonnen und ihr Gefieder zu putzen, schwimmen leicht, rasch und ausdauernd und fliegen sehr schön. Nach einem kurzen Anlauf, wobei sie wie die Schwäne mit den Flügeln auf das Wasser schlagen, daß es weithin schallt, erheben sie sich von der Oberfläche.

Das tägliche Leben der Pelikane ist geregelt. Die frühen Morgenstunden werden zur Jagd benutzt. Kleinere oder größere Flüge ziehen dahin, die ersteren in einer schiefen Linie, die letzteren in der bekannten Keilordnung; die einen wenden sich seichten Buchten zu, die andern kommen von diesen bereits gesättigt zurück. Einzeln fischende Pelikane habe ich nur in Griechenland gesehen; gewöhnlich waren es sehr zahlreiche Schwärme, die sich zu diesem Tun vereinigt hatten. Gegen zehn Uhr vormittags haben sich alle gesättigt und wenden sich nun einer beliebigen Sandbank oder Baumgruppe zu, um hier auszuruhen, zu verdauen und dabei das Gefieder zu putzen und neu einzufetten.

Seite 323: Kormoran (o.); Rosapelikane (u.)
Seite 324: Kaiserpinguine (o.) auf dem Weg zur Brutkolonie; Adeliepinguine (u.) sind wie alle Vertreter dieser Familie äußerst gesellige Tiere

LAPPENTAUCHER UND SEETAUCHER

Die Taucher sind gekennzeichnet durch den gestrecktwalzigen, aber doch kräftigen Leib mit weit hinten angesetzten Beinen, mittellangem Hals, mäßig großem Kopf, kurzen, schmalen und spitzen Flügeln, die bei einzelnen zu wahren Flossen werden, und einem dicht anliegenden Gefieder. Der Schnabel ist verschieden gestaltet, bald dick pfriemenförmig, bald messerklingenartig, weil seitlich sehr zusammengedrückt, stets jedoch kurz, hart und scharfschneidig, der drei- oder vierzehige Fuß entweder mit Schwimmhäuten oder Schwimmlappen ausgerüstet. Der Schwanz kann ganz fehlen und ist, wenn vorhanden, stets kurz und sanft gerundet.

Man unterscheidet zwei Ordnungen mit je einer gleichnamigen Familie, die *Lappentaucher* (Podicipediformes) und die *Seetaucher* (Gaviiformes).

Lappentaucher

Das stattlichste Mitglied der Lappentaucher ist der *Haubentaucher* (Podiceps cristatus), Abb. S. 288. Im Hochzeitskleid trägt der Kopf seinen Schmuck, einen schönen, zwei Hörner bildenden Federbusch und einen aus prächtigen, langen, zerschlissenen Federn zusammengesetzten Kragen, der die Kopfseiten und die Kehle umgibt. Im Winterkleid sind Busch und Kragen noch nicht ausgebildet; auf dem Oberkörper mischt sich mit dem Schwarzbraun tiefes Grau. Das Weibchen unterscheidet sich durch geringere Größe vom Männchen. Die Länge beträgt 48 cm. Die Zehen sind nicht durch Schwimmhäute miteinander verbunden, sondern haben verbreiternde Lappenhäute.

Vom 60. Grad nördlicher Breite an südlich bemerkt man den Haubentaucher auf geeigneten Seen und Gewässern überall in Europa, nicht selten in Deutschland, häufig auf den Seen des Südens. Im Norden erscheint er im Frühling nach der Schneeschmelze, gewöhnlich also im April, und verweilt bis höchstens Ende November. Er erscheint im Frühjahr paarweise, vereinigt sich aber im Herbst gern zu größeren Gesellschaften, die zuweilen 50 und mehr Stück zählen können und gemeinschaftlich die Reise in den Süden antreten. Während des Sommers bezieht er größere Teiche oder Seen, die stellenweise mit Rohr und Schilf bewachsen sind. Er verlangt eine Wasserfläche von ziemlicher Ausdehnung. Der Haubentaucher nährt sich in der Freiheit fast ausschließlich von Fischen, die er bei mehr oder minder langem Tauchschwimmen jagt.

Seetaucher

Im Meere werden die Lappentaucher durch die Seetaucher vertreten. Diese Vögel unterscheiden sich von den Lappentauchern durch ihre bedeutendere Größe, den kürzeren Hals und die mit vollen Schwimmhäuten ausgerüsteten Füße. Hierzu zählen z. B. der bis 69 cm große *Prachttaucher* (Gavia arctica), der bis 60 cm große *Nordsee-* oder *Sterntaucher* (Gavia stellata), beide Bewohner der europäischen Nordmeere, und der nur in arktischen Regionen beheimatete, bis 80 cm große *Eistaucher* (Gavia immer).

PINGUINVÖGEL

Pinguine

Die *Pinguine* (Spheniscidae) sind eigentümliche, flugunfähige Vögel. Ihre Gestalt kann in gewissem Sinne kegelförmig genannt werden. Der Hals ist mittellang, aber sehr dick, der Kopf klein, der Schnabel ungefähr kopflang, gerade, stark, hart, scharfschneidig, etwas stumpfspitz, der Fuß höchst eigentümlich, weil seine vier Zehen, von denen drei durch eine Schwimmhaut verbunden sind, sich sämtlich nach vorn richten, der Flügel so verkümmert, daß er wirklich eher einer Flosse als einem Fittich gleicht, da seine Federn sich fast zu Schuppen umgebildet haben. Auch das Gefieder erinnert durch die dachziegelartige Lage der Federn an die Schuppen der Fische, und somit darf man sie in der Tat Fischvögel nennen.

Der innere Bau entspricht den äußeren Eigentümlichkeiten. Alle Knochen weichen von denen anderer Vögel wesentlich dadurch ab, daß sie sehr hart, dicht und schwer sind, keiner Luft zulassende Öffnungen besitzt und daß selbst die Röhrenknochen öliges Mark enthalten.

Die Flossentaucher oder Pinguine sind nur auf der südlichen Halbkugel zu Hause, leben im Meer zwischen dem 30. und 75. südlichen Breitengrad und besuchen das Land während ihrer Fortpflanzungszeit. Hinsichtlich ihrer Lebensweise unterscheiden sich die einzelnen Arten in mancher Beziehung.

Mit 95 cm ist der *Königspinguin* (Aptenodytes patagonica) einer der größten Pinguine. Kopf und Nacken, Kehle und Gurgelgegend sind tief bräunlichschwarz, ein länglich eiförmiger, aufrecht stehender Fleck hinter dem Ohr, von dem aus ein schmaler Streifen an der Halsseite herab verläuft, wie letzterer und der Vorderhals lebhaft dotter- oder königsgelb, alle Oberteile eisengrau gestreift, da die an der Wurzel graubräunlichen Federn vor der Spitze lichtbläulich- oder aschgrau gefärbt sind, alle Unterteile von der noch gelblichen Oberbrust an weiß. Das Weibchen ist kleiner, dem Männchen aber vollkommen gleich gefärbt. Das Verbreitungsgebiet der Art erstreckt sich, von Patagonien an gerechnet, über alle Teile des südlichen Stillen Ozeans.

Ein naher Verwandter ist der 120 cm große *Kaiserpinguin* (Aptenodytes forsteri), Abb. S. 324. Er lebt an den Küsten des antarktischen Kontinents.

Die Pinguine sind mit den Delphinen zu vergleichen; sie führen nicht nur eine entsprechende Lebensweise, sondern ähneln diesen räuberischen Waltieren auch in ihren Bewegungen. Ihre Kraft, in der Tiefe fortzukommen, ist bewunderungswürdig. Sie bedienen sich hierbei gleichzeitig ihrer kurzen Flügel und ihrer Beine und schwimmen so kräftig, daß sie mit größter Leichtigkeit die Wogen des stürmischen Meeres bewältigen und selbst während des heftigsten Sturmes auf- und niedertauchen.

Auch auf dem Lande bewegen sie sich mit überraschendem Geschick. Die Stellung ihrer Beine zwingt sie zu aufrechtem Gang; da sie nur kurze Schritte machen können, müssen sie dabei einen Fuß über den anderen wegsetzen, drehen sich also gleichzeitig beständig hin und her und kommen nur langsam von der Stelle; werden sie jedoch erschreckt und zu schnellerer Bewegung genötigt, so legen sie sich auf die Brust nieder und rutschen nun, die Flossenflügel und die Füße zugleich gebrauchend, so rasch dahin, daß ein Mensch beim Gehen Mühe hat, sie einzuholen. Über steile Felswände werfen sie sich halb rutschend, halb rollend herab, und wenn sie erst einmal wieder das Wasser erreicht haben, sind sie geborgen.

Kaiserpinguine

Einen großen Teil des Jahres benötigen die Pinguine zu ihrer Fortpflanzung. Auf den altgewohnten Brutplätzen treffen sie zu einer ganz bestimmten Jahreszeit ein, auf den Falklandinseln gegen Ende September. Die Anzahl der Pinguine, die sich auf diesen Stellen vereinigen, ist unglaublich groß. Die am Lande befindlichen sind geordnet wie ein Regiment Soldaten, und zwar nicht nur in Reihen, sondern auch nach dem Alter. Die Jungen finden sich an einem Orte, die mausernden an einem andern, die brütenden Weibchen an einem dritten und die freien Männchen an einem vierten. Die Aufstellung wird auch so streng innegehalten, daß jeder nicht zu einem Haufen gehörende, also nicht berechtigte Pinguin keine Aufnahme findet. Einzelne Arten brüten dicht nebeneinander in seichten Mulden auf dem Boden, andere nehmen das Ei in eine Bauchfalte direkt über den Füßen.

Der bis 70 cm hohe *Adeliepinguin* (Pygoscelis adeliae), Abb. S. 324, ist einer der häufigsten Pinguine. Er brütet in großen Kolonien in fast allen Zonen der Antarktis. Sein auffälligstes Merkmal ist ein weißer Augenring.

Weniger häufig ist der *Eselspinguin* (Pygoscelis papua), der mehr in Regionen der Subantarktis vorkommt. Ihn ziert vor allem ein auffallendes weißes Federbüschel über den Augen.

Kriechtiere

Unter den heute lebenden Kriechtieren gibt es mit den Krokodilen und den Riesenschlangen recht stattliche Vertreter, dennoch können sie in ihrer Größe neben manchen Sauriern, ihren Vettern aus dem Erdmittelalter, nicht bestehen. Zu jener Zeit lebten nämlich die mächtigsten Landtiere, die überhaupt jemals die Erde bevölkerten. Der *Brontosaurus*, ein riesiger, unförmiger Geselle mit plumpem Körper, langem Schwanz und Hals sowie einem verhältnismäßig kleinen Kopf, erreichte etwa 25 m Gesamtlänge, wobei sein Gewicht schätzungsweise 50 Tonnen betragen hat. Andere Saurier standen ihm an Größe nicht wesentlich nach. Der 14 m lange und 6 m hohe *Tyrannosaurus* war das größte je auf der Erde existierende Raubtier. Er war ein Zweifüßler mit stark verlängerten Hintergliedmaßen. Für unsere Begriffe geradezu abenteuerlich gestaltete Ungetüme waren der *Stegosaurus* mit Stacheln und einer Reihe von Platten auf dem Rücken und vor allem der *Triceratops*, der drei große Hörner auf dem Kopf hatte und dessen Nacken durch eine mächtige Knochenplatte geschützt war. In den Meeren tummelten sich die bis 14 m langen *Plesiosaurier* und etwa 12 m lange *Ichthyosaurier*. Der Plesiosaurus hatte einen schlangenartigen Hals, breiten, abgeflachten, starren Körper und bewegte sich mit den vier kräftigen, ruderartigen Beinen, während der Ichthyosaurus etwa die Gestalt eines Delphins hatte und wie dieser durch wellenförmige Bewegungen von Rumpf und Schwanz sehr geschickt schwimmen konnte. Etwa die Größe eines Segelflugzeugs hatten manche *Flugsaurier*, so betrug z. B. die Flügelspannweite des *Pteranodon* fast 9 m.

Bei einer solchen Fülle extrem großer Tiere ist es kaum verwunderlich, daß die Saurier die allgemein bekanntesten Tiere der Vorzeit sind. Wie läßt sich aber deren Entwicklung und Untergang erklären? Um diese Frage zu beantworten, muß zunächst die Entwicklung der Kriechtiere überhaupt betrachtet werden.

Die Kriechtiere sind die ersten Wirbeltiere, die sich vollständig an das Landleben angepaßt haben. Eine Schuppenhaut schützt vor dem Austrocknen, und anders als bei ihren Vorfahren, den Lurchen, läuft auch die Embryonalentwicklung außerhalb des Wassers ab. Die im Ei heranwachsenden Embryonen sind durch eine mehr oder minder dicke Schale geschützt, und ein reichlicher Dottervorrat ermöglicht es, daß die schlüpfenden Jungen gut ausgerüstet, gleichsam als verkleinerte Ausgaben der erwachsenen Tiere, ins Leben entlassen werden. Das Land bot mit einem üppigen Pflanzenwuchs diesen relativ hochentwickelten Wirbeltieren einen Lebensraum, den sie nahezu ohne Konkurrenz besiedeln konnten. Die Säugetiere traten zwar in ihren Frühstadien ebenfalls bald auf, doch waren diese zunächst den Kriechtieren noch unterlegen. Einen ernsthaften Wettbewerb um den Lebensraum gab es daher nur unter den Kriechtieren selbst. So ist zu verstehen, daß sich im Erdmittelalter aus den ursprünglichen, plumpen, ziemlich kleinen Stammreptilien, deren Entstehung in das Karbon vor 250 Millionen Jahren zurückreicht, die verschiedenen Landformen wie Brückenechsen, gepanzerte Schildkröten, Landsaurier, säugerähnliche Reptilien und Vorstufen der Eidechsen entwickelten. Die Schildkröten sind in dem Reptilienstammbaum ein sehr alter Ast. Ihr Knochenpanzer hat sich offensichtlich bewährt, denn sie haben sich innerhalb 200 Millionen Jahre kaum verändert. Sehr früh haben die Kriechtiere das Wasser zurückerobert, aber nicht durch Rückentwicklung zu lurch- oder fischartigen Lebewesen, sondern durch Anpassung der Kriechtiermerkmale an das Wasserleben. Die Lungenatmung bleibt z. B. stets erhalten.

Recht unterschiedliche Lösungen fanden die beiden voneinander unabhängigen Entwicklungszweige, die Plesiosaurier und die Fischechsen oder Ichthyosaurier. Die Landsaurier sind innerhalb des Kriechtierstammbaumes ebenfalls nur ein Seitenzweig und waren keineswegs während des Erdmittelalters die Kriechtiere schlechthin. Immerhin nahmen sie zu dieser Zeit eine beherrschende Stellung ein. Von ihnen nahmen auch die Flugsaurier ihren Ursprung.

Die monströsen Saurier waren sehr spezialisierte Tiere, die auf veränderte Lebensbedingungen kaum noch durch Anpassung reagieren konnten. Dieses ist wohl der Grund, weshalb sie in einem ziemlich kurzen Zeitraum vollständig verschwanden. Vielleicht waren es die geänderten klimatischen Bedingungen am Ausgang des Erdmittelalters mit den entstehenden neuen Pflanzenformen, die den Sauriern das Überleben schwer machten oder z. B. bei den Flugsauriern die aufkommenden, ihnen weitaus überlegenen Vögel. Die wirklichen Ursachen lassen sich aber nicht sicher angeben. Direkte, wenn auch ziemlich abgewandelte Nachfahren der Ursaurier gibt es aber auch heute noch : die Krokodile.

Die modernste Ordnung der Kriechtiere bilden die Schuppenkriechtiere mit den Eidechsen und den Schlangen. Die Eidechsen treten erst vor etwa 70 Millionen Jahren auf, die Schlangen sind sogar noch erheblich jünger; mit etwa 6500 Arten sind sie die formenreichste Gruppe der Reptilien.

Betrachtet man die Kriechtiere in ihrer Gesamtheit, einschließlich der ausgestorbenen Arten, so kann man ein anschauliches Beispiel für die Abstammungslehre erkennen. Diese zu ihrer Zeit am besten ausgebildeten Tiere haben in Anpassung an die verschiedensten Lebensräume sehr unterschiedlich gestaltete Tiere hervorgebracht. Ähnliche Abwandlungen zu Land-, Wasser- und Lufttieren wiederholen sich etwa 100 Millionen Jahre später noch einmal bei den Säugetieren, den zu dieser Zeit höchststehenden Tieren. Diese Parallelentwicklung läßt sich durch die Abstammungslehre begründen (siehe Anhang).

Kriechtiere im allgemeinen

Die *Kriechtiere* (Reptilia) sind „kaltblütige" Wirbeltiere, die während des ganzen Lebens durch Lungen atmen, also keine Verwandlung durchmachen, ein Herz mit meist vollständigen Vorkammern und unvollständig geschiedenen Herzkammern und äußerlich Schuppen oder Knochentafeln zur Bedeckung haben. Ihr Blut darf insofern kalt genannt werden, als seine Wärme stets im Einklang mit der äußeren Temperatur steht und sich nur wenig über dieselbe erhebt. Die Gestalt der Kriechtiere zeigt wenig Übereinstimmen-

Saurier: 1 Tyrannosaurus, 2 Stegosaurus, 3 Brontosaurus, 4 Pteranodon (Flugsaurier), 5 Triceratops

Ichthyosaurier (Rekonstruktion)

des; denn der Leib ist bei den einen rundlich oder scheibenartig platt, bei andern langgestreckt und wurmförmig, ruht bei diesen auf Füßen und ermangelt bei jenen derselben, der Hals ist sehr kurz und unbeweglich, aber auch lang und gelenkig.

Die Hautbedeckung ist verschieden gestaltet. „Bei einzelnen Eidechsen", sagt Karl *Vogt* in seinen ‚Zoologischen Briefen', „kommen wahre Schuppen, ähnlich denen der Fische, vor; bei den übrigen Eidechsen und Schlangen sondert sich die Haut deutlich in zwei Schichten: die aus Fasern gebildete Lederhaut und die einem erhärteten Firnisse ähnliche Oberhaut, welche von Zeit zu Zeit im ganzen abgestreift wird. Die Lederhaut bildet bald einfache, körnige Erhabenheiten, bald Wärzchen, bald auch hinten freie Erhöhungen von schuppenähnlicher Gestalt, über welche die Oberhaut eng anliegend sich wegzieht und mit dünneren Einsenkungen in die Falten der Warzen und Erhöhungen sich einbiegt. In diesen Erhöhungen entstehen bei den Krokodilen echte Knochenschilder, welche in die Dicke der Haut selbst eingesenkt sind und deren Fäden sich in die zahlreichen Löcher der Knochenschilder fortsetzen; bei den Schildkröten verwachsen diese Knochengebilde der Haut sogar sehr frühzeitig mit jenen des Gerippes zum Rücken- und Bauchschilde, während die Oberhaut auf diesem Schilde sich stark hornig verdickt und so das Schildpatt bildet." Die Hartgebilde selbst unterscheidet man als Schuppen und Schilder, letztere sind meist größere, mehr eckige, mit der ganzen Fläche anliegende, sich nicht deckende Gebilde; die Schuppen, deren Anordnung und Gestalt vielfachen Abänderungen unterliegen können, zerfallen in Glatt-, Wirtel-, Schindel-, Kielschuppen usw. Zu den Horngebilden der Oberhaut zählen außerdem die Nägel der Finger und Zehen sowie andere horn-, stachel- oder tütenförmige Anhänge.

Hinsichtlich der Schönheit der Färbung der Oberhautgebilde stehen die Kriechtiere kaum einer anderen Klasse nach. Bei den meisten entspricht die Färbung der ihres bevorzugten Wohngebietes, also namentlich der des Bodens, der Blätter usw.; es gibt sogar einzelne, bei denen das Anpassungsvermögen mehr oder weniger willkürlich ist, indem die betreffenden Tiere ihre Färbung zu ändern vermögen. Solcher Farbwechsel beruht im wesentlichen auf Verschiebungen gewisser, in der Schleim- und ebenso der Lederhaut eingebetteten, zusammenziehbaren und ausdehnungsfähigen Farbstoffzellen, welche mehr oder weniger durchscheinen können.

Das Gerippe der Kriechtiere ist fast vollständig verknöchert, hinsichtlich der Zusammensetzung der einzelnen Teile aber so vielfach verschieden, daß etwas Allgemeingültiges kaum gesagt werden kann. Der Schädel, welcher in vielen Beziehungen eine auffallende Übereinstimmung mit dem der Vögel zeigt, ist mehr oder weniger abgeplattet und sein Kiefergerüst einschließlich der Gesichtsknochen überwiegend ausgebildet. Die Wirbelsäule, welche bei den meisten Kriechtieren aus einem Hals-, Brust-, Lenden-, Becken- und Schwanzteil besteht, zeigt sich bei allen verknöchert und deutlich in Wirbel gegliedert; die Anzahl der Wirbel schwankt jedoch, je nach der Länge des Leibes, außerordentlich, so daß sie bei Schildkröten wenig über 30, bei Schlangen dagegen über 1400 betragen kann. Die hinsichtlich ihrer Anzahl kaum minder abändernden Rippen sind stets vollständig entwickelt, bei den Schlangen sogar in gewissem Grade vollständiger als bei den übrigen Tieren, da sie hier freie Beweglichkeit erlangen, während sie anderseits bei den Schildkröten verschmelzen und größtenteils das knöcherne Rückenschild herstellen. Ein Brustbein fehlt oft ganz oder ist auffallend verkümmert; dasselbe gilt auch bis zu einem gewissen Grade für den Schultergürtel und die Beine, beispielsweise bei den Schlangen, da die bei wenigen Arten in der Aftergegend vorkommenden kurzen Stummel kaum mit den Beckenknochen verglichen werden können. Bei den übrigen Kriechtieren sind die Beine und Füße jedoch in verschiedenen Abstufungen ausgebildet.

Über die Bewaffnung des Maules läßt sich nichts Allgemeingültiges sagen. Die Schildkröten haben keine Zähne, sondern scharfe Hornleisten, welche die Kieferränder überziehen; bei den übrigen sind Zähne in meist beträchtlicher Anzahl vorhanden, und zwar tragen nicht bloß die Kieferknochen solche, sondern zuweilen auch sämtliche Gaumenbeine und das Pflugscharbein. Sie dienen einzig und allein zum Ergreifen und Festhalten und nicht zum Zerkleinern der Beute oder Nahrung. Gewöhnlich haben sie einfach eine hakenartige Form; doch kommen auch seitlich zusammengedrückte, mit gekerbten oder gezähnelten Kronen vor.

Auch die Verdauungswerkzeuge sind vielfach verschieden. Die Zunge läßt sich bei einzelnen, z. B. bei den Krokodilen, nur ein vorspringender, flacher Wulst nennen, der auf dem Boden der Mundhöhle liegt, überall angewachsen und vollkommen unbeweglich ist; bei anderen, wie z. B. bei den Schildkröten, ist sie fleischig, kurz, dick; bei den Eidechsen ist sie eiförmig platt oder sogar geteilt, in eine Scheide eingebettet und vorschnellbar oder, wie auch bei den Schlangen, in lange, fadenförmige Spitzen ausgezogen. Der weite Schlund ist bei einzelnen einer beispiellosen Ausdehnung fähig, geht dann auch unmerklich in den geräumigen, dickwandigen Magen über, der zum Darm durch eine Falte oder Klappe abgegrenzt ist. Der Darm ist weit, wenig gewunden und kurz, der Afterdarm oft durch einen Blindsack und eine stark erweiterte Kloake ausgezeichnet. Leber, Gallenblase und Milz sind stets vorhanden; eigentliche Speicheldrüsen fehlen fast allgemein; eine Bauchspeicheldrüse dagegen wird regelmäßig gefunden. Die Schildkröten zeichnen sich vor anderen Kriechtieren durch den Besitz einer Unterzungendrüse, viele Eidechsen und Schlangen durch das Vorhandensein von Lippendrüsen, viele der letzteren außerdem noch durch eine große, in der Schläfengegend gelegene Drüse aus, welche bei allen Mitgliedern einer Unterordnung Gift absondert und zu den durchbohrten Giftzähnen führt.

Die Nieren sind gewöhnlich sehr groß, oft vielfach gelappt. Begattungswerkzeuge sind bei allen Kriechtieren ausgebildet. Die Atmungswerkzeuge erleiden keine Umwandlung; gewöhnlich sind zwei sackartige Lungen ausgebildet, die sich durch die ganze Bauchhöhle erstrecken. Das Herz besteht aus vier Abteilungen, zwei geschiedenen Vorhöfen und zwei Kammern, deren Scheidewand nur bei den Krokodilen vollständig wird, bei allen übrigen Kriechtieren aber mehr oder weniger große Lücken zeigt.

Das Gehirn der Kriechtiere ist weit unvollkommener als das der Säugetiere und Vögel, aber auch wiederum viel ausgebildeter als das der Lurche und Fische. Es besteht aus drei hintereinanderliegenden Markmassen, dem Vorder-, Mittel- und Hinterhirn. Letzteres ist bei den Krokodilen besonders entwickelt, bei Schildkröten und Schlangen mehr oder weniger verkümmert. Ähnlich verhält es sich mit dem Vorderhirn. Rückenmark und Nerven sind im Verhältnisse zum Gehirn sehr bedeutend. Unter den Sinneswerkzeugen steht ausnahmslos das Auge obenan, obgleich es gewöhnlich sehr klein und zuweilen sogar ganz unter der Haut verborgen ist. Bezeichnend für verschiedene Familien und Gruppen ist die Bildung des Augenlides. Am einfachsten ist diese Bildung bei den Schlangen, wo alle Augenlider fehlen und die Schichten der Haut da, wo sie über den Augapfel weggehen, durchsichtig werden, sich wölben und eine Kapsel bilden, die wie ein Uhrglas in den umgebenden Falz der Haut eingelassen ist und so den beweglichen Apfel von vorn schützt. Das obere Augenlid ist fast bei allen übrigen Kriechtieren nur wenig ausgebildet und besteht gewöhnlich nur aus einer steifen, halbknorpeligen Hautfalte, während das untere, weit größere und beweglichere, den ganzen Augapfel überziehen kann, oft von einem besonderen Knochenplättchen gestützt wird und in anderen Fällen dem Sehloch gegenüber eine durchsichtig geschliffene Stelle besitzt. Bei den meisten Eidechsen, den Schildkröten und Krokodilen tritt hierzu noch die Nickhaut, die ebenfalls eine Knochenplatte enthält und von dem inneren Augenwinkel her mehr oder weniger weit über das Auge herübergezogen werden kann. Vollkommen vereinzelt stehen die Chamäleons, welche ein kreisförmiges, an dem vorgequollenen Augapfel eng anliegendes Augenlid haben, das nur eine schmale Spalte offenläßt. Die inneren Teile des Auges unterscheiden sich wenig von denen der höheren Tiere. Bei vielen Kriechtieren sind die Augen nicht sehr beweglich; es kommt jedoch auch das Umgekehrte vor, und zwar in einem Maße, wie sonst bei keinem bekannten Tier: das Chamäleon ist imstande, seine Augen unabhängig voneinander in verschiedener Richtung zu bewegen. Das Gehör steht dem der höheren Tiere entschieden nach: dem Ohr fehlt die Muschel, und das Innere der Höhle ist weit einfacher als bei den warmblütigen Wirbeltieren. Doch besitzen die Kriechtiere die Schnecke, welche bald einen rundlichen, häutigen Sack, bald einen kurzen Kanal mit einer unvollständigen, schraubenartig gewundenen Scheidewand und einen flaschenförmigen Anhang darstellt. Auch die anderen Sinne sind mehr oder weniger gut ausgebildet.

Fast alle Kriechtiere entwickeln sich aus Eiern, die im wesentlichen denen der Vögel gleichen, einen großen, ölreichen Dotter und eine mehr oder minder bedeutende Schicht von Eiweiß haben und in einer lederartigen, gewöhnlich dehnbaren Schale, auf die sich stets nur in geringer Menge Kalkmasse ablagert, eingeschlossen sind. Die Entwicklung der Eier beginnt meist schon vor dem Legen im Eileiter der Mutter; bei einzelnen wird der Keim hier sogar vollständig entwickelt: das Junge durchbricht noch im Eileiter die Schale und wird somit lebendig geboren. Andere Arten, die ihre Eier sonst lange vor dieser Zeit ablegen, können dazu gebracht werden, sie ebenfalls bis zur vollständigen Entwicklung der Jungen zu behalten, wenn man ihnen die Gelegenheit zum Legen nimmt. Das befruchtete Ei zeigt auf der Oberfläche des Dotters eine rundliche Stelle mit verwischter Begrenzung. Dieser Keim besteht aus kleinen Zellen, die fast farblos sind und im Gegensatz zum Dotter die helle Färbung entstehen lassen; er bildet die erste Grundlage der Entwicklung und stellt den Mittelpunkt derjenigen Bildung dar, die den Aufbau des Keimlings vermitteln. Sobald dieser sich zu entwickeln beginnt, verlängert sich jener und bildet nun eine eiförmige Scheibe, welche in der Mitte durchsichtiger als außen ist. In dem mittleren durchsichtigen Teil, dem Fruchthof, erhebt sich nun der Rückenwulst, welcher den vertieften Raum einschließt, der sich nach und nach durch Zuwölbung des Wulstes in das Rohr für Gehirn und Rückenmark umwandelt. Unter der Rückenfurche erscheint die Wirbelsäule in stabförmiger Gestalt. Unmittelbar nach der Schließung des Rückenwulstes und dem Erscheinen der Wirbelsaite beginnt die Bildung einer Eigentümlichkeit der Keime höherer Wirbeltiere, nämlich die der sogenannten Schafhaut (meist als *Amnion* bezeichnet). Die äußere Zellenschicht des Keimlings, aus der sich nach und nach die äußere Haut bildet, setzt sich zwar über den ganzen Dotter fort und umfaßt ihn, bildet aber zugleich vorn und hinten eine Falte, welche sich über das Kopf- und Schwanzende schlägt, von allen Seiten her über den Keim gegen den Mittelpunkt des Rückens hin zusammenwächst, den Keimling von allen Seiten her einschließt und eine unmittelbare Fortsetzung seiner Hautlage ist. Schon vor Entstehung und vollständiger Ausbildung der Schafhaut sind auch die übrigen organischen Systeme angelegt worden. In dem undurchsichtigen Teil der Keimhaut, dem sogenannten Gefäßhof, haben sich die Lückenräume der ersten Gefäße sowie die ersten Blutzellen gebildet, und zugleich ist in der Halsgegend eine Zellenanhäufung entstanden, die sich allmählich zum schlauchförmigen Herzen aushöhlt. Hinter dem Herzen liegt anfangs der ganze Körper des Keimlings platt auf dem Dotter, so daß die Stelle des Darmes durch eine lange, flache Rinne ersetzt ist, welche vom Dotter bespült wird; die Bauchwandungen schließen sich aber allmählich zusammen, die Rinne wölbt sich zu und wandelt sich bald zu einem Rohr um, welches nur noch an einer gewissen Stelle durch

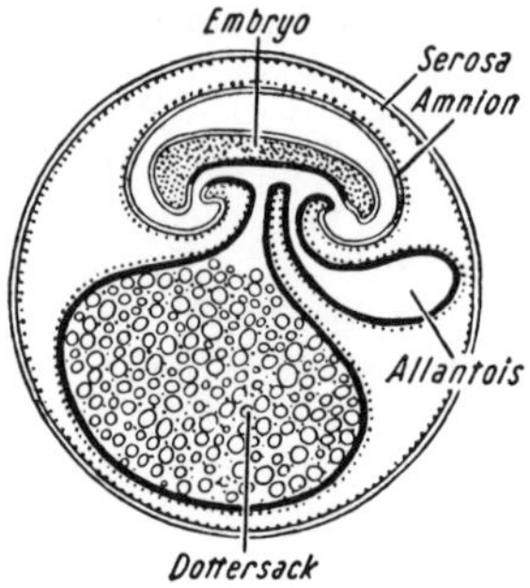

Amniota im Embryonalstadium

einen offenen Gang mit dem Dottersack im Zusammenhang steht. Indem sich nun Darm- wie Bauchwände gegen den Dotter hin mehr und mehr zusammenschließen, bleibt endlich nur noch als letzter Zusammenhang zwischen Keimling und Dotter der Nabel übrig, der sich erst bei der Geburt vollständig schließt. Mit dem Beginn des Darmschlusses tritt die Bildung der Harnhaut (meist als *Allantois* bezeichnet) ein. Von der Stelle aus, an der die Hinterfüße hervorkommen, erhebt sich ein kleines, birnenförmiges Bläschen, das eine Ausstülpung der vorderen Darmwände darstellt und rasch nach vorn wächst, indem es durch den vorderen Nabelring hindurchdringt und sich nun über der Schafhaut ausbreitet. Während diese ganz geschlossen ist, hat die Harnhaut im Gegenteil eine große Anzahl von Gefäßverzweigungen, welche eigentlich das Atmen des Keimlings vermitteln. Gegen das Ende der Entwicklung hin findet man in dem Ei den Keim in seiner Schafhaut eingehüllt und an der Bauchfläche die Nabelöffnung zeigend, aus welcher der Rest des Dotters als birnförmige, mit mehr oder minder langem Stiele versehene Blase und der weite Umhüllungssack der Harnhaut hervorgeht. Der Dottergang schließt sich bald vollständig ab, ebenso der Stiel des Harnsackes, dessen Gefäße nur noch übrigbleiben. Der Keim durchbricht nun die Schafhaut und dann die Eischale, wozu ihm bei vielen Arten ein eigentümlich scharfer, unpaarer Zahn dient, welcher aus dem Zwischenkiefer hervorwächst und später verschwindet. Nach der Geburt schrumpfen die Gefäße des Harnsackes ein, indem die Lunge die Atemtätigkeit übernimmt, und der Nabel vernarbt bald gänzlich, ohne eine Spur zu hinterlassen.

Weitaus die meisten Kriechtiere hausen in Niederungen der Äquatorländer; denn mehr als alle übrigen Klassen nehmen sie in Richtung der Pole an Anzahl ab. Dasselbe gilt für die verschiedenen Höhengürtel. Wärme ist für sie Lebensbedingung: Je heißer die Gegend, um so zahlreicher sind sie vertreten, je kälter ein Land, desto ärmer ist es an ihnen. Den Polarkreis überschreiten nur sehr wenige Arten. Gesteigerte Wärme erhöht ihre Lebenstätigkeit in jeder Beziehung. Arten, deren Verbreitungsgebiet sich über mehrere Breitengrade erstreckt, sind im Süden oft merklich größer und farbenschöner als im Norden, so daß es unter Umständen schwer halten kann, sie wiederzuerkennen. Afrika ist verhältnismäßig arm an ihnen, während sich in Südasien und noch mehr in Amerika die größte Mannigfaltigkeit der Formen und wohl auch die größte Anzahl der Glieder ein und derselben Art bemerkbar macht. Mit der Entwicklung der ganzen Klasse steht die Größe der einzelnen Arten insofern im Einklang, als sich innerhalb der Äquatorländer die größten, innerhalb der gemäßigten Gürtel aber fast nur kleine Arten finden.

Ihre Aufenthaltsorte sind sehr verschieden; doch darf man sie im allgemeinen als Landtiere bezeichnen. Im Meere leben ständig nur Schildkröten und Schlangen; die übrigen bewohnen das Festland. Das Süßwasser beherbergt viele Arten von ihnen; die meisten halten sich aber zu gewissen Zeiten außerhalb des Wassers auf, um zu sonnen und auszuruhen, und nur die wenigsten von ihnen schlafen im Schwimmen. Ebenso reichhaltig ist der Wald, der ebenfalls als eines der hauptsächlichsten Wohngebiete dieser Tiere bezeichnet werden muß. Hier leben sie auf und unter dem Boden, zwischen Gestrüpp und Wurzeln, an den Stämmen und im Gezweige der Bäume. Einzelne siedeln sich schließlich in trockenen, sandigen oder felsigen Gegenden an: So finden sich viele Eidechsen und Schlangen nur in der Wüste an Stellen, welche ihnen, wie man glauben möchte, kaum die Möglichkeit zum Leben zu bieten scheinen.

Unsere Tiere verdienen ihren Namen; denn selbst ihr Gehen und Laufen ist strenggenommen nur ein Kriechen. Alle schleppen den Bauch am Boden, und gerade bei den schnellsten unter ihnen wird dies am deutlichsten. Viele Schildkröten sind imstande, so zu gehen, daß sie mit dem Brustschild den Boden nicht berühren; sie fördern sich aber mit einer Langsamkeit, daß man ihre Bewegung wahrhaftig kaum Laufen nennen darf. Schon die meisten Wasserschildkröten streifen bei ihren Bewegungen mit dem Brustschild unten am Boden auf, und die Meerschildkröten kriechen auf dem Lande noch unbehilflicher fort als die Robben. Die Echsen huschen zwar sehr rasch und auch behend dahin, tragen ihre Beine aber sehr nach auswärts gebogen, so daß ihre Bewegung im Vergleich zu der der Säugetiere ebenfalls als unbehilflich bezeichnet werden muß. Die Schlangen endlich, die eigentlichen Kriecher unter den Kriechtieren, bewegen sich hauptsächlich durch seitliche Wellenbewegungen des ganzen Körpers.

Das Schwimmen geschieht in sehr unterschiedlicher Weise. Ein Kriechtier, welches im Wasser umkommen würde, kennt man nicht. Sehr geschickt zeigen sich viele Kriechtiere im Klettern. Gewisse Eidechsen und Verwandte rennen an den glattesten Bäumen ebenso schnell empor wie andere auf dem Boden fort. Nicht wenige besitzen zum Anhäkeln oder Anklammern höchst geeignete Werkzeuge in ihren langen, sichelartig gekrümmten Krallen oder aber in den scheibenförmig verbreiterten, unten gefurchten Zehen, die es ihnen sogar gestatten, sich wie Fliegen an der unteren Seite waagrechter Äste oder Flächen festzuhalten und hier mit aller Sicherheit umherzulaufen. Die Schlangen klettern genau in derselben Weise, in der sie gehen oder schwimmen: sie fördern sich durch ihre schlängelnden Bewegungen und klemmen sich beim Emporsteigen mit ihren beweglichen Rippen und Bauchschuppen so fest in die Unebenheiten der Baumschale ein, daß sie gegen ein unwillkürliches Herabrutschen gesichert sind.

Jede Lebenstätigkeit der Kriechtiere steigert sich mit der zunehmenden Außenwärme; daher ist dieselbe Schlange an einem heißen Sommertag ganz anders als an einem kühlen. Atmung und Blutumlauf vermögen es nicht, dem Kriechtiere innere Wärme zu geben; deshalb ist es eben von der äußeren mehr oder weniger abhängig. Kriechtiere, die sich durch die Sonne äußerlich und innerlich erwärmen, um nicht zu sagen durchheizen ließen, fühlen sich noch lange, nachdem die Sonne verschwunden ist, warm an; ihre Wärme sinkt aber im Laufe der Nacht auf die der Lufttemperatur herab. Ebenso verringert sie sich im Laufe des Herbstes oder der kühler werdenden Jahreszeit, wie sie im Frühling und Sommer nach und nach angestiegen war. Dies erklärt es auch, daß alle diejenigen Arten, die in kälteren Gegenden wohnen, sich während der Wintermonate zurückziehen, in Erstarrung fallen oder einen Winterschlaf halten.

Unter den höheren Wirbeltieren gibt es nur wenige, die unfähig sind, Töne oder Laute hervorzubringen, unter den Kriechtieren eine große Anzahl, die wir stumm nennen dürfen. Die Schildkröten blasen oder pfeifen, Eidechsen und Schlangen lassen, wie bekannt, zuweilen ein mehr oder minder lautes Zischen vernehmen, von vielen hört man aber auch dieses Geräusch nicht, und nur die Krokodile und die Geckos, nächtlich lebende Verwandte der Eidechsen, sind imstande, laute, abgerundete und teilweise klangvolle Töne hervorzubringen. Die tieferstehenden Lurche erscheinen uns hierin begabter als die Kriechtiere.

Mit Ausnahme der Landschildkröten und einiger Eidechsen müssen wir alle Mitglieder dieser Klasse Raubtiere nennen; einzelne haben wir sogar zu den furchtbarsten zu zählen: Sie wetteifern an Raublust und Fähigkeit mit dem Tiger und Löwen. Fast alle Tierklassen müssen ihnen Tribut zollen. Die Krokodile wagen sich an Säugetiere bis zur Größe des Rindes oder Kamels und verschonen den Menschen ebensowenig wie das sich dem Wasser nähernde kleine Raubtier, stellen jedoch hauptsächlich Wassertieren, insbesondere Fischen, nach; die Schildkröten verfolgen Fische, kleine Säugetiere, Vögel, niedere Kriechtiere, Lurche, Kopffüßler, Schnecken, Kerbtiere, Krebse, Würmer und wohl auch Strahltiere; die Echsen nähren sich von Säugetieren, Vögeln, ihren eigenen Verwandten, Lurchen, Fischen, Kerbtieren und verschiedenem Gewürm; die Schlangen greifen hauptsächlich Wirbeltiere an. Fast alle verschlingen ihre Beute ganz, nur wenige, insbesonders Schildkröten und Krokodile, zerstückeln sie vorher, wie es auch diejenigen tun, die sich von Pflanzen ernähren. Alle trinken. Mit zunehmender Wärme vermehrt sich die Freßlust der Kriechtiere; während der heißen Jahreszeit sammeln sie sozusagen Nahrungsstoffe ein für das ganze übrige Jahr. Doch fressen sie im Verhältnis zu ihrer Größe weit weniger als Säugetiere und Vögel. Sie verschlingen gewaltige Bissen auf einmal, liegen dann aber auch bis nach vollendeter Verdauung tagelang mehr oder weniger auf ein und derselben Stelle in träger Ruhe und können notfalls monatelang ohne Nahrung aushalten.

Schildkröten und Krokodile schuppen ihre Oberhaut in derselben Weise ab wie die Säugetiere und Vögel; die übrigen Kriechtiere häuten sich, d. h. streifen mit einem Male die ganze Oberhaut mehr oder weniger ab; einzelne tun dies so vollkommen, daß das Volk mit Recht von „Natterhemden" sprechen kann. Nach dieser Häutung zeigen sie sich besonders jagdeifrig und freßbegierig.

Mit Frühlingsbeginn regt sich auch unter den Kriechtieren der Fortpflanzungstrieb. Diejenigen, welche in nördlichen Ländern wohnen, kommen in den ersten warmen Tagen des Lenzes zum Vorschein, jene, welche in gemäßigten oder heißen Ländern leben und sich während der trockenen Zeit vergraben, nach dem ersten Regen. Einzelne kämpfen, durch den Paarungstrieb gereizt, heftig miteinander. Die Krokodile verfolgen sich gegenseitig mit Ingrimm und streiten wütend; die Eidechsen führen ebenfalls Zweikämpfe auf; Schlangen versammeln sich an gewissen Plätzen in größerer Anzahl, bilden untereinander wirre Knäuel, zischen oder geben andere Zeichen ihrer Erregung, bis sie sich endlich mit einem Weibchen geeinigt haben. Die Begattung selbst währt Tage und Wochen; nach ihr tritt aber, wenigstens bei den meisten, wieder stumpfe Gleichgültigkeit an Stelle der scheinbar so heftigen Zuneigung zwischen beiden Geschlechtern. Geraume Zeit später sucht sich das Weibchen, falls es nicht lebende Junge zur Welt bringt, eine geeignete Stelle zur Aufnahme der Eier oder bereitet sich selbst das, was man ein Nest nennen kann. Die meisten Kriechtiere legen ihre mit einer pergamentartigen Schale bekleideten Eier, deren Anzahl ungefähr zwischen 6 und 150 schwankt, in vorgefundene oder selbstgegrabene Löcher unter den Boden, zwischen Moos, Laub und dergleichen an feuchten, warmen Orten ab und überlassen der Sonne oder der sich durch Gärung der Pflanzenstoffe erzeugenden Wärme das Ausbrüten. Die Jungen entwickeln sich verhältnismäßig rasch, gewöhnlich schon nach wenigen Wochen, und beginnen vom ersten Tag nach dem Ausschlüpfen die Lebensweise ihrer Eltern.

Die Kriechtiere erreichen ein sehr hohes Alter. Schildkröten haben in der Gefangenschaft über 100 Jahre gelebt; gewisse Krokodile wurden von Eingeborenen Afrikas seit Menschengedenken an ein und derselben Stelle beobachtet, und die größeren Schlangen mögen ebenfalls sehr alt werden.

Der Nutzen, den diese ganze Klasse dem Menschen bringt, muß als unbedeutend bezeichnet werden, und der Schaden, den einzelne verursachen können, darf nicht unterschätzt werden. Alle Eidechsen ohne Ausnahme und die meisten der bei uns vorkommenden Schlangen nützen uns durch Vertilgung von Mäusen und anderen schädlichen Säugetieren, Kerbtieren, Schnecken, Würmern und dergleichen; jedoch ist der Nahrungsverbrauch, der hier in Frage kommt, so unendlich gering, daß man den Nutzen wahrhaft nicht hoch ansetzen darf.

SCHILDKRÖTEN

„Die Schiltkrotten", sagte der alte *Geßner*, „sind gantz wunderbare, auch scheutzliche thier anzüschouwen, ligend in einem harten geheüß, so hardt verschlossen, daß sich an jrem leyb gantz nichts erzeigt dann der kopff, vnnd ausserste füß oder bein, doch also daß sy auch die selbigen in das harte vnnd dicke schalen oder hauß ziehen vnnd verbergen mögend, welches so dick ist, daß auch ein geladner wagen, so er daräber fart, die selbigen nit zerbrächen mag, jr kopff vnnd füß so sy härauß streckend sind gantz schüppächt wie ein Schlangen oder Nateren vnnd jrer dreyerley geschlächt. Etliche wonend allein im erdterich, etliche in süssen wasseren, etliche in dem weyten Meer." Dieser Forscher rechnet, wie die Alten überhaupt, die Schildkröten noch zu den vierfüßigen Tieren, „so blüt habend, vnnd sich durch die eyer merend".

Der Bau der Schildkröten ist so eigentümlich und weicht von dem der anderen Glieder dieser Klasse so wesentlich ab, daß sie nicht verkannt werden können. Ihr in einem Panzer steckender Leib, der plumpe Kopf, dessen Kiefer, wie der Vogelschnabel, mit Hornschneiden bedeckt sind, und die kurzen, gleichsam stummelhaften oder zu langen, schmalen Flossen umgewandelten Füße sind Merkmale, die sich mit denen anderer Tiere nicht vergleichen lassen. Der Panzer besteht aus zwei Teilen, dem Ober- oder Rücken- und dem Unter- oder Brustpanzer. Der erstere ist mehr oder weniger gewölbt, länglich, rundlich oder herzförmig, der letztere schildartig, eirund oder abgerundet kreuzförmig, da seine Verbindungsstelle mit dem Rückenpanzer sich verschmälern kann. Die Verbindung selbst wird hergestellt durch Knorpelmasse, die entweder während des ganzen Lebens weich bleibt oder verknöchert und dann Ähnlichkeit mit einer Naht gewinnt. So bilden beide Panzer zusammen eine Kapsel, die nur vorn und hinten zum Durchlassen des Kopfes, der Füße und des Schwanzes geöffnet ist, also den Rumpf mehr oder weniger vollständig in sich einschließt. Der Kopf ist gewöhnlich eiförmig, hinten quer abgestutzt, an den Kiefern bald mehr, bald weniger vorgezogen, der Hals verschieden lang, aber immer verhältnismäßig sehr beweglich; die vier Füße sind entweder Gang-, Schwimm- oder Flossenfüße; der meist kurze, rundliche und kegelförmige, mehr oder weniger zugespitzte Schwanz unterscheidet sich hinsichtlich seiner Länge erheblich und ist an seiner Spitze oft mit einem Nagel bewaffnet. Hornplatten oder Schilder, nur bei wenigen Arten ein lederartiger Überzug, decken den Panzer; eine warzige, mit größeren oder kleineren Schuppentafeln, Schildern, Höckern, kornigen Gebilden besetzte sowie durch besondere, an einzelnen Stellen auftretende, anders geformte hornige Anhänge, Sporen, Stacheln usw. ausgezeichnete Haut bekleidet Kopf, Hals, Füße und Schwanz. Die Platten der Rückseite des Panzers zerfallen in Wirbel-, Seiten- oder Rippen- und Randplatten, unter denen man wiederum eine Nacken- und zwei Schwanzplatten unterscheidet; die paarigen der Brustseite werden eingeteilt in Kehl-, Arm- oder Oberbrust-, Brust-, Bauch-, Unterbauch-, After-, Achsel- und Weichenplatten. Sie stoßen in der Regel alle aneinander und sind dann durch Nähte vereinigt; doch kann auch eine Lagerung nach Art der Dachziegel vorkommen. Anzahl, Verhältnis zueinander und Lagerung bieten bei Bestimmung der Arten wichtige Anhaltspunkte.

Flüsse, Sümpfe, Moräste, feuchtschattige Wälder, aber auch Steppen und Wüsten sowie das Meer bilden Aufenthaltsorte der Schildkröte.

Die Landschildkröten nähren sich hauptsächlich von Pflanzenstoffen, und zwar von Gräsern, Kräutern, Blättern und Früchten, genießen jedoch auch Kerbtiere, Schnecken, Würmer und dergleichen; einzelne Sumpf- und ebenso die Seeschildkröten sollen ebenfalls wenigstens zeitweise Pflanzenstoffe, insbesondere Blätter von Sumpfgewächsen, im Wasser schwimmende Früchte oder aber Tange verzehren: die überwiegende Zahl besteht aber aus Raubtieren, die verschiedenartige Wirbel-, Weich- und Gliedertiere, Würmer und vielleicht auch Strahltiere jagen; einzelne Arten werden als sehr tüchtige Räuber geschildert. Sie fressen eigentlich nur während der warmen Sommertage und in den Äquatorländern entsprechend während der Regenzeit, dem dortigen Frühling, werden innerhalb weniger Wochen fett, lassen dann allmählich ab, Nahrung zu sich zu nehmen, und fallen, wenn hier der Winter, dort die Dürre eintritt, in Erstarrung und Winterschlaf.

Bald nach dem Erwachen im Frühjahr beginnt die Fortpflanzung. Die Begattung währt oft tagelang. Geraume Zeit später gräbt das befruchtete Weibchen, nicht ohne Vorsorge,

Löcher in den Boden, gewöhnlich in den Sand, legt in sie die Eier und deckt sie wieder mit einer Lage Sand oder Erde zu. Die Eier haben eine kalkige, pergamentartige, dünne Schale, sind rundlich und nicht groß; das ölige Eigelb sieht orangefarben, das erst bei großer Hitze gerinnende Eiweiß grünlich aus. Viele Schildkröten legen kaum ein Dutzend, die großen Arten weit über hundert Eier. Die Eier werden nach Verlauf von einigen Wochen oder selbst Monaten gezeitigt; die Jungen kriechen nachts aus der Erde hervor und wandern nun entweder hier umher oder zum nächsten Wasser. Unzählige von ihnen werden von anderen Kriechtieren, Säugetieren und Vögeln aufgelesen und vernichtet.

Zu den tierischen Feinden gesellt sich fast allerorten der Mensch. Wir dürfen die Schildkröten als die nützlichsten aller Kriechtiere bezeichnen, weil wir nicht nur das Fleisch, sondern auch die Eier von fast allen Arten genießen und wohlschmeckend finden. Einzelne freilich riechen so stark nach Moschus, daß wenigstens wir Europäer uns mit den aus ihrem Fleisch bereiteten Gerichten nicht befreunden können, andere hingegen liefern, wie bekannt, wirklich köstliche Gerichte.

Seit uralter Zeit hält man Schildkröten in Gefangenschaft. Ihre Pflege erfordert übrigens mehr Sorgsamkeit und Verständnis, als man gewöhnlich annimmt. So groß ihre Lebenszähigkeit ist, so leicht erliegen sie mancherlei Krankheiten, die in der Gefangenschaft meist ihren Grund in mangelnder oder ungeeigneter Wartung haben. Wärme ist die erste und hauptsächlichste Bedingung ihres Wohlbefindens: Hält man sie in kalten Räumen, in kaltem Wasser, so gedeihen sie nie.

Die Schriften der Alten gestatten uns nicht nur einen Einblick in die damalige Kenntnis der Schildkröten, sondern enthalten auch mancherlei geschichtliche Mitteilungen, die immerhin der Beachtung wert sind. *Aristoteles* schildert das Eierlegen. *Plinius* stellt alles ihm Bekannte zusammen, zählt wie gewöhnlich alle Arzneimittel auf, welche aus den Bestandteilen der Schildkröten angefertigt werden können, und bemerkt, daß es der verschwenderische und prunksüchtige *Carvilius Pollio* war, welcher zuerst verschiedene Gegenstände mit Schildpatt belegen ließ. *Aelian* weiß, daß der abgehauene Kopf der Seeschildkröten sich noch bewegt, beißt und mit den Augen blinzelt; versichert auch, daß die Augen der Schildkröten weit in die Ferne strahlen und daß die glänzend weißen und hellen Augäpfel, in Gold gefaßt, zu Halsbandschmuck verwendet und von den Frauen sehr bewundert werden. *Pausanias* gibt an, daß im Bergland Arkadiens Schildkröten vorkommen, aus deren Schale man vortreffliche Lauten verfertigen könne; daß man die Tiere aber nicht wegnehmen dürfe, weil die dort wohnenden Leute sie als dem Pan geweihte Geschöpfe ansähen und schätzten. *Julius Capitolinus* erwähnt beiläufig, daß in Rom kaiserliche Prinzen in Schildkrötenschalen gebadet wurden.

Landschildkröten

Die *Landschildkröten* (Testudinidae) sind gekennzeichnet durch folgende Merkmale: Der meist stark gewölbte Rückenpanzer besteht aus einem Stück, der Brustpanzer, der stets aus zwölf Platten zusammengesetzt ist, aus einem oder zwei Stücken, im letzteren Falle aus einem vorderen unbeweglichen und einem hinteren beweglichen; die Schwanzplatte ist stets einfach, allerdings zuweilen auf ihrer Oberfläche geteilt; die Nackenplatte kann zwischen den andern eingeschoben sein oder fehlen; Achsel- und Leistenplatten sind vorhanden. Der Kopf ist beschildert, das Schwanzende zuweilen mit einem Nagel versehen. Große, meist dachziegelartig gelagerte Schuppenknötchen bekleiden die Vorderarme, spornartige Knoten die Hacken der Hinterfüße, oft auch die Hinterseite der Schenkel. Die Zehen der plumpen Füße sind bis an das Nagelglied unbeweglich miteinander verwachsen und vorn mit fünf, seltener vier, hinten stets mit vier Krallen ausgestattet. Alle hierhergehörenden Arten gehen auf den Zehen und sind Landtiere im eigentlichen Sinne des Wortes.

Als Vertreter der in Europa vorkommenden Arten dieser Sippe wird gewöhnlich die *Griechische Landschildkröte* (Testudo hermanni) aufgeführt. Ihr Panzer ist im ganzen eiförmig und hoch gewölbt, nach hinten etwas verbreitert und steiler abfallend als nach vorn; der beim Weibchen platte, beim Männchen etwas gewölbte Brustteil ist vorn abgestutzt, hinten tief ausgerandet. Unter den fünfundzwanzig Randplatten ist die Nackenplatte die kleinste, die obere, hinten vorgezogene und über den Schwanz herabgebogene die größte; die übrigen haben eine untereinander meist verschiedene, ungleichseitig fünfeckige Gestalt. Der ziemlich plumpe Kopf ist merklich dicker als der Hals, die Schnauze vorn abgestumpft, das Auge mäßig-, das Ohr dem Auge annähernd gleichgroß, der Ober- und Seitenteil der Schnauze mit einer großen, rundlichen Nasen-, einer kleinen Stirn- und einer sehr großen, langen Trommelschuppe, der Kopf im übrigen oben mit kleinen, unregelmäßigen Schildchen bekleidet. Jede Platte des Rückenpanzers ist in der Mitte schwarz, dann gelb und schwarz gesäumt; über den

Brustschild verläuft ein breiter, unregelmäßiger Längsstreifen von gelblicher Färbung; die Seiten sehen ebenfalls gelb aus; das übrige ist schwarz. Kopf, Hals und Glieder haben schmutzig grüngelbe Färbung. Die Weibchen unterscheiden sich von den Männchen durch bedeutendere Größe und längeren, an der Wurzel dickeren Schwanz, die Jungen von den Alten durch gedrungenere Form ihres Panzers. Die Länge des ausgestreckten Tieres, von der Schnauze bis zur Schwanzspitze gemessen, beträgt höchstens 30 cm, das Gewicht selten über 2 kg.

Das ursprüngliche Vorkommen dieser Schildkröte beschränkt sich auf die im Norden des Mittelmeeres gelegenen Länder, und zwar eigentlich nur auf die der griechischen und italienischen Halbinsel nebst den dazugehörigen Inseln; außerdem kommt sie noch in Kleinasien vor.

Ihre Nahrung besteht aus verschiedenen Kräutern und Früchten; nebenbei verzehrt sie Schnecken, Würmer und Kerbtiere, wird deshalb auch oft in ihrer Heimat in den Gärten gehalten, um dem Ungeziefer Einhalt zu tun.

Auf Sardinien, wo die Winter zwar gelinde, aber doch immer noch rauh genug sind, um die Schildkröten zu zwingen, in der Erde Zuflucht zu suchen, graben sie sich im November ein und kommen im Februar wieder zum Vorschein. Im Juni legen sie bereits ihre 4–12 Eier, die an Größe einer kleinen Nuß gleichkommen und von weißer Farbe sind.

In Italien bringt man diese Landschildkröten regelmäßig auf den Markt, weil das Fleisch überall gegessen und insbesondere die aus ihm bereitete Suppe als Delikatesse geschätzt wird.

„Fast alle Reisenden des 16. und 17. Jahrhunderts, welche von ihren Begegnissen und Entdeckungen im Indischen und Stillen Weltmeere Nachricht gegeben haben", bemerkt *Günther*, „gedenken zahlloser Riesenschildkröten, denen sie auf gewissen vereinzelten oder in Gruppen verbundenen Eilanden begegneten. Diese Eilande, sämtlich zwischen dem Äquator und dem Wendekreis des Steinbocks gelegen, bilden zwei tierkundliche Brennpunkte. Einer von ihnen umfaßt die Schildkröten- oder Galapagosinseln, der andere Aldabra, Réunion, Mauritius und Rodríguez. Beide sind unter sich sehr verschieden beschaffen; beiden aber war gemeinschaftlich, daß sie zur Zeit ihrer Entdeckung weder Menschen noch andere größere Säugetiere beherbergten. Kein einziger der betreffenden Seefahrer berichtet, die gedachten Schildkröten irgend anderswo, auf einem Eilande ebensowenig wie auf dem indischen Festlande, gefunden zu haben. Es ist nicht glaubhaft, daß der eine oder andere Reisende eine solche Begegnung nicht erwähnt haben sollte; denn alle Seeleute jener Zeit erwiesen den Riesenschildkröten vollste Beachtung, weil diese einen wichtigen Teil ihrer Nahrung bildeten. Reisen, welche wir gegenwärtig in wenigen Wochen zurücklegen, erforderten damals Monate; alle Schiffe waren wohl so zahlreich als möglich bemannt, aber nur dürftig mit Nahrungsvorräten ausgerüstet: jene Schildkröten, von denen man binnen wenigen Tagen mit der größten Leichtigkeit eine beliebige Anzahl einfangen konnte, mußten daher stets im hohen Grade willkommen sein. Man konnte sie im Raume oder sonstwo auf dem Schiffe unterbringen, monatelang aufbewahren, ohne sie zu füttern, und gelegentlich schlachten, und man gewann dann aus jeder einzelnen 40–100 kg treffliches Fleisch: kein Wunder daher, daß einzelne Schiffe auf Mauritius oder den Galapagosinseln mehr als 400 Stück einfingen und mit sich nahmen. Die vollkommene Sicherheit, deren die hilflosen Geschöpfe auf ihren heimischen Inseln vormals sich erfreuten, wie auch ihre Langlebigkeit, welche ermöglichte, daß viele Geschlechter gleichzeitig nebeneinander lebten, lassen uns die außerordentliche Häufigkeit der Tiere sehr begreiflich erscheinen."

Als *Leguat* im Jahre 1691 die Insel Rodríguez besuchte, waren sie noch so häufig, daß man 2000 oder 3000 von ihnen in dichten Scharen zusammen sehen und über hundert Schritte weit „auf ihren Rücken dahinschreiten" konnte. Um das Jahr 1740 legten, wie *Grant* mitteilt, die nach Indien segelnden Schiffe, um sich mit ihnen zu versorgen, bei St. Mauritius an, und noch 20 Jahre später waren mehrere kleine Fahrzeuge fortwährend beschäftigt, Tausende von ihnen, hauptsächlich zur Verwendung im Krankenhaus, hierherzubringen. Von dieser Zeit an scheinen sie sich rasch vermindert zu haben: Die alten wurden weggefangen, die jungen durch Schweine vernichtet, die einen wie die anderen durch den fortschreitenden Anbau der Inseln zurückgedrängt, so daß sie bereits zu Anfang des 19. Jahrhunderts auf mehreren Inseln der Gruppe ausgerottet waren. Ein Hamburger Kaufmann erzählte *Kersten*, daß auf Aldabra noch im Jahre 1847 von 100 Menschen, der Bemannung zweier Schiffe, binnen kurzer Zeit 1200 Schildkröten gefangen wurden, darunter immer noch Riesen von 400 kg Gewicht. Heutzutage sind sie auch hier so gut wie ausgerottet. Ähnlich wie hier wird es mit der Zeit auch auf den Galapagosinseln aussehen. Als die Spanier diese Inseln entdeckten, fanden sie dieselben so dicht mit Schildkröten bevölkert, daß sie jene nach diesen benannten.

Porter macht zuerst auf die Unterschiede der Schildkröten aufmerksam, welche auf verschiedenen Inseln der Galapagosgruppe lebten. Ich begnüge mich, anzugeben, daß sich alle *Riesen-* oder *Elefantenschildkröten* (Testudo elephantopus) der Galapagosinseln von der ihnen in der Größe gleichenden nahe verwandten Art der Maskarenen dadurch unterscheiden, daß ihrem Schilde die Nackenplatte fehlt und die hinteren Ränder der beiden Kehlplatten zusammenlaufen, demgemäß also einen mehr oder minder stumpfen Winkel bilden. Mit allen übrigen Landschildkröten lassen sich diese Tiere nicht verwechseln, weil sie sich nicht allein durch ihre riesenhafte Größe, sondern durch ihren langen, schlangenartigen Hals, ihre hohen Füße und die schwarze Farbe ihrer Schale so auszeichnen, daß sie nicht verkannt werden können.

Ältere Angaben über das Freileben der Elefantenschildkröten sind durch *Darwins* ausgezeichnete Schilderung wesentlich übertroffen worden. „Auf meinem Wege", so beginnt *Darwin* zu erzählen, „begegnete ich zwei großen Schildkröten, von denen jede wenigstens 100 kg gewogen haben muß. Eine fraß ein Stück Kaktus, sah mich an, als ich näher kam, und ging dann ruhig weiter; die andere ließ ein tiefes Zischen vernehmen und zog ihren Kopf ein. Diese ungeheuren Kriechtiere, von der schwarzen Lava, dem blätterlosen Gesträuch und dem großen Kaktus umgeben, erschienen mir wie Geschöpfe der Vorwelt.

Diejenigen, welche auf den wasserlosen Inseln leben oder in niedrigen und trockenen Teilen der anderen sich aufhalten, nähren sich hauptsächlich von dem saftigen Kaktus; die, welche in der feuchten Höhe hausen, fressen die Blätter verschiedener Bäume, eine saure und herbe Beere, Guayavita genannt, und eine blaßgrüne Flechte, welche in Gewinden von den Ästen der Bäume herabhängt. Sie lieben das Wasser, trinken große Mengen davon und gefallen sich im Schlamm. Die größeren Inseln allein haben Quellen, diese aber liegen immer nach der Mitte zu und in einer beträchtlichen Höhe. Wenn also die Schildkröten, welche in Niederungen herbergen, trinken wollen, müssen sie weite Strecken zurücklegen. Eine Folge hiervon sind breite und wohl ausgetretene Pfade in jeder Richtung von den Quellen bis zur Meeresküste: die Spanier entdeckten zuerst die Wasserplätze, indem sie den Pfaden folgten."

Kein Tier kann zuträglicheres, süßeres und schmackhafteres Fleisch bieten als diese Schildkröten. Das Fleisch wird sowohl frisch wie gesalzen vielfach verwendet, und aus dem Fett wird ein schönes, helles Öl bereitet.

Sumpfschildkröten

Alle *Sumpfschildkröten* (Emydidae) leben nur in feuchten Gegenden, die meisten im Wasser der langsam fließenden Flüsse, der Teiche und Seen; im Meer hat man sie, soviel mir bekannt

Riesenschildkröte

ist, noch niemals beobachtet. Sie dürfen als gutbegabte Wassertiere bezeichnet werden. Ihr Gang auf festem Land ist unbeholfen und langsam, obwohl er bedeutend schneller ist als der aller eigentlichen Landschildkröten, ihre Schwimmbewegung ist dagegen ungemein rasch und auffallend gewandt. Man sieht sie ruhig auf der Oberfläche des Wassers liegen oder umherschwimmen, beim geringsten, verdächtig erscheinenden Geräusch aber blitzschnell in die Tiefe tauchen, um sich in demselben Augenblick im Schlamm oder unter Wurzeln zu verbergen. Sie nähren sich hauptsächlich von tierischen Stoffen, und zwar von kleineren Säugetieren, Vögeln, Kriechtieren, Lurchen, Fischen und wirbellosen Tieren, nehmen wahrscheinlich auch, solange sie tierische Beute gewinnen können, Pflanzenstoffe nicht an, ziehen wenigstens in der Gefangenschaft Fleisch im weitesten Sinne Kartoffeln oder Brot entschieden vor.

Bei herannahendem Winter graben sie sich ziemlich tief in den Boden ein und verbringen hier die ungünstigste Jahreszeit in einem todähnlichen Zustand. Dasselbe tun sie in den Äquatorländern, in denen die Dürre ihre Wohngewässer zeitweilig austrocknet, während der dürren, winterlichen Jahreszeit.

Unter den Sumpfschildkröten beschränken wir uns auf die Schilderung unserer einheimischen Art. Der Rückenschild der *Teichschildkröte* oder *Europäischen Sumpfschildkröte* (Emys orbicularis) ist mäßig gewölbt, eine Nackenplatte und doppelte Schwanzplatte ist vorhanden, der mit jenem durch ein Knorpelband verbundene Brustschild ist breit und vorn aus zwölf Platten und zwei beweglichen Stücken zusammengesetzt; doch sind letztere zu klein, um die Öffnung des Rückenschildes vollständig schließen zu können. Die Vorderfüße haben fünf, die Hinterfüße vier Krallen, die einen wie die anderen wohl entwickelte Schwimmhäute. Glatte Haut bekleidet den Kopf, wogegen die Beine, zumal die vorderen, mit großen Schuppen bedeckt sind. Dem ziemlich langen Schwanz fehlt der die Spitze vieler Schildkröten umhüllende Nagel. Sie erreicht eine Gesamtlänge von 35 cm, wovon 10 cm auf den Schwanz zu rechnen sind, der Panzer hat eine Länge von 25 cm. Die ungepanzerten Teile sind auf schwärzlichem Grunde hin und wieder mit gelben Punkten, die Platten des Rückenpanzers auf schwarzgrünem Grunde durch strahlenartig verlaufende, gleichsam gespritzte Punktreihen von gelber Färbung gezeichnet, die des Brustschildes schmutziggelb, unregelmäßig und spärlich braun gepunktet oder strahlenartig geflammt; alle ändern in Färbung und Zeichnung vielfach ab.

Als die wahre und vielleicht ursprüngliche Heimat der Teichschildkröte muß man den Osten und Südosten unseres Erdteiles ansehen. In Deutschland bewohnt sie noch fließende und stehende Gewässer in Brandenburg, Mecklenburg und Sachsen, insbesondere das Gebiet der Elbe und Oder. Unter allen Schildkröten dringt sie am weitesten nach Norden vor, verbreitet sich zudem auch über ein ausgedehnteres Gebiet als irgendeine ihrer Verwandten.

Über die Fortpflanzung der Teichschildkröten, zumal über das Eierlegen, hat *Miram* in sehr eingehender Weise berichtet. Das Eierlegen findet immer abends vor Sonnenuntergang, gegen 19 oder 20 Uhr, statt; da aber gleichzeitig das Graben und Zudecken des Nestes vor sich geht, so dauert dasselbe fast die ganze Nacht hindurch. Am 28. Mai 1849, einem sehr warmen, schönen Sommertage, legten nach anhaltender Dürre zur gleichen Zeit fünf Schildkröten ihre Eier und fanden sich an besagter Stelle schon um sieben Uhr abends ein. Sie versammelten sich nicht innerhalb eines engen Raumes, sondern hielten sich in bedeutender Entfernung voneinander. Nachdem sie sich einen bequemen, von allen Pflanzen freien Platz erwählt, entleerten sie eine ziemliche Menge Harn, wodurch der Erdboden zwar oberflächlich, doch ausreichend erweicht wurde, und fingen nun an, mit dem Schwanz, dessen Muskeln straff angezogen waren, eine Öffnung in die Erde zu bohren, und zwar so, daß die Spitze des Schwanzes fest gegen den Boden gedrückt wurde, während der obere Teil desselben kreisförmige Bewegungen ausführte. Durch dieses Bohren entstand eine kegelförmige, oben weitere, unten engere Öffnung, in welche die Schildkröten, um den Boden zu erweichen, noch mehrmals kleine Mengen von Harn fließen ließen. Nachdem diese Öffnung ausgebohrt war und eine Tiefe erlangt hatte, die fast den ganzen Schwanz aufnahm, begannen sie mit den Hinterfüßen das Loch weiter zu graben. Zu diesem Zweck schaufelten sie abwechselnd bald mit dem rechten, bald mit dem linken Hinterfuß die Erde heraus, wobei sie dieselbe jedesmal an dem Rand der Grube wallartig aufhäuften. Bei diesem Vorgang wirkten die Füße ganz wie Menschenhände; die Schildkröten kratzten, mit dem rechten Fuß von rechts nach links und mit dem linken Fuß von links nach rechts abwechselnd, jedesmal gewissermaßen eine Handvoll Erde heraus, legten sie sorgfältig in einiger Entfernung vom Rande der Grube im Kreise nieder und arbeiteten so lange weiter, wie die Füße noch Erde erreichen konnten. Der Körper war während dieser ganzen Zeit fast unbeweglich, der Kopf nur zum kleineren Teil aus dem Brust- und Rückenschild herausgetreten. Auf diese Weise brachte jede Schildkröte eine Höhle zustande, die etwa 12 cm Durchmesser hatte, im Inneren aber bedeutend weiter wurde und sich daher beinahe eiförmig gestaltete. Der ganze Vorgang hatte bis dahin wohl etwas mehr als eine Stunde gedauert.

Ohne ihre Stellung zu verändern, begann die Schildkröte unmittelbar darauf mit dem Eierlegen, welches nicht minder merkwürdig war. Es trat nämlich aus der Afteröffnung ein Ei hervor, welches von der, man möchte sagen, Handfläche des Hinterfußes vorsichtig aufgefangen wurde, die es, indem der Fuß in die Höhle hinablangte, auf den Boden herabgleiten ließ. Hierauf zog sich der eben in Tätigkeit gewesene Fuß zurück, und der andere fing auf dieselbe Art ein zweites aus dem After heraustretendes Ei auf und barg es wie das vorhergehende in der Höhle; so nahm abwechselnd bald der eine, bald der andere Hinterfuß ein Ei ab, um es in das Nest hinabzuführen. Die Schale der Eier war beim Hervortreten zum Teil noch weich, erhärtete aber rasch an der Luft. Ihre gewöhnliche Anzahl war neun, sehr selten weniger. Da die Eier sehr schnell aufeinanderfolgten, oft schon nach einer Minute, seltener nach einer Pause von 2–3 Minuten, so dauerte das Eierlegen ungefähr eine viertel, selten eine halbe Stunde.

Nach dem Eierlegen schien das Tier sich etwas zu erholen; ohne irgendeine Bewegung auszuführen lag es da. So mochte wohl eine halbe Stunde vergehen, bis die Schildkröte ihre letzte, wie es scheint, aber auch anstrengendste Tätigkeit begann, welche darin bestand, die Höhle zu verschütten und dem Erdboden gleichzumachen.

Zu diesem Zweck zog sie den Schwanz wieder an die Seite des Leibes, stellte auch den Fuß wieder zurück und an sich; der andere faßte eine Handvoll Erde, brachte sie vorsichtig in die Höhle hinab und streute sie ebenso sorgsam über die Eier aus. Hierauf wurde dasselbe mit jenem Fuß ausgeführt und so abwechselnd bald mit dem einen, bald mit dem anderen, solange die Erde des aufgeworfenen Walles ausreichte. Die letzten Händevoll Erde wurden jedoch nicht mit derselben Vorsicht in die Grube gebracht wie die früheren: Das Tier bemühte sich im Gegenteil, die Erde mit dem äußeren Rande des Fußes fester anzudrücken. War in ungefähr einer halben Stunde die von dem Wall genommene Erde verbraucht, so trat abermals eine ebensolange Ruhepause ein. Hierauf erhob sich die Schildkröte, schob den Kopf zwischen den Schildern hervor und umkreiste das Nest, gleichsam um sich zu überzeugen, wie ihr Werk gelungen war. Und nunmehr begann sie, mit dem Hinterteil des Brustschildes auf dem durch die aufgeworfene Erde entstandenen Hügel zu stampfen. Dabei hob sie den Hinterteil des Körpers in die Höhe und ließ ihn wieder mit einer gewissen Wucht herabfallen. Dieses Stampfen wurde in einem Kreise ausgeführt und war eine sehr anstrengende Arbeit; denn das Tier führte alle Bewegungen mit erstaunlicher, von einer Schildkröte kaum zu erwartenden Schnelligkeit aus und achtete dabei auf eine außerordentliche Sorgfalt, wodurch es denn auch möglich wurde, alle Spuren zu verwischen, die unter Umständen auf das an dieser Stelle errichtete Nest hätten hindeuten können.

Die solcherart in eine Tiefe von ungefähr 8 cm unter der Oberfläche der Erde gelegten Eier blieben dort bis zum April des nächsten Jahres liegen; dann erst, gewöhnlich zwischen dem 15. und 20. des Monats, schlüpfen die Jungen aus. Diese haben eine Länge von 15 bis 20 mm. Wenn sie nicht mit noch anhängendem Dottersack erscheinen, bemerkt man wenigstens meist in der Mitte des Brustschildes, zwischen den Brustplatten, die Spuren des Dotterschlauches.

„Gegen elf Uhr vormittags", schildert *Alexander v. Humboldt,* „stiegen wir an einer Insel mitten im Strome aus, welche die Indianer in der Mission Uruana als ihr Eigentum betrachten. Die Insel ist berühmt wegen ihres Schildkrötenfanges oder, wie man hier sagt, wegen der Eierernte, welche jährlich hier gehalten wird. Wir fanden mehr als 300 Indianer unter Hütten aus Palmenblättern gelagert. Außer des Guanos und Otomakos aus Uruana, welche beide für wilde, unbezähmbare Stämme gelten, waren Karaiben und andere Indianer vom unteren Orinoko zugegen. Jeder Stamm lagerte für sich und unterschied sich durch die Farbe, mit welcher die Haut bemalt war. In dem lärmenden Haufen bemerkten wir einige Weiße, namentlich Krämer aus Angostura, welche den Fluß heraufgekommen waren, um von den Eingeborenen Schildkröteneieröl zu kaufen, trafen auch den Missionar von Uruana, welcher uns erzählte, daß er mit den Indianern wegen der Eierernte herübergekommen sei, um jeden Morgen unter freiem Himmel die Messe zu lesen, besonders aber, um diesen ‚Freistaat der Indianer und Kastilianer', in welchem jeder für sich allein haben wolle, was Gott allen beschert, in Ordnung zu halten.

In Begleitung dieses Missionars und eines Krämers, welcher sich rühmte, seit zehn Jahren zur Eierernte zu kommen, umgingen wir die Insel, welche man besucht wie bei uns zulande die Messen. Wir befanden uns auf einem ebe-

Europäische Sumpfschildkröte

nen Sandstrich. ‚Soweit das Auge an den Ufern hinreicht', sagte man uns, ‚liegen Schildkröteneier unter der Erdschicht.' Die Uferstrecken, auf denen fast sämtliche Schildkröten des Orinoko sich alljährlich zusammenzufinden scheinen, liegen zwischen dem Zusammenflusse des Orinoko und Apure und den großen Fällen oder Raudales, und hier finden sich die drei berühmtesten Fangplätze. Eine Art, die Arrauschildkröte, geht, wie es scheint, nicht über die Fälle hinauf."

Die *Arrauschildkröte* (Podocnemis expansa), ein großes Tier von 1 m Panzerlänge, vertritt die Gattung der **Schienenschildkröten** (Podocnemis), die durch folgende Merkmale gekennzeichnet sind: Dem mäßig gewölbten Rückenschild, dessen Rand waagerecht vorspringt, fehlt die Nackenplatte, dem Brustschild die Achsel- und die Leistenplatte. Die Schwanzplatte ist doppelt; die auffallend kleinen Armplatten erreichen kaum die halbe Größe der Brustplatten. Große, dicke Schilder bekleiden den Kopf, der wegen der tiefen und breiten Furche zwischen den Augen besonders auffällt; ein oder zwei Bärtel hängen vom Kinn herab. Auch die Vorderarme und das Außenende der Hinterfüße werden von einigen Schuppen bedeckt; im übrigen ist die Haut der Glieder wie die des Halses nackt. Die Schwimmhäute sind, wie zu erwarten, sehr stark entwickelt.

Außer dem Orinoko bewohnt die Arrauschildkröte übrigens in großer Anzahl die Flüsse Guayanas, den Amazonas mit seinen Verzweigungen und andere Ströme Brasiliens, kommt auch in den nördlichen Provinzen von Peru vor, hat also ein sehr ausgedehntes Verbreitungsgebiet.

„Die Zeit, in welcher der Arrau seine Eier legt", fährt *Humboldt* fort, „fällt mit dem niedrigsten Wasserstande zusammen. Da der Orinoko von der Frühlings-Tagundnachtgleiche an zu steigen beginnt, so liegen von Anfang Januar bis zum 29. März die tiefsten Uferstrecken trocken. Die Arraus sammeln sich schon im Januar in großen Schwärmen, gehen aus dem Wasser und wärmen sich auf dem Sande in der Sonne, weil sie, nach Ansicht der Indianer, zu ihrem Wohlbefinden notwendig starker Hitze bedürfen und die Sonne das Eierlegen befördert. Während des Februars findet man die Arraus fast den ganzen Tag auf dem Ufer: Anfang März vereinigen sich die zerstreuten Haufen und schwimmen nun zu den wenigen Inseln, auf denen sie gewöhnlich ihre Eier legen: Wahrscheinlich kommt dieselbe Schildkröte jedes Jahr an dasselbe Ufer. Wenige Tage vor dem Legen erscheinen viele Tausende von ihnen in langen Reihen an den Ufern der Inseln Cucuruparu, Uruana und Pararuma. Die Indianer, denen viel daran liegt, daß die vereinigten Schwärme auch zusammenbleiben, stellen längs des Ufers Wachen auf, damit sich die Tiere nicht zerstreuen, sondern in aller Ruhe ihre Eier legen können. Man bedeutet den Fahrzeugen, mitten im Strome sich zu halten und die Schildkröten nicht durch ihr Geschrei zu verscheuchen.

Die Eier werden immer bei Nacht, aber gleich von Sonnenuntergang an, gelegt. Das Tier gräbt mit seinen Hinterfüßen, welche sehr lang sind und krumme Klauen haben, ein meterweites und 60 cm tiefes Loch.

Die Indianerlager an den oben genannten Orten werden in den letzten Tagen des März oder ersten Tagen des April eröffnet. Die Eierernte geht das eine Mal vor sich wie das andere. Jeder Stamm durchwühlt das Ufer nach seiner eigenen Weise, und es werden unendlich viele Eier mutwillig zerbrochen, weil man nicht vorsichtig gräbt und mehr Eier findet, als man mitnehmen kann. Den Jesuiten gebührt das Verdienst, die Ausbeutung geregelt zu haben. Sie gaben nicht zu, daß das ganze Ufer aufgegraben wurde, ließen vielmehr ein Stück unberührt liegen, weil sie sich sorgten, die Schildkröten möchten, wenn nicht ausgerottet werden, ja doch bedeutend abnehmen. Jetzt wühlt man das ganze Ufer rücksichtslos um; man meint aber auch zu bemerken, daß die Ernten von Jahr zu Jahr geringer werden.

Das Ufer von Uruana gibt jährlich tausend Krüge Öl. Der ganze Ertrag der Uferstrecken, auf denen jährlich Ernte gehalten wird, läßt sich auf 5000 Krüge anschlagen. Da nun 200 Eier eine Weinflasche voll Öl geben, so kommen 5000 Eier auf einen Krug. Nimmt man an, jede Schildkröte gebe 100–116 Eier, und ein Drittel werde während des Legens, namentlich von den ‚närrischen Schildkröten', zerbrochen, so ergibt sich, daß, um diese 5000 Krüge Öl zu füllen, 330 000 Arrauschildkröten auf den drei Ernteplätzen 33 Millionen Eier legen müssen. Und mit dieser Rechnung bleibt man noch weit unter der wahren Anzahl. Viele Schildkröten legen nur 60–70 Eier; viele werden im Augenblicke, wo sie aus dem Wasser gehen, von den Jaguars gefressen."

Meeresschildkröten

Durch die zu Flossen umgestalteten Beine, deren vordere die hinteren an Länge bedeutend übertreffen, unterscheiden sich die Meeresschildkröten (Cheloniidae) von ihren Ordnungsverwandten. Jeder ihrer Füße bildet eine lange, breitgedrückte Flosse, die mit denen der Robben große Ähnlichkeit hat; die Zehen werden gemeinsam von einer Haut überzogen und dadurch unbeweglich, verlieren auch größtenteils die Nägel, da nur die beiden ersten Zehen jedes Fußes, und diese nicht immer, spitze Klauen tragen. Außerdem sind die Meeresschildkröten gekennzeichnet durch den herzförmigen, vorn rundlich gerandeten, hinten zugespitzten, flach gewölbten, gegen das Ende der Rippen unvollkommen verknöcherten Rückenpanzer, in den die Gliedmaßen nicht zurückgezogen werden können, die Bildung des Brustpanzers, dessen einzelne Stücke keinen zusammenstoßenden Schild herstellen, sondern durch Knorpel verbunden werden, die Art der Beschuppung oder Beschilderung, den kurzen, dicken, runzligen, halb zurückziehbaren Hals, den kurzen, starken, vierseitigen Kopf und die nackten, mit scharfen, zuweilen am Rande gezähnelten Hornschneiden bedeckten Kiefer, die sich an der Spitze hakenförmig überbiegen und so ineinanderpassen, daß die oberen die unteren vollständig in sich aufnehmen, die großen, vorspringenden Augen und die sehr kleinen Nasenlöcher, die eigentümliche Beschilderung des Kopfes und der Füße und den kurzen, stumpfen, mit Schuppen bekleideten Schwanz usw.

Alle zu dieser Gruppe zählenden Schildkröten leben im Meere, zuweilen Hunderte von Seemeilen von der Küste entfernt, schwimmen und tauchen vorzüglich und begeben sich nur, um ihre Eier abzulegen, auf das Land. Inwieweit sich die Lebensweise der einzelnen Arten unterscheidet, ist schwer zu sagen, weil man ausführliche Beobachtungen über alle Seeschildkröten eigentlich nur während der Fortpflanzungszeit oder, richtiger, während des Eierlegens angestellt hat, von ihrem Leben im Meer aber nicht viel mehr weiß, als bereits die Alten wußten. Ich beschränke daher meine Schilderung auf einige bekannte Arten.

Die *Suppenschildkröte* (Chelonia mydas) ist ein sehr großes Tier von etwa 1,40 m Länge und 250 kg Gewicht. Sie ist besonders gekennzeichnet durch den vorn nicht hakig gekrümmten und vorgezogenen, sondern abgestumpften, im übrigen aber scharfen, feingezähnelten Kiefer, durch die neben-, nicht übereinanderliegenden Platten des Rückenschildes und ein einziges Schilderpaar zwischen den Nasenlöchern und dem Stirnschild. Alle übrigen Merkmale ändern so vielfach ab, daß sie zur Aufstellung von etwa zehn verschiedenen Arten Veranlassung gegeben haben. Die ebensowenig beständige Färbung der Oberseite ist in der Regel ein düsteres Bräunlichgrün, die der Unterseite ein vielfach bläulich und rötlich geädertes Schmutzigweiß.

Mit Ausnahme des Mittelmeeres, in dem sie durch andere Seeschildkröten vertreten wird, bewohnt die Suppenschildkröte alle Meere des heißen und gemäßigten Gürtels; ihr Bestand ist gefährdet.

Die Suppenschildkröten sind, wie ihre sämtlichen Verwandten, vollendete Meerestiere. Sie halten sich vorzugsweise in der Nähe der Küste auf, finden sich nicht allzu selten vor oder in den Mündungen größerer Flüsse oder

Ströme ein, werden aber doch oft auch sehr weit davon entfernt, manchmal mitten im Meer gefunden. Hier sieht man sie nahe der Oberfläche umherschwimmen, zuweilen wohl auch, anscheinend schlafend, auf ihr liegen, bei der geringsten Störung aber sofort in der Tiefe verschwinden. Man sagt ihnen nach, daß sie auf dem Lande mit so vielen Männern, wie auf ihrem Rückenschild Platz haben, große mit 14 Mann, fortkriechen können; ihre wahre Beweglichkeit entfalten sie aber doch nur im Wasser. Sie erinnern, wenn sie sich hier tummeln, auf das allerlebhafteste an große fliegende Raubvögel, z. B. Adler; denn sie schwimmen wundervoll, mit ebensoviel Kraft wie Schnelligkeit, mit ebenso unwandelbarer Ausdauer wie Anmut; sie schwimmen ebenso ausgezeichnet in unterschiedlicher Tiefe und nehmen im Wasser alle denkbaren Stellungen ein, indem sie bald mehr, bald weniger die waagerechte Lage verändern. Da, wo sie häufig sind, sieht man manchmal geradezu Herden von diesen geselligen Tieren.

Abweichend von der verwandten Karette, die ein echtes Raubtier ist, frißt die Suppenschildkröte hauptsächlich Seepflanzen, insbesondere Tange, und verrät sich dort, wo sie häufig ist, durch die von ihr abgebissenen Teile dieser Pflanzen, die auf der Oberfläche des Meeres umherschwimmen. So gibt, übereinstimmend mit fast allen Berichterstattern, auch *Holbrook* an und fügt, *Audubons* Mitteilungen wiederholend, hinzu, daß sie die zartesten Teile einer Seepflanze (Zostera marina), welche geradezu Schildkrötengras genannt werde, allen übrigen Meeresgewächsen vorziehe. Auch die Gefangenen soll man, wie er bemerkt, ausschließlich mit Pflanzenstoffen, und zwar mit Portulak füttern. Ich bin nicht imstande, diesen Angaben zu widersprechen, muß jedoch bemerken, daß nicht allein meine gefangene Karette, sondern auch die in demselben Becken untergebrachten Suppenschildkröten Fischfleisch begierig fraßen.

Zu gewissen Zeiten verlassen die weiblichen Suppenschildkröten das hohe Meer und steuern bestimmten, altgewohnten Plätzen zu, um auf ihnen ihre ca. 100–110 Eier abzulegen. Die Schlüpfzeit beträgt 52–60 Tage. Sie wählen hierzu sandige Stellen am Strand unbewohnter Inseln oder vom menschlichen Getriebe entfernte Küstenstrecken und suchen ein und denselben Legeplatz, wenn nicht während ihres ganzen Lebens, so doch während eines gewissen Zeitraumes immer wieder auf, auch wenn sie über Hunderte von Seemeilen wandern müßten.

Die menschenleeren, wilden Küsten Brasiliens, die von den Schildkröten zum Legen benutzt werden, wurden früher in der Legezeit von allen in der Nachbarschaft wohnenden Indianern besucht. Die Indianer töten die Meeresschildkröten wegen des Öls, das in ihrem Fleisch enthalten ist, kochen dasselbe und sammeln die zahlreichen Eier, die im Sand oder noch im Leibe des Tieres enthalten sind, in großen Körben, um sie zu Hause zu verzehren. In ähnlicher Weise wird den nutzbringenden Tieren an allen Küsten, die sie zum Eierlegen besuchen, nachgestellt.

Die *Echte Karettschildkröte* oder die *Karette* (Eretmochelys imbricata) ist merklich kleiner als die Suppenschildkröte, ist dieser aber in Bau und Gestalt sehr nahe, unterscheidet sich von der Verwandten jedoch in allen Altersstufen durch den mehr oder minder stark hakigen Oberkiefer, die Beschilderung des Kopfes, die zwischen den Nasenlöchern und dem Stirnschild zwei aufeinanderfolgende Schilderpaare zeigt sowie durch die stets mehr oder minder deutlich dachziegelartig, also zum Teil übereinanderliegenden Platten des Rückenschildes, auf deren mittlerer oder Wirbelreihe meist auch ein Längskiel hervortritt. Alle Platten des Rückenschildes sind auf düster grünlich- bis schwarzbraunem Grunde flammenartig gezeichnet, indem von einer Stelle, in der Regel vom hinteren Winkel des einzelnen Schildes aus, lichtere durchsichtige, rosarötlich, rotbraun, ledergelb und ähnlich gefärbte Streifen auslaufen, die sich unter Umständen so verbreitern können, daß die ursprünglich dunkle Färbung der Schilder als Zeichnung erscheint; die Platten des Brustschildes sind auf gelblichweißem Grunde teilweise schwarz gefleckt oder geflammt, Kopf, Hals und Glieder oben und unter dem Grunde des Rücken- und Brustschildes gleich, unten aber gegen den Rand oder das Ende der Flossen zu dunkel gefärbt, jedoch nicht gezeichnet oder geflammt.

Die Karette erreicht eine Größe von etwa 90 cm. Wie es scheint, fällt das Verbreitungsgebiet der Karette ziemlich mit dem der Suppenschildkröte zusammen.

Auch in ihrem Auftreten und Gebaren, ihrer Lebensweise, ihren Sitten und Gewohnheiten stimmt, soviel uns bekannt ist, die Karette mit der Suppenschildkröte überein. Sie ist aber ein Raubtier in des Wortes vollster Bedeutung, verschmäht Pflanzennahrung wahrscheinlich ganz und hält sich wohl ausschließlich an tierische Stoffe. Neben Weichtieren bilden wahrscheinlich Fische den Hauptteil der Nahrung dieses Tieres, dessen Schwimmfertigkeit auch den Fang gewandter Arten glaubhaft erscheinen läßt.

Die treue, um nicht zu sagen hartnäckige Anhänglichkeit der Tiere an ihren Geburtsort hat die beklagenswerte Folge, daß sie in auffallender Weise abnehmen. Denn auch ihnen stellt der Mensch mit der nur ihm eigenen Unerbittlichkeit und Rücksichtslosigkeit nach. Ihr Fleisch wird in dem von ihr besuchten Gelände gegessen. Man fängt aber die Karetten besonders wegen des Schildpatts, von welchem eine ausgewachsene 2–8 kg liefern kann. Auch bei Gewinnung dieses kostbaren Handelsgutes werden abscheuliche Grausamkeiten verübt. Das Schildpatt löst sich nur bei bedeutender Erwärmung leicht vom Rückenpanzer ab; die beklagenswerte Karette wird also über einem Feuer aufgehängt und so lange geröstet, bis die gewünschte Wirkung erzielt wurde. Die Chinesen, welche einsahen, daß das Schildpatt durch trockene Wärme leicht verdorben werden kann, bedienen sich des kochenden Wassers zum gleichen Zweck. Nach überstandener Qual gibt man die Karette wieder frei und läßt sie wieder zum Meer laufen, da man glaubt, daß sich das Schildpatt wieder erneuert. Möglich ist es wohl, daß eine derart geschundene Karette noch weiterlebt; schwerlich aber wird sie mehr als einmal gemartert werden; denn so umfassend dürfte die Ersatzfähigkeit des Tieres denn doch nicht sein, daß ihr Schild mit neuen Platten sich decken sollte.

Das Schildpatt übertrifft nicht nur hinsichtlich seiner Schönheit und Güte jede andere Hornmasse, sondern läßt sich auch leicht zusammenschweißen. Es genügt, die einzelnen Tafeln, welche ungleichmäßig dick und spröde sind, in siedend heißes Wasser zu tauchen und sie dann zwischen Holz- und Metallplatten zu pressen.

Lederschildkröten

Die Familie der Lederschildkröten (Dermochelyidae) besteht nur aus einer Art, der *Lederschildkröte* (Dermochelys coriacea), Abb. S. 349, einem riesigen Tiere von 2 m Gesamtlänge und 500–600 kg Gewicht. Die vorderen Glieder übersteigen um mehr als das doppelte die hinteren. Rückenpanzer, Brustpanzer und Füße sind mit einem lederartigen Überzug bedeckt, die Schilder fehlen. Der Rückenpanzer ist sanft gewölbt, vorn ziemlich abgerundet, hinten schwanzartig zugespitzt und durch sieben erhabene Längsrippen in Felder geteilt. Die Unterseite läßt kein deutliches Bauchschild unterscheiden und ist weich und biegsam. Die Färbung ist ein dunkles, heller oder gelbgeflecktes Braun.

Die Lederschildkröte ist Bewohnerin aller tropischen Meere, wird aber gelegentlich auch in kältere Meere verschlagen. Ihre Nahrung soll vorzugsweise, wenn nicht ausschließlich, aus Tieren, insbesondere aus Fischen, Krebsen und Weichtieren bestehen.

KROKODILE ODER PANZERECHSEN

Es hat auf der Erde eine Zeit gegeben, in der die Kriechtiere das große Wort führten. Wahre Ungeheuer lebten vorzugsweise im Meer und später in den Sümpfen und Flüssen; sie sind untergegangen und vernichtet worden bis auf wenige, von denen wir die versteinerten Knochen gefunden haben. Jene Ungeheuer vereinigen die verschiedensten Gestalten in sich, Merkmale von Wal und Vogel, Krokodil und Schlange; eine Echse in Walgestalt ist der Ichthyosaurus, eine Echse mit Flossen und Schlangenhals der Plesiosaurus, eine Echse mit Flughäuten der Pterodaktylus.

Von diesen vorweltlichen Riesen sind noch einige Verwandte, die Krokodile, in unsere Zeit gekommen. In ihrer allgemeinen Gestalt den Eidechsen ähnlich, weichen diese Kriechtiere doch sehr wesentlich durch verschiedene, gewichtige Merkmale von ihnen ab. Sie übertreffen, wenn auch nicht an Gewicht, so doch an Größe alle übrigen Klassenverwandten. Diese Eigenschaften sind es jedoch nicht, welche die weitestgehende Trennung der beiden fordern; viel bedeutsamere Kennzeichen der Krokodile liegen in ihrem inneren Bau, insbesondere in der Bezahnung, der Bildung der Zunge und der Beschaffenheit ihrer Geschlechtswerkzeuge.

Der Rumpf der Krokodile ist gestreckt und viel breiter als hoch, der Kopf flach und niedrig, der Schnauzenteil sehr verlängert, die Schnauzenspalte, entsprechend dem lippenlosen Kiefer, nicht gerade, sondern winkelig gebrochen, der Hals ungemein kurz, der Schwanz länger als der Körper und seitlich stark zusammengedrückt, ein gewaltiges Ruder bildend; die niedrigen Beine haben sehr entwickelte Füße, diese haben an den Vorderfüßen fünf, bis zur Wurzel gespaltene, an den hinteren vier Zehen, die durch ganze oder halbe Schwimmhäute verbunden werden und deren drei erste deutliche Krallennägel tragen. Die kleinen Augen, die durch drei Lider geschützt werden, liegen ziemlich tief in den Höhlen, sind etwas nach oben gerichtet und haben einen länglichen Stern. Die Ohröffnungen können durch eine klappenartige Hautfalte, die Nasenlöcher, die an der Spitze des Oberkiefers nahe beieinanderliegen und halbmondförmig gestaltet sind, durch Aneinanderdrücken ihrer wulstigen Ränder geschlossen werden. Die Afteröffnung bildet eine Längsspalte. Mehr oder weniger viereckige, harte und dicke Schuppen und Schilder decken den Ober- und Unterteil des Leibes und Schwanzes. Die des Rückens zeichnen sich aus durch eine vorspringende Längsleiste oder einen Kiel, die des Schwanzes bilden zwei sägenförmig gezahnte Reihen, welche sich weiter hinten zu einer einzigen verbinden; die an den Seiten des Leibes runden sich. Auf dem Rücken, selbst am Bauche verknöchern einzelne dieser Schilder, und gerade hierdurch erlangt die Haut das Aussehen des Panzers. Auf dem weichen Hautstück hinter dem Kopf liegen die getrennten, in eine oder zwei Reihen geordneten kleinen Nackenschilder; den oberen Teil des Halses nehmen die Halsschilder ein.

Man kennt gegenwärtig 21 mit Bestimmtheit zu unterscheidende Krokodilarten, die in drei natürliche, auf den Zahnbau begründete Gruppen zerfallen. Die Krokodile verbreiten sich über alle Erdteile mit Ausnahme Europas; ihr Wohngebiet beschränkt sich auf den heißen Gürtel und die angrenzenden Teile unseres Erdballes. Am weitesten nach Norden dringen sie in Asien und Amerika vor, am weitesten nach Süden in Amerika und Afrika.

Alle Krokodile bewohnen das Wasser, am zahlreichsten ruhig fließende Ströme, Flüsse und Bäche, kaum weniger häufig Landseen, gleichviel ob diese süß oder salzig sind; ebenso wasserreiche Brüche und Sümpfe, unter Umständen selbst die Küstengewässer des Meeres. Das Land betreten sie nur, um mit aller Bequemlichkeit, von der sie belebenden Sonne durchglüht, zu schlafen, um auf ihm ihre Eier abzulegen, und endlich, um von einem versiegenden Gewässer zu einem anderen, noch nicht vertrockneten Becken oder Fluß zu wandern. Wird ihnen der Weg zu lang oder zu unbequem, so vergraben sie sich einfach in den Schlamm und verweilen in ihm in einem Winterschlaf, bis neue Wasserfülle sie wieder zum Leben weckt.

Wo Krokodile vorkommen, treten sie regelmäßig in Menge auf, und alte und junge leben in erträglichem Frieden miteinander, sowenig auch ein kleines, unbeholfenes Junges vor der Raubgier eines alten seiner eigenen Art gesichert sein mag. Wirbeltiere aller Art, vom Menschen bis zum Fisch, nicht minder auch verschiedene wirbellose, insbesondere Krebs-, Weich- und Kerbtiere, werden den räuberischen Tieren zur Beute.

Sämtliche Krokodile pflanzen sich durch Eier fort. Diese haben annähernd die Größe und Gestalt der Gänseeier und sind mit einer zwar verkalkten, aber doch noch schmiegsamen Schale umkleidet. Das Weibchen legt zwischen 20–100 Eier in eine einfache, in den Sand gescharrte Grube oder in ein aus zusammengescharrten Blättern gebildetes Nest. Nach geraumer Zeit entschlüpfen die von der Sonne bzw. durch die Wärme gärender Pflanzenstoffe gezeitigten Jungen und eilen nunmehr sofort zum Wasser. Im Anfang ihres Lebens wachsen sie rasch, nehmen, bei reichlicher Nahrung selbst in Gefangenschaft, alljährlich um mindestens 30 cm an Länge zu und sind in einem Alter von sechs bis acht Jahren bereits fortpflanzungsfähig. Von dieser Zeit an scheint ihr Wachstum langsamer zu verlaufen; dafür erreicht es aber auch wahrscheinlich erst mit dem Tode sein Ende.

Das bedrohliche und den Menschen stets beeinträchtigende Auftreten der Krokodile, ihre rücksichtslose Raubsucht, der empfindliche Schaden, den sie verursachen, veranlaßt den Menschen überall, wo nicht blinder Glaube sie heilig spricht, zu ihrer berechtigten und unnachsichtlichen Verfolgung und gibt sie so allmählich ganz der Vernichtung preis.

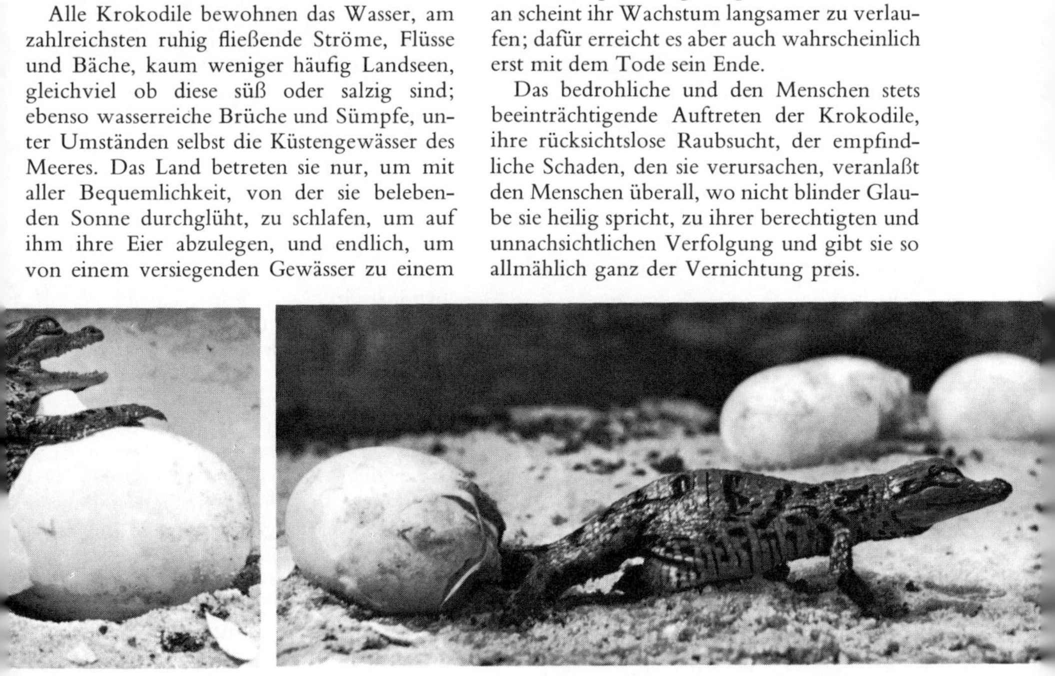

Junge Krokodile beim Ausschlüpfen aus dem Ei

Gaviale

Rüsselkrokodile oder *Gaviale* (Gavialidae) nennt man solche, deren Zwischenkiefer vorn zwei Ausschnitte zur Aufnahme der beiden vordersten Zähne und deren Oberkiefer auf jeder Seite einen Ausschnitt zur Aufnahme des vierten Zahnes besitzen. Die einzige heute noch lebende Art der Familie ist der *Ganges-Gavial, „Mudela“* der Hindus (Gavialis gangeticus), Abb. S. 350, in den Augen der Bewohner der Malabar-Küste ein heiliges, Wischnu, dem Schöpfer und Beherrscher des Wassers, geweihtes Tier, das im Ganges, Brahmaputra und anderen Nebenflüssen des heiligen Stromes gefunden wird.

Der vor den Augen eingeschnürte Kopf, die lange, schmale, flachgedrückte, an der Spitze stark erweiterte Schnauze, die große Anzahl von Zähnen in jedem der beiden Kiefer, die Nackenbeschilderung, die im Verhältnis kleinen Augenhöhlen sowie die schwach entwikkelten Beine unterscheiden den Gangesgavial in jeder Altersstufe von seinen Verwandten. Im Oberkiefer der über alles gewohnte Maß verlängerten Schnauze stehen auf jeder Seite 27–29, im Unterkiefer 24–26 schlanke, leicht gebogene Zähne, so daß das Gebiß aus der außerordentlichen Anzahl von 102–110 ziemlich gleichmäßig und wohlentwickelten Zähnen besteht; die stärksten unter ihnen sind die beiden vorderen Seitenzähne des Oberkiefers und das erste, zweite und vierte Paar des Unterkiefers. Die Färbung der Oberseite ist ein schmutziges Bräunlichgrün, das mit zahlreichen kleinen, dunklen Flecken übersät erscheint, die der Unterseite geht durch Grüngelb in Weiß über. Die Länge der erwachsenen Stücke kann 6 m und darüber betragen.

Unter den Fischen soll der zahnreiche Krokodilgott arge Verwüstungen anrichten. Die Bildung der Schnauze des Gavials spricht auch dafür, daß er sich, wenn nicht ausschließlich, so doch vorzugsweise von Fischen ernährt.

Echte Krokodile

Als Krokodile im engeren Sinne (Crocodylidae) bezeichnen wir alle Arten, bei denen der Zwischenkiefer vorn zwei tiefe Gruben zur Aufnahme der beiden vordersten und jeder Oberkiefer einen Ausschnitt zur Aufnahme des vierten Zahnes auf jeder Seite der Unterkiefer besitzt. Die Anzahl der ungleichen, aber stets sehr kräftigen Zähne beläuft sich auf 18 oder 19 in jedem Ober- und 15 in jedem Unterkiefer, also im ganzen auf 66–68.

Uralter Ruhm verherrlicht, uralte Fabeln und Märchen trüben die Geschichte des bekanntesten aller Krokodile, das im Nil haust und schon in *Herodot* und dem Verfasser des Buches *Hiob* Beschreiber gefunden hat, in dem ersteren einen treuen Berichterstatter von dem, was er während seines Aufenthaltes in Ägypten selbst gesehen und gehört, in dem letzteren einen Dichter, der trotz des Bilderreichtums seiner Sprache den „Leviathan“ vortrefflich kennzeichnet.

„Das Wesen des Krokodils“, so ungefähr läßt sich *Herodot* vernehmen, „ist folgendes: Es bewohnt das Land und das Wasser, legt und brütet die Eier aus auf ersterem und bringt daselbst die meiste Zeit des Tages, die Nacht aber im Flusse zu; denn das Wasser ist des Nachts wärmer als der heitere Himmel und der Tau. Unter allen Tieren wird es aus dem kleinsten das größte. Die Eier sind nicht viel größer als die der Gänse und die Jungen im Verhältnis, ausgewachsen aber wird es siebzehn Ellen lang. Es hat vier Füße, Schweinsaugen, große und vorspringende Zähne, aber keine Zunge; es bewegt auch nicht den Unterkiefer, sondern den oberen gegen den unteren, wie es kein anderes Tier tut. Die Klauen sind stark; die beschuppte Haut kann auf dem Rücken nicht getrennt werden. Im Wasser ist es blind, in der Luft aber sehr scharfsichtig. Da es im Wasser lebt, so hat es das Maul mit Blutegeln angefüllt. Von allen Vögeln und anderen Tieren wird es geflohen, mit dem Vogel Trochylus aber lebt es in Frieden, weil er ihm nützlich ist. Wenn es auf das Land geht und daselbst, gegen den Wind gekehrt, mit offenem Maule liegt, dann schlüpft ihm der Trochylus hinein und frißt die Blutegel; da es sich über diese Dienstleistungen freut, so verletzt es ihn nicht. Während der vier strengen Wintermonate nimmt es keine Nahrung zu sich. In Ägypten heißt es nicht Krokodil, sondern *Champsa*; die Jonier aber nennen es Krokodil wegen seiner Ähnlichkeit mit Eidechsen, welche sich an ihrer Gartenmauer aufhalten.“

Andere Schriftsteller des Altertums, namentlich *Aristoteles*, *Seneca*, *Plinius*, *Plutarch*, *Älian*, *Flavius*, *Vopiscus*, *Amianus* und *Marcellinus* haben ebenfalls über das Krokodil geschrieben und manches Beachtenswerte mitgeteilt, im allgemeinen aber *Herodots* kaum der Wahrheit widersprechenden Bericht nur wenig vervollständigt, wohl aber die einfache Darstellung mit verschiedenen Sagen ausgeschmückt. Viele ihrer Mitteilungen sind von dem alten *Geßner* gesammelt worden. Dennoch stimmen einige Angaben von Herodot nicht. Selbstverständlich bewegt auch das Krokodil seinen Unterkiefer gegen den fest mit dem Kopf verwachsenen Oberkiefer, und eine Zunge ist, wie oben bereits erwähnt, ebenfalls vorhanden.

Im Wasser ruhende Krokodile

Das *Nilkrokodil* (Crocodilus niloticus), Abb. S. 350, soll eine Länge von 10 m erreichen können; doch glaube ich, daß diese Angabe nur auf Schätzung beruht und eine Länge von 6 oder 7 m wohl das höchste ist, welches dem Nil- und jedem anderen Krokodil in Wahrheit zugesprochen werden darf. Von dem ihm sehr nahe verwandten *Sumpfkrokodil* (Crocodilus palustris) aus Südasien und dem ihm ebenso nahestehenden *Siamkrokodil* (Crocodilus siamensis) unterscheidet es sich vornehmlich durch die Beschaffenheit der Haut des Halses und der Seiten, die bei ihm mit glatten Horntäfelchen, bei jenem mit stark gewölbten Höckern und vereinzelt dazwischen stehenden gekielten Schildern bedeckt ist. Hinter dem Schädel liegen vier gekielte Schildchen paarweise beisammen, auf dem Nacken deren sechs; die Anzahl der Querreihen des Rückenteils ist verschieden, beträgt aber gewöhnlich 15 oder 16, die Anzahl der Schwanzschilde 17–18 paarige und 18–20 einfache. Ein dunkles Bronzegrün, das auf dem Rücken kleine schwarze Flecken zeigt, bildet die Grundfärbung, geht an den Seiten des Rumpfes und Halses in unregelmäßig stehende dunklere Flecken und auf der unteren Fläche des Körpers in Schmutziggelb über, scheint aber darüber hinaus vielen Abänderungen unterworfen zu sein.

Wahrscheinlich gehören alle Krokodile, die das Festland von Afrika und Madagaskar bewohnen, nur zu dieser einen Art. Angenommen, daß es nur eine Art gibt, haben wir als Heimat derselben alle größeren Gewässer Afrikas anzusehen, den Nil und seine Zuflüsse, alle fließenden und stehenden Süßgewässer Ostafrikas von kleinen Küstenbächen an bis zu den Strömen Moçambiques und Südafrikas, den Gabun, Niger, Tschad und Senegal sowie alle Seen Innerafrikas und die größeren Flüsse Madagaskars. In Ägypten ist das Krokodil heute ausgerottet. Die Pfeile und Schleudersteine, von denen in *Hiob* zu lesen ist, konnten es freilich nicht verjagen: die Büchsen- und Flintenkugeln haben es doch getan.

Eine Sandbank, auf der sich das Krokodil behaglich sonnen kann, ist Haupterfordernis zur Wahl seines Standortes. Rauschende Stellen im Strome liebt es nicht; in den Stromschnellen findet man es höchst selten. Den einmal gewählten Standort behauptet es mit großer Beharrlichkeit und Zähigkeit. Wir wurden stets im voraus auf die krokodilreichen Stellen des Stromes aufmerksam gemacht, und greise Männer versicherten uns, daß sie schon seit ihrer Kindheit ein und dasselbe Krokodil auf einer bestimmten Sandbank gesehen hätten. In der Regenzeit unternimmt es jedoch zuweilen kleine Reisen landeinwärts, freilich nur in Regenströmen oder den unter Wasser gesetzten Urwäldern.

Man ist geneigt zu glauben, daß das Krokodil nicht gewandt ist, irrt sich jedoch hierin vollständig. Im Wasser zeigt es sich höchst behend, schwimmt und taucht mit großer Schnelligkeit in jeder Wassertiefe und zerteilt die Fluten wie ein Pfeil die Luft. Sein ungemein kräftiger Schwanz bildet ein vortreffliches Ruder, und die wohlentwickelten Schwimmhäute an den Hinterfüßen unterstützen es wesentlich in jeder von ihm beabsichtigten Bewegung oder jeder ihm erwünschten Lage im Wasser. Wenn es hier ruhen will, senkt es den hinteren Teil seines Leibes in schiefer Richtung in die Flut, so daß nur sein Kopf der ganzen Länge nach waagerecht auf der Oberfläche liegt, und erhält sich von Zeit zu Zeit, anscheinend halb unbewußt, durch schwache Ruderstöße in derselben Lage, kann aber auch regungslos verweilen, falls es die Lungen mehr als sonst voll Luft gepumpt hat; wenn es sich auf den Boden eines Gewässers niederlassen will, entleert es rasch die Luftwege und stürzt sich nun kopfüber in die Tiefe, wobei es, atmenden Delphinen vergleichbar, einen Teil des Rückens und meist auch die Schwanzspitze zeigt; wenn es schnell eine Strecke durcheilen will, schwingt es den Schwanz seitlich hin und her und rudert gleichzeitig mit den Hinterfüßen, welche, wie es scheint, vorzugsweise zum Steuern benutzt werden. Auch auf dem Lande bewegt es sich durchaus nicht ungeschickt, obgleich es hier nur ausnahmsweise weitere Strecken zurücklegt. Wenn es auf die Sandbänke herauskriecht, geschieht dies in der Regel sehr langsam; es bewegt einen Fuß nach dem andern und trägt den Leib, welcher hinten mehr als vorn erhoben wird, dabei so tief, daß er auf dem Sande schleppt; befindet es sich aber am Lande in einiger Entfernung vom Fluß, so stürzt es, aufgeschreckt, sehr rasch dem Wasser zu, und ebenso schnell schießt es aus dem Wasser auf das Land heraus, wenn es eine hier erspähte Beute wegnehmen will.

Über die höheren Fähigkeiten des Krokodils läßt sich schwer ein Urteil fällen. *Herodot* ist über den Gesichtssinn falsch berichtet worden: denn das Tier sieht unter Wasser vorzüglich scharf und auf dem Lande gut genug; der Vater der Geschichte gelangt jedoch zu seinem Recht, wenn man ihn so verstehen will, daß man das Gesicht nicht als den schärfsten aller Sinne bezeichnet. Als solcher muß das Gehör angesehen werden. Das Krokodil hört jedenfalls besser als andere, möglicherweise als alle übrigen Kriechtiere, vernimmt, wie man sich bei versuchten Jagden leicht überzeugen kann, das unbedeutendste Geräusch und verdankt bei Gefahr seinem scharfen Gehör weitaus in den meisten Fällen Rettung oder Sicherung. Unentwickelt, um nicht zu sagen stumpf, erscheinen uns dagegen Geruch, Geschmack und Gefühl.

Mit seinesgleichen lebt es in geselligem Einvernehmen, außer zur Paarungszeit mit gleich großen in Frieden, während es kleineren der eigenen Art stets gefährlich bleibt, denn wenn sich der Hunger regt, vergißt es jede Rücksicht. Um andere Tiere bekümmert es sich nur insofern, als es sich darum handelt, eines von ihnen zu ergreifen und zu verspeisen; denjenigen, die es nicht erhaschen kann, gestattet es, sich in seiner unmittelbaren Nähe herumzutreiben: daher denn auch die scheinbare Freundschaft zu dem früher von mir geschilderten Vogel, seinem Wächter.

Das Krokodil ist fähig, dumpfbrüllende Laute auszustoßen, läßt seine Stimme aber nur bei größter Aufregung vernehmen. Ich halte es für möglich, daß man es monatelang beobachten kann, ohne einen Laut von ihm zu hören; wird das Tier aber plötzlich erschreckt oder wird ihm eine Wunde beigebracht, bricht es in dumpfes Gemurr und selbst in lautes Gebrüll aus. Junge, vor kurzem erst aus dem Ei geschlüpfte Krokodile lassen einen eigentümlich quakenden Laut vernehmen.

Mit Eintritt der Dämmerung beginnt die Zeit der Jagd, die während der ganzen Nacht, vielleicht auch noch in den Morgenstunden fortgesetzt wird und vorzugsweise den Fischen im Strome gilt. Daß auch große, schwerleibige, anscheinend unbeholfene Krokodile diese behenden Wasserbewohner zu fangen verstehen, unterliegt keinem Zweifel, weil Fische die eigentliche, um mich so auszudrücken, natürliche Nahrung aller Panzerechsen bilden. Neben diesen fängt das Krokodil jedoch auch alle unvorsichtig zur Tränke an den Fluß kommenden größeren und kleineren Säugetiere, ja sogar Sumpf- und Wasservögel. Es naht sich den Tränk- oder Ruhestellen seiner Beute mit großer Vorsicht, versenkt sich vollkommen unter das Wasser, schwimmt langsam und geräuschlos herbei und steckt beim Atmen eben nur die Nasenlöcher aus dem Wasser heraus; beim Angriff dagegen schießt es, wie ich schon mehrfach beobachten konnte, blitzschnell und in gerader Richtung auf das Ufer herauf. Niemals denkt es daran, eine verfehlte Beute auf dem Lande zu verfolgen: Mit wahrem Vergnügen sahen wir eine trinkende Antilope plötzlich mit zwei gewaltigen Sätzen die Uferhöhe gewinnen und bis zu deren Hälfte in demselben Augenblick ein Krokodil emporschießen. Vögel täuscht es durch seine scheinbare Ruhe oder Unachtsamkeit und Unbeweglichkeit, tut, als bekümmere es sich gar nicht um deren

Seite 349: Lederschildkröte (o.); das Schuppentier (u.) gehört zur Ordnung Pholidota und ist das einzige mit Schuppen bedeckte Säugetier
Seite 350: Ganges-Gavial (o.); Nilkrokodil (u.)

Treiben und fährt dann, urplötzlich vorwärtsschießend, mitten unter sie oder nähert sich ihnen anfänglich äußerst langsam, Zoll um Zoll, und es geht erst, wenn es in die ihm genügend erscheinende Entfernung erlangt hat, zum Angriff über.

Kleinere Herdentiere, Rinder, Pferde, Esel, Schafe und Ziegen tränkt man dort, wo gefährliche Krokodile hausen, niemals im Strom, sondern in daneben aufgedämmten Becken und Teichen, welche die Hirten erst mühselig mit Wasser füllen müssen, oder bildet im Fluß aus dichten Dornenhecken einen zur Mitte hin abgeschlossenen und vor den gefürchteten Räubern gesicherten Tränkplatz.

Gefährlicher als durch den Schaden, das es an den Herden anrichtet, wird das Krokodil durch seinen Menschenraub. Im ganzen Sudan gibt es nicht ein einziges Dorf, aus dem die Krokodile nicht schon Menschen geraubt hätten; alljährlich geschehen Unglücksfälle, und wenn die Reisenden nicht viel davon zu erzählen wissen, so erklärt sich dies dadurch, daß sie sich nicht besonders danach erkundigen. Sonst wüßten die alten Leute dem Fremden zu erzählen, daß das Krokodil den und den, Sohn des und des, Nachkommen von dem und dem, außer ihm aber noch verschiedene Pferde, Kamele, Maultiere, Esel, Hunde, Schafe, Ziegen in die trüben Fluten hinabgezogen und gefressen oder ihnen wenigstens ein Glied abgerissen habe. Die meisten Menschenopfer gewinnt die Panzerechse, wenn die Eingeborenen in den Fluß waten, um Wasser zu schöpfen. Selbst an den Wasserplätzen großer Ortschaften und Städte treiben sich die gefährlichen Raubtiere umher: Während meines Aufenthalts in Khartum wurde ein Knabe wenige Schritte vom Hause seiner Eltern geraubt, ertränkt, zu der in der Mitte des Stromes liegenden Sandbank geschleppt und hier vor den Augen meiner Diener verschlungen.

Krokodile von 3,50 m Länge sind bereits fortpflanzungsfähig; Weibchen dieser Größe legen aber weniger und kleinere Eier als die vollkommen ausgewachsenen, die eine Länge von 5–6 m erreichen. Während der Paarungszeit verbreiten die Krokodile, hauptsächlich wohl die männlichen, einen so starken Moschusgeruch, daß man unter Umständen von ihrem Vorhandensein durch die Nase eher unterrichtet wird als durch das Auge oder den Moschusdunst auf Inseln noch dann wahrnehmen kann, wenn die Tiere diese bereits wieder verlassen haben. Die Anzahl der Eier, die in Gestalt und Größe Gänseeiern ähneln, sich jedoch durch ihre weiche, rauhe Kalkschale von diesen unterscheiden, schwankt zwischen 20 und 90 Stück; 40 bis 60 dürften durchschnittlich ein Gelege bilden. Sie werden von dem Weibchen auf Sandinseln in eine tiefe Grube gelegt und mit Hilfe des Schwanzes mit Sand bedeckt. Die Jungen haben beim Ausschlüpfen eine Länge von ungefähr 20 cm und nehmen im Laufe ihres ersten und zweiten Lebensjahres jeweils um etwa 10 cm, in jedem nachfolgenden Jahre dagegen um 15–20 cm zu, bis sie eine Gesamtlänge von vielleicht 3 m erreicht haben; von dieser Zeit an scheint ihr Wachstum sich je länger, desto mehr zu verlansamen, so daß man, nach einer auf die Angaben der Eingeborenen gestellten Schätzung, das Alter 5–6 m langer Tiere wohl auf 100 Jahre veranschlagen darf.

Jung eingefangene Krokodile werden bald ebenso zahm wie Eidechsen, lassen sich aber nach einiger Zeit berühren oder in die Hand nehmen, ohne zu blasen oder zu fauchen, gewöhnen sich an einen bestimmten Ruf, nehmen ihnen vorgehaltenes Futter aus der Hand und sind dann sehr niedlich. Daß sorgsam aufgezogene, gewissermaßen erzogene Tiere auch im höheren Alter so mild und freundlich bleiben, wie einem Krokodile überhaupt möglich ist, läßt sich mit Bestimmtheit annehmen, und die Erzählungen der Alten sind daher sicherlich weder übertrieben noch ausgeschmückt.

Die alten Ägypter betrieben, laut *Herodot*, die Jagd auf Krokodile in verschiedener Weise. Der Jäger warf ein großes Stück Schweinefleisch, in dem eine Angel befestigt war, in den Strom, hielt sich am Ufer verborgen auf und zwang ein Ferkel durch Schläge zum Schreien. Dieses Geschrei lockte das Krokodil herbei; es verschlang das Schweinefleisch und wurde mit Hilfe der Angel an das Land gezogen. Hier verschmierte der Jäger ihm zunächst die Augen mit Schlamm, um sich vor seinen Angriffen zu sichern; dann wurde es in aller Gemächlichkeit abgetan.

Die Moschusdrüsen sind es, die den Einwohnern des Sudan als der größte Gewinn erscheinen, den sie aus dem Leichnam eines erlegten Krokodils zu ziehen wissen. Man verkaufte sie zur Zeit meines Aufenthalts zu vier bis sechs Speziestalern, einer Summe, für welche man sich damals in derselben Gegend zwei halberwachsene Rinder erwerben konnte. Denn vermittels dieser Drüsen verleihen die Schönen Nubiens und Sudans ihrer Haar- und Körpersalbe den Wohlgeruch, welcher sie so angenehm macht in den Augen bzw. den Nasen der Männer und sie in der Tat sehr zu ihrem Vorteil auszeichnet vor den Frauen, der mittleren Nilländer, die ihre wolligen Locken mit Rizinusöl salben und deshalb mindestens dem Europäer jede Annäherung auf weniger

Seite 351: Perleidechse (o.); Komodo-Waran (Varanus komodensis; u.), die stattlichste heutzeitliche Echse
Seite 352: Zweistreifen-Chamäleon (o.); Küstenglasschleiche (u.)

Kopf eines jungen Alligators

als dreißig Schritte verleiden. Diese Moschusdrüsen geben dem ganzen Krokodil einen so durchdringenden Geruch, daß es unmöglich ist, das Fleisch älterer Tiere zu genießen. Ich habe mehrmals Krokodilwild versucht, jedoch nur vom jungen Tier einige Bissen hinabwürgen können. Die Eingeborenen freilich denken anders; ihnen erscheinen Fleisch und Fett der Panzerechsen als Leckerbissen.

Im Altertum wurde auch aus dem erlegten Krokodil mancherlei Arznei gewonnen. Sein Blut galt als vortreffliches Mittel gegen Schlangengift, vertrieb auch Flecken auf den Augen; die aus der Haut gewonnene Asche sollte Wunden heilen, das Fett außerdem gegen Fieber, Zahnweh und Schnakenstiche schützen, ein Zahn, als Amulett am Arme getragen, noch besondere Kräfte verleihen. Auch hiervon hört man heutzutage nichts mehr. Gewissen Teilen des Krokodils schreibt man aber allgemein noch eine Stärkung derjenigen Kräfte zu, welche alle in Vielweiberei lebenden Männer für die wünschenswertesten ansehen und deren Erhaltung sie mit den verschiedenartigsten Mitteln zu erreichen streben.

Alligatoren

Die *Alligatoren* (Alligatoridae) bilden die letzte Familie der Krokodile und unterscheiden sich dadurch von den bisher geschilderten Verwandten, daß bei ihnen der Oberkiefer zur Aufnahme des beiderseitigen vierten Unterkieferzahnes nicht Ausschnitte, sondern ebenfalls Gruben besitzt. Die Anzahl der Zähne beträgt wenigstens 18 in jedem Kiefer, kann aber bis zu 22 in jedem Ober- und 20 in jedem Unterkiefer, somit bis zu 84 ansteigen.

Der *Mississippi-Alligator* (Alligator mississippiensis) ist gekennzeichnet durch die breite, flache, parabolische, auf der Oberfläche fast glatte, der einem Hecht sehr ähnelnden Schnauze, die knöcherne Nasenscheidewand, welche auch äußerlich als ziemlich breite, beide Nasenlöcher trennende Längsleiste erscheint, sowie die Genickbeschilderung, die aus zwei nebeneinanderliegenden, und die Nackenbeschilderung, die aus sechs paarweise in drei aufeinanderfolgenden Querreihen gelagerten Schildern besteht; die Unterschiede sind in allen Altersstufen so deutlich, daß er mit den übrigen Arten seiner Sippe nicht verwechselt werden kann. Seine Länge kann bis zu 6 m betragen; die Färbung der Oberseite ist gewöhnlich ein schmutziges Ölgrün, welches hier und da dunklere Flecke zeigt, die der Unterseite ein unreines Lichtgelb.

Das Verbreitungsgebiet des Mississippi-Alligators beschränkt sich auf die südlichen USA und reicht nach Norden hin bis zum 35. Breitengrad.

Auf dem Roten Fluß waren sie, bevor dieser mit Dampfbooten befahren wurde, so überaus häufig, daß man sie zu Hunderten längs der Ufer oder auf den ungeheuren Treibholzflößen bemerkte. Die kleinen lagen oder saßen auf dem Rücken der größeren, und zuweilen hörte man von ihnen ein Gebrüll wie von tausend wütenden Stieren, die einen Kampf beginnen wollen.

Auf dem Lande bewegt sich der Alligator gewöhnlich langsam und verdrossen. Sein Gang ist ein mühsames Gezappel; ein Bein nach dem anderen wird schwerfällig vorwärtsbewegt, der wuchtige Leib kommt fast in Berührung mit der Erde, und der lange Schwanz schleppt im Schlamme nach. Im Wasser, seinem eigentlichen Element, ist der Alligator lebhafter und kühner. Zuweilen kommt es vor, daß er hier selbst dem Menschen zu Leibe rückt. In der Regel meidet er aber diesen ängstlich, mit Sicherheit dann, wenn er ihm gegenübertritt.

Während der Begattungszeit im Frühjahr fürchtet man die Alligatoren. Der Paarungstrieb erregt sie. Die Männchen liefern sich im Wasser und zu Lande fürchterliche Zweikämpfe. Geraume Zeit später legt das befruchtete Weibchen seine verhältnismäßig kleinen, weißen, mit einer harten, kalkigen Schale bedeckten Eier, deren Anzahl zuweilen hundert übersteigen kann, in besondere Nester, die es sich erbaut. Es wählt dazu eine passende, meist 50–60 Schritt vom Wasser entfernte Stelle im dichten Gesträuch oder Röhricht, trägt Blätter, Stöcke und dergleichen im Rachen herbei, legt die Eier ab und deckt sie sorgsam wieder zu. Fortan soll es beständig in der Nähe des Nestes auf Wache liegen und grimmig über jedes Wesen, das sich den Eiern nähert, herfallen. Die Wärme, die sich durch Gärung der Pflanzenstoffe entwickelt, zeitigt die Eier; die jungen Alligatoren arbeiten sich höchst geschickt durch die sie zunächst bedeckenden Pflanzen, werden von der Mutter empfangen und nunmehr zum Wasser geführt, gewöhnlich zunächst in kleine abgesonderte Tümpel, um sie vor dem Männchen und vor Sumpfvögeln zu sichern.

SCHNABELKÖPFE

Eine in jeder Beziehung auffallende Echse, welche die Merkmale verschiedener Ordnungen in sich vereinigt ist die *Brückenechse* (Sphenodon punctatus), die wir als Vertreterin einer eigenen Ordnung (Rhynchocephalia) ansehen müssen. Ihr Kopf ist vierseitig, der Leib gedrungen, der Gliederbau kräftig, der etwa mit der Länge des Rumpfes übereinstimmende Schwanz zusammengedrückt dreieckig; die Vorder- und Hinterfüße haben fünf kräftige, kurze, runde Zehen, welche kleine Spannhäute zeigen und mit kurzen Krallen bewehrt sind. An der Brust bemerkt man hinten eine Querfalte; im Nacken, längs der Rückenmitte, und ebenso längs der Mitte des Schwanzes erhebt sich ein aus zusammengedrückten Dornen gebildeter, in der Schulter- und Lendengegend unterbrochener Kamm. Kleine Schuppen decken den Kopf, kleinere und größere den Leib, große, viereckige, flache, gekielte, in Querreihen angeordnete Schilder die Unterseite, kleine Schuppen den Schwanz und die Ober- und Unterseite der Zehen; die der ganzen Oberseite sind körnelig, diejenigen, welche die unregelmäßigen Hautfalten besetzen, größer als die übrigen. Ein düsteres Olivgrün bildet die Grundfarbe; kleine weiße und dazwischenstehende größere gelbe Flecken tüpfeln Seiten und Glieder; die Stacheln des Nackens und Rückenkammes sind gelb, die des Schwanzkammes braun gefärbt.

Viel auffallendere und bedeutsamere Merkmale, als es die äußerlichen sind, ergeben sich bei der Zergliederung des Tieres. Das Quadratbein ist im Gegensatz zu allen Schuppenechsen mit dem Schädel unbeweglich vereinigt und der Antlitzteil des Schädels durch zwei über die Schläfengrube hinweggehende knöcherne „Brücken" mit der Schläfengegend verbunden. Die Zähne sind in gewöhnlicher Weise mit ihrer Wurzel auf dem Rande der Kieferknochen befestigt, nutzen sich jedoch, mit Ausnahme der sich zwar ebenfalls verändernden, jedoch nicht verschwindenden beiden Vorderzähne, bei älteren Tieren derartig ab, daß diese wie die Schildkröten mit den Kieferrändern beißen müssen. Die Wirbel sind vorn und hinten eingehöhlt, wie dies bei einigen Lurchen und den Fischen der Fall ist oder bei vorweltlichen Kriechtieren, *Ichthyo-* und *Teleosauriern*, der Fall war. Die Rippen stimmen insofern mit denen der meisten Schuppenechsen überein, daß sich einige, und zwar drei Paare mit dem Brustbein verbinden, sodann mehrere, hier elf Paare, falsch vorhanden sind; nur die unteren Enden der falschen Rippen vereinigen sich wiederum mit einigen Knochenleisten, Bauchrippen, die in der Unterhautschicht der Bauchdecken liegen und hinsichtlich ihrer Anzahl und Lage den in Querreihen angeordneten äußeren Bauchschildern entsprechen, die Anzahl der Wirbel und falschen Rippen aber um das Doppelte übertreffen, auch so fest mit den Bauchschildern zusammenhängen, daß sie nur mit Hilfe des Messers davon getrennt werden können: Es entspricht daher eine Querreihe von Bauchschildern unseres Tieres dem einzelnen Bauchschild einer Schlange. Letzterer ähnelt die Brückenechse auch darin, daß ihr das Trommelfell und damit eine begrenzte Trommelhöhle fehlt.

Cook ist der erste, der sie in seiner „dritten Reise" erwähnt. „Es soll in Neuseeland Eidechsen von ungeheurer Größe geben; denn sie sollen 2,60 m lang und ebenso dickleibig sein wie ein Mann, zuweilen auch Menschen angreifen und verzehren. Sie wohnen in Löchern unter der Erde, und man tötet sie dadurch, daß man vor dem Eingange ihrer Höhle ein Feuer anzündet." *Polack* spricht ebenfalls von diesem Tiere. „Die riesige Eidechse oder Guana", sagt er, „lebt vorzugsweise auf der Insel Victoria; einige wenige kommen auch auf den Inseln im Plentybusen vor. Die Eingeborenen erzählen Menschenfressergeschichten von ihr; sie ist jedoch ohne Zweifel ein harmloses Geschöpf." *Dieffenbach* erfuhr ein wenig mehr. „Ich erhielt Nachricht von dem Vorhandensein einer großen Eidechse, welche die Eingeborenen ‚Tuatera' oder ‚Narara' nennen und in hohem Grade fürchten; doch gelang es mir, obgleich ich alle ihr zugesprochenen Aufenthaltsorte nach ihr absuchte und eine bedeutende Belohnung auf ihren Fang setzte, erst wenige Tage vor meiner Abreise von Neuseeland, ein einziges Stück zu erhalten. Aus allem, was ich erfuhr, scheint hervorzugehen, daß die Brückenechse vor Zeiten auf allen Inseln häufig war, in Höhlen, oft auch auf sandigen Hügeln an der Küste lebte und von den Eingeborenen ihres Fleisches halber verfolgt und getötet wurde. Infolge dieser Nachstellungen und zweifelsohne ebenso der Einführung von Schweinen ist das Tier sehr selten geworden."

SCHUPPENKRIECHTIERE

Echsen

Die niedliche Eidechse, die wohl jedem meiner Leser aus eigener Anschauung bekannt sein dürfte, kann als Urbild aller Echsen gelten, obgleich diese Grundgestalt, wie ich mich ausdrücken möchte, vielfach abändert, indem ein Mißverhältnis der einzelnen Glieder untereinander bemerkbar wird, sonderbare Stacheln und Hautkämme, Lappen und Falten vorkommen oder einzelne Glieder verkümmern und die betreffenden Tiere dann den Schlangen ähnlich werden. Bezeichnend für alle Schuppenechsen sind: das aus Hornschuppen bestehende Kleid, die bewegliche Zunge und die ein- oder angewachsenen, nie eingekeilten Zähne. Die Augenlider sind beweglich, die Nasenlöcher getrennt. Der After ist nicht wie bei den Schildkröten und Krokodilen ein Längs-, sondern ein Querspalt.

Die Zunge, für die Bestimmung der Familie von Bedeutung, kommt in vielerlei Gestalt vor: vorn gespalten und wurmförmig, dickfleischig, kaum ausgerandet oder zugerundet, kurz und an der Wurzel verdickt, verdünnt und mehr oder minder tief ausgeschnitten usw. Die Zähne heißen eingewachsen, wenn sie auf dem Rand der Kiefer aufgesetzt und fest mit ihnen verwachsen sind, angewachsen, wenn sie mit der Außenseite ihres Wurzelendes an der inneren Seite der Kiefer angefügt erscheinen, so daß die Innenseite ihrer Wurzel frei liegt und nur vom Zahnfleisch bedeckt wird. Außer diesen beiden Zahnarten tragen die Schuppenechsen auch noch sogenannte Gaumenzähne, welche im Gaumen auf dem Keilbeinflügelknochen festsitzen. In der Gestalt ändern die Zähne mannigfach ab.

Die Schuppenechsen bilden die artenreichste Unterordnung der Kriechtiere. Sie verbreiten sich mit Ausnahme des kalten Gürtels über alle Teile der Erde und finden sich vom Meeresufer an bis zur Grenze des ewigen Schnees auf den verschiedensten Örtlichkeiten, im fruchtbaren Lande wie in Einöden und Wüsten, in der Nähe des Wassers wie in vollständig wasserlosen Gegenden. In den kälteren Teilen der gemäßigten Gürtel werden sie nur durch wenige Arten vertreten.

Ihre Bewegungen sind vielseitig, gewandt, geschickt und meist sehr schnell. Auch sie schleppen beim Gehen den Leib fast noch auf dem Boden dahin, laufen aber sehr rasch, obwohl mit schlängelnder Bewegung, und wissen sich durch Aufschlagen ihres Schwanzes über den Boden emporzuschleudern, können also ziemlich weite Sprünge ausführen. Die wenigen Arten, die im Wasser leben, schwimmen und tauchen trotz ihrer nicht mit Schwimmhäuten ausgerüsteten Füße ganz vorzüglich, und auch andere, die das Wasser ängstlich scheuen, wissen sich, wenn sie zufällig in das feindliche Element geraten, hier mit vielem Geschick zu behelfen; diejenigen endlich, die an Felswänden, Mauerwerk oder auf Bäumen herumklettern, tun dies meist mit einer wahrhaft überraschenden Fertigkeit. Bei den meisten Baumechsen wird der lange Schwanz zur Erhaltung des Gleichgewichts mit Erfolg gebraucht, und sie sind imstande, fast ebenso schnell wie die Verwandten auf dem Boden auf den Zweigen zu laufen oder von einem Zweig zum andern zu springen. Einigen Schuppenechsen, die ebenfalls auf Bäumen leben, dient der Schwanz als Greifwerkzeug, und sie bewegen sich wie alle Tiere, welche in ähnlicher Weise ausgerüstet sind, verhältnismäßig langsam; andere laufen mit Hilfe ihrer scheibenartig verbreiterten, unten rauhäutigen Zehen in jeder beliebigen Richtung, kopfoberst oder kopfunterst, ebenso sicher auf der Ober- wie an der Unterseite der Zweige; einzelne endlich vermögen mit Hilfe ihrer faltbaren Haut Flugsprünge auszuführen, d.h. sich von höheren Zweigen herab auf tieferstehende zu werfen. Bei den Schuppenechsen, deren Füße verkümmert sind oder ganz fehlen, geschieht die Fortbewegung genau in derselben Weise wie bei den Schlangen, obgleich bei ihnen die Rippen nicht in so ausgedehnte Wirksamkeit treten wie bei letztgenannten.

Einige Schuppenechsen nähren sich von Pflanzenstoffen, ohne jedoch tierische Beute ganz zu verschmähen; alle übrigen sind, wie eben bemerkt, Raubtiere, denen verschiedene Klassen des Tierreiches zollen müssen. Die größeren Arten stellen Wirbeltieren aller fünf Klassen nach, wagen sich an kleine Säugetiere und Vögel, sollen sogar größeren zuweilen gefährlich werden, rauben Nester aus, bedrohen alle Kriechtiere, Lurche und Fische und jagen außerdem auf alle niederen oder wirbellosen Tiere, deren sie habhaft werden können; die kleineren Arten nähren sich hauptsächlich von den zuletzt genannten Geschöpfen, viele vorzugsweise von Kerbtieren, andere von Würmern und Schnecken. Ihre Verdauung ist, insbesondere bei heißem Wetter, lebhaft; sie fressen dann auffallend viel und mästen sich bis zu einem gewissen Grade, können aber auch unter ungünstigen Umständen sehr lange und ohne ersichtlichen Schaden Hunger leiden. Die harten Teile ihrer Beute oder zufällig mitverschluckte Pflanzenteile geben sie mit ihrem Mist wieder von sich. Alle bekannten Arten trinken, und zwar mit Hilfe ihrer Zunge, die sie wiederholt ins Wasser tauchen und zurückziehen; den meisten genügt übrigens schon der Tau, der sich auf Blättern und Steinen sammelt, und einzelne scheinen das Wasser wirklich monatelang entbehren zu können.

Bald nach dem Erwachen im Frühjahre regt sich der Fortpflanzungstrieb. Einige Wochen später sind die 6–15 Eier, die das Weibchen zur Welt bringt, legereif, und die Mutter bereitet nunmehr, nicht ohne Anstrengung und Sorgfalt, ein passendes Nest, indem sie in lockerer Erde oder im Moos, im Mulme zerfallener Baumstämme usw. ein Loch ausgräbt, in dieses die Eier bringt und sie wieder leicht bedeckt. Die Eier selbst unterscheiden sich wenig von denen anderer Kriechtiere, besitzen die zähe, wenig kalkhaltige, lederartige, schmiegsame Schale derselben, den großen, ölreichen Dotter und das dünnflüssige Eiweiß. Etwa einen oder zwei Monate, nachdem sie abgelegt wurden, entschlüpfen die Jungen ohne jegliche Hilfe seitens der Eltern und beginnen vom ersten Tage ihres Lebens an das Treiben der letzteren. Dies ist die Regel. Aber nicht alle Schuppenechsen legen Eier: Viele bringen vielmehr lebende Junge zur Welt, d. h. tragen die Eier im Mutterleibe so weit aus, daß dieselben kurz vor dem Ablegen zerplatzen und statt ihrer die entschlüpften Jungen abgelegt werden. In nördlichen Ländern häuten sich die im Spätsommer zur Welt gekommenen Jungen noch einmal, dann suchen sie den günstigsten Ort zum Winterschlafe auf.

Die außerordentliche Reichhaltigkeit der Unterordnung verwehrt in jedem volkstümlichen Werke genaueres Eingehen auf den unendlichen Gestalten- und Artenreichtum der Schuppenechsen. Ich werde daher nur die wichtigsten Vertreter besprechen.

Warane

Die *Warane* (Varanidae), Abb. S. 351, unterscheiden sich von den übrigen Eidechsen, denen sie hinsichtlich ihres langgestreckten Körpers, des breiten, ungekielten Rückens und der vollständig ausgebildeten, vorn und hinten fünfzehigen, mit kräftigen Nägeln bewehrten Füße ähneln, durch die Beschuppung, die Bildung der Zunge und die Anlage und Gestaltung der Zähne. Ihr Kopf ist verhältnismäßig länger als der anderer Eidechsen und dem der Schlangen nicht ganz unähnlich; aber auch ihr Hals und der übrige Leib einschließlich des Schwanzes übertrifft an Schlankheit die entsprechenden Leibesteile der Verwandten. Die Zunge liegt im zurückgezogenen Zustand ganz in einer Hautscheide verborgen, kann aber sehr weit hervorgestreckt werden und zeigt dann zwei lange, hornige Spitzen. Die Zähne, welche an der Innenseite der Kieferrinnen liegen, stehen ziemlich weit voneinander und sind von kegelförmiger Gestalt, vorn spitz, hinten stumpfkegelig.

Die Warane, von denen man ungefähr dreißig Arten kennt, bewohnen die östliche Hälfte der Erde, namentlich Afrika, Südasien und Ozeanien. Einige Arten sind vollendete Landtiere, die eine passende Höhlung als Versteck wählen und in deren Nähe diese bei Tage, jene mehr in der Dämmerung oder selbst in der Nacht ihrer Jagd nachgehen; andere hingegen müssen zu den Wassertieren gezählt werden, da sie sich nur in der Nähe der Gewässer, in Sümpfen oder an Flußufern aufhalten und bei Gefahr stets so eilig wie möglich dem Wasser zuflüchten. In ihrem Wesen und Gebaren, ihren Sitten und Gewohnheiten erinnern die Warane an die Eidechsen und nicht an die Krokodile; sie sind jedoch, ihrer Größe und Stärke entsprechend, entschieden räuberischer, mutiger und kämpferischer als die kleineren Verwandten.

Nilwaran

Der *Waran* oder *Nilwaran* (Varanus niloticus) erreicht eine Länge von 2 m, wovon der Schwanz fast die Hälfte einnimmt. Die Grundfärbung ist ein düsteres Gelbgrün; die Zeichnung wird bewirkt durch schwarze Flecken, denen sich zwischen Schulter und Handwurzel hufeisenförmig gestaltete gelbe Tupfen und in Reihen geordnete grünlichgelbe Punkte zugesellen; vor jeder Schulter sieht man ein schwärzliches, halbkreisförmiges Band; das erste Drittel des Schwanzes trägt schwarze, der Rest gelbliche Ringe.

Der Waran scheint in den meisten Flüssen Afrikas vorzukommen, da man ihn nicht bloß in Ägypten und Nubien, sondern auch in Guinea und Senegal und ebenso in Südafrika gefunden hat.

Ihre Nahrung besteht aus Tieren der verschiedensten Art. Der Nilwaran, ein bereits den alten Ägyptern wohlbekanntes und auf ihren Denkmälern verewigtes Tier, galt als einer der gefährlichsten Feinde des Krokodils, weil man annahm, daß er dessen Eier aufsuche und zerstöre und die dem Ei entschlüpften jungen Krokodile verfolge und verschlinge; heute behilft sich das Tier aber auch ohne junge Krokodile recht gut. Es stellt kleinen Säugetieren und Vögeln, andern Eidechsen, die sich in Ägypten überall und somit auch in unmittelbarer Nähe des Stromes massenhaft finden, Fröschen, vielleicht auch jungen Schildkröten, hauptsächlich aber wohl Fischen nach, plündert die Nester der Strandvögel, besucht selbst Taubenhäuser und Hühnerställe, um hier Eier und Geflügel zu rauben, und betreibt nebenbei Kerbtierjagd.

Wie der Nilwaran ist der *Binden-* oder *Wasserwaran* (Varanus salvator) ans Wasser gebunden, ein Tier, welches sich durch den seitlich sehr stark zusammengedrückten Schwanz, die langen Zehen, die an der Spitze der Schnauze stehenden Nasenlöcher und die kleinen Schuppen von jenen unterscheidet. Die Oberseite zeigt auf schwarzem Grunde in Reihen geordnete gelbe Flecken; ein schwarzes Band verläuft längs der Weichen und eine weiße Binde längs des Halses; die Unterseite ist weißlich. Ausgewachsene Stücke erreichen ebenfalls eine Länge von fast 3 m. Er bewohnt Ceylon, Hinterindien und den indoaustralischen Inselraum.

Schon *Herodot* berichtet von einem „Landkrokodil", welches im Gebiete der libyschen Wanderhirten lebt und den Eidechsen ähnlich sieht; *Prosper Alpin* hält dasselbe Tier für den „Scincus" der Alten, von welchem man annahm, daß er sich von gewürzreichen Pflanzen nähre, insbesondere den Wermut liebe und dadurch stärkende Heilkräfte enthalte, während wir jetzt mit demselben Namen eine andere Schuppenechse bezeichnen. Gedachtes Landkrokodil ist der *Erd-* oder *Wüstenwaran* (Varanus griseus), der sich von den bisher genannten Arten hauptsächlich durch seinen runden, ungekielten Schwanz, die rundlichen, nicht eiförmigen Schuppen und die kleinen, breiten Schneidezähne unterscheidet, etwa 1,50 m lang wird, oben auf hellbraunem Grunde mit grüngelblichen, viereckigen Flecken gezeichnet, auf der Unterseite einfach sandgelb gefärbt ist und auf seinem Schwanze mehrere gelbliche Ringe zeigt.

Eidechsen

Die *Eidechsen* (Lacertidae), die wir als Urbilder der Ordnung ansehen, wohlgestaltete Tiere mit vollständig ausgebildeten Gliedern, sind gekennzeichnet durch den walzenartig gestreckten Leib, den vom Halse deutlich abgesetzten Kopf, den sehr langen, dünn auslaufenden Schwanz, die vier fünfzehigen Füße, das äußerlich sichtbare Trommelfell, die freien Augenlider und die knochigharten Augendecken, ferner durch ihre in einer Rinne der Ober- und Unterkinnlade, und zwar an deren inneren Seiten angewachsenen kegelförmigen, geraden, am freien Ende etwas gebogenen, wurzellosen, zweifach gespitzten Zähne, die platte, vorn verschmälerte, schuppige, tief gespaltene, zweifach gespitzte Zunge sowie durch die deutlich sichtbaren Schenkelporen.

Alle Eidechsen sind in der Alten Welt zu Hause und werden in Europa durch viele Arten vertreten. Mit Ausnahme unserer Blindschleiche gehören sämtliche deutsche Schuppenechsen zu dieser Familie, und zwar zur Gattung der Halsbandeidechsen; zu diesen gesellen sich jedoch in Südeuropa noch viele andere, und ebenso sind Afrika und Asien sehr reich an ihnen. Die meisten Arten bewohnen den gemäßigten Gürtel der Alten Welt, die übrigen Südasien, Mittel- und Südafrika und Australien. Unserm Zweck darf es genügen, wenn wir vor allen die deutschen Arten ins Auge fassen.

Bei den **Halsbandeidechsen** (Lacerta) bildet die Bekleidung auf dem Kopf und Bauch Schilder, auf dem Rumpf in Ringe geordnete, auf dem Schwanz quirlförmig zusammengestellte, am Hals durch ihre Größe hervortretende, zu einem Ringkragen vereinigte Schuppen. Die fünf sehr verschieden langen Zehen tragen sichelförmige, seitlich zusammengedrückte, unten mit einer Rinne versehene Krallen.

Unter den in Deutschland lebenden Arten steht, infolge ihrer Größe und Schönheit, die *Smaragd-* oder *Grüneidechse* (Lacerta viridis) obenan. Sie erreicht bei uns 40, im Süden die nahverwandte Lacerta trinilesta bis 65 cm an Länge, wovon nur ein Drittel auf Kopf und Leib zu rechnen ist, und erscheint wegen des langen Schwanzes sehr schlank, ist aber in Wahrheit kräftig gebaut.

Die Färbung des Männchens, das sich vom Weibchen durch längeren und höheren Kopf, gewölbtere Schwanzwurzel, stärkere Hinterbeine und meist auch durch bedeutendere Größe unterscheidet, ist ein lebhaftes, oft schimmerndes Grün in verschiedenen Abstufungen, von Bläulich- durch Smaragd- bis zu Seladongrün, das auf der Unterseite in Grünlichgelb übergeht. Perlweiße und ebenso schwarze Punkte, erstere am Kopfe manchmal zu Perlflecken vergrößert, schmücken die Oberseite, wogegen die Unterseite, mit Ausnahme der oft blau gefärbten Kehle und Unterkiefer, stets einfarbig ist. Das Weibchen gleicht nicht selten dem Männchen bis auf die blaue Kehle, trägt aber in der Regel ein mehr oder weniger ins Braune spielendes, mit weißlichen, schwarzgesäumten Fleckenlängsreihen geziertes Kleid. Junge Tiere haben vorherrschend lederbraune Färbung. Beide Geschlechter ändern, je nach Alter und Heimat, nicht unwesentlich ab, und die aus dem Süden, insbesondere aus Dalmatien, stammenden Stücke sind immer schöner gefärbt als die im Norden lebenden.

Als die eigentliche Heimat der Smaragdeidechse haben wir die Länder im Osten und Norden des Mittelmeeres anzusehen, doch bewohnt sie ebenso die Donauländer und tritt vereinzelt in Deutschland auf. Zu ihren Aufenthaltsorten dienen ihr die verschiedensten Örtlichkeiten, gleichgültig ob es sich um Ebenen, Hügelgelände oder Gebirge handelt. Vom Meeresufer bis zu 1000 m Höhe und noch höher hat man sie in jeder Höhenschicht wahrgenommen. Wo sie häufig ist, begegnet man ihr überall: so, laut *Gredler*, in Tirol an Felsen oder steinigen, von der Sonne durchglühten Stellen längs der Straßen, auf Feldwegen und am Flußufer, in Vorbergen und Gebüschen, spärlicher in der Ebene oder in Weinbergen, so, nach *Bedriaga*, in Italien auf Kalkbergen, welche hier und da mit niederem Gestrüpp bewachsen sind, so, laut *Eber*, in dem felsigen Dalmatien an allen Orten. Recht gern besteigt die Smaragdeidechse auch Sträucher, um sich zu sonnen, ebenso Bäume, um größere Sicherheit zu genießen.

Ihre Bewegungen sind wundervoll, ebenso schnell wie gewandt, ebenso zierlich wie anmutig. „Dem Blitze vergleichbar, kreuzt sie die Wege", singt *Dante* von ihr; „beim Sprunge", sagt *Leydig*, „schießt sie mit gestrecktem Schwanze, pfeilähnlich, in geradester Richtung über ganze Flächen. Welche Wichtigkeit für die eilige, gradlinige Bewegung der lange Schwanz hat, kann uns klarwerden, wenn wir zufällig Tieren begegnen, welche am Schwanze verstümmelt sind. Solche, obgleich sich in die Flucht stürzend, können nicht die pfeilschnellen Bewegungen gewinnen, sondern suchen durch einfachen Lauf, unter zahlreichen, raschen Schlängelungen des Leibes, zu entkommen."

Ihre gewöhnliche Nahrung besteht aus Kerbtieren, deren Larven, Schnecken und Würmern; doch bedroht sie auch Eier und Nestjunge der Vögel oder verzehrt ebenso kleinere Eidechsen ohne Bedenken, tut letzteres mindestens, wie *Simons* erfahren mußte, in der Gefangenschaft. Um eine so große Beute, wie eine Zaun- oder Mauereidechse, verschlingen zu können, packt sie dieselbe, laut *Simons*, in der Mitte des Leibes, zieht sie, kauend, mehrere Male vom Kopf bis zum Schwanz durchs Maul, quetscht sie zusammen und verschlingt sie, ohne loszulassen, mit einer für Eidechsen überraschenden Leichtigkeit.

Südlich der Alpen zieht sich die Smaragdeidechse im November, in Deutschland fast einen Monat früher, zum Winterschlaf zurück; im Süden Griechenlands und Spaniens bleibt sie in manchen Wintern beinahe immer in Tätigkeit. Bei uns zulande schläft sie bis zum April; in Südtirol zeigt sie sich schon im März. Im Mai oder Juni beginnen die jetzt im vollsten Farbenschmucke, im Hochzeitskleid, prangenden Männchen erbitterte Kämpfe mit gleich ihnen paarungslustigen Nebenbuhlern, und nicht selten büßt dabei das eine oder das andere, zuweilen auch jeder der verbissenen Kämpen, seine Hauptzierde, den Schwanz, ein. Um die genannte Zeit geschieht die Paarung; einen Monat später, in der Schweiz oder in Deutschland nicht vor dem Juli, legt das Weibchen fünf bis acht bohnengroße, fast kugelrunde Eier von schmutzigweißer Farbe an einem passenden Orte ab, ungefähr wiederum einen Monat später, also im August, schlüpfen die Jungen aus und treiben es bald ebenso wie die Alten.

Viel vertrauter als mit der Smaragdeidechse sind wir mit unserer überall verbreiteten und bekannten *Zauneidechse* (Lacerta agilis). Ihre Länge beträgt höchstens 20, meist nur 12 bis 15 cm; der Kopf ist verhältnismäßig dick und stumpfschnauzig, der Schwanz etwa halb so lang wie der Leib. In der Färbung des Männchens herrscht oberseits ein mehr oder minder lebhaftes Grün, in der des Weibchens Grau vor; der Scheitel, ein Rückenstreifen und der

Junge Zauneidechsen beim Schlüpfen aus den im warmen Sand ausgebrüteten Eiern

Schwanz sind stets braun, Kinn und Unterseite grünlich oder gelblich. Der Rückenstreifen und beim Weibchen auch die Seiten werden durch weiße, in Längszügen angeordnete Punkte, die sich zu Augenflecken vergrößern können, gezeichnet, die Unterteile durch schwarze Punkte gesprenkelt. Vielerlei Abänderungen kommen vor, ohne jedoch das allgemeine Gepräge der Färbung und Zeichnung wesentlich zu beeinflussen.

Die Zauneidechse verbreitet sich über Mittel- und Osteuropa, in südlich-nördlicher Richtung von den Alpen bis zum südlichen Schweden und vom Kaukasus bis zum Finnischen Meerbusen, in westlich-östlicher Richtung vom mittleren Frankreich bis zum Kaukasus, fehlt südlich der Alpen ganz und tritt je weiter nach Norden, desto spärlicher auf. In Deutschland ist sie fast überall verbreitet, jedoch nicht allerorten gleich häufig. Die Abhänge sonniger Hügel, namentlich solcher, die mit krüppelhaftem Buschwerk bestanden sind, Heiden, Steinhalden, Hecken, Wald- und Straßenränder bilden von ihr bevorzugte Aufenthaltsorte; doch fehlt sie auch in dürftig bestandenen Wiesen und nicht allzu feuchten Mooren nicht, siedelt sich im Gegenteil überall an, wo sie auf Beute rechnen darf.

Unter dem fast zahllosen Heer von Feinden, welche der Zauneidechse wie ihren kleineren Verwandten nachstellen, sind die Jachschlange und die Kreuzotter vielleicht in erster Reihe zu nennen. Erstere nährt sich ausschließlich von Eidechsen und ähnlichen Kriechtieren, letztere verfolgt, solange sie selbst noch zu klein ist, um andere weniger schlanke und geschmeidige Tiere zu verschlingen, insbesondere die Jungen. Verschiedene Marder, Falken, Raben, Elstern, Häher, Würger, Haus- und Truthühner, Pfauen, Störche und Enten jagen ihr ebenfalls nach und verzehren sie anscheinend mit Behagen.

Neben der Zauneidechse tritt in vielen Gegenden unseres Landes auch die *Wald-, Moor-* oder *Bergeidechse* (Lacerta vivipara) auf. Die Länge der Bergeidechse beträgt 15–16 cm, wovon der an der Wurzel gleichmäßig dicke Schwanz reichlich die Hälfte wegnimmt. Kopf, Leib und Zehen sind etwas zarter und feiner gebaut als bei der Zauneidechse. Die Grundfärbung der Rückenseite ist ein mehr oder minder dunkles Braun, welches deutlicher oder undeutlicher ins Schieferfarbene ziehen kann, stets aber auf der Rückenmitte und auf jeder Seite dunklere Streifen bildet. Letztere ändern vielfach ab, werden oberhalb von einer lichtgrauen Linie oder von einzelnen weißen Schuppenflecken begrenzt, nehmen dunkle Punkte oder Augenflecken in sich auf, zeigen aus diesen zusammengeflossene Längsstreifen usw. Die Unterseite ist auf bräunlich oder bläulich grauem, safrangelbem oder gelblich weißem Grunde schwarz gepunktet, die Kehle bläulich, nicht selten aber geradezu rosarot. Das Männchen unterscheidet sich durch größere Schlankheit, flacheren Kopf, die geschwollene Schwanzwurzel und gewöhnlich auch durch lebhaftere Färbung und Zeichnung vom Weibchen.

Das Verbreitungsgebiet der Bergeidechse umfaßt weitaus den größten Teil Europas und erstreckt sich außerdem über ganz Nordsibirien. In ihrer Lebensweise, ihren Bewegungen und ihrem Wesen unterscheidet sich die Bergeidechse nicht wesentlich von der verwandten Zauneidechse. Doch ist sie weniger gewandt und klettert seltener, schwimmt dagegen öfter und leichter als diese.

Entsprechend ihrem Vorkommen in nördlichen Ländern und auf hohen Gebirgen erscheint die Bergeidechse im Frühjahr so zeitig, wie es die Witterung gestattet, in den warmen Ebenen also jedenfalls vor der Zauneidechse, im Norden ihres Verbreitungsgebietes wie auf den Gebirgen nicht vor Mai.

Hiermit vielleicht in Beziehung, nicht aber im Einklang steht, daß die Zeit, in der sie ihre bereits im Mutterleibe gezeitigten Eier legt oder ihre Jungen zur Welt bringt, sehr verschieden ist. Im südlichen Deutschland gebären die Bergeidechsen durchschnittlich Ende Juli, und zwar immer des Nachts, ihre acht, höchstens zehn Jungen. Der Hergang bei der Geburt ist folgender: Das Weibchen zeigt sich vor dem Gebären sehr unruhig, kratzt den Boden auf, drückt sich von Zeit zu Zeit an harte Gegenstände, rollt den Schwanz ein, als ob es ihn auf den Rücken legen wollte, wird später, manchmal erst nach Tagen ruhig, stellt sich endlich abends breit auf die Füße, streckt sich, als ob es sich entleeren wolle, und gebiert wenige Augenblicke später, anscheinend ohne Anstrengung und Schmerzen, das erste, regelmäßig noch in der Eischale eingehüllte Junge. Ungefähr zwei Minuten später folgt das zweite Ei und so fort. Nach jedem Legen schreitet die Alte einige Schrittchen vor, so daß die Eier, welche zunächst vom Schwanz bedeckt werden, in eine Reihe zu liegen kommen. Inzwischen strengen sich die Jungen an, die Eihülle zu sprengen, und ehe eine halbe Stunde vergeht, sind sie derselben entronnen. Die Mutter scheint ihnen nicht die geringste Teilnahme zu schenken, sondern läuft auf und davon, sobald sie das letzte Ei gelegt hat. Die Jungen bringen die ersten Tage ihres Lebens in vollständiger Untätigkeit zu, liegen mit eingerolltem Schwanz schlafend in Ritzen und Spalten des Bodens, scheinen vollkommen taub zu sein, zeigen sich aber bei der leisesten

Berührung empfindlich und versuchen bei einer solchen zu entfliehen. Sie wachsen, auch ohne Nahrung zu nehmen, auffallend rasch: solche, die bei der Geburt 15 mm lang waren, hatten nach 20 Tagen eine Länge von 27 mm.

Die Eihaut kann schon innerhalb der Gebärmutter gesprengt werden, und es findet dann eine wirkliche Lebendgeburt statt. „Sieht man", schließt *Leydig*, „die aus der Mutter herausgekommenen acht bis zehn Jungen beisammen, so begreift man kaum, wie eine solche Anzahl wohlentwickelter Eidechsen in dem zarten, kleinen Weibchen Platz finden konnte."

Den Ländern des Mittelmeerbeckens verdanken wir wahrscheinlich auch die ebenso zierliche wie behende *Mauereidechse* (Lacerta muralis). Sie erreicht eine Länge von 18–20 cm und zeichnet sich vor ihren deutschen Verwandten durch die Schlankheit ihres Leibes, den langen, schmalschnauzigen Kopf und den mehr als die Hälfte der Gesamtlänge beanspruchenden, sehr spitzen Schwanz in so deutlicher Weise aus, daß sie kaum mit einer von jenen verwechselt werden kann.

Über die Färbung läßt sich kaum etwas Allgemeingültiges sagen. Die Grundfarbe des Rückens ist braun oder grau, bei guter Beleuchtung, namentlich im Sonnenlicht, mit entschieden bronzegrünem Schiller; davon hebt sich ein dunklerer, schon am Kopfe beginnender Seitenstreifen und die fleckige oder wolkige Zeichnung ab; an der Übergangsstelle von der Seite zum Bauche tritt eine Längsreihe blauer Flecken hervor; der Bauch ist heller oder dunkler, von Milchweiß durch Gelb bis zu Kupferrot gefärbt, meist einfarbig, oft gewölkt oder gefleckt. Unter den zahllosen Abarten verdient die prachtvoll azurblaue, fast oder gänzlich fleckenlose hervorgehoben zu werden, die auf verschiedenen kleineren Inseln des Mittelmeeres, z. B. den Kykladen und Balearen, gefunden wurde.

In allen Ländern rings um das Mittelmeer ist die Mauereidechse, wenn nicht häufiger als jede andere Art ihrer Familie, so doch ungemein zahlreich und überall verbreitet. Man kennt sie aus ganz Nordafrika, Südeuropa und Nordwestasien. Auf vielen kleineren Inseln des Mittelmeeres ist sie die einzige hier vorkommende Art. Vom Süden Europas aus scheint sie allmählich zur Mitte unseres Erdteils und somit auch nach Deutschland gewandert zu sein und sich festgesetzt zu haben. Doch ist sie hier keineswegs so allgemein verbreitet wie in Frankreich und Belgien, sondern findet sich nur im Gebiete des Rheins, insbesondere in Baden, im Elsaß, in der Pfalz, in Württemberg, Hessen und im Rheingau, nach Norden hin bis zur Lahn sowie anderseits im Donautal.

Im Südwesten Europas tritt zu den bisher genannten eine der stattlichsten und prachtvollsten Arten der Familie: die *Perleidechse* (Lacerta lepida), Abb. S. 351. Sie erreicht eine Länge von 60–90 cm und zählt zu den schönsten Mitgliedern der ganzen Ordnung. Der Oberkopf ist mit breiten Schildern gedeckt, unter denen der Hinterhauptschild und die beiden Seitenschilder besonders hervortreten, seine Färbung ist bräunlich, die der Kopfseiten grün, der Rücken auf dunklem Grunde so dicht mit grünen, verschlungenen Linien bezeichnet, daß die lichte Färbung manchmal vorherrschend wird, jede Seite außerdem mit ungefähr 25 blauen, schwarz eingefaßten Flekken gezeichnet, der Unterleib gleichmäßig hellgelblichgrün, alle übrigen Teile mehr oder minder lebhaft grün oder grüngrau. Jüngere Tiere unterscheiden sich von den älteren durch die weniger lebhafte Färbung und die zahlreicheren Flecken.

Schleichen

Der schlangenähnliche Leib, das Fehlen der Vorder- und Hintergliedmaßen, das versteckte Ohr und die Bekleidung, welche aus kleinen, sechsseitigen, in Längsreihen geordneten, glatten, glänzenden Schuppen besteht, die sich auf dem Kopf in größere Schilder wandeln, an den Seiten aber verkleinern, sind die äußerlichen, das echsenähnliche Gerippe, schlanke und spitze Zähne, von denen 9 im Zwischenkiefer, 18 im Ober- und 28 im Unterkiefer stehen, eine platte, etwas breite, vorn leicht eingeschnittene Zunge, und zwei wohlentwickelte Lungen die innerlichen Kennzeichen der **Blindschleichen** (Anguinae), welche durch die allbekannte *Blindschleiche* (Anguis fragilis) vertreten werden. Die Färbung der Oberseite ist gewöhnlich ein schönes Bleigrau, das an den Seiten in Rötlichbraun, auf dem Bauch in Bläulichschwarz übergeht und hier durch gelblichweiße Punkte geziert wird; es gibt jedoch kaum zwei Blindschleichen, die sich in der Färbung vollständig ähneln. Sehr alte Tiere zeigen auf der Oberseite oft größere oder kleinere, in Längsreihen geordnete, schöne, blaue Flecken und Punkte; junge sehen oben gelblichweiß, auf dem Bauch schwarz aus und sind auf dem Rücken durch einen tiefschwarzen Streifen gezeichnet; die Geschlechter unterscheiden sich ebenfalls. Die Iris des Auges ist gelbrot. Erwachsene erreichen eine Länge von ungefähr 40 cm, wovon auf den Schwanz etwas mehr als die Hälfte kommt.

Die Blindschleiche bewohnt fast ganz Europa von Südschweden an bis Griechenland und Spanien, ebenso, wenn auch selten, Alge-

Zwei Blindschleichen vor der Paarung

rien, ferner Kaukasien und Georgien und vielleicht noch viele andere Teile Asiens, lebt überall, in der Tiefe wie in der Höhe, selbst noch auf höheren Bergen, auf feuchtem Grunde lieber als auf trockenem, und kommt an den verschiedensten Örtlichkeiten vor, am meisten da, wo dichtes Buschwerk und hohes Gras den Boden bedecken oder wenigstens lockeres Gestein vorhanden ist. Je nach Gelegenheit wählt sie sich ihre Behausung an verschiedenen Stellen. Im lockeren Boden gräbt sie sich eine Höhle von mehr oder weniger Tiefe; an Stellen, die mit Moos oder Gras bedeckt sind, verbirgt sie sich zwischen den Pflanzen, im Gebüsch unter den Wurzeln auf steinigen Hängen unter großen, flachliegenden Steinen, welche sie überhaupt sehr gern zu haben scheint. Da sie die Ameisen nicht scheut, haust sie oft mit diesen zusammen unter Steinen und selbst in Ameisenhaufen, obgleich die Ameisen sonst über jedes Tier herfallen.

Mitte oder Ende Oktober verkriecht sich die Blindschleiche in vorgefundene oder selbstgegrabene Löcher unter der Erde, um in ihnen Winterschlaf zu halten. Die Höhlungen graben sich die Tiere selbst aus, und zwar durch bohrende Bewegungen mit dem Kopf. Mitunter findet man sie in ganz engen Löchern 7–30 cm tief unter der Erde, mitunter in einem gegen einen Meter langen, gekrümmten Stollen, welcher von innen mit Gras und Erde verstopft wurde; hier sind dann gewöhnlich auch 20–30 Stück beieinander, alle in tiefer Erstarrung, teils halb zusammengerollt, teils ineinander verschlungen, teils gerade gestreckt. Im Frühling erscheinen sie bei gutem Wetter bereits um Mitte März.

Die Nahrung der Blindschleiche besteht fast ausschließlich aus Nacktschnecken und Regenwürmern; nebenbei nimmt sie auch glatte Raupen zu sich, ist aber außerstande, irgendein schnelles Tier zu erbeuten.

Die Bewegungen der Blindschleiche sind langsam und weder denen der Eidechsen noch denen der Schlangen ähnlich. Da nämlich die Haut durch wirkliche Kalktafeln gepanzert ist, verlaufen ihre Bewegungen nicht in kurzen Wellenlinien, wie es bei den Schlangen in hohem Maße geschehen kann, sondern, unter gewöhnlichen Umständen, auf dem Boden, in weiteren Biegungen. Bergab läuft sie mit einiger Schnelligkeit, auf ebenem Boden so mäßig, daß man mit ruhigem Schritt bequem nebenhergehen kann, bergauf noch viel langsamer. Legt man sie auf eine Glasscheibe, so wird es ihr sehr schwer, von der Stelle zu kommen; doch hilft sie sich nach und nach durch ihre seitlichen Krümmungen fort. Ins Wasser geht sie nicht freiwillig; wirft man sie hinein, so schwimmt sie, indem sie sich seitlich krümmt, recht flink, gewöhnlich so, daß das Köpfchen über die Oberfläche erhoben wird, zuweilen jedoch auch auf dem Rücken; immer aber sucht sie bald das Trockene wiederzugewinnen. Unter ihren Sinnen steht unzweifelhaft der des Gesichts obenan, trotz des schwer begreiflichen Volksnamens, den das Tier hat. Sie hat zwei hübsche Augen mit goldgelber Regenbogenhaut und dunklem Stern, mit welchen sie gut sieht.

Ihr Gebaren weicht in vielen Teilen von dem der Eidechsen ab. Sie zeigt sich nicht scheu und noch viel weniger listig und entgeht den meisten Feinden gewöhnlich nur dadurch, daß sie sich, wenn man sie greift, heftig, ja unbändig bewegt und dabei meist ein Stück ihres Schwanzes abbricht. „Während nun das abgebrochene Stück", sagt *Lenz*, „noch voll Leben herumtanzt und von dem Feinde ergriffen wird, findet sie Gelegenheit, sich aus dem Staube zu machen. Dies kann man leicht beobachten, wenn man verschiedene Tiere mit Blindschleichen füttert." Gewöhnlich läßt sie sich fangen, ohne sich irgendwie zu verteidigen; ausnahmsweise macht sie jedoch von ihrem Gebiß Gebrauch, selbstverständlich ohne dadurch irgendeinen ihrer Gegner abschrecken zu können.

„Sie gebären läbendige junge, welches die erfahrung offtermals bewiesen und an den tag gegeben", bemerkt schon der alte *Geßner* hinsichtlich der Fortpflanzung der Blindschleiche. Doch scheint es, als ob sie nicht vor dem vierten Jahre zur Vermehrung ihres Geschlechtes heranreift. Die Geburt der Jungen fällt in die zweite Hälfte des August oder in die erste Hälfte des September; die Eier werden in Zwischenräumen von mehreren Minuten gelegt, und die Jungen winden sich sogleich aus der häutigen, dünnen, durchsichtigen Eischale los. Ihre Färbung ist weißlich, auf Kopf und Bauch ins Bläuliche spielend; längs der Rükkenmitte verläuft eine bläuliche Linie.

Noch heutigentags gilt die Blindschleiche in den Augen der ungebildeten Menschen als ein höchst giftiges Tier und wird deshalb rücksichtslos verfolgt und unbarmherzig totgeschlagen, wo immer sie sich sehen läßt, während man sie im Gegenteil schonen, insbesondere in Gärten hegen und pflegen sollte. Daß sie nicht giftig ist, wußten schon die Alten.

In schattigen Tälern der Steppen Naryn und Kuman an der Wolga entdeckte *Pallas* einen Seitenfaltler, welcher von den Russen wie alles schlangenähnliche Getier insgemein **Scheltopusik** genannt wurde; später fand er ihn an den Flüssen Terek und Sarpa auf. Andere Forscher beobachteten ihn im südlichen Sibirien, in Ungarn, Istrien, Dalmatien, Griechenland, Kleinasien, Syrien, Palästina und sogar in Afrika.

Der *Scheltopusik* (Ophisaurus apodus) ist gekennzeichnet durch folgende Merkmale: Der Leib ist schlangenähnlich, lang, walzenförmig, seitlich etwas zusammengedrückt, fast von gleicher Dicke wie der Hals, der Kopf deutlich abgesetzt, viereckig, etwa ebensolang wie hoch, an der Schnauze verlängert und zugespitzt, der Schwanz um ein Drittel länger als der Körper, dünn und einfach zugespitzt. Von den Vorderfüßen bemerkt man keine Spur, von den hinteren nur eine Andeutung in Gestalt unförmiger Stummel. Die Augen haben einen runden Stern und vollständige Lider; die Ohren, welche zwei Längsrinnen bilden, sind deutlich sichtbar. Viele fest am Knochen liegende Schilder decken den Scheitel, knochenartige, mehr oder minder rhombenförmige, hintereinanderliegende Schuppen den Rumpf; die der oberen Seite sind gekielt, die der unteren Seite am hinteren Rande ausgeschweift und mit Ausnahme der Schwanzschuppen glatt; die Längsfurche ist deutlich sichtbar, beginnt etwas hinter den Ohröffnungen und endet seitlich der Afterspalte. Das Gebiß besteht aus stumpfen, dicken, runden Zähnen, von denen im oberen Kiefer 28, im unteren 26 stehen. Ein schmutziges Rotbraun oder dunkles Strohgelb, das auf dem Kopf etwas lichter wird und auf dem Unterleib in Bräunlichfleischrot übergeht, ist die gewöhnliche Färbung. Die Leibeslänge beträgt reichlich einen Meter; die Stummel der Hinterfüße messen ungefähr 2 cm.

Die *Küstenglasschleiche* (Ophisaurus compressus), Abb. S. 352, lebt im äußersten Südosten der USA.

Schienenechsen

Die Familie der Schienen- oder Teju-Echsen (Teiidae) ist ausschließlich auf die Neue Welt beschränkt und kann als das Gegenstück zu der altweltlichen Eidechsenfamilie angesehen werden. Als wesentlicher Unterschied zu den Eidechsen sind aber die Kopfschilder nicht mit den Schädelknochen verwachsen. Die Familie ist vor allem in tropischen Gebieten Amerikas sehr arten- und formenreich. Hierzu gehört der *Große Teju* (Tupinambis nigropunctatus), der etwa 1,20 m lang wird und in Kolumbien und Brasilien beheimatet ist.

Agamen

Im Süden und Osten der Alten Welt tritt zu den bisher genannten Gruppen die artenreiche Familie der *Agamen* (Agamidae). In Südasien erreicht sie ihre größte Entwicklung. Die übrigen Arten verteilen sich auf Australien, das verhältnismäßig reich an diesen Echsen ist, und verbreiten sich durch die Wüsten Mittel- und Westasiens sowie durch ganz Afrika bis Griechenland und Südrußland. Fast alle Arten sind mehr oder minder vollkommene Landtiere; nicht wenige von ihnen bewohnen sogar die dürrsten und trockensten Örtlichkeiten innerhalb ihres Gebietes, wogegen andere wiederum nur in feuchten Geländen, hier jedoch so gut wie ausschließlich auf Bäumen hausen. Gerade von den Agamen darf man behaupten, daß sie die Wüsten Afrikas und Mittelasiens ebenso beleben, wie sie die in höchster Fülle prangenden Waldungen Südasiens schmücken. Sie sind es, von denen schon die ältesten Reisenden mit mehr oder weniger Anerkennung und Bewunderung sprechen; sie rufen noch heute das Entzücken eines jeden wach, der sie in ihrer vollen Lebenstätigkeit, in der Pracht ihrer wunderbaren und jähem Wechsel unterworfenen Farben sehen kann. Alle Arten müssen als harmlose Tiere betrachtet werden.

„Man sagte mir", so erzählt *Herodot*, „bei der Stadt Butus in Arabien sei ein Ort, wo es fliegende Schlangen gäbe. Ich reiste deshalb hin und sah daselbst eine unglaubliche Menge Knochen und Gräten in zahllosen größeren und kleineren Haufen. Es wurde gesagt, diese geflügelten Schlangen flögen im Frühling aus Arabien nach Ägypten, begegneten aber beim Ausgang des Tales dem Ibis, von welchem sie umgebracht würden. Die Gestalt dieser Schlangen ist die der Wasserschlangen; ihre Flügel haben aber keine Federn, sondern sind wie die der Fledermäuse gebildet. Arabien bringt Weihrauch, Myrrhen, Cassia und Zimt hervor. Diese Weihrauchbäume werden von den geflügelten Schlangen gehütet (von denselben, welche herdenweise nach Ägypten kommen)."

Von welchen Tieren der Vater der Geschichte erzählt, läßt sich nicht mehr bestimmen; möglich ist es immerhin, daß man schon damals von den kleinen, wenn auch nicht geflügelten, so doch mit einem Fallschirm versehenen Baumechsen Ostindiens einige Kenntnis hatte.

Die ersten fünf oder sechs falschen Rippen jederseits sind bei ihnen, den **Drachen** (Draco), zu Trägern eines halbkreisförmigen Fallschirmes umgestaltet, welcher an die demselben Zweck dienende Flatterhaut der fliegenden Eichhörnchen und Flugbeuteltiere erinnert, aber nicht, wie bei diesen, mit den Beinen in Verbindung steht. Der Kopf ist dick und hoch, die Schnauze kurz und stumpf, der Hals ziemlich lang, der Leib eigentlich klapperdürr, der Schwanz lang, dünn und nach dem Ende zu gleichmäßig verschmächtigt. Sehr

Winkelkopfagame

kleine Schuppen decken den Kopf und vergrößern sich am Lippenrand zu mäßigen Schildern; kleine, feine Schuppen bekleiden auch den übrigen Leib. Das auffallendste Merkmal der Drachen ist zweifellos der durch die falschen Rippen gestützte Fallschirm, weil eine derartige Bildung bei keinem andern Tier vorkommt.

Unter den Arten der Gattung gilt der *Flugdrache* (Draco volans) als die bekannteste. Das reizende Geschöpf erreicht nicht mehr als 22 cm Gesamtlänge, wovon 12 cm auf den langen, schlanken Schwanz zu rechnen sind. Die Färbung ändert, wie bei allen Drachen, vielfach ab, und nicht allein nach der Örtlichkeit, sondern auch bei jedem einzelnen Stück. Der Kopf des lebenden Tieres ist metallisch braun oder grün gefärbt und mit einem schwarzen Flecken zwischen den Augen geziert, der Rücken und die innere Hälfte des Fallschirms ein Gemisch aus metallisch schillerndem Dunkelbraun und Rosa, bei einzelnen Stücken in abwechselnden Querbändern, welche zahlreiche schwarze Flecke und kurze, unregelmäßig gewobene Linien zeigen. Die Färbung der äußeren Hälfte des Fallschirms schwankt zwischen Orangegelb und Rosarot und zeigt unregelmäßige, schwarze Querflecke; der Rand ist silbern gesäumt. Über die Glieder und den Schwanz verlaufen bei einzelnen abwechselnd rosafarbene und braune Querbänder, über die Augenlider strahlenförmig kurze, schwarze Linien. Die Kehlwamme hat lebhafte gelbe Färbung; die Brust ist auf gleichem Grunde schwarz getüpfelt. Die Seitenwammen spielen ins Gelbe oder Rosigsilberfarbene, zeigen aber schwarze Flecke.

Nach Angabe älterer Beobachter sollen sich die Drachen mit Hilfe ihres Fallschirms über Entfernungen von 10 m schwingen, aber sich wie alle ähnlich ausgestatteten Tiere immer nur in schiefer Richtung von oben nach unten bewegen.

Ausgesprochene Baumbewohner sind die *Winkelkopfagamen* der Gattung Gonocephalus, die in Südostasien mit etwa 30 Arten vertreten sind und sich gewöhnlich durch einen hohen Dornenkamm auf dem Rücken auszeichnen.

Die *Dornschwänze* (Uromastyx) sind dagegen ausgesprochene Bodentiere. Ihr auffälligstes Merkmal ist ein großer, ringsum mit dornartigen Schuppen besetzter Schwanz. Sie leben vorwiegend von Pflanzenkost und sind in den Trockengebieten von Nordafrika bis Westindien beheimatet.

Zu den Agamen zählt noch eine der auffallendsten Echsen überhaupt, der **Moloch** (Moloch horridus) aus Australien. Der Kopf ist sehr klein und schmal, kaum breiter als der Hals, der Leib kräftig, in der Mitte verbreitert und flach gedrückt, also krötenartig, der ungefähr leibeslange Schwanz rundlich, am Ende abgestumpft. Die Beine sind lang und schwächlich, die fünfzehigen Füße kurz. Auf der Mitte des Halses erhebt sich ein länglicher Höcker, zu beiden Enden desselben stehen kleinere ab. Kopf, Hals und Leib sind mit unregelmäßigen Schildern bekleidet, von denen jeder einzelne einen rosendornähnlichen, jedoch ziemlich geraden Stachel trägt. Diese Stacheln sind verschieden lang und verschieden gebogen. Die größten und gekrümmtesten bewaffnen beide Seiten des Kopfes, gleichsam nach Art der Hörner eines Säugetieres; verschieden große finden sich auf der Halsmitte und an den beiden Seitenhöckern des Halses sowie längs des ganzen Schwanzes, die kleinsten endlich an den Beinen. Die Unterseite ist rauh, aber nicht stachlig. Zwar nicht besonders lebhafte, aber sehr ansprechende Färbung und Zeichnung schmücken das stachlige Tier in hohem Grade. Auf kastanienbraunem Grunde verläuft ein schmaler Streifen von lichtocker- oder ledergelber Färbung; ein zweiter, gleich gefärbter beginnt an jeder Seite des Halses, zieht sich über die Schultern, verbreitert sich hier und zweigt einen andern, nach hinten verlaufenden und zuletzt beide Seiten des Schwanzes zierenden, ab. Die Grundfärbung der Unterseite ist licht ockergelb; die Zeichnung, die hier am Hals beginnt, über die ganze Brust läuft und auch noch den Unterteil des Schwanzes einnimmt, besteht aus breiten, schwarzgesäumten Längs- und Querbändern, welche unregelmäßige Figuren bilden. Die Gesamtlänge beträgt 15–18 cm.

Der Moloch, der von den Ansiedlern „Stachelechse“ oder „Dornteufel“ genannt wird, lebt nur auf sehr sandigen Stellen. Gelegentlich sieht man vielleicht zwei oder drei sich zusammen auf der Spitze eines kleinen Sandhügels sonnen. Oft vergraben sie sich auch unter dem Sande; immer aber dringen sie nur bis zu geringer Tiefe ein. Ihr kleines, verstecktes Auge und ihr ganzes Wesen stempelt

Dornschwanz

sie zu Tagtieren, welche sich vielleicht nie, mindestens nur in seltenen Fällen, des Nachts bewegen. Obgleich für gewöhnlich ungemein träge, hat man doch auch gesehen, daß sie mit großer Gewandtheit laufen können, wenn es sich darum handelt, eine nicht allzuweit entfernte Höhle zu erreichen. Bei ruhigem Sitzen tragen sie ihren Kopf erhoben, so daß er mit dem Leibe in eine schiefe Ebene zu liegen kommt.

Auch der Moloch besitzt in einem gewissen Grade die Fähigkeit, seine Farbe zu verändern; es geschieht dies nach den Beobachtungen *Wilsons* jedoch niemals plötzlich, vielmehr immer nur sehr allmählich, obschon nicht selten. Die lebhafte Färbung geht dann in düsteres Schiefer- oder Rußfarben über, und die hübsche Zeichnung verschwindet dabei fast ganz. Der Moloch verdient seinen Namen nicht mit Recht; denn nur sein Aussehen ist schrecklich, sein Wesen gänzlich harmlos.

Leguane

Was die Agamen für die Alte Welt, sind die *Leguane* (Iguanidae) für Amerika, nur daß sie in ungleich größerer Anzahl und Mannigfaltigkeit auftreten. Sie treten in Süd- und Mittelamerika allerorten überaus zahlreich auf, verbreiten sich auch bis in die wärmeren Teile von Nordamerika: im Westen bis Kalifornien, Britisch-Kolumbien und Arkansas, im Osten fast bis zu den nördlichen Grenzen der Vereinigten Staaten, und bevölkern ebenso die Amerika zunächst gelegenen Inseln.

Entsprechend der Ausdehnung des Verbreitungsgebietes ist auch das Vorkommen dieser Echsen. Sie leben buchstäblich überall, wo Kriechtiere die erforderlichen Bedingungen für gedeihliches Dasein finden: auf dem Festland wie auf den Inseln, in der Höhe wie in der Tiefe, auf dürren Ebenen wie in den feuchten, schattigen Urwäldern, in unmittelbarer Nähe der menschlichen Behausungen, in Städten und Dörfern und andern Ortschaften, auf und in den Häusern wie in wüsten Geländen. Mehrere Arten dürfen als Wasserechsen angesehen werden, weil sie, wie die Warane der Alten Welt, bei Gefahr zum nächsten Wasser stürzen und ebenso vorzüglich schwimmen wie tauchen. Eine Art gewinnt sogar im Meere ihre Nahrung.

Die **Basilisken** (Basiliscus), die eine Gattung der Leguane bilden, tragen auf dem Rükken und auf dem Anfang des Schwanzes einen Hautkamm, welcher durch die Dornenfortsätze der Wirbel gestützt wird, und Schuppensäume an den Zehen der Hinterfüße. Kopf und Hals sind kurz; der Leib ist hoch und dürr, der Schwanz sehr lang und seitlich sehr zusammengedrückt. Kleine, gekielte Schilder bekleiden den Kopf, rautenförmige Schuppen, die sich in Querreihen ordnen, den Rumpf. Zahlreiche Zähne bilden das Gebiß: in der oberen Kinnlade stehen etwa 42, in der unteren ungefähr ebenso viele; außerdem sind in Längsreihen geordnete Gaumenzähne vorhanden.

Helmbasilisk

Der *Helmbasilisk* (Basiliscus basiliscus) trägt auf dem Hinterkopf eine spitze, äußerlich mit gekielten Schuppen bekleidete Kappe, die von einer knorpeligen Leiste gestützt wird. Er ist in den südamerikanischen Tropenwäldern sehr häufig.

Die Merkmale der Gattung der eigentlichen **Leguane** (Iguana), deren bekannteste Art der *Grüne Leguan* (Iguana iguana) ist, sind zu finden in dem gestreckten, seitlich zusammengedrückten Leib, dem großen, vierseitigen Kopf, kurzen Hals, den kräftigen Beinen, sehr langzehigen Füßen und dem sehr langen, am Grunde etwas zusammengedrückten, platten oder mit dornigen Wirtelschuppen besetzten Schwanz, einem großen, hängenden Kehlsack mit Stachelkamm am Vorderteile desselben und dem vom Nacken bis zur Schwanzspitze verlaufenden Rückenkamm, den sehr verschieden gewölbten, höckerigen und gekielten Kopfschildern und den schwach gekielten Schuppen der Leibesseiten. Außer den Kinnladen trägt auch der Gaumen auf jeder Seite noch eine doppelte Reihe von kleinen Zähnen, deren Anzahl wie die der Kinnladen je nach dem Alter schwankt. Der Leguan erreicht 2,20 m an Länge, wovon 1,50 m auf den Schwanz kommen. Die Grundfärbung der Haut ist ein schönes Blattgrün, welches hier und da in Blau, Dunkelgrün, Braun und Grau übergeht, Unterseite und Beine sind gestreift; den Schwanz umgeben mehrere deutliche, breite Binden. Die Gesamtfärbung ist übrigens vielfachem Wechsel unterworfen, um so mehr, weil auch der Leguan die Fähigkeit besitzt, seine Farben zu verändern.

Alle Leguane bewohnen den nördlichen Teil Brasiliens und die Länder um und im Golf von Mexiko, also auch die Antillen. Alle leben auf Bäumen, am liebsten auf solchen, die an den Ufern von Gewässern stehen.

Die Galapagosinseln bilden eine eigene Welt für sich. Der größte Teil ihrer Pflanzen und Tiere wird an keinem andern Ort gefunden. Unter letzteren spielen die Kriechtiere eine bedeutende Rolle; sie vertreten gewissermaßen die auf der Insel fast fehlenden Säugetiere, insbesondere die pflanzenfressenden. Nur wenige Arten sind dort heimisch; jede einzelne Art aber tritt ungemein zahlreich auf. Besonders beachtenswert sind zwei höchst merkwürdige, zur Leguanenfamilie zählende Schuppenechsen, welche als Vertreter einer besonderen Gruppe der Gattung der **Höckerköpfe** (Amblyrhynchus) angesehen werden, weil sie durch die Gestalt ihres Kopfes und dessen Beschilderungsweise, die Stärke der Kopfknochen und den Mangel eines Kehlsackes erheblich von den ihnen nächst verwandten, echten Leguanen abweichen. Beide stimmen in ihrem allgemeinen Bau miteinander überein und haben in ihren Sitten ebenfalls manches gemeinsam. Keine von beiden ist besonders bewegungsfähig; beide sind Pflanzenfresser, obgleich sie sich verschiedene Nahrung wählen; die eine lebt auf dem Lande; die andere ist auf das Wasser angewiesen und darf, was das merkwürdigste ist als einzige Schuppenechse mit Recht ein Seetier genannt werden, da sie als einzige ausschließlich von Wasserpflanzen lebt.

Die *Meerechse*, wie wir sie nennen wollen (Amblyrhynchus cristatus), ist ein sehr großer Leguan, dessen Gesamtlänge 1,75 m bei 1,25 m Schwanzlänge beträgt, und dessen Gewicht bis zu 4 kg ansteigen kann. Die Beine sind kurz und gedrungen, die Zehen durch ihre kurze Schwimmhaut verbunden und mit kräftigen, scharf gebogenen Krallen bewehrt. Die dicke Zunge füllt die ganze Breite der Mundhöhle aus. Kräftige, lange, dreizackige, an der äußeren Falte des tief rinnenförmig ausgehöhlten Kiefers angesetzte Zähne bilden das Gebiß.

„Man sah sie", sagt *Darwin*, „zuweilen einige 100 Schritte vom Ufer umherschwimmen. Das Tier schwimmt mit vollkommener Leichtigkeit und Schnelligkeit unter schlangenförmiger Bewegung des Leibes und abgeplatteten Schwanzes, nicht aber mit Hilfe seiner Füße, welche hart an die Leibesseite angelegt und niemals bewegt werden. Ihre Glieder und die starken Krallen sind trefflich geeignet, über die holperigen und zerspaltenen Lavamassen zu kriechen, welche überall die Küste bilden. An solchen Plätzen sieht man eine Gruppe von sechs oder sieben dieser unschönen Kriechtiere auf dem schwarzen Felsen einige Meter hoch über der Brandung, woselbst sie sich mit ausgestreckten Beinen sonnen.

Ich öffnete den Magen von mehreren und fand ihn jedesmal mit zermalmten Seetangen angefüllt, und zwar mit Überresten von der Art, welche in dünnen, blätterartigen Ausbreitungen wächst und eine hellgrüne oder dunkel rotgrüne Färbung hat."

Die zweite Schuppenechse der Galapagosinseln, welche wir *Drusenkopf* (Conolophus subcristatus) nennen, ist im allgemeinen Gepräge sowie auch durch den Mangel von Gaumenzähnen wesentlich von der Meerechse unterschieden und im ganzen noch plumper und schwerfälliger als diese. Nur auf das feste Land angewiesen, entbehrt sie der Schwimmhäute zwischen den kürzeren Zehen der gedrungeneren Beine. Diejenigen Drusenköpfe, die das niedere Land bewohnen, können während des ganzen Jahres kaum einen Tropfen Wasser kosten; aber sie verzehren viel von dem saftigen Kaktus.

Grüner Leguan

Skink

Skinke

Die *Skinke* oder *Glattechsen* (Scincidae) sind in allen warmen Gebieten der Erde vertreten und sind auch im südlichen Europa anzutreffen. Wegen ihrer versteckten Lebensweise finden sie aber nur wenig Beachtung, obgleich sie mit 800 Arten zu den umfangreichsten Echsenfamilien gehören. Die Skinke haben meist einfache glänzende Schuppen, einen spitzen Kopf und verhältnismäßig kurze Gliedmaßen. Sie werden durchschnittlich 30 cm groß.

Chamäleons

Die *Chamäleons* (Chamaeleonidae) bilden eine eigene Familie. Ihr Rumpf ist seitlich stark zusammengedrückt und schmal und zeigt eine schneidenartig gebogene Rückenfirste mit Hautkörnern. Der Kopf ist pyramidenförmig erhaben, am Schnauzenteil oft merkwürdig vorgezogen, überhaupt kantig und eckig, der Hals kaum zu unterscheiden. Die Beine sind mager, rundlich und alle fast von gleicher Länge; die Zehen, fünf an jedem Fuß, werden je zwei und drei bis zum Grunde ihrer vorletzten Glieder von der allgemeinen Körperhaut umhüllt und bilden so zwei sich gegenüberstehende Stücke oder Bündel, mithin eine Art von Zange, welche, da ihre innere Seite mit einer körnigen Haut überzogen ist, mit Sicherheit und Festigkeit einen Zweig umspannt. Hieraus ergibt sich, daß die Füße dieser Echsen hinsichtlich ihrer Bildung einzig in ihrer Art sind. Der Schwanz ist rundlich und kräftig, verjüngt sich zum Ende hin nur allmählich und kann von unten auf schneckenförmig zusammengerollt werden. Statt der Schuppen bedecken die Haut kleine, körnerförmige Erhöhungen, zwischen denen bisweilen kleine Schildchen stehen und immer zarte Fältchen verlaufen. Die Beschaffenheit der Haut gestattet ihr eine bedeutende Ausdehnung.

Noch auffallender erscheinen auch dem oberflächlichen Beobachter die Augen der Chamäleons. Sie werden von starken Lidern kapselförmig umschlossen und lassen nur eine runde Öffnung für den Stern frei. Beide sind in ihren Bewegungen vollständig unabhängig voneinander, so daß das rechte vor- und aufwärts, das linke rück- oder abwärtsblicken kann und umgekehrt. Diese bei keinem anderen Tier vorkommende Beweglichkeit gestattet dem Chamäleon, auch ohne sich zu bewegen, seine ganze Umgebung zu übersehen, seine Beute ausfindig zu machen und sich zum Fang vorzubereiten.

Der innere Bau ist nicht weniger merkwürdig als der äußere. Vor allem verdient die absonderlich gebaute, für das Leben des Tieres überaus wichtige Zunge eine eingehende Schilderung. Wenn man vergleichen will, darf man sagen, daß sie die der Ameisenbären und Spechte wiederholt; sie unterscheidet sich jedoch wesentlich von der beider Tiergruppen. Im Zustand der Ruhe liegt sie zusammengezogen im Schlund; beim Gebrauch kann sie 15–20 cm weit vorgestoßen werden. Das Zungenbein hängt nicht mit der Luftröhre zusammen und hat vier 2 cm lange Hörner und einen Körper, der sich 3 cm weit wie ein Griffel nach vorn verlängert und der Zunge in der Ruhelage als Stütze dient. Wenn sie vorgestoßen wird, ist sie so dick wie ein Schwanenkiel. Bewegt wird sie von neun Muskeln auf jeder Seite, welche die Hörner des Zungenbeines an den Brustkasten heften und zurückziehen. Beim Vorschießen wird sie von den beiden sehr großen Zungenschlagadern, die sich in ihm in zahllose Zweige teilen, mit Blut gefüllt und ausgedehnt; das Vorschnellen geschieht also infolge dieser lebhaften Einströmung von Blut in das Netz von Blutgefäßen, nicht aber durch Einpumpen von Luft, wie man geglaubt hat.

Das Tier kann seine Färbung wechseln, beispielsweise die seiner Umgebung annehmen und sich dadurch vor seinen Feinden verbergen, man nannte deshalb auch einen Menschen, der seine Meinung je nach den Umständen, jedoch stets zu seinen Gunsten veränderte, ein Chamäleon und erhob dieses zu einem Sinnbild der knechtischen Gefälligkeit der Schmeichler und Höflinge.

Der Farbenwechsel hat seine Ursache im Vorhandensein zweier Lagen verschiedenartiger Farbstoffe (Pigmente), von denen die eine unter den Oberteilen der eigentlichen Haut abgelagert ist, sich aber auch abwärts in das Bindegewebe erstreckt und hier zwischen die Gewebeteile eindringt, während sich die andere in der ganzen Haut, und zwar in verzweigten Zellen, befindet, welche unter oder auch in der Hautmasse der Lage liegen. Jener Farbstoff ist in der Hauptsache weiß, nach außen zu jedoch gewöhnlich mehr oder weniger lebhaft gelb, dieser bräunlichschwarz.

Ein Chamäleon fängt eine Fliege mit „Zungenschuß"

Beide Lagen erzeugen nun den Farbwechsel, je nachdem, ob sie neben- oder hintereinandertreten bzw. einander durchdringen. Kommt der helle Farbstoff allein zur Geltung, so sieht die Haut weiß oder gelb aus, wird er von dem schwarzen durchdrungen, braun oder schwarz; die dazwischenliegenden Farben bilden sich entsprechend der mehr oder weniger vollständigen Durchdringung.

Alle Chamäleons gehören zur Alten Welt oder, richtiger, zur Osthälfte der Erde und haben in Amerika weder Verwandte noch Vertreter im eigentlichen Sinne des Wortes. Sie zählen zu den bezeichnendsten Tieren Afrikas.

Das *Gewöhnliche Chamäleon* (Chamaeleo chamaeleon), ist gekennzeichnet durch den nur zur Hälfte gezähnelten Rückenkamm, den vom Kinn bis zum After verlaufenden Bauchkamm, den dreiseitigen, stumpf pyramidenförmigen Helm auf dem Hinterkopf, der durch die stark vortretende, rückwärts gekrümmte Scheitelleiste gebildet wird, und die gleichartigen kleinen Schuppen des Rumpfes, die sich nur auf dem Kopf vergrößern. Die Länge beträgt 25–30 cm, wovon etwas mehr als die Hälfte auf den Schwanz kommt. Sein Verbreitungskreis erstreckt sich von Südspanien an über einen großen Teil Afrikas und Asiens; es lebt in Andalusien und in allen Ländern Nordafrikas von Marokko bis Ägypten.

Man sieht die Chamäleons gewöhnlich in kleinen Gesellschaften von drei bis sechs Stück auf einem Busch oder einer Baumkrone sitzen, unbeweglich, als wären sie ein am Ast angewachsener Holzknorren. Lediglich Augen und Zunge sind in beständiger Tätigkeit, und letztere wird, sooft sich Beute findet, hervorgeschnellt.

Von dem Farbenwechsel der Haut macht man sich gewöhnlich eine falsche Vorstellung. Man glaubt, daß das Tier plötzlich die verschiedensten Schattierungen und Abstufungen aller nur denkbaren Farben auf seiner Haut zeige, daß es sein Aussehen unbedingt den Gegenständen anpasse, auf denen es sich gerade befindet, und dementsprechend imstande wäre, jede beliebige Färbung anzunehmen, daß es sich überhaupt willkürlich verändern könne. Alles dies ist mehr oder weniger unrichtig. Allerdings sieht das Tier in der Regel grünlich aus, dem Blattwerk ähnlich; es vermag seine Färbung jedoch keineswegs immer derjenigen eines jeden beliebigen Gegenstandes, auf den man es setzen könnte, anzupassen. In dieser Färbung kommen vor die Übergänge von Orange durch Gelbgrün bis Blaugrün und die Schattierungen und Übergänge jeder dieser Farben durch Grau oder Graubraun in Schwarz, Weiß, Fleischfarben, Rostbraun, Veilchenblau und Blaugrau, außerdem noch Schillerfarben, welche durch die über der Oberhaut liegenden, dünnen, platten, sechseckigen Zellen hervorgebracht werden. Alle Farbveränderungen geschehen mit einer gewissen Regelmäßigkeit, entweder infolge äußerer Einflüsse oder aber infolge von Gemütsbewegungen oder Äußerungen des Gemeingefühls: Hunger, Durst, Bedürfnis nach Ruhe, Sättigung, Wollust usw.; aber sie geschehen nicht bei allen Stükken in gleicher Weise oder Folge. Nicht alle Teile des Leibes sind dem Wechsel unterworfen: Ein vom Kinn zum After verlaufender Streifen und die Innenseite der Hände und Füße verändern sich niemals. Die Innenseite der Arme und Schenkel unterliegen auch nur geringen Veränderungen.

Chamäleons lassen sich bei guter Pflege auch im Terrarium halten, doch müssen sie immer mit Lebendfutter wie Fliegen, Heuschrecken, Käfer oder Mehlwürmer versorgt und warm gehalten werden.

Das ostafrikanische *Zweistreifen-Chamäleon* (Chamaeleo bitaeniatus), Abb. S. 352, ist eine lebendgebärende Gebirgsart und erreicht eine Gesamtlänge bis zu 16 cm.

Geckos

Über wenige Kriechtiere ist soviel gefabelt worden wie über die *Geckos* (Gekkonidae), eigentümlich gestaltete, nächtlich lebende Schuppenechsen, die in allen Erdteilen gefunden werden. Sie waren es, welche die Alten mit dem Namen „*Stellio*" bezeichneten, und zwar, wie *Ovid* uns mitteilt, wegen der kleinen, sternförmigen Flecken auf dem Rücken. *Aristoteles* berichtet, daß der Stellio sich in Fenstern, Kammern und Gräbern aufhalte, an den Wänden umherklettere, oft auf den Tisch herab und ins Essen falle, in den Krippen schlafe, den Eseln in die Nase krieche und sie am Fressen hindere, durch seinen Biß vergifte. *Plinius* versichert, daß der Gecko ein sehr gefährliches Mittel liefere, indem er, im Weine ertränkt oder in Salbe getötet, bei denen, welche Wein oder Salbe benutzen, Sommersprossen hervorbringe. „Manche reichen derartige Salbe hübschen Mädchen in der böswilligen Absicht, deren Schönheit zu verderben." Glücklicherweise gibt es ein Gegenmittel: Eidotter, Honig und Laugensalz sollen die schädliche Wirkung wieder aufheben. Nach Ansicht desselben Naturforschers ist der Biß des Geckos in Griechenland tödlich, in Sizilien dagegen ungefährlich. Ähnliche Schauergeschichten kann man in allen Teilen Amerikas, in Afrika, Indien und selbst in Südeuropa vernehmen. Wir werden jedoch sehen, daß diese Tiere vollkommen unschädliche und harmlose Schuppenechsen sind und einzig und allein infolge ihres unschönen Äußeren und ihrer nächtlichen Lebensweise unter so bösem Leumund leiden müssen.

Die Geckos oder Haftzeher sind kleine, plump gebaute, plattgedrückte und düsterfarbige Schuppenechsen. Ihr Kopf hat eine längliche, tiefgespaltene Schnauze und etwas höchst Auffallendes wegen der großen Nachtaugen, deren Stern sich im Licht bis auf eine linienförmige, senkrechte Spalte zusammenzieht und deren Lider zwischen dem Augapfel und den Augenhöhlenrändern eingerollt sind. Wirkliche Lider kommen nur bei einzelnen Sippen vor; bei den übrigen Gruppen und Arten zieht sich die durchsichtige Haut über das Auge hinweg und bildet eine kreisförmige, lidartige Falte. Der Hals ist sehr kurz und dick, der Rumpf gedrungen, rundlich, aber von oben nach unten plattgedrückt, bisweilen seitlich befranst, der sehr gebrechliche Schwanz mittellang und dick, zuweilen auch seitlich mit Haut besetzt; die Beine zeichnen sich aus durch ihre Kürze, die Zehen durch eine ganz absonderliche Bildung, welche als das Hauptmerkmal angesehen werden muß. Bei allen Arten dieser Familie sind sie verhältnismäßig kurz, in der Länge untereinander nur wenig verschieden, regelmäßig durch eine mehr oder minder weit ausgedehnte Bindehaut vereinigt und auf der Unterseite mit Blattkissen bedeckt, Verbreiterungen, die querliegende, häutige Blättchen verschiedener Größe, Gestalt und Stellung zeigen und die Tiere befähigen, an sehr glatten Flächen, gleichgültig in welcher Stellung, umherzulaufen. Bei einzelnen erweitert sich die ganze Unterfläche der Zehen; bei anderen nimmt die Blattscheibe nur einen Teil derselben ein. Bei den meisten Arten sind scharfe, spitze, bewegliche, gewöhnlich auch zurückziehbare Krallen vorhanden; diese können aber auch an einzelnen, zuweilen an allen Zehen fehlen. Die äußere Bekleidung besteht aus sehr kleinen, miteinander fest verbundenen Schuppen, zwischen denen sich größere einfügen.

Zur Gattung der Breitzeher zählt der *Mauergecko* (Tarentola mauritanica), ein kleines Tierchen von nur 12–15 cm Länge, wovon der Schwanz die Hälfte wegnimmt, und hellerer oder dunklerer, von Lichtgelblichgrau durch Grau, Braun- und Schwarzbraun bis zu Mattschwarz abändernder, bald gebänderter, bald mehr oder weniger einfarbiger und dann wie mit Puderstaub überdeckter Ober- und schmutziggelber Unterseite. Der Kopf ist sehr rauh, der Rücken mit Warzen bedeckt, welche aus je drei bis vier kleinen, dicht aneinanderstehenden Körnchen zusammengesetzt werden, die Bauchseite dagegen ist schuppig und glatt. Der Verbreitungskreis erstreckt sich über alle Länder rund um das Mittelmeer; besonders häufig ist das Tier in Spanien, Griechenland, Dalmatien und Nordafrika.

Zu den Fältlern gehört der *Faltengecko* (Ptychozoon kuhli), eines der absonderlichsten Glieder der Familie. Er ist ungefähr 15 oder 20 cm lang und auf der Oberseite auf gelbgrünlichem, ölfarbenem, nach den Seiten hin in Rotbraun übergehendem Grund mit figurenartigen Querbändern von brauner Färbung gezeichnet. An den Seiten des Kopfes und des Rumpfes verlaufen Hautsäume.

Alle Geckos haben ungefähr denselben Aufenthaltsort und führen mehr oder weniger dieselbe Lebensweise. Sie bewohnen Felswände und Bäume, Steingeröll, Gemäuer und sehr gern die menschlichen Behausungen, vom Keller bis zum Dach. Einzelne Arten scheinen nur auf Bäumen Herberge zu nehmen, andere sich sowohl hier wie auch an Mauern und in Häusern aufzuhalten. Wo sie vorkommen, treten sie in der Regel sehr häufig auf, und sie verstehen es auch, die Aufmerksamkeit des Menschen auf sich zu ziehen: sind sie doch die einzigen Schuppenechsen, welche wirkliche Kehlkopflaute ausstoßen können oder, was offensichtlich dasselbe bedeutet, eine Stimme besitzen.

Übertags machen sich die Geckos nur wenig bemerklich. Mit Einbruch der Nacht werden sie munter und beginnen ihre Jagd auf Insekten verschiedener Art, namentlich auf Fliegen, Mücken, Spinnen, Käfer, Räupchen und dergleichen, deren sie sich mit überraschender Sicherheit zu bemächtigen wissen.

Den Anfang ihrer Tätigkeit zeigen sie gewöhnlich durch ein lautes oder doch wohl vernehmliches kurzes Geschrei an, welches durch die Silben „Gek" oder „Toke" ungefähr wiedergegeben werden kann, gelegentlich auch in höhere oder tiefere Laute übergeht. Ihr Treiben währt die ganze Nacht hindurch und hat in der Tat etwas höchst Auffälliges. Kein Wunder, daß es den Neuling befremdet, zu sehen, wie der Gecko mit wunderbarer Gewandtheit und unfehlbarer Sicherheit an senkrechten, glatten Wänden emporklettert, diese plötzlich verläßt und nunmehr an der Decke umherläuft, als wäre sie der Fußboden, wie er minutenlang an ein und derselben Stelle klebt und dann wieder hastig fortschießt, den dicken Schwanz anscheinend unbeholfen hin und her schleudert und sich selbst durch schlängelnde Bewegungen forthilft, wie er alles beobachtet, was ringsum vorgeht, und mit den großen Augen umherschaut, in der Absicht, irgendeine Beute zu erspähen, die er dann zielsicher erbeutet.

Schlangen

Die Einfachheit und Gleichmäßigkeit der äußeren Gestalt wird bedingt durch den Bau des Knochengerüstes. Dasselbe besteht nämlich bloß aus dem Schädel, der Wirbelsäule und den Rippen; denn die verkümmerten Stummel, welche bei einzelnen Familien vorhanden sind und an die hinteren Glieder anderer Kriechtiere erinnern, können doch kaum mit Gliedmaßen verglichen werden. Der wichtigste Teil des Knochengerüstes und zugleich derjenige, welcher die eigentümlichste Gestalt und Einrichtung zeigt, ist der Schädel. Mehr noch als die geringe Größe des hirntragenden Teiles fällt die freie Beweglichkeit des Kiefergerüstes auf. Der Zwischenkiefer hängt fest mit dem Nasenbein zusammen; dagegen sind Oberkiefer-, Flügel- und Gaumenbeine durchaus beweglich und können sowohl nach den Seiten als auch nach vorn und hinten geschoben werden. Eine ebenso große Beweglichkeit ist in den Unterkiefern hergestellt. Das lange, schuppenförmige Zitzenbein hängt nur durch Bänder und Muskeln mit dem Schädel zusammen und trägt an seinem Ende das ebenfalls lange, stabförmige, meist schief nach hinten gerichtete Quadratbein, an dem der Unterkiefer eingelenkt ist. Dieser besteht aus zwei völlig getrennten, stabförmigen, nur wenig gebogenen Hälften, welche vorn entweder gar nicht oder nur durch lockere Sehnenfasern miteinander verbunden sind, und deren Trennung äußerlich gewöhnlich auch durch sogenannte Kinnfurchen an der Unterfläche des Kopfes ausgedrückt wird. Jeder Unterkieferast wird gebildet durch drei stabförmige Knochen, welche durch lose Gelenke und dehnbare Sehnenfasern verbunden sind und nach allen Seiten hin bewegt oder weggedrückt werden können. An den Schädel schließt sich der Leib unmittelbar an, da eine Sonderung der Hals-, Brust-, Lenden-, Kreuz- und Schwanzwirbel nicht durchzuführen ist. Je nach Art und Größe schwankt die Zahl der Wirbel in weiten Grenzen: nur ausnahmsweise scheint sie weniger als 100 zu betragen, kann aber bei einzelnen Arten bis gegen 400 Stück ansteigen.

Nicht minder beachtenswert als die Knochen des Gerippes sind die Zähne, welche je nach den verschiedenen Familien wichtige Unterschiede zeigen und zur Aufstellung von Zwischenordnungen benutzt worden sind. Zähne stehen nicht allein auf dem Ober- und Unterkiefer, sondern auch auf dem Zwischenkiefer, den Gaumen- und Flügelbeinen. Sie sind stets an dem sie tragenden Knochen angewachsen und werden durch neue, hinter oder neben ihnen sich entwickelnde und mit ihnen in eine Schleimhautfalte eingeschlossene ersetzt, wenn dies nötig sein sollte. Alle sind nach hinten gekrümmte, spitze Hakenzähne, die nur zum Beißen und zum Festhalten der Beute, aber niemals zum Zerreißen oder zum Kauen dienen können.

Im hohen Grade bedeutsam für das Leben der Schlangen sind die Drüsen, die sich bei den giftigen Arten der Ordnung besonders entwickeln. Die Giftdrüse befindet sich hinter und unter den Augen über dem Oberkiefer, ist sehr groß, länglich, hat ein blätteriges Gewebe, im Innern eine ansehnliche Höhle und unterscheidet sich außerdem von allen übrigen durch den langen Ausführungsgang, welcher an der äußeren Fläche des Oberkiefers bis nach vorn verläuft und hier vor und über dem Giftzahn in eine diesen umgebende häutige Scheide sich so öffnet, daß ihre Absonderung in den Zahn einfließen kann. Ein sehr starker Muskel umhüllt sie und dient mit dem Kaumuskel dazu, sie zusammenzudrükken.

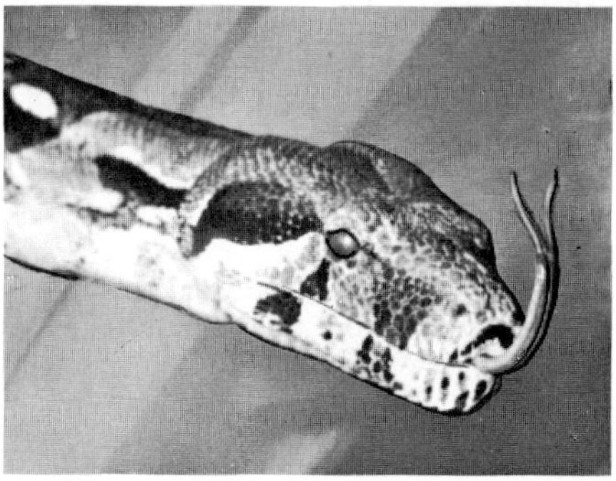

Züngelnde Abgottschlange

Die seit alten Zeiten verschriene Zunge, in welcher Unkundige noch heutzutage das Angriffswerkzeug der Schlangen sehen, dient vor allem dem Geruch. Sie ist sehr lang, dünn, vorn in zwei langgespitzte Hälften gespalten und liegt in einer muskeligen Scheide verborgen, die unter der Luftröhre verläuft und sich kurz vor deren Mündung, nahe der Spitze der Unterkinnlade, öffnet. Tatsache ist, daß jede Schlange, wenn sie nicht gerade ruht, unaufhörlich züngelt und dabei nach allen Richtungen hin arbeitet, um die Gegenstände, die sich vor ihr befinden, zu erforschen.

Eine besondere Eigentümlichkeit des Auges liegt in seiner scheinbaren Unbeweglichkeit, welche ihm ein gläsernes Ansehen und einen unheimlichen Ausdruck verleiht. Anstelle der fehlenden Augenlider findet sich ein durchsichtiges Häutchen, ein Teil der Oberhaut.

Die Bewegungen sind vielseitiger, als der Unkundige gewöhnlich annimmt. Allerdings verdienen die Schlangen den Namen Kriechtiere mehr als die meisten übrigen Klassenverwandten; sie kriechen aber keineswegs nur auf ebenem Boden fort, sondern auch bergauf und bergab, an Bäumen empor und durch das Gezweige, auf der Oberfläche des Wassers und unter derselben hin: sie kriechen, klettern, schwimmen und tauchen also, und sie tun alles annähernd mit derselben Behendigkeit und Gewandheit. Ihre zahlreichen, nur an den Wirbeln eingelenkten, nach unten freien Rippen kommen beim Kriechen zur Geltung: Jede einzelne Rippe wird zu einem Fuße, zu einer Stütze und zu einem Hebel, der den Leib nicht nur trägt, sondern auch fortbewegt. Die kriechende Bewegung geschieht jedoch anders, als Unkundige anzunehmen und unerfahrene Maler abzubilden pflegen, nämlich nicht in senkrechten Bogenwindungen, sondern in seitlichen Wellenlinien. Alle Wirbel lassen sich sehr leicht in seitlicher Richtung biegen, die Rippen ebenso leicht von vorn nach hinten ziehen. Will sich nun die Schlange vorwärtsbewegen, so spannt sie abwechselnd diese, abwechselnd jene Rippenmuskeln an, krümmt dadurch den Leib in eine waagerecht liegende Wellenlinie, zieht die Rippen so weit vor, daß sie fast oder ganz senkrecht stehen und bringt sie bei der nächsten Krümmung in eine schiefe Richtung von vorn nach hinten, bewegt sie also wirklich in ähnlicher Weise wie andere Tiere ihre Füße. Die scharfen Ränder der nach unten gerichteten Schilder der Schuppen vermitteln den Widerstand am Boden, da sie wohl eine Bewegung nach vorn ermöglichen, aber kein Ausgleiten nach hinten zulassen. Solange sich das Tier auf freiem Boden fortschlängelt, geschieht seine Bewegung mit großer Leichtigkeit: Der ganze Leib ist dann in Tätigkeit. Ein beträchtlicher Teil der Hunderte von Rippenpaaren arbeitet stemmend, während die übrigen gleichzeitig vorwärtsgezogen und in demselben Augenblick wirksam werden, in dem die andern aufhören, es zu sein. Jede einzelne Welle, welche die Linie des Leibes beschreibt, wird sehr schnell ausgeglichen, und die Fortbewegung kann demgemäß ziemlich rasch geschehen.

Nur sehr wenige Schlangen sind imstande, das vordere Drittel ihres Leibes aufzurichten. Die meisten Schlangen erheben ihren Kopf nicht mehr als 30 cm über den Boden. Wenige, beispielsweise die Brillenschlange, machen hiervon eine Ausnahme; viele sind nicht einmal imstande, wenn man sie am Schwanze packt und frei hängen läßt, so sich zu krümmen, daß sie mit dem Kopf die Hand oder den Arm erreichen.

Alle Erdteile beherbergen Schlangen, aber keineswegs in annähernd gleicher Anzahl. Auch sie unterliegen den allgemeinen Verbreitungsgesetzen der Kriechtiere und nehmen um so rascher an Arten und Einzelwesen ab, je höher die Breite ist; auch weisen nicht alle gleichen Breitengrade eine verhältnismäßig gleich große Menge von ihnen auf. Abgesehen von reichlicher Nahrung, verlangen die Schlangen passende Versteck- und Zufluchtsorte, meiden daher Gegenden, die ihnen solche nicht gewähren.

In allen Gegenden, welche einen kalten oder heißen, trockenen Winter haben, sind die Schlangen genötigt, sich gegen die Einwirkungen der Kälte oder der Trockenheit zu schützen. Sämtliche Arten, die den nördlichen Teil unseres gemäßigten Gürtels bewohnen, ziehen sich mit Beginn des Winters in tiefe Schlupfhöhlen zurück und verbringen in ihnen die ungünstige Jahreszeit in einem Zustand der Erstarrung. Bei warmem, stillem Wetter bemerkt man in Mitteldeutschland schon im März wieder Schlangen im Freien, die ihre Winterherberge verlassen haben, um sich zu sonnen, abends aber wahrscheinlich wieder zum gleichen Schlupfwinkel zurückkehren. An Jagd und Fortpflanzung denken sie dann jedoch noch nicht, denn ihr eigentliches Sommerleben beginnt erst Anfang April. Wenn sie im Herbst zur Ruhe gehen, sind sie fett; wenn sie im Frühling wieder zum Vorschein kommen, ist etwa die Hälfte ihres Fettes verbraucht.

Alle Schlangen, über deren Lebensweise wir unterrichtet sind, nähren sich von anderen Tieren, und zwar hauptsächlich, jedoch nicht ausschließlich von solchen, die sie selbst gefangen und getötet haben. Die Art und Weise, wie sie ihre tägliche Nahrung gewinnen, ist sehr verschieden. Wohl die meisten von ihnen lauern auf eine in der Nähe ihres Lagerplatzes vorübergehende Beute, überfallen dieselbe plötzlich und bringen ihr den tödlichen Biß bei oder ergreifen und verschlingen sie, entweder sofort, oder nachdem sie das Opfertier erst erwürgt haben. Die giftige Schlange kann mit der giftlosen Schlange an Schnelligkeit und Gewandtheit nicht wetteifern. Jene bedarf nicht des Aufwandes an Kraft wie diese. Ihre Waffen sind so furchtbarer Art, daß gleichsam nur die Berührung ihres Opfers und tatsächlich ein kaum mehr als millimetertiefes Einhauen ihrer Giftzähne genügt, dasselbe in ihre Gewalt zu bringen, während die giftlose Schlange zwar ebenfalls lauert wie sie, jedenfalls aber viel öfter und regelmäßiger verfolgend jagt als irgendeine Giftschlange und, wenn sie eine beabsichtigte Beute glücklich erreicht hat, sich außerdem anstrengen muß, um dieselbe festzuhalten. Dafür kommen ihr aber ihre Begabung, ihr gestreckter Bau, ihre im Verhältnis zu dem einer Giftschlange stets beträchtliche Leibeslänge und die hiermit im Einklang stehende Beweglichkeit und Gelenkigkeit zugute.

Je nach Art und Größe der Schlangen ist die Beute, der sie nachstellen, höchst unterschiedlich. Die Riesen der Ordnung sollen wirklich Tiere bis zur Größe eines Rehes verschlingen können; die übrigen begnügen sich mit kleineren Geschöpfen, namentlich Nagetieren, kleinen Vögeln, Kriechtieren aller Art (vielleicht mit Ausnahme der Schildkröten) und Fischen, während die niedere Tierwelt bloß von den Wurm- und Zwergschlangen und vielleicht den Jungen verschiedener Arten, welche im Alter Wirbeltieren nachjagen, bedroht wird.

Da die Schlangen alle Nahrung unzerstükkelt und zuweilen in Bissen verschlingen, welche doppelt so dick sind wie ihr Kopf, erfordert das Hinabwürgen bedeutenden Kraftaufwand und geht nur langsam vor sich. Mit seltenen Ausnahmen packen sie die Beute stets vorn am Kopfe, halten sie mit den Zähnen fest, schieben die eine Kopfseite vor, haken die Zähne wieder ein, schieben die der anderen Kopfseite nach, und greifen so abwechselnd bald mit dieser, bald mit jener Zahnreihe weiter, bis sie den Bissen in den Rachen gefördert haben. Infolge des bedeutenden Drucks sondern die Speicheldrüsen sehr reichlich ab und erleichtern den Durchgang desselben durch die Maulöffnung, welche allmählich bis auf das äußerste ausgedehnt wird. Während des Verschlingens sehr großer Beutestücke erscheint der Kopf unförmig auseinandergezerrt und jeder einzelne Knochen des Kiefergerüstes verrenkt; sobald jedoch der Bissen durchgegangen ist, nimmt er seine vorige Gestalt rasch wieder an. Giftschlangen packen ihr Opfer erst, nachdem es verendet ist, und dann mit einer gewissen Vorsicht, um nicht zu sagen Zartheit. Sie gebrauchen beim Verschlingen ihre Giftzähne nicht, sondern legen dieselben so weit wie möglich zurück und bringen dafür hauptsächlich die Unterkinnlade in Wirksamkeit. Die Verdauung geht langsamer vor sich, ist aber sehr kräftig. Zuerst wird derjenige Teil der Beute, der im unteren Magen liegt, zersetzt, und so geschieht es, daß ein Stück bereits aufgelöst und in den Darmschlauch übergegangen ist, ehe noch der andere Teil von der Verdauung angegriffen wurde. Werden mehrere Tiere verschluckt, so liegen diese, falls sie nicht sehr klein sind, nicht neben-, sondern stets hintereinander, und ist der Magen voll, so müssen die übrigen in der Speiseröhre verharren, bis sie nachrücken können. Die unverdaulichen Teile oder Speisereste, insbesondere Federn und Haare, werden durch den After entleert, ausnahmsweise und wohl nur von nicht kräftigen oder ungesunden Schlangen als Gewölle ausgespien, wie solches mit wenig verdauten Beutestücken geschehen kann, wenn die betreffende Schlange erschreckt oder überhaupt belästigt wird. Der Nahrungsverbrauch ist von der Witterung abhängig und steigert sich mit der Wärme; eigentlich gefräßig kann man die Schlangen nicht nennen. Sie verschlingen zwar viel auf einmal, können jedoch auch dann auf Wochen, ja selbst monatelang ohne jegliche Nahrung ausharren.

Alle Schlangen trinken, die einen mit vollen Zügen saugend, unter deutlich sichtbaren Bewegungen der Kinnladen, die anderen, indem sie mit der Zunge Wasser- oder Tautropfen aufnehmen.

Wichtiger noch als die Mauser für das Leben des Vogels, ist für das Leben der Schlangen die Häutung, eines der ersten Geschäfte, welches das eben dem Ei entschlüpfte Junge vornimmt, und eines, das vom erwachsenen Tier im Laufe des Jahres mehrmals wiederholt wird. Die Häutung beginnt mit Ablösen der feinen, wasserhellen Oberhaut an den Lippen, wodurch eine große Öffnung entsteht. Es bilden sich nun zwei Klappen, die eine am Oberkopf, die andere an der Unterkinnlade, welche sich zurückschlagen und nach und nach weiter umgestülpt werden, so daß schließlich der innere Teil nach außen gekehrt wird. Im Freien benutzen die Schlangen Moos-, Heide- und andere Pflanzen oder überhaupt rauhe Stellen, um sich ihres Hemdes zu entledigen, und können die Häutung in sehr kurzer Zeit vollenden. Nach den Beobachtungen von *Lenz* geschieht bei den einheimischen Schlangen die erste Häutung Ende April und Anfang Mai, die zweite Ende Mai und Anfang Juni, die dritte Ende Juni und Anfang Juli, die vierte Ende Juli und Anfang August, die fünfte schließlich Ende August bis Anfang September.

Wenige Tage nach der ersten Frühjahrshäutung beginnt die Fortpflanzung. Sie erregt auch die Schlangen in einem gewissen Grade, keineswegs aber in einem so hohen, wie man gefabelt hat. Es ist sehr wahrscheinlich, daß sich einzelne Arten während der Paarungszeit zu größeren Gesellschaften vereinigen und längere Zeit zusammenbleiben: Bei einigen Giftschlangen hat man wenigstens beobachtet, daß sie sich gerade während der Begattung zu einem förmlichen Knäuel verschlingen und in dieser sonderbaren Vereinigung stundenlang verharren. Die Alten, welche solche Verknäuelungen mehrerer Schlangen gesehen zu haben scheinen, erklärten sich die Ursache in abergläubischer Weise, nannten den Knäuel ein Schlangenei und schrieben ihm die wunderbarsten Kräfte zu. In der Regel findet man Männchen und Weibchen der sich paarenden Schlangen innig umschlungen auf den beliebtesten Lagerstellen ruhend, im Sonnenscheine stundenlang auf ein und derselben Stelle liegend, ohne sich zu regen. Die Vereinigung beider Geschlechter ist sehr innig, weil die walzenförmigen Ruten des Männchens, die bei der Paarung umgestülpt werden, an der inneren Seite mit harten Stacheln besetzt sind und daher fest in den Geschlechtsteilen des Weibchens haften.

Nach etwa vier Monaten sind die Eier, 6–40 an der Zahl, legereif und werden nun von der Mutter in feuchtwarmen Orten abgelegt, falls die Art nicht zu denjenigen gehört, welche so weit entwickelte Eier zur Welt bringen, daß die Jungen sofort nach dem Ablegen des Eies oder schon im Mutterleibe die Eihülle sprengen. Hierbei leistet die Mutter keine Hilfe, wie sie sich überhaupt um die ausgeschlüpften Jungen wenig oder nicht bekümmert. Letztere wachsen außerordentlich langsam, möglicherweise bis ans Ende ihres Lebens, in höheren Jahren selbstverständlich ungleich langsamer als in jüngeren.

Die Schlangen haben von jeher in den Sagen wie im Glauben der Völker eine bedeutende Rolle gespielt. Schlangen galten als Sinnbilder der Geschwindigkeit, der Schlauheit, der ärztlichen Kunst und selbst der Zeit; Schlangen wurden, wie es heutigentags noch unter den rohen Völkern geschieht, bereits im grauen Altertume angebetet, von den Indern als Sinnbild der Weisheit, von anderen Völkern als solches der Falschheit, Tücke und Verführung, von andern wiederum, wie z. B. von den Juden, als Götzen, wie denn auch Moses eine Schlange aufrichtete, um durch diese das „Volk Gottes" von einer Plage zu befreien.

Solche Anschauungen haben sich bis in spätere Jahrhunderte erhalten und leben heutzutage noch unter verschiedenen Völkern Europas, Asiens und Afrikas fort. Daß Schlangen Glück und Segen bringen, ist ziemlich allgemein verbreiteter Aberglaube; daß ihre Tötung Unheil nach sich zieht, die feste Überzeugung der Inder und Malaien. Nach *Krapf* sehen die Galla die Schlange als Mutter des Menschengeschlechtes an und zollen ihr hohe Verehrung. Als *Heuglin* eine afrikanische Riesenschlange in der Nähe eines Gehöfts der Dinkaneger erlegte, waren diese sehr ungehalten und sprachen sich klagend dahingehend aus, daß der gewaltsame Tod ihres Ahnherrn, welcher schon so lange in Frieden bei ihnen gewohnt habe, ihnen Unheil bringen werde. Schlangen sind, wie *Schweinfurth* bestätigend und ergänzend bemerkt, die einzigen Tiere, denen sowohl von den Dinka- wie von den Schilluknegern des Weißen Nils eine Art göttliche Verehrung gezollt wird. Die Dinka nennen sie ihre Brüder und betrachten die Tötung derselben als ein Verbrechen.

Zähmung oder wenigstens Gefangenhaltung der Schlangen ist uralt. Schon die alten Ägypter sollen solche, und unter ihnen auch die furchtbare Uräusschlange, in ihren Wohnungen gepflegt haben. Daß Gaukler dieselbe Schlange ebenso benutzen, wie noch heute geschieht, manchmal auch tödlich gebissen wurden, wie es gegenwärtig ebenfalls vorkommt, erfahren wir durch *Aelian*, daß Frauen zuweilen kalte Schlangen um ihren Hals legten, durch *Martial*. Kaiser *Tiberius* besaß eine Schlange, die er sehr lieb hatte und aus der Hand zu füttern pflegte; Kaiser *Heliogabal* ließ zuweilen viele Schlangen sammeln und an Tagen, an denen sich das Volk zu den öffentlichen Spielen versammelte, vor Sonnenaufgang ausschütten, um sich an dem Entsetzen der geängstigten Menschen, von denen viele durch Bisse oder im Gedränge umkamen, zu weiden. An den Höfen der indischen Fürsten waren, wenn wir den alten Schriftstellern vollen Glauben schenken wollen, gefangene Schlangen etwas durchaus Gewöhnliches.

Die meisten Schlangen gewöhnen sich leicht an die Gefangenschaft und halten in ihr Jahre aus. Zu ihrer Behaglichkeit ist Wärme, und zwar feuchte Wärme unbedingtes Erfordernis, namentlich darf ihrem Käfige ein Wasserbehälter zum Baden nicht fehlen. Um sie ans Futter zu gewöhnen, muß man ihnen zuerst lebende Tiere reichen; haben sie sich einmal herbeigelassen, diese zu ergreifen und zu verschlingen, so kann man dann auch zu toten und später selbst zu Fleischstücken übergehen.

Es unterliegt keinem Zweifel, daß die Alten unter ihren Drachen unsere heutigen Riesenschlangen verstanden. Die auffallende Größe dieser Tiere, ihre bedeutende Stärke und die allgemeine Furcht vor den Schlangen insgesamt lassen die Übertreibungen, deren jene sich schuldig machten, sehr begreiflich erscheinen. Von einem Menschen, der sich den vermeintlichen Ungeheuern gegenüber schwach fühlte, darf es uns nicht wundernehmen, daß seine Furcht mehr als doppelt sah und seine Einbildungskraft gedachte Ungeheuer mit Gliedern versah, die nicht vorhanden sind. Es mag auch sein, daß die Riesenschlangen vormals eine bedeutendere Größe erlangten als heute; solche Schlangen aber, wie sie die Alten beschrieben haben, hat es nie gegeben. Aus eigener Erfahrung weiß ich, wie außerordentlich schwer es ist, die Länge der Schlangen richtig zu schätzen. Selbst derjenige, der hierin wohl geübt ist und seine Schätzungen später durch Anlegung des Maßstabes erprobt hat, irrt in unbegreiflicher Weise. Schon bei kleinen Schlangen von Meterlänge, und selbst wenn man diese ruhig vor sich liegen sieht und genügend Zeit hat, sich ihr Bild genau einzuprägen, ist man nur zu leicht geneigt, ein reichliches Drittel zuzusetzen; bei Schlangen aber, die 3 m lang sind, verdoppeln und verdreifachen sich die Schwierigkeiten und damit die Fehler der Schätzung, und wenn sich solches Tier vollends bewegt, ist letztere einfach unmöglich.

Riesenschlangen

In der Familie der Riesenschlangen (Boidae) vereinigt man vor allem die *Boaschlangen* (Boinae) und die *Pythonschlangen* (Pythoninae). Sie sind gekennzeichnet durch einen kräftigen, muskeligen Leib und einen dreieckigen, deutlich gegen den Rumpf abgesetzten Kopf. Der Schwanz ist verhältnismäßig kurz. In der Nähe des Afters sind Reste von Hinterfüßen durch hornige, stumpfe Klauen angedeutet. Die Riesenschlangen sind nicht giftig.

Das wenigstens dem Namen nach bekannteste Mitglied der **Boaschlangen**, Abb. S. 385, ist die *Abgott-* oder *Königsschlange* (Boa constrictor). Sie gehört zu den schönsten aller Schlangen überhaupt. Ihre Zeichnung ist sehr hübsch und ansprechend, obgleich nur wenige und einfache Farben miteinander abwechseln. Ein angenehmes Rötlichgrau ist die Grundfärbung; über den Rücken verläuft ein breiter, zackiger Längsstreifen, in dem eigestaltige, an beiden Seiten ausgerandete, graugelbliche Flecke stehen; den Kopf zeichnen drei dunkle Längsstreifen. Bei jungen Abgottschlangen sind die Farben lebhafter, und die eiförmigen Flecke werden durch hellere Linien verbunden. Die größte, verbürgte Länge ausgewachsener Tiere ist 4,50 m.

Alle Reisenden, welche die Waldungen Südamerikas durchstreiften und mit Abgottschlangen zusammenkamen, stimmen darin überein, daß diese unbeweglich oder doch träge auf ein und derselben Stelle verharrten und erst dann die Flucht ergriffen, wenn sich ihr Gegner bis auf wenige Schritte genaht hatte und daß sie sich sogar mit einem Knüppel erschlagen ließen.

Die Nahrung besteht aus kleinen Säugetieren und Vögeln verschiedener Art, namentlich aus Augutis, Pakkas, Ratten, Mäusen und vielleicht auch anderen Kriechtieren oder Lurchen, beispielsweise kleineren Schlangen und Fröschen. Daß die Abgottschlange auch Eier nicht verschont, beweisen die gefangenen, welche nach solchen begierig zu sein scheinen. Alte Stücke sollen sich an Tiere bis zur Größe eines Hundes oder Rehes wagen. Geschichten, daß amerikanische Riesenschlangen Pferde oder Menschen verschlingen sollen, gehören in den Bereich der Fabel. Die Abgottschlange bringt wie alle Boaschlangen lebende Junge zur Welt.

Dieselben Länder, welche die Heimat der Abgottschlange sind, beherbergen die berühmte Anakonda, ein durch die Lebensweise von der Verwandten sehr verschiedenes Mitglied der Familie, welche die Gattung der **Wasserschlinger** (Eunectes) vertritt.

Die *Anakonda* (Eunectes murinus), Abb. S. 387, hat eine sehr beständige und bezeichnende Färbung. Die oberen Teile sind dunkel olivschwarz, die Kopfseiten olivgrau; die unteren Teile des Tieres bis zur halben Seitenhöhe sind auf blaßgelbem Grund mit schwärzlichen Flekken bestreut, die an einigen Stellen zwei unterbrochene Längslinien bilden; zur Seite dieser Flecken stehen ringförmige, schwarze, innen gelbe Augenflecken in zwei Reihen, und vom Kopf bis zum Ende des Schwanzes verlaufen auf der Oberseite zwei Reihen von runden oder rundlichen, zum Teil gepaarten, zum Teil wechselständigen, schwarzbraunen Flecken, die auf dem Hals und über dem After regelmäßig neben-, im übrigen aber dicht aneinanderstehen und sich wohl auch vereinigen.

Unter den Riesenschlangen der Neuen Welt ist die Anakonda die riesigste. Auch die glaubwürdigsten Reisenden sprechen von Stücken, deren Länge gegen 10 m betragen soll. Die Anakonda nährt sich besonders von Säugetieren und Vögeln. Sie lebt viel auf dem Grunde der Gewässer, liegt ruhend in deren Tiefen und zeigt höchstens den Kopf über der Oberfläche und beobachtet von hier aus die Ufer oder treibt, mit der Strömung schwimmend, den Fluß hinab, jeglicher Art von Beute gewärtig.

Humboldt ist der erste Naturforscher, der erwähnt, daß die Anakonda, wenn die Gewässer austrocknen, die ihren Aufenthalt gebildet haben, sich in den Schlamm vergräbt und in einen Zustand der Erstarrung fällt. „Häufig finden die Indianer", sagt er, „ungeheure Riesenschlangen in solchem Zustande, und man sucht sie, so erzählt man, zu reizen oder mit Wasser zu begießen, um sie zu erwecken." Ein solcher Winterschlaf findet übrigens nur in gewissen Teilen Südamerikas statt, nicht aber da, wo weder Kälte noch unerträgliche Hitze die mittlere Jahreswärme stören.

Außer dem Menschen dürften erwachsene Anakondas kaum Feinde haben; ich wenigstens halte Berichte von entsetzlichen Kämpfen zwischen Alligatoren und Wasserschlangen für nichts anderen als Faselei. In unseren Tiergärten sieht man lebende Anakondas ebensooft wie Abgottschlangen.

Die **Pythonschlangen,** die altweltlichen Riesen der Ordnung, unterscheiden sich von den Boaschlangen hauptsächlich dadurch, daß bei ihnen auch die Zwischenkiefer durch Zähne bewehrt sind, die unteren Schwanzschilder zwei Reihen bilden und alle Arten Eier legen.

Den größten Teil Indiens bewohnt die *Peddapoda* der Bengalen, unsere *Tigerschlange* (Python molurus), Abb. S. 386. An Länge erreicht die Tigerschlange nachweislich 7–8 m; größere Stücke dürften, falls überhaupt vorhanden, überaus selten vorkommen. Der Kopf ist graulichfleischfarben, auf Scheitel und Stirn hellolivbraun, der Rücken hellbraun, auf der Mitte graugelb angeflogen, die Unterseite weißlich; der Rücken trägt eine Reihe großer, unregelmäßig vierseitiger, brauner Flecken, die dunkler gerandet und am Rande entweder gezähnelt oder gradlinig sind und teilweise eine hochgelbe Mitte zeigen; längs der Seite verlaufen, den mittleren entsprechend, kleinere Längsflecken.

Das Verbreitungsgebiet der Tigerschlange reicht vom Süden der Indischen Halbinsel bis zum Fuße des Himalaja und von der Küste des Arabischen Meeres bis Südchina.

Die *Gitter-* oder *Netzschlange*, Ularsawa, zu deutsch „Reisfelderschlange" der Malaien (Python reticulatus), dürfte die Tigerschlange an Länge nur wenig übertreffen. Ihre Grundfärbung ist licht gelblich- bis nuß- oder olivbraun; die Zeichnung wird hervorgerufen durch eine schmale, schwarze Längslinie, die auf dem Stirnschild beginnt und in gerader Richtung bis zum Genick verläuft, und eine zweite, die am hinteren Augenrand ihren Ursprung nimmt, sich schief über die Oberlippe herab und dann in ziemlich gerader Richtung längs der Halsmitte weiterzieht, bald aber, wie jene auch, in eine Reihe unregelmäßig gestalteter, bald rundlicher, bald verschoben viereckiger Hohlflecken übergeht. Die gelbliche Unterseite ist seitlich mit unregelmäßigen schwarzen, die Schwanzunterseite mit marmorartigen braunen Flecken gezeichnet. Die Gitterschlange bewohnt außer der Malaiischen Halbinsel alle Inseln des Malaiischen Archipels und ist auch auf solche verschleppt worden, auf denen sie früher nicht einheimisch war.

Unter den Indern laufen noch heutzutage Erzählungen über diese Schlange um, die an die Märchen der Alten erinnern oder den Aufschneidereien der Südamerikaner gleichkommen, doch sind die südasiatischen Drachen in keiner Weise gefährlicher als ihre neuweltlichen Verwandten. Sie leben auch ganz ähnlich wie diese, halten sich mit entschiedener Vorliebe in sumpfigen Gegenden, auf überschwemmten Reisfeldern, überhaupt in der Nähe vom Wasser auf, meiden jedoch ebensowenig trockene Gegenden und betreiben hier wie dort ihre Jagd auf kleinere Wirbeltiere der beiden ersten Klassen. Sehr große Stücke sollen sich zuweilen selbst an Schweinshirsche wagen.

Nattern

Linné vereinigte alle ihm bekannten Schlangen in drei Familien, welche er mit den Namen *Grubenottern*, *Riesenschlangen* und *Nattern* bezeichnete. Mit dem letzten Namen umfassen wir heute noch immer die artenreichste Schlangengruppe. Alle Nattern (Colubridae) sind gekennzeichnet durch schlanken, überall in gleichem Grade biegsamen Leib, von dem sich der kleine, längliche, wohlgestaltete Kopf deutlich absetzt und dessen Schwanz in eine lange Spitze ausläuft, sowie durch ihre glatten oder gekielten Schindelschuppen. Zahlreiche Zähne bewaffnen beide Kiefer und den Gaumen; unter ihnen treten aber weder vorn noch in der Mitte des Kiefers einzelne durch ihre Größe hervor. So kann man sagen, daß die Nattern diejenigen giftlosen Schlangen sind, welche die regelmäßigste Gestalt und Bildung der einzelnen Teile zeigen oder sich durch kein hervorstechendes Merkmal besonders hervortun.

Die Nattern verbreiten sich über die ganze Erde. Ihr Aufenthalt ist sehr verschieden. Viele Arten lieben feuchte Gegenden und Gewässer; andere suchen mehr trockene Örtlichkeiten auf. Ihre Nahrung besteht hauptsächlich aus kleinen Wirbeltieren aller Klassen, insbesondere aus Kriechtieren und Lurchen; einzelne stellen jedoch auch kleinen Säugetieren, andere kleinen Vögeln und mehrere entsprechend großen Fischen eifrig nach.

In kälteren Gegenden ziehen sich die Nattern im Spätherbst in ihre Winterherberge zurück, verfallen hier in einen Zustand der Erstarrung und erscheinen erst nach Eintritt des wirklichen Frühlings wieder, häuten sich und beginnen sodann ihr Fortpflanzungsgeschäft. Mehrere Wochen später legt das Weibchen seine 10–30 Eier an feuchtwarmen Orten ab und überläßt deren Zeitigung der Sonnenwärme oder trägt dieselben so weit aus, daß die Jungen unmittelbar vor oder nach dem Legen die Hülle sprengen, also lebendig geboren werden. Die Jungen ernähren sich anfangs von kleinen, wirbellosen Tieren verschiedener Klassen, beginnen aber bald die Lebensweise ihrer Eltern.

In ganz Europa vom nördlichen Norwegen bis zum Süden lebt an geeigneten Orten, hier und da sehr häufig, die *Schling-* oder *Glattnatter*, auch *Jachschlange* genannt (Coronella austriaca), eine der zierlichsten, beweglichsten und lebhaftesten Schlangen unseres Landes, deren Länge 60 cm, höchstens 75 cm beträgt. Die Grundfärbung der Oberseite ist gewöhnlich braun; die Zeichnung besteht aus einem großen, dunkleren Flecken im Nacken, der sich oft nach hinten zu in breite Streifen verlängert, und in zwei Reihen dunkelbrauner, zuweilen paarweise verbundener Flecken, welche längs des Rückens verlaufen. Der Unterleib sieht entweder stahlblau oder rotgelblich und weißlich aus, ist auch oft dunkler gefleckt. Wie bei den meisten Schlangen ändern Zeichnung und Färbung vielfach ab. Man findet Spielarten von Grau bis zu Rotbraun in allen dazwischenliegenden Schattierungen.

In Deutschland trifft man die Glattnatter nicht selten im Harz und im Thüringer Wald, von hier aus südlich aber auf allen Mittelgebirgen an. In den Alpen und im Kaukasus steigt sie bis zu 2000 m Höhe empor. Zu ihrem Aufenthalt wählt sie trockenen Boden, sonnige, steinige Abhänge, Berghalden, dicht bebuschte Hänge, kommt jedoch ausnahmsweise auch im Tiefland auf moorigem Boden vor.

Beim Beutefang zieht die Schlingnatter regelmäßig mehrere Ringe um ihr Opfer und schlingt dieselben so eng, daß sie, ohne die Haut zu verletzen, bis auf die Knochen einschneiden, und jede Regung des umfaßten Leibes, ja jeden Herzschlag fast unmöglich machen. Bei Blindschleichen, der neben den Eidechsen am meisten beliebten Beute, legt sie die Ringe weiter auseinander, immer aber so, daß der Kopf des Opfers nach oben schaut.

Äskulap, der Gott der Heilkunde, trägt bekanntlich zum Zeichen seiner Wirksamkeit einen Stab in der Hand, um den sich eine Schlange windet. Welche Art der Ordnung die alten Griechen und Römer gemeint haben, läßt sich heute nicht mehr entscheiden; ziemlich allgemein nimmt man aber an, daß besagte Schlange ein Vertreter der **Kletternattern** (Elaphe) war und erst durch die Römer weiterverbreitet wurde. Als unter den Konsuln Fabius und Brutus eine Pest in Rom wütete, wurde sie von Epidaurus aus herbeigeholt und sodann auf einer Insel des Tiber verehrt, um der Seuche zu steuern. Von Rom aus, so nimmt man an, wurde die Schlange allmählich weiterverbreitet, insbesondere in den Bädern von Ems und Schlangenbad angesiedelt. Gewiß ist, daß die Äskulapnatter noch heute in solchen Ländern, in denen sie anderweitig nicht vorkommt, in der Nähe von Bädern gefunden wird.

Schlingnatter verschlingt eine Eidechse

Ringelnatter vor den frisch abgelegten Eiern

Die *Äskulapnatter, Gelbliche* oder *Schwalbacher Natter* (Elaphe longissima) ist an dem kleinen, wenig vom Hals abgesetzten, an der Schnauze gerundeten Kopf, dem kräftigen Rumpf und langen, schlanken Schwanz leicht zu erkennen. Die Oberseite des Leibes und Kopfes ist gewöhnlich bräunlich graugelb, die Unterseite weißlich; am Hinterkopf steht auf jeder Seite ein gelber Fleck, und auf dem Rücken und an den Seiten gewahrt man kleine, weißliche Tüpfel, die bei einzelnen, unklaren Stücken sehr rein und deutlich sind. Die Färbung ändert übrigens vielfach ab: Es gibt sehr helle und fast schwarze Äskulapschlangen. Die Länge beträgt bis fast 2 m. In Südeuropa hält sich die Äskulapschlange mit Vorliebe auf felsigen oder doch steinigen, dürftig mit Buschwerk bestandenen Geländen auf. Bei Schlangenbad lebt sie gern an altem Gemäuer, insbesondere an dem verfallener Burgen. An einer Wand klettert sie mit unbegreiflicher Fertigkeit empor, da ihr jeder, auch der geringste Vorsprung, zu einer genügenden Stütze wird und sie mit wirklicher Kunstfertigkeit jede Unebenheit des Gesteins zu benutzen weiß.

Die Nahrung scheint vorzugsweise aus Mäusen zu bestehen; nebenbei stellt sie aber auch Eidechsen nach, und wenn es sich gerade trifft, verschmäht sie keineswegs einen Vogel.

Die in Europa am häufigsten vorkommende **Zornschlange** ist die *Zorn-* oder *Pfeilnatter* (Coluber gemonensis). Sie variiert so sehr, daß man verschiedene weitere Arten von ihr unterschieden hat. Die Zornnatter scheint höchstens 1,30 m zu erreichen. Sie verbreitet sich von Ungarn an westlich über alle Mittelmeerländer, dringt aber nur in Frankreich über die Alpen vor. Von der Trägheit anderer Schlangen besitzt die Zornnatter durchaus nichts, ist im Gegenteil beständig lebhaft, verfolgt mit halbaufgerichtetem Leib laufend und springend ihre Beute, weshalb der Name Pfeilnatter sehr gut gewählt erscheint, besteigt Bäume und schwimmt über Gewässer. Unter den ungiftigen Schlangen Europas gilt sie mit Recht als die bissigste und lebhafteste.

Die bekannte **Ringelnatter** (Natrix natrix), „die Schlange der Schlangen für unser Volk, der Gegenstand seiner alten Sagen und neuen Wundermären, seiner Furcht, seines Hasses, seines Vernichtungseifers", ist die verbreitetste aller deutschen Nattern. An Länge kann sie bis 2 m erreichen, bleibt jedoch mindestens bei uns gewöhnlich hinter diesem Maß erheblich zurück, und die Männchen sind außerdem stets kleiner als die Weibchen. Zwei weiße oder gelbe Mondflecke, erstere beim Weibchen, letztere beim Männchen, beiderseits hinter den Schläfen, die Krone der Sage und des Märchens, kennzeichnen sie so sicher, daß sie niemals mit andern Schlangen unseres Landes verwechselt werden kann; außerdem ist sie auf graublauem Grund mit zwei längs des Rückgrats verlaufenden Reihen dunkler Flecke gezeichnet, weiter unten seitlich weiß gefleckt und auf der Bauchseite schwarz. Die Färbung des Rückens fällt bald mehr ins Blaue, bald ins Grünliche, bald ins Graublaue, sieht zuweilen auch fast schwarz aus und läßt dann die dunklen Flecke beinahe ganz verschwinden; im übrigen unterscheiden sich aber die beiden Geschlechter und Alte und Junge sehr wenig.

Das Verbreitungsgebiet der Ringelnatter erstreckt sich mit Ausnahme des äußersten Nordens, über ganz Europa, einen sehr beträchtlichen Teil von Vorderasien und den Nordwesten Afrikas. Sie kommt in ganz Deutschland vor. Buschbestandene Ufer der Sümpfe und Brüche, langsam fließende Bäche und Flüsse, feuchte Wälder, Binsen oder Riedgras und der Sumpf selbst bilden den bevorzugten Aufenthalt der Ringelnatter, denn hier findet sie ihre liebste Nahrung. Nicht selten nähert sie sich den menschlichen Wohnungen und schlägt hier in Gehöften unter Mist- und Müllhaufen, die sie durchlöchert, oder in den von den Ratten, Mäusen und Maulwürfen gegrabenen Löchern, auch wohl in Kellern und Ställen ihren Wohnsitz auf.

Die Ringelnatter zählt zu den Kriechtieren, die ihren Winterschlaf soviel wie möglich verkürzen. Im Herbst sieht man sie bei gutem und warmem Wetter noch im November sich sonnen; im Frühjahr kommt sie Ende März oder Anfang April wieder zum Vorschein und erquickt sich nun erst einige Wochen an der strahlenden Wärme, bevor sie ihr Sommerleben oder selbst ihre Jagd beginnt.

Wer die uns anerzogene Schlangenfurcht von sich abstreift und die Ringelnatter kennengelernt hat, wird sie ohne Einschränkung als ein anmutiges und anziehendes Geschöpf bezeichnen. Sie gehört zu den bewegungsfähigsten und bewegungslustigsten Arten der Familie, reckt sich zwar ebenfalls gern im Sonnenschein und verweilt stundenlang mit Behagen in dieser Lage, streift aber doch viel und gern umher, jedenfalls weit mehr als die tückisch lauernde und träge Giftschlange. Vom Ufer aus, an dessem Rande sie sich eben sonnte, gleitet sie geräuschlos ins Wasser, um sich entweder schwimmend zu belustigen oder ein Bad zu nehmen. Gewöhnlich hält sie sich so nahe an der Oberfläche, daß das Köpfchen über dieselbe emporragt, und treibt sich nun mit schlängelnden Seitenbewegungen, beständig züngelnd, vorwärts.

In Mecklenburg gilt es als allgemein bekannt, daß sich im See fischende Ringelnattern zuweilen auf dem Rücken schwimmender Enten lagerten, ohne Zweifel, um so Wärme, weiche Unterlage und Ruhe zu genießen. Die Enten lassen sich solche Reiter gern gefallen. Im Volke ist aus dieser Beobachtung die Meinung entstanden, daß sich Enten mit Nattern paaren, und keiner der treuen Anhänger dieses Aberglaubens würde jemals ein Entenei essen.

Man nennt die Ringelnatter ein gutmütiges Tier, weil sie dem Menschen gegenüber nur äußerst selten von ihrem Gebiß Gebrauch macht und sich überhaupt gut mit anderen Schlangen oder Kriechtieren verträgt. Gegen Raubsäugetiere und Greifvögel stellt sie sich allerdings zischend zur Wehr, versucht auch zu beißen; wenn es aber geht, entflieht sie vor solchen Geschöpfen jedesmal.

Die bevorzugte Beute der Ringelnatter besteht aus Fröschen, und zwar stellt sie hauptsächlich dem gemeinen Grasfrosch eifrig nach. Nächst den Lurchen jagt sie, wie alle ihre Verwandten, mit besonderer Vorliebe auf kleine Fische, kann deshalb hier und da wirklich Schaden anrichten.

Die Art und Weise, wie die Ringelnatter ihren Raub verschlingt, widert den Beschauer besonders an, weil sie sich nicht damit aufhält, ihr Opfer erst zu töten, sondern dasselbe noch lebend im Innern ihres Magens begräbt. Gewöhnlich sucht sie allerdings den Frosch beim Kopf zu packen; wenn ihr dies aber nicht gelingt, greift sie zu, wie es eben gehen will, faßt beispielsweise beide Hinterbeine und zieht sie langsam in den Schlund hinab, wobei der Frosch selbstverständlich gewaltig zappelt und jämmerlich quakt, solange er das Maul noch öffnen kann. Kleine Frösche werden weit leichter verschluckt als größere, bei denen die Arbeit oft mehrere Stunden dauert und die Ringelnatter sehr zu ermatten scheint, während sie von den kleineren bei regem Hunger oft ein halbes Dutzend nacheinander ergreift und hinabwürgt. Bei großem Hunger frißt sie kurz nacheinender 100 Kaulquappen oder 50 Fröschchen, die ihre Verwandlung eben beendet haben. Erschreckt und in Angst gesetzt, speit sie, wie andere Schlangen auch, die aufgenommene Nahrung regelmäßig wieder aus, wobei sie, wenn das aufgenommene Tier sehr groß ist, den Rachen entsetzlich aufsperren muß. Wie alle Schlangen ist die Ringelnatter imstande, monatelang ohne Nahrung auszuhalten.

Obgleich die Ringelnatter in guten Jahren, wie schon bemerkt, gegen Ende März oder Anfang April zum Vorschein kommt und sich bald darauf zum erstenmal häutet, also gewissermaßen ihr Hochzeitskleid anlegt, schreitet sie doch selten vor Ende Mai oder Anfang Juni zur Paarung. Auf die Austragung der Eier im Mutterleib scheint die Witterung nicht ohne Einfluß zu sein, da man frischgelegte Eier zu verschiedenen Jahreszeiten findet, die ersten Ende Juli, die letzten im August und September. Bei gefangen gehaltenen Ringelnattern kann sich das Legen so verschieben, daß sich die Jungen bereits im Mutterleibe ausbilden und unmittelbar oder bald, nachdem sie zur Welt gekommen sind, auskriechen. Jüngere Weibchen legen 15–20, ältere 25–36 Eier. In Gestalt und Größe ähneln die Eier denen der Haustaube, unterscheiden sich aber wie alle Kriechtiereier durch ihre weiche, biegsame, also wenig kalkhaltige Schale und im Innern durch die geringe Menge von Eiweiß, das nur eine verhältnismäßig dünne Schicht um den Dotter bildet.

Die *Würfelnatter* (Natrix tessellata) steht hinsichtlich ihrer Größe und Gestalt der Ringelnatter nahe. Der Kopf ist schmaler und gestreckter, an den Seiten weniger steil abfallend als bei der Ringelnatter. Ein helleres oder dunkleres Olivgrau, oft mit einem Stiche ins Gelblichgraue, bildet die Grundfärbung. Der Kopf erscheint einfarbig, nur die gelblichen Oberlippenschilder sind fast ausnahmslos bald breiter, bald schmäler schwarz gerandet. Fünf Längsreihen schwarzer, meist viereckiger, selten rundlicher Flecke zeichnen den Rumpf und wechseln so miteinander ab, daß sie sich schachbrettartig anordnen.

Die Würfelnatter zählt ebenfalls zu den weitverbreiteten Schlangen und begleitet die Ringelnatter in einem großen Teile ihres Verbreitungsgebietes, ist aber mehr auf die südlichen Länder beschränkt und dringt nordwärts nicht über Mitteleuropa hinaus, kommt hier sogar nur stellenweise vor.

Schwarzgelbliche *Baumnattern* (Spilotes) sind in den Urwäldern Südamerikas beheimatet. Als besondere Eigenart können sie bei Gefahr ihren Vorderkörper aufblähen und dadurch ihre Feinde erschrecken.

Eine Natter, die ausschließlich im Wasser lebt, ist die fast 2 m lange *Javanische Warzenschlange* (Acrochordus javanicus). Die einzelnen Schuppen haben bei dieser Schlange eine kleine höckrige Erhebung, welche die Haut warzig erscheinen läßt. Die Küstengebiete des indonesischen Raumes sind ihre Heimat.

Giftnattern

In einzelnen Naturgeschichten werden Kennzeichen der Giftschlangen in geradezu leichtfertiger Weise aufgestellt. Wahr ist es, daß die nächtlich lebenden Arten gewöhnlich einen kurzen, in der Mitte stark verdickten, im Durchschnitt dreieckigen Leib, einen kurzen, dickkegelförmigen Schwanz, einen dünnen Hals und einen hinten sehr breiten, dreieckigen Kopf haben; wahr ist, daß sie sich in der Bildung ihrer Schuppen gewöhnlich von den giftlosen unterscheiden; vollkommen richtig ist, daß ihnen das große Nachtauge mit dem senkrecht geschlitzten Sterne, das durch die vortretenden Brauenschilder geschützt zu sein pflegt, einen boshaften, tückischen Ausdruck verleiht: Alle diese Merkmale aber gelten eben nur für sie, nicht jedoch auch für die giftigen Tagschlangen, nicht für die „Giftnattern", welche man den hervorragendsten Mitgliedern der Gruppe zuliebe eher *Brillen-* oder *Schildschlangen* nennen sollte, nicht für die Seeschlangen; denn die meisten Mitglieder dieser beiden Gruppen sehen so unschuldig und harmlos aus wie irgendeine andere Schlange. Einzig und allein die Untersuchung des Gebisses gibt in allen Fällen untrüglichen Aufschluß über die Giftigkeit oder Ungiftigkeit einer Schlange.

Wenn man weiß, welche erschreckende Anzahl von Menschen alljährlich durch Giftschlangen ihr Leben verlieren, begreift man das Entsetzen, welches jeden Nichtkundigen beim Anblick einer Schlange erfaßt und versteht auch die Erzählungen, Sagen und Dichtungen älterer und neuerer Völker, in denen von Schlangen die Rede ist.

Zur Kennzeichnung der Giftnattern braucht man nichts weiter anzuführen, als daß sie im Oberkiefer neben massigen durchbohrte Zähne haben. Die Giftzähne zeichnen sich vor den übrigen stets durch bedeutendere Größe und ausgesprochen pfriemenförmige Gestalt aus und besitzen eine der Länge nach verlaufende Röhre, die immer an der vorderen, gewölbten Seite des Zahnes liegt und mit zwei Öffnungen nach außen mündet. Die eine dieser Öffnungen, die stets einen mehr oder weniger rundlichen Durchschnitt zeigt, befindet sich nahe der Zahnwurzel und vermittelt den Eintritt des Giftes in den Zahn; die untere Öffnung dagegen, die an der Spitze des Zahnes liegt und zum Austritt des Giftes dient, ist mehr spaltförmig. Bei der Mehrzahl der Giftschlangen nun sind diese beiden Öffnungen der Giftzähne durch einen feinen, oft schwer wahrnehmbaren Spalt miteinander verbunden, und die Giftröhre ist folglich vorn nicht ganz geschlossen; bei der Minderzahl dagegen erscheint letztere vollkommen abgeschlossen. Hiernach unterscheidet man gefurchte und glatte Giftzähne, solche, deren Röhre vorn eine Spalte zeigt, und solche, deren Kanal rings abgeschlossen ist.

Jede Giftdrüse sondert eine verhältnismäßig geringe Menge Gift ab: die einer fast 2 m langen, gesunden Klapperschlange höchstens vier bis sechs Tropfen; aber ein kleiner Bruchteil eines solchen Tropfens genügt freilich auch, um das Blut eines großen Säugetieres binnen weniger Minuten zu verändern. Die Giftdrüse strotzt von Gift, wenn die Schlange längere Zeit nicht gebissen hat, und das Gift selbst ist dann wirksamer. Der Ersatz der verbrauchten Absonderung geht jedoch sehr rasch vor sich und auch das frischerzeugte Gift ist im höchsten Grade wirksam.

In der Familie der Giftnattern (Elapidae) vereinigt man gestreckt gebaute, kleinköpfige, rundleibige und kurz-, aber spitzschwänzige Schlangen, deren Leib rundlich oder durch Erhebung der Rückenfirste stumpf dreieckig erscheint. Der Kopf wird in regelmäßiger Weise mit großen Schildern bekleidet. Die Giftzähne zeigen in der Regel eine Furche, welche der im Innern verlaufenden Giftröhre entspricht.

Die Familie verbreitet sich über beide Erdhälften, entwickelt sich auf der östlichen zu größerer Mannigfaltigkeit, umfaßt sämtliche in Australien vorkommende Giftschlangen, ist jedoch in Europa glücklicherweise nicht vertreten. Zu ihr gehören mehrere der allergefährlichsten Giftschlangen.

„Cobra de Capello" nannten die Portugiesen eine Schlange, welche sie auf Ceylon fanden, und übertrugen diesen Namen später auf

Verwandte derselben, denen sie in Afrika begegneten. Der Name bedeutet „Hutschlange" und ist bezeichnend; die Portugiesen hätten jedoch nicht nötig gehabt, einen neuen Namen zu bilden, da die eine wie die andere Schlange schon seit uralten Zeiten bekannt und benannt waren, insbesondere die in Nord- und Ostafrika lebende Art schon in der altägyptischen Geschichte hohen Ruhm erlangt hatte. Die Eigentümlichkeit der Hutschlangen besteht darin, daß sie bei senkrechter Erhebung des vorderen Teiles ihres Leibes den Hals scheibenförmig ausbreiten können, indem sie die vorderen acht Ringe seitlich richten. Bei dieser Stellung halten sie den Kopf unabänderlich waagerecht, und es sieht dann allerdings aus, als ob sie einen großen, runden Hut tragen.

Die *Cobra de Capello*, kurz *Kobra* genannt, die *Brillenschlange* (Naja naja), Abb. S. 386, ist eine Schlange von 1,40–1,80 m Länge und lohgelber, in gewissem Lichte ins Aschblaue schimmernder Färbung. Im Nacken herrscht Lichtgelb oder Weiß derartig vor, daß die dunklere Färbung sich nur als Tüpfelung darstellt, und gerade von dieser Stelle hebt sich eine Zeichnung deutlich ab, die mit einer Brille Ähnlichkeit hat. Die Brillenschlange verbreitet sich über ganz Südasien und ebenso über alle benachbarten Inseln.

Die Brillenschlange bildet wie in alten Zeiten auch heute noch einen Gegenstand ehrfurchtsvoller, ja fast göttlicher Verehrung und spielt in den Glaubenssagen der Hindu eine bedeutsame Rolle. Eine der anmutigsten Dichtungen dieser Art ist folgende: Als Buddha eines Tages auf Erden wandelte und in der Mittagssonne schlief, erschien eine Cobra, breitete ihr Schild und beschattete dadurch das göttliche Antlitz. Der darüber erfreute Gott versprach ihr außerordentliche Gnade, vergaß sein Versprechen jedoch wieder, und die Schlange sah sich genötigt, ihn zu erinnern, da die Milane gerade damals entsetzliche Verheerungen unter ihrem Geschlechte anrichteten. Zum Schutze gegen diese Greifvögel verlieh Buddha der Cobra die Brille, vor welcher jene sich fürchten.

Die Brillenschlange ist der Liebling aller Schlangenbeschwörer, weil ihre Stellung sie auffallender erscheinen läßt als jede andere Giftschlange und die Häufigkeit ihres Vorkommens einen Schlangenbeschwörer niemals in Verlegenheit setzt. Denjenigen, die zu regelmäßigen Schaustellungen benutzt werden, hat man fast immer die Gifthaken ausgezogen und außerdem noch die Falte, in der die liegen und von der aus sie ersetzt werden, ausgeschnitten. Demungeachtet muß man zugestehen, daß die Schlangenbeschwörer

Würfelnatter

auch sehr gut mit solchen Giftschlangen umzugehen wissen, die sich noch in vollem Besitze ihrer dämonischen Kraft befinden. Die Gewandtheit, die sie bekunden, indem sie eine in dichtem Grase dahineilende Giftschlange mit der bloßen Hand vom Boden aufnehmen, ohne schon jetzt verletzt zu werden, und die Sicherheit, mit der sie dieselbe später behandeln, ist in hohem Grade bewunderungswürdig.

Die Schlange, mit der Moses und Aaron vor Pharao gaukelten, wie es heutzutage der Haui, der ägyptische Schlangenbeschwörer tut, ist die hochberühmte Aspis der Griechen und Römer, die Ara oder Aufgerichtete der alten Ägypter, das Sinnbild der Erhabenheit, deren Bildnis man eingemeißelt sieht an den Tempeln zu beiden Seiten der Weltkugel, deren Nachbildung der König als zierendes Abzeichen seiner Hoheit und Herrschergewalt an der Stirne trug, der später nach dem alten altägyptischen Worte benannte „*Uräus*", die berühmteste Schlange der Erde. Was die Ägypter eigentlich bewogen hat, ihr einen so hervorragenden Platz unter den anderen Tiergestalten zu gewähren: ob die auffallende Stellung, welche sie zuweilen annimmt, oder der Nutzen, den sie dem Ackerbautreibenden durch Aufzehrung der Ratten und Mäuse bringt, oder die entsetzliche Wirkung ihrer Giftzähne, muß ich dahingestellt sein lassen.

Brillenschlange in Drohstellung

Die *Uräusschlange, Aspis* oder *Ägyptische Brillenschlange* (Naja haje) übertrifft ihre asiatische Verwandte noch etwas an Größe, da die Länge eines ausgewachsenen Stückes reichlich 2 m beträgt. Die meisten und namentlich die ägyptischen Aspiden sehen auf der Oberseite gleichmäßig strohgelb, auf der unteren lichtgelb aus, haben jedoch in der Halsgegend mehrere verschieden breite, dunklere Querbänder, die sich über einige Schilder erstrecken. Nun gibt es aber Spielarten, welche oben von strohgelb bis schwarzbraun alle Schattierungen und unten ebenfalls die verschiedensten Färbungen zeigen.

Seeschlangen

So schwierig es ist, die Familien der Schlangen zu begrenzen, so leicht lassen sich die *Seeschlangen* (Hydrophiidae) erkennen und von allen übrigen unterscheiden: ihr Ruderschwanz ist ein so bezeichnendes Merkmal, daß sie unmöglich mit anderen verwechselt werden können. Bei einem groben Vergleich scheinen sie aalartigen Fischen ähnlicher zu sein als anderen Schlangen. Ihr Kopf ist verhältnismäßig klein, der Rumpf kurz, in seinem Vorderteil fast walzig, weiter hinten seitlich zusammengedrückt, der Schwanz sehr kurz und einem senkrecht gestellten Ruder vergleichbar. Das Gebiß besteht aus kurzen, gefurchten Giftzähnen, an welche sich hinten noch eine Anzahl kleinerer, leicht gerinnelter Zähne reihen; den Unterkiefer waffnen seiner ganzen Länge nach feste Fangzähne.

Mit dem fabelhaften Ungetüm, das zwar nicht im Meer, wohl aber von Zeit zu Zeit in den Köpfen der Schiffer und sodann auch regelmäßig in den Tagesblättern spukt, haben die Seeschlangen der Wissenschaft nichts gemeinsam. Keine einzige von ihnen erreicht 3 m an Länge; solche, die 1,50 m messen, zählen schon zu den seltenen Erscheinungen. Alle Seeschlangen leben, wie ihr Name sagt, ausschließlich im Meere. Der Indische und Stille Ozean, von den Küsten Madagaskars bis zum Panama-Kanal, insbesondere aber die zwischen der südchinesischen und nordaustralischen Küste gelegenen Teile, gewähren ihnen Herberge.

Die *Plättchenseeschlange* (Pelamis platurus) ist die verbreitetste und bekannteste Art ihrer Familie; denn ihr Verbreitungskreis erstreckt sich von Panama über den Indischen Ozean bis Madagaskar. Die Länge des Tieres erreicht nur ausnahmsweise 1 m. Ihre Färbung ist ein dunkles Braunschwarz, die der Unterseite ein lichtes Hellbraun, Ockergelb oder Weiß.

Vipern

Die *Vipern* (Viperidae), Abb. S. 385, sind sehr übereinstimmend gebaute und ausgezeichnete Giftschlangen. Sie kennzeichnet der sehr gedrungene, zuweilen fast unförmig dicke Leib, der drei-, richtiger ungleichseitig viereckige, platte, auf der Oberseite der Schnauze beschuppte oder mit sehr zahlreichen und kleinen, durchaus unregelmäßig gestalteten und angeordneten Schildern bekleidete Kopf sowie der kurze, stumpf kegelförmige, nur ausnahmsweise greiffähige Schwanz.

Als Urbild der gesamten Familie überhaupt betrachten wir die *Kreuzotter, Otter* oder *Adder* (Vipera berus). Ihre Färbung ist überaus verschieden, ein dunkler, längs des ganzen Rückens verlaufender Zickzackstreifen ist aber stets vorhanden und deshalb als Merkmal beachtenswert.

Als echte Viper unterscheidet sich die Kreuzotter schon durch ihre Gestalt von den übrigen Schlangen Deutschlands und den meisten Europas, ihre nächsten Verwandten, die Aspisviper und Sandotter, selbstverständlich ausgenommen. Der Kopf ist hinten merklich breiter als der Hals, ziemlich flach, vorn sanft gerundet, der Hals deutlich abgesetzt, seitlich ein wenig zusammengedrückt, sein Querschnitt also längsrund, der Leib gegen den Hals bedeutend verdickt, auf dem Rükken abgeflacht, breiter als hoch, auf dem Bauche platt, der Schwanz verhältnismäßig kurz, im letzten Drittel auffallend verdünnt und in eine kurze, harte Spitze endigend. Vom Halse an verdickt sich der Leib allmählich bis zur Körpermitte und verschmächtigt sich von hier an wiederum bis zum Schwanz, in den er ohne merklichen Absatz übergeht. Die Länge des erwachsenen Männchens beträgt etwa 70 cm, die des Weibchens etwa 80 cm. Als Regel läßt sich aufstellen, daß der Kopf der Kreuzotter etwa den zwanzigsten Teil, der Schwanz des Männchens den sechsten, der des Weibchens den achten Teil der Leibeslänge beträgt: ein Verhältnis, das sonst bei keiner deutschen Schlange gefunden wird.

Wenige Schlangen dürfte es geben, welche in ihrer Färbung so abweichen wie die Kreuzotter. So verschieden aber auch die Grundfärbung sein mag: das dunkle Längszackenband hebt sich merklich ab und wird nur bei sehr tief gefärbten Weibchen wenig oder nicht bemerkt. Die Unterseite der Kreuzotter ist meist dunkelgrau oder selbst schwarz; jeder Schild zeigt aber gewöhnlich mehrere gelbliche, außerordentlich verschieden gestaltete, einzeln stehende oder zusammenfließende Flecke.

Das große, runde, feurige Auge erhält durch den vorspringenden Brauenschild, unter dem es liegt, etwas Tückisches und Trotziges und trägt wirklich dazu bei, die Kreuzotter zu kennzeichnen, zumal, wenn man nicht vergißt, daß bei keiner anderen mitteldeutschen Schlange der Stern eine schiefe, von vorn und oben nach unten und hinten gerichtete Längsspalte ist. Bei hellem Sonnenlicht zieht sich diese Spalte zu einem kaum merklichen Ritz zusammen, während sie sich im Dunkeln außerordentlich erweitert. Die Färbung der Regenbogenhaut ist meist ein lebhaftes Feuerrot, bei dunklen Weibchen ein helles Rötlichbraun.

Das Verbreitungsgebiet der Kreuzotter ist nicht nur größer als das jeder anderen in Europa vorkommenden Ordnungsverwandten, sondern ausgedehnter als das jeder anderen Landschlange überhaupt; denn es erstreckt sich von Portugal nach Osten hin bis zur Insel Sachalin, überschreitet in Skandinavien den Polarkreis und reicht nach Süden hin einerseits bis ins südliche Spanien, anderseits bis zur Nordgrenze des Iran.

Innerhalb dieses ungeheuren Ländergebietes fehlt sie zwar hier und da, immer aber nur auf sehr eng begrenzten Stellen. Im übrigen bewohnt sie jede Örtlichkeit, die so verschieden sein kann, wie sie will: Wald und Heide ebensogut wie Weinberge, Wiesen, Felder, Moore und selbst Steppen. Bedingung zu ihrem Wohlbefinden ist, daß sie gute Schlupfwinkel, genügend Nahrung und Sonnenschein hat; im übrigen scheint sie besondere Ansprüche an die Örtlichkeit, welche ihr Wohnung gewähren soll, nicht zu erheben. Steinige, mit Gebüsch überwucherte Halden, buschbestandene Felswände, Heide, Laub- und Nadelholzdickichte, in denen jedoch der Sonne zugängliche, freie Plätze nicht fehlen dürfen, insbesondere aber Moorgegenden oder Steppen, bieten ihr alles, was sie zum Leben benötigt.

Mit Beginn der Dämmerung beginnt die Kreuzotter ihre Tätigkeit, ihre Geschäfte und Jagd. Die Nahrung besteht vorzugsweise aus warmblütigen Tieren, insbesondere aus Mäusen, welche sie jedem anderen Fraße vorzieht, Spitzmäusen und jungen Maulwürfen. Junge Vögel, zumal die der Erdbrüter, mögen ihr oft zum Opfer fallen, und es ist keineswegs unwahrscheinlich, daß sie viele Nester ausraubt. Darauf deutet auch das Betragen der alten Vögel hin, welche, wenn sie eine Otter erblicken, großen Lärm erheben und lebhafte Unruhe an den Tag legen. Frösche verzehrt sie wohl bloß im Notfall, Eidechsen nur, solange sie selbst noch jung ist. Es bringt der Kreuzotter wie anderen Schlangen keinen Schaden, wenn sie längere Zeit hungern muß; dafür nimmt sie aber auch, wenn ihr das Jagdglück hold ist, eine reichliche Mahlzeit zu sich.

Das Sommerleben dieser Schlange beginnt erst im April, obgleich man sie in günstigen Frühjahren schon um die Mitte des März außerhalb ihrer Winterherberge sieht, ja eine oder die andere bei besonders günstiger Witterung ausnahmsweise schon früher und selbst mitten im Winter im Freien bemerken kann. Die „Adder", wie das Tier im Plattdeutschen heißt, hält den Winterschlaf gesellig ab. Man findet 15–25 Stück dicht zusammen unter den Wurzeln des Wachholder und alten, halb vermoderten Erlen- und Birkenstumpfen, wohin sie sich mit Beginn des Frostes bis zum Frühlingsanfang zusammenziehen.

Die Paarung beginnt erst, wenn das Frühlingswetter beständig geworden ist, gewöhnlich anfangs April und von dieser Zeit an bis Ende des Monats und selbst bis Anfang Mai. Die Anzahl der Jungen, die ein Weibchen zur Welt bringt, richtet sich nach Alter und Größe der Mutter: Jüngere werfen deren 5–6, ältere 12–14 Stück.

Unter allen deutschen Schlangen bringt die Kreuzotter, was die Vertilgung schädlicher Tiere anlangt, den größten Nutzen, doch wird sie wegen ihres stets lebensgefährlichen Bisses unnachsichtlich verfolgt.

Im südwestlichen Europa wird die Kreuzotter teilweise ersetzt und vertreten durch die *Aspisviper* (Vipera aspis). Sie erreicht fast genau dieselbe Größe wie die Kreuzotter, ist aber etwas gedrungener gebaut und breitköpfiger als diese.

Eine etwas aufgebogene Schnauzenspitze haben die *Wiesenotter* (Vipera ursinii) der Balkanländer und die *Sandotter* (Vipera ammodytes), die uns bereits in Österreich begegnet und auch in Spanien und im nordwestlichen Afrika anzutreffen ist. Beide Arten sind sehr giftig.

Grubenottern

Eine tiefe Grube auf jeder Seite der Schnauze zwischen den Nasenlöchern und den Augen, die einen Blindsack bildet, ist das bezeichnende Merkmal der *Grubenottern* (Crotalidae).

Die bekannteste Grubenotter ist die *Waldklapperschlange* (Crotalus horridus), ausgezeichnet durch das Anhängsel, welches sie am Ende ihres Schwanzes trägt, die Klapper oder Rassel. Sie besteht aus einer größeren oder geringeren Anzahl ineinandersteckender, leicht zusammengedrückter, Hohlkegeln vergleichbarer Hornkörper, welche außen drei Erhöhungen zeigen, mit der Spitze zum Schwanzende gerichtet stehen und vom nächstfolgenden Kegel überstülpt werden; jeder einzelne verbindet sich aber nur lose mit dem anderen, so daß eine Bewegung aller Hornkegel und ein gegenseitiges Reiben derselben möglich wird.

Soviel wir beurteilen können, ist das Rasseln nichts weiter als ein Zeichen größerer Erregung, welche sich ja auch bei anderen Schlangen durch heftiges Bewegen mit der Schwanzspitze zu erkennen gibt. Die von mir gepflegten oder sonstwie in Gefangenschaft gesehenen Klapperschlangen rasselten stets, wenn sie irgendwie gestört zu werden glaubten, gewöhnlich schon, sobald man das Zimmer betrat, in dem ihre Käfige standen. Beim Rasseln erheben sie den Kopf 20–30 cm über den Boden, biegen den Hals, um sogleich die zum Vorstoß nötige Länge des Vorderleibes frei zu haben, s-förmig und strecken die Schwanzspitze mit der Rassel zwischen den Windungen hinter der Biegung des Halses empor. Das Geräusch, welches nach meiner Ansicht am besten mit dem Zirpen einer Heuschrecke verglichen werden kann, jedoch weniger hell, vielmehr sehr dumpf, ich möchte sagen, tonlos klingt, wird durch seitliches Hin- und Herbewegen des Schwanzes hervorgebracht; die Schwingungen geschehen aber so schnell, daß das Auge nicht mehr imstande ist, die Schwanzspitze zu unterscheiden, sondern wie bei allen schnell sich bewegenden Körpern nur einen Schatten gewahrt.

Bei der Waldklapperschlange ist die Grundfärbung des Oberkörpers ein düsteres Graubraun; die Zeichnung besteht aus unregelmäßigen schwarzen Querbinden, welche sich auf dem dunklen Schwanz verlieren; die Unterseite ist auf gelblichweißem Grund mit kleinen, schwarzen Punkten gezeichnet. Sehr alte Weibchen sollen eine Länge von fast 2 m erreichen; solche von 1,40 m Länge gehören jedoch schon zu den Seltenheiten. Das Wohngebiet der Klapperschlange erstreckt sich vom Golf von Mexiko an nach Norden hin bis zum 46. Grad nördlicher Breite, wenn auch nur im westlichen Amerika.

Viele Tiere kennen und fürchten die Klapperschlange. Pferde und Rinder scheuen sich vor ihr und entfliehen, sobald sie sie wahrnehmen; Hunde stellen sie, halten sich aber in achtungsvoller Ferne, Vögel erheben bei ihrem Anblick lautes Angstgeschrei.

„*Stumme Klapperschlange* (Crotalus mutus)" nannte *Linné* eine der fürchterlichsten Grubenottern Südamerikas, den *Buschmeister* der holländischen Ansiedler Guayanas, den *Sururuku* der Brasilianer, der den Klapperschlangen allerdings bis auf die Bildung des Schwanzes ähnelt, anstatt der Klapper aber nur vier bis fünf kleinere, zugespitzte Schuppen und einen Dorn am Ende des Schwanzes trägt und deshalb von *Daudin* zum Vertreter der Gattung *Lachesis* erhoben wurde.

Der *Buschmeister* (Lachesis mutus) erreicht eine Länge von 3 m und darüber und ist oben auf rötlichgelbem Grunde mit einer Längsreihe großer, schwarzbrauner Rauten, deren jede zwei kleine, hellere Flecke einschließt, gezeichnet, auf der Unterseite blaß gelblichweiß, glänzend wie Porzellan. Die Rückenfärbung wird auf dem Halse dunkler, die Zeichnung geht auf dem Kopfe in unregelmäßigen Flekken von schwarzbrauner Färbung über.

„Der herzförmige, durch die Giftdrüsen namhaft erweiterte Kopf der schön gezeichneten Schlange", sagt *Schomburgk*, „der sich auffallend scharf gegen den Hals absetzt, wie die oft 2,5 cm langen Giftzähne verkünden schon von ferne die Gefährlichkeit des Buschmeisters. Sie ist unstreitig die giftigste und gefährlichste aller in Guayana vorkommenden Grubenottern."

Sie ist eine große, nett gezeichnete, träge Schlange, welche, wie man sagt, die Dicke eines Mannesschenkels erreicht, und liebt zu ihrem Aufenthalt kühle, schattenreiche Wälder, in denen man sie, gewöhnlich zusammengerollt, auf dem Boden ruhend findet. Auf die Bäume steigt sie nicht.

Die *Gewöhnliche Lanzenotter* (Bothrops atrox), Abb. S. 387, ist eine von Mexiko bis Südbrasilien weit verbreitete und gefürchtete Grubenotter.

Seite 385: Die Hundskopfboa (Corallus caninus; o.) lebt im tropischen Südamerika; die Gewöhnliche Puffotter (Bitis arietans; u.) ist die in Afrika verbreitetste Giftschlangenart

Seite 386: Tigerschlange (o.); Brillenschlange (u.)

Lurche

Die ersten Wirbeltiere entwickelten sich im Wasser, und gut 100 Millionen Jahre blieb dieses für alle Glieder des mittlerweile verzweigten Wirbeltierstammbaumes ausschließlicher Lebensraum. Vor etwa 350 Millionen Jahren gelang es dann erstmals manchen Fischen, zumindest kurzzeitig, auch außerhalb des Wassers zu leben. Diese auf dem Land lebensfähigen Fische verdienen unsere besondere Beachtung; denn sie müssen als die Urahnen aller Landwirbeltiere angesehen werden. Es handelte sich wahrscheinlich um Bodenfische, die ihre paarigen Brust- und Bauchflossen zu beinartigen Gebilden umwandelten, mit denen sie sich wohl, vorsichtig auf dem Grunde „einherschreitend", an ihre Beute schleichen konnten. Auch die After- und Rückenflossen waren bei ihnen quastenförmig gestaltet. Als weitere Besonderheit besaßen sie eine zu einer einfachen Lunge umgebildete große Schwimmblase. So ausgerüstet, konnten die Quastenflosser, wie diese Fische genannt werden, auch zeitweilig austrocknende Flußläufe und Tümpel besiedeln, da sie bei versiegendem Wasser auf dem Landwege zu einer anderen Wasserstelle kriechen konnten. Mit den Quastenflossern beginnen die Wirbeltiere in den folgenden Perioden der Erdgeschichte langsam, aber in wachsender Formenfülle das feste Land zu erobern. Zunächst sind es Tiere, die ziemlich regelmäßig längere Lebensabschnitte auf dem trockenen Land verbringen, doch zumindest zur Fortpflanzungszeit wieder in das Wasser zurückkehren müssen. Es sind die Amphibien oder Lurche. Ihre auffälligsten Neubildungen gegenüber den Fischen sind die Übergänge von der Kiemenatmung zur überwiegenden Lungenatmung und von der Schwimmbewegung zur Laufbewegung. Während für die Quastenflosser die Fortbewegung auf dem Lande sicherlich ziemlich mühsam gewesen sein muß, können die Lurche mit ihren gegliederten, über einen Schulter- bzw. Beckengürtel mit der Wirbelsäule verbundenen Beinen verhältnismäßig gut laufen. Jedoch berührt der Körper der primitiven Amphibien beim Kriechen auf der Unterseite den Boden, wie es bei den heutigen Schwanzlurchen ebenfalls der Fall ist.

Man kann sich vorstellen, daß tiefgreifende Änderungen in fast jedem Organ der Ur-Lurche stattgefunden haben müssen, um den neuen Anforderungen gerecht werden zu können. Diese Änderungen traten langsam ein, und wenn man an die Entwicklungsphasen eines einzelnen Lurches denkt, sieht man, daß der Übergang vom Wasser- zum Landtier noch nicht vollständig erfolgt ist und daß in der Jugendzeit eines Frosches oder Molches das Wasser unbedingt notwendig ist. Die Kaulquappe hat noch reine Kiemenatmung, kann also nur im Wasser leben und muß sich, entsprechend herangewachsen, durch eine Metamorphose zum lungenatmenden erwachsenen Lurch umwandeln.

Dem Übergang vom reinen Wasserleben auf ein zunächt gemischtes Wasser-Land- und schließlich reines Land-Leben kamen die klimatischen Verhältnisse in dieser Epoche der Erdgeschichte besonders entgegen, weil man annehmen muß, daß auf dem größten Teil der Erde damals periodisch Trockenzeiten auftraten. Die Höherentwicklung der Amphibien ist wiederum mit einer Aufspaltung in verschiedene Gruppen verbunden. Schon sehr früh scheinen sich dabei die Ahnen der Schwanzlurche und Blindwühlen von denen der Froschlurche getrennt zu haben, wenn auch die Frösche selbst erst vor 150 Millionen Jahren auftraten. Ausgestorbene Formen sind

Seite 387: Anakonda (o.); Gewöhnliche Lanzenotter (u.)
Seite 388: Die ca. 20 cm große mittel- und südamerikanische Aga-Kröte (Bufo marinus; o.) ist besonders in Zuckerrohrplantagen ein nützlicher Schädlingsbekämpfer; Ochsenfrosch (u.)

die Panzerlurche, die ein aus verknöcherten Schuppen bestehendes Hautskelett besaßen.

Noch im Erdaltertum entwickelten sich aus den primitiven Amphibien die fortschrittlicher organisierten Reptilien. Sie überflügelten bald die Amphibien, die dann innerhalb der Wirbeltiere keine große Rolle mehr spielten. Heute kennen wir bei den Blindwühlen etwa 26 Gattungen mit rund 100 Arten, bei den Schwanzlurchen etwa 60 Gattungen mit rund 300 Arten und bei den Froschlurchen etwa 250 Gattungen mit rund 2600 Arten.

Lurche im allgemeinen

Eine tiefe Kluft trennt die bisher geschilderten Wirbeltiere von den noch zu beschreibenden. Jene atmen in allen Lebenszuständen durch Lungen, der weitaus größte Teil von diesen bis zu einem gewissen Alter durch Kiemen. In der Klasse, mit der wir uns beschäftigen werden, findet dementsprechend fast stets eine Verwandlung statt, wie sie bei den niederen wirbellosen Tieren allgemein üblich ist, d. h., die Angehörigen dieser Klasse haben, wenn sie das Ei verlassen, noch nicht den Bau und die Leibeseinrichtung ihrer Eltern, sondern erhalten beide erst später, infolge eines Überganges aus dem Zustand der Larven in den der Erwachsenen.

Die Lurche oder *Amphibien* nähern sich den Fischen in noch höherem Grade als die Kriechtiere den Vögeln, die man früher gewöhnlich in ein und derselben Klasse zusammenfaßte. Ihr Jugendleben ist das eines Fisches, und erst mit den reiferen Jahren wird es ihnen möglich, „beidlebig" zu sein, obwohl sie sich, zumindest weitaus die größte Zahl von ihnen, niemals ganz vom Wasser entfernen bzw. frei machen können.

Ihre Gestalt ändert vielfach und bedeutend ab. Bei den auf dem Lande lebenden gliedmaßenlosen Blindwühlen gleicht der ganze Körper, der nur Leib und durchaus schwanzlos ist, vollkommen einem Regenwurm, während bei den im Wasser lebenden Aalmolchen bei langgestreckter Aalform doch ein seitlich zusammengedrückter Schwanz, oft mit einer senkrechten Hautfalte als Schwimmflosse versehen, die Schwimmbewegung vermittelt. Je mehr sich die Füße entwickeln, desto mehr schiebt sich der Körper zusammen und wird zugleich abgeplattet. Bei den froschartigen Tieren schwindet der Schwanz im erwachsenen Alter vollständig, so daß keine Spur mehr davon vorhanden ist. Die Hinterfüße bekommen bei diesen Tieren ein gewaltiges Übergewicht über die kleinen, kurzstämmigen, meist einwärts gedrehten Vorderfüße, die gewöhnlich nur vier Zehen haben, während die hinteren meist fünf besitzen. Die Bewegung auf dem Lande geschieht meistens nur sprungweise, indem die kräftigen Hinterschenkel den Körper oft auf ziemlich bedeutende Strecken hin durch plötzliche Spannung fortschnellen.

Panzerlurch, Rekonstruktion

Bei den Fröschen und Molchen ist die Haut schlüpfrig, weich, meist sackartig weit und ziemlich dünn, so daß bei denjenigen, bei denen sie fest am Körper liegt, die Muskeln durchschimmern. Eine farblose Oberhaut, in der oft verschiedene Farbstoffe von grüner, blauer, gelber oder brauner Farbe abgelagert sind, deckt die Lederhaut. Bei vielen der nackten, froschartigen Tiere finden sich in der Haut besondere Drüsenbälge, die einen scharfen, mehr oder minder nach Knoblauch riechenden Milchsaft absondern. Gewöhnlich sind diese Drüsen, wie z. B. bei den Kröten und Salamandern, über den ganzen Körper verstreut; oft sind aber noch besonders dichte Anhäufungen zu beiden Seiten des dicken Halses angebracht, die man Ohrdrüsen genannt hat.

Die nackte Haut und ihre Drüsen sind von außerordentlicher Bedeutung für das Leben der Lurche, die zugrunde gehen, wenn deren Tätigkeit gestört wird. Soviel bekannt ist, trinkt kein einziger von ihnen in der üblichen Weise, sondern nimmt alles Wasser, welches er zum Leben benötigt, einzig und allein durch die Haut in sich auf. Diese saugt Feuchtigkeit ein und schwitzt solche aus. Ein Frosch, welchen man im trockenen Raume hält, wird magerer und schwächer, und seine Kraft und Munterkeit stellt sich erst wieder her, wenn man ihm gestattet, ein Bad zu nehmen. Bei warmem Sonnenschein sieht man die Frösche allerdings auch, und zwar mit demselben Behagen wie die Kriechtiere, am Ufer sitzen, jedoch nur in unmittelbarer Nähe des Wassers,

Quastenflosser, ein heute noch lebender Fisch, der sich seit dem Erdaltertum kaum verändert hat.

in welches sie zurückkehren, sobald es ihnen nötig erscheint. Alle Lurche, welche den größeren Teil ihres Lebens auf trockenem Lande verbringen, wagen sich aus dem gegen die Sonnenstrahlen geschützten Schlupfwinkel erst dann hervor, wenn die Nacht Feuchtigkeit bringt.

Neben reinem Wasser schwitzt die Haut auch den unter derselben erzeugten Schleim in größerer oder geringerer Menge aus. Bei Kröten und Salamandern ist diese Absonderung entsprechend den zahlreichen Drüsen bedeutender als bei allen übrigen Lurchen und kann auch durch Hautreize noch besonders vermehrt werden. Setzt man z. B. einen Salamander oder eine Kröte auf glühende Kohlen, so sondert sich dieser Schleim in größerer Menge ab: daher die uralte, grundlose Sage, daß der Salamander im Feuer aushalten könne. Die Hautabsonderung hat nicht nur einen starken Geruch, sondern ist auch von bedeutender Schärfe, durch die Kröten und Salamander in den Ruf der Giftigkeit gebracht wurden. Als eigentliches Gift ist der Schleim wohl nicht anzusehen; trotzdem verursacht er auf der empfindlichen Oberhaut Schmerzen und auf der Zunge beißendes Brennen.

Keinem einzigen Lurch fehlen die drei höheren Sinneswerkzeuge, obwohl die Augen bei einzelnen in hohem Grade verkümmert und unter einer undurchsichtigen Haut versteckt sind. Das entwickeltste Auge besitzen die Froschlurche: Es ist groß, sehr beweglich, wird gewöhnlich von zwei Augenlidern bedeckt, deren unteres das größere, dünnere und durchsichtigere ist, und zeigt außerdem meist im inneren Hautwinkel die Nickhaut als einfache, kleine, unbewegliche Hautfalte. Das Gehörwerkzeug ändert noch mehr ab als das Auge. Bei den Schwanzlurchen ist nur das Labyrinth vorhanden, bei den Froschlurchen eine Paukenhöhle mit Trommelfell und kurzer, eustachischer Trompete. Die Nase öffnet sich in zwei durch eine Scheidewand voneinander getrennte Höhlen vorn an der Schnauzenspitze und ebenso in der Mundhöhle am Gaumengewölbe: ein Merkmal, welches in der Regel ausreicht, um alle Lurche von den Fischen zu unterscheiden, obgleich auch bei diesen ausnahmsweise dasselbe bemerkt wird. Bei vielen Lurchen kann der Eingang der Nasenhöhle durch klappenartige Häute verschlossen werden. Die Zunge, die jedoch kaum als Werkzeug des Geschmackes angesehen werden darf, fehlt bloß bei einer Familie, ist sonst normal entwickelt, insbesondere sehr breit und füllt den Raum zwischen beiden Kieferästen vollständig aus; sie besitzt auch regelmäßig ziemliche Beweglichkeit, unterscheidet sich aber hierin von der Zunge höherer Wirbeltiere dadurch, daß sie nicht hinten, sondern vorn angeheftet ist und also mit ihrem hinteren Ende aus dem Mund hervorgeschleudert werden kann; nur bei einigen Molchen ist sie auf dem Boden der Mundhöhle angewachsen. Einige Lurche sind zahnlos, die meisten tragen aber im Oberkiefer und auf dem Gaumenbein Zähne, andere haben solche auf den Oberkiefern und den Gaumenbeinen in zwei vollkommenen Bogen. Die Zähne sind immer kleine, einfache, spitze, nach hinten gekrümmte Haken und durchaus von untergeordneter Bedeutung.

Höchst bedeutsam für das Leben der Lurche sind die Werkzeuge des Blutumlaufes und der Atmung. Das Herz weicht wenig von dem der Kriechtiere ab; es besteht aus zwei nicht immer vollständig getrennten, dünnhäutigen Vorkammern und einer einfachen, dickwandigen Herzkammer, welche das Blut in die Schlagadern treibt (Abb. Baupläne). Letztere verändern sich während der Verwandlung, welche alle Lurche zu durchleben haben, bedeutend und mit ihnen gleichzeitig auch die Lungen, welche während der Jugend durch Kiemen ersetzt wurden und bei einzelnen überhaupt erst sehr spät zur Wirksamkeit gelangen.

Eine eigentliche Begattung und Befruchtung der Eier im Leibe der Mutter kommt nur bei den Schwanzlurchen vor. Die Regel ist, daß bei den Lurchen die Eier wie bei den Fischen erst befruchtet werden, nachdem sie den Leib der Mutter verlassen haben. Äußerlich sichtbare oder überhaupt entwickelte Begattungswerkzeuge fehlen allgemein, und die Befruchtung der Eier geschieht daher gewöhnlich, aber nicht in allen Fällen, im Wasser. Die Eier selbst werden nur ausnahmsweise von den Eltern mit einer gewissen Fürsorge behandelt, in der Regel dagegen dem Wasser und der Sonne überlassen.

Gegenwärtig bewohnen die Lurche alle Erdteile und verbreiten sich, mit Ausnahme des nördlichsten Teiles der Erde, über alle Gürtel. Wärme und Wasser sind, und zwar in noch höherem Grade als bei anderen Klassen, die Voraussetzung zu ihrem Leben und Gedeihen. Ihre Abhängigkeit vom Wasser ist so groß, daß sie ohne dasselbe nicht gedacht werden können, da sie, mit wenigen Ausnahmen, ihre erste Jugend hier verleben müssen. Die zweite Lebensbedingung, Wärme, erklärt es, daß sich ihre Zahl zum Äquator zu außerordentlich steigert, so daß man die Wendekreisländer beinahe als ihre eigentliche Heimat bezeichnen kann. Immer aber wählen sie sich nur Süßwasser zum Aufenthalt oder zur Entwicklungsstätte ihrer Nachkommenschaft und vermeiden das Meer oder salzige Gewässer überhaupt. Ein beträchtlicher Teil von ihnen verweilt in allen Lebenszuständen im Wasser; die Mehrzahl lebt jedoch, nachdem sie ihre Verwandlung überstanden hat, außerhalb desselben, allerdings nur in feuchten Gegenden. Wo die Wüste zur wirklichen Herrschaft gelangt ist, gibt es keine Lurche mehr, da hingegen, wo sich Wasser, wenn auch nur zeitweilig und einmal jährlich findet, fehlen auch sie nicht; denn ebenso, wie sie es bei uns im Winter tun, verbringen sie dort die ihm entsprechende trockene Jahreszeit in todesähnlichem Schlaf tief eingebettet im Schlamm oder doch in Höhlungen, aus denen sie der Beginn des nächsten Frühlings weckt. In allen Gegenden der Äquatorländer, in denen eine regelmäßig wiederkehrende Regenzeit das Jahr in bestimmte Abschnitte teilt, verschwinden sie mit Beginn der Trockenzeit vollständig und stellen sich erst wieder ein, nachdem der erste Regen gefallen ist, und beleben dann weite Strecken, auf denen man Tage vorher von ihrem Vorhandensein keine Ahnung hatte, wie mit einem Zauberschlag. Aber in allen diesen Gegenden ist ihre Anzahl beschränkt im Vergleich zu den wasserreichen Urwaldungen, welche jahraus, jahrein wenigstens annähernd dieselbe Feuchtigkeit halten und ihnen selbst in den Wipfeln der Bäume noch die Möglichkeit zur Fortpflanzung gewähren. Die unermessenen Waldungen Südamerikas wie die Urwälder Südasiens beherbergen einzelne Familien von ihnen in überraschend hoher Zahl; das sich zwischen breiten Blättern in Baumhöhlungen sammelnde Wasser wird benutzt, um ihren Laich aufzunehmen und den Larven als Aufenthalt zu dienen.

So weit verbreitet einzelne Lurche sind, so fest hängen sie an ein und derselben Örtlichkeit. Ihr Wohnkreis beschränkt sich oft auf den Raum weniger Quadratmeter: ein mittelgroßer Teich, ja eine Pfütze, in der sich regelmäßig Wasser sammelt, kann das Wohngebiet von Hunderten dieser genügsamen Geschöpfe sein, ohne daß sie sich gelüsten lassen, auszuwandern; ein einziger Baum im Urwalde beherbergt vielleicht andere jahraus, jahrein, und zwar die Larven wie die Erwachsenen. Andere Arten treiben sich in einem größeren Wohnkreise umher, scheinen aber ebenfalls an einem gewissen Gebiet streng festzuhalten und namentlich jederzeit den geeigneten Schlupfwinkel wieder aufzusuchen.

Ihrem Aufenthalt im Wasser gemäß, sind alle Lurche, vielleicht mit alleiniger Ausnahme der Schleichenlurche, vortreffliche Schwimmer und dies keineswegs allein in ihrem Larvenzustande, welcher sie gewissermaßen zu Fischen stempelt, sondern auch als Erwachsene, gleichgültig, ob die Füße oder ob der Schwanz zu ihrem hauptsächlichsten Bewegungswerkzeug wird. Als Larven schwimmen sie mit Hilfe des Schwanzes durch seitliche Bewegungen, also nach Art der Fische; als Erwachsene schwimmen die Schwanzlurche noch in derselben Weise, die Froschlurche dagegen durch kräftigere Ruderstöße mit den hierzu gutgeeigneten Füßen. Alle Schwanzlurche humpeln kriechend in schwerfälliger Weise, während sich die Froschlurche in kürzeren oder weiteren Sprüngen bewegen. Unter letzteren gibt es auch Kletterer, d. h. solche, welche wohl imstande sind, zu den Wipfeln hoher Bäume emporzuklettern; das Klettern geschieht aber anders als bei allen bisher genannten Wirbeltieren; denn es besteht eben auch nur aus Sprüngen von einem Ruhepunkt zu einem zweiten, höher gelegenen.

In einer Hinsicht ist die Mehrzahl der Lurche vor den Kriechtieren ausgezeichnet. Während nur wenige von diesen eine Stimme im eigentlichen Sinn des Wortes haben, besitzt eine große Zahl von Lurchen, insbesondere der ersten Ordnung, die fast überraschende Fertigkeit, mehr oder weniger klangvolle, laute und abgerundete Töne hervorzubringen. Ihre Stimmen sind es, die nachts im Urwald alle übrigen wenn auch nicht übertönen, so doch ununterbrochen begleiten und die auch bei uns in den Sommernächten zu den vorherrschendsten gehören. Mehrere Arten machen von ihrer Begabung so umfassenden Gebrauch, daß sie zu nächtlichen Ruhestörern werden und ein ängstliches Gemüt in Furcht oder Verwirrung setzen können. Doch sind nur die Erwachsenen imstande zu schreien, die Larven und Jungen hingegen vollständig stumm.

Lurche sind vorwiegend Nachttiere. Ihr Leben beginnt kurz vor oder mit Einbruch der Dämmerung und dauert bis zum Morgen; tagsüber pflegen alle bekannten Arten, allerdings in sehr verschiedener Weise, der Ruhe. Während die einen sich einfach verkriechen und hier fast bewegungslos bis zum nächsten Abend verharren, gönnen sich andere die Wohltat der Bestrahlung durch die Sonne, begeben sich deshalb an geeignete Örtlichkeiten und verbringen den Tag in einem Halbschlummer, der jedoch niemals so tief ist, als daß sie sich einer Gefahr unvorsichtig preisgeben oder eine sich ihnen bietende Beute vernachlässigen würden. Aber auch sie bekunden durch Regsamkeit, Gequake und dergleichen, daß der Mond ihre Sonne und die Nacht die Zeit ist, in der sie ihren eigentlichen Geschäften nachgehen.

Mit der Verwandlung steht die Nahrung in einem bestimmten Verhältnis. Alle Lurche sind Räuber; die Beute aber, nach der sie streben, ist in den verschiedenen Altersstufen verschieden. Larven können geraume Zeit bei ausschließlicher Fütterung mit Pflanzennahrung leben.

Als Räuber erweisen sie sich bereits in frühester Jugend auch dem, der sie längere Zeit beobachten kann; denn sie verschlingen schon schwächere Larven, gleichviel ob solche ihrer eigenen oder einer anderen Lurchart, ohne Umstände. Einmal verwandelt, jagen alle Lurche auf lebende und sich bewegende Tiere der verschiedensten Art, vom Würmchen an bis zum Wirbeltier. Wie bei den Kriechtieren steigert sich mit zunehmender Wärme ihre Freßlust. In den Sommermonaten sind unsere Lurche wahrhaft gefräßige Raubtiere; im Frühling und Herbst genießen sie wenig, obgleich man wegen des vorausgegangenen oder des darauffolgenden Winterschlafes das Gegenteil vermuten möchte.

Nach dem Erwachen aus diesem Totenschlummer regt sich bei ihnen der Fortpflanzungstrieb. Um diese Zeit herrscht, im Norden wenigstens, oft noch recht rauhe Witterung; die Wärme beträgt kaum zwei Grad über dem Gefrierpunkt; große, unzertaute Eisstücke schwimmen vielleicht noch in dem Gewässer umher: das aber ficht die Lurche wenig an; man hat sogar Versuche angestellt, nach denen eine wiederum abnehmende Wärme des Wassers die Begattung beschleunigt. Sobald der Laich abgelegt ist, trennen sich die Pärchen, auch diejenigen, welche mit größter Innigkeit aneinanderzuhängen schienen, und jedes Geschlecht geht nun wieder seine eigenen Wege, bis die Kälte oder die Dürre einen jeden zwingt, sich für die ungünstige Jahreszeit ein geschütztes Winterlager zu suchen.

So rasch der Lurch seine erste Jugendzeit durchläuft und so wenige Wochen die Larve benötigt, um sich zum vollkommenen Tiere umzuwandeln, so langsam ist das Wachstum des letzteren. Frösche sind erst nach mehreren Jahren fortpflanzungsfähig, wachsen aber noch immer und erreichen vielleicht erst im 10. oder 12. Lebensjahr ihre vollkommene Größe; Salamander bedürfen noch mehr Zeit, bis sie das äußerste Maß erreicht haben, die Riesensalamander Japans möglicherweise 30 Jahre und mehr. Dafür aber währt ihr Leben auch, falls nicht ein gewaltsamer Tod es kürzt, viele Jahre, selbst unter Umständen, welche jedem anderen Tiere den Tod bringen müssen.

Von einzelnen Kriechtieren wissen wir, daß sich abgebrochene Glieder, namentlich der Schwanz, bis zu einem gewissen Grade wieder ersetzen, d. h., daß sich ein Stummel bildet, dessen Gestalt der des Schwanzes ähnelt, welcher sich aber dadurch von diesem unterscheidet, daß er keine Wirbel hat; bei einzelnen Lurchen hingegen entstehen, wenn man sie verstümmelt, neue Glieder mit Knochen und Gelenken, gleichviel ob das Tier alt oder jung, ob es sich im Larven- oder im ausgebildeten Zustand befindet. Schneidet man ihnen ein Bein oder den Schwanz ab, so ersetzen sich diese Teile wieder, wenn auch langsam; wiederholt man den Versuch, so hilft die Natur zum zweiten Male nach. Verwundungen, an denen andere Wirbeltiere unbedingt zugrunde gehen würden, behelligen die Lurche kaum. Diese Eigenschaft hat die uns zugänglichsten Arten der Klasse, insbesondere die Frösche, zu Märtyrern der Wissenschaft gestempelt: An ihnen wurden und werden die Versuche angestellt, die über die Tätigkeit und Wirksamkeit der Organe die bedeutsamsten Ergebnisse ermöglichen.

Unter dem Haß, den die Kriechtiere mit Recht oder Unrecht erregten, haben auch die in mancher Hinsicht ähnelnden, bis in die neueste Zeit mit ihnen zusammengeworfenen Lurche zu leiden. Kein einziger von ihnen ist schädlich, kein einziger imstande, Unheil anzurichten: Gleichwohl verfolgt und tötet sie blinde Unkenntnis noch in unverantwortlicher Weise. Von uralten Zeiten her haben sich bis in unsere Tage Anschauungen vererbt, welche, obschon völlig ungerechtfertigt, selbst bei sogenannten Gebildeten noch geglaubt werden. Während der einsichtsvolle Gärtner die Kröte hegt und pflegt, der Engländer sie sogar zu Hunderten aufkauft, um seinen Garten von allerlei schädlichem Ungeziefer zu reinigen, schlägt der kenntnislose Mensch das „häßliche" Tier tot, wo er es findet. Bei dem, welcher beobachtet, haben sich alle Lurche dieselbe Freundschaft und Zuneigung erworben, die man allgemein nur den Fröschen zollt, obschon die übrigen Klassenverwandten sie in demselben Grade verdienen wie letztgenannte. Gegen die meisten Raubtiere schützt viele der Schleim, welchen ihre Haut absondert; diejenigen unter ihnen aber, die keine derartige Gifthaut besitzen, werden in Unzahl den verschiedensten Tieren zur Beute: vom Frosch kann man dasselbe sagen wie vom Hasen: „Alles, alles will ihn fressen." Ein Glück für sein Geschlecht und vielleicht auch für uns, daß die außerordentlich starke Vermehrung alle Verluste bald wieder ausgleicht!

FROSCHLURCHE

Wer einen Frosch aufmerksam betrachtet hat, kennt alle Mitglieder der ersten Ordnung unserer Klasse. Die Unterschiede im Leibesbau, die sich innerhalb der Abteilung bemerkbar machen, sind zwar nicht unerheblich oder unwesentlich, aber doch nicht von so durchgreifender Art, daß ein Frosch- oder ungeschwänzter Lurch jemals mit einem anderen verwechselt werden könnte. Ein plumper, fast viereckiger Leib, welchem vorn der niedergedrückte, breite, am Schnauzenteil abgerundete, weitmäulige Kopf aufsitzt, ohne daß man den Hals unterscheiden kann, vier wohlentwickelte Gliedmaßen und eine mehr oder weniger glatte, nackte, schlüpfrige Haut bilden die äußerlichen Kennzeichen aller hierhergehörenden Tiere. Die Augen sind verhältnismäßig groß, sehr beweglich, d. h. weit in die Höhlen zurückziehbar, gewöhnlich auch von lebhaftem Ausdruck, die Nasenlöcher, die vorn an der Schnauzenspitze liegen, meist durch besondere Klappen verschließbar, die Ohröffnungen groß und am flachliegenden Trommelfell erkenntlich. Je nach der Familie ist die Bildung der Beine und Füße verschiedentlich abgeändert, namentlich was das Längenverhältnis des hinteren Gliederpaares zu den vorderen, die Anzahl, Länge und Gestaltung der Zehen sowie die Verbindung dieser untereinander betrifft.

Viele Arten besitzen die Fähigkeit, ihre Färbung zu ändern. Man beobachtet, daß sich ihr Kleid bis zu einem gewissen Grade, nicht selten vollständig der Umgebung anpaßt, und nimmt ebenso wahr, daß Erregungen des Allgemeingefühls, ihrer Triebe und Empfindungen durch Wechsel der Färbung zum Ausdruck gelangen.

Der Bau des Gerippes ist höchst einfach. Der Kopf ist stark zusammengedrückt, der Hals, strenggenommen, nur angedeutet. Im Oberkiefer bemerkt man gewöhnlich, im Unterkiefer und auf dem Gaumenbeine ausnahmsweise kleine, hakige Zähne. Die regelmäßig vorhandene Zunge ist selten gänzlich, vielmehr gewöhnlich nur mit ihrem Vorderteil im Winkel des Unterkiefers befestigt, an ihrem Hinterrand aber frei, so daß dieser aus dem Mund geschleudert werden kann; die Speiseröhre ist kurz, der Magen weit und häutig, der Darmschlauch wenig gewunden. Fast alle Froschlurche haben sehr große, sackförmige Lungen und eine wohlgebildete, weite Stimmlade, welche oft noch durch besondere Kehlblasen und Schallhöhlen unterstützt wird und sie zum Hervorbringen ihrer lauten, klangvollen Stimme befähigt. Das Hirn ist im Verhältnis zur geringen Leibesgröße ziemlich bedeutend.

Das Sommerleben der Froschlurche unterscheidet sich wesentlich von ihrem Treiben im Winter, gleichgültig, ob sich dieser durch Eintritt der Kälte oder der Dürre äußert. Bei uns zulande ziehen sie sich im Herbst größtenteils in den Schlamm der Teiche zurück und verbringen hier die kalte Jahreszeit in todähnlichem Schlafe. In südlichen Ländern zwingt sie die Trockenheit ebenfalls, ein Versteck zu suchen; doch überwintern sie hier nicht nur in beträchtlicher Tiefe unter dem Boden, so weit sie gelangen konnten, während dieser noch schlammig war, sondern auch in Erdlöchern, unter Steinen, in Baumhöhlungen, breiteren Ritzen und unter der Rinde der Bäume. Mit Frühlingsbeginn erscheinen sie urplötzlich und gleichzeitig in so großer Menge, daß man es den Eingeborenen nicht verdenken kann, wenn sie geneigt sind zu glauben, die Unzahl der Froschlurche, von deren Vorhandensein man einen Tag früher keine Ahnung hatte, sei mit dem sie aus dem Winterschlaf erweckenden Regen vom Himmel herabgekommen.

Gliedertiere, Würmer und Schnecken bilden ihre bevorzugte Nahrung; Fischlaich und kleine Fischchen dienen ebenfalls zur Speise; die größten Arten der Ordnung wagen sich sogar an kleine Säugetiere und Vögel. Als vollendete Räuber nehmen sie nur lebende und selbsterworbene Beute zu sich und scheuen nicht davor zurück, auch Junge der eigenen Art, mindestens kleinere Verwandte, ihrer Gefräßigkeit zu opfern.

Mehr als jede andere Lebenstätigkeit verdient die Fortpflanzung dieser Tiere unsere Beachtung. Jene Fürsorge der Alten für die Brut, von der ich oben sprach, bezieht sich vorzugsweise auf die Mitglieder dieser Ordnung. Bei allen Froschlurchen nimmt das Männchen außerordentlichen Anteil an der Fortpflanzung, nicht nur als Befruchter der Eier, sondern auch als Geburtshelfer und selbst als Pfleger. Die Anzahl der Eier, die ein Weibchen legt, ist außerordentlich groß, das trächtige Tier dementsprechend vor dem Legen sehr dick, weil die Eier, noch ehe sie den Mutterleib verlassen, ihre vollständige Reife erreicht haben und die Eileiter vollständig anfüllen. Während des Legens wird nun das Männchen im eigentlichen Sinne des Wortes zum Geburtshelfer. Es steigt auf den Rücken des Weibchens, umfaßt es unter den Achseln mit seinen Vorderfüßen und preßt den Leib so zusammen, daß sich durch den Druck die Eileiter ihres Inhaltes entleeren. Beim Durchgang werden die Eier im Leiter mit der schleimigen Hülle umgeben und unmittelbar nach dem Heraustreten vom Männchen befruchtet. Die Verwandlung der Larven in erwachsene Tiere geschieht in der Weise, daß zuerst die hinteren Beine erscheinen und der bei den Molchen bleibende Schwanz bei ihnen nach und nach einschrumpft und sich endlich ganz verliert. Diese Verwandlung währt drei, vier, fünf und mehr Monate. Danach verlassen die nunmehr ihren Eltern an Gestalt gleichen Jungen das Wasser und beginnen die Lebensweise ihrer Erzeuger.

Dies ist die Regel; doch fehlt es nicht an Ausnahmen. Schon hinsichtlich des zu wählenden Gewässers walten sehr verschiedenartige Verhältnisse. Während viele nur in Teichen, Gräben oder Pfützen, welche mindestens zur Zeit der Entwicklung ihrer Larven dauernd Wasser behalten, die Eier ablegen, begnügen sich andere mit der geringen Wassermenge, die sich zwischen Baumblättern oder in hohlen Bäumen sammelt, und wieder andere legen die Eier überhaupt nicht in das Wasser.

Noch merkwürdiger sind die Umstände, unter denen ein westafrikanischer Laubfrosch sich verwandelt. *Buchholz* sah in Kamerun in den letzten Junitagen an den Blättern eines niedrigen, halb im Wasser stehenden Baumes einige ziemlich große, weiße Ballen, welche bei näherer Betrachtung als eine lockere, in der Luft erstarrte Schaummasse erschienen, vermutete, ein Kerbtier darin zu finden, war aber nicht wenig erstaunt, anstatt des letzteren ganz junge, frisch dem Ei entschlüpfte Froschlarven anzutreffen. Genauere Besichtigung ließ ihn auch in dem noch teigartigen Ballen überall zerstreut eingefügte, aber sehr zahlreiche Eier erkennen, die ihm bis dahin wegen ihrer vollständigen Durchsichtigkeit entgangen waren. Um den Gang der weiteren Entwicklung zu beobachten, nahm unser Gewährsmann den Schaumballen mit zu seiner Wohnung, bewahrte die Masse sorgfältig auf einem Teller und erfuhr, daß im Verlauf von drei bis vier Tagen die Mehrzahl der Eier unter gleichzeitiger Verflüssigung des größten Teils der Schaummasse auskrochen. Die jungen Tiere schwammen nunmehr in der verdünnten Flüssigkeit umher, erhielten einen langen Ruderschwanz, Kiemenbüschel usw. und verhielten sich fortan ganz wie gewöhnliche Froschlarven, entwickelten sich auch, nachdem sie ins Wasser gebracht worden waren, in durchaus regelmäßiger Weise weiter. Die schaumige Masse entsprach also offenbar der gallertartigen Schleimhülle, in welcher der Laich der Frösche sonst im Wasser eingehüllt erscheint, war aber sicherlich nicht ausreichend, um die Larven länger als einige Tage nach dem Ausschlüpfen zu ernähren, wogegen das weitere Wachstum im Wasser geschehen mußte. *Buchholz* nimmt jedenfalls mit Recht an, daß die jungen Larven mit der verflüssigten Masse durch die Regengüsse von den Zweigen der Bäume ins Wasser hinabgespült werden und damit in das allen Lurchen heimatliche und gastliche Element gelangen. Ein brauner *Baumfrosch* (Chiromantis guineensis), der auf denselben Bäumen lebte, schien *Buchholz* der mutmaßliche Urheber der Laichmasse zu sein. Da das Ablegen aber immer des Nachts erfolgte, war es schwierig, ihn zu überführen, bis unser Forscher endlich frühmorgens die Freude hatte, den Frosch selbst noch beim Laichen anzutreffen. Die Masse hatte reichlich die Größe der laichenden Mutter, war aber noch halbflüssig, von zäher, schaumartiger Beschaffenheit und erstarrte erst im Laufe des Tages an der Luft.

Mit dem Absetzen der Eier endet jedoch die Teilnahme beider Geschlechter an ihrer Brut noch nicht bei allen Froschlurchen; es gibt im Gegenteil solche, bei denen das Männchen wie das Weibchen eine besondere Rolle ausführen muß. Die Weibchen einzelner Arten besitzen auf dem Rücken eine Tasche oder eine zellige Haut, welche dazu dient, die befruchteten Eier aufzunehmen und ihnen in der ersten Zeit zum Schutzort zu dienen. Tasche oder Hautzellen werden nun von dem Weibchen mit Eiern angefüllt, oder aber das Männchen selbst wickelt sich die durch die Gallerte zu Schnüren verbundenen Eier um den Hinterteil seines Leibes und übernimmt so selbst Mutterpflege. Bei jenen Froschlurchen verbringen die Jungen ihren Larvenzustand in der Tasche oder in den Zellen; bei diesen werden die Eier wahrscheinlich nur bis zum Durchbrechen der Larven vom Männchen umhergeschleppt und dann im Wasser abgesetzt, um sich hier als Kaulquappen weiter auszubilden.

Die Froschlurche sind durchschnittlich lebhafte und muntere Geschöpfe, die zwar ebenso wie die anderen zu den nächtlich lebenden Tieren gezählt werden müssen, teilweise aber auch bei Tage eine Tätigkeit entfalten, wie sie sonst in der Klasse nicht wieder beobachtet wird. Sie übertreffen an Bewegungsfähigkeit alle Verwandten, gehen oder humpeln besser als diese, springen mit verhältnismäßig gewaltigen Sätzen und außerordentlichem Geschick; andere springen dank ihrer ungewöhnlich entwickelten und als Fallschirm dienenden Schwimmhäute sogar mit einem Flughörnchen um die Wette; sie schwimmen und tauchen vorzüglich, vermögen auch stundenlang ohne Atemnot auf dem Grunde eines Gewässers zu verweilen; sie sehen, hören und riechen scharf, lassen trotz ihrer scheinbaren Gefühllosigkeit Empfindungsvermögen und ebenso Tastfähigkeit nicht verkennen und besitzen auch wahrscheinlich, obschon in geringem Maße, die Fähigkeit zu schmecken. Unwillkürlich drängt sich uns die Meinung auf, daß sie heitere und lebenslustige Tiere sind, die sich mit Behagen den ihnen wohltuenden Empfindungen hingeben und sich bemühen, dieses Behagen durch lautes Geschrei oder, um von ihrem Standpunkt aus zu reden, durch Gesang der ganzen Welt kundzutun. Ihre Stimmen sind zwar nicht so verschieden, so reichhaltig, so klang- und wechselvoll wie Vogelgesang, stehen aber doch nicht allzuweit hinter denen der meisten Säugetiere zurück und überbieten die Lautgebung der ausschließlich stimmfähigen Geckonen in jeder Beziehung. Vom schallenden Brüllen bis zum Zirpen, vom hellen Pfeifen bis zum dumpfen Klagen kann man alle dazwischenliegenden Laute vernehmen. Im Urwald Südamerikas zählen die Stimmen der Froschlurche zu den bezeichnenden Tönen, in den Wendekreisländern Asiens, Afrikas, in Australien, selbst in Europa ist es nicht anders. Wie eine fremdartige Vogelstimme klangen mir die nächtlichen Laute eines Froschlurches der westasiatischen Steppen, wie vereinzelte Paukenschläge die eines innerafrikanischen Frosches entgegen. Ein anderer Frosch knarrt dumpf wie die Saite einer Baßgeige, ein dritter quakt wie ein heiser bellender Hund oder hell wie ein Dudelsack.

Laubfrösche

In der ersten Familie der Ordnung vereinigen wir die Baum- oder *Laubfrösche* (Hylidae). Diese zierlich gebauten und anmutigen blattfarbigen Frösche unterscheiden sich von den übrigen Gliedern ihrer Ordnung dadurch, daß das Ende ihrer Finger zu einem Polster erweitert ist, das die Fähigkeit zum Festhaften an glatten Flächen verleiht. Die Hinterbeine sind bedeutend länger als die vorderen, die Zehen entweder frei oder durch mehr oder minder ausgedehnte und oft sehr große Schwimmhäute verbunden. Der Oberkiefer und gewöhnlich auch der Gaumen tragen Zähne, während der Unterkiefer zahnlos ist. Die fleischige Zunge legt sich nur vorn am Kinn an.

Unser *Laubfrosch* (Hyla arborea) ist für uns das Urbild der Familie und der Vertreter der verbreitetsten, seinen Namen tragenden Gattung (Hyla). Als kleinstes Mitglied seiner gesamten Verwandtschaft in Europa erreicht er eine Leibeslänge von 4 cm und ist auf der Oberseite schön blattgrün, auf der Unterseite graulichweiß gefärbt. Ein schwarzer, oben gelbgesäumter Streifen, der an der Nase anfängt und bis zum Hinterschenkel verläuft, trennt beide Hauptfarben; die Vorder- und Hinterschenkel sind oben grün und gelb umrandet, unten lichtgelb. Das Männchen unterscheidet sich vom Weibchen durch die schwärzliche Kehlhaut, welche jenes zu einer großen Blasenkugel aufblähen kann. Kurz vor und nach der Häutung, welche alle 14 Tage stattzufinden pflegt, ändert sich die Färbung in Aschblau beziehungsweise Hell- oder Blaugrün. Nach kurzer Zeit geht sie aber wieder in Blattgrün über.

Mit Ausnahme des höheren Nordens kommt der Laubfrosch in ganz Europa vor, verbreitet sich aber auch über den asiatischen Teil der nördlichen Alten Welt, wurde von *Cantor* sogar noch auf der südlicher gelegenen chinesischen Insel Chushan beobachtet und findet sich ebenso entlang der ganzen Südküste des Mittelmeeres. Sein Wohngebiet ist die Tiefebene; gleichwohl steigt er im Gebirge ziemlich weit empor. Wenig wärmebedürftig, wie er zu sein scheint, läßt er sich bereits Anfang April, in guten Frühjahren wohl auch schon Ende März vernehmen und hält bis zum späten Herbst im Freien aus. Doch nimmt man in der Regel wenig von ihm wahr: denn nur während der Paarungszeit gesellt er sich im Wasser zu ansehnlichen Scharen; bald nach ihr lebt er im Laub von Gebüschen, Sträuchern und Bäumen und treibt hier, meist ungesehen, sein Wesen. Er ist einer der niedlichsten Lurche, die wir kennen, gewandter als alle übrigen, die bei uns vorkommen, gleich befähigt, im Wasser oder auf ebenem Boden wie im Blattgelaube der Bäume sich zu bewegen. Im Schwimmen gibt er dem Wasserfrosche wenig nach, im Springen übertrifft er ihn bei weitem, im Klettern ist er Meister. Jedermann weiß, wie diese Bewegung geschieht, nämlich keineswegs schreitend, sondern ebenfalls springend.

Hier in der luftigen Höhe verlebt er behaglich den Sommer, sitzt bei schönem Wetter auf der Oberseite, bei Regen auf der Unterseite des Blattes, falls solch schlechte Witterung nicht allzulange anhält und ihm so unangenehm wird, daß er sich vor dem Regen ins — Wasser flüchtet. Wie trefflich seine Färbung mit dem Blattgrün im Einklang steht, erfährt derjenige, der ihn auf einem niederen

Busch schreien hört und sich längere Zeit vergeblich bemüht, ihn zu erkennen. Er weiß, daß Springen ihn verrät: deshalb zieht er vor, bei Ankunft eines Feindes oder größeren, ihm gefährlich dünkenden Wesens überhaupt sich fest auf das Blatt zu drücken und, die leuchtenden Äuglein auf den Gegner gerichtet, bewegungslos zu verharren, bis die Gefahr vorüber ist. Erst im äußersten Notfall entschließt er sich zu einem Sprung; der geschieht dann aber so plötzlich und wird mit soviel Geschick ausgeführt, daß er meistens die Rettung bedeutet.

Die Nahrung des Laubfrosches besteht in mancherlei Kerbtieren, namentlich Fliegen, Käfern, Schmetterlingen und glatten Raupen. Alle Beute, die er verzehrt, muß lebendig sein und sich regen; tote oder auch nur regungslose Tiere rührt er nicht an. Sein scharfes Gesicht und, wie es scheint, ebenfalls recht gut entwickeltes Gehör geben ihm Kunde von der heransummenden Mücke oder Fliege; er beobachtet sie scharf und springt nun plötzlich mit einem gewaltigen Satz nach ihr, weitaus in den meisten Fällen mit Erfolg und immer so, daß er beim Niederspringen ein anderes Blatt erreicht. Während des Sommers beansprucht der Laubfrosch ziemlich viel Nahrung und liegt deshalb auch während des ganzen Tages auf der Lauer.

Man hält den Laubfrosch allgemein für einen guten Wetterpropheten und glaubt, daß er Veränderungen der Witterung durch Schreien anzeige. Diese Ansicht ist nicht richtig. Besonders eifrig läßt der Laubfrosch seine laute Stimme während der Paarungszeit ertönen, schweigt aber auch während des Sommers nicht und ruft mit aufgeblasener Kehle sein fast wie Schellengeläute klingendes, an den sogenannten Gesang der Zikaden erinnerndes „Kräh, kräh, kräh" die halbe Nacht hindurch fast ohne Unterbrechung in die Welt; jedoch bei trockener und beständiger Witterung ebensoviel wie kurz vor dem Regen.

Im Frühling pflanzt er sich fort. Hierzu wählt er, wo möglich, solche Teiche, deren Ufer von Gebüschen und Bäumen umsäumt werden, wahrscheinlich deshalb, weil es ihm schwer wird, vom Wasser aus seiner Liebesbegeisterung schreiend Ausdruck zu geben. Gewöhnlich verlassen die Männchen Ende April ihre Winterherberge, in guten Jahren früher, in kalten etwas später, immer aber eher als die Weibchen, die sich erst sechs oder acht Tage nach ihnen zeigen. Unmittelbar nach ihrem Erscheinen geht die Paarung vor sich. Das Männchen umfaßt das Weibchen unter den Achseln und schwimmt nun mit ihm zwei bis drei Tage im Wasser umher, bis die

Laubfrosch im Schilf

Eier abgehen und von ihm befruchtet werden können. Etwa 12 Stunden, nachdem das letzte den Leib der Mutter verlassen hat, ist der sie umhüllende Schleim so voll Wasser gesogen und aufgebläht, daß er sichtbar wird. Man bemerkt dann in ihm das eigentliche Ei, das etwa die Größe eines Senfkornes hat, und darum die Hülle, welche in der Größe ungefähr einer Wicke gleichkommt. Der Laich bildet unförmliche Klumpen und bleibt auf dem Boden des Wassers liegen, bis die jungen Larven ausgeschlüpft sind. Wie bei den übrigen Lurchen beansprucht die Zeitigung der Eier und die Entwicklung der Jungen nur geringe Zeit. In Eiern, die am 27. April gelegt wurden, bemerkte man schon am 1. Mai den Keim mit Kopf und Schwanz, welche aus dem Dotter hervorwachsen; am 4. Mai bewegte er sich in dem schleimigen Eiweiß; am 8. kroch er aus, schwamm umher und fraß gelegentlich vom zurückgelassenen Schleim; am 10. zeigten sich die Augen und hinter dem Munde zwei Wärzchen, welche es dem werdenden Tierchen gestatten, sich an Gras und dergleichen anzuhängen, sowie die Schwanzflosse, am 12. die Kiemenfäden, hinter jeder Kopfseite einer, welche sich bald wieder verlieren, und Flecke, welche ihn gescheckt erscheinen lassen; am 15. waren Mund und Nase entwickelt, und die Kaulquappe fraß schon tüchtig; am 18. bekamen ihre schwarzen Augen eine hochgelbe Einfassung; am 20. war der After entwickelt und der Leib mit einer zarten, mit Wasser angefüllten Haut umgeben, die sich am 29. Mai verlor. Die Tierchen waren nun 1,5 cm lang und benagten Wasserlinsen. Am 29. Juni sproßten die Hinterfüße hervor; am 16. Juli waren die Kaulquappen fast ausgewachsen und etwa 2 cm lang, die fünf Zehen gespalten, am 25. auch die Ballen entwickelt und die Spuren der Vorderfüße, die am 30. hervorbrachen, bereits sichtbar. Ihr Rücken war grünlich, der Bauch gelblich. Sie kamen schon häufig an die Oberfläche, um Luft zu schöpfen. Am 1. August war der Schwanz um die Hälfte kleiner, wenige Tage darauf vollends eingeschrumpft, das Fröschchen nunmehr fertig und zu seinem Landleben befähigt. Dennoch erreicht es erst mit dem vierten Jahr seine Mannbarkeit; früher quakt der Laubfrosch nicht und begattet sich auch nicht.

Einer der größten Laubfrösche ist der fast 14 cm große *Neuguinea-Laubfrosch* (Nyctimystes), der im Nordwesten Australiens und in Neuguinea anzutreffen ist.

Zu verwandten Familien gehören der schön grün und schwarz gezeichnete *Stummelfußfrosch* (Atelopus cruciger) und der *Panamabaumsteiger* (Dendrobates pumilio), die beide in Südamerika beheimatet sind.

Ruderfrösche

„Einer der seltensten und beachtenswertesten Lurche“, erzählt der englische Naturforscher *Wallace*, „den ich auf Borneo fand, war ein großer Laubfrosch, welchen mir ein chinesischer Arbeiter brachte. Er erzählte, daß er ihn in querer Richtung von einem hohen Baume gleichsam fliegend habe herunterkommen sehen. Als ich ihn näher untersuchte, fand ich die Zehen sehr groß und bis zur äußersten Spitze behäutet, so daß sie ausgebreitet eine viel größere Oberfläche darboten als der Körper. Die Finger der Vorderfüße waren ebenfalls durch Häute vereinigt, und der Leib endlich konnte sich beträchtlich aufblähen. Der Rücken und die Glieder zeigten eine schimmernde, tiefgrüne Färbung, die Unterseite und das Innere der Zehen waren gelb, die Schwimmhäute schwarz und gelb gestreift. Die Länge des Körpers betrug ungefähr 10 cm, wogegen die vollständig ausgebreiteten Schwimmhäute jedes Hinterfußes eine Oberfläche von 28 cm^2 und die Schwimmhäute aller Füße zusammen eine Fläche von ungefähr 81 cm^2 bedeckten. Dies ist, soviel ich weiß, das erste Beispiel eines fliegenden Frosches und verdient wohl die allgemeinste Beachtung, da es zeigt, daß die Veränderlichkeit der Zehen, welche schon zum Schwimmen und Klettern umgewandelt sein konnten, sich auch vorteilhaft erweisen kann, um eine verwandte Art zu befähigen, gleich einer fliegenden Eidechse durch die Luft zu streichen.“

Der Frosch, den *Wallace* mit vorstehenden Worten beschreibt und in dem er eine neue, noch unbeschriebene Art vermutet, ist unzweifelhaft der längst bekannte *Ruder-* oder, wie wir ihn zu Ehren der gegebenen Mitteilung nennen wollen, *Flugfrosch* (Rhacophorus reinwardti), ein Vertreter der Familie der Ruderfrösche, von der einige auf dem Festland Indiens und den Sundainseln vorkommende Arten bekannt geworden sind. Alle hierhergehörenden Frösche zeichnen sich aus durch Schlankheit ihres Leibes, glatte Haut, die ungemein ausgedehnten Spannhäute zwischen den Zehen, sehr große Haftpolster an deren Spitzen, wohlentwickelte Gehörwerkzeuge, die Männchen außerdem durch einen einfachen, in der Mitte liegenden Stimmsack.

Hierzu gehört auch der afrikanische *Marmor-Riedfrosch* (Hyperolius marmoratus), der in sehr verschiedener Farbmusterung aus weißen, roten und schwarzen Flecken oder Streifen vorkommt.

Echte Frösche

Bei den *Echten Fröschen* (Ranidae) erweitern sich die Zehenspitzen nicht zu Kolben; der Leib ist verhältnismäßig schlank, der Kopf kurz, platt und breitmäulig, das vordere Fußpaar im Verhältnis zu dem hinteren, dessen Zehen regelmäßig durch breite Schwimmhäute verbunden werden, sehr kurz, die Haut unten glatt, oben dagegen gewöhnlich mit einzelnen Drüsen besetzt. Alle Arten tragen Zähne im Oberkiefer und am Gaumen.

Diese Echten Frösche bewohnen in großer Zahl Gewässer gemäßigter und heißer Länder und dementsprechend alle Erdteile mit Ausnahme Australiens. Ihnen begegnet man, wo es Gewässer gibt; ihren Nachtgesang vernimmt man, wo es ihnen möglich ist zu leben. Wunderbar tönt der Chor dieser Frösche in das Ohr des Fremden, der zum erstenmal den Boden eines anderen Erdteils betritt; denn zu den von der Heimat her bekannten Lauten gesellen sich fremdartige, in deren Urhebern man zwar sofort echte Frösche erkennt, die aber doch durch ihre Eigentümlichkeit im hohen Grade auffallen und Ursache wurden, daß die ersten Ansiedler sowie auch die Forscher die betreffenden Sänger mit bezeichnenden Namen belegten.

Überall ist die Lebensweise der wasserbewohnenden Frösche mehr oder weniger dieselbe: ein munteres, heiteres Frühlings- und Sommerleben mit viel Lärm und großem Behagen, ein minder gefallendes Herbsttreiben und dann ein monatelanger Winterschlaf tief unten in dem Schlamm der gefrorenen oder ausgetrockneten Gewässer, bis der warme Hauch des Frühlings die Eisschollen sprengt oder der erste Regen die von der Sonne zerklüftete Schlammschicht zusammenfügt und Wärme und Feuchtigkeit die tief verborgenen Schläfer wieder zum Leben wecken. Denn so wie bei uns im Frühling die Erde neuen Schmuck anlegt, so ruft auch in den Äquatorländern der Beginn der Regenzeit die Vollkraft der Natur hervor.

Hinsichtlich der Fortpflanzung stimmen die Echten Frösche im wesentlichen mit den Laubfröschen überein. Auch unter ihnen gibt es einzelne, die der Nachkommenschaft eine gewisse Fürsorge widmen, sich insbesondere die Eier auf den Leib heften und sie wochenlang mit sich umherschleppen; die Mehrzahl aber legt diese einfach im Wasser ab, ohne sich weiter um sie zu bekümmern.

Wasserfrosch

Unser *Teich-* oder *Wasserfrosch* (Rana esculenta) erreicht, seine mindestens 10 cm messenden Hinterbeine abgerechnet, eine Länge von 9–10 cm, bei besonders reichlicher Nahrung im Larven- wie im verwandelten Zustand wohl auch etwas darüber. Auf dem ansprechend grünen Grunde der Oberseite stehen schwarze Flecke und verlaufen drei gelbe Längsstreifen, einer über das Rückgrat, einer an jeder Seite des Leibes; zwei schwarze Streifen zeichnen den Kopf; die Unterseite sieht weiß oder gelblich aus. Nach der Laichzeit erscheint die Färbung am frischesten, später bald blässer, bald dunkler, mehr oder weniger ins Braune spielend; auch herrscht bald diese, bald jene Zeichnung vor, da die Längsstreifen mehr oder weniger ausgedrückt sein können, die Fleckung deutlicher hervortritt und ein und derselbe Teichfrosch je nach der Jahreszeit oder unter sonstigen ihn beeinflussenden Verhältnissen vielfach abändern kann. Die großen Augen haben lebhaft goldenen Ring und sehen klug und munter ins Weite.

Der Wasserfrosch ist ein wohlbegabtes Geschöpf, dessen Bewegungen von Kraft und Gewandtheit zeugen. Wie die meisten Verwandten bewegt er sich auf dem Lande nur springend, ist aber imstande, sehr weite Sätze auszuführen und sie mit überraschender Gewandtheit zu regeln. Im Wasser schwimmt er unter alleiniger Tätigkeit seiner Ruderfüße schnell dahin, namentlich, wenn er sich in einiger Tiefe bewegt; auf der Oberfläche selbst rudert er nur gemächlich weiter. Aber er ist auch fähig, sich durch kräftigen Ruderstoß aus dem Wasser heraus in eine ziemliche Höhe emporzuschleudern, sei es, um ein vorübersummendes Kerbtier zu erbeuten, sei es, um eine höhergelegene Ruhestätte zu gewinnen.

Im Verhältnis zu seiner Größe darf dieser Frosch ein tüchtiger Räuber genannt werden. Er genießt nur selbsterworbene Beute und nur lebende Tiere; was sich vor ihm nicht bewegt, reizt ihn nicht zum Sprunge. Von seinem Ruhesitz aus achtet er auf alles, was um ihn her vorgeht, als ob er auf der Lauer liege, springt, wenn sich ihm eine Beute naht, auf dieselbe los, schlägt die Zunge vor, falls jene klein, oder packt sie mit beiden Kiefern, falls sie größer, und schluckt sie hinab. In Brutteichen kann er durch seine Räubereien schädlich werden, weil er jungen Fischen ebenso eifrig nachstellt wie Kerbtieren, Fröschen und Molchen.

Erst wenn wirklich der Frühling eingetreten, also viel später als Laub- und Taufrosch, beginnt der Wasserfrosch sein Fortpflanzungsgeschäft, selten vor Mai, gewöhnlich erst im Juni. Sein Paarungstrieb ist, wie bei den meisten Gliedern seiner Verwandtschaft, so heftig, daß er in Ermangelung eines Weibchens der eigenen Art auch fremde Lurche und selbst Fische, überhaupt lebende Wesen, auf das innigste umarmt.

Schon am vierten Tag nach dem Legen der Eier bewegt sich der Keimling, am Ende des fünften oder sechsten platzt das Ei, und man sieht nun die millimeterlange Kaulquappe zitternd sich bewegen, bald darauf auch schwimmen. Von nun an schreitet das Wachstum der Larve sehr rasch vor. Der Kopf wird dicker, der Körper rundlicher, der Schwanz länger, die Haut durchsichtig; am 13. oder 14. Tage hat sich bereits die Lunge gebildet; die Kiemen schrumpfen ein, und man bemerkt an ihrer Stelle ein Kiemenloch. Nach Ablauf eines Monats verlangsamt sich der Fortgang der Entwicklung. Wenn die Larve eine Länge von 6–7 cm erreicht hat, sind die vier Beine vollkommen ausgebildet, der Schwanz ist aber immer noch länger als der Leib, seitlich zusammengedrückt und sehr hoch; von nun an schrumpft dieser langsam ein und schwindet endlich ganz, ohne daß man eine ersichtliche Zunahme des Leibes bemerkt: Es sieht im Gegenteil aus, als ob der verwandelte Frosch kleiner sei als die frühere Larve. Erst nach etwa vier Monaten ist die Verwandlung vollendet; im fünften Lebensjahr hat der Frosch seine gewöhnliche Größe erreicht, wächst aber noch stetig fort und nimmt möglicherweise bis zum Ende seines Lebens noch etwas an Umfang zu.

Nur wenige Wasserfrösche sterben einen sogenannten natürlichen Tod; die Mehrzahl verendet unter den Zähnen, im Schnabel oder in der Klaue eines Raubtieres. Ihre Zählebigkeit ist außerordentlich. Selbst schwere Verwundungen heilen bei ihnen bald wieder; Verstümmelungen der fürchterlichsten Art bringen ihnen erst nach vielen Stunden den Tod.

Der *Tau-*, *Bach-*, *März-* oder *Grasfrosch* (Rana temporaria) erreicht dieselbe Größe wie sein eben geschilderter Verwandter, unterscheidet sich von ihm aber durch Färbung und Lebensweise, so daß ihn wohl niemand mit jenem verwechseln kann. Die oberen Teile sind auf braunem oder rotbraunem Grunde mit hell- und dunkelbraunen Flecken, die Schläfe mit einem gleichfarbigen Längsstreifen gezeichnet, die Beine dunkel quergestreift, Brust und Bauch beim Männchen graulichweiß, bei dem etwas größeren Weibchen auf rötlichem Grunde braungelb marmoriert.

In der Ebene hält er sich, von den Wintermonaten natürlich abgesehen, nur während der Paarungszeit in Gewässern auf; im Hochgebirge hingegen vertritt er gewissermaßen den Wasserfrosch, indem er das Wasser nach einem im ersten Jugendzustande unternommenen Ausflug kaum wieder verläßt. Verhältnismäßige Unempfindlichkeit gegen Kälte gestattet ihm eine derartige Verbreitung. Er ist der erste von allen Froschlurchen, der aus dem Winterschlafe erwacht und zum Vorschein kommt, paart sich, noch ehe die Gewässer frei vom Eis sind, und seine Eier sind bereits ausgeschlüpft, bevor ein anderer Verwandter die seinen gelegt hat; auch entwickeln sich seine Larven schneller als die anderer Frösche, und so wird es ihm möglich, sich noch in solchen Gegenden dauernd anzusiedeln, in denen der Sommer nur wenige Wochen dauert, wie beispielsweise in Alpenseen. Der Wasserfrosch, welcher sich viel später begattet und länger im Larvenzustand bleibt, würde dort oben schwerlich zur Entwicklung gelangen; für den Taufrosch hingegen ist der kurze Sommer lang genug, und wenn wirklich einmal früher als gewöhnlich Kälte eintritt, so überwintert auch die noch nicht umgewandelte Larve. In der Ebene beginnt die Begattungszeit schon in den ersten oder doch in den mittleren Märztagen, falls nicht ein besonders strenger Winter die Gewässer noch etwas länger unter seinem Banne hält.

Die Eier, welche größer, jedoch weniger zahlreich als die des Wasserfrosches sind, fallen nach dem Legen zu Boden; ihre Umhüllung saugt sich aber bald voll Wasser, und sie steigen dann wieder zur Oberfläche empor, um hier große, dichte, schleimige Klumpen zu bilden. Bei der geringen Wärme, die im Frühjahr herrscht, verlangsamt sich die Entwicklung. Erst nach 14 Tagen kann man die Larve deutlich wahrnehmen; drei, bei ungünstiger Witterung vier Wochen später kriecht sie wirklich aus und schwimmt umher, kehrt aber von Zeit zu Zeit zu dem verlassenen Schleim zurück, wahrscheinlich, um sich von ihm zu nähren. Von nun an beschleunigt sich ihre Entwicklung; denn schon in Verlauf von drei Monaten haben sich die Larven in vollkommene Frösche verwandelt. Diese verlassen hierauf das Wasser, und zwar unter günstigen Umständen in solchen Scharen, daß die alte Sage vom Froschregen eine sehr natürliche Erklärung findet.

Fortan beginnt das Taufröschchen das Leben seiner Eltern. Abweichend von den Verwandten, treibt es sich, oft weit vom Wasser entfernt, auf Wiesen und in Gärten, in Feldern und Wäldern, Gebüschen und an ähnlichen Orten herum, verkriecht sich an heißen Tagen unter Steinen, Baumwurzeln, in Erdlöchern und anderen Schlupfwinkeln und kommt mit der Dämmerung zum Vorschein, um seiner Jagd nachzugehen. Letztere gilt den verschiedensten Kerbtieren, nackten Erdschnecken und ähnlichem Kleingetier, bringt uns also nur Nutzen, wahrscheinlich weit größeren, als wir annehmen.

In einer Hinsicht stehen die Grasfrösche hinter ihren Verwandten weit zurück: Sie sind schlechte Musikanten. Nur zu gewissen Zeiten, insbesondere während der Paarung, lassen sie ein Murren oder Grunzen vernehmen, welches an Vollklang hinter dem Wasserfroschgesang weit zurücksteht und von dem Weibchen fast ebensogut wie vom Männchen hervorgebracht wird. Im Gegensatze zu den Wasserfröschen darf man sie wohl als stumm bezeichnen, namentlich zur Zeit der Sommermonate, während der sie vollkommen still und geräuschlos ihren Geschäften nachgehen.

Kein Froschlurch hat mehr, kein einziger so viele Feinde wie der Taufrosch. Ihm stellt groß und klein, zu Wasser und auf dem Lande, nach; er wird verfolgt in allen Lebensumständen und ist erst dann vor Angriffen gesichert, wenn er sich zum Winterschlaf in den Schlamm zurückzieht. Dem fast zahllosen Heere von Feinden schließt sich außerdem der Mensch an; denn wie der Teichfrosch, wird auch er wegen seiner feisten Schenkel gefangen und geschlachtet. Aber die Tausende, die ihr Leben verlieren, mindern glücklicherweise die Anzahl der nützlichen Tiere nicht oder doch kaum merklich: Ein günstiger Frühling deckt den Verlust von zehn vorhergegangenen Jahren.

Unsere europäischen Frösche sind Zwerge im Vergleich zu gewissen amerikanischen und indischen Verwandten, Zwerge hinsichtlich ihrer Größe, Schwächlinge in bezug auf ihre Stimme. Zu den ausgezeichnetsten Tongebern der Familie gehört ein nordamerikanischer Frosch, welcher sich freilich nicht den Namen eines Künstlers, sondern nur den eines geachteten Säugetieres erworben hat: der *Ochsenfrosch* (Rana catesbeiana), Abb. S. 388, nämlich. Leider bin ich nicht imstande, auf eigene Erfahrung gestützt, zu entscheiden, inwiefern der Name gerechtfertigt ist oder nicht; amerikanische Forscher und Reisende aber stimmen in dem einen überein, daß sich ein von fünfhundert Ochsenfröschen ausgeführtes Tonstück mit einer abendlichen Teichmusik, wie wir sie bei uns zulande vernehmen, gar nicht vergleichen läßt. Man liest da so manches von „schlaflosen Nächten, verwünschten Lärmmachern" und dergleichen, daß man wohl annehmen darf, die Stimme des Ochsenfrosches möge mit der des unserigen ungefähr in demselben Verhältnis stehen wie die entsprechende Leibesgröße beider.

Der Ochsenfrosch erreicht eine Leibeslänge von 20–22 cm und besitzt Hinterbeine, welche 25 cm lang sind. Die Oberseite ist auf olivgrünem Grund mit großen, dunkelbraunen oder schwarz gewölkten Flecken und einer längs des Rückgrates verlaufenden, gelben Linie gezeichnet, die Unterseite gelblichweiß, das Auge rötlich mit gelber Einfassung. Spielarten werden auch von ihm beobachtet, sind aber im allgemeinen nicht häufig. Die Heimat des Ochsenfrosches erstreckt sich über den ganzen Osten Nordamerikas.

Scheibenzüngler

Die *Scheibenzüngler* (Discoglossidae) sind Froschlurche, deren feiste Zunge fast vollständig am Grunde festgewachsen ist. Die Gattung der **Feßler** (Alytes) ist gekennzeichnet durch gedrungene Krötengestalt, plumpen Leib, warzige Drüsenhaut, kurze, kräftige Glieder, kurze vierzehige Füße und dicke Schwimmhäute. Der europäische Vertreter der Gattung, die *Geburtshelferkröte* (Alytes obstetricans), ein kleines Tier von etwa 40 cm Länge, sieht auf der Oberseite bläulichaschgrau, auf der Unterseite schmutzigweiß aus;

Geburtshelferkröte, Männchen mit Laichschnur

die Warzen sind dunkler, die in einer vom Auge zum Hinterschenkel verlaufenden Längsreihe stehenden weißlich. Ihre Heimat ist das westliche Europa.

Ihren Namen trägt die Geburtshelferkröte mit Fug und Recht. *Demours* legte bereits im Jahre 1778 der französischen Akademie Beobachtungen über ihr Fortpflanzungsgeschäft vor. Er traf im Pflanzengarten zu Paris zwei in der Paarung begriffene Geburtshelferkröten und sah zu seinem nicht geringen Erstaunen, daß das Männchen, welches auf dem Rücken des Weibchens saß, das erste der in eine Schnur gereihten Eier mit den beiden mittleren Zehen des einen Hinterfußes ergriff, diesen ausstreckte und so die Eierschnur herauszog, hierauf den zweiten Fuß ansetzte und so abwechselte, bis die ganze Schnur abgegangen war. Gleichzeitig mit dem Herausziehen wikkelt sich das Männchen diese Schnur, nachdem es die Eier befruchtet, in mehreren durcheinandergeschlungenen, der Zahl 8 ähnelnden Kreisen um die Schenkel und trägt nun diesen Knäuel tagelang mit sich herum. Die Gallertmasse, welche die Eier verbindet, trocknet zusammen, so daß die Eier in Abständen von durchschnittlich einem Zentimeter wie in einem häutigen Schlauche stecken, welcher zwischen jenen wie zu einem Faden zusammengedorrt erscheint.

Mit dieser zukünftigen Nachkommenschaft an den Hinterfüßen vergräbt sich die Geburtshelferkröte in die Erde und verweilt hier mehrere Tage, bis die Eier eine gewisse Entwicklung erreicht haben. Am dritten Tage kann man am Keime bereits Kopf, Rumpf und Schwanz unterscheiden. Etwa am elften Tag ist die Entwicklung so weit gediehen, daß der treue Vater sich seiner Bürde entledigen kann.

Gelbbauch-Unke

Um dies zu bewerkstelligen, geht er ins Wasser, schwimmt und kriecht darin eilfertiger als sonst hin und her und bewirkt wahrscheinlich dadurch das Auslaufen der Eier. Nachdem er die Jungen abgeschüttelt hat, streift er die Eihülle von den Schenkeln und begibt sich wieder aufs Trockene, ohne sich weiter um die Larven zu bekümmern. Letztere unterscheiden sich hinsichtlich ihrer Gestalt wenig oder nicht von den Kaulquappen anderer Froschlurche und entwickeln sich fortan in der regelrechten Weise.

Bürger weiß das Schauerliche der Weise eines „Geistergesanges" nicht treffender zu schildern als durch die Worte:

„Ihr Lied war zu vergleichen
dem Unkenruf in Teichen."

Wahrscheinlich will er weniger seine eigene Ansicht ausdrücken, als vielmehr einem uralten Aberglauben des Volkes Rechnung tragen, welches mit der **Unke** und ihrem Leben Bilder des Grauens und Entsetzens verbindet, ohne daß es weiß, warum. Kein Mensch aber, der sich die Mühe gegeben hat, das niedliche und schön gefärbte Tierchen zu beobachten, wird dem Übelwollen, das an ihrem Namen haftet, beipflichten, und niemand, der sich noch auf trockenem Lande befindet, ihren zwar leisen, aber doch sehr volltönigen Ruf unangenehm finden können.

Die *Feuerkröte* oder *Rotbauch-Unke* (Bombina bombina) unterscheidet sich von den Verwandten durch die kreisrunde, dünne, überall fest angewachsene Zunge, besitzt zwei kleine Gruppen von Gaumenzähnen und hat an den Hinterfüßen ganze Schwimmhäute. Ihre Haut ist auf dem Rücken mit starken Warzen bedeckt, deren Färbung ein schönes Dunkelgrau oder Ölbraun ist, während die Unterseite, welche ebenfalls erhabene Warzen von weißlicher, in der Mitte schwarzer Färbung trägt, auf schwarzem oder graubraunem Grunde mit hoch orangegelben, ineinander verlaufenden Flecken gezeichnet ist. Die Länge beträgt 3–5 cm.

Diese Unke findet sich vorwiegend im Flachland des nordöstlichen Europas, und zwar in kleinen Wassergräben ebenso wie in weit ausgedehnten Brüchen oder Sümpfen. Als echter Wasserlurch hält sie sich fast den ganzen Sommer über in den Pfützen, Teichen, Wassergräben und Morästen auf, und nur im Herbst treibt sie sich zeitweilig auf dem Lande umher und hüpft hier mit Hilfe ihrer verhältnismäßig langen Hinterbeine sehr gewandt umher. Im Wasser sieht man sie gewöhnlich etwas vom Ufer entfernt sitzen, den halben Kopf hervorgestreckt, gegen Abend eifrig mit ihrem einfachen und bescheidenen Gesangsvortrag beschäftigt, bei der geringsten Gefahr aber blitzschnell in die Tiefe tauchen, um sich hier im Schlamme zu verbergen. Wer sich ruhig verhält, gewahrt, daß eine so entflohene Unke nach kurzer Zeit wieder emporkommt, dieselbe Stellung einnimmt, mit den goldfarbenen Äuglein in die Runde schaut und nach geraumer Zeit von neuem zu ihrem Gesang anhebt. Diesen vernimmt man, gleichsam zum Beweis, daß auch dieser Lurch zu den Nachttieren gehört, in der Regel erst gegen Abend, von dieser Zeit an aber die ganze Nacht hindurch. Er ist durchaus nicht unangenehm, kann jedoch durch seine Eintönigkeit ermüden. Der einzelne Laut klingt ungefähr wie „Ku-uh", dem Klange von Glasglocken nicht unähnlich, ist verhältnismäßig schwach und wird deshalb nur auf wenige Schritte hin deutlich vernommen. Jede einzelne Unke ruft höchstens drei- oder viermal in der Minute und stößt immer nur genau denselben Laut aus; aber alle Männchen, die ihr Wohlbehagen ausdrücken wollen, schreien gleichzeitig, und so entsteht die ununterbrochene Musik, die man vernimmt.

Im Wasser bewegt sich die Unke mit großer Leichtigkeit, obgleich sie hierin nicht mit dem Wasserfrosch wetteifern kann; aber auch sie schwimmt ganz vorzüglich und versteht es, sich noch besser als der Frosch im Schlamme einzuwühlen. Auf dem Lande hüpft sie mit kurzen, sich rasch wiederholenden Sprüngen eilfertig dahin. Beunruhigt man sie, so legt sie ihren Kopf und die Füße über dem gekrümmten Rücken so zusammen, daß die Bauchseite sichtbar wird, sie also eine ganz verschiedene

Gestalt gewinnt. In dieser sonderbaren Stellung verweilt sie minutenlang, bis sie die Gefahr vorübergegangen wähnt. Bei großer Angst treibt sie aus dem warzigen Oberteile der Hinterschenkel Schaum hervor, welcher wie Seifengischt aussieht und wie bei den meisten Verwandten eine gewisse Schärfe besitzt.

Ihre Nahrung besteht aus Kerbtieren, Schnecken und kleinen Würmern: sie zählt also zu den vollkommen unschädlichen, ja im Gegenteil, zu den nützlichsten Tieren.

Im westlichen und südlichen Europa wird die Rotbauch-Unke durch die *Gelbbauch-Unke* (Bombina variegata) vertreten, die ihr in Gestalt und Lebensgewohnheiten gleicht.

Kröten

Keine Tierfamilie hat von alters her bis zum heutigen Tage mehr unter dem allgemeinen Abscheu der Menschen zu leiden gehabt, keine ist unerbittlicher und mit größerem Unrecht verfolgt worden als die der Kröten. „Dises thier", sagt der alte *Geßner* von der verbreitetsten Art der Familie, „ist ein überauß kalts vnd füchtes thier, gantz vergifft, erschrockenlich häßlich vnd schädlich. So dises thier gekestiget, wirt es zu zorn bewegt, also, daß es den menschen, so es möchte, beseichte, oder sunst mit einem gifftigen schädlichen athem vergifftete. Dise thier sind gantz schädlich vnd verletzlich mit jrem giff: dann so yemants mit jrem seich berürt, so sol sölches ort faulen: vnd nit on grosse arbeit widerumb heilen. Innerthalb dem leyb ist sy tödtlich. Ir ankuchen vnd gesicht ist schädlich, davon die menschen auch gantz bleych vnd vngestalt werden sollend. Sy vergifftend auch das kraut vnd laub darab sy frässend, vnd darüber sy gantz träg vnd langsam kriechend." Man begreift in der Tat nicht, wie es möglich gewesen, daß vernünftige Menschen solchen Unsinn erdacht haben können; man begreift noch viel weniger, daß es noch heutzutage Tausende gibt, welche nur zu sehr geneigt sind, derartige abgeschmackte, auf nichts fußende Lügen für wahr zu halten: denn das nächtliche Treiben der im Verhältnis zu den Fröschen unschön gestalteten Kröten kann doch unmöglich der Grund sein, weshalb die harmlosen, unschuldigen und höchst nützlichen Tiere beständig verdächtigt und verleumdet werden! Und doch läßt sich das eine nicht bestreiten: in dem Abscheu vor den Kröten, in der blinden Wut, sie zu verfolgen und zu töten, stimmen die sogenannten Gebildeten und Ungebildeten, die Europäer und die Amerikaner, die weißen und die schwarzen oder braunen Menschen vollständig überein. Gerade die Kröten sind ein überzeugendes Beispiel dafür, was es mit unserer Bildung, insbesondere mit der Kenntnis der Natur und ihrer Erzeugnisse, auf sich hat.

Die *Kröten* (Bufonidae), Abb. S. 388, unterscheiden sich von den bisher beschriebenen Froschlurchen durch den gänzlichen Mangel an Zähnen und haben in ihrer gedrungenen, plumpen Gestalt, den fast gleich langen, dicken, unförmigen Beinen und der sehr drüsenreichen, von außen warzigen Haut bezeichnende Merkmale.

Sie bewohnen alle Erdteile mit Ausnahme Australiens, die warmen Gegenden zahlreicher als die kälteren, halten sich nur während der Laichzeit im Wasser auf und sind vollendete Nachttiere, die sich tagsüber nur ausnahmsweise außerhalb ihres Schlupfwinkels umhertreiben. In ihren Bewegungen stehen sie den Fröschen und Froschkröten nach; denn sie humpeln mehr, als daß sie hüpfen, schwimmen schlecht und erscheinen deshalb schwerfällig und träge, obgleich sie, strenggenommen, weder das eine noch das andere sind. Ihre Nahrung besteht aus Ungeziefer der verschiedensten Art, insbesondere aus Würmern, Schnekken, Kerfen und kleinen Wirbeltieren; letztere werden mindestens von den größeren Arten verzehrt. Der Verbrauch an Nahrungsstoffen ist beträchtlich, und die Tätigkeit dieser geschmähten Tiere deshalb für uns höchst ersprießlich. Begattung und Entwicklung der Jungen kommen im wesentlichen mit den Ordnungsverwandten überein; doch gehen die Eier bei den meisten nicht in Klumpen, sondern in Schnüren ab, welche vom Männchen stückweise befruchtet werden.

Zu den wichtigsten Arten der Familie gehört die *Erdkröte* (Bufo bufo). Sie erreicht ziemlich bedeutende Größe, eine Länge von 9–13 cm bei 6–7 cm Breite, und erscheint uns noch plumper gebaut als die verwandten Arten. Der ganze Leib ist mit dicken Warzen

Erdkröte

bedeckt, die hinter dem Ohr eine große Drüse freilassen; die Färbung, ein düsteres Rotgrau oder Rotbraun, das bisweilen ins Ölgrüne oder ins Schwarze fällt und durch dunkle, undeutliche Flecke gezeichnet wird, geht auf der Unterseite in lichtes Hellgrau über, das beim Weibchen dunklere Flecke zeigt. Die Augen haben glänzend orangerote Regenbogenhaut.

Mit Ausnahme der nördlichsten Länder fehlt die Kröte in keinem Teil Europas, und ebenso verbreitet sie sich über Mittelasien und Japan. Ihre Wohnsitze sind so verschieden, daß man sie als allgemeinverbreitetes Tier bezeichnen muß. Sie findet sich in Wäldern, Gebüschen und Hecken, auf Feldern, Wiesen und in Gärten, in Kellern, Höhlen, Grotten, altem Mauerwerk, in Steinhaufen, unter Baumstämmen, einzelnen flachen Steinen, kurz überall, wo sich ein Schlupfwinkel bietet und sie sich einen solchen herstellen kann; denn sie gräbt, wo es ihr an Versteckplätzen mangelt, mehr oder weniger tiefe Höhlen ins Erdreich, in denen sie dann ebenso regelmäßig verkehrt, wie der Fuchs in seinem Bau. Wo irgend möglich, erwählt sie feuchte, schattige Orte, liegt deshalb auch sehr häufig unter Pflanzen, deren breite Blätter den Boden nicht nur überschatten, sondern förmlich bedecken.

Als echtes Nachttier hält sie sich tagsüber stets verborgen, es sei denn, daß warmer Regen das Erdreich angefeuchtet hat und daß die Wolken die ihr lästige Sonne verhüllen. Unter solchen Umständen versucht sie wohl auch ausnahmsweise bei Tage ihrer Jagd nachzukommen, während sie diese sonst erst geraume Zeit nach Sonnenuntergang beginnt. Unbeholfen in ihren Bewegungen, kaum geschickt, weitere Sprünge auszuführen, täppisch und schwerfällig, wie sie ist, vermeidet sie Streifzüge, sucht dafür aber das von ihr beherrschte kleine Gebiet um so sorgsamer ab und wird deshalb, und weil ihre Gefräßigkeit einen bedeutenden Nahrungsverbrauch notwendig macht, der Örtlichkeit, auf der sie sich angesiedelt hat, zum wahren Segen. Eine Folge ihrer Ungeschicklichkeit ist, daß sie oft in Keller, Brunnen, Schächte und Grotten hinabstürzt, aus denen es für sie dann kein Entrinnen gibt und in denen sie sich mit der geringen Beute begnügen muß, die ebenso wie sie zufällig in die Tiefe fällt. Trotzdem gelingt es ihr auch hier, oft merkwürdig lange Zeit nicht nur ihr Leben zu fristen, sondern sich förmlich zu mästen.

Ihre Beute besteht in kleinen Würmern, Wespen, Bienen, Spinnen, Käfern, überhaupt in allen Arten von Kerbtieren mit Ausnahme der Schmetterlinge, die sie wahrscheinlich deshalb nicht gern nimmt, weil deren Flügelstaub an ihrer schleimigen Zunge festklebt und ihr das Schlucken erschwert. Ungeachtet ihrer Gefräßigkeit, welche man einen fortwährenden Heißhunger nennen möchte, verschmäht sie es hartnäckig, tote Tiere zu genießen.

Abweichend von anderen Froschlurchen verschläft die Kröte den Winter in fern vom Wasser gelegenen, trockenen Erdhöhlen. Sie verkriecht sich Ende September oder Anfang Oktober in vorgefundenen oder selbstgegrabenen Bauen, oft gesellschaftlich, schützt sich durch einen die Höhlung vorn schließenden Damm aus Erde gegen die Einwirkungen der Kälte und verharrt nun, regungslos und erstarrt, bis zum März oder April in der Winterherberge. Sie gräbt sich mit Hilfe der Hinterfüße ein und fördert sich in gleicher Weise zutage, anscheinend gedrängt von dem sich in ihr regenden Paarungstrieb, da sie, noch bevor sie sich wieder durchgewühlt hat, bereits zu quaken oder doch zu knurren beginnt. Sofort nach dem Verlassen ihres Winteraufenthaltes schreitet sie zur Paarung und begibt sich zu diesem Zwecke in irgendein in der Nähe gelegenes Gewässer und nimmt mit jedem, auch dem kleinsten, vorlieb.

Der Laich geht in zwei Schnüren ab, von denen je eine in einem Eierstock bzw. in einer Eileiter erzeugt wird; das Eierlegen geschieht jedoch absatzweise, und das Männchen befruchtet deshalb immer einzelne Teile der Schnüre. Die Eierschnüre haben die Dicke eines Strohhalmes, erreichen bis 1,50 m an Länge und enthalten viele Hunderte von Eiern. Noch während der Paarung werden sie von den sich hin und her bewegenden Eltern um Wasserpflanzen und dergleichen gewickelt und hierdurch in der Tiefe festgehalten; nach zwei bis drei Tagen haben sie sich merklich vergrößert, nach vier bis fünf Tagen gestreckt, am 17. oder 18. Tage die inzwischen entwickelten Larven die Eihäute durchbrochen, am 20. Tage auch den Schleim verlassen. Von nun an geht ihre Verwandlung in regelrechter Weise vor sich. Ende Juni haben sich die vier Beine entwickelt, und wenn dies geschehen ist, verlassen die jungen Kröten das Wasser, obgleich ihr Schwanz um diese Zeit noch nicht ganz eingeschrumpft ist. Von nun an führen sie das Leben ihrer Eltern. Ihr Wachstum ist sehr langsam; doch sind auch sie in ihrem 5. Lebensjahre fortpflanzungsfähig.

Die lange Lebensdauer der Kröte trägt wesentlich zu ihrer Erhaltung bei. Sie hat zwar verhältnismäßig von wenigen Feinden zu leiden, da wegen ihres Drüsensaftes die Raubtiere es mit Ausnahme der Schlangen nicht wagen, sich an ihr zu vergreifen; aber die Vermehrung ist verhältnismäßig schwach, weil infolge der Unachtsamkeit der Eltern beim

Austrocknen unbedeutender Gewässer oft Tausende von Larven zugrunde gehen. Und als der schlimmste Feind tritt der Mensch auf, der gerade die erwachsenen, also fortpflanzungsfähigen Kröten in unverantwortlicher Weise verfolgt, und zwar ausschließlich zum Schaden seines Besitztumes.

Das abgeschmackte Vorurteil, daß die Kröte, wenn sie ihre Harnblase ausleert, Gift von sich spritze; die Meinung, daß der allerdings scharfe Schleim, den ihre Hautdrüsen ausschwitzen, vergiften könne; der Wahn, daß sie die Viehställe besuche, um die Euter der Kühe oder Ziegen zu leeren, und was derartige Verleumdungen mehr sind: sie alle können jener Vernichtungswut nicht zur Entschuldigung dienen; denn es ist durch die sorgfältigsten Versuche erwiesen worden, daß die Kröte kein Gift von sich spritzt, daß jener Drüsensaft, auf Schleimhäute gebracht, wohl ein Brennen verursacht, aber nicht gefährden kann, kurz, daß sie in keiner Weise imstande ist, uns irgendwelchen Nachteil zuzufügen. Wer also im blinden Wahn oder aus unverzeihlichem Übermut ein so nützliches Tier totschlägt oder ausrottet, stellt sich damit ein Zeugnis beklagenswerter Unwissenheit und Roheit aus.

Die *Kreuz-* oder *Sumpfkröte* (Bufo calamita) ist ein Tier von etwa 8 cm Länge, oben bis auf einen warzenlosen hellgelben Längsstreifen über die Rückenmitte olivgrün, unten weißlichgrau gefärbt, auf den Schenkeln und Bauchseiten dunkler gefleckt, mit rötlichen, in der Mitte weißgepunkteten Warzen und grünlichgrauen Augen, untereinander ziemlich gleich langem ersten und zweiten Finger, ziemlich großen, eirunden, flachen Ohr- und deutlichen Schenkeldrüsen.

Nahe verwandt, aber doch verschieden, ist die bis 10 cm große *Wechselkröte* (Bufo viridis), welche oben auf graulichweißem Grunde große, unten auf weißem Grunde kleinere, grüne Flecke zeigt und außerdem gekennzeichnet ist durch ihre ziemlich flachen, seitlich eingebuchteten und daher nierenförmigen Ohrdrüsen sowie durch die Länge des Vorderfingers, der den zweiten merklich übertrifft. Die Wechselkröte findet sich nur hier und da in Mittel- und Südeuropa, die Kreuzkröte hingegen wurde bis jetzt nicht nur in allen Ländern, welche die Erdkröte beherbergen, sondern auch im Norden Afrikas gefunden, verbreitet sich demnach über drei Erdteile.

Nach der vorausgegangenen ausführlichen Lebensschilderung der Erdkröte kann ich mich bei Beschreibung der Sitten und Gewohnheiten der Kreuz- und Wechselkröte kurz fassen. Beide ähneln jener fast in jeder Hinsicht; doch bemerkt man, daß sie geschickter, be-

Wechselkröte

hender, munterer und lebhafter sind als erstere. Ihre Bewegungsfähigkeit bekunden sie nicht nur durch rasches, ruckweises Dahinhumpeln auf dem Boden, welches mehr einem Rennen als einem Hüpfen gleicht, sondern auch durch verhältnismäßig weite Sprünge, die sie ausführen können, und durch eine Fertigkeit, welche man ihnen kaum zutrauen möchte, aber mindestens bei der Kreuzkröte beobachtet hat: durch Klettern nämlich.

Angesichts eines Feindes versucht die Kreuzkröte zunächst, so rasch sie kann, zu entfliehen; wird sie aber eingeholt und beunruhigt, so zieht sie in der Angst ihre Haut so zusammen, daß alle Drüsen sich entleeren und sie mit einer weißen, schäumenden Feuchtigkeit bedecken, die einen unausstehlichen Geruch verbreitet. *Rösel* vergleicht denselben mit dem Gestank abgebrannten Pulvers. Es unterliegt keinem Zweifel, daß gerade diese Ausdünstung zum besten Schutz unseres Tieres wird und ihm eine Sicherheit verleiht, welche seine Verwandten nicht genießen.

Erst spät im Jahre, um die Zeit, in welcher der Teichfrosch zur Paarung schreitet, beginnt die Fortpflanzung der Kreuzkröte. Die Entwicklung der Keime verläuft, der vorgerückten Jahreszeit entsprechend, rasch: schon am fünften Tage bewegen sich die Larven, am sechsten oder achten kriechen sie aus; etwa nach sieben Wochen haben sich die Hinterbeine gebildet; einen Monat später ist der Schwanz bereits eingeschrumpft, und die Kaulquappen suchen nun das trockene Land auf; im vierten oder fünften Jahre gelten sie als mannbar, nehmen aber auch von dieser Zeit an noch stetig an Größe zu und erreichen höchst wahrscheinlich ein sehr hohes Alter.

Krötenfrösche

Die *Krötenfrösche* (Pelobatidae) ähneln in ihrer Gestalt den Kröten, haben jedoch verhältnismäßig lange Hinterbeine, deren Zehen durch große Schwimmhäute verbunden werden, eine runde, hinten freie Zunge und zwei Häufchen Gaumenzähne. Die Rückenhaut enthält zwei feine Wärzchen.

Als Vertreter soll uns die *Knoblauchkröte* (Pelobates fuscus) gelten, ein sehr buntes Tier von 7 cm Länge, oben auf gelbbraunem oder hellgrauem Grunde mit vielen kleinen und großen, lebhaft dunkelbraunen, unregelmäßig gestalteten Flecken gezeichnet, welche bald zusammenhängen, bald einzeln stehen und, nach dem Ausdrucke von *Schinz*, wie Inseln auf der Landkarte zerstreut liegen.

Der Verbreitungskreis der Knoblauchkröte umfaßt Deutschland und Frankreich, Italien und Spanien. Wie die Unke lebt sie viel im Wasser, verläßt dasselbe insbesonders im Frühjahr nicht, kommt aber im Sommer doch auf trockeneres Land heraus und treibt sich dann vorzugsweise auf sandigen Feldern umher, verbirgt sich hier tagsüber in einer vorgefundenen oder selbstgegrabenen Höhlung und geht nachts auf Jagd. In ihren Bewegungen übertrifft sie die eigentlichen Kröten bei weitem und ähnelt hierin den Fröschen mehr als diese. So springt sie mit rasch aufeinanderfolgenden, verhältnismäßig großen Sätzen sehr munter umher, schwimmt rasch und geschickt und besitzt auch eine bedeutende Fertigkeit, in Sand oder Schlamm sich einzuwühlen. Ihre Nahrung besteht hauptsächlich aus Kerbtieren und Nacktschnecken.

In einer Hinsicht ähnelt sie den eigentlichen Kröten: sie verbreitet einen wirklich unausstehlichen Geruch nach Knoblauch, trägt also ihren Namen mit Fug und Recht. Dieser von ihr ausgehende Gestank ist so heftig, daß man sie mit der Nase früher auffindet als mit den Augen und letzteren Tränen entlockt werden, wenn man sich ihr bis zu einer gewissen Entfernung nähert, gerade, als ob man an Meerrettich oder Zwiebeln gerochen habe. Wie es scheint, wird dieser Geruch hauptsächlich von dem hinteren Teile ihres Leibes ausgedünstet; wenigstens richtet sie diesen bei Berührung regelmäßig in die Höhe, gewissermaßen ihrem Gegner zu.

Unter den einheimischen Lurchen laicht die Knoblauchkröte mit am frühesten im Jahr, bei einigermaßen günstiger Witterung bereits im März, bei ungünstiger wenigstens im April.

Zungenlose Frösche

Im Jahre 1705 beschrieb *Sibille v. Merian* in einem Werk über die Kerbtiere Surinams einen krötenähnlichen Froschlurch und dessen höchst sonderbare Verwandlung. Seit dieser Zeit ist das Tier Gegenstand sorgfältiger Untersuchungen geworden. Die *Pipa* oder *Wabenkröte* (Pipa pipa) ist gekennzeichnet durch einen unförmigen, fast viereckigen, überaus plattgedrückten Leib, einen breiten, von ihm nicht abgesetzten, an der Schnauze zugespitzten Kopf, schwächliche oder schmächtige Vorderbeine mit langen, vorn vierfach geteilten Zehen, die den Namen „*Sternfingerkröten*" veranlaßt haben, dickere und ziemlich lange Hinterbeine mit großen Füßen, deren fünf Zehen durch volle Schwimmhäute verbunden werden, eine namentlich bei alten Tieren runzlige, bei alten Weibchen sogar zellige Haut, zwei Bartfäden, welche zu jeder Seite des Oberkiefers stehen, und ein ähnliches Gebilde, welches vom Mundwinkel herabhängt. Die Häßlichkeit des Tieres wird vermehrt durch die sich nahe dem Kieferrand erhebenden glotzenden Augen, die kaum einer Bewegung fähig sein sollen, beim Männchen außerdem noch durch den unförmigen Kehlkopf, der einer dreieckigen, knochigen Büchse gleicht. Die Kiefer sind zahnlos; die Zunge fehlt ganz. Ein düsteres Schwarzbraun ist die Färbung beider Geschlechter. Das Weibchen soll bis zu 20 cm an Länge erreichen.

Die Fortpflanzung und Entwicklung der Jungen geschieht wie folgt: Wie die meisten übrigen Froschlurche laichen die Sternfingerkröten im Wasser. Das Männchen befruchtet die hervortretenden Eier und bringt sie auf den warmen Rücken des Weibchens. Hier bildet sich, wahrscheinlich infolge des Hautreizes, für jedes Ei eine Zelle, welche bald die sechseckige Form der Bienenzellen annimmt und sich oben wie auch bei diesen deckelartig schließt. In dieser Zelle übersteht die junge Pipa ihre Umwandlung, sprengt endlich die Zelle, streckt einen Fuß oder den Kopf hervor und verläßt sie schließlich ganz.

SCHWANZLURCHE

Die *Schwanzlurche* (Urodela oder Caudata) haben einen gestreckten, walzigen Leib mit deutlich abgesetztem Kopf und langem, mehr oder weniger rundem Schwanz, der von vier, ausnahmsweise zwei Beinen getragen wird wie bei den Echsen; schon die schuppenlose, schleimige Haut aber und noch schärfer das Fehlen einer Paukenhöhle unterscheidet sie von den letztgenannten so bestimmt und sicher, daß man sich schwerlich berechtigt fühlen kann, beide als Verwandte zu bezeichnen.

Ausführlicher angegeben, sind die Merkmale der Schwanzlurche folgende: Der Leib ist mehr oder weniger lang gestreckt, abgerundet, ziemlich gleichmäßig dick, zuweilen etwas plump, der Kopf verhältnismäßig groß, der Hals vom Kopf abgesetzt, also dünner als dieser und der Leib, der Schwanz mehr oder weniger lang, rund oder seitlich zusammengedrückt, bisweilen flossenartig abgeplattet; die Beine haben die plumpe Gestalt der Gliedmaßen aller Lurche, sind jedoch mehr oder weniger gleich lang; die Vorderfüße besitzen in der Regel drei bis vier, die hinteren, welche übrigens ausnahmsweise ganz fehlen können, zwei bis fünf Zehen.

Die äußere Haut ist kaum weniger verschieden als bei den Froschlurchen, im allgemeinen zart und dünn, zuweilen aber auch uneben und warzig. Die Warzen vereinigen sich ebenfalls hier und da zu Gruppen und sind nichts anderes als stark entwickelte, einen eigentümlichen, klebrigen, eiweißartigen Schleim absondernde Drüsen. Wie bei den Froschlurchen wird die Haut sehr häufig abgestoßen, und zwar in der Regel nur teilweise, weshalb die Häutung wenig bemerkbar ist. In der Färbung der Haut herrschen dunkle Töne vor; der Grund wird jedoch gewöhnlich durch hellfarbige Flecke und Streifen gezeichnet.

Das Verbreitungsgebiet der Schwanzlurche beschränkt sich fast ausschließlich auf die nördliche Halbkugel der Erde. Wenn auch nicht alle, so halten sich doch die meisten bekannten Lurche zeitlebens im Wasser auf. Fast alle sind Nachttiere, die tagsüber still und verborgen in Schlupfwinkeln oder auf dem Grunde ihres Gewässers ruhen oder ihre eigene Tätigkeit erst nach Beginn der Dunkelheit oder nach einem eben gefallenen Regen beginnen: Sie lassen sich nicht leicht beobachten und können, wie unsere einheimischen Arten beweisen, massenhaft an Örtlichkeiten leben, auf denen man sie nicht vermutet. Diejenigen Arten, welche wir Landbewohner nennen dürfen, lieben düstere, feuchte Gegenden, welche den Strahlen der Sonne wenig ausgesetzt sind, also vorzugsweise enge Täler oder Waldungen, und verkriechen sich hier unter Steinen, faulenden Baumstämmen oder in Erdhöhlen. Die Wassermolche verlassen ihre Wohngewässer bloß dann und wann, verbergen sich unter Umständen aber baldmöglichst in der Nähe des Ufers oder eilen wieder zu ihrer eigentlichen Wohnstätte zurück. Trotz dieses Aufenthaltes entdeckt man sie leichter als jene, weil ja alle Wassertiere zwischen Tag und Nacht oder Hell und Dunkel einen geringeren Unterschied machen als die Landtiere; außerdem müssen die Wassermolche auch dann und wann zur Oberfläche emporsteigen, um Luft zu schnappen. Im Norden ihres Verbreitungskreises fallen sie, wie andere Lurche und Kriechtiere, mit Beginn des Winters in Erstarrung; in niederen Breiten findet dasselbe statt, wenn die Hitze ihre Wohngewässer austrocknet. Für sie gilt das, was ich oben im allgemeinen von der Zählebigkeit mitteilte, ganz besonders; sie sind es, die ihnen entrissene Glieder wieder ersetzen, ein und dasselbe sogar zu wiederholten Malen.

In der Regel bezeichnet man die Bewegungen der Molche als träge und schwerfällig; dies gilt jedoch nur für einzelne Arten: Selbst manche Salamander laufen so schnell dahin, daß man durch sie an Eidechsen erinnert werden kann. Im Wasser bewegen sich alle, also auch die auf dem Lande lebenden, mit viel Geschick, die Wassermolche selbstverständlich am gewandtesten und behendesten; aber auch die Salamander wissen sich hier vortrefflich zu benehmen und sich keineswegs nur dadurch, daß sie auf dem Grunde fortlaufen, zu fördern, sondern auch durch schlängelnde Bewegung ihres Schwanzes vorwärtszutreiben.

Die Nahrung besteht aus Weichtieren, Würmern, Spinnen, Kerfen und mancherlei Wirbeltieren. Einzelne von ihnen sind ausgezeichnete Räuber, die meisten so rücksichtslos, daß sie schwächere ihrer eigenen Art ohne weiteres auffressen. Ihre lebhafte Verdauung bedingt Gefräßigkeit; soviel aber die Schwanzlurche zu gewissen Zeiten zu sich nehmen, solange können sie auch Hunger ertragen.

Eigentümlich und keineswegs übereinstimmend ist die Fortpflanzung dieser Tiere. Eine wirkliche Begattung findet nicht statt; beide Geschlechter suchen sich vielmehr während der Paarungszeit im Wasser auf: Die Männchen verfolgen die Weibchen, geben dann ihren Samen in besonderen Samenträgern von sich, und die Weibchen nehmen den Samenträger durch den After in sich auf und befruchten die Eier, die sie noch im Mutterleibe tragen. Die Salamander verlassen nach der Paarungszeit das Wasser wieder; aber die Weibchen kehren geraume Zeit später zu ihm zurück, um ihre Jungen, die sich inzwischen in ihrem Leibe entwickelt haben, abzusetzen; die Wassermolche hingegen legen Eier, und zwar nur wenige auf einmal, und befestigen sie mit einem klebrigen Schleim an Pflanzenblättern. Land- wie Wassermolche verleben ihre erste Jugendzeit im Wasser und verlassen dieses erst, wenn sich ihre Lungen ausgebildet haben und die Atmung durch diese stattfindet.

Unter den Feinden, welche den Molchen nachstellen, werden ihnen wohl nur einzelne Schlangen und Fische gefährlich; Säugetiere und Vögel nehmen bloß Wassermolche auf und verschmähen dagegen die Erdmolche wegen ihres Drüsensaftes.

Molche und Salamander

Die *Molche* (Salamandridae), zu denen bei weitem die meisten, wenn auch nicht die eigentümlichsten Schwanzlurche gehören, sind gekennzeichnet durch eidechsenartigen, schlanken, spindel- oder walzenförmigen Rumpf, vier verhältnismäßig schwach entwickelte Beine, deren Füße vorn stets vier, hinten dagegen meist fünf und nur ausnahmsweise vier, bald lange, bald kurze, gewöhnlich freie, seltener durch Schwimmhäute verbundene, krallenlose Zehen haben, und endlich einen stets kräftig ausgebildeten, den Rumpf gewöhnlich an Länge übertreffenden, am Ende abgerundeten oder lanzettförmig zugespitzten, stärker oder schwächer seitlich zusammengedrückten, selten drehrunden Schwanz. Die feuchte Haut ist mit einer Menge von Drüsen und Warzen besetzt und daher meist weich und uneben; doch gibt es auch viele Arten, bei denen sie dem unbewaffneten Auge vollkommen glatt erscheint. An den Seiten des Hinterkopfes finden sich zuweilen größere Drüsenanhäufungen, welche den sogenannten Ohrdrüsen der Kröten ähneln und ebenso bezeichnet werden. Beide Kinnladen sind bezahnt; außerdem finden sich kleine Zähne am Hinterrande des Gaumenbeines.

„Der Salamander, ein Tier von Eidechsengestalt und sternartig gezeichnet, läßt sich nur bei starkem Regen sehen und kommt bei trokkenem Wetter nie zum Vorschein. Er ist so kalt, daß er wie Eis durch bloße Berührung Feuer auslöscht. Der Schleim, welcher ihm wie Milch aus dem Maule läuft, frißt die Haare am ganzen menschlichen Körper weg; die befeuchtete Stelle verliert die Farbe und wird zum Male. Unter allen giftigen Tieren sind die Salamander die boshaftesten. Andere verletzen nur einzelne Menschen und töten nicht mehrere zugleich — ganz abgesehen davon, daß die Gifttiere, welche einen Menschen verwundet haben, umkommen und von der Erde nicht wieder aufgenommen werden — der Salamander hingegen kann ganze Völker vernichten, falls diese sich nicht vorsehen. Wenn er auf einen Baum kriecht, vergiftet er alle Früchte, und wer davon genießt, stirbt vor Frost; ja wenn von einem Holze, welches er nur mit dem Fuße berührt hat, Brot gebacken wird, so ist auch dieses vergiftet, und fällt er in einen Brunnen, das Wasser nicht minder. Wäre begründet, was die Magier vorgeben, daß sie gewisse Teile des Salamanders als Mittel wider Feuerbrünste vorschlagen, weil es das einzige Tier ist, welches das Feuer auslöscht, so würde Rom längst einen solchen Versuch gemacht haben.“

So spricht sich *Plinius* aus, und von seiner Zeit an bis zu unseren Tagen hat es der Gläubigen an der Wahrheit dieser Mitteilungen viele, der Ungläubigen nur wenige gegeben. Der Salamander war und ist noch jetzt verschrien als entsetzliches, fürchterliches Tier. Nach den römischen Gesetzen wurde derjenige, der einem anderen irgendeinen Teil des Salamanders eingab, als Giftmischer bezeichnet und des Todes schuldig befunden. Die Goldmacher verbrannten das beklagenswerte Geschöpf auf lächerliche Weise und meinten, das von ihnen begehrte Metall dadurch erhalten zu können, daß sie das arme Tier auf ein Schmelzfeuer setzten und nach geraumer Zeit Quecksilber auf den verkohlten Giftwurm träufeln ließen, sahen aber diesen Vorgang als äußerst gefährlich an.

Der **Salamander** oder *Feuersalamander* (Salamandra salamandra), für uns das Urbild der nach ihm benannten Familie und Gattung (Salamandra), erreicht in Deutschland eine Länge von 12–19 cm und ist auf tief samtschwarzem Grund mit großen, unregelmäßigen, prachtvoll goldgelben Flecken gezeichnet, welche zwei mehr oder minder deutlich hervortretende und unterbrochene, bisweilen zusammengefügte, auf der Schnauzenspitze beginnende und bis zum Schwanzende verlaufende Binden oder Reihen darzustellen pflegen und auf jeder Seite von einzelnen größeren Flecken begleitet werden, die auf dem Schwanze hier und da wohl auch zusammenfließen. Die Gliedmaßen zeigen meist auf jedem Hauptteil, also auf Oberarm oder Schenkel, Unterarm oder Unterschenkel, Fuß oder Hand, je einen gelben Flecken. Die Kehle ist stets, die Unterseite niemals regelmäßig gefleckt.

Die Heimat des Feuersalamanders erstreckt sich über ganz Europa. Eigentlich selten ist er wohl nirgends innerhalb der Grenzen dieses Verbreitungsgebiets, häufig jedoch nur in einzelnen, ihm besonders zusagenden Teilen. Feuchte, düstere Orte, tiefe Täler oder dunkle Wälder geben ihm z. B. Herberge, Höhlungen unter Gewurzel und Steinen, Bauten verschiedener Tiere und dergleichen die erwünschte Wohnung. Tagsüber verläßt er dieselbe nur nach einem Regen, denn auch seine Arbeitszeit ist die Nacht. Trockene Wärme oder die Einwirkung der Sonne entzieht seinem Leibe rasch so viel von der ihm unentbehrlichen Feuchtigkeit, daß er dadurch gefährdet wird; schon wenn es tagelang nicht geregnet hat, erscheint er, obwohl seine Haut mit dem Tau in Berührung kommt, mager und hinfällig, während er nach gefallenem Regen den Anschein von Wohlbeleibtheit, Glätte und strotzender Gesundheit erhält. Seine Bewegungen sind langsam und schwerfällig. Der Gang ist ein Kriechen mit seitlichen Biegungen, das Schwimmen, strenggenommen, auch nur ein Gehen im Wasser, bei dem der Schwanz als das hauptsächlichste Werkzeug zur Fortbewegung angesehen werden muß.

Sich langsam bewegende Tiere, vorzugsweise Schnecken, Regenwürmer und Kerfe, unter Umständen aber auch kleine Wirbeltiere, bilden die Nahrung. Von ihr wird zuweilen eine große Menge verbraucht, dagegen aber auch zu anderen Zeiten wochen- und monatelang gefastet.

Hinsichtlich der Fortpflanzung des lebendgebärenden Erdsalamanders ist zu sagen, daß gewöhnlich 30–35 Tiere gleichzeitig oder doch bald nacheinander, in einem Zeitraume von ungefähr zwei Tagen, zur Welt gebracht werden, und zwar solche von fast gleicher Größe und demselben Grade der Entwicklung; ausnahmsweise geschieht es auch, obschon vielleicht nur bei Gefangenen, daß Salamanderweibchen Junge, d. h. Larven und Eier legen.

Die großen Eier erscheinen einzeln und sind so durchsichtig, daß man die vollständig ausgebildeten Jungen in ihnen deutlich erkennen kann; vor der Geburt liegen sie, jedes getrennt von den anderen, in den unten erweiterten Eiergängen; dabei ist jeder einzelne Keimling so zusammengerollt, daß die Schwanzspitze um den Kopf geschlagen wird. Nachdem sich das geborene Ei durch Wasseraufsaugung etwas vergrößert hat, zerreißt der Keimling durch eine Bewegung des Schwanzes die Hülle und erscheint als eine bereits mit vier Beinen versehene Kaulquappe, vollkommen befähigt, sich im Wasser, wo die Geburt stattfindet, nach Art sehr entwickelter Froschquappen zu bewegen. Am meisten lieben die Mütter zum Großziehen ihrer Jungen kaltes Quellwasser, gleichsam als ob es ihnen bewußt wäre, daß die Weiterentwicklung noch mehrere Monate beansprucht und sie deshalb ein nicht versiegendes Wasser aussuchen müssen. Die Larve hat schwärzlichgraue Färbung; ihre Haut schimmert oberseits aber förmlich infolge kleiner, goldglänzender Flecke, die das Tier sehr schmükken; Goldglanz zeigt sich später auch an den Seiten und am Bauch. Nach und nach bilden sich zwischen den goldglänzenden die gelben Flecke heraus; die Haut verliert die fischartige Glätte, wird rauher, warziger, und die Larve sucht nunmehr, obgleich ihre Kiemen noch nicht eingeschrumpft sind, das Land zu erreichen. Oft findet man die Larven noch im Oktober in solchen Gewässern, gewöhnlich schrumpfen jedoch schon im August oder Anfang September die Kiemen ein; damit werden die Larven befähigt, die Wohnorte ihrer Eltern aufzusuchen, deren Kleid sie schon vor dieser Zeit erhalten haben. Auch sie erscheinen, wenn die Umwandlung vollendet, kleiner, als es die größten Larven waren.

Der scharfätzende Saft, den die Hautdrüsen absondern, schützt diese Lurche vor vielen Feinden, weil er letzteren unangenehm, ja sogar gefährlich wird. Wenn man einen Salamander im Genick ergreift und ihn drückt, spritzt dieser Saft aus; das Tier kann seine Drüsen aber auch willkürlich entleeren und tut es in der Angst regelmäßig, um sich vor Angriffen zu schützen. Man hat die Wirkung des gedachten Giftes vielfach übertrieben, sogar ein *Oken* hat sich nicht gescheut, anzugeben, daß Kinder gestorben seien, die aus einem mit Salamandern besetzten Brunnen getrunken hätten; vielfache Versuche, die angestellt wurden, haben aber nur bewiesen, daß er auf Schleimhäuten heftiges Brennen, also gewissermaßen eine Entzündung verursacht, an welcher kleine, schwache Vögel, Kriechtiere und Lurche wohl auch zugrunde gehen können.

In der Gefangenschaft hält der Salamander bei genügender Pflege bis 25 Jahre aus. Er verlangt einen Käfig mit einem kleinen Wasserbecken und entsprechenden Schlupfwinkeln, wie er sie während seines Freilebens aufsucht. Zur Ernährung genügen Mehl- und Regenwürmer, Kerbtiere und Schnecken; kleinere Tiere der eigenen Art frißt er auf.

In den Alpen wird der Feuersalamander durch eine verwandte Art, den *Alpen-* oder

Mohrensalamander (Salamandra atra), vertreten, einen jenem höchst ähnlichen, aber ungefleckten, gleichmäßig tief samtschwarzen Molch, dessen Größe hinter der des Verwandten etwas zurücksteht und selten mehr als 13 cm beträgt. Sein Verbreitungsgebiet erstreckt sich über die Alpen der Schweiz, Savoyens, Tirols, Steiermarks, Kärntens, Salzburgs und Oberösterreichs und einige Gebirgszüge Süddeutschlands, die mit den Alpen zusammenhängen oder Vorberge derselben sind. In den Alpen bevölkert er innerhalb eines zwischen 600–3000 m über dem Meere gelegenen Höhengürtels geeignete Orte in zahlreicher Menge, so in Tirol, laut *Gredler*, feuchte Wälder oder von Bächen durchrieselte Schluchten des Berg- und Voralpengürtels. Er lebt fast immer gesellig, meist zu Dutzenden beisammen unter Steinen, Moos und Gestrüpp, nach Art seines Verwandten. Wie dieser ist er ein träges, langsames, schläfrig erscheinendes Geschöpf, welches sich ebenfalls nur bei feuchtem Wetter außerhalb seiner Versteckplätze zeigt und bei größerer Trokkenheit verkümmert.

Der Mohrensalamander weicht in der Art der Fortpflanzung vom Feuersalamander ab. Er bringt zwar auch lebende Junge zur Welt, aber nie mehr als je zwei auf einmal. Obgleich die Eierstöcke des Weibchens ebenso groß und gehaltreich sind, auch ebenso viele Eier auf einmal in die Eiergänge gelangen wie beim Feuersalamander, so bildet sich doch in jedem Eiergang nur eines aus, und der Keim entwikkelt sich auf Kosten der übrigen Eier, indem dieselben in eine gemeinschaftliche Dottermasse zusammenfließen, welche den Keimling einschließt, bis er die Eihülle sprengt und sich frei in derselben bewegen kann. Zwanzig und mehr Eier in jedem Eiergang bleiben also unbefruchtet und bieten als eine gleichförmige, zähflüssige Masse dem Keimling Nahrung. Zur Zeit der Geburt ist der Vorrat dieser Masse ganz aufgezehrt.

Der einzelne Keimling erhält hier nicht nur seine vollständige Ausbildung, sondern wächst bis zu einer Größe von 45–50 mm an, füllt das hintere Ende des nicht gekrümmten und auf 35 mm Länge und 1 cm im Durchmesser erweiterten Eierganges ganz aus, liegt mit an den Leib gebogenem, oft zweimal gekrümmtem Schwanze, bewegt sich frei und lebhaft, wendet sich oft ganz um und wird bald mit dem Kopf, bald mit dem Schwanz voran geboren. Die Kiemen verschwinden schon vor der Geburt.

Die **Wassermolche** sind gekennzeichnet durch gestreckten Leib, vierzehige Vorder- und fünfzehige Hinterfüße, stark zusammengedrückten, hohen Ruderschwanz, einen, wenigstens bei den Männchen während der Paarungszeit entwickelten, längs des Rückens verlaufenden Hautkamm und mehr oder weniger glatte Haut. Die Gaumenzähne bilden zwei gerade, vorn einander sich nähernde, nach hinten zu gewöhnlich stark auseinanderlaufende Längsreihen. Die Zunge ist mäßig groß, rundlich oder eirund und entweder mit ihrer ganzen Unterseite an den Boden der Mundhöhle angewachsen oder nur an den Seiten wie auch am Hinterrand mehr oder weniger frei oder aber nur durch einen mittleren Längsstreifen befestigt und dann an den Seiten in beträchtlicher Ausdehnung frei. Faßt man die Sippe in weiterer Ausdehnung, wie es jetzt von den meisten Forschern geschieht, so ist noch zu bemerken, daß der Schwanz echter Wassermolche ausnahmsweise auch sehr dick, fast drehrund sein kann, immer aber sowohl oben wie unten einen Hautkamm trägt und daß der Rumpf bei einzelnen Arten mehr oder weniger deutlich der Quere nach verlaufende, linienartige Eindrücke oder Einschnitte zeigt, die dem Tier ein beinahe geringeltes Ansehen verleihen, sowie endlich, daß sich anstatt der glatten auch eine drüsige, warzige und körnige Haut findet. In Deutschland leben vier Arten, welche dieser Sippe angehören.

Der *Kammolch* oder große *Wassersalamander* (Triturus cristatus) erreicht eine Länge von 14–18 cm und zeichnet sich durch den abgeflachten, vorn gerundeten, krötenartigen Kopf und die grobkörnige Haut aus. Die Grundfärbung des Rückens, der Seiten, des Schwanzes und der Oberseiten der Glieder ist ein dunkles Braun; die Zeichnung besteht aus größeren, zerstreuten schwarzen und weißen, oft in Gruppen zusammenfließenden Flecken. Die Unterseite von der Kehle an zeigt auf gelbem Grund schwarze Flecke von verschiedener Größe und Gestalt. Das Auge hat goldgelbe Iris.

Im Hochzeitskleid ändert sich der Kammmolch wesentlich um. Auf seiner Oberseite und seinem Schwanze erhebt sich ein hoher, scharf gezackter Hautkamm, der schon vorn am Kopf zwischen den Augen beginnt und sich bis zur Schwanzspitze erstreckt, an der Schwanzwurzel aber ziemlich tief eingebuchtet ist. Gleichzeitig geht das Gelb der Unterseite in gesättigtes Orange über, und an den Seiten des Schwanzes zeigen sich weißbläuliche, perlmuttfarbene Streifen, an der Kehle endlich außer den dunklen Flecken sehr zahlreiche weiße Wärzchen. Dem Weibchen fehlt auch im Hochzeitskleide der Hautkamm, und das Gelb der Bauchseite zieht mehr ins Schwefelfarbene, erstreckt sich aber an der Bauchkante des Schwanzes bis zu dessem spitzen

Kammolch, Männchen im Hochzeitskleid

Ende. Verschiedene Spielarten sind beobachtet worden. Das Verbreitungsgebiet des Kammolches erstreckt sich über Deutschland, die Schweiz, Frankreich, Belgien, Holland, Dänemark, England, Skandinavien und Rußland sowie Italien und reicht nach Osten hin bis Transkaukasien.

Der *Bergmolch* oder *Bergsalamander* (Triturus alpestris) ist merklich kleiner als der vorhergehende: Seine Länge beträgt 8–9 cm, die des Weibchens höchstens 11 cm. Der Kopf ist noch mehr krötenartig als bei dem vorher beschriebenen Verwandten, die Grundfärbung der Rückenseite schiefergrau. Die Zeichnung besteht aus dunkelbräunlichen, gezackten Flecken, die an den Seiten des Kopfes, Leibes, Schwanzes und auf der Oberseite der Glieder in rundliche, schwarze Flecke übergehen. Die orangerote Unterseite ist ungefleckt, die Iris goldgelb und dunkel getrübt.

Im Hochzeitskleid erhebt sich auf der Rükkenlinie des Männchens ein niedriger, ungezackter, erst hinter dem Kopf beginnender und in dem oberen Flossensaume des Schwanzes sich verlierender Kamm, dessen weißgelbliche Grundfärbung durch senkrechte, kurze, schwarze Binden, zwischen die nicht selten kurze, dunkle, dreieckige, von unten herkommende Flecke eingreifen, gezeichnet wird. Das Schiefergrau der Grundfärbung zieht ins Braune und kann an der Bauchseite ins Hellbraune übergehen; die schwarzen, weißlichen Punkte umgeben sich mit weißlichem Grunde und können zu Streifen zusammenfließen; das Orange der Bauchseite wird feuerrot, der obere und der untere Flossensaum des Schwanzes blaß oder weißlichgelb mit dunkleren Flecken; an der Schwanzseite endlich zeigen sich eine Reihe bläulichweißer Flecke. Dem Weibchen fehlt im Hochzeitskleide der Kamm in der Regel ebenfalls oder ist nur angedeutet. Die Grundfärbung der Rückenseite geht in ein helles oder dunkleres Grau, selbst ins Bräunliche oder Schwärzliche über und erscheint überall dunkler gepunktet; die großen, braunen, zackigen, stellenweise zusammenfließenden Flecke sind zahlreicher als beim Männchen, hell- oder dunkelbraun und heben sich schärfer ab; die schwarzen Fleckenreihen an der Seite grenzen unmittelbar an das Orangegelb des Bauches, liegen auch nicht selten in einem lichten, weißlichen Gürtel oder werden wenigstens von weißlichen Punkten umgeben; das Gelb des Bauches erstreckt sich, unterbrochen von einzelnen schwarzen Flecken an der Bauchkante des Schwanzes, bis zu dessen Spitze. Der Bergmolch verbreitet sich über Mittel- und Süddeutschland, die Schweiz, Frankreich, Belgien und Italien.

Der *Streifen-* oder *Teichmolch* (Triturus vulgaris) erreicht etwa die gleiche Größe und zeichnet sich durch seinen zarten, schmächtigen Bau, den mehr fisch- als krötenartigen Kopf und eine unregelmäßige Doppelreihe eingedrückter Drüsen auf dem Kopf sowie den am Ende zugespitzten, langen, fast fadenartigen Schwanz vor den Verwandten aus. Olivgrün oder Braun, das auf den Seiten in zartes, schwach silberglänzendes Weißgelb übergeht, ist die Grundfärbung der Ober-, Orangegelb die der Unterseite. Schwarze Flecke bilden hier wie dort die Zeichnung; ein länglicher, senkrecht gestellter Fleck von hellerer Farbe tritt über der Wurzel der Hinterbeine hervor.

Im Hochzeitskleide verbreitert sich beim Männchen der Schwanz und der im Nakken beginnende, über dem After nicht nur nicht unterbrochene, sondern im Gegenteile noch besonders entwickelte Kamm wächst zu einer hohen Flatterhaut; auch die Zehen der Hinterfüße zeigen jetzt einen lappigen Saum. Die ganze Haut erscheint mit weißlichen Punkten besät; die Färbung der Unterseite geht in sattes Olivgrün, die der Bauchmitte in kräftiges Orange über, welches sich als Streifen auf dem unteren Flossensaum des Schwanzes fortsetzt. Große, rundliche, dunkle Flecke ordnen sich am Leib und Schwanz in Längsreihen und fließen oben und seitlich am Kopf in Längsstreifen zusammen; den Schwanz zeichnet außerdem über dem gelben Saum ein perlmuttblauer Streifen, der unter Umständen durch dunkle Punkte unterbrochen werden kann. Dem hochzeitlichen Weibchen fehlt der Rückenkamm, und auch der Schwanz zeigt nur oben und unten einen unbedeutenden, im ganzen schmalen Flossensaum. Der Rücken ist heller olivgrün oder braun gefärbt, das Weißgelb der Seiten schwach goldglänzend, das Orange des Bauches wenig kräftig; die dunklen Flecke sind klein, aber dicht gestellt und häufig, nicht allein am Kopf, sondern auch am Leib und Schwanz zu zarten, zackigen Bünden vereinigt. Unter unseren deutschen Molchen ist der Streifenmolch der verbreitetste. Außerdem bewohnt er ganz Europa.

Der *Leisten-* oder *Fadenmolch* (Triturus helveticus) stimmt in der Größe mit dem Bergmolch überein, ist schlank gebaut, hat einen froschartigen Kopf und zeichnet sich vor allen anderen in Deutschland lebenden Verwandten durch eine Längslinie aus, welche auf jeder Seite des Rückgrates verläuft, so daß der Rükken dreikantig erscheint. Von dem abgestutzten Schwanzende ragt eine fadenartige Spitze von verschiedener Länge frei hervor. Die Grundfärbung der dunkel gefleckten und gestreiften Oberseite ist ein mehr oder weniger ins Gelbe ziehendes Olivbraun mit schwachem Goldglanz, die der Unterseite ein mattes Orangegelb.

Beim Männchen im Hochzeitskleide erhebt sich auf dem Rücken anstatt des Kammes eine Kante oder Leiste, welche sich auf dem Schwanze zum oberen Flossensaum entwikkelt; gleichzeitig erhalten die Hinterfüße eine vollständige Schwimmhaut zwischen den Zehen, und endlich gehen die Grundfärbung des Kopfes, des Rückens bis zur Seitenkante sowie des Rückensaumes am Schwanz in Olivbraun und die Kopfseiten, die obere Hälfte des Leibes und die Seiten des Schwanzes in metallisch schimmerndes Gelb über, während die untere Seitenhälfte des Leibes glänzend weißlich und der Bauch selbst orangegelb aussieht. Durch die der Grundfarbe aufgesetzten dunkleren Flecke bekommt der Kopf oben ein zierlich marmornes Aussehen, ebenso sind die Vorderglieder marmorn und klein gefleckt. Zahlreiche, bunt durcheinander gestellte, unregelmäßig gestaltete Flecke zeichnen Rücken und Seiten. Kehle und Bauch sind ungefleckt, die dunklen Flecke des Schwanzes in eine obere und untere Längsreihe vereinigt, zwischen denen sich die bläulich schillernde Binde entlangzieht. Beim Weibchen ist im Hochzeitskleid der Schwanz niedrig, die Schwimmhaut an den Hinterfüßen nicht entwickelt, die Färbung eintöniger. Nur der Unterteil des Leibes ist lebhafter gefärbt als beim Männchen. Der Leistenmolch bewohnt Süddeutschland und die Schweiz, Frankreich, Belgien, England und Portugal. Den Brennpunkt seines Verbreitungsgebiets scheint Frankreich zu bilden. In Deutschland bewohnt diese Art nur Schwaben, den Mittelrhein, Hessen, Westfalen sowie vereinzelt den Harz und Thüringen.

In ihren Sitten und Gewohnheiten unterscheiden sich die Molche so wenig, daß man ein Lebensbild aller entwirft, wenn man das Betragen und Gebaren, die Sitten und Gewohnheiten einer Art schildert. Ich fasse in erster Linie den Kammolch ins Auge und ergänze hier und da durch Einschaltung von Beobachtungen, die anderen deutschen Arten abgelauscht wurden.

Man bezeichnet die Molche gewöhnlich als Wassertiere und hat damit nicht unrecht, da sie ihre Paarzeit stets und auch außerdem Monate im Wasser zubringen und dasselbe unter Umständen überhaupt nicht verlassen; dabei darf man jedoch nicht vergessen, daß sie auch längere Zeit, einzelne Arten sogar, nachdem sie ihre Fortpflanzung beendet haben, alle übrige Zeit auf dem Lande zubringen. Während sie sich paaren und ihre Eier legen, ziehen sie klare Gewässer, die mit Gebüsch bestanden sind und die nötige Nahrung gewähren, allen übrigen vor und meiden eigentlich nur rasch fließende Bäche und Flüsse. Auf dem Lande sind sie täppisch und ungeschickt, bewegen sich jedoch im Wasser sehr hurtig, vorzugsweise mit Hilfe ihres breiten Schwanzes, steigen oft senkrecht in die Höhe, um Luft zu wechseln, atmen in der Tiefe aus und lassen dabei einige Luftblasen zur Oberfläche emporsteigen, senken sich unter schlängelnden Bewegungen tiefer herunter und huschen niedrig über dem Grund hin und her, auf Beute spähend und jagend. Im Sommer verlassen sie ihr Wohngewässer, um unter Steinen und Baumwurzeln, in Uferhöhlen usw. Schlupfwinkel, später im Herbst gemeinschaftlich eine Winterherberge zu suchen; diejenigen aber, die einen quellenreichen Teich wählten, bleiben hier wohl auch während der kalten Jahreszeit.

Aus ihrer Winterherberge kommen diejenigen, die sich nicht aufs Land begeben, gewöhnlich schon Ende Februar wieder zum Vorschein, schwimmen munter und lustig im Wasser umher, suchen sich wohl auch gegenseitig auf und beginnen die Liebesspiele, indem sie sich paarweise zusammenhalten, dicht nebeneinander dahinschwimmen, sich, wie die Fische, gegenseitig an die Schwänze schlagen usw. Treffen mehrere Männchen bei einem Weibchen zusammen, so sucht eines das andere zu verdrängen, und dasjenige, welches am beharrlichsten ist, folgt zuletzt wenigstens zeitweilig dem Weibchen. So geht es während der ganzen Paarungszeit fort, oftmals Wochen nacheinander. Beide Gatten nähern sich schließlich mit den Köpfen bis zur Berührung, entfernen sich aber mit dem Hinterteil des Leibes etwas mehr voneinander und bilden so einen spitzen Winkel. Nach geraumer Zeit entläßt das Männchen seinen Samen in das Wasser, der von den Geschlechtsteilen des Weibchens aufgenommen wird und dessen Eier befruchten kann.

Das frisch gelegte Ei ist anfangs kugelrund, weißgelblich gefärbt und mit einer klebrigen Masse umgeben. Schon nach drei Tagen hat sich die Form des Eies etwas geändert, und man sieht mit einem Vergrößerungsglas bereits die allgemeine Gestalt des Keimes. Am fünften Tage hat dieser eine gekrümmte Lage angenommen, und man kann nun Unterleib, Kopf und Schwanz unterscheiden. Am siebten Tage sind alle einzelnen Teile deutlicher geworden; man bemerkt auch eine Furche, die den Rumpf vom Kopf trennt, und erkennt die Wirbelsäule. Am neunten Tage hat der Keim seine Lage geändert, und damit ist der Unterteil des Kopfes und Unterleibes sichtbar geworden; gleichzeitig nimmt man den Schwanz als dünnen Anhang wahr, ebenso die Spuren des Mundes und der Augen, beobachtet, daß sich der Keim bewegt und daß sich sein Herz wechselseitig zusammenzieht und erweitert. Die Bewegungen werden am zehnten Tage häufiger; der Keim ändert binnen 24 Stunden wohl drei- bis viermal seine Lage; die unteren Teile bedecken sich mit schwarzen Flecken; an den Seiten des Kopfes entdeckt man vier Fäden, die, wie sich später zeigt, der ausschlüpfenden Kaulquappe zum Anketten dienen. Am folgenden Tage bekommen die Kiemen Blättchen; der Kreislauf des noch weißlichen Blutes läßt sich verfolgen. Mit dem zwölften Tage erscheinen die Seitenblättchen der beiden größeren Kiemen deutlicher; die Bewegungen sind äußerst schnell und vielseitig, so daß die Wände des Eies gespannt werden. Am 13. Tage zerreißen die Eihäute; die Larve entschlüpft ihrer Hülle und hängt sich mittels jener Fäden an Blättern und ähnlichen Gegenständen fest. Nach und nach bilden sich die Vorderfüße aus, später, wenn die Larve etwas mehr als 2 cm an Länge erreicht hat, auch die Hinterbeine. Nach drei Monaten ist die Umwandlung vollendet.

Die Molche sind schon in ihrer frühesten Jugend Räuber, die sich ausschließlich von tierischen Stoffen nähren. Anfänglich jagen sie sehr kleine Wesen, namentlich kleine Krebstiere und Verwandte, Kerbtierlarven und Würmer, später gehen sie größere Beute an, verschiedene Kerfe, die auf der Oberfläche des Wassers schwimmen, Schnecken, überhaupt Weichtiere, Regenwürmer, Froschlurche, kleine Fischchen, vielleicht auch junge Fröschchen oder die Larven ihrer eigenen Art. Schädlich werden sie nirgends, da ihr Nahrungsverbrauch doch außerordentlich gering ist.

Abgesehen von den Veränderungen, welche die Molche während der Fortpflanzungszeit zeigen, bekunden sie die Fähigkeit, mehr oder minder willkürlich ihre Färbung zu wechseln. Auch sie besitzen bewegliche Farbzellen. Von den Lurchen warmer Länder unterscheiden sich unsere einheimischen nur dadurch, daß ihr Farbenwechsel nicht so lebhaft ist wie bei jenen.

Die Häutung der Molche geschieht im Frühjahr alle zwei bis acht Tage, nach der Paarung seltener. Vor Beginn der Häutung wird die Haut dunkel und farblos, weil sie sich nach und nach ablöst. Wenn die rechte Zeit gekommen, versucht das Tier mit Hilfe seiner Vorderfüße in der Gegend der Kinnlade eine Öffnung in der Haut zu machen, löst dann die Kopfhaut an der Spitze der Schnauze ab, zieht sich bald auf der rechten, bald auf der linken seitlich zusammen und schüttelt sich häufig. Durch fortgesetzte Krümmungen des Leibes und Eingreifen mit den Vorderfüßen zieht es die Haut langsam ab, dreht und schüttelt, wenn einmal die Vorderfüße frei, den Leib gewaltig, so daß die vorher schon runzlige Haut sich über die Schwanzspitze hinausschiebt, packt sodann die hohle Schwanzspitze mit dem Maule und entkleidet sich nun vollends, so wie man ein Hemd auszieht. Der Wechsel ist oft in einer Stunde vollbracht, dauert aber zuweilen auch zwei und mehr Stunden. Wenn alles gut und rasch vor sich geht, sieht die abgelegte Haut sehr hübsch aus; sie ist nämlich einfach umgekehrt, jedoch nirgends zerrissen, so daß man jede einzelne Zehe unterscheiden kann; nur in der Augengegend finden sich zwei Löcher.

Unter gewöhnlichen Umständen vernimmt man keinen Laut von den Molchen; sie sind aber nicht stimmlos. Berührt man sie etwas rasch und unsanft, so bekunden sie einen hellen, quäkenden Ton. Sie rufen auch im Freien während der Paarungszeit, und zwar so täuschend nach Art der Unken, daß man sie wahrscheinlich schon oft mit diesen verwechselt hat.

Querzahnmolche

In der Nähe der Stadt Mexiko, so erzählt der alte *Hernández*, gibt es eine Art Seefische mit weicher Haut und vier Füßen, wie sie die Eidechsen haben, eine Spanne lang und einen Zoll dick, *Axolotl* oder *Wasserspiel* (Ambystoma mexicanum) genannt. Der Kopf ist niedergedrückt und groß; die Zehen sind wie bei den Fröschen. Die Färbung ist schwarz und braun gefleckt. Das Tier hat seinen Namen wegen seiner ungewöhnlichen und spaßhaften Gestalt erhalten. Sein Fleisch gleicht dem der Aale, ist gesund und schmackhaft und wird gebraten, geschmort und gesotten gegessen.

Lange Zeit achtete niemand auf diese Angaben, bis das von dem in seiner Art trefflichen Beobachter recht gut beschriebene Tier nach England kam und nun der wissenschaftlichen Welt bekannt wurde. Eine genauere Beschreibung lieferte *Cuvier* nach zwei von Alexander *v. Humboldt* aus Mexiko mitgebrachten Stücken. Diese hatten die Größe eines Erdsalamanders und die Gestalt einer Molchlarve, wurden von Humboldt und Cuvier auch als solche angesehen. Nach diesen beiden Stücken gelangten viele andere nach Europa, und alle glichen den beschriebenen. Deshalb sah man sich veranlaßt, zu glauben, daß diese Larvengestalt die bleibende der Tiere sein möchte.

Da erhielt der Akklimatisationsgarten zu Paris sechs lebende Axolotl, fünf Männchen und ein Weibchen. Ein Jahr lang hatten die Tiere, die man in geeigneten Becken untergebracht hatte, in Gefangenschaft gelebt, gefressen und sich nach Art anderer Molchlarven benommen, als plötzlich am 18. Februar 1865 große Aufregung unter ihnen bemerkt wurde. Es zeigte sich bei Männchen und Weibchen eine beträchtliche Anschwellung der Afterränder, und erstere gaben, während sie das Weibchen eifrig verfolgten, ihren Samen ins Wasser ab. Bereits am folgenden Tage begann das Weibchen Eier zu legen, und zwar ganz in derselben Weise, wie es Molche tun; im Laufe des folgenden Tages hatte es sein Geschäft bereits vollendet. 28–30 Tage später begann das Ausschlüpfen der Larven. Zunächst entwickelten sich die Kiemen; einige Tage später platzte die Mundspalte, und die Tierchen begannen mit Begierde die im Wasser umherschwimmenden Kerfe wegzuschnappen. Von nun an ging die Weiterbildung ihren regelmäßigen Gang. Anfang September hatten die jungen Tiere beinahe die Größe ihrer Erzeuger erlangt.

Mitte September zeigte sich an einem Jungen eine höchst auffallende Veränderung. Die Kiemenquasten, der Kamm auf Rücken und Schwanz schrumpften ein; die Gestalt des Kopfes veränderte sich etwas, und auf der dunklen Grundfarbe der Haut traten kleine gelblichweiße Flecke in großer Anzahl hervor. Alle Jungen wandelten sich in derselben Weise zu vollkommenen Tieren um, wie andere Schwanzlurche auch: es wurden Molche aus ihnen, und die Richtigkeit der Ansicht Humboldts und Cuviers war erwiesen.

Einer der ersten Versuche, welche *Dumeril* anstellte, bezweckte, zu erfahren, ob man durch gewaltsamen Eingriff die Entwicklung beschleunigen könne. Er schnitt deshalb mehreren Axolotl zuerst einzelne Kiemen der einen, später auch die der anderen Seite ab, erfuhr, daß diese Gebilde sich ersetzten, wiederholte an denselben Tieren den gleichen Versuch und gelangte zu dem Ergebnisse, daß der Ersatz der Kiemen bei ein und demselben Stück fünf- bis sechsmal stattfinden kann, ohne die Larve zu gefährden. Einzelne der Versuchstiere verwandelten sich schließlich allerdings auch; man kann aber kaum annehmen, daß dies infolge der Verstümmelung ihrer Kiemen geschehen sei.

Was Dumeril nur unvollständig oder gar nicht zu erzielen vermochte, gelang einer durch ihre sorgsamen Beobachtungen an Kerbtieren wohlbekannten und von allen Fachmännern gerühmten Dame, Fräulein *v. Chauvin* in Freiburg im Breisgau. *Weismann* war auf den Gedanken gekommen, ob es nicht möglich sei, die Axolotllarven samt und sonders oder doch größtenteils zur Verwandlung zu zwingen, wenn man sie in Lebensverhältnisse bringe, welche ihnen den Gebrauch der Kiemen erschweren, den der Lungen aber erleichtern würde, sie also nötige, von einer gewissen Altersstufe an halb auf dem dem Lande zu leben. Fräulein v. Chauvin begann solche Versuche mit fünf ungefähr acht Tage alten Axolotllarven. Alle fünf Larven gediehen vortrefflich. Schon Ende Juni zeigten sich bei den kräftigsten die Anfänge der Vorderbeine; am 9. Juli kamen auch die Hinterbeine zum Vorschein. Anfang November fiel der Pflegerin auf, daß ein Axolotl sich beständig an der Oberfläche des Wassers aufhielt, und dies brachte sie auf die Vermutung, daß nunmehr der richtige Zeitpunkt eingetreten sei, ihn auf die Umwandlung vorzubereiten. Zu diesem Ende wurde er am 1. November in ein Glasgefäß mit flachem Boden gebracht, welches so gestellt und mit Wasser gefüllt war, daß er nur an einer Stelle ganz unter Wasser tauchen konnte, während er bei dem häufigen Herumkriechen auf dem Boden des Gefäßes mehr oder weniger mit der Luft in Berührung kam. An den folgenden Tagen wurde das Wasser allmählich noch mehr vermindert, und in dieser Zeit zeigten sich die ersten Veränderungen an dem Tiere. Die Kiemen fingen an einzuschrumpfen; gleichzeitig bestrebte sich die Larve, seichte Stellen zu erreichen. Am 4. November begab sie sich ganz aufs Land und verkroch sich in feuchtem Moose, das an der höchsten Stelle des Bodens auf einer Sandschicht angebracht worden war. Zu dieser Zeit erfolgte die erste Häutung. Innerhalb der vier Tage vom 1. – 4. November ging eine auffallende Veränderung im Äußern vor sich. Die Kiemenquasten schrumpften fast ganz zusammen, der Kamm auf dem Rücken verschwand vollständig, und der bis dahin breite Schwanz nahm eine rundere Gestalt an. Die graubraune Körperfarbe verwandelte sich nach und nach in eine schwärzliche; vereinzelte, anfangs undeutliche weiße Flecke traten hervor und gewannen mit der Zeit an Lebhaftigkeit. Als am 4. November der Axolotl aus dem Wasser kroch, waren die Kiemenspalten noch geöffnet, schlossen sich aber allmählich und konnten bereits nach etwa acht Tagen nicht mehr wahrgenommen werden, weil die Haut sie inzwischen überwachsen hatte.

Aus den Beobachtungen schließt Fräulein v. Chauvin folgendes: Axolotllarven vollenden zum größten Teile, wenn auch nicht alle, ihre Verwandlung, wenn sie gesund aus dem Ei schlüpfen und richtig gefüttert werden, und zweitens, wenn man Einrichtungen trifft, die sie vom Atmen unter dem Wasser zum Atmen über dem Wasser nötigen.

Nachdem also in unwiderleglicher Weise nachgewiesen war, daß der Axolotl nur die Larve eines Molches ist, hat man ihm auch seine Stellung im System endgültig anweisen können. Er gehört der in Nordamerika weitverbreiteten und artenreichen Familie der *Querzahnmolche* (Ambystomatidae) an. Der Bau der Querzahnmolche ist bald schlank, bald mehr oder weniger gedrungen, die Haut glatt, die Ohrdrüsengruppe gewöhnlich vorhanden, aber oft sehr undeutlich begrenzt, der Rumpf durch eine Anzahl senkrechter Hautfalten förmlich geringelt, der Schwanz dick, an der Wurzel fast drehrund, im weiteren Verlaufe stärker oder schwächer zusammengedrückt, am Ende ziemlich spitz abgerundet und niemals mit Hautsäumen versehen; die Vorderfüße haben vier, die Hinterfüße fünf freie Zehen. Die Gaumenzähne bilden zwei glatte oder leicht bogenförmig gekrümmt verlaufende Querreihen. Die Zunge ist groß, eiförmig gestaltet und mit ihrer ganzen Unterseite am Boden der Mundhöhle festgewachsen, so daß mit Ausnahme des Hinterrandes nur ihre Ränder in sehr geringer Ausdehnung frei sind.

Olme

Eine recht eigenartige Familie der Schwanzlurche bilden die Olme (Proteidae), die ihr ganzes Leben lang Kiemen behalten. Unserer Schilderung soll der *Olm* (Proteus anguineus) zugrunde gelegt werden. Er ähnelt dem Aal hinsichtlich seines langen Leibes, beweist seine Molchnatur aber durch seine kleinen voneinanderstehenden Beine, deren Vorderfüße drei und deren Hinterfüße zwei krallenlose Zehen tragen. Charakteristisch für ihn sind ferner seine Hechtschnauze und die Kleinheit seiner Augen, die ganz unter der Kopfhaut verborgen liegen und äußerlich durchaus unsichtbar sind. Die Mundspalte ist ziemlich klein, die Lippe des Oberkiefers dick; sie überdeckt in ihrem ganzen Umfang den Rand des Unterkiefers; die Nasenlöcher sind zwei längliche, mit dem Rande der Oberlippe gleichlaufende Spalten. Auf jeder Seite des Halses stehen drei kurze dreiästige Kiemenbüschel. Der Schwanz ist im Verhältnis zur Länge des Rumpfes kurz und von einer Fettflosse umgeben.

Die meisten Olme haben weißgelbliche oder lichtfleischrötliche Färbung, verändern diese aber, wenn sie dem Lichte ausgesetzt werden, mehr oder weniger. Einzelne werden gleichmäßig rotbraun, andere bekommen dunklere, gewöhnlich blauschwarze Flecke. Die Länge kann in Ausnahmefällen bis zu 30 cm ansteigen, beträgt jedoch in der Regel nicht über 25 cm.

Man hat den Olm ausschließlich in den unterirdischen Gewässern Sloweniens und Dalmatiens gefunden. Die Landleute, die den Olm oder, wie sie ihn nennen, das „Menschenfischlein" und die „Wasserwühlerin der Finsternis" sehr wohl kennen, weil sie seinen Fang als Erwerbsquelle betrachten, erzählen, daß man die Tiere nur in den tiefen Buchten der Höhlen regelmäßig findet, in den überirdischen Gewässern dagegen nur nach starken Regengüssen, welche die unterirdischen Gewässer anschwellen lassen und so zur gewaltsamen Fortführung dieser Lurche Veranlassung geben. Obwohl sich die Tiere ausschließlich im Wasser aufhalten, sollen sie doch nach Aussage der Grottenführer zuweilen, namentlich beim Herannahen eines Gewitters, das Wasser verlassen und am Ufer im feuchten Schlamme mit unbeholfenen, aalartigen Bewegungen umherkriechen.

In einem Becken, dessen Wasser selten gewechselt wird, kommen sie oft zur Oberfläche empor, um Luft zu schöpfen, sperren dabei das Maul auf und lassen gleichzeitig unter gurgelndem Geräusch Luftblasen aus den Kiemenlöchern fahren; in tieferem oder beständig erneuertem Wasser hingegen sondern ihre Kiemen die von ihnen zum Atmen benötigte Menge Sauerstoff ab. Nimmt man sie aus dem Wasser, so gehen sie innerhalb von zwei bis vier Stunden unfehlbar zugrunde; doch kann man sie in sehr seichtem Wasser gut am Leben erhalten, bewirkt unter solchen Umständen auch, daß sich ihre Lungen vergrößern und ausdehnen, während sie, wenn sie gezwungenermaßen ständig unter Wasser bleiben, wiederum ihre Kiemen überwiegend ausbilden. Man hat verschiedene Versuche angestellt, Olme zur Umwandlung zu zwingen, ihnen beispielsweise die Kiemen unterbunden, niemals aber den gewünschten Erfolg gehabt. Über die Fortpflanzung weiß man, daß Olme in der Regel lebende Junge zur Welt bringen und bei größerer Wasserwärme zuweilen Eier ablegen.

BLINDWÜHLEN

Wenn es je Lurche verdienen, zur Ordnung erhoben zu werden, so sind es ganz gewiß die *Blindwühlen* oder *Schleichenlurche* (Gymnophiona). Obgleich nach ihrem Äußeren Schlangen oder richtiger Wühlen, deuten doch ihre inneren Vorkehrungen auf die Natur der Frösche. Alle Blindwühlen haben gleichartige, hohle, an der Innenseite der Kiefer angeheftete, starke, kegelförmige, mit ihrer Spitze etwas zurückgeneigte Zähne und eine mit ihrer ganzen Unterseite am Kinn angeheftete und folglich nicht ausstreckbare Zunge. Die äußeren Nasenlöcher stehen auf den Seiten oder an der Spitze des Kopfes; die Augen fehlen entweder ganz oder werden von der Haut des Kopfes so bedeckt, daß sie zum Sehen durchaus unbrauchbar sind. Vor ihnen bemerkt man zuweilen ein kleines Loch oder einen aus- und einziehbaren Taster in der Nähe der Nase. Die Ohren liegen wie beim Salamander unter dem Fleische verborgen. Von den Lungen ist nur eine vorhanden.

Die Anzahl der Wirbel ist außerordentlich groß und kann bis gegen 200 ansteigen. Die Jungen haben von Anfang an das Aussehen der Alten, besitzen nur außerordentlich kleine, aus den Öffnungen nicht hervortretende Kiemen, verlieren diese in frühester Zeit und leben wohl niemals im Wasser wie die übrigen Lurche. Nachdem die Kiemen verschwunden sind, bildet sich wie bei den meisten Lurchen eine Lunge aus, wogegen die andere meist verkümmert zu sein scheint. Die Blindwühlen finden sich in den Äquatorländern Amerikas, Afrikas und Asiens; sie führen eine unterirdische Lebensweise nach Art der Regenwürmer. Ihre Bewegungen sind ein langsames Kriechen oder ein schlängelndes Schwimmen. Die Nahrung besteht aus Gewürm und anderem Kleingetier, mit dem auch einzelne Pflanzenteile aufgenommen werden. Einzelne Arten bringen lebende Junge zur Welt.

Die Merkmale der Ordnung sind auch die der Familien, aus welcher jene besteht; die Unterschiede zwischen den einzelnen Gattungen sind gering. Bei den *Ringelwühlen* (Siphonops) finden sich eine kleine Grube vor den verkümmerten Augen und kurze Fühler neben der Nase, bei den *Blindwühlen* im engeren Sinne (Caecilia) eine Grube unter jedem Nasenloch; außerdem zeichnen sich die hierhergehörenden Arten durch sehr gestreckten Leibesbau aus. Zur ersten Gruppe gehört die *Ringelwühle* (Siphonops annulatus) aus Südamerika, ein Lurch, dessen Haut ungefähr 90 Ringelfurchen zeigt, schwärzlich gefärbt und weißlich in der Tiefe der Furchen; zur zweiten Gruppe gehört die *Wurmwühle* (Caecilia lumbricoidea), ein Tier von 60 cm Länge und der Dicke eines starken Wurmes, welches nur am hinteren Teil seines Leibes deutlich geringelt erscheint und bräunlich gefärbt ist.

Fische

Die Fische sind die Stammformen der Wirbeltiere, und wie in den vorausgehenden Kapiteln schon mehrfach aufgezeigt wurde, verlief die Höherentwicklung über die Lurche und Kriechtiere zu den am besten an das Landleben angepaßten Säugetieren und Vögeln. Diese Entwicklungsreihe konnte von der Wissenschaft ziemlich gut rekonstruiert werden, da bestimmte Versteinerungsfunde gerade die Übergänge von einer Tierklasse zur anderen erkennen ließen. Wesentlich schwieriger ist der eindeutige Nachvollzug der Fischwerdung und damit überhaupt der Entstehung der Wirbeltiere, da die Urahnen der Fische infolge des fehlenden Knochenskelettes nicht als Versteinerungen überliefert worden sind. Betrachtet man einfach die unterschiedliche Organisationshöhe aller heute noch lebenden Fische, bleibt die Schwierigkeit, daß die jetzt auf der Erde lebenden Fische nur Endglieder verschiedener Entwicklungsreihen sind, die sich durch Weiter-, aber auch durch Rückbildungen wesentlich von ihren Ausgangsformen unterscheiden können. Dennoch kann durch Vergleichen der lebenden Fische untereinander und mit allen fossilen Überlieferungen eine Ahnenreihe der Fische aufgestellt werden.

Dabei zeigt sich zunächst einmal, daß die in der Gruppe der Fische zusammengefaßten niederen Wirbeltiere sehr unterschiedlich gestaltet sind und in wesentlichen Merkmalen voneinander abweichen. So sind die Unterschiede zwischen den Neunaugen und den Knochenfischen mindestens so tiefgreifend wie zwischen den Lurchen und den Säugetieren. Auch die Haie gleichen z. B. den Thunfischen viel weniger als dies auf den ersten Blick scheinen mag. Die Systematiker unterteilen deshalb diese niederen Wirbeltiere in drei scharf abgegrenzte Klassen, die *Kieferlosen* oder *Rundmäuler* (Agnatha oder Cyclostomata), die *Knorpelfische* (Chondrichthyes) und die *Knochenfische* (Osteichthyes). Dazu kommt sogar noch eine weitere Klasse der *Panzerfische* (Placodermi), deren Arten aber bereits alle im Erdalter ausgestorben sind. Die Rundmäuler werden zudem als die Fischartigen den Fischen gegenübergestellt. Wie oben erwähnt, sind noch keine Versteinerungen der frühesten Wirbeltiere und der Vorwirbeltiere gefunden worden. Diese dürften jedoch ähnlich wie das Lanzettfischchen gebaut gewesen sein, ein knapp 10 cm großes, schädelloses *Chordatier* (s. S. 16), das im Sand flacher Küstengewässer lebt.

Aus diesen hypothetischen Schädellosen Tieren ohne einen Kiefer, doch mit einem großen vorderen Darmabschnitt, der von vielen Kiemenspalten durchbrochen ist, haben sich wahrscheinlich vor etwa 500 Mill. Jahren die Urschädeltiere gebildet. Eine weitere Entwicklungsstufe scheinen die Vorläufer der Rundmäuler gewesen zu sein, die man als Fossilfunde aus dem Silur (Alter etwa 450 Mill. Jahre) kennt. Diese hatten zwar wie das Neunauge kein Kiefergelenk, doch besaßen sie ein knöchernes Hautskelett, das die Rundmäuler infolge ihrer halb- oder vollparasitären Lebensweise wohl wieder zurückgebildet haben, wie überhaupt parasitische Formen meist durch Rückbildungen und Vereinfachungen gekennzeichnet sind. Vor gut 350 Millionen Jahren erschienen etwas fortgeschrittenere Fischtypen. Sie hatten richtige, funktionstüchtige Kiefer und ihr Kopf sowie der Vorderkörper waren mit einem Panzer aus Knochenplatten bedeckt, weshalb diese Gruppe auch Panzerfische genannt wird.

Einen anderen Entwicklungszweig bilden die Knorpelfische, deren älteste Funde auf etwa 320 Millionen Jahre datiert werden. Ihr Knorpelskelett scheint aber kein primitives Merkmal zu sein, denn Panzerfische, Knorpelfische und Knochenfische haben wahrscheinlich eine gemeinsame, weit zurückliegende Wurzel. Der Urahn wird ein primitiver Panzerfisch gewesen sein, der bereits einen Knochenpanzer und ein verknöchertes Schädelskelett besaß. Die Aufspaltung in Knorpel- und Knochenfische geschah schon in einem sehr frühen Stadium der Stammesentwicklung, und auch bei den Knochenfischen haben sich sehr früh abgezweigte Linien selbständig weiter entwickelt oder sogar ziemlich unverändert bis in die Jetztzeit erhalten. Einfache Knochenfische sind z. B. die Störe; sehr ursprünglich sind auch die Quastenflosser, Abb. S. 391, von denen ja der Weg zu den Landwirbeltieren führt.

Die jüngste Gruppe der Knochenfische sind die Strahlenflosser. Sie haben auch mit etwa 25000 Arten den größten Formenreichtum erlangt.

Fische im allgemeinen

Die Fische sind Wirbeltiere, welche stets und meist ausschließlich durch Kiemen atmen. Diese wenigen Worte bezeichnen sie mit weit größerer Schärfe und Bestimmtheit, als es eine umständliche und genaue Beschreibung des Baues ihrer inneren und äußeren Organe immer tun könnte.

Der Binnenländer, der nur Flußfische kennt, gewinnt, so unterschiedlich diese auch sind, dennoch keinen Begriff von der Verschiedenartigkeit der Gestalt der flossentragenden, schuppenbekleideten Wirbeltiere. Sie stehen hierin keiner anderen Wirbeltierklasse nach, können vielmehr mit jeder wetteifern. Allerdings sind die meisten wie unsere gewöhnlichen Süßwasserfische spindelförmig gestaltet; diese Grundgestalt ändert aber in der mannigfaltigsten Weise ab und geht in die sonderbarsten Formen über. Der Leib streckt sich zur Schlangen- oder Wurmgestalt, ist seitlich abgeplattet, so daß er bandförmig wird, oder zieht sich gleichzeitig auch in der Länge zusammen und rundet sich zur senkrecht stehenden Scheibe, drückt sich von oben nach unten nieder, verbreitert sich in waagerechter Richtung und setzt seitlich noch flügelartige Anhänge an; einzelne Teile verlängern sich, wandeln sich unförmig um, verdrehen und verzerren sich, andere verschmelzen miteinander, andere verschwinden ganz. Keine weitere Wirbeltierklasse zeigt so sonderbare und unverständliche Anhängsel, ich möchte sagen, Zutaten zum regelmäßigen Bau wie die der Fische, keine eine ähnliche Vielseitigkeit in Anordnung der Gliedmaßen und Sinneswerkzeuge. Als bezeichnend für die Fischgestalt mag gelten, daß man am Leibe kaum die einzelnen Teile erkennen und unterscheiden kann. Niemals ist der Kopf durch den Hals vom Rumpf getrennt, nur ausnahmsweise ein von letzterem bestimmt abgesetzter Schwanz zu bemerken; in der Regel ist vielmehr der Schwanzteil ebenso wie der Kopf mit dem Rumpfteil verschmolzen. Von einer Gliederung, wie sie die große Mehrzahl der übrigen Wirbeltiere besitzt, kann man bei den Fischen kaum sprechen, obwohl die Flossen eben nur als die Vertreter der Gliedmaßen jener aufgefaßt werden dürfen.

Diese fast ausschließlich den Fischen eigentümlichen, durch knorpelige oder knochige Strahlen gestützten und von ihnen bewegten Hautgebilde werden am besten nach ihrer Stellung und Anordnung in paarige und unpaarige eingeteilt. Die ersteren, die den Gliedmaßen der übrigen Wirbeltiere entsprechen, haben eine von den letzteren durchaus verschiedene Beschaffenheit, obgleich die Strahlenbildung übereinstimmt. Die Brustflossen, die fast immer vorhanden und regelmäßig hinter den Kiemen an den Rumpfseiten eingelenkt sind, bestehen ursprünglich aus drei Teilen: dem Schultergürtel, einem unterschiedlich in zwei Reihen geordneten mittleren Teil und einem Kranze kleiner, walzenförmiger Stücke, auf denen die Strahlen gelenkartig sitzen; die Bauchflossen dagegen ruhen auf einem einzigen Knorpel- oder Knochenstück, welches einfach in den Bauchmuskeln steckt. Sie stehen bei den meisten Fischen unter dem Bauche, etwa in der Mitte des Leibes, ziemlich nahe dem After, ausnahmsweise aber noch vor den Brustflossen, namentlich an der Kehle, weshalb man auch gewisse Fische als Brust- und Kehlflosser unterscheidet. Die unpaarigen Flossen erheben sich auf der Mittellinie des Leibes als Rückenflosse, Schwanzflosse und Afterflosse. Erstere kann zwei- und dreifach, letztere wenigstens doppelt auftreten, da gerade im Vorhandensein, in der Stellung, Gestalt, Bildung und Ausdehnung der unpaarigen Flossen die größte Mannigfaltigkeit herrscht.

Die Strahlen selbst, nicht minder verschieden wie die Flossen, sind bei einigen Fischen hornig, ungegliedert, weich und biegsam, bei anderen stachlig, knochig, gegliedert, hart und spröde, zerteilt, zerfasert usw. Alle sitzen gelenkartig auf besonderen Knochen, die in der Mittellinie des Leibes zwischen den großen Muskelmassen stecken und von schwachen Muskeln bewegt werden.

Die gewöhnliche Bekleidung der Fische besteht aus Schuppen der verschiedenartigsten Gestalt und Bildung. Diese merkwürdigen Gebilde sind in regelmäßigen und geraden, längs, quer oder schief vom Rücken zum Bauche verlaufenden Reihen geordnet, bedecken sich oft teilweise wie Dachziegel, stoßen aber auch nicht selten mit ihren Rändern aneinander, dehnen sich zu großen Schienen, Schildern und Platten oder trennen sich voneinander oder lassen einzelne Stellen unbedeckt, werden verschwindend klein und fehlen ganz. Hinsichtlich der Form und Zusammensetzung unterscheidet man *Rund-*, *Kamm-* und *Schmelzschuppen*. Erstere, die gewöhnlichsten, zeigen auf ihrer Oberfläche eine große Anzahl ineinander verlaufender Linien, welche mehr oder minder vollständige Kreise um einen in der Mitte nach hinten liegenden Punkt bilden, und lassen neben diesen strahlenartige Streifen erkennen; die Kammschuppen unterscheiden sich von ihnen dadurch, daß der hintere Rand mit Stacheln besetzt ist, die bald ausgesägte Zacken, bald aufgesetzte Spitzen bilden; die Schmelzschuppen endlich sind dick, hart und haben deutlich ausgebildete Knochenkörperchen, über denen eine Schicht durchsichtigen Schmelzes liegt. Wenn diese letztgenannten Schuppen sich vergrößern, zusammenstoßen und einen Panzer bilden, nennt man sie *Knochen-* oder *Panzerschuppen*. Die Haut besteht aus einer festen Lederschicht und einer meist an der Außenfläche in zähen Schleim aufgelösten Oberhautschicht. Die Farbstoffe liegen teils in der Lederschicht, teils zwischen ihr und der Oberhautschicht; nur die Silberfarbe wird von eigentümlichen dünnen, aus weißem Guanin bestehenden Plättchen hervorgebracht.

Über die Färbung selbst läßt sich ganz allgemein so viel sagen, daß sie an Pracht, Schönheit, Vielseitigkeit und Wechsel kaum von der irgendeines anderen Tieres übertroffen werden kann. Aller Glanz der Edelsteine und Metalle, alle Farben des Regenbogens scheinen auf den Fischen widergespiegelt zu sein. Und zu der Pracht der Färbung gesellt sich die Schönheit und Mannigfaltigkeit der Zeichnung, bei nicht wenigen auch noch das Vermögen des Farbwechsels, wie es Kriechtiere und Lurche kaum in demselben Grade besitzen.

Die Bewegungsfähigkeit der Fische beschränkt sich strenggenommen, auf das Schwimmen, ist also sehr einseitig. Mehrere Arten der Seefische können sich über das Wasser erheben und eine Strecke gleichsam im Fluge zurücklegen. Ebenso kennt man mehrere Arten, welche imstande sind, auf flüssigem Schlamme vorwärtszukriechen oder sich in ihn einzubohren, ebenso einzelne, welche sich in ähnlicher Weise und unter besonderer Mithilfe ihrer Flossen auf dem trockenen Land bewegen und sogar schiefe Flächen erklimmen können.

Notwendige Folge der Kiemenatmung ist, daß kein Fisch eine Stimme hervorzubringen vermag. Von mehreren Arten vernimmt man allerdings Töne, richtiger Geräusche, nämlich ein Knurren oder Brummen; das eine wie das andere kann jedoch gewiß nicht mit den Stimmlauten der höheren Wirbeltiere verglichen werden, da es nur durch Aneinanderreihen der harten Kiemendeckel oder vielleicht der Flossen und Schuppen entsteht, gewissermaßen also an das Schwirren der heuschreckenartigen Kerbtiere erinnert. Das Sprichwort „Stumm wie ein Fisch" drückt in der Tat die volle Wahrheit aus.

Alle Fische verbringen ihr Leben nur oder doch fast ausschließlich im Wasser. Diejenigen, die befähigt sind, ihr Element auf kürzere oder längere Zeit zu verlassen, sei es, um wirkliche Wanderungen über Land anzutreten, sei es, um sich in den Schlamm einzuwühlen oder in eine aus Schlamm zusammengesetzte Kapsel einzuhüllen und hier, auch wenn die Trockenheit den Schlamm ausdörren und erhärten ließ, in einem dem Winterschlaf der höheren Wirbeltiere ähnlichem Zustand verharren, können kaum in Betracht kommen; ihre Anzahl ist auch außerordentlich gering im Vergleich zu der jener Arten, die beständig im Wasser verweilen müssen oder dasselbe nur auf kurze Zeit entbehren können. Die wahre Heimat unserer Tiere ist das Meer, das Weltmeer mit all seinen Verzweigungen und Ausbuchtungen. Damit soll nicht gesagt sein, daß die Fische in den Süßwassern der Erde fehlen, sondern nur so viel, daß die Anzahl der Arten und Einzelwesen in den stehenden und fließenden Binnengewässern mit dem unermeßlichen Reichtum des Meeres kaum verglichen werden kann.

Die Fähigkeit der Fische, in den verschiedenartigsten Gewässern, unter den verschiedenartigsten Verhältnissen und Umständen zu leben, ist ebenso außerordentlich wie die Schmiegsamkeit der Vögel äußeren Einflüssen gegenüber. Es gibt äußerst wenige Gewässer, in denen man keine Fische findet. Sie steigen von der Niederung aus, Flüssen entgegenschwimmend, bis zu 5000 m Höhe empor und sinken im Meer bis in alle Tiefen. Einzelne von ihnen bevorzugen die oberen Wasserschichten, andere halten sich im Gegenteil in den niedrigsten auf und leben hier unter dem Druck einer Wassersäule, deren Gewicht wir wohl berechnen, uns aber kaum vorstellen können. Auch die höheren Breitengrade setzen der Verbreitung der Fische kein Ziel.

Die Verbreitung ein und derselben Art erscheint geringer, als man glauben möchte, wenn man bedenkt, daß das Wasser so bewegungsfähigen Geschöpfen das Reisen im hohen Grade erleichtert und jeder Fisch immer mehr oder weniger die Gabe besitzt, in verschiedenen Gewässern oder doch Teilen eines solchen zu leben. Aber Grenzen gibt es auch auf dem unendlichen Meere. Ganz allmählich wird die eine Art durch eine verwandte ersetzt, diese wiederum durch eine zweite, dritte, vierte, so wie auch zu der einen Form bald eine neue tritt. Wenige Fische finden sich an allen Küsten ein und desselben Weltmeeres, oder, was dasselbe sagen will, wenige von ihnen schwimmen über eines dieser Wasserbecken hinaus, obgleich sie dazu zweifellos befähigt sind. Auch sie halten an gewissen Wohnkreisen fest und scheinen an der Stätte ihrer Geburt mit einer Innigkeit zu hängen, für die wir noch keine Erklärung gefunden haben.

Vom Meere aus steigen manche Fische in die Flüsse empor, um zu laichen, von den Flüssen aus andere aus dem gleichen Grund zum Meer hinab. Wird eine solche Wanderung verhindert, so erfüllen sie nicht ihren Lebenslauf. Eine bestimmte Heimat haben also auch sie, möge man nun das Meer oder das Süßwasser als solche bezeichnen. Wie abhängig ein Fisch von seinem Wohngewässer ist, zeigen diejenigen Arten, die in unseren Flüssen und Landseen leben, unseren Beobachtungen also am meisten zugänglich sind. Als selbstverständlich nehmen wir es an, daß die Forelle nur in reinen Gewässern, der Wels nur in schlammigen Teichen, die Groppe bloß auf steinigem Grunde gedeiht, der Schlammbeißer nicht umsonst seinen Namen führt; und nicht minder begreiflich wird es dem, welcher vergleicht, daß der eine Fisch, wenn nicht ausschließlich, so doch vorzugsweise sich auf dem Boden des Meeres tummelt, während der andere die höheren Wasserschichten bevorzugt, daß die Scholle auch wirklich an der Scholle des Meeres hängt, der Flugfisch hingegen die Tiefe meidet. Genauere Beobachtung, zumal an gefangenen Fischen, lehrt, daß sich jeder einzelne nach und nach sogar an bestimmte Aufenthaltsorte gewöhnt und hier Ruhe- und Versteckplätze wählt, zu denen er stets wieder zurückkehrt.

Auch die Fische können Charaktertiere einer gewissen Gegend, eines bestimmten Meeres sein, obgleich sich bei ihnen die Abhängigkeit vom Klima und der mit ihm zusammenhängenden Pflanzenwelt weniger deutlich zeigt als den übrigen Klassen der Wirbeltiere. Die Vielgestaltigkeit der Äquatorländer bekundet sich bei ihnen jedoch ebenfalls in ersichtlicher Weise. Aus den Meeren zwischen den Wendekreisen stammen diejenigen Fische, die von der uns gewohnten, für uns urbildlichen Gestalt am meisten abweichen. Das in seiner Zusammensetzung so gleichmäßige Wasser, dessen Wärmehaltigkeit in den verschiedenen Erdgürteln weit weniger schwankt als die Wärme der Luft, macht es erklärlich, daß es auch den nordischen Meeren an wunderbaren Fischgestalten nicht mangelt; die Vielgestaltigkeit der Klasse zeigt sich aber doch nur in den niederen Breiten. Schon das Mittelmeer beherbergt sehr viele Arten, welche ihm durchaus eigentümlich sind. Eine größere Selbstständigkeit seiner Fischwelt lehrt uns die Erforschung des Indischen Ozeans und insbesondere des Roten Meeres, des Golfs von Mexiko, der engen Straße zwischen den Sundainseln, der Japanischen Gewässer usw. Eine Grenze des Verbreitungsgebietes aber läßt sich fast immer feststellen.

Im allgemeinen ist das Leben der Fische viel einfacher und eintöniger als das der Säugetiere, Vögel, Kriechtiere und Lurche. Die Tätigkeit, welche die Ernährung beansprucht, übertrifft unzweifelhaft jede andere; ihr widmen alle Fische weitaus den größten Teil ihres Lebens. Von einem regelmäßigen Tageslauf kann man bei ihnen nicht sprechen, obgleich man erkennen muß, daß sie zu bestimmten Zeiten tätig sind und andere der Ruhe widmen oder, ebenso wie andere Wirbeltiere, jagen und schlafen. Das erste beansprucht in der Regel mehr Zeit als das letztere: Solange der Fisch umherschwimmt, solange jagt er auch; selbst während seines Spielens oder derjenigen Tätigkeit, die wir als Spiel auffassen, läßt er keine sich ihm bietende Beute vorüberschwimmen. Gesättigt oder ermüdet, gibt er sich einer Ruhe hin, welche offenbar dem Schlaf höherer Wirbeltiere entspricht und Schlafen genannt werden muß, in so verschiedenartiger Weise sie auch geschieht. Weitaus die meisten Fische sind Nacht-, nicht wenige aber entschiedene Tagtiere. Jene beginnen erst mit eintretender Dunkelheit ihre Tätigkeit und ruhen tagsüber entweder auf bestimmten Plätzen, oft in Verstecken, mit dem Bauche aufliegend, selbst im Schlamme eingebettet und eingegraben oder frei im Wasser schwimmend bzw. treibend; diese verfahren umgekehrt. Die einen wie die anderen verharren stundenlang in der zum Schlafen gewählten Lage, lassen sich auch durch gewisse äußere Reize nicht daraus vertreiben, bekunden aber jedem achtsamen Beobachter, daß ihr lidloses Auge niemals aufhört, für die Reize der Außenwelt empfänglich zu sein.

Fast sämtliche Fische sind Raubtiere, fast alle eifrige und tüchtige Räuber. Nicht wenige Arten verzehren allerdings auch Pflanzenstoffe; kaum ein einziger aber ernährt sich ausschließlich von solchen. Die schwächlichsten lesen kleine Weichtiere von Wasserpflanzen ab oder wühlen allerlei Gewürm bzw. die verschiedenartigsten wirbellosen Tiere aus dem Schlamme hervor; stärkere sammeln und pflücken Schnecken und Muscheln; alle übrigen rauben im wahrsten Sinne des Wortes, wenn nicht andere Fische, so doch bewegliche wirbellose Tiere. Sie üben das Recht des Stärkeren in seiner ganzen Rücksichtslosigkeit aus: Der Kleine verschlingt den Kleineren, der Größere den Kleineren, der Größte den Größeren; kein einziger Raubfisch verschont die eigene Brut. Viele Fische sind gepanzert und so furchtbar bewehrt, daß es gefährlich wird, sich mit ihnen einzulassen: — und sie werden doch gefressen! Den Panzer zermalmt, die Dornen, Zacken, Spitzen zerbricht und stumpft das Gebiß des Mächtigeren; den Mitteln zur Abwehr entsprechen die Werkzeuge zum Angriff. Ein ewiges Räubertum ohne Gnade und Barmherzigkeit ist das Leben der Fische. Denn nicht nur der gewaltige Hai wird großen Tieren oder den Menschen zum Verderben; es gibt auch zwerghafte Fische, die das Leben des Erdenbeherrschers gefährden, indem sie versuchen, ihm Fetzen auf Fetzen aus seinem Leibe zu reißen, und ihn entfleischen, wenn er sich ihrer Gewalt nicht entziehen kann. Der ewige, endlose Krieg in der Natur zeigt sich am deutlichsten, wird am ersichtlichsten im Wasser, im Meere.

Erhebliche Änderung der Lebensweise eines Fisches ruft die Fortpflanzungszeit hervor, welche auch ihn in überraschender Weise erregt, den friedfertigen streitlustig, den trägen regsam, den räuberischen gleichgültig gegen verlockende Beute werden läßt, welche ihn bewegt, Wanderungen zu unternehmen, vom Meere aus in die Flüsse zu steigen oder sich von den Flüssen zum Meer zu begeben, welche Mutterliebe und Bausinn in ihm weckt, also sein ganzes Wesen gleichsam umgestaltet, ebenso wie sie ihn oft mit einem sogenannten Hochzeitskleide bedeckt. In den Äquatorländern kann noch ein anderer Wechsel der Lebensweise stattfinden: Der Fisch kann dort gezwungen werden, zeitweilig eine gleichsam unnatürliche Lebensweise zu führen und sich wie das winterschlafende Säugetier in die Tiefe der Erde zurückzuziehen, um hier das Leben zu fristen, das sonst gefährdet sein würde. Man kennt eine nicht unbedeutende Anzahl von Fischen, welche wirklich Winterschlaf halten und sich beim Vertrocknen ihrer Gewässer in den Schlamm einwühlen, hier in eine gewisse Erstarrung verfallen und in dieser verweilen, bis der wiederkehrende, regenreiche Frühling ihre früheren Wohnplätze von neuem mit Wasser füllt und sie ins Leben zurückruft. Auch bei uns kann etwas Ähnliches geschehen: Im Inneren Afrikas und in Indien ist ein solcher Winterschlaf der Fische durchaus nichts Ungewöhnliches; denn er findet hier in allen Binnengewässern statt, welche nicht mit Flüssen zusammenhängen und zeitweilig ganz vertrocknen. Viele von jenen vor andern in gewisser Hinsicht bevorzugten Fischen gehören zu denen, die unter Umständen auch eine Wanderung über Land antreten, in der Absicht, ein noch wasserhaltiges Becken zu erreichen, also eine Reise ausführen, welche entfernt mit dem Streichen der Vögel verglichen werden kann. An letzteres erinnern ebenso gewisse Ortsveränderungen unserer Süßwasser- und Meerfische, von denen viele je nach der Jahreszeit oder infolge gewisser Zufälle ihren Aufenthaltsort wechseln, beispielsweise aus den Seen in Flüsse emporschwimmen oder zu jenen zurückkehren usw. Dagegen lassen die sogenannten Wanderungen der Fische durchaus keinen Vergleich zu mit Zug und Wanderschaft der Vögel, weil sie einzig und allein durch den Fortpflanzungstrieb bedingt werden.

Weniger als alle übrigen Wirbeltiere hängen die Fische vom Wechsel des Jahres ab. Für Säugetiere, Vögel, Kriechtiere und Lurche ist in der Regel der Frühling die Zeit, wenn nicht der Liebe, so doch der Erzeugung, der Geburt der Jungen; dasselbe kann man von den Fischen nicht sagen. Allerdings fällt auch bei den meisten unter ihnen die Fortpflanzungszeit in den günstigeren Abschnitt des Jahres, bei uns zulande also in den Frühling und Sommer; aber schon unsere deutschen Flußfische laichen auch in fast allen übrigen Monaten des Jahres. Da nun die Wanderungen der Fische einzig und allein zu dem Zwecke unternommen werden, den Laich an geeigneten Stellen abzusetzen, ergibt sich von selbst, daß von einer allgemeinen Zeit dieser Wanderungen, wie sie der Zug der Vögel einhält, nicht gesprochen werden kann. Nicht die beim Eintritt eines bestimmten Jahresabschnittes beginnende Verarmung einer gewissen Gegend ist es, welche sie zur Wanderung treibt, sondern einzig und allein der gefüllte Eierstock des Rogeners, der von Samen strotzende des Milchners.

Wenn die alten Morgenländer einen Begriff von der Anzahl der Eier eines einzigen Fisches gehabt hätten, würden sie die ihnen so erwünschte Fruchtbarkeit der Frau wahrscheinlich nicht mit dem Weinstocke, sondern mit der eines Fisches verglichen oder dem Erzvater Abraham durch den Mund des Engels so viele Nachkommen, wie der Fisch erzeugt, gewünscht haben. Die Fruchtbarkeit der einzelnen Mitglieder unserer Klasse ist allerdings verschieden, immer aber unglaublich groß.

Während oder am Ende der Wanderung wählen die Fische eine ihnen geeignet erscheinende Stelle zur Ablage ihrer Eier, Lachs und Forelle z. B. kiesigen, seicht überfluteten Grund, andere schlammigen Boden, andere dicht mit Pflanzen bewachsene Teile der Gewässer und so fort, wogegen einzelne zwischen Süßwasser- oder Meerpflanzen, in Felsspalten oder an ähnlichen Orten ein förmliches Nest herrichten und andere die Eier in eigentümlichen Taschen während ihrer Entwicklung aufnehmen. Die Forelle höhlt vermittels seitlicher Bewegungen des Schwanzes eine seichte Vertiefung aus und legt in diese die Eier, worauf der Milchner erscheint, um sie zu besamen; die Renken halten sich paarweise zusammen und springen, Bauch gegen Bauch gekehrt, aus dem Wasser empor, wobei sie Laich und Milch gleichzeitig fahrenlassen; die Gründlinge schwimmen rasch den Bächen entgegen, reiben sich mit der Bauchfläche auf dem Kiese und entledigen sich in dieser Weise des Samens und ihrer Eier; die Hechte reiben ihre Leiber aneinander und schlagen, während sie laichen, mit den Schwänzen; viele Meerfische laichen, indem sie im dichten Gedränge dahinstreichen, und zwar so, daß die von den höherschwimmenden Weibchen herabfallenden Eier in die vom Samen der Männchen durchsetzte Wasserschicht gelangen müssen. Von den Millionen der gelegten Eier bleibt ein sehr großer Teil unbefruchtet; von den befruchteten gelangt ein kaum weniger erheblicher Teil nicht zur Entwicklung, so groß auch die Widerstandsfähigkeit des Eies gegen äußere Einflüsse ist; Tausende und aber Tausende werden von den Wellen ans Ufer gespült und verdorren; Tausende geraten in zu tiefes Wasser und gelangen ebenfalls nicht zur Fortbildung; auf die übrigen lauert ein unzählbares Heer von Feinden aller Klassen, aller Arten: von der unschätzbaren Menge der Fischeier wird kein einziges zuviel gelegt!

Sobald das Junge seine Reife erhalten hat, durchbricht es die Eihülle und zeigt sich nun in Gestalt eines langgestreckten, durchsichtigen Tierchens, dem am unteren Ende der große sogenannte Dottersack, ein Nahrungsspeicher für die nächste Zukunft, anhängt. Solange er von diesem zehrt, hält sich der junge Fisch meist unbeweglich auf dem Grunde und rührt nur seine Brustflossen, um einen Wasserstrom hervorzubringen und das zur Atmung nötige Wasser zu erneuern. Bei der Forelle ist der Dottersack bereits innerhalb des ersten Monats zu drei Vierteln aufgesaugt und nach sechs Wochen fast ganz verschwunden. Erst jetzt stellt sich das Bedürfnis nach Nahrung ein, und nunmehr beginnt das Fischlein nach Art seiner Eltern zu leben, das heißt, zunächst auf alles, was es bezwingen zu können meint, eifrig Jagd zu machen. Je reichlicher die Beute, um so schneller geht das fernere Wachstum vor sich. Nach etwa Jahresfrist, bei kleinen früher, bei größeren später, haben die jungen Fische auch das Kleid ihrer Eltern erlangt und sind diesen somit in allen Stücken ähnlich geworden. Nun gibt es aber auch einzelne Fische, wie z. B. einzelne Rochen und Haie, deren Junge einen anderen Entwicklungsgang durchmachen. Mit demselben Recht, mit dem man von lebendig gebärenden Kriechtieren und Lurchen spricht, kann man von lebendig gebärenden Fischen reden. Bei ihnen wird das Ei so weit ausgetragen, daß das Junge sein Keimleben bereits vollendet hat und die Eihülle sprengen kann, wenn die Geburt stattfindet.

Den Fischen tritt als fürchterlichster Feind der Mensch entgegen. Außer ihm und den Raubfischen stellen ihnen allerdings auch Säugetiere, Vögel, Kriechtiere, Lurche und nicht wenige wirbellose Meerestiere nach. Die Fische sind dem Menschen unentbehrlich. Ganze Völkerschaften würden nicht imstande sein, ohne sie zu leben. Und doch wird diese Bedeutung noch heutzutage in einer Weise unterschätzt, die geradezu unbegreiflich erscheinen muß. Ein vielfach überschätztes, aber doch keineswegs unwirksames Mittel, unsere Flüsse und Bäche wieder zu bevölkern, beruht in der künstlichen Fischzucht, welche in China schon seit Jahrhunderten geübt, in Europa dagegen erst im Anfang des 18. Jahrhunderts entdeckt wurde. Seit dem Jahre 1733 hatte sich *Jakobi*, ein Landwirt aus Lippe-Detmold, mit der künstlichen Befruchtung des Forellenlaiches beschäftigt, 30 Jahre später die von ihm gewonnenen Ergebnisse veröffentlicht. Seine Entdeckung geriet, obwohl sie von *Buffon* und andern Gelehrten bestätigt wurde, beinahe vollständig in Vergessenheit; die durch ein Menschenalter fortgesetzten Zuchtergebnisse des Thüringer Pfarrers *Armack* wurden nicht veröffentlicht, und man erinnerte sich ihrer erst wieder, als 1837 *Shaw* in Schottland, 1848 *Remy* in Frankreich und 1850 *Sandungen* in Norwegen selbständig dasselbe Verfahren gefunden hatten. Nun war es zuerst die französische Regierung, welche die erforderlichen Mittel bewilligte, um Versuche in großem Maßstabe anzustellen, und *Costes* Bemühungen gelang es, die erste namhafte Fischbrutanstalt in Hüningen im Elsaß zu gründen. Gemeinden und Grundbesitzer in Frankreich beeilten sich, dem Beispiele zu folgen; in England und Amerika nahm man sich der hochwichtigen Angelegenheit mit Eifer und Erfolg an, und nunmehr kam man auch in Deutschland auf die deutsche Entdeckung zurück.

Die künstliche Fischzucht begann ihre Wirksamkeit mit der Befruchtung des Laiches lachsartiger Fische, und noch heute ist der größte Teil der Fischbrutanstalten fast ausschließlich dem Lachs und seiner Verwandtschaft gewidmet. Man hat gerade bei diesen Fischen oft Gelegenheit, ihr Verhalten auf den natürlichen, in flachem, schnell fließendem Wasser gelegenen Laichplätzen zu beobachten. Sobald ein Weibchen seine verhältnismäßig großen Eier in fortdauerndem Strahle zu entleeren beginnt, entledigt sich auch ein Männchen seines Samens, der sich in Form weißer Wolken im Wasser auflöst. In jedem Tröpfchen des Samens oder der sogenannten Milch, die in reichlicher Menge ausgegossen wird, finden sich zahllose äußerst kleine Samenkörperchen, welche in ihrer Gestalt Kaulquappen mit dickem Kopf und dünnem Schwanz sehr ähnlich sind, sich durch Schlängelung des letzteren äußerst lebhaft bewegen und, wenn sie in ein Ei eindringen, dasselbe befruchten. Alle nicht befruchteten Eier sterben in kürzerer oder längerer Zeit ab, ohne einen Keimling zu entwickeln. Da nun beim natürlichen Laichen der Fische Rogen und Milch vom Strome erfaßt und über den Grund verstreut werden, kommt, wie bereits bemerkt, oft nur ein sehr geringer Teil der Eier mit dem Samen in Berührung, wogegen man es bei der künstlichen Befruchtung ganz in der Hand hat, sämtliche Eier mit der Milch zu umspülen.

Die künstliche Fischzucht ist an und für sich sehr einfach und läßt sich überall anwenden, wo man einen Bach reinen Quellwassers von annähernd gleicher Wärmehaltigkeit mit starker Strömung und kiesigem Grunde zur Verfügung hat. Von diesem Bach aus speist man mehrere in einem gewissen Verhältnis zunehmende, tiefe, auch im Winter frostfreie Teiche. In diesen Teichen hält man die Laichfische, beispielsweise Forellen verschiedener Jahrgänge, indem man immer die gleichgroßen in ein und denselben Teich zusammenbringt, versieht sie mit entsprechendem Futter, beaufsichtigt sie und versucht, sie nach Kräften vor allen Feinden zu schützen, damit sie zur Laichzeit gesund und kräftig sind.

Ist die Laichzeit wirklich eingetreten, so strotzen die Geschlechtswerkzeuge der männlichen und weiblichen Fische von Milch und Rogen, und es genügt dann bei den meisten Lachsarten die leiseste Berührung der Unterseite des Leibes zur Entleerung der Zeugungsstoffe; somit bedarf es nur einer sehr einfachen Handhabung der Fische, um Milch und Rogen zu entleeren und entsprechend zu befruchten. Man nimmt ein flaches Gefäß aus Ton oder Porzellan, bringt die bis zur entsprechenden Zeit in großen Kübeln zu bewahrenden, möglichst nach dem Geschlecht zu trennenden Zuchtfische herbei, faßt einen Rogener mit der linken Hand vorsichtig am Vorderteile des Leibes, über den man ein trockenes Tuch gebreitet hat, läßt ihn durch einen Gehilfen am Schwanze halten, um das Schlagen des Fisches unmöglich zu machen, und streicht mit der rechten Hand leise längs des Bauches von vorn nach hinten, solange sich die in einem Strahle ausgespritzten Eier ohne Anwendung jeglicher Gewalt entleeren. Gleichzeitig verfahren zwei Gehilfen ebenso mit einem Milchner, und es werden somit in ein und demselben Augenblick Eier und Samen in dem Gefäß aufgefangen. Hier genügt nun ein unbedeutendes Schütteln des Gefäßes oder vorsichtiges Umrühren des Rogens mit der Hand oder mit einer Federfahne, um die Milch so zu verteilen, daß ein großer Teil der Eier befruchtet wird, weit besser, als dies bei den im Freien selbstlaichenden Fischen möglich ist.

Wollte man nun die künstlich befruchteten Eier auf den natürlichen Laichplätzen der Fische ihrem Element übergeben, so würde man allerdings schon sehr nützlich gewirkt haben, indem man ungleich mehr befruchtete Eier, als die Fische selbst erzielen können, ausgesetzt hätte; allein die bereits erwähnten Gefahren, denen die Eier ausgesetzt sind, erfordern nunmehr ihre Unterbringung in Brutbecken. Ihre Entwicklung hängt davon ab, daß man sie beständig mit frischem Wasser versieht, also einen ununterbrochenen Zufluß offenhält, und sie vor schädlichen Einwirkungen soviel als möglich sichert. Die schlimmsten Feinde der Eier hat der Züchter in Schmarotzerpflanzen, gewissen Pilzen, zu suchen, welche die Eier überziehen und abtöten. Mit der zweiten Hälfte der Entwicklung, dem Sichtbarwerden der Augen, welche als zwei unverhältnismäßig große Punkte durch die Eischale schimmern, ist das Schlimmste überstanden, und nunmehr geht die weitere Entwicklung gewöhnlich regelmäßiger und weniger beeinflußt vor sich. In diesem Zustande kann man die Eier, sorgfältig in feuchtes Moos gepackt, weit versenden, sogar aus einem Erdteile nach einem anderen bringen.

Knochenfische

Strahlenflosser

BARSCHARTIGE FISCHE

Unter allen bekannten Fischen sehen wir die *Barschartigen Fische* als die vollkommensten an, weil sie die regelmäßigste, das heißt von dem allgemeinen Gepräge am wenigsten abweichende Gestalt und Gliederung zeigen und nur ausnahmsweise von dieser Ebenmäßigkeit abweichen. Sie sind mittelgroß, selten mehr als 2 m lang, meist kleiner, stets mit Schuppen bekleidet und gewöhnlich lebhaft gefärbt; ihre Kiemen sind kammförmig, die vorderen Strahlen der Rückenflosse oder da, wo deren zwei vorhanden, die der ersten ungegliedert, zuweilen frei, stachelartig, die Brustflossen in der Regel vor die Bauchflossen eingelenkt, diese da, wo sie ausgebildet, ebenfalls mit einem Stachelstrahl bewehrt, während solche Gebilde in der Afterflosse gewöhnlich in größerer Anzahl auftreten. Die Beschuppung pflegt rauh zu sein; bei den meisten zeigen die Schuppen gezähnelte oder gekämmte Hinterränder. Eine Schwimmblase ist regelmäßig vorhanden.

Weitaus der größte Teil aller Barschartigen bewohnt die Meere, insbesondere die in den niederen Breiten gelegenen, wo die Ordnung ihren größten Gestaltenreichtum aufweist; doch fehlt es auch im Süßwasser nicht an Mitgliedern dieser Ordnung; gerade von unseren Flußfischen gehören mehrere zum Teil sehr ausgezeichnete Arten ihr an. Alle ohne Ausnahme sind Räuber, viele äußerst gefräßige und mordgierige Geschöpfe; mehrere von ihnen sind demungeachtet geschätzte Tafelfische.

Echte Barsche

Einem unserer häufigsten Flußfische zu Ehren hat man eine an Gattungen und Arten reiche Familie der Ordnung *Barsche* (Percidae) genannt. Gemeinschaftliche Merkmale aller hierhergehörenden Fische sind ein länglicher, stark zusammengedrückter Leib, der gewöhnlich mit harten Kammschuppen bekleidet ist, gezähnelte oder gedornte Kiemendeckelstücke und Zähne in beiden Zwischenkiefern, dem Unterkiefer, dem mittleren, an der Gaumendecke gelegenen Pflugscharbeine und den beiden seitlichen Gaumenbeinen, eine weite Kiemenspalte und beiderseits sieben Kiemenstrahlen. Die unter den Brustflossen stehenden Bauchflossen, die weite Mundspalte, der kurze, wenig gewundene Verdauungsschlauch tragen zur Kennzeichnung dieser Fische noch anderweitig bei.

Alle Meere und die meisten Flüsse und Süßwasserbecken der Alten und Neuen Welt beherbergen einzelne Mitglieder unserer Familie. Die Arten zeichnen sich sowohl durch die Schönheit ihrer Färbung wie durch ihre Beweglichkeit und darüberhinaus durch Raubsucht aus.

Der **Barsch**, auch *Bunt-* oder *Flußbarsch* und früher *Eglin* genannt (Perca fluviatilis), Abb. S. 429, vertritt die weitverbreitete Gattung (Perca) und ist gekennzeichnet durch zwei sich einander mehr oder weniger nähernde und wohl auch durch eine niedere Haut verbundene Rückenflossen, den gezähnelten Vordeckel und gedornten Hauptdeckel der Kiemen sowie die vielen kleinen, dichtstehenden sogenannten Bürstenzähne, die das Maul besetzen. Sein gedrungener Leib ist seitlich zusammengedrückt und auf messinggelbem oder grünlichem, an den Seiten ins Goldgelbe, auf dem Bauche ins Weißliche spielende, auf dem Rücken dunkelndem Grunde mit fünf bis neun Querbinden gezeichnet, welche von der Rückenseite zum Bauch herablaufen, ungleich an Länge und Stärke sind und oft auch nur durch schwärzliche, verwaschene Flecke angedeutet werden. Die erste Rückenflosse ist bläulichrotgrau und zeigt zwischen den zwei letzten Strahlen einen dunkleren Augenfleck; die zweite Rückenflosse sieht grünlichgelb aus; die Brustflossen sind gelbrot, die Bauch- und Afterflosse mennig- oder zinnoberrot. Männchen und Weibchen lassen sich nicht mit Bestimmtheit unterscheiden. Die Länge übersteigt bei uns selten 25 cm, das Gewicht 1 kg; doch kommen in gewissen Seen Stücke von 2,50 kg Gewicht vor.

Das Verbreitungsgebiet des Flußbarsches dehnt sich über ganz Europa und einen großen Teil von Nordasien und Nordamerika aus. Er bewohnt alle Süßgewässer und fehlt auch in Brachwässern nicht. In den Flüssen zieht er die Uferseiten und die Stellen mit geringerem Strome der Mitte und dem lebhaften Strome vor, in den Seen die oberen Schichten des Wassers, ist jedoch ebenso fähig, in größere Tiefen hinabzusteigen, und wird aus solchen nicht selten heraufgefischt, läßt auch an untrüglichen Merkmalen erkennen, daß er hier längere Zeit zugebracht hat. „Es ist", sagt schon *Geßner*, „die sag der Fischer umb den Genffersee, daß die Eglin winterszeit, so sie in ein Garn gezogen, ein rotes bläterlin zum Maul aushencken, welches sie mit gewalt bezwingt, oben in dem Wasser empor zu schwimmen, vermeynen es geschehe inen von Zorn." *Siebold* hat die Wahrnehmung jener Fischer bestätigt. „An allen solchen aus großen Tiefen des Bodensees bei dem Kilchenfang mit heraufgezogenen Barschen", berichtet er, „sah ich die Rachenhöhle mit einem sonderbaren, einer geschwollenen Zunge ähnlichen Körper ausgefüllt, welcher bei einigen sich sogar aus dem Munde hervordrängte. Bei näherer Untersuchung überzeugte ich mich, daß dieser pralle, kegelförmige Körper, der nach außen umgestülpte Magen dieser Raubfische war. Durch Öffnen der Leibeshöhle überzeugte ich mich ferner, daß die Wandungen der Schwimmblase durch die beim Heraufziehen der Barsche aus einer Tiefe von 30–40 Klaftern stark ausgedehnte Luft von innen nach außen zu stark gespannt und zuletzt geborsten waren, wodurch die in die Bauchhöhle ausgetretene Luft Gelegenheit fand, den Magensack nach der Mundhöhle hinaus umzustülpen."

Gewöhnlich findet man den Barsch zu kleinen Trupps vereinigt, welche gesellig miteinander schwimmen und, wie es scheint, auch gemeinschaftlich rauben. In den oberen Wasserschichten schwimmt er sehr schnell, jedoch nur stoßweise, hält plötzlich an und verweilt geraume Zeit auf ein und derselben Stelle, um von dieser aus von neuem dahinzuschießen. In Höhlungen des Ufers, unter überhängenden Steinen und an ähnlichen Versteckplätzen sieht man ihn zuweilen mehrere Minuten lang offenbar auf der Lauer liegen, da er, gestört, gern zu demselben Platz zurückkehrt.

Im dritten Lebensjahr wird der Barsch fortpflanzungsfähig. Er hat dann ungefähr eine Länge von 15 cm erreicht. Seine Laichzeit, welche je nach der Lage des Wohngewässers, dessen Wärmehaltigkeit und ebenso nach der

Flußbarsch

herrschenden Witterung schwanken kann, fällt in der Regel in die Monate März, April und Mai; einzelne laichen vielleicht auch schon im Februar, andere noch im Juni oder Juli. Die Rogener suchen sich zum Laichen harte Gegenstände, Steine, Holzstücke oder auch Rohr aus, um an ihnen den Laich auszupressen und die Eier an gedachten Gegenständen anzuhängen. Der Laich geht in Schnüren ab, welche netzartig untereinander verklebt und oft 1 m lang sind. Die Eier haben die Größe von Mohnsamen; trotzdem wiegt der Rogen größerer Weibchen von 1 kg Gewicht 200 g und darüber, und die Anzahl der Eier beträgt dann gegen 100000–300000. Wasservögel und Fische fressen viele von ihnen. Hierin sind die Gründe zu suchen, daß der Barsch sich nicht in ungleich größerer Menge vermehrt, als es wirklich der Fall ist.

Außer dem Hecht hat der Barsch noch im Fischotter, dem Fischadler, in Reihern und Störchen, wohl auch in Lachsen und anderen Raubfischen gefährliche Feinde. Kaum weniger verderblich wird ihm ein kleines Krustentier, eine sogenannte Fischlaus, die sich im zarten Gewebe seiner Kiemen einnistet und diese schließlich zerstört. Alle angehenden Angler haben am Barsch ihre wahre Freude, weil er es ist, der selbst ihre Ungeschicklichkeit oft mit Erfolg krönt.

„Dieser frembder, teutscher Fisch ist mit dem Kopff gleich einem Hecht, vnd mit dem andern Leib vnd Gestalt einem Eglin." Mit diesen Worten beginnt der alte *Geßner* seine Beschreibung des Zanders, eines unserer ausgezeichnetsten Süßwasserfische, und rechtfertigt damit die von ihm aufgestellte wissenschaftliche Benennung **Hechtbarsch** (Lucioperca). Außer der gestreckten Gestalt kennzeichnen sich die hierhergehörigen Fische durch zwei getrennte Rückenflossen, einfach gezähnelten vorderen Kiemendeckel und die langen, spitzen Zähne, welche neben feinen Bürsten- und Samtzähnen die Kiefer- und Gaumenbeine besetzen.

Der *Zander*, auch *Sander*, *Sandel* (Stizostedion lucioperea) genannt, erreicht eine Länge von 100–130 cm, ein Gewicht von 12–15 kg und ist auf dem Rücken grünlichgrau, gegen den Bauch hin silberweiß gefärbt und auf der

Oberseite, also vom Rücken nach den Seiten zu, streifenartig braun gewölkt, zuweilen auch wirklich dunkel gebändert, auf den Kopfseiten braun marmoriert, auf den Häuten, welche die Strahlen der Flossen verbinden, schwärzlich gefleckt.

Der Zander bewohnt die Ströme und größeren Flüsse Nordost- und Mitteleuropas. In den südrussischen Strömen, namentlich der Wolga und dem Dnjestr, wird er durch einen Verwandten, den Wolgazander oder *Berschik* der Russen (Stizostedion volgensis), vertreten. Er liebt tiefe, reine, fließende Gewässer, hält sich auch meist in den unteren Wasserschichten auf und erscheint nur während der Laichzeit, welche zwischen die Monate April und Juni fällt, auf seichteren, mit Wasserpflanzen bewachsenen Uferstellen, um hier seine Eier abzusetzen. Als außerordentlich raubgieriger Fisch, der alle kleineren Klassenverwandten gefährdet und seine eigene Brut ebensowenig verschont wie andere ihm erreichbare Beute, wächst er ungemein schnell und erreicht im ersten Jahre bereits ein Gewicht von 750 g, im zweiten ein solches von 1 kg. Seine Vermehrung ist bedeutend.

Das Fleisch ist am besten und fettesten vor der Laichzeit, also im Herbst und Winter, muß aber frisch zubereitet werden, weil es geräuchert oder gesalzen sehr an Schmackhaftigkeit verliert.

Bei der Gattung **Gymnocephalus** sind beide Rückenflossen verschmolzen, die Vor- und Hauptdeckel der Kiemen mit Stacheln besetzt, Brust und Bauch mehr oder weniger schuppenlos.

Der allbekannte Vertreter dieser Gruppe, der *Kaulbarsch*, auch *Goldbarsch* (Gymnocephalus cernua) genannt, erreicht eine Länge von 20–25 cm und ein Gewicht von 120–140 g, hat einen kurzen, gedrungenen Leib, eine stumpfe Schnauze und ist auf dem Rücken und den Seiten olivgrün, durch unregelmäßig zerstreute dunklere Flecke und Punkte, auf Rükken und Schwanzflossen durch in Reihen geordnete Punkte gezeichnet. Der Kaulbarsch verbreitet sich über Mittel-, West- und Nordeuropa.

Eine zweite, in der Lebensweise mit dem Kaulbarsch übereinstimmende, jedoch auf das Donaugebiet beschränkte Art, der *Schrätzer* (Gymnocephalus schraetzer), unterscheidet sich durch seinen langgestreckten Leib, die verlängerte Schnauze und die fast die ganze Länge des Rückens einnehmende Flosse wie durch die zitronengelbe Grundfarbe der Seiten, an denen drei bis vier schwärzliche Linien verlaufen. In der Größe übertrifft der Schrätzer oder *Schratzen* seinen Verwandten nur wenig. Das Gewicht kann 250 g betragen.

Sägebarsche

Von dem Flußbarsch und seinen Verwandten unterscheiden sich die Sägebarsche (Serranidae) durch etwas gestrecktere Gestalt, kleinere Schuppen, Beschuppung des hinten mit zwei Dornen bewehrten Kiemendeckels, weiter voneinanderstehende Rückenflossen und rauhe Zunge.

Als Vertreter dieser Sippe gilt der *Seebarsch* (Roccus labrax), ein schon den Alten wohlbekannter, im Mittelmeer, im Atlantischen Ozean und auch an den englischen Küsten vorkommender Fisch von 50–80 cm Länge und bis 7 kg Gewicht. Die Färbung ist ein schönes Silbergrau, das auf dem Rücken ins Bläuliche, auf dem Bauche ins Weißliche übergeht; die Flossen sehen blaßbraun aus. *Aristoteles* führt den Seebarsch unter dem Namen *Labrax, Plinius* unter dem Namen *Lupus* auf. Beide Forscher rühmen ihn mit vollstem Recht wegen seines kostbaren Fleisches. Krebse, Würmer und kleine Fische bilden seine Beute. Wegen der ersteren schwimmt er bei heftigen Stürmen bis dicht an die Küste heran, weil dann durch die brandenden Wogen viele von den Krusten losgerissen und ihm zugeführt werden. Seine Laichzeit fällt in den Hochsommer.

Im Mittelmeer ist der *Große Zackenbarsch* (Ephinephelus gigas) nicht selten. Er wird gut 1 m groß.

Ein weiterer Zackenbarsch ist der *Schriftbarsch* (Serranus scriba), der an felsigen Mittelmeerküsten sehr häufig anzutreffen ist. Wegen seiner Widerstandsfähigkeit wird er heute gern in Seewasseraquarien gehalten.

Stachelmakrelen

Die Stachelmakrelen (Carangidae) unterscheiden sich von den Makrelen, denen sie äußerlich ähneln, hauptsächlich durch ihr Knochengerüst, insbesondere die Anzahl der Wirbel, die geringer als bei den Makrelen ist. Der Leib ist meist seitlich zusammengedrückt, lang oder kurz und hoch, mit kleinen Schuppen bekleidet oder nackt, die Beflossung ist den Makrelen sehr ähnlich. Die *Bastardmakrelen* (Trachurus) sind gekennzeichnet vornehmlich durch die Bepanzerung ihrer Seiten mit gekielten Schuppenschildern, deren jedes einen Stachel trägt, so daß, laut *Geßner*, ein Strich entsteht, „so rauh wie eine Säge". Der *Stöcker* (Trachurus trachurus) gleicht in seiner Gestalt den Makrelen und hat einen spindelförmigen Leib, spitzen Kopf und dünnen Schwanz mit ebenso starker Flosse wie diese. Seine Länge beträgt etwa 30 cm. Die Färbung ist oben blaugrau, unten silbern; die Flossen sehen gräulich aus.

Meerbarben

Alle Meere des heißen und gemäßigten Gürtels beider Halbkugeln beherbergen schön gestaltete Fische, welche man *See-* oder *Meerbarben* (Mullidae) genannt hat. Ihr nur wenig zusammengedrückter Leib ist länglich, im Schnauzenteil gestreckt, das weit unten liegende Maul klein, das Gebiß verschieden, gewöhnlich schwachzahnig, das Kinn mit zwei mehr oder weniger langen Bartfäden ausgestattet, der vordere Teil des Kopfes wie die Kehle nackt, der übrige Kopf wie der ganze Leib mit großen, fein gezähnelten Schuppen bekleidet, die vordere Rückenflosse in einer Furche eingelassen und durch stachlige, die hintere dagegen durch weichere Strahlen geschützt, die Afterflosse letzterer ähnlich gestaltet, die gegabelte, fünfzehnstrahlige Schwanzflosse weit nach hinten beschuppt, die Bauchflosse weit vorgerückt, so daß sie fast unter die Brustflosse zu liegen kommt; die vorherrschende Färbung ist ein schönes, mattes Karminrot.

Die Seebarben, höchst gesellige Fische, treten stets in zahlreichen Scharen, gewöhnlich in Schwärmen von mehreren Tausenden, auf, streichen nur wenig umher, besuchen aber im Hochsommer flache, sandige Stellen der Küste, oft in zahlloser Menge, um hier zu laichen. Ihre Nahrung, welche aus kleinen Krebs- und Weichtieren wie aus verwesenden Stoffen des Tier- und Pflanzenreiches zu bestehen scheint, erwerben sie sich durch Gründeln im Schlamm, halten sich dabei in waagerechter Lage, wühlen sich oft tief ein und trüben weithin das Wasser flacher Stellen. Viele Raubfische gefährden die durchschnittlich kleinen Tiere und ziehen deren Schwärmen wochenlang nach; auch der Mensch verfolgt sie allenthalben und erbeutet sie massenhaft in engmaschigen Netzen. Ihr Fleisch wird sehr geschätzt und höchstens kurz nach der Laichzeit weniger geachtet. Bei den alten Römern standen die Seebarben nicht allein wegen ihres köstlichen Fleisches, sondern auch wegen ihrer prachtvollen Färbung im höchsten Ansehen. Nach ihrem Urteile galt die Seebarbe als der beste aller Fische und Kopf und Leber als die feinsten aller Leckerbissen.

Die *Meerbarben* (Mullus) stellen sich als diejenigen Arten heraus, welche die Alten so hoch schätzten. In den europäischen Meeren kommen zwei Arten dieser Sippe vor, die *Rote Meerbarbe* und die *Streifenbarbe*. Erstere (Mullus barbatus) zeichnet sich durch die fast senkrecht abfallende Stirn und die verhältnismäßig schmalen Schuppen aus, erreicht eine Länge von 30–40 cm und ist gleichmäßig karminrot gefärbt, überall an der unteren Seite silbern schillernd; die Flossen sehen gelb aus. Die *Streifenbarbe* (Mullus surmuletus) hat ungefähr dieselbe Größe, ist mit großen Schuppen bekleidet und auf schön blaßrotem Grunde mit drei goldenen, zur Laichzeit besonders deutlichen Streifen gezeichnet; die Flossen sehen rot, die Bauch- und Schwanzflossen rotgelblich aus, tragen gewöhnlich auch zwei gelbe oder braune Binden.

Die Rote Meerbarbe gehört dem Mittelmeere an und bewohnt hier alle Stellen, an denen lehmartiger oder schlammiger Boden vorkommt, findet sich auch längs der französischen Küste im Atlantik, wird aber nur selten in der Nähe Großbritanniens gefangen; die Streifenbarbe hingegen, welche ebenfalls im Mittelmeere lebt und hier und da noch häufiger als ihre Verwandte vorkommt, verbreitet sich von hier aus nach Norden hin bis Großbritannien und tritt an den englischen Küsten bisweilen in bedeutender Zahl auf. Die Nahrung scheint aus weichen Krebsen und verschiedenen Weichtieren zu bestehen, zu deren Aufspürung die Bartfäden wahrscheinlich gute Dienste leisten.

Korallenbarsche

Eine verwandte Familie sind die *Riff-* oder *Korallenbarsche* (Pomacentridae), vorwiegend bunte Fische, die in einer Lebensgemeinschaft mit den Korallen leben und in dem dichten Gewirr der Korallenstöcke guten Unterschlupf finden.

Borstenzähner

Außerordentlich schön gefärbte Barsche sind *Borstenzähner* (Chaetodontidae) des Indischen Ozeans und des Roten Meeres. Sie sind seitlich stark abgeflacht und haben einen kleinen, mit borstenartigen Zähnen besetzten Mund. Wie

Segelflosser

die Arten der Korallenbarsche halten auch sie sich vorwiegend in den tropischen Korallenriffen auf. Einer der schönsten Fische dieser Familie ist der *Pfauenkaiserfisch* (Pygoplites diacanthus).

Meerbrassen

Meerbrassen (Sparidae), Abb. S. 430, nennt man eine artenreiche Familie von Seefischen, deren Merkmale die folgenden sind: Der Leib ist länglich, seitlich stark zusammengedrückt, auf der Schnauze und an den Kiefern nackt, im übrigen mit ziemlich großen, am hinteren Rande gezähnelten Schuppen bekleidet, deren Wachstumslinien dem oberen und unteren Rande in schräger Richtung zulaufen. Am Kiemendeckel findet sich nur ein schuppenartiger, meist stumpfer Ecknagel. Die einzige Rückenflosse erhebt sich aus einer Furche; die Brustflosse ist spitz, die Schwanzflosse gabelig. Die Brassen verbreiten sich fast über alle Meere, und manche Arten treten hier oder da in sehr großer Anzahl auf. Sie nähren sich von Muschel- und Krustentieren oder Meerpflanzen; einige stellen wohl auch kleinen Fischen nach. Das Fleisch mehrerer Arten wird hochgeschätzt.

Bei den *Goldbrassen* (Sparus) sind die Vorderzähne kegelförmig, in jeder Kinnlade zu vier bis sechs gestellt, wogegen die hinteren Mahlzähne wenigstens drei Reihen bilden und eine abgerundete Spitze haben. Vertreter dieser Sippe ist die *Goldbrasse* (Sparus auratus), ein Fisch von 30–40, ausnahmsweise auch 60 cm Länge und 4 kg Gewicht, prachtvoller Färbung und zierlicher Zeichnung. Ein ins Grünliche schimmerndes Silbergrau, das auf dem Rücken dunkelt und auf der Bauchseite ins Silberglänzende übergeht, bildet die Grundfärbung; ein länglicher, runder, senkrecht stehender Goldfleck schmückt den Kiemendeckel, eine goldgelbe Binde die Stirngegend zwischen den Augen; 18–20 Längsbänder von gleicher Färbung zieren die Seiten; die Rückenflosse ist bläulich, oben, in der Nähe der Stachelspitzen, braun längsgestreift, die Afterflosse bläulich, die Schwanzflosse schwarz; Brust und Bauchflossen sehen veilchenfarben aus.

An allen Küsten des Mittelmeeres und an der afrikanischen Küste des Atlantischen Ozeans von Gibraltar bis zum Kap der Guten Hoffnung gehört die Goldbrasse zu den gewöhnlichen Erscheinungen; weiter nach Norden zu zeigt sie sich seltener.

Lippfische

Die *Lippfische* (Labridae) sind durch Gestalt, Beschuppung und Farbenpracht in hohem Grade ausgezeichnet. Ihre Gestalt unterscheidet sich wenig von der unserer Flußfische; das Kleid besteht aus runden Schuppen; die eine Rückenflosse wird hauptsächlich von Stachelstrahlen gespannt, die jedoch meist ein Hautläppchen hinter sich haben; die Bauchflossen stehen unter den Brustflossen; die Kinnladen haben fleischige Lippen; das Gebiß besteht aus stumpfen Pflasterzähnen oder Querplatten.

Über alle Meere verbreitet, bevölkert diese Familie auch unsere Küsten, insbesondere die des Mittelmeeres und der Nordsee, da wo der Grund felsig und mit Seepflanzen bewachsen ist. Ihre eigentliche Entwicklung zeigt sich jedoch innerhalb des heißen und in den angrenzenden Teilen der beiden gemäßigten Gürtel. Wie durch ihre Farbenpracht zeichnen sie sich auch durch ihre Munterkeit und Regsamkeit aus, obgleich sie wenig umherzuschweifen, vielmehr in den unterseeischen Wäldern ihren Stand zu nehmen und von einer Seewasserpflanze zur andern zu schwimmen pflegen. Ihrem Gebisse entsprechend fressen die meisten Arten vorzugsweise Muscheln, welche sie mit den beweglichen Lippen vom Grunde oder von den Pflanzen des Meeres ablesen und deren Schalen sie mühelos zertrümmern; doch gibt es auch Pflanzenfresser unter ihnen, welche förmlich weiden, ohne deshalb tierische Stoffe zu verschmähen.

Unter den Lippfischen verdient der *Streifenlippfisch* (Labrus mixtus) allgemeinere Beachtung, weil er auch in den nordischen Meeren vorkommt. Er ist gekennzeichnet durch dicke, fleischige, doppelte Lippen, kegelförmige Kie-

Schlüssellochbuntbarsche

Seite 429: Der Forellenbarsch (Micropterus salmoides; o.) ist in Nordamerika ein beliebter Sportfisch; er gehört zur Familie Sonnenbarsche. Flußbarsch (u.)
Seite 430: Diplodus vulgaris (o.), eine Meerbrasse aus dem Mittelmeer; Petermännchen (u.)

ferzähne, stachel- oder zahnlose, beschuppte Vorder- und Kiemendeckel und fünf Strahlen in der Kiemenhaut sowie insbesondere dadurch, daß Männchen und Weibchen sehr verschieden gefärbt sind. Das Männchen ist auf braunrötlichem Grunde prachtvoll blau in die Länge gestreift, oft so, daß diese Färbung zur vorherrschenden wird, das Weibchen dagegen auf lichtrotem Grunde am hinteren Teile des Rückens mit drei dunklen Flecken gezeichnet. Die Länge beträgt etwa 30 cm, selten mehr, das Gewicht 1 kg und darüber.

Vom Mittelmeer an, das als die eigentliche Heimat des Streifenlippfisches angesehen wird, verbreitet er sich durch den Atlantischen Ozean nach Norden hin bis zu den Küsten Großbritanniens und Norwegens. Er wählt wie die übrigen Arten untermeerische Felsen und hält sich hier vorzugsweise in Spalten und Löchern zwischen größerem Seegras auf, verändert aber der Jahreszeit entsprechend seinen Standort. Kleine Krebsarten bilden die bevorzugte Nahrung.

Wegen seiner prachtvollen Färbung wird der Streifenlippfisch gern in Gefangenschaft gehalten, läßt sich mit Muschelfleisch und Gewürm ernähren, hält in zweckmäßig eingerichteten Seewasserbecken auch recht gut aus und vereint in sich überhaupt für die Gefangenhaltung so viele Vorzüge wie wenig andere Seefische. Im hohen Grade fesselnd wird die Beobachtung seines Verhaltens während der Fortpflanzungszeit. So friedlich er sonst mit seinesgleichen lebt, so eifersüchtig und rauflustig benimmt er sich vor und während der Laichzeit. Nicht ohne Kampf mit anderen Bewerbern erwirbt er sich das Recht auf ein Weibchen, geleitet dieses fortan getreulich, wohin es sich auch wenden möge, und leuchtet dabei förmlich auf in Pracht und Schönheit.

Buntbarsche

Mit rund 600 Arten bilden die *Buntbarsche* (Cichlidae) eine der größten Barschfamilien. Sie sind in allen tropischen Gebieten der Erde vertreten. Viele sind bunt gefärbt. Der Körper ist bei manchen scheibenförmig, bei anderen hat er die Form einer Spindel.

Ein Vertreter dieser Familie ist der schwarz und silbrig gefärbte *Segelflosser* oder *Skalar* (Pterophyllum scalare), der heute einer der beliebtesten Aquarienfische ist. Seine eigentliche Heimat ist das Stromgebiet des Amazonas.

Aus etwa dem gleichen Lebensraum wurden

Diskusbuntbarsch mit einem Schwarm Jungfische am Körper. Die geschlüpften Jungen fressen nämlich als erste Nahrung einen Hautbelag der Elterntiere, den diese aus Hautdrüsen ausscheiden. Der ganze Schwarm wechselt hin und wieder von einem Elternteil zum anderen.

der *Flaggenbuntbarsch* (Cichlasoma festivum), der *Maroni-* oder *Schlüssellochbuntbarsch* (Aequidens maronii) und der *Diskusbuntbarsch* (Symphysodon discus) in die Aquarien geholt. Der Diskusbuntbarsch ist allerdings nur sehr schwierig zu züchten, wegen seiner eigenartigen Brutpflege aber sehr interessant.

Drachenfische

Die Merkmale der *Drachenfische* (Trachinidae) sind ein seiner Länge und Breite nach auf Kosten des ungeheuren Schwanzes zusammengedrückter, messer- oder trichterförmiger Leib, ein zusammengeschobener, vorgetriebener Kopf mit schief aufwärtsgestelltem Maul und obenliegenden Augen, zwei Rükkenflossen, deren erste von der andern gleichsam vorgedrängt worden ist und auch ganz fehlen kann, gewöhnlich vor den Brustflossen eingelenkte Bauchflossen und eine unverhältnismäßig große, der Länge des Schwanzes entsprechende zweite Rücken- und Afterflosse.

Alle zu dieser Familie zählenden Arten leben auf dem Boden des Meeres, am liebsten auf flachen, sandigen Stellen, nicht selten auch auf solchen, die durch die Ebbe zeitweilig bloß-

Seite 431: Gewöhnlicher Thunfisch (o.); Schwertfisch (u.)
Seite 432: Schlammspringer (o.); Schwarzgrundel (u.)

Flaggenbuntbarsche

gelegt werden, wühlen sich hier bis auf den Kopf in den Sand ein und erwarten, die spähenden Augen ihrer Stellung entsprechend benutzend, eine über ihnen wegschwimmende oder kriechende Beute, locken diese vielleicht durch ein Spiel ihrer Flossen herbei, erheben sich plötzlich aus ihrem sandigen Bett, stürzen sich auf die Beute und ergreifen sie fast unfehlbar.

In den europäischen Meeren wird die Familie vertreten durch die *Queisen* (Trachinus), von denen auch zwei, das *Petermännchen,* Abb. S. 430, und die *Viperqueise,* im Norden gefunden werden. Der Körper des erstgenannten (Trachinus draco) ist sechsmal länger als hoch, auf dem Rücken fast gerade, auf dem Bauche etwas ausgerundet. Hinsichtlich der Färbung kann das Petermännchen mit manch anderem Fische wetteifern. Seine graurötliche Grundfarbe geht gegen den Rücken hin mehr ins Braune, gegen den Bauch hin ins Weißliche über, ist allenthalben mit schwärzlichen Wolkenflecken marmoriert, zu denen sich in der Augengegend, auf den Schläfen, Kiemendeckeln und Schultern noch krumme Streifen von azurblauer Farbe, auf den Seiten und dem Bauche solche von gelblicher Färbung gesellen. An Länge kann der Fisch bis 45 cm erreichen.

Die *Viperqueise* (Trachinus vipera) unterscheidet sich durch den platteren Kopf und mehr zugerundeten Bauch; auch steht die erste Rückenflosse von der zweiten weiter ab. Die graurötliche Farbe des Rückens geht auf Seiten und Bauch in Silberweiß über; der Rücken ist braungefleckt, die erste Rückenflosse schwarz, die zweite wie die Schwanzflosse schwarz gesäumt. Die Länge beträgt 12–20 cm.

„Diese Fisch sind auß der zahl der Meerthieren, so den Menschen mit schädlichem gifft verwunden", sagt der alte *Geßner*, und eine derartige Meinung verwundert den nicht, der weiß, daß eine von den Drachenfischen durch die Rückenstacheln zugefügte Verwundung peinliche Schmerzen und eine heftige Entzündung hervorruft. Nicht nur der verletzte Teil, sondern das ganze Glied pflegt anzuschwellen, und erst nach längerer Zeit tritt etwas Linderung der Schmerzen ein.

Das Fleisch des Petermännchens wird gern gegessen, weil es nicht nur höchst schmackhaft ist, sondern auch als sehr gesund angesehen wird. Seinen Namen soll es daher erhalten haben, daß es die holländischen Fischer als wertlos wegzuwerfen und dem heiligen Petrus zu opfern pflegten.

PANZERWANGEN

Panzerwangen (Scorpaeniformes) nennt man die Fische, bei denen die Knochen des unteren Augenrandringes nach abwärts verbreitert, mit dem Vordeckel durch Gelenke verbunden und wie die Deckelstücke und der Kopf mehr oder weniger, das heißt sehr verschiedenartig, bedornt sind. Der Gesichtsausdruck der Panzerwangen erhält durch die vielfachen Rauhigkeiten, welche, falls sie zu Dornen sich entwickelt haben, als tüchtige Waffen dienen, etwas höchst Eigentümliches, wozu außerdem noch die mehr oder minder auffallende Bildung der Flossen und ebenso der Schuppen kommt. Der Rückenteil ist entweder mit zwei Rückenflossen ausgestattet, oder die einzige Flosse zerfällt in zwei Abteilungen; die Bauchflossen sind brustständig. Schwache, hechelförmige, selten kegelförmige Zähne bewehren die Kiefer. Eine Schwimmblase fehlt nicht selten.

Groppen

An dem niedergedrückten, breiten Kopfe, dem gedrungenen und beschuppten Leibe, den verbundenen Rückenflossen und den unter den Brustflossen stehenden Bauchflossen sowie endlich den Samtzähnen im Kiefer und auf dem Pflugscharbeine erkennt man die *Flußgroppen* (Cottus). Sie werden in unsern Süßgewässern vertreten durch die *Groppe*, die wohl auch *Greppe, Kroppe, Koppe, Mühlkoppe, Kaulkopf, Kropf- und Grozfisch* oder *Dickkopf* (Cottus gobio) genannt wird, ein Fischchen von 12–18 cm Länge. Dasselbe ist auf graulichem Grunde mit braunen Punktflecken und Wolken gezeichnet, welche sich nicht selten zu Querbinden vereinigen und sich zuweilen auch noch auf der weißlichen Bauchseite zeigen, mit längs der Strahlen braungestreiften Rücken-, Brust- und Schwanzflossen und gewöhnlich ungefleckter Bauchflosse. Die Färbung ändert übrigens nach der Gegend, dem Grunde des Gewässers, ja der Stimmung des Fisches entsprechend vielfach ab. Die Groppe bewohnt alle Süßgewässer Mittel- und Nordeuropas.

Hinsichtlich des Fortpflanzungsgeschäfts unterscheidet sie sich von den meisten andern Fischen dadurch, daß sich das Männchen der Brut annimmt. Schon *Linné* berichtet, daß die Groppe ein Nest baue und eher das Leben als die Eier in diesem Nest aufgebe; *Marsigli* und *Fabricius* vervollständigen die Linnésche Angabe, indem sie das Männchen als den Wächter der Eier kennzeichnen. Die Laichzeit fällt in den März und April. Das Weibchen setzt den Rogen unter Steinen oder in ein eigens dazu gewähltes Loch ab, und das Männchen übernimmt nun die Brutsorge. Erfahrene Fischer an der Traun berichteten *Heckel* und *Kner* folgendes: „Zur Laichzeit begibt sich ein Männchen in ein Loch zwischen Steinen und verteidigt dasselbe gegen jedes andere, welches davon Besitz nehmen will, mit lebhaftem Ingrimm, welcher unter Umständen in langwierige Kämpfe ausarten kann und einem der Streiter nicht selten das Leben raubt. Dem Weibchen gegenüber benimmt sich das Groppenmännchen artig; es wird von ihm ohne Widerstreben aufgenommen, setzt an der betreffenden Brutstelle seinen Rogen ab und zieht hierauf ungefährdet seines Weges davon. Von nun an vertritt das Männchen Mutterstelle und beschützt vier bis fünf Wochen lang die Eier, ohne sich zu entfernen, es sei denn, daß es die notwendige Nahrung suchen muß. Ebenso bewunderungswürdig wie seine Ausdauer ist sein Mut. Es beißt in die Stange oder Rute, mit welcher man es verjagen will, weicht nur im höchsten Notfalle und läßt sich buchstäblich angesichts seiner Eier erschlagen."

Nach der Groppe ist uns am besten bekannt der *Seeskorpion* oder *Seeteufel* (Tyoxocephalus) scorpius), ein häßlicher Fisch von 15–25 cm Länge und rötlichbrauner, nach unten sich lichtender Färbung, welche durch dunklere Flecke gezeichnet wird. Der Seeskorpion ist in der Ostsee fast ebenso stark verbreitet wie in der Nordsee.

Die Seeskorpione halten sich am liebsten auf steinigem Grunde, oft in bedeutenden Tiefen, nicht selten aber auch in höheren Schichten des Meeres auf, liegen hier unbeweglich auf den Steinen, zuweilen auch unter ihnen, lehnen sich mit dem Rücken an und lauern auf Beute. Naht eine solche, so schwimmen sie unter lebhaften Bewegungen ihrer gewaltigen Flossen nicht allzu rasch, wohl aber gewandt herbei, öffnen den ungeheuren Rachen und begraben in ihm Tiere, die fast ebenso groß sind wie sie selbst. Ihre Gefräßigkeit ist erstaunlich; sie verschlingen buchstäblich alles Genießbare: neben Fischen Krebse und Krabben, Würmer usw., außerdem auch allerlei Abfall von den Schiffen und Booten, die Fortpflanzungszeit fällt in die wärmeren Monate des Jahres.

Panzergroppen

In unseren deutschen Meeren lebt eine Art der *Panzergroppen* (Agonidae). Ihr Leib ist gestreckt und mit Längsreihen großer Knochenschilder gepanzert und erscheint deshalb vielkantig; der Kopf ist bedeutend stärker als der Leib, oben ebenfalls mit mehreren Spitzen bewehrt, unten abgeflacht, an der Schnauze mit umgebogenen Dornen bewaffnet.

Vertreter dieser Gattung ist der *Steinpicker* (Agonus cataphractus), ein achtkantiger Fisch von 15 cm Länge und brauner, unten lichtbrauner und selbst bräunlichweißer Grundfärbung, von der sich vier breite dunkelbraune Rückenstreifen abheben; die lichtbraunen Rückenflossen sind dunkelbraun gefleckt, die großen Brustflossen braun gebändert.

Knurrhähne

Ebenfalls Panzerwangen sind die *Knurrhähne* (Triglidae), kleine oder höchstens mittelgroße, vierschrötige Fische mit verhältnismäßig sehr großem, fast vierseitigem, in einen rauhen Panzer gehülltem Kopf, zwei getrennten Rückenflossen sowie drei freien, gegliederten Strahlen vor den großen Brustflossen. Sie haben von jeher die allgemeine Aufmerksamkeit erregt; denn sie geben, wenn man sie aus dem Wasser nimmt, einen sonderbar grunzenden oder knurrenden Laut von sich, der durch Aneinanderreiben ihrer Kiemendeckelknochen erzeugt wird.

In der Nordsee lebt der *Rote Knurrhahn* (Trigla lucerna), ein Fisch von 50–75 cm Länge. Er ist auf dem Rücken graurötlich oder bräunlich, auf dem Bauche hell rosenrot oder weißlich gefärbt und durch rote Rücken- und Schwanzflosse, die weiße Bauch- und Afterflosse und die schwarzen, blaugesäumten Brustflossen sehr geziert.

Ihm nahe verwandt ist der *Gurnard, Seehahn* oder *Graue Knurrhahn* (Trigla gurnardus), der ungefähr 50 cm Länge erreicht und oben auf bräunlichgrauem Grunde weiß getüpfelt, auf den Wangen wie mit Sternchen gezeichnet und auf der Unterseite silberweiß ist. Ein längs der Seiten verlaufendes Band besteht aus scharfen Spitzen wie die Zähne einer Säge. Die erste Rückenflosse ist braun, zuweilen schwarz gefleckt, die zweite wie die Schwanzflosse lichtbraun, die verhältnismäßig kurzen Brustflossen sind düstergrau, Bauch- und Afterflosse fast weiß.

Beide Seehähne bewohnen das Mittelmeer, den Atlantischen Ozean, die Nord- und Ostsee. Sie schwimmen außerordentlich anmutig, wenn auch nicht besonders rasch, gebrauchen ihre großen Brustfinnen gleichsam als Flügel und entfalten und schließen sie abwechselnd. Weit auffallender und ungewöhnlicher aber als ihre Schwimmbewegungen ist ihr Fortkriechen auf dem Grunde. Die drei freien Strahlen vor den Brustflossen sind, ihrer Wirksamkeit nach, tatsächlich nichts anderes als Beine oder Füße und ermöglichen ihnen ein förmliches Gehen. Um sich in dieser Weise fortzubewegen, erheben sie den hinteren Teil ihres Leibes etwas über den Boden, bewegen die drei Strahlen rasch nach, die einzelnen unabhängig voneinander und helfen durch schwache seitliche Bewegungen der Schwanzflosse etwas nach. Da die Flossenstrahlen nur kurz sind, fördert dieses absonderliche Gehen zwar nicht gerade schnell, jedoch genügend, um in wenigen Minuten nicht unerhebliche Strecken zurücklegen zu können.

Makrelenfische

Eine nicht unbeträchtliche Anzahl wohlgebauter Fische mit spindelförmigem, seitlich zusammengedrücktem, gegen den Schwanz hin sehr verdünntem Leibe, der gewöhnlich mit kleinen, kaum wahrnehmbaren Schuppen bekleidet ist und deshalb glatt erscheint, ist naturgemäß zu einer Unterordnung der Barschartigen Fische zu vereinen, welche wir der hervorragendsten Art zuliebe die *Makrelenfische* (Scombroidei) nennen. Zu deren besonderen Kennzeichnung mag noch hervorgehoben sein, daß die Deckelstücke glatt, das heißt ohne Stacheln und Zähnelung sind, die Kiemenspalte sich fast schließt, die harten Strahlen der Rückenflosse weniger als die weichen und auch weniger als die der Afterflosse entwickelt sind, daß die ersteren wohl auch getrennt oder in einzelne Teile zerfallen und die brustständigen Bauchflossen zuweilen verkümmert oder gar nicht vorhanden sind.

Makrelen

Als Bewohner der weiten Meere aller Gürtel der Erde dehnen die Makrelen ihr Verbreitungsgebiet meist auch über sehr große Strekken aus. Fast alle bekannten Arten, mehr als 100 an der Zahl, leben gesellig, einzelne in unzähligen Scharen zusammen, viele von ihnen in bedeutenden Tiefen des Wassers, andere mehr in den höheren Schichten. Alle sind vortreffliche Schwimmer, alle ohne Ausnahme tüchtige Räuber, obgleich man nicht sagen kann, daß ihre Raubfähigkeit und Raublust im Verhältnis zu ihrer Körpergröße steht, da sich gerade die größeren Arten der Familie oft mit sehr kleiner Beute begnügen. Die Vermehrung der Makrelen ist meist beträchtlich, ihre Bedeutung für die Fischerei dementsprechend erheblich. Einzelne Arten gelten an manchen Küstenstrecken als die wichtigsten aller Fische; andere werden gerade hinter die Heringe gestellt.

Makrelen

Die gestreckte Gestalt, zwei weit voneinander getrennte Rückenflossen, deren hintere sich in mehrere sogenannte falsche oder Bastardflossen auflöst, schwache Kiele an den Schwanzseiten, spitzenlose Kiemendeckel, kegelförmige Kieferzähne in einfacher Reihe, sieben Kiemenstrahlen und ein aus kleinen Schuppen bestehendes Kleid sind die Merkmale der *Makrelen* im engeren Sinne (Scombridae), als deren wichtigsten Vertreter wir die *Makrele* (Scomber scombrus) ansehen. Der ebenso schön gestaltete wie gefärbte Fisch erreicht eine Länge von 40–45, höchstens 50 cm sowie ein Gewicht von durchschnittlich 1 kg und ist oben auf lebhaft blauem, golden glänzendem Grunde dunkel in die Quere gestreift, unten silberweiß.

Riesenhafte Makrelen, die **Thunfische** (Thunnus), durchstreifen die südlichen Meere und werden für manche Küsten, insbesondere für die des Mittelmeeres, von außerordentlicher Bedeutung. Von den Makrelen im engeren Sinne unterscheiden sie sich durch die nahe aneinanderstehenden Rückenflossen und eine verhältnismäßig hohe Zahl von Bastardflossen, einen aus großen, ziemlich glanzlosen Schuppen gebildeten Brustpanzer, welcher sich nach hinten in Spitzen fortsetzt, und einen Kiel neben beiden Kanten des Schwanzes. Die kleinen zugespitzten Kieferzähne stehen in einfacher Reihe.

Die Alten kannten und jagten das wichtige Mitglied dieser Gattung, den *Thun* (Thunnus thynnus), Abb. S. 431, den größten aller Fische, der wegen seines wohlschmeckenden Fleisches gefangen wird, eine Makrele von 2–5 m Länge und einem Gewicht bis zu 820 kg. Der Rücken ist schwarzbläulich, der Brustpanzer weißblau gefärbt; die Seiten und der Bauch tragen auf graulichem Grunde silberweiße Flecke, die sich zu Bändern vereinigen; die erste Rückenflosse und die Afterflosse sehen fleischfarben aus, die falschen Flossen sind schwefelgelb und schwarz gesäumt. Als die eigentliche Heimat des Thunes hat man das Mittelmeer anzusehen; im Atlantischen Ozean scheint er spärlicher vorzukommen.

Die Art und Weise seines Fanges zu beschreiben, gehört eigentlich zur Lebensschilderung des Thunes, weil gerade auf den hierbei angestellten Beobachtungen unsere Kenntnis vom Leben dieses Fisches beruht. Schon die Alten betrieben die Thunfischerei sehr eifrig, namentlich an beiden Endpunkten des Mittelmeeres, an der Meerenge von Gibraltar und im Bosporus. Der Fang geschieht je nach Örtlichkeit und Jahreszeit verschieden am großartigsten jedoch an den italienischen Küsten. Hier sperrt man ihnen die gewohnten Straßen mit ungeheuren Netzen ab und erbeutet günstigenfalls Tausende mit einem Male.

Die Fangnetze, wahrhaftige Gebäude aus Stricken und Maschen, heißen Tonaren, und man unterscheidet nach deren Lage Vorder- und Hintertonaren. Das Meer muß da, wo eines dieser kühnen Gebäude errichtet wird, eine Tiefe von mindestens 33 m haben; die Netzwand selbst besitzt eine solche von 50 m, da die verschiedenen Kammern keinen Boden haben und ein guter Teil des Netzes auf den

Ein kapitaler, mit der Angel gefangener Thunfisch

Grund zu liegen kommt und in dieser Lage unverrückbar festbleiben muß. Nur die sogenannte Totenkammer hat einen Boden, weil sie mit den gefangenen Thunen aufgehoben wird; sie ist auch, um die Last der Fische und deren Gedränge auszuhalten, wesentlich fester als das übrige Netz aus starken, engmaschigen Hanfschnüren gestrickt. Nach beiden Seiten hin verlängern sich zwei Netzwände schweifartig, um den Thun ins Netz zu locken. Der sogenannte Schweif führt den Fisch, der sonst zwischen dem Netz und dem Ufer entweichen könnte, in die Kammer; die sogenannte Schleppe leitet diejenigen herbei, die sonst im äußeren Meere vorüberstreifen würden. Zuweilen beträgt die Gesamtlänge des Netzes über eine Seemeile.

Der Thun zieht mit großer Regelmäßigkeit, wenn auch nicht, wie die Alten glaubten, immer mit der rechten Seite zum Ufer gewendet, laut *Aelian* „bald nach Art der Wölfe, bald nach Art der Ziegen", das heißt entweder und dies normalerweise in Trupps von zwei und drei Stück oder in starken Schwärmen. Bei ruhigem Wetter streicht er nicht, sondern geht höchstens seinem Futter nach; sobald das Meer vom Winde bewegt wird, begibt er sich auf die Reise und hält dann meist auch die Windrichtung ein. Deshalb sieht man beim Thunfang weder Stürme noch Windstille gern; jedermann wünscht Wind, und jeder selbstverständlich denjenigen, der vorteilhaft für seine Tonare ist.

Der an eine Netzwand anprallende Fisch gelangt zuerst in die große Kammer, deren Eingang offensteht. Niemals oder doch höchst selten besinnt er sich, zurückzukehren, sucht vielmehr allenthalben durchzukommen und verirrt sich dabei in die nächsten Kammern, in denen er entweder schon Gesellschaft vorfindet oder doch bald solche erhält. Besondere Aufpasser halten sich mit ihren Fahrzeugen in der Nähe der sogenannten Inseln am Anfang der Kammer auf und geben Bescheid, wie viele Fische in das Netz gehen. Sie unterscheiden die Thune unter dem Wasser mit einer bewundernswerten Scharfsichtigkeit, obwohl sich diese in einer so beträchtlichen Tiefe halten, daß ihr Bild oftmals nicht größer als das einer Sardelle erscheint; ja sie können sie zählen, Stück für Stück, wie der Hirt seine Schafe.

Ist nun das Netz genügend bevölkert und tritt an dem Tage, dessen Erscheinen man mit tausend Wünschen und Gebeten zu beschleunigen sucht, Windstille ein, so kommt es zur Metzelei. Die umliegende Gegend teilt die Spannung und Aufregung der Fischer; aus entfernten Teilen des Landes finden sich die Vornehmen ein, um dem aufregenden Schauspiel beizuwohnen. In der Nacht vor dem Fange treibt man alle Thunfische, deren Tod beschlossen ist, in die Vor- oder Goldkammer, einen wahren Vorsaal des Todes, Goldkammer genannt, weil der Thun in diesem Teile des Netzes dem Fischer ebenso sicher ist wie das Gold im Beutel. Am Schlachttage begibt sich der Anführer der Fischer, der Rëis, vor Sonnenaufgang zur Insel, um die Thune in die Totenkammer zu treiben. Sobald er alles in Ordnung gebracht hat, steckt er eine Fahne aus. Ihr Anblick bringt das Ufer in Aufruhr und Bewegung. Mit Fischern und Zuschauern beladene Fahrzeuge stoßen vom Lande ab; am Ufer läuft alles bunt durcheinander und auf und nieder. Die Fahrzeuge nehmen, schon bevor sie sich der Insel nähern, die Ordnung ein, in der sie um die Totenkammer zu stehen kommen; zwei von ihnen, auf denen sich die Unterführer befinden, stellen sich an bestimmten Punkten auf, die anderen zwischen ihnen. In der Mitte der Kammer wählt der Rëis seinen Platz; er führt den Befehl zum Angriffe wie der Admiral am Tage der Schlacht.

Zuerst zieht man unter unaufhörlichem Schreien aller Fischer, zwar äußerst langsam, aber möglichst gleichmäßig, die Totenkammer herauf. Der Rëis ist überall, vorn und hinten, auf dieser und auf jener Seite, schnauzt hier den einen an, schimpft mit dem andern, wirft diesem einen Verweis, jenem ein Stück Kork an den Kopf. Je näher die Totenkammer zur Oberfläche emporkommt, um so mehr rücken die Fahrzeuge zusammen. Ein an Stärke stetig zunehmendes Aufwühlen des Wassers kündet die Annäherung der Fische an. Nun begeben sich die Totschläger, bewaffnet mit schweren Keulen, an deren Spitze ein eiserner Haken befestigt wird, zu den beiden Hauptbooten, von denen aus die Thune angegriffen werden. Noch ehe sie ihre Arbeit beginnen, macht sich unter ihnen die größte Aufregung bemerklich.

Endlich gibt der Rëis den Befehl zur Schlacht. Es erhebt sich ein fürchterlicher Sturm, hervorgebracht durch das Umherschwimmen und gewaltige Umsichschlagen der ungeheuren Fische, die sich eingeschlossen, verfolgt und dem Tode nahe sehen; das schäumende Wasser überflutet die Boote. Mit wahrer Wut arbeiten die Totschläger, weil sie einen bestimmten Anteil an der Beute erhalten und deshalb soviel wie möglich und hauptsächlich die größten Thune zu töten versuchen. Einem Menschen, der in das Meer fiele oder sonst in Gefahr käme, würden sie jetzt gewiß nicht zu Hilfe kommen, so wie man während der Schlacht auch auf die Verwundeten keine Rücksicht nimmt. Man schlägt, schreit, wütet und zieht den Thun so schnell wie möglich aus dem Wasser. Nachdem sich die Fische einigermaßen vermindert haben, wird eingehalten, die Kammer von neuem herangezogen, der noch übrige Fang enger eingeschlossen: und ein neuer Sturm erhebt sich, ein neues Morden beginnt. So wechseln Schlagen und Anziehen des Netzes, bis endlich auch der Boden der Totenkammer nachgekommen und kein Thun mehr übrig ist. Das Blut der Fische färbt auf weithin das Meer.

Nach Ablauf einer Stunde ist die Metzelei vorüber. Die Fahrzeuge segeln und rudern ans Land. Donner der am Ufer aufgestellten Böller empfängt sie. Noch ehe man ans Ausladen geht, trägt jeder Fischer den ihm gehörenden Teil davon.

Bei jeder Metzelei, falls es nicht die letzte ist, leert man das Netz niemals ganz, läßt vielmehr, gewissermaßen zum Anlocken des folgenden Fangs, etwa 100 Thune und mehr zurück.

Nach einiger Zeit wiederholt man den Totschlag, und so fährt man fort, solange das Streichen des Thuns anhält. In Sardinien dauert dies bis Mitte Juni. In einzelnen Tonaren finden alljährlich acht Metzeleien statt, von denen jede etwa 500 Thune liefert, auf anderen bis zu 18 mit jeweils etwa 800 Stück; der Ertrag der Fischerei ist also sehr bedeutend. Nach beendigtem Fange hebt man die Totenkammer aus, läßt aber auffallenderweise das übrige Netz im Meere zurück.

Das Fleisch ist sehr begehrt. Am meisten schätzt man den Bauch, ein wirklich köstliches, weiches, saftiges, schmackhaftes, gehaltvolles Stück.

So gesund das frische oder ordentlich eingesalzene Fleisch des Thunes ist, so schädlich ist das faulige. Die Gräten werden dann rot und der Geschmack so scharf, als ob es mit Pfeffer gewürzt wäre. Sein Genuß bringt Entzündungen des Schlundes, Magenschmerzen und Durchfall hervor und kann sogar den Tod zur Folge haben.

Eine zweite Art der Thunfische ist der allen Seefahrern und Reisenden wohlbekannte *Bonito* (Katsuwonus pelamis). In seiner Art ähnelt er dem Thune, ist aber beträchtlich kleiner und wird selten mehr als 80 cm lang. Rücken und Seiten schillern von Stahlblau bis ins Grüne und Rote; der Bauch sieht silbern aus und zeigt an jeder Seite vier braune Streifen, die von der Kehle bis zur Schwanzflosse laufen. Der wunderbare Glanz der Farben und die Schönheit des Fisches sollen im übrigen jeder Beschreibung spotten.

Im Atlantischen Ozean gehört der Bonito zu den häufigen Fischen. Er folgt nicht selten in Gesellschaft der Thune lange Zeit dem Schiffe, das er als seinen Wegweiser durch das Weltmeer zu betrachten scheint, schwimmt zwar neben seinen Verwandten, aber doch in regelmäßig geordneten Haufen und macht sich sehr bemerkbar, weil er zu den eifrigsten Verfolgern der fliegenden Fische gehört.

Schwertfische

Zu den Makrelenfischen zählt man auch die *Schwertfische* (Xiphiidae), Abb. S. 431, weil der innere Bau bei beiden in vielen Punkten über-

Frisch angelandete Thunfische auf der Kaimauer

einstimmt. Der Leib der Schwertfische ist verlängert, seitlich ein wenig zusammengedrückt, hinten fast rund, der vordere Teil des Rückens von der ersten Rückenflosse an bis zum Kopf allmählich eingesenkt, die obere Kinnlade in einen schwertförmigen Fortsatz ausgezogen, welcher aus einer breiten, mehr und mehr sich verschmälernden, am Ende in eine stumpfe Spitze auslaufenden, an den Rändern schneidigen und feingezähnelten, anfangs gewölbten, gegen die Wurzel hin platten, an ihr sogar eingetieften, oben gestreiften, unten einmal gefurchten Platte besteht, welche durch die verlängerten und umgewandelten Kinnladen hergestellt wird.

Vertreter der *Meerschwerter* (Xiphias) ist der *Schwertfisch*, wie er in allen Sprachen genannt wird (Xiphias gladius), ein gewaltiges Tier von 3–5 m Länge, wovon das Schwert etwas mehr als den vierten Teil einnimmt, 200 bis 400 kg Gewicht und bläulicher, unten lichterer Färbung. Anstatt der Schuppen ist es mit einem rauhen Fell bekleidet.

Der Schwertfisch bewohnt ständig das Mittelmeer und ist namentlich um Sizilien nicht selten. Aber er beschränkt sich keineswegs auf dieses Becken, sondern durchschweift auch den Atlantik nach Norden hin bis Großbritannien und Norwegen, dringt selbst in die Ostsee ein und wird anderseits längs der ganzen afrikanischen Küste wie auch im Indischen Ozean überall beobachtet. Er hält sich fast nur in den oberen Schichten des Wassers auf, so daß seine Rückenflosse gewöhnlich über die Oberfläche hervorragt. Er gehört zu den schnellsten und im Verhältnis zu seiner Größe gewandtesten Fischen und ist deshalb fähig, sich kleinerer Klassenverwandten zu bemächtigen, die neben mancherlei Tintenfischen seine bevorzugte, wenn nicht ausschließliche Nahrung bilden. Der Schwertfisch wird meist paarweise gefunden.

Schwertfische

Die allgemeine Ansicht der neueren Beobachter geht dahin, daß der Schwertfisch eigentlich ein gutmütiges, harmloses und furchtsames Tier ist, jedoch zuweilen Anfälle von einer sonderbaren Wut und Zerstörungslust an den Tag legt und dann wirkliche Gewaltstreiche ausübt. Gelegentlich der Beschreibung des Thunes sagt der alte *Geßner* auch, daß letztgenannter Fisch lebhafte Furcht vor dem Schwertfische habe. Diese Angabe wird von *Bennett* bestätigt. „Oft genug", sagt er, „sieht man Thunfische in dicken Haufen ein Schiff umgeben, als wollten sie hier Zuflucht suchen vor den gefürchteten Angriffen ihres größten Feindes, des Schwertfisches, welcher aber gerade unter solchen Umständen sich unter sie stürzt und viele von ihnen durchbohrt. Er ist in der Tat ein gewaltiger Feind der Thune und ihrer Verwandten, und gar oft sieht man, wie er mit seinem Schwerte mehrere nacheinander durchsticht."

Schiffe sind von Schwertfischen mehrmals angebohrt und Planken, welche noch das Schwert in sich tragen, in mehreren Museen zur Schau ausgestellt worden. Als im Jahre 1725 das britische Kriegsschiff „Leopard" ausgebessert werden mußte, fand man in einer Seitenplanke ein abgebrochenes Schwert dieses Fisches, welches die äußere zolldicke Verschalung, ein Pfosten von 8 und eine Rippe von 10 cm Dicke durchbohrt hatte, und ebenso entdeckte man in einem aus der Südsee zurückgekehrten Schiff die ebenfalls abgebrochene Waffe des gewaltigen Ungetüms, welche nicht allein die Verschalung, eine 10 cm dicke Planke, durchstoßen hatte, sondern auch durch einen 30 cm dicken gebogenen Balken gedrungen war und außerdem noch den Boden eines Tranfasses zertrümmert hatte.

Heutzutage sieht man das Fleisch des jungen Schwertfisches als vorzüglich an. Von den Alten wurden namentlich ein Teil des Schwanzes und die um die Flossen liegenden Muskeln als Leckerbissen betrachtet.

Grundelartige

Grundeln

Die *Grundeln* (Gobiidae) sind größtenteils kleine, langgestreckte Fische mit nackter oder beschuppter schleimiger Haut, zwei Rückenflossen, deren vordere ebenfalls oft biegsame Strahlen besitzt, sich aber auch zuweilen mit der zweiten vereinigt, und weit vorstehenden Bauchflossen, welche entweder an der Wurzel oder ihrer ganzen Länge nach verbunden sind und einen Trichter oder eine hohle Scheibe bilden. In der Kiemenhaut finden sich fünf Strahlen. Bei den Männchen, in einzelnen Sippen auch bei den Weibchen, gewahrt man eine sogenannte Geschlechtswarze am After. Bei manchen Arten unterscheiden sich beide Geschlechter sehr auffallend.

Weitaus der größte Teil aller Grundeln lebt im Meer. Sie bevorzugen felsigen Grund, setzen sich hier zwischen Steinen fest und jagen nach Würmern und Garnelen, fressen aber auch Fischeier und Tang, bleiben meist truppweise zusammen und vereinigen sich, wenn sie erschreckt wurden, rasch wieder, um gemeinschaftlich zu fliehen. Im Wasser schwimmen sie mit großer Gewandtheit, können sich aber auch auf schlammigem Grunde vortrefflich bewegen, indem sie ihre Brustflossen wie Beine gebrauchen. Wie die Lungen- und Labyrinthfische können manche stunden- oder tagelang außerhalb des Wassers verweilen. Ihre Vermehrung ist sehr beträchtlich, und die Fortpflanzung hat insofern etwas Eigentümliches, daß die Männchen regen Anteil an der Brut nehmen und die Eier bewachen. Im menschlichen Haushalt spielen sie keine bedeutende Rolle; ihr Fleisch wird nicht besonders geschätzt.

Grundeln im engeren Sinne (Gobius) nennt man diejenigen Mitglieder der Familie, bei denen die Bauchflossen ihrer ganzen Länge nach verwachsen sind. Eine der verbreitetsten und bekanntesten Arten dieser zahlreichen Gattung ist die *Schwarzgrundel* (Gobius niger), Abb. S. 432, ein Fischchen von 10 bis höchstens 15 cm Länge, mit düsterer, auf der Bauchseite lichterer Färbung, gezeichnet mit Wolkenflekken, die gewöhnlich dunkelbraun aussehen und zuweilen auch verblassen; Rücken- und Schwanzflosse sind schwärzlich gebändert, die ölfarbenen Brustflossen braun gestrichelt.

In beträchtlicher Zahl tritt die Schwarzgrundel im Mittelmeer und in der Nordsee auf, fehlt aber auch im Atlantischen Ozean, im Kanal und in der Nord- und Ostsee nicht.

Ihre Laichzeit fällt in den Mai oder Juni; um diese Zeit verläßt sie die Felsen, welche sie bis dahin bewohnte, zieht nach den mit Seegras bewachsenen Stellen der Küste und gräbt hier eine tiefe Wohnung, deren Gewölbe von den Wurzeln dachartiger Pflanzen gebildet wird, um die Eier abzusetzen. Wie bei den Stichlingen ist das Männchen der Baumeister, wie bei jenen überwacht es den Eingang seines Hauses und lauert auf die Weibchen, die zum Laichen erscheinen. Jedes ankommende Weibchen wird herbeigelockt, der Zugang in das Innere wird ihm gestattet und der von ihm gelegte Rogen unmittelbar nach dem Legen befruchtet. Hierauf bleibt das Männchen etwa zwei Monate lang treuer Hüter der anvertrauten Eier, verteidigt sie mutig gegen jeden Feind, magert während dieser Zeit zusehends ab und scheint seiner vollständigen Erschöpfung nahe zu sein, wenn die heranwachsende Brut das elterliche Haus verläßt und den treuen Wächter aller Sorgen entledigt. Ist der Besuch der Weibchen zahlreich, so wird die Wohnung vergrößert und oft mit mehreren Ausgängen versehen; fehlt es an Zuspruch, so wird das Nest verlassen und an einer günstigeren Stelle ein neues angelegt.

Die Schwarzgrundel war von jeher ein Lieblingsgericht der Venetianer, bei den Bewohnern Roms aber verachtet:

„*Wenn im Venetischen Land auch prächtig sind die Gelage,*
Anfang des Mahles pflegt dennoch die Grundel zu sein",
spottet *Martial.*

In den Küstensümpfen und brackigen Gewässern unweit der Meere des heißen Gürtels, insbesondere in West- und Ostafrika sowie auf vielen Inseln des Indischen und Stillen Ozeans, leben Grundeln, die wegen des Baues ihrer Kiemen noch länger außerhalb des Wassers leben können als die Verwandten, dementsprechend fast den größten Teil des Tages in feuchtem Schlamme verbringen und sich hier in sonderbarer Weise bewegen. Man nennt sie *Schlammspringer* (Periophthalmus). Ihre Brustflossen sind sehr lang, sozusagen armförmig und beschuppt, die Bauchflossen verwachsen, die Kopfseiten beschuppt. Die einander nahegestellten, vortretenden Augen lassen sich durch ein unteres Lid bedecken. Die Kiemen bilden nur eine Ritze.

Der *Mangrovenschlammspringer* (Periophthalmus koelreuteri), Abb. S. 432, ist ein Fischchen von etwa 15 cm Länge und vielfach abändernder Färbung und Zeichnung, meist auf lichtbraunem Grund mit silbernen und braunen Flecken gezeichnet und durch ein schwarzes, weißgesäumtes Längsband in der oberen Hälfte der hinteren Rückenflosse sowie durch Flecke und Tüpfel in den Brust- und Bachflossen noch besonders geziert.

Wenn irgendein Fisch den Namen *Baumsteiger* verdient, so ist es der Schlammspringer; denn seine Brustflossen scheinen ganz danach gebaut zu sein, ihm ein Klettern zu ermöglichen. Sie sind eher Füße als Flossen, werden auch vollständig als solche gebraucht. Alle Schlammspringer betreiben ihre Jagd weniger im Wasser als auf dem Lande. Sie leben wie Lurche, liegen meistens auf dem Schlamme, laufen hier oder am Strande wie Eidechsen davon und stürzen auf ihren Raub mit solcher Schnelligkeit los, daß sie ihn selten verfehlen. Werden sie verfolgt, so fahren sie wie ein Pfeil über den Schlamm hinweg, bohren sich in ihn ein und verstecken sich auf diese Weise.

Schleimfische und Aalmuttern

Die meisten Vertreter der Familien der Seewölfe (Unterordnung Schleimfische) und Aalmuttern haben eine nackte oder mit sehr kleinen, runden Schuppen besetzte schleimige Haut. Der Leib ist gestreckt und seitlich zusammengedrückt, der Kopf groß und etwas plump. Die Bauflossen stehen an der Kehle und werden nur aus zwei oder drei biegsamen Strahlen zusammengesetzt; die Rückenflossen sind, obwohl ein vorderer und hinterer Teil noch erkennbar ist, zu einer verschmolzen; ihre Strahlen sind ebenfalls weich und biegsam; Brust-, After- und Schwanzflosse gewöhnlich groß und kräftig. Das Gebiß besteht aus langen, dicht nebeneinanderstehenden Zähnen, welche eine einzige, sehr regelmäßige Reihe in jeder Kinnlade bilden. Vor den Augen, zuweilen auch an den Nasenlöchern oder an den Backen, erheben sich verschieden gestaltete Fühlfäden. Beide Geschlechter unterscheiden sich gewöhnlich ziemlich auffällig, die Männchen von den Weibchen besonders dadurch, daß sie am Ausgang der Samengänge mehr oder weniger hohe Kämme oder einen Haufen von Warzen haben. Auch die Schleimfische und Aalmuttern leben fast ausschließlich im Meer. Sie sind tüchtige Raubfische, mehrere Arten auch sehr bissige und deshalb von den Fischern gefürchtete Tiere. Ihre Nahrung besteht aus anderen Fischen und allerlei wirbellosen Seetieren, namentlich Würmern und Muscheln.

Seewölfe

Die *Seewölfe* oder *Wolfsfische* (Anarrhichadidae) übertreffen ihre sämtlichen Verwandten an Größe und Bewaffnung. Ihr Leib ist lang und zusammengedrückt; ihre Rückenflosse verläuft über die ganze Oberseite, vereinigt sich aber ebensowenig wie die kürzere Afterflosse mit der Schwanzflosse; die Brustflosse ist groß; die Bauchflosse fehlt ganz. Als eigentümliches und bezeichnendes Merkmal muß das Gebiß gelten, eines der furchtbarsten, das die Klasse der Fische aufzuweisen hat. Es besteht aus gewaltigen Kegelzähnen, die in den Kiefern sitzen, und mehreren Reihen stumpfkegelförmiger Zähne, die hinter diesen auf dem Gaumen- und Pflugscharbein sitzen.

Der *Atlantische Seewolf* (Anarrhichas lupus) erreicht eine Länge von 1,50 m; in den südlicheren Meeren findet man jedoch nur selten Stücke, die mehr als 1 m messen. Der Oberteil des Kopfes, die Seiten, der Rücken und die Flossen sehen braungelb, die unteren Teile weißgrau aus; Rücken- und Afterflossen sind neun- bis elfmal gebändert und, wie der ganze übrige Leib, außerdem dunkel gepunktet.

Nach Art seiner Familienverwandten hält sich der Seewolf auf dem Boden, am liebsten auf felsigem Grunde auf, lauert hier in Felsspalten auf Beute oder reißt solche von den Felsen ab. Der Hauptteil seiner Nahrung besteht nämlich aus Krustern und Muscheln, deren Panzer und Schalen sein fürchterliches Gebiß ohne Mühe zertrümmert. Wahrscheinlich stellt er auch verschiedenen Fischen nach; denn er schwimmt, obschon mit schlängelnder Bewegung, immerhin schnell genug, um den einen oder anderen seiner Klassenverwandten einzuholen. Während des Winters lebt er in den tieferen Gründen des Meeres; im Mai oder Juni nähert er sich den flacheren Küsten, um zu laichen. Einige Monate später sieht man seine grünlich gefärbten Jungen in ziemlicher Anzahl zwischen den Seetangen.

Aalmuttern

Besondere Beachtung verdient die *Aalmutter*, auch *Aalquappe* (Zoarces viviparus) genannt, welche zu den wenigen Fischen gehört, die vollkommen entwickelte, lebensfähige Junge zur Welt bringen. Die Merkmale der Gattung liegen in dem verlängerten, etwas zusammengedrückten Leibe, den kleinen, einzelstehenden, punktförmigen, unter der Haut zerstreuten Schuppen, der ebenfalls fast die ganze Oberseite einnehmenden Rückenflosse, der aus zwei bis drei Strahlen gebildeten, an der Kehle stehenden Bauchflosse, den langen und schmalen Brustflossen und der über die Hälfte des Unterleibes sich erstreckenden Afterflosse, die wie die Rückenflosse unmittelbar in die Schwanzflosse übergeht. Die kegelförmigen Zähne stehen in einer Reihe an den Seiten der Kinnladen; Gaumen und Zunge sind unbewehrt. Die Kiemenhaut hat sechs Strahlen. Erwähnenswert ist noch eine kleine Warze hinter dem After, in der sich die doppelten Ausführungsgänge für Samen und Eier befinden. Sie schwillt während der Laichzeit an und scheint als Werkzeug der Begattung zu dienen. Die Länge schwankt zwischen 20 und 60 cm; Stücke von der letztgenannten Größe gehören jedoch zu den Seltenheiten. Die Grundfärbung ist ein blasses Braun, das auf dem Rücken und an den Seiten dunkler gefleckt und gebändert, auf der Unterseite hingegen einfarbig wird. Die Bänderung erstreckt sich auch auf die Rückenflosse, die Einfarbigkeit auf Brust- und Bauchflosse.

Man findet die Aalmutter in den nordischen Meeren, namentlich in der Nord-und Ostsee und im Kanal. Zu ihrem Aufenthalt bevorzugt sie ebenfalls steinigen Grund, lebt überhaupt nach Art ihrer Verwandten, vielleicht mit dem Unterschied, daß sie sich mehr als diese zwischen Tangen verbirgt. Als Nahrung wählt sie kleine Fische, Muscheln, Würmer und Laich. Die Jungen haben bei der Geburt eine Länge von 3 cm, erreichen aber, nach *Neill*, fast das Doppelte dieses Maßes, wenn die Mutter selbst eine beträchtliche Größe hat. Obgleich vollkommen lebensfähig, sind sie doch noch so durchsichtig, daß man mit einem einfachen Vergrößerungsglas den Blutumlauf im Innern wahrnehmen kann. Sie wachsen rasch heran und erreichen schon in den ersten 14 Tagen das Dreifache ihrer ursprünglichen Größe.

Für die Fischerei ist die Aalmutter bedeutungslos, obwohl ihr Fleisch als schmackhaft gerühmt und hier und da auf den Markt gebracht wird. Beim Kochen nehmen die Knochen eine grüne Färbung an, ein Umstand, dem der Fisch seinen hier und da gebräuchlichen Namen „Grünknochen" verdankt.

Labyrinthfische und Meeräschenartige

Labyrinthfische

Aristoteles spricht von Fischen aus der Nähe von Heraclea Pontica, die, wenn das Wasser der Flüsse und Seen verdunstet, der Feuchtigkeit nachgehen und sich in den Schlamm eingraben; hier verweilen sie, während sich die Oberfläche erhärtet, in einem schlafartigen Zustand, bewegen sich aber lebhaft, wenn sie gestört werden. In der Tiefe des Schlammes lassen sie ihren Laich zurück, der sich entwickelt, wenn das Bett ihres Gewässers wiederum gefüllt wird. Ebenso gibt es, so bemerken die alten gut unterrichteten Schriftsteller außerdem, Fische in Indien, die zuweilen die Flüsse verlassen und wie Frösche über das Land wandern, um ein anderes Gewässer aufzusuchen.

Von vornherein läßt sich annehmen, daß diese Fische mit einer besonderen, anderen Fischen nicht zukommenden Ausrüstung begabt sein müssen. Lungen besitzen sie zwar nicht, aber Organe, welche die Lungen vertreten. Fische, die aus dem Wasser genommen werden, sterben, weil ihre Kiemen eintrocknen und der Blutumlauf dadurch verhindert wird: Sie ersticken wie ein höheres Wirbeltier, dem man den Hals zuschnürt. Je größer die Kiemenöffnung und je feiner die Verzweigung der Kiemen, um so schneller tritt der Tod ein. Manche sterben fast augenblicklich, nachdem sie das Wasser verlassen haben; andere können stundenlang außerhalb desselben verweilen wie unsere Karpfen, die meilenweit über Land gesandt werden können, wenn

Mosaikfadenfische

Schleierkampffische, der hintere greift an

man sie in feuchte Tücher einhüllt. Was diese feuchten Tücher bei den Karpfen bewirken, sind bei den *Labyrinthfischen*, von denen *Aristoteles* und *Theophrast* sprechen, eigentümliche, in dem Schlundknochen gelegene, vielfach verzweigte Zellen mit blätterartigen Wandungen, die beim Atmen mit Wasser angefüllt werden und dieses Wasser nach und nach auf die Kiemenblättchen abgeben. Im übrigen haben diese Fische einen länglicheiförmigen Rumpf, gewöhnlich sehr lange Rücken- und Afterflossen, deren weiche, strahlenartige Teile beschuppt sind, und entweder regelrecht gebildete Bauchflossen oder solche, in denen der erste Strahl alle übrigen mehrfach an Länge übertrifft bzw. ersetzt.

Die *Kletterfische* (Anabantidae) sind gekennzeichnet durch einen länglichrunden, seitlich schwach zusammengedrückten Rumpf, ganzrandige Vor- und am Rande gezähnelte Kiemendeckel, kleine Zähne in den Kiefern, an der Spitze und am hinteren Teile des Pflugscharbeines, lange Rücken- und Afterflossen, deren vorderer Teil von vielen starken, spitzen Strahlen gespannt wird, und etwas kurze, jedoch regelrecht gebildete Brust-, Bauch- und Afterflossen.

Der *Kletterfisch* (Anabas testudineus) erreicht eine Länge von 25 cm und ist auf dem Rücken bräunlichgrün und auf dem Bauche gelblich gefärbt, während Rücken- und Afterflossen violett, Bauch- und Brustflossen rötlich aussehen und die Schwanzflosse die Rückenfärbung zeigt. Einzelne Stücke sind dunkler gebändert und heller gefleckt, andere ziemlich gleichfarbig. Das Verbreitungsgebiet umfaßt ganz Indien und Indonesien.

Zwei arabische Reisende, *Soliman* und ein Ungenannter, die Indien zu Ende des 9. Jahrhunderts besuchten, erfuhren hier, daß es einen Fisch gäbe, der aus den Gewässern aufsteige, sich an Land zu den Kokospalmen wende, an ihnen emporklimme, Palmwein trinke und sodann wieder zur See zurückkehre. 900 Jahre später erwähnt ein gewisser *Daldorf* denselben Fisch, beschreibt ihn und berichtet, daß er ihn bei Tranquebar an der indischen Koromandelküste angetroffen habe, als er gerade in der Ritze einer unweit eines Teiches stehenden Palme in die Höhe geklettert sei, indem er sich mit den Stacheln der ausgespreizten Kiemendeckel an den Wänden des Spaltes gehalten, den Schwanz hin und her bewegt, die Stacheln der Afterflosse an die Wand gestützt, sich vorgeschoben, die Deckel von neuem angesetzt und sich in dieser Weise aufwärts bewegt habe. Auch nachdem er gefangen war, sei er noch mehrere Stunden im Sande eines Schuppens umhergelaufen. Ein Missionar, *John*, der Indien bereiste, fing mehrere dieser Fische. Fünf „Baumkletterer" sandte er an *Bloch* und schrieb diesem dabei, daß vorstehender Name die Übersetzung der indischen Benennung sei, weil der Fisch in der Tat mit seinen sägeartigen Deckeln und scharfen Flossen auf die Palmen des Ufers zu klettern versuche, während das Regenwasser an ihrem Stamm heruntertropft. Mehrere Stunden könne der Baumkletterer im Trockenen leben und sich durch wunderbare Krümmungen des Leibes fortbewegen. Im übrigen halte er sich im Schlamme der Teiche auf.

Andere Arten dieser Unterordnung können das Wasser nicht verlassen, doch schlucken sie regelmäßig an der Wasseroberfläche Luft. Von den Aquarianern wird besonders der 5 cm große *Kampffisch* (Betta splendens) geschätzt. Er hat seinen Namen wegen des ungestümen Kampfes bekommen, den sich jeweils zwei begegnende Männchen liefern. Eine beliebte Zuchtform ist der prächtig blau gefärbte *Schleierkampffisch*, Abb. S. 457. Seine Heimat ist Hinterindien. Ebenfalls aus diesem Gebiet stammen die *Fadenfische*, bei denen die Bauchflossen fadenförmig verlängert sind; eine bereits im Aquarium gezüchtete Art ist der *Mosaikfadenfisch* (Trichogaster leeri).

Meeräschen

Meeräschen oder auch *Harder* (Mugilidae) heißen wohlgestaltete Seefische mit gestrecktem, rundlichem Leibe und großen, auch den Kopf bekleidenden Schuppen, zwei durch eine weite Lücke getrennten Rückenflossen, deren erste nur vier Strahlen enthält, kurz hinter den Brustflossen stehenden Bauchflossen, querstehendem, eckigem, dicklippigem Maule und, falls solche vorhanden, kleinen, feinen Zähnen. Die Harder leben sowohl in den mit dem Meer in Verbindung stehenden Süßgewässern wie in seichteren Seebuchten, Häfen und anderen Küstenteilen der Meere. Auch sie bilden in der Regel zahlreiche Schwärme und vereinigen sich dabei mit Seebarben und anderen Friedfischen.

Eine im Mittelmeer, im Atlantischen Ozean und auch in der Nordsee vorkommende, ausnahmsweise sich bis in die Ostsee verirrende Art, die *Dünnlippige Meeräsche* (Mugil capito), Vertreterin einer gleichnamigen Gattung (Mugil), erreicht eine Länge von 40–45, höchstens 70 cm und ist auf dem Rücken einfach dunkelblaugrau, auf dem Bauch und an den Seiten silberweiß, überall schwarz in die Länge gestreift. Weiche und fettige Stoffe bilden ihre bevorzugte Nahrung, insbesondere solche, die bereits in Verwesung begriffen sind. Ihre Lippen scheinen einen sehr feinen Tastsinn zu besitzen; denn die meiste Nahrung holen sie sich aus dem Grunde heraus.

STICHLINGSFISCHE

Stichlinge

Der Leib der *Stichlinge* (Gasterosteidae) ist spindelförmig, seitlich zusammengedrückt, die Schnauze spitz, der Schwanzteil sehr dünn; die Kinnladen tragen einen schmalen Streifen samtartiger Zähne. Von der Rückenflosse aus erheben sich frei stehende Stacheln in verschiedener Anzahl; die fast nur aus einem Stachelstrahle bestehenden Bauchflossen stehen annähernd in der Mitte des Leibes. Die Stichlinge leben sowohl in Süß- oder Brackgewässern wie in den Meeren der nördlichen Halbkugel und führen eine bei den verschiedenen Arten sehr übereinstimmende Lebensweise, über die uns die heimischen Arten zur Genüge belehren.

Der *Stechbüttel, Dreistachelige Stichling* oder *Stachelfisch* (Gasterosteus aculeatus), kenntlich an seinen drei Stachelstrahlen vor der Rückenflosse, von denen der erste über der Brustflosse eingelenkt und der zweite der längste ist, tritt in mehreren, wie es scheint, ständigen Spielarten auf, wird 7–8, höchstens 9 cm lang und ist auf der Oberseite grünlichbraun oder schwarzblau, auf Seiten und Bauch silbrig, an Kehle und Brust blaß rosa- oder blutrot gefärbt, ändert aber vielfach ab, trägt auch während der Laichzeit ein weit lebhafteres Kleid als sonst. Sein Verbreitungsgebiet erstreckt sich über den größten Teil Europas. Er ist häufig und unter Umständen im Süßwasser ebenso allgemein verbreitet wie im Meer.

Der *Zwergstichling* oder *Neunstachelige Stichling* (Pungitius pungitius), einer der kleinsten unserer Süßwasserfische, der höchstens eine Länge von 6 cm erreicht, unterscheidet sich von jenem durch 9–11 fast gleich lange Stachelstrahlen von der Rückenflosse und einen etwas gestreckteren Leib. Die Oberseite ist grünlich, die Unterseite silberglänzend, eine wie die andere oft durch verwaschene Querbänder unregelmäßig gefleckt. Während des Sommers geht bei den Männchen die silberne Färbung der Unterseite oft in eine dunkelschwarze über. Nord- und Ostsee beherbergen den Zwergstichling in namhafter Menge; aber auch er begibt sich häufig in die Flüsse, steigt in ihnen weit empor und scheint sich in Süßgewässern, ebenso wie andere seiner Verwandten, bleibend anzusiedeln.

Der *Seestichling* oder *Dornfisch* endlich (Spinachia spinachia), das größte Mitglied der Familie, hat eine sehr gestreckte Gestalt mit verhältnismäßig spitzer Schnauze und 15 Stacheln auf dem Rücken. Dieser und die Oberseite sehen grünlichbraun, die Seiten gelblich, Backen, Kiemendeckel, Kehle und Bauch silberweiß aus; die zweite Rücken- und die Afterflosse zeigen vorn einen dunkeln Fleck. Die Länge beträgt 15 cm. Die Nord- und Ostsee, erstere im weitesten Sinne des Wortes, bilden die Heimat des Seestichlings.

Wenige Fische vereinigen so viele für den Aquarianer anziehende Eigenschaften in sich wie die Stichlinge. Sie sind lebhaft und bewegungslustig, gewandt, räuberisch und streitsüchtig, mutig im Vertrauen auf ihre gegenüber anderen Fischen furchtbare Bewaffnung, aber hingebend in der Fürsorge für ihre Nachkommenschaft.

Innere Erregung der kämpfenden Stichlinge übt den größten Einfluß auf ihre Färbung aus, die sich buchstäblich mit der Stimmung ändert. Aus dem grünlichen, silbergefleckten Fisch wandelt der zornige Siegesmut einen in den schönsten Farben prangenden um: Bauch und Unterkiefer nehmen tiefrote Färbung an; der Rücken ist schattiert bis in Rötlichgelb und Grün; die sonst weißliche Iris leuchtet in tiefgrünem Schimmer auf. Ebenso schnell macht sich ein Rückschlag bemerkbar. Wird aus dem

Stichlingsmännchen, seine Jungen bewachend

Sieger ein Überwundener, so verbleicht er wieder.

Das merkwürdigste in der Lebensgeschichte der Stichlinge ist zweifellos ihr Brutgeschäft. Wenn die Laichzeit herannaht, wählt jedes Männchen einen bestimmten Platz und verteidigt denselben mit der ihm eigentümlichen Hartnäckigkeit und Kampflust gegen jeden anderen Fisch seiner Art und seines Geschlechts, der den Versuch wagen sollte, ihn zu verdrängen. Der erkorene Platz kann verschieden sein. Die Stichlinge, die im Süßwasser laichen, suchen gewöhnlich eine seichte Stelle auf kiesigem oder sandigem Grunde auf, über die das Wasser ziemlich rasch rieselt oder doch öfters bewegt wird, und legen ihr Nest entweder auf dem Boden, halb im Sande vergraben, oder freischwebend zwischen Wasserpflanzen an; die Seestichlinge wählen ähnliche Standorte und benutzen meist längere Tange in der Nähe des Strandes, zwischen denen sie sich gern aufhalten, zur Befestigung des Nestes.

Warrington, *Coste* und *Evers*, die ihre gefangenen Stichlinge beim Bauen beobachteten, haben uns über die Art und Weise ihrer Arbeit unterrichtet. Das Männchen, welches während der Laichzeit in den prachtvollsten Farben prangt und seine erhöhte Tätigkeit und Regsamkeit auch in anderer Weise bekundet, schleppt, falls es sich für einen Standort am Boden entschieden hat, zuerst einige Wurzeln und ähnliche Teile verschiedener Wasserpflanzen, auch solche, welche länger sind, als es selbst, manchmal aus ziemlicher Entfernung herbei, reißt sogar von lebendigen Pflanzen mit großer Mühe ganze Teile ab. Die Stoffe werden stets sorgfältig ausgewählt, geschichtet und nochmals zurechtgelegt, bis der kleine Künstler sie seinen Wünschen entsprechend geordnet hat. Zur Befestigung am Boden dient Sand oder Kies; die innere Rundung, überhaupt die Gestalt, wird hervorgebracht und die Haltbarkeit erzielt, indem der Stichling langsam über die befestigten Teile wegschwimmt und sie dabei leimt und zusammenkittet. Das Herbeischaffen der verschiedenen Baustoffe dauert etwa vier Stunden: Nach Ablauf dieser Zeit ist auch das Nest in seinen rohen Umrissen vollendet; der Ausbau aber, das Ordnen einzelner Halme, das Verflechten ihrer Enden und das Beschweren derselben mit Sand beansprucht mehrere Tage. Während des Bauens hat der Stichling nur seine Arbeit und die Verhinderung jeglicher Störung im Sinne.

Die Größe des Nestes ist sehr verschieden, da sie sowohl durch den Standort wie durch die Baustoffe beeinflußt wird; durchschnittlich mag es Faustgröße haben. Gewöhnlich ist es länglichrund und oben vollständig geschlossen, seitlich dagegen mit einem Ein- und Ausgang versehen. Anfänglich bemerkt man nur den Zugang zum Innern, später ihm gegenüber auch den Ausgang. Wenn nämlich der Stichling seinen Bau vollendet hat, versucht er Weibchen herbeizulocken. Das Männchen umschwimmt das Weibchen in allen Richtungen, begibt sich ins Nest, kehrt einen Augenblick später zurück und trachtet, die Gattin durch Stoßen mit der Schnauze ins Innere zu treiben. Gelingt es dem Männchen, ein Weibchen zum Eingang zu bewegen, so legt dasselbe seine Eier, bohrt auf der dem Eingange entgegengesetzten Seite ein Loch durch die Nestwand und entfernt sich. Fortan hat also das Nest zwei Öffnungen, und den Eiern kommt der nunmehr durchgehende Wasserstrom zugute. Am nächsten Tage begibt sich das Männchen wiederum auf die Brautschau, bringt günstigenfalls ein zweites Weibchen herbei, veranlaßt auch dieses zu legen und wiederholt sein Bemühen, bis eine genügende Anzahl von Eiern vorhanden ist. Während oder unmittelbar nach dem Legen begibt es sich in das Nest und streicht über die Eier hin, um sie zu besamen.

Von nun an verdoppelt es seinen Eifer und seine Wachsamkeit. Es gilt, die Eier vor jedem Angriff zu bewahren und zu verteidigen. Jeder andere sich jetzt nähernde Stichling wird mit Wut angefallen und in die Flucht geschlagen, gleichgültig ob es sich um ein Männchen oder Weibchen handelt; denn diese gefährden die Eier in demselben Grade wie jene und sind vielleicht noch lüsterner nach ihnen oder den eben ausgeschlüpften Jungen. Bis zu deren Auskriechen bekundet das Männchen auch noch in anderer Art seine Sorgfalt. Es bessert an dem Neste durch Zufall entstandene oder von einem Beobachter hervorgebrachte Unordnung mit der Schnauze wieder aus, stellt sich oft vor oder im Brutraum auf, bewegt zitternd seine Brustflossen und erneuert so das Wasser innerhalb des Nestes, gleichsam, als wisse es, daß den Eiern frischer Sauerstoff zugeführt werden muß. Sehr häufig werden die treuen Tiere durch mißgünstige andere Männchen, die ihnen wahrscheinlich das Nest wegnehmen wollen, oder durch die raublustigen Mütter gestört, und so ist ihre Wachzeit eigentlich ein ununterbrochener Kampf.

Nähern sich endlich die Eier der Reife, so machen sich neue Sorgen geltend. Es handelt sich jetzt darum, die ungeschützten Jungen zu behüten und zu bewahren. In *Warringtons* Bekken wurden in der Nacht des 8. Mai von einem Weibchen Eier gelegt und die Mutter schon am nächsten Tage von dem Männchen heftig zurückgejagt. Dieses versah nun sein Wächteramt bis zum 18. desselben Monats und begann an diesem Tage plötzlich, das Nest bis auf einige Grundhalme zu zerstören. Aller auf den Eiern liegende Schlamm und Sand wurde auf einer Stelle von 8 cm Durchmesser sorgfältig mit dem Munde weggenommen und fortgeschafft. Als Warrington, verwundert über das Beginnen des so sorgsamen Vaters, ein Vergrößerungsglas zu Hilfe nahm, entdeckte er die eben ausgekrochenen Jungen. Von jetzt an schwamm das Männchen ununterbrochen kreuz und quer über dem gereinigten Raum umher, verdoppelte gleichsam seine Wachsamkeit und trieb jeden anderen Fisch, der nur bis auf eine gewisse Entfernung nahte, zurück. Nachdem die Jungen etwas an Größe und Stärke zugenommen hatten, schienen sie sich zerstreuen zu wollen; der Vater aber wußte dies zu verhindern, indem er die Ausreißer mit dem Maule aufnahm, verschluckte und vorsichtig wieder auf das Nest spie. Erst später, als die Brut sich bereits im Schwimmen tüchtig zeigte, nahm die Tätigkeit des Wächters nach und nach ab, und als sie endlich ernährungsfähig waren, bekümmerte der Alte sich gar nicht mehr um sie.

DORSCHFISCHE

„Die Dorschartigen Weichflosser sind Fische, welche im inneren Bau mit den Stachelflossern übereinstimmen, deren Schwimmblase, wenn vorhanden, auch ohne Luftgang ist, die aber nur weiche Strahlen haben. Ihre Bauchflossen, wenn vorhanden, stehen an der Brust oder Kehle." Mit diesen Worten kennzeichnet Johannes *Müller* die von ihm aufgestellte Ordnung (Gradiformes), und wenn man dem ergänzend noch hinzufügt, daß die unteren Schlundknochen stets getrennt sind, hat man gesagt, was im allgemeinen über die hierhergehörenden Fische zu sagen ist. Anders verhält es sich, wenn man die Bedeutung, die die Weichflosser für uns haben, ins Auge faßt. So wenige Familien nämlich diese Ordnung umfaßt, und so gering die Anzahl der Arten jeder einzelnen Familie ist, so außerordentlich ist deren Bedeutung für die Fischerei. Die Weichflosser sind es, welche jahraus, jahrein die Fischmärkte mit den gesuchtesten und beliebtesten Seefischen versorgen, zu deren Fang Tausende von Schiffen ausgerüstet werden und die Hunderttausenden von Menschen Beschäftigung und Verdienst gewähren. Ihretwegen versammeln sich alljährlich die größten aller Flotten an bestimmten Stellen, trotzen die Fischer dem grauenvollsten Wetter und allen damit verbundenen Gefahren. Der Handel mit ihnen verbindet seit Jahrhunderten die entferntesten Völker und ist seit dieser Zeit für einzelne Gegenden und Länder die hauptsächlichste Quelle des Wohlstandes gewesen.

Dorsche

Die Familie der *Dorsche* oder *Schellfische* (Gadidae), als deren wichtigstes, wenn auch nicht edelstes Mitglied der Kabeljau gelten muß, hat einen mehr oder weniger verlängerten, mit kleinen, weichen, zahnradartigen Schuppen bekleideten Leib, eine, zwei oder drei Rückenflossen, kehlständige, kleine Bauchflossen, eine oder zwei Afterflossen und breite, mehr oder weniger ausgerandete, selten abgerundete Schwanzflossen.

Drei Rücken- und zwei Afterflossen, die bestimmt von der letzten Rücken- und zweiten Afterflosse geschiedene Schwanzflosse und ein Bartfaden an der Spitze der Unterkinnlade kennzeichnen die Gattung der **Schellfische** (Gadus) und somit auch den *Kabeljau* oder *Dorsch* (Gadus morhua), einen Fisch von 1 bis 1,50 m Länge und bis zu einem Zentner Schwere. Auf grauem Grunde ist er mit kleinen gelblichen Flecken getüpfelt, längs der Seitenlinie weiß gestreift, auf dem lichten Bauche ungefleckt. Der Kabeljau bewohnt den Atlantischen Ozean vom 40. Grad nördlicher Breite an und ebenso das Eismeer bis zum 70. Grad. In der Ostsee wird er durch eine Spielart ersetzt. Im Mittelmeer fehlt er dagegen ganz.

Als die eigentlichen Aufenthaltsorte des Kabeljaues müssen die tiefsten Gründe der genannten Meere gelten; denn seine Einwanderungen in den seichteren Buchten oder sein Ansammeln über verhältnismäßig flachliegenden Bänken, wie die von Neufundland und Rockall es sind, geschieht einzig und allein zur Fortpflanzung. Aber auch dann meidet er noch seichte Stellen des Meeres, wählt sich vielmehr am liebsten eine Tiefe von 40–250 m zum Ablegen seiner Eier aus. An Fruchtbarkeit wird er schwerlich von irgendeinem anderen Fische übertroffen: *Leeuwenhoeck* behauptet, in einem Rogener gegen neun Millionen Eier gefunden zu haben. Die Laichzeit fällt auf der östlichen Seite des Atlantik und des Eismeeres in die früheste Jahreszeit, in den Februar nämlich, und schon vom Anfang Januar an nähern sich die Kabeljaus hier den Küsten; auf der Westseite derselben Meere tritt sie dagegen erst später, im Mai und Juni ein, unzweifelhaft deshalb, weil hier der Golfstrom seine belebende und zeitigende Wärme nicht hat. Ein halbes Jahr später haben die Jungen etwa 20 cm an Länge erreicht; im dritten Jahr sind sie fortpflanzungsfähig geworden. Die laichenden Fische erscheinen in unschätzbarer Menge, wie die Norweger bezeichnend sagen, in Bergen, d. h. in dichtgedrängten Heeren, welche mehrere Meter hoch übereinanderschwimmen und einen Raum von einer Seemeile und mehr einnehmen, ziehen der Küste oder der Sandbank zu, treiben sich auf derselben mehrere Tage umher, werden beständig durch neue ersetzt und verlieren sich dann allmählich wieder.

Während der Laichzeit findet der Fang statt. Sofort nach dem Fang beginnt die Zubereitung der Beute. Man schneidet zunächst die Köpfe ab und wirft sie beiseite in besondere Tonnen oder Bottiche, weidet hierauf die Fische aus und teilt sie mit einem einzigen rasch und geschickt geführten Schnitt bis zur Schwanzflosse in zwei Hälften, sehr große wohl auch in vier Teile. Die Leber kommt in ein besonderes Faß, der Rogen in ein anderes. Während des Winterfanges bereitet man, auf den Lofoten wenigstens, zuerst nur Stockfische zu. Jedes größere Schiff führt eine beträchtliche Anzahl von Gabeln und Stangen mit sich und vermehrt mit deren Hilfe die am Lande feststehenden Gerüste. An ihnen hängt man nun die im Meerwasser ausgewaschenen, bis auf die Schwanzflosse geteilten Kabeljaus zum Trocknen aus, auf den meisten Inseln unter freiem Himmel, hier und da wohl auch in überdachten Schuppen, welche dem Luftzuge kein Hindernis bieten. An diesen Gerüsten trocknet der Fisch ganz allmählich ein; bei einigermaßen ungünstiger Witterung sieht man sie noch im Juli beladen. Erst nachdem der Stockfisch klapperdürr geworden, bringt man ihn in die Speicher, bündelweise wie Reisig, und schichtet ihn hier bis zur Abnahme haushoch übereinander. In besonders glücklichen Jahren, wenn alle Gerüste rasch bedeckt sind, bereitet man aus den zuletzt gefangenen Kabeljaus Klippfische. Zu diesem Zweck werden jene längs des Rückgrates geteilt und entweder erst einige Tage in großen Bottichen gesülzt und dann auf den Klippen zum Trocknen ausgebreitet oder aber hier mit Salz bestreut. Hat man genügend Fässer, so richtet man einen guten Teil der Beute zu Laberdan, d. h., man schichtet die zerteilten Fische reihenweise in

Fässern auf, bringt zwischen jede Lage eine Schicht Salz und schließt die Tonnen, sobald sie gefüllt sind.

Die Köpfe werden in Norwegen fast ausschließlich als Viehfutter benutzt; die Lebern schüttet man nach Beendigung des Fanges in große Bottiche; das aus ihnen sich absondernde ölige Fett, der Lebertran, wird von Zeit zu Zeit abgeschöpft, durch Seihen gereinigt und, seiner Güte entsprechend, in verschiedene Fässer gefüllt.

Der *Schellfisch* (Melanogrammus aeglefinus) unterscheidet sich vom Kabeljau durch geringere Größe, gestrecktere Gestalt und spitzere erste Rückenflosse sowie durch die Färbung. Seine Länge beträgt 50–100 cm; sein Gewicht kann bis zu 8 kg erreichen. Die Färbung des Rückens ist bräunlich, die der Seiten silbergrau; die Seitenlinie und ein Fleck zwischen Brustflosse und erster Rückenflosse sehen schwarz aus. In der Nordsee ist der Schellfisch nirgends selten, in den meisten Gegenden sogar sehr häufig; in der Ostsee wird er dagegen nur selten und lediglich im Süden, etwa bis Kiel hinab, also nur in verhältnismäßig stark salzigem Wasser, angetroffen. Auch er vereinigt sich zu unschätzbaren Haufen und scheint beständig auf der Wanderung zu sein.

Vertreter der *Wittlinge* oder bärtellosen Schellfische ist der *Wittling* oder *Weißling* (Merlangius merlangus), ein Fisch von 30 bis 70 cm Länge, dessen Gewicht nur in seltenen Fällen bis zu 3 kg ansteigt, und blaß rötlichbrauner, ins Aschgraue spielender Färbung, welche auf den Seiten und dem Bauche in Silberweiß übergeht, und noch durch dunkle Flecke an der Wurzel der Brustflossen ausgezeichnet ist. In den westeuropäischen Meeren ist der Wittling nirgends selten.

Eine andere Art der Familie, ihrer dunklen Farbe wegen der *Köhler* (Pollachius virens) genannt, gehört mehr den nördlichen Meeren an, obwohl er auch noch im Atlantischen Ozean, der Nordsee und selbst in der Ostsee gefunden wird. Dieser oft über 1 m lange Fisch wird meist unter dem Handelsnamen *Seelachs* auf den Markt gebracht.

Der einzige Dorschfisch, der im Süßwasser vorkommt, ist die weitverbreitete *Quappe* oder *Trüsche,* auch *Aalquappe* und *Rutte* (Lota lota) genannt, Vertreterin der *Quappen* (Lota), deren Merkmale in dem langgestreckten, mit sehr kleinen Schuppen besetzten, kleinköpfigen Leib, zwei Rückenflossen, von denen die zweite sehr lang ist, einer mäßig langen Afterflosse, abgerundeter oder zugespitzter Schwanzflosse, Bärteln am Kinne und den in einfacher Reihe in beiden Kieferrändern stehenden Zähnen liegen. Die Quappe ist auf Rücken, Seiten und Flossen heller oder dunkler ölgrün gefärbt und mit schwarzbraunen, wolkigen Marmorflecken gezeichnet, auf Kehle und Bauchflossen weißlich. Die Länge kann bis 1 m, das Gewicht bis 25 kg erreichen; so große Stücke kommen jedoch nur in den tieferen Seen vor.

Sie bewohnt Flüsse und Seen ganz Mitteleuropas, ebenso die Süßwasser Mittelasiens und Nordamerikas und soll selbst in Indien noch vorkommen. Sie tritt in Gebirgsgegenden in größerer Anzahl auf als im Flachland. Bei Tage hält sie sich unter Steinen und anderen im Wasser liegenden Gegenständen verborgen. Sie ist einer der ärgsten Räuber der Gewässer und der Schrecken aller kleineren Fische, Junge der eigenen Art nicht ausgenommen. Als Laichzeit werden die Monate November bis März angegeben. Der Fang wird mit dem größten Gewinn zur Laichzeit betrieben, und zwar mit dem Garne und der Grundschnur oder mit Reusen. Das Fett der Leber ergibt einen vortrefflichen Lebertran. Eine höchst eigentümliche Verwendung einzelner Teile der Quappe lernte *Erman* in Sibirien kennen. Bei den Burjäten ersetzte die Haut der Quappe unser Fensterglas, und bei den Kawaschen waren Männer und Weiber in Röcke, Hosen und Stiefeln aus solcher Haut gekleidet.

In den nördlichen Meeren vertritt unsere Quappe der *Leng* (Molva molva), ein jener sehr ähnlicher, nur durch die Anordnung der Zähne und die Flossenstrahlen unterschiedener, zum Vertreter einer gleichnamigen Gattung (Molva) erhobener Fisch von 1–2 m Länge und bis zu 25 kg Gewicht, der auf dem Rücken und den Seiten grau und ölgelb schimmernd, auf dem Bauche weiß gefärbt und durch die hell gerandeten dunklen Flossen sehr ausgezeichnet ist. Der Fang mit der Angel ist einfach, weil der Leng, einer der gefräßigsten Fische, nach allem schnappt, was Leben hat oder solches zu haben scheint.

PLATTFISCHE

Ebenmäßige Anordnung der Glieder gilt mit Recht als eines der wesentlichen Kennzeichen aller Wirbeltiere. Möge die Gestalt uns so verzerrt erscheinen, wie sie wolle: die eine Seite des Leibes gleicht mehr oder weniger genau der anderen. Es gibt jedoch eine Fischordnung, welche sich dadurch auszeichnet, daß sie eine Ausnahme von jener Regel bildet. Wer eines ihrer Glieder oberflächlich beschaut, ist geneigt zu glauben, daß bei ihr der Leib von oben nach unten abgeflacht und nach den Seiten hin verbreitert sei, überzeugt sich aber bald durch Betrachtung des, wie *Geßner* sagt, „gantz widerwertig gesetzten", das heißt merkwürdig verdrehten Kopfes, daß dem nicht so sein kann, und durch Untersuchung des Knochengerüstes, daß er es mit einem höchst absonderlich gebauten Geschöpf zu tun hat.

Die *Plattfische* oder Seitenschwimmer (Pleuronectiformes), Abb. S. 458, sind gekennzeichnet durch stark zusammengedrückten Leib und einen derartig verdrehten Kopf, daß beide Augen auf eine, bald auf die rechte, bald auf die linke Seite zu stehen kommen, und zwar je nach Art und Einzelwesen auf diejenige Seite, die durch Bekleidung und Färbung von der entgegengesetzten durchaus verschieden zu sein pflegt und die sich außerdem auch durch größere Entwicklung oder überhaupt durch Vorhandensein der Flossen, ja selbst durch bessere Ausbildung der Knochen des Gerippes von jener unterscheidet. Die Rückenflosse nimmt die zugeschärfte Firste des Rückens, die Bauchflosse die in derselben Weise abgeplattete Kante des Bauches ein; die Schwanzflosse sieht, den verschiedenen Seiten entsprechend, auf der einen Seite ebenfalls anders aus als auf der anderen, obgleich ihre Bildung als normal bezeichnet werden muß. Im Maul finden sich verschiedene, in der Regel jedoch entweder starke oder bürstenförmige Zähne.

Es läßt sich von vornherein annehmen, daß diese absonderliche Gestaltung eine unseren Fischen mehr oder weniger eigentümliche Lebensweise erfordert bzw. durch die Lebensweise erklärt wird. Diese weicht nun allerdings keineswegs wesentlich von der anderer vollkommen regelmäßig gebauter Fische ab, steht aber selbstverständlich mit dem Bau der Flachfische in vollstem Einklang. Diese Tiere bevölkern die Meere und steigen auch in Strömen und Flüssen herauf, leben hier wie dort auf dem Boden, die eine Seite auf den Grund gedrückt, die andere mit den Augen nach oben gerichtet, liegen so während des größten Teils ihres Lebens auf Lauer und bewegen sich fast nur, wenn es gilt, Beute zu gewinnen oder sich vor größeren Räubern in Sicherheit zu bringen.

Schollen

In der Familie der Schollen werden rechtsäugige, nicht einheitlich benannte Plattfische zusammengefaßt. Der *Heilbutt*, auch *Riesenscholle* und *Pferdezunge* (Hippoglossus hippoglossus) genannt, ist ein Riese innerhalb seiner Familie; denn seine Länge schwankt zwischen 1,50 und 2,30 m und sein Gewicht zwischen 100 und 200 kg. Die Färbung der Augenseite spielt von Licht- zu Düsterbraun; die Blindseite sieht reinweiß aus. Als die wahre Heimat des Heilbuttes hat man das Eismeer anzusehen, obgleich der Fisch auch an den britischen und dänischen Küsten regelmäßig gefunden wird.

Unter dem Namen *Schollen* (Pleuronectidae), den man zur Bezeichnung der gesamten Familie anwendet, versteht man die Arten mit verschobenem, viereckigem oder eirundem Leib. Unsere Fischer stellen unter den an den deutschen Küsten vorkommenden Arten dieser Sippe mit Recht den *Goldbutt*, der auch einfach Scholle (Pleuronectes platessa), Abb. S. 458, genannt wird, obenan. Seine Länge übersteigt nur in seltenen Fällen 60 cm, sein Gewicht nur ausnahmsweise 7 kg. Je nach der Örtlichkeit verschieden gefärbt und gefleckt, ist er in der Regel auf der Augenseite auf braunem Grunde grau marmoriert und mit rundlichen, gelben Flecken gezeichnet, die sich auf Rücken-, After- und Schwanzflosse fortsetzen, auf der linken Blindseite dagegen einfarbig gelblich oder graulichweiß. Der Verbreitungskreis erstreckt sich über einen großen Teil des Atlantischen Ozeans, das Mittelmeer, die Nordsee und die Ostsee.

Fast noch häufiger tritt an geeigneten Orten die in denselben Meeren heimische *Flunder*, auch *Butt* und *Elbbutt* (Platichthys flesus) genannt, auf, einer derjenigen Flachfische, die oft auch Süßgewässer besuchen. Seine Länge beträgt selten mehr als 50 cm, das Gewicht nur ausnahmsweise etwas über 3 kg. Die Färbung spielt von Tiefbraun bis Lichtbraun; die Zeichnung besteht aus dunkleren Flecken; die Flossen sind regelmäßig heller gefärbt als der Leib, aber ebenfalls dunkler gefleckt; die Blindseite zeigt feine schwarze Punkte und Tüpfel auf lichtgelbem oder gelblichweißem Grund. Bei den meisten Flundern stehen die Augen auf der rechten Seite; doch fand *Wittmack* unter 64 auf einen Zug erbeuteten Stücken nicht weniger als sieben, bei denen das Umgekehrte der Fall war.

Die *Kliesche* (Limanda limanda), ausgezeichnet durch ihre rauhen, zahnrandigen und unregelmäßigen Schuppen, sieht oben gleichmäßig blaßbraun, auf der Unterseite aber weiß aus und erreicht eine Länge von 40 cm bei einem Gewicht von 2–3 kg. Sie bevölkert vorwiegend die Küsten der Nordsee und des Nordatlantik und dringt gelegentlich auch in die Ostsee ein.

Buttverwandte und Zungen

Zur Familie der Buttverwandten (Bothidae) gehören nur linksäugige Plattfische, während bei den Zungen Rechtsäugigkeit vorherrscht.

Die *Steinbutte* (Scophthalmus) sind die breitesten aller Flachfische. Beim *Steinbutt* oder *Turbot* (Scophthalmus maximus), der geschätztesten Art der Sippe, ist die Augenseite höckerig, die Färbung ein unterschiedliches Braun, das sich auf den Flossen lichtet; die Zeichnung besteht aus verwaschenen Marmor- und deutlicher vortretenden, größeren und kleineren hellen Flecken; die Blindseite sieht gleichfarbig weiß aus. Die Länge kann 50–100 cm, das Gewicht bis 35 kg betragen.

Zungen (Soleidae) heißen die länglichen Schollen mit abgerundeter, schnabelartiger Schnauze. Die *Zunge* oder *Seezunge* (Solea solea), ein höchstens 60 cm langer und bis 3 kg schwerer Flachfisch, ist auf der rechten Außenseite und an den Spitzen der Brustflossen schwarz, auf der Blindseite bräunlich. Vom Mittelmeer bis zum Eismeer fehlt die Seezunge an keiner Küste des westlichen Europa.

In den Sitten und Gewohnheiten, insbesondere in der Art und Weise, sich zu bewegen, ähneln sich die Plattfische durchaus. Sie liegen auf dem Grunde ihres Aufenthaltsortes, bis auf die Augen mehr oder weniger im Sande versteckt und, mit Ausnahme der Augen, bewegungslos, bis eine Beute sie hervorlockt oder ein Raubfisch sie vertreibt. Das Eingraben geschieht mit einer merkwürdigen Schnelligkeit durch wellenförmige Bewegungen ihrer Rücken- und Afterflossen, wodurch sehr bald ein flaches Loch ausgegraben und gleichzeitig die Rücken- und Bauchseite leicht mit Sand bedeckt wird. Eine einzige kräftige Bewegung genügt dann, die Sanddecke abzuschütteln und den Leib in die Höhe zu heben, worauf der Flachfisch unter fortgesetzten wellenförmigen Bewegungen seiner beiden Hauptflossen und der kräftigen Schwanzflosse weiterschwimmt, so, daß die Blindseite nach unten, die Rückenseite nach oben gerichtet ist. Wenn er eine jähe Bewegung ausführen will, tritt die Schwanzflosse ebenfalls in Tätigkeit, und er schießt dann, getrieben von den kräftigen Schlägen dieses hauptsächlichsten Bewegungswerkzeuges und geleitet durch After- und Rückenflosse, sehr rasch durch das Wasser. Bei sehr langsamem Schwimmen nimmt der ganze Leib an dem wellenförmigen Spiel der Rücken- und Afterflosse teil; bei großer Eile sieht man nur die Schwanzflosse arbeiten.

Die Färbung der Augenseite schmiegt sich dem Grund und Boden des Gewässers genau an. Alles, was wir dem Chamäleon andichten, finden wir bei den Plattfischen verwirklicht. Legt sich einer beispielsweise auf sandigen Grund, so dauert es gar nicht lange, und Färbung und Zeichnung entsprechen diesem Grund: Die gelbliche Farbe tritt hervor, die dunklere verschwindet. Bringt man denselben Fisch, wie es in kleinen Behältern oft genug geschieht, auf anderen Grund, beispielsweise auf grauen Granitkies, so geht die Färbung der Augenseite sehr bald in die Farbe über, die dieser Grund hat: Die früher gelblich erscheinende Scholle, Steinbutt oder die Zunge wird grau.

Groß ist die Bedeutung der Plattfische für den menschlichen Haushalt. Alle Arten haben ein schmackhaftes, mehrere von ihnen ein vorzügliches Fleisch, welches sich noch besonders deswegen für eine ausgedehnte Benutzung eignet, weil es sich tagelang hält und dementsprechend über weite Strecken versandt werden kann.

KARPFENFISCHE UND WELSE

Eigentliche Karpfenfische

Weitaus der größte Teil aller südeuropäischen und ebenso eine namhafte Anzahl der in den Binnengewässern Asiens, eines Teiles von Afrika und Nordamerika hausenden Süßwasserfische gehört einer Familie an, welche wir nach dem wichtigsten Mitglied *Eigentliche Karpfenfische* (Cyprinidae) nennen. Sie sind länglich eirund gebaute, kleinmäulige, mit großen Rundschuppen bekleidete Fische mit schwachen, zahnlosen Kinnladen, deren Rand vom Zwischenkiefer gebildet wird, hinter dem der Oberkiefer liegt; anstelle der Kieferzähne finden sich entsprechende Gebilde im unteren Schlundknochen, die gegen einen am Schädelgrund gelegenen, meist mit einer Hornplatte verdeckten Fortsatz des Schädels, den sogenannten Karpfenstein, wirken. Unter diesen Merkmalen haben die Mundbildung und die Schlundknochen für die Einteilung der Familie besondere Wichtigkeit. Der Mund wird entweder von dicken, fleischigen Lippen umgeben oder von dünnschneidenden, oft knorpelig überdeckten Kieferrändern begrenzt; die Schlundzähne unterscheiden sich hinsichtlich ihrer Form, Anzahl und Stellung, und diese Verschiedenheiten sind so regel-

Spiegelkarpfen

mäßig und zuverlässig, daß sie geeignet erscheinen, zur Kennzeichnung der einzelnen Arten benutzt zu werden.

Die Eigentlichen Karpfenfische, von denen gegen 1000 Arten beschrieben wurden, lieben stehende Gewässer mit weichem, schlammigem oder sandigem Grund, welcher ihnen ihre bevorzugte Nahrung, Würmer, Kerbtierlarven und verwesende Pflanzenstoffe, bietet. In ruhig fließenden Strömen finden sie sich ebenfalls; Gebirgswässer dagegen werden von ihnen mehr oder weniger gemieden. Sie leben größtenteils gesellig und vereinigen sich gern zu zahlreichen Scharen, welche, wie es scheint, längere Zeit gemeinschaftlich miteinander schwimmen und jagen, sich auch während der rauhen Jahreszeit dicht nebeneinander in den Schlamm betten und hier gewissermaßen einen Winterschlaf abhalten. Ihr Nahrungserwerb macht es notwendig, daß sie sich oft und lange unmittelbar über dem Grunde aufhalten. Sie ziehen den größten Teil ihrer Beute aus dem Schlamm selbst hervor, indem sie denselben förmlich durchsuchen, wenigstens oft ihre Köpfe in ihn einbohren und längere Zeit in solcher Stellung verweilen. Gegen die Laichzeit hin trennen sich die Schwärme in kleinere Haufen; die Rogener ziehen voran, und die Milchner folgen ihnen getreulich nach, gewöhnlich in größerer Anzahl, etwa so, daß zwei oder drei Männchen ein Weibchen begleiten. Überwiegt das eine Geschlecht bedeutend in der Zahl, so kann es geschehen, daß verwandte Arten der Familie sich dazugesellen und gemeinschaftlich laichen. Die Geneigtheit der verschiedenen Karpfenarten, sich miteinander zu paaren, findet vielleicht in dem auch bei diesen Fischen sehr lebhaften Begattungstrieb ihre Erklärung. Schon seit alter Zeit gilt das Urbild der Familie, der Karpfen, mit Recht als ein Sinnbild der Fruchtbarkeit. Als solches war er der Venus geheiligt; auf diese Fruchtbarkeit bezieht sich der in die lateinische und vor dieser in unsere Sprache übergegangene Name. Schon in dem Rogen eines drei Pfund schweren Weibchens hat man 337 000, in ausgewachsenen Rogenern bis 700 000 Eier gezählt.

Sind nun diese Vermischungen verschiedener Arten Ursache zu abweichenden Formen geworden, so tritt noch ein zweiter Umstand hinzu. Mehrere Arten der Familie sind seit vielen Jahrhunderten als Zuchtfische vom Menschen beeinflußt worden, und so haben sich infolge der den Karpfen gewissermaßen unnatürlichen Verbreitung, der Beschaffenheit der Zuchtteiche und Seen, der verschiedenen Behandlung usw. Ausartungen gebildet, welche mit der Zeit Beständigkeit erlangten. Dementsprechend ist die Anzahl der Ab- und

Lederkarpfen

Spielarten innerhalb der Familie der Karpfen größer als in jeder andern.

Mit Ausnahme weniger, den Fischern und Hausfrauen wohlbekannter Arten der Gruppe, haben die Karpfen ein weiches, saftiges und höchst wohlschmeckendes Fleisch, lassen sich, dank ihrer Zählebigkeit, ohne besondere Vorkehrungen weit versenden, leichter als alle übrigen Fische in verschiedenartigen Gewässern einbürgern, vermehren sich, wie bemerkt, sehr stark, zeigen sich anderen Fischen gegenüber verhältnismäßig anspruchslos, begnügen sich mit billigen Nahrungsmitteln, wachsen rasch und werden leicht feist: vereinigen also alle Bedingungen, die man an einen Zuchtfisch überhaupt stellen kann. Deshalb schlägt ihre Zucht auch selten fehl, und sie dürfen so recht als der Fisch des Bauern gelten.

Die **Karpfen** (Cyprinus), Abb. S. 457, im engeren Sinne sind gekennzeichnet durch endständiges Maul und vier Barteln an der Oberkinnlade, fünf Schlundzähne, welche derart in drei Reihen stehen, daß sich auf jedem Schlundknochen der ersten und zweiten Reihe je einer, in der dritten Reihe jedoch drei befinden, und die sehr stark nach rückwärts gezähnelten Knochenstrahlen, mit denen Rücken- und Afterflosse beginnen.

Der seit uralter Zeit bekannte und gepflegte Vertreter dieser Gruppe, unser *Karpfen* (Cyprinus carpio) erreicht, abgesehen von einzelnen Riesen, die 1,50 m lang, 60 cm breit und 35 kg schwer geworden sein sollen, eine Länge von etwa 1 m und ein Gewicht von 15–20 kg. Das Maul ist weit, mit dicken Lippen und starken, langen Barteln umgeben, die Schwanzflosse tief halbmondförmig ausgeschnitten, der starke Knochenstrahl der Rücken- und Afterflosse gezähnelt, die Färbung wie die Gestalt sehr verschieden, vom Goldgelben ins Blaugrüne spielend. Rücken und Flossen sehen gewöhnlich grau, Lippen und Bauch gelblich aus; die Flossen haben einen rötlichen Anflug; die Schuppen tragen in ihrer Mitte oft einen dunklen Fleck, auch nicht selten am Hinterrand einen schwärzlichen Saum.

Bis in die neuere Zeit hat man mehreren Blendlingen und Ausartungen des Karpfens den Rang von wirklichen Arten zugestanden; aus den eingehenden, sorgfältigen Untersuchungen *Siebolds* geht jedoch fast mit Gewißheit hervor, daß solche Ansicht unrichtig ist. „Daß man die in ihrer Beschuppung ausgearteten Karpfen", sagt genannter Forscher, „nämlich den mit wenigen, unverhältnismäßig großen Schuppen besetzten *Spiegelkarpfen* und den von allen Schuppen entblößten *Lederkarpfen* nur als Spielarten und nicht, wie man früher glaubte, als besondere Arten zu betrachten habe, daran hat man sich lange gewöhnt; daß aber auch Karpfenrassen veränderte Körperumrisse, wie sie bei unseren warmblütigen Haustieren oft in ganz auffallender Weise vorkommen, an sich tragen können, das mögen selbst manche Fischkundige nicht einräumen. Es kann der Karpfen, dessen Körper in ursprünglicher Form länglich und etwas seitlich zusammengedrückt erscheint, unter gewissen Einflüssen sich länger strecken und auf dem niedriger gewordenen Rücken seitlich abrunden oder unter anderen Einflüssen verkürzen und einen steiler ansteigenden sowie noch mehr zusammengedrückten Rücken erhalten."

Seichte, schlammige, möglichst wenig beschattete, hier und da mit Wasserpflanzen dichtbestandene Teiche oder Seen sagen ihm am besten zu; nicht minder gedeiht er im Altwasser der Flüsse oder in diesen selbst, wenn sie ruhig fließen und schlammigen Grund haben; schnellströmende, klare Gewässer meidet er ganz. Bei genügender Nahrung wird der Karpfen schon im dritten Lebensjahr fortpflanzungsfähig. Während der Laichzeit entwickeln sich bei den Männchen in dem schleimigen Hautüberzug auf Scheitel, Wangen und Kiemendeckeln viele kleine, unregelmäßig zerstreute, weißliche Warzen, die sich in der Regel auch auf der inneren und vorderen Seite der Brustflossen zeigen. Sobald der Karpfen dieses Hochzeitskleid anlegt, wird er wanderlustig und versucht, soweit ihm dies möglich ist, im Fluß aufwärtszusteigen, überwindet dabei auch oft bedeutende Hindernisse. Zum Laichen erwählt er seichte, mit Wasserpflanzen dichtbestandene Stellen, und nur wenn er solche findet, hat die Fortpflanzung einen für den Züchter erwünschten Erfolg. Nicht alle Karpfen zeigen aber die erstaunliche Fruchtbarkeit, die sie früher würdig erscheinen ließen, der Liebesgöttin geheiligt zu werden; viele bleiben unfruchtbar, und zwar, wie man annimmt, ihr Leben lang. Schon *Aristoteles* kannte diese Tatsache und wußte, daß diese unfruchtbaren Karpfen an Fettigkeit und Güte ihres Fleisches alle übrigen übertreffen. Die Schriftsteller des Mittelalters nennen sie „Müßiggänger" und heben ausdrücklich hervor, daß sie vor allen zu loben seien.

Zur Karpfenzucht benötigt man mindestens zweierlei Teiche, flachere und tiefere nämlich, sogenannte Zucht- oder Streckteiche und Witterungs- oder Kaufgutteiche. Erstere müssen eine kesselartige Vertiefung haben, in denen die Fische, ohne unter dem Frost zu leiden, den Winter verbringen können, dürfen im übrigen aber nicht über 2 m tief sein. Noch flachere, mit Gras bestandene Stellen sind unumgänglich notwendig, weil auf ihnen die Zuchtkarpfen ihre Eier absetzen sollen. Regelmäßiger Zufluß von weichem Wasser ist ebenfalls Bedingung; in Teichen mit kaltem Wasser gedeiht der Karpfen nicht, am wenigsten in solchen, welche starke Quellen besitzen oder den Zufluß von solchen empfangen. Hat man mehrere Teiche, so wählt man die flachsten unter ihnen zu Laichteichen, die tieferen und größeren zu sogenannten Streckteichen; immer aber ist darauf zu achten, daß sich in jedem einzelnen Teich tiefe Stellen finden, welche unter allen Umständen frostfrei bleiben, weil man sonst genötigt ist, vor dem Winter die Karpfen umzusetzen.

Während der Brutzeit muß das Wasser des Zuchtteiches möglichst auf demselben Stande erhalten werden, damit die Eier nicht zeitweilig bloßliegen und verderben. Nach dem Ausschlüpfen der jungen Brut hat man sein Augenmerk hauptsächlich auf Abhalten der verschiedenen Fischfeinde zu richten. Bei günstiger, namentlich warmer Witterung wächst die Brut im ersten Sommer zu 8–12 cm Länge heran; im nächsten Jahre kann sie, falls nicht die Teiche mit zu vielen Fischen besetzt oder letztere genügend gefüttert werden, 30 cm und darüber an Länge erreichen; vom dritten Sommer an nennt man sie Kaufgut, bringt sie in die Haupt- und Fetteiche und läßt sie hier noch einen oder zwei Monate stehen.

Der endständige Mund ohne Barteln, vier spachtelförmige, in eine Reihe gestellte Schlundzähne auf jeder Seite und je ein rückwärts ausgesägter Knochenstrahl in Rücken- und Afterflosse gelten als die Kennzeichen der **Karauschen** (Carassius), die in Deutschland durch die *Karausche* (Carassius carassius) vertreten werden. Ihre Merkmale liegen in der sehr stumpfen, engmündigen, mit schmächtigen Lippen umgebenen Schnauze, der sehr breiten Stirne und schwach ausgeschnittenen Schwanzflosse. Die Färbung, die vielfach abändert, ist ein mehr oder weniger dunkelndes Messinggelb, das auf dem Rücken ins Stahlblaue übergeht und auf den Flossen rötlichen Anflug zeigt. Eine bedeutende Größe erreicht die Karausche nicht; denn nur selten wird sie über 35 cm lang und über 700 g schwer. Der Verbreitungsbereich der Karausche erstreckt sich über Mittel-, Nord- und Osteuropa. Sie ist häufig in Flüssen, Teichen und Seen.

Der alte *Kämpfer* spricht zuerst von einem roten, am Schwanze schön goldgelben Zierfische, dem *King-Jo*, der in Japan und China in Teichen gehalten und gewissermaßen als Haustier betrachtet wird. *Du Halde* berichtet in seiner Geschichte Chinas später ausführlich über denselben. Die Fürsten und Großen des Himmlischen Reiches lassen in ihren Gärten für ihn eigene Teiche graben oder halten ihn in prachtvollen Porzellanvasen.

Der King-Jo, unser *Gold-* oder *Silberfisch*, gelangte von China aus wahrscheinlich zuerst nach Portugal und verbreitete sich, nachdem er hier eingebürgert war, allmählich weiter über ganz Europa. Das Jahr der Einführung wird verschieden angegeben. Einzelne Schriftsteller nennen 1611, andere 1691, wieder andere 1728. Gewiß ist, daß das Fischchen zur Zeit der berüchtigten *Pompadour* bereits in Frankreich vorhanden war, weil bestimmte Angaben vorliegen, daß man ihr Goldfischchen als etwas Außerordentliches schenkte. In England soll der Goldfisch erst im Jahre 1728 durch Philipp *Worth* eingebürgert worden sein. Heute ist er über die ganze Erde verbreitet, soweit diese von gebildeten Menschen bewohnt wird.

Der *Goldfisch* (Carassius auratus) hat ungefähr die Gestalt des Karpfens, erreicht eine Länge von 10–30, höchstens 60 cm und zeigt auf zinnoberrotem Grunde einen prachtvollen Goldglanz. Es kommen jedoch sehr viele Spielarten vor, ja man kann durch fortgesetzte Zucht mehr oder weniger ständige Rassen, wie z. B. die sogenannten *Schleierschwänze* und *Teleskopfische*, erzeugen, wie es die Chinesen, die hierin Meister sind, schon seit Jahrhunderten tun. Selbst Formen, die Merkmale verschiedener Rassen vereinigen, kennt man.

Schleien (Tinca) sind kleinschuppige Cyprinidae mit endständigem Maul, zwei Barteln an den Mundwinkeln und keulenförmigen, in einfacher Reihe stehenden, zu vier und fünf auf der einen und anderen Seite angeordneten Schlundzähnen; ausgezeichnet noch durch eine sehr dicke, durchsichtige, schleimige Oberhautschicht.

Der einzige in Europa vorkommende Vertreter dieser Sippe, die *Schleie* (Tinca tinca), erreicht eine Länge von höchstens 70 cm und ein Gewicht von 2, in seltenen Fällen wohl auch 3–4 kg. Die Färbung ändert je nach dem Aufenthaltsort mehr ab als bei anderen Karpfen. Gewöhnlich zeigt das Kleid der Schleie ein dunkles Ölgrün, durch das ein schimmernder Goldglanz hervorleuchtet; diese Färbung geht an den Seiten in Hell- oder Rötlichgrau mit violettem Schimmer über. Heller gefärbte Stücke mit schwachem Goldglanz kommen nicht selten vor.

Unter den europäischen Cypriniden gehört die Schleie zu den verbreitetsten. Sie bewohnt den größten Teil Europas. Flüsse liebt sie weniger als stehende Gewässer; unter diesen bevorzugt sie Seen, Teiche und Sümpfe mit schlammigem oder lehmigem Grunde, in denen Röhricht zwar vorhanden, aber doch nicht vorherrschend geworden ist. In den Flüssen zieht sie sich immer mehr zu solchen Stellen

Schwarzer Teleskopschleierschwanz

zurück, an denen das Wasser langsam fließt und genügend Schlamm absetzt, denn aus ihm holt sie sich ihre Nahrung hervor. Wie der Schlammbeißer fühlt sie sich noch in Gewässern wohl, in denen andere Fische und selbst Karpfen fehlen, weil ihr Atembedürfnis bzw. der von ihr benötigte Verbrauch von Sauerstoff außerordentlich gering ist.

Während des Winters wühlen sich die Schleien nach Art anderer Familienverwandten in den Schlamm ein und verbringen so die kalte Jahreszeit in einem halb bewußtlosen Zustand. Ähnliches ereignet sich zuweilen auch im Sommer.

Die **Barben** (Barbinae), eine artenreiche Unterfamilie, tragen vier Bartfäden an der oberen Kinnlade des unterständigen Mundes, haben kurze Rücken- und Afterflossen, in deren ersteren sich ein ziemlich starker Knochenstrahl befindet, und beiderseits in drei Reihen zu zwei, drei und fünf gestellte, löffelförmige, das heißt kegelartige, nach hinten hakenartig umgebogene, auf der hinteren Seite löffelförmig ausgehöhlte Schlundzähne.

Unsere *Barbe* oder *Flußbarbe* (Barbus barbus), welche eine Länge von 60–70 cm und ein Gewicht von 4–5, ausnahmsweise sogar 7 bis 9 kg erreichen kann, ist gestreckt gebaut, auf dem Rücken olivgrün, an der Seite und am Bauch lichter, nämlich grünlichweiß, an der Kehle weiß gefärbt; die Rückenflosse ist bläulich, die Afterflosse gleichfarbig, aber schwärzlich gesäumt; die übrigen Flossen sehen rötlich aus.

Die Flußbarbe bevölkert alle deutschen Ströme und verdient diesen Namen insofern, weil sie stehendes Wasser meidet. Flüsse mit sandigem, kiesigem Grund sagen den Barben besonders zu. Während des Sommers halten sie sich gern zwischen verschiedenen Wasserpflanzen auf; sobald aber diese im Herbst absterben, suchen sie tiefere Stellen der Flüsse und wählen sich hier Zufluchtsorte unter und an Steinen, in Höhlungen und dergleichen, wühlen sich auch wohl am Uferrande ein, da sie, wie der alte *Geßner* sich ausdrückt, „graben wie ein Saw".

Die Fortpflanzung fällt in die Monate Mai und Juni; einzelne laichen jedoch bereits im März und April und andere noch, vielleicht zum zweiten Male, im Juli und August. Um diese Zeit bilden die Barben Züge von 100 Stück und darüber. Im Herbst haben die ausgeschlüpften Jungen eine Länge von etwa 8 cm erreicht; im vierten Jahr sind sie bei einem Gewicht von 700–1500 g fortpflanzungsfähig geworden.

Das Fleisch der Barbe ist nicht nach jedermanns Geschmack und sehr mit Gräten durchsetzt.

Von den Barben unterscheiden sich die **Gründlinge** (Gobioninae) durch die langen Barteln in den Mundwinkeln, die hochgestellten Augen, das Fehlen des Stachels in der Rückenflosse, die größeren Schuppen und die auf jeder Seite in zwei Reihen zu drei oder zwei und zu fünf geordneten hakenförmigen Schlundzähne.

Der *Gründling*, der auch *Grundel* oder *Kresse* (Gobio gobio) heißt, erreicht eine Länge von 12–15, höchstens 18 cm und ist oben auf schwärzlichgrauem Grunde dunkelgrün oder schwarzblau gefleckt, besonders deutlich längs der Seitenlinie, unten silberglänzend mit mehr oder minder deutlichem rötlichen Schimmer; Rücken- und Schwanzflosse zeigen auf gelblichem Grunde schwarzbraune Flecke; die übrigen Flossen sind entweder einfarbig blaßgelb oder rot.

Über einen großen Teil Europas und Westasiens verbreitet, herbergt der Gründling vorzugsweise in Seen, Flüssen und Bächen. Reines Wasser mit Sand- und Kieselgrund zieht er jedem andern vor. Fast immer sieht man ihn in zahlreichen, dichtgedrängten Scharen. Seine Nahrung besteht im wesentlichen aus Fischbrut, Würmern, faulendem Fleisch und Pflanzenstoffen.

Im Frühling steigt der Gründling massenweise aus den Seen in die Flüsse empor, um hier seinen Laich abzusetzen. Während der Fortpflanzungszeit dunkelt seine Färbung, und gleichzeitig entwickelt sich beim Männchen ein feinkörniger Ausschlag auf dem Scheitel,

Schleierschwanz

Seite 457: Schleierkampffisch (o.); Goldkarpfen (u.), eine an den Goldfisch erinnernde, durch Züchtung entstandene Karpfenrasse
Seite 458: Ein Plattfisch im frühen Entwicklungsstadium (o.); Scholle (u.)

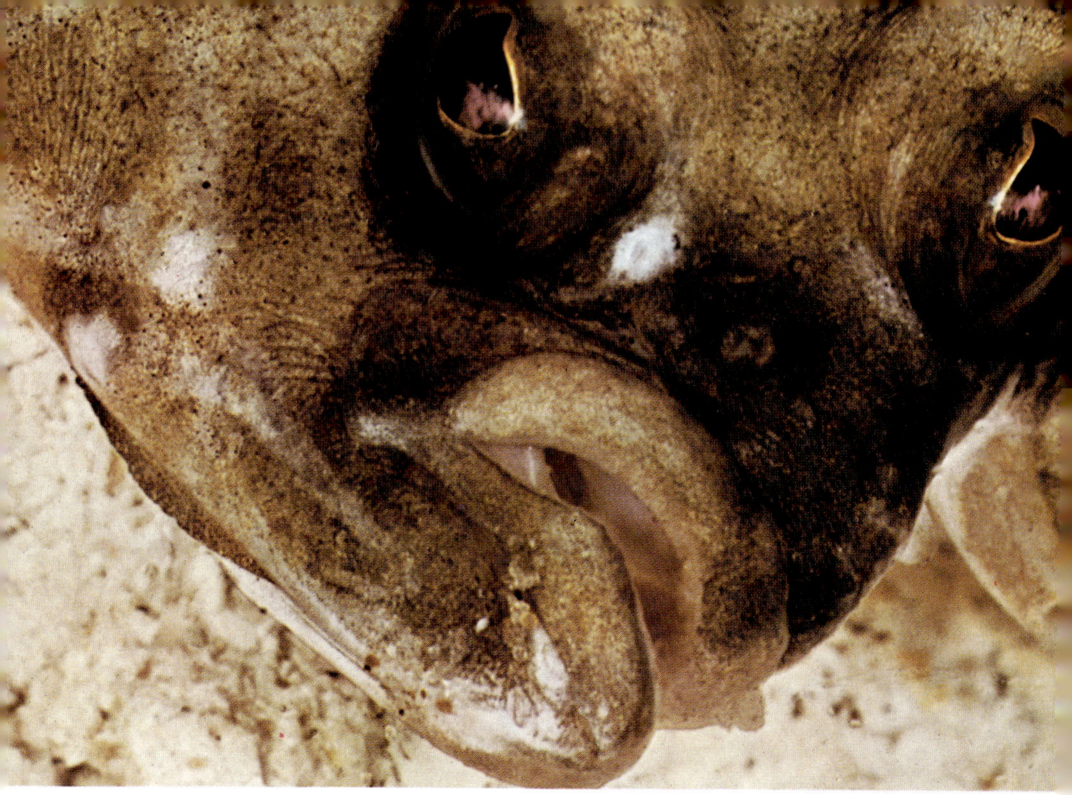

auf den Schuppen des Rückens und der Seiten und den Brustflossenstrahlen, außerdem eine eigentümliche Hautwucherung. Das Laichen erfolgt vom Mai an in Absätzen und währt etwa vier Wochen. Die kleinen Eier sehen blau aus und werden, da sie den belebenden Sonnenstrahlen ausgesetzt sind, bald gezeitigt. Brut von 2 cm Länge gewahrt man Anfang August oft in unglaublich dichten Schwärmen. Nach vollendeter Brutzeit kehrt der Gründling wieder in tiefere und stehende Wässer zurück.

Eine verwandte Art, der *Steingreßling* oder *Wapper* (Gobio uranoscopus), hat eine gestrecktere Gestalt, längere Barteln und noch höher gegen die schmalere Stirn gerückte, schiefgestellte Augen, ist auf Rumpf und Flossen völlig ungefleckt oder längs des Rükkens und der Seitenlinie mit einer Reihe großer, brauner Flecke und auf jeder Schuppe mit zwei schwarzen Punkten gezeichnet.

Die Gestalt der **Bitterlinge** (Rhodeus) ist gedrungen, hochrückig, der Mund halb unterständig, ohne Barteln; die über den Bauchflossen stehende, mit der Afterflosse gleichlange Rückenflosse beginnt mit glatten Knochenstrahlen; die Schlundzähne ordnen sich auf jeder Seite zu fünf in einfacher Reihe und haben seitlich zusammengedrückte, schräg abgeschliffene Kronen.

Wenige unserer Flußfische kommen dem *Bitterling* (Rhodeus sericeus amarus) an Zierlichkeit der Gestalt und Schönheit der Färbung gleich. In der Gestalt erinnert er an die Karausche. Die Färbung ist je nach Geschlecht und Jahreszeit verschieden. Der Verbreitungskreis des Bitterlings erstreckt sich über ganz Mittel- und Osteuropa.

„Obgleich die Weibchen der Bitterlinge", sagt *Siebold*, „auch während der Laichzeit ihre Farblosigkeit behalten und so von ihrem prächtig geschmückten Männchen auffallend abstechen, zeichnen sie sich doch während jener Zeit durch ein ganz eigentümliches äußeres Merkmal aus. Es ist eine lange, rötliche Legeröhre, welche sich beim weiblichen Bitterling bei Eintritt der Laichzeit allmählich entwickelt und, sobald die Eier im Eierstock ihre Reife erlangt haben, vor der Afterflosse 5 cm langer Bitterlinge als ein bis zu 19 mm ausgewachsener, wurmförmiger Strang frei am Hinterleib herabhängt. Ich habe diese Legeröhre bei größeren Bitterlingen 40–55 mm lang entwickelt gesehen. Dieses Organ ragt dann mit seiner Spitze oft über das Ende der Schwanzflosse hinaus und verleiht dem Fischchen während des Schwimmens ein sonderbares Ansehen; man möchte glauben, es hinge ihm ein verschluckter Regenwurm oder der eigene Darm aus dem After hervor." Mehrere Beobachter hatten in den inneren Kiemenfächern der Malermuschel bald mehr, bald weniger, in einzelnen Fällen bis 40 Fischeier und aus diesen hervorgegangene Keimlinge in verschiedenen Zuständen der Entwicklung gefunden, ohne sich jedoch über die Art des Fisches und über die Weise, durch die dessen Eier in die Kiemen gelangten, klargeworden zu sein. Erst nachdem *Siebold* die Bitterlingseier als gelbe, eiförmige Gebilde von etwa 3 mm Länge und 2 mm Dicke beschrieben hatte, sprach *Noll* aus, daß unzweifelhaft der Bitterling derjenige Fisch sein müsse, „welcher der Malermuschel seine Eier zur Aufbewahrung, gewissermaßen zum Ausbrüten, unterschiebt". Versuche, die der letztgenannte Forscher anstellte, bestätigten diese Behauptung, zuletzt auch die gleichzeitig ausgesprochene Vermutung, daß die beschriebene Legeröhre das Werkzeug sein müsse, mit dem der laichende Fisch die Eier bis in das Innere der Kiemenfalten einzuführen imstande ist. Mit Fischeiern behaftete Malermuscheln wurden in besonderen Beobachtungsbecken gehalten und erfüllten nach geraumer Zeit das Becken mit jungen, innerhalb ihrer Kiemen gezeitigten und bis dahin vor allem Schaden bewahrten Bitterlingen; gefangenen, laichfähigen Fischen wurden im rechten Augenblick Malermuscheln zur Verfügung gestellt und deren Sitten und Gewohnheiten, deren Treiben und Gebaren bis zum Eierlegen beobachtet, bis jeglicher Zweifel geschwunden und die Frage vollkommen gelöst war.

Nach Nolls trefflichen Beobachtungen gibt sich die Fortpflanzungszeit durch das Hervortreten der Legeröhre des Weibchens kund. Die Legeröhre verlängert sich anfänglich sehr langsam, später rascher, zuletzt ungemein schnell und verkürzt sich nach dem Ablegen der Eier binnen weniger Stunden bis auf einen geringen Bruchteil ihrer größten Ausdehnung. Für das Männchen ist die gewöhnlich jählings erfolgende größte Ausdehnung der Legeröhre stets Anlaß zu lebhafter Erregung, welche sich, wie bei anderen Fischen, in erhöhter Färbung und lebhafter Unruhe betätigt. Erbost jagt es andere seines Geschlechtes umher; heftig treibt es aber auch das erkorene Weibchen, bis bei diesem die ihm sonst eigene gleichgültige Ruhe ebenfalls lebhafter Erregung weicht und es sich endlich zu der von dem Männchen

Seite 459: Schwarzer Flaggensalmler (Hyphessoboycon herbertaxelrodi; li. o.), Roter Neon (Cheirodon axelrodi; re. o.) und Kirschflecksalmler (Hyphessobrycon erythrostigma; u.) gehören zur artenreichen Familie der Characidae
Seite 460: Ein wandernder Atlantischer Lachs (o.); der Gestreifte Messeraal (Gymnotus carapo; u.) gehört sowohl in der Form als auch in der Fähigkeit, Elektrizität erzeugen zu können, zu den interessantesten Vertretern der Ordnung der Karpfenfische.

erkorenen Muschel begibt, um die Eier abzulegen. Sobald das Ei in sie eintritt, steift sich die Legeröhre und verharrt in diesem Zustand, bis jenes ausgestoßen worden ist. Vor dem Laichen stellt sich das Weibchen senkrecht, mit dem Kopfe nach unten gerichtet, über die Muschel, betrachtet dieselbe längere Zeit und fährt in demselben Augenblick, in dem ein Ei blitzschnell in die Legeröhre einschießt und sie streckt, auf das als Amme dienende Weichtier herab, um die Spitze der Röhre in dessen Atemschlitz einzuschieben, das Ei abzugeben und die Röhre schleunigst wieder herauszuziehen. Nicht immer gelingt es dem Fischchen, seine Legeröhre einzufügen und das Ei abzulegen; dieses tritt dann wiederum in den Leib zurück, und es dauert oft lange, bevor sich neue Erregung bemerklich macht und der Vorgang wiederholt wird. Das Männchen sieht letzterem aufmerksam zu, stößt unmittelbar, nachdem das Weibchen die Muschel verlassen hat, auf diese herab, bleibt, am ganzen Leibe zitternd und alle Flossen ausgespannt, einen Augenblick über ihr stehen und ergießt endlich den Samen über ihren Atemschlitz, um so das Ei zu befruchten. Nach vollendetem Laichen ziehen sich beide Geschlechter ermattet in das Gewirr der Pflanzen zurück und verhalten sich scheu und ängstlich; das Männchen verliert seine prachtvolle Färbung, und dem Weibchen schrumpft die Legeröhre zusammen; nach einiger Zeit, in Zwischenräumen von mehreren Tagen, wiederholt sich jedoch der Hergang, und so währt es fort, bis die Laichzeit vorüber ist. Im Freien fällt letztere in die Monate April bis Juni, in der Gefangenschaft beginnt sie in der Regel schon früher und pflegt eher beendet zu sein.

Eine der zahlreicheren Gattungen der Cypriniden umfaßt die **Brachsen** (Abramis). Ihr Leib ist hoch und seitlich zusammengedrückt; der schiefgestellte Mund hat keine Bärtel; die Rückenflosse fällt von oben nach hinten steil ab; die Afterflosse übertrifft sie bedeutend an Länge; die Schwanzflosse ist ungleichlappig und tief gabelförmig ausgeschnitten; die Schuppen des Vorderrückens sind quirlförmig geteilt, sozusagen gescheitelt, indem die Mittellinie hier als schuppenlose Längsfurche erscheint und beiderseits nur durch kleine Schuppen eingefaßt wird; die Unterseite kantet sich von den Bauchflossen bis zur Aftergrube scharf zu und bildet gleichzeitig eine ebenfalls schuppenlose Hautkante.

Als Urbild dieser Gattung betrachtet man die verbreitetste und häufigste Art, den *Blei*, auch *Brachsen* und *Brasse* (Abramis brama) genannt, einen stattlichen Cypriniden von 60 cm Länge und 4–6 kg Gewicht, durch seinen stark seitlich zusammengedrückten Leib und die ansehnliche Höhe desselben leicht kenntlich, auf Oberkopf und Rücken schwärzlich, auf den Seiten gelblichweiß mit Silberglanz, an der Kehle rötlich, auf dem Bauche weiß gefärbt, seitlich schwarz gepunktet, mit schwarzblauen Flossen. Auch die Männchen dieser Art erleiden während der Fortpflanzungszeit eine Veränderung, indem auf ihrer Hautoberfläche ebenfalls warzenförmige Gebilde wachsen. Diese verdichteten und erhärteten Haufen von Oberhautzellen haben stumpfkegelförmige Gestalt und anfangs weißliche Färbung, die später zu Bernsteingelb dunkelt.

Ganz Mittel-, Nord- und Osteuropa ist die Heimat des Blei. Sehr häufig bewohnt er die Gewässer aller deutschen Hauptströme, insbesondere die mit ihnen in Verbindung stehenden tieferen Seen. Das Fleisch wird von einigen außerordentlich gerühmt, von anderen wegen der vielen Gräten geringgeschätzt.

Zärthe, Blau- oder *Meernase, Näsling* (Abramis vimba) nennen die Fischer einen Brachsen, der weit über Europa verbreitet ist, hauptsächlich dem Norden angehört und nicht nur in süßem, sondern auch in brackigem und salzigem Wasser gefunden wird. An der verdickten und verlängerten, weit übergreifenden Nase, dem unterständigen Maul und der weit nach hinten angesetzten Afterflosse läßt sich die Zärthe leicht erkennen. Die Färbung des Scheitels und des Rückens ist ein unreines Braun oder Blau; die Seiten sind heller, die Unterseiten silberglänzend, die Rücken- und Schwanzflosse bläulich, die Bauch- und Afterflosse gelblichweiß.

Den *Pleinzen* oder auch *Zope* (Abramis ballerus), einen Fisch von 30–40 cm Länge und etwa 1 kg Gewicht, kennzeichnen der kleine Kopf, das schief nach aufwärts gerichtete Maul und die große Afterflosse. Die Färbung ähnelt der der anderen Arten. Der Pleinzen wird in allen Hauptflüssen Mitteleuropas vornehmlich in der Nähe der Mündungen, seltener im oberen Lauf der Gewässer gefunden. Besonders häufig bewohnt er die Gewässer längs der Ostseeküste, und zwar die Haffe ebenso wie die nahe am Meer gelegenen und durch Bäche oder Flüsse mit ihnen in Verbindung stehenden Süßwasserseen. Die Lebensweise ähnelt der beider beschriebenen Verwandten.

Die **Blikke**, auch *Blecke, Güster, Pliete* und *Scherben* (Blicca bjoerkna) genannt, unterscheidet sich von den Brachsen durch die in zwei Reihen zu zwei, seltener zu drei und zu fünf stehenden Schlundzähne, deren innere Reihe auf den Kronen schräg abgeschliffene, schmale und einfach gefurchte Kauflächen mit einer Kerbe vor der Spitze zeigt, und das endständige Maul. Sie erreicht eine Länge von 20–30 cm und ein Gewicht von höchstens 1 kg und ist auf dem Rücken blau mit bräunlichem Schimmer, auf den Seiten blau mit Silberglanz, auf dem Bauche weiß gefärbt; After- und Schwanzflosse sehen graublau, Brust- und Bauchflossen an der Wurzel rötlich aus. Die Blikke gehört zu den gewöhnlichsten Fischen unserer Gewässer und bewohnt Seen und Teiche, Flüsse mit sanfter Strömung und Sand- und Tongrund.

Mit dem Namen *Messerkarpfen* oder **Sichlinge** (Pelecus) bezeichnet man die Gattung eines zu unserer Familie gehörigen, von den übrigen jedoch sehr abweichenden Fisches, der durch geradlinigen Rücken und stark ausgebogenen Bauch gekennzeichnet ist.

Der *Sichling,* der auch *Ziege, Messerfisch* und *Dünnbauch* (Pelecus cultratus) genannt wird, der einzige Vertreter dieser Gattung, hat einen gestreckten, seitlich zusammengedrückten Leib und ist im Nacken stahlblau oder blaugrün, auf dem Rücken graubraun, auf den Seiten mit silbernem Glanze, auf Rücken- und Schwanzflosse graulich, auf den übrigen Flossen rötlich gefärbt. Seine Länge beträgt 50 cm, das Gewicht bis 1 kg. Die Verbreitung des Sichlings ist in mancher Beziehung eigentümlich. Er bewohnt im Norden Mitteleuropas nur die Ostsee und die mit ihr zusammenhängenden großen Süßwasserbecken und steigt von hier aus in den Flüssen empor, lebt aber auch im Schwarzen Meer und wird demgemäß regelmäßig in allen hiereinmündenden Strömen bemerkt.

Bei den **Lauben** (Chalcalburnus) ist die gewölbte Rückenlinie weniger als die zugekantete des Bauches gebogen; die kurze Rückenflosse steht hinter den Bauchflossen, die lange Afterflosse hinter oder unter der Rückenflosse; die stark silberglänzenden, leicht abfallenden Schuppen zeigen erhabene, von einem Mittelpunkt ausgehende Strahlen; der Mund richtet sich nach oben, die etwas vorstehende Spitze des Unterkiefers greift in eine Vertiefung der Zwischenkiefer ein.

Wichtiger ist für uns der nahe verwandte *Ukelei,* auch *Schuppenfisch* und *Spitzlaube* (Alburnus alburnus) genannt. Die stahlblaue Färbung der Oberseite geht auf den Seiten und dem Bauch in eine silberglänzende über; Rücken- und Schwanzflosse sind graulich, die übrigen Flossen gelblich gefärbt. Genaueres läßt sich aus dem Grunde nicht angeben, weil der Ukelei, sowohl was die äußere Form wie auch die Färbung betrifft, vielfach abändert, ja fast in jedem Fluß, an jedem See ein anderes Aussehen hat. Mehrere dieser Abarten treten so regelmäßig auf, daß man sich veranlaßt gesehen hat, sie als besondere Arten aufzustellen. Die Länge schwankt zwischen 10 und 18 cm.

In allen deutschen Strömen kommt neben dem Ukelei eine zweite Art vor: der *Schneiderfisch,* auch *Schneider, Schußlaube, Alandblecke* und *Riemling* (Alburnus bipunctatus) genannt. Er unterscheidet sich von jenem durch seine gedrungene Gestalt und die eigenartige Färbung. Die dunkelgraue Rückenfärbung geht an den Seiten in Graulichsilberfarbe, am Bauche in Reinsilberfarbe über; die Seitenlinie aber ist oben und unten schmal schwärzlich gesäumt, fällt daher wie eine Naht ins Auge und hat dem Fisch zu seinem am meisten gebrauchten Namen verholfen. An Größe kommt der Schneider mit dem Ukelei ungefähr überein. In den meisten Flüssen und Seen Mitteleuropas, des Westens wie des Ostens, tritt er sehr häufig auf, vorausgesetzt, daß das Wasser klar und nicht zu rauschend ist.

Geselliger als viele andere Fische, bilden die Lauben und auch die beiden beschriebenen Arten stets sehr zahlreiche, zuweilen unschätzbare Gesellschaften und tummeln sich bei warmer, windstiller Witterung nahe dem Wasserspiegel munter umher, Kerfe fangend und anderweitige Beute solcher Art aufnehmend. In den Augen des Anglers, dem es nur darauf ankommt, viel Beute zu machen, gelten sie als die dankbarsten aller Fische; denn sie beißen unter allen Umständen und nach jedem ihnen vorgeworfenen Köder.

Als Nahrungsmittel gelten die Lauben wie auch unsere Weißfische, für wertlos; doch betreibt man hier und da regelmäßigen Fang, weil man sie doch genießt, sie als Köder für andere Fische und seit dem 18. Jahrhundert zur Herstellung der „Essence d'Orient" benutzt. Aus dieser fertigt man die falschen Perlen, welche bekanntlich den echten täuschend ähnlich sein können und den Preis der letzteren wesentlich herabgedrückt haben. Die Erfindung, Glasperlen innerlich mit feingestoßenen Fischschuppen zu bekleiden und ihnen so jenen Perlenglanz zu verleihen, wurde vor der Mitte des 18. Jahrhunderts von einem französischen Rosenkranzverfertiger gemacht und seitdem in mehr oder weniger großem Umfang betrieben.

Der *Schiedling,* auch *Seelaube* und *Mairenke* (Chalcalburnus chalcoides mento) genannt, übertrifft den Ukelei an Größe; seine Länge beträgt 15–18, ausnahmsweise sogar 20–30 cm. Der Leib ist gestreckt, seitlich wenig zusammengedrückt, die Mundöffnung nach oben gerichtet, das verdickte Kinn ragt vor. Kopf und Rücken sehen dunkelgrün aus und schimmern stahlblau, die Seiten und die Unterseite sind glänzend silberfarben; Rücken- und Schwanzflosse sind schwärzlich gesäumt. Von den bayrischen Seen verbreitet sich der Schiedling weit über das östliche Europa, bewohnt beispielsweise verschiedene Flüsse der

Krim. In den stehenden Gewässern des Salzkammergutes ist er sehr häufig. Klares, kaltes Wasser mit steinigem Grund sagt ihm besonders zu.

So harmlose Fische die Cypriniden im allgemeinen sind: einzelne Räuber gibt es doch unter ihnen. Ein solcher ist der **Rapfen,** auch *Rappe, Schied* und *Mülpe* (Aspius aspius) geheißen, Vertreter einer gleichnamigen, artenarmen Gattung. Seine Kennzeichen liegen in dem gestreckten, seitlich etwas zusammengedrückten Leib, der nach oben gerichteten Mundöffnung, dem vorstehenden Unterkiefer, der ebenfalls in eine Vertiefung der Zwischenkiefer eingreift, der kurzen, hinter den Bauchflossen beginnenden Afterflossen und den kleinen Schuppen. An Länge erreicht der Rapfen regelmäßig 60–70 cm, an Gewicht bis 6 kg. Der Rücken ist schwarzblau, die Seite bläulichweiß, der Bauch reinweiß; Rücken- und Schwanzflosse sehen blau aus, die übrigen Flossen haben rötlichen Anflug.

Von Mitteleuropa an bis gegen Lappland hin hat man diesen Fisch in allen größeren Flüssen und Seen des Festlandes beobachtet. Reines, jedoch langsam fließendes Wasser beherbergt ihn regelmäßig, weil seine Nahrung sowohl aus pflanzlichen Stoffen und Kleingetier, als auch aus Fischen besteht. Die Lauben sollen von ihm oft heimgesucht und so heftig verfolgt werden, daß sie sich auf das Ufer zu retten suchen und er dabei selbst in blinder Wut aufs Trockene gerät.

Der mäßig gereckte und nur wenig zusammengedrückte Leib, der breitstirnige Kopf, das endständige, schief gespaltene Maul, die hinter dem Ende der Rückenflosse beginnende Afterflosse und die beiderseits in drei Reihen zu drei und fünf geordneten Schlundzähne sind die Merkmale der **Nerflinge** (Untergattung Idus), deren bekanntester Vertreter der *Aland,* auch *Rotten* (Leuciscus idus) genannt, ist. Auch dieser Fisch gehört zu den größeren Cyprinidenarten und kann 50–55 cm Länge und mehr als 3 kg an Gewicht erreichen, obwohl er gewöhnlich kleiner bleibt. Seine Färbung ändert nach Aufenthalt, Jahreszeit, Alter usw. wesentlich ab. Im Frühling und während der Zeit der Fortpflanzung ist der Aland auf dem Rücken grauschwarz und golden glänzend, an den Seiten heller, auf dem Bauch silberglänzend, auf dem Kopf und den Deckelstücken goldfarben; die Rücken- und Schwanzflosse spielen von Graublau ins Violette, die übrigen Flossen sind rot. Im Herbst wird die Färbung dunkler, die des Rückens geht von Blaugrün ins Schwärzliche über, und der goldene Glanz wandelt sich in Gelblichweiß um. Unter dem Namen *Gold-* und *Rotorfe* unterscheidet man schon seit *Geßners* Zeiten eine Abart des Aland, die an Pracht der Färbung mit dem Goldfisch wetteifern kann. Rücken und Seiten sind hochorangegelb oder mennigrot, die unteren Teile silberglänzend; eine breite, undeutlich begrenzte oder verschwimmende, violette Längsbinde verläuft längs den Seiten und trennt das höhere Rot des Rückens von dem blasseren der Oberbauchgegend; die Flossen sind rot an der Wurzel und weiß an den Spitzen.

Der Aland findet sich in allen mittleren und größeren Seen Europas und Nordwestasiens, die Goldorfe als Zuchtfisch besonders in Teichen.

Fast in allen Ländern Europas lebt die *Rotfeder,* auch *Rotkarpfen* und *Rotflosser* (Scardinius erythrophthalmus), Vertreter der Gattung der *Rotkarpfen* (Scardinius), ein Fisch von 25–30 cm Länge und 500–800 g Schwere, dessen Färbung ebenfalls mannigfach wechselt. Gewöhnlich ist der Rücken braungrün, die Seite glänzend messinggelb, der Bauch silberweiß gefärbt, während Bauch- und Afterflosse, seltener auch die Rückenflosse, meist aber die Schwanzflosse an den Spitzen lebhaft blutrot aussehen.

Langsam fließende Gewässer oder Seen und Teiche bis zu 1600 m Höhe werden von der Rotfeder vor anderen Gewässern bevorzugt, weil sie nicht allein nach Art der Karauschen und Schleien, sondern auch gern in deren Gesellschaft lebt. Sie ist rasch in ihren Bewegungen, vorsichtig und scheu, nährt sich von Wasserpflanzen, Kerbtieren und Würmern und sucht diese meistens aus dem Schlamm hervor. Während der Laichzeit dunkeln die Farben, und Scheitel und Schuppen des Rükkens der Männchen bedecken sich mit einer Menge kleiner, sehr dichtstehender Körner. Der Laich wird im April, Mai und Juni absatzweise an grasbewachsenen Stellen abgelegt; die Jungen schlüpfen nach wenigen Tagen aus.

Sehr oft wird die Plötze mit der Rotfeder verwechselt. In der Tat haben beide Fische äußerlich große Ähnlichkeit miteinander, und der weniger Geübte unterscheidet sie mit Sicherheit nur an den Schlundzähnen, die in einfacher Reihe stehen, und zwar auf dem linken Schlundknochen zu sechs oder fünf, auf dem rechten zu fünf. Die vorderen Zahnkronen haben eine kegelförmige Gestalt, die hinteren sind seitlich zusammengedrückt und auf der Kaufläche schräg abgeschliffen.

Die *Plötze* oder *Rotauge* (Rutilus rutilus) vertritt die Gattung der **Rotaugen** (Rutilus), hat einen seitlich etwas zusammengedrückten, mehr oder weniger gestreckten Leib mit endständigem Maul und großen Schuppen, ändert aber, je nach Aufenthaltsort und Nahrung, in den Leibesumrissen und in der Färbung vielfach ab und bildet Abarten, die mehr oder weniger Ständigkeit erlangen. Der Rücken ist gewöhnlich blau oder grünschwarz gefärbt, die Seite heller, gegen den Bauch hin silberglänzend; Bauch- und Afterflosse sehen oft fast ebenso rot aus wie die der Rotfeder; die Brustflossen sind graulichweiß, die Rücken- und Schwanzflosse grau mit rötlichem Anflug. Die Länge beträgt selten bis 50 cm, das Gewicht bis 1,5 kg.

Unter den Cypriniden gehört die Plötze zu den verbreitetsten und gewöhnlichsten. Ganz Mitteleuropa einschließlich Großbritannien und ein großer Teil des Ostens unseres Erdteils sowie Nordwestasiens bilden ihr Vaterland, Seen, Teiche, größere und kleinere Flüsse, ebenso schwachsalzige Meere ihren Aufenthalt. In der Nordsee tritt sie selten, in der Ostsee dagegen ungemein häufig auf. Ihre Lebensweise stimmt mit der der Rotfeder fast in jeder Hinsicht überein. Sie hält sich stets scharenweise zusammen, nährt sich von Würmern, Kerfen, Fischrogen, kleinen Fischen und Wasserpflanzen, wühlt nach den ersteren im Grunde, schwimmt rasch, ist lebhaft, scheu und mischt sich, nicht immer zu ihrem Vorteil, gern unter andere Fische, so daß sie sogar zu Sprichwörtern Veranlassung gegeben hat. Den Hecht, ihren ärgsten Feind, kennt sie übrigens sehr wohl; denn so behaglich sie sich in Gesellschaft anderer Fische fühlt, so unruhig wird sie, wenn sie diesen furchtbarsten Räuber unserer Süßwasser sieht. Sie laicht im Mai oder Juni, manchmal auch schon im März und April und ebenso noch im Juli und verläßt dann in dichtgedrängten Scharen die tieferen Seen, in denen sie den Winter verbrachte, steigt in den Flüssen empor und setzt auch an grasigen Plätzen unter lebhaftem Hin- und Herschwimmen, Plätschern und Aufspringen ihren Laich ab.

„*Schuppenbedeckt erglänzt im grasigen Sande der Kühling,*
sonderlich zart von Fleisch doch dicht mit Gräten durchwachsen,
länger auch nicht als nur sechs Stunden der Tafel sich eignend."

Mit diesen Worten besingt *Ausonius* unsern schon den Alten wohlbekannten *Döbel*, der auch *Dibel, Alet, Elten* (Leuciscus cephalus) usw. genannt wird, den gewöhnlichsten Vertreter der in ganz Europa, in Asien und in Nordamerika vertretenen Sippe, kenntlich an dem rundlichen Leib, dem verhältnismäßig großen Kopf, der kurzen Rücken- und Afterflosse und den ziemlich großen Schuppen. Besonders fällt die unverhältnismäßige Größe des Kopfes auf. Die Schnauze ist niedergedrückt, das in die Breite gezogene, endständige Maul sehr weit nach hinten gespalten, der Leib fast rund, der Rücken schwarzgrün, die Seite goldgelb oder silberweiß, der blaßrot schimmernde Bauch weiß gefärbt; Wangen und Deckelstücke zeigen auf rosarotem Grunde Goldglanz; die Lippen sehen rötlich aus; Rükken- und Schwanzflosse sind auf schwärzlichem Grund rötlich überflogen, After- und Brustflossen hochrot, alle Schuppen am freien Rand und gegen ihre Mitte hin durch dunkle Farbstoffablagerungen getrübt. Die Länge kann bis 60 cm, das Gewicht 4 kg und darüber betragen. In den Flüssen und Seen Mitteleuropas gehört der Döbel zu den gemeinsten Fischen.

Wohl noch mehr verbreitet ist der ihm verwandte kleinere *Häsling* oder *Hasel* (Leuciscus leuciscus), unterschieden durch den seitlich etwas zusammengedrückten Kopf und Leib, das unterständige, enge Maul, Bildung der Schuppen und Färbung. Auf dem Rücken herrscht ein oft metallisch glänzendes Schwarzblau vor; die Seiten und der Bauch erscheinen bald gelblich, bald weißglänzend; die paarigen Flossen zeigen eine blaßgelbe oder orangerote, Rücken- und Schwanzflosse eine dunkle Färbung. Die Länge übersteigt wohl nur in seltenen Fällen 25 cm. Das Verbreitungsgebiet des Häslings erstreckt sich über die verschiedenen Flußgebiete Mitteleuropas, einschließlich Großbritanniens.

Zu den kleinsten Cypriniden unserer Süßgewässer gehören die **Elritzen** (Phoxinus), kräftig gebaute, rundleibige, stumpfschnauzige, kleinmündige und kleinschuppige Fische, mit kurzer Rücken- und Afterflosse, deren erstere senkrecht hinter den Bauchflossen beginnt. Die Gattung wird vertreten durch eine allerwärts verbreitete, vielnamige Art. „Zu mercken ist, daß die *Bambelen* mit mancherley Namen genennet werden nach art vnd brauch frembder Nationen. Dann vmb Straßburg werden sie Milling, Mülling, Orlen, Erling, Hägener vnd die aller kleinsten Brechling genandt; die in Meissen vnd Sachsen nennen solche Elderitz, Elritz, Eldrich; item Pfal, Ofrylls in Beyern; Butt, Bott, Baut, Bitzbaut, werden die glatten Bambelen genandt." Fügen wir diesen schon unserem *Geßner* bekannten Bezeichnungen noch Pfell, Pfrul, Haber- oder Haberl-, Hunderttausend- und Sonnenfischl, Seidlfisch, Zankerl, Grümpel, Grimpel, Rümpchen, Gievchen, Maigänschen, Zorscheli, Rindling, Piere, Maipiere, Lennepiere, Pierling, Spirling, Erlkreß, Ellerling, Elring und Wettling hinzu, so haben wir wenigstens die deutschen Namen unserer *Elritze* (Phoxinus phoxinus) aufgeführt. Ein derartiger Namenreichtum ist stets ein Beweis für die Volkstümlichkeit oder, was dasselbe sagen will, genaue

Bekanntschaft und allgemeine Verbreitung eines Tieres. Die Elritze verdient diese Volkstümlichkeit; denn sie ist wirklich einer unserer ausgezeichnetsten und anziehendsten Fische. Ihre Färbung wechselt außerordentlich. Der Grundton des Rückens erscheint bald ölgrün, bald schmutziggrau und wird durch kleine, dunkle Flecke mehr oder weniger getrübt, das Maul ist an den Winkeln karminrot, die Kehle schwarz, die Brust scharlachrot; außerdem bemerkt man einen goldglänzenden Längsstreifen, welcher hinter den Augen beginnt, zu beiden Seiten des Rückens verläuft und sich bis zur Schwanzwurzel erstreckt; die Flossen haben blaßgelbe Grundfärbung, die jedoch auf den paarigen Flossen und ausnahmsweise auch auf der Afterflosse in glänzendes Purpurrot übergehen kann. Einzelne Stücke erreichen eine Länge von 12, die Mehrzahl eine solche von kaum 9 cm.

Klare Flüsse mit sandigem oder kiesigem Grund, von ihrem Ursprung im Gebirge an bis zur Mündung, gleichviel ob sie groß oder klein, beherbergen die Elritze, manche Bäche sie fast ausschließlich, da sie sich auch auf solchen Stellen, welche von anderen Fischen gemieden werden oder ihnen nicht zugänglich sind, noch regelmäßig aufhält und dem Anschein nach sehr wohlbefindet. Einzeln bemerkt man sie höchst selten, im Gegenteil fast immer in starken Schwärmen, die sich nahe dem Wasserspiegel umhertummeln, äußerst behend auf- und niederspringen und scheu vor jedem Geräusch entfliehen. Bei großer Hitze verlassen sie zuweilen eine Stelle, welche ihnen längere Zeit zum Aufenthaltsort diente, und steigen entweder in dem Fluß aufwärts dem frischeren Wasser entgegen oder verlassen ihn ganz und wandern massenhaft in einem seiner Nebenflüsse zu Berge. Dabei überspringen sie Hindernisse, welche mit ihrer geringen Leibesgröße und Kraft in keinem Verhältnis zu stehen scheinen, und wenn erst einer das Hemmnis glücklich überwunden hat, folgen die andern unter allen Umständen nach.

Ihre Nahrung besteht aus Pflanzenstoffen, Würmern, Kerfen und wohl auch aus anderen tierischen Stoffen. Die Laichzeit fällt in die ersten Frühlingsmonate, gewöhnlich in den Mai, hier und da wohl auch in den Juli. Um diese Zeit werden seichte, sandige Stellen ausgewählt und jedes Weibchen von zwei oder drei Männchen begleitet, die auf den günstigen Augenblick des Eierlegens warten, um sich ihres Samens zu entledigen.

Ungeachtet der geringen Größe der Elritze wird sie doch gern gefangen, weil ihr Fleisch trotz des bitteren Geschmacks viele Liebhaber und dementsprechend zahlreiche Abnehmer findet. Abgesehen von der Küche dient die Elritze den Anglern als beliebter Köderfisch und in Zuchtteichen größeren Raubfischen zur Nahrung, hält sich auch in engerem Gewahrsam ein paar Jahre lang und erfreut hier durch ihre Anspruchslosigkeit, Gewandtheit und Beweglichkeit.

An das Ende der Cypriniden stellt man die **Nasen** (Chondrostoma), welche nur durch wenige Arten vertreten werden. *Nase* oder *Näsling* (Chondrostoma nasus) heißt die in Süddeutschland häufige Art dieser Sippe. Die Nase ist langgestreckt, rundlich, seitlich wenig zusammengedrückt und mit kleinen Schuppen bekleidet, ihre Färbung außer der Laichzeit auf dem Rücken schwärzlichgrün, an der Seite und auf dem Bauche glänzend silberweiß, auf den Flossen, mit Ausnahme der dunklen Rükkenflossen, rötlich. Zur Laichzeit nehmen alle Körperteile eine lebhaftere Färbung an, und es tritt namentlich auch in beiden Mundwinkeln und an den Brustflossengelenken ein schönes Orangegelb hervor; der Rücken wird dunkler und erhält ein schwarzstreifiges Ansehen. Die Länge kann bis 50 cm, das Gewicht bis 1,5 kg betragen; doch gehören so große Nasen zu den Seltenheiten.

Schmerlen

An die Cyprinidae schließen sich die *Schmerlen* (Cobitidae) innig an. Die Gestalt ist langgestreckt, der Kopf klein und bis zur engen Kiemenspalte überhäutet; der untere Augenring, bei einzelnen auch die Deckelstücke, laufen in einen oder mehrere Dornen aus; der Mund wird von Sauglippen und Barteln umgeben, die kurze Rückenflosse hat nur weiche Strahlen; die Bekleidung besteht aus kleinen Schuppen. Die Familie hat ihre Vertreter in der Alten und Neuen Welt und tritt in Europa nur in zwei Unterfamilien (**Steinbeißer, Bachschmerlen**) auf, deren Kunde uns genügen darf.

Die drei deutschen Arten dieser Unterfamilien kommen auch im übrigen Mitteleuropa vor. Die einen lieben schlammige und stehende, die anderen reine und fließende Gewässer. Alle halten sich für gewöhnlich auf dem Boden auf, ruhen, im Schlamme oder unter Steinen verborgen, tagsüber und beginnen mit Sonnenuntergang oder mit Eintritt trüber Witterung ihre Jagd auf Wassergewürm im weitesten Umfang. Zwei Arten sind sehr hinfällig, während der Schlammbeißer ungünstigen Einflüssen, zumal Verderbnis des Wassers, mehr zu trotzen weiß. Hierzu befähigt sie die Möglichkeit, in anderer Weise als die meisten Fische zu atmen. Unter gewissen Verhältnissen sind sie imstande, anstatt der Kiemen sich des Darmes als Atmungswerkzeug zu bedie-

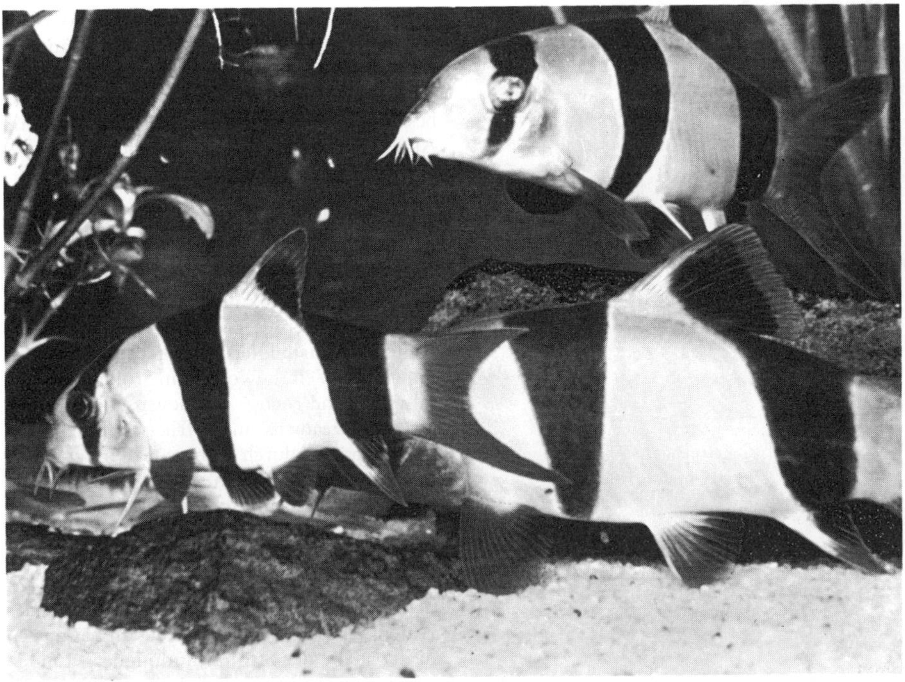

Prachtschmerlen

nen. Sie begeben sich zu diesem Zweck an die Wasseroberfläche, schlucken, indem sie die Schnauze aus dem Wasser hervorstrecken, eine gewisse Menge Luft, die sie unter starkem Zusammenpressen ihrer Kiemendeckel in den kurzen, geradeverlaufenden Verdauungsschlauch hinabdrängen, während sie gleichzeitig aus dem After eine Anzahl Luftperlen unter Geräusch hervorpressen.

Ungeachtet der geringen Größe werden wenigstens zwei unserer Schmerlen sehr gern gegessen und sogar in besonderen Teichen gezüchtet. Ihr Fleisch darf auch wirklich ein wahrer Leckerbissen genannt werden, vorausgesetzt, daß man die Fischchen nach dem Fange sobald wie möglich über das Feuer bringt.

Beim *Schlammbeißer* oder *Schlammpeitzger* (Misgurnus fossilis) wird der Mund von zehn Barteln umgeben, von denen vier an der Oberlippe und sechs an der unteren stehen; der Leib ist auf schwärzlichem Grund mit fünf gelben und braunen Längsstreifen, der Bauch auf lichtem Grund mit schwarzen Tüpfeln gezeichnet. Die Länge beträgt etwa 30 cm.

Der Schlammbeißer verbreitet sich über einen weiten Teil des nördlichen und östlichen Europa, findet sich jedoch nur in Flüssen und Seen mit schlammigem Grund, eigentlich nirgends in Menge, verbirgt sich hier während des Winters im Schlamm und tut dasselbe, wenn bei heißem Sommer das Wasser an seinem Aufenthaltsort vertrocknet. In dieser Lage kann er mehrere Monate ohne Schaden aushalten, sinkt auch keineswegs in schlafähnliche Erstarrung, sondern regt und bewegt sich, zeigt sich munter und vergnügt, sobald er ins Wasser gebracht wird, beweist also, daß ihn der gezwungene Aufenthalt in einem ihm anscheinend unnatürlichen Zufluchtsort nicht im geringsten anficht. Während des Sommers kann man auf moorigen Stellen, an denen solche Fische vorkommen, sie genauso wie die Singalesen ihre Schlangenfische durch Aufgraben des Schlammes gewinnen. Schweine, die man in die Sümpfe auf die Weide treibt, halten oft an ihnen ein gutes Frühstück.

Die Nahrung besteht aus kleinem Gewürm aller Art, Wassertierchen und Fischlaich, ebenso vermoderten Pflanzenresten, also gewissermaßen wirklich aus Schlamm, weshalb denn auch der Name „Schlammbeißer" seine Berechtigung hat.

Obgleich dieser hübsche Fisch im April und Mai gegen 140000 Eier am Ufer ablegt, vermehrt er sich doch nicht stark, wahrscheinlich weil er den meisten anderen Flußfischen zur Nahrung dienen muß. Vom Menschen wird er wenig behelligt, weil man ihn wegen seines Schleimes nicht leiden und das Fleisch wegen seinem moderigen Geschmack nicht essen mag.

Kopf eines nordamerikanischen Welses mit den typischen 4 Paar Barteln

Die *Gewöhnliche* oder *Bachschmerle* (Noemacheilus barbatulus) erreicht eine Länge von 10, höchstens 15 cm und ist auf dem Rücken dunkelgrün, auf der Seite gelblich, auf der Unterseite hellgrau gefärbt. Um den Mund stehen sechs Barteln. Wie die Verwandten verbreitet sich auch die Schmerle über einen großen Teil Europas. „Das fleisch dieser Fisch", sagt *Geßner*, „behelt den Preiß vnd Lob in allen dingen: denn es ist lieblich zu essen." Dieses in der Tat köstlichen Fleisches wegen legt man hier und da besondere Teiche zur Zucht der Bachschmerle an.

Die kleinste unserer Schmerlen, der *Steinbeißer* (Cobitis taenia), erreicht eine Länge von höchstens 12 cm und ist ungemein zierlich gezeichnet. Auf orangegelbem Grund stehen geordnet rundliche Flecke von schwarzer Färbung; über dem Auge zieht sich gegen die Oberlippe eine braunschwarze Linie, welche sich nach hinten zur Spitze des Kiemendeckels fortsetzt, eine andere, mit der ersten gleichlaufende geht über die Wangen. Brust-, Bauch- und Afterflosse sehen blaßgelb aus.

Der Steinbeißer kommt auch südlich der Alpen vor und ist bis Dalmatien verbreitet. Flüsse, Bäche und Wassergräben, Teiche und Seen bilden seinen Aufenthalt, Höhlungen unter Steinen seine Ruhesitze, Kerbtierlarven, Würmer und dergleichen seine Nahrung.

Eine schöne, goldgelb gefärbte tropische Schmerle mit drei schwarzen Querbändern ist die bei Aquarianern bekannte *Prachtschmerle* (Botia macracanthus). Als wirksame Waffe besitzt sie einen stilettförmigen Dorn unterm Auge, den sie bei Gefahr aufstellen kann.

Echte Welse

Merkmale der *Welse* (Siluridae) sind ein massiger, niemals mit Schuppen, sondern mit nackter Haut oder mit Knochenschildern bekleideter Leib, der große Kopf mit weitem Maul und mannigfach abwechselnden Bartfäden. Die Welse bewohnen in großer Mannigfaltigkeit und Menge die Gewässer Amerikas, Asiens, Ozeaniens und Afrikas, werden aber in Europa nur durch wenige Arten vertreten. Sie lieben ruhig fließende oder stehende Gewässer mit schlammigem Grund, fehlen jedoch auch in rascher strömenden nicht, siedeln sich sogar in Gebirgsbächen an und steigen hier ebenso hoch empor wie irgendein anderer Fisch. Dieser Verbreitung entspricht der Aufenthalt. Während die einen am häufigsten in der Nähe der Strommündungen gefunden werden, woselbst sie auf dem sandigen oder schlickigen Grunde liegen, bemerkt man andere auf felsigem Boden.

Alle ohne Ausnahme gehören zu den Raubfischen. Die meisten liegen bewegungslos auf der Lauer, spielen mit ihren Bart- oder Fangfäden, locken so andere Fische heran und schnappen im rechten Augenblicke zu; einzelne besitzen die Fähigkeit, elektrische Schläge auszuteilen und damit ihre Opfer zu betäuben.

Das Urbild der Familie, unser *Flußwels* oder *Waller* (Silurus glanis), hat mit einigen asiatischen Verwandten gemein: nackten Rumpf, kurze Rückenflosse ohne Stachelstrahlen, sehr lange Afterflosse, weites Maul und in Binden gereihte, hechelförmige Zähne. Er erreicht nicht selten eine Länge von 3 m und ein Gewicht von 200–250 kg.

Scheitel, Rücken und Flossenränder sind blauschwarz, die Seiten grünlichschwarz, gegen den Bauch hin auf hellerem Grunde mit ölgrünen Flecken gezeichnet; die Unterseite ist rötlich oder gelblichweiß, bläulichschwarz marmoriert; Bauch und Afterflossen haben in der Mitte eine hellere gelbliche Binde; die zwei Barteln des Oberkiefers sich weißlich, die vier kurzen des Unterkiefers rötlich.

Von Südschweden an verbreitet sich der Wels über das ganze mittlere und östliche Europa und einen Teil von Westasien. Die Laichzeit fällt in die Monate Mai bis Juni. Ungeachtet des nicht sonderlich geschätzten Fleisches, das beim jungen Fisch sehr fett ist, wird dem Wels doch eifrig mit der Angel nachgestellt.

Elektrische Welse

Zu den Elektrischen Welsen oder *Nagelwelsen* (Malapteruridae) zählt eines der merkwürdigsten Glieder der Ordnung Welse, der *Zitterwels, Raasch* der Araber (Malapterurus electricus), ausgezeichnet durch die Fähigkeit, elektrische Schläge auszuteilen. Äußerlich nur durch die fehlende Rückenflosse, die sie gleichsam ersetzende kleine Fettflosse und die strahlenlosen Brustflossen von anderen Welsen unterschieden, kennzeichnet sich der Raasch innerlich durch ein Zellengewebe, von dem die elektrische Kraft ausströmt. Die Länge beträgt bis 1,20 m. Unser Fisch verteilt, wenn man ihn mit der Hand berührt, willkürlich Schläge, die denen einer galvanischen Säule ähneln und sehr verschiedene Stärke haben. Der Schlag ist nicht besonders schmerzhaft und kann wohl nur kleineren Tieren gefährlich werden. Die Heimat dieses Fisches ist das tropische Afrika und das Stromgebiet des Nils.

Salmler, Sägesalmler

In Europa hat die Familie der *Salmler* (Characidae) keine Vertreter; ihre Mitglieder, Abb. S. 459, gehören den Süßgewässern Südamerikas und Afrikas an. Sie beleben hier namentlich gewisse Stellen der Flüsse in zahlloser Menge.

Sägesalmler (Serrasalmidae) nennt man hoch- und schmalleibige Arten einer nahestehenden Familie, welche große, schneidende, dreieckige, in einer Reihe geordnete Zähne in beiden Kiefern und ähnliche in einer Reihe am Gaumen tragen, mit Seitenlappen ausgerüstete, sehr kleine Schuppen, eine hohe, weit hinten stehende Rücken- und lange Afterflosse, zwei Stacheln vor der After- und einen Stachel vor der Rückenflosse haben.

Einer der bekannteren Vertreter dieser Sippe ist die *Piraya* oder *Piranha* (Serrasalmus piraya), ein sehr hochleibiger und gedrungener, kurz- und stumpfschnäuziger Fisch von

Scheibensalmler

über 30 cm Länge, oberseits bläulicher, unterseits gelblicher Färbung mit dunklen Flecken. Alle Sägesalmler leben in den Flüssen Süd- und Mittelamerikas. Für gewöhnlich halten sie sich am Boden auf, erscheinen aber, sobald sie eine Beute wahrnehmen, zu Tausenden auch an der Oberfläche des Wassers. Auf größeren Strömen begleiten oder umringen sie die Fahrzeuge, um im rechten Augenblick zur Stelle zu sein. *Humboldt* erzählt: „Gießt man ein paar Tropfen Blut ins Wasser, so kommen sie zu Tausenden herauf, an Stellen, wo der Fluß ganz klar und kein Fisch zu sehen war. Warfen wir kleine, blutige Fleischstückchen ins Wasser, in wenigen Minuten waren zahlreiche Schwärme von Karaibenfischen da und stritten sich um den Fraß."

Schomburgk bezeichnet sie mit Recht als die gierigsten Raubfische des Süßwassers und meint, daß man sie die Hyänen desselben nennen könnte. Im Vergleich zu ihnen sind aber die Hyänen harmlose, die Geier bescheidene Geschöpfe. Ihre Gefräßigkeit übersteigt jede Vorstellung: Sie gefährden jedes andere Tier, das sich in ihren Bereich wagt, sogar Fische, die zehnmal größer sind als sie selbst. „Greifen sie", berichtet *Schomburgk*, „einen größeren Fisch an, so beißen sie ihm zuerst die Schwanzflosse ab und berauben damit den Gegner seines Hauptbewegungswerkzeuges, während

Piranha

die übrigen wie Harpyien über ihn herfallen und ihn bis auf den Kopf zerfleischen und verzehren. Kein Säugetier, welches durch den Fluß schwimmt, entgeht ihrer Raubsucht; ja selbst die Füße der Wasservögel, Schildkröten und die Zehen der Alligatoren sind nicht sicher vor ihnen. Wird der Kaiman von ihnen angegriffen, so wälzt er sich gewöhnlich auf den Rücken und streckt den Bauch nach der Oberfläche."

Ein harmloser Salmler, der nur Pflanzen frißt, ist dagegen der *Scheibensalmler* (Metynnis schreitmuelleri).

HERINGSFISCHE

Die Bedeutung der Fische für den Haushalt des Menschen läßt sich mit dem einzigen Wort *Hering* verständlich genug ausdrücken. Ohne den Stockfisch kann man leben; von den Schollen und den meisten anderen Seefischen haben meist nur die Küstenbewohner Genuß und Gewinn; die Fische des Süßwassers gehören zu den selteneren Gerichten auf dem Tische des Binnenländers: der Hering und seine Verwandten aber bringen den Segen der Ernte des Meeres bis in die entlegenste Hütte. Wenn irgendein Fisch es verdient, Speisefisch genannt zu werden, so ist es dieser. Es gibt keinen Fisch, der wirtschaftlich wichtiger wäre als der Hering.

Heringe

Die ihm zu Ehren benannten Heringe (Clupeidae), eine etwa 175 Arten zählende Familie bildend, sind beschuppte Fische ohne Fettflossen, deren Kiemen besonders entwickelt sind, indem nicht nur die Kiemenöffnungen durch ihre Weite, sondern auch die Kiemenstrahlen durch ansitzende, seitlich wiederum verzweigte zahnartige Äste, welche einen trefflichen Seiher bilden, auffallen. Die Zahnbildung ändert je nach den Gattungen ab. Die gewöhnlich vorhandene Schwimmblase steht bei einzelnen durch luftführende Kanäle mit dem Labyrinth in Verbindung.

Nicht alle Heringe sind ausschließlich im Meer zu Hause; die Familie hat auch Glieder, welche vom Meere aus regelmäßig in den Flüssen aufwärts gehen, um hier zu laichen. Dementsprechend ändert die Lebensweise ab; für die wichtigsten Mitglieder der Familie aber läßt sich im allgemeinen sagen, daß sie im wesentlichen mit den Renken übereinstimmen und sozusagen für das Meer dasselbe bedeuten, was jene für die Binnenseen sind. Alle ohne Ausnahme scheinen Raubfische zu sein, welche sich nicht nur an kleinem Wassergetier, sondern auch an Fischen vergreifen.

Der **Atlantische Hering** (Clupea harengus), Vertreter einer gleichnamigen Gattung (Clupea), erreicht selten eine größere Länge als 40 cm, hat kleine, schmale Brust- und Bauchflossen, eine mittelständige Rückenflosse, weit nach hinten gerückte, schmale Afterflosse, tief gegabelte Schwanzflosse, große, leicht abfallende Schuppen, sieht auf der Oberseite schön meergrün oder grünblau, auf der Unterseite und auf dem Bauche silberfarben aus und glänzt, je nach dem einfallenden Lichte, in verschiedenen Schattierungen; Rücken- und Schwanzflosse sind düster-, die übrigen lichtfarbig.

Der nördliche Teil des Atlantischen Ozeans einschließlich der Nord- und Ostsee, und ebenso das Eismeer sind die Heimat des Herings.

Die Lebenskunde des Herings ist noch immer in vieler Hinsicht dunkel und unklar. Sein Erscheinen in den oberen Wasserschichten und an der Küste hat wenig Regelmäßiges, und nicht immer sind es Scharen fortpflanzungslustiger Fische, die sich zeigen, sondern es kommen auch alljährlich große Heere sogenannter Jungfern- oder, wie die Holländer sagen, Matjes-Heringe aus ihrer heimatlichen Tiefe empor. Über das Leben in den tieferen Gründen wissen wir so gut wie nichts; man konnte aber feststellen, daß er sich, dem Wale vergleichbar, mehr oder weniger ausschließlich von kleinen, dem unbewaffneten Auge zum Teil unsichtbaren Krebstierchen (Plankton) nährt, sie aber in kaum berechenbarer Menge verzehrt. Eine bestimmte Laichzeit hat er nicht. Im allgemeinen mag richtig sein, daß die Hauptzeit der Fortpflanzung in die Wintermonate fällt, vom Januar an gerechnet, und bis zum März oder April dauert; eine zweite Laichzeit beginnt dann im Juli und dauert etwa bis zum Dezember. Aus guten Gründen nimmt man an, daß auch die Heringe auf denselben Stellen laichen, auf denen sie selbst geboren wurden. Verschiedene Ursachen, Witterungseinflüsse und Strömungsänderungen z. B. können bewirken, daß sie in einzelnen Jahren auf bestimmten Stellen ganz ausbleiben, und ebenso zeigen sie sich gegen Veränderungen ihrer Laichplätze höchst empfindlich, meiden solche Plätze insbesondere dann oft jahrelang ganz, wenn die sie bekleidenden Tange und sonstigen Wasserpflanzen zerstört wurden. Hieraus ergibt sich, daß die Laichplätze wie die laichenden Fische zeitweilig unbedingter Schonung bedürfen.

Von den Heringszügen macht sich der Binnenländer schwerlich eine Vorstellung, weil ihm die Berichte der Augenzeugen übertrieben und unglaublich zu sein scheinen. Aber die Augenzeugen stimmen so vollständig überein, daß wir nicht zweifeln können. „Sachkundige Fischer", sagt *Schilling*, „welche ich zum Fange begleitete, zeigten mir in der starken Dämmerung Züge von meilenweiter Länge und Breite nicht etwa auf der Meeresfläche, sondern am Widerschein der durch sie erhellten Luft. Sie ziehen dann so gedrängt, daß Boote, welche dazwischenkommen, in Gefahr geraten; mit Schaufeln kann man sie unmittelbar ins Fahrzeug werfen, und ein langes Ruder, welches in diese lebende Masse gestoßen wird, bleibt aufrecht stehen."

Im ersten Monat ihres Lebens erreichen sie, laut *Widegren*, durchschnittlich eine Länge von 15 mm; nach Ablauf eines Jahres sind sie ungefähr 9, noch ein Jahr später 15–18 cm lang geworden; im dritten Jahre werden sie, bei einer Länge von etwa 20 cm, fortpflanzungsfähig.

Bis in das frühe Mittelalter zurück reicht die Kunde der Heringsfischerei. Altenglische Urkunden erwähnen sie, alte Gesetze regeln sie. Bis zur Zeit des Holländers *Beukelsz*, der zu Ende des 14. Jahrhunderts lebte, befand sich die Fischerei, obschon sie nicht unbedeutend genannt werden konnte, noch in den Zeiten der Kindheit; von nun an aber, nachdem man gelernt oder wiederum erlernt hatte, den bisher mehr oder weniger dem Verderben preisgegebenen Seefisch zu salzen und auf diese Weise ins Innere der Binnenländer zu versenden, gewann sie rasch außerordentlichen Aufschwung. Zuerst waren es die Holländer, die sie in großartiger Weise betrieben; später nahmen die Hanseaten und Norweger an ihr teil; aber erst seit etwa 300 Jahren begannen die Engländer, auch ihrerseits Schiffe auf den Heringsfang zu senden.

Der nächste Verwandte des Herings, der in den deutschen Meeren lebt, ist die *Sprotte* oder der *Breitling* (Sprattus sprattus), ein Fisch von etwa 15 cm Länge. Der gekielte Bauch ist deutlich gezähnelt, der Rücken dunkelblau mit grünem Schimmer, der übrige Leib silberweiß gefärbt; Rücken- und Schwanzflosse sehen dunkel, Brust-, Bauch- und Afterflosse weiß aus.

Obschon die Bedeutung der Sprotte für den menschlichen Haushalt weit geringer ist als die des Herings, gehört sie doch zu den wichtigsten Fischen der Nord- und Ostsee, deren Küsten sie in zahlreicher Menge bevölkert. In ihrer Lebensweise ähnelt sie dem Hering, herbergt wie dieser in bedeutenden Tiefen und erscheint alljährlich in unermeßlichen Scharen in der Nähe der Küste oder in seichterem Wasser. Dieses Auftreten hängt jedoch nicht mit der Laichzeit zusammen, weil man nur selten solche fängt, bei denen der Laich in voller Entwicklung ist: ein Umstand, der die Ansicht der Fischer unterstützt, daß die Sprotte nur ein junger Hering sei. Wenn dies auch falsch ist, so werden zweifellos bei der Sprottenfischerei wirklich Hunderttausende und Millionen von jungen Heringen gefangen.

Zum Fange wendet man feinmaschige Netze an, in denen sich alle Fische von geringerer Größe verstricken. Auch an unseren Küsten, insbesondere an denen der Ostsee, werden alljährlich viele Millionen Sprotten gefangen, meist geräuchert und dann unter dem Namen „Kieler Sprotten“ in alle Welt versendet, wogegen man denselben Fisch in Norwegen einmacht und unter dem Namen „Anchovis“ in den Handel bringt.

Von den in den europäischen Meeren lebenden Heringen erscheinen die **Alsen** (Alosa) in den Flüssen, um zu laichen. Der *Maifisch* (Alosa alosa) erscheint auch dem Unkundigen als naher Verwandter des Herings. Die Färbung des Rückens ist ein schönes, metallisch glänzendes Olivgrün; die Seiten glänzen goldfarben. Die Länge beträgt 60 cm und darüber, das Gewicht 1,5–3,5 kg. Bedeutend kleiner ist die verwandte *Finte* (Alosa fallax), die dem Maifisch in der Färbung fast gleicht.

In der Lebensweise ähneln sich beide Alsen. Sie bewohnen alle Meere, welche die europäischen Küsten bespülen, halten sich hier in ziemlicher Tiefe auf, treten, je nachdem sich die Flüsse mehr oder weniger geklärt, früher oder später in diese ein und wandern in ihnen empor, um zu laichen. Ihren Namen Maifische haben sie von dem regelmäßigen Erscheinen erhalten. Die Fischer kennen sie sehr gut, weil sie sich geräuschvoller bewegen als andere Fische, nahe der Oberfläche des Wassers fortwandern und zuweilen einen Lärm verursachen, „als befände sich eine Herde Schweine im Wasser“. Die Finte pflegt ihre Reise gewöhnlich vier Wochen später als der Maifisch anzutreten, benimmt sich aber auf der Reise ebenso wie dieser. Während des Lärmens, das dem Schweinegrunzen nicht unähnlich ist, aber vom Schlagen mit dem Schwanze hervorgebracht wird, geben die fortpflanzungslustigen Fische in der Nähe der Oberfläche ihren Laich von sich und kehren, nachdem dies geschehen ist, langsam ins Meer zurück, die meisten in einem auffallend hohen Grade entkräftet und abgemagert.

Wichtiger als Maifisch und Finte ist der *Pilchard* oder die *Sardine* (Sardina pilchardus), ein im Ansehen dem Hering ähnelnder, aber kleinerer und dickerer Fisch von 18–20, höchstens 30 cm Länge, auf der Oberseite bläulichgrün, auf der Seite und am Bauche silberweiß gefärbt, auf den Kiemendeckeln goldfarben schimmernd und dunkler gestreift.

Der Pilchard, der hauptsächlich zu Westeuropa gehört, findet sich häufig im Süden von England und entlang der ganzen französischen und nordspanischen Küste bis zur Straße von Gibraltar hin. Der Pilchard gehört zu den gefräßigsten Fischen, verzehrt jedoch fast nur kleine Kruster, vorzugsweise eine zwerghafte Garnele, von der man oft viele Tausende in dem bis zum Platzen gefüllten Magen findet.

An den entsprechenden Küsten betreibt man eine bedeutende Fischerei auf den Pilchard. Zuweilen nimmt man mit einem großen Zuge unglaubliche Massen auf einmal aus dem Wasser.

Viele Pilchards werden eingesalzen, die große Mehrzahl aber, nachdem sie wenige oder geraume Zeit in der Sulze gelegen, noch in Öl gekocht, mit diesem in Büchsen gelegt und als Sardinen in den Handel gebracht.

Sardellen

Die Alten kannten weder den Hering noch den Pilchard, noch die Sprotte, wohl aber die *Sardelle* oder *Anchovis* (Engraulis encrasicholus), die wegen ihres zusammengedrückten Leibes, der glatten Bauchkante, des weiten, bis hinter die Augen gespaltenen Maules, der in stumpfer Spitze vortretenden Schnauze, kleinen Augenlider, schmalen, geradlinigen Oberkieferknochen und sehr spitzen Zähne auf den verschiedenen Knochen des Maules als Vertreter einer besonderen Gattung (Engraulis) angesehen wird, höchstens 20 cm an Länge erreicht und auf der Oberseite bräunlichblau, an den Seiten und dem Bauche weiß, am Kopfe goldengefärbt ist.

In sehr zahlreicher Menge bewohnt die Sardelle das Mittelmeer, verbreitet sich aber von hier aus längs der europäischen Küsten im Atlantischen Ozean bis in den nördlicheren Teil der Nordsee und dringt auch in die Ostsee ein. In Lebensweise und Betragen unterscheidet sich die Sardelle wenig von anderen Heringen. Auch die Sardellen treten in solchen Massen auf, daß man oft in einem einzigen Zuge mehr als 40 Tonnen zu je 7000–8000 Stück aus dem Wasser hebt. Man trennt ihnen nach dem Fang die Köpfe ab, nimmt die Eingeweide heraus und salzt oder macht sie ein. Letztere Arbeit wird hauptsächlich von den Frauen der Fischer betrieben, die eine erstaunliche Fertigkeit besitzen, mit ihrem sorgsam gepflegten Daumennagel den Kopf abzuschneiden, gleichzeitig die Eingeweide zu fassen und mit dem abgetrennten Kopf beiseite zu werfen. Im Handel heißen die gesalzenen Fischchen Sardellen, die eingelegten Anchovis.

LACHSFISCHE

Lachsartige

Als die edelsten Glieder der Ordnung dürfen wir die *Lachsartigen* (Salmoninae) bezeichnen, beschuppte Fische mit gestrecktem, rundlichem Leib, einer strahlenlosen Fettflosse hinter der Rückenflosse und bis zur Kehle gespaltener Kiemenöffnung, deren Maul entweder ganz unbewaffnet oder mit sehr feinen Zähnen besetzt oder mit kräftig entwickelten Zähnen bewaffnet ist. Die Färbung der einzelnen Arten weicht nicht nur entsprechend dem Alter wesentlich ab, sondern verändert sich auch vor und nach der Laichzeit in einer ganz typischen Art und Weise.

Mit ganz geringen Ausnahmen gehören die Lachse ausschließlich der nördlichen Halbkugel an. Sie bewohnen die Salz- wie die Süßgewässer, falls sie rein sind, die im Norden gelegenen in größerer Anzahl als die südlichen. Vom Meere aus wandern alle Lachse zur Laichzeit in die Ströme, Flüsse und Bäche, um sich hier fortzupflanzen, und zwar kehrt jeder einzelne Fisch wieder in denselben Fluß oder doch in das Stromgebiet zurück, in dem er geboren wurde. Der Wandertrieb ist so heftig, daß der zu Berge gehende Fisch vor keinem Hindernis zurückschreckt und die wirklich unübersteiglichen selbst unter Einsatz seines Lebens zu überwinden sucht. Alle zu Berge gehenden Lachse laichen in eine von ihnen vorher ausgehöhlte seichte Grube im Sand oder Kies und wissen ihre Wahl mit viel Geschick zu treffen. Andere Arten verlassen die Seen, in welchen sie herbergen, während der Laichzeit nur ausnahmsweise, um dann ebenfalls die in den See mündenden Flüsse aufzusuchen, wählen sich vielmehr regelmäßig seichte Ufer des Sees zum Laichen aus; andere endlich erscheinen während der Fortpflanzungszeit in ungeheuren Massen an der Oberfläche des Wassers, unbekümmert, ob die Tiefe unter ihnen wenige Zentimeter oder viele Meter beträgt, drängen sich dicht aneinander, springen, Bauch an Bauch gekehrt, hoch über das Wasser empor und entleeren gleichzeitig Rogen und Milch, indem sie weithin das Wasser trüben.

Die Lachse ernähren sich in den ersten Jahren ihres Lebens mit Gewürm und Kerbtieren oder deren Larven und greifen im höheren Alter alle anderen Fische an. Für den menschlichen Haushalt haben die Lachse eine sehr große Bedeutung. Ihr köstliches Fleisch, das von dem keines anderen Fisches überboten wird, ist grätenlos, schmackhaft und leicht verdaulich, so daß es selbst Kranke genießen können.

Als das edelste Mitglied der Lachse im engeren Sinne bezeichnen unsere Fischer den *Lachs* oder *Salm* (Salmo salar), Abb. S. 460. Ihn kennzeichnet der sehr in die Länge gestreckte, seitlich mehr oder weniger zusammengedrückte Leib, der im Verhältnis zu diesem sehr kleine Kopf mit schmächtiger, lang vorgezogener Schnauze, die zahnlose, kurze, fünfeckige Platte des Pflugscharbeines und die einreihig gestellten, frühzeitig ausfallenden Zähne des Pflugscharstieles. Der Rücken ist blaugrau, die Seite silberglänzend, die Unterseite weiß und glänzend; die Zeichnung des fortpflanzungsfähigen Fisches besteht aus wenigen schwarzen Flecken. Rücken-, Fett- und Schwanzflosse haben eine dunkelgraue, die übrigen eine blasse Färbung; ausnahmsweise zeigt die Rückenflosse einzelne runde, schwarze Flecke. An Länge kann der Lachs bis 1,50 m, an Gewicht bis 36 kg erreichen; so große Stücke finden sich jedoch nur noch in den nordrussischen Strömen; im übrigen Europa hat man derartige Riesen längst ausgerottet. In unseren Tagen gilt hier ein Lachs von Meterlänge und 15–16 kg Gewicht schon als sehr groß.

Als die Heimat des Lachses müssen wir das Eismeer und den nördlichen Teil des Atlantischen Ozeans einschließlich der Nord- und Ostsee ansehen, obgleich er die Jugendzeit in den Flüssen verlebt und vom Meer aus alljährlich in den Strömen aufsteigt, so weit er kann. Während seines Aufenthaltes im Meere raubt er allerlei Kruster, Fische verschiedener Art, namentlich Sandaale, Stichlinge und wohl auch Heringe.

Ganz anders beträgt er sich während seines Aufenthalts im Süßwasser. Im allgemeinen unterscheidet er sich wenig von seinen Verwandten, namentlich von den beiden großen Forellen, die ihm auch leiblich sehr nahestehen. Er schwimmt mit derselben Gewandtheit wie diese und übertrifft sie noch durch die Fertigkeit im Springen, lebt wie andere Edellachse gern in Gesellschaften, frißt aber im Süßwasser nur während seiner Jugendzeit ebenso gierig wie die Forelle und enthält sich vor, während und nach seiner Fortpflanzungszeit, überhaupt so lange, wie er, vom Meere aufsteigend, im Süßwasser verweilt, fast ganz der Nahrung. Seine Wanderungen sind daher Lebensbedingung für ihn: das Meer ernährt ihn, das Süßwasser ermöglicht seine Vermehrung.

Beim Aufstieg in die Flüsse zum Laichen suchen die Lachse ein Hindernis mit aller Kraft zu überwinden, unter Netzen durchzukommen oder sie zu zerreißen, Stromschnellen, Wasserfälle und Wehre zu überspringen. Hierbei entfalten sie bewunderungswürdige Kraft, Gewandtheit und Ausdauer. Unter Aufbietung aller Kräfte dringen sie bis in den stärksten Strom unterhalb der Schnelle, stützen sich wohl auch mit der Schwanzflosse gegen einen Stein, um Halt zu gewinnen, schlagen mit voller Wucht kräftig gegen das Wasser und schnellen sich hierdurch bis zu einer Höhe von 2–3 m empor und beschreiben gleichzeitig einen Bogen von 4–6 m Durchmesser. Ein Mißglücken des Sprunges hält sie nicht ab, denselben von neuem zu versuchen, und gar nicht selten büßen sie ihre Hartnäckigkeit mit dem Leben.

Zur Laichzeit geht mit den Lachsen auch eine äußerlich zu erkennende Veränderung vor: Sie legen ein Hochzeitskleid an, färben sich dunkler und bekommen auf den Leibesseiten und auf den Kiemendeckeln häufig rote Flecke.

In den Monaten Oktober bis Februar erwählt ein Weibchen, welches gewöhnlich von einem erwachsenen und vielen jungen Männchen begleitet wird, eine seichte, sandige oder kiesige Stelle zur Anlage seines sogenannten Bettes, einer weiten, jedoch nicht tiefen Grube, welche die Eier aufnehmen soll. Die Arbeit des Aushöhlens geschieht von ihm allein, und zwar mit Hilfe des Schwanzes, während das Männchen auf der Lauer liegt, um Nebenbuhler fortzujagen. Wenn jenes sich anschickt zu legen, eilt dieses herbei, um die Eier zu besamen, welche danach durch erneute Schwanzbewegungen wieder bedeckt werden. Nicht selten sieht man einen Rogener auch nur von kleinen, eben zeugungsfähig gewordenen Milchnern, welche noch niemals im Meere waren, umgeben und diese am Fortpflanzungsgeschäft teilnehmen.

Nach geschehener Fortpflanzung sind die Lachse so erschöpft, daß sie weder jagen noch schwimmen können. Mehr vom Wasser getrieben als sich selbständig bewegend, gleiten sie stromabwärts zum nächsten Tümpel und bleiben in ihm so lange, bis sie sich einigermaßen erholt haben und imstande sind, die Rückreise zum Meere anzutreten. Erreichen sie glücklich das Meer, so erholen sie sich überraschend schnell, reinigen ihre Kiemen von weißen Würmern und anderen Schmarotzern, die sich im Süßwasser ansetzten, im Salzwasser aber sterben, strecken ihre Kiefer, verlieren ihre Brandflecke, fressen gierig und sind bis zum nächsten Aufstieg wieder ebenso kräftig wie zuvor.

Die Eier entwickeln sich je nach der Witterung früher oder später; doch vergehen in der Regel etwa vier Monate, bevor die Jungen ausschlüpfen. Ihre Länge beträgt kurz nach ihrem wirklichen Eintritt in das Leben ungefähr 2 cm. Kopf und Augen sind sehr groß; der Dottersack ist noch bedeutend. Die Färbung des Leibes ist ein blasses Braun, das neun oder zehn dunkelgraue, schief auf den Seiten stehende Fleckenbinden zeigt. An Zuchtjungen hat man erfahren, daß sie während des ersten Sommers eine Länge von höchstens 10 cm erreichen, fortan aber etwas rascher wachsen und im Alter von 16 Monaten etwa 40 cm lang geworden sind. Um diese Zeit geht das Jugendkleid in das der Erwachsenen über, und nunmehr regt sich auch der Wandertrieb: sie streben dem Meere zu. Ihre Reise stromabwärts geschieht langsam, und ehe sie in das Salzwasser eintreten, verweilen sie noch Wochen an den Mündungen der Flüsse, weil ein rascher Übergang sie, wie es scheint, gefährdet. Junge Lachse, die man aus dem Flußwasser unmittelbar ins Salzwasser brachte, starben sämtlich nach kurzer Zeit, obgleich das Wasser vollkommen rein und klar war. Unumgängliche Bedingung für ihr Leben ist, wie wir gesehen haben, der zeitweilige Aufenthalt im Meere zwar nicht; von der größten Bedeutung aber ist er wohl. Sie müssen hier ungemein reichliche Nahrung finden, weil sie in sehr kurzer Zeit überraschend an Größe und Gewicht zunehmen.

Der Fang der Lachse geschieht in sehr verschiedener Weise, mit mancherlei Garnen, in Reusen, Lachsfallen, die oberhalb der Wehre so angebracht werden, daß der Fisch beim Überspringen in sie fällt, vermittels Wurfspeere, sogenannter Gere, vorzugsweise aber mit der Angel. Das Fleisch des Lachses zählt mit Recht zu dem vorzüglichsten, das unsere heimischen Fische liefern, steht aber schon dem der Meer- und Lachsforelle, noch mehr dem der Bachforelle nach.

Zwei Lachsfische unserer Heimat sind schwer zu unterscheiden, daher auch vielfach miteinander verwechselt worden. Der eine ist die *Seeforelle* (Salmo trutta lacustris). Sie heißt auch *Grundforelle*, *Silberlachs* oder *Salfisch* und ist eine der drei Unterarten der Forelle. Der andere ist die Lachsforelle.

Die geschlechtsreife Seeforelle, die Grundforelle, ist an ihrer dickeren, plumperen Leibesgestalt zu erkennen. Ihr Kopf besitzt im Vergleich zu den übrigen Verhältnissen des Körpers einen bedeutenden Umfang; die Schnauze ist verhältnismäßig stumpf, die Zähne sind sehr stark und stehen vorn meist in einfacher, hinten in doppelter Reihe. Der grün und graublau gefärbte Rücken und die silberglänzenden Seiten tragen bald mehr, bald weniger Flecke von runder oder eckiger Gestalt und schwarzer Färbung. Brust-, Bauch- und Afterflosse sind bald stärker, bald schwächer grau gefärbt als die Rücken- und Schwanzflosse, welche stets diese oder eine noch dunklere Färbung zeigen; in der Rückenflosse bemerkt man immer viele runde, schwarze Flecke, während die Schwanzflosse nur zuweilen mit einzelnen verwischten dunklen Tüpfeln besetzt ist.

Ganz verschieden von den fruchtbaren sind die jugendlichen, am Bodensee unter dem Namen „Schwebeforellen", in Österreich als „Maiforellen" unterschiedenen Seeforellen. Ihr Körper bleibt viel mehr seitlich zusammengedrückt und schlanker als der einer Grundforelle; die Schnauze streckt sich in die Länge; das Maul erscheint tiefer gespalten. Am auffallendsten weicht die junge Seeforelle durch ihre Färbung ab. Ihr grüner oder blaugrauer Rücken erhält nie so dunkle, schwarze Flecke wie der Rücken der fruchtbaren Seeforelle; auch kommen diese Flecke nie so zahlreich, sondern meist in sehr geringer Menge vor. An den Seiten stehen nur sehr wenige, ganz vereinzelte, verwischte schwarze Flecke, welche auch oft ganz ausbleiben, so daß alsdann die Kiemendeckel und die Körperseiten einen wunderschönen, durch nichts unterbrochen, silberweißen Glanz von sich geben. Die länger und spitzer ausgezogenen paarigen Flossen sowie die Afterflossen sind farblos und nur selten bei älteren Stücken etwas angeschwärzt; Rücken- und Schwanzflosse erscheinen dunkelgrau, und die erste ist meistens mit weniger schwarzen, runden Flecken besetzt als an den fruchtbaren Stücken. Die Größe ist sehr bedeutend: Seeforellen von 80 cm Länge und 12–15 kg Gewicht gehören nicht zu den Seltenheiten; man fängt zuweilen solche von 1 m Länge und 25–30 kg Gewicht. Sie bewohnt die Seen der Alpen und Voralpen, findet sich hier in fast allen größeren und tieferen Gewässern bis zu 1500 m Höhe und hält sich regelmäßig in bedeutenden Tiefen auf. Etwa Anfang September verlassen die Seeforellen ihre bisherigen Wohngewässer und steigen in Flüssen auf, um zu laichen. Sie nehmen eine sehr dunkle Färbung an und erscheinen auf der Unterseite vom Kinn bis zum Schwanzende oft wie überschwärzt, auch leuchten die tiefergelegenen Hautschichten orangegelb durch, weshalb solche Stücke, laut *Siebold*, am Chiemsee den Namen „Goldlachse" erhalten. Geraume Zeit nach vollendetem Laichgeschäft kehren sie zu den Seen zurück, um hier den Winter und den Sommer zu verbringen, während die in demselben oder im vorigen Jahr erzeugten Jungen das Frühjahr und den Sommer hindurch in den Flüssen verweilen und erst im zweiten Winter ihres Lebens sich zu den Seen begeben.

Das Fleisch wird sehr geschätzt. Der Fang ist sehr bedeutend. Die meisten erbeutet man, wie leicht erklärlich, während ihres Aufsteigens in den Flüssen.

Die zweite Form der Forelle ist die *Lachsforelle*, bezeichnender vielleicht *Meerforelle* (Salmo trutta trutta) genannt. Ihre große Ähnlichkeit mit der Seeforelle macht es schwierig, scharfe Unterscheidungsmerkmale für beide Arten anzugeben. In der Färbung stimmt die Meerforelle, laut *Siebold*, mit der Maiforelle fast überein. Ihr blaugrauer Rücken sowie ihre silbrigen Seiten sind nur mit wenigen schwarzen Flecken besetzt, zuweilen ganz ungefleckt, die Unterseite ist reinweiß; die paarigen Flossen und die Afterflosse zeigen sich farblos, die Brustflossen sind bei älteren Stücken grau, Rücken- und Schwanzflosse dunkelgrau gefärbt.

Die Lachsforelle bedeutet für die See dasselbe, was die Seeforelle für die großen Binnengewässer ist. Das Meer beherbergt sie während des Spätsommers, und von ihm aus steigt sie in die Ströme und Flüsse empor, um zu laichen. Ihr Verbreitungskreis erstreckt sich dementsprechend noch bedeutend weiter als der ihrer Verwandten. Sie bewohnt die Ostsee, den nördlichen Atlantik einschließlich der Meerengen und Kanäle um Großbritannien, die Nordsee und das Eismeer bis zum Weißen Meer. Die Fortpflanzung geschieht genau in derselben Weise wie bei anderen Arten ihrer Sippschaft.

Unter allen deutschen Lachsfischen besitzt die dritte Forellenform, die *Bachforelle*, *Wald-*, *Teich-*, *Gold-* und *Schwarzforelle* (Salmo trutta fario), die gedrungenste Gestalt. Ihr Leib ist mehr oder weniger seitlich zusammengedrückt, die Schnauze kurz und sehr abgestumpft, die vordere kurze Platte des Pflugscharbeines dreieckig, am querliegenden Hinterrand mit drei oder vier Zähnen bewehrt. Über die Färbung etwas Allgemeingültiges zu sagen ist vollkommen unmöglich. Man nennt die Bachforelle das „Chamäleon unter Fischen". In der Regel aber ist der Rücken dunkel, die Seiten heller und punktiert, der Bauch am hellsten gefärbt. Je reiner das Wasser, desto heller ist meistens die Farbe. Ebenso ist es mit der Farbe des Fleisches, welches bei den helleren, gold- und rotpunktierten Goldforellen rötlich, sonst auch gelblich, in der Regel aber schneeweiß ist und sich durch Kochen nicht verändert.

Die Bauch- und Brustflossen der Forellen sind in die Breite gestreckt und abgerundet; die Schwanzflosse ändert ihre Gestalt mit dem Alter: Bei jungen Forellen ist sie tief ausgeschnitten, bei älteren senkrecht abgestutzt, bei alten sogar etwas nach außen abgerundet. Die Männchen unterscheiden sich von den Weibchen meist durch den größeren Kopf und wirre, zahlreiche, aber starke Zähne; auch erhöht und schrägt sich im Alter bei ihnen namentlich die Spitze des Unterkiefers nach außen. Die Größe richtet sich wie die Färbung nach dem Aufenthalt. In kleinen, schnellfließenden Bächen, wo sich die Forelle mit wenig Wasser begnügen muß, erreicht sie kaum eine Länge von 40 cm und ein Gewicht von höchstens 1 kg, wogegen sie in tieferen Gewässern, in Seen und Teichen, bei reichlichem Futter zu einer Länge von 90 cm und darüber und einem Gewicht von 5–6 kg anwachsen kann. Daß derartige Riesen viele Jahre auf dem Rücken haben, läßt sich mit Bestimmtheit behaupten.

Bedingung für ihr Fortkommen und Leben ist klares, fließendes, an Sauerstoff reiches Wasser. Sie findet sich daher in allen Gebirgswässern, meistens in Flüssen und Bächen, aber auch in Seen, die von durchströmendem Wasser oder von in ihnen entspringenden, reichhaltigen Quellen gespeist werden. Die neuerdings so vielfach angestellten Züchtungsversuche haben zur Genüge gezeigt, daß geklärtes Wasser, das regelmäßig in Bewegung gesetzt wird, der Bachforelle genügt, gleichgültig, ob es frischen Quellen oder Bächen und selbst Teichen entnommen wurde. An Gewandtheit und Schnelligkeit der Bewegung wird sie höchstens von einzelnen ihrer Verwandten, schwerlich aber von anderen Flußfischen übertroffen.

Man muß die Bachforelle zu den nächtlich lebenden Fischen zählen. Tagsüber versteckt sie sich gern unter überhängenden Ufersteinen oder überhaupt in Höhlungen und Schlupfwinkeln; wenn aber ringsum alles ganz ruhig ist, treibt sie sich auch um diese Zeit im freien Wasser umher, unter allen Umständen den Kopf gegen die Strömung gerichtet und verweilt hier entweder viertelstundenlang und länger scheinbar an ein und derselben Stelle, bewegt sich aber in Wirklichkeit mit den Flossen soviel, wie zur Erhaltung ihrer Stellung erforderlich ist; oder aber sie schießt plötzlich wie ein Pfeil durch das Wasser, folgt mit wunderbarer Geschicklichkeit der Hauptströmung und findet so in seichten Bächen noch da ihren Weg, wo man ein Weiterkommen für unmöglich halten möchte. Einmal aufgestört, pflegt sie, falls es ihr nur irgend möglich, sich wieder einem Schlupfwinkel zuzuwenden und in ihm zu verbergen; denn sie gehört zu den scheuesten und vorsichtigsten aller Fische.

Solange sie jung ist, jagt sie vorzugsweise auf Kerbtiere, Würmer, Egel, Schnecken, Fischbrut, kleine Fische und Frösche; hat sie aber einmal ein Gewicht von 1–1,5 kg erreicht, so wetteifert sie an Gefräßigkeit mit jedem Raubfisch ihrer Größe, steht mindestens dem Hecht kaum nach und wagt sich an alles Lebende, von dem sie annimmt, daß sie es bewältigen kann, ihre eigene Nachkommenschaft nicht ausgeschlossen.

Die Fortpflanzungstätigkeit der Forelle beginnt Mitte Oktober und dauert unter Umständen bis in den Dezember. Schon Fische von 20 cm Länge und 150 g Gewicht sind fortpflanzungsfähig. Das Laichen selbst geschieht in seichtem Wasser auf Kiesgrund oder hinter größeren Steinen, da, wo eine rasche Strömung sich bemerklich macht. Vor dem Legen höhlt der Rogener durch lebhafte Bewegungen mit dem Schwanze eine mehr oder weniger große, seichte Vertiefung aus, läßt in sie die Eier fallen und macht sodann dem Männchen Platz, welches gleichzeitig oder unmittelbar darauf einige Samen darüberspritzt. Durch weitere Bewegungen mit dem Schwanze werden die Eier leicht überdeckt und nunmehr ihrem Schicksal überlassen. Niemals entledigt sich ein Weibchen aller Eier mit einem Male; das Laichen geschieht vielmehr in Absätzen innerhalb acht Tagen.

Nach ungefähr sechs Wochen, der herrschenden Witterung entsprechend früher oder später, entschlüpfen die Jungen. Viele Feinde bedrohen und gefährden die junge Brut. Noch ehe die befruchteten Eier ausgeschlüpft sind, richten die Grundfische, vor allem die Quappen, arge Verwüstungen unter ihnen an. Später, nach dem Ausschlüpfen, nehmen außer den Quappen auch die übrigen Raubfische, insbesondere die älteren Forellen, manches Junge weg, und wenn dieses wirklich so weit gekommen ist, daß es selbst zum Räuber wird, hat es in der Wasserspitzmaus, Wasserratte und im Fischotter noch gefährliche Feinde.

Es muß auffallen, daß die Alten, welche bekanntlich für Gaumenkitzel sehr empfänglich waren, über die Forelle schweigen, da erst *Ausonius* in seiner „Mosel" ihrer Erwähnung tut, und es scheint fast, als hätten sie den Fisch nicht gekannt oder nicht zu würdigen verstanden. In späterer Zeit gelangte er zu verdientem Ansehen; denn „die Forellen werden einhellig größlich gepriesen bey allen Nationen, zu jederzeit des Jars, insonderheit im Aprilen vnd Mayen. Summa, die besten Fisch auß den süssen Wassern sind die Fören, also, daß sie auch in allerley Krankheit erlaubt werden."

Regenbogenforelle

Ein wichtiger Nutzfisch ist die 1882 aus Nordamerika nach Europa eingeführte *Regenbogenforelle* (Salmo gairdneri). Sie unterscheidet sich von der Bachforelle durch zahlreiche schwarze Flecken und ein metallisch leuchtendes, rotes Längsband auf den Körperseiten; zudem ist sie weniger empfindlich gegen höhere Temperaturen und Verunreinigungen. Sie wird bei uns heutzutage in großer Zahl in Teichwirtschaften gezogen, da sie auch im Futter nicht so wählerisch wie die Bachforelle ist.

In den Alpen Mitteleuropas wie des hohen Nordens, in den Bergseen Nordrußlands und Skandinaviens lebt mehr oder minder häufig ein mit vollstem Recht ungemein geschätztes Mitglied unserer Unterfamilie, der *Wandersaibling* (Salvelinus alpinus). In der Färbung wechselt er vielfach ab. Am häufigsten zeigt sich folgende Färbung: das Blaugrau des Rückens geht nach den Seiten herab allmählich in ein mehr oder weniger gelbliches Weiß und dieses auf dem Bauche in ein lebhaftes Orangerot über, welches namentlich während der Brunstzeit hervortritt; an der Seite des Leibes stehen häufig runde, helle Flecke, welche in der Nähe des Bauches, je nach der Färbung des letzteren, bald weißlich, bald gelblich, bald orangerot gefärbt sind. An Länge kann der Saibling bis zu 80 cm, an Gewicht bis 10 kg erlangen.

Das Fleisch des Saiblings ist unbestritten das vorzüglichste, das uns Süßwasserfische liefern können, steht daher verdientermaßen in höchster Achtung. Als die Benediktiner Admonts die ihrem Kloster zustehenden Rechte der Fischerei in Steiermark aufgaben, behielten sie sich ausdrücklich alle Seen vor, in denen Saiblinge leben. Für den gebildeten Gaumen verhält sich der Saibling zur Forelle wie diese zum Lachs.

Der *Huchen* (Hucho hucho) hat einen langgestreckten, walzenförmigen Leib und ist auf Oberkopf und Rücken grünlich dunkelbraun oder blaugrau, auf dem Bauche silberweiß gefärbt, so daß ein Ton in den anderen allmählich übergeht; Kopf und Rumpf sind bald mehr, bald weniger mit kleinen dunkelgrauen oder schwärzlichen Pünktchen besetzt, zwischen denen, insbesondere auf dem Scheitel, dem Kiemendeckel und dem Rücken, größere schwarze Flecke stehen; diese Flecke nehmen weiter ab- und rückwärts allmählich die Form eines Halbmonds an. Bei sehr alten Fischen geht die Grundfärbung in ein blasses Rot über. Die ungefleckten Flossen zeigen eine weißliche Färbung, die auf Rücken- und Schwanzflosse getrübt erscheint. Die Länge beträgt 1,50 bis 2 m, das Gewicht 20–50 kg.

Den Huchen haben wir nur im Gebiet der Donau kennengelernt, und es ist sogar wahrscheinlich, daß er ausschließlich in dem Hauptstrom und den ihm aus den Alpen zufließenden Gewässern vorkommt. In seinem Wesen zeigt er sich als echter Lachs; doch übertrifft er, seiner Größe entsprechend, alle Verwandten an Gefräßigkeit. Das weißliche Fleisch steht an Wohlgeschmack dem des Lachses etwas nach.

Stinte

Zu den Stinten (Osmeridae) zählt der *Europäische Stint* (Osmerus eperlanus eperlanus), von den Lachsen unterschieden durch Bezahnung und Beschuppung. Zwischen- und Oberkiefer tragen in einfacher Reihe sehr feine Zähne, die Unterkiefer solche in einer äußeren und größere, derbere in einer inneren Reihe, außerdem noch starke, spitze Zähne auf dem Pflugscharbein, Gaumen und Flügelbein. Die Schuppen sind mittelgroß, zart und lose eingesetzt. Hinsichtlich der Umrisse des Leibes und Kopfes, der Größe und der Färbung ändert der Stint bedeutend ab. Der Rücken ist gewöhnlich grau, die Seite silberfarben mit bläulichem oder grünlichem Schimmer, der Bauch rötlich. Die Länge schwankt zwischen 13 und 20 cm; ausnahmsweise findet man übrigens auch Stücke, die 25–30 cm lang sind. Nord- und Ostsee scheinen diesen Fisch am häufigsten zu beherbergen.

Renken

Nahe verwandt mit den Lachsen sind auch die *Renken* (Coregoninae). Es sind mittelgroße und kleine Fische mit seitlich etwas zusammengedrücktem Leib, kleinem, engem, zahnlosem oder mit sehr feinen, vergänglichen Zähnen bewehrtem Maul, mittelgroßen, leicht abfallenden Schuppen, kleiner Fettflosse und einer dicht vor den Bauchflossen beginnenden hohen Rückenflosse. Die zu dieser Sippe zählenden Fische, die in namhafter Zahl von Arten und Einzelstücken die Gewässer der nördlichen Halbkugel bewohnen, ähneln sich in Gestalt und Lebensweise so außerordentlich, daß sie trotz der sorgsamsten Untersuchungen noch keineswegs mit genügender Sicherheit je nach Art oder Spielart unterschieden werden konnten.

Der *Blaufelchen,* zum Formenkreis der *Großen Schwebrenke* gehörend (Coregonus lavaretus), ist gestreckter gebaut als alle übrigen deutschen Renken, der Kopf ist verhältnismäßig klein und niedrig, die dünne Schnauze an der Spitze senkrecht abgestutzt, der Mund klein, bis auf die mit feinen Hechelzähnen besetzte Zunge zahnlos, die Rückenflosse ist höher als lang, das Kleid aus großen, zarten, leicht abfallenden Schuppen zusammengesetzt. Oberkopf und Rücken zeigen auf hellblauem Grunde silbernen Glanz, die Seiten des Kopfes und des Bauches nur den letzteren; die Seitenlinien sind schwärzlich punktiert, die Flossen gelblichweiß und breit schwarz gesäumt. An Länge kann der Blaufelchen bis 75 cm, an Gewicht 1–2 kg erreichen.

Der Blaufelchen bewohnt die meisten größeren schweizerischen, bayerischen und österreichischen, auf der Nordseite der Alpen und Voralpen gelegenen Seen. Für den Bodensee sind die Blaufelchen dasselbe, was der Hering für das Nordmeer ist.

Für gewöhnlich halten sich die Blaufelchen wie überhaupt die meisten ihrer Verwandten in den oberen Schichten der Seen auf, nicht selten in Tiefen von 10–20 m unter der Oberfläche, ausnahmsweise nur in Wasserschichten zwischen 30–40 m Tiefe. In die Flüsse treten sie niemals ein, wandern also auch nicht von einem See zum andern. Die Nahrung besteht hauptsächlich aus sehr kleinen Wassertieren, die in den Binnenseen leben und von denen viele erst durch Untersuchung des Mageninhalts den Forschern bekannt geworden sind. Außerdem fressen unsere Fische von dem auf dem Grunde der Seen befindlichen Schleim, der aus den niedersten Gebilden der Pflanzen- und Tierwelt in deren ersten Entwicklungszuständen gebildet wird. Zu ihrer Beute zählen auch kleine Krebse, Wasserschnecken, Würmer und Kerbtierlarven.

Während der Laichzeit führen sich die Blaufelchen in ganz ähnlicher Weise wie die Heringe auf. Der Fortpflanzungstrieb beschäftigt sie derartig, daß sie ihre bisher gewohnte Lebensweise völlig verändern. Wie andere Lachsfische auch, fressen sie vor und während der Laichzeit wochenlang nicht das geringste. Ihre Eingeweide schrumpfen demzufolge außerordentlich zusammen und sehen, weil sich Umfang und Verhältnis der einzelnen Teile wesentlich verändern, ganz anders aus als während der Jagd- und Freßzeit. Je nach der Witterung, die das Eintreten der Laichzeit beeinflußt, erscheinen sie von Mitte November an bis in den Dezember, also innerhalb eines Zeitraumes von etwa drei Wochen, in zahllosen Gesellschaften an der Oberfläche der Seen, bald so dicht am Wasserspiegel, daß ihre Rückenflossen sichtbar sein können, bald, zurückgeschreckt durch die Kälte der oberen Schichten, durch Schneegestöber, Eisplatten und dergleichen, mehrere Meter unter dem Wasserspiegel.

In denselben Seen, die den Blaufelchen beherbergen, lebt die *Kleine Bodenrenke* oder *Kilch* (Coregonus acronius), von jenem unterschieden durch kürzere und stumpfe Schnauze und kürzeren und gedrungenen Schwanz, weniger durch die Färbung, die im ganzen mit der des Blaufelchen übereinstimmt, nur daß die dunkle Farbe des Rückens nicht so lebhaft und mehr auf die Oberseite beschränkt ist. An Größe erreicht diese Art im Bodensee etwa bis zu 30 cm.

An dem vorstehenden Unterkiefer, der das Kinn zur Spitze der Schnauze macht, läßt sich die *Zwergmaräne* (Coregonus albula) von allen Verwandten Mitteleuropas unterscheiden. Die Färbung ist dieselbe wie bei diesen: Der Rükken erscheint blaugrau, Seiten und Bauch sind glänzend silberweiß; Rücken- und Schwanzflosse sehen grau, die übrigen weißlich aus. Die Länge beträgt gewöhnlich nur 15–20, kann jedoch ausnahmsweise bis auf 25 cm und etwas darüber ansteigen.

Die Zwergmaräne, auch Kleine Maräne genannt, lebt in den zahlreichen Seen vom Nordwesten Rußlands bis ins Ostseebecken und in den angrenzenden Ländern.

In ihren Sitten und Gewohnheiten ähnelt die Zwergmaräne den Verwandten. Außer der Laichzeit hält sie sich nur in der Tiefe der Seen auf; in den Monaten November und Dezember erscheint sie in dichtgedrängten Scharen an der Oberfläche, bewegt sich unter weit hörbarem Geräusch, wandert wohl auch, durch dessen größere Wasserfläche angezogen, von einem See in den anderen. Ihre Eier läßt sie ins freie Wasser fallen. Ungünstige Witterung ändert auch ihr Betragen während der Fortpflanzunszeit mehr oder weniger.

Zu den im Meer lebenden und von hier aus während der Laichzeit regelmäßig in den Flüssen aufsteigenden Renken gehört der *Schnäpel* oder die *Kleine Schwebrenke* (Coregonus oxyrhynchus), eine an der weit über dem Unterkiefer vorragenden, nach vorn in eine weiche, kegelförmig verlängerte Schnauze übergehenden Kinnlade leicht kenntliche Art der Unterfamilie von 40–50, höchstens 60 cm Länge, bis 2 kg Gewicht und bläulicher, während der Laichzeit bläulichschwarzer Färbung.

Nord- und Ostsee müssen als die Heimat des Schnäpels betrachtet werden. Von ihnen aus tritt er im Mai, also schon lange vor der Laichzeit, die in die Monate September bis Dezember fallen soll, in mehr oder weniger zahlreicher Menge in die mit dem Meer zusammenhängenden Haffe, Ströme und Flüsse ein, um in Richtung der Berge zu ziehen.

Äschen

Die weit vor den Bauchflossen beginnende, sehr große, durch Höhe und Länge ausgezeichnete Rückenflosse, die mittelgroßen, steifen, festsitzenden Schuppen, die kleine Mundspalte und die feine Bezahnung der Kiefer-, Pflugschar- und Gaumenbeine gelten als die Merkmale der *Äschen* (Thymallinae), die in unseren Gewässern durch die weitverbreitete *Äsche* (Thymallus thymallus) vertreten werden. Der Kopf ist klein; der Oberkiefer steht über dem unteren vor; die Rückenflosse übertrifft die Afterflosse um das Doppelte an Länge. Die Färbung ändert je nach Aufenthalt, Jahreszeit und Alter bedeutend ab. Auf der Oberseite herrscht gewöhnlich ein grünliches Braun vor, das auf den Seiten in Grau und auf der Bauchseite in glänzendes Silberweiß übergeht; der Kopf ist oben bräunlich, seitlich auf gelblichem Grund schwarz gefleckt; diese Flekkung setzt sich auf der vorderen Seite über einen Teil des Leibes fort oder ordnet sich mit den Schuppenreihen in bräunlichgraue Längsstreifen. Die Rückenflosse prangt in prachtvollem Farbenspiel und trägt zum Schmuck des Fisches wesentlich bei; ihre Grundfärbung ist ein lebhaftes Purpurrot, das gleichsam einen Spiegel bildet und durch drei oder vier schwarze Fleckenbinden noch besonders hervorgehoben wird; die paarigen Flossen sehen schmutzig gelbrot, After- und Schwanzflosse violett aus. Die Länge beträgt wenig über 30, kann aber bis zu 60 cm ansteigen. Das Höchstgewicht schwankt zwischen 2 und 3 kg.

Unter den europäischen lachsähnlichen Fischen gehört die Äsche zu den verbreitetsten Arten; sie kommt in ganz Mittel- und Osteuropa, in den Gewässern der Alpen wie in denen der norddeutschen und russischen Ebenen vor. Zu ihrem Aufenthalt wählt sie ungefähr dieselben Gewässer, die auch die Forelle liebt, hält sich dort aber vorwiegend flußabwärts von der Region der Forellen auf.

Ihre Sitten haben mit denen der Bachforelle viel Ähnlichkeit. Wie diese schwimmt sie ungemein rasch dahin, wenn sie sich bewegt, und wie diese steht sie, den Kopf gegen die Strömung gerichtet, stundenlang auf ein und derselben Stelle. Ihre Nahrung besteht aus den Larven verschiedener Wasserkerfe und aus den Kerfen selbst; auch nimmt sie kleine Wasserschnecken und Muscheln zu sich, verschmäht ebensowenig Gewürm und verschont selbst Fischbrut nicht. Wie die Forelle springt sie nach vorüberschwirrenden Kerfen über den Wasserspiegel empor, geht deshalb auch leicht an die Angel. Während der Laichzeit prangt sie in einem Hochzeitskleid, das sich durch erhöhte Schönheit aller Farben und einen über die ganze Hautoberfläche verbreiteten, goldgrün schimmernden Glanz auszeichnet. In günstigen Frühjahren beginnt sie schon im März mit dem Eierlegen; bei ungünstigem Wetter verzögert sich dieses Geschäft bis Ende April. Das Paar, welches jetzt regelmäßig zusammenbleibt und innerhalb eines verhältnismäßig kleinen Gebietes auf- und niederschwimmt, wühlt auf sandigem Grund mit der Schwanzflosse Gruben aus; das Weibchen setzt in ihnen die Eier ab, das Männchen befruchtet diese, und beide bedecken dann gemeinschaftlich die Eier wieder mit Sand und kleinen Steinchen. Die Jungen kriechen gewöhnlich im Juni aus und halten sich anfänglich auf den seichtesten Stellen der Gewässer, wachsen aber sehr rasch und nehmen bald die Lebensweise der Alten an.

Viele Feinde, namentlich die größeren Artverwandten und manche Wasservögel, stellen den Äschen nach, und zwar fast ebenso eifrig wie der Mensch, der ihr Fleisch dem der Forelle an Güte gleichstellt.

Hechte

Alle zur Familie der Hechte (Esocidae) gehörigen Arten bewohnen das Süßwasser, und die meisten von ihnen führen annähernd dieselbe Lebensweise wie unser *Hecht* (Esox lucius), der gefürchtetste Räuber der europäischen Seen und Flüsse, der „Hai der Binnengewässer". Die Familie, die er vertritt, ist gekennzeichnet durch vollständige Bezahnung und kleine, festsitzende Schuppen; die Nebenkiemen sind unsichtbar, die Bauchflossen in der Mitte des Bauches, die Rücken- und Afterflosse am Ende des Leibes unweit der sehr großen, etwas in der Mitte ausgeschnittenen Schwanzflosse angesetzt. Besonders bezeichnend für den Hecht sind außerdem der niedergedrückte Kopf und die breitschnäblige, weitgespaltene Schnauze. In Färbung und Zeichnung ändert unser Fisch außerordentlich ab, und es läßt sich im allgemeinen nur angeben, daß der Rücken schwärzlich, die Seite grau und der Bauch weiß, ersterer mehr oder weniger gleichfarbig, die Seite in Gestalt von Marmor- oder Querflecken gezeichnet und der Bauch mit schwarzen Tüpfeln besetzt ist. Brust- und Bauchflossen sehen rötlich, Rücken- und Afterflosse bräunlich aus; die Schwanzflosse trägt am oberen Rande gewöhnlich schwarze Flecke. An Länge gibt der Hecht keinem Lachsfisch, an Gewicht höchstens dem Lachs und Huchen etwas nach; seine Länge kann bis 1,50 m, sein Gewicht bis zu 35 kg ansteigen, obwohl schon Hechte von 130 cm Länge und 25 kg Gewicht als seltene Erscheinungen bezeichnet werden müssen.

Der Hecht findet sich in allen Süßgewässern Europas. Er weiß sich je nach des Ortes Gelegenheit einzurichten und scheint sich in einem seichten, sumpfigen Gewässer ebenso wohl zu fühlen wie in einem tiefen, klaren See. Kraft und Gewandtheit im Schwimmen, bemerkenswerte Sinnesschärfe und ungewöhnliche Raubsucht sind seine hervorstechendsten Eigenschaften. Er schwimmt, vorwärts getrieben von dem mächtigen Ruder, an dessen Bildung Rücken- und Afterflosse teilnehmen, wie ein Pfeil durch die Wogen, schaut scharf nach allen Seiten hin und stürzt sich mit einer fast unfehlbaren Sicherheit auf die Beute. Seine Gefräßigkeit übertrifft die aller anderen Süßwasserfische. Ihm ist nichts zu schlecht. Er verschlingt Fische aller Art, seinesgleichen nicht ausgenommen, außerdem Frösche, Vögel und Säugetiere, die er mit seinem weitgeöffneten Rachen umspannen kann. „Zu Zeiten hat es sich begeben", erzählt *Geßner*, „daß einer ein Maulthier in den Rotten getrieben hat zu trinken: als nun das Maulthier oder Maulesel getrunken, hat ein Hecht jm sein vnder Lefftzen erbissen, also daß das Maulthier erschrocken von dem Wasser geflohen, den Hecht an der Lefftzen herausgezogen vnd abgeschüttelt hat, der vom Maultreiber lebendig gefangen vnd heym getragen worden." Von der Nahrungsmenge, die der Hecht verbraucht, gewinnt man erst eine Vorstellung, wenn man den Räuber in Gefangenschaft hält und seinem ewigen Heißhunger zu genügen sucht. „Acht Hechte", erzählt *Jesse*, „jeder von fast 2 kg Gewicht, verbrauchten binnen drei Wochen gegen 800 Gründlinge. Ihre Freßlust war geradezu unersättlich. Eines Morgens warf ich einem von ihnen nacheinander fünf etwa 10 cm lange Plötzen vor. Er verschlang vier von diesen, packte auch die fünfte, bewahrte sie eine Zeitlang in seinem Rachen und ließ sie sodann ebenfalls verschwinden." Kein Wunder ist bei solcher Gefräßigkeit, daß die Tiere bereits im ersten Jahre 1, im folgenden bis 2, bei genügender Nahrung sogar bis 4 oder 5 kg erreichen.

Ihre Laichzeit fällt in die ersten Monate des Frühjahrs, beginnt oft bereits Anfang März, kann sich aber auch bis zum Mai verzögern. Beeinflußt vom Fortpflanzungstrieb ist der sonst ziemlich vorsichtige Hecht taub und blind und läßt sich mit den Händen fangen. In einem Weibchen von 4 kg Gewicht hat man gegen 150000 Eier gezählt. Diese werden auf seichten, mit Rohr und anderen Wasserpflanzen bewachsenen Stellen der Gewässer abgelegt und sind bereits nach wenigen Tagen gezeitigt. Von den Jungen findet ein guter Teil in dem Magen älterer Hechte ihr Grab, ein anderer, vielleicht kaum geringerer, fällt den Geschwistern zum Opfer, die um so schneller heranwachsen, je mehr sie Nahrung finden. Sie sollen ein sehr hohes Alter erreichen können: Hechtweibchen bis über 80 Jahre.

Zu der Römer Zeiten stand das Fleisch des Hechtes in geringem Ansehen:

„*Hier auch hauset, belacht ob der römischen Mannesbenamung, stehender Teiche Bewohner, der Erbfeind klagender Frösche, Lucius oder der Hecht, in Löchern, die Röhricht und Schlamm rings dunkelnd umwölbt; er, nimmer gewählt zum Gebrauche der Tafeln, brodelt, wo mit ekelem Qualm Garküchen verdampft sind*", so läßt sich *Ausonius* über ihn vernehmen. In späterer Zeit gewann man andere Anschauung, und jahrhundertelang galt wenigstens in England das Fleisch des Hechtes für besser als das des Lachses. Auch heute hält man noch einen gut zubereiteten Hecht in Ehren und verfolgt den Raubfisch dementsprechend nicht nur wegen des Schadens, den er anrichtet. Verschieden ist die Art und Weise des Fanges. Außer Netz und Reuse wendet man hauptsächlich die Angel an. Zur Teichwirtschaft eignet sich der Hecht vorzüglich, vorausgesetzt, daß man ihm, dem Räuber, genügenden Vorrat an Fischen gewährt.

ÄHRENFISCHARTIGE

Fliegende Fische

Die Flugfische, welche der Reisende auf hohem Meere zu sehen bekommt, gehören fast ausschließlich einer Familie an, welcher man den Namen *Fliegende Fische* (Exocoetidae), Abb. S. 485, gegeben hat. Ihre Hauptmerkmale bilden die außerordentlich entwickelten Flossen, insbesondere die zugespitzten Brustflossen, deren Länge etwa zwei Drittel und deren Breite ungefähr ein Drittel der gesamten Leibeslänge beträgt und die sich auf einem sehr starken, unter den dicken Muskeln liegenden Knochengürtel freier als bei anderen Fischen bewegen. Der breiten Rückenflosse steht die Afterflosse gegenüber; die Bauchflossen sind unterhalb der Brustflossen eingelenkt; die Schwanzflosse ist tief gegabelt und der untere Lappen größer als der obere. Sehr kleine Zähne bewehren die Kiefer; Gaumen und Zunge sind nicht bewaffnet. In der Gestalt haben die Flugfische, abgesehen von der Beflossung, mit dem Hering eine gewisse Ähnlichkeit, und der Name „fliegender Hering" ist also nicht schlecht gewählt.

Unter den inneren Teilen fällt, wie *Humboldt* zuerst hervorgehoben hat, die ungeheure Größe der Schwimmblase auf, die bei einem 16 cm langen Fisch, den dieser Forscher untersuchte, 9 cm lang und 25 mm breit war, also etwa 60 Kubikzentimeter Luft enthielt. „Die Blase nimmt die Hälfte des Körperinhaltes ein und trägt somit wahrscheinlich dazu bei, daß der Fisch so leicht ist. Man könnte sagen, dieser Luftbehälter diene ihm viel mehr zum Fliegen als zum Schwimmen; denn die Versuche, welche *Provenzal* und ich angestellt, beweisen, daß dieses Organ selbst bei den Arten, welche damit versehen sind, zu der Bewegung an die Wasserfläche herauf nicht durchaus notwendig ist." Für die erstaunliche Größe der Schwimmblase ist durch ringförmige Ausbuchtung der Querfortsätze mehrerer Schwanzwirbel noch besonders Raum geschaffen worden: eine Einrichtung, die man bei keinem anderen Fisch beobachtete.

Die verschiedenen Arten der Flugfische scheinen mehr oder weniger dieselbe Lebensweise zu führen. Sie bevölkern die zwischen den Wendekreisen oder doch im gemäßigten Gürtel gelegenen Meere, namentlich die Weltmeere, in unermeßlicher Zahl und keineswegs nur die Küstengewässer.

Ihr Erscheinen über dem Wasser ist sehr eigentümlich. Wenn man erst in ihr Wohngebiet gelangt ist, sieht man die Schiffe nach allen Seiten hin von ihnen umgeben, das heißt, so weit das Auge reicht, unablässig einzelne oder mehrere von ihnen sich erheben und wieder im Meer versinken. *Humboldt* sagt, daß man ihre Bewegungen und die eines flachen Steines, welcher, auffallend und wieder abprallend, ein paar Meter hoch über die Wellen hüpft, ganz richtig zusammengestellt hat. Die Hochflieger springen nämlich in der Regel, und solange sie nicht einen besonderen Beweggrund haben, nur 1–2 m hoch über die Oberfläche des Wassers empor, streichen auch nicht weit in einem Zuge fort, sondern fallen bald wieder ein; aber einer folgt dem andern so rasch, daß es aussieht, als ob der erste immer wieder das Wasser berührt, sich einen neuen Anstoß gibt und einen zweiten Sprung ausführt. Nicht selten geschieht es auch, daß mit einem Mal eine zahlreiche, nach Hunderten und Tausenden zu schätzende Anzahl aus dem Wasser aufsteigt. Dann bemerkt man, daß stets ein guter Teil der aufgestiegenen nach kurzem Sprung ins Wasser fällt, während die übrigen ihren Satz fortsetzen und erst in viel größerer Entfernung die Wellen wieder berühren. Die Entfernung, die in solcher Weise zurückgelegt wird, kann sehr verschieden sein. Bei ruhigem Flug erheben sich unsere Fische etwa meterhoch über den Meeresspiegel, so daß sie eben über den Wellenkämmen hingleiten, und fallen, nachdem sie eine Strecke von 6 m zurückgelegt haben, wieder ein; bei größerer Kraftanstrengung schnellen sie sich bis 6 m empor und durchmessen in flachem Bogen eine Strecke von 80–100 m, selten darüber. Fast immer geht der Sprung in gerader Richtung fort; doch sind sie auch imstande, eine Schwenkung auszuführen. Beim Springen halten sie Brust- und Bauchflossen waagerecht ausgespannt, ohne jedoch mit ihnen die Luft zu schlagen, wie es der Vogel tut. Eine Schwenkung in der Luft wird wohl nur im höchsten Notfall ausgeführt, etwa um einen Anprall mit einem anderen Gegenstand zu verhindern oder um einem räuberischen Seeflieger auszuweichen, weil die hierzu nötige Anstrengung der Schwanzflosse den springenden Fisch aus dem Gleichgewicht bringt und sozusagen ins Wasser hinabdrückt. Krumme Linien beschreibt er in anderer Weise, indem er rasch nacheinander viele kleine Sprünge, jeden von etwa einem Meter Weite, ausführt und jeweils nach dem Einfallen die Richtung entsprechend ändert. Solange nicht Gefahr droht, ist der sogenannte Flug sehr sicher, dem eines Vogels wirklich ähnlich; wird der Hochflieger aber von Feinden verfolgt oder durch ein Schiff erschreckt, so bekommt sein Sprung etwas Ängstliches, Unregelmäßiges, Steifes und Ungeschicktes, gleichsam etwas Zappelndes; der Fisch fällt auch oft ins Wasser ein, aber nur, um sich im nächsten Augenblick wieder zu erheben und in derselben Weise fortzuzappeln.

„Die Hochflugfische", fährt *Humboldt* fort, „bringen einen großen Teil ihres Lebens in der Luft zu; aber ihr Leben wird ihnen dadurch nicht leichter gemacht. Verlassen sie das Meer, um den gefräßigen Goldmakrelen zu entgehen, so begegnen sie in der Luft Fregattvögeln, Albatrossen und anderen Seefliegern, welche sie im Fluge erschnappen." Auch *Kittlitz* stimmt hiermit überein. „Der Flug dieser Fische", meint er, „scheint das letzte Mittel zu sein, welches sie anwenden, um ihren Verfolgern, welche man beständig nach ihnen springen sieht, zu entgehen. So groß ihre Anzahl, so heftig ist auch die Verfolgung durch die Raubfische. Die Vermehrung dieser Tiere muß außerordentlich sein, da bei solchen Verfolgungen ihre Anzahl noch eine so beträchtliche ist." *Bennet* glaubt Humboldt und Kittlitz oder überhaupt allen, die von diesen Verfolgungen reden, widersprechen zu dürfen. „Ich meinesteils", sagt er wörtlich, „bin geneigt, die Sache zu bezweifeln; denn wenn auch eine derartige Jagd gelegentlich beobachtet worden sein mag, so habe ich doch große Schwärme von Hochfliegern aus dem Wasser springen sehen, ohne daß sie hier ein Fisch oder in der Luft ein Vogel verfolgt hätte, während sie unzweifelhaft beschäftigt waren, Jagd zu machen, also als Angreifer, nicht aber als Opfer erschienen."

Auf den meisten Schiffen verzehrt man die zufällig gefangenen, das heißt auf Deck gesprungenen Flugfische gewöhnlich nicht; an der Küste Süd- und Mittelamerikas aber gilt ihr Fleisch als eine vortreffliche Speise.

Die bekannteste Art der Familie ist der *Schwalbenfisch* (Exocoetus volitans), der im Mittelmeer lebt. Seine Länge beträgt 20 bis 25 cm. Die Färbung der Oberseite ist azurblau, die der unteren silberweiß; die Haut der Brustflossen hat eine schöne, durchscheinend blaue Färbung.

AALARTIGE FISCHE

Echte Aale

Die *Aalfische* (Anguillidae) bilden eine zahlreiche Familie und sind gekennzeichnet durch schlangenartig gestreckten, mehr oder weniger gerundeten, am Schwanz meist seitlich zusammengedrückten, nackten oder mit zarten, nicht zu deckenden, zickzackförmig abgelagerten Schuppen bekleideten Leib. Sie herbergen im warmen und gemäßigten Gürtel. Einzelne Arten überschreiten allerdings den Polarkreis, werden jedoch bald selten und verschwinden schon einige Breitengrade weiter nördlich ganz. Sie leben im Meer wie im Süßwasser. Zu ihrem Aufenthalt wählen sie vorzugsweise Gewässer mit schlammigem Grund, weil sie hier den Hauptteil ihrer Nahrung und Zuflucht vor größeren Raubfischen finden. Alle ohne Ausnahme zählen zu den Raubfischen, mehrere von ihnen zu den tüchtigsten und gefräßigsten, obgleich sich die meisten mit kleineren Tieren begnügen. Für den menschlichen Haushalt haben sie von jeher eine nicht zu unterschätzende Bedeutung gehabt; ihr Fang wird deshalb auch allerorten eifrig betrieben. Ihr Fleisch gilt allgemein als ausgezeichnete Nahrung; ihre Fruchtbarkeit, weite Verbreitung und Zählebigkeit, die Leichtigtigkeit, sie frisch oder in irgendeiner Art zubereitet zu versenden, erhöhen ihren Wert.

Der *Flußaal* (Anguilla anguilla) ist gekennzeichnet durch die sehr engen Kiemenspalten vor den Brustflossen, die unmittelbar in die spitze Schwanzflosse übergehenden Rücken- und Afterflossen und die Samtzähne, die Zwischen- und Unterkiefer sowie das Pflugscharbein besetzen. Die Kopflänge beträgt etwa ein Achtel der gesamten Leibeslänge; die Augen sind klein und mit Haut überzogen, die Lippen dick und fleischig, die Nasenlöcher einfach; die Kiemenöffnung bildet eine halbmondförmige, nach vorne gebogene Spalte; die zehn Kiemenstrahlen sind mit der den Kopf überkleidenden Haut verbunden; die Rückenflosse nimmt nahezu zwei Drittel der gesamten Länge ein, ist anfänglich niedrig, erhöht sich aber gegen das Ende des Schwanzes hin und setzt sich, da sie sich mit der Schwanzflosse verbindet, unmittelbar in die Afterflosse fort; die Brustflossen sind kurz und länglich eiförmig gestaltet. Die Beschuppung besteht aus äußerst zarten, dünnen, durchsichtigen, langen, schmalen Horngebilden, welche in die dicke, schleimige Haut nach zweierlei Richtungen derart abgelagert sind, daß sie fast im rechten Winkel gegeneinander geneigt erscheinen, also freie Zwischenräume bilden, die von der hier zickzackförmig gerunzelten Haut ausgefüllt werden. Die Färbung der Oberseite ist dunkelgrünlich, auf dem Oberkopf am dunkelsten und ins Bräunliche spielend; die Unterseite sieht weiß aus und zeigt matten Silberglanz; Rücken-, Schwanz- und der Hinterteil der Afterflosse erscheinen noch düsterer als der Rücken; die Brustflossen sind bräunlichschwarz und tiefschwarz gesäumt. An Länge überschreitet der Aal nur in seltenen Fällen das Maß von 1,40 m, an Gewicht nur ausnahmsweise 6 kg.

„Der Aal ist ein bekandt Thier dem gantzen teutschen Landt, auch allen andern Landen. Allein ist das zu merken, daß sie in etlichen flüssen nit gefunden werden, dann in dem fluß Thonaw wird keiner gefangen, mögen auch, wo sie in solchen geworffen werden nit geleben, sondern sterben zuhandt." Hinsichtlich der Donau hat der alte *Geßner* vollständig recht. Dieser Strom und seine sämtlichen Zuflüsse beherbergen keine Aale, und wenn solche wirklich einmal in ihm gefunden werden, darf man bestimmt annehmen, daß sie zufällig in das Stromgebiet geraten sind. Tiefes Wasser mit schlammigem Grund wird von dem Aal vor jedem anderen bevorzugt; doch bindet er sich keineswegs an derartige Gewässer.

Während des Winters liegt er im Schlamm verborgen und hält Winterschlaf, treibt sich wenigstens nicht jagend umher; mit Beginn der warmen Jahreszeit fängt er sein Sommerleben an; er schwimmt dann mit schlangenartiger Bewegung in verschiedenen Wasserschichten sehr rasch dahin und schlüpft mit bewundernswerter Gewandtheit durch Höhlungen oder Röhren.

Lange Zeit wurde behauptet, daß er sich des Nachts auf das Land begebe, um in Erbsen- oder Wickenfeldern Schnecken und Würmern nachzugehen. Die Angabe war, wie *Siebold* bemerkt, bereits *Albertus Magnus* bekannt, der in seinem Tierbuche sagt: „Der Aal soll auch ettwan des nachts auß dem wasser schlieffen auf dem feldt, da er linsen, erbsen oder bonen gesehet finden", und mag sich überlieferungsweise fortgeerbt haben, da sie noch gegenwärtig fast mit denselben Worten wiederholt wird. Davon stimmt aber nur, daß der Aal durchaus über feuchte Wiesen und Äcker zu einem anderen Gewässer kriechen kann. Zur Nahrung wählt sich der Aal hauptsächlich niedere Tiere, namentlich Würmer und Kruster; auch überfällt er Frösche, kleine Fische und dergleichen, soll sich sogar am Aase gütlich tun. Seine Gefräßigkeit ist groß.

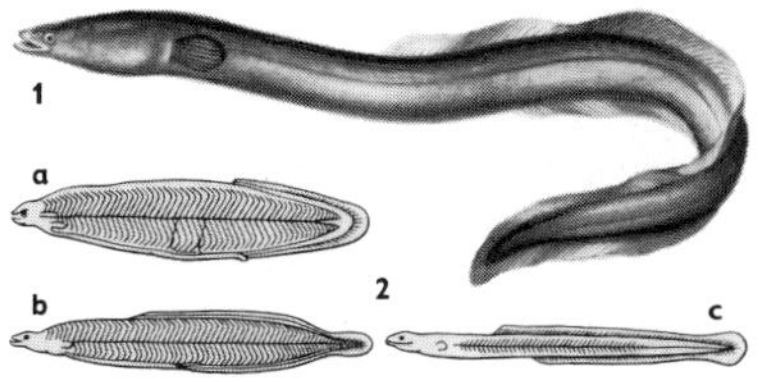

Flußaal (1) und verschiedene Jugendstadien (2). Die Wissenschaft meint nachgewiesen zu haben, daß der geschlechtsreife europäische Flußaal ohne Nahrungsaufnahme in etwa einem Jahr zum 5000 km entfernten Sargassomeer vor den mittelamerikanischen Küsten zieht und hier nach Eiablage und Besamung abstirbt. Die zunächst weidenblattförmigen, durchsichtigen Larven (a) gelangen mit dem Golfstrom nach drei Jahren an die europäischen Küsten und wandern, mittlerweile zu etwa 7 cm langen, fadendünnen Glasaalen (c) herangewachsen, flußaufwärts. Bis zur Geschlechtsreife leben sie im Flußgebiet; der weibliche Aal ist dann etwa 12 Jahre, das Männchen etwa 6 Jahre alt.

Die Zählebigkeit dieser Fische macht nicht nur den Tieren, sondern auch den Menschen zu schaffen. Jede Fischfrau, jede Köchin weiß, was es bedeutet, einen Aal umzubringen. „Ich habe", erzählt *Lenz*, „in einer Seestadt, sooft ich die Fischmärkte besuchte, die großen Aale in Wasserkübeln gesehen, während die etwa 60 cm langen massenweise auf großen Tischen lagen und daselbst in forwährender Bewegung sich zusammendrängten. Waren die Fischweiber nicht gerade mit dem Verkauf beschäftigt, so nahmen sie einen der auf dem Tisch aufgepflanzten Aale nach dem anderen beim Kopfe, machten hinter diesem mit dem Messer einen ringförmigen Schnitt und zogen dann die Haut vom Halse bis zum Schwanze ab. Dabei und noch lange nachher krümmt sich das unglückselige Tier ganz jämmerlich."

Die Aalfischerei wird überall eifrig betrieben. Das Fleisch zählt zu dem besten, das unsere

Flußfische liefern können, findet daher auch stets viele Abnehmer. An unseren Küsten bildet der Aal sowohl frisch wie geräuchert oder eingemacht einen nicht unwichtigen Gegenstand des Handels.

Meeraale und Muränen

Im allgemeinen den Flußaalen sehr ähnlich, unterscheiden sich die **Meeraale** (Congridae) durch die lange, fast die ganze Oberseite einnehmende, über oder dicht hinter den Brustflossen beginnende Rückenflosse, den über den unteren verlängerten oberen Kiefer und das Fehlen der Schuppen in der platten, schleimigen Haut. An den europäischen Küsten lebt der bekannteste Vertreter dieser Familie, der *Seeaal* (Conger conger), ein sehr großer Fisch, der eine Länge von rund 3 m und zuweilen ein Gewicht von über 50 kg erreichen kann. Die Färbung seiner Oberseite ist ein gleichmäßiges Blaßbraun, welches auf den Seiten lichter wird und unten in Schmutzigweiß übergeht; Rücken- und Afterflossen sind weißlich mit schwärzlichem Saum; die Seitenlinie tritt wegen ihrer helleren Färbung deutlich hervor.

In der Nord- und Ostsee bevorzugt der Seeaal felsige Ufer und verbirgt sich hier in Höhlen und Ritzen, während er sich auf sandigem Grunde durch Eingraben zu verstecken weiß. Er ist ein ungemein gefräßiges Tier, das nach Raubfischart auch schwächere seines Geschlechtes nicht verschont. Die Kraft seiner Kinnlade ist so groß, daß er Muscheln mit Leichtigkeit zermalmt. Die Laichzeit fällt in den Dezember oder Januar. Junge von Fingerlänge sieht man an felsigen Küsten während des Sommers. Obgleich das Fleisch des Seeaals nicht gerade in besonderer Achtung steht, wird sein Fang doch eifrig betrieben.

In spaltenreichen Felsufern der wärmeren Meere leben die **Muränen** (Muraenidae), Abb. S. 485, die sich von den Aalen vor allem durch die fehlenden Brustflossen unterscheiden. Sie sind ebenfalls beliebte Speisefische, obgleich einige aus Giftdrüsen in der Gaumenschleimhaut ein starkes Gift absondern.

Seenadeln und ihre Verwandten

Die *Seenadeln* und ihre Verwandten (Syngnathoidei) sind absonderlich gestaltete Geschöpfe, deren Kiemen statt aus kammförmigen Blättchen aus kleinen, am Kiemenbogen paarig gestellten Büscheln bestehen. Ihre Schnauze ist röhrenartig verlängert; das Gerippe besteht aus wirklichen Knochen; die Schwimmblase erscheint im Verhältnis zum Leibe besonders groß. Die Büschelkiemer bewohnen die See, südlichere Meere dabei, wie leicht begreiflich, in größerer Mannigfaltigkeit und Reichhaltigkeit als die nordischen, halten sich in der Regel nahe am Strande auf, am liebsten zwischen Seepflanzen, und ernähren sich von kleinen Krustern, Würmern, vielleicht auch von den Eiern anderer Fische. Über ihre Fortpflanzung hat man sich lange Zeit gestritten. Heute wissen wir, daß die Eier dem Männchen angeheftet werden und sich hier entwickeln.

Seenadeln und Seepferdchen

Die Familie der Seenadeln (Syngnathidae) bildet den Kern der Unterordnung. Obenan pflegt man die *Seenadeln* zu stellen, weil sie die wechsel- und artenreichste Gruppe bilden und das weiteste Verbreitungsgebiet haben. Ihre Merkmale sind zu suchen in dem ungemein gestreckten Bau des Leibes, von dem der Kopf die Fortsetzung bildet und in derselben Ebene mit dem Leibe liegt. Auch erhebt sich die Wurzel der Rückenflosse nicht über den Rükken; die Schwanzflosse ist gut entwickelt und der Eiersack unten offen.

Eine der gewöhnlichsten und verbreitetsten Arten dieser Sippe ist die *Breitnasige Seenadel* (Siphonostoma typhle), ein äußerst schmächtiges Fischchen, welches bis 30 cm an Länge erreichen kann und auf blaßbraunem Grunde dunkelbraun gebändert erscheint. Das Verbreitungsgebiet der Seenadel umfaßt alle östlichen Teile des Atlantischen Ozeans vom nördlichen Europa bis zum Kap der Guten Hoffnung einschließlich der mit diesem zusammenhängenden Gewässer, insbesondere des Mittel- und Schwarzen Meeres, der Nord- und Ostsee. Ihre beliebtesten Aufenthaltsorte sind die unterseeischen Wiesen, jene flachen, seichten Strandseen und Strandsümpfe, auf denen langblättriges Seegras üppig gedeiht. Bei der Länge des Körpers und der Kleinheit der Brust- und Schwanzflossen kommt eigentlich nur die Rückenflosse als Bewegungswerkzeug zur Geltung, und zwar geschieht die Ortsveränderung infolge eines ununterbrochenen Wellenschlages — ich weiß mich nicht anders auszudrücken — dieser Flosse, wodurch ein stetes und gleichmäßiges Weiterschieben des Körpers bewirkt wird.

Seite 485: Fliegender Fisch (o.); Muränen (u.)
Seite 486: Junges Seepferdchen

Diese Seenadel war es, bei der *Eckström* die Art und Weise der Fortpflanzung entdeckte. Das Männchen besitzt eine am Schwanz beginnende und daran entlang bis zu zwei Dritteln der Länge fortlaufende dreieckige Furche mit etwas ausgebogenen Seitenwänden, die durch zwei der Länge nach aneinanderliegende dünne Klappen verschlossen werden, indem die Ränder sich genau aneinanderlegen. Im Herbst und Winter sind die Klappen dünn und in die Furche zusammengefallen; im April aber, wenn die Laichzeit herannaht, schwellen sie an, und die Furche füllt sich mit Schleim. Gegen den Mai hin legt das Weibchen seine Eier in diese Furche ab, schnurartig eines neben das andere; die Ränder schließen sich, und die Keimlinge verweilen nun bis gegen Ende Juli in der Furche. Höchst eigentümlich ist, daß es viel weniger Männchen als Weibchen gibt, während bei den übrigen Wirbeltieren meist das Gegenteil der Fall ist.

Das *Seepferdchen* (Hippocampus brevirostris) hat in dem winkelig gegen den stark zusammengedrückten Rumpf gestellten Kopfe und dem flossenlosen Greifschwanz so bezeichnende Merkmale, daß es schwerlich verkannt werden dürfte. Die Schnauze ist verhältnismäßig kurz, der kleine Mund ziemlich in der Mitte geöffnet, der Kopf durch bart- und knorpelartige Auswüchse, der Schwanz durch seitlich eingesetzte Stacheln geziert; der Körper trägt breite Schilder, der Schwanz vier flache Ringe mit Höckern und buschigen Fäden. Die allgemeine Färbung ist ein blasses Aschbraun, das bei gewissem Lichteinfall ins Blaue und Grünliche schimmert. Die Länge schwankt zwischen 15–18 cm.

Vom Mittelmeer aus, das man als die eigentliche Heimat des Seepferdchens ansieht, verbreitet es sich im Atlantischen Ozean bis zum Golf von Biscaya und noch weiter nördlich, kommt einzeln auch in den großbritannischen Gewässern und in der Nordsee vor. Wie die verwandte Seenadel hält es sich nur da auf, wo reicher Pflanzenwuchs den Meeresboden bedeckt; denn zwischen diesen Pflanzen sucht und findet es seine Nahrung. Hier sieht man sie fast bewegungslos an den Pflanzen sitzen oder langsam umherschwimmen. Ihre Bewegungen wie ihr Wesen und Gebaren hat *Lukis*, nach Beobachtungen an gefangenen Seepferdchen, gut geschildert. „Beim Schwimmen", schreibt er, „halten sie sich in senkrechter Lage, den Greifschwanz zu der ihm eigenen Tätigkeit bereit; rasch wickeln sie sich mit ihm um das Seegras, und wenn dies geschehen, beobachten sie sorgfältig das Wasser umher, auf Beute spähend, stürzen sich

Seepferdchen

auch, wenn sie solche bemerken, mit vieler Fertigkeit nach ihr. Nähern sich zwei einander, so umwickeln sie sich oft gegenseitig mit den Schwänzen und ziehen und zerren, um wieder loszukommen, heften sich dabei auch meist mit ihrem Kinn an das Seegras, um sich besseren Halt zu verschaffen. Ihre Augen bewegen sich, wie beim Chamäleon, unabhängig voneinander, und dieses in Verbindung mit dem Farbenwechsel zieht den Beschauer mächtig an." Das letztere ist wohl ein bißchen viel gesagt, ich halte sie für langweilige Geschöpfe; ihre absonderliche Gestalt, ihre ungewöhnliche Haltung, ihre langsame, stetige, gleichsam feierliche Bewegung sowie ihr gleichwohl beschränkter Farbenwechsel fesseln aber den Beschauer. Ihre Nahrung besteht vorzugsweise aus sehr kleinen, dem unbewaffneten Auge unsichtbaren Krebs- und Weichtieren, die sie von den Blättern der Seegräser und Tange ablesen. Die Fortpflanzung geschieht in derselben Weise wie bei den Seenadeln. Das Weibchen legt die Eier auf den Bauch des Männchens; sie kleben hier fest, das Männchen befruchtet sie, und nunmehr bildet sich durch Wucherung der Oberhaut eine Tasche, in welcher sie sich entwickeln und bis zum Ausschlüpfen der Jungen verweilen.

In den australischen Meeren tritt neben den Seepferdchen eine eigene Gattung (Phyllopteryx) auf, die wir *Fetzenfische* nennen wollen. Sie vereinigen gleichsam alle Absonderlichkeiten der Familie in sich und kennzeichnen sich namentlich durch einen auffallenden Reichtum von Dornfortsätzen, bandartigen Anhängern und dergleichen, welche an fast allen Schildern sitzen, wie Fetzen eines Kleides von allen Seiten des Leibes herabhängen. Die

Seite 487: Hammerhai (o.); Blauhai (u.)
Seite 488: Echter Rochen (o.); Flußneunauge (u.)

Rückenflosse steht ausschließlich auf dem Schwanzteil. Mit Ausnahme der deutlich sichtbaren Rückenflosse und der kleinen Brustflosse erscheinen alle übrigen verkümmert und durch diese Wucherungen ersetzt zu sein; letztere dienen wahrscheinlich zum Anheften an Meerpflanzen. Der *Große Fetzenfisch* (Phyllopteryx eques) sieht im Leben rot, getrocknet lederfarben aus. Die Lebensweise stimmt mit der anderer Seepferdchen überein.

KUGELFISCHVERWANDTE UND ARMFLOSSER

Die beiden Fischordnungen Kugelfischverwandte und Armflosser enthalten recht eigenartig gestaltete Tiere.

Igelfische

Eine Familie der Kugelfischverwandten bilden z. B. die *Igelfische* (Diodontidae). Diese zeichnen sich durch große Körperstacheln aus, so daß ihr Name durchaus zu recht besteht. Sie können sich außerdem durch Wasser- und Luftaufnahme in den sehr dehnbaren Magen regelrecht aufblasen.

Seeteufel

Zu den häßlichsten und ungestaltetsten aller Fische gehören die Armflosser. Als wichtigstes Merkmal der dazu zählenden Familie der *Seeteufel* (Lophiidae), die nicht mehr als ein Dutzend Arten zählt, müssen die verlängerten Handknochen der Brustflossen angesehen werden, die gewissermaßen einen Fuß bilden und auch wirklich zur Stütze dienen, ja sie sogar befähigen, nach Art der Säugetiere über schlammigen Grund wegzukriechen. Sonderbare Anhängsel, welche wirklich gebraucht werden, um andere Fische herbeizulocken, stehen auf dem meist ungeheuerlich verbreiterten Kopfe. Das Maul ist außerordentlich groß, der Magen ein weiter Sack, der Darmschlauch hingegen sehr kurz. In den nördlichen Meeren leben wenige Arten; denn auch diese Familie lebt vorzugsweise in den Äquatorländern und entfaltet hier ihre eigentliche Mannigfaltigkeit.

Geßner nannte „den sonder scheußlich, häßlichen Fisch" Meerteufel, und dieser Name ist ihm bis heute geblieben. Sein und seiner Sippschaftsgenossen Kopf ist außerordentlich groß, breit, zusammengedrückt und stachlig, der Rachen sehr weit gespalten und mit vielen scharfgespitzten, nach innen gebogenen, beweglichen Zähnen bewehrt. Der Leib verdünnt sich unmittelbar hinter dem Kopf und ist gegen das Schwanzende hin seitlich stark zusammengedrückt.

Die Färbung der Oberseite des *Atlantischen Seeteufels* (Lophius piscatorius) ist ein gleichförmiges Braun, das nur auf den Flossen ein wenig dunkelt; die Unterseite einschließlich der Bauch- und Brustflossen sieht weiß, die Schwanzflosse dunkelbraun, fast schwarz aus. An Länge kann das Tier fast 2 m erreichen; es werden jedoch selten Stücke von dieser Größe gefangen.

Alle europäischen Meere beherbergen den Seeteufel, besonders häufig das Mittelmeer und der Atlantische Ozean; auch an den Küsten Großbritanniens ist er nicht gerade selten. Wie *Geßner* beschrieben, hält er sich auch auf dem schlammigen Grunde des Meeres auf, wühlt sich hier mit Hilfe seiner Brustflossen in den Schlamm und lauert auf Beute. Naht ihm irgendein Raubfisch, so bewegt er die Fangfäden in verschiedenen Richtungen, lockt dadurch seine Beute heran, stürzt hervor und begräbt sie in seinem weiten Schlunde. Hinsichtlich der Beute macht er keinen Unterschied.

Sargassofisch

Fühlerfische

Eine ähnlich abenteuerliche Gestalt haben die Arten der Familie der *Fühler*- oder *Kröten*fische (Antennariidae). Die Haut bildet bei ihnen seltsame Auswüchse, so daß sie sich, wie z. B. der im Tang lebende, bis 18 cm lange *Sargassofisch* (Histrio histrio), sehr gut der Umgebung anpassen können.

STÖRE

Eigentliche Störe

Das zum Teil knorpelige Gerippe und die weiche Wirbelsaite einer aus Wirbeln gebildeten Wirbelsäule charakterisieren die Knorpelstöre. In früheren Schöpfungsabschnitten traten auch sie in großer Mannigfaltigkeit auf; heute beschränken sie sich auf wenige Formen. Die Rüsselstöre oder Störe (Acipenseridae) haben einen langgestreckten Leib, eine rüsselförmige, mehr oder weniger zugespitzte, unbewegliche Schnauze mit unterständigem Maule und eine Bekleidung, die aus großen, in fünf Längsreihen geordneten Knochenschildern besteht. Die Axenteile des Gerippes bleiben knorpelig; die Wirbelsäule setzt sich bis zur Spitze des oberen verlängerten Lappens der Schwanzflosse fort.

Die Rüsselstöre gehören in den gemäßigten nördlichen Gürtel der Erde und verbreiten sich ebensowenig weit nach Norden wie weit nach Süden. Sie herbergen im Meer oder in großen Landseen, verlassen diese aber zu bestimmten Jahreszeiten und treten in die einmündenden Flüsse ein, um in ihnen monatelang zu verweilen. Alle gehören zu den Raubfischen und sind sehr gefräßig. Ihre Vermehrung ist außerordentlich stark; gleichwohl nehmen sie von Jahr zu Jahr durch die Gewässerverschmutzung und Überfischung an Menge ab.

Unter den sieben Arten von Stören (Acipenser), die in den Strömen und Flüssen Europas vorkommen, stelle ich den bekanntesten obenan. Der *Gemeine Stör* (Acipenser sturio) hat eine mäßig gestreckte Schnauze, schmale Oberlippe, wulstige, in der Mitte geteilte Unterlippe, einfache Bartfäden, dicht aneinandergereihte, große Seitenschilder und vorne und hinten niedrige, in der Mitte hohe Rückenschilder. Die Färbung der Oberseite ist ein mehr oder weniger dunkles Braun, Braungrau oder Braungelb, die der Unterseite ein glänzendes Silberweiß; die Schilder sehen schmutzigweiß aus. Die Länge kann bis zu 6 m ansteigen, beträgt jedoch gewöhnlich nicht mehr als 2 m. Der Atlantische Ozean, das Mittelmeer, die Nord- und Ostsee sind die Heimat des Störes.

Süddeutsche Forscher haben den *Sterlet* (Acipenser ruthenus) mit dem beschriebenen Verwandten verwechselt, obgleich er sich an seiner langgestreckten, dünnen Schnauze leicht erkennen läßt; auch sind die ziemlich langen Bartfäden nach innen gefranst; die Oberlippe ist schmal und schwach eingebuchtet, die Unterlippe in der Mitte geteilt; die Rückenschilder erheben sich vorne wenig, steigen nach hinten am höchsten an und enden in eine scharfe Spitze. Die Färbung des Rückens ist dunkelgrau, die des Bauches heller, die der Brustflossen, der Rücken- und Schwanzflosse grau, die der Bauch- und Afterflosse schmutzigweiß, die der Rückenschilder der des Rückens gleich, die der Seiten- und Bauchschilder weißlich. Seine Länge beträgt selten mehr als 80 cm, sein Gewicht höchstens 8 kg. Der Sterlet bewohnt das Schwarze Meer und steigt von ihm aus in allen darin mündenden Strömen, also auch der Donau, empor und besucht fast alle Neben- oder Zuflüsse. Außer dem Schwarzen bevölkert er das Kaspische Meer und wird daher ebenso in dessen Zuflüssen, nicht weniger aber auch in den sibirischen Strömen, namentlich im Ob, gefunden. Wiederholt, bisher jedoch vergeblich, hat man versucht, ihn im nördlichen Deutschland einzubürgern.

Wichtiger als die Genannten ist der *Hausen* (Huso huso), der Riese der Familie und Sippe, ein Fisch, der 8 m an Länge und 1300 kg an Gewicht erreichen kann, in früheren Zeiten wenigstens erreicht hat, kenntlich an seiner kurzen, dreieckigen Schnauze, den platten Bartfäden, der in der Mitte etwas eingebuchteten Oberlippe, der in der Mitte getrennten Unterlippe, den vorne und hinten niedrigen, in der Mitte erhöhten Rückenschildern und kleinen, voneinander gesondert stehenden Seitenschildern. Die Oberseite sieht gewöhnlich dunkelgrau, die Bauchseite schmutzigweiß aus; die Schilder gleichen in der Färbung der Bauchseite. Die Heimat beschränkt sich auf das Schwarze und Kaspische Meer, von denen aus er in die verschiedenen Zuflüsse eintritt.

Unsere jetzige Kenntnis des Lebens der Fische läßt uns annehmen, daß die verschiedenartigen Störe im allgemeinen dieselbe Lebensweise führen. Sie sind, wie bereits bemerkt, eigentlich Meeresbewohner und besuchen die Flüsse nur zeitweilig zum Zwecke der Fortpflanzung oder aber, um in ihnen ihren Win-

Stör

terschlaf zu halten. Die Wanderungen geschehen bei den verschiedenen Arten zu derselben Zeit, nämlich vom März bis zum Mai und im Spätherbst, und zwar in Gesellschaften, deren Anzahl je nach Örtlichkeit und Umständen wechselt. In den stark befischten Flüssen haben alle Störe beträchtlich abgenommen, und die Abnahme macht sich um so bemerkbarer, je mehr die Fangmethoden verbessert werden.

Alle Störe gehören zu den fruchtbarsten Fischen, die man kennt. Von Hausen wurden Weibchen gefangen, welche bei 1300 kg Gesamtgewicht 400 kg schwere Eierstöcke besaßen. Die Eier werden von den aufsteigenden Fischen auf dem Grunde des Bodens abgelegt, worauf diese ziemlich rasch zur See zurückkehren; die Jungen dagegen scheinen noch lange Zeit in den Flüssen und Strömen zu verweilen, vielleicht das erste und zweite Jahr ihres Lebens hier zuzubringen.

Das Fleisch aller Störarten ist wohlschmeckend, das einzelner dem der schmackhaftesten Fische vollkommen ebenbürtig; es wird dementsprechend auch überall gesucht und teils frisch, teils gesalzen und geräuchert gegessen. Bei den Alten stand er in hohem Ansehen:

„*Schicket den Acipenser zu palatinischen Tischen,*
das ambrosische Mahl schmücke das seltne Gericht",

läßt *Martial* sich vernehmen. Von reichen Gastgebern Roms wurde der Stör schön ausgeschmückt, mit Blumen bekränzt auf die Tafel gebracht. In Griechenland galt er als die edelste Speise; in China wurden seine Verwandten für die Tafel des Kaisers aufgespart; in England und in Frankreich gehörte es zu den Vorrechten der Herrscher und reichsten Adeligen, Störe für den eigenen Gebrauch zurückzuhalten; in Rußland war es kaum anders. Gleichwohl fängt man die Störarten weniger des Fleisches als der Eier und der Schwimmblase wegen. Aus den ersteren bereitet man bekanntlich den Kaviar, aus der letzteren vortrefflichen Leim. Die Eierstöcke, aus denen man Kaviar gewinnen will, werden zuerst mit Ruten gepeitscht und dann durch Siebe gedrückt, um die Eier von den Häuten zu lösen; diese werden dann schwächer oder stärker gesalzen, in Tonnen verpackt und so versandt. Der beste Kaviar kommt nach dem Abkörnen in leinene Säcke und wird mit diesen einige Zeit in eine Salzlauge gelegt, hierauf zum Trocknen aufgehängt, etwas ausgedrückt und nunmehr erst in Fässer gebracht. Den feinsten Kaviar liefern die kleineren Arten der Familie, namentlich der Sterlet.

In Deutschland hat die Fischerei gegenwärtig geringe Bedeutung. In der unteren Donau, welche früher Ungarn und Österreich mit Störfleisch und Kaviar versorgte, empfindet man schon jetzt schwer die Folgen der sinnlosen Fischerei, wie man sie bisher betrieben hat. Die ungeheure Vermehrung dieser Fische genügt nicht mehr, die Verluste, die der unersättliche Mensch ihnen beibringt, auszugleichen.

Am großartigsten wurde von jeher die Störfischerei in Rußland betrieben, insbesondere in den Strömen, die in das Schwarze und Kaspische Meer münden. Die vornehmsten Fischereien des Pontus befinden sich an den Mündungen der großen Flüsse, des Dnjestr, Dnjepr, der Donau und in den Meerengen von Jenikale oder Kaffa, den großen Einbruchstoren, vor denen sich diejenigen Fische sammeln, die bei ihren verschiedenen Lebensverrichtungen sowohl salziges wie auch süßes Wasser bedürfen.

Knorpelfische

Plattenkiemer

HAIFISCHE

Man kann nicht behaupten, daß die Knorpelfische (Chondrichthyes) den Knochenfischen in ihrer Entwicklung nachstehen. Allerdings erreicht das Gerippe bei ihnen nicht die knochige Festigkeit, sondern bleibt stets knorpelig; der Bau des Gehirnes und der Eingeweide, Fortpflanzung und Ausbildung der Jungen aber bekunden andererseits eine viel höhere Stufe, als sie die übrigen Fische einnehmen. Hinsichtlich ihrer Fortpflanzung unterscheiden sich die Knorpelfische von allen übrigen. Es findet eine förmliche Begattung statt, und nur die wenigsten legen Eier: eigentümliche, platte, vierzipflige Kapseln, die mit harten Hornschalen umgeben und an den Zipfeln mit langschraubig gewundenen Fäden versehen sind; die meisten hingegen gebären lebendige Junge, welche sich in einer besonderen Erweiterung des Eileiters ausbilden.

Der äußeren Gestalt entsprechend, unterscheidet man Haie und Rochen. Die erstgenannten (Selachii) sind Knorpelfische mit spindelförmigem, dickschwänzigem Leib, Kiemenspalten an den Seiten des Halses und vom Hinterkopf geschiedenen Brustflossen, die nur im Meer leben, sich über alle Gürtel der Erde verbreiten, sich ausschließlich von anderen Tieren ernähren und größtenteils lebendige Junge zur Welt bringen. In unseren Augen gelten sie mit Recht als ebenso schädliche wie furchtbare Tiere. Neben den wenigen Kopffüßlern, welche ihrer Größe halber die Sage vom Kraken hervorgerufen zu haben scheinen, sind sie die einzigen Raubtiere des Meeres, die wirklich den Menschen angreifen in der Absicht, ihn zur Beute zu gewinnen.

Blauhaie

Gefürchteter als alle übrigen sind die *Blauhaie* (Carcharinidae), gewaltige und kühne, raubgierige und freßwütige Geschöpfe, der Schrecken der Schiffer und Anwohner aller wärmeren Meere. Der Kopf ist flach, der vordere Teil der Schnauze weit vorgezogen, die Nasenlöcher sehr entwickelt. Große, dreieckige, spitze und schneidende, meistens am Rand gesägte Zähne ordnen sich in mehreren Reihen und bewaffnen den weiten Rachen.

Unter diesen Haien im engeren Sinn ist der *Blauhai* (Prionace glauca), Abb. S. 487, einer der bekanntesten. Er erreicht eine Länge von 3–4 m. Seine Schnauze ist sehr spitz; die Zähne der Oberkiefer stehen in vier schiefen Reihen, die der Unterkinnlade sind schlank und in der Jugend dreieckig, im Alter lanzenförmig. Die langen, sichelförmigen Brustflossen reichen bis zum Beginn der Rückenflosse, welche jedoch näher an den Bauchflossen liegt als an ihnen; die Schwanzflosse ist schlank. Ein schönes Schieferblau färbt die Oberseite des Kopfes, des Rückens einschließlich der Rückenflossen und den größten Teil des Schwanzes, auch die obere Fläche der Brust- und Bauchflossen, wogegen die Unterseite des Leibes und der unteren Flossen weiß aussieht. Vom Mittelmeer aus verbreitet er sich über einen großen Teil des Atlantischen Ozeans, nach Norden hin bis an die Küsten Großbritanniens und Skandinaviens. Als eigentliche Heimat sind aber die tropischen und subtropischen Meere anzusehen.

Alle größeren Blauhaie gleichen sich in ihrer Lebensweise. Sie halten sich vorzugs-

Hundshai

weise, jedoch keineswegs ausschließlich, in der Nähe der Küsten auf und treiben sich regelmäßig in den oberen Schichten des Wassers umher. Gewöhnlich erblickt man sie schon aus ziemlicher Entfernung, weil sie so hoch zu schwimmen pflegen, daß die Rückenflosse noch um ein gutes Stück aus dem Wasser hervorragt. Solange sie nicht eine bestimmte Beute vor Augen haben, schwimmen sie gleichmäßig und ziemlich rasch dahin; beim Verfolgen eines Tieres aber steigern sie die Schnelligkeit ihrer Bewegung in so hohem Grade, daß sie den Delphinen kaum etwas nachgeben. An Gelenkigkeit stehen sie allerdings hinter anderen Fischen weit zurück, vermögen beispielsweise nicht, jähe Wendungen auszuführen, sind jedoch viel gewandter als man gewöhnlich annimmt, und ersetzen durch die jähe Schnelligkeit ihres Angriffes, was ihnen an Gelenkigkeit wirklich fehlt. Ihre Sinne scheinen wohlentwickelt zu sein; jedenfalls steht so viel fest, daß sie gut sehen, und es läßt sich mit Sicherheit annehmen, daß auch ihr Geruch sehr viel feiner ist als der anderer Fische.

Aus dem Gebaren der Haifische geht mit unbestreitbarer Gewißheit hervor, daß ihre Fähigkeiten ausgebildeter sind als bei allen übrigen Fischen, sosehr auch ihre ungestüme Raubsucht und Unbedachtsamkeit beim Anblick einer Beute dem zu widersprechen scheint. Darauf deuten die Planmäßigkeit ihrer Jagden, die Regelmäßigkeit, mit der sie bestimmte Plätze besuchen, das Gedächtnis, das sie bei solchen Gelegenheiten bekunden, ja in gewissem Sinne auch die Hartnäckigkeit, mit der sie Schiffe begleiten, von denen immer etwas für sie abfällt, die Liebe, die sie gegen ihre Jungen betätigen sollen, und anderes mehr deutlich hin.

Sie fressen alles Genießbare, ja sogar alles, was genießbar scheint; denn man hat auch unverdauliche Gegenstände aus ihnen herausgeschnitten. Der Magen eines Weißhaies enthielt einen halben Schinken, einige Schafbeine, das Hinterteil eines Schweines, das Haupt und die Vorderbeine eines Bulldoggen, eine Menge Pferdefleisch, ein Stück Sackleinen und einen Schiffskratzer. Auf hohem Meere füllen sie sich den Wanst mit dem verschiedenartigsten Seegetier. Einer, der auf hoher See gespießt und von *Bennett* untersucht wurde, hatte den Magen zum Platzen mit kleinen Fischen der verschiedensten Art, Kalmars und anderen Tintenfischen, vollgestopft, zur Verwunderung des Forschers, der anfänglich nicht begreifen konnte, wie es dem Riesen möglich war, derart behende Beute in solchen Massen zu fangen, und erst später zu dem Schlusse geführt wurde, daß der Hai keineswegs, wie man gewöhnlich annimmt, sich auf die Seite wälzt, um eine Beute aufzunehmen, sondern auch mit aufgesperrtem Maul durch die Wellen zieht und alles verschlingt, was sich bei dieser Gelegenheit fängt.

Das einstige Glück des Propheten Jonas wird Menschen unserer Tage äußerst selten und niemals in gleichem Umfang zuteil. Dagegen dürfte es begründet sein, daß der Hai zuweilen einen von ihm ergriffenen Menschen wieder losläßt, und ebenso, daß schwimmende Männer mit Erfolg einen Kampf mit ihm bestehen. Schon *Geßner* erzählt, daß man in einzelnen Haifischen ganze Menschen gefunden haben soll, „zu Marsilien auff eine zeit in einem ein gantzer gewapneter Mann"; die neueren Fischkundigen könnten von hundert und mehr ähnlichen Geschichten berichten. Ein Mensch, der innerhalb des heißen Gürtels vom Schiffe aus in die See fällt, findet regelmäßig sein Grab im Magen der Haifische, und wenn letztere einmal Menschen verschlungen haben, werden sie unglaublich frech.

Bei den Haien begatten sich die beiden Geschlechter. Meist entwickeln sich die 30–50 Eier im Leibe der Mutter; die Jungen werden als reife, ernährungsfähige Wesen geboren, sollen jedoch noch eine geraume Zeit von der Mutter geführt und geschützt werden.

Zur Vertilgung der Haie erweisen sich handliche Schußwaffen fast unwirksam. Wenn einer von ihnen durch eine Büchsenkugel verwundet wird, entfernt er sich mit rasender Eile, und man bleibt im Zweifel, ob der Schuß tödlich war oder nicht. Netze lassen sich wohl nicht zu seinem Fang verwenden, weil er sie gewöhnlich entweder zerreißt oder mit seinem furchtbaren Gebiß zerschneidet und sich so befreit; doch geschieht es, daß der eine oder andere auf diese Weise gefangen wird. Am wirksamsten ist eine starke Angel, die an einer Kette befestigt sein muß. Der Köder kann in einem Fisch oder in einem Speckstück, notfalls auch in einem Bündel Werg bestehen; denn das Ungetüm schnappt eben nach allem, was ihm vom Schiff aus zugeworfen wird. Unmittelbar nachdem ein Hai die Angel spürt, gebärdet er sich wie rasend. Zuweilen dreht er sich mit erstaunlicher Schnelligkeit so lange um die eigene Achse, bis das Tau zerreißt oder sich so in ihm schlingt, daß man nicht imstande ist, ihn ohne Zerschneidung des Seiles herauszulösen. Von kleinen Booten aus darf man den Fang größerer Haie nicht betreiben, weil ein schwach bemanntes Fahrzeug dieser Art nicht imstande ist, der Kraft des Fisches zu begegnen.

Ebenfalls zu den Blauhaien gehört der im ganzen östlichen Atlantik und auch in der Nordsee vorkommende *Hundshai* (Galeorhinus galeus). Dieser bis 2 m lange, oben dunkelgrau und unten weißlich gefärbte Hai lebt vorwiegend auf dem Meeresgrund, wo er Bodenfische jagt.

Hammerhaie

Eigentümliche Umformung der Fischgestalt, die uns als Verzerrung erscheint, ist bei den Haien nichts Seltenes; eine ähnliche Absonderlichkeit aber, wie sie die *Hammerhaie* (Sphyrnidae) zeigen, kommt zum zweiten Male in dem gesamten Unterreich der Wirbeltiere nicht wieder vor. Diese wunderlichen Fische, die seit den ältesten Zeiten die allgemeinste Aufmerksamkeit auf sich gezogen haben, ähneln den Blauhaien hinsichtlich der Anzahl und Stellung ihrer Flossen und der Spritzlöcher, unterscheiden sich aber von ihnen und, wie bemerkt, allen übrigen Wirbeltieren durch die seitliche Ausdehnung des Schädels, insbesondere der Augenringknochen und Knorpel, wodurch der Kopf die Gestalt eines Hammers erhält, auf dessen beiden Endflächen die Augen sitzen, während die Nasenlöcher weit von ihnen entfernt am unteren Ende des Kopfes vor der hufeisenförmig gestalteten, mit drei bis vier Zahnreihen besetzten Schnauze stehen.

Unter den Arten dieser Gruppe geht uns der *Glatte Hammerhai* (Sphyrna zygaena), Abb. S. 487, am nächsten an, weil er nicht nur im Mittelmeer gefunden wird, sondern sich zuweilen auch an die nördlichen Küsten Europas verirrt. Er erreicht eine Länge von 3–4 m und ein Gewicht von 200–300 kg und darüber. Der Leib ist mit einer schwach gekörnelten Haut bedeckt, die Färbung derselben auf der Oberseite ein grauliches Braun, das auf der Unterseite in getrübtes Weiß übergeht; die großen, durch Lider geschützten Augen sehen goldgelb aus. Die Zähne sind lang, scharf, fast dreieckig und an ihren Rändern gesägt.

Hinsichtlich des Gebarens scheinen sich die Hammerhaie wenig von den übrigen großen Mitgliedern der Unterordnung zu unterscheiden.

Riesenhaie

In den Tiefen der hochnordischen Meere lebt ein Haifisch, welcher an Größe alle übrigen bekannten Arten übertrifft und demgemäß den Namen Riesenhai mit vollstem Recht führt. An Länge erreicht der *Riesenhai* (Cetorhinus maxima) 14 m, an Gewicht bis 4000 kg. Die Färbung spielt auf bräunlichschwarzem Grund ins Blaue, die der Unterseite ist weißlich. Vom Nördlichen Eismeer aus erscheint dieser Hai zuweilen in der Nordsee und im Atlantischen Ozean, besonders wenn westliche Winde längere Zeit angehalten haben.

Im Jahre 1787 wurde bei St-Malo ein Riesenhai erlegt, der 11 m lang war und 8 m Umfang hatte; im Jahre 1802 erbeutete man einen, der vorher 36 Stunden mit einem Wal gekämpft hatte, bei Boulogne. Im Eismeer soll er sich in den großen Tiefen aufhalten und hier nach Art der Wale allerlei kleinem Seegetier, insbesondere Medusen, nachstellen.

Katzenhai, ein kleiner, für den Menschen harmloser Hai, der auch an den deutschen Küsten anzutreffen ist.

Vorderteil des bis 3 m großen *Sandtigers* oder *Echten Sandhaies* (Carcharias taurus), der im tropischen Atlantik und im Mittelmeer beheimatet ist. An der Seite sind die fünf Kiemenspalten gut erkennbar.

Katzenhaie

Zu den Knorpelfischen, die Eier legen, gehören die *Katzenhaie* (Scyliorhinidae), kleine Haifische mit zwei weit nach hinten stehenden Rückenflossen und entwickelter Afterflosse, langgestreckter, nicht gegabelter, sondern am Ende abgestutzter Schwanzflosse, Spritzlöchern, fünf Kiemenöffnungen, deren letzte über der Wurzel der breiten Brustflossen steht, kurzer, stumpfer Schnauze, in der Nähe des Mundes stehenden, in einer bis zum Lippenrande laufenden Rinne fortgesetzten, durch ein oder zwei Hautläppchen verschließbaren Nasenlöchern und dreieckigen, in der Mitte scharf zugespitzten, seitlich gesägten Zähnen. Der *Kleingefleckte Katzenhai* (Scyliorhinus caniculus) erreicht eine Länge von 50, höchstens 80 cm und ist oben auf rötlichem Grund mit vielen kleinen, braunen Flecken gezeichnet, unten weiß. Er bewohnt die Meere des warmen und gemäßigten Gürtels, in der Nähe Europas hauptsächlich das Mittelmeer, ohne jedoch im Atlantischen Ozean oder in der Nordsee zu fehlen, hält sich in mäßigen Tiefen, gewöhnlich nahe dem Grund, auf und fällt hier alle Fische an, die er verschlucken kann, nährt sich nebenbei auch von Krebsen und vielleicht von Weichtieren verschiedener Art. Er gehört zu den schlimmsten Feinden der Heringe, folgt deren Zügen und vermehrt sich da, wo sich jene regelmäßig einfinden, bald außerordentlich, den Fischern zum Schaden und Ärger. Denn nicht nur, daß er den Fang beeinträchtigt, er zerreißt auch, entweder mit den Zähnen oder durch sein ungestümes Gebaren, viele Netze.

Die Fortpflanzungszeit beginnt im Herbst, dauert aber, wie es scheint, während des ganzen Winters fort. Untersucht man ältere Weibchen um diese Zeit, so findet man in den Eierstöcken und Eileitern Eier in den verschiedensten Zuständen der Entwicklung; gewöhnlich gleichen sich jeweils zwei, die am weitesten entwickelten liegen am Ausgang der Eileiter. Die Eier selbst sind unter dem Namen Seeweibs-, Schiffers- und Seebeutel oder Seemäuse bekannt. Ihre Färbung ist ein blasses, durchscheinendes Horngelb; die von den Ecken ausgehenden, vielfach gewundenen, rankenartigen Anhängsel übertreffen an Länge die etwa 6 cm messende Kapsel; zwei Spalten an jedem Ende gestatten Zutritt von Wasser. Mit Beginn des Winters legt das Weibchen diese Eier in der Nähe der Seeküsten, wahrscheinlich regelmäßig zwischen Seepflanzen ab, an deren Ranken sich die Fäden anhängen. Der Keimling ist bereits so weit ausgebildet, daß man die Gestalt des Haies erkennen und seine Bewegungen bemerken kann. Nachdem er sich vollends entwickelt hat, zerreißt er die Eihüllen und verläßt die Kapsel mit einem ihm noch anhängenden Dottersack, der durch ein Gefäß mit dem Darmschlauch in Verbindung steht und zur weiteren Ernährung dient. Inzwischen bilden sich die Zähne aus, und wenn die in jenem Sack enthaltene Flüssigkeit aufgezehrt wurde, ist der junge Hai fähig, zu rauben. Einzelne Beobachter sagen, daß ein Weibchen auf jeden Wurf 10–20 Eier zur Welt bringe; andere geben die Anzahl geringer an; alle stimmen darin überein, daß sie dieser Art eine verhältnismäßig große Fruchtbarkeit zuschreiben.

Dornhaie

Die Familie der *Dornhaie* (Squalidae) umfaßt diejenigen Arten der Ordnung, deren Rückenflossen vorne durch zwei spitze Stacheln gestützt werden und denen die Afterflosse fehlt. Spritzlöcher sind vorhanden, die Zähne sind scharfschneidig, ihre Kronen einfach, meist dreieckig, dünn und von den Seiten her zusammengedrückt.

Der *Dornhai* (Squalus acanthias) ist gestreckt gebaut, der Kopf ist platt, keilförmig, vorne schmal, an der Spitze abgerundet; die Nasenlöcher stehen weit vom Maul und von der Nasenspitze entfernt; die Spritzlöcher sind groß. Das halbmondförmig geöffnete, vollständig runde Maul wird bewaffnet von drei Reihen langer, spitzer, am Rande wenig gesägter Zähne. Die Brustflossen sind sehr groß, die Bauchflossen klein. Ein gleichmäßiges Schiefergrau ist die Färbung der Oberseite, ein Gelblichweiß die der unteren Teile; Junge sind gewöhnlich weiß gefleckt. Die Länge beträgt selten mehr als einen Meter, das Gewicht nicht über 10 kg. Unter den in den europäischen Meeren vorkommenden Haien tritt der Dornhai am zahlreichsten auf.

ROCHEN

Echte Zitterrochen

Unter den *Rochen* (Rajiformes), die in den europäischen Meeren vorkommen, stellt man diejenigen Arten obenan, die wegen der Fähigkeit, elektrische Schläge auszuteilen, schon die Aufmerksamkeit der Alten auf sich gezogen haben und *Elektrische Rochen* oder *Zitterrochen* genannt worden sind. Auch sie bilden eine eigene Familie (Torpedinidae) und bewohnen, wie zu erwarten, namentlich die Meere des heißen Gürtels der Erde. Sie sind rundliche, nackte, schuppen- und stachellose Fische, bei denen die Bauchflossen unmittelbar hinter den Brustflossen stehen, der kurze, fleischige, an der Wurzel niedergedrückte, rundliche, seitlich gekielte Schwanz zwei, eine oder keine Rückenflosse und am Ende eine dreieckige Schwanzflosse trägt, und der Raum zwischen Kopf und Kiemen und den Brustflossen durch das aus kleinen, wie Bienenzellen nebeneinanderstehende, häutige, durch Querscheidewände in Zellen geteilte, von Nerven belebte elektrische Organ ausgefüllt wird, und welche verhältnismäßig spitze Zähne haben. Die bekannteste Art, der *Gefleckte Zitterrochen* (Torpedo torpedo) erreicht bei 60 cm Länge eine Breite von wenig unter einem halben Meter und ist oberseits braun, bräunlich und weiß marmoriert, so daß bald die eine, bald die andere dieser Färbungen vorherrscht.

In den Schriften der Alten wird der Zitterrochen oft genannt; nicht minder hat man ihr Bildnis auf Gefäßen dargestellt; ja man darf behaupten, daß die alten Griechen und Römer über die Lebensweise fast ebensogut unterrichtet waren, wie wir es heute sind, und auch die elektrischen Organe wohl zu würdigen wußten, obgleich sie nicht imstande waren, sie richtig zu deuten.

Sehr erklärlich ist, daß man in der alten, wundersüchtigen Zeit bald darauf kam, so gewaltig und unerklärlich wirkende Tiere in der sogenannten Arzneikunde zu verwerten. Dem Genuß des schlechten Fleisches wurden die großartigsten Wirkungen zugeschrieben, von den damaligen Ärzten überhaupt über die Heilkräfte dieser Fische Dinge erzählt, die nur in den Berichten der Quacksalber der neueren Zeit gleichwertige Seitenstücke gefunden haben.

Redi war der erste, der mit dem Zitterrochen genauere Versuche anstellte, *Réaumur*, *Bancroft*, *Humboldt*, *Geoffroy* setzten die Beobachtungen fort. Aus diesen Untersuchungen geht hervor, daß das elektrische Organ sich mit einer elektrischen Batterie vergleichen läßt. Die Schläge sind am heftigsten unter Wasser und um so fühlbarer, je größer die berührte Fläche ist. Das Tier gibt sie ganz willkürlich und läßt sich durch Reizung bewegen, viele Schläge nacheinander auszuteilen; kleinere Tiere können betäubt oder selbst getötet werden. Das elektrische Organ dient also den Zitterrochen, sowohl um Beute zu fangen, als auch um größere Räuber abzuwehren.

Alle bekannten Zitterrochen gebären lebende Junge, und zwar acht, zehn oder vierzehn auf einmal. Die Geschlechter begatten sich, wie bereits die Alten wußten, wirklich, indem sie sich mit dem Bauchteil gegeneinanderkehren, und die Eier entwickeln sich sodann ziemlich gleichzeitig in den Eiergängen.

Echte Rochen

Bei den *Echten Rochen* (Rajidae), Abb. S. 488, ist die Scheibe rhombisch, die Schnauze kielartig verlängert, der Schwanz, der gegen die Spitze hin zwei Rückenflossen und die Spur einer Endflosse trägt, dünn und rundlich, jede Bauchflosse durch tiefe Einschnitte in Lappen geteilt, die Haut mehr oder weniger rauh, mit feinen Stacheln und bei den Männchen vor allem während der Laichzeit auf den Brustflossen mit scharfen Dornen bewehrt.

Die Familie verbreitet sich über alle Meere. In der Lebensweise unterscheiden sich ihre Mitglieder nicht unwesentlich von den verwandten Zitterrochen, da sie ja nur auf ihre eigene Gewandtheit angewiesen sind. Auch die Fortpflanzung ist anders als bei diesen; denn sie legen Eier, aus denen erst nach längerer Einwirkung des Wassers die Jungen entschlüpfen. Einzelne Arten spielen trotz ihres harten Fleisches in der Fischerei eine nicht unbedeutende Rolle.

Der *Glattrochen* (Raja batis), eine der wenigen Arten, die unsere Nordsee beherbergt, erreicht eine Länge von mehr als einem Meter und ein Gewicht von etwa 50 kg, hat eine ziemlich spitze Schnauze, 52–56 Zahnreihen im Oberkiefer, ist merklich breiter als lang, glatt- oder doch nur wenig rauhhäutig, trägt nur vor und hinter dem Auge sowie am Schwanz Dornen, zeichnet sich durch sehr gleichförmige, dunkel olivgrüne, in einzelnen

Unterseite eines Nagelrochens

Fällen mit zahlreichen weißen Flecken gezeichnete Oberseite und eine dunkelgraue, schwärzlich überspritzte Unterseite vor anderen Arten aus.

Der viel weiter verbreitete, an allen europäischen Küsten häufige, auch in der Ostsee vorkommende *Dorn-* oder *Nagelrochen* (Raja clavata) wird in den nördlichen Meeren selten über 1 m lang und etwa 70 cm breit. Der abstehende Schwanz ist etwas länger als der Leib, unten abgeplattet und am Ende mit Flossen ausgestattet, die Bauchflosse ist in zwei ungleiche Lappen geteilt, der Leib platt, von oben gesehen fast geradwinklig viereckig, die Haut rauh, mit feinen Stacheln und bei älteren Tieren auf der Rücken- und Bauchseite mit großen, denen der Rosen ähnlichen Dornen besetzt. Die vorherrschende Färbung der Oberseite ist ein angenehmes Braun; die Zeichnung besteht aus zahllosen heller gefärbten Flecken, die zuweilen auf den Brustflossen zusammenlaufen; die Unterseite sieht reinweiß aus.

Alle Rochen halten sich ausschließlich auf sandigem oder schlammigem Grunde des Meeres auf, wühlen sich hier größtenteils in den Sand selbst ein, beobachten das Wasser über sich und stürzen, wenn sich eine Beute naht, plötzlich hervor. Der Bau ihrer Zähne gestattet ihnen nicht, größere Fische anzufallen; sie begnügen sich daher mit kleinen und verschiedenen Krebsen, insbesondere mit jungen Schollen und Garnelen. Mit Beginn des Frühlings, vielleicht noch etwas früher, findet die Fortpflanzung statt; gegen Ende der Frühlingsmonate oder im Sommer werden die Eier, sechs, acht und mehr an der Zahl, abgelegt. Sie ähneln denen der Katzenhaie, unterscheiden sich jedoch durch ihre mehr viereckige Gestalt und die kurzen Anhängsel an den Enden. Während der Zeit der Ausbildung entwickelt sich das Junge so weit, daß beim Ausschlüpfen der größte Teil des Eiersackes aufgezehrt ist. Nachdem dies geschehen ist, nimmt es die Lebensweise der Alten an.

Stachelrochen

Fischer behaupten, wie es auch schon *Geßner* betonte, mit aller Bestimmtheit, daß die Stachelrochen mit ihrer gefährlichen Waffe Gift in die von ihnen verursachten Wunden flößen. Wie schmerzhaft und gefährlich diese Wunden wirklich sind, mag aus nachstehendem Reisebericht *Schomburgks* hervorgehen. „Unter den zahlreichen Fischen, welche dem Takutu eigen sind, nehmen die Stachelrochen durch ihre Menge eine der ersten Stellen ein. Sie wühlen ihren platten Körper so in den Sand oder Schlamm ein, daß nur die Augen frei bleiben, und entziehen sich dadurch selbst im klarsten Wasser den Blicken der Herumwatenden. Hat nun jemand das Unglück, auf einen dieser Hinterlistigen zu treten, so schnellt der beunruhigte Fisch seinen Schwanz mit einer solchen Kraft gegen den Störenfried, daß der Stachel die abscheulichsten Wunden beibringt, die oft nicht allein die gefährlichsten Krämpfe, sondern selbst den Tod zur Folge haben. Da unsere Indianer diesen gefährlichen Feind kannten, untersuchten sie immer, sobald die Corials über die Bänke geschoben oder gezogen wurden, den Weg mit einem Ruder oder Stock. Ungeachtet dieser Vorsicht wurde einer unserer Ruderer doch zweimal von einem der Fische auf der Spanne verwundet. Sowie der Beklagenswerte die Wunden erhielt, wankte er der Sandbank zu, stürzte zusammen und wälzte sich, die Lippen zusammenbeißend, vor wütendem Schmerze umher, obschon seinem Auge keine Träne entrollte und seinem Munde kein Schmerzensschrei entfloh. Noch waren wir damit beschäftigt, dem armen Schelme seine Schmerzen soviel wie möglich zu lindern, als unsere Aufmerksamkeit durch einen lauten Aufschrei vom Leidenden abgezogen und auf einen anderen Indianer gerichtet wurde, welcher ebenfalls gestochen worden war. Der Knabe besaß noch nicht die Charakterfestigkeit, um wie jener den Ausdruck seines Schmerzes zu unterdrücken: unter durchdringendem Geschrei warf er sich auf den Boden, wühlte sein Gesicht und seinen Kopf in den Sand ein, ja biß sogar in diesen hinein. Die Krankheitszeichen hatten sehr viel Ähnlichkeit mit denen, welche den Schlangenbiß begleiten."

Die *Stachelrochen* (Dasyatidae) bilden eine über alle Meere verbreitete Familie. Alle hierhergehörenden Fische haben im allgemeinen die Gestalt der Rochen, aber einen sehr langen, dünnen Schwanz ohne seitlichen Hautkiel und Oberflosse, welcher einen oder mehrere seitlich mit Zähnen besetzten Giftstachel trägt; der Kopf wird ganz von den Brustflossen eingeschlossen, das Maul ist mit länglich eirunden, mit Querwülsten versehenen Zähnen bewehrt.

Fast in allen europäischen Meeren lebt der *Gewöhnliche Stechrochen,* auch *Giftflunder* (Dasyatis pastinaca) genannt, ist ein Fisch von etwa 1,50 m Länge, der auf der Oberseite gelblichschwarz, auf der unteren Seite schmutzigweiß gefärbt ist. Er liegt auf sandigem Grund in der Nähe der Küste, wandert im Sommer auch gern ins seichte Wasser, das während der Ebbe bis auf wenige Tümpel zurücktritt, und geht hier seiner Nahrung, kleinen Fischen, Krebsen und Weichtieren, nach. Ergriffen oder erschreckt, pflegt er seinen langen, biegsamen Schwanz um den Gegenstand seiner Angriffe zu schlingen und dabei den bis 35 cm langen Giftstachel in die Wunde zu drücken.

Sägerochen

Der *Sägefisch* (Pristis) ist ein Rochen in Haifischgestalt. Den verlängerten, vorne abgeplatteten Leib, die lange Schnauze und die Stellung der Flossen hat dieser Rochen mit den Haifischen gemein, während er seine Verwandtschaft mit den Rochen durch das breite, quer unter der Schnauze liegende Maul und das aus Pflasterzähnen bestehende Gebiß bekundet. Ihm eigentümlich ist die Verlängerung der Oberschnauze, welche in ein langes, schmales, seitlich mit eingekeilten Zähnen bewehrtes Blatt, die Säge, ausgezogen ist und gleichsam die Schnauzenknorpel anderer Quermäuler in ihrer höchsten Vollendung

Sägefisch

darstellt. Zwei kleine, durch einen Kolben verschließbare Atemlöcher stehen hinter den Augen; die Afterflosse fehlt. Die Länge schwankt zwischen 2–6 m, wovon die Säge ungefähr den dritten Teil wegnimmt; die Färbung der rauhen Haut ist ein ziemlich gleichmäßiges Braungrau, das auf der Unterseite heller wird. Der Sägefisch hat eine sehr weite Verbreitung: Man will ihn fast in allen Meeren beider Halbkugeln, vom Äquator bis zu den Polen, gefunden haben. In besonders großer Zahl tritt er vor allem in tropischen Meeren auf.

Die Stellung des Maules und das Gebiß deuten darauf hin, daß der Sägefisch nach Art anderer Rochen nahe am Boden lebt und hier auf kleine Fische, Krebse, Weichtiere und dergleichen jagt. Wie die meisten Ordnungsverwandten bringt auch der Sägefisch ausgetragene Junge zur Welt.

SEEKATZEN

In den nordischen Meeren lebt ein sonderbarer Fisch, der in mehrfacher Hinsicht den Haien ähnelt, aber doch so eigentümliche Merkmale besitzt, daß man ihn nicht allein zum Vertreter einer besonderen Ordnung und Familie erhoben, sondern eine eigene Unterklasse für ihn gegründet hat. Verwandte Fische bewohnen den südlichen Atlantik und den Stillen Ozean. Alle Arten sind gekennzeichnet durch den gestreckten, walzigen Leib, den dünnen, lang ausgezogenen Schwanz, den dicken, kegelförmigen Kopf, ungewöhnlich große Brustflossen, die beträchtliche, vorne durch säbelförmig gekrümmte Stacheln gestützte Rückenflosse, die sehr lange, zweite Rückenflosse und die zu beiden Seiten des langen Schwanzes angesetzte Schwanzflosse sowie das kleine, quergespaltene Maul, das mit einfachen, schnabelförmig vortretenden, hinten platten, vorne zugeschärften Zahnplatten bewaffnet ist.

Seekatzen

Hierzu gehört die Familie der *Seekatzen* (Chimaeridae); sie wird vertreten durch die *Spöke*, auch *Seeratte* und *Königsfisch* genannt (Chimaera monstrosa), einen Fisch von 1–1,5 m Länge und eigentümlicher Schönheit. Der Körper ist langgestreckt und endet in einen fadenförmig ausgezogenen Schwanz, der zu dem Namen „Seeratte“ Veranlassung gegeben hat. Die Schnauze tritt kegelförmig vor; die hintere Rückenflosse ist sehr lang und kaum oder nicht von der ebenfalls gestreckten Schwanzflosse getrennt. Bei den Männchen erhebt sich zwischen den Augen ein dünner, knochiger, vorwärts geneigter Auswuchs, weswegen die Norweger die Spöke „Königsfisch“ nennen. Die Färbung der glatt erscheinenden Haut spielt in den verschiedensten Schattierungen von Goldgelb, Braun und

Weiß; die Regenbogenhaut der großen Augen ist weiß, der Stern grün.

Geßner war der erste Naturforscher, der die Spöke beschrieb und eine wenn auch keineswegs gute, so doch nicht zu verkennende Abbildung lieferte. *Linné* gab ihr den wissenschaftlichen Namen. Sie bewohnt das Mittelmeer sowie den nördlichen Teil der Nordsee und das Eismeer. Die Nahrung besteht aus Muscheln, Krebsen und kleinen Fischen der tiefen Gründe. Die Fortpflanzung geschieht durch Eier, von denen die Eierstöcke des Weibchens zur Zeit der Fortpflanzung eine erhebliche Anzahl in verschiedenen Zuständen der Entwicklung enthalten; die am meisten ausgebildeten sind mit einer hornigen Schale umgeben und gelten bei Feinschmeckern als Leckerbissen.

Kieferlose

Neunaugen

Die *Neunaugen* (Petromyzonidae) kennzeichnen äußerlich der wurmförmige, fast gleichmäßig dicke Leib, die derbe, schleimige, aber schuppenlose Haut und die vollständige Verkümmerung aller paarigen Flossen, innerlich vollkommen knorpeliges, rippenloses Gerippe, das eigentlich nur aus der einfachen Wirbelsaite und einem Kopfteil besteht. Das weite, trichterförmig nach hinten verengte Maul wird von kreisrunden Lippen umgeben und trägt auf der inneren Fläche kleine, spitzkegelige Zähne oder, richtiger, hornartige Verdickungen der Schleimhaut, welche die Stelle der Zähne vertreten. Sie haben sieben äußerlich durchmündende, runde Öffnungen, Kiementaschen. Bedeutsam für die Stellung der hierhergehörenden Fische ist der Umstand, daß man bei ihnen eine wirkliche Verwandlung beobachten kann.

Unter den drei in unseren Gewässern vorkommenden Arten der Neunaugen steht die *Meerpricke,* die auch *Seelamprete* und *Meerneunauge* (Petromyzon marinus) genannt wird, obenan; ihre Länge kann bis zu 1 m, ihr Gewicht mehr als 1 kg betragen. Unter ihren nächsten Verwandten hat sie den gestrecktesten Leib und zeichnet sich außerdem durch einen Kranz dichtstehender, zerfaserter Fransen am Innenrand der wulstigen Lippe aus. Die Saugscheibe trägt im Umkreis des Mundes mehrere Reihen einfacher, spitzer und kleiner, in der Mitte größerer Zähne. Die erste Rückenflosse beginnt hinter der Mitte des Rückens und besteht aus einem gestreckten, flach bogenförmigen Hautlappen; die zweite, durch einen bedeutenden Zwischenraum von ihr getrennte, ist anfangs hoch und fällt nach hinten zu ab, geht auch unmittelbar in die Schwanzflosse über, die als ein niederer Hautsaum verläuft und, sich verbreiternd und rundend, die seitlich zusammengedrückte Schwanzspitze umgibt; auf der Unterseite erstreckt sie sich bis zum After. Die Färbung ist grünlichweiß; die Zeichnung besteht aus schwarzbraunen oder dunkelolivgrünen Marmorflecken, die auf Rücken und Seiten stehen. Mit Ausnahme des Schwarzen bewohnt die Meerpricke alle europäischen Meere und findet sich außerdem an den Küsten Westafrikas und Nordamerikas. Sie bringt den größten Teil ihres Lebens im Seewasser zu, steigt aber bei Frühlingsbeginn in den Flüssen empor, um zu laichen.

Die *Flußpricke,* auch *Flußneunauge* (Lampetri fluviatilis), Abb. S. 488, genannt, erreicht selten über 35, ausnahmsweise jedoch auch gegen 40 cm an Länge und ungefähr 100 g an Gewicht. Beide Rückenflossen sind voneinander getrennt. Ein glänzendes Grünlichblau ist die Färbung der Oberseite; es geht auf den Seiten in Gelblichweiß, auf dem Bauche in Silberweiß über; die Flossen sehen veilchenfarben aus. Auch die Flußpricke lebt im Salzwasser, und zwar in allen Meeren, welche die Küsten Europas, Nordamerikas und Japans bespülen, und steigt ebenfalls vom Meere aus in den Flüssen empor, um zu laichen, scheint aber auch zuweilen in Seen oder größeren Flüssen ständige Herberge zu nehmen.

Die *Zwergpricke,* das *Bachneunauge* (Lampetra planeri), ähnelt der letztgenannten Verwandten, unterscheidet sich jedoch durch geringere Größe, durch Gebiß und Beflossung so entschieden, daß sie nicht verwechselt werden kann. Die erste Rückenflosse geht in die zweite entweder unmittelbar über oder ist nur durch einen kurzen Zwischenraum getrennt. Hinsichtlich der Färbung unterscheidet sie sich von der Pricke hauptsächlich dadurch, daß der Rücken mehr ins Ölgrünliche spielt. Ihre Länge beträgt etwa 20 cm. Sie findet sich im Süßwasser, und zwar fast allerorts, bis zu den kleinsten Nebenbächen empor; an den Stellen, an denen der Grund günstig ist, das heißt weichsandig oder schlammig, findet man sie in der Regel in sehr großer Anzahl.

Ungeachtet der geringen Ausbildung der Flossen bewegen sich die Neunaugen rasch und geschickt im Wasser. Wo die Strömung nicht bedeutend ist, fördern sie sich durch seitlich schlängelnde Bewegungen; in schnellfließendem Wasser hingegen eilen sie ruckweise vor, saugen sich nach jedem Sprung an einem festen Gegenstande an, ruhen in dieser Lage, eilen von neuem vorwärts und sind so imstande, selbst reißenden Strömen entgegenzuschwimmen. Daß sich alle Neunaugen aber nicht nur an feste Gegenstände, sondern auch an Fische ansaugen, unterliegt keinem Zweifel; sie zählen unter die Schmarotzer und sind für manche Fische sicherlich am gefährlichsten, weil sie sich auf ihnen einnisten können. Wenn man von ihrer Nahrung spricht, gibt man gewöhnlich verschiedene Würmer, Fischbrut und Kerbtiere in den verschiedenen Lebenszuständen als die hauptsächlichsten Stoffe an; alle Beobachter aber stimmen auch in dem einen überein, daß jene sich nebenbei hauptsächlich von dem Fleisch und Blut anderer Tiere, insbesondere anderer Fische, ernähren. Das Ansaugen geschieht nur ausnahmsweise zu dem Zwecke, sich an einem Gegenstand zu befestigen, in der Regel vielmehr, um sich zu ernähren. Nachdem die Lampreten ihren Saugmund fest an die äußere Bedeckung eines Fisches geheftet, setzen sie ihre Raspelzähne in Tätigkeit, schaben und feilen die Bedeckung durch, bohren sich, weiter und weiter vordringend, immer tiefer ein, verschlingen die abgeschabten Stoffe und fressen so nach und nach einem Fische tiefe Löcher in den Leib, gleichgültig ob derselbe lebendig oder tot ist.

Die Laichzeit fällt in die ersten Frühlingsmonate und geschieht unter eigentümlichen Umständen. „Sie laichen", sagt der alte *Baldner* von der Meerpricke, „im April, in strengem Wasser, auf Steinboden, tragen mit den Mäulern zweipfündige Steine um die Gruben herum." Auch die Sandpricke hat Baldner beim Laichgeschäft beobachtet. „Sie hangen an den Steinen hauffecht beyeinander, wo das Wasser starkh laufft; da machen sie dieffe grüblein, darin thut sich das paar mit den Bauchen zusammen, ihre geylheit zu verrichten, welches ich sonsten an keinem Fisch also gesehen, als von den Neunhocken, dieweil sie in den Wassern, da es nicht dieff, leychen, daß mans wohl sehen kann."

August *Müller*, der Gelegenheit hatte, das Laichgeschäft dieser Pricke in der Panke bei Berlin zu beobachten, bestätigt die alte Angabe in allen wesentlichen Punkten. Er sah zehn und mehr Stücke der Sandpricke dicht gedrängt beisammen und bemerkte, daß einzelne Milchner sich am Nacken der Rogener festgesogen und in einer halben Windung nach der Unterseite desselben hinabbogen, um die abgehenden Eier zu befruchten. Bis zur Zeit der Müllerschen Forschung hatte man auf den Laichplätzen der Sandpricke einen wurmartigen Fisch bemerkt, der unter dem Namen *Querder, Kieferwurm* oder *Ulen* (Ammocoetes branchialis) wohlbekannt und schon von *Aldrovandi* beschrieben worden war. Dieses Tier hat bei 18 cm Länge in der Regel nur die Dicke eines Federkieles, einen sehr kleinen Kopf mit kaum sichtbaren Augen, Kiemenlöcher, die in einer tiefen Längsfurche liegen, deutliche Hautringel und matt silberglänzende, auf den Flossen in Gelblichweiß übergehende Färbung. Es findet sich überall ziemlich häufig, hält sich ebenso im Wasser mit schlammigem wie mit sandigem Grunde auf und erinnert in seiner Lebensweise mehr an die Würmer als an die Fische, denen es überhaupt erst, nachdem es sorgfältig zergliedert worden war, beigesellt werden konnte. Wie Würmer bohrt es sich in den Schlamm ein; willkürlich verläßt es denselben fast nie; denn von seinen Flossen macht es nur dann Gebrauch, wenn es gilt, sich von neuem wieder im Schlamm oder an ähnlichen Versteckplätzen zu verbergen. An manchen Orten macht man Jagd auf die Querder, schneidet ihnen den Kopf ab, kocht sie in Weinbrühe, Butter und Zitronensaft und hält sie als schmackhaftes Gericht in Ehren; normalerweise verachtet man sie jedoch wegen der wurmförmigen Gestalt, und der Fischer braucht sie in der Regel nur als Köder, weil sie ein überaus zähes Leben haben und selbst bei bedeutenden Verwundungen noch tagelang leben oder sich wenigstens bewegen. Alle Naturforscher betrachteten den Querder als einen den Lampreten sehr ähnlichen Fisch; keinem von ihnen fiel es ein, in ihm noch mehr als einen Verwandten zu erkennen.

Um die Entwicklung der vor seinen Augen befruchteten Eier der Zwergpricke zu studieren, entnahm *Müller* Laich, ließ denselben sich entwickeln und erhielt aus ihm nach 18 Tagen junge Fischchen, die zu seinem höchsten Erstaunen von jungen Querdern nicht zu unterscheiden waren und beim weiteren Heranwachsen sich unzweifelhaft als solche herausstellten. Diese Wahrnehmung mußte den Beobachter auf den Gedanken bringen, daß der Querder keine besondere Art sein könne, sondern die Larve der Zwergpricke sein müsse. Einmal auf das Ungewöhnliche der Entwicklung der Neunaugen aufmerksam geworden, gelang es Müller, die verschiedenen

Verwandlungszustände der Pricken, vom blinden Querder an bis zum ausgebildeten großäugigen Neunauge, aufzufinden. Aus allen Eiern entstehen zuerst Querder, die in 3–4 Jahren bis zur Größe von 18–20 cm heranwachsen und sich dann in sehr kurzer Zeit, nämlich im Verlaufe von wenigen Tagen, in ausgebildete Fische umwandeln.

Zum Fang der Neunaugen bedient man sich meistens mehrkammeriger Reusen, die aus Binsen geflochten und an reißenden Stellen des Stromes aufgestellt werden. Zum Versand röstet man die gefangenen Fische ein wenig und bringt sie dann in eine reichlich mit Essig und Gewürzen versetzte Lake. Das Fleisch wird bei uns in Ehren gehalten. Im Mittelalter wurden in Frankreich die Neunaugen von Nantes besonders gerühmt, und es gab Händler, welche keine anderen Fische nach Paris brachten als diese.

Inger

Wahre Würmer an Gestalt und Wesen sind die nächsten Verwandten der Neunaugen, die Inger. Sie bilden eine Familie (Myxinidae), deren Merkmale jedoch als so bedeutsam angesehen werden, daß die Forscher ihnen heute den Rang einer Unterklasse zusprechen. *Linné* deutete die bekannteste Art der Familie, den *Inger,* der auch *Schleimaal* (Myxine glutinosa) genannt wird, als Eingeweidewurm, und das sonderbare Tier hat in der Tat scheinbar mehr Ähnlichkeit mit einem solchen als mit einem Fisch. Die Merkmale der nach ihm benannten Gattung der *Schleimfische* (Myxine) sind folgende: Der rundliche Mund trägt acht Barteln, die Zunge in jeder Reihe acht oder neun knochenharte Zähne; die Augen sind rückgebildet; die Kiemenöffnungen münden unter der Haut in einen gemeinsamen Schlauch, der sich auf jeder Seite durch ein Loch nach außen öffnet; die Haut sondert reichlichen Schleim ab. Die Länge des Inger beträgt bis 40 cm; die Färbung ist ein schwer zu bestimmendes Bläulichweiß, passend zu seinem Namen „Schleimaal".

Der Inger lebt in den nördlichen Meeren, kommt jedoch auch in der Nordsee, namentlich an der oldenburgischen Küste, vor und nimmt in der Regel in großer Tiefe, wie es scheint, vorzugsweise auf schlammigem Grund seinen Aufenthalt. Ein Wurm unter den Fischen, dessen Hauptnahrung bodenbewohnende Tiere (Ringelwürmer, kleine Muscheln und Schnecken) sind.

Erkenntnisse der Abstammungslehre

In den vorausgehenden kurzen Einführungen zu den verschiedenen Wirbeltierklassen wurde ein stammesgeschichtlicher Zusammenhang zwischen den einzelnen Gruppen der Wirbeltiere aufgezeigt. Aus den kieferlosen Fischen, den Agnathen, entwickelten sich die Knorpel- und Knochenfische, und nach der Landeroberung durch die Lurche spalteten sich von diesen wiederum die Kriechtiere ab. Der Bauplan der Kriechtiere wurde ebenfalls weiter abgewandelt, und als Endglieder zweier, in ihrer Umgestaltung sehr erfolgreichen Seitenlinien präsentieren sich die Säugetiere und die Vögel. Gewiß verlief die Neugestaltung über unzählige Zwischenformen; auch wenn diese nicht bekannt sind, darf deren damalige Existenz angenommen werden. Dem Laien wird der Nachvollzug einer exakten Beweisführung für die Entstehung neuer Pflanzen- und Tiergruppen sicherlich sehr schwer fallen, aber es ist für ihn fast selbstverständlich, zu wissen, daß früher zum Teil andere Tiere und Pflanzen die Erde besiedelt haben und daß sich diese innerhalb großer Zeiträume verändern. Wie groß die Wandlungsfähigkeit der Arten selbst in einem überschaubaren Zeitabschnitt ist, zeigt sehr eindrucksvoll jeder Pflanzenkatalog, der uns zu Frühjahr und Herbst ins Haus geschickt wird, denn neben dem bereits reichhaltigen Angebot können die Züchter fast jedes Jahr mit noch schöneren bzw. noch ausgefalleneren Rosen-, Dahlien- oder Tulpenneuheiten aufwarten. Auch wenn es sich hierbei gewöhnlich nicht um neue Arten handelt, so ist die Veränderlichkeit der lebenden Natur deutlich erkennbar.

Erstaunlicherweise ist das Wissen um die sich über Jahrmilliarden erstreckende Geschichte des Lebens sehr jung. Noch vor knapp 200 Jahren herrschte allgemein die

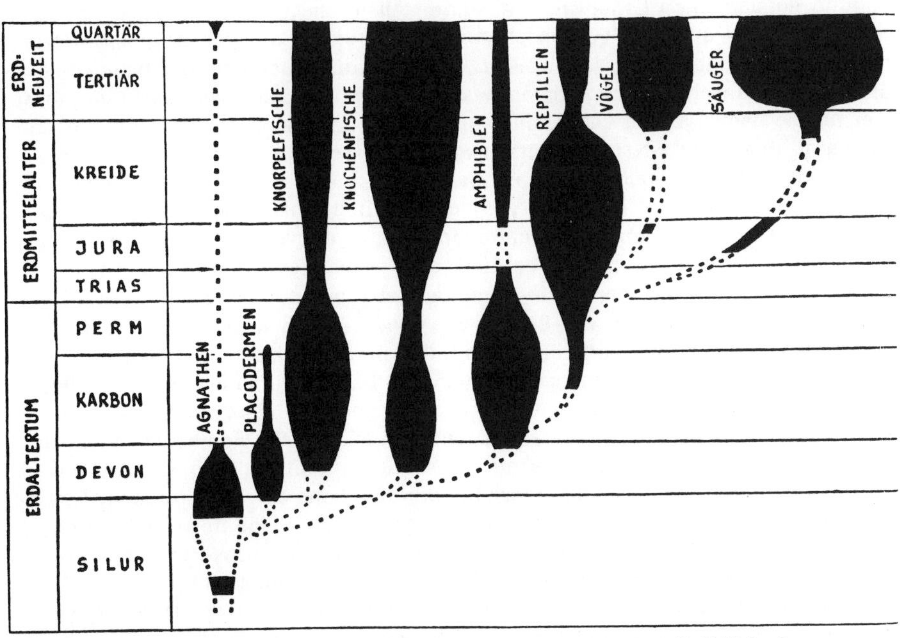

Stammesgeschichtlicher Zusammenhang der Wirbeltiere. Die Strichbreite bringt die Zahl der Gattungen zum Ausdruck. Die unterbrochenen Linien weisen auf fossil nicht belegte und deshalb hypothetisch angenommene Zwischenglieder hin *(in Anlehnung an Romer 1945)*.

Auffassung vor, daß alle auf der Erde vorkommenden Pflanzen- und Tierarten, einmal durch einen göttlichen Schöpfungsakt geschaffen, sich über alle Zeiten konstant bis in die Gegenwart erhalten hätten. Diese Annahme mag uns heute seltsam erscheinen, muß aber in Anbetracht der spärlichen Kenntnisse von den Lebensvorgängen und der nahezu vollständigen Unkenntnis von Fossilien (versteinerten Lebewesen) als eine „vernünftige" Vermutung oder Hypothese angesehen werden, die weder mit den naturwissenschaftlichen noch mit den theologischen Ansichten im Widerspruch stand. Die Starrheit jahrhundertealter Denkgewohnheiten und die vor allem im christlichen Glauben nahegelegte Annahme der gesonderten, einmaligen Schöpfung hatte Vorurteile geschaffen, die eigene Vorstellungen kaum entwickeln ließ.

An dieser Stelle soll bereits vorweggenommen werden, daß der besonders um die Jahrhundertwende kämpferisch herausgestellte Gegensatz Schöpfung *oder* Entwicklungslehre kaum noch besteht: Der Schöpfungsbegriff hat eine Läuterung erfahren, die moderne, naturwissenschaftlich begründete Entwicklungstheorie ist heute selbstverständlich in der christlichen Weltauffassung.

Erst im 18. Jahrhundert wurden mehrfach Stimmen laut, die ein Abweichen der Organismen von ihren Vorfahren in Gestalt und Lebensweise vertraten. Dieses Anderswerden, das als *Evolution* bezeichnet wird, konnte infolge des geringen verfügbaren Tatsachenmaterials jedoch zunächst nicht weiter wissenschaftlich untermauert werden. Dies wurde erst durch die Studien Jean *de Lamarcks* (1744–1829) über die Evolution der Organismen anders. Bei seinen umfassenden Arbeiten am naturhistorischen Museum in Paris beobachtete er, daß die einzelnen Pflanzen- und Tierarten oft nicht scharf voneinander abzugrenzen, sondern durch gleitende Übergänge miteinander verbunden sind. Dieser Befund widersprach seiner Meinung nach der Lehre von der Unveränderlichkeit der Arten; er deutete dagegen die in vielen Vergleichen erkennbare, abgestufte Ähnlichkeit zwischen verschiedenen Pflanzen bzw. Tieren als bestimmte Verwandtschaftsstufen. In seiner *Philosophie zoologique* (1809 erschienen) vertrat er, gestützt auf zahlreiche wissenschaftliche Belege, eine Stammesentwicklung *(Phylogenie)* der Lebewesen, die von einfachen, durch Urzeugung entstandenen Organismen ausging. Allein diese Abstammungslehre *(Deszendenztheorie)*, als deren wissenschaftlicher Begründer Lamarck zu gelten hat, beschränkte sich nicht auf den Nachweis, *daß* eine Evolution stattgefunden haben mußte, sondern versuchte bereits zu erklären, *wie* die Artumwandlung verursacht wurde. In einer für die damalige Zeit verständlichen Deutung sah Lamarck die Anpassung der Organe an ihre Tätigkeit als die entscheidende Ursache der Änderung an. Der Gebrauch oder Nichtgebrauch der Organe bewirkt nach seiner Ansicht eine individuelle Anpassung an das von der Umwelt vorgegebene Bedürfnis; weiter setzte er voraus, daß die einmal erworbenen Eigenschaften im Erbgut verankert werden und somit den Nachfahren erhalten bleiben. Er selbst führt als Beispiel den Höhenwuchs der Giraffe an: die Giraffe, die seit langer Zeit in Gegenden lebt, in denen der Boden sehr kräuterarm ist, muß notgedrungen die Blätter von den Bäumen fressen; das beständige Recken nach den Blättern hätte dabei die Beine und den Hals länger werden lassen. Diese Begründung ist zwar heute nicht mehr haltbar, da die individuellen Änderungen unter dem Einfluß der Umwelt nicht erblich sind, wie die Vererbungsforschung in diesem Jahrhundert nachgewiesen hat. Die Söhne eines Gewichthebers oder Ringkämpfers bekommen die Muskelpakete ihres Vaters nicht mit in die Wiege gelegt. Lamarcks Verdienst, die Abstammungslehre auf die Ebene einer beweisbaren Theorie gehoben zu haben, wird dadurch keineswegs geschmälert. Seine Beweisführung blieb richtungsweisend, da sie bereits die Aufmerksamkeit auf ein ganz wesentliches Grundproblem der Evolution lenkte, nämlich auf die schrittweise Anpassung.

Wenn auch mit Lamarck der Abstammungslehre noch nicht der Durchbruch zur Allgemeingültigkeit gelang und die führenden Wissenschaftler weiter an der Theorie von der Konstanz der Arten festhielten, die Anregung war gegeben und forderte zur Auseinandersetzung auf. Genau ein halbes Jahrhundert später gelang es dem Privatgelehrten Charles *Darwin* (1809–1882), dieser Lehre die volle Anerkennung zu verschaffen. Darwin machte die entscheidenden Beobachtungen für seine späteren Theorien während einer mehrjährigen Forschungsreise (1831–1836) mit dem Vermessungsschiff Beagle. Vor allem bei Fossilfunden in Südamerika fand er, daß die versteinerten Reste bestimmter Tiere in dicht aufeinanderfolgenden geologischen Schichten geringe Unterschiede aufwiesen und daß diese vergleichbaren Tiere um so mehr voneinander abwichen, je größer der Abstand der Schichten war, in denen die entsprechenden Tiere vorkamen. Bei der Tierwelt der Galapagos-Inseln, geologisch verhältnismäßig junges, vulkanisches Land vor der Westküste Südamerikas, fiel ihm die erstaunliche Ähnlichkeit mit den benachbarten Festlandformen auf, doch handelte es sich nicht um die gleichen Arten. So gibt es eine Reihe nur auf den Galapagos-Inseln heimischer Finkenvögel, die besonders durch unterschiedliche Schnabelformen an verschiedene Lebensräume und Ernährungsbedingungen angepaßt sind. Es schien Darwin, als ob diese etwa 15 Arten ursprünglich alle von wenigen Individuen einer Finkenart abstammen, die einstmals vom südamerikanischen Festland über 1000 km offener See hierhin verschlagen wurden und hier, losgelöst von ihrer Stammform, in diesem Inselreservat ihre eigene Entwicklung durchlaufen haben.

Nach Auswertung der Beobachtungen seiner Weltreise und jahrelangen eingehenden Untersuchungen über Tier- und Pflanzenzüchtungen veröffentlichte Darwin 1859 sein Hauptwerk: Über die Entstehung der Arten durch natürliche Zuchtwahl. Sein Hauptanliegen war in diesem Werk nicht, den stammesgeschichtlichen Zusammenhang aller Lebewesen nachzuweisen, er wollte vielmehr vor allem eine neue Begründung geben, wie und durch welche Ursachen die Evolution bewirkt wird. Er ging dabei von der Beobachtung aus, daß die Anzahl der Nachkommenschaft bei allen Pflanzen- und Tierarten stets wesentlich höher als zwei ist, die Anzahl der Nachfahren, die gerade die Eltern ersetzen würde (ein großes Dorschweibchen kann z. B. während einer Laichperiode über 8 Millionen Eier legen); dementsprechend muß die Vernichtungsrate sehr hoch sein. Außerdem treten zwischen Individuen einer Art stets kleinere Unterschiede auf. Aus diesen Befunden folgerte Darwin: Wenn eine solche Änderung vielleicht einmal einen kleinen Vorteil in der stetigen Auseinandersetzung mit der Umwelt bietet, so gewährt sie ihrem Träger im „Kampf ums Dasein" eine etwas günstigere Überlebenschance (und damit auch eine erhöhte Fortpflanzungsquote) gegenüber ihren unverändert gebliebenen Artgenossen. Der Wettbewerbsdruck in der Natur bewirkt damit eine Auslese *(Selektion)* der bevorzugten, besser angepaßten Formen. Ein Fink mit einem etwas dickeren Schnabel kann z. B. bei großer Konkurrenz um die gleiche Nahrung auf härtere Samenkörner ausweichen, da er diese nun ebenfalls

Darwinfinken

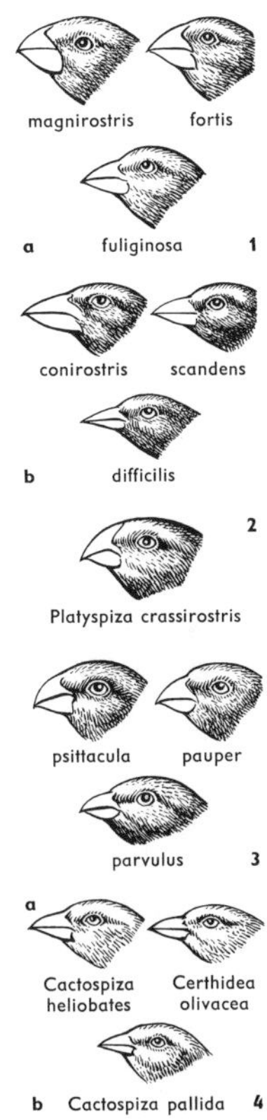

Rachenblütler

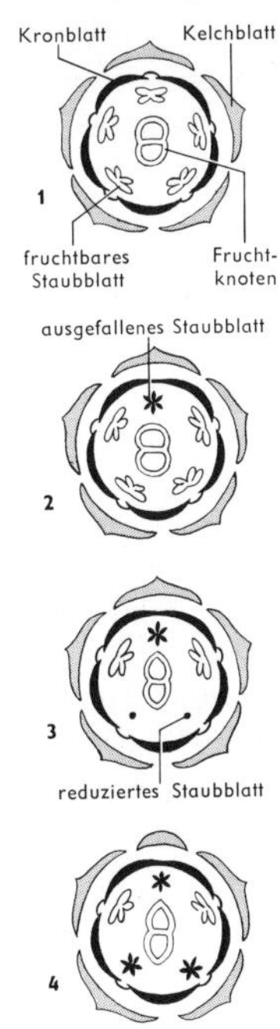

Obere Bildreihe: Schnabelformen der *Darwinfinken* als Anpassung an eine verschiedene Ernährungsweise:

1 Sechs Arten der Gattung Geospiza, die Pflanzen bevorzugen, a Erdfinken, b Kaktusfinken; 2 ein reiner Pflanzenfresser (Platyspiza), 3 drei Arten der Gattung Camarhynchus, die Insekten bevorzugen, 4 Specht- und Singvogelähnliche Insektenfresser.

Untere Bildreihe: Ähnlicher Blütenbau mit unterschiedlicher Rückbildung der Staubblätter bei verschiedenen Gattungen der *Rachenblütler*:

1 Königskerze, 2 Fingerhut, 3 Gnadenkraut, 4 Ehrenpreis.

öffnen kann, während ein dünnerer Schnabel vielleicht Sämereien hinter kleineren Öffnungen zugänglich macht. Wird durch weitere Änderungen der Appetit und die Verdauung von Körnerfutter auf Insektennahrung umgestellt, bringt das in Nahrungskonkurrenz mit der ursprünglichen Form ebenfalls Ausweichmöglichkeiten; dabei kann wiederum ein dicker Schnabel hartschalige Insekten zerbeißen und mit einem dünnen Schnabel wird das Futter auch in engen Ritzen erreichbar. Der lange Hals der Giraffe, um das obige Beispiel aufzugreifen, erklärt sich nach Darwins Theorie nun folgendermaßen: da diejenigen Ahnen der Giraffe, die mit einem etwas längeren Hals geboren worden waren, bei der täglichen Futtersuche besser ausgerüstet waren, setzte sich diese Errungenschaft im Laufe der weiteren Generationen durch. Das Bedürfnis nach dem langen Hals rief also nicht die Änderung hervor, sondern die Anpassung an die Blatternährung wirkte richtend auf die unabhängig davon auftretenden Merkmalsänderungen des Giraffenvorfahrens. Diese natürliche Auslese vergleicht Darwin mit der Auswahl durch den Menschen bei der Haustierzüchtung. Ein Pekinesen-Hund hat sicherlich keine gesteigerten Wettbewerbseigenschaften und würde in der freien Natur, auf sich selbst angewiesen, bald zugrunde gehen; da er dem Züchter gefiel, wurde er zur Weiterzucht ausgelesen und entsprechend gepflegt. Gar nicht sehr selten treten bei Tieren Weißlinge und Schwärzlinge auf. Ein solcher Weißling ist in freier Wildbahn zu auffällig und dem Wildfarbenen gegenüber benachteiligt, dem Züchter mag er aber gerade besonders gut gefallen. So entstehen neue Rassen oder Spielarten, wie z. B. in jüngerer Zeit weiße Schäferhunde (Weiße Schäfer) mit braunen Augen gezüchtet worden sind.

Die Begründung der Evolution durch Überproduktion der Nachkommenschaft, stets in geringer Zahl auftretende, erbliche Varianten und die natürliche Auslese der besser Angepaßten verhalf der Abstammungslehre endgültig zum Sieg. Zudem bewährte sich in der Folgezeit die von Darwin gegebene Erklärung und erhielt durch die in diesem Jahrhundert einsetzende Vererbungsforschung ein festes Fundament. So konnte Darwins Voraussetzung von den richtungslosen, spontanen, erblichen Änderungen, heute als *Mutationen* bekannt, bestätigt werden.

Die Wandlung der Arten zu meist höherorganisierten Formen, die verwandtschaftlichen Beziehungen der Lebewesen und ihr gemeinsamer Ursprung aus einfachen Lebensformen ist heute durch eine unübersehbare Fülle von Einzeltatsachen bewiesen. Besondere Bedeutung kommen aber den ausgestorbenen Tier- und Pflanzenarten zu, mit deren Hilfe wir ganze Stammesreihen in ihrer zeitlichen Entstehung verfolgen können. Diese Funde können im günstigsten Fall ein vollkommenes Lebewesen sein, z. B. die eiszeitlichen Mammutleichen in Sibirien. Solche im Eis eingeschlossenen Tiere sind tiefgefroren mit Haut und Haaren und sogar mit Mageninhalt über etwa 10000 Jahre erhalten geblieben. Auch Moorleichen und Mumien sind über mehrere Jahrtausende gut konserviert worden. Ganz ausgezeichnet kann man ebenfalls den Bau mancher Insekten in den Bernsteineinschlüssen erkennen. Von besonderem Interesse sind aber die Überlieferungen aus geologisch sehr alten Schichten. Hier handelt es sich meist um mineralisierte Nachbildungen von Tier- oder Pflanzenteilen. Recht gut erhalten haben sich aus Mineralsubstanz bestehende feste Skeletteile von Lebewesen, wie Korallenstöcke, das Kieselsäuregerüst von Kieselschwämmen, die Kalkschalen der Muscheln, Schnecken und Tintenfische sowie Wirbeltierknochen. Nicht selten wurde bei der Versteinerung die ursprüngliche Substanz durch anderes Material ersetzt, z. B. Kalkschalen durch Kieselsäure. Auch die weichen Innenteile oder Hohlräume konnten durch Einbettungsmittel zu Gestein werden und einen sogenannten Steinkern bilden. Selbst so zarte Gebilde wie Quallen wurden gelegentlich versteinert, wenn sie vor ihrer Verwesung schnell in einen feinen Schlamm aus Kalk oder Ton eingebettet und überschichtet wurden. Recht eigenartige Zeugen der Vorzeit finden sich ab und an sogar in Form von Kriechspuren oder Fußabdrücken.

Für den Nachweis und für die Geschichte der Evolution ist es natürlich sehr wichtig zu wissen, wann das als Versteinerung überlieferte Tier gelebt hat. Diese Tiere müssen

Oberes Bild: Insekteneinschluß in samländischem Bernstein (Alttertiär); etwa 4:1 *(Sammlung des Geologisch-Paläontologischen Instituts der Universität Münster)*.

Unteres Bild: Fährte vom *Chirotherium* (einem Lurch) aus dem Oberen Buntsandstein von Hildburghausen; etwa 1:3,3 *(nach G. Wagner 1950)*.

Raubfisch *Enchodus gracilis* v. d. Marck aus der oberen Kreide von Sendenhorst (Westf.) mit Knochen und Hautabdruck; etwa 1:2,5 *(Geologisches Museum der Universität Münster)*.

nach ihrem Absterben ziemlich bald von Schlamm überdeckt worden sein, der im Laufe der Zeit eine Gesteinschicht bildete. Darüber legten sich in jüngeren geologischen Perioden andere Ablagerungen usw. In ungestörten, sich in ihrer ursprünglichen Lage befindlichen Schichtenfolgen sind die untersten Schichten also stets die älteren. Da der Kenner die einzelnen Ablagerungen zudem unterscheiden kann, läßt sich aus der Schichtenfolge gleichzeitig eine Altersfolge der Gesteine ablesen. Die eingeschlossenen Versteinerungen sind bis auf ganz wenige Ausnahmen stets altersgleich mit dem Einbettungsmaterial. Nun können zwar Bodenbewegungen und andere Unregelmäßigkeiten die gleichmäßige Folge der einzelnen Lagen erheblich stören, aber die Geologen können auch in Verwerfungen recht genaue Datierungen vornehmen. Der Paläontologe, ein Wissenschaftler, der sich mit den versteinerten Lebewesen befaßt, achtet beim Sammeln von Fossilien deshalb sehr genau auf die geologische Formation, aus der die Funde geborgen werden. Durch solche Einordnungen ist es immerhin möglich, sich ein ziemlich genaues Bild von den Lebensformen beispielsweise der Jurameere vor rund 150 Millionen Jahren zu machen. Diese relativen Altersbestimmungen, die nur Angaben über „jünger als ..." oder „älter als ..." zuließen, konnten in den letzten Jahrzehnten durch absolute Altersangaben ergänzt werden. Radioaktive chemische Elemente wandeln sich allmählich nach bestimmten Gesetzmäßigkeiten zu anderen Elementen um, z. B. Uran zu Blei. Ein vorliegendes uranerzhaltiges Gestein ist daher um so älter, je mehr Blei im Verhältnis zum Uran vorkommt, und jede Verhältniszahl dieser beiden Metalle gibt ein ganz bestimmtes absolutes Alter an. Man kennt mittlerweile eine ganze Reihe von geeigneten radioaktiven Elementen, deren Zerfallsgeschwindigkeiten Datierungsmöglichkeiten bieten. Die Zeitangaben in der erdgeschichtlichen Tabelle (S. 516) beruhen auf diesen Ergebnissen.

So mannigfaltig und zahlreich die Urkunden vom Leben der Vergangenheit auch sind, man muß sich darüber im klaren sein, daß die überlieferten Reste nur Ausschnitte der jeweiligen vorzeitlichen Pflanzen- und Tierwelt sind, denn nur ein ganz geringer Bruchteil der Lebewesen ist überhaupt versteinert worden, und von diesen Fossilien ist ein weiterer, verschwindend geringer Bruchteil bis jetzt gefunden worden. Wissenschaftler haben berechnet, daß von mehreren Billionen Lebewesen der Vergangenheit nur jeweils ein Exemplar heute für Untersuchungen zur Verfügung steht. Trotz dieser Schwierigkeiten lassen sich die stammesgeschichtlichen Zusammenhänge innerhalb der Pflanzen- und Tierreiche im allgemeinen recht gut erkennen. Sehr schön ist die Stammesreihe des heutigen Pferdes durch zahlreiche Fossilfunde aus dem Tertiär belegt. Sie beginnt im frühen Tertiär mit einem etwa fuchsgroßen Waldtier, dem Urpferdchen (Eohippus), das einen vierzehigen Vorderfuß und eine verkümmerte fünfte Zehe hat und führt über verschiedene Zwischenstufen zum einzehigen heutigen Pferd (Equus). Neben der Größenzunahme geht eine Verstärkung der Mittelzehe und die Reduktion der Seitenzehen einher; gleichzeitig findet ein Umbau der ursprünglichen Höckerzähne zu kräftigen Mahlzähnen statt (Abb. S. 512). Ebenfalls ein anschauliches Beispiel für eine Entwicklungsreihe stellen die Rüsseltiere dar. An den Anfang läßt sich das Moeritherium des unteren Oligozäns (siehe erdgeschichtliche Tabelle 516) stellen, ein tapirgroßes Tier mit kurzem Rüssel und nur wenig vergrößerten oberen und unteren Schneidezähnen. Das Endglied dieser Reihe ist der Elefant (Elephas). Zu diesen Ahnenreihen muß aber gesagt werden, daß sie keineswegs so gradlinig verlaufen sind, sondern jeweils *einen* Ast eines verzweigten Stammbaumes darstellen. Mit der Artenumbildung ist gewöhnlich eine Höherentwicklung von einfachen zu komplizierteren Formen mit intensiveren Leistungen verbunden.

Im Stammbaum der Tiere (S. 515) sind die größeren und wichtigsten Tiergruppen erkennbar. Die ältesten Formen sind einzellige Urtiere, aus ihnen entwickeln sich schon im Kambrium die mehrzelligen, aber noch einfach gebauten Schwämme und Hohltiere. Höher organisiert sind die Würmer und die Gliederfüßler, aber auch die Weichtiere mit Schnecken, Muscheln und Tintenfischen (oder Tintenschnecken). Ebenfalls im Kambrium sind schon die Stachelhäuter und die Chordatiere, Vorläufer der Wirbeltiere,

Entwicklungsreihe des Elefanten

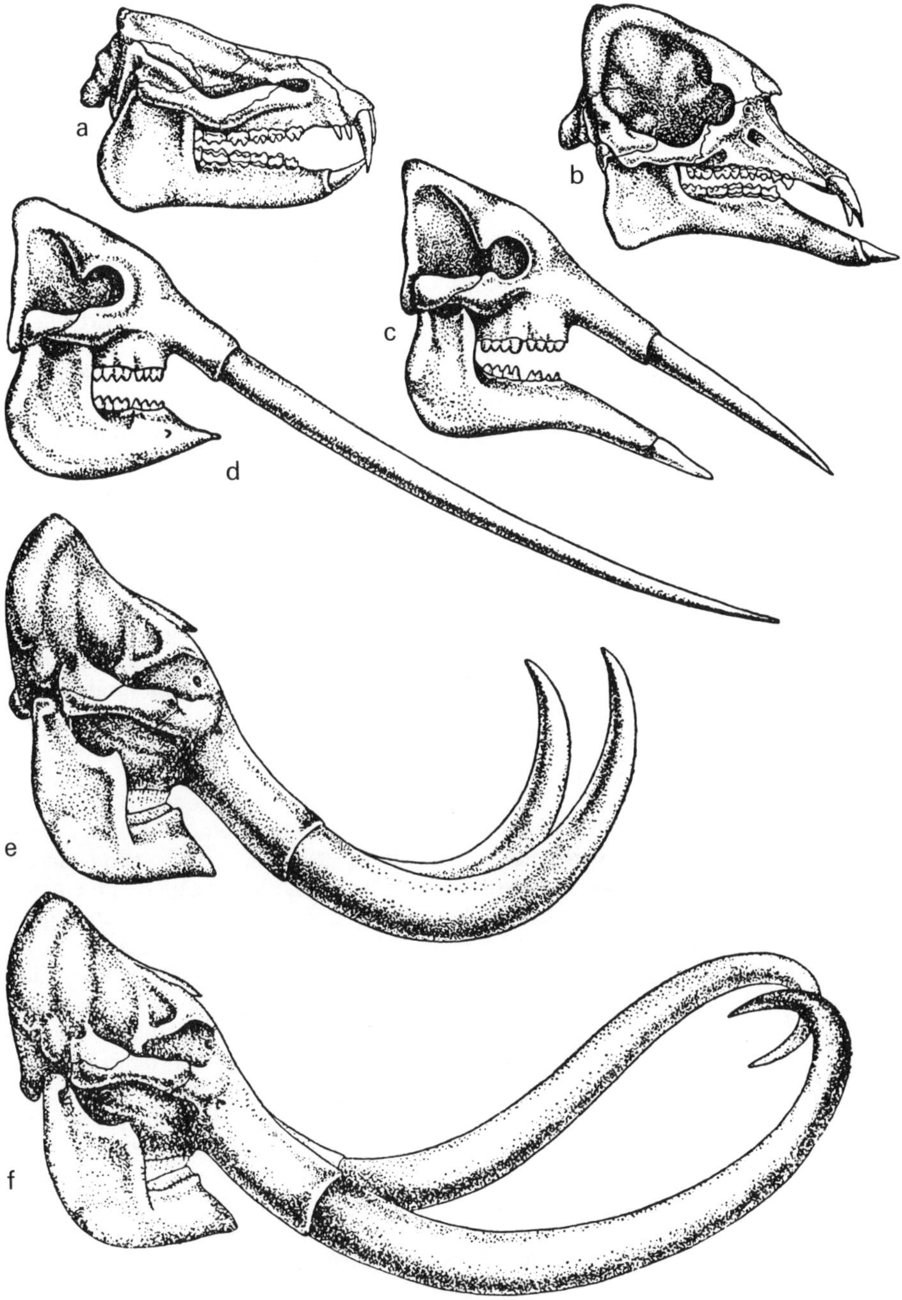

Die Entwicklungsreihe des Elefanten (Schädel, Gebiß); Maßstab etwa 1 : 15 bei a-d, 1 : 25 bei e-f *(nach H. O. Schindewolf, 1950)*.

a Moeritherium trigonodon Andrews, Unteroligozän (Ägypten);
b Phiomia wintoni Andrews, Unteroligozän (Ägypten);
c Tetrabelodon longirostre (Kaup), Unterpliozän (Europa);
d Mastodon (Anancus) arvernensis (Croiz. & Job.), Mittelpliozän und Unteres Oberpliozän (Europa);
e Mammonteus primigenius Blumenb., Diluvium (Mitteleuropa);
f Mammonteus columbi falc., Diluvium (Nordamerika).

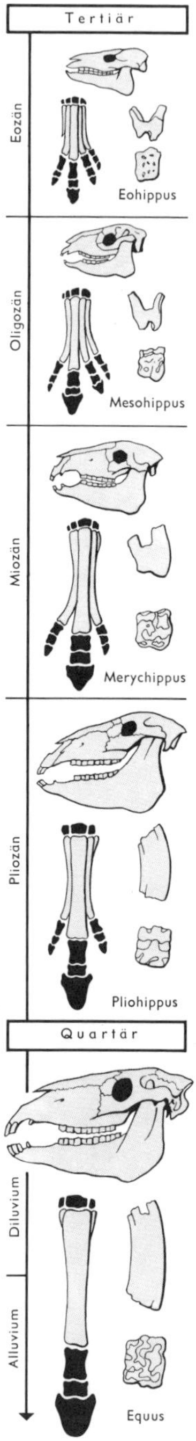

Die Entwicklungsreihe des Pferdes (Equus) von seinem tertiären Vorfahren Eohippus, dargestellt an der Form und Größe des Schädels, am Fuß und an der Zahnform.

anzutreffen, und bereits in der darauffolgenden Erdperiode, dem Silur, treten die ersten Wirbeltiere auf.

Als weiterer Beweis für die Evolution ist die interessante Tatsache anzusehen, daß sich die frühen Keimstadien der mehrzelligen Tiere weitgehend gleichen. Aus der befruchteten Eizelle entsteht jeweils der einschichtige Blasenkeim (Blastula), und nach der Einstülpung bildet sich der zweischichtige Becherkeim (Gastrula) (Abb. auf Tafel S. 515). Zwischen der äußeren und inneren Zellschicht entwickelt sich bereits bei den Würmern eine dritte Keimschicht. Bei den meisten wirbellosen Tieren wird die Öffnung, die bei der Einstülpung zum Becherkeim entsteht, später der Mund, diese Tiere bilden die große Gruppe der *Protostomier*. Unterschiedlich dazu wird bei den Stachelhäutern und Wirbeltieren (bzw. Chordatieren) diese Öffnung zum After, während auf der gegenüberliegenden Seite der Mund gebildet wird. Tiere mit diesem bestimmten Entwicklungsmerkmal faßt man als *Deuterostomier* zusammen. Auffällig ist weiterhin, daß der Keim oder Embryo höherer Lebewesen bei der Individualentwicklung *(Ontogenie)* Stadien durchläuft, die an Frühstadien einfacherer Lebewesen erinnern. So bilden Embryonen von Landwirbeltieren vorübergehend Kiemenspalten und Kiemenblutgefäße, d. h. Atmungsorgane wasserlebender Vorfahren, und bei Vogelembryonen ist zu bestimmten Entwicklungszeiten ein Rest der gegliederten Schwanzwirbelsäule ihrer geschwänzten Reptilienahnen erkennbar.

Wichtiges Beweismaterial für die Abstammungslehre sind natürlich die Zwischenformen, die größere Tiergruppen miteinander verbinden. Als Beispiel kann hier nochmals der Archaeopterix (Abb. S. 209) angeführt werden. Auch für die gradweise abgestufte Ähnlichkeit einzelner Organe lassen sich viele Belege erbringen. Ein gutes Beispiel aus dem Pflanzenreich bietet die Staubblattreduktion bei den Rachenblütlern. Innerhalb einer Familie wird die Fünfzähligkeit der Staubblätter abgewandelt, wobei die Fünfzahl bei den Kelchblättern weitgehend erhalten bleibt (Abb. S. 507). Aus dem Tierreich, das in diesem Buch ja vor allem interessiert, soll noch die unterschiedliche Ausbildung der Lichtsinnesorgane erwähnt werden. Innerhalb der Weichtiere läßt sich eine Entwicklungsreihe vom einfachen Grubenauge, über ein Auge mit Sammellinse zu dem mit vielen Hilfseinrichtungen, wie Pupille und Einstellmöglichkeiten für das Nah- und Fernsehen ausgerüsteten, komplizierten und sehr leistungsfähigen Auge eines Tintenfisches erkennen (Abb. 3 u. 4). Gleichzeitig sind die sehr unterschiedlich gestalteten Augen der verschiedenen Tiere ein gutes Beispiel dafür, daß ein Organ mit der gleichen Funktion durchaus mehrmals „erfunden" werden kann. Einfache Lichtsinnesorgane haben Regenwurm und Qualle. Die komplizierter gebauten Pigmentbecheraugen eines Strudelwurms oder gar die Komplexaugen der Insekten sind wiederum Endglieder anderer, selbständiger Entwicklungsreihen, deren Übergänge weitgehend bekannt sind.

Ebenfalls liefern anatomisch vergleichende Untersuchungen von Bauplänen und Skeletten Beweise für den stammbaummäßigen Zusammenhang von Lebewesen. Wie die Abb. S. 514 zeigt, wurden solche Gemeinsamkeiten zwischen dem bei oberflächlicher Betrachtungsweise sehr unterschiedlichen Vogel- und

Menschenskelett bereits im 16. Jahrhundert richtig gesehen, nur wurden zu dieser Zeit noch keine stammesgeschichtlichen Schlußfolgerungen daraus gezogen, da der Gedanke, die Vorfahren des Menschen im Tierreiche zu suchen, völlig abwegig schien. Heute ist unbestritten und keineswegs ein Widerspruch zur christlichen Glaubenslehre, daß sich der Körper des Menschen ebenfalls aus dem Tierreich entwickelt hat und sich vor vielleicht einer Million Jahre als ein Seitenast von den übrigen Primaten getrennt hat. Es gelten deshalb selbstverständlich alle für die Säugetiere gemachten Aussagen auch für die biologische Entwicklung des Menschen. Es würde an dieser Stelle zu weit führen, den Beweis für die Stammesreihe des Menschen zu erörtern, denn gerade hier ist jedes Knochenbruchstück, jeder fossile Zahn von Bedeutung und je nach der Meinung der verschiedenen Wissenschaftler von unterschiedlicher Aussagekraft. Das Anliegen dieser kleinen Abhandlung war auch nur, die Gemeinsamkeiten der zu einer Familie oder Ordnung zusammengefaßten Tierarten, so wie sie Brehm schildert, noch besser verstehen zu können. Andererseits läßt das Wissen um die Evolution die Mannigfaltigkeit innerhalb einer einzelnen Ordnung, beispielsweise der Beuteltiere, vielleicht noch staunenswerter erscheinen.

Als die wirksamen Kräfte der Evolution wurden Mutation und Selektion angeführt. Da die Erörterungen hier notgedrungen vereinfacht dargestellt werden mußten, soll nicht verschwiegen werden, daß vieles noch ungeklärt ist und daß manche Vorstellung durch neue Forschungsergebnisse sicher in dem einen oder andern Sinn geändert werden muß.

Ein wesentliches Problem der Abstammungslehre soll hier noch angeschnitten werden. Die Aussage von der Evolution der Organismen stützt sich auf den Hauptgrundsatz, daß sich Lebendes nur aus Lebendem bildet. Berücksichtigt man diesen Grundsatz und versucht einmal, die Entwicklung zurückzuverfolgen, so führt das zwangsläufig zu der Frage, wie das Leben überhaupt entstanden ist. Eine Vorfrage zu diesem sogenannten Problem der *Urzeugung* ist, wie sich die unbedingt notwendigen, energiereichen Bausteine der Zelle, nämlich die Aminosäuren, aus der unbelebten (anorganischen) Materie gebildet haben. Der Aufbau und die *Erhaltung* von energiereichen, organischen Stoffen setzt eine weitgehend sauerstofffreie Uratmosphäre voraus, da in Gegenwart von ungebundenem Sauerstoff die Aminosäuren sehr schnell oxidiert und damit zerstört würden. Eine vorwiegend aus Wasserstoff-, Kohlenstoff- und Stickstoffverbindungen bestehende Atmosphäre, wie sie heute bei den Planeten Jupiter und Saturn nachgewiesen ist, darf tatsächlich für ein frühes Stadium der Erde angenommen werden. Daher scheinen chemisch-physikalische Versuche der letzten Jahre interessante Hinweise für die Urzeugung zu geben. Es ist nämlich bei einem achttägigen Dauerversuch gelungen, in einer künstlichen Uratmosphäre nur mit

Augen wirbelloser Tiere

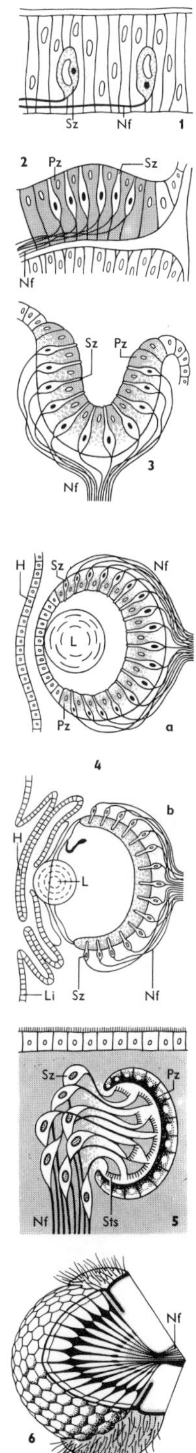

Längsschnitte durch Augen wirbelloser Tiere:
1 Sehzellen in der Haut des Regenwurms, 2 Flachauge einer Qualle, 3 Grubenauge einer Napfschnecke, 4 Kameraauge, a der Weinbergschnecke, b eines Tintenfisches, 5 Pigmentbecherauge eines Strudelwurms, 6 Komplexauge eines Insekts. H Hornhaut, L Linse, Li Lid, Nf Nervenfasern, Pz Pigmentzellen, Sts Stiftchensaum, Sz Sehzellen.

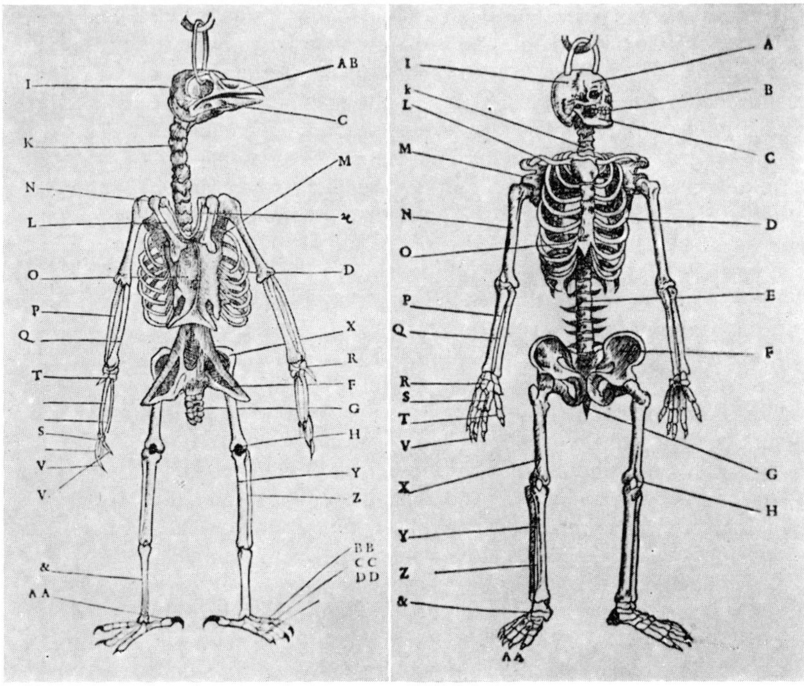

a b

Vergleiche von Vogel- (a) und Menschenskelett (b) *(aus Belon, Histoire des oyseaux, 1555)*. Die Buchstaben kennzeichnen die sich nach Belon entsprechenden Knochen.

Hilfe von elektrischen Entladungen experimentell verschiedene Aminosäuren herzustellen. Der Nachweis, daß notwendige Zellbausteine vor der Entstehung des Lebens auf der Erde vorhanden gewesen sein können, ist damit immerhin erbracht. Allerdings gibt der Versuch keine Antwort auf die Frage, wie sich die Aminosäuren zu dem Riesenmolekül eines ganz bestimmten Eiweißes verknüpft haben können. Die experimentelle Erzeugung biologisch wirksamer Riesenmoleküle stößt bereits auf größte, vielleicht unüberwindbare Schwierigkeiten. Ein Lebewesen muß aber außerdem zumindest die Fähigkeit des Stoffaufbaues und -umbaues sowie der identischen Verdoppelung vorhandener Makromoleküle besitzen. Die Antwort des Naturwissenschaftlers auf die Frage nach der Entstehung des Lebens lautet, schlicht ausgedrückt: Wir wissen es nicht.

Das Tierreich in seinen stammesgeschichtlichen Zusammenhängen

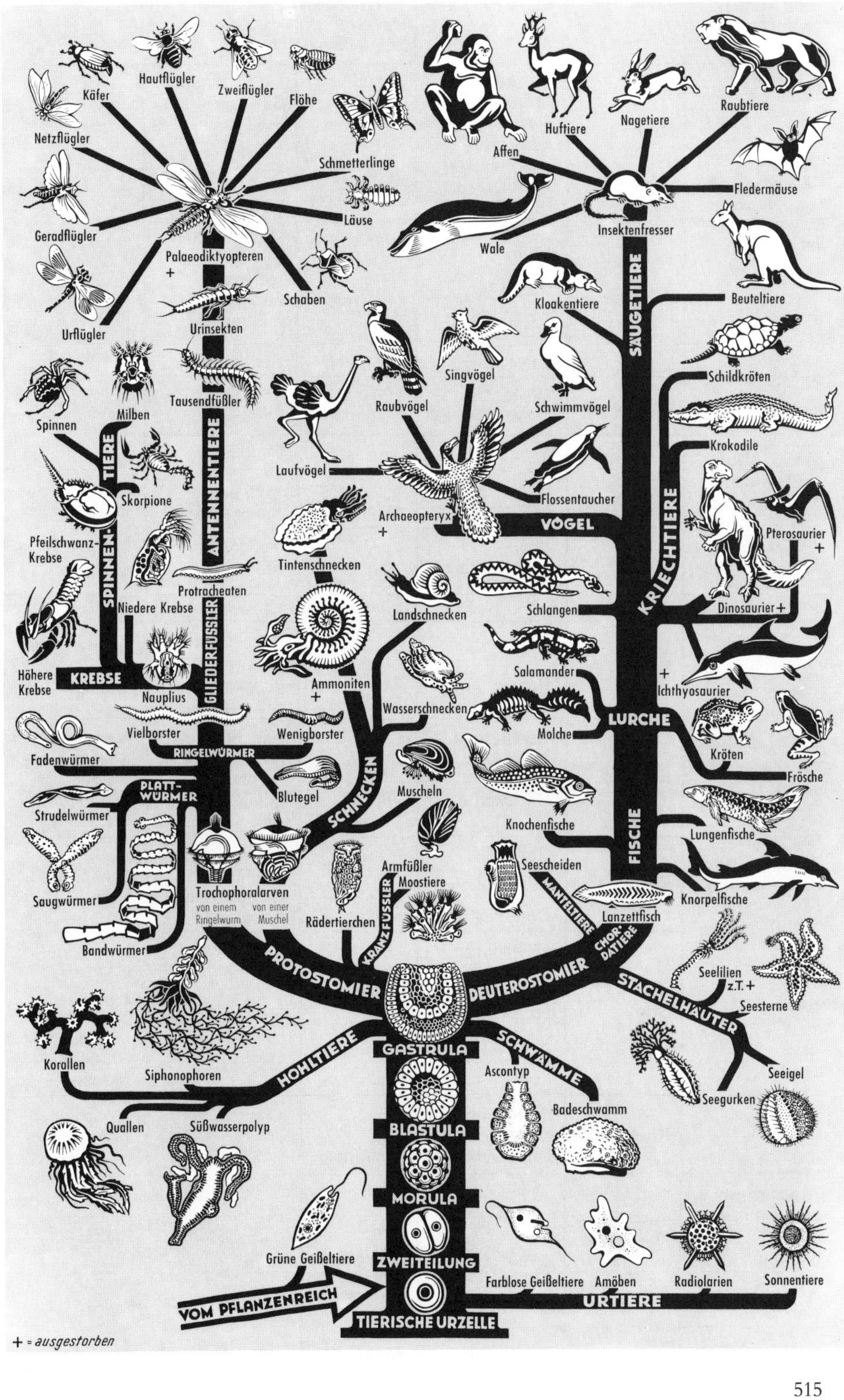

Erdgeschichtliche Zeittabelle

Zeitalter (und ungefähre Dauer)	Periode	Epoche oder Stufe	Zeit seit Beginn der Periode (Jahre)	Erstes Erscheinen Tiere (besonders Wirbeltiere)	 Pflanzen
Känozoikum (Erd-Neuzeit, 60 Millionen Jahre)	**Quartär**	Holozän (= Alluvium, Jetztzeit) Pleistozän (= Diluvium, Eiszeit)	ca. 1 Million	die heutigen Säugetierarten Mensch	
	Tertiär	Pliozän Miozän Oligozän Eozän Paleozän	60 Millionen	die Gattungen, Unterfamilien, Familien, Unterordnungen, Ordnungen der heutigen Säugetiere	höhere Blütenpflanzen
Mesozoikum (Erd-Mittelalter, 120 Millionen Jahre)	**Kreide**	Obere Kreide Untere Kreide	130 Millionen	Insektenfresser Singvögel	
	Jura	Malm Dogger Lias	155 Millionen	Beuteltiere Urvogel zahlreiche Kriechtiere	
	Trias	Keuper Muschelkalk Buntsandstein	185 Millionen	eierlegende Säugetiere große Landsaurier	
Paläozoikum (Erd-Altertum, 340 Millionen Jahre)	**Perm**	Zechstein Rotliegendes	210 Millionen	Schildkröten säugetierähnliche Kriechtiere	Ginkgobäume
	Karbon	Oberkarbon Unterkarbon	265 Millionen	Kriechtiere zahlreiche Lurche geflügelte Insekten	Nadelhölzer Steinkohlenwälder bildende Farnartige
	Devon	Oberdevon Mitteldevon Unterdevon	320 Millionen	Lurche zahlreiche Knorpel- und Knochenfische	Farne Schachtelhalme
	Silur	Obersilur (= Gotlandium)	360 Millionen	Panzerfische	Bärlappgewächse
		Untersilur (= Ordovizium)	440 Millionen	erste Wirbeltiere (Agnatha)	einfache Landpflanzen Urfarn Moose
	Kambrium	Oberkambrium Mittelkambrium Unterkambrium	520 Millionen	Chordatiere	große Algen (Tange)
Algonkium (Erd-Frühzeit, 1500[?] Millionen Jahre)			2(?) Milliarden	(versteinerungsleer) die meisten wirbellosen Tiere	 Algen Bakterien
Archaikum (Erd-Urzeit, 2500 [?] Millionen Jahre)			4,5(?) Milliarden		

Fragen und Erkenntnisse der Verhaltensforschung

Viele Seiten dieses Buches füllen liebevolle und ausführliche Schilderungen der oft recht eigenartigen Lebensweise der Tiere. Gerade die Beobachtung der tätigen Tiere hatte Brehm stets besonders in den Bann gezogen. Zudem können die Handlungs- und *Verhaltensweisen*, die bei allen artgleichen Individuen vielfach übereinstimmen, als wesentliche Artmerkmale angesehen werden und haben oft den gleichen Wert für die Eingliederung in ein System, wie Größe, Gestalt oder Färbung.

Die meisten Tätigkeiten der Tiere werden ausgeführt, um von der Umwelt gestellte Aufgaben zu lösen. Wenn ein Tier am Leben bleiben „will", muß es der Gefahr ausweichen oder sich verteidigen, Nahrung suchen und erbeuten, das Gefieder oder das Fell muß gepflegt und vielleicht gegen Wasser geschützt werden und anderes mehr. Nicht weniger bedeutsam sind aber auch die Verhaltensweisen, die im Dienste der Arterhaltung ausgeführt werden. So stellt die Fortpflanzung mancherlei Anforderungen; der Gatte muß angelockt und notfalls der Rivale vertrieben werden, oft ist eine Brutstätte zu errichten und die Pflege und Fütterung bedarf emsiger Arbeit. Seit altersher werden die anscheinend sinnvollen und zielstrebigen tierischen Tätigkeiten als *Instinkte* bezeichnet. Ganz besonders meinte man damit die gut überschaubaren, eine bestimmte Leistung erzielenden Tätigkeitsfolgen, wie der Nahrungserwerb oder die Fortpflanzung. Dabei verstand man unter dem Instinkt die zwangsläufige, triebhafte, auf ein bestimmtes Ziel ausgerichtete Handlung, wie sich das in dem geläufigen Begriff Fortpflanzungstrieb ausdrückt. Mit der Angabe des Zieles glaubte man, auch bereits die Ursache der einzelnen Handlungen angegeben zu haben. Eine solche Erklärung hat aber keinen größeren Wert, als einen Reinigungstrieb für die Ursache der laufenden Waschmaschine anzusehen. Bei dieser Maschine kann der Konstrukteur sehr wohl die wirklichen Ursachen der einzelnen Waschleistungen angeben, und weil der Fachmann die Ursache-Wirkung-Beziehung, den kausalen Zusammenhang, aller Teilfunktionen kennt, kann er auch einen eventuellen Schaden beheben. Dieses Beispiel soll zeigen, daß Kausalfragen nicht durch den Hinweis auf ihren Zweck zu beantworten sind. So kann für eine Teichschildkröte das Ziel, die Erzeugung der Nachkommenschaft, kaum alle Einzelheiten der umständlichen Eiablage (S. 339 ff.) direkt bestimmen und steuern, zumal die Schildkröte über den Erfolg ihrer Bemühungen nie etwas erfährt. Hier müßte schon zusätzlich die Wirkung magischer, naturwissenschaftlich nicht erklärbarer Kräfte beansprucht werden.

Wenn auch die Ursachen des Instinktes zunächst noch ungeklärt sind, wird mit dieser Bezeichnung der Unterschied zwischen den weitgehend vom Verstand gesteuerten Handlungen des Menschen und den von zwangsläufigen Trieben gelenkten Verhaltensweisen der Tiere herausgestellt. Mit dem Vordringen der Abstammungslehre haben sich manche Forscher an dieser anscheinend grundsätzlichen Unterscheidung der menschlichen und tierischen Handlungsweisen gestoßen. Da man den Bau und die Leistungen der menschlichen Organe aus dem Tierreich herleiten konnte, übertrug man umgekehrt auf das tierische Verhalten die verstandesmäßige Einsicht als deren Lenker. So benutzte auch Brehm, überzeugt von der Abstammungslehre und der biologischen Gleichartigkeit von Mensch und Tier, oft menschliche Maßstäbe, um die Gefühle und Fähigkeiten der Tiere zu beurteilen. Ein Tier, das bestimmte Aufgaben nach menschlicher Beurteilung nicht einsichtig lösen konnte, wurde deshalb als dumm bezeichnet oder bei erfolgreichem Abschneiden als klug. Dabei wurde wenig

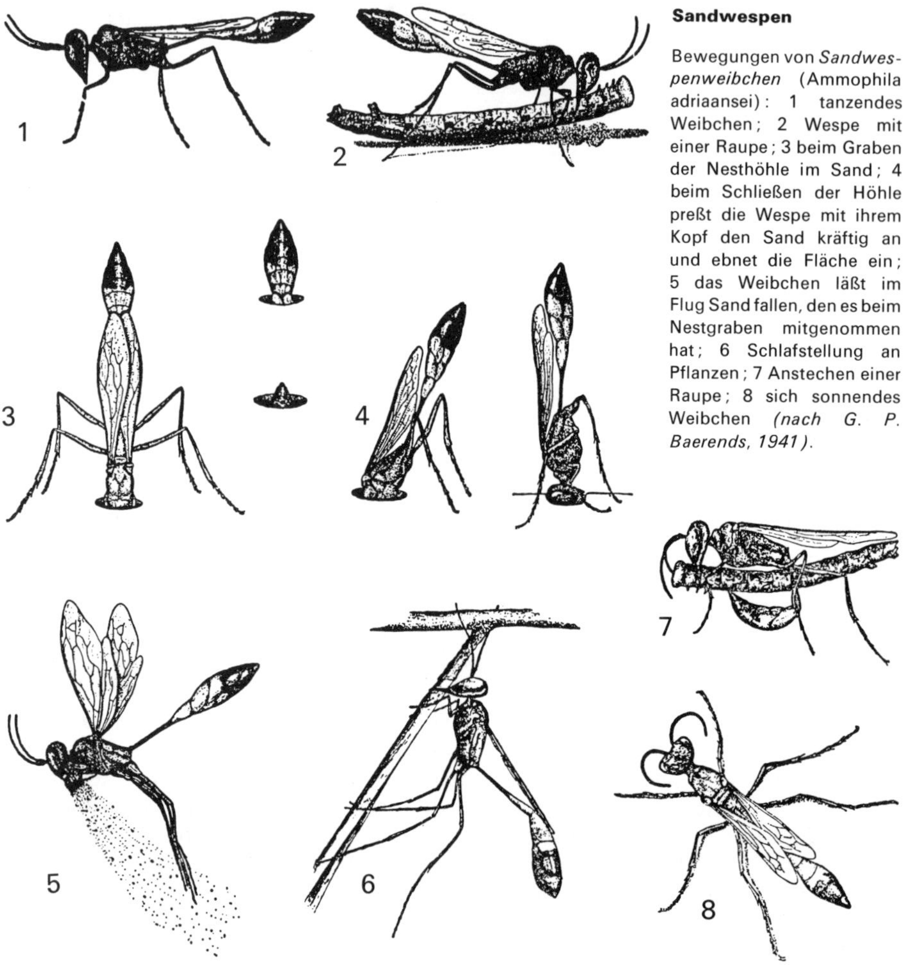

Sandwespen

Bewegungen von *Sandwespenweibchen* (Ammophila adriaansei): 1 tanzendes Weibchen; 2 Wespe mit einer Raupe; 3 beim Graben der Nesthöhle im Sand; 4 beim Schließen der Höhle preßt die Wespe mit ihrem Kopf den Sand kräftig an und ebnet die Fläche ein; 5 das Weibchen läßt im Flug Sand fallen, den es beim Nestgraben mitgenommen hat; 6 Schlafstellung an Pflanzen; 7 Anstechen einer Raupe; 8 sich sonnendes Weibchen *(nach G. P. Baerends, 1941)*.

darauf geachtet, ob die gestellte Frage für das entsprechende Tier biologisch sinnvoll war, also auch im normalen Lebensablauf natürlicherweise einmal gelöst werden mußte.

Die Grundfrage der seit einem guten halben Jahrhundert bestehenden naturwissenschaftlichen Fachrichtung, der modernen Tierpsychologie, Verhaltensforschung oder *Ethologie* lautet: Warum verhält sich ein Tier in einer bestimmten Situation gerade so und nicht anders? Ausgehend von der Beobachtung, daß viele Instinkthandlungen als eine Aufeinanderfolge verschiedener Verhaltensweisen zu verstehen sind, versucht der Verhaltensforscher zunächst eine Analyse einzelner Instinkte vorzunehmen. Beim Brutgeschäft des Stichlingsmännchens (S. 446 f.) ergeben sich z. B. als einzelne Anteile das Aufsuchen des Laichplatzes im Frühjahr, die hartnäckige Verteidigung des ausgewählten Brutplatzes und seiner Umgebung (Revier) gegen jeden gleichgeschlechtlichen Artgenossen, der Nestbau, Balztanz oder die Brutpflege. Die Frage nach der Ursache kann nun auf eine bestimmte Verhaltensweise, wie das Vertreiben des Rivalen, gerichtet werden. Als weitere Aufgabe bleibt dann, das Wirkungsgefüge aller Verhaltensweisen und die sie beeinflussenden Faktoren sowie dessen Entstehung innerhalb der Stammesgeschichte oder während der Individualentwicklung zu untersuchen. Wie jede auf Beobachtungen und Versuchen basierende Wissenschaft, so stützt sich die vergleichende Verhaltensforschung auf die Einzelunter-

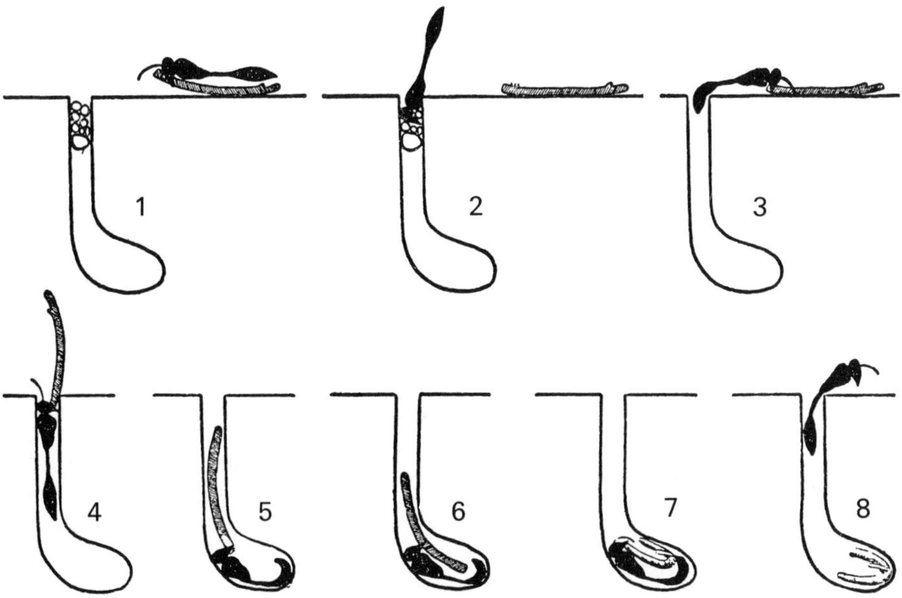

Am *Sandwespennest:* 1 Die Raupe wird abgelegt; das Nest ist verschlossen; 2 Nest wird geöffnet; 3 die Raupe wird gepackt und in die Höhle gezogen (4, 5, 6); 7 ein längliches Ei wird auf den Raupenleib abgelegt, worauf die Wespe das Nest verläßt *(nach G. P. Baerends, 1941).*

suchungen sehr vieler artgleicher und artfremder Individuen verschiedenen Alters und Geschlechts. Der Grundstock für die Untersuchung vieler Verhaltensprobleme bildet die vollständige Bestandsaufnahme aller Verhaltensweisen einer Tierart, das Verhaltensinventar oder *Ethogramm*. Dabei sind vor allem die stets wiedererkennbaren, sich nahezu schematisch wiederholenden Bewegungsweisen von Bedeutung. Manche Sandwespenweibchen graben z. B. stets nach der gleichen Manier Bruthöhlen in den Boden, die beim Verlassen mit Steinchen verriegelt werden. Das Ei wird in der Nesthöhle nur auf eine gelähmte Raupe gelegt. Die Lähmung der Beute geschieht immer mit der gleichen Bewegungsweise, indem sie ihren Hinterleib nach vorn krümmt und den Giftstachel von unten in das Bauchmark der Raupe schlägt. Selbst zum Schlafen nimmt sie eine für sie typische Stellung ein. Die Abb. zeigt einen Ausschnitt aus dem Ethogramm dieser Sandwespe. Auch das Sperren der Jungvögel, die Totschüttel-Bewegung des Hundes (und sei es mit Herrchens Pantoffel) oder das Buckeln der Katzen sind solche stets wiederkehrenden Bewegungsformen. Die meisten dieser durch ihre arttypische Regelhaftigkeit auffallenden Bewegungsabläufe sind angeborene Verhaltensweisen, die in Gegensatz zu den sicherlich auch nachweisbaren erlernten Tätigkeiten zu stellen sind. Ein neugeborener Säugling macht alle Saugbewegungen auf Anhieb richtig, das gilt für das Fohlen genauso wie für das menschliche Baby. Welche Anteile das Verhaltensinventars ererbt und welche im Laufe des Lebens erlernt sind, kann man sicher feststellen, wenn Tiere aus dem Ei oder von Geburt an isoliert aufgezogen werden. Schirmt man dabei die Umwelteinflüsse planmäßig ab, läßt sich genau prüfen, welche Verhaltensweisen ein Tier angeborenermaßen mitbringt. Solche isolierten Aufzuchten, auch *Kaspar-Hauser-Versuche* genannt, zeigten die erstaunliche Tatsache, daß manche Singvogelarten, wie Nachtigall und Amsel, ihren typischen Artgesang erst vom erwachsenen Artgenossen lernen müssen.

Kommen wir nun auf die Frage nach der Ursache der Verhaltensweisen zurück. Eine Ursache sind gewiß äußere Reize, die bestimmte Reflexbewegungen auslösen. Unter Reflex versteht man eine Handlung, die unwillkürlich abläuft, indem ein Reiz in der

Sinneszelle eine Erregung erzeugt, die wiederum den Anstoß für eine vom Nervensystem automatisch gesteuerte, koordinierte Bewegung gibt. Ein Regenwurm zuckt bei Berührung zusammen. Der Saugreflex des Säuglings wird durch das Berühren der Lippen ausgelöst. Der Lidschlußreflex tritt in Aktion, wenn mechanische oder chemische Reize auf die Hornhaut kommen und führt zum momentanen Lidschluß; sogar das geringe Austrocknen des geöffneten Auges löst reflektorisch den Lidschlag aus. Etwas anderer Art sind unwillkürliche Handlungen, bei denen der reflexauslösende *(unbedingte)* Reiz mit einem anderen *(bedingten)* Reiz gekoppelt worden ist. Der russische Forscher *Pawlow* gab jedesmal, wenn er einem Hund Fleisch vorhielt, ein Glockenzeichen. Der erhöhte Speichelfluß, der normalerweise nur beim Sehen des Fleisches einsetzte („das Wasser läuft im Munde zusammen"), wurde schließlich auch allein durch das Ertönen der Glocke bewirkt. Derartige Verknüpfungen von Reizen mit reflektorischen Reaktionen werden *bedingte Reflexe* oder besser *erlernte Reaktionen* genannt. Bei Tieren und ebenso beim Menschen gibt es gewiß eine ganze Reihe bedingter Reflexe. Gerade die Erziehung schafft im frühen Kindesalter gewollt oder ungewollt solche Verknüpfungen, die dann wie ererbt aussehen. Die Ähnlichkeit des Ganges von Vater und Sohn beruht vorwiegend auf unbewußtem Einüben. Extreme Verfechter der Reflexlehre glaubten aber, alle tierischen Verhaltensweisen rein reflektorisch erklären zu können. Nach dieser Annahme wären die Tiere letztlich reine Reflexmaschinen. Unerklärt bleibt danach spontanes Verhalten, wie Übersprungshandlungen (siehe unten) oder weshalb ein gesättigter Löwe sich überhaupt nicht um ein in seiner Nähe vorbeiziehendes Beutetier kümmert.

Bleiben wir zunächst bei den durch äußere Reize auslösbaren Verhaltensweisen. Paarungsbereite Stichlingsmännchen greifen in dem von ihnen erkorenen Wohn- und Brutgebiet jeden männlichen Artgenossen wütend an, während dickbäuchige Weibchen angebalzt werden. Sehr aufschlußreiche *Attrappenversuche* von N. *Tinbergen* zeigten, daß ein ganz bestimmter Sehreiz der Auslöser für den Angriff des Stichlings ist. Führte er nämlich an einem dünnen Draht naturgetreue Stichlingsattrappen in das Revier des Männchens, wurden diese ebenfalls attackiert. Selbst recht grobe Nachbildungen lösten die Aggression aus, wenn sie nur unterseits rot waren; sie waren sogar wesentlich wirksamer als die bis auf einen hellen Bauch farb-

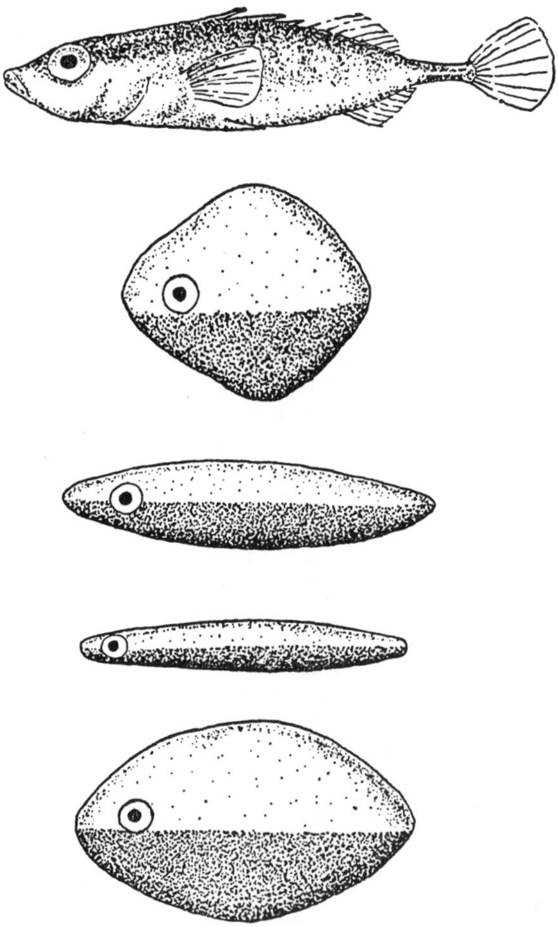

Attrappen, die im Experiment den männlichen *Stichling* repräsentieren. Die genaue Nachahmung (oben), aber mit hellem Bauch, wird selten angegriffen; die vier unteren, deformierten, unterseits roten Modelle werden dagegen stark angegriffen *(nach Ter Pelkwijk und Tinbergen, 1937)*.

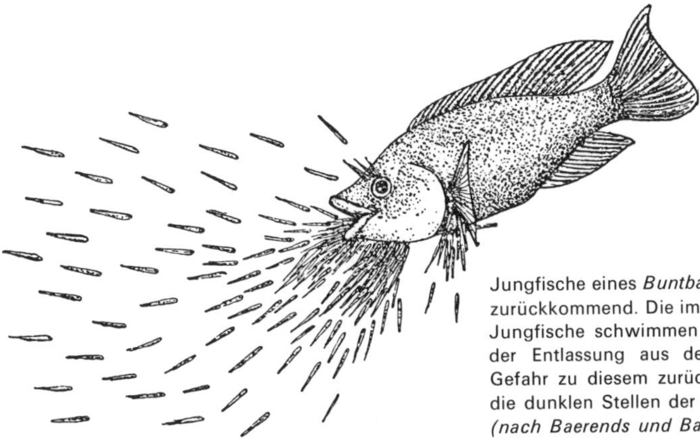

Jungfische eines *Buntbarsches* (Tilapia), zur Mutter zurückkommend. Die im Maul der Mutter erbrüteten Jungfische schwimmen in den ersten Tagen nach der Entlassung aus dem mütterlichen Maul bei Gefahr zu diesem zurück; anlockend wirken auch die dunklen Stellen der Kiemenöffnung und Augen *(nach Baerends und Baerends – van Roon).*

und formgetreu nachgebildeten Stichlingsmodelle. Das Merkmal „Rot - unten" ist für den Revierbesitzer der entsprechende Signal- oder *Schlüsselreiz.* Für viele Reaktionen sind durch Attrappenversuche bestätigte Schlüsselreize bekannt. Bei liebestollen Nachtschmetterlingen ist es der weibliche Geschlechtsduft, paarungswillige Heuschreckenweibchen laufen in Richtung des Zirpgeräusches eines Männchens. Brütenden Sandregenpfeifern und Graugänsen ist ein Ei in Reichweite des Schnabels Schlüsselreiz für eine Einrollreaktion. Bei manchen im Mund der Mutter ausgebrüteten jungen Buntbarschen ist in gefährlichen Situationen (starke Wasserbewegung durch den Freßfeind) die Gestalt der Mutter Signal zum Sammeln.

Wie eng die Bindung von Schlüsselreiz und Reaktion sein kann, demonstriert der Gelbrandkäfer. Sein Beutefangverhalten wird ausschließlich durch Duftstoffe ausgelöst, und eine im Glasrohr vor ihm schwimmende (für ihn geruchlose) Kaulquappe interessiert ihn nicht, obgleich er sie mit seinen gutentwickelten Komplexaugen sicherlich sehen kann. Die Abhängigkeit der Instinkthandlung von ganz speziellen Reizkombinationen läßt auf einen im Zentralnervensystem gelegenen Mechanismus schließen. Dieser scheint einem höheren Bewegungszentrum freie Bahn zu geben und damit die bestimmte Verhaltensweise ablaufen zu lassen, sobald der passende Schlüsselreiz auf diesen *angeborenen Auslösemechanismus* (AAM) trifft. Manche stark übertriebenen Schlüsselreize übertreffen den normalen Reiz in ihrer Wirkung. Ein größeres, sehr kontrastreiches Attrappenei in der Nähe eines Möwennestes ist für die Möwe ein übernormaler Signalreiz, dieses Ei zu bebrüten. Es wird selbst dann dem eigenen Gelege vorgezogen, wenn sie sich nicht auf dem Riesenei niedersetzen kann. Das Vorziehen der immer stärker befriedigenden Reizsituationen bedeutet, einem Laster zu verfallen. So nannte O. *Heinroth* den jungen Kuckuck ein Laster seiner Wirtsvögel, da bei ihnen dieser größere Wechselbalg stärker als die rechtmäßigen Jungen das Füttern und Hudern auslöst.

Eine schön rotbäuchige Stichlingsattrappe reizt einen Stichlingsmann aber keineswegs immer zum Angriff, außerhalb der Brutzeit interessiert sie ihn so wenig wie den satten Löwen das Zebra, und bei einem brünstigen Männchen löst in fremdem Revier die Attrappe sogar entgegengesetzte Reaktion aus, nämlich Flucht. Ein Huhn flieht gewöhnlich vor einem Iltis, eine Glucke greift ihn dagegen an. Gleiche Schlüsselreize können demnach verschiedene Reaktionen auslösen. Die innere Bereitschaft oder Stimmung eines Tieres spielt offenbar eine entscheidende Rolle. Die Bereitschaft zu einer Instinkthandlung kann sich erheblich steigern. K. *Lorenz* beobachtete einmal bei einem im Zimmer gehaltenen Star, wie dieser alle Verhaltensweisen der Fliegenjagd ausführte, obgleich keine Fliege im Raum war. Das hartnäckige Ausbleiben des auslösenden Schlüsselreizes, ließ die Instinkthandlung spontan im *Leerlauf* durchbrechen. Die Stimmung beruht weitgehend auf inneren Faktoren. So weiß man heute, daß Hormone einen direkten Einfluß auf das Verhalten haben. Wurden z. B. jugendlichen Tieren Geschlechtshormone verabreicht, so löste das in vielen Fällen verfrühtes, aber vollständiges Balzverhalten aus. Diese inneren Reize sind demnach eine weitere Ursache für Verhaltensweisen.

Bei hoher Bereitschaft wird im allgemeinen nach der auslösenden Situation gesucht *(Appetenzverhalten)*, die zum Aufbrauchen der inneren Erregung führt. Ein Stichlingsmann sucht zur Laichzeit eine seichte, mit Pflanzen besetzte Uferstelle, dann sucht er Material für den Nestbau usw. Das Suchverhalten ist im Gegensatz zu der starren, den inneren Trieb verzehrenden Endhandlung sehr plastisch. Das Tier schwimmt, läuft oder fliegt anscheinend wahllos umher, bis sich ihm ein erlösender Signalreiz bietet. Oft scheinen sich auch Stimmungen zu beeinflussen, so daß ganze Handlungsketten ablaufen. In solchen Fällen kann die letzte Phase einer Handlung gleichzeitig Auslöser für eine neue Appetenz oder eine weitere Verhaltensweise sein (z. B. bei den Paarungsspielen des Haubentauchers). Das Auffinden der geeigneten Astgabel für das Nest schaltet die Suche danach ab und veranlaßt zugleich, nun nach Nistmaterial zu suchen; oder Ergreifen der Beute löst beim Hund die Gegenreaktion des Totschüttelns aus. In Konfliktsituationen, z. B. bei gleich starker Stimmung zum Angriff und zur Flucht, wird die innere Spannung manchmal durch stimmungsfremde *Übersprungshandlungen* abreagiert. Kämpfende Hähne picken in den Kampfpausen auf den Boden, obgleich dort kein Futter liegt; in der gleichen Situation können Austernfischer Schlafstellung einnehmen. Vergleichbar sind belanglose Bewegungen, die wir vor verzwickten Entscheidungen oder in unangenehmen Augenblicken ausführen, z. B. das Spielen mit Schlüsseln oder das Sich-hinter-dem-Ohr-Kratzen (alle Menschenaffen kratzen sich ebenfalls im Übersprung).

Das Gebaren der Tiere ist sehr reich an ererbten Strukturen. Individuelle Eigenarten unter erwachsenen Artgenossen, z. B. im Gesang der Singvögel, deuten jedoch auf eine Verschränkung der Instinktabläufe mit Lernvorgängen hin. Mit den bedingten Reflexen haben wir auch bereits kennengelernt, wie es zu solchen Verschränkungen kommen kann. Feststellen lassen sich die erlernten Anteile des Verhaltens durch die Kaspar-Hauser-Versuche. Die naheliegende Vermutung, daß gleiches Verhalten vieler Artgenossen ererbt ist, stimmt nicht immer. Gewöhnlich sammeln Tiere in freier Wildbahn die gleiche Erfahrung, die dann zu gleichen Verhaltensweisen führt. Das Beispiel des Nachtigallenartgesanges hat dieses bereits gezeigt. Silbermöwen lernen ihre eigenen Jungen erst während der ersten 5 Tage persönlich kennen. Viele Vögel (Gänse, Dohlen, Möwen) kennen ihren Ehepartner sehr genau. Wie für uns sind Stimme und Aussehen dabei Haupterkennungsmerkmale. Natürlich beruhen auch Dressuren auf der Lernfähigkeit. Erstaunlicherweise können manche Vögel und Säugetiere sogar Begriffsabstraktionen vornehmen. So zeigt O. *Koehler*, daß Tiere *vorsprachliche* (nicht mit einem Ausdruck belegte) *Begriffe* wie größer — kleiner, mehr — weniger, aber auch Zahlenbegriffe bis acht bilden können. Tauben z. B. lernen, in Größe, Form und Anordnung variierende Flecken in ihrer Anzahl zu erfassen; nach Vorzeigen einer Anweisertafel picken sie im Versuch aus einer gefüllten Futterschale nämlich genau so viele Körner, wie ihnen vorher Flecken gezeigt wurden.

Das Abändern des Verhaltens im Lauf der individuellen Entwicklung durch Lernvorgänge betrifft die Appetenz-, Auslöser- und Bewegungsanteile einer Instinkthandlung. Die Meerkatze Hassan (S. 34) wußte sehr wohl, wo und was sie suchen mußte (Appetenzverhalten), sobald sie Appetit auf Leckereien bekam. Mehrere angeborene Instinktbewegungen werden vielfach in ihrem Zusammenspiel geübt, wodurch die eleganten Bewegungsabläufe erreicht werden, z. B. das Rennen und Springen der jungen Steinmarder (S. 91). Bei manchen Buntbarschen, die normalerweise

Paarungsrituale des *Haubentauchers* (Podiceps cristatus). Die Bilder zeigen eine Handlungskette, bei der typische Stellungen, unterstützt von Sträuben oder Anlegen der Federn, zu bestimmten Verhaltensweisen des Partners führen: 1, 2 Ruhephasen; 3 Suchhaltung; 4 bis 6 und 11 „Schüttelbewegung"; 7 „Katzenstellung" (kann von beiden Geschlechtern eingenommen werden); 8 passive Paarungshaltung; 9, 10 und 12 der männliche Partner taucht und erscheint in „Gespensthaltung" (in 12 nimmt der weibliche Vogel die Katzenstellung ein); 13 der „Pinguintanz": Auftauchen, Aufrichten und Berühren der Partner, dazu Präsentieren von Wasserpflanzen. Die dargestellte Haltung dauert einige Sekunden *(nach J. Huxley, 1914)*.

Paarungsrituale des Haubentauchers

ihre Brutpflege auf arteigene Jungfische beschränken, kann man beobachten, daß ein angeborener Auslösemechanismus durch Erfahrung bestimmt wird. Nimmt man nämlich einem erstbrütenden Paar dieser Buntbarsche die eigenen Eier weg und legt an deren Stelle artfremde Buntbarscheier, so werden die ausschlüpfenden Jungfische ebenfalls gepflegt. Überraschend ist jedoch, daß bei einer weiteren Brut die eigenen Kinder als Wechselbälge angesehen und gefressen werden. Alle späteren Aufzuchten gelingen nur noch mit Jungfischen der erstmals erbrüteten Art. Andererseits sehen Gänseküken in dem zuerst von ihnen erblickten Lebewesen ihre Amme und folgen nur ihr. K. *Lorenz*, der Adoptivvater vieler junger Graugänse war, nannte dies *Prägung*.

Eng zusammen mit der Lernfähigkeit hängt die höchste Stufe tierischen Verhaltens, die *einsichtige Handlung*. Sie ist bei höheren Säugern, Elefanten, Hunden und vor allem bei den Menschenaffen zu finden. Undressierte Schimpansen gelangten nach längerem Probieren an hoch hängende Bananen, indem sie herumstehende Kisten übereinanderstellten und hinaufkletterten oder Stöcke zusammensteckten, mit denen sie dann die Früchte herunterschlagen konnten. Der folgerichtige Ablauf einer Handlungskette kam aufgrund von Erfahrung und Gehirnleistungen, die das Begehrte miteinbezogen, zustande. Die einsichtigen Handlungen beschränken sich aber auch beim Affen auf ziemlich einfach überschaubare Gegebenheiten.

Eine wichtige Frage ist noch: Wie haben sich die komplizierten, zweckmäßigen Verhaltensweisen gebildet? Wir haben mehrfach gesehen, daß viele Instinkthandlungen erblich festgelegt sind. Ein eindrucksvolles Beispiel bieten noch durch Erbänderungen flügellos gewordene Taufliegen, diese führen nämlich weiterhin alle Bewegungen des Flügelputzens aus. Auf diese erblich fixierten Verhaltensweisen lassen sich nun grundsätzlich die Ursachen der Evolution körperlicher Merkmale übertragen. Eine veränderte, zur ursprünglichen vorteilhaftere Instinkthandlung bedeutete vielleicht eine Überlegenheit gegenüber den Artgenossen und hatte deshalb Auslesewert. Fast alle kennengelernten Verhaltensweisen sind gut an die biologischen Erfordernisse angepaßt und haben durchweg hohen, lebenserhaltenden Wert, z. B. das Sichtotstellen vieler Insekten, das Ducken und Sichdrücken vieler Vögel und Säugetiere bei Gefahr, der Zickzacklauf des Hasen auf der Flucht, aber auch die verschiedenen Formen des Beuteerwerbs jeweils entsprechend der Organausbildung, beispielsweise von Hund, Katze, Kauz oder gar Riesenschlange. Im allgemeinen etwas verwickelter, aber keineswegs seltener, sind Instinkthandlungen, die der Erhaltung der Art nützen. Wasserschildkröten setzen sich persönlich erhöhter Gefahr aus, um die Eier abzulegen (S. 339 f.), ohne den Sinn ihrer Tätigkeit zu kennen. Alle Brutpflegehandlungen bringen immer nur der Art Vorteile. Selbst der Kampf hat arterhaltenden Wert. Ein Kampf findet im allgemeinen zwischen Artgenossen statt und dient oft augenfällig der Revierverteidigung. Ein Revier, sei es bei standorttreuen Fischen, brütenden Vögeln oder einer Flußpferdherde, muß so groß sein, daß es genügend Futter für alle Revierbesitzer und der Aufzucht ihrer Jungen bietet. Die auffälligen Farben der revierbildenden Fische, wie Buntbarsche und Korallenfische, aber auch der Vogelgesang und die Duftmarkierung vieler Säugetiere verstehen sich gleichsam als Warnung: Hier bin ich, kommst du näher, greife ich dich an. Angriff und Kampf mit tödlichem Ausgang müßte aber auf die Dauer zu einer erheblichen Schwächung der eigenen Art führen und letztlich anderen Konkurrenzarten Vorteile bringen. Tiere, die durch zufällige Erbänderung solches rabiates Verhalten entwickeln, rotten sich schließlich selbst aus. Tatsächlich gleichen die Kämpfe der Tiere den ritterlichen Turnierkämpfen des Mittelalters, die nach ganz bestimmten Regeln ausgetragen werden. Nach der Auseinandersetzung räumt der Besiegte, im allgemeinen höchstens etwas angeschlagen, die Kampfstätte. Manche Fische fassen sich gegenseitig im Maul und zerren bzw. stoßen nach Leibeskräften. Im Wolfskampf sind sogar besondere Sicherungen eingebaut. Ein unterlegener Wolf bietet dem mächtigen Gebiß seines wütenden Gegners ungeschützt den tödlich zu verletzenden Hals dar. Diese Unterwerfungs- oder *Demutsgebärde* hemmt den Sieger zuverläßlich am Zubeißen. Eine wichtige Rolle spielen auch Ankündigungen. Angreifende Hämuliden (Barschfische) reißen ihr Maul weit auf und präsentieren dabei auffällige Farben. Viele Tiere machen sich besonders groß, z. B. durch Sträuben der Haare, Federn oder anderer Körperanhänge, vielfach werden farbige Flecken zur Schau gestellt, auf jeden Fall versucht man mehr vorzutäuschen, als dahintersteht. Dieses sogenannte *Imponiergehabe* (Abb. Paradiesfische) ist ja auch beim Menschen zu finden.

Soziallebende Tiere haben vielfach Verhaltensweisen entwickelt, die dem Zusammenleben dienen. In Herden gibt es fast immer soziale Rangordnungen, die durch Vergleichskämpfe festgelegt werden. Die ständigen Auseinandersetzungen werden jedoch vermieden, indem das sozial niedrig stehende Tier seine Unterwürfigkeit zum Ausdruck bringt. Vom Wolfsrudel liegen sehr eingehende Untersuchungen vor. Besonders der Gesichtsausdruck und die Schwanzstellung künden den Rudelgenossen ziemlich eindeutig das jeweilige Vorhaben an.

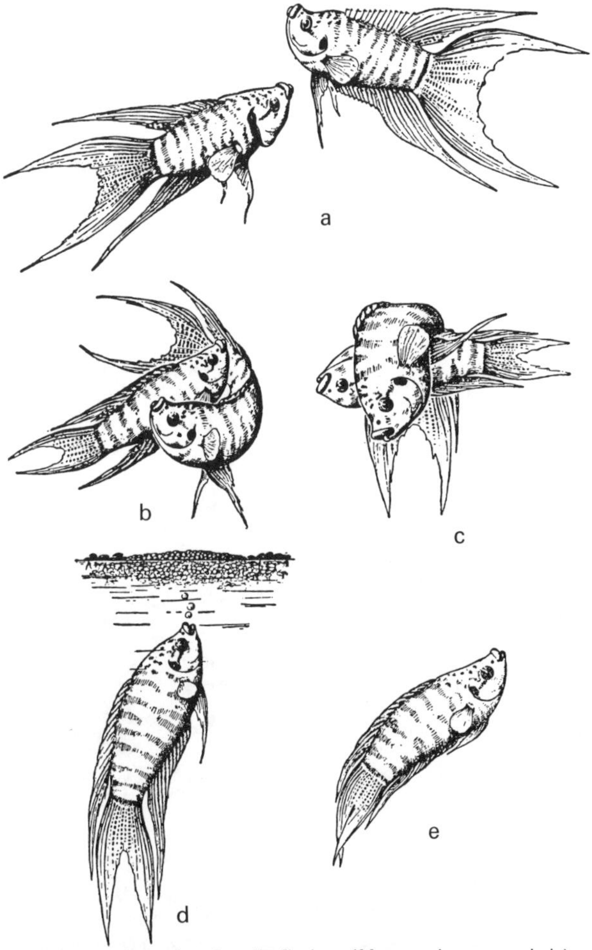

Verhaltensweisen des *Paradiesfisches* (Macropodus opercularis), einem Verwandten des Kampffisches: a) Das Männchen links bedroht mit gespreizten Kiemendeckeln das Tier rechts, das die Imponierstellung (mit stark gespreizten Flossen) einnimmt; b) und c) Phasen der Begattung; d) das Männchen baut ein Schaumnest aus einzelnen Luftblasen; e) die Stellung der Unterwürfigkeit bildet den schärfsten Gegensatz zum Imponiergehaben *(nach Peters)*.

Eigenartig sind Handlungsketten, bei denen die einzelnen Instinktbewegungen, wie die Übergabe von Nistmaterial, als Zeremonie ausgeführt werden. Solche Verknüpfungen von ursprünglich unabhängigen Bewegungsformen zu neuen Verhaltensweisen im Dienst der Verständigung nannte J. *Huxley Rituale*, ihren stammesgeschichtlichen Entwicklungsgang, *Ritualisierung*. Besonders oft ist das Balzverhalten eine ritualisierte Handlungskette, bei der eine bestimmte Instinktbewegung die jeweils nächste Reaktion des Partners bewirkt und so zu einer gegenseitigen Synchronisation führt. Die Abb. S. 523 zeigt die Paarungsrituale des Haubentauchers.

Zwischen verschiedenen Tierarten oder sogar ganzen Tierstämmen trifft man ebenfalls aufeinander abgestimmte Verhaltensweisen. So leben Anemonenfische friedlich mit sonst bei Berührung nesselnden Anemonen zusammen, ebenso vertragen sich große Fische mit Putzfischen oder Vögel mit Großwild (S. 170).

Die rein objektive Betrachtungsweise hat wesentlich zur Erforschung des Instinkts beigetragen. So sahen wir, daß sich ein „großer" Instinkt, wie Nahrungserwerb, in viele einzelne Instinkthandlungen zergliedern läßt. Ein solcher Instinkt ist also eine ganzheitliche, für das Individuum und die Art vorteilhafte Verhaltensweise, deren

Hauptanteile erblich festgelegt sind. Die bestimmten Leistungen von Sinnesorganen, Nervensystem und der ausführenden Muskeln sowie deren koordiniertes Zusammenspiel sind durch Mutation und natürliche Auslese entstanden zu denken. Ursache für Instinkthandlungen sind sowohl äußere als auch innere Reize. Bei dieser Beschränkung auf die objektiv zugänglichen Tatsachen dürfen jedoch die subjektiven Begleiter angeborenen Verhaltens nicht übersehen werden. Vor allem die Verhaltensweisen der Säugetiere lassen auf Gefühlsbetonungen, Launen und Affekte (Wut, Angst usw.) schließen. Allein was ein Tier wirklich fühlt, ist der objektiven Beobachtung nicht zugänglich. Trotz dieser bewußten Beschränkung sind die Untersuchungen der modernen Verhaltensforschung auch für das Verstehen der menschlichen Verhaltensweisen von grundsätzlicher Bedeutung, wenn auch die Psychologie im engen Sinne (als Wissenschaft vom Subjektiven) eine von der Ethologie unabhängige Disziplin ist.

Ausdrucksvarianten des Kopfes beim soziallebenden *Wolf*. Oben links: Leitwolf. Oben rechts: Wolf mittleren Ranges (Blick nicht sicher geradeaus, Ohren mit Rückwärtstendenz). Mitte links: Drohung (starrer Blick, große Pupillen, Wulstbildung der Brauen und des Nasenrückens). Mitte rechts: ängstliche Ergebenheit. Unten links: Fluchtbereitschaft (Nasenrücken glatt, Stirn gewulstet). Unten rechts: Argwohn und Abwehrtendenz *(nach R. Schenkel, 1947)*.

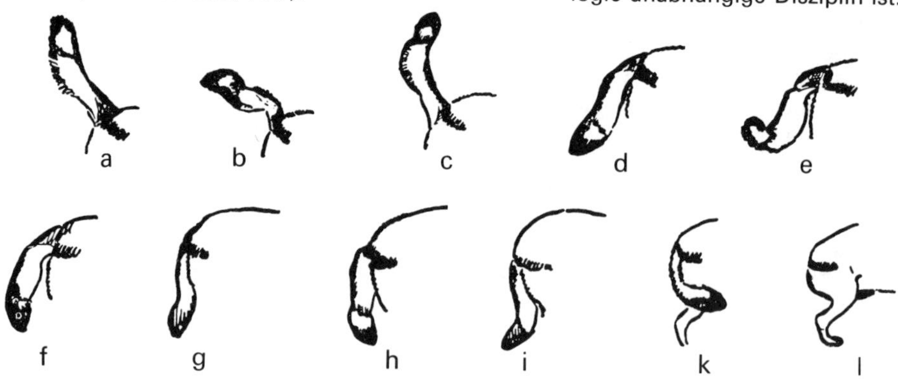

Ausdrucksvarianten des Wolfsschwanzes: a) Selbstsicherheit im Verkehr mit anderen Wölfen; b) sichere Drohung; c) (mit seitlichem Wedeln) Imponierhaltung; d) Normalhaltung (ohne soziale Spannung); e) nicht ganz sichere Drohung; f) Normalhaltung (ähnlich d), häufig bei Fressen und Beobachten; g) gedrückte Stimmung; h) zwischen Drohung und Abwehr; i) aktive Unterwerfung (seitliches Wedeln); k) und l) starke Hemmung, Einklemmen des Schwanzes zwischen die Beine *(nach R. Schenkel, 1947)*.

Tabellen über Fortpflanzung und Lebensdauer von Wirbeltieren

Geschlechtsreife, Tragezeit und durchschnittliche Anzahl der Jungen pro Geburt einiger Säugetiere

Tier	Geschlechtsreife	Tragezeit	Anzahl
Ratte	1– 2 Monate	12 Tage	4–20
Goldhamster	1– 2 Monate	16 Tage	1–12
Hund	6– 8 Monate	63 Tage	1–22
Hauskatze	6–15 Monate	56 Tage	4
Ziege	8 Monate	148 Tage	1– 2
Schaf	7– 8 Monate	151 Tage	1– 2
Rind	6–14 Monate	281 Tage	1
Pferd	1 Jahr	336 Tage	1
Löwe	2 Jahre	110 Tage	1– 6
Bison	3 Jahre	275 Tage	1– 2
Walroß	4– 5 Jahre	365 Tage	1
Schimpanse	8– 9 Jahre	237 Tage	1
Gibbon	8–10 Jahre	210 Tage	1
Elefant	8–16 Jahre	624 Tage	1
Nashorn	20 Jahre	210 Tage	1
Zum Vergleich:			
Mensch	12–15 Jahre	267 Tage	1

Nachgewiesene Lebensalter einiger Wirbeltiere in Jahren

Spitzmaus	2	Hauskatze	27
Goldhamster	2	Löwe	29
Ratte	4	Haushund	34
Guppy	5	Haustaube	35
Seepferdchen	6	Schimpanse	37
Chinchilla	7	Silbermöwe	44
Gecko	7	Nashorn	47
Kohlmeise	9	Karpfen	50
Amsel	12	Flußpferd	50
Schellfisch	12	Strauß	50
Kaninchen	13	Pelikan	52
Wolf	14	Kondor	52
Fledermäuse	10–15	Asiatischer Riesensalamander	55
Laubfrosch	14	Alligator	56
Schaf	15	Indischer Elefant	57
Pythonschlange	15	Hellroter Ara	64
Bachforelle	18	Europäische Sumpfschildkröte	66
Seelöwe	19	Kolkrabe	69
Lama	20	Stör	80
Leopard	24	Riesenschildkröte	180
Kanarienvogel	24	*Zum Vergleich:* Mensch	120

Verzeichnis der Abbildungen

Anhang

Verzeichnis der Tiernamen

Die wissenschaftlichen, lateinischen Namen sind kursiv

H

I

J

K

Bildnachweis

Mit freundlicher Genehmigung der betreffenden Verlage wurden aus folgenden Werken Abbildungen übernommen:
Adolf Portmann, „Biologie und Geist", Rhein-Verlag AG, Zürich, und Herderbücherei Nr. 137 und Adolf Portmann, „Das Tier als soziales Wesen", Rhein-Verlag AG, Zürich, und Herder-Bücherei Nr. 188/9: S. 245, 246, 278, 301, 518, 519, 520, 521, 523, 525, 526.

A. Haas, „Das stammesgeschichtliche Werden der Organismen und des Menschen", Verlag Herder, Freiburg – Basel – Wien: S. 509
P. Overhage / K. Rahner, „Das Problem der Hominisation", Verlag Herder, Freiburg – Basel – Wien: S. 505
W. Zimmermann, „Evolution", Verlag Karl Alber, Freiburg – München: S. 514

Almasy, Paul G. (Neuilly-sur-Seine): S. 156; Andi, M. (Carnate): S. 175 oben; Angermayer, Toni (Tierpark Hellabrunn – München): S. 41; Arnaud, G. (St. Cyr l'Ecole): S. 176 unten; Atlantic Press (Paris): S. 60 unten; Atlas Bavaria (Gauting): S. 159; Autenrieth, Ingrid (Frankfurt): S. 148 unten; Barbey Magnum (Paris): S. 57; Bartlett, D. Photo Researchers – Bruce Coleman (Uxbridge): S. 69 oben; Bavaria-Archiv (Gauting): S. 362; Bazile, G.: S. 324 oben; Behnke, Julius (Wetzlar): S. 167; Bel, F. – Vienne, G. Jacana (Paris): S. 152 oben; Bel, F. – Vienne, G. – Varin, J. P. Jacana (Paris): S. 194 oben; Beringer & Pampaluchi Bavaria (Gauting): S. 434, 452, 496 unten; Bille, R. (Sierre): S. 151 unten, S. 285 oben, S. 351 oben; Bisserot, S. C. (Bournemouth – Haut): S. 297; Bisserot, S. C. Photo Researchers – Bruce Coleman (Uxbridge): S. 488 unten; Borveau Images et Textes (Bazainville); S. 161 oben; Brinkmann, Josef (Dortmund): S. 296; Burton, J. Photo Researchers – Bruce Coleman (Uxbridge): S. 37 oben, S. 119 oben, S. 310 unten, S. 349 oben, S. 352 oben, S. 429 unten, S. 432 oben, S. 457 unten, S. 459 oben links und unten; Busnel, R. G. (Jouy en Josas): S. 196 oben; Candelier (Ezy/Eure): S. 193 unten; Chantelat, J. C. (Freneuse): S. 235 unten; Chevallier, S. (Paris): S. 137 oben; Christiansen, A.: S. 152 unten, S. 214 unten; Christiansen, Arthur (Brönshöj – Kopenhagen): S. 96, 272, 279 unten; Collet, F.: S. 322 unten; Dalton, S. N. H. P. A. (Kent): S. 288 unten; Devez, A. R. C. N. R. S. (Paris): S. 388 oben; Dobrek, A. A. L. I. (Brüssel): S. 312 oben; Dorfmüller-Laubmann, Liselotte (München): S. 126, 127; Dragesco Atlas Photo (Paris): S. 164 unten; Dragesco, J. (Orcines): S. 162 oben; Dubois, J. L. S. (Assahraoui): S. 311 oben, S. 430 unten, S. 487 oben; Ebert, Georg (Berlin): S. 94; Ecke, Herbert (Bonn): S. 91, 279 oben, S. 302, 314, 315, 317, 319, 399, 401, 402, 403, 411; E. P. S. (Mailand): S. 28, 387 oben, S. 431 oben; Erize, F. (Buenos Aires): S. 70 oben, S. 236 unten, S. 321 oben; Fatras, A. (Selles St. Denis): S. 300 unten, S. 310 oben, S. 323 oben; Fentzloff, Klaus (Höpfigheim): S. 377, 378; Fiddicke, Ruth (Berlin): S. 55; Fischer, Hermann (Wahrenholz): S. 84, 123. 160, 165 rechts; Frank, Lane: S. 460 oben; Fretey, G. (Asnieres): S. 385 oben; Freydank, Paul (Berlin): S. 143; Gaggero, L. (Genua): S. 268, 321 unten; Gillsäter Photo Researchers – Bruce Coleman (Uxbridge): S. 100 oben, S. 194 unten; Goldstein (Brüssel): S. 198; Göllner, Max (Frankfurt): S. 244; Grenzemann, Herbert (Hamburg): S. 308; Grohe, Herbert (Hannover): S. 112; Guggisberg, C. A. Photo Researchers – Bruce Coleman (Uxbridge): S. 162 unten; Guilhery, P.: S. 174 unten; Haase-Halver, Karl (Kassel): S. 56, 168; Heimhuber Süddeutscher Verlag (München): S. 116; Heimpel (Raabs): S. 97 unten, S. 176 oben; Herder-Bildarchiv: S. 16, 124, 136, 165 links, S. 189, 192, 199, 206, 209, 241, 271, 329, 330, 332, 390, 391, 425, 483, 507, 512, 513, 515; Herzog, Rudi (Wiesbaden): S. 52, 382; Hetier Atlas Photo (Paris): S. 151 oben; Hinker, Gottfried Bavaria (Gauting): S. 489; Hladick Jacana (Paris): S. 40 oben; Holmes-Lebel (Paris): S. 69 unten, S. 139, 174 oben, S. 253 unten, S. 265 oben, S. 352 unten; Holzhey, Jupp (Düsseldorf): S. 397; Hosking, E. (London): S. 253 oben, S. 256 oben, S. 299; Hosling, Eric J.: S. 249; Hyett, Y.: S. 300 oben; Jahn, Theo (Freiburg): S. 365, 366, 367, 368, 372, 470; Jaksen, P. Photo Researchers – Bruce Coleman (Uxbridge): S. 265 unten; Kern, J. A.: S. 351 unten; Keystone (München): S. 190, 201 (Bild 1), S. 345, 433, 437, 439, 440, 490, 499, 501; Kinne, R. Photo Researchers – Bruce Coleman (Uxbridge): S. 38, 120; Klages Atlas Photo (Paris): S. 267 unten; Klages, J. (Zürich): S. 311 unten; Knöll-Siegrist, Elsbeth (Basel): S. 135, 178; Koberg, Heinz (Hannover): S. 306; Kohler, J. Bavaria (Gauting): S. 39 oben; laenderpress (Düsseldorf): S. 168, 180; Lanceau, Yves (Montargis): S. 118 unten; Larsen, T.: S. 100 unten; Len Sirman Press (Genf): S. 71 oben, S. 164 oben; Lenars, C. (Paris): S. 386 unten; LIFE Picture Service (New York): S. 60 oben; Lindner, H. Zefa (Düsseldorf): S. 485 oben; Losier, B. (Montfort l'Amaury): S. 213, 254; Lubrano(Boulogne Billancourt): S. 485 unten; Lummer, W. (Frankfurt): S. 26, 214 oben, S. 312 unten; McHugh, T.: S. 70 unten; Mallet, B. S. 175 unten; Margiocco, A. (Campomorone): S. 137 unten, S. 287 oben, S. 386 oben, S. 486, 488 oben; Marka (Mailand): S. 138 unten; Mazza, G. (Monte Carlo): S. 233, 388 unten, S. 429 oben, S. 430 oben, S. 457 oben; Merlet, F. Atlas Photo (Paris): S. 98, 234 oben, S. 236 oben; Merlet, F. (St. Seurin s/l'Isle): S. 216 oben, S. 255; Moeschlin, Peter (Basel): S. 155; Montoya, P. Jacana (Paris): S. 215 unten; Myers, N. Afrique Photo (Paris): S. 149 oben; Myers, N. Photo Researchers – Bruce Coleman (Uxbridge): S. 58 unten, S. 150, 163, 193 oben, S. 195; Nardin, C. Jacana (Paris): S. 309 oben; Okapia (Frankfurt): S. 21, 25, 27 oben, S. 87, 90, 93, 99 unten, S. 131, 134, 140 unten, S. 146, 147, 148 oben, S. 227, 277, 286, 298 oben, S. 350 oben; Ott, C. Photo Researchers – Bruce Coleman (Uxbridge): S. 117 unten; Patterson, D. Photo Researchers – Bruce Coleman (Uxbridge): S. 58 oben; Paysan, Klaus (Stuttgart): S. 313, 443, 456, 467, 469, 492, 494, 496; Petter Jacana (Paris): S. 37 unten; Photo Researchers – Bruce Coleman (Uxbridge): S. 256 unten; Pizzey Photo Researchers – Bruce Coleman (Uxbridge): S. 40 unten; Plage, G. D. Photo Researchers – Bruce Coleman (Uxbridge): S. 323 unten; Popper, Paul (London): S. 142, 170, 201 (Bild 2), S. 269; Prenzel-Press (Australien): S. 149 unten; Rausser, Fernand (Bern): S. 304; Raymond: S. 196 unten; Renger-Patzsch Bavaria (Gauting): S. 291; Ripa, C.: S. 431 unten; Rivarolo, H.: S. 216 unten; Rizzoli Editore SpA Mailand: Il Mondo degli Animali; Robinson, D. Photo Researchers – Bruce Coleman (Uxbridge): S. 59 oben; Schensky, Franz (Schleswig): S. 436; Schmidt Bavaria (Gauting): S. 117 oben; Schmidt-Schaumburg (Lübeck): S. 357; Schneiders, Toni Bavaria (Gauting): S. 111; Schneiders, Toni (Lindau): S. 477; Schidecker, A. Freelance Photographers Guild Inc. (New York): S. 459 oben rechts; Schramm, T. A. Bavaria (Gauting): S. 316; Schröpfer, Ernst Bavaria (Gauting): S. 92, 248; Schultz, H. Photo Researchers – Bruce Coleman (Uxbridge): S. 138 oben; Schünemann Bavaria (Gauting): S. 71 unten, S. 132; Schützenhofer, Georg (Fussling): S. 224, 259, 280; Seeger (Ebingen): S. 186; Senckpiel, Joachim (München): S. 177; Senfft, Günter (Darmstadt): S. 354, 359, 364, 369, 381, 405, 427, 428, 444, 455; Silvester, Hans W. Bavaria (Gauting): S. 468; Silvester, Hans W. (Lörrach): S. 115, 247; Simon, J. (Paris): S. 119 unten; Simon, J. Photo Researchers – Bruce Coleman (Uxbridge): S. 72; Six, J. Jacana (Paris): S. 39 unten; Six, J. (Paris): S. 266 unten, S. 432 unten, S. 458, 460 unten; Sochurek, E. (Wien): S. 385 unten; Soler, Palaus (Barcelona): S. 118 oben; Stärk, Otto J. (Freiburg): S. 341; Steiner, A. (Paris): S. 99 oben; Stober (Freiburg): S. 307; Stülcken, Karl: S. 295; Südd.-Verlag (München): S. 347, 446; Suschitzky, W. (London): S. 27 unten, S. 59 unten; Terrasse, J. F. & M. (La Garenne Colombes): S. 235 oben, S. 285 unten, S. 309 unten; Thielemann, A. (Marl): S. 250, 260; Thompson, G. Photo Researchers – Bruce Coleman (Uxbridge): S. 215 oben; Thornton, D. W.: S. 387 unten; Tilgner, W. Jacana (Paris): S. 267 oben; Tiofoto: S. 288 oben; Tölle, Alwin (Rötenbach): S. 283; Transworld-Feature-Syndicate (Paris): S. 487 unten; Trevor, S. A. Denis Production: S. 173; USA-Dienst (Bad Godesberg): S. 327; Vasselet, P. Jacana (Paris): S. 349 unten; Victor, P. B.: S. 324 unten; Vienne Jacana (Paris): S. 287 unten; Visage Jacana (Paris): S. 266 oben; Vormeer, J. van Photo Researchers – Bruce Coleman (Uxbridge): S. 322 oben; Wayre, P. N. H. P. A. (Kent): S. 97 oben; Weitnauer, Emil: S. 278; Wernicke, Manfred Bavaria (Gauting): S. 453; Wiesner, Hed Bavaria (Gauting): S. 203; Winkler, Heinrich (Offenbach): S. 338; Wissenbach, Walter (Herborn): S. 47, 49, 232, 257, 270; Zefa (Düsseldorf): S. 350 unten Z. F. A. G. R. (Paris): S. 298 unten; Zimmermann, Karl (Köln): S. 305